본 주석 시리즈는 그리스어 원문을 사용하여 최근까지의 학술 연구를 충분히 반영하면서도 최대한 이해하기 쉽게 쓰는 것을 목표로 한다. 본서는 로마서에 관계된 모든 주석적·신학적 문제를 다룬 정통 표준 주석이면서 동시에 가독성까지 갖추었다. 그래서 본서는 로마서를 학문적으로 이해하려는 신학자와 신학도, 또 최근의 학문적 성과를 반영해 로마서를 이해하고 설교하려는 목회자 모두에게 유용하다. 복잡한 주석적 문제를 이렇게 쉬운 필치로 펼쳐낼 수 있는 것은 저자가 이 분야의 지식에 정통하기 때문이다.

김동수 | 평택대학교 신학과 교수, 한국신약학회 직전 회장

리처드 롱네커의 최신 주석(2016)을 벌써 우리말로 읽을 수 있다는 것은 한국 신학계의 큰 복이다. 이 책의 장점은 무엇보다도 로마서의 각 본문과 주제들에 관한 기존의 연구들을 충실하게 정리하고 소개한다는 점이다. 각 본문마다 기존의 연구들을 먼저 요약 정리한 후 저자의 입장을 밝히는 식으로 논의를 전개하기 때문에, 독자들은 최신 연구의 지형 속에서 본문의 의미를 이해할 수 있다. 신학적 입장은 온건하고 전통에 충실한 편이다.

안용성 | 그루터기교회

NIGTC 로마서 주석은 원전의 의미를 밝히는 데 모든 역량을 집중한다. 저자는 본문비평을 필두로 본문의 구조와 배경 그리고 신학적 이슈를 탐색한 후, 본문을 주도면밀하게 석의한다. 동시에 현대적 논의를 위한 해석학적 문제까지 빠짐없이 소화하여 연구자들과 목회자들의 전폭적인 신뢰를 얻고 있다. 바울신학의 영역에서 괄목할 만한 성과를 냈을 뿐 아니라 로마서 연구의 빅데이터를 섭렵한 리처드 롱네커의 예민하고 적확한 독법은 이 편지를 명료하게 이해하려는 독자들의 기대에 전적으로 부응한다. 독자들을 강한 흡인력으로 끌어당기는 본 주석서는 우리 시대 "최고의 주석서"라 불러야 마땅할 것이다.

윤철원 | 서울신학대학교 신학대학원 신약학 교수

리처드 롱네커는 지금까지 로마서 해석의 쟁점과 주제들에 관해 비판적 의견들부터 보수적 견해를 설명하는 데 탁월한 복음주의 학자다. 그는 샌더스가 주장하는 유대교의 구원론은 공로주의가 아닌 언약적 율법주의에 근거했다는 사실을 수용한다. 하지만 동시에 유대교와 로마교회의 현실에서는 율법을 근거로 한 공로주의 구원론이 실재했으며 이러한 신앙이 바울의 주된 비판대상이었다고 주장한다. 따라서 이 책은 새 관점의 장점을 수용하면서 종교개혁가들의 옛 관점을 옹호한다. 이 주석은 신학도뿐만 아니라 로마서를 교회 현장에서 폭넓게 설교하고 가르치고 싶은 목회자들에게도 유익한 책이다.

이민규 | 한국성서대학교 신학대학원 신약학 교수

주석서가 쉽게 빠지는 함정은 기존 주석의 틀과 해석을 일정 부분 도돌이표처럼 반복하는 단조로움인데, 롱네커의 NIGTC 로마서 주석은 이런 식상함을 극복한다. 주석의 서론부터 전통적 형식을 벗고 옛 연구와 새 연구의 다리를 적절하게 놓음으로 사고의 맛깔스러움을 느끼게 한다. 특히 주목할 점은 로마서 5-8장과 12-13장에 깊은 관심을 보이는 부분이다. 롱네커는 1:16-4:25을 중심으로 해석하는 방식이 개신교에 확증편향으로 나타나는 현상이라고 일갈하며, "이신칭의"와 "그리스도와의 연합" 논쟁의 무게 중심에 새로운 고민거리를 던진다. 본서는 확증편향의 사고가 창궐하는 시대에 로마서를 보다 깊고 넓게 보게 하는 자극제가 될 것이다.

이진섭 | 에스라성경대학원대학교 신약학 교수

로마서는 기독교 역사에서 아우구스티누스, 루터, 칼뱅, 웨슬리와 같은 지도자들뿐만 아니라, 수많은 기독교인에게 영향을 준 성경이다. 바로 이 로마서를 신약학의 세계적인 석학 리처드 롱네커가 주석했고 그 결과가 바로 본서다. 그는 이 편지에 관한 역사적 배경을 자세히 살피고 문학적으로도 통찰력을 제공할 뿐만 아니라, 각 구절을 주의 깊고 세심하게, 또한 철저하고 통찰력 있게 주해한다. 이러한 탁월성 때문에, 로마서를 진지

하게 접하길 원하는 사람에게 나는 본서를 강력하게 추천한다. 확신컨대, 모든 세대의 신학자와 목회자 그리고 신학생과 평신도는 롱네커의 주석서를 계속해서 찾고 읽게 될 것이다.

조호형 | 총신대학교 신학대학원 신약학 교수

바울의 로마서는 여전히 기독교, 특히 종교개혁 이후 개신교의 신학과 교리 형성에 중추적인 역할을 해온 가장 중요한 신약성서 문서로서 이에 대한 해석의 역사 또한 장구한 궤적을 선회하고 있다. 2016년에 나온 롱네커의 이 로마서 주석은 덜 전문적인 독자를 배려하면서도 기존의 두터운 연구 성과를 반영하고, 역사비평적인 관점과 원문 텍스트에 대한 언어학적 분석을 아우르며, 로마서의 집필 목적과 로마 공동체의 당대 상황, 사본상의 문제와 인용한 구약성서 구절 등에 대한 기존의 쟁점들을 명쾌하게 정리해 그 요점을 제시한다. 비록 로마서 연구의 전반적인 전제들은 대체로 보수적 또는 중도적 입장을 취하고 있지만, 그 석의와 주해의 내용에서는 매우 치밀하고 견고한 학문적 내공이 십분 발휘되고 있다. 로마서의 한 구절, 한 문구에 대한 해석의 미로를 헤매며 쌓아 올린 그동안 연구의 족적들이 이미 만리장성인데, 앞서 생산한 『로마서 입문』(*Introducing Romans*)에 더하여 이와 같이 방대하고 세밀한 주석서를 집필해낸 저자의 노고와 역자의 헌신에 경의를 표한다. 로마서를 사랑하는 성서신학자, 목회자, 신학도 등 관심 있는 독자들의 일독을 기대하며 적극 추천한다.

차정식 | 한일장신대학교 신학과 교수, 한국신약학회 회장

또 한 권의 로마서 주석이 나왔다. 복음(福音)일지 악음(惡音)일지는 독자들의 반응이 당연히 한몫하겠지만 내겐 여간 반가운 책이 아닐 수 없다. 먼저 그리스어 본문을 유대교 및 그리스-로마 배경 아래 면밀히 역사-문법-수사-신학적으로 풀어준다는 점이다. 본서는 지난 세기들과 현대 주요 학자들을 섭렵하는 저명한 시니어 학자 롱네커의 오랜 연구 경륜의 향기가 각 장마다 진하게 배어있음을 단번에 보여준다. "새 국제 그리스어

성경 주석"(NIGTC) 시리즈 안에서도 단연 손꼽히는 작품인 셈이다. 저자는 단락별로 "번역", "본문비평", "형식/구조/상황", "석의와 주해"를 다루면서, NIGTC 답지 않게 "성경신학" 및 "현대를 위한 상황화"도 마지막 부분에 추가했다. 로마서의 깊은 숲길로 들어온 오늘의 목회자에겐 하늘로부터 내리는 단비와 같다. 5:1-8:39의 신학적 진술을 중심축으로 한 12:21 및 13:8-14의 윤리적 권면이 로마서 이해의 신학적 열쇠라 간주하는 저자의 읽기는 신학(믿음/앎)과 신앙(윤리/삶)이 그때나 지금이나 분리될 수 없음을 효과적으로 보여준다. "의"보다 "화목"에 더욱 초점을 맞추고자 하는 저자의 통찰력 역시 이런 로마서 읽기와 결을 같이한다. 이렇게 두터운 주석(들)을 깔끔한 한글로 번역해 내는 학자와 출판사가 있음은 한국교회 다음 세대 생태계에 변화를 모색하는 데 복음이 아닐 수 없다. 읽는 독자에게는!

허주 | 아세아연합신학대학교 신약학 교수

본문에 대한 세심한 관심, 19-20세기의 주요 석의적 논의의 요약, 신학적 연결점들, 바울 서신을 상황화하려는 시도, 5:1 – 8:39이 로마 교회에 바울이 기여한 내용이라는 강조 등을 고려한다면, 이 주석의 가치는 귀하다. 앞으로 로마서를 연구하는 사람들에게 오랫동안 탄탄하고 유용한 자료가 될 것이다.

Review of Biblical Literature

아주 좋은 주석이다. 영어로 된 로마서 주석 가운데 가장 많이 참조할 주석 중 하나가 될 것이다.

Bibliotheca Sacra

롱네커의 로마서 주석은 로마서를 연구하는 모든 사람이 읽어야 하는 책이다.

Southwestern Journal of Theology

로마서는 그 장엄함과 아름다움에 있어 에베레스트산과 같다. 따라서 신약계의 고참 학자 중 하나인 리처드 롱네커가 이 권위 있는 주석서를 통해 자신의 해석을 발표하는 것은 적절하다. 자세한 주석, 로마서의 문학적·역사적 배경에 대한 주의 깊은 평가, 오늘날의 독자를 위한 로마서 메시지에 대한 고려 등, 롱네커의 저작에 있는 모든 덕목이 분명하게 드러난다. 로마서를 해석하는 사람들은 그에게 빚을 졌고, 이 저작을 자주 참조하길 원할 것이다.

토머스 R. 슈라이너 | 남침례교 신학교 신약학 교수

특유의 세심함과 철저함 및 통찰력으로 리처드 롱네커는 그가 약속한 것을 이루어냈다. 지난 수세기 동안 쌓인 로마서 해석과 씨름하고, 본문을 비판적·주석적·목회적으로 민감하게 분석하며, 바울의 가장 영향력 있는 이 편지를 현대적 관점에서 성찰한다. 이 주석을 읽는 것은 바울 서신을 진지하게 연구하는 모든 사람에게 현명한 선택이 될 것이다. 이 저작은 앞으로 수년 동안 표준적인 자료이자 길잡이가 될 것이다.

수잔 이스트먼 | 듀크 신학교 신약학 교수

모든 세대마다 오랫동안 논의를 주도할 로마서 주석이 두세 개는 등장한다. 리처드 롱네커의 주석이 바로 그런 작품이다. 이 저작은 포괄적인 안목으로 명확하고 분별력 있게 저술되었다. 롱네커는 로마서와 관련한 모든 고대와 현대 문헌을 다룰 뿐만 아니라, 독자들의 집중력을 흐트러트리지 않은 채로 그리스어 본문에 대한 자세한 해석을 제공한다. 가장 중요한 부분은 오늘날의 교회를 위한 로마서의 신학적 내용과 지속적인 중요성을 강조하는 부분이다. 석의적으로나 신학적으로 로마서를 진지하게 읽기 원하는 사람들에게 롱네커의 저작을 온 마음을 다해 추천한다.

프랭크 J. 마테라 | 미국 가톨릭 대학교 신약학 은퇴 교수

THE EPISTLE TO THE ROMANS

A Commentary on the Greek Text

Richard N. Longenecker

NIGTC 로마서(하권)

리처드 N. 롱네커 지음 | 오광만 옮김

차례

상권

편집자 서문 / 14
저자 서문 / 16
약어표 / 23

서론

주석에 대한 서론 / 42

1. 바울의 다른 편지들과 로마서 비교 43
2. 로마서 연구의 중요한 문제들 48
3. 이 주석의 독특한 석의적 논의들 70
4. 이 주석의 현저한 주제적 특징들 73
5. 로마서의 그리스어 본문 전통 84

로마서 주석

로마서의 서론 단락들 / 104

I. 인사(1:1-7) 105
II. 감사(1:8-12) 191

편지의 본론 단락들 / 230

A. 본론의 여는 말 232

III. 바울의 권고 메시지에 대한 간략한 서론(1:13-15) 238

B. 본론의 중앙부 258

IV. 첫 번째 단락: 의, 신실함, 믿음(1:16-4:25) 259

첫 번째 단락의 1부(1:16-3:20) 265

1. 의, 신실함, 믿음에 대한 논제 진술(1:16-17) **270**
2. 인간의 반역과 우상숭배와 방탕에 대한 하나님의 진노(1:18-32) **328**
3. 죄를 지은 모든 사람에게 내리는 하나님의 정죄는 의롭고 차별이 없다(2:1-16) **395**
4. 유대인과 유대인의 실패에 대한 비난(2:17-29) **486**
5. 하나님 앞에서 유대인의 처지(3:1-20) **540**

첫 번째 단락의 2부(3:21-4:25) 625

6. 논제 진술의 발전, 뒷받침, 설명(3:21-31) **639**
7. 의와 믿음에 대한 아브라함의 예(4:1-24) **766**
8. 결론적인 초기 기독교 신앙고백적 진술(4:25) **867**

하권

V. 두 번째 단락: 화평, 화목, "그리스도 안에 있는" 생명(5:1-8:39) **906**

1. "화평"과 "화목"에 관한 전환 본문과 논제 본문(5:1-11) **921**
2. 보편적이고 근본적인 구속 이야기: 예수 그리스도로 말미암은 결과와 아담으로 야기된 결과(5:12-21) **964**
3. 중요한 세 질문: 중간에 삽입된 예시와 진술(6:1-7:13) **1007**

   질문 1: "은혜를 더하게 하려고 죄에 거하겠느냐?"(6:1-14) **1010**

   질문2: "우리가 법 아래에 있지 아니하고 은혜 아래에 있으니 죄를 지으리요?"(6:15-23) **1029**

   모세 율법이 갖는 권위의 범위에 관한 중간에 삽입된 예와 율법에서 해방된 그리스도인의 자유에 관한 진술(7:1-6) **1043**

질문 3: "율법이 죄냐?"(7:7-13) **1060**

4. 하나님을 떠나 자신의 삶을 "독자적인 힘으로 살아가는" 사람의 비극적인 곤궁에 관한 독백(7:14-25). **1073**
5. "그리스도 예수 안에" 있기에 "성령 안에" 있는 사람에게는 정죄함이 없고 새 생명이 주어졌다(8:1-17) **1116**
6. 성령 안의 삶: 개인적인 동시에 보편적이기도 하며, 현재적인 동시에 미래적이기도 하며, 고난의 삶인 동시에 영광의 삶이기도 함(8:18-30) **1172**
7. 초기 기독교 신앙고백 자료가 삽입된, 그리스도 안에 있는 사람을 향한 하나님의 신원하심과 돌보심과 영원한 사랑에 관한 담대한 확언(8:31-39) **1221**

VI. 세 번째 단락: 이스라엘에 대한 하나님의 약속들과 기독교 복음(**9:1-11:36**) **1254**

1. 서론: 그의 동포에 대한 바울의 간절한 바람, 이스라엘의 유산, 그리고 이스라엘의 메시아와 마무리하는 "아멘"(9:1-5) **1274**
2. 바울의 주해 1부: 이스라엘의 "남은 자들"에게 주신 하나님의 약속과 이를 뒷받침하기 위해 인용된 구약 본문들(9:6-29) **1299**
3. 바울의 주해 II부: 현재 실패한 이스라엘과 복을 받은 이방인들, 이를 뒷받침하기 위해 인용된 구약본문들(9:30-10:21) **1348**
4. 바울의 주해 III부: 하나님의 구원사의 과정: 이스라엘 내부에 존재하는 남은 자, 이방인들 가운데 남은 자, "온 이스라엘"의 구원과 모든 사람에게 베푸시는 하나님의 긍휼(11:1-32) **1407**
5. 송영: 초기 기독교 신앙고백 자료에 포함된 하나님의 지혜와 지식을 송축하는 찬양시(11:33-36) **1466**

VII. 네 번째 단락: 일반적인 권면과 구체적인 권면(**12:1-15:13**) **1472**

1. 바침, 헌신, 분별에 관한 도입부 호소와 진술(12:1-2) **1480**
2. 예수를 믿는 신자들 사이에서 겸손하고 서로 섬기라는 호소(12:3-8) **1492**

3. 그리스도인의 사랑의 윤리 1부(12:9-21) **1500**

4. 그리스도인과 국가에 대한 권면들(13:1-7) **1520**

5. 그리스도인의 사랑의 윤리 2부(13:8-14) **1561**

6. 로마에 있는 그리스도인들 사이의 관계에 대하여(14:1-15:13) **1580**

C. 본론의 결론 **1632**

VIII. "사도의 방문"(15:14-32) **1633**

로마서의 결론 단락 / **1679**

IX. 평강을 비는 축복, 뵈뵈에 대한 추천, 로마에 있는 과거의 동료와 친구 및 지인들 또 어떤 그리스도인 가정과 회중들에게 안부를 전해달라는 요청, 그리고 바울이 세웠고 계속 돌봤던 교회들을 대신하여 로마 그리스도인들에게 전하는 인사(15:33-16:16) **1682**

X. 개인적인 후기, 추가된 안부와 송영(16:17-27) **1710**

참고문헌 / **1731**

고대자료 색인 / **1776**

약어표

일반적인 약어

ET	영역본
FS	기념 논문집
LXX	70인역
mg.	여백
MS(S)	사본(들)
MT	마소라 본문
n.d.	날짜 없음
NT	신약
OT	구약
TR	공인 본문
vid	*videtur* (그렇게 보임; 특히 손상된 사본의 경우 독본이 확실하지 않은 경우를 지칭할 때 사용됨)

번역 성경: 현대 영어 역본들

ASV	American Standard Version
AV	Authorized Version

BV	*The New Testament: Berkeley Version* (Gerritt Verkuyl)
CEV	Contemporary English Version
Goodspeed	*An American Translation* (Edgar J. Goodspeed)
JB	The Jerusalem Bible
KJV	The Holy Bible. King James Version
Knox	*The New Testament of Our Lord and Saviour Jesus Christ, Newly Translated from the Vulgate Latin* (John Knox)
LB	Living Bible
Moffatt	*The Holy Bible. A New Translation* (James Moffatt)
NABRNT	New American Bible, Revised New Testament
NASB	New American Standard Bible
NEB	New English Bible
NET	New English Translation
NIV	New International Version
NJB	New Jerusalem Bible
NKJV	New King James Version
NLT	*New Living Translation* (*The Living Bible*의 개정판)
NRSV	New Revised Standard Version
Phillips	*The New Testament in Modern English / Letters to Young Churches* (J. B. Phillips)
REB	Revised English Bible
RSV	Revised Standard Version
TEV	Today's English Version / *Good News for Modern Man*
TNIV	Today's New International Version
Weymouth	*The New Testament in Modern Speech* (Richard F. Weymouth)
Williams	*The New Testament: A Private Translation in the Language of The People* (Charles B. Williams)

원문 성경

GNT[2, 3, 4]	*The Greek New Testament*. 2nd rev. ed. Stuttgart: Deutsche Bibelgesellschaft / United Bible Societies; 3rd rev. ed.; 4th rev. ed. 1993.
NA[27]	*Novum Testamentum Graece post Eberhard Nestle et Erwin Nestle*. 27th ed. Stuttgart: Deutsche Bibelgesellschaft, 1993.
Kittel	*Biblia Hebraica*, ed. R. Kittel. Stuttgart: Privilegierte Württembergische Bibelanstalt, 1929.
Rahlfs	*Septuaginta*, 2 vols., ed. A. Rahlfs. Stuttgart: Privilegierte Württembergische Bibelanstalt, 1935.
UBS[4]	*The Greek New Testament*, United Bible Societies, 4th ed.
W-H	*The New Testament in the Original Greek*, with *Introduction* and *Appendix*, 2 vols., B. F. Westcott and F. J. A. Hort. Cambridge-London, 1881; 2nd ed. 1896.

위경

Apoc Ab	*Apocalypse of Abraham*
Barn	*Barnabas*
1 En	*1 Enoch*
Jub	*Jubilees*
Let Aris	*Letter of Aristeas*
Pss Sol	*Psalms of Solomon*
2 Bar	*2 Baruch*
2 En	*2 Enoch*
Sib Or	*Sibylline Oracles*
T Ab	*Testament of Abraham*

T Benj	*Testament of Benjamin*
T Dan	*Testament of Dan*
T Gad	*Testament of Gad*
T Jos	*Testament of Joseph*
T Jud	*Testament of Judah*
T Levi	*Testament of Levi*
T Naph	*Testament of Naphtali*
T Reub	*Testament of Reuben*

명문과 파피루스

POxy	*Oxyrhynchus Papyri*, ed. B. P. Grenfell and A. S. Hunt. London, 1898–.
SbGU	*Sammelbuch griechischer Urkunden aus Ägypten*, ed. Friedrich Preisigke, et al. Wiesbaden, 1915–93.

랍비 문헌

b.	*Babylonian Talmud*
Baba Mes.	*Baba Meṣiʿa*
Baba Qam.	*Baba Qamma*
Ber.	*Berakot*
Git.	*Giṭṭin*
y.	Jerusalem Talmud
Ketub.	*Ketubbot*
m.	Mishnah
Mak.	Makkot
Meg.	*Megillah*

Mek.	*Mekilta*
Midr.	Midrash
Naz.	*Nazir*
Ned.	*Nedarim*
Pesiq. R.	*Pesiqta Rabbati*
Qidd.	*Qiddušin*
Shabb.	*Shabbat*
Tanch.	*Tanḥuma*
Ter.	*Terumot*
Yebam.	*Yebamot*

문법, 구문론, 사전

ATRob	*A Grammar of the Greek New Testament in the Light of Historical Research*, A. T. Robertson. London: Hodder & Stoughton; New York: Doran, 2nd ed. revised and enlarged, 1915; repr. Nashville: Broadman, 1934.
BAG	*A Greek-English Lexicon of the New Testament and Other Early Christian Literature*, W. Bauer, W. F. Arndt, and F. W. Gingrich. Chicago: University of Chicago Press, 1957.
BDB	*A Hebrew and English Lexicon of the Old Testament, with an Appendix Containing the Biblical Aramaic*, F. Brown, S. R. Driver, and C. A. Briggs. Oxford: Clarendon, 1907; 1952에 수정됨.
BDF	*A Greek Grammar of the New Testament and Other EarlyChristian Literature*, F. Blass, A. Debrunner, and R. W. Funk. Chicago: University of Chicago Press, 1961 (ET from 1913 German 4 Th. ed).

Burton	*Syntax of the Moods and Tenses in New Testament Greek,* E. D. Burton, 3rd ed. Chicago: University of Chicago Press, 1898.
D-M	*A Manual Grammar of the Greek New Testament*, H. E. Dana and J. R. Mantey. Toronto: Macmillan, 1927.
EDNT	*Exegetical Dictionary of the New Testament*, ed. H. Balz, G. Schneider. ET: Grand Rapids: Eerdmans, 1990-93.
LSJM	*A Greek-English Lexicon*, H. G. Liddell and R. Scott; revised by H. S. Jones and R. McKenzie. Oxford: Clarendon, 1968.
M-G	*A Concordance of the Greek Testament*, ed. W. F. Moulton and A. S. Geden. Edinburgh: T. & T. Clark, 1897; 4th ed. revised by H. K. Moulton, 1963.
M-M	*The Vocabulary of the Greek Testament, Illustrated from The Papyri and Other Non-Literary Sources*, James Hope Moulton and George Milligan. London: Hodder and Stoughton, 1930.
Moule	*An Idiom-Book of New Testament Greek*, C. F. D. Moule. Cambridge: Cambridge University Press, 2nd ed. 1959.
M-T	*A Grammar of New Testament Greek*, J. H. Moulton and N. Turner. Edinburgh: T. & T. Clark: Vol. 1, *Prolegomena* (3rd ed., 1908); Vol. 2, *Accidence and Word- Formation with an Appendix on Semitisms in the New Testament*, by J. H. Moulton and W. F. Howard (1919, 1929); Vol. 3, *Syntax*, by N. Turner (1963); Vol. 4, *Style*, by N. Turner (1976).
Porter	*Verbal Aspect in the Greek of the New Testament, with Reference to Tense and Mood*, S. E. Porter. New York: Peter Lang, 1989.
Thrall	*Greek Particles in the New Testament. Linguistic and Exegetical Studies*, M. E. Thrall. Leiden: Brill, 1962.

전집

ANF	*The Ante-Nicene Fathers*, ed. A. Roberts and J. Donaldson; American edition, 10 vols., ed. A. C. Coxe. Grand Rapids: Eerdmans, 1987.
APOT	*Apocrypha and Pseudepigrapha of the Old Testament*, ed. R. H. Charles (1913, repr. 1963).
CCLat	*Corpus christianorum, series latina*
CIJ	*Corpus inscriptionum Judaicarum*, 2 vols., ed. J. B. Frey (1936-52).
CSEL	*Corpus scriptorum ecclesiasticorum latinorum*, Vienna Academy (1866ff.).
GCS	*Die griechische christliche Schriftsteller der ersten Jahrhunderte*
JE	*The Jewish Encyclopedia*, 12 vols., ed. I. Singer. New York: Ktav, 1901-1906.
NPNF	*The Nicene and Post-Nicene Fathers of the Christian Church*, ed. P. Schaff, 14 vols. Buffalo: Christian Literature, 1886-90.
NTA	*New Testament Apocrypha,* 2 vols., ed. W. Schneemelcher, trans. R. McL. Wilson. London: Lutterworth, 1963, 1965.
OTP	*The Old Testament Pseudepigrapha*, 2 vols., ed. J. H. Charlesworth (1983, 1985).
PG	*Patrologia graeca*, 162 vols., ed. Jacques-Paul Migne (1857-86).
PL	*Patrologia latina*, 221 vols., ed. Jacques-Paul Migne (1844-66).
Statistik	R. Morgen Thaler, *Statistik des neuetestamentlichen Wortschatzes*. Zurich and Frankfurt-am-Main: Gotthelf Verlag, 1958.
Str-Bil	*Kommentar zum Neuen Testament aus Talmud und Midrasch,* 5 vols, H. L. Strack and P. Billerbeck. Munich: Beck, 1922-

	1961.
TDNT	*Theological Dictionary of the New Testament*, 9 vols., ed. G. Kittel and G. Friedrich, trans. G. W. Bromiley. Grand Rapids: Eerdmans, 1964-74 (ET of TWNT).
TWNT	*Theologisches Wörterbuch zum Neuen Testament*, 10 vols., ed. G. Kittel (vols. 1-4) and G. Friedrich (vols. 5-10). Stuttgart: Kohlhammer, 1933-1978.

시리즈(주석, 본문, 연구서)

AASF	Annales Academiae scientarum Fennicae
AB	Anchor Bible
ABD	Anchor Bible Dictionary
ACNT	Augsburg Commentary on the New Testament
ACCS	Ancient Christian Commentary on Scripture
AGAJU	Arbeiten zür Geschichte des antiken Judentums und des Urchristentums
AnBib	Analecta Biblica
ANRW	Aufstieg und Niedergang der Römischen Welt
ANTF	Arbeiten zür neutestamentlichen Textforschung
ATANT	Abhandlungen zür Theologie des Alten und Neuen Testaments
BASORSup	Bulletin of the American Schools of Oriental Research: Supplement Series
BBET	Beiträge zur biblischen Exegese und Theologie
BECNT	Baker Exegetical Commentary on the New Testament
BEvT	Beiträge zur evangelischen Theologie
BFCT	Beiträge zur Förderung christlicher Theologie

BHT	Beiträge zur historischen Theologie
BJS	Brown Judaic Studies
BNTC	Black's New Testament Commentary
BST	Bible Speaks Today
BTN	Biblio Theca Theologica Norvegica
BZNW	Beiheft zur Zeitschrift für die neutestamentliche Wissenschaft
CB	Clarendon Bible
CBBC	Cokesbury Basic Bible Commentary
CBC	Cambridge Bible Commentary
CBNT	Coniectanea Biblica New Testament
CCSL	Corpus christianorum, Series Latina
CGTSC	Cambridge Greek Testament for Schools and Colleges
CNT	Commentaire du Nouveau Testament
CR	Corpus reformatorum
CRJNT	Compendia rerum Judaicarum ad novum Testamentum
CTS	Cambridge Texts and Studies
DJD	Discoveries in the Judean Desert
DSB	Daily Study Bible
EBC	Expositor's Bible Commentary
EGT	Expositor's Greek Testament
EKKNT	Evangelisch-Katholischer Kommentar zum Neuen Testament
EPC	Epworth Preacher's Commentaries
EtBib	Etudes bibliques
Exp	Expositor
ExpB	Expositor's Bible
FBBS	Facet Books, Biblical Series
FRLANT	Forschungen zur Religion und Literatur des Alten und Neuen Testaments

GNC	Good News Commentary
HBK	Herders Bibelkommentar
Herm	Hermeneia
HNT	Handbuch zum Neuen Testament
HNTC	Harper's New Testament Commentary
HTKNT	Herders Theologischer Kommentar zum Neuen Testament
IB	Interpreter's Bible
ICC	International Critical Commentary
Interp	Interpretation
IntCC	Interpreter's Concise Commentary
JBC	Jerome Biblical Commentary
JSNT.SS	Journal for the Study of the New Testament. Supplement Series
JSOT.SS	Journal for the Study of the Old Testament. Supplement Series
KEKNT	Kritisch-exegetischer Kommentar über das Neue Testament
KNT	Kommentar zum Neuen Testament
KPG	Knox Preaching Guides
LBBC	Layman's Bible Book Commentary
LBC	Layman's Bible Commentary
LCC	Library of Christian Classics
LCL	Loeb Classical Library
LEC	Library of Early Christianity
MCNT	Meyer's Commentary on the New Testament
MK	Meyer Kommentar
MKEKNT	Meyer kritisch- exegetischer Kommentar über das Neue Testament
MNTC	Moffatt New Testament Commentary

MNTS	McMaster New Testament Studies
MTS	Marburger Theologische Studien
NAC	New American Commentary
NCB	New Century Bible
NDIEC	New Documents Illustrating Early Christianity, 5 vols.
NEchB	Neue Echter Bibel
NIBC	New International Biblical Commentary
NICNT	New International Commentary on the New Testament
NJBC	New Jerome Biblical Commentary
NovTSup	Novum Testamentum Supplement
NTAbh	Neutestamentliche Abhandlungen
NTC	New Testament Commentary
NTD	Das Neue Testament Deutsch
NTM	New Testament Message
NTRG	New Testament Reading Guide
NTSR	New Testament for Spiritual Reading
NTTS	New Testament Tools and Studies
OBT	Overtures to Biblical Theology
PC	Pillar Commentary
PFES	Publications of the Finnish Exegetical Society
PNTC	Pelican New Testament Commentaries
RGRW	Religions in the Graeco-Roman World
RNT	Regensburger Neues Testament
SacPag	Sacra Pagina
SB	Sources bibliques
SBJ	La sainte bible de Jérusalem
SBLDS	Society of Biblical Literature—Dissertation Series
SBLSBS	Society of Bible Literature—Sources for Biblical Study

SBLSemStud	Society of Biblical Literature—Semeia Studies
SBLTT:ECLS	Society of Biblical Literature—Texts and Translations: Early Christian Literature Series
SBL.WAW	Society of Biblical Literature—Writings from the Ancient World
SBS	Stuttgarter Bibelstudien
SBT	Studies in Biblical Theology
SD	Studies and Documents
SJLA	Studies in Judaism in Late Antiquity
SNT	Studien zum Neuen Testament
SNTS.MS	Studiorum Novi Testamenti Societas—Monograph Series
SchrifNT	Schriften des Neuen Testaments
SGC	Study Guide Commentaries
StudBL	Studies in Biblical Literature
SUNT	Studien zur Umwelt des Neuen Testaments
SVRH	Schriften des Vereins für Reformationsgeschichte
TB	Theologische Bücherei
TBC	Torch Bible Commentary
Th	Théologie historique
ThKNT	Theologischer Handkommentar zum Neuen Testament
TNTC	Tyndale New Testament Commentaries
TPINTC	Trinity Press International New Testament Commentary
TU	Texte und Untersuchungen
UMS.HS	University of Michigan Studies, Humanistic Series
VS	Verbum salutis
VTSup	Vetus Testamentum Supplements
WBC	Word Biblical Commentary
WMANT	Wissenschaftliche Monographien zum Alten und Neuen

	Testament
WUNT	Wissenschaftliche Untersuchungen zum Neuen Testament

정기 간행물

ABR	*Australian Biblical Review*
AJA	*American Journal of Archaeology* (New York)
AJP	*American Journal of Philology* (Baltimore)
ATR	*Anglican Theological Review* (Evanston)
AusBR	*Australian Biblical Review* (Melbourne)
AUSS	*Andrews University Seminary Studies* (Berrien Springs, MI)
BARev	*Biblical Archaeology Review*
BBR	*Bulletin for Biblical Research* (Winona Lake, IN)
BEvT	*Beiträge zür evangelischen Theologie*
Bib	*Biblica* (Rome)
BibR	*Biblical Research* (Chicago)
BibT	*Bible Translator* (London)
Bijdr	*Bijdragen* (Amsterdam/Heverlee)
BJRL	*Bulletin of the John Rylands University Library* (Manchester)
BLit	*Bibel und Liturgie* (Klosterneuburg)
BSac	*Biblio Theca Sacra* (Dallas)
BTB	*Biblical Theology Bulletin* (St. Bonaventure, NY)
BTZ	*Berliner Theologische Zeitschrift*
BZ	*Biblische Zeitschrift* (Freiburg—Paderborn)
CBQ	*Catholic Biblical Quarterly* (Washington)
Christus	*Christus* (Paris)
CJT	*Canadian Journal of Theology* (Toronto)
CP	*Classical Philology*

CQR	*Church Quarterly Review* (London)
CurTM	*Currents in Theology and Mission* (Chicago)
EpR	*Epworth Review* (London)
EtBib	*Études bibliques* (Paris)
ETL	*Ephemerides Theologicae lovanienses* (Louvain-Leuven)
EvQ	*Evangelical Quarterly* (Manchester—Aberdeen)
EvT	*Evangelische Theologie*
ExpT	*Expository Times* (Banstead)
Greg	*Gregorianum* (Rome)
HBT	*Horizons in Biblical Theology*
HeyJ	*Heythrop Journal* (London)
HibJ	*Hibbert Journal* (Liverpool)
HTR	*Harvard Theological Review* (Cambridge)
HUCA	*Hebrew Union College Annual* (Cincinnati)
IBS	*Irish Biblical Studies* (Belfast)
IJST	*International Journal of Systematic Theology*
Int	*Interpretation* (Richmond)
ITQ	*Irish Theological Quarterly* (Maynooth)
JAAR	*Journal of the American Academy of Religion* (Chico)
JAC	*Jahrbuch für Antike und Christentum* (Münster)
JAOS	*Journal of the American Oriental Society* (New Haven)
JBL	*Journal of Biblical Literature* (Philadelphia-Missoula-Chico-Decatur)
JETS	*Journal of the Evangelical Theological Society*
JJS	*Journal of Jewish Studies* (London—Oxford)
JP	*Journal of Philology*
JQR	*Jewish Quarterly Review* (Philadelphia)
JR	*Journal of Religion* (Chicago)

JRE	*Journal of Religious Ethics*
JRH	*Journal of Religious History*
JRS	*Journal of Roman Studies* (London)
JSJ	*Journal for the Study of Judaism* (Leiden)
JSNT	*Journal for the Study of the New Testament* (Sheffield)
JSOT	*Journal for the Study of the Old Testament* (Sheffield)
JTS	*Journal of Theological Studies* (Oxford)
JTSA	*Journal of Theology for Southern Africa*
Jud	*Judaica*
LexTQ	*Lexington Theological Quarterly* (Lexington)
LouvSt	*Louvain Studies* (Louvain)
LumVie	*Lumière et Vie* (Lyon)
MDB	*Le Monde de la Bible*
MQR	*The Mennonite Quarterly Review*
MTZ	*Münchener Theologische Zeitschrift* (Munich)
Neot	*Neotestamentica* (Pretoria)
NKZ	*Neue kirchliche Zeitschrift*
NovT	*Novum Testamentum* (Leiden)
NRT	*Nouvelle Revue Théologique* (Tournai)
NTS	*New Testament Studies* (Cambridge)
NTT	*Norsk Teologisk Tidsskrift*
Numen	*Numen: International Review for the History of Religions* (Leiden)
OrT	*Oral Tradition*
PRS	*Perspectives in Religious Studies*
PSBSup	*Princeton Seminary Bulletin Supplement*
PTR	*Princeton Theological Review*
RB	*Revue biblique* (Paris—Jerusalem)

RBén	*Revue bénédictine* (Maredsous)
RBR	*Ricerche bibliche e religiose* (Milan)
ResQ	*Restoration Quarterly* (Abilene)
RevApol	*Revue apologétique*
RevExp	*Review and Expositor* (Louisville)
RevistB	*Revista bíblica* (Buenos Aires)
RHPR	*Revue d'histoire et de philosophie religieuses* (Strasbourg)
RSPT	*Revue des sciences philosophiques et Théologiques* (Paris)
RSR	*Recherches des sciences religieuses* (Strasbourg)
RTR	*Reformed Theological Review* (Melbourne)
SEÅ	*Svensk exegetisk årsbok* (Uppsala)
Semeia	*Semeia. An Experimental Journal for Biblical Criticism* (Missoula-Chico-Decatur)
SHAW	*Sitzungsberichte der Heidelberger Akademie der Wissenschaft Philosophisch-historische Klasse*
SJT	*Scottish Journal of Theology* (Edinburgh)
SR	*Studies in Religion*
ST	*Studia Theologica* (Lund—Aarhus—Oslo)
STK	*Svensk teologisk Kvartalskrift*
TB	*Tyndale Bulletin* (Cambridge)
TBei	*Theologische Beiträge* (Wuppertal)
TBlä	*Theologische Blätter*
TEvan	*Theologia Evangelica* (Pretoria)
TJT	*Toronto Journal of Theology* (Toronto)
TLZ	*Theologische Literaturzeitung* (Leipzig—Berlin)
TP	*Theologie und Philosophie*
TPAPA	*Transactions and Proceedings of the American Philological Association*

TS	*Theological Studies*
TSK	*Theologische Studien und Kritiken*
TTijd	*Theologisch Tijdschrift*
TTZ	*Trierer Theologische Zeitschrift* (Trier)
TV	*Theologia Viatorum*
TZ	*Theologische Zeitschrift* (Basel)
TZT	*Tübingen Zeitschrift für Theologie* (Tübingen)
VC	*Vigiliae christianae* (Amsterdam)
VD	*Verbum domini*
VT	*Vetus Testamentum* (Leiden)
WesTJ	*Wesleyan Theological Journal*
WTJ	*Westminster Theological Journal* (Philadelphia)
WW	*Word and World* (St. Paul)
ZEE	*Zeitschrift für evangelische Ethik*
ZKG	*Zeitschrift für Kirchengeschichte* (Stuttgart)
ZKT	*Zeitschrift für Katholische Theologie* (Innsbruck)
ZNW	*Zeitschrift für die neutestamentliche Wissenschaft* (Berlin)
ZST	*Zeitschrift für systematische Theologie*
ZTK	*Zeitschrift für Theologie und Kirche* (Tübingen)
ZWT	*Zeitschrift für wissenschaftliche Theologie*

일러두기

성경 본문에 대한 저자의 사역이 개역개정과 일치하는 경우가 많기에 기본 번역문을 개역개정으로 사용하되 번역이 다른 부분은 원문에 맞추어 수정해두었음.

로마서 주석

V. 두 번째 단락:
화평, 화목, "그리스도 안에 있는" 생명(5:1-8:39)

로마서 본론 중앙부의 두 번째 단락인 5:1-8:39에서 바울은 로마의 그리스도인들에게 편지하면서 그의 관심에서 핵심이 되는 내용을 제시한다. 이 단락의 자료는 고대 권면의 말(λόγος προτρεπτικός)의 두 번째 부분처럼 매우 긍정적인 방식으로 제시된다. 이곳 5:1-8:39에서 바울의 목적은 분명 로마에서 예수를 믿는 신자들에게 그가 1:11에서 "신령한 은사"(χάρισμα πνευματικόν)라고 언급한 것을 주려는 데 있다. 신령한 은사는 2:16과 그다음에 다시 16:25에서 "나의 복음"이라고 언급한, 그가 이방인 선교에서 기독교 복음을 이교도 이방인들에게 상황화하여 선포한 내용의 개요다.

로마의 기독교 공동체는 예수를 믿은 유대인들도 포함하기는 했지만, 대부분이 믿는 이방인들로 이루어졌음이 분명하다. 그래서 바울은 그가 이방인의 사도로서 받은 하나님의 명령의 영역 안에 로마 그리스도인들이 있다고 생각했다. 예수를 주님으로 고백한 로마의 모든 사람은 인종적으로는 혼합되었어도, 중심이 되는 예루살렘 모교회의 유대 기독교 신학과 사고방식 및 종교적 언어에 광범위하게 영향을 받은 것으로 보인다. 그래서 바울은 인종적으로 혼합된 이 그리스도인 공동체에 편지했으며, 그들에게 그의 "신령한 은사"를 주었다. 이 내용을 바울은 이곳 5:1-8:39(이 단락의 윤리적인 결과는 12:1-21과 13:8-14의 일반적인 권면에 제시됨)에서 신학적으로 제시한다. 1:12에서 "이는 내가 너희 가운데서 너희와 나의 믿음으로 말미암아 피차 안위함을 얻으려 함이라"고 말한 것처럼 말이다. 이를테면, (1) 바울은 자신이 이방인 선교에서 경험했고 상황화한 기독교 복음을 로마의 그리스도인 공동체가 더욱 이해하고 경험하도록 교훈하려 한다. (2) 바울은 로마 제국의 서쪽 지역에 있는 다른 이방인들을 위해 그가 제안한 사역에 그들도 기도와 재정적인 지원으로 참여하기를 바란다.

로마서 본론 중앙부의 이 두 번째 주요 단락에서 바울은 계속해서

(1:16-17과 3:21-23에 제시된) "하나님의 의"에 대한 자신의 이해를 선포한다. 바울은 이러한 이해가 적어도 (3:24-26에 인용된) 교회의 초기 신앙고백 자료 중 한 부분에도 들어 있다고 믿었다. 바울은 그 표현이 의로우신 하나님의 속성과 그의 행위의 공의로우심(즉 그 용어의 **속성적인 의미**)을 가리킬뿐더러 믿음으로 받을 사람들에게 주시는 하나님의 의의 선물을 가리키기도 한다(즉 그 용어의 **전달적인 의미**)고 주장한다.[1] 바울은 이 단락에서 유대인들에게 선포된 기독교 메시지에 대한 신약성경의 묘사에 현저하게 등장하는 "회개"와 "죄 사함" 같은 구약의 핵심 주제, 또한 로마서의 첫 번째 단락을 주도했던 "의롭다 하심을 받음", "구속", "화해"("속죄" 또는 "속죄제물") 같은 전통적인 유대교적 그리고 유대 기독교적 구원론 주제들을 넘어, 훨씬 더 인격적이고 관계적이고 참여적인 언어로 다음과 같은 것들에 관해 말한다. (1) "화평"과 "화목"(5:1-11), (2) 아담이 역사에 초래했고 모든 사람이 경험하고 있는 것, 그리고 예수 그리스도께서 모든 사람을 대신하여 행하신 것(5:12-21), (3) 사람들이 "자신의 힘과 노력으로" 삶을 살려고 할 때 영적으로 민감한 모든 사람이 겪는 좌절감, (4) "그리스도 안에" 있음과 "성령 안에" 있음, (5) "그리스도께서 그의 영으로 신자들 안에" 거하심, (6) 이 모든 것이 그리스도인이 "성령 안에서" 누리는 새로운 삶에 미치는 중요한 함의들이 그것이다. 바울은 8:31-39에서 이 중요한 신학적 단락을 예수 안에 있는 신자들에게 임하는 하나님의 영원한 사랑에 대한 승리의 진술로 마무리한다. 이러한 환호에는 하나 이상의 초기 기독교 신앙고백에서 유추한 것으로 보이는 여러 진술이 포함되어 있다. 그가 4:25에서 기독교의 신앙고백 진술로 로마서 본론 중앙부의 첫 번째 단락을 마무리했던 것처럼 말이다.

별개이며 독특한 자료 단락인 로마서 5:1-8:39. 로마서 본론 중앙부의 이 두 번째 단락과 첫 번째 단락인 1:16-4:25의 관계는 해석자들에게 지속적인 관심의 대상이 되었다. 바울이 이 두 번째 단락에서 말하는 내용이 첫

---

1) 참조. 롬 5:17. 또한 21절; 6:13, 16, 18, 19, 20; 8:10도 보라.

번째 단락에서 제시한 내용을 발전시킨다는 사실을 고려하면, 그러한 전개를 이해하는 일반적인 방법은 1:16-4:25을 "칭의"(즉 그것의 필요성과 하나님이 그것을 제공하심 모두)에 관한 것으로 보고 5:1-8:39을 "성화"에 관한 것으로 보는 것이었다.[2] 이 두 단락은 강조나 표현 양식은 다르지만, 어느 정도 비슷한 사상을 제시한다고 볼 수도 있다. 첫 번째 단락인 1:16-4:25에서는 사법적·법정적인 용어가 사용되었고, 두 번째 단락인 5:1-8:39에서는 관계적·인격적·참여적 언어가 사용되었다.[3] 쟁점들은 복잡하기에 톺아봐야 한다. 우리가 형식과 구조 문제들을 다루고, 그다음에 바울이 제시한 것의 중요한 석의적·주제적 특징을 설명할 때 이렇게 할 것이다.

많은 주석가들이 1:16-4:25을 5:11까지 지속되는 것으로 이해했다.[4] 개중에는 이 단락이 5:21까지 지속된다고 여기는 사람들도 있다.[5] 하지만 오늘날 대부분의 학자는 5:1-8:39을 구별되고 독특한 자료 단락으로 보고 있다.[6] 다음과 같은 까닭에서다.

1. 4:1-25의 "성경으로부터의 증거"인 아브라함의 예는 1:16-3:31에서

2) 예를 들어, Cranfield는 "Preaching on Romans," in *On Romans*, 77에서 이렇게 말한다. "8:1-16은 신자들의 성화에 역사하시는 성령에 관해 말한다." Harrison과 Hagner, "Romans," 87도 주목하라. Harrison과 Hagner는 바울의 전치사 사용에 근거하여 이러한 특징을 주장한다. "로마서 5장은 신자들을 위해 그리스도와 그분의 구원 사역을 통해 행해진 일을 강조한다(5:1-2, 9-11, 17-19, 21; 비교. 3:24). 반면에 6장에서 바울은 그리스도와 함께 신자들에게 발생한 사건(6:4-6, 8)과 그들이 그리스도 안에서 향유하는 것(6:11, 23)을 다룬다. 더욱이 성화(또는 거룩함)가 처음 출현하는 곳은 5장이 아니라 6장(19, 22절)이다. 그럼에도 5장(특히 12-21절)은 6-8장을 준비하기에 어느 정도 전환하는 장에 속한다."

3) 예. Barrett, *Romans*, 108: "칭의와 화목은 같은 사실을 묘사하는 다른 은유들이다. '화목하다'라는 동사의 의미는 '원수'라는 명사로 결정된다. 화목은 '원수 됨'을 종식한다. 마치 '의롭게 하다'가 법적인 논쟁을 종식시키는 것처럼 말이다."

4) 예. M. Luther(루터는 5:12-21을 추기로 보았다), P. Melanchthon, T. Zahn, F. J. Leenhardt, M. Black, 그리고 J. A. T. Robinson.

5) 예. J. Calvin, U. Wilckens, O. Kuss, F. F. Bruce, J. D. G. Dunn 그리고 E. F. Harrison and D. A. Hagner. 이들은 종종 1:18-3:20을 "구원의 필요성" 또는 "인간의 곤경"으로 언급하고, 3:21-5:21을 "칭의" 또는 "의의 주입"으로, 6:1-8:39을 "칭의"나 "의의 전가"로 언급한다.

6) 예. H. Schlier, A. Nygren, O. Michel, C. H. Dodd, N. A. Dahl, C. E. B. Cranfield, E. Käsemann, J. A. Fitzmyer, D. J. Moo.

긍정적으로나 부정적으로 제시한 모든 내용에 대한 적절한 결론으로 여겨진다.

2. 5:1의 진술은 1:16-4:25의 주장을 요약하고("우리가 믿음으로 의롭다 함을 받았으니") 5:2-8:39에서 이어지는 내용을 준비하는("우리 주 예수 그리스도로 말미암아 하나님과 화평을 누리자[또는 "우리에게는 있다"]") 문학적인 경첩으로 간주된다.
3. 5:1-11에 있는 자료는 (5:1 진술의 역할을 이어가는) 전환적인 본문으로, 그리고 5:12-8:39에서 이어지는 모든 내용에 대한 논제로 기능한다.
4. 5:1-11에 있는 여러 주제는 8:18-39에서 다시 다루어져, 약간의 수사적 수미상관 또는 "반지 구성" 유형을 이룬다. 특히 "소망"(5:2과 8:20-25), "하나님의 영광이 계시됨"(5:2과 8:18-21), "고난을 자랑함"(5:3과 8:35-37) 그리고 "그리스도를 주심으로써 표현된 하나님의 사랑"(5:5과 8:31-39)과 같은 주제들이 그러하다.[7)]
5. 단어 고리는 ("믿음"과 "믿다"가 31번 등장하는) 명사 δικαιοσύνη("의")와 명사 πίστις("믿음"/"신실함") 및 동사 πιστεύω("믿다")가 두드러지는 1:16-4:25에서 명사 ζωή("생명")와 동사 ζάω("살다")의 다양한 분사 형태를 강조하는 5:1-8:39으로 넘어간다("생명"과 "살다"라는 표현이 이 단락에서 24번 등장한다). 이 두 번째 단락의 여덟 절에는 δικαιοσύνη("의")도 등장하며, 이 경우 이 단어는 늘 전달적 의미로 사용되었다.[8)]
6. 어조는 1:16-4:25의 논쟁적인 어조에서 5:1-8:39의 좀 더 인격적인 신앙고백적 어조로 바뀌었다.[9)] 이 신앙고백적 문체는 5:1-11, 6:1-7:7a, 8:22-39에서 아주 빈번하게 1인칭 복수 "우리"로 표현되었다(7:7b-25과 8:18에서는 1인칭 단수 "내가"로도 등장한다).

---

7) 참조. Dahl, "Missionary Theology," in his *Studies in Paul*, appendix I, 88-89.
8) 앞에서 주목했듯이, 5:17, 21; 6:13, 16, 18, 19, 20; 8:10.
9) 이와 같은 신앙고백적 문체의 유일한 예외는 5:12-21의 "근본적인 이야기"를 다시 이야기하는 경우다.

7. 5:1-8:39 내내 반복되는 후렴구 διὰ τοῦ κυρίου ἡμῶν Ἰησοῦ Χριστοῦ("우리 주 예수 그리스도로 말미암아") 또는 이와 의미가 같은 표현인 ἐν Χριστῷ Ἰησοῦ τῷ κυρίῳ ἡμῶν("그리스도 예수 우리 주 안에서/말미암아")이 등장하는데, 이것은 5:1과 8:39에서만 수미상관을 표시할 뿐만 아니라, 보다 넓은 이 단락에 있는 몇몇 중요한 부분의 끝부분(5:11, 5:21, 6:23, 7:25)에서 4번 더 등장한다.

주석가들은 일반적으로 두 번째 이 주요 단락에 있는 자료들의 다른 언어 고리, 특정한 후렴구나 어떤 주제들의 수미상관적 특성, 다양한 구성적 구조, 또는 다른 어조나 문체에 그렇게 많은 관심을 보이지 않았다. 이러한 형식적인 특징들은 순전히 상황적 특성으로 여겨졌고, 그런 것이 존재한다는 사실로부터 어떠한 추론도 하지 않았다. 하지만 우리가 믿기에, 형식적인 패턴과 구성적인 구조(그것이 동일하든지, 비슷하든지, 아니면 다르든지)는 로마서의 다양한 단락들 간에 존재하는 관계를 표시하는 데 있어 매우 중요하며, 이곳 로마서 본론의 중앙부의 첫 번째 단락과 두 번째 단락을 관련시키고, 그래서 각각의 단락을 해석하는 적절한 문맥을 제공한다는 점에 있어 특히 그러하다. 그러므로 이어지는 내용에서, 형식과 구조의 문제는 바울이 5:1-8:39에서 쓴 내용을 이해하는 적절한 상황을 제공한다는 면에서 대단히 중요한 것으로 여겨질 것이다.

성경이 간헐적으로 인용되어 구별되는 로마서 5:1-8:39. 1:16-4:25에는 8-9곳에서 15-18개의 성경 인용이 등장하지만, 이곳 5:1-8:39에는 겨우 2개만 등장한다. 더욱이 이 성경 인용은 어느 정도 지나가는 말로만 사용되었을 뿐이다. 7:7에는 출애굽기 20:17과 신명기 5:21에서 "탐내지 말라"는 열 번째 계명이 예시적으로 인용되었으며, 8:36에는 시편 44:22을 사용한 초기 기독교의 신앙고백 자료로 보이는 것이 인용되었다.[10] 사실 나중에

10) 참조. R. N. Longenecker, "Prolegomena to Paul's Use of Scripture in Romans," 특히, 146-47, 158-67; 또한 "Paul and the Old Testament," in 같은 저자, *Biblical Exegesis*, 2nd ed.,

논의될 이 본문들에 대해 미리 말하자면, 5:1-8:39에서 이렇게 성경을 드물게 사용한 것은 1:16-4:25에서 바울이 사용한 성경과 관련하여 관찰할 수 있는 내용과 다를뿐더러, 9:1-11:36(25곳에서 구약 인용이 약 30번 이루어짐)과 12:1-15:13(10번의 구약 인용)의 성경 사용과도 다르다.

7:7과 8:36에 등장하는 2개의 성경 인용은 사실 바울이 앞서 인용한 전통적인 자료에 포함되었던 성경 본문과 매우 유사한 것처럼 보인다. 사도는 다음과 같은 목적이나 이유로 성경을 인용한다. (1) 어떤 일반 진술을 특별한 방식으로 예증하려고 했거나, 또는 (2) 성경 본문이 그가 인용한 신앙고백 내용에 포함되어 있었기 때문이다. 하지만 두 인용은 바울이 일찍이 1:16-4:25에서 그의 수신자들과 공통성이라는 교량을 구축하거나 그의 논쟁을 뒷받침하기 위해 성경을 인용했던 것처럼 기능하지는 않는다.

바울의 해석자들은 5:1-8:39에 상대적으로 성경 인용이 적다는 사실과 1:16-4:25(또한 9:1-11:36, 12:1-15:13까지)에 성경 인용, 암시, 경구 등이 광범위하게 사용되었다는 사실 사이에 있는 이러한 차이에 대해 통상적으로 특별한 관심을 두지 않았다. 뿐만 아니라 바울이 로마에 보낸 편지의 네 핵심적인 단락에 있는 성경 인용, 암시, 경구들의 다양한 기능 간의 차이, 특히 그런 기능들이 5:1-8:39에 상대적으로 결여되어 있다는 사실에 대해서도 관심을 두지 않았다. 하지만 이러한 차이가 인정되는 곳에서 그 차이들은 종종 (1) 무분별한 바울주의자에 의해 나중에 삽입된 것으로, 또는 (2) 바울 사상의 모순을 반영하는 것으로 여겨지곤 했다. 또는 이러한 차이는, 5:1-8:39에 기록된 것과 1:16-4:25 및 9:1-11:36에 지금 등장하는 자료들 사이에 (바울의 성경 사용과 비사용을 비롯한) "수사학적인 차이"에 근거하여 로빈 스크로그스(Robin Scroggs)가 제안했듯이, 바울의 서로 다른 두 가지 설교를 대표하는 것으로 이해되곤 했다. 하나는 원래 지금 1-4장과 9-11장에 있는 자료들로 구성되었지만 어떤 이유로 동떨어져 배치되었던, 유대인 청중을 위한 설교이고, 다른 하나는 지금 5-8장에 있는 자료들로서 어떤 이유로

88-116도 보라.

1-4장과 9-11장 사이에 삽입된, 이방인 청중을 위한 설교다.[11]

이보다 더 개연성이 있는 견해는 이것이다. 바울이 5:1-8:39에서 제시하는 내용이, 그가 일찍이 편지의 감사 단락에서 로마의 수신자들에게 그들을 견고하게 하려고 주는 그의 "신령한 은사"(1:11)로 언급했던 것이라고 타당하게 주장할 수 있다. 다시 말해 그것은 바울이 그의 이방인 선교에서 이교도 이방인들에게 습관적으로 선포했던 기독교 메시지의 형식으로서, 그가 2:16과 16:25에서 "나의 복음"이라고 불렀던 것이다. 반면에, 앞선 자료인 1:16-4:25은 부정적인 형식에서나 긍정적인 형식에서 바울이 예수를 믿는 모든 유대인 신자들에 의해 공유되었다고 알았던 기독교적 선포의 형식으로 이해되어야 한다.[12] 1:16-4:25을 면밀히 읽음으로써 상정할 수 있듯이, 이 유대 기독교적 선포의 형식은 (1) "하나님의 의", (2) "모세 오경과 구약 예언자들의 증거" 그리고 (3) "칭의", "구속", "화해"("속죄" 또는 "화목제물")와 같은 전통적인 유대교적 특징을 강조하며, 이스라엘의 메시아이신 예수나 한 개인의 적절한 반응인 믿음에만 관심을 집중하려 한다. 예수를 믿는 유대인 신자들은 이 문제가 그들의 구약성경에 내재하는 것으로 이해했다. 더욱이 자신들의 기독교적 헌신을 유대 기독교적 방식으로 이해하는 로마의 그리스도인들은 (1) 모세 율법을 이스라엘 나라를 위해 하나님이 정하신 "교사"로 존중했으며, (2) 하나님이 아브라함에게 하신 약속이 예수의 사역과 교회의 메시지에서 성취되었다고 선포했고, (3) 성경을 그리스도 중심적으로 읽음으로써 예수가 하나님의 약속된 메시아라는 그들의 선포를 뒷받침했으며, (4) 예루살렘 교회의 전통을 소중히 여겼다. 바울은 초기 기독교적 확신의 이러한 형식에 본질적으로 동의했던 것 같다. 또한

11) Scroggs, "Paul as Rhetorician," 271-98.

12) 바울은 갈라디아에 있는 그의 개종자들에게 쓴 편지의 제시부의 서론적 진술에서 기독교 복음에 대해 비슷한 이해를 선언한다. "우리는 본래 유대인이요 '이방 죄인'이 아니로되, 사람이 의롭게 되는 것은 율법의 행위로(ἐξ ἔργων νόμου) 말미암음이 아니요, 오직 예수 그리스도를 믿음으로(또는 예수 그리스도의 신실함으로) 말미암는 줄(διὰ πίστεως Ἰησοῦ Χριστοῦ) 알므로 우리도 그리스도 예수를 믿나니 이는 우리가 율법의 행위로써가 아니고 그리스도를 믿음으로써 의롭다 함을 얻으려 함이라"(갈 2:15-16a).

그는 기회만 있었다면 기독교적 메시지를 친히 이런 방식으로 제시했을 것이다. 하지만 바울이 로마에 있는 그의 그리스도인 수신자들이 알고 경험하기를 바랐던 것은 이러한 모든 것 이상이었다. 그는 수신자들이 그들의 삶에서, 그가 그리스-로마 제국의 동쪽 지역에 있는 이방인들에게 더욱 인격적으로, 이성적으로, 참여적으로 "상황화했"고 알았던 기독교 복음의 메시지를 이해하고 경험하기를 원했다.

5:1-8:39에 나타난 서신적, 수사학적, 구전적 관습들. 당대의 다양한 구전 및 수사학적 관습들과 당시 유행하던 몇몇 편지의 특성이 5:1-8:39에 존재한다는 사실 역시 본문 해석에 중대한 의미를 지닌다.[13] 로마서 이 단락에 있는 십여 개의 이러한 표현은 고대의 **편지 관습**들로 밝혀졌다. 다음과 같은 내용이 포함되어 있다. (1) τί οὖν ἐροῦμεν("우리가 무슨 말을 하리요")에서처럼 "말과 관련한 동사들"(6:1, 15; 7:7; 8:31), (2) γινώσκουσιν γὰρ νόμον λαλῶ("내가 법을 아는 자들에게 말하노니")에서처럼 "말과 관련한 동사들"(7:1), (3) 동사 ἀγνοεῖτε("너희가 알다", 6:3; 7:1), οἴδατε("너희가 알다", 6:16) 또는 οἴδαμεν("우리가 알다", 7:14; 8:22, 28)을 사용하는 다양한 "공개 공식들", (4) 호격 명사 ἀδελφοί("형제자매 여러분", 7:1, 4; 8:12), 그리고 (5) πέπεισμαι γὰρ ὅτι("내가 확신하노니", 8:38)와 같은 "확신 공식" 등이다. 하지만 대부분의 이 표현들은 지금 통용되는 편지 관습보다는 과거에 유행했을 독특한 수사적 설득 양식과 더 관련이 있다. 따라서 이 표현들은 어떤 질문을 소개하거나 7:7과 8:36에 인용된 2개의 성경 본문을 소개하는 기능을 하는 것으로 이해되어야 할 것 같다.

하지만 7:1의 도입부에 등장하고 7:4의 되풀이되는 부름에도 내포된 표현인 7:1의 "공개 공식" ἀγνοεῖτε("너희가 알다")와 7:1의 호격 ἀδελφοί("형제자매 여러분"), 7:1의 γινώσκουσιν γὰρ νόμον λαλῶ("내가 법을 아는 자들에게 말하노니")라는 진술에 들어 있는 "말과 관련한 동사", 그리고 7:4의 소유

---

13) 구전적·수사적·서신적 관습들에 대한 광범위한 논의는 R. N. Longenecker, *Introducing Romans*, 6장, 164-229을 보라.

격을 동반한 호격 ἀδελφοί μου("나의 형제자매 여러분")는 모두 엄밀히 말해 편지 형식으로 볼 수 있다. 더욱이 6:3, 6:16, 7:14, 8:22, 8:28에 등장하는 공개 공식들도 편지 형식으로 분류될 수 있을 것이다.[14)] 그러나 이 표현은 종종 편지의 논의를 중단하는 곳이나 전환점에 등장하는 반쯤 또는 온전한 서간체적 표현이며, 그래서 일종의 사상의 전환을 표시하는 기능을 한다고 이해된다. 둘 중 하나다. (1) 동일한 논증의 어떤 특징에서 다른 특징으로의 전환이든지, (2) 한 중요한 논의에서 다른 중요한 논의로의 전환이든지 말이다.

그런데 이보다 더 중요한 것은 이 단락에 반영된 **수사적 관습**이다. 수사적 관습은 사도의 논증에서 다양한 움직임을 매우 분명히 밝히고 표시하는 기능을 한다. 이 수사적 현상들이 더욱 분명하게 드러나는 예들에는 다음과 같은 것들이 있다.

1. **전환**(*Transitio*, 즉 앞에서 논의한 것을 상기시키고 이어지는 내용을 제시하는 진술이나 문단). 5:1의 문장은 확실히 전환 어구다. 하지만 5:1-11의 자료가 다 이런 방식으로 기능하는 것 같다.
2. **확장된 대용**(*Extended Anaphora*, 다른 단락의 자료에 의해 중단된 논의를 재개하는 곳에 있는 단어나 표현의 반복). 5:1-5의 논의를 시작하고(5:6-8에서 바울이 말하거나 인용하는 것에 의해 뒷받침을 받는) 5:1의 δικαιωθέντες οὖν("그러므로 의롭다 하심을 받았으니")이라는 어구와 그다음에 5:9-11의 동일한 논의를 다시 시작하고 전개하는 곳에서 등장하는 5:9의 δικαιωθέντες οὖν("이제 의롭다 하심을 받았으니")은 확장된 수사적 대용의 예일 가능성이 매우 크다.
3. **수미상관**(*Inclusio*, 제시된 자료의 틀을 이루는 비교적 짧은 단위의 본문의 시작과 끝에 놓여 있는 유사한 진술이나 어구 또는 절). 5:1b, 11, 21, 7:25에 등장하는 반복되는 후렴구인 "우리 주 예수 그리스도로 말미암아"(διὰ

14) 11:25에 분명하게 사용된 서간체적 "공개 공식"도 참조하라.

τοῦ κυρίου ἡμῶν Ἰησοῦ Χριστοῦ)는 6:23과 8:39의 비슷한 표현인 "우리 주 예수 그리스도 안에서/에 의해"(ἐν Χριστῷ Ἰησοῦ τῷ κυρίῳ ἡμῶν)와 더불어, (아래에서 다시 다룰 구전적 관습에서 주목하게 되듯이) 5:1에서 시작하고 8:39에서 끝나는 전 단락의 틀을 이룰뿐더러, 단락 안에 있는 자료의 중요한 네 단위들(5:11, 5:21, 6:23, 7:25)을 깔끔하게 마무리하기도 한다.

4. **쉰크리시스**(*Synkrisis*, 즉 부각되는 결점이나 장점을 가진 인물, 대상, 사물의 비교). 로마서에서 쉰크리시스의 탁월한 예는 5:12-21에 있다. 여기서 바울은 그리스도께서 그의 순종으로 이루신 것과 아담이 그의 불순종으로 인해 가져온 영향을 두드러진 방법으로 제시한다.
5. **엔튀메메**(*Enthymeme*, 불완전하거나 압축된 삼단논법. 이 논법의 전제에는 성품[에토스], 감정[파토스], 또는 이성[로고스]의 특징이 포함될 수 있지만, 그 결론은 반드시 청중이나 수신자들에 의해 보충되어야 한다). 이 수사학적 관습이 6:1("우리가 은혜를 더하게 하려고 죄에 거하겠느냐?"), 6:2("[죄에 대하여 죽은] 우리가 어찌 그 가운데 살리요?"), 6:15("우리가 법 아래에 있지 아니하고 은혜 아래에 있으니 죄를 지으리요?"), 7:7("율법이 죄냐?") 등 질문에 분명하게 포함되었다. 6:1, 6:15, 7:7의 세 질문으로써 각각의 질문은 제시된 내용의 주요 부분을 강조하며, 6:2은 6:1의 첫 번째 질문을 확장한다.
6. **파라데이그마**(*Paradeigma*, 본받든지 피해야 할 패턴이나 모범을 제공하는 이야기 또는 긍정적이든지 부정적이든지 어떤 예의 용례에 근거한 논증). 내러티브의 "나"(ἐγώ)를 인칭적인 용어로 이해하든지(즉 바울의 과거나 현재의 경험을 언급하는 것으로), 아니면 금언적인 용어로 이해하든지(즉 인류의 경험을 일반적으로 언급하는 것으로) 간에, 7:7-25에서 말하는 죄와 좌절과 무능력에 관한 이야기는 이 점에 비추어 수사적으로 이해되어야 할 것 같다.

이 단락에 제시되었다고 생각되는 고대 세계의 다양한 구전 관습들도 중요하다. 그 구전 현상들 중 5:1-8:39에서 가장 잘 감지되는 것은 다음과 같다.

1. **청각적 지향성**(즉 비슷하게 소리 나는 단어와 어구의 반복). 분명 이 관습은 이미 말한 것을 이해하고 기억하는 것을 돕는 장치로 사용되었을 것이다. 두드러진 예가 그리스 낱말 μ와 α로 끝나는 일련의 명사를 사용한 5:12-21에 등장한다. 아담의 τὸ παράπτωμα("범죄", 15, 16, 18, 20절), 예수 그리스도로 말미암은 χάρισμα("은혜", 15, 16절), 아담의 죄로 야기된 κρίμα("심판" 또는 "타락", 16절), 죄에 대한 κατάκριμα("하나님의 심판", 16, 18절), 의롭다 하시는 δώρημα("하나님의 선물", 16절과 15절에 암시됨), "영생"으로 인도하는 δικαίωμα(문자적으로, "의롭다는 결정"; 여기서는 δικαίωσις, "의롭다 함"과 δικαιοσύνη, "의"와 동등한 의미로 사용되었음; 16절. 참조. 21절). 약간 작은 규모에서는, 5:1-11의 좀 더 큰 단락에 삽입된 자료로 보이는 5:6-8의 네 절이 각각 동사 "그[그리스도]가 죽으셨다"는 형식으로 끝난다: ἀπέθανεν…ἀποθανεῖται…ἀποθανεῖν…ἀπέθανεν. 이러한 청각적 특성들은 이런 특성이 발견되는 부분들, 즉 가장 두드러지게는 5:12-21과 5:6-8에서 다음과 같은 점을 암시하는 것 같다. 곧 그 부분들이 (1) 초기 교회에서 초기 기독교 신앙고백에 속한 부분이거나 바울이 이방인 선교를 하는 동안 그의 구두 설교에서 기원했으며, (2) 사도에 의해 의식적으로든지 무의식적으로든지 이러한 원래의 구전적인 독특한 특성을 온전히 유지한 채 로마의 그리스도인들에게 보낸 편지에 삽입되었다고 이해해야 한다고 말이다.
2. **진술, 문장, 어구, 단어의 틀 구성하기**(즉 진술이나 문장, 어구나 단어가 비교적 짧은 단위로 된 본문의 도입부와 끝부분에 등장하여 제시된 자료의 틀을 구성하는 유사한 언어학적 현상들). 5:1-11과 8:18-39에 비슷한 주제

와 병행적 특징이 있기 때문에,[15] 많은 사람이 이 부분을 고대 수사학자들이 수미상관이라고 일컫는 것을 나타내는 것으로 이해한다. 그렇게 이것은 5:1부터 8:39에 이르는 자료들의 독특한 단위를 이루는 외형적 틀을 구성한다. 앞에서 주목했듯이, 이와 마찬가지로 이 네 장 전체에는 "우리 주 예수 그리스도로 말미암아"라는 반복되는 후렴구가 등장한다. 단지 사용된 전치사(διά 또는 ἐν)와 전치사 다음에 이어지는 어구의 격에(특정한 전치사의 지배를 받아서) 약간의 차이가 있을 뿐이다. 이 후렴구는 전체 단락의 시작과 끝인 5:1과 8:39에서 발견되어 이 네 장 안에 있는 모든 자료의 수미상관으로 기능할 뿐만 아니라, 이 단락 안에 있는 4개의 주요 단위의 끝인 5:11, 5:21, 6:23, 7:25에서도 등장한다.

3. **공식적인 신앙고백 자료들**(즉 원래 구전이었을 것으로 추정되며 전체로든지 부분적으로든지 신약성경의 여러 저자에 의해 그들의 글에 전략적인 위치에 놓이게 된 것으로 보이는 초기 기독교의 신앙고백 자료들). 청각적 지향성에 관해 지적했던 부분에서 살펴보았듯이, 5:6-8의 진술들은 이러한 초기 기독교의 신앙고백 자료를 반영하는 것 같다. 마찬가지로, 8:31-39의 서정적이고 거의 공격적인 천명에 사용된 많은 표현들 역시 초기 기독교의 신앙고백 자료에서 온 것으로 보인다.[16] 이 표현들은 사도가 일찍이 4:25에서 첫 번째 단락을 마무리하(고 11:33-36에서 다시 세 번째 단락을 마무리하)듯이, 이 두 번째 단락을 극적으로 마무리한다.

5:1-8:39 구조에 대한 요약. 이 두 번째 단락 전체에 등장하는 수사적 관습

15) Dahl, "Missionary Theology," 88-89에서 이렇게 말한다. "롬 5:3-4의 절정의 고리와 롬 5:7을 차치하더라도, 롬 5:1-11의 모든 주요 주제들이 롬 8장에 다시 등장한다. 현재의 고난에도 불구하고 미래의 구원과 영광의 소망의 근거로서 의롭다 함을 받음과 하나님과의 회복된 관계, 성령의 은사, 그리스도의 죽음, 이러한 소망의 보증인 하나님의 사랑, 그리고 높아짐 등이다."

16) R. N. Longenecker, *New Wine into Fresh Wineskins*, 19.

과 구전적 관습, 그리고 어떤 서간체적 특성, 단어 고리, 성경의 사용(또는 사용하지 않음)에 근거하여, 다음과 같은 문제들을 적시할 수 있다.

1. 5:1-8:39은 바울이 로마에 있는 그리스도인들에게 보낸 편지에서 다른 단위와 구별되고 특징이 있는 자료 단위를 형성한다.
2. 로마서 본론 중앙부의 이 두 번째 단락은 여러 면에서 그보다 앞에 있는 첫 번째 단락과 다르고 이어지는 나머지 두 단락과도 다르다.[17)]
3. 이 두 번째 단락 안에 있는 자료의 하위 단락은 틀을 구성하는 기술 또는 수미상관, 호격의 사용, 말과 관련된 동사의 사용, 다양한 공개 공식들 그리고 수사적 질문의 사용과 같은 서간체적·수사학적·구전적 관습의 등장에 의해 매우 쉽게 결정될 수 있다.

더욱이 대다수의 자료가 틀림없이 경건 생활과 선포의 구전적인 환경에서 기원했음을 암시하는 5:1-8:39이 대부분 바울 당대의 수많은 구전과 수사적 관습을 반영하지만, 7:1-6은 좀 더 서간체적 형식으로 시작한다. 따라서 그 자료는 편지에서 유래했으며, 로마서가 기록될 때 저자에 의해 작성되었다고 주장할 수 있다. 다시 말해서, 바울은 두 번째 단락의 내용을 직접 썼고, 이 자료를 그가 이방인들에게 상황화한 선포의 간결한 형식에 삽입했다. 바울은 이 내용을 그의 이방인 선교 중에 이방인들에게 제시했으며 지금 로마에 있는 그의 그리스도인 수신자들에게 쓴 편지로 보내고 있다.

그러므로 이 두 번째 단락의 구조는 중요한 문단을 중심으로 다음과 같이 이해하는 것이 가장 좋을 것 같다.

---

17) Becker는 "로마서 5-8장"이 이보다 앞에 있는 네 장과 이후에 이어지는 장들과는 "매우 다른 특성"을 지녔다고 말했다(참조. Beker, *Paul the Apostle*, 85). 그런 후 그는 그러한 관찰을 강조하려고 이렇게 다시 서술했다. "5-8장이 다르다는 점에 대해서는 의문의 여지가 있을 수 없다"(85).

1. 5:1-11의 "화평"과 "화목"에 관한 전환 본문과 논제 본문.
2. 5:12-21에서 예수 그리스도가 이루신 것과 아담이 가져온 결과를 비교한 기초적인 내러티브.
3. 그리스도의 사역의 함의를 다룬 세 질문과 중간에 삽입된 예시와 진술.
   질문 1: "은혜를 더하게 하려고 죄에 거하겠느냐?"(6:1-14)
   질문 2: "우리가 법 아래에 있지 아니하고 은혜 아래에 있으니 죄를 지으리요?"(6:15-23)
   모세 율법의 권위의 범위에 관한 중간에 삽입된 예시와 율법에서 해방된 그리스도인의 자유에 관한 진술(7:1-6)
   질문 3: "율법이 죄냐?"(7:7-13)
4. 7:14-25의 자신의 삶을 "혼자 힘으로 살아가는" 사람의 비극적인 곤궁에 관한 독백.
5. 8:1-17의 "그리스도 예수 안에" 있기에 "성령 안에" 있는 사람에게 정죄함이 없고 새 생명이 주어졌다는 선언.
6. 8:18-30의 성령 안에 있는 새 생명: 개인적이기도 하고 보편적이기도 하며, 현재적이기도 하고 미래적이기도 하며, 고난의 삶이기도 하고 영광의 삶이기도 함.
7. 초기 기독교 신앙고백 자료가 포함된 8:31-39에서 언급한 그리스도 안에 있는 사람에 대한 하나님의 신원하심과 돌보심과 영원한 사랑.

5:1-8:39 자료의 특성에 관한 우리의 논지. 우리는 논지는 이것이다. 로마서 5:1-8:39에서 바울은 기독교 복음의 기본적인 특성을 제시했다. 그는 자신의 이방인 선교 기간에 유대교적 유산이나 성경의 교훈을 받지 못한 사람들에게 그 메시지를 상황화하여 전했다. 5-8장에서 특히 부각되는 것은 다음과 같은 주제들이다. (1) 하나님과의 화평, (2) 하나님의 사랑과 은혜, (3) 하나님과 화목하게 됨, (4) 죄와 사망에서의 해방, (5) 생명의 선물, (6) 그리스도 안에 있음, (7) 성령 안에 있음, (8) 그리스도의 사랑에서 끊을 수

없음, 그래서 하나님의 사랑과 보호에서도 끊을 수 없음. 이 주제들은 유대교 성경(구약)에 기록되었듯이, 하나님이 과거에 이스라엘을 돌보심에 유비적으로 근거했을 수 있다. 하지만 이 주제들은 구체적인 성경 본문으로 직접 이방인들에게 제시될 수는 없었다. 또한 유대인의 성경에서 본문을 인용하는 것이 이교도 이방인들에게 의미도 없을뿐더러 공감을 얻지 못했던 것으로 보인다. 오히려 5:1-8:39에 표현된 "화평", "화목", "그리스도 안에" 있음과 "성령 안에" 있음, 그리고 "그리스도가 그의 영으로 말미암아" 그리스도인 안에 내주해 계심을 강조한다. 이 내용은 성경의 확증을 받지만, 주로 (1) 바울이 높임을 받으신 그리스도를 다메섹 도상에서 만난 것과 (2) 바울이 예수 그리스도로 말미암아 하나님과 영적 경험을 계속했다는 사실에서 기원했다. 그래서 바울은 개인적인 만남과 계속된 영적인 관계에 근거하여 이 주제들을 그의 사역 중에 이교도 이방인들에게 선포했다.

1. "화평"과 "화목"에 관한 전환 본문과 논제 본문(5:1-11)

번역

5:1그러므로 우리가 믿음으로 의롭다 하심을 받았으니, 우리 주 예수 그리스도로 말미암아 하나님과 화평을 누리자. 2또한 그로 말미암아 우리가 믿음으로 서 있는 이 은혜에 들어감을 얻었으며 하나님의 영광을 바라고 즐거워하느니라. 3다만 이뿐 아니라 우리가 환난 중에도 즐거워하나니, 이는 환난은 인내를, 4인내는 연단을, 연단은 소망을 이루는 줄 앎이로다. 5소망이 우리를 부끄럽게 하지 아니함은 우리에게 주신 성령으로 말미암아 하나님의 사랑이 우리 마음에 부은바 됨이니,

6왜냐하면 "우리가 아직 연약할 때에 기약대로 '그리스도께서 경건하지 않은 자를 위하여 죽으셨도다.'

7의인을 위하여 죽는 자가 쉽지 않고
선인을 위하여 용감히 죽는 자가 혹 있거니와

8우리가 아직 죄인 되었을 때에 '그리스도께서 우리를 위하여 죽으심'으로 하나님께서 우리에 대한 자기의 사랑을 확증하셨느니라."

9그러면 이제 우리가 그의 피로 말미암아 의롭다 하심을 받았으니, 더욱 그로 말미암아 진노하심에서 구원을 받을 것이니! 10곧 우리가 원수 되었을 때에 그의 아들의 죽으심으로 말미암아 하나님과 화목하게 되었은즉, 화목하게 된 자로서는 더욱 그의 살아나심으로 말미암아 구원을 받을 것이니라! 11그뿐 아니라 이제 우리로 화목하게 하신 우리 주 예수 그리스도로 말미암아 하나님 안에서 또한 즐거워하느니라.

본문비평 주

5:1 가정법 ἔχωμεν("가집시다")은 대문자 사본 ℵ* A B* C D(또한 *Byz* K L)와 소문자 사본 33 1175 1739(범주 I), 81 1962(범주 II), 그리고 61^{c} 69 181 436 614 621 630 915 1243 1398 1678 1735 1838 1874 1912 1942 2197 2516(범주 III)의 입증을 받는다. 또한 이 단어는 it$^{b, d, f, g, mon, o}$ vg cop^{bo} arm eth에 반영되었으며, 마르키온acc to Tertullian 오리게네스lat 크리소스토모스 테오도로스 테오도레토스lem 암브로시아스테르에게서 지지를 받는다. 직설법 ἔχομεν("우리에게 있다")은 (F G P Ψ 0220와 더불어) 교정본 대문자 사본 א[1] B[2]와 소문자 사본 1739(범주 I), 256 1506 1881 2127 2464(범주 II), 6 104 263 365 424[c] 459 1241 1319 1573 1852 2200의 지지를 받는다. 그리고 직설법은 it[ar] vg[mss] cop[sa]에도 반영되었다.

가정법 ἔχωμεν이 그리스어 본문 전통과 수많은 고대 역본들, 대부분의 중요한 그리스와 라틴 교부들, 그리고 바로 이전 세대의 대다수 주석가들에게서 강한 지지를 받고 있지만,[1)] 오늘날 대다수의 번역자와 주석가들은 내적인 이유에 근거하여 가정법에 반대 의견을 제기한다. 그들이 본문과 그 문맥을 이해하는 바로는, 바울이 (동사가 가정법인 경우에 그렇듯이) 권면하고 있는 것이 아니라 (동사가 직설법인 경우에 그렇듯이) 어떤 사실을 서술하고 있다는 것이 그 이유다.[2)] 그래서 가정법 ἔχωμεν을 지지하는 많은 사본상의 근거에도 불구하고 오늘날 대부분의 학자는 그 동사가 원래 직설법 ἔχομεν이었다고 이해하며, 그래서 본문을 의롭다 함을 받은 사람들이 "하나님과의 화평"을 소유하고 있음을 선언하는 것으로 읽어야 한다고 생각한다.[3)] 본문 전통에서 직설법이 가정법으로 바뀐 것은 일반적으로 초기의 몇몇 필경사가 그리스어 철자를 발음하면서 오미크론(ο)과 오메가(ω)를 구별하지 못한 데서 비롯되었다고 여겨진다. 그래서 본문의 초기 전달과정 중 어느 때엔가 오미크론이 오메가로 바뀌었다는 견해가 나왔다. 하지만 브루스 메츠거처럼, "바울이 ἔχομεν이라고 구술했을 때, 그의 대필가인 더

---

1) 예. B. Weiss, *An die Römer*, 217; Lightfoot, *Notes on Epistles of St. Paul*, 284; Sanday and Headlam, *Romans*, 120; Lagrange, *Épître aux Romains*, 101; C. H. Dodd, *Romans*, 72; Kuss, *Römerbrief*, 1.201-2.

2) 예. Lietzmann, *An die Römer*, 58; Käsemann, *Romans*, 133; Barrett, *Romans*, 102; Cranfield, *Romans*, 1.257; Wilckens, *An die Römer*, 1.288-89; Moo, *Romans*, 295-96.

3) Aland and Aland, *Text of the New Testament*, 286. (K. and B. Aland가 포함된) 연합성서공회의 후원을 받은 위원회는 GNT[3, 4]와 NA[26, 27]에서 ἔχομεν을 본문으로 확정지었다. 이 비평 본문들은 거의 모든 현대 로마서 주석들의 기초가 되었다. 위원회가 이 본문을 결정한 근거와 관련된 논평에 대해서는 Metzger, *Textual Commentary*, 452을 보라.

디오(롬 16:22)가 ἔχωμεν이라고 기록했을 수도 있다"고 제안하는 사람들도 있다.[4)]

직설법 동사(λογιζόμεθα, "우리가 여긴다", "주장한다") 또는 가정법 동사(λογιζώμεθα, "여기자", "주장하자")에 관한 이 동일한 현상이 일찍이 로마서 3:28b에 등장했다. 하지만 그 본문에서 문제는 직설법 독법을 선호하는 것으로 비교적 쉽게 해결되었다. 3:28b에서는 가정법이 5:1에서보다 사본 전통에서 훨씬 덜 지지받는 까닭이다.[5)] 그러나 이곳 5:1에서 해리슨(E. F. Harrison)과 해그너(D. A. Hagner)는 그 문제를 밝혔고 그들 나름의 해결책을 표현했다. (1) "오메가, 즉 가정법을 지지하는 사본의 증거는 훌륭하다." 그런데 문맥이 직설법인 것으로 인해, (2) "이것은 가장 강력한 가능성이 있는 사본의 증거가 본문의 내적인 논리에 자리를 넘겨주어야 하는 본문비평의 몇 안 되는 본문 중 하나다."[6)]

그렇지만 샌데이와 헤들럼이 가정법 ἔχωμεν이 원본이라고 지지하며 주장했던 것처럼, 그리스와 라틴 본문 전통에 등장하는 "무게감 있는 직접적인 증거를 떨쳐내기가" 매우 어렵다.[7)] 더욱이 아래 "석의와 주해"에서 설명하겠지만, 이와 같은 가정법 형태와 권고로 이해하는 것은 로마서 전체에서 바울이 제시하는 내용의 대체적인 맥락에 매우 잘 어울리며, 물론 그의 편지 본론 중앙부의 첫 번째 주요 단락과 두 번째 주요 단락 간의 관계에 대해 우리가 제안한 이해와도 잘 어울린다.

2절 Τῇ πίστει, "믿음으로"("믿음으로 우리가 들어감을 얻었으며"라는 진술에서)라는 표현은 대문자 사본 א*,2 C P Ψ(또한 *Byz* K L)와 소문자 사본 33 1175 1739(범주 I), 81 256 1506 1881 2127 2464(범주 II), 5 6 61 69 104 181 218 263 323 326 330 365 424c 436 441 451 459 467 621 623 629 630 917 1241 1243 1319 1398 1505 1573 1718 1735 1751 1838 1852 1874 1875 1877

---

4) Metzger, *Textual Commentary*, 452.
5) 본서 3:28b의 "본문비평 주"를 보라.
6) Harrison and Hagner, "Romans," 93.
7) Sanday and Headlam, *Romans*, 120.

1908 1912 1942 1959 2110 2138 2197 2200 2344 2492 2495 2516 2523 2718(범주 III)의 지지를 받는다. 이 어구는 it[ar, b, d2, mon, o] vg syr[p, h, pal] cop[bo]에도 반영되었으며, 오리게네스[lat2/5] 크리소스토모스[1/2]의 지지를 받는다. 하지만 이 어구는 대문자 사본 B D F G 0220과 역본 it[d*, f, g] cop[sa]과 오리게네스[lat3/5] 암브로시아스테르에 생략되었다. 교정되지 않은 시나이 사본(א*)의 지지를 받지만 바티칸 사본(B)에는 생략되었다는 사실에 근거하여 판단할 때, 사본상의 외적 증거는 상당한 균형이 잡혀 있다고 말할 수 있을 것이다. 하지만 본문의 의미는 이곳 5:2에서 τῇ πίστει의 유무에 의해 바뀌지 않는다. 바울은 이미 5:1에서 의롭다 함을 얻는 데 있어 믿음이 필수적이라고 선언했기 때문이다. 따라서 일부 필경사들이 5:2의 τῇ πίστει가 5:1의 ἐκ πίστεως 다음에 불필요하다고 생각해서 단순히 생략했다고 볼 수도 있다. 브루스 메츠거가 말하듯이, 연합성서공회 위원회는 "본문에 이 어구를 유지했지만 꺾쇠 괄호 안에 이 어구를 포함시키는 것을 택했다."[8)]

이문 ἐν τῇ πίστει("믿음 안에서")는 대문자 사본 א[1] A, 소문자 사본 1962(범주 II)와 88 915 1845 2544(범주 III), 불가타 역의 수많은 사본에 등장하며, 크리소스토모스[1/2]의 지지를 받는다. 하지만 이 이문은 "ἑστήκαμεν 다음에 실수로 중복해서 쓴 것에 의해 생겨난 것 같다."[9)]

3절 베자 사본(D 06)은 실명사적 용법으로 사용된 ("이", "이것"이라는 뜻의) 단수 주격 중성 지시대명사 τοῦτο를 οὐ μόνον δέ("다만 이뿐 아니라")에 첨가한다. 그래서 5:3의 도입부를 "그러나 이뿐만 아니라"라고 읽는다. 이 중성 지시대명사의 첨가는 의심할 바 없이 부차적이다. 이로 말미암아 바울이 전달하려는 의미가 분명해지기에 우리의 번역에 반영되었지만 말이다(5:11; 8:23; 9:10에도 이런 용례로 사용됨; 참조. 고후 8:19).

6절 독법 ἔτι γὰρ…ἔτι("[우리가] 여전히 [연약할] 때에")는 대문자 사본 א A C[vid] D*, 소문자 사본 81 256 1506 2127(범주 II), 또 104 263 365 424[c]

---

8) Metzger, *Textual Commentary*, 452–53.

9) Metzger, *Textual Commentary*, 453.

459 1241 1319 1573(범주 III)의 폭넓은 지지를 받는다. 이 독법은 syr[h]와 오리게네스[lat] 마르키온[acc to Epiphanius]에도 반영되었다. 이 독법은 약간은 어색한 구문이다. 주로 ἔτι라는 단어가 반복되는 까닭에서다. 하지만 이 어구를 원본으로 받아들여야 할 것 같다.

다른 사본상의 증거는 ἔτι의 두 용례에서 하나 혹은 다른 것을 생략한다. 분명 같은 단어의 반복을 피하려는 것이다. 예를 들어, (1) ἔτι γὰρ... 생략(즉 이 단어의 두 번째 사용을 생략함). 이 독법은 대문자 사본 D[2] K P Ψ, 소문자 사본 6 1175 1739(범주 I), 1881 1962 2464(범주 II), 6 1912 2200(범주 III)의 지지를 받는다. (2) εἰς τί γὰρ...ἔτι(즉 이 단어의 첫 번째 사용을 생략함). 이 독법은 대문자 사본 F G, 역본 it[ar, b, d, f, g, mon, (o)] vg 그리고 이레나이우스[lat] 암브로시아스테르의 지지를 받는다. 중요한 다른 독법인 εἴ γε...ἔτι("참으로 만일 [우리가] 여전히 [연약하다]면")는 대문자 사본 B, 소문자 사본 945(범주 V), 역본 vg[mss] cop[sa, (bo)] syr[pal], 그리고 아우구스티누스의 지지를 받는다. 이 어구는 브루스 메츠거가 관찰했듯이, "어떤 내재적인 적합성을 소유한다." 비록 "이 독법이 원본이라면, 다른 이문이 발생했을 만한 적절한 까닭이 없었을" 것처럼 보이기는 하지만 말이다.[10)]

7절 부사 μόλις("거의 않다", "겨우")는 그리스어 본문 전통의 강력한 지지를 받는다. 대안적인 부사 μόγις("거의 않다", "굼뜨게", "드물게")는 대문자 사본 ℵ*, 소문자 사본 1739(범주 I), 그리고 오리게네스의 지지를 받고 있다. 두 부사는 거의 동의어다. 따라서 μόλις(추정컨대 원본임)와 μόγις(그 단어의 동의어처럼 보이는 단어) 간 매우 이른 시기에 필경사의 혼동이 있었을 것이다.

8a절 관사를 동반한 ὁ θεός("하나님")라는 표현은 대문자 사본 ℵ A C K P Ψ에는 전치사구 εἰς ἡμᾶς("우리에게") 다음에 포함되었다. 이 표현이 포함되어 전치사구 다음에 위치한 것은 소문자 사본 전통에서도 널리 지지를 받는다. 하지만 이 표현은 대문자 사본 D F G(또한 *Byz* L)와 소문자 사본

---

10) Metzger, *Textual Commentary*, 453.

1241 2197, 그리고 이레나이우스[lat]에서는 εἰς ἡμᾶς 앞에 등장한다. 바티칸 사본(B 03)에 ὁ θεός("하나님")가 생략된 것은 무심코 그랬을 것이다. 원문에 전치사구 εἰς ἡμᾶς 다음에 위치한 ὁ θεός가 포함된 독법이 가장 개연성이 높다.

8b절 대문자 사본 D^1 F G에서는 조건의 불변화사 εἰ("만일")가 ἔτι("동안에") 앞에 등장하며, sy^p과 암브로시아스테르에 반영되었다. 그래서 "만일 우리가 여전히 죄인으로 있는 동안에"라고 읽게 된다. 하지만 이것은 본문 전통에서 매우 빈약한 지지를 받는다. 이러한 독법은 이 구절들에서 주장되고 있는 죄의 보편성을 경시한다.

9절 불변화사 οὖν("그러므로", "결과적으로", "그렇다면")은 대문자 사본 D* F G와 고대 라틴어 역본(it)과 이레나이우스[lat] 암브로시아스테르에 생략되었다. 이 단어가 있음으로써 πολλῷ μᾶλλον("훨씬 더")이라는 관용어적 표현이 허물어지기 때문에 그 단어는 쉽게 생략되었을 것이다. 하지만 οὖν이 원문에 있었다는 것은 그리스어 본문 전통에서 강력한 지지를 받는다.

11a절 5:3에서 단수 주격 중성 지시대명사 τοῦτο가 첨가되었듯이, 이곳에서도 οὐ μόνον δέ("그러나 이뿐 아니라")라는 어구에 τοῦτο가 첨가되어 5:11의 도입부를 "그러나 이것만 아니라"로 읽는다. 지시대명사가 첨가된 것은 분명 문체적인 까닭에서다. 하지만 이로 말미암아 바울이 말하고 있는 의미가 분명해졌다.

11b절 분사 καυχώμενοι("자랑하다, 우리가 자랑하다")는 본문 전통에서 매우 강한 지지를 받고 있으며, 원문을 대표하는 것으로 받아들여져야 한다. 하지만 1인칭 복수 καυχώμεθα("우리가 자랑하다")는 9세기 대문자 사본인 L(020)과 수많은 후기 소문자 사본들의 지지를 받는다. 1인칭 복수 καυχῶμεν은 9세기 대문자 사본인 F (010)와 G (012) 및 후기의 많은 소문자 사본에 등장한다. 이 두 이문은 바울의 습관이 되다시피 한 너무 많은 분사의 사용을 막으려고 시도한 필경사들의 노력일 가능성이 매우 크다. 그래서 필경사들은 바울로 하여금 정동사를 사용하여 좀 더 분명히 말하게

했을 것이다.

11c절 소유격 Ἰησοῦ Χριστοῦ에 Χριστός라는 이름을 포함시킨 것은 대문자 사본 ℵ A C D F G P Ψ(또한 *Byz* K L)와 많은 소문자 사본에서 강력하게 지지받는다. 하지만 4세기의 바티칸 사본(B 03)과 소문자 사본 1739(범주 I)와 1881(범주 III)에는 빠져 있다. 이러한 생략은 아마도 우연일 것이며, 바로 이어지는 비슷하게 소리 나는 δι' οὗ의 중자(重字) 탈락의 결과일 것이다.

형식/구조/상황

로마서 5:1-11에서 바울은 조심스럽게 구성한 자료를 제시한다. 그는 5:1에서 수사적인 전환(*transitio*) 형식을 사용하여 글을 시작한다. 이것은 기원전 1세기에 『헤렌니우스에게 보내는 수사학』(*Rhetorica ad Herennium*)의 익명의 저자에 의해 결정된 관습이다. 그는 전환에 대해 이렇게 진술했다. "앞에서 말한 것을 간략히 상기시키고, 마찬가지로 이어지는 본문에서 다룰 내용을 간단하게 제시하는 것"이라고 말이다.[11] 이 전환적 진술은 1:16-4:25에서 말한 모든 내용을 상기시키며, 5:2-8:39에서 말할 모든 내용을 압축하고, "믿음으로 의롭다 함을 얻음"과 "하나님과의 화평[또는 "온전함"]"은 모두 "우리 주 예수 그리스도로 말미암아" 하나님에 의해 온 것이라고 선언한다.

바울은 5:2-5에서 5:1의 전환 문장을 특히 본문의 마지막 어구인 "우리 주 예수 그리스도로 말미암아"에 초점을 맞추어 상세히 설명한다. 또한 그는 신자들의 삶에 그리스도의 사역을 통해 임한 "믿음으로 말미암아 의롭다 함을 얻음"(1:16-4:25에서처럼)과 "하나님과의 화평[또는 "완전함"]"(5:1-8:39에서처럼)의 중요한 함의를 강조하기도 한다. 그가 먼저 제시하는 것은 그리스도인이 믿음으로 하나님의 은혜에 들어가는 것에 대해 말하는 그리스도 중심적인 천명이다(5:2a). 그는 계속해서 그리스도인들이 새

---

11) *Rhet Her* 4.26.35; 참조. Cosby, "Paul's Persuasive Language in Romans 5," 213; Reid, "Rhetorical Analysis of Romans 1:1-5:21," 94; Jewett, *Romans*, 346.

로 발견한, "하나님의 영광을 바라며 자랑하는" 능력(5:2b)과 "환난 중에도 자랑하는" 능력을 강조한다. 예수 안에 있는 신자들은 환난이 인내를 낳고, 인내는 인격(연단, 개역개정)을, 인격은 소망을 낳는 줄 알고 있기 때문이다(5:3-4). 사도는 예수 안에 있는 신자들의 이 새로 발견된 "소망"이 그리스도의 사역에 근거했을 뿐만 아니라, "하나님이 우리에게 주신 성령으로 말미암아 그의 사랑을 우리 마음에 부으셨기"(5:5) 때문에 임한 것이라고 천명함으로써 분명한 삼위일체 방식으로 이 본문을 마무리한다.

바울은 이와 같은 기독론적·삼위일체론적 주장을 하고 난 다음, 이에 대한 당연한 결론적인 함의와 함께, 초기 기독교 신앙고백 자료에서 끌어낸 것으로 보이는 5:6-8의 매우 균형 잡히고 세심하게 구성한 일련의 진술들로써 그가 앞서 쓴 내용을 뒷받침한다.[12] 전통적인 진술들로 보이는 이 자료들은 (1) 이 각각의 진술들에 등장하는 전치사 ὑπέρ("대신하여"), (2) 4번 반복된 동사 ἀποθνῄσκω("죽다"), (3) 자료의 이 부차적인 단락의 시작과 끝 양쪽에 있는 부사 ἔτι("여전히")에 의해 결합되었다.

이 전환 자료와 논제 자료의 마지막 세 절인 5:9-11에서 바울은 (1) 수사학적 대용 형식(또는 **확장된 대용**으로 부르기도 하는 것)을 사용하여 5:1의 본문을 시작으로 이곳에서 그것을 더욱 발전시키고 있는 "믿음으로 의롭다 함을 받음"이라는 주제를 상기시키며, (2) "작은 것에서 큰 것으로"라는 유형의 주장(즉 그리스의 수사학적 논증의 *a minori ad maius* 유형 또는 유대 해석학의 *qal waḥomer* 형식)을 적용하여 순전히 법정적인 관심에서 좀 더 인격적이고, 관계적이고, 참여적인 문제로 그의 사상이 이동하고 있음을 표시하고, (3) 매우 중요한 용어인 "화목"을 사용하여 "하나님과의 화평"이 의미하는 것이 무엇인지를 분명히 하며, (4) 그가 일찍이 제시했던 "하나님 안에서 자랑함"이라는 주제를 자랑스럽게 알리고, (5) 자주 반복한 후렴구인 "우리 주 예수 그리스도"로써 마무리한다. 이것은 이곳 5:11에서 5:1에 처음 등장

12) 5:6-8에 "초기 기독교 신조로부터의 인용이나 암시"가 등장한다는 논지를 지지하면서 통찰력 있는 주석을 한 Jewett, *Romans*, 346-47을 보라.

한 것과 함께 수미상관을 이루며, 그 후 본질적으로 5:21, 6:23, 7:25, 8:39에서 4번 더 반복된다.

석의와 주해

5:1 오늘날 주석가들 사이에서는 5:1의 자료를 로마서 본론 중앙부의 첫 번째 단락(1:16-4:25) 위에 세워지고 두 번째 단락(5:1-8:39)을 지향하는 전환적 진술로 이해하는 것이 가장 좋다는 것을 점차 인정하는 분위기다.[13] 이렇게 이해하면, 5:1은 (1) "믿음으로 의롭다 하심을 받았으니"(δικαιωθέντες ἐκ πίστεως)라는 표제 아래 1:16-4:25에서 말한 모든 내용을 상기시키며, (2) "하나님과의 화평"(εἰρήνην ἔχομεν πρὸς τὸν θεόν)이라는 제목 아래 5:2-8:39에서 말할 모든 내용을 소개하고, (3) "믿음으로 의롭다 하심을 받은 것"과 "하나님과의 화평" 모두 "우리 주 예수 그리스도로 말미암아"(διὰ τοῦ κυρίου ἡμῶν Ἰησοῦ Χριστοῦ) 하나님에 의해 임한 것임을 단도직입적으로 선언한다.

5:1의 이 문장이나 심지어 (우리가 믿고 있듯이) 5:1-11만 앞에 있는 내용과 이어지는 내용을 잇는 전환적 자료로 이해할 것이 아니라, 어떤 의미에서 바울이 5:1-21 전체를 1:16-4:25에서 6:1-11:36로 이어지는 전환적인 가교로 생각하고 있었다고 제안한 사람들이 있다. 이러한 이해는 닐 엘리어트(Neil Elliott)가 가장 훌륭하게 주장했다.

> 로마서 5장은 로마서의 논증이 전환되는 중심점이다. 이 장은 1-4장에 제기된 신적인 의와 인간의 자랑 간의 적대적 힘을, 그리스도인들로 하여금 "하나님 안에서"(5:11), 구체적으로는 "하나님의 영광"(5:2)을 위한 소망의 태도 안에서 자랑하라는 주장으로 방향을 돌린다. 5:12-21의 기독론으

---

13) 특히 Luz, "Zum Aufbau von Röm 1-8," 178; Dahl, "Missionary Theology," 82, 그리고 추기 I, 88-90; Wilckens, *An die Römer*, 1.286-87; Jewett, *Romans*, 346. 이 논제에 대한 변형에 대해서는 Black, *Romans*, 81; E. P. Sanders, *Paul and Palestinian Judaism*, 486-87; P. M. McDonald, "Romans 5:1-11 as a Rhetorical Bridge," 81-96을 보라.

로의 방향 전환은 로마서 6-11장에 있는 그리스도인의 "자랑"의 확장을 위한 묵시적이고 하나님 중심적인 닻이 된다.[14]

이러한 주장은 얼마든지 제기할 수 있지만, 바울이 5:1-11에서 쓴 것은 (1) 첫 번째 단락과 두 번째 단락 간의 가교로 기능하는 전환적 자료와 (2) 두 번째 단락에서 제시할 모든 내용을 준비하는 논제 자료로 보아야 한다.[15]

본문의 전환적 특성은 5:1을 시작하는 진술에 암시되어 있다. "그러므로 우리가 믿음으로 의롭다 하심을 받았으니 우리 주 예수 그리스도로 말미암아 하나님과 화평을 누리자." 하지만 본문이 지닌 논제적 특성은 비록 이곳 5:1에 제시되었고 그런 다음에 5:2-5에 암시되었긴 하지만, 5:9-11의 본문을 마무리하는 자료에 더욱 분명히 표현되었다. 이것은 예수의 "피"와 "죽음"으로 말미암는 "칭의"라는 법정적 주제를 반복하고, 그뿐만 아니라 "작은 것에서 큰 것으로"라는 유형의 묘사 방식으로, "하나님의 진노"에서 생명으로의 "구원"과 관련한 인격적이고 관계적인 문제들이 하나님 아들과의 관계에 근거한다는 것으로 나아간다. 이 관계는 본문의 마지막 세 절에(첫 번째는 동사로, 그다음은 분사로, 마지막에는 명사로) 등장하는 "화목"이란 용어로 함축되었다.

물론 5:1의 중요한 본문상의 문제는 이 문장의 주동사를 ἔχομεν(즉 직설법 "우리에게 있다")으로 읽어야 할지, 아니면 ἔχωμεν(즉 가정법 "가집시다")으로 읽어야 할지의 문제다.[16] 교부들은 거의 하나 같이 이 동사를 가정법(ἔχωμεν)으로 읽었으며, 그래서 바울이 로마에 있는 그리스도인들에게 그들의 삶에서 어떤 유형의 행동을 취하도록 권면하고 있다고 이해했다. 일례로 3세기 초의 오리게네스는 이 동사를 다음과 같이 주석했다.

---

14) N. Elliott, *The Rhetoric of Romans*, 226-27.

15) Fitzmyer, *Romans*, 393. 이 책에서는 5:1-11의 제목이 이탤릭체로 "*Theme Announced*"(주제 선언)라고 제시되었다.

16) 앞에 있는 "본문비평 주"를 보라.

> 이것[즉 바울의 가정법 ἔχωμεν 사용]으로 미루어볼 때, 사도가 행위가 아니라 믿음으로 의롭다 함을 받는다고 이해한 사람을, 최고의 완전함을 이루는 "모든 지각에 뛰어난 평강"으로 초대하고 있다는 것은 분명하다.[17)]

오리게네스는 계속해서 그의 독자들에게 이렇게 권한다.

> 그러므로 화평을 가집시다. 그러면 육체는 더 이상 영과 싸우지 않을 것이며, 우리 지체의 법이 하나님의 법을 대적하지 않을 것입니다. 우리 안에 "그렇다"나 "아니다"가 있지 않게 합시다. 우리는 다 한 마음을 가집시다. 동일하게 생각합시다. 우리 자신들 가운데서나 우리와 우리들 외의 다른 사람들 간에 불화가 없게 합시다. 그래야 우리는 우리 주 예수 그리스도로 말미암아 하나님과 화평을 가질 것입니다. 하지만 우리가 반드시 알아야 할 것이 있습니다. 그 속에 사악함이 있는 사람에게는 화평이 있을 수 없다는 사실입니다. 자신의 이웃을 어떻게 해할 것인지를 생각하는 한, 해악을 야기하는 방법을 추구하는 한, 그의 마음에는 결코 화평이 없을 것입니다.[18)]

마찬가지로 4세기의 암브로시아스테르는 이 동사의 형태는 가정법으로 이해하고 기능은 명령형으로 이해했다. 그는 이렇게 썼다. "바울이 여기서 말하려고 하는 것은 우리가 죄짓기를 멈추고 과거에 살았던 방식으로 돌아가서는 안 된다는 것이다. 그러한 삶은 하나님과의 전쟁을 야기하는 것이기 때문이다."[19)] 그리고 펠라기우스는 5세기에 로마서 5:1을 주석할 때 이 동사를 거의 동일한 방식으로 이해했다. "이제, 이러한 논증[즉 4:1-25에 있는 아브라함의 예에 관한 논증]을 결론지으면서, 바울은 유대인과 이방인

---

17) Origen, *Ad Romanos*, on 5:1 (*PG* 14.988).

18) Origen, *Ad Romanos*, on 5:1 (*PG* 14.989).

19) Ambrosiaster, *Ad Romanos,* 해당 부분.

모두에게 평화롭게 살라고 요구한다."[20]

1950년에 로마서의 30여 절이 담긴 작은 양피지 단편이 발견되었다. 소위 와이먼 단편(Wyman fragment)이라고 하는 이 사본은 대문자 사본 0220으로 명명되었고, 3세기 후반에 기록된 것으로 여겨진다. 이 사본은 직설법 ἔχομεν("우리에게 있다")이 원본임을 뒷받침할 때 자주 인용되었다. 로마서의 그리스어 본문을 담고 있는 이 단편은 본문 전승에 있어 모든 점에서 바티칸 사본(B 03)과 일치하고, 단 하나의 **예외**가 있다면 5:1 문장의 주동사를 ἔχωμεν이 아니라 ἔχομεν으로 읽는다는 점이다. 또한 대문자 사본 0220은 바티칸 사본보다 이른 시기일 수 있으므로 이 작은 양피지 단편은 바티칸 사본보다 5:1의 주동사에 대해 더 나은 독법을 제공한다는 주장이 제기되었다. 또는 적어도 저명한 그리스어 문헌학자인 해치(W. H. P. Hatch)가 1952년에 쓴 것처럼, "ἔχομεν을 지지하는 이러한 증거는 아마도 [알렉산드리아의 문법학자] 헤시키오스보다 이른 시기에 나왔을 것이다. 그러므로 직설법을 지지하는 논증은 더욱 강력해지며, 가정법을 교정된 독법으로 보는 주장은 그에 따라 약화된다."[21]

5:1에서 동사의 원래 형태가 무엇이든지 간에(ἔχωμεν, "가집시다" 또는 ἔχομεν, "우리에게 있다"), 이 동사의 "다른" 독법 역시 매우 초기의 몇몇 사본에 등장한 것이 틀림없다는 사실에 이의를 제기하는 이는 없다. 이와 같은 다른 독법이 존재하는 까닭은 바울의 편지가 널리 회람되고 사용되기 위해 전달되는 과정에서 어느 초기의 필경사가 오해한 것에서 비롯되었을 수도 있고(이럴 가능성이 꽤 큼), 바울의 편지를 대필한 더디오에 의해 오해가 발생한 것에서 비롯되었을 수도 있다(이럴 가능성은 거의 없어 보인다. 더디오의 최종본을 바울이 확인했을 것으로 추정할 수 있기 때문이다). 그러므로 여기서 우리는 단순히 한 외적인 증거의 연대와 다른 외적 증거의 연대를 비교하여 본문을 결정할 수는 없다. 또한 바울 당시에 그리스어 낱말 오미크론(ο)과 오메

20) Pelagius, *Ad Romanos,* 해당 부분.
21) Hatch, "Recently Discovered Fragment," 83.

가(ω)가 발음이 매우 비슷하고, 거의 동일하게 들렸을 것이라는 종종 반복되는 관찰로도 현재의 문제를 해결하지 못한다.

본문의 이러한 상황에 관한 우리의 이해에 대해서는 로마서 5:1의 사본 전통에서 가정법 ἔχωμεν("가집시다")의 엄청난 권위를 존중해야 한다는 점을 고려해야 한다. 우리 선조들의 입장이기에 받아들여야 한다는 느낌(물론 우리가 늘 우리의 선조들을 공경해야 하고, 우리가 그들과 의견을 같이하지 않을 때라도 그래야 하기는 하지만) 때문이 아니라, 바울이 로마서 본론 중앙부의 이 두 번째 주요 단락에서 그가 첫 번째 주요 단락에서 쓴 내용에 기초하고 있을뿐더러 그 내용을 넘어 더 많은 내용을 말하려고 하기 때문이다. 그래서 권고를 강조하는 가정법 동사가 5:1에 있는 이 전환적 문장에 매우 적합하며, 우리가 믿기에는 로마서에서 바울의 제시하는 전반적인 내용의 문맥에도 잘 어울린다.

하지만 이곳 5:1에서 바울을 이해하는 데 있어 문제는 문장의 주동사 형태가 아니라 바울이 더디오에게 "화평"(εἰρήνη)이란 단어를 받아쓰게 했을 때 그가 염두에 둔 것이 무엇이었는지와 관련한다. 유대적 사고방식과 표현으로 훈련받았고 인종적으로 유대인인 사도는, 유대 기독교적 사상과 언어에 광범위하게 영향을 받은 로마 신자들에게 편지를 쓰면서 틀림없이 "갈등의 부재" 또는 "혼란 없이 살아가는 삶" 그 이상을 의미하려고 그리스어 단어 "화평"(εἰρήνη)을 사용했을 것이다. 사실 사도가 "화평"을 언급하고 로마에 있는 그의 그리스도인 수신자들이 그들에게 읽어주는 "화평"이란 단어를 들었을 때, 그들은 그 그리스어 단어를 히브리적 표현인 샬롬(שָׁלוֹם)과 관련하여 이해했다.[22] 샬롬은 "갈등의 부재", "고요함", "만족" 같은 개념을 담고 있을 뿐만 아니라, 우선적으로 "온전함", "(신체적인 건강

22) J. D. G. Dunn, *Theology of Paul the Apostle* (Grand Rapids: Eerdmans, 1998), 387. Dunn은 5:1에서 바울이 사용한 "의롭다 함"이란 용어가 "하나님께서 이전에 원수였던 사람들에게(5:10) 화평의 복을 주시는 것"을 의미한다고 말한다. 그런 후 그는 계속해서 여기서 "화평"이 전쟁이 없다는 그리스적 의미와는 상관이 없고 "샬롬이라는 더욱 풍부한 히브리적 개념"으로 충만하다고 주장한다.

만 아니라 영적이고 정신적인 건강을 비롯한) 건강의 충만함"과 "어떤 사람의 전반적인 안녕" 같은 개념을 포함했다.[23] 그래서 번역자와 주석가들은 이곳 5:1에서 바울이 "하나님과의 화평"을 말할 때 로마에서 예수를 믿는 신자들에게 그들과 하나님 간의 관계에서 "온전함"을 깨닫고 경험하기를 권하고 있다고 생각할 필요가 있다.

동서양의 철학적·종교적 사상에서 "온전함"이라는 사상은 다양한 어감을 지닌다. 이곳 5:1에서 바울은 로마에 있는 그리스도인 수신자들에게 신적인 성품으로서 "하나님의 의"와 관련된 문제만 숙고하지 말라고 권면하고 있는 것이 아니다. 하나님의 "죄 용서"가 참으로 회개한 사람들에게 미친다는 사실과 "의롭다 함", "구속", "속죄의 제사"("화해" 또는 "보상")와 같은 구원론적 표현 등 이 모든 것을 사도는 "믿음으로 의롭다 함"이란 표제 아래 포함시켰다. 바울은 그들에게 그가 그리스-로마 세계의 이교도 이방인들에게 기독교 복음을 그만의 독특한 방식으로 상황화시킨 것의 정당성을 받아들이며 경험하라고 권면하기도 한다. 그의 복음 선포와 교훈은 "우리 주 예수 그리스도로 말미암아" 임하였고 "그리스도 안"과 "성령 안에서" 경험하는 새 "생명"을 이해하는 인격적·관계적·참여적 방식과 관련이 있다. 이 모든 것을 바울은 "하나님과의 화평[즉 히브리어의 샬롬, "온전함" 개념]이라는 함축된 용어로 생각했다."

이 이외에 5:1에서 주목해야 하는 점은 바울이 신자들과 하나님 간의 관계에서 "화평" 또는 "온전함"을 권하는 내용이, 이 문장의 마무리 진술에 의해 독특한 그리스도 중심적인 맥락에 놓인다는 사실이다. "우리 주 예수 그리스도로 말미암아"(διὰ τοῦ κυρίου ἡμῶν Ἰησοῦ Χριστοῦ)가 바로 그것이다. 온전함을 얻기 위한 이 그리스도 중심적인 근거는 바울이 5:1-8:39에서 제시하는 자료 전체에서 부각된다. 그는 "우리 주 예수 그리스도로 말미

23) 바울은 이외에도 롬 1:7; 2:10; 3:17; 8:6; 14:17, 19; 15:13, 33; 16:20에서 εἰρήνη("화평")를 사용한다. 전부 10번이며, 이 모든 본문은 주로 "온전함", "어느 사람의 전반적인 안녕" 또는 "흠 없음"을 강조한다. 엡 1:2; 2:14, 15, 17; 4:3; 6:15, 23에서 εἰρήνη가 7번 사용된 것도 보라(여기에 바울 서신의 다른 곳에 26번 사용된 것도 첨가).

암아"라는 어구를 5:21, 6:23, 7:25, 8:39에서 4번 반복함으로써 이 사실을 강조한다.

5:2-5 바울은 5:1에서 그의 전환적 진술과 논제 진술을 제시하고는, 계속해서 5:2-5에서 그 진술이 예수를 믿는 신자들에게 "믿음으로써 의롭다 함을 받음"(1:16-4:25에서처럼)과 "하나님과의 화평[또는 "온전함"]"(5:1-8:39)을 경험하는 것이 무슨 의미인지에 대해 매우 중요한 함의를 말한다. 바울이 5:2-5에서 말하고 있는 것은 기독론에 대한 기독교적 강조를 부각시키는 것이기도 하다. 이와 같은 경험과 이것을 인식하는 것은 "우리 주 예수 그리스도로 말미암아" 임했기 때문이다(5:1b; 또한 5:2a, δι' οὗ, "그로 말미암아"). 이 네 구절은 하나님에 대한 삼위일체적 이해와도 관련이 있다. 바울이 이 구절에서 언급하는 문제들은 예수 그리스도께서 행하신 것만 아니라, "하나님께서 우리에게 주신 성령으로 말미암아 그의 사랑이 우리 마음에 부은 바 되었기 때문에" 임하고 유지되는 것과 관련하기도 한다(5:5).

5:2a 여기서 바울은 "믿음으로 의롭다 함을 받음"과 "하나님과의 화평(또는 "온전함")"의 첫 번째 중요한 함의를 밝힌다. 이 어구들은 가끔 주석가들에게 약간은 낯설게 보이기도 했다. 이 어구들이 바울이 5:1에서 표현했던 것과 약간은 다른 방식으로 문제를 표현하고 있는 까닭이다. 이것은 우리가 기대했던 것과 상당히 다르다. 만일 5:2a을 바울이 바로 앞 5:1의 진술에서 썼던 내용을 이어가거나 그것을 좀 더 충분히 표현하려고 한 것으로 이해한다면 말이다. 여기서 가장 어려운 점은 이 진술이 5:2a의 "믿음으로"라는 표현을 불필요하게 반복하는 것으로 보인다는 점이다. 이것은 분명히 일부 필경사들에게는 본문의 전달 과정에서 두 번째 "믿음으로"라는 어구를 생략하게 한 요인이 되었을 것이다(비록 이 어구가 사본 전통에서 강한 지지를 받지만 말이다).[24] 더욱이 "믿음으로"라는 말은 5:2a(τῇ πίστει)에서 필연적이거나 분명한 이유도 없이, 5:1(ἐκ πίστεως)과는 약간은 다르게 표현

24) 앞 5:2의 "본문비평 주"를 참조하라.

되었다. 그리고 흥미로운 것은 2개의 완료시제 동사 ἐσχήκαμεν("우리가 들어감을 얻었다")과 ἑστήκαμεν("우리가 섰다" 또는 "우리가 서 있다")이 5:2a에서 멋진 언어유희를 이룬다는 점이다. 바울의 다른 편지에는 이것과 정확히 일치하는 병행어구가 발견되지 않는다.

하지만 만일 우리가 이러한 언어학적 현상들(이런 현상이 거의 없음을 인정한다. 기껏해야 그런 현상을 암시할 뿐이지만 그렇게 이해해야 할 필요는 없다)에 근거하여 다음 세 가지 이유로 바울이 5:1의 전환적인 진술에 이어 5:2a에서 이 전통적인 기독교 주장을 첨가했다는 사실을 받아들인다면, 약간은 다양한 이 언어학적 특성들과 관련하여 어떤 해결점에 도달할 수 있을 것이다: (1) 전통적인 기독교 주장에 바울이 말하고 싶어 하는 것이 표현되었다. (2) 그 주장은 δι᾽ οὗ("그로 말미암아")라는 전치사구로 시작한다. 이 전치사구로써 바울은 5:1의 문장을 마친 "우리 주 예수 그리스도로 말미암아"(διὰ τοῦ κυρίου ἡμῶν Ἰησοῦ Χριστοῦ)라는 전치사절을 "말하고 나서 바로 다른 말을 시작하게" 된다. (3) 그 주장은 로마에 있는 그의 그리스도인 수신자들에게 잘 알려진 내용일 것이다. 여기서 바울이 초기 기독교의 신앙고백 진술에 속한 용어들을 사용했다는 우리의 제안을 받아들인다면, 바울의 그와 같은 초기 신앙고백 진술의 사용이 (1) 5:1(바울 자신의 진술)과 5:2a(초기 기독교 신앙고백적 진술) 간의 언어학적 차이에 대한 적절한 설명을 제공해주며, (2) 바울 자신과 로마에 있는 그리스도인 수신자들이 공통으로 견지하고 있는 것에 대해 바울이 의식하고 있는 더 많은 것을 암시한다고 적절하게 주장할 수 있을 것이다.

"우리가 믿음으로(τῇ πίστει) 서 있는(ἐν ᾗ ἑστήκαμεν) 이 은혜에 들어감을(εἰς τὴν χάριν ταύτην) 얻었다(ἐσχήκαμεν)"는 선언은 초기에 예수를 믿는 신자들 사이에서 널리 간직했던 중요한 기독교적 천명임이 분명하다. 완료시제 직설법의 두 동사 ἐσχήκαμεν과 ἑστήκαμεν은 현재의 결과를 낸 과거의 행위를 말하며, 그래서 각각 "우리는 얻었다"와 "우리는 지금 서 있다"라고 번역해야 한다.

명사 προσαγωγή("나아감", "접근")는 신약성경에서 3번밖에 등장하지 않는 단어다. 이곳 로마서 5:2a과 에베소서 2:18과 3:12에서 2번 더 등장하며, 이 단어의 동사 προσάγω는 타동사로 누가복음 9:41, 사도행전 16:20, 베드로전서 3:18에서 등장하고, 자동사로 사도행전 27:27에서 발견된다. 명사 προσαγωγή는 고대 저자들에 의해 어떤 사람이 왕에게 나아가는 상황을 묘사할 때 사용되었다. 일례로, 아테네의 군인이자 역사가며 수필가인 크세노폰(기원전 430-357년경)은 그의 책 「키루스의 교육」(*Cyropaedia*, 크세노폰이 통치자의 바른 교육에 관한 생각을 다루면서 키루스 대왕을 이상화한 전기)에서 페르시아 황제 키루스의 접견을 받기를 원한 사람들은 "나의 친구로서 접견하기 위한 애호를 구해야 한다(τοὺς ἐμοὺς φίλους δεομένους προσαγωγῆς)"라고 썼다.[25] 동사 προσάγω("나아가다", "접근하다")는 레위기 4:14의 지침("회중[ἡ συναγωγη]은 수송아지를 속죄제로 드릴지니[προσάξει] 그것을 회막 앞으로 끌어다가[προσάξει παρά]")에 있듯이, 70인역에서 제물을 가지고 하나님의 제단에 나아가는 문맥에서 사용되었다. 합당하고 흠이 없는 사람들만 이런 방법으로 하나님께 나아갈 수 있었다.[26] 이것은 자신들의 공동체에 속한 사람들만 정결하고 하나님께 나아가기에 충분한 자격을 갖추었다고 믿은 쿰란의 유대 언약자들에 의해 광범위하게 발전된 주제다.[27] 하지만 바울이 이곳 로마서 5:2a에서 인용한 "하나님께 나아가"거나 "들어감을 얻었다"는 기독교적 선포는 "믿음"(πίστις)과 "은혜"(χάρις)라는 두 용어에 초점이 맞춰진 것 같다. 로버트 주이트가 바르게 지적했듯이, 이 두 표현은 사람이 하나님께 나아가기 위한 방법의 "문화적인 기대를 뒤바꾼다." 이 표현은 "정결함과 영향력의 높은 수준"을 요구하는 것이 아니라, "제한되지 않은 접근, 즉 영예로운 사람들뿐만 아니라 부끄러운 사람들에게도 행위와 관계없이 열린 접근"을 선포하기 때문이다.[28]

바울은 로마서 본론 중앙부의 두 번째 단락(5:1-8:39)에서는 이곳 5:1에

---

25) Xenophon, *Cyropaedia* 7.5.45.

26) 예. 출 29:4, 8; 레 21:18-19; 민 8:9-10.

27) 참조. 1QH 12.20-26.

28) Jewett, *Romans,* 350.

있는 그의 전환적 진술과 5:2a에서 인용된 초기 기독교의 신앙고백 자료에서만 이 매우 중요한 명사 "믿음"(πίστις)을 사용한다. 물론 그는 첫 번째 단락(1:16-4:25) 내내 이 단어의 변형된 동사 형태와 더불어 이 단어를 반복적으로 사용했다.[29] 바울은 세 번째 단락(9:1-11:36)에서 "믿음"과 그 단어와 어원이 같은 동사 형태를 다시 사용한다. 세 번째 단락에서 그는 "믿음으로 말미암는(ἐκ πίστεως) 의(δικαιοσύνη)"에 관해 일찍이 첫 번째 단락에서 논의했던 내용으로 되돌아간다.[30] 마찬가지로, 바울이 첫 번째 단락에서는 "의", "의롭다 함을 받음" 그리고 "믿음"이라는 주제들을 분명히 연결시켰지만,[31] 두 번째 단락에서는 5:1과 5:2a을 제외하고는 이 주제들을 계속하지 않는다. 그러다가 세 번째 단락에서야 비로소 이 주제들을 좀 더 충분히 설명한다.[32] 오히려 그는 5:2의 이 첫 번째 부분에서 "우리[예수를 믿는 자들]가 들어감을 얻었고" "우리가 지금 굳게 서 있는" "하나님의 은혜"라는 주제를 부각시킨다. 이와 더불어 바울은 χάρις("은혜")를 πίστις("믿음") 이전에 존재하고 그 근거가 되며, 또 인간사에서 "우리 주 예수 그리스도"의 사역으로 활동하게 된 것으로 개념화한다. 이 내용은 바울이 이어지는 로마서 5-9장에서 쓰는 모든 내용의 기저를 이룬다.

5:2b 바울이 열거한 "믿음으로 의롭다 함을 받음"과 "하나님과의 화평(또는 "온전함")"의 두 번째 함의는 "하나님의 영광을 바라며 자랑"할(καὶ καυχώμεθα ἐπ' ἐλπίδι τῆς δόξης τοῦ θεοῦ) 수 있다는 것이다. 접미사에 있는 오메가(ω) 때문에 동사 καυχώμεθα는 언뜻 가정법으로("자랑하자") 읽혀서 이것이 5:1의 가정법 동사 ἔχωμεν("누리자")과 병행한다고 간주될 수 있다.[33] 하지만 실제로 καυχώμεθα의 형태는 이태 동사(즉 형태는 중간태나 수동태지만 의미는 능동태인 그리스어 또는 라틴어 동사)인 καυχάομαι("자랑하다",

29) 특히 1:17; 3:22, 26; 4:5, 9, 11-13, 16, 19-20.
30) 특히 9:30-10:21.
31) 특히 3:21-26.
32) 다시 9:30-10:21을 참조하라.
33) 예. Jewett, *Romans*, 351.

"영광스럽게 생각하다", "즐거워하다", "자부심을 갖다")의 형태에서 기원한다. 따라서 이 단어는 중간태 또는 수동태 어미지만 오메가(ω)와 연결되어 가정법을 표시하는 것으로 이해할 수 있다. 하지만 이태 동사인 그리스어 καυχώμεθα는 실제로 의미에 있어서는 능동태이며 법(mood)에 있어서는 직설법이다. 그래서 이 단어는 현재완료 시제 동사인 5:2a의 ἐσχήκαμεν("우리가 들어감을 얻었다")과 ἑστήκαμεν("우리가 지금 서 있다")의 직설법적 기능과 병행구를 이루는 것으로 보아야 한다.

바울이 일찍이 2:17-3:20, 3:27, 4:2에서 모세 율법에 대하여 "떠벌리는 것" 및 하나님과의 관계에 대해 "자랑하는 것"을 비난했지만, "자랑"과 "자부심" 또는 "즐거워함"의 옳고 그름은 그 자랑, 자부심, 즐거워함의 특성에 달려 있다. 이를테면, 그것이 자신의 확신과 자기 영화의 표현인지, 아니면 (2) 하나님이 누구시며 무슨 일을 행하셨는지에 대한 반응으로서 하나님께 보이는 확신과 감사의 표현인지 말이다.[34] 겉으로 보아서는 어느 정도 모순되는 듯하지만, "자랑"에 대한 성경적 의미와 바울의 의미에서 "하나님을 자랑하는" 사람은, 루돌프 불트만이 관찰했듯이, "자신에게서 시선을 멀리하는" 사람이며, 그래서 "그가 영화롭게 생각하는 것[또는 "자랑하는 것"]은 하나님께 대한 신앙고백이다."[35]

"하나님을 자랑하는" 것은 하나님의 영광을 자랑하는 것이며, 그분의 빛나는 거룩하심과 초월적인 능력에 경외심을 가지고 서 있는 것이며, 그분의 창조와 구속에 놀라는 것이다.[36] 하나님을 자랑하는 것은 한 개인의 영예를 주장하거나 자신의 종교적 또는 사회적 집단을 위한 호의를 주장하는 것과 아무런 상관이 없다. 오히려 그것은 (1) 하나님 자신과 그분의 행위, 그리고 (2) 그분과 그분이 일하시는 것에 대한 우리의 즐거운 반응이다.

그리스도인의 "자랑"과 "자부심"과 "영광"의 대상은 바울이 이곳 5:2a

---

34) 본서 앞에 있는 2:17과 그 절에 대한 "석의와 주해"를 보라.
35) Bultmann, "καυχάομαι, καύχημα, καύχησις," 3.647.
36) 참조. Kittel, "δοκέω, δόξα, δοξάζω," 2.247.

에서 진술한 대로, "하나님의 영광의 소망"(ἐπ' ἐλπίδι τῆς δόξης τοῦ θεοῦ)이다. 카를 렝스토르프(Karl Rengstorf)는 일반적으로 셈족 사람들 그리고 특히 유대인들이 "소망이라는 개념에 확실히 친숙했지만" 셈족 세계와 유대인들의 문학에는 "ἐλπίς라는 단어와 밀접하게 병행되는 것이 없다"고 지적한다.[37] 하지만 신약성경과 특히 바울 서신에서 "소망"은 공동체적인 의미에서 하나님의 백성에게뿐만 아니라 하나님과의 관계로 들어온 개인에게도 자주 반복되는 용어이며 주도적인 주제다.[38]

사실, 다른 모든 것이 폐하거나 그칠 때 그리고 심지어 하나님께서 그의 백성들에 대해 가지고 계신 목적이 완전히 이루어졌을 때라도, 바울이 고린도전서 13:13에서 선포하듯이, "믿음, 소망, 사랑" 이 세 가지는 영원히 있을 것이다. 루돌프 불트만이 그가 "그리스도인의 삶의 절정"이라고 부른 것 이후에라도 소망이 계속되는 이유에 대해 적절히 주석했듯이,

> 소망은 미래에 대한 인간의 꿈을 실현하는 것이 아니라, 세상에서 하나님께로 시선을 옮기고 나서 하나님의 선물을 인내를 가지고 기다리는 확신이며, 그것을 받았을 때 소유에 안주하지 않고 하나님이 주신 것을 하나님께서 친히 지키실 것이라는 확신 안에 머무는 것이다.[39]

마찬가지로, 게르하르트 키텔은 신약성경에서 δόξα라는 단어가 "다른 그리스어 문헌 어디에서도 유비를 찾을 수 없는 의미로 대부분 사용되었다"고 지적했다. 성경의 용례와 비슷한 의미로 사용된 한두 가지 예가 요세푸스와 필론의 글에 등장할 뿐이다.[40] 신약성경에서 δόξα는 주로 "'신적이고 천상적인 광채', '하나님의 높으심과 위엄' 그리고 심지어 '하나님의 존재'와

---

37) Rengstorf, "ἐλπίς, ἐλπίζω," 2.523.

38) 이곳 5:2b에서만 아니라 바로 이어지는 5:3-5과 나중에 8:20-25에서도 표현되었듯이 말이다. 또한 고전 15:19, 갈 5:5, 살전 2:19처럼 로마서보다 먼저 등장하는 표현들도 보라.

39) Bultmann, "ἐλπίς, ἐλπίζω," 2.532.

40) Kittel, "δοκέω, δόξα, δοξάζω," 2.237.

그의 세계를 의미한다."[41] 이 의미는 구약성경과 맥을 같이하지만, δόξα가 일반적으로 "의견", "명성" 또는 "명예" 등을 의미한 그리스-로마 세계의 용례와는 확실히 결을 달리한다. 바울은 이와 같은 "소망"과 "영광"에 공감하면서 "믿음으로 의롭다 함을 받음"(1:16-4:25에서처럼)과 "하나님과의 화평[또는 "온전함"]"(5:1-8:39 전체에서 선포할 것처럼)이라는 기독교 메시지의 두 번째로 매우 중요한 함의가 바로 이것이라고 선포한다. 곧 예수를 믿는 우리 신자들이 지금 "하나님의 영광을 바라며 자랑할" 수 있다는 것이다.

5:3-4 "믿음으로 의롭다 함을 받음"과 "하나님과의 화평[또는 "온전함"]"의 세 번째 중요한 함의가 이 본문에 제시되었다. 개인적인 고난을 무의미한 재앙으로, 혹은 피해야 하고 해명되어야 하며 단순히 잊혀야 할 재난으로 이해하는 이교도의 모든 관점과 다르게, 그리스도인은 그리스도의 사역으로 말미암아 "믿음으로 의롭다 함을 받"고 "하나님과의 화평[또는 "온전함"]"을 누리고 있기 때문에, 자신의 고난을 하나님의 섭리 아래 있으며, "인내"와 "성품"(또는 인격)과 "소망"을 얻는 수단으로 하나님이 허락하신 것으로 이해하게 된다.

바울은 자신의 고난을 이렇게 이해했다. 그는 고린도후서 11:23-31에서 "그리스도의 일꾼"으로서 그가 당하는 고난, 환난, 옥에 갇힘, 매 맞음, 신체적인 약함 등을 생생하게 묘사함으로써 이 사실을 매우 분명히 한다. 이곳 5:3-4에서 바울은 로마에 있는 그리스도인 수신자들에게 그들이 "믿음으로 의롭다 함을 받"고 "하나님과의 화평/온전함"을 누리는 것을 결과적으로 (1) 하나님의 존전에 "들어감을 얻고" (2) "하나님의 영광을 소망할 수" 있는 것으로만 아니라 (3) 그들 자신의 개인적인 고난을 전적으로 새롭게 이해하는 것으로도 인식하기를 바란다. 그들은 모든 것이 하나님의 섭리 아래에서 발생한다는 것과 신자들의 삶에 "인내"와 "성품"과 "소망"과 같은 특성을 이루기 위해 하나님에 의해 허락된 것임을 알아야 한다.[42]

41) Kittel, "δοκέω, δόξα, δοξάζω," 2.237.

42) 롬 8:28도 참조하라. "하나님을 사랑하는 자 곧 그의 뜻대로 부르심을 입은 자들에게는 모

5:2에 제시된 "믿음으로 의롭다 함을 받음"과 "하나님과의 화평/온전함"의 처음 2개의 함의가 매우 중요하지만, 바울은 5:3a에서 οὐ μόνον, ἀλλὰ καί("이뿐 아니라 ~도")[43]라는 표현을 사용하여 마지막 함의를 소개하고, 5:3b-4에서 매우 중요한 개인적 특성인 "인내"와 "성품"과 "소망"의 고리로 이 표현을 절정에 이르게 함으로써, 5:3-4의 이 마지막 함의를 특히 강조한다. "이뿐 아니라 ~도"라는 표현의 사용은 바울이 특히 중요한 어떤 것을 제시하기 위해 선호하는 방법이다. 이 어구는 5:11 도입부에 다시 등장하고, 그의 여러 편지에 여러 전략적인 곳에서 반복된다.[44] 이러한 까닭에, 5:2에 제시된 처음 두 함의가 예수를 믿는 신자들의 삶에 엄청난 영적 중요성을 지니기는 하지만, 이 세 번째 함의는 "그리스도 안에 있는" 일상적으로 지속되는 "삶"에 큰 실천적인 적실성을 지닌다. 이 어구가 개인적인 고난이라는 현실에 특징적인 기독교적 맥락을 제공하고, 예수를 믿는 신자에게 그들이 겪는 고난의 의미와 목적에 대해 확신을 제시하는 까닭이다.

5:5　바울은 예수를 믿는 신자가 "믿음으로 의롭다 함을 받"고 "하나님과의 화평/온전함"을 경험하는 것이 의미하는 것이 무엇인지에 대한 3개의 중요한 함의 목록을 마무리하면서, 관사가 있는 ἡ ἐλπίς("이 소망")라는 표현을 사용하여 일찍이 5:2b에서 그가 언급한 "하나님의 영광을 바라며(소망하며)"라는 표현을 되돌아보고 5:1-4에서 제시한 모든 내용을 "이 소망[의 메시지]"으로 특징짓는다. 그는 나중에 8:20-25에서 다시 이 소망 주제로 돌아갈 것이며, 기독교적 선포를 소망의 메시지로 묘사할 것이다. 5:5에서 바울의 목적은 "믿음으로 의롭다 함을 받음"과 "하나님과의 화평/온전함"과 관련한 이 소망의 메시지가, 그가 설명한 매우 중요한 세 함의와 더불어, 그리스도를 신뢰하는 사람을 "부끄럽게 하거나" "실망시키지 않는다"(οὐ καταισχύνει)는 사실을 선포하는 데 있다.

든 것이 합력하여 선을 이루느니라"에서 "모든 것"에는 예수를 믿는 신자의 고난도 포함된다고 이해해야 한다는 것은 의심의 여지가 없다.

43) 중성 단수 주격 지시대명사 "이것"에 대해서는 "본문비평 주"를 보라.

44) 참조. 롬 8:23; 9:10; 고후 8:19.

바울은 οὐ καταισχύνει("부끄럽게 하지 않다" 또는 "실망시키지 않다")라는 어구 사용에서 다윗이 쓴 두 시편의 표현을 사용한다. 하나는 시편 22:4-5(LXX 21:5-6)이다. 이 시편에서 다윗은 "우리 조상들이 주께 의뢰하고 의뢰하였으므로 그들을 건지셨나이다. 그들이 주께 부르짖어 구원을 얻고 주께 의뢰하여 **수치를 당하지**[또는 **실망하지**] 아니하였나이다"라고 선언한다. 다른 하나는 25:20(LXX 24:20)이다. 여기서 시편 저자는 "내 영혼을 지켜 나를 구원하소서. 내가 주께 피하오니 **수치를 당하지**[또는 **실망하지**] 않게 하소서"라고 기도한다. 두 시편 모두 하나님을 "신뢰하거나" 하나님께 "피하는" 사람이 "부끄러움을 당하지" 않거나 "실망하지" 않을 것이라고 말한다. 로마에 있는 그리스도인들은 아마도 경건한 문서들과 종교적인 경험속에서 이 두 시편을 잘 간직했을 것이다. 그들은 이 본문이 경건한 이스라엘 사람들의 종교적 경험과 확신을 표현할 뿐만 아니라 자신들의 기독교적 헌신과 그에 따르는 확신을 반영하기도 한다고 이해했을 것이다.

마찬가지로, 이러한 확신을 위해 5:5에 제시된 근거는 바울에 의해 다음과 같은 말로 표현되었다. 하나님께서 "우리에게 주신 **성령으로 말미암아 하나님의 사랑이 우리 마음에 부은 바 됨이니**"(이 언급은 5:6-8의 신앙고백적 자료로 보이는 5:8에서 반복된다). 즉 하나님의 사랑은 지속적이며 자신을 주는 유형의 사랑이다. 그 사랑의 표현에는 언제든지 그의 백성의 평안과 그분의 온 피조물이 포함된다. 예수를 믿는 신자들 편에서 그들과 다른 사람들 간의 사랑은 물론이고, 하나님 아버지와 그의 아들 예수 그리스도의 "사랑"을 이렇게 이해하는 것은 신약성경 전체의 독특한 특징이지만 특히 바울 서신에서 부각된다.[45]

---

45) 명사 ἀγάπη는 현존하는 어느 비성경적 그리스어 작품에서도 발견되지 않는다. 고전 그리스어와 코이네 그리스어 작품들은 "사랑"을 묘사하기 위해 다음과 같은 세 가지 단어를 채용했다. (1) φιλία. 이것은 많은 문맥에 등장하는 사랑을 가리키는 일반적인 단어다. (2) ἔρως. 이 단어는 주로 성적인 사랑과 관련이 있다. (3) στοργή. 이 단어는 일반적으로 가족 간의 사랑과 관련이 있다. 'Αγάπη라는 단어는 70인역에 일반적으로 어떤 특정한 의미 없이 20번 정도 등장한다. 하지만 명사 ἀγάπη는 신약성경에서 약 120번 등장한다. 그중 바울 서신에 75번 등장한다.

하나님의 ἀγάπη 유형의 사랑에 대한 이러한 강조는 이 단락 5:1-8:39에서 확신에 대한 사도의 상당히 도전적인 진술이 있는 8:38-39에서 그 절정에 이른다. "내가 확신하노니, 사망이나 생명이나 천사들이나 권세자들이나 현재 일이나 장래 일이나 능력이나 높음이나 깊음이나 다른 어떤 피조물이라도 우리를 **우리 주 그리스도 예수 안에 있는 하나님의 사랑**에서 끊을 수 없으리라." 이러한 ἀγάπη 유형의 사랑이 예수를 믿는 신자에게 중요하다는 점은 사도가 "그리스도인의 사랑의 윤리"의 특성을 설명한 12:9-21과 13:8-14에 가장 분명하게 표현되었다.

로버트 주이트는 5:5에 사용된 언어를 적절히 관찰했다: "세부적인 면을 모두 살펴보면 이 구절에서 바울이 초기 기독교에서(또한 바울이 추정하기로 로마에서도) 매우 널리 울려 퍼졌던 표현을 선택했다는 것은 분명하다."[46] 하지만 바울과 로마에 있는 그리스도인 수신자들이 구속 언어에 대해 의견을 같이하고는 있지만, 바울이 5:12-8:39에서 기독교 복음에 대한 자신의 상황화에 대해 말하는 내용은 로마 그리스도인들이 개념화한 것과는 다소 다르다. 그래서 로마서 본론 중앙부 두 번째 단락의 이어지는 내용에서 바울은 (1) "복음"의 전통적인 기독교적 선포를 더 높은 조성으로 바꿔놓으며, (2) 그의 로마 수신자들에게 이러한 더 높아진 조성으로 "나와 함께 노래하자"라고 초대한다.

5:6-8 이 구절들은 언뜻 보면 이해하기 매우 어려워 보인다. 언어학적으로나 구조적으로만 아니라 신학적으로도 그렇다. 본문의 시작과 끝이 친숙한 기독교 신앙고백 진술인 것처럼 보이지만 말이다. 본문에는 "그리스도께서 경건하지 않은 자를 위하여 죽으셨다"(5:6)와 "그리스도께서 우리를 위하여 죽으셨다"(5:8)처럼 약간 다른 2개의 형식이 등장한다. 사람들은 부사 μόλις("거의 않다", "거의 ~아니다", "겨우")가 바울의 다른 편지에서는 발견되지 않는다는 사실을 종종 주목한다. 하지만 이보다 이해하기 더 어려운 것은 바울이 기록한 편지에서 우리가 기대하는 것과 약간은 다

46) Jewett, *Romans*, 357; Wolter, *Untersuchungen zu Röm 5,1-11*, 166을 인용함.

른 방식으로 등장하는 몇몇 언어학적 표현과 신학적인 어감이다. 특히 이해할 수 없는 것은 (1) 5:6의 ἀσθενῶν("약한")이 5:8의 ἁμαρτωλῶν("죄인들")과 동의어로 사용되었다는 점, (2) 부사 ἔτι("여전히", "아직")가 3번 등장하는데, 두 번째는 5:6에서 어느 정도 군말인 것 같고, 첫 번째와 세 번째 ἔτι는 이 자료의 하위 단락의 처음과 끝에 등장한다는 점, (3) 전치사 ὑπέρ("대신하여", "위하여")가 4번 등장하며, 위의 네 문장에서 각각 1번씩 등장한다는 점, (4) 동사 ἀποθνῄσκω("죽다")가 각각의 네 문장 마지막에 마지막 단어로 4번 사용되었다는 점, 그리고 (5) 전치사 κατά를 사용한 κατὰ καιρόν("기약대로")이라는 표현이 바울에게는 흔치 않다는 점 등이다.[47)]

더욱이 Χριστός라는 이름이 단독적으로 2번 등장한 것은 이 본문에서 약간은 낯설어 보인다. 이것은 로마서에서 바울이 예수를 지칭하려고 이처럼 단독적으로 그리스도라는 이름을 사용한 첫 번째 예이며, 이 세 구절 가운데 5:6의 도입부와 5:8의 끝부분에서 2번 등장한다. 이는 이 본문의 시작과 끝을 표시하는 수미상관처럼 사용되었다. 바울을 이해하는 데 더욱 어려운 점은 (1) 그가 전형적으로 유대교적인 방식으로 δίκαιος("의인")를 사용했다는 것과, (2) δίκαιος("의인", 이 사람을 위해 자기 목숨을 내어줄 사람은 거의 없다)와 ὁ ἀγαθός("선인", 이 사람을 위해 실제로 목숨을 내어놓는 사람이 있을 수도 있다)를 구별했다는 사실이다.[48)]

로마서 5:6-8은 교차대구 형식이라고 주장할 수도 있다. 이것은 수사학자들이 중심되는 단어나 진술이나 본문 주변에 도치되는 대칭 패턴으로 배열되고 짝을 이루는 단어나 진술이나 본문 현상에 부여하는 명칭이다. 이 네 문장 사이에 짝을 이루는 진술이 있다는 것은 분명하다. (1) 첫 번째와 네 번째의 선언은 거의 동일한 기독교적 천명이다. 즉 "그리스도는 불경

---

47) 바울은 통상적으로 명사 καιρός를 전치사 ἐν("안에"; 롬 3:26; 11:5; 고후 8:14; 살후 2:6), πρό("앞에"; 고전 4:5), πρός("위하여"; 고전 7:5; 살전 2:17), 또는 περί("관하여"; 살전 5:1)와 함께 사용한다. 롬 9:9에서 창 18:10을 인용할 때만 바울은 κατά를 καιρός와 사용한다. 하지만 그곳에서 그의 표현은 구약 본문에 영향을 받는다.

48) 5:7에 제기된 난제들과 그 난제들을 해결하려는 수많은 시도에 대해서는 Wisse, "The Righteous Man and the Good Man in Romans V.7," 91-93을 보라.

건한 자[즉 "우리"]를 위해 죽으셨다." (2) 두 번째와 세 번째는 정반대의 권면적 논평이다. 그러므로 이곳 5:6-8에 제시된 것은 어느 정도 교차대구에 비교될 수 있는 것으로 볼 수 있다.

A. 우리가 아직 연약할 때에 기약대로 "그리스도께서 경건하지 않은 자를 위하여 죽으셨도다."

B. 의인을 위하여 죽는 자가 쉽지 않고,

B. 선인을 위하여 용감히 죽는 자가 혹 있거니와

A. 그러나 우리가 아직 죄인 되었을 때에 "그리스도께서 우리를 위하여 죽으심으로" 하나님께서 우리에 대한 자기의 사랑을 확증하셨느니라.

그런데 본문의 핵심이 가운데 두 진술에서는 발견되지 않는다. 오히려 본문의 주요 요지는 중앙의 두 진술 앞뒤에 있는 두 병행 본문에 제시되었다. "우리가 아직 연약할[즉 "죄인이었을"] 때에 그리스도께서 경건하지 않은 자[즉 "우리"]를 위하여 죽으셨도다." 그래서 본문은 참된 의미의 교차대구로 간주될 수 없다. 모종의 문학적 구성법이 사용된 것으로 이해할 수는 있어도 교차대구로 이해할 수는 없다.

언어와 구조와 신학적인 어감의 차이는 몇몇 학자들로 하여금 5:6-8의 자료(와 특히 6-7절의 자료)가 원래는 어느 한 필경사나 여러 필경사에 의해 이른 시기에 본문의 여백에 기록되었다가 나중에 본문에 삽입되었던 하나 이상의 주석이었으므로, 바울에 의해 기록된 것이 아니라고 치부하도록 했다.[49] 하지만 5:6-8의 네 문장마다 맨 마지막 단어로 등장하는 동사 "죽다"(ἀπέθανεν...ἀποθανεῖται...ἀποθανεῖν...ἀπέθανεν)의 청각적인 사용은, 앞에서 인용한 언어학적인 차이와 구조적인 특수성 그리고 어느 정도 다양

49) 예. Fuchs, *Die Freiheit des Glaubens*, 16-17; Keck, "The Post-Pauline Interpretation of Jesus' Death in Romans 5:6-7," 237-48.

한 신학적인 어감과 더불어, 이 자료의 하위 단락이 초기 기독교 신앙고백의 일부분으로 초기 교회에서 비롯되었음을 좀 더 개연성 있게 시사한다. 더욱이 바울이 이 초기 기독교의 전통 자료를 여전히 구전적 특성을 가지고 로마서로 (의식적으로든지 무의식적으로든지) 가져왔다고 주장하는 것이 타당할 것이다. 또는 로버트 주이트가 이 본문의 난제에 대해 좀 더 간결하게 표현했듯이, "이 모든 비정상적인 부분은 로마에서 사용되었을 것으로 사료되는 초기 기독교의 신앙고백을 바울이 인용했다는 이론으로 설명될 수 있다."[50)]

바울은 이곳 5:6-8에서 자신만 아니라 로마에 있는 그리스도인 수신자들도 알고 있는 초기 기독교 신앙고백 자료를 인용하고 있는 것 같다. 바울은 5:5에서 "소망이 우리를 부끄럽게 하지 아니함은 우리에게 주신 성령으로 말미암아 하나님의 사랑이 우리 마음에 부은 바 됨이니"라는 진술을 뒷받침하려고 그 자료를 인용한다. 만일 하나님께서 이처럼 신자들이 "여전히 연약하고" "여전히 죄인"이었을 때 예수를 믿는 신자들을 위해 그렇게 행하셨다면, 신자들은 미래에 대해서 얼마나 더욱 하나님을 신뢰할 수 있겠는가. 말하자면, 우리는 하나님이 우리에게 주신 "이러한 소망"이 "우리를 실망시키거나" "우리를 부끄럽게 하지" 않을 것을 더욱 확신할 수 있다.[51)]

5:9-11 이 전환적 본문과 논제 본문의 마지막 단락에는 그 본문 자료의 특성을 암시하는 여러 언어학적 특징이 있다. 첫 번째는 5:9에서 두 번째 언어학적 요소로 등장하고 5:1 도입부에 있는 δικαιωθέντες οὖν("그러므로 의롭다 하심을 받았으니")을 상기시키는 δικαιωθέντες νῦν("이제 의롭다 하심을 받았으니")이라는 어구다. 이곳 수사적으로 **확장된 대용**에서 바울은 그

50) Jewett, *Romans*, 359.

51) 5:6 도입부에 있는 후치사인 접속사 γάρ를 인용된 초기 기독교 자료에 속한 것으로 보아서는 안 된다. 이 단어를 바울의 도입 어구로 이해해야 할 개연성이 더 크다. 이러한 도입 형식을 바울은 성경 인용을 소개할 때만 아니라(참조. 롬 2:24; 10:13; 11:34-35. 또한 고전 2:16; 10:26; 15:27도 보라), 성경에 근거한 경구(롬 2:11)와 기독교의 어떤 전통적인 자료들(2:14-15)을 소개할 때도 가끔 사용했다.

가 5:6-8에서 초기 기독교의 신앙고백 자료를 인용함으로써 중단했던 5:1-5의 논의를 재개한다. 이러한 확장된 대용은 앞에 있는 논의의 연속을 표시할뿐더러 동일한 주제의 상세한 설명과 발전을 암시하기도 한다.[52)]

하지만 본문에서 가장 눈에 띄는 언어학적 특징과 바울이 특히 강조하고 싶었던 것은 5:9의 그리스어 문장 맨 처음에 등장하고 5:10의 두 번째 문장에서 반복된 πολλῷ μᾶλλον("더욱")이라는 어구다. 이 표현은 "작은 것에서 큰 것으로"(*a minori ad maius*)라는 방식으로 주장하는 그리스-로마 수사학의 한 유형을 반영한다. 또한 이 어구는 "덜 중요한 경우에 적용되는 것은 더 중요한 경우에도 확실히 적용된다"(*qal waḥomer*)는 입장을 견지하는 유대교 논증 형식을 표현하기도 한다. 이것은 유대인의 저명한 교사 힐렐이 만든 7개의 해석학적 "규칙" 중 첫 번째에 해당한다. 이 "더욱"이라는 표현은 본문의 마지막 문단에 중요한 강조가 있음을 부각시킨다. 이 표현은 로마서 본론의 두 번째 단락 나머지 부분에서 바울의 논증의 흐름이 다음과 같을 것임을 선언하는 기능을 한다. (첫 번째 단락 전체에서 언급했듯이) 만일 우리가 "믿음으로 의롭다 하심을 받았다면" 우리는 계속해서 (두 번째 단락 전체에서 언급하게 되듯이) "하나님과의 화평(샬롬)"의 실체들을 더욱 고려하고 경험하게 될 것이다. 바울은 이곳 5:10-11에서 자신의 경험과 "화목"의 선포로써 이에 대해 말할 것이다.

이곳에서 발견할 수 있는 세 번째 언어학적 특징은 2번 반복된 시간적 부사 νῦν("이제")이다. 이 단어는 5:9을 시작하는 문장에서 세 번째 단어이며, 5:11에서 본문을 마무리한다. 바울이 5:9과 5:11에서 νῦν을 사용한 것은 일찍이 3:21에서 νυνί를 사용한 것과 마찬가지로 "종말론적인 이제"가 현실이 되었다는 사실을 부각시키려는 데 있다. "종말론적 이제"는 (1) 하나님께서 일찍이 그의 백성과 구속적인 관계를 맺으신 모든 일을 최종적으로 이루셨다는 것과, (2) 하나님이 지금 그의 백성이 경험하기를 원하시는 것

---

52) 1:16-17과 3:21-24의 수사적으로 확장된 대용을 참조하라. 이 본문에서는 연속, 상세한 설명, 발전에 속한 특징들이 후반부에 전면에 부각된다.

을 좀 더 인격적·관계적·참여적인 방식으로 임하게 하셨음을 암시한다.

이 본문에서 네 번째로 매우 중요한 언어학적 특징은 바울의 특징적인 용어인 "화목"이다. 이것은 5:10-11에서 3번 등장하는데, 첫 번째는 정동사(κατηλλάγημεν, "우리가 화목하게 되었다")로, 그다음에는 시간적 부사적 용법의 분사로(καταλλαγέντες, "화목하게 된"), 그리고 마지막으로 관사를 동반한 명사(τὴν καταλλαγήν, "화목")로 등장한다. 본문은 5:11에서 그리스도인의 참되고 유일하고 타당한 자랑에 관한 진술로 마무리된다. 즉 "우리로 화목하게 하신 우리 주 예수 그리스도로 말미암아 하나님 안에서 자랑하느니라."

5:9-10 바울의 전환 본문과 논제 본문의 마지막 문단의 이 첫 두 구절에서 바울은 2번 반복된 πολλῷ οὖν μᾶλλον("그러면 더욱")이라는 표현을 강조한다. 이 표현은 바울이 로마에 있는 그의 그리스도인 수신자들이 공감하고 간직하기를 원하는 매우 중요한 두 논리적인 추론을 소개하는 역할을 한다. 곧 (1) 이 종말론적 성취의 때(종말론적 "이제")에[53] "그[예수]의 피로 말미암아 의롭다 하심을 받은" 법정적 실체는 예수를 믿는 신자들이 "그[예수]로 말미암아 하나님의 진노하심에서 구원을 받을" 더 큰 개인적인 소망도 포함한다는 것과, (2) 전에는 "하나님의 원수"로 판결을 받았지만, 지금은 "그의 아들의 죽으심으로 말미암아" 하나님과 화목하게 되었다는 현실에는 "우리가 그[예수]의 피로 말미암아 구원을 받을 것"이라는 더 큰 확신도 포함되었다.

바울의 복음 선포(와 신약 전체에 걸친 기독교 복음의 선포)에는 물론 종말론적인 "이제"라고 불리는 이때를 살아가는 그리스도인의 삶과 관련한 긴장이 있다. 이 긴장은 처음에 부정과거 수동태 분사 δικαιωθέντες("의롭다 하심을 받았으니")를, 그다음에는 부정과거 수동태 분사 καταλλαγέντες("화목하게 된")를 미래 수동태 동사 σωθησόμεθα("우리는 구원을 받을 것이라")의 두 가지 용례와 비교하여 사용함으로써 5:9-10의 이 두 진술에 반영되었다.

---

53) 롬 5:9과 5:11에 있는 시간의 불변화사 νῦν을 주목하라. 또한 이와 어원이 같은 3:21의 νυνί도 보라.

그러므로 주석가들은 이따금 바울이 사용한 미래시제인 "우리가 구원을 받을 것이라"가 미래를 염두에 둔 것인지 아니면 격언적 방법으로 현재를 염두에 둔 것인지를 결정하는 데 어려움을 느낀다. 혹은 그것이 미래와 현재를 다 가리킬 가능성이 가장 클 것이다. 마찬가지로 신학자들은 바울이 예수의 사역을 언급한 것이 주로 그의 육체적인 죽음(즉 그의 "수동적 순종"), 그의 지상 생활(즉 그의 "능동적 순종"), 그가 높임을 받으셔서 수행하시는 하늘의 사역(즉 그가 우리를 위하여 하나님 앞에서 중보하시고 성령을 통해 하시는 사역)을 가리키는지, 아니면 이 요소들을 적당히 혼합한 것을 가리키는지 결정하는 데 종종 애를 먹는다. 그래서 "우리는 그의 생애로 말미암아 구원을 받을 것이라"는 진술은 예수의 지상 생활을 의미하거나, 천상적인 생활을 의미하거나, 아니면 둘 다를 의미한다고 다양하게 해석되었다.

오늘날 해석자들 사이에서 오가는 공론은 바울이 이러한 구별에 많은 관심을 두지 않은 것 같다는 것이다. 바울이 5:9-11에서 말하려는 것은 그의 수신자들에게 기독교 복음에는 단순히 "그리스도의 피로 말미암"(ἐν τῷ αἵματι αὐτοῦ)거나 "하나님의 아들의 죽음으로 말미암는"(διὰ τοῦ θανάτου τοῦ υἱοῦ αὐτοῦ) 법정적인 **칭의** 교리보다 더 많은 것이 있음을 확신시키려고 한다는 사실이다. 물론 칭의 교리를 강조하는 것이 기독교 선포에서 중요하기는 하지만 말이다. 이와 아울러 그들은 그리스도께서 **화목**의 "인격적"이고, "관계적"이며, "참여적"인 주제와 관련하여 믿음으로 자신에게 반응하는 사람들을 위해 이루신 것이 무엇인지를 고려하고 경험해야 한다. 그래서 바울은 이 본문에서 이 전환 본문과 주제 본문을 마무리하면서 이 화목 주제를 강조한다. 먼저 5:10a에서 정동사 κατηλλάγημεν("우리가 화목하게 되었다")을, 그다음에는 5:10b에서 시간적 부사적 용법의 분사 καταλλαγέντες("화목하게 된")를, 그리고 마지막으로 5:11에서 관사를 동반한 명사 τὴν καταλλαγήν("화목")을 사용함으로써 그렇게 한다. 나중에 11:15에서 그가 καταλλαγὴ κόσμου("세상의 화목")라는 어구를 사용하여 하나님의 구원 사역을 충분히 표현하듯이 말이다.

추기: 바울의 화목의 메시지

바울의 설교에서 "화목"은 기독교 복음의 매우 핵심적인 위치를 차지한다. 화목은 (1) 하나님의 사랑과 목적, (2) 그리스도의 사역과 죽으심, (3) 가장 초기 기독교의 신앙고백, 그리고 (4) 그리스도인으로서 바울 자신의 종교적 경험에 뿌리를 두고 있다. 맨슨이 언젠가 말했듯이, "화목은 바울 복음의 핵심 단어다."[54] 또는 조세프 피츠마이어가 바울신학과 관련하여 적절히 지적했듯이, "그리스도의 고난, 죽으심, 부활이 끼친 중요한 결과는 사람이 성부 하나님과 더불어 화평과 연합의 상태로 화목하게 된 것[즉 "반응하는 백성"]이다."[55]

1. 화목의 언어. 그리스어 동사 καταλλάσσω("화목하다")와 διαλλάσσω("화목하다" 또는 이 단어의 이태 동사인 διαλλάσσομαι)와 그리스어 명사 καταλλαγή("화목")는 동사 ἀλλάσσω("바꾸다" 또는 "변경하다")와 명사 ἄλλος("다른")의 복합형이며, 그래서 기본적으로 "다르게 하다"는 의미를 나타내고, "관계나 상황의 변경"을 암시한다. 이 단어들은 그리스어 작품에서 삶의 정치적·사회적·가족적·도덕적 환경에서 상황과 관계의 변화를 의미하기 위해 자주 등장한다. 하지만 이 단어들은 그리스-로마 세계의 제의적 속죄의식에서는 아무런 역할을 하지 않았고, 그리스 종교 문헌에 거의 전적으로 부재했다. 이교의 여러 종교는 신과 인간 간의 관계를 인격적인 친근감의 관점에서 생각하지 않았기 때문이다.[56] 기원전 5세기의 위대한 비극 시인 세 명 중 한 사람인 소포클레스(Sophocles)만 전사 아이아스(Ajax, 그리스 신화에 등장하는 트로이 전쟁의 영웅—역주)의 굴욕과 자살을 묘사하면서, 스스로를 신들과 화목하게 하는 한 사람에 관해 언급한다.[57] 하지만 그는 그러한 화목이 어떻게 이루어졌는지는 말하지 않는다.

히브리어나 아람어에는 화목이라는 표현에 상응하는 용어가 없다. 유대인의 성

---

54) T. W. Manson, *On Paul and John*, 50.
55) Fitzmyer, *Pauline Theology*, 43-44.
56) Büchsel, "ἀλλάσσω…καταλλάσσω, καταλλαγή," 1.254.
57) Sophocles, *Ajax* 744.

경(그리스도인의 구약성경)과 후기 랍비 문헌(탈무드의 각 단편들)에서 가장 가까운 용어들은 "덮다", "씌우다", "누그러뜨리다", "달래다"라는 뜻의 히브리어 동사 כפר와 "기쁘게 하다", "달래다", "만족시키다", "회유하다"를 의미하는 동사 רצה다. 악을 행한 사람이 배상의 행동으로 해를 입은 사람을 달래는 문맥에서 사용될 때, 이 동사들은 적어도 어느 정도 "화목" 사상에 상응하는 어떤 특징을 암시한다(참조. *m. Yoma* 8:9. 비록 개인적인 관계나 감정적인 느낌의 변화가 반드시 개입되지는 않지만 말이다).

사사기 19:3(LXX)에는 자신을 떠나 친정아버지의 집으로 간 첩을 따라가 "그녀에게 자신에게로 돌아오라고(τοῦ ἐπιστρέψαι αὐτήν)" 부드럽게 말한 한 레위인을 언급하면서 어느 정도 유사한 그리스어 동사 ἐπιστρέφω("돌아가다", "돌다", "되돌아가다", "회귀하다")가 사용되었다. 명사 διαλλαγή("화목")는 화목하는 친구들과 관련하여 「집회서」 22:22과 27:21에 등장한다. 마찬가지로 2인칭 단수 부정과거 수동태 명령형 동사 διαλλάγηθι("화목하라")가 형제자매와 화목하는 사람과 관련하여 마태복음 5:24에 등장한다.

2. 유대인들 사이에서 종교적 용어인 "화목." 유대인들 사이에서 "화목"이란 용어가 종교적으로 사용된 첫 번째 예는 「마카베오하」 1:5에 등장한다. 여기서 저자는 그의 유대인 수신자들을 위해 기도한다. "이 역경 속에서도 그분[하나님]이 여러분과 화목하시고(καταλλαγείη ὑμῖν) 환란의 때에 여러분을 버리지 않으시기를 바랍니다." 「마카베오하」 5:20과 7:33에서 저자는 하나님께서 그의 백성의 죄 때문에 그들을 훈계하신 후 그분이 그의 백성과 화목하게 되었을 때 예루살렘 성전은 이전의 영광으로 회복될 것이라는 유대인의 일반적인 신앙을 표현한다. 더욱이 예후다 마카비의 후계자들이 셀레우코스 사람들과 전쟁을 벌인 후, 동일한 저자는 「마카베오하」 8:29에서 그의 독자들에게 이스라엘의 전사들이 "연합하여 간구하며 자비의 주님께서 그분의 종들과 영원히 화목하시기를(καταλλαγῆναι) 탄원하라"고 말한다. 요세푸스는 화목이라는 용어를 종교적인 의미로 2번 사용한다(두 경우 명사와 동사를 사용). 첫 번째 예에서는 그의 로마인 독자들에게 자신이 당시 유대인 반란자들에게 한 연설의 마지막 부분에서 "하나님이 죄를 고백하고 회개하는 사람들과 화목하신다(τὸ θεῖον διάλλακτον)"고 선언했다고 말하는 「유대 전쟁사」 5.415에 있고, 그다음은 사울 왕이 "무시하고 불순종"하자, 사무엘이 하나님께 "사울과 화목하고(καταλλάττεσθαι τῷ Σαούλῳ) 그로 인해 분노하지 마시라고" 간구하는 것에 대해 말하는 「유대 고대사」 6.143에서 각각 사용한다.

3. 바울의 화목이라는 개념과 언어 사용. 하지만 기독교 신학에서 화목이라는 개념에 초점을 맞추었으며, 화목이라는 언어를 그리스-로마 세계에 있는 이방인들에게 선포한 설교에서 중심을 차지하게 한 사람은 바울이었다. 인정하건대 그 용어 자체는 신약성경의 바울 서신에서 두어 번밖에 등장하지 않는다. 그런데도 이 단어는 그의 편지의 매우 중요한 부분에 등장하며, 거의 전적으로 신학적인 의미로 사용되었다. 동사 καταλλάσσω와 그 동사의 분사가 이곳 로마서 5:10에 등장하고, 고린도후서 5:18, 19, 20에 3번 더 등장한다. 명사 καταλλαγή는 로마서 5:11에 등장하고, 로마서 11:15과 고린도후서 5:18, 19에 3번 더 등장하며, 동사 ἀποκαταλλάσσω(전치사가 첨가되었기에 강조형임)는 에베소서 2:16과 골로새서 1:20, 22에 3번 더 등장한다. 바울의 편지에서 유일하게 세속적인 사용이 발견되는 곳은 고린도전서 7:11이다. 이 본문에서 바울은 자기 남편과 헤어지려고 하는 아내에게 이렇게 권면한다. "만일 갈라섰으면 그대로 지내든지 다시 그 남편과 화합하든지(καταλλαγήτω) 하라."

다소 놀라운 점은 화목의 언어가 신약성경의 다른 곳에서는 발견되지 않는다는 사실이다. 이 단어는 2세기의 현존하는 기독교 문헌 어느 곳에서도 등장하지 않는다. 그래서 종종 이 단어가 가장 초기의 기독교 저자들 중에서 바울 특유의 단어일 뿐만 아니라 어쩌면 "바울이 만들어낸 것"일 수도 있다고 여겨지곤 했다.[58] 개중에는 전쟁을 벌이고 있는 두 집단, 다투는 시민들, 또는 별거하는 부부들 사이에 평화로운 관계를 이루는 어떤 사람에 관해 몇몇 그리스-로마 저자들의 작품에서 비교적 다양하게 언급된 것으로부터 바울이 그 개념과 언어를 가져왔다고 제안한 사람들도 있다. 그들은 특히 플루타르코스가 「오페라 모랄리아」(*Opera moralia*) 329c에서 알렉산드로스 대왕이 스스로를 "온 세상의

58) 예. Büchsel, "ἀλλάσσω...καταλλάσσω, καταλλαγή," 1.258을 보라.

화해자(τῆς διαλλάτῆς τῶν ὅλων)"로 주장한 말을 인용하며, 이러한 주제가 그리스-로마 통치자 숭배의 특징이 되었다고 제안한다.[59] 이와는 다르게, 골로새서 1:15-20과 고린도후서 5:19 배후에 세상의 화목에 대한 우주론적인 전통이 있으며, 그것이 로마서 5:10-11에 있는 바울의 사상에도 등장한다고 주장한 사람들이 있다.[60] 그럼에도 바울이 고린도후서 5:19("하나님께서 그리스도 안에 계시사 세상을 자기와 **화목하게** 하시며 그들의 죄를 그들에게 돌리지 아니하시고 **화목하게** 하는 말씀을 우리에게 부탁하셨느니라")에서 이 화목이라는 개념을 표현하는 형식과 내용, 문맥 및 그가 사용한 용어들에 비춰볼 때, 사도는 이 구절에서 초기 기독교 신앙고백 자료의 일부분을 실제로 인용하고 있다고 상정할 수 있다. 고린도후서 5:19의 진술이 이러한 가설을 뒷받침하는 여러 특징을 반영하고 있는 까닭이다. 고린도후서 5:19은 (1) 구조의 어떤 균형을 암시하고, (2) 바울과 다른 신약성경 저자들이 어떤 전통적인 자료에서 가져온 인용문을 소개하기 위해 종종 사용한 불변화사 ὅτι(즉 소위 "호티 인용구")에 의해 소개되고 있으며, (3) 공식적인 방식으로 기독교 선포의 정수에 포함되었고, (4) 본문 전후에 있는 구절, 즉 고린도후서 5:18과 20절에서 설명의 방식으로 말하고 있는 것의 핵심 내용 또는 핵심적인 특징으로 작용한다.

그러므로 다음과 같이 요약하는 것이 가장 좋을 것 같다. (1) 바울은 화목이라는 개념과 용어가 초기 기독교의 신앙고백 자료에 포함된 까닭에 이를 알게 되었다는 것과, (2) 그가 그것이 그리스도의 사역과 하나님의 영의 사역으로 말미암아 자신과 하나님의 관계 안에서 개인적으로 경험한 것을 상당히 분명하게 표현한다고 보았다는 것이다. 더욱이 바울이 이 인격적이고 관계적인 용어를 그리스-로마 세계에서 이방인들에게 전하는 설교의 핵심으로 삼은 것이, 유대인들과 유대 그리스도인들 양쪽 진영에서 사용되던 많은 전통적인 구원론 표현보다도 (1) 이 화목 언어가 신학적으로 더욱 중요했으며, (2) 문화적으로 의

59) Hengel, "Kreuzestod Jesu Christi als Gottes souveräne Erlösungstate"; Hahn, "'Siehe, jetzt ist der Tag des Heils,'" 247.

60) Käsemann, "Some Thoughts on the Theme," 52-64; Lührmann, "Rechtfertigung und Versöhnung," 437-52.

미가 있고, (3) 윤리적으로 더 설득력이 있다고 믿었기 때문이라고 상정할 수 있다.

4. 바울이 화목 언어를 사용함으로써 제기한 중요한 신학적인 의미들. 바울은 화목에 대해 말할 때 다음과 같은 매우 중요한 신학적인 의미 두 가지를 늘 말한다. 첫 번째는 (70인역, 요세푸스, 앞에서 인용한 랍비들 문헌에 언급되었듯이) 하나님을 그의 백성이나 상황과 화목하시는 분으로 언급하는 유대인의 화목 이해와는 대조적으로, 바울은 늘 하나님을 동사 καταλλάσσω의 주어로 언급했지 대상으로 언급한 적이 없다는 사실이다. 다시 말해서, 바울이 선포하는 내용에서 "사람"과 "세계"와 화목하시는 분은 하나님이시지, 그 역은 아니다.[61] 바울이 그가 선포하는 내용에서 늘 언급하는 두 번째 의미는 하나님과 사람 및 세상 간의 화목이 예수 그리스도의 사역과 신실함에 근거하며, 사람이 자신의 행위나 신실함으로써 하나님을 기쁘시게 하려는 노력으로 행할 수 있는 것이 아니라는 사실이다.[62] 더욱이 바울의 화목 언어는 적용에 있어서 포괄적이다. 이 단어는 "사람들"의 화목만 아니라(고후 5:18; 롬 5:10-11), "세상"의 화목도 언급하는 까닭이다(고후 5:19; 롬 11:15). 마찬가지로, 바울의 가르침은 화목이 하나님께서 항상 이루신 것과 관련이 있을 뿐만 아니라(고후 5:19; 롬 5:10), 신자들의 삶에서 지금 이루어지고 있는 것(고후 5:19; 롬 5:10)과 **또한** 하나님과 전체 피조물에 적극적으로 반응한 사람들에게 장차 이루어질 것과도 관련이 있기 때문이다(롬 5:10-11; 8:19-25).

---

61) 고후 5:18: "하나님께서 우리를 자기와 화목하게 하시고"; 고후 5:19: "하나님께서 그리스도 안에서 세상을 자기와 화목하게 하시며"; 롬 5:10: "우리가 하나님과 화목하게 되었은즉"; 롬 5:11: "우리 주 예수 그리스도로 말미암아 이제 우리가 화목하게 되었으니"; 롬 11:15: "세상의 화목."

62) 바울이 화목을 논의하는 문맥에서 몇몇 본문을 비교해보라. 고후 5:15: "그[그리스도]가 모든 사람을 대신하여 죽으심은 살아 있는 자들로 하여금 다시는 그들 자신을 위하여 살지 않고 오직 그들을 대신하여 죽었다가 다시 살아나신 이를 위하여 살게 하려 함이라."; 고후 5:21: "하나님이 죄를 알지도 못하신 이[그리스도]를 우리를 대신하여 죄로 삼으신 것은 우리로 하여금 그 안에서 하나님의 의가 되게 하려 하심이라."; 롬 5:10: "우리가 그[하나님]의 아들의 죽으심으로 말미암아 하나님과 화목하게 되었은즉"; 롬 5:11: "이제 우리로 화목하게 하신 우리 주 예수 그리스도로 말미암아"

화목은 하나님이 마련하신 것이며, 그를 믿는 사람에게 전달된 현재적 실체이고, 그의 모든 백성과 온 피조물에게 충만하게 이루어질 것이다. 이러한 바울의 화목 선포에서 본질적인 것은 소위 기독교 복음의 "이중적 모순"이라 부를 수 있는 것이다. 즉 (1) 하나님과의 화목은 죽음(즉 객관적으로 하나님의 메시아이신 나사렛 예수의 육체적인 죽음일뿐더러, 주관적으로 하나님 앞에서 한 사람이 자기를 의존하던 것에 대한 "죽음"과 그래서 하나님께로 돌아가 그분만을 완전히 신뢰하는 것)으로 말미암아 임한 것이라는 것과, (2) "화목의 사역"이 화목의 선포와 그것의 모범적인 실천에 있어서, 하나님에 의해 그분과 화목하게 된 유한한 인간에게 위임되었다는 것이다(고후 5:18b, 19b).

5. 화목의 사역 요소와 윤리적 필요성. 화목과 관련한 바울의 교훈에는 사역의 요소도 포함되었다. 하나님께서는 사람들을 자신과 화목케 하셨을 뿐만 아니라 "우리에게 화목의 메시지를 맡기기"도 하셨다(고후 5:18). 하나님과 화목케 되어 "그리스도의 사신"이 된 사람들은 모든 사람을 "그리스도를 대신하여 하나님과 화목하게 하도록" 하나님께 부름을 받았다(고후 5:20). 이것은 그 메시지의 필요성과 하나님의 화목이라는 "복된 소식"에 대한 경험에서 직접 유추한 요소다. 화목의 **메시지**, 화목의 **경험**, 화목의 **필요성**, 이 셋 중에서 어느 하나도 다른 것과 분리될 수 없으며, 세 요소 모두 동일한 실체의 핵심적인 부분이다.

마찬가지로, 화목에 관한 바울의 교훈에서 매우 중요한 윤리적 필요성이 있다. 우리가 하나님의 사랑을 받은 자로서 사랑하라는 동기부여를 받는 것처럼, 하나님과 화목하게 된 자로서 "그리스도를 대신하여" 개인적으로는 사람들에게, 포괄적으로는 세상에 대해 화목의 통로가 되라는 동기부여를 받는다. 우리를 하나님 자신과 다른 사람들에게 화목하게 하신 하나님께서 다른 사람들의 화목을 위하여 일하라고 우리를 독려하신다. 그들의 필요가 무엇이며, 하나님께서 우리에게 무엇을 지시하시든지 간에 말이다. 화목의 윤리를 화목의 교리와 분리시키는 일은 애석하게도 둘 다 부정하는 것이다.

"칭의", "구속", "화해"와 같은 전통적인 법정적·구원론적 용어들은 유대인 진영과 유대 기독교인 진영 양쪽에 다 잘 알려졌다. 이것은 에드 샌더스와 제임스 던에 의해 그리스도인 학자들과 평신도들에게 제법 효과적으로 전달된 중요한 이해다.[63] 하지만 바울이 로마서 5-8장에서 강조하는 "화평[즉 "온전함", "총체성"]", "화목", "생명", "그리스도 안에 있음", "그의 영으로 말미암아 그리스도가 우리 안에 계심"과 같은 인격적·관계적·참여적 구원론 표현들은, 바울이 하나님과의 만남과 개인적인 기독교적 경험을 통해서만 자신(과 오늘날 여러 사람들)이 알게 된 실체들이다. 이 핵심은 매우 중요하며, 제임스 데니, 하워드 마셜, 랄프 마틴, 김세윤과 같은 학자들에 의해 지적되었다.[64] 법정적 용어들과 인격적·관계적·참여적 표현들 모두 기독교 복음의 "복된 소식"을 온전히 이해하는 데 중요한 것들이다. 그런데 기독교 메시지의 핵심(적어도 바울이 이방인에게 선포한 핵심. 따라서 오늘날 대부분의 사람에게도 핵심이 됨)은, 하나님께서 죄인이며 반역한 백성들을 그리스도의 사역과 성령의 사역으로 말미암아 자신과 화목하게 하셨다는 인격적이고 관계적이고 참여적인 선포에 있다.

5:11 바울은 5:3에서 첫 부분을 마무리했던 방법대로, 이곳 5:11에서도 5:1-11의 전환 본문과 논제 본문의 두 번째 부분을 οὐ μόνον δε, ἀλλὰ καί,("그뿐 아니라, 또한")라는 표현으로 마무리한다. 정당한 자랑에 대한 이러한 표현의 근거는 종종 논란의 대상이 되어왔다. 이 표현이 반복적일뿐더러 상당히 불필요한 까닭이다. 하지만 만일 바울이 2:17-3:20, 3:27, 4:2에서 그랬듯이 모세 율법에 대해 "떠벌리고" "자랑하는" 유대인들을 비난할 수 있다면, 그가 5:9-10에서 기독교 복음에는 법정적 **칭의** 교리보다 더 많은 내용이 담겨 있다고 주장하는 그의 πολλῷ μᾶλλον("더욱")이라는 진술로부터 이곳 5:11에서 그가 하는 말을 다음과 같이 이해해야 한다고 추론하는 것이 바른 것 같다. 즉 5:11이 (1) 자신들 교리의 정확성을 분명하

63) E. P. Sanders, *Paul and Palestinian Judaism*; 같은 저자, *Paul, the Law, and the Jewish People*; Dunn, *The New Perspective on Paul*을 보라.

64) Denney, *The Christian Doctrine of Reconciliation*; Marshall, "The Meaning of 'Reconciliation,'" 117-32; Martin, "New Testament Theology," 364-68; 같은 저자, *Reconciliation*; 같은 저자, "Reconciliation," 36-48; S. Kim, *Origin of Paul's Gospel* (1981), 특히, 13-20, 311-15을 보라.

게 자랑했고, 그것을 예루살렘 교회로부터 직접 받았다고 믿은 로마의 신자들을 겨냥하고 있으며, (2) 그의 수신자들에게 오히려 "우리가 지금 화목하게 된 우리 주 예수 그리스도로 말미암아 하나님"을 자랑하라고 충고하고 있다고 말이다. 그리스도인이 자신의 교리의 정확성을 자랑하는 것은 유대인들이 모세 율법과 "언약적 신율주의"를 자랑하는 것처럼 참담해질 수 있다. 그래서 바울은 두 번째 단락의 이어지는 내용에서 로마의 그리스도인들에게 더 나은 방법을 제시하고 싶어 한다. 그것은 하나님께서 "우리 주 예수 그리스도로 말미암아" 더 인격적이고 관계적이며 참여적인 방법으로 행하신 것과 관련이 있다. 사도는 그가 좋아하는 "화목"(τὴν καταλλαγήν) 이라는 구원론적 표현 안에서 이 모든 기독교 선포의 "더 나은 방법"을 요약한다. 바울은 이것이 그리스도인이 이룬 것이 아니라 "우리가 우리 주 예수 그리스도로 말미암아 받은(ἐλάβομεν)" 것이라고 주장한다.

성경신학

그리스도께로 회심하기 전에 변호사와 철학자로 훈련을 받았지만 개종한 후에는 탁월한 변증가와 신학자로 알려진 카르타고의 테르툴리아누스(기원후 145-220년경)는 기독교 신학의 초기 발전에서 매우 중요한 인물이다. 그는 주석자가 아니었다. "주석"(exegesis)이란 용어를 (1) (알렉산드리아에서 시행되던) 성경에 대한 알레고리적 해석으로 정의하든지, (2) (나중에 안디옥에서 시행된) 성경에 대한 역사적·문맥적 해석으로 정의하든지, 아니면 (3) (이후에 많은 로마 가톨릭 주석가들과 개신교 주석가들에 의해 시행된) 본문의 의미에 대한 설명("해석")과 논평("방주")으로 정의하든지 상관없이 말이다. 테르툴리아누스가 본문 주석에 가장 근접한 것이 그의 『마르키온 반박』(*Adversus Marcionem*, 초판은 198년에, 개정 3판은 207-208년에 출간되었다)이다. 여기서 테르툴리아누스는 제4권에서 누가복음을 다루었고 제5권에서는 바울 서신을 살폈으며, 마르키온의 해석을 제시하(고 마르키온이 본문을 자주 삭제한 것에 주목하)고, 좀 더 정통적인 관점에서 마르키온을 반박한다.

그럼에도 테르툴리아누스는 그의 생애 중간기 동안 문학적으로 변증적인 글과 신학적인 논문을 쓰는 등 기독교 변증가와 신학자로서 엄청나게 많은 글을 쓴 다산 작가였다. 그의 저작 중 다수가 보존되었으나, 다른 저작들은 그가 말년에 분파주의적 교사인 몬타누스의 신학 견해를 여럿 받아들인 까닭에 버려지거나 소실되거나 잊혔다. 비록 테르툴리아누스는 주석을 쓰지 않았고, 나중에 로마의 엄격한 정통 성직자들에 의해 이단으로 낙인찍히게 되었지만, 193년부터 205년경 사이에 쓴 그의 변증적인 글과 신학적인 글은 라틴 기독교 신학의 기초를 놓았다. 사실 그의 생애 중간기에 쓴 저작의 명료성과 심오함으로 인해 라틴 기독교가 신학적으로나 문학적으로 황량했다던 당대의 비난은 그치게 되었다. 여기서 우리가 제기하려는 목적과 관련하여 더 중요한 점은, 테르툴리아누스가 바울의 법정적인 언어를 다뤘다는 사실이다. 특히 로마서 1:16-4:25에 표현된 바울의 법정적인 언어에 대한 그의 글은, 중세 기독교 신학을 법적으로 구조화하는 데 상당한 기초를 제공했다. 그런 구조화 작업은 로마 가톨릭 신학자들뿐만 아니라, 분명하게 다른 강조점을 가진 개신교의 종교개혁자들과 오늘날 수많은 그리스도인에 의해 진행되었다.

하지만 테르툴리아누스 이후 2세기를 지나자마자 북아프리카에 있는 타가스테(오늘날 알제리의 수크-아라스)에서 태어났고 (그 당시 로마 제국에서 두 번째로 중요한 도시였던) 카르타고 대학의 철학과 학생이었던 위대한 교부 아우렐리우스 아우구스티누스(354-430년)는 바울의 로마서에서 더욱 중요한 특징들을 표면화시켰다. 아우구스티누스는 테르툴리아누스, 키프리아누스, 옵타투스, 티코니우스, 암브로시우스 같은 북아프리카와 이탈리아의 기독교 명사들로부터 많은 교육을 받는 동안, 로마서 5-9장에 있는 하나님의 은혜에 관한 바울의 진술들에 특히 초점이 맞춰진 기독교 복음을 이해하게 되었다.

아우구스티누스는 밀라노에서 수사학을 가르치는 동안, 밀라노의 대주교였던 암브로시우스에게 영향을 받았다. 아우구스티누스는 암브로시우스의 설교와 상담 및 그의 모친 모니카의 기도 덕에 386년에 극적으로 그리스도께로 회심했으며, 387년 부활주일에 세례를 받았다. 4년 후 그는 그가 태어난 북아프리카로 돌아왔으며, 매우 빠르게 391년에 히포의 장로로 임직을 받았고, 395년에는 보좌 주교가 되었으며, 마침내 396년에는 주교가 되었다. 그는 396년부터 그가 사망한 430년 8월 28일까지 히포의 주교로서 행정적으로 매우 분주한 가운데서도 지속적으로 설교했고 다수의 책을 저술했다.

아우구스티누스는 성숙기인 400년부터 430년까지 『하나님의 도성』(*De civitate Dei*), 공관복음 문제에 대한 저술(*De consensu evangelistarum*), 시편과 요한복음에 대한 방대한 주석처럼 그의 저서 가운데 가장 주목할 만한 저서들을 썼다. 하지만 그는 일찍이 북아프리카로 돌아와 히포 교구에서 장로로 임직을 받은지 얼마 후 391년에 열린 카르타고 공의회에서 참석한 사람들로부터 로마서에 관한 질문을 받았다. 아우구스티누스는 주로 로마서 5-9장에서 선별한 몇몇 본문에 대한 일련의 짧은 주석을 씀으로써 이 질문에 대답했다. 이 주석은 84개의 단락으로 묶어 394년에 『로마서의 몇 가지 논제에 대한 주석』(*Expositio quarundam propositionum ex Epistula ad Romanos*)이란 제목으로 출간되었다.

로마서의 이 다섯 장에서 선별한 본문에 대한 작은 주석인 『로마서의 몇 가지 논제에 대한 주석』에 제시된 아우구스티누스의 주석에 근거하여, 우리는 이때가 거저 주시는 하나님의 은혜에 관해 아우구스티누스가 제일 처음으로 진지하게 생각하기 시작했을 때라고 추정한다. 물론 그가 후일 396-398년 사이 수년간 그의 친구 심플리키아누스에게 보낸 글에 분명히 드러나듯이, 하나님의 은혜에 대한 그의 이해가 그 후 수년에 걸쳐 상당히 발전했지만 말이다.[65] 그리고 아우구스티누스가 430년에 죽을 때까지 마지막 30년 동안 그의 모든 사고를 지배했고, 그 이후 기독교 신학의 방향을 상당히 재설정한 것이 바로 391년 카르타고 공의회에서 처음으로 표현된 하나님의 은혜라는 주제였다.

그래서 아우구스티누스로부터 현재에 이르기까지 로마서 5-8장(과 종

---

65) Augustine, *De diversis quaestionibus ad Simplicianum*.

종 9장도)은 로마서에 제시된 바울신학의 정점으로 여겨졌고, 5-9장에 언급된 하나님의 주권적인 은혜를 아우구스티누스가 강조한 것은 그 이후 대부분의 기독교 신학의 풍조를 확립했다. 로마에 보낸 바울 서신의 중심에 있는 이 네댓 장을 이렇게 이해하는 것은 존 로빈슨(John Robinson)이 로마서를 일련의 여닫는 수문을 통해 지협을 횡단하는 운하로 비유할 때 회화적으로 제시되었다. 그 운하의 최고조는 5-8장이며, 수문의 분수령은 8장이다.[66]

로마서에 대한 우리의 논지는, 사도가 유독 자신의 것이라고 믿었고, 그가 로마에 있는 그리스도인 수신자들이 알고 공감하기를 원했던 것의 본질이 그가 두 번째 단락인 로마서 5:1-8:39에서 제시하는 내용이라는 것이다. 이 네 장의 자료는 인간 실존의 핵심 요소인 죄, 사망, 하나님의 은혜, "그리스도 안에 있는" 생명, "성령 안에 있는" 생명, 그리고 하나님과 다른 사람과의 인격적인 관계를 다룬다. 또한 이 문제들은 바울이 자신의 회심 경험과 지속된 그리스도와의 관계로 해결에 이르고 조명된 문제로 보인다. 실제로 바울은 이방인 선교에서 이 문제들을 유대교 성경(구약)을 언급할 필요 없이 이방인 청중들에게 제시했다. 그런 까닭에 그는 로마서 5:1-8:39에서 로마에 있는 그의 그리스도인 수신자들에게 자신이 직접 상황화한 형태의 기독교 복음을 제시했다. 그들이 예수를 믿은 신자로 이전에 고백한 내용을 대체하는 것으로서가 아니라 그들이 이미 받아들인 것에 대한 더 충분하고 더 광범위한 이해로서 말이다.

더욱이 로마서 5:1-11 해석에 관한 우리의 논지는 바울이 이 본문에서 다음의 내용을 제시한다는 것이다. (1) "작은 것에서 큰 것으로"라는 수사적 형태의 논증을 통해, 로마에 있는 그리스도인 수신자들에게 그들의 사고와 경험에서 "칭의", "구속", "화해"(또는 "속죄" 혹은 "대속")와 같은 유대교와 유대 기독교의 법정적 주제만 받아들이는 상태에서, 예수 그리스도께 드리는 헌신에 대한 좀 더 인격적이고, 관계적이며, 참여적인 이해와 경

---

66) 참조. J. A. T. Robinson, *Wrestling with Romans*, 9(이 밖에 여러 곳).

험으로 나아가게 하는 전환적 자료, (2) 바울이 이러한 인격적·관계적·참여적 이해와 경험에 관하여 5:12-8:39에서 제시할 내용을 소개하는 논제적 자료 등이다. 바울은 이 열한 절에서 "하나님과의 화평"(또는 좀 더 정확한 어감으로는 "하나님과의 온전함"), "우리 주 예수 그리스도로 말미암아 하나님을 자랑함", "화목"이란 제목 아래 이 작업을 수행한다.

로마서 5:1-11의 자료를 이에 비춰 이해한다는 것은 결과적으로 (1) 로마서의 논증을 어떤 개념적·주제적·표제적 발전을 입증하는 것으로 이해하는 것이며, (2) 신학자들에게 성경신학을 구성할 때 이러한 발전적 특징을 고려하라고 촉구하는 것이다. 구약성경과 신약성경에 표현된 대로, 기독교 신학의 역사는 점진적으로 드러난 하나님의 계시의 이야기일뿐더러, 성경 자료와 교회 역사의 연감에 제시되었듯이, 하나님의 백성의 점진적인 이해와 경험에 관한 이야기이기도 하다.

현대를 위한 상황화

로마서 5:1-11의 전환 자료와 논제 자료를 현대를 위해 상황화하는 작업에는 도전과 경고가 다 포함된다. 이 본문이 도전하는 바는 (1) 하나님의 속성인 "하나님의 의"에 속한 문제들과 바울이 "믿음으로 의롭다 함을 받음"이라는 구원론적인 주제 아래 포함시킨 것으로 보이는 "칭의", "구속", "화해"(또는 "속죄" 혹은 "대속") 같은 법정적인 표현만을 깊이 생각하지 말라는 바울의 경고를 받아들이는 것과, (2) 그가 복음을 그리스-로마 세계에 있는 이교도 이방인들에게 상황화하는 정당성을 받아들이는 것과 관련이 있다. 그렇게 상황화된 기독교 선포의 형식은 "우리 주 예수 그리스도로 말미암아" 임한 새 "생명"을 좀 더 인격적이고 관계적이며 참여적인 방식으로 이해하는 것이다. 이러한 방식은 그가 이곳 5:1-11에서 "화평[즉 샬롬, "온전함"]"이라는 주제와 "화목"과 같은 용어를 사용하여 소개하는 방식이다.

이 본문이 경고하는 바는 이것이다. 만일 바울이 2:17-3:20, 3:27, 4:2에서 그랬듯이, 유대인들을 모세 율법에 대해 "큰 소리로 떠벌리고" 하나님과 그들 간의 관계를 "자랑하는" 사람들이라고 비난할 수 있다면, 그리고 여기서 한걸음 더 나아가 자랑에 대해 그가 5:11에서 한 말을 (1) 교리에 관한 자신들의 정확성에 대해 자랑하는 로마 신자들을 겨냥한 것으로(그들은 자신들의 교리가 처음부터 예루살렘 교회를 이끌었던 사도들에게서 기원했다고 믿었다), 또 (2) 수신자들에게 오히려 "우리가 지금 화목함을 받은 우리 주 예수 그리스도로 말미암아 하나님"을 자랑하라고 권하는 것으로 이해할 수 있다. 오늘날 그리스도인이 자신의 교리의 정확성을 자랑하는 것은 유대인들이 모세 율법을 자랑하거나 예수를 믿는 로마 신자들이 교리의 정확한 형식을 자랑하는 것처럼 참담할 수 있다. 우리 그리스도인들이 바울의 메시지에서 특별히 중요하고 우리에게 특별히 의미 있는 것이라고 선언하는 내용(이를테면 "하나님의 의"와 "믿음으로 의롭다 함을 받음"[1:16-4:25에서처럼]과 같은 주제, 또는 "화평", "화목", "그리스도 안에 있는 생명", "성령 안에 있는 생명", "성령으로 말미암아 우리 안에 계신 그리스도", "하나님으로 말미암아 그의 가족 안으로 들어감"[5:1-8:30에서처럼]과 같은 주제)이 무엇이든지 간에, 자신의 기독교적 신앙이나, 혹은 그 신앙의 기원이 되는 사람들에 대해 자랑할 여지는 없다. 새로운 실체에 대한 우리의 이해와 경험이 어떠하든지 간에, 그리스도인으로서 우리의 유일한 자랑은 늘 우리가 "우리 주 예수 그리스도로 말미암아" 받은 것에 있어야 한다(5:1). 그래서 우리는 "이제 우리로 화목하게 하신 우리 주 예수 그리스도로 말미암아 하나님 안에서"만 자랑해야 한다(5:11).

2. 보편적이고 근본적인 구속 이야기: 예수 그리스도로 말미암은 결과와 아담으로 야기된 결과(5:12-21)

번역

[5:12]그러므로 한 사람으로 말미암아 죄가 세상에 들어오고 죄로 말미암아 사망이 들어왔나니, 이와 같이 사망이 모든 사람에게 이르렀고, 이로 인해 모든 사람이 죄를 지었도다. [13]죄가 율법 있기 전에도 세상에 있었으나, 율법이 없었을 때에는 죄를 죄로 여기지 아니하였느니라. [14]그러나 아담으로부터 모세까지 아담의 범죄와 같은 죄를 짓지 아니한 자들까지도 사망이 왕 노릇 하였나니, 아담은 오실 자의 모형이라.

[15]그러나 이 은사는 그 범죄와 같지 아니하니, 곧 한 사람의 범죄를 인하여 많은 사람이 죽었은즉, 한 사람 예수 그리스도의 은혜로 말미암은 하나님의 은혜와 선물은 많은 사람에게 더욱 넘쳤느니라! [16]또 이 선물은 범죄한 한 사람으로 말미암은 것과 같지 아니하니, 심판은 한 죄로 말미암아 정죄에 이르렀으나, 은사는 많은 범죄 후에 나타났고 의로움을 가져왔느니라. [17]한 사람의 범죄로 말미암아 사망이 그 한 사람을 통하여 왕 노릇 하였은즉, 더욱 하나님의 은혜와 의의 선물을 넘치게 받는 자들은 한 분 예수 그리스도를 통하여 생명 안에서 왕 노릇 하리로다.

[18]그런즉 한 범죄로 많은 사람이 정죄에 이른 것 같이, 한 의로운 행위로 말미암아 많은 사람이 의롭다 하심을 받아 생명에 이르렀느니라. [19]한 사람이 순종하지 아니함으로써 많은 사람이 죄인 된 것 같이, 한 사람이 순종하심으로써 많은 사람이 의인이 되리라.

[20]율법이 들어온 것은 범죄를 더하게 하려 함이라. 그러나 죄가 더한 곳에 은혜가 더욱 넘쳤나니, [21]이는 죄가 사망 안에서 왕 노릇 한 것 같이, 은혜 또한 의로 말미암아 왕 노릇 하여 우리 주 예수 그리스도로 말미암아 영생에 이르게 하려 함이라.

본문비평 주

5:12a Διῆλθεν("왔다", "갔다", "거치다", "스며들었다")의 주어인 관사 있는 명사 ὁ θάνατος("사망")의 두 번째 사용은 대문자 사본 א A B C P Ψ 0220vid [또한 *Byz* K L]과 소문자 사본 33 1175 1739(범주 I), 81 1506 1881 1962 2127 2464(범주 II), 6 69 88 104 181 323 326 330 365 424c 436 451 614 629 630 1241 1243 1319 1573 1735 1874 1877 2344 2492(범주 III)으로 강력하게 입증되며, it$^{ar, dem, x, z}$ vg syr$^{p, h^{*}, pal}$ cop$^{sa, bo}$에도 반영되었고, 오리게네스$^{gr, lat}$의 지지를 받고 있다. 하지만 대문자 사본 D F G와 소문자 사본 1505 2495(범주 III) 같이 몇몇 사본에는 이 단어가 생략되었다. 마찬가지로 it$^{d, e, f, g}$ syr^{h}에도 생략되었고, 암브로시아스테르 아우구스티누스에 의해서 생략되었다. 이것은 대다수 서방 사본의 독법이다. 관사가 있는 명사 ὁ θάνατος가 앞의 문장에 들어 있으므로, ὁ θάνατος의 두 번째 등장은 불필요하여 생략되었다고 분명하게 주장할 수 있다. 하지만 사본 전통에서 이 두 번째 ὁ θάνατος가 널리 지지를 받고 있다는 사실은, 이 단어가 원문에 있었고 유지되어야 함을 강력히 시사한다.

12b절 동사 διῆλθεν("왔다", "갔다", "들어왔다")은 사본 전통에서 매우 폭넓게 지지받고 있다. 동사 εἰσῆλθεν("들어오다", "들어가다")이 소문자 사본 1881(범주 II)에 등장하지만, 이것은 이 구절 앞부분에 있는 εἰσῆλθεν에 동화시키려는 필경사의 실수일 것이다.

13절 사본 전통에는 동사 ἐλλογέω("간주하다", "여기다")와 관련하여 다양한 철자와 형태가 등장한다. 강력하게 지지받는 3인칭 단수 부정과거 수동태 직설법 ἐλλογεῖται("그것은 고려된다")가 아닌 다음과 같은 이문들이 존재한다. (1) 대문자 사본 א^{1}와 소문자 사본 1881(범주 II)에 있는 ἐλλογᾶται, (2) 대문자 사본 A에 있는 ἐλλογᾶτο, (3) 소문자 사본 1505 2495(범주 III)에 있는 ἐλλογεῖτο, (4) 대문자 사본 א*에 있고 역본 it vg^{d}에 반영된 ἐνελογεῖται, (5) 대문자 사본 א^{2} D F G에 있는 ἐνλογεῖτο 등이다. 하지만 이 모든 이문은 이런저런 이유로 본문을 개선하려고 한 부차적인 편집적 변경으로 판단해야 한다.

14a절 분사 어구 τοὺς μὴ ἁμαρτήσαντας("죄를 짓지 **아니한** 자들")에 있는 부정어 μή("아니")는 소문자 사본 1739(범주 I) 및 6 424^{c} 614 2495(범주 III)와 불가타 역본에 속하는 몇몇 사본 그리고 오리게네스^{lat} 암브로시아스테르에 의해 생략되었다. 라틴어 번역자들과 주석가들이 죄를 아담의 범죄를 반복한 것으로만 생각했기 때문인 것 같다.

14b절 두 번째 전치사 ἐπί("에", "위에", "안에")는 바티칸 사본(B 03)과 소문자 사본 365 1505 1573 2495(범주 III)에 ἐν("안에", "위에")으로 대체되었다. 이것은 ἐπί를 네 단어 앞에서 먼저 등장한 ἐπί와 혼동하지 않고 글을 더 분명히 하려는 것 때문에 발생했을 것이다.

15a절 Οὕτως καί("이와 같이 ~역시") 구문에 삽입된 καί("역시")는 그리스어 본문 전통 전체에서 강하게 지지받는다. B 사본에 이 단어가 생략된 것은 그것이 불필요하다고 인식되었기 때문일 것이다.

15b절 대문자 사본 F와 G에 전치사 ἐν("안에", "에 의해")이 생략된 것은 어느 정도 분명한 오류로 보이는데, 이는 네 단어 다음에 이어지는 숫자 ἑνός("하나")와의 중자탈락 때문인 것 같다.

16a절 부정과거 남성 분사 ἁμαρτήσαντος("[한 사람이] 죄를 지음[으로]")는 본문 전통에서 강한 지지를 받는다. 반면에 소유격 단수 명사 ἁμαρτήματος("[한 사람이] 죄를 지음[으로]")는 대문자 사본 D F G에 등장하고 역본 vg^{d}와 sy^{p}에 반영되었다. 이문인 소유격 단수 명사는 난해한 독법을 개선하려는 서방 본문 유형일 것이다.

16b절 베자 사본(D* 06)에 의해 삽입되었고 역본 vg^{mss}에도 반영된, 5:16 끝부분에 있는 소유격 명사 ζωῆς("생명의", 따라서 δικαίωμα ζωῆς, "생명의 의롭다 하심에"로 읽게 됨)는 5:18 끝부분에 있는 εἰς δικαίωσιν ζωῆς("의롭다 하심을 받아 생명에")에 동화시킨 것으로 보인다. 이것은 바울이 기록했던 내용에 대한 정확한 이해일 수 있지만, 그럼에도 이질적인 것이며, 생략되어야 한다.

17a절 5:17 도입부에 있는 독법 τοῦ ἑνός("한 [사람]의")는 아주 잘 입증되었다. 다른 이문도 사본 증거에 등장하지만 말이다. 예를 들어 (1) 소

문자 사본 1739(범주 I)와 1881(범주 II), vgst, 그리고 오리게네스에 있는 ἐν ἑνός("한 [사람]의", "한 사람 안에"), (2) 대문자 사본 A F G의 ἐν ἑνί("한 사람 안에"), (3) 대문자 사본 D의 ἐν τῷ ἑνί("그 한 사람 안에") 등이다. 하지만 사본의 증거는 τοῦ ἑνός("한 [사람]의")를 선호한다.

17b절 소유격 τῆς δωρεᾶς("선물의")는 P^{46}(이 파피루스 사본은 이곳 δωρεᾶς에서 시작한다), 대문자 사본 ℵ A C D F G P Ψ[또한 *Byz* K L]와 소문자 사본 1175 1739(범주 I), 81^{vid} 1881 1962(범주 II), 그리고 6 33 69 104 181 323 326 330 365 424^{c} 436 614 629 630 1241 1877(범주 III)의 강한 지지를 받으며, 역본 it$^{d, e, f, g}$ cop$^{bo, fay}$에도 반영되었다. 이러한 독법은 "더욱 '은혜'와 '의의 선물'을 넘치게 받는 자들은 한 분 예수 그리스도를 통하여 '생명 안에서 왕 노릇' 하리로다"라는 진술에서 소유격이 3개가 겹쳐 나온 것이 분명하므로 몇몇 필경사들이 (1) 6 88 104(범주 III)와 오리게네스^{lat}에 등장하는 것처럼, τῆς δωρεᾶς를 목적격 τὴν δωρεάν으로 바꾸거나, (2) 아니면 대문자 사본 Ψ 0221과 소문자 사본 2127(범주 II), 330 365 451 2492 2495(범주 III)에 등장하고, 역본 it$^{ar\ (vid),\ dem,\ r(3),\ x,\ z}$ vg syr$^{p, h}$에 반영되었으며, 테오도레토스의 지지를 받았듯이, τῆς δωρεᾶς 다음에 καί("도")를 첨가했거나, (3) 대문자 사본 B처럼, 그리고 역본 cop^{sa}에 반영되었고, 이레나이우스^{lat} 오리게네스 암브로시아스테르의 지지를 받듯이, 단순히 τῆς δωρεᾶς를 생략했다.

17c절 소유격 τῆς δικαιοσύνης("의의")는 사본 전통 전체에서 지지받는다. 단지 에프렘 사본(C 04)에만 이 어구가 생략되었다. 우연히 생략되었음이 분명하다.

17d절 5:17 끝에 있는 Ἰησοῦ Χριστοῦ("예수 그리스도")라는 이름의 순서가 바티칸 사본(B 03)에서 역순이 되어 Χριστοῦ Ἰησοῦ("그리스도 예수")로 읽는다. 아마도 5:15에 있는 "예수 그리스도"의 순서를 반복하지 않으려고 문체를 수정했기 때문일 것이다.

18a절 시나이 사본(ℵ* 01)에서 ὡς δι' ἑνός("한 사람으로 말미암았듯이") 다음에 ἀνθρώπου("사람의")가 첨가된 것은 단지 문체를 개선하려는 시

도였을 것이다.

18b절 대문자 사본 F G와 소문자 사본 69(범주 III)에서 강한 지지를 받는 관사 없는 소유격 παραπτώματος보다도 관사가 있는 주격 τὸ παράπτωμα("그 범죄")가 포함된 것은 문법적으로 "범죄"를 문장의 주어로 만들려고 개선된 것 같다.

18c절 대문자 사본 D F G와 소문자 사본 69(범주 III)에 매우 강하게 지지받는 δικαιώματος보다도 τὸ δικαίωμα("의로운 법령")의 독법이 등장하는 것 역시 문법적인 개선을 시도한 것일 가능성이 크다.

19절 대문자 사본 D* F G와 이레나이우스에 의해 이 구절의 두 번째 절에 ἀνθρώπου("사람의")가 첨가되어 "한 사람의 순종으로 말미암아"라고 읽게 된 것은, 첫 번째 구절의 "한 사람의 불순종으로 말미암아"와 더 긴밀하게 상응시키려고 문체적으로 개선한 것이 분명하다.

형식/구조/상황

교부들의 시대부터 현재까지, 바울 서신에서 가장 널리 논의되는 본문 중 하나는 로마서 5:12-21이다. 이 본문은 교회의 의식 구조에서 매우 자주 전면에 드러났다. 몇 가지 이유에서다. (1) 이 본문이 아담의 죄를 다루고 있고, (2) 하나님이 창조하신 모든 우주에 스며든 죄에 대해 진술하고 있으며, (3) 인류의 죄가 아담의 죄와 직접 연결되어 있다는 점에서 그러하다. 하지만 종종 공감되지 못했던 것은 본문의 기본적인 요지가 아담의 죄와 관련 있다거나 아담의 죄가 어떻게 인간의 상태에 영향을 주었는지와 관련이 있는 것이 아니라, 하나님께서 예수 그리스도의 "순종"으로 말미암아 그의 "은혜"로 인해 이루신 것으로서, 모든 사람에게 가능케 하신 "하나님의 선물(은사)" 및 "영생"과 관련된다는 것이다.

5:12은 많은 관심을 받았다. 구체적으로는 (1) 아담의 죄에서 시작하여 오늘날 사람들의 죄에 이른 원인과 결과의 관계의 중요성, (2) 특히 관사 형태의 ἡ ἁμαρτία("그 죄")에서 ἁμαρτία("죄")의 의미, (3) 특히 관사 형태의 ὁ θάνατος("그 사망")에서 θάνατος("사망")의 의미, (4) 어구 ἐφ' ᾧ의 번

역(전치사 ἐπί와 대명사 ᾧ를 어떻게 이해하느냐에 따라 다양한 해석이 가능하다), (5) πάντες ἥμαρτον("모든 사람이 죄를 지었다")의 번역 등이 주목을 받았다. 수많은 논문과 소논문 및 저서들이 이 문제를 다루면서 다음과 같은 입장을 내놓았다. (1) "현실주의" 이론 또는 "중대한 연합" 이론(즉 집단적인 인류 전체가 "아담 안에서" 실제로 죄를 지었다는 이론), (2) "대표자" 이론 또는 "언약적 대리" 이론(즉 "아담이 죄지음에 있어" 인류 전체를 대표한다는 이론), (3) "영향" 이론 또는 "본보기" 이론(즉 인류는 "아담의 죄"의 악한 영향을 받았다는 이론), 또는 (4) "유전된 타락과 전달된 죄책" 이론(즉 모든 사람이 아담의 죄에 의해 전달된 타락의 상태를 상속받았으며, 타락의 상태를 상속받은 것을 그들 자신이 행함으로써 스스로도 죄인이 되었다는 이론) 등이다. 하지만 이러한 신학 논문들 대부분은 그 자체로 중요한 것이기는 하지만, "하나님의 은혜", "하나님의 의의 선물", "예수 그리스도의 순종"을 다루는 5:12-21의 실제적으로 중요한 문제들을 부각시키지는 못했다. 이 모든 것은 "이 은혜가 의로 말미암아 왕 노릇 하여 우리 주 예수 그리스도로 말미암아 영생에 이르도록 하려고" 하나님이 주신 것이다.

수사학적 특징들. 로마서 5:12-21은 수사학적으로 병행비교(*synkrisis*, 즉 결점과 우수함을 부각시켜 사람이나 대상 또는 사물을 비교하는 것)로 분류될 수 있다. 여기서 바울은 하나님께서 그의 은혜로 말미암아 가져오셨고 예수 그리스도께서 모든 사람을 위하여 그의 순종으로 말미암아 가져오신 것을 아담이 그의 불순종으로 인해 인간의 삶에 가져온 것과 현저하게 비교하여 제시한다. 본문의 핵심 역시 그리스어의 음절에 μα로 끝나는 일련의 명사 사용에서 청각적 지향성 또는 우리가 수사적 유사(즉 비슷하게 소리 나는 단어와 어구의 반복)로 부를 수 있는 것을 반영한다. 이를테면, 5:15, 16, 18, 20의 관사가 있기도 하고 관사가 없기도 한 παράπτωμα("범죄"), 5:15, 16의 τὸ χάρισμα("은혜의 선물"), 5:16의 κρίμα("심판 또는 타락"), 5:16, 18의 κατάκριμα("정죄"), 5:16의 τὸ δώρημα("선물"), 5:16에서 δικαίωσις("의롭다 함을 받음") 및 δικαιοσύνη("의")와 동의어로 사용된 δικαίωμα(문자적으로 "의의 법령") 등이다. 고대의 화자들은 종종 그들의 청중들이 언급된 내용을 더 잘 이해하고 기억하는 데 도움을 주려고 소리가 비슷한 단어나 어구들을 반복했다. 현대의 화자들도 그렇게 한다. 그래서 이러한 그리스어 명사의 청각적 사용에는 적어도 5:15-17에 등장하는 내용에 어떤 유형의 구전적 배경이 있음을 시사한다. 5:15-17에 있는 자료는 초기 기독교 전승이나 바울 자신의 설교, 또는 양쪽 모두에서 유래했을 것이다.

더욱이 본문은 인칭대명사와 관련하여 5:1-11의 1인칭에서 5:12-21의 3인칭으로의 전환을 제시한다. 그러고 나서 6:1-8:39에 걸쳐 다시 1인칭이 사용되는데, 이것은 반드시 그렇다고 할 수는 없지만, 5:12-21의 자료 대부분이 초기 기독교 전승에 뿌리를 두었다가 바울에 의해 이방인들에게 한 그의 설교(와 이곳 로마에 있는 그의 그리스도인 수신자들에게 그가 이방인 선교에서 선포한 내용)에 사용되었을 가능성을 암시한다. 마찬가지로 5:12에는 처음 두 행에서는 "한 사람의 죄"에서 "사망이 모든 사람 위에 왕 노릇 함"으로 이동하고, 그 후 두 번째 두 행에서는 "사망의 보편적인 왕 노릇"에서 "모든 사람이 죄를 지었다"로 이동하는 기본적인 교차대구 구조로 묘사할 수 있는 것이 등장한다. 물론 진정한 교차대구법이라고 밝혀진 것에서는 상당히 많은 부분이 저자의 의도, 즉 저자(그가 초기의 그리스도인이든지 바울 자신이든지 간에)가 그러한 교차대구 구조를 의도적으로 사용했는지 아니면 무의식적으로 사용했는지에 달려 있다.

본문은 5:21b에서 "우리 주 예수 그리스도로 말미암아"(διὰ Ἰησοῦ Χριστοῦ τοῦ κυρίου ἡμῶν)라는 후렴으로 마친다. 이것은 후렴구 "우리 주 예수 그리스도로 말미암아"(διὰ τοῦ κυρίου ἡμῶν Ἰησοῦ Χριστοῦ)와 분명히 비교된다. 전환 자료이자 논제 자료인 5:1-11은 이 후렴구를 사용하여 5:1에서 시작하여 5:11에서 마무리된다. 이 후렴은 다시 2개의 더욱 중요한 단락의 마지막 부분인 6:23과 7:25에 어원이 같은 다른 형태로 등장했다가, 본론의 두 번째 단락의 마지막인 8:39에 다시 사용된다.

석의적 쟁점들. 로마서 5:12-21은 수많은 해석학적 쟁점들을 불러일으킨 중요한 석의적 쟁점으로 가득 차 있다. 이를 다음과 같이 열거할 수 있을 것이다.

1. 본문 맨 처음에 있는 토착어 표현 διὰ τοῦτο("그러므로")의 중요성. 이 표현은 5:12-21이 앞뒤 문장과 어떻게 관련을 맺고 있는지에 대한 질문을 제기한다.
2. 5:12에 등장하는 원인 고리의 중요성. 특히 12절에서 관사가 있는 표현인 ἡ ἁμαρτία("그 죄")와 ὁ θάνατος("그 사망")의 의미에 관심이 집중되었다.
3. 5:12, 15, 16, 18, 19, 21의 καὶ οὕτως와 관련하여 비교의 불변화사 ὥσπερ 및 ὡς("이와 같이", "처럼")의 사용. 이는 5:15, 17의 더 강한 비교의 표현인 πολλῷ μᾶλλον("더욱")이 위의 불변화사와 어떻게 관련이 있는지에 대한 질문을 제기한다.
4. 5:12b에서 전치사구 ἐφ' ᾧ, 실명사적 용법의 주격 형용사 πάντες("모든 사람"), 3인칭 복수 부정과거 동사 ἥμαρτον("그들이 죄를 지었다")의 의미와 중요성.
5. 5:12의 진술과 5:13-14의 설명적 논평 사이에 있는 문장이 불완전한 이유.
6. 5:13-14에서 설명적 논평의 형식과 의미. 특히 5:13-14에 οὐκ...ἀλλά 구문이 존재하는 것과 그 구문의 중요성에 관심이 집중된다.
7. 본문 전체에 제시된, 예수 그리스도가 인류 역사에 영향을 준 것과 아담이 일찍이 가져온 것 사이의 병행어구의 특성. 특히 보편성과 특수성 문제에 관심이 집중된다.
8. 5:16, 18의 부정적 표현인 κρίμα와 κατάκριμα의 어감. 이 두 단어는 의미상 거의 동의어이지만, 두 번째 단어에 전치사적 접두어 κατά를 첨가함으로써 두 단어의 용례에서 일종의 강조를 분명하게 시사한다.
9. 5:15b, 20, 21의 ἡ χάρις("은혜"), 5:15a, 16(참조. 또한 5:17)의 τὸ χάρισμα("은혜로운 선물"), 5:15c의 ἡ δωρεὰ ἐν χάριτι("은혜에 의한 선물"), 5:16의 δικαίωμα("의의 법령"), 5:17의 ἡ δωρεὰ τῆς δικαιοσύνης("의의 선물")와 같은 긍정적인 표현의 의미.

10. 5:18 맨 앞에 있는 구어체 표현인 ἄρα οὖν("그런즉")의 중요성.
11. 5:18의 생략된 두 문장에서 그럴 것이라고 이해는 되지만 표현되지 않은 동사들.
12. 5:19의 διὰ τῆς ὑπακοῆς τοῦ ἑνός("한 사람의 순종으로 말미암아")와 5:21의 διὰ δικαιοσύνης("의로 말미암아")라는 표현들의 강조와 중요성.
13. 5:17b의 ζωή("생명"), 5:18b의 δικαίωσιν ζωῆς("생명의 의"), 5:21b의 ζωὴ αἰώνιον("영생")이란 용어들의 의미. 이 용어들은 신자들이 "우리 주 예수 그리스도로 말미암아" 소유하고 있는 것으로 언급되었다.

5:12-21과 5:1-11의 관계 및 5:12-21과 6:1-8:39의 관계. 거의 모든 주석가들이 직면하는 중요한 문제는 5:12-21이 바울이 5:1-11에서 쓴 내용 및 6:1-8:39에서 쓸 내용과 어떻게 관련되는지의 문제다. 마르틴 루터는 5:12-21을 5:1-11과 6:1-8:39 사이에 있는 부록 또는 추기/보론(a *lustigen Spaziergang*)이라고 언급했다.[1] 필리프 멜란히톤(Philipp Melanchthon, 1497-1560년)은 로마서의 큰 핵심 단락이 다음과 같은 중요한 세 부분으로 제시되었다고 보았다. (1) 1:16-5:11의 "주된 논쟁"(*praecipua disputatio*), (2) 5:12-8:39의 "준(準) 새 책"(*quasi novus liber*), (3) 9:1-11:36의 "새로운 논증"(*nova disputatio*) 등이다. 그래서 멜란히톤은 5:12-21을 "준 새 책"을 시작하는 것으로 다뤘다.[2] 장 칼뱅은 1-5장을 "칭의와 그 결과"를 다루는 것

1) M. Luther, "Preface to Paul's Epistle to the Romans," in his *Lectures on Romans: Glosses and Scholia*, in *Luther's Works*, vol. 25를 보라.

2) 멜란히톤은 그의 생애 내내 로마서에 대해 적극적인 관심을 유지했다. 그는 대학에서 로마서를 연속해서 6번 강의했고, 그가 출판한 로마서 주석을 여러 번 개정했다. 1519년의 *Theologica Institutio in Epistulam Pauli ad Romanos*("로마서의 신학적 개요"); 1521년의 *Loci Communes Theologici*("신학개론"); 1522년의 *Annotationes in Epistolam Pauli ad Romanos* of 1522(즉 루터가 멜란히톤을 대신하여 출판하기로 계획했다가 나중에 포기한 그의 로마서 강의록. 1527년에 독일어로 번역됨); 1529년의 *Dispositio Orationis in Epistolam ad Romanos*(로마서에 대한 그의 수사학적 분석); 1532년의 *Commentarii in Epistolam Pauli*

으로, 6-8장을 "그리스도인의 생활"을 다루는 것으로 이해했으며, 그래서 5:12-21을 "서로 반대되는 것을 비교함으로써 [5:1-11에서 다루는 것과] 동일한 교리를 확장시키려는" 바울의 노력으로 보았다.[3)]

현대 주석가 중에는 5:12-21을 멜란히톤이 "준 새 책"이라고 부른 5:12-8:39의 첫 번째 부분으로 여긴 사람들이 더러 있다. 그들은 일반적으로 (1) 5:1의 후치사 οὖν("그러므로")을 5:1-11의 앞에 있는 1:16-4:25에서 말한 모든 내용과 연결하는 것으로 해석하고, (2) 5:12의 여는 말인 διὰ τοῦτο ("그러므로")를 어떤 식으로든 5:12-8:39에 있는 자료의 새로운 단락을 표시하는 것으로 해석해왔다.[4)] 다른 주석가들은, 1-5장을 "칭의와 그 결과"를 다루는 것으로 이해하고, 6-8장을 "그리스도인의 생활"을 다루는 것으로 이해하며, 그래서 5:12-21을 "서로 반대되는 것을 비교함"으로써 5:1-11에서 다루는 것과 "동일한 교리"의 확장을 제시하는 것으로 이해하는 칼뱅을 따라, 5:12-21을 바울이 1-5장에서 쓴 모든 내용의 최종 부분으로 받아들였다.[5)] 하지만 오늘날 대부분의 주석가들은 로마서 본론 중앙부의 핵심적인 신학 단락들 자료, 특히 1-8장에 등장하는 자료를 1:16-4:25과 5:1-8:39에 제시된 내용과 관련하여 분류된 것으로 이해하며, 5:1-11과 5:12-21을 5:1-8:39을 여는 단락으로 이해한다.

특히 5:1-11과 5:12-21을 본질적으로 함께 연결된 부분으로 이해한다면(로마서 본론 중앙부의 첫 번째 단락을 마무리하는 것으로든, 아니면 두 번째 단락을 시작하는 것으로든), 로마서의 어떠한 구성적 구조를 받아들이든지 간에, 5:1-11과 5:12-21이 어떻게 관계하고 함께 어떻게 기능하는지를 둘러싼 질문이 제기된다. 5:1-11과 5:12-21에 수많은 단어상의 유사성과 주제적인 유사성

---

ad Romanos of 1532(그의 완성된 로마서 주석). 이 주석은 그가 1540년에 완전히 개정하고 분량을 상당히 늘렸다(1532년 판의 80,000단어였던 것을 1540년 개정판에서 135,000단어로 늘렸다).

3) J. Calvin, *Romans*, in *Calvin's New Testament Commentaries*, 8.111.

4) 예. T. Zahn, F. J. Leenhardt, M. Black, J. A. T. Robinson.

5) 예. Cranfield, *Romans*, 269: "12-21절은 앞에 있는 소단락에서 끌어낸 결론을 암시한다. 또한 O. Kuss (1957), F. F. Bruce (1963), U. Wilckens (1978), J. D. G. Dunn (1988)도 참조하라.

이 있지만(특히 "하나님의 은혜"와 "그리스도의 사역"에 대한 강조와 각각의 단락을 마무리하는 "우리 주 예수 그리스도로 말미암아"라는 공통적인 후렴구에), 두 본문의 수사와 문체는 약간은 다른 것으로 종종 여겨졌다. 특히 5:1-11에서는 1인칭 복수 대명사가 사용되고, 5:12-21에서는 3인칭 단수 대명사가 사용된 것이 그 예다.

최근의 몇몇 학자들은 5:12-21이 바울이 5:1-11에서 선언한 것을 예시한다고 제안했다. 마치 4:1-25에 있는 아브라함의 예가 바울이 일찍이 3:21-31에서 의롭다 함을 받음과 믿음에 관해 선포했던 내용을 예시하는 기능을 한 것처럼 말이다. 보통 제안되는 바로는 이러한 이해가 4:1-25 및 3:21-31의 수사적 특징과 문체적 특징이 서로 다르듯이, 5:12-21과 5:1-11 간에 수사와 문체의 차이가 존재하는 이유를 설명한다고 한다. 또한 5:12-21을 그리스어의 디아트리베로 이해해야 하고, 그래서 5:12-21의 수사는 5:1-11의 수사와 다르다고 보아야 한다고 주장한 사람들도 더러 있다.[6] 하지만 이 제안들 가운데 어떤 것도 주석가들 사이에서 "인기를 끌지" 못했다. 우리가 보기에는 그럴 만한 이유가 있다.

5:12-21의 자료에 관한 우리의 제언. 앞에서 다양하게 서술했듯이, 우리의 논지는 5:1-8:39의 자료에서 바울이 로마에 있는 그리스도인 수신자들을 위해 자신의 이방인 선교에서 기독교 복음으로 선포해온 내용의 정수를 제시하고 있다는 것이다. 다시 말해서, 유대인의 방식으로 사고하지 않았기 때문에 이전에 받았던 유대교 교훈이나 유대 기독교적 교훈을 통해 기독교 메시지를 받을 준비가 되어있지 않았던 이교도 이방인들이 공감할 방식으로 바울은 그 메시지를 상황화하였다. 그의 선교 경험이 보여준 것처럼, 그러한 상황화는 기독교 복음을 선포하는 방법으로서 이방인들에게 의미가 있었을 뿐만 아니라 중요하였다. 그 결과 많은 이방인이 바울의 사역과 하나님의 영의 사역을 통해 이교 사상을 버리고 예수 그리스도를 개인적으로 믿는 믿음으로 돌아섰다.

---

6) 예. S. E. Porter, "Argument of Romans 5," 655-77.

기독교 메시지의 "좋은 소식"을 하나님이 이스라엘을 이집트에서 구원하신 구약 이야기의 맥락에서 이해하고 선포했던 유대인 신자들에게, 예수의 사역을 "새로운 출애굽"으로 제시하는 것은 매우 의미가 있을뿐더러 대단히 중요하다. 마찬가지로 "의롭다 함을 받음", "구속", "대속"("화해" 또는 "속죄")과 같은 전통적인 유대교 주제들에는 심오한 신학적 중요성이 있었다. 하지만 이방인을 위해 선교사역을 하는 바울에게는, 유대교 배경이 전무하고 예수를 믿는 유대인 신자들과 개인적인 접촉이 없었던 이교도 이방인들이 출애굽 이야기와 의롭다 함을 받음, 구속, 대속과 같은 주제들을 늘 이해하거나 공감하지는 못했을 것이라고 추측할 수 있다. 그래서 바울은 이방인들에게 복음을 선포하면서, (1) "우리 주 예수 그리스도로 말미암아" 하나님과 더불어 누리는 "화평"과 "화목"을 이야기했으며(5:1-11), (2) 죄와 사망과 정죄가 어떻게 "한 사람"으로 말미암아 세상에 들어왔는지, 그리고 어떻게 은혜와 생명과 의가 "우리 주 예수 그리스도로 말미암아" 임하게 되었는지에 대한 보편적이고 근본적인 구속 이야기를 들려주었고(5:12-21), (3) 한편으로는 죄와 사망과 율법 간의 관계와, 다른 한편으로는 은혜와 생명과 의 사이의 관계를 서술했으며(6:1-7:13), (4) 유대인들의 경험뿐만 아니라 그리스 문헌의 익숙한 비극적 독백에서도 끌어온 이미지를 사용하여 자신의 깨달음과 힘으로 살려고 노력하는 모든 사람의 곤경을 표현했으며(7:14-25), (5) 사람이 "그리스도 안"과 "성령 안에" 있을 때 임하게 되는 새로운 관계를 강조했고(8:1-30), (6) "우리 주 그리스도 예수 안에" 있는 자기 백성에 대한 하나님의 사랑과 돌보심의 승리의 선언으로 마무리했다(8:31-39).

그러므로 우리가 제언하는 것은 이것이다. 바울이 5:12-21에서 제시하는 내용이, 이집트에서 자신의 백성을 인도하신 하나님의 구원에 관한 유대인들의 통상적인 이야기로서 유대 그리스도인들이 예수 그리스도와 그의 사역으로 말미암아 얻는 죄로부터의 구속을 설명하는 하나님의 "새로운 출애굽"의 예표로 사용된 내용이 아니라,[7] 예수 그리스도의 "순종"과 "의"로 말미암아 표현된 하나님의 의에 의하여 해결된 죄와 사망과 인류의 타락에 대한 좀 더 보편적이고 근본적인 이야기라는 것이다.[8] 이것은 바울 당대의 많은 유대인이 「에녹1서」 13:1-14:31에서 인용했고, 바울 자신이 일찍이 유대 기독교적 사고방식의 영향을 지대하게 받은 사람들에게 말하면서 로마서 1:18-32에 반영한 "불의로 진리를 막는 사람들의 모든 경건하지 않음과 불의"에 대하여 내리시는 "하나님의 진노"에 관한 이야기가 아니다.[9] 더욱이 이것은 하나님께서 사람이 출생하는 순간에 모든 사람에게 심으신 2개의 "예체르"(충동)에 관한 이야기도 아니다.[10] 이 이야기는 "초기 유대교" 기간에 다양한 이교도 집단에서 나왔음이 분명하고, 나중에 랍비들에 의해 사람이 어떻게 악의 유혹을 받을 수 있는지 그리고 왜 그들이 죄를 짓는지를 설명하기 위해 사용되었다. 오히려 이것은 바울이 아담의 죄로 인

---

7) 참조. 출애굽을 기념하는 일의 중요성에 관한 출 13:3-16.

8) 다소 비슷한 논지는 Beker, *Paul the Apostle*, 85을 참조하라. "필자의 생각에 롬 5:12-21은 1:18-5:11의 요약인 동시에 6:1-8:39로의 전환이다. 본문은 그리스도 이전에 있었던 인류의 곤궁과 그리스도 안에 있는 인류의 새로운 생명을 묵시적인 언어와 유형론적인 언어로 요약한다. 하지만 본문은 전환 본문이기도 하다. 바울이 5:12-21에서 6:1-8:39의 주요 주제인 그리스도인의 생활("사망", "생명", "육신", "죄"의 능력, "성령" 등)의 보편적이고 존재론적이며 종말론적인 차원으로 전환하는 까닭이다.…롬 1:18-4:25은 유대교적 논증을 초월한다. 그리고 우리는 5:1-11에 소개된 새로운 존재론적인 수준 곧 아담과 그리스도 안에서의 존재라는 수준에서 자신을 발견한다. 그리스도 안에서 임한 '생명'의 '새로운 시대'로 인해 유대인과 이방인 사이의 차이는 불식되었다. 두 인류 모두 그리스도께서 무효화시키신 '옛 시대'에 동일하게 속하기 때문이다."

9) 1:18-32과 5:12-21에서 "인간의 곤경"을 다르게 진단하고 있는 것이 주목된다. 1:18-32은 아담의 죄를 언급하지 않으면서도 하나님을 떠난 인간의 죄의 상황을 묘사하면서 역사의 과정에서 인간이 쇠퇴하여 우상숭배와 성적인 부도덕으로 빠지게 되었다고 폭로한다. 반면에 5:12-21에서는 "한 사람의 불순종"과 이런 한 가지 범죄가 어떻게 모든 인류에게 영향을 미쳤는지에 초점이 맞춰져 있다.

10) Sir 15:14: "하나님께서는 처음부터 사람을 창조하셨으며 그를 자신의 예체르(*yetzer*)에 맡겨두셨다. 만일 당신이 바란다면, 당신은 계명들을 지킬 수 있으며, 그것은 하나님의 기뻐하시는 일을 행하는 지혜다." 쿰란에 이 주제가 있다는 것에 대해서는 R. E. Murphy, "Yeṣer in the Qumrân Literature," *Bib* 39 (1958) 334-44을 보라. 두 개의 예체르 또는 "충동"에 대한 랍비들의 교훈을 논한 S. Schechter, *Aspects of Rabbinic Theology* (New York: Schocken Books, 1969), 242-92; Moore, *Judaism*, 1.479-96을 보라.

해 야기된 죄와 사망에 관한 내용을 담고 있는 창세기 3장에서 가져온 이야기다. 이것은 일반적으로 랍비 유대교에서는 등한시되었으나, 유대교의 관행을 따르지 않는 수많은 진영에서는 인류의 타락과 죄에 대한 일차적인 설명으로 점점 부각된 것으로 보이는 이야기다.[11]

하지만 바울은 단순히 구약성경과 이 이야기의 유대교적 번안을 반복하지 않았다. 예를 들어 그 이야기에서 뱀의 유혹, 선악을 알게 하는 나무, 하와의 반응, 하와와 아담 간의 대화, 하나님이 아담과 하와를 동산에서 추방하시는 행동 등을 전혀 언급하지 않는다. 사실 바울은 그 이야기를 시작할 때, 죄를 지은 "한 사람"만 언급하고, 그 사람으로 말미암아 죄가 인간 역사에 들어왔으며, 그 결과 사망이 온 세상에 들어왔다고 말할 뿐이다. 사실상 바울은 성경에 기록된 아담의 죄 이야기와 그의 참혹한 결과들을 보편화한다. 물론 5:14(과 그 이후 본문 전체)에서는 이 "한 사람"을 "아담"으로 명명하지만, 아담이라는 인물을 사용하여 이방인들도 쉽게 동일시할 수 있도록 더욱 보편적인 인물로 제시한다. 더욱 중요한 것은, 바울은 "하나님의 은혜", "영생", "의"가 어떻게 "우리 주 예수 그리스도로 말미암아" 임했는지에 대한 훨씬 더 큰 이야기를 아담이 초래한 결과와 대조함으로써 예수 그리스도를 보편화하기도 한다.

바울이 5:12-21에서 기록하는 내용은 자신이 이해하는 창세기 3장을 좀 더 보편적인 방식으로 제시하고 있다. 그는 구원사를 서술하면서 (4:1-25에서 했듯이) 아브라함이나 (바울 당대의 유대인들 사이에서 일반적으로 행해지던 것처럼) 이스라엘의 출애굽으로 시작하지 않는다. 오히려 그는 인류 역사의 처음부터 있었던 문제들로 시작한다. "죄", "사망", "하나님의 정죄"는 바울이 그의 이방인 청중들이 알고 경험했던 것으로 인식한 문제들이다. 바울은 이 모든 것을 은혜로우신 하나님이 예수 그리스도의 인격과 사역으로 말미암아 모든 사람에게 주신 것과 대조한다. 이것은 (1) 5:1-11의 전환 본문과 주제 본문에 두드러지는 "은혜", "의", "생명"이라는 주제를 이어가며,

---

11) 예. Sir 25:24; *4 Ezra* 3:7-8, 21-22; *2 Bar* 23:4; 48:42-43; 56:5-6.

(2) 바울이 6:1-8:39에서 "화평("온전함")", "화목", "생명", "그리스도 안에 있음", "그의 성령으로 우리 안에 계신 그리스도" 그리고 "우리 주 그리스도 예수 안에 있는 하나님의 사랑에서" 끊을 수 없음을 좀 더 분명하게 선포할 모든 내용의 근거를 제공하는 근본적인 내러티브다.

5:12-21의 구성적 구조. 5:12-21에 있는 자료는 (1) 아담의 죄 이야기와 그 결과나, (2) 예수 그리스도의 순종으로 말미암은 하나님의 은혜 이야기와 그 결과적 효과를 설명하려고 "구성"이나 "일련의 연속적인 사건"으로 시작하지 않는다. 오히려 바울이 인류 역사의 이 두 근원적 인물에 대한 이야기를 사용한 것은 자신이 창세기 3장의 아담 이야기에 관해 예수 그리스도와 그의 사역에 대한 사도적 서술을 반추하여 만든 것이다.

노스롭 프라이(Northrop Frye)가 미토스(*mythos*, 즉 "구성" 또는 "사건의 연속")와 디아노이아(*dianoia*, 즉 "주제" 또는 특별한 사건들의 의미에 관한 "숙고적 담론")를 구별한 것에 근거하여, 리처드 헤이스는 (1) 신약 서신의 저자에게 해석을 위한 "내러티브의 하위 구조"를 제공하는 이야기의 "플롯"과 (2) 그 내러티브의 하위 구조에 대한 신약 저자들의 "숙고적 담론"의 관계에 대한 이해를 다음과 같이 적절히 제시했다.

1. 이야기와 숙고적 담론 간에는 유기적인 관계가 있다. 이야기에는 비서사적 언어로 된 재진술과 해석을 허용할뿐더러 요구하기도 하는 본질적인 배열의 차원(*dianoia*)이 있기 때문이다.
2. 숙고적 재진술은 이야기의 구성(*mythos*)을 단순히 반복하지 않는다. 하지만 그 이야기는 숙고의 과정을 형성하고 제한한다. 디아노이아는 그것을 드러내고 파악하는 이야기와 전적으로 분리될 수 없기 때문이다.
3. 그래서 이런 유형의 숙고적 담론을 마주하게 될 경우, 그 담화의 근원이 되는 이야기를 톺아보는 것은 타당하고 가능하다.[12]

12) Hays, *The Faith of Jesus Christ*(부제는 *An Investigation of the Narrative Substructure of*

그래서 신약 서신서 저자들의 주해의 근저에 있는 내러티브 구조와 관련하여 헤이스는 이중적인 절차를 제안했다. "우리는 먼저 담론 내부에서 그 이야기에 대한 암시를 밝혀 이야기의 총체적인 개요를 파악할 수 있다. 그런 다음 탐구의 두 번째 국면으로, 이 이야기가 담론에서 어떤 방식으로 논증의 논리를 형성하는지 물을 수 있다."[13] 이것은 바울이 (1) 죄, 사망, 정죄를 가져온 "아담의 불순종 이야기"와, (2) 사람들이 하나님의 은혜, 의, 영생을 경험할 진정한 가능성을 열어놓음으로써 아담이 인간 역사에 가져온 모든 것을 뒤집는 "예수 그리스도의 순종 이야기"를 비교하고 대조한 것을 이해하는 데 특히 해당한다.

이 사실에 비춰볼 때 로마서 5:12-21은 먼저 아담과 그다음에 예수 그리스도와 관련이 있는 2개의 내러티브 하위 구조를 엮어가는 반면에, 본문의 자료는 실제적으로 인간 역사의 이 두 근원적 인물을 비교하고 대조하는 "숙고적 담론"이다. 이방인들에게 선포한 바울의 기독교 복음의 중심에 놓이고, 그래서 실제로 근본적으로 초석이 되는 새 기독교 내러티브를 반영하는 것이 바로 이 숙고적 담론이다. 그리고 이 담론이 역사적으로 비교의 대상이 되는 첫 번째 근원적 인물이 행한 것으로 시작하는 반면에, 강조점은 두 번째 사람과 그 사역에 있다. 그는 자신의 "순종"과 "의"를 통해 신자들의 삶에 전혀 다른 상황과 미래를 가져왔다.

5:12-21에 나타난 바울의 숙고적 담론은 다음과 같이 네 부분으로 구성될 수 있다.

1. 첫 사람 아담으로 말미암아 죄와 사망이 모든 사람에게 임함(5:12-14).
2. 예수 그리스도로 말미암은 하나님의 은혜가 "더욱 넘치고", 그것을 받을 모든 사람은 그 은혜를 선물로 받음(5:15-17).

---

*Galatians 3:1-4:11*이며 책의 내용을 더욱 알려준다), 28.

13) Hays, *The Faith of Jesus Christ*, 28 (2nd ed., 29).

3. 결론: 아담으로 인해 초래된 불순종 및 정죄와 대조되는 예수 그리스도의 순종과 의의 결과(5:18-19).
4. 의인화된 "율법", "죄", "사망"을 무력화하는, "우리 주 예수 그리스도로 말미암아" 역사하는 "하나님의 은혜"에 대한 추기(5:20-21).

이 구성적 개요를 바탕으로 이어지는 석의와 주해가 조직될 것이다.

석의와 주해

I. 첫 사람 아담으로 말미암아 죄와 사망이 모든 사람에게 임함(5:12-14)

5:12a 이 본문 처음에 등장하는 관용어적 표현인 διὰ τοῦτο("그러므로", "이런 이유로")는 바울이 로마서 여러 곳에서 앞뒤 내용을 잇는 논리적인 연결을 표시하기 위해 사용했다.[14] 하지만 주석가들은 바울이 이곳 5:12a에서 διὰ τοῦτο를 사용할 때 연결하려고 한 것이 정확히 무엇인지 밝히는 데 종종 애를 먹곤 한다. 바울이 1:16-5:11에서 썼던 모든 것을 염두에 두었다고 주장하는 학자들이 많이 있다.[15] 반면에 바울이 "우리 주 예수 그리스도로 말미암아 화목케 됨을 받은" 예수를 믿는 신자들을 다룬 5:11 말미의 진술을 염두에 두었고, 5:12-21로써 예수의 사역이 어떻게 화목을 가져오게 되었는지 더 자세히 설명하려 했다고 주장하는 사람들도 있다.[16] 개중에는 바울이 이곳에서 앞의 내용과의 연결성을 전혀 암시하지 않은 채 διὰ τοῦτο를 단순히 전환적 표현으로 사용했다고 제안하는 사람들도 있다.[17] 하지만 좀 더 개연성이 있는 것은 이것이다. 바울은 5:12 도입부에 "그러므로"를 사용함으로써 5:1-11에서 "은혜", "의", "생명"에 관해 말한

14) 5:12 외에 1:26; 4:16; 13:6(과 구약 본문을 인용한 15:9)도 보라.
15) Godet, *Romans*, 1.202; Wilckens, *An die Römer*, 1.307; Dunn, *Romans*, 1.272.
16) H. A. W. Meyer, *Romans*, 1.240; Morris, *Romans*, 228.
17) Lietzmann, *An die Römer*, 60-61; Schlier, *Römerbrief*, 159; Bultmann, "Adam and Christ," 153.

것에 근거하여,[18] 5:12-21에서 모든 기독교적 선포의 근저에 있는 이야기에 대해 "숙고적 담론"으로 이 문제를 설명하기를 원했던 것 같다.

῞Ωσπερ("그러하듯이", "처럼")라는 표현은, 어떤 진술의 귀결문(즉 이어지는 부분이나 주요 부분)을 밝히기 위해 사용되는 οὕτως("이와 같이", "그래서")와 함께, 비교되는 진술의 조건문(즉 첫 부분 또는 도입 부분)을 표시하기 위해 그리스 문학에서 널리 사용되었다. 따라서 5:12을 시작하며 ὥσπερ("그러하듯이", "처럼")를 사용함으로써 바울이 의도한 것은 어느 정도 다음과 같이 완전히 비교되는 진술을 하려는 것으로 보인다. "한 사람으로 말미암아 죄가 세상에 들어오고, 그 죄로 말미암아 사망이 들어왔으며 이와 같이 모든 사람이 죄를 지었으므로 사망이 모든 사람에게 이르렀**듯이**(ὥσπερ), **이와 같이**(οὕτως) 한 사람으로 말미암아 의가 세상에 들어왔고, 그 의로 말미암아 생명이 이르렀느니라." 하지만 바울은 "모든 사람이 죄를 지었으므로"(πάντες ἥμαρτον)라고 선포하는 "말을 마치자마자 갑자기 중단하고" 5:15에서야 다시 그 비교를 이어가면서 5:15-21 내내 비교되고 대조되는 특징에 초점을 맞춘다.

하지만 바울이 5:12a에서 하고 있는 것은, 첫 사람(아담)의 죄와 그 첫 사람의 모든 후손의 타락하고 죄를 지은 상태 사이에 존재하는 인과 관계의 고리를 제시하는 것이다. 후손들의 위치나 상황이나 스스로 주장하는 신분이 무엇이든지 간에 말이다. 바울은 이 구절에서 죄가 세상에 어떻게 들어왔는지, 자세한 성경의 내용을 언급하지 않는다. 비록 본문 나중에 그가 아담의 "범죄"(5:14, 15, 17-18)와 "불순종"(5:19)을 언급하지만 말이다. 그런데 바울은 이 구절 첫 문장에서 관사가 있는 주격 명사 ἡ ἁμαρτία를 사용하고, 나중에 5:20-21에서 동일한 단어를 2번 더 사용함으로써 "죄"를 하나님께도 적대적이며, 사람을 하나님과 소원하게 만들기도 하는 악한 힘으로 의인화한다. 더욱이 바울이 5:12 두 번째 문장에서 관사가 있는 소유격 τῆς ἁμαρτίας를 사용하는 까닭에, 그가 "첫 사람의 죄" 또는 그가 조

18) Cranfield, *Romans*, 1.271; Fitzmyer, *Romans*, 411; Jewett, *Romans*, 373.

금 전에 말했던 바로 "그 죄"를 언급하고 있다고 주장하는 것이 적절할 것이다. 그리고 바울은 관사가 있는 명사 ἡ ἁμαρτία("사망")를 이곳 5:12과 나중에 5:14, 17, 21에서 3번 더 사용함으로써, "사망"을 (1) 인간의 물질적인 생명과 인간성을 끝내고, (2) 사람들의 지상 생활 동안 또 영원히 그들을 하나님과 분리시키는 우주적인 힘으로 의인화하고 있다.[19]

현대 학자들은 일반적으로 5:12에서 바울이 관사가 있는 ἡ ἁμαρτία를 사용한 것에 대해 더 자세히 설명하려고 하지 않는다. 하지만 종교개혁 당시의 주석가들은 아담의 "범죄", "범과", "불순종"으로 야기된 "사망"을, 모든 사람의 죄와 개인적인 죄책의 뿌리가 된 "**유전된 타락**"(*inherited depravity*)으로 자주 언급했다. 예를 들어, 장 칼뱅은 5:12의 "죄가 세상에 들어왔나니"라는 어구를 주석하면서 "그[바울]가 이곳에서 따르고 있는 순서에 주목할" 필요가 있다고 주장했다. "바울은 죄가 먼저 들어왔고, 이어서 사망이 들어왔다고 주장하는" 까닭이다. 칼뱅은 이렇게 주장한다. 우리는 아담의 후손으로서 "단지 말하자면 그[아담]가 우리를 위해 죄를 지었기 때문에" 죽는 것이 아니라, 아담으로부터 물려받은 "**부패했고, 더럽혀졌고, 타락했고, 우리의 본성을 파괴한**" "**자연적인 타락**"(*natural depravity*)을 표출하기 때문에 죽는다고 말이다.[20] 칼뱅은 계속해서 아담의 죄와 그 결과에 대해 다음과 같이 말한다.

> 하나님의 형상을 잃어버린 후, 그[아담]가 생산할 수 있었던 유일한 씨는 자신을 닮은 씨였다. 그래서 우리는 다 죄를 지었다. 모두 자연적인 오염으로 채워져 있기 때문이다. 이러한 까닭에 악하고, 삐뚤어졌다.…여기에 우리의 **본성적이고 유전적인 타락**이 암시되었다.[21]

---

19) 롬 6:16, 21, 23; 7:5, 10, 13, 24; 8:2, 6, 38; 또한 고전 3:22; 고후 7:10도 보라.

20) J. Calvin, *Romans*, in *Calvin's New Testament Commentaries,* 8.111.

21) J. Calvin, *Romans*, in *Calvin's New Testament Commentaries,* 8.112(강조는 덧붙여진 것임). 또한 *Collected Works of Erasmus*, 42.34-35에서 에라스무스가 롬 5:12을 주석하며 동일한 결론에 이른 부분을 보라.

5:12b 바울이 전치사구 ἐφ' ᾧ와 (2) 실명사적 형용사 πάντες, 그리고 (3) 부정과거 동사 ἥμαρτον을 사용하여 말하는 내용은 수세기에 걸쳐 학자들의 지대한 관심과 논쟁의 대상이 되었다. 하지만 조세프 피츠마이어는 1993년에 출간한 그의 책에서 이 문제를 둘러싼 수세기의 논의를 한데 모으는 엄청난 작업을 수행했다. 앵커바이블 로마서 주석은 교부 시대부터 현재에 이르기까지 제안된 중요한 해석학적 제언들을 제시하고 평가했으며, 피츠마이어 자신의 입장을 제시한다.[22] 전치사구 ἐφ' ᾧ가 그간 이해되어온(그리고 현재 이해되고 있는) 11개의 논의 방식에 대한 피츠마이어의 논의는 각각의 개선 작업과 함께 4개의 중요한 입장으로 요약할 수 있다.

1. 이 표현에서 대명사는 순전한 관계절에서 사용된 남성으로 이해해야 하고, 그래서 "아담 안에"라는 의미를 지니는 "그 안에서"(라틴어로 *in quo*)라고 번역해야 한다. 이 입장은 일반적으로 아우구스티누스(와 좀 더 현대에 가깝기로는 에라스무스가 "암브로시아스테르"라고 부른 4세기의 신비로운 라틴어 주석가)가 처음 제안한 것으로 여겨진다. 그리고 이것은 전반적으로 로마 가톨릭 신학자들과 몇몇 개신교 주석가들이 따르는 입장이다. 이것은 종종 구약의 공동체적 인격 또는 공동체적 연대라는 사상으로 설명되었다.[23] 하지만 피츠마이어가 지적했듯이, "바울이 의미한 것이 (공동체의 의미에서) '그 안에서'라면, 그는 고린도전서 15:22(참조. 히 7:9-10)에서 그랬듯이 *en hō*라고 썼을 것이다. 더욱이 관계대명사의 인칭 선행사인 **아담**은 이 문장에서 대명사로부터 너무 멀리 있다."[24] 그리스의 교부 7명은 전치사 ἐπί를

22) Fitzmyer, *Romans*, 413-17을 보라. 그가 연구하고 제시한 대부분의 내용이 이곳 석의와 주해에 반영되었다.
23) Fitzmyer, *Romans*, 414.
24) Fitzmyer, *Romans*, 414.

함축적으로 읽어 "그 사람 때문에"를 의미한다고 생각하며,[25] 현대 학자들 중에도 이를 함축적으로 읽어 ἐπί가 "그 한 사람 때문에"를 의미한다고 생각하는 사람이 더러 있다.[26] 현대 학자들 중에는 이 남성 대명사가 남성 명사에 상응해야 함을 인식하여 대명사 ᾧ를 3:12a 첫 문장의 ἑνὸς ἀνθρώπου("한 사람")나 5:14a 첫 문장의 'Αδάμ(어미 변화가 없는 이름 "아담")보다도 더 가까운 곳에 있는 남성 명사와 관련시키려고 시도한 사람이 몇 있다. 그들은 이 대명사 앞에 있는 남성 명사 θάνατος("사망")나,[27] 그다음에 이어지는 남성 명사인 νόμος("율법")를[28] 이 남성 대명사의 논리적인 선행사로 이해한다. 하지만 이런 제안 중 어느 것도 대다수 현대 신약학자들에 의해 정당한 것으로 평가받지 못했다.

2. 해당 표현에서 대명사는 순전한 관계절의 중성으로 이해해야 하고, 그래서 "그것에 근거하여"나 "그 상황 아래에서"로 번역해야 한다. 이 경우 관계대명사의 선행사는 이 구절 바로 앞에 있는 내용, 곧 죄가 세상에 들어오고 사망이 모든 사람에게 퍼졌다고 말한 모든 내용이다.[29] 초기 그리스 교부들 중에는 그 표현을 이런 식으로 이해하여 전체 구절을 "모든 사람이 죄를 지은 결과로써"라고 해석한 듯한 사람들이 몇 명 있다.[30] 이 입장(특히 Theodor Zahn이 1910년의 그의 로마서 주석에서 주장한 것)에 대해서 조세프 피츠마이어는 다음과 같이 자신의 입장을 밝힌다. "에프 호(*eph' hō*) 관계대명사에 대한 해석 중에서는 이 해석이 가장 의미가 잘 통하며, 성경 이외의 자료에서도

---

25) 요안네스 크리소스토모스, 키루스의 테오도레토스, 다마스쿠스의 요한, 테오필락토스.

26) Fitzmyer는 이 입장을 뒷받침하려고 L. Cerfaux, *Christ in the Theology of St. Paul* (New York: Herder and Herder, 1959), 232을 인용한다.

27) Fitzmyer는 이 입장을 뒷받침하려고 J. Héring, *Le Royaume de Dieu et sa Venue* (Paris: Alcan, 1937), 157; 또한 E. Stauffer, *New Testament Theology* (London, 1955), 270 n. 176을 인용한다.

28) Fitzmyer는 이 입장을 뒷받침하려고 F. W. Danker를 인용한다.

29) Fitzmyer는 Zahn, *An die Romer*, 263-67을 이 입장을 처음 제기한 사람으로 여긴다.

30) Fitzmyer는 이러한 번역을 제안한 알렉산드리아의 키릴로스를 인용한다.

병행구를 찾을 수 있다."[31)]

3. 해당 표현의 전치사 ἐπί는 원인의 접속사 διότι("왜냐하면")[32)] 또는 어쩌면 ἐπὶ τοῦτο ὅτι("이러하기에" 또는 "이것 때문에")라는 어구와 동등한 것으로 이해해야 하며, 그래서 "이므로", "왜냐하면", "~인 점을 고려하면"으로 번역해야 한다. 이것은 현대의 대다수 학자와 주석가들이 받아들이는 견해다.[33)] 하지만 이에 대한 피츠마이어의 대답은 다음과 같다. "이 해석의 문제는 초기 그리스 문학에 *eph' hō*가 원인의 *dioti*와 동등하게 사용된 확실한 예가 거의 없다는 데 있다. BAGD(287)나 B-A(582)에 인용된 대부분의 예는 정당성이 없는 것들이다.…더욱이 바울 서신 자체에 등장하는 예들이라고 말하는 것들도 5:12을 제외하고는 확실성이 거의 없다."[34)] 그래서 피츠마이어는 "이 어구가 원인의 의미로 사용된 무수히 많은 예들을 발견할 수 있다"는 일반적인 주장에 의문을 제기하고, 일부 다른 해석을 제시해야 한다고 주장한다. 피츠마이어는 테오도르 찬이 이미 "그러한 근거로"나 "그와 같은 상황 아래에서"라고 제안한 번역을 선호하고, 계속해서 (바로 아래 4번 항목에서 제시한 것처럼) 그가 더 나은 입장이라고 믿는 것을 주장한다.[35)]

4. 전치사구 ἐφ' ᾧ는 연속 접속사 ὥστε("이런 까닭에", "그래서")와 동등한 것으로 읽고, "그 결과" 또는 "그래서"라고 번역해야 한다. 이것은 피츠마이어가 플루타르코스, 아테나이오스, 카시우스 디오, 그리고 디오게네스 라에르티오스 같은 고대 작가들에게서 입증을 받았다고 본 그 표현의 의미다. 피츠마이어는 1993년에 쓴 그의 학술 논문 "로마서 5:12에 있는 ἐφ' ᾧ의 결과적 의미"에서 이 증거를 좀

31) Fitzmyer, *Romans*, 415.
32) 롬 8:21; 고전 15:9; 빌 2:26; 살전 2:8; 4:6; 또한 히 11:5(창 5:24 인용), 23; 약 4:3도 참조하라.
33) Fitzmyer는 이러한 입장을 제안한 사람 30명 이상을 열거한다.
34) Fitzmyer, *Romans*, 415.
35) Fitzmyer, *Romans*, 415-16.

> 더 자세하게 설명했다.[36] 여기서 피츠마이어는 다음과 같이 제안한다. "그렇다면 *eph' hō*는 바울이, 자신의 죄를 모든 개인의 죄에서 실증함으로써 아담이 인류에게 끼친 해로운 영향의 결과를 표현하고 있다는 의미일 것이다. 이렇게 그는 사람의 개별적인 죄가 사망의 부차적인 원인 또는 개인적인 책임임을 인정하고 있다. 더욱이 부사 *kai houtōs*("그리고 이와 같이", 5:12c)를 망각해서는 안 되는데, 이 어구는 "한 사람"의 죄와 "모든 사람"의 사망과 죄를 연결한다. 그러므로 바울은 12절에서 사망의 원인을 아담과 모든 사람 등 서로 관련이 있는 두 대상의 탓으로 돌린다. 인류의 운명은 궁극적으로 그의 머리인 아담이 행한 것에 의존한다. *Eph' hō*의 의미가 무엇인지와는 상관없이 인류의 죄악된 상태와 죽을 운명의 일차적인 원인은 아담에게, 그리고 부차적인 원인은 모든 인류의 죄로 돌려진다."[37]

조세프 피츠마이어는 그의 입장을 잘 연구하고 주장했다. 그의 해석이 점차 신약학자들에 의해 지금까지 제안된 거의 모든 견해보다 나은 것으로 판단을 받게 될 것임은 별 의심의 여지가 없다. 하지만 필자는 테오도르 찬이 5:12b을 "그것에 근거하여"로 번역한 것이, 죄가 어떻게 세상에 들어왔으며 사망이 모든 사람에게 퍼졌는지를 말하고 있는 바로 앞 문장이 중성 대명사의 선행사라는 것과 함께, 언어학적으로 더 정확하며 문맥적으로도 의미가 더 잘 통한다고 생각한다.

전치사구 ἐφ' ᾧ에 이어지는 실명사적 형용사 πάντες("모든")와 부정과거 동사 ἥμαρτον("죄를 지었다")을 고려하면, 바울이 "어떤(some) 사람들이 죄를 지었다"라고 말했다고 볼 수 있는 방법이 없다. 바울은 3:21-23의 확장된 논제 진술을 마무리하는 3:23에서 "모든 사람이 죄를 범하였으매(πάντες ἥμαρτον) 하나님의 영광에 이르지 못하더니"라는 점을 분명히 했다.

---

36) Fitzmyer, "The Consecutive Meaning of ἐφ' ᾧ in Romans 5.12," 321-39.
37) Fitzmyer, *Romans*, 416.

이와 마찬가지로, 바울이 "모든 사람이 **집단적으로** 죄를 범하였다"라고 말하거나 "모든 사람이 **아담 안에서** 죄를 범했다"라고 말한다고 볼 수 있는 적법한 방법도 없다. 피츠마이어가 바르게 주장했듯이, 이러한 이해는 "바울의 본문에 다른 내용을 첨가하는 것"이 될 것이다.[38] 오히려 πάντες("모든")는 강조며, 그 어조를 낮출 수가 없다. 그리고 3인칭 부정과거 직설법 동사 ἥμαρτον("죄를 지었다")의 사실을 진술하는 용법은 인간 역사의 전체 과정에서 개별적인 사람들의 실제적인 죄를 표시한다.[39]

바울이 5:12에서 제시하는 것은 인간의 죄, 인간의 책임, 그리고 하나님의 심판의 이중적인 특성에 대한 선포다. 이를테면, (1) "유전적 타락"으로 정의될 수 있는 바, 아담이 그의 죄로 초래한 처참한 상태에 있는 모든 사람의 돌이킬 수 없는 역사와, (2) 사람들 자신의 개인적인 죄를 야기하고 그들로 하여금 하나님의 심판 아래 이르게 한, 그 유전적 상황에 대한 모든 사람의 필연적인 반응이다. 이것은 에스겔 예언자가 18장에서 야웨를 대신하여 예언을 선언한 것과 매우 비슷한 선언이다. "너희가 이스라엘 땅에 관한 속담에 이르기를, '아버지가 신 포도를 먹었으므로 그의 아들의 이가 시다'고 함은 어찌 됨이냐?"(2절). 그러고 나서 에스겔은 계속해서 아버지와 아들의 관계를 예시하는 세 가지 예를 사용하여 다음과 같이 선언한다. (1) 예언자 당대의 이스라엘 백성들은 그들의 아비들이 물려준 상황을 실제로 상속했다. 하지만 (2) 하나님께서는 이러한 유전된 상황에 있는 각각의 사람이 하나님께 부정적으로든 긍정적으로든, 어떻게 반응하는지에 따라 심판하신다.

에스겔의 메시지는 유전된 타락 안에서 개인의 책임을 선포한다. 그의 메시지는 사람들의 생각과 행동을 상당히 좌우하는 당대의 유전된 상황을 인정하면서도, 또한 하나님은 그들이 조상들에게서 물려받은 것에 근거하여 사람들을 심판하시지 않고, 이러한 유전된 상황 안에서 그들이 하나님

38) Fitzmyer, *Romans*, 417.
39) 롬 2:12; 3:23; 5:14도 참조하라.

께 어떻게 반응했으며 또 어떻게 행동했는지에 근거하여 심판하신다고 주장한다.

마찬가지로 "인간 역사의 두 근원적 인물"에 관한 기독교 복음의 "보편적이고 근본적인 이야기"에 관한 바울의 "숙고적 담론"의 이 첫 부분은, 어조와 성향에 있어서뿐만 아니라 용어에 있어서도 바울 당대의 비공식적인 몇몇 유대 문헌에서 말하고 있는 것과 매우 유사하다. 이를테면, (1) 사람들의 유전된 영적인 상태와, (2) 그러한 상태에서 하나님 앞에서 사람들이 갖는 책임에 대해서 말이다. 기원후 100-200년경에 기록된 「바룩2서」(*Apocalypse of Baruch*)는 다음과 같이 선언함으로써 가장 분명하게 이러한 흐름을 따른다.

> 아담이 처음 죄를 지었고 궁극적으로 모든 사람에게 죄를 가져왔지만, 아담으로부터 태어난 사람들은 장차 올 자기 영혼의 고통을 스스로 준비했다. 그들은 스스로 장차 올 영광을 선택했다.…그러므로 아담은 자기 영혼에만 책임이 있다는 것을 제외하면 원인이 아니다. 우리 각 사람은 자기 영혼의 아담이 되었다.[40]

죄가 인류 타락의 불가피한 역사에 뿌리를 두고 있지만, 그런 타락한 상황에서 사람이 하나님께 어떻게 반응하고 행동했는지와 관련해서 하나님에 의해 심판을 받는다는, 죄의 이중적인 특성에 대한 이러한 이해는 바울 이전 시대와 이후 시대에 속한 다른 유대 여러 종파의 문헌에 여러 번 등장한다. 일례로, 기원전 200-175년경에 기록된 「집회서」(소위 Ecclesiasticus)에서 다음과 같은 내용을 볼 수 있다. (1) "한 여자로부터 죄가 기원했으며, 그 여자 때문에 우리 모두는 죽을 수밖에 없다."[41] 또한 (2) "하나님은 처음부터 사람을 창조하셨으며, 그를 그의 본능(예체르)의 손에 두셨다. 만일 네가

---

40) *2 Bar* 54:15, 19.
41) Sir 25:24(본문의 반여성주의적 비난을 받아들이지 않고 인용함).

바란다면, 너는 계명을 지킬 수 있다. 그분의 기쁘신 뜻을 행하는 것이 지혜다."[42] 또한 1QH(쿰란의 「감사의 시편」[*Psalms of Thanksgiving*]) 네 번째 칼럼이 특히 중요하다. 거기서 저자는 사람들이 "자궁에서부터 죄에 빠졌**으며** 배신의 죄[즉 믿음을 고의적으로 파기하는 것]는 옛 시대부터 있었다"고 말하며, 다음과 같은 진술로 마무리한다. "내가 나의 모든 죄악된 행위**와** 조상들의 불충함을 기억할 때, 사악한 사람들이 너의 언약을 대적하고, 앞선 사람이 너의 말을 대적할 때, 전율과 떨림이 나를 사로잡는다."[43]

그러므로 5:12에서 바울이 말하고 있는 내용을 다음과 같은 이중적인 함의를 지닌 것으로 이해하는 것이 가장 좋은 것 같다. (1) 한 사람의 죄에서 기원한 **유전적 타락**과, 그로 인해 사망이 모든 인간 역사에 퍼졌다는 것과, (2) 사람들의 유전적 타락의 불가피한 표현이며 그 타락에 점점 더해지는, **인간 역사 내내 내려온 모든 사람의 실제적인 죄** 등이다. 만일 이것이 사람들의 삶과 그들과 하나님 간의 관계에 대해 말할 수 있는 모든 것이라고 한다면, 이것은 인간 역사에 관한 그리고 사람들이 실제로 경험하고 있는 매우 슬픈 이야기가 될 것이다. 하지만 바울이 이러한 슬픈 이야기를 언급하는 목적은 기독교 메시지의 "기쁜 소식"을 선포함으로써 그에 대응하는 데 있으며, 이것은 5:12-21에서 강조하는 예수 그리스도와 그의 사역으로 말미암는 하나님의 은혜에 관한 승리의 이야기다.

분명 바울은 그의 비교 진술(즉 조건문)의 이 도입부와 대조적으로, 비교의 두 번째 부분이면서 훨씬 더 중요한 부분(즉 귀결문)을 제시하려고 했다. 하지만 그는 5:12의 끝부분에서 "모든 사람이 죄를 지었다"(πάντες ἥμαρτον)고 선언하면서 "갑자기 말을 멈추고" 그가 의도한 문장을 완성하지 못했다. 이것은 구문적으로 파격 구문(즉 문장의 문법의 변화 또는 미완성의 문장)이다. 하지만 그는 5:15-21에서 그가 의도한 비교와 대조를 다시 이어

42) Sir 15:14(본문의 "두 충동" 이론을 받아들이지 않고 인용함).

43) *1 En* 41:1-2(더 긴 교정본 A); *4 Ezra* 7:116-26; *2 Bar* 23:4; 48:42-43; 56:5-6(강조는 덧붙여진 것임. 논의의 이중적인 특성을 강조하기 위함).

가며 일관성 있게 설명한다.

5:13-14 많은 학자들이 5:13-14에 기록된 내용을 일련의 길고 복잡하며 심지어 일관성이 없는 진술로 보았으며, 온갖 종류의 해석을 제시했다. 우리는 이 두 구절에 관해 논의된 모든 내용을 열거하거나 평가하지 않을 것이다. 결국 이 두 절은 사도 편에서는 본류를 벗어난 것이며, 이 구절에 대한 석의의 역사가 바울의 논증의 흐름을 이해하는 데 늘 도움이 되었던 것은 아니다. 우리는 다만 다른 많은 제안이 있으며, 그중에는 문제를 막다른 골목에 방치한 것들도 있음을 인식하면서, 다음과 같은 석의적 논평을 제시한다.

바울이 5:13-14에서 설명하고 있는 것은 바로 앞에서 말한 πάντες ἥμαρτον("모든 사람이 죄를 지었다")으로서, "모든 사람이 역사의 과정 내내 죄를 지었다"고 말한 5:12 끝부분에 있는 진술이다.[44] 그는 5:13a의 설명적인 논평으로 그 주장을 정당화하고 있다. 즉 ἄχρι γὰρ νόμου ἁμαρτία ἦν ἐν κόσμῳ("율법이 있기 전에도 죄가 세상에 있었느니라"). 그러고 나서 이 구절 다음에 많은 사람이 논증의 난해한 흐름이라고 여기는 5:13b-14이 이어진다. 5:13a에 제시된 바울의 설명적 논평은 모세 율법이 주어지기 전에 "죄가 세상에 있었다"는 것을 보여주려는 데 있는 것이 분명하기 때문에,[45] "모든 사람이 역사 내내 죄를 지었다"고 말하는 것이 정당할 수 있다. 그리고 5:14에 제시된 논증은 모세 이전 시기에도 사망이 모든 사람 위에 "왕 노릇"했다는 것을 부각시키고, 그러므로 모든 사람이 모세의 율법이 주어지기 전에도 실제로 죄를 지었다는 정당한 결론을 내리는 것 같다.

대부분의 주석가들이 이 두 구절에서 보았던 주된 난제는 5:13b에 제시된 바울의 진술과 관련이 있다(ἁμαρτία δὲ οὐκ ἐλλογεῖται μὴ ὄντος νόμου, "그러나 율법이 없었을 때에는 죄를 죄로 여기지 아니 하였느니라"). 바울이 이 두 구절

44) 바울이 5:13-14에서 "율법(이 오기) 전" 기간을 언급한 것에서 볼 수 있듯이, 이 기간은 모세 이후의 시간과 대조되는 "아담부터 모세까지"의 기간이다.

45) 바울은 이곳에서 그러하듯이, 모세 율법을 언급할 때 명사 νόμος 앞에 정관사를 종종 생략한다.

에서 설명하고 주장하는 내용에 비춰볼 때, 5:13b은 다소 어울리지 않는 내용으로 여겨지기도 했다. 바울은 조금 전에 "모든 사람이 역사의 과정 내내 죄를 지었다"고 주장하고, "율법이 있기 전에도 죄가 세상에 있었다"고 주장함으로써 그 주장을 정당화시키려고 하면서, 어떻게 "율법이 없었을 때에는 죄를 죄로 여기지 아니하였다"라고 말할 수 있는가?

이곳에서 바울의 논증을 이해하기 위한 도움을 고린도후서에서 얻을 수 있다. 바울은 고린도후서에서 다음과 같은 패턴의 논증을 사용한다. (1) 바울은 자신을 대적하는 비난이나 그가 동의하지 않는 견해를 다룰 때는 부정어 οὐ("아니")를 자주 사용했지만, (2) 그 비난과 잘못된 견해를 반박하면서 자신의 고유의 입장을 말할 때에는 훨씬 더 강한 부사적 접속사 ἀλλά("오히려", "그러나")를 사용한다.[46] 우리가 믿기로, 로마서 5:13-14의 권면적 설명을 읽을 때는 고린도후서에 있는 이러한 패턴의 반제적 문법 구성(이 정경에 속한 편지의 구조와 통일성에 관한 증거를 어떻게 평가하든지)을 염두에 두어야 할 것이다. 특히 정경에 속한 편지인 고린도후서에 등장하는 내용은 바울이 로마서를 쓰기 얼마 전에 기록되었으므로, 비슷한 패턴의 논증이 한 세트의 자료에서 다른 세트의 자료로 이어졌다고 타당하게 볼 수 있다.

5:13-14에 반제적 문법 패턴이 있을 가능성을 받아들이면서, 우리는 이 두 구절을 다음과 같이 읽어야 한다고 제안한다.

1. 바울은 "[모세] 율법이 있기 전에도 죄가 세상에 있었다"고 지적함으로써 "모든 사람이 [역사의 전체 과정에서] 죄를 지었다"는 5:12 마지막에 있는 진술을 정당화시킨다.
2. 이렇게 정당화시키는 논평에 대해 제기될 수도 있는 이의는 이렇다. "율법이 없을 때에는 죄를 죄로 여기지 않는다(δὲ οὐκ)."
3. 사도는 이를 논박한다. "그러나(ἀλλά) 아담으로부터 모세까지 아

46) 고후 1:12, 24; 2:17; 3:3, 5; 4:5; 5:12; 7:12; 10:13; 12:14.

담의 범죄와 같은 죄를 짓지 아니한 자들에게도 사망이 왕 노릇 하였다." 이 논박은 모세 율법이 있기 전에도 사람들이 죽었다는 사실에 주의를 환기시키며, 그래서 죄 때문에 세상에 들어온 사망이 모세 시대 이전에도 모든 사람에게 실제였으므로, 모든 사람의 죄 역시 인류 역사의 전체 과정에서 실제였음을 암시한다.

5:14의 마지막 부분에서 아담이 "오실 자의 표상"(ὅς ἐστιν τύπος τοῦ μέλλοντος)이라고 언급된 것으로 인해 주석가들 사이에 많은 문제가 제기되었다. 5:15-21에 아담과 예수 그리스도가 비슷한 관계보다는 상반되는 관계로 더 많이 제시되고 있기 때문이다. 하지만 τύπος의 기본적인 의미는 "형식", "틀", "패턴", "모델"과 관련이 있으며, 그 "틀"이나 "패턴"으로 생산되는 것에 대한 다양함은 다뤄진 자료나 주제의 특성에 의해 결정된다.[47] 그러므로 프레데릭 고데가 아담을 그리스도의 모형이라고 주석한 것은 아마도 가장 정확하고 충분한 설명일 것이다. "아담은 메시아의 모형이다. 에발트(Ewald)의 말을 인용하자면, '모든 인류가 각각 그로부터 유래했다는 점에서 말이다.' 그래서 '둘 중 하나가 인류와 어떤 관계인지를 보면 다른 하나가 인류에게 어떠할지를 추론할 수 있다.'"[48]

II. 예수 그리스도로 말미암은 하나님의 은혜가 "더욱 넘치고", 그것을 받을 모든 사람은 그 은혜를 선물로 받음(5:15-17)

5:15a 바울은 5:14 끝부분에서 아담이 "오실 자의 모형"(τύπος, "패턴" 또는 "모델")이라고 서술한 후, 5:15-17 전체에서 아담이 인류 역사에 가져온 것과 예수 그리스도가 모든 사람에게 영향을 준 것은 비교할 수 없다고 지적하려고 심혈을 기울인다. 5:15을 매우 강한 부정어 ἀλλά("오히려",

---

47) 고전 10:6; 빌 3:17; 살전 1:7; 살후 3:9에서 바울의 τύπος 사용을 참조하라.

48) Godet, *Romans*, 1.361. Godet는 자신의 주장을 지지하려고 G. H. A. Ewald, *Die Sendschreiben des Apostels Paulus*(1857)를 인용한다.

"그러나")로 시작하는 까닭이 여기에 있다. 이 단어는 다음과 같은 사실에 주의를 환기시키는 역할을 한다. (1) 5:12a의 "첫 사람" 아담과 5:14c의 "오실 자" 예수 그리스도 사이에 엄청난 차이가 있다는 것과, (2) "오실 자"가 가져오신 "은혜의 선물"은 "첫 사람의 범죄"보다 훨씬 위대하다는 것 등이다. 5:15-17은 물론이고 본문의 결론 부분인 5:18-21에서도 (1) 예수 그리스도로 말미암는 하나님의 은혜가 아담의 죄보다 "더욱" 넘친다는 것과, (2) 그 은혜는 그것을 받게 될 모든 사람에게 선물로 주시는 것이라는 기독교 메시지의 선포가 있다.

5:15a에 사용된 용어들을 약간은 어색하게 보는 경향이 있다. 문자적으로 이 문장은 이렇게 읽는다. Ἀλλ' οὐχ ὡς τὸ παράπτωμα οὕτως καὶ τὸ χάρισμα("그러나 범죄와 같지 않듯이, 은혜의 선물도"[이것을 우리는 좀 더 구어체로 "그러나 그 은사는 범죄와 같지 않다"라고 번역했다]). 이러한 어색함이 발생하게 된 부분적인 이유는, 그리스어의 직설법 문장에서 비교를 표현하는 절의 부정어 οὐ(여기서는 이어지는 ὡς가 모음으로 시작하는 까닭에 οὐχ)가 조건문을 대표하는 절 내부가 아니라 앞에 등장하고, 귀결문은 통상적으로 긍정적인 내용을 제시하기 때문이다.[49] 이뿐만 아니라 바울이 5:12에서 시작한 대조적 비교의 형식으로써 그 대조적 비교를 다시 서술하고 싶어 했기 때문이기도 하다. 여기서 그는 조건문을 제시했지만 "갑자기 말을 멈춤"으로써 귀결문을 말하지 않았다. 또한 그는 "범죄"보다 훨씬 위대한 "은혜의 선물"을 부각시키기를 원했다.

바울은 "범죄"와 비교하여 "은혜의 선물"이 훨씬 더 중요하다는 사실을 강조하면서 마지막 음절이 μα로 끝나는 여러 그리스어 명사들을 관사와 함께 혹은 관사 없이 사용한다. 이곳 5:15a에서는 한 사람이 다른 사람보다 훨씬 더 중요하다는 것이 τὸ παράπτωμα("범죄")보다 훨씬 우월한 τὸ χάρισμα("은혜의 선물")라는 용어의 사용으로 설명되고 있다. 그리스어 음절 μα로 끝나는 명사의 이 수사학적 모운(母韻)은 본문 내내 계속된다. 5:16의

49) *ATRob*, 1159.

τὸ χάρισμα("은혜의 선물"), 5:16, 18, 20의 τὸ παράπτωμα("범죄"), 5:16의 κριμα("심판"), 5:16의 κατάκριμα("정죄"), 5:16의 τὸ δώρημα("하나님의 선물")로, 그리고 5:16의 δικαίωμα("의롭다 하심")에서 볼 수 있듯이 말이다. Mα로 끝나는 이 모든 명사는 로마 제국의 동쪽 지역에 있는 이방인들과 로마에 있는 그리스도인 수신자들에게, 구두 설교를 듣는 청중들이 그의 메시지의 충격을 느끼고 그 중요성을 인식할 수 있도록 의도된 것이 분명하다.

5:15b 이 진술의 시작(주격 οἱ πολλοί)과 끝(목적격 τοὺς πολλούς)에서 바울이 "많은"이라는 단어의 용례를, 마치 "많은"이 "일부"나 "대다수" 또는 심지어 "대부분"을 의미한다는 듯이, "한 사람의 범죄로 죽은" 사람들의 수가 한정되었음을 표현하는 것으로 읽지 말아야 한다. 이 본문에 대한 결론의 조건문, 즉 5:18의 비교 진술의 첫 번째 부분에서 기본적인 전제는 한 범죄로 인해 전설의 "다모클레스의 칼"(신변에 늘 따라다니는 위험을 가리킴—역주)처럼 임박한 재난의 "정죄"(κατάκριμα)가 "모든 사람"(εἰς πάντας ἀνθρώπους) 위에 매달려 있다는 것이다.[50]

5:15에서 또 주목할 만한 것은 πολλῷ μᾶλλον("더욱")이란 어구다. 이것은 5:1-11의 전환 자료이자 논지 자료, 특히 5:9-10에 있는 분명한 πολλῷ μᾶλλον("더욱")의 "더욱"이라는 강조를 이어간다. 이 표현은 "작은 것에서 큰 것으로"(*a minori ad maius*)를 주장하는 그리스-로마 유형의 수사학을 반영한다. 또한 이 어구는 "덜 중요한 경우에 적용되는 것은 더 중요한 경우에 확실히 적용됨"(*qal waḥomer*)을 주장하는 유대 논증의 한 가지 유형을 표현하기도 한다. 이것은 존경받는 유대교 교사 힐렐이 만든 7개의 해석학

---

50) 예수가 갈릴리에서 병자들을 고치시는 공관복음 기사에서 "모든"과 "많은"이 동등하게 사용되었다. 막 1:32, 34은 사람들이 "모든 병든 자들"을 예수께 데려왔으며 그가 그들 중 "많은 사람"을 고치셨다고 말한다. 마 8:16은 사람들이 "많은 사람"을 예수께 데려왔고 예수는 그들을 "모두" 고치셨다고 말한다. 그리고 눅 4:40은 사람들이 "모든" 병자를 그에게 데려왔고, 예수는 "모든 사람"을 고치셨다고 보도한다. 롬 5:19에서도 (1) 아담의 죄의 영향을 받은 모든 사람과 (2) 예수의 순종으로 말미암아 하나님의 은혜의 선물을 받는 모든 사람을 함께 지칭하려고 "많은"(οἱ πολλοί)이란 단어가 사용된 것을 주목하라.

"규칙" 중에서 첫 번째에 해당한다.

하지만 5:15의 초점은 (1) "한 사람 예수 그리스도의 은혜로 임한 하나님의 은혜와 선물"과, (2) 하나님께서 예수로 말미암아 이루신 것이 어떻게 모든 사람의 영적인 환경에 선하게 영향을 미쳤는지에 대한 것이다. 바울이 기독교 복음의 이 근본적인 이야기에 대한 숙고적 담론의 나머지 부분에서 계속해서 이어가는 것이 바로 이러한 강조다.

5:16-17 5:16의 첫 번째 문장의 구조와 의미는 5:15의 첫 번째 문장의 그것과 매우 비슷하기에, 우리는 이 두 문장을 구조와 의미에 있어 비슷하게 번역했다. 그래서 5:15a은 "그러나 범죄와 같지 않다. 은혜의 선물 역시 그러하다"(또는 좀 더 구어체로 표현하면, "그러나 그 은사는 범죄와 같지 아니하다")로 읽으며, 5:16a는 "다시 말하지만, 하나님의 선물은 한 사람의 죄의 결과와 같지 않다"라고 읽는다(우리가 "다시"라고 번역한 접속사 καί를 삽입하여 5:16a의 맨 처음에서 구조와 의미의 유사함을 표시했다). 더욱이 5:15의 첫 번째 문장에서 "은혜의 선물"(τὸ χάρισμα)이 강조되듯이, 이곳 5:16의 첫 문장에서도 "하나님의 선물"(τὸ δώρημα)이 강조된다. 그리고 5:15의 첫 번째 문장에서 "은혜의 선물"이 "범죄"(τὸ παράπτωμα)에 대응하듯이, 이곳 5:16의 첫 문장에서도 "하나님의 선물"이 "한 사람의 죄"(δι' ἑνὸς ἁμαρτήσαντος)에 대응한다.

아담이 세상에 초래한 것과 예수 그리스도가 모든 사람을 위하여 그의 순종으로 이루신 것 사이에 있는 엄청나게 큰 차이가 5:16b-17의 두 진술에 매우 회화적으로 서술되었다. 두 진술 모두 설명적인 방식으로 사용된 접속사 γάρ("왜냐하면")로 시작한다. 5:16b의 첫 번째 진술은 아담이 그의 범죄로 말미암아 "정죄"(κατάκριμα)의 결과를 낳은 "심판"(κρίμα)이라는 비참함을 세상에 가져왔다고 선언한다. Κρίμα와 κατάκριμα 두 용어는 거의 동의어다. 전치사 κατά가 첨가된 κατάκριμα의 의미가 더 강조적이긴 하지만 말이다. 하지만 5:16b의 첫 번째 문장은 세계 역사에서 아담이 가져온 것을 다룬 이야기에 포함된 것보다 훨씬 더 위대한 메시지인 신약의 복음 이야기의 초점을 선포한다. 곧 예수 그리스도의 사역으로 말미암은 하나님의 "은혜의 선물"(χάρισμα)이 하나님의 "의롭다 하심"(δικαίωμα)을 가져왔다는 것이다. 이 모든 것은 아담의 범죄로 야기된 "많은 범죄"와 대비된다.

아담이 세상에 가져온 것과 예수가 그의 순종으로 말미암아 이루신 것 사이의 차이점과 관련된 두 번째 진술은 5:17에 등장한다. 이 본문은 "한 사람의 범죄로 말미암아 사망이 그 한 사람으로 말미암아 왕 노릇 하였다"는 사실을 말한다. 하지만 이것은 "더욱(πολλῷ μᾶλλον) 은혜와 의의 선물을 넘치게 받는(τὴν περισσείαν τῆς χάριτος καὶ τῆς δωρεᾶς τῆς δικαιοσύνης) 자들은 한 분 예수 그리스도를 통하여 생명 안에서 왕 노릇 하리로다"라고 선포함으로써 아담이 세상에 초래한 모든 것에 대응한다. 5:17의 이 귀결문에 있는 비교는 다시 그리스-로마의 "작은 것에서 큰 것으로"라는 논증을 적용한다. 이것 역시 힐렐의 첫 번째 해석학 규칙인 "덜 중요한 경우에 적용되는 것은 더 중요한 경우에 확실히 적용된다"는 것을 반영한다.

III. 결론: 아담으로 인해 초래된 불순종 및 정죄와 비교되는 예수 그리스도의 순종과 의의 결과(5:18-19)

5:18-19 (1) 아담의 죄와 그 결과, 그리고 (2) 예수 그리스도의 순종으로 말미암은 하나님의 은혜와 그 결과와 효과에 관한 근본적인 이야기에 대한 바울의 담론의 결론이 5:18-19에 제시되었다. 이 두 구절에는 조건문에 비교의 불변화사 ὡς나 ὥσπερ("처럼", "같이")와 귀결문에 οὕτως καί("이와 같이", "역시")를 사용하여 두 번에 걸쳐 아담과 예수 그리스도가 분명하게 비교되었다. 논의되고 있는 문제의 결론을 표시하기 위해 추론적 불변화사 ἄρα("그런즉", "그래서", "결과적으로")와 οὖν("그런즉", "그러므로", "결과적으로")을 함께 사용하는 것은 복음서, 사도행전, 바울 서신, 히브리서에서 50회쯤 등장한다. 바울은 특히 이런 면에서 ἄρα οὖν을 사용하길 좋아한다.[51]

51) 이곳 5:18에서 바울이 ἄρα οὖν을 사용한 것 이외에, 나중에 7:3, 25b; 8:12; 9:16, 18; 14:12,

조건문에서 비교의 불변화사 ὡς("처럼", "같이")와 귀결문에서 οὕτως καί("이와 같이" "역시")를 사용하고 있는 바울의 숙고적 담론을 마무리하는 비교의 두 진술 중 첫 번째는 5:18에 제시되었다. Ἄρα οὖν ὡς δι' ἑνὸς παραπτώματος εἰς πάντας ἀνθρώπους εἰς κατάκριμα, οὕτως καὶ δι' ἑνὸς δικαιώματος εἰς πάντας ἀνθρώπους εἰς δικαίωσιν ζωῆς("그런즉 한 범죄로 많은 사람이 정죄에 이른 것 같이, 한 의로운 행위로 말미암아 많은 사람이 의롭다 하심을 받아 생명에 이르렀느니라"). 소유격 ἑνός가 남성인지(그래서 "한 사람" 아담을 언급하는지), 아니면 중성인지(그래서 "하나의 범죄"를 언급하는지)를 논의할 수 있다. 5:18에서 조건문과 귀결문 양쪽 문장에는 생략법이 사용되었으므로 그 문장의 의미는 본문의 문맥에 의존한다. 하지만 5:12a의 ἑνὸς ἀνθρώπου가 확실히 남성이고, 5:12-5:17의 논의가 예수 그리스도의 사역으로 말미암는 하나님의 은혜와 상반되는 아담의 범죄를 다루는 반면에, 5:18의 귀결문에서 언급하고 있는 것은 아담의 범죄에 대응하여 그리스도께서 이루신 것이 ἑνὸς δικαιώματος("의의 한 행동")에 표현되었기 때문에, 이 귀결문의 ἑνός는 반드시 중성으로 이해해야 한다. 그래서 어느 한 절의 조건문과 귀결문이 언어학적으로 짝을 이뤄야 하므로, 바울은 5:18에서 "오실 자"(남성)의 모형으로서 "첫 사람 아담"(남성)이라는 개념을 다시 서술하고 있는 것이 아니라 "의의 한 행동"(중성)과 "한 범죄"(중성)를 대조하고 있다고 보아야 한다.

로마서 5:18은 정동사가 조건문과 귀결문에 다 생략되어 있으므로 불완전 문장이다. 이러한 생략은 얼마든지 납득할 수 있다. 바울은 진술을 마무리하면서 명백한 내용을 반복하기를 원치 않았다. 그러므로 문맥을 고려할 때 다음의 두 동사를 추가하는 것이 타당할 것이다. (1) 첫 번째 문장에서는 3인칭 단수 부정과거 능동태 직설법 동사 ἀπέβη("이런 결

19에서 사용한 것을 보라. 하지만 8:1에서 그는 ἄρα νῦν("그러므로 이제")을 사용한다. 롬 7:21과 갈 2:21에서 그는 ἄρα만을 사용하는데, 이는 단순히 "그런즉" 또는 "그래서"라는 표현으로써 그 주장을 생동감 있게 하려는 데 있다. 단독적으로 사용된 ἄρα가 현대 번역 성경에서는 번역되지 않는 경우도 간혹 있지만 말이다.

과가 발생했다")와, (2) 두 번째 문장에서는 3인칭 단수 미래 중간태 직설법 동사 ἀποβήσεται("이런 결과가 발생할 것이다") 등이다.[52] 두 단어 모두 ἀποβαίνω("되다", "~로 이어지다", "~한 결과를 낳다")라는 비유적인 의미에서 유래했다.

5:19의 이 결론적인 문단의 두 번째 비교 진술은 다음과 같이 읽는다. "Ωσπερ γὰρ διὰ τῆς παρακοῆς τοῦ ἑνὸς ἀνθρώπου ἁμαρτωλοὶ κατεστάθησαν οἱ πολλοί οὕτως καὶ διὰ τῆς ὑπακοῆς τοῦ ἑνὸς δίκαιοι κατασταθήσονται οἱ πολλοί("한 사람이 순종하지 아니함으로써 많은 사람이 죄인 된 것같이 한 사람이 순종하심으로써 많은 사람이 의인이 되리라"). 이 진술은 후치사적 접속사 γάρ로 시작한다. 이 단어는 이 경우에 5:18의 첫 번째 진술에 연속되는 내용을 표시하고 그 진술을 설명하기 위해 사용되었다. 이 단어는 조건문에서는 ὥσπερ("처럼", "같이")와 귀결문에서는 οὕτως καί("이와 같이", "역시") 등 비교 표현들을 사용한다. 더 중요한 것은 바울이 여기서 (1) 5:18의 "한 범죄"를 τῆς παρακοῆς τοῦ ἑνὸς ἀνθρώπου("한 사람[즉 아담]의 불순종")로, 그리고 (2) 5:18의 "의의 한 행동"을 τῆς ὑπακοῆς τοῦ ἑνός("한 사람[즉 예수 그리스도]의 순종")로 정의한다는 것이다. 더욱이 두 단어 사이에 존재하는 병행 어구의 순서를 바꾸어, 그는 (1) 5:19에서 πολλοί("많은")를 5:18에 2번 등장하는 명사 πάντας("모든")와 동등하게 2번 사용하고, (2) 5:19의 "죄인들"(ἁμαρτωλοί)을 5:18의 "정죄"(κατάκριμα)와 연결시키며, (3) 5:19의 "의인이 되리라"(δίκαιοι κατασταθήσονται)를 5:18의 "생명의 의"(δικαίωσιν ζωῆς)와 동일시한다.

조세프 피츠마이어가 바르게 관찰했듯이, "이 문단의 절정"은 5:19의 귀결문에 있다. "한 사람이 순종하심으로써 많은 사람이 의인이 되리라(τῆς ὑπακοῆς τοῦ ἑνὸς δίκαιοι κατασταθήσονται οἱ πολλοί)."[53] "예수의 순종"은 초기

---

52) 5:18의 귀결문에서 미래시제 ἀποβήσεται는 5:19의 귀결문의 미래시제 κατασταθήσονται와 병행을 이루며, 5:21의 귀결문의 부정과거 가정법 βασιλεύσῃ와도 상응한다.

53) Michel, *An die Römer*, 191을 인용한 Fitzmyer, *Romans*, 421: "그의 전 생애는 이 순종에 의해 결정되었으며, 이 순종은 종말론적 기간에 속한 사람들에게 합법적이고 신학적인 중요

교회의 "그리스도 찬송시"의 핵심이며, 바울은 이것을 빌립보서 2:6-11에 인용하고, 빌립보서 2:8의 진술에 초점을 맞추어 빌립보에 있는 그의 개종자들에게 권면하는 근거로 사용한다(γενόμενος ὑπήκοος μέχρι θανάτου, "그는 죽음에 이르기까지 복종하셨다").

앞에서 우리는 다음과 같이 주장했다. (1) 바울은 3:21-23의 반복되는 논제 진술의 중심에 있는 로마서 3:22에서 그가 1:16-17에서 원래 제시했던 논제 진술 중 1:17에서 사용했던 상당히 수수께끼 같은 표현인 ἐκ πίστεως εἰς πίστιν을 설명하고 발전시켰으며, (2) 그가 이렇게 하면서 종말론적인 "이제"라는 기간에 하나님의 의의 선물이 "예수 그리스도의 신실함으로 말미암아" 임하게 되었다는 매우 중요한 요지를 선포했다고 말이다.[54] 이곳 5:19에서 "한 사람[즉 예수 그리스도]의 순종"이라는 주제는 아담과 예수 그리스도의 이야기에 대한 5:12-21의 숙고적 담론을 마무리하는 핵심으로 기능한다. 그래서 "예수의 순종"이라는 주제는 "예수의 신실함"에 대한 바울의 언급과 의미상 같은 주제로 보아야 하며, 따라서 바울뿐만이 아니라 초기에 예수를 믿은 신자들의 근본적인 기독론적 확신을 표현하는 것으로 이해해야 한다.[55]

IV. "우리 주 예수 그리스도로 말미암아" 역사하는 "하나님의 은혜"가 해결한 "율법", "죄", "사망"에 대한 추기(5:20-21)

5:20-21 로마서 5:18-19에 대한 결론에 이어, 본문의 마지막 두 절은 5:12-19의 내용을 멋지게 요약할뿐더러, 6:1-8:39에서 이 문제들과 그 관계들에 대해 더 자세히 표현될 내용을 예상하기도 하는 추기이다. 바울은 5:12(과 5:21)에서 "죄"(ἡ ἁμαρτία)와 "사망"(ὁ θάνατος)을 의인화하고는 이곳 5:20에서 모세 율법(νόμος, 모세 율법을 밝히거나 의인화하기 위해 반드시 관

성을 이루었다"(Fitzmyer의 번역).

54) 본서 3:21-23(과 3:24-26)의 "석의와 주해"를 보라.

55) R. N. Longenecker, "The Foundational Conviction of New Testament Christology," 122-44.

사가 필요한 것은 아니다)을 의인화한다. 이것들은 하나님과 그분의 뜻을 대적하면서 인간 역사의 무대에서 "거들먹거렸다." 물론 바울이 (일찍이 갈 3:21-24에서 하나님의 약속 및 의와 관련하여 모세 율법에 대한 자신의 태도를 천명했듯이) 나중에 로마서 7:7-12에서 죄와 관련하여 모세 율법에 대한 자신의 태도에 단서를 달기는 했지만 말이다. 그러나 바울이 로마서 7:12에서 밝혔듯이 율법이 죄를 지적하는 기능을 한다는 측면에서 율법을 "거룩하고 의롭고 선하다"고 칭할 수도 있고, 로마서 7:13-25에서 뒤돌아보면서 죄의 끔찍한 실체를 폭로하는 율법의 적절한 기능으로 인해 사람의 삶에 야기되는 갈등을 인정하면서도, 이곳 5:20에서는 모세 율법을 "들어온 것"(παρεισῆλθεν)으로 언급한다.

신약성경에서 이 동사의 유일한 다른 용례는 갈라디아서 2:4-5에 있다. 그곳에서 바울은 예루살렘의 참 신자들 무리에 "가만히 들어"온 거짓 형제들을 언급하며 "그들에게 우리가 한 시도 복종하지 아니"했다고 말할 때 그 단어를 경멸적으로 사용했다. 이 단어는 그리스어 문헌과 제2성전기 유대교 문헌에 어떤 사람이나 어떤 것이 소속되지 않은 영역에 불법적으로나 무례하게 들어온다는 뜻으로 등장하기도 한다.[56] 하지만 사도는 이곳 5:20에서 παρεισῆλθεν을 "그것이 더하여졌다"라는 의미로, 즉 "그것이 지엽적인 문제로 임했으며" 그래서 "하나님의 계획에 원래는 없던 것"이라는 의미로 사용했을 것이다.[57] 바울은 갈라디아서 2:4-5에서 사람들을 "종으로 만들"고 "복음의 진리"를 왜곡하려는 "거짓 형제들"을 비난하고 있지만, 다른 여러 편지에서 그들의 행동을 모세 율법의 진정한 의도와 동일시한 적은 없다. 따라서 이 단어가 일찍이 갈라디아서 2:4에 등장했던 것과 비교하여, 로마서 5:20에서 이 단어의 용례는 어느 정도 다른 어감을 지니

56) Polybius, *Histories* 2.55.3: "그는 밤중에 이 벽 안으로 몰래 들어왔다"; 또한 1.7.3; 1.8.4; 3.18.11; Plutarch, *De genio Socratis* 596a; *Marcius Coriolanus* 23.1; *Publicola* 17.2; *De sollertia animalium* 980b; Lucian of Samosata, *Gall* 28; Dial 12.3; Philo, *De Abrahamo* 96; *T Jud* 16:2도 참조하라.

57) *BAG*, 630, col. 1을 인용함. 참조. 갈 3:19, "율법은…범법하므로 더하여진 것이라."

고 있다고 보아야 한다.

따라서 이 두 절의 추기에서 바울은, 사람들이 심지어 하나님을 대적함으로써 그들의 죄를 더하고 있으며 죄에 대한 점증적인 지식을 이용하여 더욱 죄를 짓고 있는 상황에서, 율법을 통하여 죄를 폭로하시는 하나님의 "이상한 일"이 계속되기는 하지만, 하나님의 "은혜의 바른 사역"으로 말미암아 "은혜가 더욱 증가했다"고 선언한다. 그리고 바울은 기독교적 "좋은 소식"의 메시지 중심에 놓여 있는 선포로써 5:12-21에 있는 그의 숙고적 담론을 마무리하는데, 이 선포는 본문 전체를 지배하고 있는 "와 같이"(ὥσπερ)…"~도"(οὕτως καί)라는 구조적 패턴에 들어 있다. "죄가 사망 안에서 왕 노릇 한 것같이 은혜도 또한 의로 말미암아 왕 노릇 하여 우리 주 예수 그리스도로 말미암아 영생에 이르게 하려 함이라."

성경신학

학문적인 신약 연구는 몇 가지 사실로 인해 풍성해졌다. (1) 신약 편지들의 명제적 진술들 근저에 자리 잡고 있는 것이 어떤 근본적인 "내러티브" 또는 "이야기"라는 분명한 인식. 서로 다른 목적을 위해 다른 상황에서 약간은 다르게 사용된 하나의 핵심적인 이야기든지, 아니면 시대마다 약간은 다르게 표현되었을지라도 공통되는 "핵심적 의미"를 가진 다수의 내러티브 또는 이야기이든 말이다. (2) 이 근본적인 이야기들이 초기 기독교의 신학화와 선포 및 상담을 발생시켰으며, 그래서 그 이야기들이 신약 서신서 저자들이 기록한 모든 것을 뒷받침하고 있다는 생생한 인식, 그리고 (3) 신약성경의 저자들이 이 내러티브 자료를 바탕으로 글을 썼거나 주장했고, 이 자료를 자신들의 목적을 위해 사용했다는 인식의 증가. 그래서 신약의 저자들이 그들의 편지에서 말하고 있는 것을 좀 더 충분히 이해하기 위해서는, 그들의 다양한 진술이 그 기본적인 내러티브 자료의 주요 특징들을 어떻게 "정리하고"(또는 어떤 경우에는 "구분하고"), 해석하며(또는 "재해석하며"), 적용하는지를 알고 인식할 필요가 있다.

물론 이러한 내러티브 접근은 성경 연구에 새로운 것이 아니다. 구약의 역사 자료와 관련해서도 이 내러티브 접근은 자주 사용되었다. 이를테면, (1) 창세기 12-50장의 족장들 내러티브, (2) 출애굽기 1-40에 나타난 출애굽 기사와 이스라엘의 광야 경험, (3) 여호수아서에서 역대하까지에 나타난 가나안 정복부터 예루살렘 멸망까지의 이스라엘의 초기 역사, (4) 에스라와 느헤미야가 기록한 바빌로니아 포로에서 귀환한 백성들 이야기 등, 이 모든 내러티브나 이야기들은 구약성경의 모든 예언적 진술과 잠언적 진술 근저에 놓여 있는 것이며, 시편 저자들에게 하나님을 찬양할 배경을 제공했다. 마찬가지로 그리스도인들은 (1) 복음서에 기록된 예수의 사역에 대한 묘사와, (2) 사도행전에 묘사된 베드로와 바울의 사역 기사들을 늘 그들의 믿음에 근본적인 것으로 여겼다. 신약의 나머지 글들은 대부분 어떤 형식으로든 정경에 속한 복음서와 사도행전에 제시된 사건들 위에 기초를 두고 있다. 브루스 롱네커가 바르게 지적했듯이, "하지만 바울 서신은 대부분의 경우, 바울이 편지를 썼지 내러티브를 기록하지 않았다는 명백한 이유로, 내러티브 연구에서 상대적으로 면제되었다."[58]

그렇지만 1980년대에는 신약의 편지들이, 그 편지들의 다양한 저자들에게뿐만 아니라 추측건대 적어도 어느 정도는 그 편지를 받은 각각의 수신자들에게도 알려졌던 근본적인 내러티브 또는 한 세트의 이야기들을 압축하고 반영하기도 하는 것으로 연구되기 시작했다. 신약의 편지들을 내러티브로 분석하는 데 박차를 가하게 된 것은 1983년에 출간된 『예수 그리스도의 믿음』(*The Faith of Jesus Christ*)에서 이것을 처음으로 시도한 리처드 헤이즈에게 공을 돌려야 할 것이다. 그 책의 부제 『갈라디아서 3:1-4:11의 내러티브 하부 구조 탐구』(*An Investigation of the Narrative Substructure of Galatians 3:1-4:11*)는 책이 무엇을 다루는지 잘 나타낸다.[59] 때때로 헤이즈가 바울 서신에서 증거가 보여주는 것보다 예수의 생애에 대한 "암시들"을 더 찾아낸다고 비판받을 수도 있고, 또 몇몇 학자들이 자신들의 "의견"을 너무 과

58) B. W. Longenecker, *Narrative Dynamics in Paul*, 3.

59) (1983; 2nd ed. 2001).

도하게 이스라엘 이야기에 두어 바울이 이스라엘에 관한 이야기를 넘어서 모든 사람의 상황과 소망에 관한 더 광범위한 이야기로 이동하는 범위를 공정하게 평가하지 못하고는 있지만, 로마서 5:12-21에서 인류 역사의 두 근원적 인물을 다룬 그의 담론에 대한 내러티브 접근은 결과가 좋고, 바울이 당대의 이야기 중심의 세계관 내에서 움직인 범위를 바르게 인식하는 데 도움을 준다.

바울이 로마서 5:12-21에서 지적한 주요 요지들을 상기하면, 다음과 같은 문제들은 참된 기독교 성경신학에 늘 포함될 필요가 있다.

1. 모든 사람의 인생의 "어두운 면"은 "죄", "사망", "하나님의 정죄" 아래 있는 것과 관련이 있다. 이것은 사람들이 경험하는 모든 측면에 스며들어 있고 인간의 의식 구석구석을 침범하며 조롱하는 망령들이다. 사실 이러한 것들은 보편적인 "인간의 곤경"이라는 기본 요소를 구성하는 중요한 요인들이며, 바울은 그리스-로마 세계에 있는 이교도 이방인들에게 기독교 복음을 선포할 때 영적으로 민감한 여러 청중의 마음과 생각에 공감을 불러일으켰다.
2. 기독교 복음의 중심에는 "하나님의 은혜", "하나님에게서 오는 선물인 의", 예수의 "중요한 의의 행위"(즉 십자가에 죽으심)와 같은 매우 중요한 문제들과 모든 사람에게 제공된 "생명", "생명의 의", "영생"이 있다. 기독교적 선포의 이 핵심적인 특성들을 무시하거나 최소화하면, "복음" 곧 "좋은 소식"은 전혀 존재하지 않고, 단지 도덕적인 평범한 이야기나 인간의 상황에 대한 심리학적 분석만 있을 뿐이다.
3. 이 종말론적 "이제"라는 기간에 바울이 선포한 내용은 그가 로마서 5:12-21 전체를 마무리하는 5:19에서 선포한, 예수 그리스도의 "순종"에 초점이 맞춰져 있다. 이것은 빌립보서 2:6-11에서 그가 인용한 "그리스도 찬양시"의 중심에 놓인 강조점이기도 하다. 그리스도

의 순종은 바울이 로마서에서 예수 그리스도의 "신실함"[60]에 대해 가르친 내용을 전개하면서 또 "아들"과 "하나님의 아들"이라는 칭호를 사용하면서[61] 비슷하게 등장한다.

4. 사람들이 죄를 아는 지식이 증가할수록 하나님께 왜곡되게 반응하므로 율법(소위 자연법이든지 모세 율법이든지)은 죄를 드러내고 실제로 죄를 증가시키는 것 외에는, "생명", "생명의 의" 또는 "영생"을 가져오는 일과 전혀 관계가 없다.
5. "우리 주 예수 그리스도로 말미암아" 가능해진 하나님의 은혜의 보편성은 하나님께서 사람들을 위해 제공하신 것과 관련이 있다. 그러나 5:18-19의 미래형 동사들(명시적으로나 암시적으로 표현됨)의 미래 시제("되리라")와 5:21의 부정과거 가정법 동사("하려 함이라")에서 보듯이, 하나님의 은혜의 보편성은 모두에게 은혜가 필연적으로 임할 것을 보장하지는 않지만, 사람들이 긍정적으로 반응할 필요가 있는, 하나님이 은혜롭게 주신 것들에 대해 언급한다.

이것은 참된 기독교 성경신학과 선포에 늘 포함될 필요가 있는 교리적 문제들이다. 하지만 5:12-21에는 "얼마나 더욱"과 "은혜가 어떻게 더욱 모든 사람에게 넘치게 하는지"에 대한 중요한 주제들도 있다. 이것은 (1) 아담이 인류 역사에 가져온 것 및 (2) 세상에서 죄의 지속적인 왕 노릇과 대조해서, 하나님이 얼마나 더욱 "우리 주 예수 그리스도로 말미암아" 행하셨는지를 선언하는 매주 중요한 주제들이다. 이것들은 바울이 기독교적으로 상황화한 메시지를 특징짓는 승리, 이김, 환희라는 주제들이며, 현대에 예수를 믿은 신자들의 신학과 선포에 포함시킬 필요가 있는 주제들이기도 하다(물론 관계가 없는 "승리주의"나 "우월감" 같은 표현은 없이 말이다).

60) 특히 롬 1:17; 3:22, 25-26을 참조하라.
61) 참조. 롬 1:3-4, 9; 5:10; 8:3, 29, 32.

현대를 위한 상황화

인간 역사의 두 근원적 인물에 대한 바울의 숙고적 담론은 아담이 인간 역사에 가져온 것과 비교하여 예수 그리스도가 이루신 것을 강조하는데, 이는 오늘날 대다수의 그리스도인들에게 상당히 친숙한 것으로 보일 수 있다. 그 친숙함은 본문이 수세기를 내려오는 동안 성경학자들과 신학자들로부터 자세한 연구를 통해 특별한 관심을 받아온 것에 기인한다. 사람들은 아담의 죄의 성격과 결과, 그리고 오늘날 교회와 사회에서 이 본문의 일반적인 용례에 초점을 맞추었다. 그것을 성경의 진리로 이해하든, 아니면 불행하게도 오늘날 현대 문화에 전수된 어떤 고대의 전통으로 이해하든지 간에 말이다. 하지만 우리의 제안은 이것이다. 바울이 그리스-로마 세계에서 이교도 이방인들 가운데 사역하면서 이 자료를 사용했을 때, 그는 첫 사람 아담이나 더욱 중요한 사람인 예수를 위해 새로운 이야기를 만들지 않고, 구약의 아담 이야기와 예수에 관한 사도적 이야기를 비교하면서 보편화하는 방법으로 "새로운 장을 열고" 있었다.

결과적으로 바울은 이방인 선교를 하면서 당대 유대인들의 세계와 예수를 믿는 유대인 신자들 사이에서 광범위하게 채용되었던 출애굽의 구속 이야기를 제쳐두고, 그 대신에 이 새로운 형식의 근본적인 구속 내러티브를 사용했다. 그럼으로써 그는 기독교 복음 메시지를 약간은 새롭게 보일 수 있는 방식으로 "상황화했다." 로마에서 예수를 믿는 신자들 중에는 이것을 전통적이지 않다는 이유로 받아들일 수 없다고 본 사람들도 더러 있었을 것이다. 하지만 분명 바울 자신은 유대인들의 출애굽 이야기와 비교하여 더욱 보편적인 의미에서 죄와 구원의 문제를 제시하는 이러한 내용이 이교도 이방인들의 이해와 공감에 더 적합했을 뿐만 아니라, 아담에 관한 구약의 내러티브와 나사렛 예수에 관한 사도적 선포에 묘사된 하나님의 구원사의 핵심에 더 충실하다고 생각했을 것이다.

그리스도인들 중에는 교리의 발전, 교회적 실천의 다양성, 또는 윤리적 행위의 차이들과 관련이 있는 것에 두려움을 느끼는 사람들이 많이 있다. 그들은 일반적으로 이와 같은 발전이 그들 이전에 얼마나 많이 이루어졌는지, 그들 자신도 얼마나 그러한 발전의 산물들인지를 인식하지 못한다. 하지만 신구약 성경은 신학 사상, 교회의 실천들, 윤리적인 행위에 여러 발전이 있었음을 증언하며, 교회사 역시 이러한 수많은 발전의 기록이기도 하다. 질문의 핵심은 사상과 실천의 발전이 과연 발생했는지, 또는 이러한 발전이 발생해야 하는지가 아니다. 질문은 이것이다. 제안된 발전이 과연 개별적으로든 교리적·실천적 총체로든 간에 우리의 계시적 근거인 구약성경과 신약성경이 제시하고 예상하는 내용과 부합하는가?[62]

바울이 기독교 복음을 아담이 인간 역사에 초래한 것과 비교하여 예수가 모든 사람을 위해 행하신 보편적이며 근본적인 이야기로 제시한 것에는, 인간으로서 우리의 상황과 "우리 주 예수 그리스도로 말미암아" 우리를 위해 작용한 "하나님의 은혜"에 관한 내용이 많이 있다. 그래서 바울이 제시한 복음은 주의 깊게 설명할 가치가 있으며, 마음에서 우러나오는 감사를 받을 만하다. 하지만 바울이 로마서 5:12-21에서 기독교 복음을 상황화한 것은 현대의 다양한 상황에서 복음을 상황화하는 본보기를 제공한다. 그리고 하나님의 성령의 인도 아래, 또 성경의 내용과 요지와 연속성을 유지한 채, 우리는 우리 시대에 동일한 기독교 복음의 비슷한 상황화를 위해 끊임없이 마음을 열어야 한다. 그래야 자신들만의 구체적인 상황과 이해를 가진 사람들에게 의미 있게 사역할 수 있다.

물론 이 문제들과 관련하여 해야 할 일이 많다. 하지만 우리는 우리 시대에 기독교 복음을 선포하려고 시도하면서, 우리가 오늘날 그리스도인으로서 살고 사역하는 다양한 문화적 상황에서 바울이 로마서 5:12-21에서 제시하는 패러다임으로 도전을 받고 배울 필요가 있다.

---

62) 바울의 사상과 편지에 있는 발전에 관한 필자의 연구로는 R. N. Longenecker, "On the Concept of Development in Pauline Thought," in *Perspectives on Evangelical Theology*, ed. K. S. Kantzer and S. N. Gundry (Grand Rapids: Baker, 1979), 195-207; 같은 저자, *New Testament Social Ethics for Today*; 같은 저자, "Is There Development in Paul's Resurrection Thought?" in *Life in the Face of Death: The Resurrection Message of the New Testament*, ed. R. N. Longenecker, MNTS 3 (Grand Rapids: Eerdmans, 1998), 171-202; 같은 저자, "A Developmental Hermeneutic," 22-36을 보라.

3. 중요한 세 질문: 중간에 삽입된 예시와 진술(6:1-7:13)

주석가들은 로마서 6-7장, 특히 6:1-7:13의 자료들이 로마서 5장과 8장에 제시된 내용과 어떻게 연결되는지에 대해 갈팡질팡할 때가 종종 있다. 닐스 달이 이 문제를 간결하게 진술했다. "6, 7장에서 제시되고 논의된 문제들로 인해 분석의 난해함이 야기되었는데, 그 문제들이 5장과 8장에 제시된 긍정적인 주요 논증과 직접 관련이 없는 까닭이다."[1] 달은 일찍이 그의 저서에서 요아힘 예레미아스, 자크 뒤퐁(Jacques Dupont), 벤트 노아크(Bent Noack)에 근거하여[2] 6:1-7:6과 7:7-25을 바울의 논증에서 벗어난 "두 개의 여담"이라고 불렀다.[3] 다른 주석가들도 이 자료 대부분을 바울의 논증의 흐름에서 벗어난 "여담" 또는 "추기"로 보았다.[4]

하지만 오늘날 대부분의 로마서 주석가들은 바울이 6장과 7장에 기록한 것이 5장과 8장에 있는 논증의 주요 요지에 대해 약간은 부차적인 것으로 제시되었음을 인정하면서도, 닐스 달이 그의 후기 저술들에서 그러했듯이, "6:1, 6:15, 7:7, 7:13의 질문들로써 소개된 단락들이 바울의 교리를 반대하는 견해에 대한 논박이기에 그의 논증 전체에 속하는 것",[5] 또는 적어도 바울이 보기에 그가 이전에 제시한 내용 때문에 제기되었을 수 있으나 분명한 구조나 논리적 연결이 없고 각각의 수사적 질문들로 기술되기만 한 질문들에 대한 즉석 답변이라고 당당히 말한다. 아래 제시한 석의와 주해에서는 대체적으로 6:1-7:13에 대한 이러한 이해에 근거하여 설명할 것이다.

---

1) Dahl, "Missionary Theology," 83.

2) Jeremias, "Zur Gedankenführung in den paulinischen Briefen," 146-54; Dupont, "Le problème de la structure littéraire de l'Épître aux Romains," 365-97; Noack, "Current and Backwater in the Epistle to the Romans," 155-66을 보라.

3) Dahl, "Two Notes on Romans 5," 5, 41 n. 22.

4) Schmithals, *Römerbrief*, 18-21을 보라. Schmithals는 6:1-7:16 전체를 추기로 보았다. 그리고 Byrne, "Living Out the Righteousness of God," 562-63도 보라. Byrne은 6:1-8:13을 확장된 "윤리적 추기"로 이해했다.

5) Dahl, "Missionary Theology," 83.

더욱이 로마서 6장과 7장에 포함된 자료들에 대한 자신들의 주석을 어떻게 구성할지를 두고 주석가들 사이에 의견이 나뉜다. 바울이 그리스도인들에게 제공했던, 하나님이 그들을 위해 제공하신 모든 것을 경험하라는 명령법적 권면과 비교하여, 하나님께서 예수의 사역을 통해 행하신 일과 예수를 믿는 신자들이 경험한 일에 대해 제기했던 직설법적 진술에 의거하여 그들의 본문 주석을 구성하는 사람들이 있다.[6] 반면에 6:1, 6:15a, 7:1, 7:7a, 7:13a에 제기된 수사적인 질문들에 근거하여 자료를 다루는 사람들도 있다.[7] 6:1-7:13을 구성하는 두 번째 방법으로 본서의 석의와 주해를 진행할 것이다. 우리가 다룰 내용은 이것이다. (1) 본문의 주요 주제를 소개하는 6:1, 6:15a, 7:7a의 세 질문(이 질문 모두 심의적 질문 τί οὖν ἐροῦμεν["그런즉 우리가 무슨 말을 하리요?"][8]으로 시작한다), (2) 모세 율법과 그리스도인의 자유와 관련된 문제들을 다룬 중간에 삽입된 예와 진술을 소개하는 7:1a의 질문(이 질문은 약간은 다르게 표현되었다), (3) 7:7a의 확장된 질문과 7:7-13에서 다뤄진 쟁점들에 대한 최종적인 논평을 소개하는 7:13a의 질문(이 질문 역시 6:1; 6:15a; 7:7a의 세 질문과 약간 다르게 표현되었다) 등이다.

그러므로 우리는 6:1-7:13을, 7:1-6의 중간에 삽입된 예시 및 진술과 함께, 바울이 6:1, 6:15a, 7:7a에서 제기한 주요한 세 가지 질문과 관련하여 다룰 것이다.

1. 질문 1: "은혜를 더하게 하려고 죄에 거하겠느냐?"(6:1-14)
2. 질문 2: "우리가 법 아래에 있지 아니하고 은혜 아래에 있으니 죄를 지으리요?"(6:15-23)
3. 모세 율법의 권위의 범위에 관한 중간에 삽입된 예와 율법에서 해방

6) 예. M.-J. Lagrange(1916), J. Huby(1940), O. Kuss(1957), J. Murray(1959), M. Black(1973), E. Käsemann(1980), J. D. G. Dunn(1988), J. A. Fitzmyer(1993).

7) 예. A. Nygren(1949), C. K. Barrett(1957), F. J. Leenhardt(1961), C. E. B. Cranfield(1975), U. Wilckens(1978), P. J. Achtemeier(1985), B. Byrne(1996), D. J. Moo(1996), R. Jewett(2007).

8) 6:15의 질문은 τί οὖν("그러면 무엇?")으로 표현되었다. 하지만 이것은 6:1과 7:7에 등장하는 τί οὖν ἐροῦμεν("그런즉 우리가 무슨 말을 하리요?")의 축약된 형태일 뿐이다.

된 그리스도인의 자유에 관한 진술(7:1-6)

4. 질문 3: "율법이 죄냐?"(7:7-13)

우리는 로마서의 이 단락, 즉 6:3(ἀγνοεῖτε ὅτι; "너희는 알지 못하느냐?"), 6:16(οὐκ οἴδατε ὅτι; "너희는 알지 못하느냐"), 7:1(ἀγνοεῖτε; "너희는 알지 못하느냐?")에 있는 3개의 서간체적 "공개 공식"도 고려할 것이다. 이러한 관습적인 서간체적 문구들은 바울 당대의 그리스 편지에서 새로운 단락이나 하위 단락 도입부에 등장하며, 그것으로써 독자들에게 저자들이 자료의 새로운 단락이나 하위 단락을 어디서 시작하려고 하는지를 밝힌다. 바울 서신 전체에서와 특히 로마의 그리스도인들에게 보낸 편지에서도 이 문구들은 이런 식으로 사용된다.[9)]

9) 로마서의 본론 중앙부에 있는 다른(6:3, 16, 7:1에 있는 것 이외에) 서간체적 "공개 공식"은 7:14; 8:22, 28; 11:25을 보라.

질문 1: "은혜를 더하게 하려고 죄에 거하겠느냐?"(6:1-14)

번역

6:1그런즉 우리가 무슨 말을 하리요? 은혜를 더하게 하려고 죄에 거하겠느
냐? 2그럴 수 없느니라. 우리가 죄에 대하여 죽었으니, 어찌 그 가운데 더
살리요?

3무릇 그리스도 예수와 합하여 세례를 받은 우리는 그의 죽으심과 합
하여 세례를 받은 줄을 알지 못하느냐? 4그러므로 우리가 그의 죽으심과 합
하여 세례를 받음으로써 그와 함께 장사되었나니, 이는 아버지의 영광으로
말미암아 그리스도를 죽은 자 가운데서 살리심과 같이 우리로 또한 새 생
명 가운데서 행하게 하려 함이라. 5만일 우리가 그의 죽으심과 같은 모양으
로 연합한 자가 되었으면, 또한 그의 부활과 같은 모양으로도 연합한 자가
되리라. 6우리가 알거니와 우리의 옛 사람이 예수와 함께 십자가에 못 박힌
것은 죄의 몸이 죽어 다시는 우리가 죄에게 종노릇 하지 아니하려 함이니,
7이는 죽은 자가 죄에서 벗어나 죄에서 자유함을 얻었음이라.

8만일 우리가 그리스도와 함께 죽었으면, 또한 그와 함께 살 줄을 믿노
니, 9이는 그리스도께서 죽은 자 가운데서 살아나셨으매, 다시 죽지 아니하
시고 사망이 다시 그를 주장하지 못할 줄을 앎이로라. 10그가 죽으심은 죄에
대하여 단번에 죽으심이요, 그가 살아 계심은 하나님께 대하여 살아 계심
이니, 11이와 같이 너희도 너희 자신을 죄에 대하여는 죽은 자요, 그리스도
예수 안에서 하나님께 대하여는 살아 있는 자로 여길지어다.

12그러므로 너희는 죄가 너희 죽을 몸을 지배하지 못하게 하여 몸의 사
욕에 순종하지 말고, 13또한 너희 지체를 불의의 무기로 죄에게 내주지 말고
오직 너희 자신을 죽은 자 가운데서 다시 살아난 자같이 하나님께 드리며,
너희 지체를 의의 무기로 하나님께 드리라. 14죄가 너희를 주장하지 못하리
니, 이는 너희가 법 아래에 있지 아니하고 은혜 아래에 있음이라.

본문비평 주

6:1 현재 가정법 동사 ἐπιμένωμεν("우리가 거하다", "집요하게 계속하다", "지속하다")은 대문자 사본 A B C D F G Ψ(또한 *Byz* L)와 소문자 사본 33(범주 I), 81 1506(범주 II), 104 326 424ᶜ 630 1241 1735 1874(범주 III)로 강하게 입증받으며, cop^sa bo^에 반영되었고, 암브로시아스테르의 지지를 받는다. 하지만 이 단어는 대문자 사본 ℵ P 0221^vid^(또한 *Byz* K)과 소문자 사본 1175 1739(범주 I), 1881 2464(범주 II), 6 330 365 1243 1319 1573 1874(범주 III)에서 현재 직설법 ἐπιμένομεν("우리가 거하다" 또는 "지속하다")으로 바뀌었고, cop^bo ms^와 테르툴리아누스에 반영되었다. 더욱이 몇몇 사본에서 이 단어는 미래 직설법 ἐπιμένουμεν("우리가 거할 것이다," "지속할 것이다")으로 바뀌었다. 소문자 사본 69 323 614 1505 2495 614 945 2495(범주 III)에 등장하고 it^mss^에 반영되었듯이 말이다. 현재 직설법은 5:1의 동사에 대해 종종 제기되듯이, 그리스 문자 오미크론(ο)과 오메가(ω)가 서로 바뀌어 사용되는 까닭에 발생했을 것이며, 미래 직설법은 6:2의 가정법과 동일한 의미를 전달한다.

2절 "우리가 어찌 그[죄] 가운데 살리요/살 수 있으리요?"라는 절에서 미래 직설법 동사 ζήσομεν("우리는 살 것이다/살 수 있다?)은 대문자 사본 ℵ A B D P 0221(또한 *Byz* K)과 소문자 사본 1175 1739(범주 I), 1881(범주 II), 6 69 323 424ᶜ 614 1241 1319 1505 1573 2495(범주 III)로 입증받으며, 라틴어 사본들 대부분에도 반영되었다. 하지만 부정과거 가정법 ζήσωμεν("우리가 살 것이다")은 P^46^, 대문자 사본 C F G Ψ(또한 *Byz* L)와 소문자 사본 33(범주 I), 81 2464(범주 II), 1241(범주 III)에 등장한다. 부정과거 가정법 동사는 (1) 그리스 문자 오미크론(ο)과 오메가(ω)를 무의식적으로 서로 바꿔 사용했든지, 아니면 (2) 의식적으로 6:1에 있는 가정법 동사 ἐπιμένωμεν("우리가 거할 것이다")과 동화시키려는 것(또는 둘 다) 때문에 발생했을 가능성이 있다.

4a절 후치사 οὖν("그러므로")은 대문자 사본 ℵ A B C D F G P Ψ 0221과 소문자 사본 33 1175 1739(범주 I), 81 256 1881 1962 2127 2464(범주 II), 6 104(범주 III)의 강한 지지를 받고 있다. 따라서 이 단어는 4절

을 3절과 연결하며, 3절에서 말한 내용의 이유를 제공한다. 몇몇 필경사들이 οὖν("그러므로")이 적절하다는 확신이 없었기 때문에 소문자 사본 1506[vid](범주 II)에 등장하고, it[ar, b, mon, o, r] vg와 오리게네스[gr, lat4/8] 히에로니무스[1/3] 아우구스티누스[4/15]에 반영되었듯이 γάρ("왜냐하면")로 대체한 것 같다. 그러나 syr[p] cop[bo ms] arm geo 또 오리게네스[4/8] 히에로니무스[2/3] 아우구스티누스[3/15]에서처럼 몇몇 사본에는 어떤 접속어도 없다.

4b절 διὰ τῆς δόξης τοῦ πατρός("아버지의 영광으로 말미암아")라는 어구는 본문의 사본 역사에서 널리 입증을 받는다. 하지만 이 어구는 이레나이우스[lat]와 테르툴리아누스에 의해 생략되었다. 이 어구가 생략된 까닭은 그것이 바울 서신들 여러 곳에서 그의 부활 진술과 연결하여 등장하지 않은 데 있을 것이다.

5절 연결어 ἀλλὰ καί("그러나 역시", "~도…확실히")는 사본 전통에서 매우 잘 입증받는다. 9세기 대문자 사본인 F와 G에 등장하는 이문 ἅμα καί("동일한 때에")는 쿠르트와 바르바라 알란트가 제안했듯이, 어떤 필경사가 대문자 글자를 잘못 읽어서 발생한 결과일 것이다.[1)]

6절 바티칸 사본(B 03)은 문장의 맨 처음에서 τοῦτο("이것") 앞에 καί("그리고")를 첨가했는데, 이는 문체상의 이유인 것이 분명하다. 하지만 이 접속사의 첨가는 사본 전통 어디에서도 지지를 받지 못한다.

8a절 8절을 시작하는 두 번째 단어인 불변화사 δέ("그러나")는 대문자 사본 ℵ A B C D Ψ와 소문자 사본 1175 1739(범주 I), 81 256 962 2127 2464(범주 II), 6 104 181(범주 III)의 입증을 받는다. 이문 γάρ("왜냐하면")는 P[46]과 대문자 사본 F G에 등장하며, it[ar, o] vg[mss] syr[p]에 반영되었는데, 이것은 분명 7절의 표현과 맞추려고 했기 때문일 것이다.

8b절 미래 직설법 동사 συζήσομεν("우리가 살 것이다")은 사본 전통에서 널리 입증을 받고 있다. 가정법 동사 συζήσωμεν("우리가 살도록")은 대문자 사본 C K P와, 소문자 사본 2464(범주 II)와 104 326 330 614 1735

---

1) Aland and Aland, *Text of the New Testament*, 283.

1874(범주 III)의 지지를 받는다. 가정법 συζήσωμεν이 사용된 것은 이 절을 6:2의 이문인 가정법 ζήσωμεν("우리가 살도록")과 일치시키려는 목적에서 그랬을 것이다.

8c절 여격 αὐτῷ("그 안에")는 사본 전통으로 잘 입증된다. 하지만 이문인 τῷ Χριστῷ("그리스도 안에")는 대문자 사본 D* F G에 등장하며, vg^st^와 sy^p^에 반영되었다. 이문이 발생한 것은 좀 더 구체적으로 표현하려고 했기 때문일 테지만, 진지하게 고려해야 할 정도로 사본의 충분한 지지를 받지는 못한다.

11a절 현재 부정사 εἶναι("있다")와 그 동사가 재귀대명사 ἑαυτούς("너희 자신") 다음에 위치하고 있는 것은 P^94(vid)^, 대문자 사본 ℵ* B C, 그리고 소문자 사본 1739(범주 I), 81 104 1506 1881(범주 II), 365 1319 1573(범주 III)의 강력한 지지를 받는다. 비록 νεκροὺς μέν("사실 죽은 자들을") 뒤에 오기는 하지만 이 단어가 포함된 것은 ℵ² D¹ P Ψ(또한 *Byz* K L)와 소문자 사본 1175(범주 I), 2464(범주 II), 6 69 88 323 326 330 424^c^ 614 1241 1243 1505 1735 1874 2495(범주 III)의 지지를 받는다. 하지만 이 현재 부정사는 P^46(vid)^, 대문자 사본 A D* F G, 소문자 사본 33^vid^ 2344, 그리고 테르툴리아누스에는 생략되었다. 부정사 εἶναι가 절대적으로 필요한 것은 아니며, 그것이 없어야 더 부드럽게 읽힌다. 부정사가 생략된 것이 매우 훌륭한 몇몇 사본 증거의 지지를 받기는 하지만, 더 좋은 사본들은 그 부정사를 보유하고 그것을 재귀대명사 ἑαυτούς("너희 자신") 다음에 위치시킨다.

11b절 어구 ἐν Χριστῷ Ἰησοῦ("그리스도 예수 안에서")는 P^46^, 대문자 사본 A B D F G, 그리고 소문자 사본 1739(범주 I), 2200(범주 III)에서 11절의 마지막 어구로 등장하며, 이것은 it^ar, b, d, f, g, mon, o^ vg^ww, st^ syr^h^ cop^sa^에도 반영되었으며, 오리게네스^gr, lat1/11^ 테오도레토스 테르툴리아누스^1/2^의 지지를 받는다. 그런데 P^94 vid^, 대문자 사본 ℵ C P(또한 *Byz* K L), 그리고 소문자 사본 33 1175 1739(범주 I), 81 256 1506 1881 1962 2464(범주 II), 6 104[Ἰησοῦ가 생략됨] 459[역시 Ἰησοῦ가 생략됨] 263 365 424^c^ 436 1241 1319 1573 1908 1912 1942 1959 2110 2127 2138 2464(범주 III)에는 τῷ κυρίῳ ἡμῶν("우리

주님에게")이라는 어구가 추가로 등장하며, 이것은 vg^cl, syr^p, pal, cop^bo에도 반영되었으며, 오리게네스^lat1/11 크리소스토모스 암브로시아스테르의 지지를 받는다. 하지만 it^r 이레나이우스^lat 오리게네스^lat9/11 같은 초기의 몇몇 라틴어 증거 본문에는 ἐν Χριστῷ Ἰησοῦ가 생략되었다. Τῷ κυρίῳ ἡμῶν은 6:23에서 유래한 예전적인 표현에서 왔을 것이다. 브루스 메츠거가 지적했듯이, "이 어구가 원본이라면, 이 어구가 왜 [위에 언급한 것과 같은] 비중 있는 증거 본문들에서 지워져야 했는지 좋은 이유를 찾을 수가 없다."[2)]

12절 Ταῖς ἐπιθυμίαις αὐτοῦ("그것의 사욕에")라는 어구는 P^94, 대문자 사본 ℵ A B C*, 소문자 사본 1739(범주 I), 81 256 1506 1881 1962 2127(범주 II), 6 263 365 424^c 436 1319 1573 1852 2200(범주 III)의 강력한 지지를 받고 있으며, it^ar, d2, mon, r vg syr^p cop^sa, bo에도 반영되었고, 오리게네스^(gr), lat6/7 암브로시아스테르 펠라기우스 아우구스티누스의 지지를 받는다. 하지만 이 어구는 P^46과 대문자 사본 D F G 같은 서방 본문과, 역본 it^b, d*, f, g, o, 그리고 이레나이우스^lat 오리게네스^lat1/7 테르툴리아누스 암브로시아스테르 같은 몇몇 증거 본문에서 단순한 인칭대명사 αὐτῇ("그것")로 대체되었다. 브루스 메츠거가 제안하듯이, "아마도 이어지는 몇 구절에 ἁμαρτία가 반복해서 언급된 것에 영향을 받았기 때문일 것이다."[3)] 대문자 사본 C3 P Ψ(물론 *Byz* K L도)와 소문자 사본 33 1912 104 459 1175 1241 2464를 따르고, 크리소스토모스의 지지를 받고 있는 공인본문은 두 독법을 합쳐 αὐτῇ ἐν ταῖς ἐπιθυμίαις αὐτοῦ("그 안에 그 악한 사욕 안에")라고 읽는다.

13절 현재 분사 복수 목적격 ζῶντας("살아난 자들")는 사본 증거로 널리 입증을 받고 있다. P^46과 대문자 사본 D* F G에는 주격 ζῶντες가 등장한다. 하지만 이 단어는 원본으로 고려되기에는 다른 증거 본문에서 충분한 지지를 받지 못하고 있다.

---

2) Metzger, *Textual Commentary*, 454.

3) Metzger, *Textual Commentary*, 454.

형식/구조/상황

바울은 일찍이 5:1-11(즉 5-8장에서 제시하는 모든 내용과 관련한 "전환 자료이자 논제 자료") 및 5:12-21(즉 인류 역사에서 중요한 두 인물과 관련한 "우주적이며 근본적인 이야기")에서 제시한 내용과 관련하여 6:1-7:13에서 세 가지 질문을 제기한다. 앞에 있는 두 하위 단락들 모두 인간의 죄, 보편적인 사망, 모세 율법에 상정된 구속적인 능력과 비교하여 예수 그리스도의 사역으로 말미암아 표현된 하나님의 은혜의 놀랍고 위대하심에 초점을 맞추었다. 본문의 질문들은 바울이 과거 선교활동을 할 때 어떤 "외부의 반대자" 또는 "가상의 질문자"에 의해 제기된 것이 아니다. 또한 종종 몇몇 사람들이 주장하듯이, 사도가 사용하고 있다고 짐작되는 디아트리베 형식의 논증에 삽입된 "가상의 대화 상대자"에 의해 제기된 것도 아니다. 오히려 이 질문들은 바울이 "우리 주 예수 그리스도로 말미암아" 표현된 하나님의 은혜의 위대하심에 관하여 5:1-11과 5:12-21에서 쓴 내용으로 인해 제기될 확률이 높다고 보았던 내적인 논쟁으로 이해하는 것이 가장 좋다. 프레데릭 고데가 오래전에 3:1-8에 있는 4개의 수사적 질문을 다루면서 말한 내용은 이곳 6:1-7:13에 있는 질문에도 적합하다.

> 많은 주석가들이 했듯이, 적대자를 분명하게 소개할 필요는 없었다. 바울은 여기서 "누군가 이렇게 말할 것이다"라는 문구를 사용하지 않는다. 반대 질문들은 긍정하는 내용 자체에서 나온 것이며, 바울은 이 질문을 자신만의 방식으로 제기한다.[4]

6:1-14에서 극적으로 전면에 부각되는 중요한 신학적인 논쟁은 바울이 진

---

4) Godet, *Romans*, 1.220; 또한 6:1을 다룬 J. Denney의 글도 참조하라: "그 질문은 분명 누군가에 의해 제기되었다. 바울은 그 질문을 자신의 교리의 관점에서 볼 때 자연스러운 질문으로 인정하고 친히 그 질문을 제기한다"(Denney, *Romans*, in EGT 2.632). 2:1-5과 2:17-24(그리고 나중에 9:19-21과 11:17-24)에 나타나 있지만 3:18에는 반영되지 않은 바울의 디아트리베 문체 사용과 이와 같이 구별하는 문학적인 기준에 대해서는 이미 앞에서 다뤘던 3:10의 "형식/구조/상황"과 "석의와 주해" 단락을 보라.

술한 (1) 기독교 복음의 "이미" 또는 "실현된" 차원과, (2) 모든 그리스도인의 경험에 여전히 존재하는 "아직" 또는 "미래적" 요인들 사이의 긴장을 어떻게 해결하는지의 문제다. 크리스티안 베커가 다음과 같이 이 문제를 적절히 진술했다.

> 바울은 해결할 수 없는 문제에 사로잡힌 것 같다. 기독교 묵시적 신학자로서 그리스도의 죽음과 부활을 하나님의 새 시대의 "이미"로 해석하면서도 어떻게 "아직"의 여지를 남겨놓을 수 있을까? 그의 논리로 보아서는 반드시 둘을 하나로 융합해야 할 것 같은데, 어떻게 "이미"와 "아직"이 융합되지 않는 "중간시대"를 허용할 수 있을까? 죄와 사망이 그리스도의 죽음과 부활 안에서 정복되었다면, 영적인 긴장은 "축복받은 소유자들"(*beati possidentes*)의 영적인 복에 길을 내어줄 수밖에 없다. 그들은 이런 확신을 가질 것이다. "죄와 사망의 권세가 정복되었으니, 우리는 영적인 복에 도달했다"고 말이다. 바울의 그리스도 중심성은 그의 묵시적 신학이 실현된 종말론에 압도되도록 하는 것 외에는 다른 선택을 남기지 않은 것 같다.[5]

베커는 여기서 한걸음 더 나아가 이 문제를 다음과 같이 설명한다.

> 그리스도께서 "**죄**에 대하여 단번에 죽으셨고"(롬 6:10), 그래서 "**사망**이 더 이상 그를 주관치 못한다"(롬 6:9)는 이중적인 사실에 비춰볼 때, 죄의 묵시적인 권세와 사망의 묵시적인 권세 간의 관계는 바울 해석자들에게 시급한 문제가 되었다. 바울이 죄와 사망의 관계를 이해하는 어떤 지침을 제공하는가? 그리스도께서 죄와 사망을 이기고 승리하셨기에 "새 창조"가 임했다면, 신자들의 역사적인 실존에서 작용하고 있는 고난과 우주적인 악으로 말미암는 사망의 지속적인 통치를 어떻게 설명하는가? 더욱이 바울은 우주적인 악을 죄의 탓으로 돌리고 있는가? 혹은 다른 가능성을

5) Beker, *Paul the Apostle*, 213-14(강조는 원저자의 것임).

열어두는가? 그리고 창조 질서의 종말론적인 운명이 이 모든 것과 어떻게 관련되는가?[6)]

석의와 주해

6:1-2 6:1, 6:15a, 7:7a의 세 질문은 모두 동일한 심의적 미래 표현인 τί οὖν ἐροῦμεν("우리가 무슨 말을 하리요?")으로 시작한다(6:15a의 두 번째 질문은 단순히 τί οὖν, "그럼 무엇?"으로 압축적으로 진술되었다). 더욱이 6:1과 6:15의 처음 두 질문에는 7:1-6의 첫 절에서도 그런 것처럼, (각각 6:3과 6:16에) 전통적인 "공개 공식"(즉 "너희는 알지 못하느냐?"라는 질문의 변형)이 포함되었다. 당대의 이 서간체적 관습은 독자에게 편지의 새로운 단락 또는 하위 단락이 어디서 시작하는지를 밝혀주는 기능을 한다.

이곳 6:1의 현재 가정법 동사 ἐπιμένωμεν은 현재 계속되는 행동의 어감을 전달하며, 그래서 "우리가 죄에 계속 ("머물러" 또는 "집착하고") 있어야 하겠느냐"라고 번역하는 것이 가장 좋다. 나중에 6:15에 사용된 부정과거 가정법 동사 ἁμαρτήσωμεν은 그 과거시제에 의해 시점적(즉 "점 유형") 행위를 암시하며, 그래서 "우리가 죄를 지어야 하는가?"라고 번역하는 것이 가장 좋다. 두 질문 모두 거의 동일한 것을 가리킨다. 동사 시제의 차이점은 단지 불필요한 겹말 없이 질문한다는 것뿐이다.

바울은 일찍이 로마서 3:8에서 그리스도인들 중에는 (심지어 로마에 있는 신자들 중에서도) 그의 설교가 실제로 "선을 이루기 위해 악을 행하자"라는 공리로 압축된다고 주장하는 사람들이 있었다는 인식을 표현했다. 이러한 주장에 대한 그의 답변은 3:1-8에서 다뤄진 네 가지 문제에 대한 답변 중 가장 간략하게 표현되었다. 그는 자기를 비난하는 사람들을 약간은 과장되게 논박한다. "그들이 정죄 받는 것이 마땅하다"(ὧν τὸ κρίμα ἔνδικόν ἐστιν). 이곳 6:2에서는, 사람들이 경험하는 "죄"와 "사망"과 비교하여 "하나님의

---

6) Beker, *Paul the Apostle*, 214(강조는 원저자의 것임).

은혜"에 대한 진술로부터 내릴 수 있는 추론과 대조적으로, 바울은 단지 예수를 믿는 신자들이 "은혜를 더하게 하려고 죄에 계속 거해야 한다"는 가능성 있는 제안에 감정적이고 매우 부정적인 답변인 μὴ γένοιτο(문자적으로, "그렇지 않다!" 또는 더욱 구어체로 표현하자면 "확실히 아니다!")라고 버럭 소리를 지른다.[7)]

예수를 믿는 참 신자, 즉 "우리 주 예수 그리스도로 말미암아" 하나님의 은혜를 진실로 경험한 사람들이 "죄에 계속 거할" 수 없는 까닭은 이어지는 진술에 간결하게 표현되었다. 그들이 "죄에 대해 죽었기" 때문이고, 그래서 그들은 "그 안에 살 수가 없다." 관계절 맨 처음에 있는 관계대명사 ὅστις("누구든지", "누구나", "누구")의 "특별한 용례" 중 하나는 원인, 목적 또는 결과를 표시하는 것이다.[8)] 그래서 1인칭 복수 부정과거 직설법 ἀπεθάνομεν("우리가 죽었다")과 유익의 여격 τῇ ἁμαρτίᾳ("죄와 관련하여")와 함께 사용된 관계대명사 ὅστις는 "우리가 죄에 대해 죽었기 때문에"라고 번역하는 것이 정당하다. 그리고 그 사실에서 파생되는 질문으로 "우리가 어떻게 그[죄] 가운데 더 살 수 있느냐?"가 이어지는 것은 매우 정당하다.

6:3-4 바울은 이 두 구절에서 수사적인 방법으로 기독교 복음의 매우 중요한 내용을 부각시킨다. 즉 그리스도와 연합하여 세례를 받은 사람들은 다 "그의 죽으심과 연합하여 세례를 받았으며", 그래서 "그리스도가 아버지의 영광으로 말미암아 죽은 자 가운데서 살아났듯이, 우리도 새

---

7) 바울의 μὴ γένοιτο 사용에 대해서는 3:4에서 논의한 것을 참조하라. 앞에서 언급한 3:4과 이곳 6:2의 용례 외에도 롬 3:6, 31; 6:15; 7:7, 13; 9:14; 11:1, 11; 고전 6:15; 갈 2:17; 3:21(어쩌면 6:14도)을 보라. 절대적인 의미로 사용된 이 표현은 신약성경에서 거의 바울의 주요 선교 편지들에만 등장하며, 신약성경의 다른 곳에서는 단 한 번, 눅 20:16에 보도된 "사람들"의 반응에서만 발견된다. 이 어구는 아이스킬로스, 에우리피데스, 헤로도토스, 에픽테토스와 같은 코이네 시대의 그리스 저자들의 작품들에서 다른 언어학적 요소들과 함께 등장한다. 70인역에서도 마찬가지다.

8) *ATRob*, 960: "라틴어에서처럼, 관계절은 원인, 목적, 결과, 양보 또는 조건을 암시할 수 있다. 문장 자체로는 이만큼 말하지는 않지만 말이다. 이것은 문장의 논리적인 관계에 기인한다. 의미는 단순한 설명에서 근거 또는 이유로 자연스럽게 이어진다.…롬 6:2의 οἵτινες ἀπεθάνομεν τῇ ἁμαρτίᾳ는 분명 이에 해당한다."

생명 가운데서 행하게 되었다"라는 것이다. 불변화사 ἤ("또는")는 코이네 그리스어에서 (1) 서로 상반되는 것들을 분리하거나, (2) 비슷한 용어나 표현들을 연결시키기 위해 자주 등장한다. 이를테면, 두 번째 용어나 표현은 첫 번째 것을 보충하며, 심지어 첫 번째 것을 대체하기도 한다. 그리고 신약성경에서도 ἤ는 대개 이런 기능을 한다.

그런데 불변화사 ἤ("또는")는 세속 그리스어와 성경 그리스어에서 모두 의문문에서 질문 자체를 강조하려고 도입부에 수사적 특징으로 사용되기도 한다. 그래서 이 단어는 번역자나 주석가가 수용어의 수사적 기교에 필요하다고 이해하는 것에 따라 번역되기도 하고 번역되지 않기도 한다.[9] 그래서 바울이 7:1의 질문을 시작할 때와 6:3의 질문을 시작할 때[10] ἤ("또는")를 사용한 것은 현대 번역에 반드시 필요하다고 생각할 수도 있고 그렇지 않을 수도 있다. 우리가 믿기로 이 구체적인 문맥을 고려할 때, 영어에서는 ἤ("또는")의 번역이 불필요할뿐더러 약간은 번거롭다.

예수를 믿는 참 신자들이 "계속해서 죄에 거할" 수 없는 이유(그들이 "죄에 대해 죽었고", 그래서 "여전히 그 가운데서 살 수 없다")를 설명하면서, 바울은 기독교의 세례 행위를 통해 하나님으로 말미암아 이루어진 그리스도인의 삶의 새로움을 강조한다. 6:3-4의 이러한 진술은 바울 서신에서 기독교의 세례에 대한 주요한 논의를 이룬다.[11]

물론 바울은 자신을 기독교의 사도 및 복음 전하는 자로 생각했다. 그의 사역은 기독교 메시지를 선포하고 사람들로 하여금 그리스도를 믿는 믿음의 경험을 할 수 있도록 만드는 것이었다. 하지만 그는 자신을 지역 교회에 사역이 한정되어 세례와 성만찬에 대한 기독교적 법령을 공식적으로 수

---

9) 마 26:53. 여기서 예수가 유다가 그를 배신한 순간에 베드로에게 한 질문은 그리스어에서 불변화사 ἤ("또는")로 시작한다. 하지만 이 단어는 일반적으로 번역하지 않는다. "너는 내가 내 아버지께 구하여 지금 열두 군단이 더 되는 천사를 보내시게 할 수 없는 줄로 아느냐?"

10) 롬 6:3과 7:1이 시작하는 곳에 있는 수사학적 ἤ("또는") 외에 롬 3:29; 11:2; 고전 6:9, 16, 19; 10:22; 고후 11:7에서도 사용된 것을 보라.

11) 바울이 세례에 대해 말하고 있는 고전 6:11; 10:1-2; 12:13; 고후 1:22; 갈 3:27-28; 엡 1:13; 4:30; 5:14, 26; 골 2:11-12; 딛 3:5도 참조하라.

행하는 교회 당국자로 생각하지 않았다. 그래서 바울은 이런저런 초기 기독교 명사들의 이름에 집착하고 있던 고린도 교회의 개종자들에게 다음과 같은 내용으로 편지할 수 있었다.

> 나는 그리스보와 가이오 외에는 너희 중 아무에게도 내가 세례를 베풀지 아니한 것을 감사하노니, 이는 아무도 나의 이름으로 세례를 받았다 말하지 못하게 하려 함이라. (사실 나는 또한 스데바나 집 사람에게 세례를 베풀었고 그 외에는 다른 누구에게 세례를 베풀었는지 알지 못하노라.) 그리스도께서 나를 보내심은 세례를 베풀게 하려 하심이 아니요, 오직 복음을 전하게 하려 하심이라(고전 1:14-17a).

하지만 이것이 곧 바울이 기독교의 세례를 폄하했다는 의미는 아니다. 오히려 이곳 로마서 6:3-4에 있는 진술로 입증되었듯이, 그는 기독교의 세례를 예수를 믿는 신자들에게 주어진 그리스도 안에 있는 새 생명으로 살라는 권면의 기초로, 그리고 이와 같은 새 생명으로 살아가는 사람들에게 그것이 의미하는 바가 무엇인지를 설명하는 중요한 예로 사용했다.

유대교 성경(구약)에는 물을 사용하여 사람과 기물을 정결케 하는 것을 언급하는 본문이 많이 있지만,[12] 종교 입문의식으로서 물세례를 베푸는 것은 구약성경에 전혀 언급되지 않았다. 종교의식으로서 세례의 기원은 고대 근동의 미트라(페르시아의 빛의 신) 의식과 이시스(오시리스의 누이이면서 동시에 아내였던 이집트의 자연의 여신)에서 기원했다고 주장한 사람들이 더러 있다.[13] 하지만 이러한 논지는 오늘날 철저히 무시당하고 있다.[14]

---

12) 예를 들어, 레위기에는 물을 사용하여 의식적으로 부정한 기물이나 사람이 어떻게 정결하게 되는지에 대한 권면이 많이 있다(레 17:15과 22:6뿐만 아니라 14-16장에 있는 내용 전체를 보라). 진정한 의미에서 창 6-8장에 묘사된 홍수는 하나님께서 그가 만드신 땅을 의식적으로 정결케 하는 것으로 묘사되었다.

13) 참조. Bousset, *Kyrios Christos*, 158-72, 223-27; Reitzenstein, *Hellenistic Mystery-Religions*, 20-21, 40-42, 78-79, 85-86.

14) 이 주제를 광범위하게 다룬 다음의 문헌들을 참조하라. H. A. A. Kennedy, *St. Paul and the*

현재 예루살렘에 있는 성전산 남쪽 끝과 남부 유다 전체 지역의 발굴로 드러났듯이,[15] 기원후 1세기의 유대인들은 종교적인 정결 목적으로 비교적 많은 제의적 욕조(단수로 미크베, 복수로는 미크바오트)를 만들어 사용했다. 사해 북서쪽에 있는 에세네파 언약 공동체에서도 그러했다. 쿰란에서 발굴된 에세네파 언약 공동체의 목욕의식 제도의 유물들에서 볼 수 있다시피 말이다. 이 모든 유형의 의식적인 씻음은 "초기 유대교" 또는 "공식적인 유대교" 기간에 "개종자 세례" 즉 유대교로 개종한 이방인들에게 세례를 베푸는 의식을 야기했음이 분명하다.[16] 마찬가지로 세례 요한은 사람들에게 "회개의 세례"를 촉구하고, 그들에게 여리고시 근처 어느 곳의 요단강에서 세례를 베푼 것으로 묘사되었다(마 3:1-6; 막 1:4-6; 눅 3:2-6. 또한 요 1:31도 보라). 그리고 예수는 요단강에서 요한에게 세례를 받으셨다(마 3:13-17; 막 1:9-11; 눅 3:21-22; 또한 요 1:29-34도 보라).

유대인의 목욕 의식과 입문 세례에 관해 더욱 조사할 필요가 있으며, 더 많이 내용을 언급할 수도 있다. 여기서는 다음과 같은 내용을 지적하는 것으로 충분하다. (1) 예수를 믿는 초기 유대인 신자들은 유대교 정결의식과 실행에 대한 그들의 이해와 비슷하게 물리적으로 "예수 그리스도와 연합하는 세례를 받았다." (2) 바울은 기독교 세례에 대한 이해를 그 이전에 존재했던 자신의 유대적 배경과 초기 기독교 전통에서 가지고 왔다. (3) 바울은 그의 이방인 선교에서 그리스도에게 개종한 사람들이 세례 받기를 기

Mystery Religions(1914); Wagner, *Pauline Baptism and the Pagan Mysteries*; Wedderburn, *Baptism and Resurrection*; 또한 이 주제를 좀 더 간략하게 다룬 Wedderburn, "The Soteriology of the Mysteries and Pauline Baptismal Theology," 53-72, Dunn, *Romans*, 1.308-11도 보라.

15) 참조. Avigad, "Jewish Ritual Baths," 139-43; E. Mazar and B. Mazar, *Excavations in the South of the Temple Mount*(Jerusalem: Institute of Archaeology, Hebrew University of Jerusalem, 1989).

16) 유대인의 "개종자 세례"에 대해서는 S. Zeitlin, "A Note on Baptism for Proselytes," *JBL* 52(1933); G. Vermes, "Baptism and Jewish Exegesis: New Light from Ancient Sources," *NTS* 4(1958) 309-19; T. F. Torrance, "Proselyte Baptism," *NTS* 1 (1954); 같은 저자, "The Origins of Baptism," *SJT* 11(1958) 158-71; T. M. Taylor, "Beginnings of Jewish Proselyte Baptism," *NTS* 2(1956)를 보라.

대했다(고전 1:14-17에서 고린도에서의 초기 경험을 언급했듯이, 자신은 고린도에서 처음으로 그리스도께로 개종한 사람들이었을 것으로 추정되는 그리스보와 가이오와 "스데바나의 가족들"에게만 세례를 주었지만 말이다). (4) 바울은 그가 복음을 전한 여러 도시의 지역 공동체의 지도자가 된 다른 사람들에게 이 기독교 종교의식을 행하도록 했다.

더욱이 마가복음 10:38-39과 누가복음 12:50에는 예수가 자신의 다가오는 죽음을 "세례"로 언급하셨다고 기록한다. 여기서 "세례"와 "죽음" 사상이 연결되어 있다. 이것은 "부활"과 "새 생명"으로 확장된다. 분명 바울은 로마의 그리스도인들에게 그들이 받은 기독교 세례를 그들이 예수와 함께 그의 죽으심과 그의 부활에 연합된 것을 의미하는 것으로 여기라고 권하면서 바로 이 이미지를 선택했다. 결론적으로 죽음이 예수의 지상 생활을 종결지었고 부활이 예수의 새 생명을 시작케 한 것처럼, 신자들도 자신을 과거 생활의 죄에 대해 죽고, 그들의 새 생명의 변화된 특징들에 대해 살아 있다고 여겨야 했다. 그래서 바울은 로마의 수신자들에게 이렇게 선언한다. "우리가 그의 죽으심과 합하여 세례를 받음으로써 그와 함께 장사되었나니, 이는 아버지의 영광으로 말미암아 그리스도를 죽은 자 가운데서 살리심과 같이 우리로 또한 새 생명 가운데서 행하게 하려 함이라."

6:5-7 바울은 여기서 이렇게 선언한다. "만일 우리가 그의 죽으심과 같은 모양으로 연합한 자가 되었으면 또한 그의 부활에 있어서도 같은 모양으로 연합한 자가 되리라. 우리가 알거니와 우리의 옛 사람이 예수와 함께 십자가에 못 박힌 것은 죄의 몸이 죽어 다시는 우리가 죄에게 종노릇 하지 아니하려 함이니, 이는 죽은 자가 죄에서 벗어나 의롭다 하심을 얻었음이라." 이렇게 함으로써 사도는 기독교의 "커다란 난제", 즉 겉으로 보기에 실제적인 해답이 없는 것 같은 기독교 믿음의 복잡하고 어려운 문제에 대해 말하고 있다. 이것은 기독교 선포의 중심에 자리 잡고 있는 분명한 모순이다. (1) 예수를 믿는 신자들이 "**그와 연합하였고**", 예수의 죽음에 있어서 "**그와 함께 십자가에 못 박혔다**"는 것, 그래서 예수가 다시 오실 때 "그와 **함께 연합할 것이 확실하다**"는 것, 그러나 (2) 현재 예수를 믿는 신자

들은 하나님이 주신 소망 속에 그들의 삶을 살고 있으며, **"죄의 몸이 죽을 것이라는 것"**과 **"다시는 죄에 종노릇 하지 아니하려 함이라는 것"**이 그러하다.

사실 기독교 복음에는 (1) 모든 사람을 위해 "우리 주 예수 그리스도로 말미암아" 표현된 하나님의 은혜, (2) 예수가 지상 사역에서 죄 문제를 해결하시고 죽음을 이기신 것, (3) 하나님을 믿는 사람들과 하나님께서 예수와 그의 사역으로 말미암아 하나님 앞에서 의롭다고 받아 주신 것 등에 관한 선포가 있다. 이 모든 것은 기독교 메시지에 관한 "좋은 소식"의 본질이다. 이것은 예수 그리스도의 인격과 사역으로 말미암아 임한 "하나님과의 화평", "의", "생명"으로 인해 "죄", "사망", "정죄"와 관련된 옛 사람의 긴장이 종언했음을 선언한다. 그런데 예수를 믿는 신자들은 "우리 주 예수 그리스도로 말미암아" 하나님께 나아가면서, 한편 죄와 사망과 정죄의 처참한 결과들이 사라진 것을 보기 때문에 이전의 두려움과 "옛 생활"의 긴장들에서의 해방을 경험하면서도, 다른 한편 그들의 삶에서 새로운 긴장을 경험하게 되었다. 이것은 그들이 여전히 "이 세대"(αἰὼν οὗτος)에 살고 있으면서 "올 세대"(αἰὼν μέλλον)에 속한 사람이 되었기 때문에 오는 것이다. 하나님께서 역사하시는 종말론적인 "이제"라는 이때에, 예수를 믿는 신자의 경험에는 이중적인 특징이 있다. (1) "우리 주 예수 그리스도로 말미암아" 하나님의 은혜에 의해 의롭게 되었지만, 여전히 "의의 소망"을 기다리기도 한다는 것(갈 5:5), (2) 새로운 부활의 생명으로 다시 살아났지만, 여전히 "그리스도의 부활에 그와 연합되기를" 기다리고 있다는 것(롬 6:5), (3) "그리스도와 함께 십자가에 못 박혔고" 그래서 "죄에서 해방되었지만", 동시에 더 이상 "죄에 종노릇 하지" 말아야 한다고 독려할 필요가 있다는 것이다(롬 6:6-7).

그러므로 기독교적 선포에는 "이 세대"와 "올 세대" 간의 기본적인 긴장이 존재한다. 이것은 "이미 성취된 것"과 "아직 완전하게 되지 않은" 것 사이의 긴장이다. 마르틴 루터에 의하면, "어느 궤변가도 받아들이지 않을" 기독교 메시지의 중요한 측면이 바로 이것이다. "왜냐하면 그들은 칭의의 참된 방법을 알지 못하기 때문이다."[17] 더욱이 오스카 쿨만이 주장했듯이, "신약성경 전체를 이해하는 열쇠"가 바로 이 긴장에 들어 있다.[18] 유대교는 죄와 반역과 정죄의 "이 세대"가 끝나고 이 세대에 이어 메시아가 의의 시대와 하나님의 복을 가져오실 "올 세대"가 있을 것이라고 선포한 반면에, 기독교의 복음은 두 세대의 중첩을 이야기한다. 그 결과 예수를 믿는 신자들은 지금 죄와 사망과 정죄가 있는 "이 세대"와 의와 복이 있는 "올 세대" 사이에 산다. 그래서 그리스도인들은 두 세대에 속하는 사람들로서 (1) 그들이 이미 받은 것과 하나님의 은혜로 말미암은 것이 무엇인지, 그리고 (2) 그들이 "아직" 경험하지 않았지만 하나님이 약속하신 것이 무엇인지 또 그들이 마침내 받게 되고 미래에 구원을 얻게 될 것이 무엇인지, 이 두 가지를 늘 의식할 필요가 있다.

6:8-11 바울은 이 문단의 첫 세 구절 6:8-10에서 (1) 그리스도의 죽으심의 의의, (2) 그리스도의 부활의 의의, (3) "이 세대"의 지금 여기에서 그리스도인의 삶에 있어 이 두 요소의 중요성에 대한 논의를 확장한다. 그리스도인들은 "올 세대"가 예수의 지상 사역, 죽음, 부활로 말미암아 시작되었지만, 죄와 죽음이 끝나고 하나님의 약속들이 장악할 미래의 "올 세대"와 관련해서는 아직 절정에 이르지 않은 "현 세대"에 살고 있다. 이어서 바울은 6:11에서 수신자들에게 "죄에 대하여 참으로 죽은 자요, 그리스도 예수 안에서 하나님께 대하여는 살아 있는 자로 여기라"고 권한다.

로마서 6:8 앞에 있는 불변화사 δέ("그러나")는, 6:7 도입부에 있는 것과 어우러지게 하려고 첨가한 것이 분명한 이문 γάρ("왜냐하면")와 대조적으로, 사본 전통에서 광범위하게 입증을 받고 있다("본문비평 주"를 보라). 불변화사 δέ는 코이네 그리스어에서 일반적으로 앞의 내용과 가볍게 반대되는 내용을 전하는 기능을 한다. 하지만 이 단어는 때로는 상관관계가 있는 담론을 다시 시작하기 위해 사용되기도 한다. 이 단어가 이곳에서 이런 기

17) M. Luther, *Galatians*에서 갈 3:6을 주석하는 부분.

18) Cullmann, *Christ and Time*, 199.

능을 하는 것 같다. 따라서 여기서는 "이제"라고 번역할 수 있다.

바울을 비롯하여 신약성경의 모든 저자는 그들의 윤리적 사고의 중심에 자리 잡고 있는 이 "두 세대" 교리를 공유하고 있다. 이를테면, 예수를 믿는 신자들은 현재 하나의 세대가 아니라 두 세대의 맥락에서 그들의 인생을 살고 있다. 말하자면, 의로운 삶을 살 수 있도록 하는 독특한 힘이 있는 "올 세대"가 예수로 말미암아 시작되었다는 것이다. 부정적인 세력을 가지고 있는 "이 세대"가 여전히 존재하며 새롭게 시작된 그 세대의 영향력을 지속적으로 방해하려고 하지만 말이다.[19] 바울과 그 밖에 신약성경의 다른 저자들에 따르면, 그리스도인의 삶은 한편으로는 "이미" 또는 "실현된 종말론"과 다른 한편으로는 "아직" 또는 "미래의 종말론"이라는 양극단 사이에 있다. 따라서 "이 세대"와 "올 세대" 양쪽 모두의 맥락 안에서 사는 삶이다.

옛 세대는 심판을 받았으며 사라져가고 있다. 반면 새 세대는 시작되었지만 아직 충분히 이르지는 않았다. 죄에 대한 정죄가 이루어졌으며, 죄의 강요는 깨어졌다. 하지만 죄는 여전히 유혹하고 좌절감을 안기려 한다. 사망의 압제는 짓밟혔다. 하지만 여전히 사망과 타락은 남아 있다. 율법의 지배는 끝났다. 하지만 율법주의와 자신의 노력으로 하나님의 은총을 받으려고 하는 인간의 비뚤어진 욕망은 여전히 존재한다. 초자연적인 적대 세력들은 패배했고 무장 해제를 당했다. 하지만 그들은 아직 멸절되지 않았으며 계속해서 하나님의 백성을 습격하려 한다. 사실 하나님에 의해 의롭게 된 사람들은 여전히 의를 기다린다. 하나님의 자녀로서 정체성을 가진 사람들은 자신들이 하나님의 자녀로 완전히 받아들여지기를 여전히 기다린다. 새 생명으로 다시 살아난 사람들은 여전히 부활을 기다린다. 그리스도의 초림을 알고 있는 사람은 그의 미래의 재림을 여전히 기다린다.

"이미"와 "아직" 사이의 이 시간적인 긴장이 기독교 복음의 핵심에 자리하고 있으며, 신약성경의 윤리적인 가르침을 바르게 이해하는 열쇠가

19) 참조. Cullmann, *Christ and Time*, 특히. 47-48, 81-93, 222-30.

된다. 그리스도로 말미암아 시작된 "올 세대"와 장차 끝나게 될 "이 세대"가 중첩하는 이 시기의 한가운데에서 예수를 믿는 신자들은 그들의 삶을 살아가고 있으며, 두 세대의 세력을 경험한다. 그래서 바울은 6:8-11에서 이방인 선교를 통해 개종시킨 사람들과 로마에 있는 그리스도인 수신자들에게 (1) 하나님이 "우리 주 예수 그리스도로 말미암아" 그들을 위해 이루신 것과, (2) 그들이 "이 세대"의 한가운데서 시작된 "올 세대"의 시민으로서 어떻게 살아야 하는지를 의식하도록 촉구한다.

더욱이 6:11의 말미에서 말한 것처럼 바울은 6:8-11에서 예수를 믿는 신자들이 "그리스도 예수 안에"(ἐν Χριστῷ Ἰησοῦ) 있다는 현재적 관계 안에서 그들의 삶을 살아야 한다고 강조한다. 현재 예수와의 친밀한 관계는 (1) (부정과거 시제로 서술된) 그리스도의 죽음 안에서 "그리스도와 함께"(σὺν Χριστῷ) 죽었으며, (2) 바울이 6:8 도입부에 선언한 대로 (미래시제로 서술된) 그리스도의 부활 안에서 "그와 함께"(αὐτῷ) 살아날 것이라는 굳은 확신을 가졌다는 맥락으로 표현되었다. 8:1-17에서 ἐν Χριστῷ Ἰησοῦ 및 이와 의미가 같은 개념을 논의할 때 이 문제들에 대해 더 말할 것이다. 이곳에서는 몇 가지 내용을 관찰하는 것으로 충분하다. (1) 그리스도 예수 안에(ἐν Χριστῷ Ἰησοῦ) 있다는 이 어구가 공관복음에는 등장하지 않는 바울만의 독특한 용어라는 사실(물론 이 어구가 예수 그리스도와 하나님 아버지 간의 관계와 예수와 그를 따르는 사람들 간의 관계에 대해 요한복음에서 묘사한 예수의 가르침에서 유래했을 가능성은 있지만 말이다)[20]과, (2) 바울이 그의 주요 선교 편지에서 신자가 ("예수 안에"나 "예수 그리스도 안에" 있다는 어구가 아니라) "그리스도 예수 안에"(ἐν Χριστῷ Ἰησοῦ) 있다는 어구로써 이 관계를 진술하고 있고,[21] 이 표현을 통해 높임을 받아 하늘에 계신 "그리스도"와의 친밀한 관계를 표시한다는 사실 등이다. 하지만 ἐν Χριστῷ Ἰησοῦ라는 이 주제는 바울 서신에서

20) 특히 요 6:56; 14:20; 15:4-7; 16:33; 17:21.

21) 이 어구가 앞서 등장한 갈 3:26, 28을 참조하라. 또한 롬 6:23 또 롬 8:1-2에 대한 논의와 확장된 추기를 보라.

명시적으로든 암시적으로든 그리스도인의 삶이 "두 세대"의 맥락에 있다고 이해하는 것으로 표현된다. "두 세대"라는 이해는 (1) "이 세대"와 "올 세대"가 중첩한다는 인식과, (2) 이 종말론적인 "이제"라는 시대에 신자들이 "이미"(또는 기독교 복음의 "실현된" 차원)와 "아직"(또는 모든 그리스도인의 경험에 여전히 존재하는 "미래적" 요소) 사이의 긴장 속에서 삶을 살아간다는 의식과 관련한다.

6:12-14 이 하위 단락의 마지막 세 절에서 바울은 예수를 믿는 신자들에게 그들이 그리스도와 함께 죄에 대해 죽었기 때문에 죄가 그들의 삶을 더 이상 주장하지 못하게 하라고 권한다. 오히려(ἀλλά) 그들은 하나님이 그들을 자신에게로 이끄시면서 행하신 것과 하나님께 반응하며 살아야 한다. 바울은 신자들에게 이번에는 매우 실제적인 방식으로, 하나님의 구원사에서 이 현재의 때에 그리스도인이 가진 새 생명의 근거를 이해하라고 다시 권한다. "죄가 너희를 주장하지 못하리니, 이는 너희가 법 아래에 있지 아니하고 은혜 아래에 있음이라."

"너희 죽을 몸"(ἐν τῷ θνητῷ ὑμῶν σώματι)이라는 표현은 바울이 "이미"와 "아직" 사이에 있는 이 현재의 때, 즉 시작된 "올 세대"와 "이 세대"의 끝이 중첩되는 종말론적인 "이제"라는 지금을 살아가는 모든 그리스도인이 처한 상황을 언급하는 바울의 방식이다.[22] 바울은 그리스도인들이 그들의 믿음 혹은 그들이 받은 세례로 인해 죄가 없는 상태가 되었다거나 죄를 지을 수 없다는 의미로 이 말을 한 것이 아니다. 예수를 믿는 신자들은 여전히 "이 세대"에 속해 있으며, 그래서 그들은 여전히 죄의 유혹을 받을 수 있고, 심지어 죄의 지배를 받을 수도 있다. 그러므로 예수를 믿는 신자들을 향한 사도의 권면은 이것이다. "죄가 너희 죽을 몸을 주장하지 못하게 하

22) 참조. 롬 8:11: "예수를 죽은 자 가운데서 살리신 이[하나님]의 영이 너희 안에 거하시면 그리스도 예수를 죽은 자 가운데서 살리신 이가 너희 안에 거하시는 그의 영으로 말미암아 너희 죽을 몸(τὰ θνητὰ σώματα ὑμῶν)도 살리시리라." 또한 고후 4:11도 보라: "우리 살아 있는 자가 항상 예수를 위하여 죽음에 넘겨짐은 예수의 생명이 또한 우리 죽을 육체에(ἐν τῇ θνητῇ σαρκὶ ἡμῶν) 나타나게 하려 함이라."

여 몸의 악한 욕망에 순종하지 말라!" 또는 "죄가 너희를 주장하지 못하게 하라!" 그리고 그는 계속해서 그리스도인들이 "우리가 은혜를 더하게 하려고 죄를 계속 지어야 한다"라거나, "우리는 율법 아래 있지 않고 은혜 아래 있다"는 비뚤어진 구실을 대며 그들의 죄악된 행위를 정당화하려고 해서는 안 된다고 주장한다.

질문 2: "우리가 법 아래에 있지 아니하고 은혜 아래에 있으니 죄를 지으리요?"(6:15-23)

번역

6:15그런즉 어찌 하리요? 우리가 법 아래에 있지 아니하고 은혜 아래에 있으
니 죄를 지으리요? 그럴 수 없느니라! 16너희 자신을 종으로 내어주어 누구
에게 순종하든지 그 순종함을 받는 자의 종이 되는 줄을 너희가 알지 못하
느냐? 혹은 죄의 종으로 사망에 이르고, 혹은 순종의 종으로 의에 이르느
니라. 17하나님께 감사하리로다. 너희가 본래 죄의 종이더니, 너희에게 전하
여 준 바 교훈의 본("type")을 마음으로 순종하여 18죄로부터 해방되어 의에
게 종이 되었느니라.

19너희 육신이 연약하므로 내가 사람의 예대로 말하노니, 전에 너희가
너희 지체를 부정과 불법에 내주어 불법에 이른 것 같이 이제는 너희 지체
를 의에게 종으로 내주어 거룩함에 이르라. 20너희가 죄의 종이 되었을 때
에는 의[의 지배]에 대하여 자유로웠느니라. 21너희가 그때에 무슨 열매를
얻었느냐? 이제는 너희가 그 일을 부끄러워하나니, 이는 그 마지막이 사망
임이라! 22그러나 이제는 너희가 죄로부터 해방되고 하나님께 종이 되어 거
룩함에 이르는 열매를 맺었으니, 그 마지막은 영생이라. 23죄의 삯은 사망이
지만, 하나님의 은사는 그리스도 예수 우리 주 안에 있는 영생이니라.

본문비평 주

6:15 부정과거 가정법 동사 ἁμαρτήσωμεν("우리가 죄를 지으리요?"라는 질문에 있음)은 사본 전통에서 매우 널리 입증받는다. 하지만 미래 직설법 동사 ἁμαρτήσομεν("우리가 죄를 지을까?")은 소문자 사본 6 323 424[c] 614 629 630 1319(이 모든 사본이 범주 III 사본에 속함)에 등장하며 vg[cl]에 반영되었지만, 외적인 지지를 충분히 받지 못하므로 부차적인 독법으로 분류될 수밖에 없다. 부정과거 직설법 ἡμαρτήσαμεν("우리가 죄를 지었다")은 9세기의 대문자 사본 F와 G에서 발견되며, 많은 라틴어 역본에 반영되었고, 암브

로시아스테르의 지지를 받고 있다. 하지만 이 부정과거 직설법 동사의 사용은 단순히 필경사의 오류일 가능성이 크다.

16a절 불변화사 ἤ("또는")는 6세기 베자 사본(D* 06)과 9세기 대문자 사본 F G에서 이 절 맨 앞에 덧붙여졌고, 불가타와 시리아어 역본들에 반영되었다. 분명 이것은 6:3과 7:1 도입부에 사용된 동일한 그리스어 불변화사에 맞추기 위해서였을 것이다.

16b절 Εἰς θάνατον("사망에")이라는 어구는 대문자 사본 א A B C G P Ψ(또한 *Byz* K L)와 소문자 사본 33 1175 1739mg(범주 I), 81 1506 1881 1962 2127 2464(범주 II), 6 69 104 181 323 326 330 365 424c 436 451 614 629 1241 1243 1319 1505 1573 1735 1846 1874 1877 2344 2492 2495(범주 III)로 광범위하게 지지받으며, it^{mss} vg^{cl} syr$^{h, pal}$ cop^{bo}에도 반영되었고, 크리소스토모스 테오도레토스의 지지를 받았다. 하지만 이 어구는 베자 사본(D* 06)과 소문자 사본 1739*(범주 I)에는 생략되었다. 이 어구가 생략된 본문은 it$^{d, e, r3}$ vg^{ww} syr^{p} cop^{sa} arm, 그리고 오리게네스^{lat} 암브로시아스테르에도 반영되었다. 이 어구가 이어지는 ϵἰς δικαιοσύνην("의에")이라는 어구와 병행을 이룰 목적으로 제시된 것으로 보이기 때문에, 몇몇 사본 증거에 ϵἰς θάνατον("사망에")이 생략된 것은 의도하지 않은 실수로 이해해야 할 것 같다.

17절 5세기 알렉산드리아 사본(A 02)은 명사 καρδίας("마음")에 형용사 καθαράς("순결한")를 덧붙였다. 하지만 이것은 본문을 도덕적으로 개선하려는 시도인 것 같으며, 다른 본문 전통에서는 지지를 받지 못한다.

19절 "부정과 불법함에 이르는 부정에 자신을 내주는 것"과 "거룩함에 이르는 의에 자신을 내주는 것"이라는 표현에서 사용된 2개의 중성 복수 목적격 δοῦλα("종이 되어")는 사본 전통의 강력한 지지를 받는다. 9세기 대문자 사본 F와 G는 물론이고 수많은 라틴어 역본과 sy^{p}에 사용된 이문 부정사 δουλϵύϵιν("종이 되다")은 받아들이기에는 본문 전통에서 매우 빈약한 지지를 받고 있기 때문에, 문체의 개선을 시도한 것으로 판단하는 것이 마땅하다.

21절 설명적인 접속사 γάρ("왜냐하면") 뒤에 몇몇 사본은 긍정을 나타내는 불변화사 μέν("사실")을 첨가하여 "왜냐하면 사실"로 읽는다. 이러한 첨가는 5세기 말에서 6세기 초의 파피루스 단편인 P^{94vid}, 대문자 사본 $\aleph^{2}$ A C D^{*} F G와 소문자 사본 1505 2495(범주 III)의 지지를 받으며, sy^{h}에도 반영된다. 하지만 μέν의 부재는 $\aleph^{*}$ B D^{2} P Ψ(또한 *Byz* K L)와 소문자 사본 33 1175 1739(범주 I), 1506 1881 2464(범주 II), 6 69 88 104 323 326 330 365 424^{c} 614 1241 1243 1319 1573 1735 1874 2344(범주 III)로 더 잘 지지받는다. 이 단어의 첨가는 22절을 시작하는 δέ로 본문의 대조를 부각시키려는 것이 분명하다. 따라서 21절의 마지막 문장에서 γὰρ μέν("왜냐하면 사실")이라고 읽고 22절 도입부에서 νυνὶ δέ("그러나 지금")라고 읽게 된다.

형식/구조/상황

6:15b-23의 모든 자료를 주도하는 6:15a의 두 번째 질문인 "우리가 법 아래에 있지 아니하고 은혜 아래에 있으니 죄를 지으리요?"는 바울이 앞에서 언급한 두 진술에서 기원한다. 첫 번째 진술은 5:20에서 "범죄를 더하게 하려고 가해진" 모세 율법에 관해 말한 것에서 기원한다. 이 진술은 인간 역사에서 두 근원적 인물에 대한 "우주적이고 근원적인 이야기"를 다루는 5:12-21 끝부분에 등장한다. 두 번째 진술은 6:14에서 예수를 믿는 신자가 "법 아래에 있지 아니하고 은혜 아래에 있다"고 말한 것에서 기원한다. 이 진술은 6:1-14의 첫 번째 질문에 대한 대답 말미에 등장한다. 바울은 6:1의 첫 번째 질문에 대해 6:2a에서 답변했던 것처럼, 이곳 6:15a에서 6:15a의 두 번째 질문에 "그럴 수 없느니라!"(μὴ γένοιτο)며 매우 부정적이고 감정적으로 즉각 답변한다. 바울은 6:16-23의 답변 나머지 부분에서 대조하려고 노예 제도를 유비로 사용한다. 곧 (1) 사람들이 하나님을 떠난 세상에서 늘 전념하는 "부정과 불법함에 이르는 부정에 자신을 내주는 것"과, (2) 그리스도인들이 예수 그리스도와 그의 사역으로 말미암아 하나님께 헌신하며 "거룩함에 이르는 의에 자신을 내주는 것"을 대조한다.

한 주인에게만 자신을 내주고 두 주인에게는 내주지 못하며, 두 주장

사이에 어떠한 중립적인 입장도 생각할 수 없는 종과 관련한 유비와 언어는, 바울이 전도하려고 한 당대 그리스-로마 세계의 이교도 이방인들이 즉각 이해하고 매우 의미 있게 받아들였을 것이다. 로마에 있는 바울의 그리스도인 수신자들도 종과 관련한 유비와 언어를 이런 식으로 이해했을 것이다. 종이나 노예는 그리스-로마 사회 내부에서 용납되었던 행습이었을 뿐만 아니라 법적으로도 보장을 받았던 제도였다.[1] 로마 제국의 인구 3분의 1 이상이 노예였다고 추산되며, 이것은 로마 시민보다 3배에서 5배나 더 많은 숫자다. 노예와 이전에 노예였던 사람들("자유민")이 인구의 대다수를 차지했다. 로마의 스토아 철학자였던 소(小) 세네카(기원전 4년-기원후 65년)는 노예들을 자유민들로부터 구별하기 위해 특별한 옷을 입도록 법을 재정하려 했던 로마 원로원의 제안이 무산되었다고 말한다. 그렇게 구별할 경우 노예가 얼마나 많고 그들이 얼마나 힘이 있는 집단인지 알게 되어 반역을 일으킬까 두려워한 이유에서다.[2]

적어도 기원후 1세기 이전에는 주로 전쟁과 해적 행위를 통해 노예가 공급되었다. 노예 무역상은 군인들의 뒤를 따라다니면서, 노략한 것을 처분하려고 귀국하는 약탈자들의 중간 상인 역할을 했다. 하지만 로마의 정복 전쟁이 그치고, 제국이 안정되자 이 공급원들은 거의 제거되었다. 그 후 주요 공급원은 부모가 버렸든지 아니면 노예로 팔린 아이들이었다. 노예 사육도 실행되었다. 법률은 이를 명백히 금지했지만(일찍이 기원전 326부터), 빚 때문에 노예로 판결을 받은 사람들과 범죄에 대한 징벌로 노예가 된 사람들도 있었다.

노예제는 바울 당대의 잘 알려진 그리스-로마 경제에 속한 것이었으며, 기원후 1세기에는 쇠퇴하기는커녕 오히려 증가 일로에 있었다. 중산층과 상류층 사람들은 노예가 없이는 삶을 영위할 수가 없었다. 노예는 사회

---

1) Gülzow, *Christentum und Sklaverei in den ersten drei Jahrhunderten; Brockmeyer, Antike Sklaverei*; Bartchy, "Slavery (Greco-Roman)," 68-78.

2) Seneca (Lucius Annaeus), *De clementia* 1.24.1(황제 네로를 향한 탄원).

구조 깊숙이 뿌리 박혀 있었다. 노예무역은 승인된 직업이었으며, 그러한 생각이 팽배한 분위기에서 노예 혁명은 거의 성공하지 못했다. 대부분의 노예들은 보복으로 죽임을 당할까 두려워 복종했다.

가정 노예들은 종종 인간다운 대접을 받기도 했다. 음식, 주거, 의복, 교육, 용돈에 있어서 하층 계급의 자유인보다 더 많은 임금을 받기도 했다. 상당히 많은 가정 노예들이 주인의 호의로 자유를 얻었고, 그들 중에는 자유인으로서 장인과 상인, 심지어 시민 지도자가 된 사람들도 많이 있었다는 제법 많은 증거가 있다. 하지만 노예제도는 대부분의 고대 사람들에게는 억압적인 것이었으며, 두려움과 적의와 억울함으로 가득 찬 것이었다.

실제로 노예들 중에는 심하게 학대를 받았던 사람들이 많았다. 특히 농장이나 광산에서 노동했던 사람들이 그랬다. 자신도 노예였던 스토아 철학자 에픽테토스(기원후 100년경에 활약함)의 『교훈집』(*Dissertations*)에 등장하는 노예와 자유의 억압에 관한 진술로 판단해 보면, 노예들 중에는 배짱이 있다면 계속해서 노예로 살기보다는 자살을 선택한 사람들이 많이 있었을 것이다. 물론 노예제도에서 가장 억압적인 요소는 노예가 사람으로 여겨지지 않고 단순히 "사물"(*res*), "죽게 될 물건"(*res mortale*), "동산"(*mancipium*)으로 간주되었다는 것이다. 주인의 허락이 없으면 개인적인 권한이나 인권마저 없었다.

노예제도는 유대 사회의 조직에 속하는 것으로 인정을 받기도 했다. 그 뿌리는 모세 오경의 법 조항에 있다. 하지만 일반적으로 말해서 노예는 로마 제국과 비교하여 유대인들 사이에서 덜 확장되었고 덜 착취되었다. 이스라엘은 그들 자신이 이집트에서 노예로 고통받았음을 기억하여, 노예들이 일반적으로 유대인들의 주인에 의해 더욱 자비로운 대우를 받았으며, 노예제도에 어느 정도 인권이 구축되어 있었다.

레위기 25:39-55에 근거하여 유대교는 유대인 노예와 이방인 노예를 구별했다. 유대인은 도둑질에 대한 배상(출 22:3) 또는 채무 불이행 때문에(레 25:39) 노예가 되었다. 하지만 유대인 노예는 유대인 주인에 의해 "고용된 노동자나 임시 거주자로" 취급받을 수 있었다(레 25:40, 53). 무자비한 마음으로가 아니라 하나님을 경외하는 마음으로, 동료 이스라엘 사람이자 함께 하나님의 노예 된 자로 또 이집트의 굴레에서 해방된 사람으로 대우를 받았다(레 25:42-43, 55). 사실 모든 유대인 노예는 남자든 여자든 50년마다 돌아오는 희년이 시작되면 놓임을 받아야 했다. 노예는 그들이 일한 햇수만큼 보상도 받았다(레 25:40-41, 54). 자신을 노예로 팔았던 유대인들은 안식년에 유대인 주인에 의해 해방을 받았고, 6년 이상 노예로 있을 수가 없었다(렘 34:14).

노예를 해방시킬 또 다른 몇 가지 근거도 있었다. 예를 들어 주인의 아들과 결혼한다는 조건하에 팔렸던 여자 노예는, 결혼하기로 약속한 남자가 자신을 거절하거나 "음식, 의복, 부부의 권리"를 제공하지 않은 채 다른 아내를 얻는 경우 놓임을 받을 수 있었다(출 21:7-11). 마찬가지로 친척이 노예 비용에 해당하는 돈을 지불함으로써 유대인 노예를 속량할 수도 있었다. 또는 유대인 노예들은 충분한 돈을 획득할 수 있다면 동일한 근거로 스스로를 속량할 수 있었다(레 25:47-52). 하지만 유대인 주인에게 속한 이방인 노예들에게는 이런 식으로 해방을 얻을 소망이 없었다. 그들은 영원히 노예가 되어야 했으며, 그들의 상황은 그들 자녀들에게 그대로 이어졌다(레 25:44-46). 이방인 노예들은 이방인 주인 수하에서보다는 유대인 주인의 수하에서 더욱 자비로운 대우를 기대할 수 있었지만, 그럼에도 그들은 여전히 재산으로 여겨졌고, 그들 주인이 적합하다고 생각하는 방식대로 사용되었다. 주인에 의해 심각한 신체장애를 입은 경우에 한해서만 자동적으로 해방될 수 있었다. 그렇지 않은 경우에는 로마 제국의 노예제를 운용하는 법이 적용되었으며, 그들은 그 법에 따라 다루어졌다.

석의와 주해

6:15-16 6:1을 주석하면서 주목했듯이, 6:1, 6:15a, 7:7a의 질문은 모두 동일하게 심의적 질문으로서 미래형으로 표현된 τί οὖν ἐροῦμεν;("그런즉 우리가 무슨 말을 하리요?")으로 시작한다. 이곳 6:15에 등장하는 두 번째 질문이 단순히 τί οὖν;("그런즉 어찌 하리요?")이라고 간략하게 진술되었지만

말이다. 6:1, 6:15a의 첫 두 질문은 (각각 6:3과 6:16에서), 7:1-6의 첫 절이 그러하듯이, 전통적인 "공개 공식"(즉 "너희가 알지 못하느냐?"라는 질문의 변형들)을 표현하는데, 이러한 서간체적 관습은 독자에게 편지의 새로운 단락이나 하위 단락이 어디서 시작하는지를 밝히는 기능을 한다.

이곳 6:15의 부정과거 가정법 동사 ἁμαρτήσωμεν은 이 부정과거 시제로써 시점적인(즉 "점 유형"의) 행위를 암시하며, 따라서 "우리가 죄를 지으리요?"라고 번역하는 것이 가장 좋다. 하지만 두 질문 모두 거의 동일하다. 동사의 시제에 차이가 발생하는 것은 단지 겹말 없이 질문을 납득하게 하려는 데 있다. 바울이 이 두 번째 질문에 즉각 대답한 것은 그가 첫 번째 질문에 대답한 것과 정확히 일치한다. 즉 매우 부정적이고 감정적인 "그럴 수 없느니라!"(문자적으로는 "그렇게 되지 않기를!")이다.

바울은 고대 노예 제도의 유비와 언어를 사용하여, 그들이 "법 아래 있지 않고 은혜 아래 있기" 때문에 6:16에서 예수를 믿는 신자들이 죄에 계속 거할 수 없는 이유를 다시 주장한다. 한 주인에게 자신을 내어준 사람은 (1) 두 주인을 섬기거나 (2) 두 주인의 요구 사이에서 중립으로 있을 수 없기 때문이다. 그래서 바울은 이렇게 주장한다. "너희 자신을 종으로 내어주어 누구에게 순종하든지 그 순종함을 받는 자의 종이 되는 줄을 너희가 알지 못하느냐? 혹은 죄의 종으로 사망에 이르고 혹은 순종의 종으로 의에 이르느니라." 따라서 죄에게 자신을 내어주는 것과 하나님께 순종하는 데 자신을 내어주는 것[3)]은 서로 배타적이다. "죄"와 "하나님"을 어느 정도 합칠 수 있다는 듯이 중립을 주장할 수는 없다. 장 칼뱅은 바울이 이곳 6:16에서 말한 것을 다음과 같이 다른 말로 풀어 설명했다.

---

3) 바울이 언급한 "순종"(ὑπακοῆς)을 "하나님께 대한 순종"을 가리키는 환유로 이해한다. 칼뱅은 이렇게 주장한다. "바울이 다른 부가적인 설명 없이 이 단어를 사용한 것은 사람들의 양심에 권위를 지니신 분이 하나님 한 분뿐이심을 암시한다. 하나님의 이름이 언급되지 않았더라도, 순종은 하나님께 대한 순종이다. 순종은 나뉠 수 없기 때문이다"(J. Calvin, *Romans*, in *Calvin's Commentaries*, 8.132). 또한 바울이 6:18과 6:20에서 "죄"(ἁμαρτία)와 대조하여 "의"(δικαιοσύνη)를 사용한 것과, 6:22에서 "죄"(ἁμαρτία)와 대조하여 "하나님"(θεός)을 직접 언급한 것도 참조하라.

> 그리스도의 멍에와 죄의 멍에 사이에는 엄청난 차이가 있어서, 아무도 두 가지를 동시에 질 수 없다. 죄를 짓는다면, 죄를 섬기는 데 자신을 주는 것이다. 반대로 신자들은 그리스도를 섬기기 위해 죄의 폭압에서 구원받았다. 그러므로 신자들이 죄에 계속 매인다는 것은 불가능하다.[4]

애석하게도 하나님의 백성들이 죄에 자신을 내어주면서도 그리스도에게 자신을 내어줄 수 있다는 생각을 종종 품는다. 하지만 그렇게 생각하면서 자신의 삶을 살아가려고 한 사람들의 결말은 늘 처참했다. 두 주인에게 헌신하는 것은 고대 노예제도에서는 절대로 허용되지 않았다. 자신의 삶을 죄와 하나님을 모두 섬기며 살려는 사람은 옹호되지 않을뿐더러 심각한 결과를 초래하게 될 것이다. 사실 사람이 실제적으로 하는 행동은 그가 실제로 어디에 헌신하고 있는지 또 실제로 누가 그의 주인인지를 드러낸다.[5]

6:17-18 바울은 둘로 나뉜 충성에 대해 경고하고 있지만, 기독교 복음 선포에 긍정적으로 반응한 사람들의 헌신을 확신한다. 바울이 이교도 이방인들에게 선포한 복음에 대해서 반응한 것이든, 아니면 로마 신자들이 그들에게 선포된 기독교 메시지에 반응한 것이든지 상관없이 말이다. 그래서 바울은 하나님께 감사한다. (1) 그들이 "이전에 받은("전수받은") 교훈의 본("유형")을 마음으로 순종"했고, (2) 그들이 "의에게 종이 되었다"고 말이다.

문자적으로 "너희가 전수받은 교훈의 유형["형식", "각인", "패턴"]에"라고 읽을 수 있는 εἰς ὃν παρεδόθητε τύπον διδαχῆς라는 표현은 번역하기도, 이해하기도 어렵기로 악명이 높은 어구다. 명사 τύπος("유형", "형식", "각인", "패턴")의 사용이 난해했다. 문법은 매우 어색한 것으로 여겨졌으며, 사람들이 어떤 "교훈의 유형" 또는 "형식"에 "넘겨졌다"(παρεδόθητε τύπον διδαχῆς)는 진술은, 사람들에게 "전달된" 또는 "전수된" "교훈"이나

---

4) Calvin, *Romans*, in *Calvin's Commentaries*, 8.131.
5) 예수가 요 8:34에서 하신 말씀이 바로 이것이다. "죄를 범하는 자마다 죄의 종이라."

"전통"을 표현하는 바울과 초기 기독교의 통상적인 요지와 상반되는 듯하다.[6] 더욱이 그 표현의 어법은 6:17a과 6:18 사이의 "명백한 대조적 병행구"를 방해하고, 교훈에 순종하는 것에 대한 "상당히 하찮은 언급"으로 이 절에서 다루는 자유와 노예에 관한 중요한 변증법적 진술들을 망치고 있는 것처럼 보였다. 따라서 신약학자들 중에는 이 표현을 어쩌다가 본문에 삽입된 초기의 난외주로 보고서 얼마든지 삭제할 수 있다고 생각한 사람들도 있다.[7]

하지만 다른 여러 신약학자들은 εἰς ὃν παρεδόθητε τύπον διδαχῆς("너희에게 전해준 바 교훈의 본을")가 원본임을 주장했지만, 그것을 어떻게 해석해야 할지 종종 난감해했다.[8] 이 어구를 바울이 기록한 것으로 받아들이고 이 어구로써 바울이 전하려고 했던 내용을 해석하려고 제시된 여러 제안 가운데, 다음의 제안들이 가장 두드러지고 매우 중요하다.

1. 이 어구는 유대 그리스도인들이 기독교로 개종하기 전에 그들에게 "전해진"("given over to") 유대교 유형의 교훈을 말하는 것이다.[9]
2. 이 어구는 초기 기독교 교훈의 "규범" 또는 "패턴"을 가리킨다. 이 교훈은 새로운 개종자들이 기독교의 세례를 받은 순간에 주어졌을 것이다. 그래서 새롭게 세례를 받은 신자는 기독교 교리와 윤리적인 실천의 정해진 "규범"이나 "패턴"을 "맡게 되었"거나 "넘겨받았다"

---

6) 후자에 대해서는 고전 11:2, 23; 15:3과 눅 1:2; 행 16:4; 벧후 2:21; 유 3을 보라.

7) 예. Bultmann, "Glossen im Römerbrief," 283은 이 어구를 "멍청한 삽입"("stupiden Zwischensatz")이라고 칭했다. 또한 여러 사람들 중에서 Furnish, *Theology and Ethics*, 197-98; Zeller, *An die Römer*, 127-28; Schmithals, *Römerbrief*, 199-200을 보라.

8) 진전된 다양한 제안들에 대한 중요한 논의와 그것들을 제안한 여러 학자에 대해서는 Käsemann, *Romans*, 180-84; Gagnon, "Heart of Wax and a Teaching at Stamps," 667-87을 보라.

9) 예. C. Lattey, "A Note on Rom. VI. 17,18," *JTS* 29 (1928) 381-84; 같은 저자, "A Further Note on Romans vi. 17-18," *JTS* 30 (1929) 397-99; M. Trimaille, "Encore le 'typos Didaches' de Romains 6,17," in *La vie de la Parole: De l'Ancien au Nouveau Testament* (Paris: Desclée, 1987), 278-80.

고 말할 수 있다.[10)]

3. Τύπον διδαχῆς라는 어구는 다른 형식의 기독교적 교훈과 어느 정도 차별화된 기독교 교훈의 특정한 "유형", "종류", "구체적인 형식"을 나타낸다. 이런 유형의 교훈은 "법 아래 있지 아니하고 은혜 아래 있다", "죄에서 해방되어 의의 종이 되었다" 또는 "그리스도와 함께 죽고 그와 함께 다시 살아났다"와 같은 독특한 바울의 진술에서 표현되었다.[11)]

4. "바울 서신에서 τύπος가 거의 항상 사람을 언급하기" 때문에, τύπον διδαχῆς("교훈의 패턴" 또는 "모델")라는 표현은 "기독교 권면의 패턴 또는 그리스도인의 행실의 모델이신 그리스도"를 염두에 둔 것으로 봐야 한다.[12)]

로버트 개그논(Robert Gagnon)은 주로 τύπον διδαχῆς의 의미에 초점을 맞추어 이 어구를 "교훈에 의해 찍힌 각인"으로 번역한 1993년의 그의 학술 논문의 결론에서 다음과 같이 주장했다. 부정적으로는 (1) 바울이 "초기 기독교 교훈의 정해진 '패턴'이나 세례 지침의 '고정된 형식' 또는 심지어 그리스도를 본받음(*imitatio* Christ)"에 관해 말한 것이 아니며, 또한 이 표현을 난외주에 삽입된 내용이나 그의 수신자들의 "그리스도인이 되기 이전의 삶"을 언급하는 것으로 생각해서도 안 된다. 반대로 긍정적으로 (2) ϵἰς ὃν παρϵδόθητϵ τύπον διδαχῆς라는 표현은 "또 다른 이미지, 즉 복음과 성령으로 말미암아 먼저 성취된 신자들의 내적 변화와 그에 수반되는 순종의 요구에 대한 바울 사상의 중심성을 재천명하는 것"일 뿐이다.[13)] 개그논의 부정적인 주장과 긍정적인 주장 모두 대체적으로 정확하며 적절히 표현되

10) 예. Moffatt, "The Interpretation of Romans 6:17-18," 237; 또한 Fitzmyer, *Romans*, 449-50도 보라.

11) 예. B. Weiss, *An die Römer* (1881); 또한 Lietzmann, *An die Römer* (1906), 70도 보라.

12) Dunn, *Romans*, 1.334, 343-44, 353-54.

13) Gagnon, "Heart of Wax and a Teaching That Stamps," 687.

었다고 봐야 하지만, 그럼에도 가지 의문의 여지가 있다. (1) 그리스도인의 순종에 관해 말하면서 바울이 낯설어 보이는 이 "또 다른 이미지"를 어디서 가져왔는지, (2) 문제를 이렇게 표현하는 것이 얼마나 바울의 사상과 선포에 핵심적이었는지, 그리고 (3) 바울이 로마에 있는 그리스도인 수신자들에게 편지하면서 왜 이런 식으로 "복음과 성령으로 말미암아 성취된 신자들의 내적 변화와 수반되는 순종의 요구"를 제시했는지 말이다.

필자는 ὃν παρεδόθητε τύπον διδαχῆς라는 표현과 특히 τύπον διδαχῆς라는 어구가 기독교회의 여느 형식들과는 어느 정도 다른 "유형", "종류", "구체적인 형식"의 기독교 교훈을 반영한다는 베른하르트 바이스(Bernhard Weiss)와 한스 리츠만(Hans Lietzmann)의 논지를 선호한다.[14] 인정하건대 이러한 논지는 바울 사상이 가장 초기 기독교 사도들에 의해 선포된 것과 다른 유형의 기독교였다는 19세기의 주장과 잘 어울린다. 이 표현과 어구를 이런 방식으로 이해한다면, 제임스 데니의 다음과 같은 주장은 확실히 옳다. (1) 로마서 6:17b을 이렇게 이해하는 것은 "시대착오적"이며, (2) "신약성경에서 독특한 교리적 유형들을 보는 것은 현대적인 시각일 뿐이고", (3) "바울은 그가 아는 한(고전 15:3-11) 다른 사도들과 동일한 복음을 설교했다."[15] 바울은 자기가 선포한 기독교 복음에는 예수의 사도들이 초기에 전파한 것과 동일한 메시지가 포함되었다고 늘 주장했지만, 또한 (1) (갈 2:6-10이 분명히 증언하듯이) 유대인을 향한 기독교 선교와 이방인을 향한 자신의 기독교 선교의 차이를 인식했으며, (2) (롬 2:16과 16:25에 있는 "나의 복음"이라는 언급이 암시하고, 우리가 5:1-8:39과 비교하여 1:16-4:25을 설명하면서 입증하려 했듯이) 이방인에게 선포한 자신의 기독교 메시지가 유대 기독교적 선

---

14) B. Weiss (1881)와 H. Lietzmann (1906)을 지지하면서 인용한 위의 세 번째 선택을 보라. 또한 F. Godet, *Romans*(1880), 1.436에서 이 문제에 대해 주석한 부분을 보라. "이처럼 예외적인 용어를 선택하고, 그가 이곳에 사용하면 좋겠다고 생각한 매우 독특한 용어로 인해, 우리는 기독교 교훈의 특별하고 정확하게 정의된 형식을 생각할 수밖에 없다. 이 어구는 바울 복음을 언급한다(ii.16, xvi.25)." 그러나 Godet는 "바울 복음"을 "로마에 복음을 처음 전한 사람들이 그곳에서 전파한" 복음이라고 정의한다(Godet, *Romans*, 1.436).

15) Denney, *Romans*, in EGT 8.635.

포와 약간은 다른 형식으로 "상황화되었다"고 생각했다.

그러므로 많은 주석가들이 말했듯이, 그리스도인들을 "[그들이] 맡게 된("~로 넘겨지게 된") 교훈의 본("형식", "유형")을 마음으로 순종한" 사람들로 말하는 이 "유별난 방식"은, 그들이 "하나님께 순종했다"거나 기독교 교훈의 "좋은 소식"을 받아들였다고 말하는 것과 별반 차이가 없다고 일반적으로 말할 수 있지만, 좀 더 분명히 말한다면 이러한 형식의 표현이 바울이 이방인 선교에서 이방인들에게 기독교 복음을 선포하면서 사용했던 비유적 표현을 반영한다고 볼 수도 있다. 이 어구가 바울의 이방인 개종자들에게 적합할뿐더러 매우 중요한 것이기도 한 어떤 형식의 표현일 수 있다고 타당하게 이론을 세울 수 있을 것이다. 한 주인께만 종노릇 하고 동시에 두 주인을 섬길 수 없는 노예는 항상 존재하는 현실이었으며, 이런 주인이나 다른 주인에게 "드려지거나" "넘겨지는 것"은 이러한 주인-노예 관계를 표현하는 잘 알려진 표현 방법이었을 것으로 추정할 수 있다. 더욱이 바울이 로마에 있는 수신자들을 위해 그가 그리스-로마 세계에 속한 이교도 이방인들에게 상황화한 기독교 복음의 개요를 제시하려고 한 문맥에 비춰볼 때, 그가 이전에 "죄의 종"이었으나 지금은 "하나님께 순종하는" 사람들과 관련하여 이렇게 상황화한 언어를 사용하는 것은 적절할 것이다. 다시 말해서, 이전에 "죄의 종"이 지금은 "[그들이] 맡게 된("~로 넘겨지게 된") 교훈의 본("형식", "유형")을 마음으로 순종하고" 있다고 말이다.

6:18의 도입부에 등장하는 후치사 δέ는 코이네 그리스어와 특히 성경 그리스어에서 가장 일반적으로 사용되는 접속사 가운데 하나다. 대개 δέ는 두 절이나 진술 간의 가벼운 대조를 표시하기 위해 그 사이에 등장한다. 가끔 대조적인 의미를 식별하기 어려운 경우도 있지만 말이다. 다른 경우에는 이 단어가 대조를 암시하지 않고 단순히 연결어로 등장하기도 한다. 이곳에서 δέ가 이런 기능을 하는 것 같다. 즉 6:17과 6:18 간의 어떤 유형의 대조적 병행을 나타내는 대조를 전혀 암시하지 않고, 6:18에 언급된 것이 앞선 6:17의 상당히 수수께끼 같은 진술을 설명한 것으로 의도했음을 암시하는 연결어로 기능하는 것 같다. 더욱이 부정과거 수동태 분사

ἐλευθερωθέντες("해방되었다")는 상황적 부사로써 사용된 분사로, 즉 수반되는 생각이나 상황을 표현하는 것으로 이해해야 할 것 같다. 다시 말해서, 이 단어는 부가적인 사상이나 사실을 표현하며, 그런 까닭에 영어에서는 한정된 구조를 이끄는 접속사 "그리고"로 번역하는 것이 가장 좋다. 이런 식으로 이해하면, 바울이 6:18에서 기록한 것은 조금 전에 6:17에서 말한 것과 병행하는 진술과 설명으로 이해하는 것이 가장 좋다. 즉 그리스도인들은 "죄에서 해방되었으며" "의의 종이 되었다"고 말이다.

6:19-23 바울은 6:15a에서 제시한 질문("우리가 법 아래에 있지 아니하고 은혜 아래에 있으니 죄를 지으리요?")에 대답한 6:15b-18의 후반부를 (1) 그리스도인과 하나님 간의 관계를 예시하는 노예의 비유와, (2) 하나님과의 관계를 순종과 의에게 종노릇하는 것으로 말하는 그의 노예 언어에서 드러나는 지극히 인간적인 특성에 대해 양해를 구하며 시작한다. 분명한 것은 노예라는 비유와 언어가 사람과 죄의 관계를 묘사하는 데 딱 들어맞는다는 사실이다. 하지만 역시 확실한 점은, 이런 비유와 언어가 그리스도인이 "하나님께 순종하는 것"과 그들의 "도덕적인 삶"을 표현하기에는 부족하다는 것이다. 그럼에도 종의 비유와 언어는 한 사람의 온전한 헌신, 온전한 "소속감", 온전한 의무, 온전한 책임감을 말한다는 점에서 유리한 면이 있다. "사망"과 "정죄"로 이어지는 죄에 대해서든지, 아니면 "의"와 "거룩"과 "영생"을 주시는 하나님에 대해서든지 간에 말이다.

바울은 이교도 이방인들을 상대로 사역하면서 종의 비유와 언어가 기독교 메시지를 이교도 청중들에게 극적으로 전달하는 데 영향을 끼쳤음을 분명 인식했을 것이다. 하지만 사람과 하나님의 관계를 이야기하는 데 종과 관련한 유비와 언어를 사용하는 것이 적절치 않을 뿐만 아니라, 모욕적이며 역겹다는 비판이 있었을 수도 있다. 바울의 이방인 선교 기간에 몇몇 사람이 이렇게 비판했을지도 모르지만, 확실히 좀 더 "신학적인" 로마 신자들이 그렇게 비판했다고 추정할 수 있을 것이다.

바울은 갈라디아서 3:15에서 "내가 사람의 예대로[만] 말한다는"(κατὰ ἄνθρωπον λέγω, 즉 "일상생활의 유비를 사용하여") 것을 인정하고 있으며, 고린도전서 9:8에서는 기독교 사도의 권한에 대해 말하면서 "일상생활"로부터 유추한 비유 3개를 사용하고, 그런 다음 두 가지 질문을 제기한다. "내가 사람의 예대로 이것을 말하느냐(μὴ κατὰ ἄνθρωπον ταῦτα λαλῶ)? 율법도 이것을 말하지 아니하느냐(ἢ καὶ ὁ νόμος ταῦτα οὐ λέγει)?" 하지만 이곳 로마서 6:19에서 바울은 이와 비슷한 표현인 "내가 사람의 예대로[만] 말하노니"(ἀνθρώπινον λέγω)를 사용하면서도, "너희 육신이 연약하므로"(διὰ τὴν ἀσθένειαν) 그렇게 한다고 설명한다. 그는 이러한 유비와 언어가 수준이 낮은 것이라는 점(특히 그리스도인들과 하나님의 관계에 대해서는)을 인정할뿐더러, 자기 청중들의 이해력 부족으로 인해 이 문제를 이러한 용어로 표현할 필요가 있다고 그 까닭을 밝히기도 한다.

그럼에도 바울은 6:16-18에서 했던 것과 동일하게 6:19b-23에서 사람들과 죄의 관계만 아니라, 그리스도인들과 하나님 간의 관계를 묘사하기 위해 종의 비유와 언어를 계속 사용한다. 바울은 종의 비유를 계속 사용하는 6:19b 초두에, 5:12-21에서 그의 "근본적인 이야기"에서 사용한,[16] 비교를 뜻하는 어구 ὥσπερ("것 같이")...οὕτως καί("이와 같이 ~도")를 다시 사용한다. 비록 이곳에서는 종말론적인 νῦν("이제")을 οὕτως("이와 같이")와 연결했지만 말이다. 그래서 이 글은 단순히 접속사 καί("그리고" 또는 "역시")만을 사용하여 비교의 방식으로 "이와 같이 ~도"라고만 읽기보다 "이와 같이 이제는"이라고 읽게 된다. 바울은 6:22에서 예수를 믿는 신자들에게 "이제" 그들 자신을 하나님께 드림으로써 "거룩함에 이르는 의의 종이 되라"고 권하면서 이러한 종의 비유 사용을 마무리하며, 6:23에서는 종이라는 모욕적인 문맥에서 벗어나 전체 논의를 "하나님의 은사", "영생", "우리 주 그리스도 예수 안에" 있음 등 고상한 영역으로 고양시키는 마무리 진술로 모든 것을 대단원에 이르게 한다.[17]

---

16) 특별히 롬 5:12a, 15, 18, 19, 21을 보라.

17) 바울의 ἐν Χριστῷ Ἰησοῦ 사용에 대해서는 앞서 이 어구를 사용한 갈 3:26, 28과 롬 6:11을 보라. 특히 롬 8:1-2의 용례를 주목하고, 본서에서 그 본문을 다루는 부분에 있는 "추기: 바울의 '그리스도 예수 안에' 및 그와 관련된 표현의 사용에 대하여"를 주목하라.

모세 율법이 갖는 권위의 범위에 관한 중간에 삽입된 예와 율법에서 해방된 그리스도인의 자유에 관한 진술(7:1-6)

번역

7:1 형제들아, 내가 법 아는 자들에게 말하노니, 너희는 그 법이 사람이 살 동안만 그를 주관하는 줄 알지 못하느냐? 2 남편 있는 여인이 그 남편 생전에는 법으로 그에게 매인 바 되나, 만일 그 남편이 죽으면 남편의 법에서 벗어나느니라. 3 그러므로 만일 그 남편 생전에 다른 남자에게 가면 음녀라. 그러나 만일 남편이 죽으면 그 법에서 자유롭게 되나니 다른 남자에게 갈지라도 음녀가 되지 아니하느니라.

4 그러므로 내 형제들아, 너희도 그리스도의 몸으로 말미암아 율법에 대하여 죽임을 당하였으니, 이는 다른 이 곧 죽은 자 가운데서 살아나신 이에게 가서 우리가 하나님을 위하여 열매를 맺게 하려 함이라. 5 우리가 육신에 있을 때에는 율법으로 말미암는 죄의 정욕이 우리 지체 중에 역사하여 우리로 사망을 위하여 열매를 맺게 하였더니, 6 이제는 우리가 얽매였던 것에 대하여 죽었으므로 율법에서 벗어났으니, 이러므로 우리가 영의 새로운 것으로 섬길 것이요, 율법 조문의 묵은 것으로 아니할지니라.

본문비평 주

7:3 소문자 사본 330 629 2344(모두 범주 III에 속하는 사본)에 ἀπὸ τοῦ νόμου("그 법에서")라는 표현 다음에 τοῦ ἀνδρός("[그녀의] 남편의")라는 어구가 등장하며, 이는 vg[ww]에 반영되었다. 하지만 이 어구는 고려되기에는 사본적 지지를 충분히 받지 못한다. 따라서 후기의 어떤 필경사에 의해 설명을 위해 삽입된 첨가어로 보아야 한다.

6a절 Κατηργήθημεν ἀπὸ τοῦ νόμου("우리가 율법에서 벗어났다")는 진술 뒤에 있는 분사 ἀποθανόντες("죽었으므로")는 대문자 사본 ℵ A B C P Ψ(또한 *Byz* K L)와 소문자 사본 33 1175 1739(범주 I), 1506 1881 1962 2127 2464(범주 II), 6 69 88 104 181 323 326 330 365 424[c] 436 451 614 629 1241

1243 1319 1505 1573 1735 1874 1877 2344 2492 2495(범주 III)으로 광범위하게 지지받으며, vg[ww]에도 반영되었다. 하지만 이 단어 대신에 이문 τοῦ θανάτου("죽음의")가 대문자 사본 D F G에 등장하고, it와 vg[cl]에 반영되었으며, 오리게네스[lat mss]와 암브로시아스테르의 지지를 받고 있다. 후자의 독법은 본문 전통에서 지지를 훨씬 덜 받을뿐더러, 브루스 메츠거가 지적했듯이 "죽음의 법에서" 해방되었음을 말함에 있어 더 쉬운 독법이며, 분사의 어색함을 다루지 않아도 된다.[1)]

6b절 부정사 δουλεύειν("섬기다") 뒤에 있는 대명사 ἡμᾶς("우리")는 대문자 사본 ℵ A B C P Ψ(또한 *Byz* K L)와 소문자 사본 33 1175 1739(범주 I), 1506 1881 2464(범주 II), 6 69 88 104 323 326 330 365 424[c] 614 1241 1243 1319 1573 1735 1874 2344(범주 III)의 강력한 지지를 받고 있다. 하지만 이 단어는 바티칸 사본(B 03)과 9세기 대문자 사본인 F와 G와 소문자 사본 629(범주 III)에서는 생략되었으며, 소문자 사본 1505와 2495(둘 다 범주 III)에는 ὑμᾶς("너희")로 바뀌었다. 바티칸 사본에 이 단어가 생략된 것을 제외하고, 사본상의 증거는 대명사 ἡμᾶς("우리")의 포함을 압도적으로 선호하는 것 같다.

형식/구조/상황

로마서 7:1-6의 자료는 다양하게 평가를 받아왔다. 이 자료를 알레고리라고 부른 사람들도 있고, 비유라고 부른 사람들도 있으며, 은유 또는 유추라고 칭하는 사람들도 있다. 심지어 예화라고 부르는 이들도 있다. 또는 도드의 말을 빌리자면, "예화 또는 비유 또는 알레고리 또는 무엇이라고 칭해도 좋다."[2)] 주석가들 사이에서는 바울이 여기서 언급하고 있는 법률이 가리키고 있는 것이 무엇인지를 두고 열띤 논쟁이 벌어지기도 했다. 그것이 유대인의 결혼법인지, 아니면 로마의 시민법인지, 아니면 유대인의 법과 로마

---

1) Metzger, *Textual Commentary*, 524.
2) C. H. Dodd, *Romans*, 101.

의 법 둘 다인지 말이다. 마찬가지로 바울이 "내가 법 아는 자들에게 말하노니"라고 말할 때 정확히 누구를 겨냥해서 이 말을 하고 있는지도 불확실하다. 모세 율법을 아는 유대인 신자들인지, 또는 적어도 유대법의 기초를 어떻게든 알게 된 이방인 그리스도인들인지, 아니면 유대법과 로마법을 다 알고 있는 유대 그리스도인과 이방인 그리스도인들인지 말이다. 또한 바울이 여자의 남편이 죽는 것에 대해 말하며, (7:2-3에서처럼) 남편의 죽음을 율법의 종말과 동일시하고, 그 유비와 예화로부터 "너희도 율법에 대해 죽임을 당했다"거나 또 (7:4-6에서처럼) 너희가 "성령의 새로운 방식으로 섬길 것이요 율법 조문의 옛 방식으로 아니하"기 위해 "율법에서 벗어났다"는 결론을 어떻게 도출할 수 있느냐는 명백한 딜레마에 대해 다양한 해결책이 제시되었다.

이 딜레마에 관한 도드의 주석은 많은 해석자의 마음에 남아서 종종 반복되곤 했다.

> 하지만 이 예화는 처음부터 혼란스럽다.…여기서 율법의 의무에서 해방된 사람은 죽은 남편이 아니라 살아 있는 아내다. 그러므로 그 여자는 다시 결혼할 자유가 있다.…혼란을 가중시키는 부분은 죽은 것이 율법이 아니라 첫 남편이라는 점이다. 한편 그리스도인은 율법에 대해 죽었다. 그러므로 이 예화는 형편없이 빗나갔다. 남아 있는 유일한 세 번째 비교점은 어떻게든 죽음으로 의무가 끝났다는 사실뿐이다. 할 수 있는 한 이 예화를 무시하고 바울이 사실과 경험의 영역에서 실제로 말하고 있는 것이 무엇인지를 묻는 것이 최선일 것이다.[3]

도드는 이와 같은 "혼란"을 "아마도" 바울의 "상상력의 결함"으로 야기된 "구체적인 이미지를 통해 일관된 사상의 예화를 제시할 은사"의 부족 탓으

---

3) C. H. Dodd, *Romans*, 100-101.

로 돌렸다.[4] 찰스 고어(Charles Gore)는 이 어구가 "바울의 구술의 결과로" 이 편지에 들어왔다고 제안했다.[5] 그러므로 20세기의 많은 주석가들은 "예화가 만족스럽지는 않다. 율법은 죽지 않았으니까 말이다"라고 말하면서, 그리스도인이 모세의 율법에서 해방되었다는 바울의 총체적인 메시지는 어쨌든지 분명하다고 주장했다.[6]

하지만 보 라이케(Bo Reicke)는, 바울이 7:1-6에서 하나의 생각을 두 가지 방법으로 서툴게 표현했다고 보기보다는, (1) 모세 율법이 그리스도인에 대하여 죽었다는 것과, (2) 그리스도인이 율법에 대하여 죽었다는 "다른 두 가지 주제"가 이 본문의 "논증에 혼합되었다"고 주장했다.[7] 두 가지의 주제가 혼합되었다는 라이케의 주장은 바울이 로마서 앞부분의 여러 곳에서 "죄", "사망", "육신"을 "모세 율법"과 밀접히 결합시켰다는 사실에 근거한다. 그래서 이 표현들이 바울의 마음에 직접적으로 연결되었으며, (1) 남편이 죽음으로써 아내가 자유를 얻었다는 예(7:1-3)와 (2) 예수를 믿는 신자들이 모세 율법의 법조문에 대해 죽었다는 진술(7:4-6)에서 다시 전면에 부각되었다는 것이다.[8] 그런데 라이케는 남편의 죽음을 다룬 예화를, 하나님의 의의 표준을 계시하고 하나님과 그의 뜻을 거스르는 모든 사람을 정죄하는 율법의 정당한 기능과 관련한 율법의 죽음으로 오해하는 사람이 없기를 희망했다. 라이케는 이렇게 첨언한다. "첫 번째 등장인물[즉 "죽음으로써 자기 아내를 자유롭게 하는 남편"]로 표현된 율법이 죽었다고 말할 때, 그것은 구속사의 맥락에서 바로 죄의 몸이 죽은 것과 같다."[9] 마찬가지로 마르틴 루터는 그의 갈라디아서 주석에서 하나님의 의의 표준을 계시하고 죄를 정죄하는 율법의 기능을 견지하면서도, 두 가지 주제로 그리스도

4) C. H. Dodd, *Romans*, 103.
5) Gore, *Romans*, 1.240.
6) W. Manson, "Notes on the Argument of Romans," 160-61을 인용하고 풀어씀.
7) Reicke, "The Law and This World according to Paul," 266-67. 그는 뒷받침하려고 Lietzmann, *An die Römer*(1928), 2nd ed., 71-72을 인용한다.
8) Reicke, "The Law and This World according to Paul," 267-68.
9) Reicke, "The Law and This World according to Paul," 267.

인과 율법의 관계를 언급했다. "그러므로 율법은 내게 매였고, 내게 대하여 죽었으며, 십자가에 못 박혔다. 그리고 나 역시 율법에 매였고, 율법에 대해 죽었으며 십자가에 못 박혔다."[10)]

로마서 7:1-6의 "두 주제에 대한" 이해에 근거하여 석의와 주해가 진행될 것이다. 우리는 바울이 7:1-6의 예화와 진술을 5:1-8:39의 더 큰 문맥에 불쑥 끼워 넣었다고 시사하는 듯한, 본문의 몇 가지 문제를 강조할 것이다. 바울은 7:1-6이 로마 그리스도인들이 공감하고 이해하게 될 방식으로 그들에게 더 직접적으로 말할 것이라고 생각했음이 분명하다. 마찬가지로 몇 가지 내용에 주의를 환기시키려 한다. (1) 7:1과 7:4에 호격 ἀδελφοί("형제자매들")가 2번 등장하는 것, (2) 7:3의 결론적인 표현인 ἄρα οὖν("그러므로"), (3) 유례가 없지 않지만 독특하게 사용된 7:4의 접속사 ὥστε 등이다. 이 세 가지 언어학적 현상은 모두 본문의 구조로 생각될 뿐만 아니라, 그 본문에 두 가지 주제가 의식적으로 표현되고 있다는 논지에 신빙성을 더해주는 것으로 생각된다. 또한 우리는 모세 율법의 권위의 범위와 관련된 7:2-3에 있는 예화와 적용을 직접 다루고, 그런 다음에 그리스도인이 율법에서 해방되었음을 가르치는 7:4-6의 진술을 다룰 것이다.

사실 로마서 7:1-6에는 여러 명백한 석의적·해석학적 난제들이 있기 때문에 이 하위 단락의 자료는 다양한 방식으로 다뤄졌다. 하지만 우리의 논지는 이것이다. (1) 본문을 둘러싸고 있는 직접적인 문맥인 5:1-8:39(7:1-6은 제외)이 바울의 이방인 선교에서 이교도 이방인들에게 전한 그의 "상황화시킨" 기독교 선포의 개요를 나타내기는 하지만, 본문을 (1:16-4:25의 자료처럼) 구체적으로 로마의 그리스도인들에게 쓴 삽입 자료로 이해할 경우, (2) 7:1과 7:4의 호격 ἀδελφοί가 2번 등장하는 것을 고려할 경우, (3) 7:3의 도입부에 있는 ἄρα οὖν이라는 표현을 바울이 7:1-3에서 예로 든 내용의 결론을 표시하는 것으로 인정할 경우, (4) 접속사 ὥστε를 앞에 제시된 예화의 결론이 아니라 이것과 연관된 두 번째 주제를 소개하는 것으로 이해할 경

10) M. Luther, *Galatians*, trans. P. S. Watson (London: Clarke, 1953), 167(갈 2:20에 대한 주석).

우, 바울이 이곳 7:1-6에서 제시하고 말하는 대부분의 비밀이 어느 정도 해결된다.

석의와 주해

7:1 7:1-6에 있는 자료는 서간체적 "공개 공식"으로 시작한다. 이것은 이곳에서 ἀγνοεῖτε("알지 못하느냐?")라는 한 단어로 시작한다. 이 단어는 6:3과 6:16에서도 그러했듯이 바울 서신의 새로운 하위 단락의 시작을 가리킨다. 이 외에도 7:1에서 네 가지 문제를 주목할 필요가 있다. 첫 번째 문제는 바울의 호격 표현 ἀδελφοί("형제[와 자매]들")의 사용과 관련이 있다. 그는 앞서 1:13에서 로마의 그리스도인들을 부르며 이 단어를 사용했지만 그 이후에는 사용하지 않았다. 하지만 7:1(ἀδελφοί, "형제자매들")에서는 비교적 극적인 효과를 지니며, 7:4(ἀδελφοί μου, "나의 형제자매들")에서는 더욱 강조 형식으로 등장한다. 바울의 용례에 의하면 ἀδελφοί가 주로 그가 로마 그리스도인들에게 직접 말하는 이 단락에서 수신자를 지칭하는 호격으로 사용된 것으로 보인다.[11] 하지만 (앞에서 주장했듯이) 바울이 이방인 선교에서 이교도 이방인들에게 선포해왔던 메시지의 개요를 제시하는 로마서의 두 번째 단락 5:1-8:39에서는 이 단어를 사용하지 않거나 최소한 그렇게 자주 사용하지는 않는다.[12] 그러므로 7:1과 7:4에서 수신자를 직접 지칭하는 이 형식은 7:1-6에서 바울이, 5:1-8:39에 있는 이교도 이방인들에게 기독교 복음의 "상황화한" 선포의 요약된 형식에, 로마에 있는 그리스도인 수신자들을 위한 구체적인 메시지를 삽입하고 있음을 시사한다(물론 반드시 그렇다는 것은 아니다).

두 번째 문제는 바울이 7:1-6의 청중들을 "법을 아는 사람들"로 지칭

---

11) 바울이 일찍이 1:13과 이곳 7:1과 7:4에서 2번 사용한 것 외에 나중에 10:1; 12:1; 14:10, 13, 15, 21; 15:14, 30; 16:17에서 로마 그리스도인들을 직접 지칭하면서 ἀδελφοί를 사용한 예도 보라.

12) 5:1-8:39에서 (물론 이곳 7:1과 7:4에서 사용한 것 외에) 바울이 호격 ἀδελφοί를 사용하지 않은 것에 대한 유일하게 가능한 예외는 8:12이다. 이 용례에 대해서는 아래 해당 본문 석의와 주해를 보라.

한다는 것이다. 문제의 "법"은 의심의 여지없이 모세 율법이다. 7:1a에서 바울은 정관사 없는 νόμος("율법")를 사용했다. 반면에 이곳 7:1b(인용된 자료로 이해될 수 있는 곳)과 7:2-6 전체에서는 관사 있는 ὁ νόμος("그 율법")를 사용한다. 하지만 바울 서신에서 모세 율법과 관련해서는 νόμος의 관사가 없는 형태와 관사가 있는 형태 간에 차이는 없다. 바울은 로마서 앞부분에서 종종 관사 없는 형태의 νόμος만을 사용하여 모세 율법을 언급했다.[13] 그리고 이곳 7:1-6에서 그가 νόμος와 ὁ νόμος를 언급한 것은 관사가 있든 없든 분명 모세 율법을 가리키는 것으로 이해해야 한다. 율법에 대한 언급이 (1) 한편으로는 앞서 2:12-3:20에서 "율법의 행위"를 수단으로써 의를 얻을 수 없다는 논의와 3:21-4:25에서 "율법과 상관없이" 주시는 "선물"로서 "하나님의 의"를 언급한 부분, (2) 다른 한편으로는 9:1-11:36에서 모세 율법 및 이스라엘의 소망과 관련하여 기독교 복음을 설명한 부분 사이에 배치되었다는 사실에서 보듯이 말이다. 더욱이 바울이 수신자들을 "모세 율법을 아는 사람들"로 밝힌 것이 이방인 선교에서 이교도 이방인들에 대한 지칭으로는 적절하지 않겠지만, 혈통적으로 유대인이든지 이방인이든지 간에 로마의 그리스도인들을 묘사하기에는 적절했을 것이다. 사실 (우리가 믿고 제안했듯이) 로마 제국의 수도에서 예수를 믿는 신자들은 그렇게 인식되고 정체성이 규명되는 것에 자부심을 가졌을 것이다.

세 번째 문제는 바울이 일찍이 (일련의 성경 본문을 열거하는) 3:10과 (성경에 근거한 2개의 금언을 소개하는) 2:2과 3:19에서 사용했듯이, "율법이 그 사람이 사는 동안만 그를 주관한다"는 진술이, 바울이 그의 편지에서 성경 본문이나 성경에 근거한 유대교 금언을 소개하기 위해 여러 번 사용하는 "ὅτι 화법"인 것으로 보이는 구문에 의해 소개되고 있다는 것이다.

네 번째 문제는 인용문을 소개하는 ὅτι에 이어지는 진술이 일반적으로 모세 율법에 대해 가르치는 성경적인 교훈과 맥을 같이할뿐더러, (기원후 140-165년경의 "제4세대" 탄나임 유대 랍비였던) 랍비 요하난의 교훈과 거의

---

13) 예. 롬 2:12-14, 23a, 25; 3:20, 21, 28, 31; 4:13; 5:13, 20; 6:14, 15.

문자적인 병행구를 이루기도 한다는 것이다. 요하난은 *b. Shabbat* 30a와 *b. Niddah* 61b에서 인용되는데, 그는 이렇게 말했다. "사람이 죽을 때, 그는 율법과 계명에서 해방된다." 이 가르침을 그는 죽은 사람이 "죽은 사람들 가운데서 자유를 얻는다"(ἐν νεκροῖς ἐλεύθερος)는 시편 87:5(LXX)에 기초했다.[14] 인정하건대, 탈무드에 대한 이 두 게마라에 실린 랍비 요하난의 진술은 바울이 로마의 그리스도인들에게 편지를 쓸 때보다 후대에 등장한 유대교 교훈이다. 하지만 미쉬나("할라카 규율"), 바빌로니아 탈무드의 게마라와 예루살렘 탈무드의 게마라("해설"), 초기의 미드라시(석의적 해석 또는 "랍바"), 토세프타("추기"), 그리고 개인 교사들의 "어록" 모음집은 모두 새로운 교훈이 아니라 유대교 교사들이 일찍이 가르친 내용들을 성문화한 기억들이다. 그래서 적어도 이 경우 이 자료들은, 우리가 성경에 기반을 두었고 유대인들과 유대 그리스도인들 사이에서 회람되었을 가능성이 무척 큰 금언으로 보아야 한다고 생각하는 것을 지지하기 위해 정당하게 사용될 수 있다.

이 네 가지 요점은 일제히 바울이 이곳 7:1-6에서 로마에 있는 수신자들을 위해 이방인 선교에서 이교도 이방인들에게 선포했던 "상황화한" 복음 메시지의 개요를 제시하는 것에서부터 로마의 그리스도인들에게 그들이 이해하고 공감하기에 적절하다고 믿은 방법으로 직접 말하는 것으로 그의 관심을 돌렸음을 암시한다. 어쩌면 바울은 로마에 있는 그리스도인 수신자들에게 그가 이방인 선교에서 그간 전했던 내용을 언급하면서, 그 선교 사역에서 노예 비유와 언어를 사용한 것에 대해 다소 당황스러워했었을 것이다. 이를테면, 그가 6:15-23에서처럼 사람들과 죄의 관계에 대해서는 물론이고, 그리스도인과 하나님 사이의 관계를 설명하면서 그러한 노예 비유와 언어를 사용했으니 말이다. 그래서 바울은 로마에 있는 그리스도인

14) 참조. *b. Shabb.* 151a; *Pesiq. R.* 51b; *y. Kilaim* 9:3. 또한 (팔레스타인 북쪽 지방의 한 지역인) 나베의 랍비 탄후마(Tanhuma)의 교훈도 참조하라. 그는 *b. Shabbat* 30a에도 인용되었는데, 이렇게 가르쳤다. "죽기 전에 항상 토라와 선행에 열심을 내라. 사람은 죽는 순간 토라와 선행이 제한된다."

수신자들, 특히 그가 이방인들에게 기독교 복음을 제시하면서 너무도 인간적인 방식으로 전하며 충분한 신학적인 내용 없이 제시했다고 자신을 비난할 수도 있는 사람들에게, 그가 신학적으로나 유대교적 관점에서 얼마든지 논증할 수 있었음을 확신시키기를 원했을 것이다. 더군다나 그는 "인간의 죄", "모세 율법", "하나님의 은혜"에 대해 바로 앞 6:15a에서 제기했던 주제들을 더욱 설명하길 원했고, (6:15b-23에서처럼) 이교도 이방인들이 이해하기에 적합할뿐더러 (이곳 7:1b-6에서처럼) 스스로 "모세 율법을 알고 있다"고 자부심을 가지고 있는 사람들의 정서에도 받아들여질 수 있도록 하고 싶었던 것 같다. 따라서 바울이 5:1-8:39에 있는 그의 "상황화한" 메시지의 요약본에 로마 그리스도인 수신자들에게 특히 중요한 7:1-6의 두 주제를 삽입했다고 추정할 수 있다. 하나는 7:1-3에서 ἀδελφοί("형제자매들")라는 호격 표현으로 시작한 내용으로서 모세 율법이 갖는 권위의 범위에 대한 예화이며, 다른 하나는 그리스도인의 자유에 대해 7:4-6에서 진술한 내용으로서, 동일한 직접적 지칭어의 확장된 형태인 ἀδελφοί μου("나의 형제자매들")를 사용하여 좀 더 개인적인 방식으로 시작한 내용이다.

7:2-3 바울은 이 단락의 첫 두 가지 수사적 질문에 대답하면서 "죄에 대하여 죽었다"(6:1-7)는 것과 "더 이상 모세 율법 아래 있지 않다"(6:15-18)는 것에 대해 말했다. 이 두 주제는 사도의 마음에 매우 긴밀하게 연결된 것으로 보인다. 그리고 그는 이곳 7:1-6에서 (순서가 바뀌었긴 하지만) 두 주제에 대해 다시 쓴다. 첫 번째 주제는 남편의 죽음으로 인해 아내는 자유를 얻는다는 예화다(7:2-3). 그다음은 예수를 믿은 신자들이 율법에 대해 죽은 것에 대한 진술이다(7:4-6).

바울이 7:2-3에서 제시하는 예화는 짐작건대 성경에 근거한 유대인의 금언에서 유래했다. 이것은 7:1b 바로 전에 제시했던 전통적인 교훈 형식이다. "율법은 사람이 살 동안만 그를 주관하는 줄 알지 못하느냐?" 그는 7:2의 이 금언을 남편이 죽어 결혼의 결박에서(ἀπὸ τοῦ νόμου τοῦ ἀνδρός; 문자적으로 "그녀의 남편의 법에서" 또는 "결혼법에서") 아내를 해방시킨다는 예화에 적용한다. 사도가 이 금언과 예화에 근거하여 제시하는 결론은 추론의 불변화사 ἄρα("그래서", "그렇다면", "결론적으로")와 οὖν("그래서", "그러므로", "결론적으로")의 결합으로 시작하는 7:3에 진술되었다.

Ἄρα οὖν("그러므로", "결론적으로")이라는 표현은 로마서 앞부분 5:18에서 바울의 주장의 결론을 표시하기 위해 등장했으며, 나중에 7:25과 8:12에서도 거의 동일한 방식으로 기능한다. 따라서 7:3에 결합되어 등장하는 이 추론적인 두 단어는 (1) 사도가 든 예화의 결론을 표시하고, 여기서 한걸음 더 나아가 (2) 수신자들에게 암시된 적용에 주의를 환기시키는 것으로 이해할 필요가 있다. 이를테면, 어느 부인이 남편이 죽었을 때 "남편의 법에서" 해방되어 다른 남자와 결혼할 자유가 있듯이, 예수의 죽음으로 죄에서 해방되었고 기독교의 세례로 말미암아 예수와 하나 되는 신자는(6:2-11과 6:18, 22), 하나님의 구원사의 계획에서 마지막에 이른 모세 율법의 지침에서 해방되어 그리스도와의 새로운 관계 속에서 살 자유를 갖게 되었다고 말이다.

본문을 이런 식으로 이해할 경우에 발생하는 중요한 문제는 다음과 같다. Ἄρα οὖν이라는 표현으로 시작하므로 예화에 대한 결론이 즉시 따라온다고 암시하는[15] 7:3에서 바울이 (1) 하나님 앞에서 의와 관련하여 "남편의 죽음"을 "모세 율법의 죽음"과 분명하게 연결시키지 않는다는 것이다(바울이 나중에 롬 10:4에서 "그리스도는 모든 믿는 자에게 의를 이루기 위하여 율법의 마침이 되시니라"라고 선포하듯이 말이다). 그리고 바울은 (2) "의와 관련된" 이 율법의 마침을 과거에 율법이 하나님의 백성에 대해 행사했던 "초등교사"로의 기능이나, 하나님의 거룩한 표준들을 표명하고 죄를 정죄하는 지속적인 기능과 연결시키지 않는다(일찍이 그가 갈 3:19-4:7에서 설명했듯이). 오히려 바울은 이 모든 문제를 열어두며 여기서는 다만 남편의 죽음과 그 결과로써 그의 아내가 얻은 자유를 통해 율법의 죽음과 그리스도인이 율법의 명령으로부터 얻은 자유라는 주제를 암시할 뿐이다.

---

15) 어떤 문제의 결론을 표시하는 ἄρα οὖν의 관용적 표현에 대해서는 앞의 5:18과 뒤의 7:25; 8:12; 9:16, 18; 14:12, 19도 보라.

로마의 그리스도인들은 (1) 그들의 초기 유대 그리스도인 교사들로부터 모세 율법에 대한 존경심을 이어받았고, (2) 예루살렘의 모교회로부터 유대 기독교적 신학, 윤리, 경건을 받아들인 후,[16] 어느 정도 모세 율법을 "매우 명예롭게" 여겼을 개연성이 있다. 그런 까닭에 그들은 바울이 이곳 7:1-3에서 하나님이 "의와 토라와 관련하여" 또 그의 백성을 위한 "초등교사"로서 교훈(토라) 전체를 마치게 하셨다고 말한 것에 불쾌했을 것이다. 하지만 바울은 율법이 의를 이루지 못한다고 기록했고(2:17-3:20), 이 종말론적인 "이제"의 때에 "의"와 "믿음"이 "율법과 상관없게" 되었다고 말하였으며(3:21-4:25), "율법"과 "은혜"에 대한 문제를 비교적 극적으로 제시했으며(6:23), 더욱이 9:1-11:36에서 이 모든 문제를 더욱 분명하게 말할 계획을 가지고 있었기에, 남편의 죽음으로 인해 그의 아내가 얻은 자유에 관한 그의 예화에서 도출할 수 있는 함의가 로마 수신자들에게 제법 명료했을 것이라고 분명 느꼈을 것이다. 그래서 바울은 그의 주장의 바로 이 지점에서, 그리고 불필요하게 상대방을 언짢게 하지 않으면서, 단순히 추론의 불변화사인 ἄρα οὖν("그러므로", "결론적으로")을 사용하여 예화의 결론을 나타내며, 로마에 있는 그리스도인 수신자들이 스스로 분명한 함의를 말하도록 한다.

7:4-6 남편의 죽음으로 말미암아 그의 아내에게 주어진 자유에 관한 예화의 결론은 바울이 나중에 로마서 9:1-11:36에서 설명하면서 진술할 모든 내용에도 중대한 영향을 줄뿐더러, 유대교의 메시지와 비교하여 그의 기독교 선포와 관련된 문제의 가장 중요한 부분을 표현하기도 한다. "그러므로 내 형제들아! 너희도 그리스도의 몸으로 말미암아 율법에 대하여 죽임을 당하였으니, 이는 다른 이 곧 죽은 자 가운데서 살아나신 이에게 가서 우리가 하나님을 위하여 열매를 맺게 하려 함이라. 우리가 육신에 있을 때에는 율법으로 말미암는 죄의 정욕이 우리 지체 중에 역사하여 우리

16) 본서 "주석 서론"에서 "수신자들"에 관한 우리의 논평을 참조하라. 로마서의 수신자들에 대한 더 자세한 논의는 R. N. Longenecker, *Introducing Romans*, 4장을 보라.

로 사망을 위하여 열매를 맺게 하였더니, 이제는 우리가 얽매였던 것에 대하여 죽었으므로 율법에서 벗어났으니, 이러므로 우리가 영의 새로운 것으로 섬길 것이요, 율법 조문의 묵은 것으로 아니할지니라."

불변화사 ὡς와 τε를 결합하여 생겨난 접속사 ὥστε는 신약성경에서 앞서 말한 내용에 이어지는 결론을 표시하기 위해 종종 추론적인 방식으로 사용된다.[17] 하지만 바울은 바로 앞에서 제시한 설명, 진술 또는 절에 덧붙여 문제를 제시하는 어떤 진술, 절 또는 심지어 질문을 소개하려고 이 접속사를 두어 번 사용하기도 했다. 이에 대한 명확한 예가 갈라디아서 4:16의 질문에 등장한다. "내가 너희에게 참된 말을 하므로 원수가 되었느냐?"(ὥστε ἐχθρὸς ὑμῶν γέγονα ἀληθεύων ὑμῖν;) 이 질문은 갈라디아서 4:12-15의 권면 직후에 이어진다. 그가 권면하고 있던 내용의 결론이 아니라, 단순히 알아보기 위해 덧붙여진 논평을 소개하기 위해서 말이다. 이러한 언어학적 현상의 또 다른 예는 고린도후서 5:16-17에 2번 사용된 ὥστε의 두 번째 용례에 등장한다. 이 본문에서 5:16을 시작하는 첫 번째 ὥστε는 추론적인 방식("결론적으로")으로 사용되었고, 5:17을 시작하는 두 번째 ὥστε는 앞의 진술에 더욱 중요한 진술을 덧붙인다(여기서는 분명히 초기 기독교적 신앙고백 내용을 인용한다).

우리는 바울이 이곳 7:1-6에서 활용하고 있는 것이 바로 이것이라고 생각한다. 그는 먼저 7:1-3에서 성경에 근거한 유대 금언에서 인용한 예를 제시하고 로마에 있는 그리스도인 수신자들에게 그 금언에서 그들의 삶에 대한 함의를 유추하도록 한다. 둘째로 그는 7:4-6에서 다음과 같은 점에서 예수를 믿는 신자들에게 중요한 의미를 지니는 진술을 덧붙인다. (1) 그들이 "하나님을 위해 열매를 맺기 위해 그리스도의 몸을 통해 율법에 대해 죽었고", (2) 그들이 "율법에서 벗어나", "영의 새로운 것으로 섬길 것이요 율법 조문의 묵은 것으로 아니"한다는 것이다. 바울이 이렇게 하면서, 특히 보 라이케가 제안했듯이, "전혀 다른 두 가지 주제를 혼합하고 있는" 것은

17) 예. 마 12:12; 19:6; 막 2:28; 롬 7:12; 13:2; 고전 7:38; 11:27; 14:22; 고후 5:16; 갈 3:9, 24; 4:7.

아니다. "혼합하다"라는 단어가 주제들의 섞임을, 그리고 "전혀 다른"이라는 형용사가 특성이나 형태 또는 특질에 있어서 서로 같지 않은 어떤 문제를 의미한다면 말이다. 오히려 이전에 6:1과 6:15a에서 제기했던 질문들로 돌아가, 이 두 질문에 대해 일찍이 로마에 있는 그의 그리스도인 신자들이 더 잘 공감하고 이해할 것이라고 믿은 형식으로 답변했던 것의 본질을 제시하면서, 바울은 이곳 7:1-6에서 6:1-23에서 제기했던 동일한 질문과 답변을 (순서를 달리하여) 다룬다. 먼저 엄밀히 말해 혼합된 방식으로가 아니라, 그리스도인에게 모세 율법이 어떤 권위를 가졌는지를 다루는 질문에 대한 분명한 함의를 지닌 예화를 먼저 제시하고, 그다음에 그리스도인이 모세 율법에서 벗어났다는 문제를 직접 다룬 진술을 제시함으로써 말이다.

하나님께서 (1) 죄의 권세와 주관으로부터의 자유와, (2) 사망의 정죄로부터의 자유와, (3) 모세 율법의 지배로부터의 해방을 이루신 것은 "그리스도의 몸으로 말미암았다"(διὰ τοῦ σώματος τοῦ Χριστοῦ). 예수의 지상 생활과 사역은 사실 하나님의 구원과 화목 사역에 있어서 매우 중요했다. 하지만 빌립보서 2:6-11에 인용된 초기 기독교의 신앙고백적 찬송시의 중심에 놓여 있는, 예수가 "죽기까지 복종하셨다"(여기에 바울이 "십자가에 죽으심이라"는 경외심이 가득한 표현을 첨가한 듯하다)는 빌립보서 2:8b의 선언은 모든 초기 기독교 설교의 가장 중요한 특징이 되었다. 더욱이 바울이 자신의 기독교 복음 선포에서 핵심으로 여기고,[18] 6:1의 수사적 질문을 6:2-14에서 답변하면서 초점을 맞춘[19] 것이 바로 예수가 십자가에 죽으셨다는 이러한 강조였다. 그래서 바울이 우리가 믿음으로써 예수와 동일시되었다는 것과 더불어 예수가 로마의 십자가에 의해 죽으심이, 예수를 믿는 신자들을

18) 특히 고전 1:23, "우리는 십자가에 못 박힌 그리스도를 전하니"와 고전 2:2, "내가 예수 그리스도와 그가 십자가에 못 박히신 것 외에는 아무것도 알지 아니하기로 작정하였음이라."

19) 특히 롬 6:3, "그리스도 예수와 합하여 세례를 받은 우리는 그의 죽으심과 합하여 세례를 받은 줄을 알지 못하느냐?"; 6:5, "우리가 그의 죽으심과 같은 모양으로 연합한 자가 되었으면"; 6:6, "우리의 옛 사람이 예수와 함께 십자가에 못 박힌 것은"; 6:8, "만일 우리가 그리스도와 함께 죽었으면 또한 그와 함께 살 줄을 믿노니"; 6:10, "그가 죽으심은 죄에 대하여 단번에 죽으심이요."

죄의 권세와 지배, 죄의 심판(6:9-10), 그리고 모세 율법의 다스림으로부터 (6:14b) 자유케 했다고 말했듯이(6:6-7, 11-14a), 이곳 7:4에서 그리스도인이 "그리스도의 몸으로 말미암아 율법에 대하여 죽었다"고 말하고, 그런 다음에 7:6에서 신자들이 "얽매였던 것에 대하여 죽었다"고 말하며, 그래서 "율법에서 벗어났다"고 말할 때, 바울은 분명 "그리스도의 몸"이라는 어구를 이스라엘의 약속된 메시아이신 예수가 십자가에서 육체적으로 죽으신 사건으로 이해했을 것이다.

바울 복음에서 대단히 중요한 것은 "그리스도의 몸으로 말미암아 율법에 대하여 죽은 것"을 부정적으로만 보아서는 안 된다는 사실이다. 즉 율법은, 예수를 믿는 신자들이 자신의 길을 가며 자기 방식대로 삶을 살기 위해 벗어나야 하는 어떤 지배적인 요인이 아니다. 오히려 예수의 육체의 죽음과 육체적인 부활에는 매우 중요한 두 가지 긍정적인 목적이 있으며, 따라서 현재 예수를 믿는 신자들에게도 매우 중요한 두 가지 결과가 있다. 곧 (1) 예수를 믿는 사람들은 부활하신 그리스도께 **속한다**는 것과 (2) 그리스도인들은 하나님께 대하여 **열매를 맺는다**는 것이다. 두 목적은 모두 7:4에서 "위하여"로 번역하면 가장 좋은 표현으로 소개된다. 첫째는 부활하신 그리스도께 **속한다**는 것이다. 이것은 일반적으로 목적을 표현하는 구문인, 전치사 εἰς와 관사가 있는 부정사 τὸ γενέσθαι로 소개된다. 둘째로 하나님에 대하여 **열매를 맺는다**는 것 역시 일반적으로 목적을 의미하는 접속사 ἵνα로 소개된다. 바울은 이 두 문장에서 그리스도인이 된다는 것의 의미가 무엇인지, 그 정수를 정확히 포착했다. 즉 (1) "죽은 자 가운데서 살아나신" 그리스도 예수께 **속한다**는 것과, (2) 예수를 믿는 신자들을 위해 (바울이 일찍이 6:22에서 선포했듯이) 실질적으로 "거룩함"(ἁγιασμόν)과 "영생"(ζωὴν αἰώνιον)을 가져오신 하나님께 **열매를 맺는 것**이다.

바울은 7:5에서 처음으로 σάρξ("육신")라는 단어를 신학적인 용어로 사용한다. 이 용어는 사도에게 중요한 신학적 개념으로 기능하며, 그가 나중에 7:14-25과 8:1-13에서 자세히 발전시킬 개념이다. 물론 바울은 로마서 3:20에서 "사람"을 가리키기 위해 σάρξ("육신")를 사용한 적이 있고, 고린도전서 10:18, 갈라디아서 4:23, 29, 로마서 1:3과 4:1에서 "육체적인 후손" 또는 "인성"의 의미로 κατὰ σάρκα("육체대로")라는 좀 더 온전한 표현을 사용하기도 했다. 그리고 나중에 인간 삶의 외적인 특징을 나타내려고 로마서 9:3, 5, 8과 11:14에서 좀 더 일상적인 용례와 그의 편지 여러 곳에서 이 표현의 다른 형태를 계속 사용할 것이다. 하지만 이곳 7:5과 7:14-25, 그리고 8:1-13 전체에서 신학적인 용례로서의 σάρξ("육신")는 "죄의 자원하는 도구"로서 "육체가 있는 곳이라면 죄의 모든 형태가 존재하고, 선한 것이 살 수 없을 정도로 죄에 굴복하는"[20] 사람을 의미한다.

7:5에서 또 중요한 점은 바울이 모세 율법을 "육신"의 "죄의 정욕"과 직접 연결했다는 것이다. 로마서 앞부분에서 바울은 율법을, 죄를 규정하고(3:20) 죄가 죄임을 보여주는(4:15) 비교적 수동적인 역할을 하는 것으로 언급했다. 그러나 이곳 7:5에서 바울은 율법을 사람들에게 "죄의 정욕(욕망)을 일으키고", 그 결과로 "사망을 위하여 열매를 맺게" 하는 능동적인 역할을 하는 것으로 제시한다. 이를테면, 율법은 사람들의 죄의 정욕을 전면에 드러내는 능동적인 역할을 해왔(고 계속해서 하고 있)으며, 그로 말미암아 영적인 죽음과 육체적인 죽음이라는 결과가 발생했다. 바울이 율법을 죄와 사망에 적극적으로 연결함으로써 말하고자 하는 바는, (1) "율법이 죄냐?"라는 질문을 다루는 7:7-13에서와, (2) "자신의 힘으로" 즉 자신의 노력으로 살아가려고 하는 사람들의 처참한 곤궁을 언급하며 하나님을 떠난 사람들의 상황을 묘사하는 7:14-25에서 더욱 자세히 제시된다. 하지만 제임스 던이 이곳 7:5에서 바울이 말하려는 내용을 적절히 요약했듯이, "추론하도록 의도된 내용은 율법이 죄와 사망 사이의 관계를 더욱 강화한다는 것, 즉 율법에는 과거에도 그랬듯이 죄를 자라게 하여 사망의 열매를 맺게 하는 온실효과가 있다는 것으로 보인다."[21]

바울은 7:6에서 7:4-6의 여담을 (1) 예수를 믿는 신자들이 현재 하나님

---

20) *BAG*, 751, col. 2에 이처럼 정의되었다.

21) Dunn, *Romans*, 1.371-72.

의 구원사의 과정에서 상황의 변화로 말미암아 그들과 하나님 간의 관계에 엄청난 변화를 가져온 종말론적인 "이제"의 시대에 있다는 선언으로, (2) 이 변화된 상황에서 그리스도인들은 "얽매이게 했던 것에 대하여 죽었다"는 선포로, 그리고 (3) 구속함을 받은 이 새로운 상황에서 "성령의 새로운 것으로 섬기고 율법 조문의 묵은 것으로 아니할지니라"는 권고로 마무리한다. 바울은 "성령의 새로운 방식으로"(ἐν καινότητι πνεύματος)라는 표현으로써 다음의 사실을 강조한다. (1) 종말론적 "이제"라는 현재의 시간은 (갈 3:1-5에서 선포했듯이) 하나님의 성령의 임재와 사역으로 특징지어진다는 것과, (2) 예수를 믿는 신자들은 하나님의 구원사의 이 새 시대에 그와 동일한 성령의 인도하심을 받아 그들의 삶을 살아야 한다(갈 5:13-25에서 권면하면서 "성령으로 행하자"는 호소로 마무리했듯이)는 것 말이다.

그리고 바울은 "율법 조문의 묵은 것으로"(παλαιότητι γράμματος, 문자적으로 "문자의 폐기된 방식으로")라는 표현으로 (갈 3:23-24에서 진술했듯이) 이스라엘 백성에게 주신 모세 율법을, 하나님께 마음을 드리는 생활을 하고 하나님을 믿는 믿음을 지속하도록 하는 데 있어 하나님이 정하신 신율적인 방식으로 인도하는 "초등교사"(즉 그의 백성을 위하여 하나님의 명하신 규례)로 언급한다. 하지만 바울은 갈라디아서 3:25에서 이렇게 선언한다. "그러나 믿음[즉 "그리스도 예수를 믿는 믿음"]이 온 후로는(ἐλθούσης δὲ τῆς πίστεως) 우리가 초등교사 아래[즉 율법의 감시 아래]에 있지 아니하도다(οὐκέτι ὑπὸ παιδαγωγόν ἐσμεν)."

인정하건대 로마서 7:1-6의 구조는 이해하는 것이 어렵기로 악명이 높다. 맨슨과 현재 대부분의 해석자들이 이와 비슷하게 본문을 읽듯이, 이 본문은 혼란스러운 예화와 적용이 있지만 "어찌되었든지 간에 그리스도인이 모세의 율법에서 해방되었다는 일반적인 메시지가 분명히 드러나는" 본문인가? 아니면 이 본문은 (Bo Reicke에 따르면) "혼합된 주장"이 되어버린 "전혀 다른 두 가지 주제"를 염두에 둔 예화와 적용인가? 아니면 본 주석에서 제안했듯이, 본문은 (1) 하나님의 구원사 계획에 속한 이 현재의 때에, 하나님 앞에서 받아들여지는 수단이기도 하고 하나님을 믿는 믿음에 대한 반응과 하나님에 대한 지속적인 헌신이기도 한 "의와 관련하여" 율법이 끝났음을 암시하는 예화인가? 그리고 본문은 (2) 예수를 믿는 신자들이 그리스도 예수의 죽으심과 부활로 말미암아 하나님과의 새로운 관계 안에 들어왔고, 그로 인해 하나님 앞에서의 의라는 문제에 있어 율법에 대해 죽었을 뿐만 아니라(즉 "율법주의"에 반대됨), 하나님의 은혜와 사랑에 대한 반응으로써 믿음을 표현하고 삶을 살아가는 것과 관련된 문제에서도 율법에 대해 죽었음(즉 "신율주의"에 반대됨)을 선포하는 진술인가? 본문의 구조를 어떻게 이해하든지 간에, 메시지는 매우 분명하다. 예수의 죽으심과 부활로 인해 (1) 하나님과의 결정적인 새로운 관계와, (2) 하나님 앞과 사회에 있는 사람들 사이에서 의와 공의의 삶을 살아가는 결정적으로 새로운 방식이 임했다는 것이다.

질문 3: "율법이 죄냐?"(7:7-13)

번역

[7:7]그런즉 우리가 무슨 말을 하리요? 율법이 죄냐? 그럴 수 없느니라! 율
법으로 말미암지 않고는 내가 죄를 알지 못하였으니, 곧 율법이 "탐내지
말라" 하지 아니하였더라면 내가 탐심을 알지 못하였으리라. [8]그러나 죄가
기회를 타서 계명으로 말미암아 내 속에서 온갖 탐심을 이루었나니, 이는
율법이 없으면 죄가 죽은 것임이라.
[9]전에 율법을 깨닫지 못했을 때는 내가 살았더니, 계명이 이르매 죄는
살아나고 나는 죽었도다. [10]생명에 이르게 할 그 계명이 내게 대하여 도리어
사망에 이르게 하는 것이 되었도다. [11]죄가 기회를 타서 계명으로 말미암아
나를 속이고 그것으로 나를 죽였는지라. [12]이로 보건대, 율법은 거룩하고 계
명도 거룩하고 의로우며 선하도다.
[13]그런즉 선한 것이 내게 사망이 되었느냐? 그럴 수 없느니라! 오직 죄
가 죄로 드러나기 위하여 선한 그것으로 말미암아 나를 죽게 만들었으니,
이는 계명으로 말미암아 죄로 심히 죄 되게 하려 함이라.

본문비평 주

7:7 Ὁ νόμος ἁμαρτία;("율법이 죄냐?")라는 질문의 용어들은 본문 전통에서 매우 널리 입증을 받는다. 하지만 소문자 사본 33 1175(범주 I)과 88(범주 III), 그리고 마르키온의 본문(Tertullian, *Against Marcion* 5)에는 ὁ νόμος 앞에 불변화사 ὅτι("라는 것")가 등장한다. Ὅτι의 첨가는 분명 직접 인용을 소개하기 위한 "호티 인용구"로 의도되었다. 하지만 이 이문은 본문 전통에서 증거가 빈약하므로, 본문을 개선하려는 시도로만 여겨져야 한다.

8절 Χωρὶς γὰρ νόμου ἁμαρτία νεκρά("율법이 없으면 죄는 죽은 것[이니라]")라는 진술에서 ἐστιν이 내포되었다는 이해는 본문 전통 전체에서 널리 지지받는다. 하지만 9세기 대문자 사본 F G[또한 *Byz* K]에서는 과거시제 ἦν("이었다")이 νεκρά 앞에 등장하며, 이는 다양한 라틴어 본문과 sy[p] bo에 반영되었다. 이것은 이 구절 앞부분에 있는 κατειργάσατο("그것이 역사했다")의 과거시제와 동화시키려는 것이 분명하다.

12절 "계명"은 선하다(ἀγαθή)는 이 절의 마지막 진술은 본문 전통에서 매우 잘 입증받는다. 소문자 사본 1908(범주 III)만 ἀγαθή("선하다")를 θαυμαστή("놀랍다")로 대체했다. 하지만 이것은 일부 필경사들이 단순히 율법의 지위를 높이려고 한 경건한 시도인 것 같다.

형식/구조/상황

로마서 7:7-13의 자료는 바울이 7:14-25에서 쓴 내용과 종종 연결되곤 했다.[1] 하지만 7:7a에서 제기한 질문은 형식적인 측면에서 앞선 6:1과 6:15a의 두 질문과 매우 비슷하고, 7:7b-13에 제시된 답변은 내용적인 측면에서 앞의 6:2-14과 6:15b-23에 기록된 두 답변과 비슷하므로, 7:7-13은 7:14-25에 이어지는 내용에 대한 서론이 아니라, 앞서 6:1-7:6에 등장한 것과 직접 연결된다고 보아야 한다. 또한 많은 사람이 지적했듯이, "7-13절과 14-25절 사이에는 중대한 차이점이 있다. 7-13절의 시제는 과거인 반면에 14-25절에서는 현재시제가 사용되었다." 따라서 이 두 본문은 각기 다른 독특한 자료 단락으로 취급되어야 한다.[2] 이외에도 7:14은 바울이 서신들에서 새로운 단락이나 하위 단락을 시작하기 위해 종종 사용하는 전통적인 서간체인 οἴδαμεν γὰρ ὅτι("우리는 안다")라는 공개 공식으로 시작한다.[3] 이런 까닭에 7:14을 사도가 이곳 로마서 7장에서 제시한 내용의 전개에서 새로운 단락이나 하위 단락을 시작하는 것으로 이해하는 것이 가장 좋은 것

---

1) Dunn, *Romans*, 1.376-77(Dunn은 자신의 입장을 7:14-15에 있는 바울의 γάρ 사용에 대부분 기초시킨다); Jewett, *Romans*, 440-41(Jewett는 자신의 견해를 주로 7:7b-25 내내 바울이 사용한 1인칭 단수 "내가"에 기초시킨다).

2) 이 두 본문의 관계에 대한 Cranfield, *Romans*, 1.342의 결론을 인용함.

3) 바울이 로마서에서 일찍이 6:3, 6:16, 7:1과 나중에 8:22, 8:28, 11:25(어쩌면 8:18과 8:26에서도)에서 사용한 이러한 공개 공식을 참조하라. 이 본문들은 모두 로마서의 새로운 단락이나 하위 단락 앞에 전환적 표현으로 기능하며, 그래서 독자에게는 새로운 부분이 시작되는 곳이라고 알려준다.

같다.

바울이 남편의 죽음과 이로 말미암아 그의 아내가 자유를 얻었다는 예화와 그리스도인이 율법에 대해 죽었다는 진술에서 (역순으로) 반복된 주제인 (1) 예수를 믿는 신자들이 "죄에 대하여 죽은" 것(특히 6:2b과 6:18a)과, (2) 그들이 "더 이상 모세 율법 아래 있지 않다는" 것(특히 6:14-15)을 긴밀히 연결한 것에 비추어, 몇몇 사람은 바울이 죄와 모세 율법을 실제로 동일시했다고 이의를 제기할 수도 있다. 마찬가지로, 7:5에서 모세 율법이 사람들의 "죄의 정욕을 일으키는" 능동적인 역할을 했으며, 그로 말미암아 사람들이 "사망을 위한 열매를 맺는" 결과를 가져왔다는 바울의 논평은, 이방인 선교의 대상인 그의 청중들과 로마에 있는 수신자들에게 죄와 율법의 동일시를 강화하는 것으로 보였을 수 있다. 바울은 그의 청중들과 수신자들이 이런 방식으로 반응했을 수도 있음을 인식했기 때문에 이러한 거짓된 추론성 제안을 분명하게 맞받아치고 싶었을 것이다. 그는 "율법이 죄냐?"라는 질문을 의도적으로 제기한다. 다시 말해서, 이것은 그가 6:1-7:6에서 쓴 모든 내용으로부터 율법을 죄와 동일시해야 한다고 결론을 내릴 수 있느냐고 묻는 질문이다. 그러고 나서 자신의 메시지를 겉으로만 그럴싸하게 이해하는 것에 대해 강력하게 "그럴 수 없느니라"(μὴ γένοιτο)라고 답한다. 이 간략하고 상당히 과장된 대답을 한 후 율법과 죄의 관계를 설명하고는, 자신이 말하고 있는 내용의 예로서 자기 경험을 인용한다.

7:7-13의 세 번째 질문과 대답을 마무리하는 곳인 7:13에서 바울은 (1) 6:1, 6:15, 7:7에서 제기한 중요한 세 질문과는 상당히 다른 방식으로 표현한 것이지만 7:7 질문의 연장으로 기능하는 것으로 보이는 질문을 제기하고, (2) 그 연장된 질문에 "그럴 수 없느니라"(μὴ γένοιτο)라는 전형적으로 감정이 섞이고 비난하는 듯한 부정적인 진술로 답변한다. 결과적으로 7:7a과 7:13a의 두 질문은 7:7-13의 자료를 묶는 수미상관을 제시한다. 그리고 바울이 7:13의 마지막 문장에서 율법의 목적에 관해 간단히 말하는 것은 (1) 그가 6:1-7:12에서(뿐만 아니라 일찍이 2:17-3:20에서도) 죄, 사망, 율법에 관해 기록한 모든 내용을 요약하며, (2) 7:7-13의 하위 단락뿐만 아니라 6:1-

7:13에 있는 더 넓은 맥락의 내용을 마무리한다.

석의와 주해

7:7-8 바울은 7:7-13의 첫 두 절을 질문과 대답과 설명으로 시작한다. 이 두 절의 언어학적 특징 두 가지는 바울이 로마에 보낸 편지 앞부분에 등장했었(으며 이 본문과 그 이후에도 계속 등장할 것이)다. (1) 바울은 모세 율법을 가리키려고 νόμος("율법")와 ὁ νόμος("그 율법")를 서로 바꿔가며 사용한다. 그는 이 두 절에서 이 명사를 관사 없는 형태로 2번, 관사가 있는 형태로 2번 사용한다. (2) 그는 아담으로 말미암아 사람들의 경험에 임했고 하나님과 그분의 뜻을 대적하는 인격화된 권세를 가리키려고 ἁμαρτία("죄")와 ἡ ἁμαρτία("그 죄")를 사용한다.[4] 이 두 구절에서는 또 다른 두 가지의 독특한 언어학적 특징이 새롭게 강조된다. (1) 바울이 "탐심" 또는 "탐욕스러운 욕망"(ἐπιθυμία)을 말하는 등 어떤 구체적인 "계명"(ἡ ἐντολή)에 초점을 맞춤으로써 "율법"을 자세히 다룬다는 것과, (2) 1인칭 단수 부정과거 동사 ἔγνων(γινώσκω, "내가 안다"라는 단어에서 파생)과 1인칭 단수 과거완료 동사 ᾔδειν(οἶδα, "내가 안다"라는 단어에서 파생) 또 1인칭 단수 여격 인칭대명사 ἐμοί("내 안에")로써 특히 개인적인 방법으로 자신을 언급하고 있다는 것이다. 인칭대명사 "나는"과 1인칭 동사 어미의 사용은 7:9-13에서 좀 더 충분히 발전되었다(7:14-25에서도 더 충분히 발전된다).

바울이 7:7a에서 표현하는 부정적인 대답은 할 수 있는 한 가장 강력한 용어를 사용하여, 하나님의 율법이 인간의 죄와 관련하여 모종의 역할을 담당했기 때문에 "율법이 죄다"라거나 "죄가 우리 인간 곤경의 한 부분이다"라고 말할 수 없다고 선언한다. 반대로 바울은 7:7b-8a에서 이 점을 예로 들기 위해 자신의 경험을 이용하여 율법은 하나님께서 하나님 앞과 한 사람의 삶에서 **죄의 실체를 드러내려고** 주신 것이라고 주장한다. 바울이 주장하듯이, "율법으로 말미암지 않고는 내가 죄를 알지 못하였다." 그

4) 특히 롬 5:12, 21, 6:1을 참조하라.

리고 "나는 율법이 '탐내지 말라' 하지 아니하였더라면 내가 탐심을 알지 못하였으리라." 하나님이 율법을 주신 목적에 관한 첫 번째 진술은 부정과거 동사 ἔγνων을 사용하여 표현되었고("내가 알지 못하였으리라"), 죄는 일반적으로 "율법으로 말미암아"(διὰ νόμου) 알게 된다고 선언한다. 율법의 목적에 관한 두 번째 진술은 과거완료 동사 ᾔδειν을 사용하여 좀 더 강하게 표현되었다. 이 단어는 부정과거시제로 표현할 수 있는 것보다 더 강하게 과거에 이루어진 사실을 표현하며(영어에서는 과거완료 동사가 단순 과거로만 번역될 수 있지만 말이다), 죄가 무엇인지 아는 것은 "탐심"이나 "탐욕스러운 욕망"(ἐπιθυμία)을 금지하는 구체적인 "계명"(ἡ ἐντολή)으로 말미암아 오게 된다고 말한다.[5)]

이곳 7:8a에 언급된 바울의 설명에서 "율법이 없으면, 죄가 죽은 것임이라"는 마지막 진술은 "율법이 존재하지 않았다면, 사람들이 죄로 말미암아 고민하지 않았을 것이다"라는 의미로 이해해서는 안 된다. 이것은 "율법이 죄다"라는 진술처럼 분명히 잘못된 주장이다. 바울은 극적이고 강렬한 언어를 사용하고 있으며, 이것을 지나치게 문자적으로 "죄가 죽었다"는 언급으로 이해하지 말아야 한다. 좀 더 평범하게 표현하자면, 조세프 라이트푸트가 사도의 의미를 잘 번역했듯이, 바울이 "죄가 죽었다"는 말로 전하

---

5) 해석자들 중에는 바울이 ἐπιθυμία("탐심")를 금한 열 번째 계명을 언급한 것은 사도가 이곳 7:7에서 자전적으로만 이야기하고 있는 것이 아니라 성적인 충동이 시작된 그의 사춘기의 삶을 언급하고 있는 것이기도 한 증거라고 생각하는 사람들이 있다(예. C. H. Dodd, *Romans*, 110; F. Watson, *Agape, Eros, Gender: Towards a Pauline Sexual Ethic* [Cambridge: CUP, 2000], 154; R. H. Gundry, "The Moral Frustration of Paul before His Conversion: Sexual Lust in Romans 7:7-25," in *Pauline Studies: Essays Presented to Professor F. F. Bruce on His 70th Birthday*, ed. D. A. Hagner and M. J. Harris [Grand Rapids: Eerdmans, 1980], 228-45). 하지만 7:7의 바울의 진술에서 반드시 이런 내용을 추론할 필요는 없다. 고대의 많은 랍비들의 주제는 "특별히 성적인 유혹의 덫에서 안전한 사람은 아무도 없다"였다(참조. C. G. Montefiore and H. Loewe, eds., *A Rabbinic Anthology* [London: Macmillan, 1938], 35). 십계명의 부정적인 계명들의 본질인 "탐내지 말라"라는 이 가장 내적인 금지에 대한 설교는 고대의 설교자나 현대의 설교자의 공통적인 주제다(예. 4 Macc 2:1ff., M. Luther, "A Treatise on Christian Liberty," in *Works of Martin Luther*, vol. 2, trans. W. A. Lambert [Philadelphia: Holman, 1916], 317).

려고 하는 것은 율법을 떠나서는 죄가 "나무의 생명 없는 가지처럼 어떠한 활동 조짐도 보이지 않는다는 것"임이 분명하다.[6] 또는 아치발드 로버트슨이 이해한 것처럼, 율법이 없다면 죄는 "존재하지 않는 것은 아니지만 활동하지 않는다. 죄는 실제로 수면 상태로 존재했다."[7] 또는 조세프 피츠마이어가 번역하고 해석한 것처럼, 율법이 없다면 죄는 "죽은 듯하다"는 점에서 "죽은 것이나 다를 바가 없다." 즉 "시체와 같은 존재이며, 사람들의 악행을 하나님의 뜻에 노골적으로 저항하는 것으로 만들 수 없다."[8] 또는 현대의 좀 더 일반적인 용어로 표현하자면, 하나님의 율법이 없다면, 죄는 상대적으로 무능력하고 효력이 없다. 라이트푸트가 주장했듯이, "뚜렷한 금지가 어떤 형태로 주어지든지 간에, 뚜렷한 범죄를 이루기 위해서는 뚜렷한 금지가 필수적이기 때문이다."[9]

7:9-12　바울이 7:8에서 "율법이 없으면 죄가 죽은 것임이라"고 선언함으로써 시작한 극적이고 강력한 언어의 사용은 7:9-12의 진술에서 계속된다. 이곳 7:9-11에서 바울은 (1) "율법이 없을 때 살았던" 자로서 인격화된 ἐγω("나"), (2) "계명으로 말미암아 살아난" 죄, (3) "죄로 말미암아 속임을 당한" 자로서 "나", 그리고 (4) 죄가 하나님의 계명을 이용했기에 "죽게 된" 그리고 "죽은" 자로서 "나"에 대해 말한다. 그리고 7:12에서 그는 하나님의 율법(ὁ νόμος)을 "거룩하다"고 언급하며, 탐심을 금하는 계명(ἡ ἐντολή)을 "거룩하고 의롭고 선하다"고 묘사한다.

이 본문에서 말하고 있는 "나"는 누구이며, 본문이 언급하는 시간은 언제인가? 나중에 7:14-25에서 우리는 바울이 동일한 1인칭 대명사 "나"를, 자신의 힘으로 살아가려고 하지만 자신의 노력에 대해 좌절뿐만 아니라 영적인 정신분열과 개인적인 참담함을 발견하는 사람들을 가리키기 위해 비교적 "격언적인" 또는 일반적인 의미로 사용하고 있다고 주장할 것이다. 하

---

6) Lightfoot, *Notes on Epistles of St. Paul*, 302.
7) Robertson, "Epistle to the Romans," 4.368.
8) Fitzmyer, *Romans*, 467.
9) Lightfoot, *Notes on Epistles of St. Paul*, 302-303.

지만 이곳 7:7-12에 반영된 바울의 언어는 매우 개인적이며 과거의 어느 때와 관련이 있기 때문에 바울이 부활하시고 높아지신 그리스도를 만나기 이전 유대 바리새인으로 있을 때의 경험을 재서술하고 있다고 상정하는 것이 필요한 것 같다. 따라서 장 칼뱅에 동의하면서 우리는 바울이 7:7-12에 진술한 내용을 다음과 같은 시절에 대한 기억으로 이해해야 한다고 주장한다. (1) 바울이 바리새인으로서 율법을 지킴으로 그의 삶에서 "죄가 죽게 되었고" 자신이 "영적으로 살아났다"고 생각한 어느 때, 하지만 역으로 (2) 탐심을 금지한 "계명으로 말미암아 죄가 살아난" 그의 생애의 어느 때, 그리고 더 중요하게는 (3) 그가 하나님의 성령의 인도하심으로써, 하나님의 율법이 법조문에 있는 "글자"에 불과한 것이 아니라 죄를 정죄하고 그것을 넘어 율법을 주신 하나님을 바라보게 하는 하나님의 교훈이라는 사실을 이해하기 시작한 어느 때 말이다.[10)]

7:12의 접속사 ὥστε("그래서")는 7:7-11에서 말한 내용에 이어지는 결론을 표시하기 위해 추론적인 방식으로 사용되었음이 확실하다. 바울이 유대 바리새인으로 있던 기간에 분명히 알게 된 결론은 이것이다. 율법(ὁ νόμος) 전체는 "거룩하다"(ἅγιος)는 것과, 특히 탐욕을 금하는 구체적인 계명(ἡ ἐντολή)은 "거룩하고 의롭고 선하다"(ἁγία καὶ δικαία καὶ ἀγαθή)는 것이다. 더욱이 다소 출신의 사울이 다메섹 도상에서 그리스도를 만날 수 있도록 잘 준비시킨 것이 바로 이 결론이다. 하나님이 그의 영으로 말미암아 역사하시도록 사람들을 준비하게끔 하는 것 역시 바로 이 결론이다.

7:13 바울은 7:7-13의 세 번째 질문을 마무리하면서 이 마지막 절에서 다음과 같은 질문을 제기한다. Τὸ οὖν ἀγαθὸν ἐμοὶ ἐγένετο θάνατος;("선한 것이 내게 사망이 되었느냐?"). 이 질문에 사용된 용어는 6:1a, 6:15a, 7:7a에서 제기한 세 가지 중요한 질문과 약간 다르며, 이 질문은 앞의 세 질문과 사뭇 다르게 작용하는 것 같다. 7:13a의 이 질문은 관련되고 더 진전된 주제를 소개하지 않고, (1) 7:7a의 질문의 확장으로 기능하

---

10) Calvin, *Romans*, in *Calvin's New Testament Commentaries*, 8.144-45.

며, (2) 7:7a의 질문과 더불어 7:7-13 자료를 괄호로 묶는 수미상관을 제시하며, (3) 이 하위 단락 7:7-13을 마무리한다. 그리고 추가로 제기된 이 질문에 대해 사도는 매우 확고하게 부정적인 대답을 주며, 상당히 분명하게 설명한다. Μὴ γένοιτο· ἀλλὰ ἡ ἁμαρτία, ἵνα φανῇ ἁμαρτία, διὰ τοῦ ἀγαθοῦ μοι κατεργαζομένη θάνατον, ἵνα γένηται καθ' ὑπερβολὴν ἁμαρτωλὸς ἡ ἁμαρτία διὰ τῆς ἐντολῆς("그럴 수 없느니라. 오직 죄가 죄로 드러나기 위하여 선한 그것으로 말미암아 나를 죽게 만들었으니, 이는 계명으로 말미암아 죄로 심히 죄 되게 하려 함이라").

바울은 7:13의 이 마지막 문장에서 로마 제국에 있는 이교도 이방인 청중들과 로마에 있는 그리스도인 수신자들 모두가 이해하기를 원했던 율법의 목적을 한마디로 정리한다. 이를테면, 하나님께서 율법을 주신 목적은 "죄가 죄로 인식되도록 하고" 그럼으로써 "죄가 심히 죄 되게 하려는" 데 있다. 이것은 바울이 "그런즉 율법은 무엇이냐?" 또는 "그렇다면 율법을 왜 주셨느냐?"라는 구체적인 질문에 대답하면서 갈라디아서 3:19-22에서 강조한 동일한 메시지다(바울은 그 질문에 대답하면서 갈 3:23-25에서는 모세 율법이 하나님이 그의 백성을 그리스도를 믿는 믿음의 때가 오기까지 맡겨둔 "초등교사"이지만, "이 믿음이 온 지금은 우리가 더 이상 율법의 감독 아래 있지 아니"하다고 말했다). 또한 이것은 바울이 일찍이 로마서 3:20에 있는 결론적인 진술에서 선포한 내용과 동일한 메시지다. "그러므로 '율법의 행위'로 그[하나님]의 앞에 의롭다 하심을 얻을 사람이 없나니, **율법으로는 죄를 깨달음이니라**."

성경신학(롬 6:1-7:13 전체에 대하여)

누가가 바울의 기독교 복음 선포를 묘사한 부분에는 동사 πείθω("설득하다" 또는 "권고하다"), διαλέγομαι("논증하다"), διανοίγω("설명하다"), παρατίθημι("입증하다") 등이 사도의 설교와 교훈의 방식을 묘사하기 위해 자주 사용되었다.[11] 그리고 7:1-6에서 불쑥 제시된 예화 및 진술과 함께 바

11) 특히 행 13:43; 17:2-4, 17; 18:4, 19; 19:8-10; 20:9; 24:25; 26:28; 28:23.

울이 6:1-23과 7:7-13에서 제기한 질문과 제시한 답변에서도 바로 이러한 현상을 볼 수 있다. 바울은 기독교 복음을 선포하면서 정보를 알리거나 선포한 것으로 그치지 않고, 그의 청중들과 수신자들이 공감하고 이해할 수 있는 방식으로 "설득하고", "논증하고", "설명하고", "입증함"으로써 그들과 소통했다.

6:1-7:13의 자료들은 기독교 선포나 교훈의 표준 형식으로 구성되지 않았다. 그 자료들은 사도가 5:1-11과 5:12-21 등 앞에서 제시한 부분으로 인해 제기될 만한 어떤 수사적 질문들에 대한 상황화된 답변 형태로 제시되었다. 이 자료에는 주제 자체로 인해 정해진 부분이나 제기된 질문으로써 윤곽이 드러난 부분을 제외하면, 분명한 교육적인 구조나 논리적인 연결점이 눈에 띄지 않는다. 사실 로마서의 이 단락에 등장하는 내용은 대부분 그 형식에 있어서 마르틴 루터가 그의 동료와 친구들이 제기한 질문들에 비교적 일상적인 대화체로 답변한 것과 비슷하다. 그 내용은 다양한 공책에 기록되어 훗날 그의 동료와 친구들에 의해 루터의 "탁상 담화"("Table Talk")라는 제목으로 출판되었다.[12] 그래서 바울이 6:1-7:13에서 기록한 것을 어떤 종류든 간에 공식적인 형식으로 조직화하기는 꽤 어렵다. 그럼에도 "모세 율법", "예수 그리스도의 순종", "우리 주 예수 그리스도로 **말미암는**(또는 **안에 있는**) 하나님의 의와 영생의 선물", "예수를 믿는 신자의 자유" 등 여러 주제에 대한 바울의 논평은 강력하고 요지를 콕 집는 것이며, 더욱 근본적으로 그는 모든 구원사를 "하나님의 은혜"에 분명하게 근거시키고 있다. 그러므로 현대의 어느 기독교 성경신학에서도 매우 중요한 이 문제들을 강조하는 것이 절대적으로 필요하다.

하지만 여기서는 이 중요한 주제들에 대한 다음과 같은 설명적인 논평을 인용하는 것으로 충분하다. 이는 교회사에서 가장 통찰력이 있는 기독

12) *Selections from the Table Talk of Martin Luther*, trans. H. Bell, ed. H. Morley (London: Cassell, 1886)와 *The Table Talk of Martin Luther*, trans. T. S. Kepler(Cleveland: World, 1952)를 보라.

교 주석가들 중 몇 사람에 의해 바울이 로마서의 이곳에서 진술한 내용과 상당히 동일한 방식으로 표현되었다.

> 마르틴 루터: "이 율법[즉 모세 율법]이 지향하는 목표인 그리스도는 그의 고난과 부활로 말미암아 율법을 말끔히 폐하셨다. 그리스도는 율법을 죽여 영원히 장사하셨으며, 성전의 휘장을 찢어 둘로 나누셨고, 그런 다음에 제사장직, 왕자의 직책, 율법 및 그 밖의 모든 것과 함께 예루살렘을 부수고 파괴하셨다."[13]

> 아돌프 폰 하르나크: "[바울이 선포한 문제인] 율법의 어느 부분도 시간의 흐름이나 소리없이 분해시키는 환경의 영향으로 말미암아 가치가 저하되지 않았다. 그 반대다. 율법은 모든 조항이 여전히 유효하고 효력이 있다. 율법은 그것을 정하신 분, 즉 하나님에 의해서만 파기될 수 있다. 또한 심지어 하나님이라도 율법의 권한을 주장하면서 동시에 그것을 파기할 수는 없으시다. 다시 말해서 하나님은 틀림없이 율법의 성취를 제공하심으로써 그것을 파기하실 것이다. 그리고 이것은 실제로 발생했다. 하나님의 아들이신 예수 그리스도의 십자가의 죽으심과 부활로써 율법은 단번에 성취되었고 파기되었다."[14]

그래서 바울이 나중에 로마서 10:4에서 말하겠지만, 하나님이 정하신 언약적 의무, 즉 "의와 관련하여"(εἰς δικαιοσύνην) 모세 율법은 마침이 되었다. 바울이 이 문제를 극적으로 표현했듯이, 율법은 "헐어졌으며"(갈 2:18), "죽었다"(롬 7:1-3). 율법이 더 나은 어떤 것이나 다른 것으로 진화되었기 때문이 아니라 하나님께서 새 언약을 세우셨기 때문이다. 새 언약 안에서 "계

---

13) M. Luther, "On the Councils and the Churches," in *Works of Martin Luther*, vol. 5, trans. C. M. Jacobs (Philadelphia: Holman, 1916), 184.

14) A. Harnack, *The Mission and Expansion of Christianity in the First Three Centuries*, trans. J. Moffatt (London: Williams & Norgate, 1908), 1.54.

명"과 "법령들"이 파기되었고(엡 2:1-5), 하나님의 언약 백성인 이스라엘과 이방인 간의 구별이 그쳤다(엡 2:11-18). 바울이 "예수 그리스도가 십자가에 못 박힌 것이 밝히 보이거늘"이라고 말함으로써 새 언약에서 의롭다 함을 받는 것이 "모세 율법으로 말미암는지" 아니면 "그리스도 안에서" 일어나는지를 묻는 말을 단번에 종식하시키기를 기대할 수 있었던 것은, 그리스도와 그의 사역으로 인해 모세 율법의 옛 언약적 목적이 종결이 된 까닭에 있었다(참조. 갈 3:1). 사실 "율법이 끝났다"는 진술은 바울의 선포에 속하는 것만큼이나, 예수가 십자가상에서 부르짖은 것이기도 하다(요 19:30; 참조. 롬 10:4; 갈 3:13).

그러므로 새 언약에 속한 그리스도인들은 의를 율법과 관련하여 생각하는 것을 완전히 그쳤다. 안데르스 니그렌(Anders Nygren)이 관찰했듯이, 예수를 믿는 신자는 "그것으로 정죄를 받지도 않고 의롭다 함을 받지도 않는다. 그는 율법에서 아무것도 소망하지 않으며 아무것도 두려워하지 않는다. 의와 자유, 하나님의 정죄 및 진노와 관련해서, 신자에게 율법은 완전히 제거되었다."[15] 예수를 믿는 사람은 "그리스도의 복음이 **바로 하나님의 의**"라는 것을 발견한 까닭이다.[16] 또는 마르틴 루터가 이 문제에 대해 표현했듯이, 예수를 믿는 신자는 "그것이 무엇이 되었든지 간에 외적인 것은 그리스도인의 의로움이나 자유를 생산하는 데 전혀 영향을 주지 않는다.…한 가지 곧 단 하나가 그리스도인의 삶과 의로움과 자유에 필요한데, 그 한 가지는 그리스도의 복음인 하나님의 가장 거룩한 말씀이다"라는 사실을 깨달은 사람이다.[17]

15) Nygren, *Romans*, 310-11.
16) Nygren, *Romans*, 303(강조는 원저자의 것임).
17) M. Luther, "A Treatise on Christian Liberty," in *Works of Martin Luther*, vol. 2, trans. W. A. Lambert (Philadelphia: Holman, 1916), 313-14.

현대를 위한 상황화

6:1-7:13에 있는 바울의 진술은 (1) 하나님 앞에서 의롭다 함을 얻게 한다고 추정되는 수단(즉 "율법주의"), 또는 (2) 예수를 믿는 신자들에게 하나님을 믿는 믿음과 하나님께 드리는 감사를 표현하는 하나님이 정하신 방법, 즉 필수적인 방법(즉 "언약적 신율주의")인 모세 율법과 비교하여, 전적으로 "우리 주 그리스도 예수로 말미암아" 표현된 하나님의 은혜의 맥락 안에서 제시되었다. 바울의 진술은 하나님과 그들의 관계를 율법주의적으로나 신율주의적으로 이해하고 있는 현대의 많은 "그리스도인"에게 부정적인 권면으로 직접 적용된다. 이 진술은 예수를 믿는 신자들에게 (7:6b에 분명히 진술되었듯이) "율법 조문의 묵은 방식으로 [하나님을 섬기지] 말라"고 권면하는 까닭이다.

하지만 "이제는 우리가 얽매였던 것에 대하여 죽었으므로 율법에서 벗어났으니, 이러므로 우리가 영의 새로운 것으로 섬길 것이요, 율법 조문의 묵은 것으로 아니할지니라"는 7:6의 진술에서 바울이 하려고 하는 말은, 자신의 표준과 "개인적으로 도덕적이고 사회적으로 받아들일 만한 방법으로" 삶을 살아가려고 하는 현대의 많은 사람에게 더욱 중요한 것 같다. 마르틴 루터가 바울의 권면을 "문자의 옛것으로"(7:6b) 살지 말라고 적절히 상황화했다.

> 사도가 "문자"라는 말로써 말하려고 하는 것은 도덕적인 삶에 속하는 것을 규정하는 모든 교리다. 은혜의 성령을 제쳐두고 이 어구를 이렇게 이해하고 기억에 각인시킨다면, 그것은 죽은 공허한 글자이고 영혼의 죽음이다. 성 아우구스티누스도 그의 책 『성령과 문자에 관하여』(*Concerning the Spirit and the Letter*)의 네 번째 장에서 말했듯이, "금욕적이고 도덕적인 삶을 영위하기 위한 계명을 주는 교리는 문자다. 그것과 함께 살리는 성령이 없다면, 문자는 죽인다."[18]

---

18) M. Luther, *Commentary on the Epistle to the Romans*, trans. J. T. Mueller, 110. Augustine,

바울이 이곳 6:1-7:13에서 말한 대부분의 내용은 일찍이 갈라디아서 5:1-26에서 이와 비슷하게 상황화한 형태로 등장했다. 일찍이 그 본문에서 말한 다음과 같은 권면은, 특히 (1) "율법주의"로든 "신율주의"로든 하나님 앞에서 의롭게 살려는 사람들에게뿐만 아니라, (2) 자신의 표준으로든지 그들이 속한 특정한 사회의 규범으로든지 다른 사람들 앞에서 도덕적으로 살려는 사람들에게도 해당한다.

갈 5:1 - "그리스도께서 우리를 자유롭게 하려고 자유를 주셨으니, 그러므로 굳건하게 서서 다시는 종의 멍에를 메지 말라."

갈 5:13 - "형제들아! 너희가 자유를 위하여 부르심을 입었으나, 그러나 그 자유로 육체의 기회를 삼지 말고 오직 사랑으로 서로 종노릇하라."

갈 5:16 - "너희는 성령을 따라 행하라. 그리하면 육체의 욕심을 이루지 아니하리라."

갈 5:18 - "너희가 만일 성령의 인도하시는 바가 되면, 율법 아래에 있지 아니하리라."

갈 5:25 - "만일 우리가 성령으로 살면, 또한 성령으로 행할지니."

갈라디아서 5:1-26과 로마서 6:1-7:13에 각기 다른 문맥에서 다른 방식으로 표현되었지만, 동일한 내용을 담고 있는 (1) 율법으로부터의 자유와, (2) 성령으로 인도함을 받는 삶, 그리고 (3) 사랑으로 다른 사람을 섬기는 것과 관련된 이 중요한 원리는, 오늘날 우리들의 상황화된 기독교 복음 선포와 실천에 늘 포함되어야 한다.

De spiritu et littera (*On the Spirit and the Letter*, 4.6)를 인용함.

4. 하나님을 떠나 자신의 삶을 "혼자 힘으로 살아가는" 사람의 비극적인 곤궁에 관한 독백(7:14-25).

번역

14우리가 율법은 신령한 줄 알거니와, 나는 육신에 속하여 죄[의 지배] 아래
에 [종으로] 팔렸도다. 15내가 행하는 것을 내가 알지 못하노니, 곧 "내가 원
하는 것은 행하지 아니하고 도리어 미워하는 것을 행함이라." 16만일 내가
원하지 아니하는 그것을 행하면, 내가 이로써 율법이 선한 것을 시인하노
니.

17(그러나) 이제는[상황은 이렇다] 그것을 행하는 자가 내가 아니요, 내
속에 거하는 죄니라. 18내 속 곧 내 육신에 선한 것이 거하지 아니하는 줄을
아노니, 원함은 내게 있으나 선을 행할 능력은 없노라. 19"내가 원하는 바 선
은 행하지 아니하고 도리어 원치 아니하는 바 악을 행하는 도다." 20만일 내
가 원치 아니하는 그것을 하면 이를 행하는 자는 내가 아니요 내 속에 거하
는 죄니라.

21그러므로 내가 [내 삶에서 작용하는] 한 법을 깨달았노니, 곧 선을 행
하기 원하는 나에게 악이 함께 있는 것이로다. 22내 속사람으로는 하나님의
법을 즐거워하되, 23내 지체 속에서 한 다른 법이 내 마음의 법과 싸워 내 지
체 속에 있는 죄의 법으로 나를 사로잡는 것을 보는 도다.

24"오호라! 나는 곤고한 사람이로다!" 이 사망의 몸에서 누가 나를 건
져내랴?

25(그러나) 우리 주 예수 그리스도로 말미암아 [구원이 임하기에] 하나
님께 감사하리로다!

그런즉 내 자신이 마음으로는 하나님의 법을, 육신으로는 죄의 법을
섬기노라.

본문비평 주

7:14a 1인칭 복수 οἴδαμεν("우리가 안다")은 대문자 사본 ℵ A B* C D* F G P Ψ와 소문자 사본 1175 1739(범주 I), 81 256 1506 1881 1962 2127 2464(범주 II), 6 104 263 365 424^{c} 436 459 1241 1319 1573 1852 1912 2200(범주 III)의 지지를 받고, it^{mss} vg syr$^{p, h}$ cop$^{sa, bo}$에 반영되었으며, 오리게네스$^{gr, lat}$ 크리소스토모스 테오도로스 테오도레토스 암브로시아스테르 아우구스티누스 히에로니무스[10]의 지지를 받는다. 소문자 사본 33(범주 I)의 증거를 가지고 있고, arm^{ms} slav와 같은 역본과 성구집 883에 반영되었으며, 히에로니무스가 *Contra Jovin* 1.37에서 주장한 것처럼, 바울이 7:7-25 내내 1인칭 단수 "나"를 빈번하게 사용한 것에 영향을 받은 (최근의 학자들을 비롯하여) 몇몇 필경사와 교부들은 οἴδαμεν을 둘로 나누어 οἶδα μεν("나는 진실로 알고 있다")이라고 읽는다. 하지만 브루스 메츠거가 지적했듯이, 이러한 독법은 "바울의 주장의 이 시점에서 독자들에게 일반적인 동의를 구하는 진술의 필요성을 간과한 것이다. 그가 습관적으로 οἴδαμεν을 사용하여 그런 진술을 소개하듯이 말이다."[1)] 더욱이 바울이 7:14-25에서 대조하고 있는 것은 "내가 알고 있다"(I know)고 하는 것과 이어지는 "나라는 존재"(I am) 간의 대조가 아니라, "신령한 율법"과 "육체인 인간 자신" 간의 대조다.

14b절 이곳에서 실명사적 용법으로 사용된 형용사 σάρκινος("육체적인", "육으로 만들어진")는 대문자 사본 ℵ* A B C D F G Ψ와 소문자 사본 33 1739(범주 I), 81 1506 1881(범주 II), 6 69(범주 III) 등에서 널리 입증을 받는다. 이문 σάρκικος("육체적인", "땅의 질서에 속한," "물질적인")는 대문자 사본 P[또한 *Byz* K L]와 소문자 사본 1175(범주 I), 2464(범주 II), 88 104 323 326 330 365 1241 1243 1319 1505 1573 1838 1874 2495(범주 III)에 등장한다. Σάρκικος가 가끔 "더 부드러운" 표현으로 간주되기도 하지만, 두 용어는

1) Metzger, *Textual Commentary*, 454. 롬 2:2; 3:19; 8:22, 28과 그 밖에 고전 8:4; 5:1에서 바울의 또 다른 οἶδα("우리가 알고 있다") 용례를 주목하라.

거의 동의어다. 하지만 그리스어 사본 전통에서는 훨씬 더 좋은 사본이 σάρκινος를 지지하므로 그것을 원본으로 받아들여야 한다. 이문 σάρκικος는 (1) 청각적인 오류나 (2) 바울이 신체적인 의미에서만 "육체적인"이라고 말했다고 이해했을 가능성을 줄이려는 시도 때문일 것이다.

15절 이 구절 끝에 있는 "이것을 나는 행한다"라는 표현에서 중성 지시대명사 τοῦτο("이것")가 포함된 것은 사본 전통에서 아주 좋은 지지를 받고 있으며, 따라서 그것을 원본으로 받아들여야 한다. 하지만 이 단어가 대문자 사본 D F G에 생략되었는데, 아마도 관사 ὁ("그것")의 지시적 사용과 지시대명사 τοῦτο("이것") 간에 중복이 있다고 생각되는 부분을 제거하려는 노력으로 보인다.

16절 "그것은 선하다"라는 진술에서 동사 ἐστιν("그것은 ~이다")이 없는 것이 사본 증거에서 우세하다. 9세기의 대문자 사본 F G만 καλός ἐστιν("그것은 선하다")이라고 읽는다. 하지만 생략적으로 καλός만 사용하는 본문은 동사 ἐστιν의 개념이 포함되며, "그것은 선하다"라고 번역하는 것이 올바르다.

18a절 9세기의 대문자 사본 F G는 명사 ἀγαθόν("선한 것," "옳은 것") 앞에 관사 τό("그")를 첨가한다. 하지만 그것은 문법적인 개선을 시도한 것으로 보인다.

18b절 문장이 부정어 οὔ("아니")로 갑자기 끝남으로써 "원함은 내게 있으나 선을 행할 능력은 없노라"라고 읽게 되는 본문은 대문자 사본 א A B C와 소문자 사본 1739(범주 I), 81 1881(범주 II), 6 424[c] 436 1852 1908 220(범주 III)의 강력한 지지를 받는다. 이것은 cop[sa, bo]에 반영되었으며 히에로니무스[2/5] 아우구스티누스[18/38] 아우구스티누스의 입증을 받는다. 한 문장을 부정어로 끝내는 이 이상한 현상은 분명 초기의 여러 필경사들로 하여금 일종의 보조 동사적 표현을 첨가하도록 했다. 다음 중 하나가 첨가됐다. (1) 대문자 사본 D F G P Ψ(또한 Byz K L)와 소문자 사본 33 1175(범주 I), 1506 1962 2464(범주 II), 104 424* 459 1241 1912(범주 III)에 등장하며, it[(ar), b, d, f, g, mon, o] vg syr[p, h]에 반영되고 이레나이우스[lat] 오리게네스[lat] 크리소스토모

스 히에로니무스[3/5]의 지지를 받은 οὐχ εὑρίσκω("나는 발견하지 못했다"), 또는 (2) 소문자 사본 256 2127(범주 II) 263 1319 1573(범주 III)에 등장하는 οὐ γινώσκω("나는 알지 못한다") 등이다. 하지만 더 짧고 생략적인 독법 οὔ가 원본으로 선호된다.

19절 이 구절 두 번째 부분의 οὐ θέλω("나는 원하지 않는다")는 사본 전통에서 매우 널리 지지를 받는다. 이문 μισῶ("나는 미워한다")가 대문자 사본 F에 등장하며, vg[s]에 반영되었다. 이 단어가 등장하게 된 것은 (1) 같은 절에서 중복된 2개의 οὐ θέλω를 완화시키려는 목적, (2) 일찍이 15절에서 사용한 οὐ θέλω와 μισῶ의 병행을 유지하려는 목적, 또는 (3) "나는 원하지 않는다"에서 "나는 미워한다"라는 논리적 전개를 강조하려는 목적인 것이 분명하다. 하지만 μισῶ는 받아들이기에는 외적 사본 증거의 지지를 충분히 받지 못한다.

20절 이 구절의 첫 번째 ἐγώ("나는")의 유무를 지지하는 사본 증거는 거의 동등하게 나뉘어 있다. 대문자 사본 א A P Ψ(또한 *Byz* K L), 소문자 사본 33 1175 1739(범주 I), 81 1881 1962(범주 II), 6 69 88 323 326 330 424[c] 459 614 1505 1838 1874 1912 2200 2495(범주 III), 역본 syr[h] cop[bo], 그리고 클레멘스 오리게네스[lat] 크리소스토모스 히에로니무스[2/4] 아우구스티누스[8/15] 등 교부들의 글에 이 첫 번째 ἐγώ가 포함되어 있다. 이 단어는 대문자 사본 B C D F G, 소문자 사본 256 1506 2127 2464(범주 II), 104 263 1241 1243 1319 1573 1735 1852(범주 III), 역본 it[mss] vg cop[sa], 테오도로스 암브로시아스테르 펠라기우스 아우구스티누스[7/15] 등 교부들의 글에 생략되었다. 브루스 메츠거가 논의를 적절히 요약했으며 가장 개연성 높은 결론에 주목했다. "필사 작업 시 개연성의 관점에서 볼 때, ἐγώ는 착시로 인해 우연히 생략되었거나, 이어지는 ἐγώ에 일치시켜 강조하려고 의도적으로 첨가되었든지 둘 중 하나일 것이다. 따라서 위원회는 이 단어를 유지하지만 꺾쇠 괄호 안에 포함시키기로 결정했다."[2)]

---

2) Metzger, *Textual Commentary*, 455.

22절 23절의 어구 τῷ νόμῳ τοῦ νοός에 분명 영향을 받은 바티칸 사본(B 03)은 22절에서 θεοῦ를 νοός로 무심코 대체한 것 같다.[3)]

23절 Τῷ νόμῳ 앞에 있는 전치사 ἐν("안에", "의", "에게", "의하여")은 대문자 사본 ℵ B D G [K] P Ψ, 소문자 사본 33(범주 I), 1881(범주 II), 88(범주 III)의 지지를 받고 있으며, $it^{ar, d, dem, e, f, g, t, x, z}$ vg $cop^{sa, bo}$ 등 역본에 반영되었고, 클레멘스 오리게네스^{lat} 암브로시아스테르 테오도레토스의 지지를 받고 있다. 하지만 이 단어가 대문자 사본 A와 C, 소문자 사본 1739(범주 I), 81 1962 2127(범주 II), 104 326 330 436 451 614 629 630 1241 2127 2495(범주 III), 그리고 크리소스토모스에서는 생략되었다. 이 단어를 포함하는 사본 증거가 그것을 생략한 사본 증거보다 약간은 더 낫다. 게다가 이 단어를 포함한 것은 더 읽기 어려운 독법을 대표한다. 이 단어는 αἰχμαλωτίζοντά με ἐν τῷ νόμῳ τῆς ἁμαρτίας에서 불필요하고, 심지어 거슬리기까지 한다. 그러므로 GNT^3를 지지하는 연합성서공회 위원회의 대다수 회원은 ἐν이 보유된 본문을 선호했으며, 일부 사본 증거에 그것이 생략된 것을 앞의 행(ἀντιστρατευόμενον τῷ νόμῳ τοῦ νοός μου)에 있는 τῷ νόμῳ와 조화시킨 결과로 설명한다. 그러면서 이 단어를 포함한 사본의 등급을 B로 매겼다. 이 단어가 생략된 것은 문체를 개선하려는 데서 발생했을 것이다.

25a절 독법 χάρις δὲ τῷ θεῷ("그러나 하나님께 감사하리로다")는 외적으로 대문자 사본 ℵ C^2와 소문자 사본 33(범주 I), 81 256 1506 2127(범주 II), 104 263 365 436 459 1319 1573 1852의 지지를 받고 있으며, cop^{bo}를 비롯하여 다른 많은 역본에도 반영되었다. 내적으로 이 독법은 다른 모든 가능성 있는 독법들을 가장 잘 설명하는 것 같다. 후치사 δέ가 바티칸 사본(B 03), cop^{sa}, 그리고 오리게네스 메토디오스 에피파니우스 히에로니무스$^{1/6}$에 생략되었다. 이것은 브루스 메츠거가 제안하듯이, "제의적 사용(δέ는 롬 6:17; 고후 2:14; 8:16, 고후 9:15의 몇몇 사본에 있는 동일한 찬미 내용에 등장한다)에

3) Metzger, *Textual Commentary*, 455.

비춰 보면 자연스러운 발전이다."[4] 더욱이 메츠거가 계속 제안하듯이, "독법 εὐχαριστῶ τῷ θεῷ(א* A K 614 1739 *Byz Lect*)는 του [ευ] χαρις [τω] τω θεω 등 몇몇 낱말의 반복을 포함하는 필사 오류로 발생한 것 같다."[5]

"서방 본문"의 독법은 2개가 있다. (1) ἡ χάρις δὲ τῷ θεῷ("하나님의 은혜"). 이 독법은 베자 사본(D 06)에 등장하며, $it^{ar, b, d, mon, o}$ vg에 반영되었고, 오리게네스$^{lat2/3}$ 테오도레토스 암브로시아스테르 히에로니무스$^{4/6}$의 지지를 받는다. (2) ἡ χάρις κυρίου("주님의 은혜"). 이 독법은 대문자 사본 F G에 등장하며, $it^{f, g}$에 반영되었다. 바로 앞에 있는 7:24의 질문 τίς με ῥύσεται;("누가 나를 건져내랴?")에 대한 즉각적인 대답을 제공해준다.

25b절 불변화사 μέν("참으로")이 포함된 독법은 본문 전통에서 널리 입증을 받고 있다. 하지만 이 단어는 시나이 사본(א 01)과 9세기 대문자 사본 F G에 생략되었다. 이 단어의 생략은, 특히 "죄의 법에 종노릇하다"라는 부정적인 진술의 25b절이 어떻게 앞 25a절에 있는 승리의 주장을 곧바로 뒤따라오는지에 대해 필경사가 불확실하게 느꼈음을 반영하는 것으로 보아야 할 것 같다(이것은 본서 7:24-25의 논의에서 좀 더 충분히 다룰 필요가 있는 문제다).

형식/구조/상황

7:14-25의 구조, 수사, 내용, 병행어구, 목적, 특히 본문에 묘사된 사람이 누구인지 또 어떤 경험이 묘사되었는지를 두고 수많은 질문이 제기되었다. 대부분의 주석가들은 본문을 모세 율법과 그 율법 아래 살았던 삶을 다룬 7:7-13의 연속으로 취급해왔다. 따라서 (1) 긍정적으로는 율법이 7:14-25에서 14절의 "신령한 것"(πνευματικός), 16절의 "선한 것"(καλός), 그리고 22절과 25b절의 "하나님의 법"(ὁ νόμος τοῦ θεοῦ)이라는 언급에 맞추고, (2) 부정적으로는 이와 같은 율법의 지침이 아무리 가치 있고 숭고하다고

4) Metzger, *Textual Commentary*, 455.
5) Metzger, *Textual Commentary*, 455.

해도 율법의 인도를 따라 자신의 삶을 살아가려는 노력이 좌절로 끝난다는 점에 초점을 맞춘다는 것이다. 하지만 이어지는 내용에서 필자는 7:14-25을 "자신의 힘으로", 즉 자신의 역량과 능력으로 삶을 살려고 할 때 따르는 결과를 주제로 하는 바울의 "독백" 또는 "극적 독백"을 나타낸다고 해석할 것이다. "내 자신"(αὐτὸς ἐγώ)이라는 표현으로 요약되는 그러한 삶에 대한 묘사는 8:1-39에 있는 사도의 상황화한 기독교 선포, 즉 "그리스도 예수 안에"(ἐν Χριστῷ Ἰησοῦ) 있는 삶 및 하나님의 영의 능력으로(κατὰ πνεῦμα) 사는 삶과 대조된다.

서간체적 형식과 생략법을 특징으로 하는 독특한 자료 단위인 로마서 7:14-25. 이 본문은 7:14a에서 "우리가 알거니와"(οἴδαμεν ὅτι)라는 서간체적 공개 공식으로 시작한다. 이러한 공개 공식은 그리스어 편지의 구조 내부에서 새로운 단락이나 하위 단락의 시작을 표시하기 위해 고대에 보편적으로 사용되었다. 그래서 이것은 저자가 편지를 읽는 사람과 그 편지를 읽어주는 것을 듣는 사람들에게 새로운 단락이나 하위 단락이 시작되고 있다고 주의를 주려는 의도로 이해되어야 한다. 바울은 그의 편지 여러 곳, 특히 로마서에서 이 공식을 사용했다. 그는 이것을 이용하여 새로운 단락이나 하위 단락을 시작하고 있음을 밝힌다.[6] 마찬가지로 이 단락은 "그런즉" 또는 "그러므로"(ἄρα οὖν)라는 관용어적인 결론 공식으로 마무리된다. 바울은 로마서 여러 곳에서 이 어구를 사용하여 논증의 결론이 어디서 시작되는지,[7] 또는 적어도 전반적인 논증에서 중간 결론이 어디서 시작되는지를 표시한다. 그래서 이곳 로마서 7장의 마지막에서는 8:1a의 "그러므로 이제"(οὐδὲν ἄρα νῦν)라는 대립하는 공식으로 대조되는, 7:25b의 "그런즉"이라는 중간 마무리 공식으로 논증을 결론짓는다.

7:14a의 "우리가 알거니와"(οἴδαμεν ὅτι)라는 문단을 시작하는 공개 공

---

6) 그 밖에 편지의 "공개 공식"이 로마서 2:2; 3:19; 6:3, 16; 7:1, 14; 8:22, 28(아마도 8:18, 26에도); 11:25에 등장한다.

7) 이곳 7:25b에서 바울이 ἄρα οὖν을 사용한 것 외에 5:18; 7:3; 8:12도 참조하라.

식과 7:25b의 "그런즉" 또는 "결과적으로"(ἄρα οὖν)라는 마무리 공식 사이에 제시된 내용 대부분은 축약적인 문체로 제시되었다. 이를테면, (1) 명사, 대명사, 동사들이 여럿 생략되었다. 물론 각각의 문맥에서 그것들이 있어야 하는 것이 감지되기는 하지만 말이다. 또한 (2) 관계들이 사무적이고 극단적으로 간결하게 표현되었다.

이러한 공식적인 특징들에 비추어볼 때, 7:14-25을 저자의 전반적인 목적 안에서 자체적 특성을 가지고 기능하는 구별된 자료 단락으로 이해하는 것이 가장 좋은 것 같다. 물론 주목할 만한 점들이 있다. (1) 이 본문이 바울이 6:1-7:13에서 모세 율법에 대해 쓴 내용을 상당히 따르거나 반영한다는 것과, (2) 이 단락은 사도가 7:7-13에서 사용한 1인칭 대명사 ἐγώ("나는")를 계속 사용하고 있다는 것, 그리고 (3) 이 단락에는 바울이 8:1-39에서 기록한 내용과 대조를 이루는 자료가 제시되었다는 것이다. 이 본문을 앞뒤 내용과 연결하는 유사한 단어와 표현들에도 불구하고, 7:14-25의 어조와 분위기는 본문 앞뒤에 있는 것과 상당히 다르다. 그래서 우리는 7:14a의 본문을 시작하는 "공개 공식"과 7:25b의 "마무리 공식"의 이러한 특징들이 본문의 생략 문체와 함께, 바울이 7:14-25에서 쓰고 있는 내용의 독특한 특성을 표시한다고 제안한다.

여기서 한걸음 더 나아가 우리는 (1) 이 본문을 "하나님과 상관없이 자신의 기량과 능력으로(즉 "자신의 힘으로") 삶을 살려는 사람들의 비극적인 곤궁"에 대한 극적 독백으로 이해하는 것이 가장 좋으며, (2) "하나님과 상관없는" 인간의 처지에 대한 이 일련의 간결한 반추들은 바울이 6:1-7:13에서 하나님의 은혜, 모세 율법, 사람들의 반응에 관해 기록했던 모든 내용에 대한 극적인 결론이자, **또한** 그가 8:1-39에서 "그리스도 안에 있는" 존재, "하나님의 영으로 사는 삶" 그리고 "우리 주 그리스도 예수 안에 있는 하나님의 사랑"에 관해 쓸 부분에 대한 준비로서 전략적으로 배치한 내용이라고 제안한다.

7:14-25에 묘사된 사람은 누구이며 어떤 유형의 경험이 묘사되고 있는가? 7:14-25의 자료와 관련하여 반복해서 제기되는 중요한 질문이 두 가

지 있다. (1) 본문에 묘사된 사람의 정체와 (2) 묘사된 경험의 유형이 바로 그것이다. 사실 로마서에서는 7:14-25에서 기록한 내용이 가장 세밀한 조사 대상이자 혼란의 원천이 되었다. 이 두 문제가 모든 석의 작업에서 전면에 부각되었다.

1. 전통적인 이해. 본문을 해석하는 사람들은 전통적으로 두 가지 주요 사상 학파 중 하나를 지지해왔다. 한 학파에게 이 본문은 주로 바울이 예수 그리스도의 추종자가 되기 전 율법 아래에서 그가 경험한 것을 가리킨다. 다른 학파가 볼 때, 바울은 그리스도인으로서 자신의 삶에서 그리고 예수를 믿는 모든 신자의 이중적인 특성 안에서 계속되고 있는 갈등, 즉 신자들이 "아담 안에 있는" 것과 그들이 현재와 미래에 더욱 충만하게 "그리스도 안에" 있는 것 사이의 갈등을 묘사하고 있다. 두 해석 모두 바울이 7:14-25에서 말하는 내용을 자서전적으로 이해한다. 첫 번째 해석에서는 바울과 다른 사람들의 회심 이전 모세 율법 아래에서의 경험을 반추한 것으로 이해하고, 두 번째 해석에서는 (1) 상속된 타락과 본질적인 육체적 욕망 및 (2) "그리스도 안에" 있는 새 생명과 "하나님의 영으로 말미암는" 인도하심이라는 이중적인 상황 가운데 살아가는 그리스도인의 삶의 지속적인 갈등과 관련하여, 바울 자신과 다른 사람들의 고백으로 이해된다.

초기의 기독교 해석 시기부터 이 두 이해가 논쟁의 대상이 되어왔다. 오리게네스와 대부분의 그리스 교부들은 이 본문을 바울이 그리스도의 추종자가 되기 이전에 겪었던 모세 율법 아래서의 자신의 경험을 회상한 것으로 보았다.[8] 이 회심 이전 관점은 존 웨슬리, 아돌프 다이스만, 헨리 존 새커리(Henry St. John Thackeray), 아서 피크(Arthur S. Peake), 제임스 스튜어트, 도드, 더글러스 무 같은 지지자들에 의해 발전되었다. 반면에 아우구스티누스와 마르틴 루터는 본문을 바울이 그리스도인으로서 회심한 후 겪은

8) 이 본문의 이해와 관련하여 교부들의 자세한 설명에 대해서는 Schelkle, *Paulus*, 242-48과 Kuss, *Römerbrief*, 2.462-85을 보라. 초기 교부들만 아니라 개신교 종교개혁자들과 1929년까지 독일 학자들의 견해에 대해서는 Kümmel, *Römer 7 und die Bekehrung des Paulus*, 74-109을 보라.

경험을 반추하고 있는 것으로 해석했다. 이것은 예수를 믿는 모든 참 신자의 내적 갈등과 유사하다.[9] 이 회심 후 입장은 마르틴 루터, 필리프 멜란히톤, 장 칼뱅의 지지를 받았다. 이 유명한 개신교 종교개혁 해석자들을 자기 입장의 원형으로 여긴 대부분의 신학자들 역시 이들 견해에 의견을 같이 한다. 그리고 안데르스 니그렌, 크랜필드, 제임스 던, 존 머리, 레온 모리스, 바레트와 같은 현대의 주석가들이 석의를 통해 옹호해왔다.

회심 전 견해는 다음과 같은 사실을 강조한다. (1) 7:7-13에 있는 동사들의 과거시제, (2) 8:1에서 "이제"(νῦν)를 강조하며 표시된 7장과 8장 간의 결정적인 대조, (3) 7장(적어도 25a절까지)에 기독교적 표현이 없고, 8장에 그리스도 예수, 성령, 기독교적 삶이 풍부하게 언급된 점, (4) 예를 들어 14절에 "죄 아래 팔렸다"와 24절에 "곤고한 사람"처럼 그리스도인의 삶에 대해 바울이 제시한 내용과 결정적으로 대조되는 7장의 여러 표현, (5) 만일 이것이 그리스도인의 삶에 대한 모습이라면 그리스도로 말미암는 구속이 전혀 구속이 아니라는 논리적인 주장, (6) 이와 같은 회심 이전의 갈등은 과거나 오늘날이나 많은 사람에게 일반적이라는 경험론적 논증, (7) "어린아이다운 순진무구함", "율법 아래의 갈등", "그리스도 안에서의 자유" 등 바울의 삶에 대한 삼중적인 구분은 유대교와 바울의 삶에 대해 우리가 알고 있는 내용과 "정확히 일치한다"는 실용주의적인 주장 등이다.

반면에 회심 후 해석은 다음과 같은 사실을 강조한다. (1) 7:14-24에 있는 동사들의 현재시제, (2) 그리스도인의 삶에 대해 언급하는 로마서 5, 6, 8장의 문맥에서 로마서 7장이 제시된다는 점, (3) 회심 전 해석은 빌립보서 3:6에서 바울이 자신의 이전 삶에 대해 말한 것과 불일치한다는 점, (4) 그리스도인의 삶의 내부에 존재하는 옛 피조물과 새로운 피조물 간의 긴장을 나타내는 본문에 대한 해석이 그리스도인의 삶의 내부에 있는 비슷한

---

9) 아우구스티누스는 초기에는 사도가 중생하지 않은 사람의 이름으로 말하고 있다고 이해했지만(참조. *Expositio quarundam propositionum ex epistola ad Romanos, PL* 35.2071), 후기에는 바울이 그리스도인으로서 자신의 이름으로 말하고 있었다고 주장했다(참조. 그의 *Retractationes* 1.23.1과 2.1.1; *PL* 3.620-21; 32.629-30).

긴장을 묘사하는 로마서 8:23이나 갈라디아서 5:17과 일관성이 있다는 점, (5) 이와 같은 견해는 우리가 과거와 현재에 그리스도인의 삶에 대해 알고 있는 것, 즉 그리스도인은 하나님의 구원사의 옛 세대와 새 세대 사이에 살고 있다는 것과 일관성이 있다는 것 등이다. 이 두 입장을 지지하는 주장들은 몇몇 학자에게 거의 동등한 설득력을 가진 것으로 보였으며, 다양한 해석자들은 로마서 7장의 해석이 다소 교착상태에 이르렀다고 생각했다.

2. 7:14-25의 "나"(ἐγώ)를 연설과 글의 양식으로 이해하기. 하지만 7:7-25에서 사용된 바울의 1인칭 인칭대명사 "나"(ἐγώ)에 대한 이해는, 7:7-25이 바울의 종교적·윤리적 경험에 관해 실제로 무엇을 말하는지를 다루는 1929년 베르너 큄멜의 연구가 출판되면서 많은 학자들에게 극적인 변화를 가져다주었다.[10] 그는 고대 유대교 저자들과 바울이 늘 엄격히 자전적인 의미에서 1인칭 단수 대명사를 사용하지 않았고, 때로는 그들의 교훈을 제시하면서 수사적·문학적 양식으로 "나"를 사용하곤 했다는 증거가 있다고 주장했다. 이를테면, 1인칭 단수 대명사는 교훈을 베풀고 있는 교사 자신의 상황을 묘사하기 위한 의도로 항상 쓰인 것은 아니었고, 종종 모든 사람을 포함하는 잠언적이거나 일반적인 의미로 의도되었다는 것이다. 바울이 7:7-25에서 잠언적 의미로 "나"를 사용했다는 큄멜의 견해를 지지하는 학자는 귄터 보른캄, 에른스트 푹스, 카를 케르텔게, 얀 람브레히트, 에른스트 케제만, 그리고 오토 쿠스 등이다.[11]

큄멜은 랍비의 일반적인 교훈이 1인칭 단수 대명사 "나"의 사용을 통해 주어지거나 예증되는 초기의 유대 미쉬나와 탈무드로부터 세 본문을 인용했다. (1) *m. Berakot* 1:3. 여기서 랍비 타르폰은 도둑이 들었는데도 누워 있는 동안 쉐마를 암송하는 위험천만한 경험을 소개한다. (2) *m. Abot* 6:9. 여기서는 랍비 요세 벤 키스마가 밖에서 산책하고 있는 동안 어떤 이방인

10) Kümmel, *Römer 7 und die Bekehrung des Paulus*.
11) R. N. Longenecker, *Paul, Apostle of Liberty*, 86-97. 이어지는 내용은 이 책의 내용을 약간 수정하여 다시 내놓은 것이다.

을 만난 상황을 묘사한다. (3) *b. Berakot* 3a. 여기서는 랍비 요세가 엘리야의 출현 시 자신이 그와 나눈 대화를 이야기한다.[12] 미쉬나와 바벨로니아 탈무드 게마라의 증거가 일반적이거나 잠언적인 방식으로 유대적 1인칭 대명사 "나"를 사용하는 예로 중요하기는 하지만, 이러한 자료의 가치는 약간은 경감된다. 다음과 같은 까닭에서다. (1) 이 자료의 늦은 연대. 앞에서 인용한 세 본문 모두 기원후 120-140년에 가르쳤던 3세대 탄나임 랍비들의 작품들이다. (2) 진술들이 상상이나 생각에 의한 것이라는 점 등이다. 문체나 양식의 의미로 사용된 "나"의 더 중요한 예가 될 수 있는 것은 필론이 그의 책 『꿈에 대하여』(*De somniis*) 1.177에서 1인칭 복수 "우리"를 1인칭 단수 "나"로 바꾼 예다. 그 본문의 문맥은 정신과 몸의 관계를 다루며, 그 짧은 단락에서 사상의 일반적인 특성이 변경되지 않았는데도 1인칭 단수 "나"가 여격 형태와 목적격 형태로 사용되었다.

이 문제와 관련된 더 최근의 증거는 쿰란의 사해사본에서 나왔다. 이 문서는 로마서 7장, 특히 7:14-25에서 바울의 1인칭 대명사 사용을 이해하는 데 가장 중요한 외부적인 도움을 제공한다. 공동체 규범이라고 불리는 1QS의 10, 11단에는 하나님이 선택하신 사람들의 영원한 소유와 특권에 대한 설명이 있다. 구원의 선물들, 즉 "지식", "의", "힘", "영광"의 선물들을 묘사하는 와중에 갑작스러운 외침이 있다.

> 그러나 나는 악한 사람과 비뚤어진 육체적 모임에 속하여 있습니다. 나의 죄악, 나의 범죄, 나의 죄는 나의 비뚤어진 마음과 더불어 어둠 속에서 움직이는 벌레와 물체들의 모임에 속해 있습니다.[13]

쿰란 문서의 "윤리적 이원론"에서는 이와 같은 절망의 외침이 "사악함과

---

12) Kümmel, *Römer 7 und die Bekehrung des Paulus*, 128-32.

13) 1QS 11.9-10a, in W. H. Brownlee, trans., *The Dead Sea Manual of Discipline: Translation and Notes*, BASORSup 10-12 (New Haven: American Schools of Oriental Research, 1951).

어둠에 속한 사람들"의 외침일 수 있다. 테오도르 가스터(Theodor Gaster)는 10단과 11단을 "입문자들의 찬양시"로 제목을 붙였는데, 이로 인해 몇몇 사람들이 이 본문을 "하나님의 택함 받은 자"로 받아들여지기 전의 어느 입문자가 한 말이라고 믿게 되었을 것이다. 하지만 본문의 맥락과 공동체의 찬양시와 시편에 이와 비슷한 내용이 빈번하게 등장하는 것으로 미루어볼 때,[14] 우리는 이 말을 자신이 하나님의 선택을 받았고 공동체의 정회원으로 받아졌음을 충분히 의식하는 유대교 한 종파의 표현으로 볼 수밖에 없다. 로마서 7장과 관련하여 이 본문의 중요성은 카를 쿤(Karl Georg Kuhn)이 잘 서술했다.

> 이 본문에 로마서 7장에 있는 것과 동일한 "나"가 있다. 이것은 문체뿐만 아니라 특히 신학적인 함의와 관련해서도 동일한 "나"다. 이곳의 "나"는 로마서 7장에서처럼 개인적이거나 자서전적인 의미가 아니다. 그 "나"는 인간 실존에 대한 잠언이자 설명이다. 이 쿰란 본문에서 "나"는 로마서 7장에서처럼 육신인 인류의 존재를 의미한다.[15]

하지만 유사한 문헌에 전적으로 기댈 필요는 없다. 바울 서신에서 "나"라는 언급(인칭대명사 1인칭을 사용하기도 하고 동사의 어미에 편입하기도 함)이 자신을 분명하게 언급하는 부분이 많이 있지만, 그는 잠언적이거나 총체적인 방식으로 1인칭 단수 "나"(ἐγώ)를 사용하기도 한다. 로마서 3:7이 좋은 예다. "나의 거짓말로(ἐν τῷ ἐμῷ ψεύσματι) 하나님의 참되심이 더 풍성하여 그의 영광이 되었다면, 어찌 내가 죄인처럼 심판을 받으리요(τί ἔτι κἀγὼ ὡς ἁμαρτωλὸς κρίνομαι)?" 문맥상 바울은 이것을 자신의 개인적인 실천은 고사하고 자신의 가르침으로도 분명하게 포기한다. 물론 사람들이 거짓말을 하

14) 1QH 1.21-23; 3.24-36.

15) K. G. Kuhn, "New Light on Temptation, Sin, and Flesh in the New Testament," in *The Scrolls and the New Testament*, ed. K. Stendahl (New York: Harper, 1957), 102.

는 와중에도 주어지는 하나님의 풍성한 은혜를 바울을 비롯하여 하나님을 아는 모든 사람이 경험하고 있지만 말이다.

이 논의와 관련하여 보다 더 중요한 것은 이른바 사랑의 노래라고 불리는 고린도전서 13장에서 사용된 1인칭 대명사다. 해당 본문은 13:1-3에서 시작하고 다음과 같은 내용으로 되어 있다.

> 내가 사람의 방언과 천사의 말을 할지라도 사랑이 없으면, 소리 나는 구리와 울리는 꽹과리가 되고, 내가 예언하는 능력이 있어 모든 비밀과 모든 지식을 알고 또 산을 옮길 만한 모든 믿음이 있을지라도 사랑이 없으면 내가 아무것도 아니요. 내가 내게 있는 모든 것으로 구제하고 또 내 몸을 불사르게 내어줄지라도 사랑이 없으면, 내게 아무 유익이 없느니라.

이 구절에 묘사되었듯이, 사랑이 없으면 모든 것이 부적절하다는 것은 엄격히 개인적인 경험이나 인식으로 이해되지 않는다. 이것은 잠언이나 경구이며 일반적인 진리로 이해되어야 한다. 물론 바울이 이러한 진리가 자신의 삶에서 경험되며 실현되었다고 주장하는 것도 확실하지만 말이다.

그러므로 고린도전서에서 바울은 (1) 다른 사람들의 경험과 비교하여 자신의 상황과 경험에 대해 말하는 고린도전서 9:1-27에서처럼, 자신을 언급할 때뿐만이 아니라, (2) 고린도전서 13:1-13에서처럼 잠언적이고 일반적인 방식으로도 개인적인 대명사 "나"를 사용한다. 고린도전서 13장은 1-3절에서 문제의 "나"가 드러낼 수도 있는 가치 있는 품성과 행위를 나열하며 시작하지만, 그 사람의 삶에서 사랑(ἀγάπη)의 부재로 인해 이러한 품성과 행위의 효과를 부인한다. 그런 다음에 그는 13:11에서 문제의 "나"가 어린아이였을 때는 어린아이처럼 말하고 생각하며 논증했지만 이제 장성해서는 "어린아이의 방식"을 버렸다고 묘사한다. 루크 존슨이 고린도전서 13장에서 사용한 "나"에 관해 말한 것은 옳다.

> 바울은 13:1-3에 열거한 모든 특질을 가졌다고 주장하지 않고, 사랑(아가

> 페)이 완전히 결여되었다고 주장하지도 않는다. 마찬가지로, 그가 "내가 어렸을 때는 말하는 것이 어린아이 같았다"(13:11)라고 말한 것을 자신에 대한 구체적인 언급으로 이해해서는 안 된다. 이것은 요지를 생생하고 개인적으로 표현하기 위해 사용된 1인칭 화법이다. 1인칭 담론은 바울의 인격에 접근하는 창문이기보다는, 독자의 반성과 자성을 위한 거울이다.[16)]

고린도전서 6:15의 수사적 질문도 마찬가지다. "내가 그리스도의 지체를 가지고 창녀의 지체를 만들겠느냐?"라는 질문에 바울이 매우 강한 부정적인 대답으로 "결코 그럴 수 없느니라!"(μὴ γένοιτο)고 대답한 것은 극적인 1인칭 단수로 말하는 일반적인 금언으로 이해해야 한다. 마찬가지로 갈라디아서 2:18("만일 내가 헐었던 것을 다시 세우면 내가 나를 범법한 자로 만드는 것이라")도 비슷한 방식으로 이해해야 한다. 고린도전서 14:11, 14-15도 같은 방식으로 이해되어야 할 것이다. "그러므로 내가 그 소리의 뜻을 알지 못하면 내가 말하는 자에게 외국인이 되고 말하는 자도 내게 외국인이 되리니…내가 만일 방언으로 기도하면 나의 영이 기도하거니와 나의 마음은 열매를 맺지 못하리라. 그러면 어떻게 할까? 내가 영으로 기도하고 또 마음으로 기도하며, 내가 영으로 찬송하고 또 마음으로 찬송하리라." 이 모든 경우에 부정대명사 "어느 누가"(τις)를 쉽게 사용할 수 있을 것이다. 비록 본문의 힘과 극적인 특성을 상당히 잃을 수는 있겠지만 말이다.

그리스-로마의 비극적 독백과 "등장인물 담화"에 나타난 병행어구들. 주석가들은 보통 7:7-25, 특히 7:14-25에 묘사된 화자가 누구인지 그리고 경험의 유형이 어떤 것인지에 거의 모든 관심을 쏟아왔다. 하지만 중요한 연구가 (1) 7:14-25과 개인적인 자제력의 부족에 관한 그리스-로마의 비극적 독백 사이에 있는 내용과 표현의 병행,[17)] (2) 7:14-25과 많은 고대의 독

---

16) L. T. Johnson, *Reading Romans*, 115.

17) 특히 Hommel, "Das 7 Kapitel des Römerbriefs im Licht Antiker Überlieferung," 90-116; Theissen, *Psychological Aspects of Pauline Theology*, 211-19; Stowers, *A Rereading of Romans*, 260-66을 보라.

백, 혼잣말, 연설, 대화에 등장하는 담화의 특성 간의 수사적 기교의 병행, 특히 "등장인물 담화"의 병행에 초점을 맞춰왔다.[18]

1. 내용과 표현의 병행. 로마서 7:15의 "내가 원하는 것은 행하지 아니하고 도리어 미워하는 것을 행함이라"와 7:19의 "내가 원하는 바 선은 행하지 아니하고 도리어 원하지 아니하는바 악을 행하는도다"에서 바울의 절망적인 외침과 병행되는 것으로 가장 자주 인용되는 본문은 그리스 시인 에우리피데스(기원전 484-406년경)가 메데아(Medea)의 입을 통해 말하는 비극적 독백이다. 메데아는 불륜을 저지른 남편 야손에게 분노를 폭발하며, 남편이 새로 맞이한 신부를 죽이고 남편에게 자신이 낳아준 아이들을 살해하려는 음모를 품은 여자였다.

> 나는 악으로 정복을 당하고 있다(νικῶμαι κακοῖς). 나는 내가 하려는 것이 악한 것이라는 것을 잘 알고 있다(καὶ μανθάνω μὲν οἷα). 하지만 나의 이성적인 생각보다 격정이 더 강하다(θυμὸς δὲ κρείσσων τῶν ἐμῶν βουλευμάτων). 이러한 것은 사람들에게 벌어지는 가장 악한 것의 원인이다(ὅσπερ μεγίστων αἴτιος κακῶν βροτοῖς).[19]

이와 같은 끔찍한 탄식을 2번이나 내뱉고 나서 에우리피데스가 묘사한 메데아는 다른 행동의 과정이 훨씬 더 나을 것이라는 사실을 곰곰이 생각한다.[20] 하지만 야손의 새 아내를 죽이고 자신이 낳은 아이를 살해하는 것이 참으로 극악무도한 일이 될 것을 인정하면서도 메데아는 복수를 향한 갈망이 "나의 이성적인 생각보다 더 강하다"고 선언한다. 그러고 나서 메데아는 자신이 나약한 인간이라는 사실에 한탄한다.

---

18) 특히 Stowers, *A Rereading of Romans*, 16-21을 보라.

19) Euripides, *Medea* 1077b-80(기원전 432년경에 기록됨). 에픽테토스가 450년이 지나서 *Discourses* 1.28.7에서 다음과 같이 풀어썼다. "이제 나는 내가 의도한 경악할 만한 일이 무엇인지 알아가고 있다(καὶ μανθάνοω μὲν οἷα δρᾶν μέλλω κακά), 하지만 격정이 나의 온건한 생각을 지배한다(θυμὸς δὲ κρείσσων τῶν ἐμῶν βουλευμάτων)."

20) 참조. Euripides, *Medea* 1040-48, 1056-58.

에우리피데스는 이보다 먼저 쓴 『히폴리투스』(*Hippolytus*)에서 좀 더 산문체로 인간의 상태에 대해 비슷한 애통함을 표현했다. 여기서는 테세우스 왕의 왕비인 파이드라가 자신과 히폴리투스의 불륜 관계 및 인간의 일반적인 자제력 부족에 대해 다음과 같이 설명한다.

> 밤이 길어질 때마다 우리 인간의 삶이 얼마나 엉망진창인지를 생각하곤 했다. 나는 깨달음의 부족이 악의 뿌리는 아니라고 생각한다(οὐ καιὰ γνώμης φύσιν πράσσειν κάκιον). 대부분의 사람들에게 통찰력이 부족하지는 않다. 원인은 틀림없이 다른 곳에 있을 것이다. 우리는 선한 것을 알고 인정한다(τὰ χρήστ' ἐπιστάμεσθα καὶ γιγνώσκομεν). 하지만 행하지는 않는다(οὐκ ἐκποιοῦμεν δ'). 게으름 때문에 그럴 수도 있고, 선한 것보다 쾌락을 더 좋아하기 때문에 그럴 수도 있다.[21)]

마찬가지로 로마의 시인 오비디우스(기원전 43-기원후 17/18년경)는 그의 『변신』(*Metamorphoses*)에서 아이에테스 왕의 딸의 입을 통해 야손을 향한 그녀의 불법적인 갈망으로 인한 자제력 부족에 관해 통탄한다. 이것은 에우리피데스가 묘사한 메데아의 탄식과 병행을 이룬다.

> 오 가련한 이여! 할 수만 있다면 너의 처녀 가슴에서 느끼는 이 불꽃을 사라지게 하라. 가능하기만 하다면 더 이성적이 되어야 한다. 하지만 어떤 이상한 힘이 나를 붙들어 내 의지대로 행하지 못하게 하는구나. 욕망은 나를 한 방향으로 가라고 속삭이고, 이성은 다른 방향으로 이끄는구나. 나는 더 나은 길을 알고 인정하지만 더 나쁜 길을 따라가고 있다.[22)]

스탠리 스토워스는 인간의 자제력 부족이라는 주제에 관한 비극적 독백

---

21) Euripides, *Hippolytus* 375-83(기원전 428년경에 기록됨).
22) Ovid, *Metamorphoses* 7.17-21(기원후 7년경에 출판됨).

과 특히 "유명한 메데아의 어록"이 바울 당대에 널리 알려졌고, 이 글들이 "드라마나 철학자들의 토론에서뿐만 아니라, 편지와 공적인 연설과 같은 맥락에서도 등장한다"는 논지를 지지하는 수많은 그리스-로마 본문을 제시한다.[23] 스토워스는 로마서 7:14-25의 바울의 독백과 이러한 고대의 비극적 작품이 관련이 있음을 논한다.

> 이 본문들은 로마서 7:15과 7:19에서 발견되는 여러 유형의 말이 그리스의 도덕 전통에서 핵심적인 역할을 했음을 예시한다. 에우리피데스의 『메데아』에서 사용된 말들은 이와 관련하여 널리 인용되었다. 철학이나 문학에서도 이 용어들은 도덕적 심리학에서 감정, 신중함, 선과 악에 대한 지식 등의 역할에 관한 논의에서 다양하게 해석되었다.[24]

2. "등장인물 담화"라는 수사학적 기교의 사용에 나타난 병행. 스탠리 스토워스는 고대 연설과 기록된 문장에서 "등장인물 담화"라는 수사학적 기교의 위치와 중요성을 보여주기도 했다.[25] 이 기술은 그리스어로는 "프로소포포이이아"(προσωποποιία), 라틴어로는 "픽티오네스 페르소나룸"(fictiones personarum)으로 불리는 수사학 형식이었다. 그는 로마의 수사학자인 퀸틸리아누스(기원후 35-95년경)를 인용한다. 퀸틸리아누스는 당시 수사학의 다

---

23) Stowers, *A Rereading of Romans*, 260. Stowers는 이 그리스-로마 전통과 관련한 기원후 260-263년 자료를 인용한다.

24) Stowers, *A Rereading of Romans*, 263-64. "병행구라고 말하는 본문들은 실제로 바울의 진술과 **개념적으로** 동일한 것이 아니라"는 점은 확실히 사실이다(Huggins, "Alleged Classical Parallels," 153[강조는 덧붙여진 것임]에서 이러한 고대의 비극적 독백에서 인용된 증거를 믿음직하지 못하다고 입증하면서 주장했듯이). 하지만 Stowers의 핵심은 여전히 타당하다. (1) 롬 7:15과 7:19에서 발견되는 언어의 여러 형태가 그리스의 도덕적인 전통에서 핵심적인 역할을 수행했다는 것, (2) "에우리피데스의 『메데아』의 용어들"이 바울 당대의 비극적 시인과 드라마 작가 및 극작가에 의해 "널리 인용되었다"는 것, (3) 이 비극적인 표현들이 고대의 도덕적인 논의에서 "다양하게 해석되었다"는 것, (4) 앞으로 우리가 주장하겠지만, 바울이 이곳 롬 7:14-25에서 이러한 표현들을 반영하며, 자신이 상황화한 기독교 복음에 맞춘 서론에 이러한 표현들을 사용한 것 같다는 것 등이다.

25) Stowers, *A Rereading of Romans*, 16-21, 269-72.

양한 "형태" 또는 형식을 다루면서 다음과 같이 말한다.

> 이 기술은 연설에 놀라운 다양함과 생동감을 부여한다. 이러한 문채(文彩)로써 우리 적들의 내부의 생각을 마치 그들이 자신에게 말하고 있는 듯 제시한다.…또는 신뢰성을 약화시키지 않으면서 우리 자신과 다른 사람들 간의 대화, 또는 그들 간의 대화를 소개하고, 적절한 사람들에게 충고, 책망, 불평, 칭찬의 말을 건넬 수 있다.[26]

스토워스는 바울이 로마서 7:24에서 던진 절망의 외침인 "나는 곤고한 사람이로다!"(ταλαίπωρος ἐγὼ ἄνθρωπος)가 "거의 패러디로서" 다음의 내용을 반영한다고 지적했다. (1) 선한 것을 행하려는 자신의 의지가 분노로 지배당한 것을 절규한 메데아에 대한 세네카의 이야기. "곤고한 여자여, 내가 도대체 무슨 짓을 했단 말인가?"[27] (2) 자신이 "곤고하다"고 슬퍼하는 사람들에 관해 메데아의 괴로움을 주요 모범으로 사용한 에픽테토스의 진술. 에픽테토스는 그들이 외적인 것들을 갈망하기에 자신들의 상황을 비난한다고 믿었다.[28] 그리고 (3) 에우리피데스의 『메데아』를 인용한, 고대 비극작가와 희극작가 사이에 널리 퍼져 있던 "오 나는 곤고한 사람이다"라는 비통의 말 등.[29]

스토워스는 "등장인물 담화"라는 수사적 기교를 초기에 실천한 주요 인물로서 기원전 8세기의 고전 그리스 시인 호메로스를 인용한다. 스토워스는 다음과 같은 사실에 주목한다. "초기의 [그리스] 문법가들은 그리스 사람들에게 성경과도 같은 호메로스 서사시의 여러 단락들을, 호메로스가 적었다고 보기에는 너무 부도덕하다고 생각하여 수정했지만, [기원전 217-145년경 사모트라케 출신의] 아리스타르코스가 내러티브에 등장

---

26) Quintilian, *Institutio oratoria* (*On the Education of the Orator*) 9.2.30-33.
27) Seneca, *Medea* 989.
28) Epictetus, *Discourses*, 특히, 2.17.19-22; 또한 1.28.7-9, 4.13.15도 보라.
29) Stowers, *A Rereading of Romans*, 271-72.

한 사람들의 말들이 반드시 호메로스의 견해를 나타내는 것이 아니라 등장인물의 견해를 나타낸 것임을 강조함으로써 이 많은 [난해한 "나" 본문들을] 복원했다."[30] 또한 스토워스는 키케로, 퀸틸리아누스, 테온, 헤르모게네스, 아프토니오스 같은 라틴과 그리스 저자들이 "초기 [로마]제국에서 προσωποποιία의 수사적 전통의 최상의 증거"를 제공한다고 주장한다.[31]

스토워스는 고대의 "등장인물 담화" 수사에 대한 논의를 소개하면서 이러한 수사적 관례가 로마서 여러 곳에 등장하며, 해석자가 이를 고려의 대상으로 삼아야 한다고 제안한다. 그는 로마서에서 2:1-5, 3:1-9, 3:31-4:2의 예와 "그 밖에 여러 본문"을 인용한다.[32] 물론 이 본문들 중에는 논의의 대상이 되는 것도 있다. 하지만 우리가 바울의 독백이라고 믿는 로마서 7:14-25과 관련해서, 바울이 행하고 있는 것을 이런 식으로 이해하는 것은 매우 칭송할 만하며, 본문을 석의할 때 반드시 고려해야 할 필요가 있다.

요약과 작업가설. 초기의 여러 학자의 분석과 대조적으로 우리는 여기서 몇 가지를 제안한다. (1) 로마서 7:7-25은 연결된 본문으로 다루지 말아야 한다. 비록 본문 전체에 단어와 표현의 유사함이 있지만 말이다. (2) 로마서 7:14-25은 구별된 자료 단락이다. 이 자료는 "하나님을 떠나 자신의 삶을 살려는, 즉 자신의 자원과 능력("자신의 힘")으로 살고자 하는 사람들의 비극적인 곤궁"을 주제로 하는 바울의 "독백" 또는 "극적 독백"으로 이해하는 것이 최선이다. (3) 이 자료는 원래 바울이 이방인 선교를 하면서 이방인 청중들에게 구두로 제시했다가, 나중에 이곳 로마에 있는 이방인 수신자들에게 쓴 편지에 포함시킨 것이다.

과거시제를 사용한 7:7-13과 현재시제를 사용한 7:14-25의 차이는 이전의 모든 주석가에게 이 두 본문의 목적과 기능이 서로 다르다는 사실을 일깨워주었다. 바울이 자료의 새로운 단락의 시작을 표시하기 위해 그

---

30) Stowers, *A Rereading of Romans*, 19.
31) Stowers, *A Rereading of Romans*, 17.
32) Stowers, *A Rereading of Romans*, 16.

의 서신에서 사용하는 "우리가 아노니"(οἴδαμεν ὅτι)라는 공개 공식 역시 그런 사실을 나타낸다고 보아야 했다. 사도가 (1) 7:7-13에서 자신을 언급하기 위해 인칭대명사 "나"를 사용한 것과, (2) 7:14-25에서 모든 사람의 곤궁함을 언급하기 위해 인칭대명사 "나"를 사용한 것과 관련하여, 이와 같은 이중적인 사용례를 이제 바울의 전반적인 수사의 본질적인 부분으로 이해할 수 있다. 자신을 개인적으로 언급하려고 "나"를 사용한 고린도전서 8:1-27과 자신이 말하고 있는 내용의 극적인 효과를 부각시키기 위해 "나"를 문학적인 문체 형식으로 사용하는 고린도전서 13:1-13을 주목할 때 특히 그러하다.

로마서 본론 중앙부의 두 번째 단락인 이곳 5:1-8:39에서 바울은 이방인 선교를 하면서 기독교 복음으로 선포해왔던 것의 본질을 로마에 있는 그리스도인 수신자들과 나눈다. 이를테면, 그는 유대교적 교훈이나 유대 기독교적 교훈을 받지 못했기에 자신이 전한 메시지를 받을 채비를 갖추지 못했고, 그래서 유대교적 범주로는 생각하지 못했던 이방인들에게 공명되는 방식으로 기독교 메시지를 상황화하였다. 바울의 선교적 경험에서 분명히 입증되었듯이, 이것은 (1) 이방인들에게 매우 중요하고 의미가 있다고 입증되었으며, (2) 하나님의 성령의 사역으로 말미암아 많은 이방인들을 이교도에서 예수 그리스도를 개인적으로 믿는 믿음으로 돌아서게 하는 결과를 낸, "좋은 소식"을 선포하는 방식이었다. 로마서 7:14-25의 이 특별한 메시지는 이러한 상황화한 메시지에 속하는 중요한 부분으로 이해될 필요가 있다. "하나님과 떨어져 있는" 사람들의 상황에 대한 독백인 이 본문은 바울이 6:1-7:13에서 하나님의 은혜, 모세 율법, 사람들의 반응에 대해 말했던 모든 내용을 극적으로 마무리하며, **그리고** 8:1-39에서 "그리스도 안에" 있음, "하나님의 영으로 말미암아 인도함을 받는" 존재, "우리 주 그리스도 예수 안에 있는 하나님의 은혜"에 관해 선포할 모든 내용을 사실상 준비하게 한다.

로마서 7:14-25에 나타난 바울 독백의 구조. 분석의 목적상, 바울이 7:14-25에서 묘사하는 과정을 다음과 같은 6개의 제목으로 제시할 수 있다.

1. 사람의 개인적인 자제력의 부족에 관해 일반적으로 알려지고 경험되고 있는 진리(7:14-16).
2. 모든 사람의 최상의 의도를 좌절시키는 "죄"(ἡ ἁμαρτία)의 악한 힘과 "그들 자신의 죄성"(ἡ σάρξ μου)(7:17-20).
3. 선한 것을 알지만 악한 것을 행하는 역기능적 경험(7:21-23).
4. 사람들의 절망의 외침과 구원을 향한 외침(7:24).
5. 설명적인 여담: "우리 주 예수 그리스도로 말미암아 하나님께 감사하리로다!"(7:25a)
6. 사람들이 하나님 없이 자신의 삶을 살려는 것, 즉 자신의 자원과 능력으로 사는 것과 관련한 문제의 결론(7:25b).

이 일련의 제목을 각각의 자료와 함께 아래의 석의와 주해의 구조로 삼을 것이다.

석의와 주해

I. 사람의 개인적인 자제력의 부족에 관해 일반적으로 알려지고 경험되는 진리(7:14-16)

7:14-15 Οἴδαμεν γὰρ ὅτι("우리가 알기에")든 아니면 οἴδαμεν δὲ ὅτι("그리고/이제 우리가 아노니")든, 공개 공식의 사용은 바울이 서신에서 새로운 단락이나 하위 단락을 시작하는 일반적인 방법이었다. 또한 이 공식은 바울이 그가 서술한 내용 바로 뒤에 이어지는 것이 자신과 그의 청중 사이에(구두로 한 설교에서처럼) 또는 자신과 그의 수신자들 사이에(기록된 편지에서처럼) 공통적인 내용이라는 사실을 강조하려는 의도로 보인다.[33] 따라

33) 참조. Stowers, *Diatribe and Paul's Letter to the Romans*, 94. 바울이 롬 2:2; 3:19; 6:3, 16; 7:1;

서 바울이 사람들의 개인적인 자제력 부족에 관한 독백의 도입부에서 말하고 있는 내용은, 그가 말하는 내용을 이방인 선교의 대상인 이교도 이방인들과 로마에 있는 유대인-이방인 그리스도인들이 모두 사실이라고 인정하며 동의하리라고 믿은 내용으로 보아야 한다.

일반적으로 알려지고 경험된 이 진리는 다음과 같다. (1) "율법은 신령하다"(ὁ νόμος πνευματικός). 하지만 (2) "나는 육신에 속하였으며"(ἐγὼ δὲ σάρκινός εἰμι), (3) "죄 아래에 팔렸다"(πεπραμένος ὑπὸ τὴν ἁμαρτίαν). "율법은 신령하다"는 첫 번째 진리는 바울이 7:12에서 율법에 관해 말한 것, 즉 "율법은 거룩하고, 계명은 거룩하고 의롭고 선하다"는 것을 넘어선다. 로버트 주이트가 지적한 것처럼, 율법을 "신령하다"라고 말하는 것은 유대교 문헌과 초기 기독교 문헌에서 "유례가 없는 것"이며, 약간은 "혁신적"이다.[34] 주이트가 관찰했듯이, 바울이 로마서 "15:27에서 다시 언급할 주제인 복음의 신령한 복에 대해 언급했고(롬 1:11)", 그가 일찍이 고린도전서와 갈라디아서에서 "새 시대의 다른 특징을 '신령하다'(고린도전서에서 11번, 갈라디아서에서 1번)고 빈번하게 언급했지만", "이 순간 이전의 바울이나 어느 누구라도 '율법'을 '신령하다'라는 형용사와 연결시킨 적이 없었다."[35] 주이트가 계속해서 주장하듯이, 구약성경과 제2성전기 유대교 문헌의 "예언 문학과 지혜 문학은 신적인 영의 표현이라고 여겨지지만, 초기 랍비 시대에 와서야 비로소 유대인의 성경 전체가 영적으로 기원했다고 주장되었다."[36] 주이트는 여기서 한걸음 더 나아가 "초기 그리스도인들이 마태복음 22:43, 마가복음 12:36, 사도행전 1:16, 4:25, 28:25, 베드로후서 1:21과 같은 본문에서 그들의 거룩한 책들에 대해 비슷한 주장[즉 그 책들이 신적인 영의 표현이라는 주장]을 하고" 있었지만, 그들은 "바울이 여기서 채용한 용어[즉

8:22, 28(아마도 8:18, 26도); 11:25 등에서 사용한 다른 공개 공식들의 예를 보라.

34) Jewett, *Romans*, 460-61.

35) Jewett, *Romans*, 460. 바울이 일찍이 고전 2:13, 15; 3:1; 9:11; 10:3-4; 12:2; 14:1, 37; 15:44, 46; 갈 6:1과 같은 본문에 "신령한"이라는 용어를 사용한 것을 염두에 두었음이 분명하다.

36) Jewett, *Romans*, 460. 뒷받침하려고 Erik Sjöberg, "πνεῦμα, πνευματικός...in Palestinian Judaism," *TDNT* 6.381-82을 인용함.

πνευματικός와 그것을 ὁ νόμος와 결합한 것]를 사용하지 않고" 그렇게 주장했다.[37]

바울이 율법을 신령하다고 묘사한 것은 형식면에서 실로 혁신적일 수 있다. 그럼에도 형용사 πνευματικός를 관사가 있는 명사 ὁ νόμος와 결합한 것은 바울의 신학적 이해와 기독교적 선포에 매우 적절하다. 이것은 (1) 하나님의 영에 의해 주어진 율법의 신적 기원과, (2) 율법이 사람들을 향한 하나님의 뜻을 표현한다는 사실에 내재되어 있는 율법의 권위와, (3) 율법을 주신 동일한 성령의 힘주심이 없다면 바르게 이해할 수도 실천할 수도 없는 율법에 대해 말해주고 있는 까닭이다.[38] 조세프 피츠마이어가 바울이 말하고 있는 것을 바르게 풀어서 표현했듯이, "율법은 지상에 묶여 있는 세상이나 자연의 인간 세계에 속하지 않는다. '프뉴마티코스'로서 율법은 하나님의 영역, 하나님의 영의 영역에 속해 있다. 율법은 하나님의 뜻의 표현이다."[39] 그리고 이와 같은 것으로서 "율법은 '육의 영역에 속한 세속적'인 '사르키노스'와 정반대다."[40]

바울이 모든 사람에게 제법 자명하다고 분명하게 믿는 두 번째 진리는 1인칭 대명사 "나"(ἐγώ)와 관련이 있으며, 매우 간단하고 대조적인 방식으로 표현되었다. "그러나 나는 육신에 속하였다"(ἐγὼ δὲ σάρκινός εἰμι). 바울은 일찍이 고린도전서 3:1-3에서 복수형의 실명사적 형용사 σαρκίνοις("육신에 속한 자들", 즉 "죄성의 통제를 받는 사람들")를 거의 동의어인 동족 단어 σαρκικοί("육체에 속한 자들" 즉 "지상의 질서에만 속한 사람들")와 함께 사용했고, 로마서 7:5에서도 ἐν τῇ σαρκί("육체 안에" 즉 "죄성의 지배를 받는")라는 표현을 사용한 것은, 바울이 이곳 로마서 7:14에서 인칭대명사 ἐγώ를 독립 형용사 σάρκινος와 결합한 문체 형식을 이용하여 단순히 사람의 물질

---

37) Jewett, *Romans*, 460.

38) Cranfield, *Romans*, 1.355-56; Schlier, *Römerbrief*. 특히 마지막에 언급한 하나님의 율법을 바르게 이해하고 실천하는 데 필요한 "율법을 주신 동일한 성령의 힘주심"에 대해서는 고전 2:10-16과 롬 8:4을 보라.

39) Fitzmyer, *Romans*, 473.

40) Fitzmyer, *Romans*, 473.

적인 구성에 대해 말하는 것이 아니라 모든 사람이 물려받은 죄성에 의한 지배에 대해 말하고 있음을 시사한다. 바울이 잠언적 의미의 1인칭 대명사 ἐγώ("나")에 1인칭 동사 εἰμι("나는 ~이다")를 첨가함으로써 부각시킨 것은 모든 사람의 이러한 보편적인 상황을 강조하는 기능을 한다.

7:14의 말미에 등장하고 이 구절에서 바울이 진술하는 세 번째 진리를 포함하는 분사구 πεπραμένος ὑπὸ τὴν ἁμαρτίαν("죄 아래 팔렸도다")은, 모든 인간이 자신의 존재에서 맞닥트리는 주요 문제 즉 죄의 노예로서 죄성에 의해 받게되는 통제라는 문제로 주의를 기울인다. 분명 바울은 이 진리가 모든 사람에게 자명하다고 믿었고, 그게 아니라면 적어도 영적으로 예민한 거의 모든 사람(종교적 배경이 무엇이든)이 인식한다고 보았다. 인류는 "죄[의 통제] 아래 [노예로] 팔렸다."

앞서 로마서 6:15-23에서 바울의 노예 비유와 언어 사용에 대해 논의할 때 주목했듯이, "죄 아래 팔렸다"는 표현은 이방인 선교 대상인 이교도 청중들과 로마에 있는 그리스도인 수신자들에 의해 노예 용어의 종교적 사용으로 이해되었을 것이다. 이곳 7:14에서 바울은 같은 표현을 사용한다. 하지만 이번에는 그가 믿기에 그들이 이미 그들의 마음에 알고 있지만 말로 표현하지 않은 것을 전파한 자신의 설교를 듣는 사람들(과 로마서를 읽거나 읽어주는 것을 듣는 사람들)의 의식을 일깨우려는 데 목적이 있다. 즉 모든 사람이 사망과 타락의 상황을 물려받았다는 것 말이다. 이것을 "죄[의 통제] 아래 [노예로] 팔렸다"고 묘사할 수 있다. 그들이 물려받은 이 상태는 그들의 가장 좋은 의도를 왜곡시켰고 그들의 모든 행동에 영향을 주었다. 바울이 관사가 있는 τὴν ἁμαρτίαν("그 죄")을 사용한 것은, 이곳 7:14(과 나중에 7:17, 20, 23)에서 "죄"를 하나님을 대적하고 사람들을 하나님으로부터 멀어지게 하는 악한 세력으로 의인화하고 있음을 암시한다. 일찍이 5:12-21의 "근본적인 내러티브"의 도입부와 결론을 구성하는 5:12과 5:20-21에서 τὴν ἁμαρτίαν("그 죄")을 그런 식으로 사용했듯이 말이다.

그래서 바울은 잠언적 방식으로 1인칭 대명사 "나"(ἐγώ)를 채용한 "등장인물의 담화"라는 수사적 문체를 사용하여 7:15에서 사람들의 개인적 자제 부족에 관한 이 진리를 강조하는데, 자제력의 부족은 사람들이 물려받은 "죄 아래 팔림"에서 유래했으며, 영적으로 통찰력이 있는 대부분의 사람들이 알고 경험한 바다. 더욱이 바울은, 그리스의 시인 에우리피데스가 메데아와 파이드라라는 여자들의 입을 통해 말했고 로마의 시인 오비디우스가 그의 책에 등장하는 인물 가운데 한 사람의 입을 빌려 한탄한 내용을 풀어서 인용함으로써,[41] "내가 행하는 것(κατεργάζομαι)을 알지 못하노니"라는 고백이 영적으로 민감한 무수히 많은 사람의 슬픈 자각이 되었음을 시사한다. 그리고 신약의 바울 서신에서 이곳에만 등장하는 동사 μισέω 또는 μισῶ("내가 미워하다", "혐오하다", "증오하다")를 사용하여, 그가 사람들의 실체와 경험에 대해 말하고 있는 내용이 대체적으로 어떤 고대의 그리스 시인과 라틴 시인들에게서 인용한 것임을 인정하는 것 같다. 스탠리 스토워스가 지적했듯이, 이 진술은 "그리스의 도덕 전통에서 핵심적인 역할을 수행했고, 도덕적 심리학에서 선과 악에 대한 감정과 숙고 및 지식의 역할에 관한 논의에서 다양하게 해석되었다."[42]

7:16 7:14-15에서 "인간의 자제력 결핍"에 관해 "일반적으로 알려지고 경험된 진리"로 표현된 내용으로부터 바울은 유대인이자 그리스도인으로서 7:16에서 다음과 같은 중요한 관찰을 끌어낸다. "만일 내가 원하지 아니하는 그것을 행하면 내가 이로써 율법이 선한(καλός) 것을 시인하노니." 바울은 이전에 7:12에서 "율법은 거룩하고 계명도 거룩하고 의로우며 선하도다(ἀγαθή)"라고 선언함으로써 이 점을 지적했었다. 바울이 7:13에서 주장했듯이, 율법의 선함은 하나님의 율법이 죄를 "심히 죄 되게"(ὑπερβολὴν ἁμαρτωλός) 한다는 사실에 있다. 그리고 바울은 8:3에서 이 사실을 한 번 더 밝히면서 이렇게 주장한다. 사람들을 죄와 사망에서 해방시키지 못하는 "율법이 할 수 없는 것"(즉 율법의 무능함, τὸ ἀδύνατον τοῦ νόμου)이 율법 자체의 결핍이나 악함 때문이 아니라, 하나님이 주신 율법을 사람들이 그들

41) 앞의 "형식/구조/상황" 단락에서 인용했듯이 말이다.
42) Stowers, *A Rereading of Romans*, 263-64.

의 "죄성으로 말미암아" 심각하게 "약한 상태에서" 받았기 때문이라고 말이다.

II. 모든 사람의 최상의 의도를 좌절시키는 "죄의 악한 힘과 "그들 자신의 죄성"(7:17-20)

7:17-20 Νυνὶ δέ("그러나 이제")라는 어구는 로마서 3:21, 6:22, 7:6, 15:23, 25에서 하나님이 구원사의 과정에서든지 신자의 삶에서든지(또는 두 군데 모두에서) 그리스도의 사역과 성령의 사역으로 말미암아 이루신 대조되는 국면을 표시하는 시간적인 의미로 사용되고는 있지만,[43] 종종 시간적인 의미보다는 논리적 혹은 추론적 의미로 사용되기도 한다.[44] 그래서 이따금 이 어구는 "하지만 이제 상황은 이러하다"라는 표현으로 이해되어야 한다. 우리는 이곳 7:17에서 νυνὶ δέ를 바로 이렇게 이해하는 것이 가장 좋다고 생각한다. 즉 7:17-20이 추론적인 방식으로 바로 앞 7:14-16에 제시된 것과 논리적으로 연결된다고 말이다.[45]

그래서 바울은 사람들의 자제력 부족에 대해 7:14-16에서 제시한 진리를 뒷받침하면서 계속하여 7:17-20에서 사람들의 비극적 상황 중심에 놓여 있는 진정한 문제, 곧 인간의 모든 역사와 "사람들 자신의 죄성"(ἡ σάρξ μου)에 퍼져 있고 모든 사람의 최상의 의도를 좌절시키는 "죄"(ἡ ἁμαρτία)의 악한 힘이 존재한다는 것에 초점을 맞춘다. 바울은 이렇게 함으로써 7:18에서 영적으로 민감한 모든 사람의 경험을 특징짓는다. 곧 (1) "내 속에 선한 것이 거하지 않는다"는 것을 안다는 것과 (2) "원하는 것은 내게 있으나, 선한 것을 이룰 능력은 없다는 것"을 인식한다고 말이다. 이러한 보편적인 경험과 인식을 뒷받침하면서 바울은 7:19에서 오비디우스가 메데아의 딜레마를 표현했던 한탄("나는 더 좋은 여정을 알고 인정하지만, 나는 더 악한 것을 따르

43) 또한 고후 8:22; 엡 2:13; 몬 9, 11을 참조하라.

44) 특히 고전 12:18과 13:13을 참조하라.

45) 예. Kuss, *Römerbrief*, 2.454; Käsemann, *Romans*, 204; Moo, *Romans*, 457; Jewett, *Romans*, 467.

고 있다")을 풀어쓴다.[46] 이 동일한 한탄이 바울 당대의 많은 드라마 작가와 도덕적인 저술가들 사이에서 다양한 형태로 등장했다. 그리고 바울의 시대로부터 얼마 지나지 않아, 이러한 표현들은 스토아 철학자 에픽테토스가 사람들의 상황을 평가하면서 채용되었다. "모든 죄에는 모순이 있다. 죄를 범하는 사람은 죄짓지 않고 올바르게 살기를 원하는 까닭이다. 그가 원하는 것을 행하지 않고 있다는 점은 분명하다."[47]

사람들의 비극적 곤궁이 그리스 시인과 로마 시인, 고대 드라마 작가와 희곡 작가, 그리고 스토아 철학자들에 의해 약간은 비슷하게 표현되었는지 몰라도, 이 보편적인 탄식에 대한 기독교적 해결은 결정적으로 다르다. 고대의 시인과 철학자들은 이 핵심적인 곤경에 대한 해결책으로 어떤 형태의 깨달음을 제안한 반면에, 바울이 보기에는, 로버트 주이트가 적절히 지적했듯이, "'죄 아래 팔린' 존재의 상황은 의식하지 못한 채 하나님을 대적하고 그렇기에 훨씬 더 근본적인 해결책을 요구한다."[48] 바울이 이방인 선교에서 설교한 것과 로마의 그리스도인들에게 그 선교에 대해 보고한 내용은, 기독교 복음이 단지 자아에 대한 새로운 이해나 하나님께 용납되기 위해 따라야 할 새로운 깨달음의 길만이 아니라, (1) "하나님을 대적하는 것"에서 나오는 인간의 곤궁에 대한 훨씬 더 급진적인 이해와 (2) 하나님과의 "화목"과 개인의 삶의 "온전함"을 가져올 수 있는 유일한 수단, 곧 하나님께서 예수 그리스도와 그의 사역으로 말미암아 제공하신 것에 대한 더욱 철저한 공감을 선포한다는 것이었다.

그러므로 이곳 7:17-20에서 바울은 사람들의 근본적인 문제를 "내 속에 거하는 죄"(7:17, 20: ἡ οἰκοῦσα ἐν ἐμοὶ ἁμαρτία), 즉 "내 육신(죄성)에서"(7:18: ἐν τῇ σαρκί μου) "내"가 알고 경험한 것으로 제시한다. 그는 (1) 이 문제 및 이 문제가 사람의 삶에 미친 결과에 대해 7:21-23에서 더 자세히

---

46) Ovid, *Metamorphoses* 7.21.

47) Epictetus, *Dissertations* 2.26.1-2.

48) Jewett, *Romans*, 464.

설명할 것이며, (2) 사람들의 절망적인 외침과 구원을 향한 외침을 7:24에서 발하고, (3) 사람들의 비극적 곤궁에 관해 이곳에서 제시한 내용의 결론을 7:25b에서 진술할 것이다. 이 모든 것은(물론 8:15a의 "우리 주 예수 그리스도로 말미암아 [구원이신] 하나님께 감사하리로다"라는 삽입적 진술은 제외다. 이 진술은 롬 8장에서 더 자세히 다룬다), 바울이 8:1-39에서 하나님이 그리스도 예수와 그의 사역으로 말미암아 사람들을 위해 행하신 것을 선포함으로써, 또한 그들이 "그리스도 안에" 있고 그래서 "성령 안에도" 있기 때문에, 역전된다.

III. 선한 것을 알지만 악한 것을 행하는 역기능적 경험(7:21-23).

7:21-23 앞의 내용을 말하고 나서 바울은 선한 것을 알지만 악한 것을 행하게 되는, 모든 사람이 경험하는 역기능적 실체를 묘사하기 시작한다. 후치사 ἄρα("그래서", "그렇다면")는 나중에 7:25b에서 ἄρα οὖν("그러므로", "결과적으로")으로 표현되었는데,[49] 코이네 그리스어에서는 추론적인 방법(즉 앞에 언급한 내용으로부터 유추함)으로만 아니라 어떤 진술이나 질문을 생동감 있게 표현할 목적으로도 사용되었다. 일례로 요세푸스는 사울이 다윗에게 그의 딸 미갈과 결혼하라고 제안한 것에 다윗이 답변한 것을 이야기하면서, 다윗이 다음과 같은 질문으로 답변했다고 말한다. "그렇다면(ἄρα), 폐하에게는 왕의 사위가 되는 것이 작은 일처럼 보이나이까?"[50] 이것과 똑같은 구어체적 불변화사 ἄρα("그래서", "그렇다면")를 사용하여 바울은 이곳 7:21에서 모든 사람이 선한 것은 알고 있지만 악한 것을 행하고 있는 그들의 역기능적인 실재를 진술하기 시작한다.[51] 7:21-23에서 이 진술을 생동감 있게 하려는 의도가 분명하며, 유보했다가 나중에 4절 뒤인

---

49) 롬 5:18; 7:3; 8:12에서 바울이 사용한 ἄρα οὖν("그러므로", "결과적으로")도 참조하라.

50) Josephus, *Antiquities* 6.200a.

51) 바울은 갈 2:21에서도 조건절의 귀결문에서 단순히 "그러므로" 또는 "그래서"와 같은 표현으로 그 진술을 생동감 있게 하려고 ἄρα를 사용하기도 한다. 이 구절에서 ἄρα가 현대어 역본에서는 종종 번역되지 않기도 하지만 말이다.

7:25b에서 ἄρα οὖν("그러므로", "결과적으로")이라는 표현을 사용하여 추론적인 결론을 표시한다.

하지만 주석가들은 일반적으로 7:21-23에서 반복적으로 사용되는 "법"(νόμος)과 바울이 "그 법"(ὁ νόμος)이라는 단어로써 의미하는 바가 무엇인지에 초점을 맞춘다. 이 세 구절에서 바울은 (1) 21절에서 "그 법" 또는 "이 법"(τὸν νόμον), (2) 22절에서 내적 존재에서는 "하나님의 법"(τῷ νόμῳ τοῦ θεοῦ)을 즐거워한다는 것, (3) 23절에서 "내 마음의 법"(τῷ νόμῳ τοῦ νοός μου)과 싸우며 그를 "죄의 법으로"(ἐν τῷ νόμῳ τῆς ἁμαρτίας) 사로잡는 그의 몸의 지체 속에서 역사하는 "또 다른 법"(ἕτερον νόμον)에 대해 말하고 있다. 자주 제기되는 질문은 이것이다. 이 세 구절에서 5번 사용된 νόμος에 하나의 통일된 의미가 있는가? 또는 바울이 7:21에서는 "규칙" 또는 "원리"라는 의미로 νόμος를 사용하고, 7:22에서는 모세 율법이라는 의미로, 마지막으로 23절에서는 하나님의 법과 싸우는 "일련의 원리" 또는 "일단의 교훈"이라는 의미로 사용하고 있는가?

인정하건대, 3:27b의 "믿음의 법"과 8:2a의 "생명의 성령의 법," 그리고 8:2b의 "죄와 사망의 법"을 제외하고는,[52] 바울이 로마에 보낸 편지에서 ὁ νόμος와 νόμος는 대부분 모세 율법을 가리키며, 많은 주석가들은 7:21-23의 ὁ νόμος와 νόμος가 어떤 의미에서 유대인의 토라를 지칭하는 것으로 이해해야 할 필요가 있다고 주장해왔다.[53] 반면에 "규칙" 또는 "원리" 또는 "일단의 교훈"이라는 의미에서 νόμος를 사용하는 것은 바울 당대에 흔히 있는 일이었다.[54] 비록 바울이 로마서 3:27b, 8:2a, 8:2b(또한 갈 6:2과 고전 9:21)에서 νόμος를 다양하게 사용한 것이 몇 가지 이유에서 무시되고 있

---

52) 또한 갈 6:2("그리스도의 법")과 고전 9:21("그리스도에 대해서는 '법 안에' 있는 자")도 참조하라.

53) Dunn, *Romans*, 1.392-93(3:27이 유일한 예외임을 부정함).

54) Räisänen, *Paul and the Law*, 50 n. 34. 이는 다음 논문에서 더 자세히 다뤄졌다: Räisänen, "Paul's Word-Play on νόμος: A Linguistic Study," in Räisänen, *Jesus, Paul, and Torah*, 69-94. 또한 Godet, *Romans*, 2.42-43; Kuss, *Römerbrief*, 2.455-56; Käsemann, *Romans*, 205; Cranfield, *Romans*, 1.362도 참조하라.

지만, (우리가 제안했듯이) 이곳 7:14-25에서 바울은 로마의 그리스도인 수신자들을 위해 그가 원래 이방인 선교 중 이교도 이방인들에게 설교하면서 사용했던 독백의 본질을 제시하고 있다. 따라서 바울이 그 독백의 νόμος를 "하나님의 법"이라는 의미에서만 아니라, 그의 이방인 청중들이 그것에 "규칙", "원리" 또는 "일단의 교훈"이라는 함의가 있다고 이해할 것을 기대하며 사용했다는 것을 낯설게 볼 필요는 없다.

이처럼 "선한 것을 알고 있지만 악한 것을 행하고 있는" 역기능적인 경험이 바울에 의해 새로이 발견된 것이었다고 주장하는 사람들이 종종 있었다. 이러한 깨달음이 바울이 하나님께 회개하고 예수를 이스라엘의 약속된 메시아로 받아들이는 인생의 전환점에 찾아왔다고 말이다. 예를 들어, 로버트 주이트가 "선한 것을 하려는 의지와 실제로 그것을 행하는 것 사이의 모순"이 "바울이 회심하기 이전에는 전혀 갖지 못한 새로운 통찰"이라고 말할 때 이러한 견해를 표현한다.[55] 하지만 필자는 지속적으로 다음과 같이 주장해왔다. (1) 이러한 인식은 영적으로 민감한 사람들 대부분에게 내재하고 있는 인식이었으며, (2) 그들의 철학이나 종교가 무엇이든지 간에 대부분의 성실하고 경건한 사람들의 삶에서 구체적인 형태를 가지고 있었다고 말이다.[56] 바울은 사람들의 근본적인 곤궁에 대한 인식의 터 위에, 이방인 선교 중 이교도 이방인들에게 기독교 복음을 선포하고, 로마에 있는 그리스도인 수신자들을 위해 제시한 설교의 본질을 구축했다.

IV. 사람들의 절망의 외침과 구원을 향한 외침(7:24).

7:24 이곳 24절에는 사람이 발하는 가장 슬픈 외침이 하나 등장한다. Ταλαίπωρος ἐγὼ ἄνθρωπος· τίς με ῥύσεται ἐκ τοῦ σώματος τοῦ θανάτου τούτου;("'오호라! 나는 곤고한 사람이로다!' 이 사망의 몸에서 누가 나를 건

55) Jewett, *Romans*, 469. 이를 뒷받침하려고 H. Preisker, "εὑρίσκω," *TDNT* 2.769을 인용함.
56) 참조. R. N. Longenecker, *Paul, Apostle of Liberty*, 96-97.

져내랴?") 이 절망의 외침은, 우리가 앞에서 주목했듯이,[57] (1) 세네카가 일러주는 메데아의 최후의 절망의 외침인 "곤고한 여자여, 내가 도대체 무슨 짓을 했단 말인가?"[58], (2) 오비디우스가 아이에테스 왕의 딸의 입을 통하여 자기 혐오적인 호칭을 발한 "오 곤고한 자여!"[59], (3) 자신들이 "곤고하다"고 슬퍼하는 사람들에 관해 묘사한 에픽테토스의 진술,[60] 그리고 (4) 에우리피데스가 메데아의 입술을 통해 한 말에서 유추할 수 있고, 나중에 다양한 비극작가와 희극작가에 의해 인간의 삶에 대해 영적으로 민감한 많은 사람의 본질적인 모순과 그 결과로 나타나는 현실을 요약하기 위해 사용된 "나는 참으로 곤고한 사람이로다"라는 한탄 등을 반영한 것이다.[61] 그리고 "누가 나를 건져내랴?"라는 구원을 향한 이 외침을 바울은 절망에 대한 보편적인 외침에 내재된 것으로 보고 있다.

"등장인물의 담화"라는 문맥에 배치되어 있고 잠언적 1인칭 단수 "나"를 사용한 이 절망의 외침이나 구원을 향한 외침은 비단 바울만의 괴로움과 갈망을 표현하는 것은 아니다. 또한 이와 같은 외침과 부르짖음은 그들의 회심 전의 상태나 회심 이후의 상태를 묘사하는 것도 아니다. 이것은 자신의 무능함을 한탄하는 사람들의 외침을 발하는 것이며 영적으로 민감한 많은 사람의 구원을 향한 외침에 목소리를 높이는 것이다. 물론 이것은 바울 자신이 깊이 느끼는 인간적인 감정들이기도 하다. 하지만 이보다도 이 외침은 우리 공동의 역사와 우리 자신의 개인적인 경험 때문에 우리가 모두 인간으로서 타락과 죄에 사로잡히게 되었으며, 하나님의 간섭에 의해서만 구원받고 구출될 수 있다는 인간의 기본적인 인식을 나타낸다. 이것은 율법주의자의 인식이 아니다. 이것은 영적으로 민감한 사람들 속에 자리 잡은 인식이며, 하나님께 가장 가까이 있는 사람들이 몹시 예민하게 느끼

57) 앞에 있는 형식/구조/상황 단락을 보라.
58) 참조. Seneca, *Medea* 989.
59) 참조. Ovid, *Metamorphoses* 7.17.
60) 참조. Epictetus, *Discourses* 1.28.7-9; 2.17.19-22; 4.13.15.
61) Stowers, *A Rereading of Romans*, 271-72.

는 감정이다.

그리스도인은 이스라엘의 옛 언약(또는 그 문제와 관련하여 그 어느 종교체제나 교훈) 아래 있는 하나님의 백성 대부분보다도 하나님을 더 친근히 알고 그분의 구원을 더 개인적으로 알고 있기에, 유대인의 율법 아래에서 알며 경험할 수 있는 것보다도 상당히 많은 범위에서 자신의 무능함을 인식하는 위치에 있다. 하지만 이것은 이스라엘의 정경인 시편과 예언자들의 책에 표현되었듯이 옛 언약 아래에서 영적으로 민감한 유대인이나 로마서 2:14-15에 묘사된 영적으로 민감한 이방인이 하나님 앞에서 자신의 부족함을 인식하고 하나님의 개입을 요청할 수 없었을 것이라는 의미가 아니다. 더욱이 밀러 버로우즈가 지적했듯이, 모든 육체가 스스로의 힘으로 하나님 앞에 설 수 없다는 무능함에 대한 쿰란 문헌의 반복적인 주장은,[62] "바울신학의 근간과 사해사본의 근간이 혼합되는 지점이 바로 도덕적 좌절감에 대한 경험과 그로 인한 인간의 절망스러운 사악함"임을 현저하게 나타낸다.[63] 「에스라4서」의 저자는 사람이 하나님 앞에 서고 그들의 노력과 자원으로써 하나님의 뜻을 행하기에 무능하다는 이러한 확신이 있었다.[64] 물론 이 기본적인 인간의 문제를 해결하기 위해 「에스라4서」의 저자와 쿰란 공동체의 교사들이 제시하는 방안은 사도 바울이 선포하는 것과 다르다.

그러므로 7:24의 절망의 외침과 구원을 향한 부르짖음을 바울의 회심 이전이나 회심 이후의 경험으로만 이해할 수는 없다. 이 두 외침은 보편적인 인간의 외침이며, 사람들의 외침이다. 이것은 모든 사람의 공동적인 역사와 개인적인 경험으로 인해 지금까지 존재해왔고 앞으로도 계속되며, 인간사 전 과정에서 모든 인종과 나라에 속한 영적으로 민감한 모든 사람이 알고 경험한 외침과 부르짖음이다. 바울이 "우리 주 예수 그리스도로 말미암아" 경험한 하나님과의 친밀하고 인격적인 관계가 죽음과 타락과 죄의

62) 특히 1QH 1.21-23; 3.24-36; 4.5-40; 1QS 11.9-10.

63) M. Burrows, *More Light on the Dead Sea Scrolls* (New York: Viking Press, 1958), 119.

64) 특히 *4 Ezra* 8:31-36.

유전된 상황을 좀 더 강렬하게 깨닫게 하고 표현하지만, 그가 일찍이 유대교에 속했던 시절에는 이러한 문제를 전혀 의식하지 못했다고 가정하는 것은 잘못되었을 것이다. 앞에서 사해사본과 「에스라4서」에서 인용한 본문들이 그렇게 추측하지 못하도록 경고한다.[65] 그리고 바울이 이방인 선교 중에 이러한 독백을 사용한 것을 이곳 7:14-25에서 로마의 그리스도인 수신자들에게 제시한다는 사실은, 이러한 절망의 외침과 구원을 향한 부르짖음이 고대 그리스-로마 세계에 속한 영적인 측면에서 상대적으로 더 예민한 여러 이교도 이방인들에게 알려졌다고 그가 믿었음을 암시한다.

'Εκ τοῦ σώματος τοῦ θανάτου τούτου("이 사망의 몸에서")라는 표현은 종종 신약의 주석가들에 의해 약간은 다르게 이해되었다. 문법적으로 지시대명사 τούτου("이")가 τοῦ σώματος("몸")와 결합되었다고 이해하여 "사망의 **이** 몸"이라고 읽을 수 있거나,[66] 또는 τοῦ θανάτου("사망")와 결합되었다고 이해하여 "**이** 사망의 몸"이라고 읽을 수도 있다.[67] 찰스 크랜필드는 문법적으로 가능성이 있는 이 두 입장마다 통상적으로 제시되는 근거를 다음과 같이 적절히 피력하고, 그 과정에서 자신은 전자를 선호하면서 이 어구를 "사망의 이 몸"(this body of death)이라고 번역할 것을 제안한다.

> 10, 11, 13절에서 사망에 대해 언급하고 있다는 사실과 14-23절을 그 사망에 대한 설명으로 이해할 가능성 때문에 주석가들 중에는 후자[즉 "이 사망의 몸"]를 선호하는 쪽으로 기우는 사람들이 있다. 하지만 σῶμα에 상응하는 표현이 23절에 2번 사용되었고(반복되는 ἐν τοῖς μέλεσίν μου), 14-23절을 좀 더 자연스럽게 육체적 생명의 의미를 유추하는 부분으로 볼 수 있기에(14절에서 σάρκινος가 부각됨을 주목하라), τούτου가 σώματος와

65) 다시 1QH 1.21-23; 3.24-36; 4.5-40; 1QS 11.9-10; *4 Ezra* 8:31-36을 참조하라.

66) NIV, NRSV, NJB, TEV; 또한 Cranfield, *Romans*, 1.366-67; Fitzmyer, *Romans*, 436(과 476); Jewett, *Romans*, 472(A. Schlatter, E. Gaugler, J. Murray 등 초기의 주석가들도 이 견해를 취한다)을 참조하라.

67) KJV, NASB; 또한 Käsemann, *Romans*, 209, Moo, *Romans*, 466(H. Lietzmann, W. Kümmel, M.-J. Lagrange, O. Kuss 등 초기의 주석가들도 이런 식으로 해석한다).

결합되었다고 보는 것[즉 "사망의 이 몸"]이 더 낫다고 판단한다.[68)]

이 표현의 직접적인 문법적 선례에 대한 크랜필드의 입장에 동의하지만 더 넓은 개념적 맥락에 주목하면서, 필자는 바울이 5:12-21의 "근본적인 내러티브"를 5:12에서 일련의 인과관계를 먼저 제시함으로써 시작한다고 지적하려 한다. 여기에는 (1) 첫 사람 아담의 죄**와** (2) 어디에 있든지 상황이나 지위가 어떠하든지 간에 그 첫 사람의 모든 후손에게 유전된 죽음, 타락, 죄의 상태가 포함된다. 그리고 바울은 이 일련의 인과관계에 두 가지를 의인화한다. (1) 5:12(과 5:20-21)의 관사가 있는 ἡ ἁμαρτία("그 죄")를 사용하여 하나님을 대적하고 사람들을 하나님에게서 멀리 떨어지게 하는 악한 힘인 "죄"와 (2) 5:12(과 이후에 5:14, 17, 21에서 3번 더)의 관사가 있는 ὁ θάνατος("그 사망")를 사용하여 물리적인 생명과 인간의 인격에 종말을 가져올뿐더러, 이보다 훨씬 더 중요하게도, 사람들이 땅에서 사는 동안 그들을 하나님에게서 멀어지게 하고 마침내 영원히 분리하기도 하는 우주적인 힘인 "사망" 등이다.[69)]

이곳 7:14-25이 막 시작되는 곳인 7:14b에서 바울은 인간에 대해 "죄 아래 팔렸다"고 언급한다. 이로써 모든 사람이 그들의 최선의 의도를 왜곡했으며 그들의 모든 행동에 영향을 준 "사망"과 "타락"의 상태를 물려받았다고 말하고 있는 것이 분명하다.[70)] 바울은 5:12과 7:14은 물론이고 5:1-7:25에 걸쳐 "죄"(즉 아담으로 인해 인간 역사에 들어와 역사 내내 하나의 요인이 되어왔던)와 "사망"(즉 인간 역사 내내 생각과 행동으로 말미암아 입증된 인간의 물려받은 타락)이 존재한다는 것에 대해 기록하고 있다. 우리가 믿기로, 바울이 이곳 7:24에서 "**사망의 이 몸**에서 건져내는 것"에 관하여 말하는 내용은 이런 맥락에서 이해되어야 한다.

---

68) Cranfield, *Romans*, 1.367.

69) 참조. 롬 6:16, 21, 23; 7:5, 10, 13, 24; 8:2, 6, 38. 또한 고전 3:22; 고후 7:10도 보라.

70) 7:14에 대한 본서의 "석의와 주해"를 보라.

그래서 우리는 7:24b의 τοῦ σώματος...τούτου라는 표현을 "이 모든 것", "본질", "실체"를 의미하는 비유적인 의미로 이해하는 것이 가장 좋다고 제안한다. 마치 번역가들이 골로새서 2:17에서 σκιά("그림자")라는 용어와 반대되는 τὸ σῶμα("그 몸")를 "총체", "본질" 또는 "실체"[71]를 의미하는 것으로 이해한 것처럼 말이다. 또한 우리는 τοῦ θανάτου라는 어구가 모든 사람의 생각과 행동에 심각하게 영향을 준 "사망"과 "타락"이라는 인간의 유업을 가리킨다고 제안한다. 비록 이 표현을 이런 식으로 정확히 번역하는 것이 어색하기도 하고 번잡하기도 하겠지만, 우리는 "사망의 이 몸"이라는 표현을 "인간의 죄와 타락의 이 모든 것(즉 "본질" 또는 "실체")"으로부터의 구원을 가리키는 약칭 또는 암호로 이해할 필요가 있다고 믿는다.

V. 설명적인 여담(7:25a).

7:25a 많은 주석가들은 7:25a의 여는 말 χάρις δὲ τῷ θεῷ διὰ Ἰησοῦ Χριστοῦ τοῦ κυρίου ἡμῶν("그러나 하나님께 감사하리로다. [구원은] 우리 주 예수 그리스도로 말미암[는도다].")을, 바울이 7:7-24에서 인간의 능력과 자원의 부적절성에 관해 부정적으로 쓴 모든 내용에 대한 긍정적인 결론으로 이해해왔다. 그래서 안데르스 니그렌은 7:25a을 주석한 후에 "바울이 그의 논의의 결론에 이르렀다"라고 썼다.[72] 찰스 크랜필드 역시 7:25a의 이 감사("그러나 하나님께 감사하리로다")와 구원("우리 주 예수 그리스도로 말미암아")의 말이 "24절의 질문에 대한 간접적인 대답"이라고 보았다.[73]

그런데 이런 질문이 자주 제기되곤 한다. 바울은 (7:14-24에 표현된 모든

71) 골 2:17의 τὸ σῶμα("그 몸")에 대해서는 Moffatt, RSV, NRSV, NAS에 "본질"(the substance)이라고 번역된 것에 주목하라. JB, NEB, NIV에 "실체"(the reality)라고 번역된 것이 더 나은 것 같지만 말이다. 또한 기원후 2세기의 파피루스 자료인 *P Fay* 34.20에 이와 약간은 비슷하게 은유적인 용례가 있다: "앞에서 언급한 나 헤론(Heron)은 계약의 본체(body)를 기록했고 상술한 바와 같이 상술한 모든 내용에 동의했다." 또한 *P Lond* 1132 b. 11(비교. M-M, 621)도 보라.

72) Nygren, *Romans*, 302.

73) Cranfield, *Romans*, 1.367.

내용에 대한 긍정적인 결론을 제시하는 것처럼 보이는) 7:25a에서 구원에 대해 하나님께 감사한 후, 다시 7:25b의 이 마지막 한탄의 글에서 (7:14-24의 부정적인 한탄을 계속하는) 하나님의 간섭 없이 선을 행하는 인간 행위의 무능함과 헛됨에 관해 말하는 까닭이 무엇인가? 도드는 많은 사람이 이 본문에서 발견한 문제를 이렇게 서술했다. "구원에 대해 하나님께 감사한 후, 바울이 자신을 이전과 정확히 동일한 위치에 있는 존재로 묘사한 것은 도무지 이해할 수 없다."[74)]

그들의 견해를 지지하는 본문 전통의 외적 증거가 없긴 하지만, 수많은 신약의 해석자들은 다음과 같은 방책 중 하나를 의지해왔다. (1) (결론으로 보이는) 7:25a의 자료와 (본문의 최종적인 한탄인) 7:26b의 위치를 바꾸는 것,[75)] (2) 7:25b이 "본문에서 자리를 잘못 잡았으며 23절에 첨가된 주석일 가능성이 매우 크다"라고 주장하는 것,[76)] (3) 7:25b은 삽입구거나 받아쓰는 과정에서 본문 안으로는 슬쩍 들어온 오류로 보이기에, 제거하는 것이 안전하다고 제안하는 것,[77)] 또는 (4) 7:25b이 7:24-25a 앞에 놓는 것이 맞을 뿐만 아니라, 8:2 역시 7:25a을 바로 뒤따르도록 옮겨져야 한다고 주장하는 것 등이다.[78)] 1932년에 도드는 이 문제에 대한 모든 해석자들의 기본적인 이해를 다음과 같이 표현했다. "본문의 초기 변질이 현존하는 모든 사본에 영향을 준 예가 여기에 있는 것 같으며, 증거를 거슬러 우리 자신의 판단을 신뢰할 수밖에 없다."[79)]

---

74) C. H. Dodd, *Romans*, 114-15.

75) 예. C. H. Dodd, *Romans*, 114-15; J. Moffatt, *An Introduction to the Literature of the New Testament* (Edinburgh: T. & T. Clark, 1912), 143.

76) Bultmann, "Glossen im Römerbrief," 198-99; 같은 저자, "Christ the End of the Law," 40; Käsemann, *Romans*, 212: "7-24절에 대한 첫 기독교적 해석을 제시하는 후대의 어떤 독자의 해석이 있다면, 바로 여기다."

77) 예. Lietzmann, *An die Römer*, 39.

78) 예. Müller, "Zwei Marginalien im Brief Paulus an die Römer," 249-54.

79) C. H. Dodd, *Romans*, 115. 다음과 같은 대표적인 학자들에 의해 문제가 다양하게 진술되었고 다양한 해결책이 제안되었다. J. Weiss, "Beiträge zur paulinischen Rhetorik," 232-33; Kuss, *Römerbrief*, 2.461; O'Neill, *Romans*, 131-32; Schlier, *Römerbrief*, 235; Wilckens, *An die Römer*, 2.96-97; Jewett, *Romans*, 456-58, 476.

하지만 7:25a의 감탄 진술인 "그러나 하나님께 감사하리로다. [구원은] 우리 주 예수 그리스도로 말미암[는도다]"를, 바울이 7:14-25에 제시한 "등장인물의 담화"에 삽입한 "설명적인 여담"으로 이해하는 것이 훨씬 낫다.[80] 7:25a의 이 감탄사는, 일찍이 바울이 6:16-20에서 수신자들의 이전 상태를 "죄의 종으로 사망에 이르는" 것으로 설명하는 진술 사이에 삽입한 6:17의 감탄 "하나님께 감사하리로다"와 맥을 같이하기 때문이다.[81]

VI. 사람들이 하나님 없이 자신의 삶을 살려는 것, 즉 자신의 자원과 능력으로 사는 것과 관련한 문제의 결론(7:25b)

7:25b 논의하고 있는 문제의 결론을 나타내기 위해 추론적인 불변화사 ἄρα("그래서", "그렇다면", "결과적으로")와 οὖν("그래서", "그러므로", "결론적으로")을 결합한 예는 (5:18과 7:3의 석의와 주해에서 주목했듯이) 공관복음, 사도행전, 바울 서신, 히브리서에서 약 50번 등장하는데, 바울 역시 이런 방식으로 ἄρα οὖν을 즐겨 사용했다.[82] 그러므로 (1) 7:25a의 감탄적 진술이 7:14-24에 제시된 내용의 결론을 제시한다는 주장, (2) 7:25b의 자료가 설명이나 해석이라서 모두 무시될 수 있다는 제안, 또는 (3) 7:25b을 7:23 다음과 7:24 앞에 재배치하는 것이 좋다는 주장 등이 있지만, 가장 개연성이

---

80) Stowers, *A Rereading of Romans*, 281. 그러나 Stowers는 이 "설명적인 여담"에 7:25b을 포함했고 "등장인물의 담화" 자료가 8:2 끝까지 계속된다고 제안했다. 또한 Jewett, *Romans*, 456도 보라. Jewett는 "24-25a절의 외침"을 언급한다. 필자는 지금은 Stowers의 어구를 받아들이면서 단순히 바울의 "설명적인 여담"이라고 지칭하지만, 1964년에는 "예상되는 감탄", "삽입된 여담", "예상되는 여담", "예상되는 외침" 등의 표현을 사용했다(R. N. Longenecker, *Paul, Apostle of Liberty*, 113-15).

81) 바울은 고전 15:57; 고후 2:14; 8:16과 어쩌면 고후 9:15에서도 이와 비슷한 용어로 감탄을 표현한다.

82) 바울이 이곳 7:25b에서 관용적인 표현인 ἄρα οὖν을 사용한 것 외에, 앞서 5:18과 7:3에서 그리고 나중에 8:12; 9:16, 18; 14:12, 19에서 결론적인 용례로 이 어구를 사용한 것도 참조하라. 하지만 그는 8:1에서 ἄρα νῦν("그러므로 이제는")이라고 쓴다. 롬 7:21과 갈 2:21에서는 ἄρα만을 사용하는데, 이것은 단순히 "그렇다면" 또는 "그런즉"이라는 표현으로 진술을 생동감 있게 하려는 것 같다. 단독적으로 사용된 ἄρα는 통상적으로 현대어 성경에서는 번역되지 않았다.

큰 것은 추론적인 표현인 이 강조의 ἄρα οὖν으로 시작하는 7:25b의 자료를 7:14-25에서 바울이 독백한 내용의 진정한 결론으로 이해해야 한다는 것이다.

1954년에 미튼(C. L. Mitton)은 7:25b을 무시하거나 위치를 옮기면서 이 절에 있는 대명사 αὐτὸς ἐγώ의 중요성을 알아차리지 못하던 당시 학자들의 경향을 염두에 두면서 이런 질문을 제기했다. "우리가 사실 본문을 이해하는 열쇠를 제쳐두고 있는 것은 아닌가?" 그리고 그는 이 질문에 그렇다고 대답한다.[83] 미튼은 대명사 2개가 서로 결합될 경우 "대단한 강조"를 나타낸다고 지적한다. 더욱이 두 대명사는 결합될 때 이 장(7장)에서 앞에 등장한 모든 ἐγώ를 압축해서 보여준다. 그래서 미튼은 7:25b을 무시해서도 안 되고 다른 곳에 배치해서도 안 되며 7장 전체의 요약으로 간주해야 한다고, 그리고 여기서 한걸음 더 나아가 7장과 8장의 진정한 대조를 7:25b의 αὐτὸς ἐγώ라는 표현과 8:1의 ἐν Χριστῷ Ἰησοῦ라는 표현에서 찾아야 한다고 주장했다.[84] 필자는 미튼이 7:25b을 이렇게 해석하고 그 본문을 앞뒤의 내용과 연결시킨 것에 동의한다.

Αὐτὸς ἐγώ라는 표현은 루터의 독일어 성경의 "Ich"나 JB 영어 번역 성경의 "I" 그 이상의 의미를 표현하는 것이 확실하다. 이와 비슷하게 이 어구는 KJV, NEB, NIV, TNIV, NET의 "나 자신"("I myself") 그 이상의 내용을 함의한다. 이 어구를 번역하는 것이 쉽지 않기 때문에, NRSV의 번역자들이 그랬듯이, 단순히 번역하지 않은 채로 두어서는 안 된다. 모팻 역의 "left to myself"(나 자신으로서는), TEV 역의 "by myself"(나 혼자서), 필립 역의 "in my own nature"(내 자신의 본성으로) 등이 분명 조금은 더 낫다. 하지만 가장 간결한 번역은 ASV와 RSV의 "I of myself"(나 스스로)인 것 같다. 우리는 앞에서 이 어구를 이런 식으로 번역했다. 물론 이 번역도 "내가 하나님을 떠나 내 자신의 자원과 능력을 이용하여"(또는 좀 더 구어체로서 "내 힘

83) Mitton, "Romans vii," 132-35.
84) Mitton, "Romans vii," 132-35.

으로"[I under my own steam"])와 같은 말로 좀 더 광범위하게 이해해야 할 필요가 있기는 하지만 말이다.

Ἄρα οὖν을 사도의 독백에 대한 결론을 표시하는 것으로 이해하고 αὐτὸς ἐγώ를 그가 본문에서 제시한 모든 내용을 해석하는 열쇠로 이해할 때, 바울이 7:14-25의 "등장인물의 담화"라는 수사적 자료의 메시지를 요약하는 7:25b에서 말하고 있는 것은 무엇일까? 바울이 말하는 것은 이것이다. 사람들은 그들이 유전으로 물려받은 타락과 그들이 지은 죄로 인해 영적으로나 개인적으로 정신분열자가 되었다. 말하자면 모든 사람은 그들의 인격 안에 서로 모순되는 태도와 특징을 가지고 있으며, 그들의 행동을 통해 그러한 태도와 특징을 표현한다는 것이다. 하나님의 간섭 없이는 ("하나님의 법"을 아는 것에서 나오는) 그들이 옳다고 알고 있는 선한 것을 행하지 못하고, (그들이 "죄의 법"에 굴복함으로써 발생하는) 나쁘다고 알고 있는 온갖 악한 것을 늘 하게 된다. 또는 미튼이 7:25b을 풀어쓴 것처럼,

> 그렇다면 이것은 내가 줄곧 지향해온 결론이다. 내가 스스로의 자원을 의지하고 하나님을 의존하지 않을 때 발생하는 것이 바로 이것이다. 나는 계속해서 내 판단에서는 하나님의 명령의 권위를 인식하지만, 내 생각과 행동에서는 죄의 권세가 지배한다.[85)]

또는 어쩌면 더 나은 것은 윌리엄 샌데이와 아서 헤들럼이 이 본문에서 바울이 말하려고 하는 바를 풀어쓴 것일 테다.

> 하나님의 간섭이 없다면, 내가 아무 도움도 받지 않고 나 자신에게 맡기는 한, 내가 묘사하고 있는 상태를 이렇게 간략히 요약할 수 있을 것이다. 나는 나의 이 이중적인 입장으로 두 주인을 섬긴다. 나의 의식으로는 하나님

85) Mitton, "Romans vii," 134.

의 법을 섬기고, 내 신체적인 유기체로는 죄의 법을 섬긴다.[86]

성경신학

로마서 7:7-25을 회심 이전 유대인으로서의 경험이나 회심 이후 그리스도인으로서의 경험에 대한 바울 자신의 평가로 보아서는 안 된다. 이 구절들은 모세 율법 아래에 있는 유대인만의 탄식이나, 하나님을 향한 율법주의적 태도로 돌아간 그리스도인만의 외침을 표현하는 것도 아니다. 오히려 이 끔찍한 한탄은 하나님을 떠나 자신의 천성적인 능력과 자신이 가지고 있는 자원으로 자신의 삶을 살려는 모든 사람의 비극적 곤궁에 대하여 "등장인물의 담화"라는 수사적 형태로 제시한, 바울의 수사적 독백으로 이해되어야 한다. 그리고 이 본문은 바울과 영적으로 민감한 모든 사람이 인간 공동의 역사와 우리 자신의 경험으로 인해 우리가 타락과 죄에 매이게 되어 하나님의 개입을 통해서만 구원이 있을 수 있다는 인식을 표현한다.

이것은 종교적인 율법주의자나 무신경한 물질주의자의 인식이 아니다. 오히려 시대나 인종이나 지리적인 장소를 불문하고 영적으로 민감한 사람들에게 늘 남아 있는 인식이다. 사실 이것은 하나님과 가장 가까이 있는 사람들이 가장 강렬하게 느낀 의식인 듯하다. 그래서 바울은, 이방인 선교 중에 이방인들에게 선포했고 이곳에서 로마에 있는 그리스도인 수신자들에게 전달하는 기독교 복음의 형식, 곧 자신이 상황화한 기독교 메시지를 담은 8:1-39 이전에, 자신이 성경을 바탕으로 참된 것으로 아는 내용과 인간의 곤궁을 관찰하여 확증한 것을 독백 형식으로 제시한다. 또한 그는 이교도 이방인들도 그들 주위에 있는 하나님의 피조물과 인간 역사와 그들 자신의 경험으로부터 알게 된 신적 지식을 통해 이해한다고 믿은 내용을 이 독백으로 제시한다. 사람들은 마음으로는 선하고 옳은 것을 알기에 "하나님의 법"을 섬기려고 하지만, 일상에서는 악하고 나쁜 일을 너무도 자주

86) Sanday and Headlam, *Romans*, 178.

범함으로써 "죄의 법"을 섬기고 있다. 이것은 사람이 영적으로나 인격적으로 정신분열적인 존재이며, 하나님의 구원이 절실히 필요하다는 증거로서 제시된다.

그러므로 우리는 로마서를 읽으면서 바울이 기독교 복음을 상황화하여 선포할 준비를 갖추기 위해 이와 같은 인간의 공통적인 자각과 의식을 사용했음을 인식할 필요가 있다. 마찬가지로 우리는 기독교 성경신학을 하면서 이해하고 서술하며 선포하기 위해 노력하는 데 동일한 자각과 의식을 포함해야 할 필요가 있다. 우리에게는 자원과 능력이 부족하다는 것을 겸손히 받아들이고, 그래서 하나님과 그분의 성령을 전적으로 의존하면서 말이다. 그리고 우리의 삶에서도 자신의 인간적인 연약함과 책임을 끊임없이 의식해야 한다. 따라서 하나님의 지속적인 임재와 그리스도 예수의 사역으로 말미암아 주신 새 생명과 소망, 그리고 하나님이 성령의 사역으로 말미암아 가능케 하시는 능력을 의식하면서, 하나님과 다른 사람들 앞에서 늘 겸손히 행하기를 추구해야 한다.

현대를 위한 상황화

로마서 7:14-25의 독백은 우리에게 "이방인의 사도"인 바울이 어떤 방식으로 당대의 문학적인 형식, 수사적 기교, 고전적인 주제, 당대에 사용되던 표현들을 기독교 복음 메시지의 서문으로 사용했는지를 가르쳐줄 뿐만 아니라, 이방인 선교에서 복음의 대상이 되는 이교도 청중들과 그가 이 독백을 쓴 로마의 그리스도인 수신자들에 관한 어떤 사실을 암시하기도 한다. 더욱이 이 독백은 우리에게 기독교 복음을 우리 시대와 사회의 사람들에게 전달하면서 그들에게 의미 있는 형식, 기교, 주제, 표현들을 통합하는 방식으로 쓸 필요가 있다는 경각심을 일으킨다. 바울은 선교 사역을 수행하면서 기독교 메시지를 이처럼 상황화하는 데 능숙했던 것 같다. 이 주석 앞부분 여러 곳에서 주장했듯이, 로마에 있는 그리스도인들에게 보내는 그의 편지는 오늘날 동일한 복음 선포를 상황화하는 데 적실한 패러다임을 제시한다.

기독교 메시지가 "예배", "선포", "교의적 표현", "윤리" 등과 결부될 경우 그리스도인들은 늘 그 메시지를 상황화하는 일에 관여했다.[87] 예수께 초점이 맞춰졌던 하나님 나라의 메시지가 효과적으로 전달되고 적절히 실행되어야 한다면, 그것은 그것을 받는 사람들의 세계관과 문화에 적합한 방식으로 늘 선포되어야 한다. 바울의 특별한 재능은 그가 이러한 필요를 의식하고 그리스도 예수로 말미암는 하나님의 구속의 "좋은 소식"을 입으로 설교하거나 편지로도 전하면서 상황화하느라 무진 애를 썼다는 데 있다. 우리는 바울이 얼마나 다양한 상황에서 설교했는지 더 많이 알 수 있기를 바랄 뿐이다. 하지만 신약 저자의 글 중에서 가장 많은 부분을 차지하는 바울 서신은, 바울이 편지를 보낸 다양한 상황에 적합하고 다소 다른 부류의 사람들에게 의미 있게 말하기 위해 자신의 교훈과 목회 상담의 형식을 어떻게 조율했는지를 암시해준다. 그리고 그가 로마에 보낸 편지, 특히 이 편지의 7:14-25에서 우리는 그가 이교도 이방인들에게 복음을 제시하면서 그의 접근을 어떻게 상황화했는지 관찰한다. 본문은 현대의 그리스도인들에게 항상 따라야 할 구체적인 형식이 아니라, 좀 더 효과적인 전달과 좀 더 적합한 적용의 방법을 제시하는 패러다임을 제공한다.

87) R. N. Longenecker, *New Wine into Fresh Wineskins*, 특히 3부와 후기, 132-76을 참조하라.

5. "그리스도 예수 안에" 있기에 "성령 안에" 있는 사람에게는 정죄함이 없고 새 생명이 주어졌다(8:1-17)

번역

8:1그러므로 이제 그리스도 예수 안에 있는 자에게는 결코 정죄함이 없나니,
2이는 "그리스도 예수 안에 있는 생명의 성령의 법이 죄와 사망의 법에서
너를 해방하였음이라." 3율법이 육신으로 말미암아 연약하여 할 수 없는 그
것을 "하나님은 하시나니 곧 죄로 말미암아 자기 아들을 죄 있는 육신의 모
양으로 보내어" 육신에 죄를 정하사, 4육신을 따르지 않고 그 영을 따라 행
하는 우리에게 율법의 요구가 이루어지게 하려 하심이니라.

5육신을 따르는 자는 육신의 일을, 영을 따르는 자는 영의 일을 생각하
나니, 6육신의 생각은 사망이요, 영의 생각은 생명과 평안이니라. 7육신의
생각은 하나님과 원수가 되나니, 이는 하나님의 법에 굴복하지 아니할 뿐
아니라 할 수도 없음이라. 8육신에 있는 자들은 하나님을 기쁘시게 할 수
없느니라.

9그러나 너희는 너희 속에 하나님의 영이 거하시므로 너희가 죄의 성
품의 지배를 받지 아니하고 영의 지배를 받나니, [누구든지 그리스도의 영
이 없으면, 그 사람은 그리스도에게 속한 사람이 아니라. 10또 그리스도께서
너희 안에 계시면, 몸은 죄로 말미암아 진정 죽은 것이나, 너의 영은 의로
말미암아 살아 있는 것이니라.] 11"예수를 죽은 자 가운데서 살리신 이"의
영이 너희 안에 거하시면, "그리스도 예수를 죽은 자 가운데서 살리신 이"
가 너희 안에 거하시는 그의 영으로 말미암아 너희 죽을 몸도 살리시리라.

12그러므로 형제들아! 우리가 빚진 자로되 육신에게 져서 육신대로 살
것이 아니니라. 13너희가 육신대로 살면 반드시 죽을 것이로되 영으로써 몸
의 행실을 죽이면 살리니.

14"무릇 하나님의 영으로 인도함을 받는 사람은 곧 하나님의 아들
이라." 15너희는 다시 무서워하는 종의 영을 받지 아니하고 양자의 영을 받
았으므로 우리가 "아빠 아버지"라고 부르짖느니라. 16성령이 친히 우리의

영과 더불어 우리가 하나님의 자녀인 것을 증언하시나니, 17자녀이면 또한 상속자 곧 하나님의 상속자요 그리스도와 함께 한 상속자니, 우리가 그와 함께 영광을 받기 위하여 고난도 함께 받아야 할 것이니라.

본문비평 주

8:1a 후치사 ἄρα νῦν("그런데 이제")은 광범위한 사본 증거에 의해 널리 입증을 받고 있다. 하지만 부사 νῦν("이제")은 6세기 베자 사본(D* 06)과 소문자 사본 1908^mg(범주 III)에 생략되었으며, syr^p에도 빠져 있다. 하지만 νῦν의 생략은 본문 전통에서 너무도 빈약한 뒷받침을 받고 있어서 진지하게 고려할 만한 가치가 없다. 이 단어가 생략된 것은 단순히 본문에서 부사와 접속사의 수를 줄이려고 그랬을 것이다.

1b절 수식어 첨가가 없는 케리그마적 진술 οὐδὲν κατάκριμα τοῖς ἐν Χριστῷ Ἰησοῦ("그리스도 예수 안에 있는 자들에게는 정죄가 [없다]")는 대문자 사본 B C^2 D*(삽입의 가능성이 있는 공간을 남겨놓긴 했지만 F G도)와 소문자 사본 1739(범주 I), 1506 1881(범주 II), 6 424^c(범주 III)의 지지를 받으며, it^b, d*, g, mon* cop^sa, bo에도 반영되었고 마르키온^acc to Adamantius 오리게네스^lat 아타나시오스 암브로시아스테르 아우구스티누스의 지지를 받는다. 하지만 어떤 사본은 Ἰησοῦ라는 이름 뒤에 8:4에서 유래한 것으로 보이는 다음과 같은 부가적인 설명절 한두 개가 놓였다. (1) 짧은 μὴ κατὰ σάρκα περιπατοῦσιν("육신을 따라 행하지 않는"). 이것은 대문자 사본 A D^1 Ψ와 소문자 사본 81 256 2127(범주 II), 263 365[μή 대신에 τοῖς로 바뀜] 1319 1573 1852(범주 III)에 등장하고, it^d2, f, mon2 vg syr^p에 반영되었으며, 크리소스토모스와 히에로니무스의 지지를 받는다. 또는 (2) 긴 μὴ κατὰ σάρκα περιπατοῦσιν ἀλλὰ κατὰ πνεῦμα("육신을 따라 행하지 않고 성령을 따라 행하는"). 이것은 대문자 사본 א^2 D^2 P[또한 *Byz* K L]와 소문자 사본 33^vid 1173(범주 I), 1962 2464(범주 II), 104 424* 436[μή가 생략되긴 했다] 459 1241 1912 2200(범주 III)에 등장하며, it^ar, o syr^p 등의 역본에도 반영되었다. 하지만 위의 이러한 수식어 첨가가 없는 간략한 진술이 본문 전통에서 훨씬 좋은 지지를 받고

있다. 더욱이 간략한 진술을 받아들이면 두 이문이 포함된 까닭이 가장 잘 설명된다.

2절 "그리스도 예수 안에 있는 생명의 성령의 법"의 자유를 주는 행위의 대상이 με("나를")인지 σε("너를")인지, 아니면 ἡμᾶς("우리를")인지 결정하기가 조금 어렵다. 대명사 με("나를")는 대문자 사본 A D P(또한 *Byz* K L)와 소문자 사본 1175 1739[c](범주 I), 81 256 1506[c] 1881 1962 2127 2464[vid](범주 II), 6 104 263 365 424[c] 436 459 1241 1319 1573 1852 1912 2200의 입증을 받고 있으며, it[d, mon] vg syr[h] cop[sa]에도 반영되었고, 오리게네스[lat] 디디모스 크리소스토모스 테오도로스 테오도레토스 테르툴리아누스[1/2] 히에로니무스 아우구스티누스[3/10]의 지지를 받는다. 대명사 σε("너를"[전접어 단수])는 대문자 사본 א B F G와 소문자 사본 1739*(범주 I) 및 1506*(범주 II)의 지지를 받고 있으며, it[ar, b, f, g, o] syr[p]에도 반영되었고, 테르툴리아누스[1/2] 암브로시아스테르 아우구스티누스[10/13]의 지지를 받는다. 이 단어는 시나이 사본(א 01)과 바티칸 사본(B 03) 두 곳에 다 포함되었으므로 단수 σε("너를")를 지지하는 사본의 외적 증거가 가장 강력하다고 판단할 수밖에 없다. 8세기와 9세기의 대문자 사본인 Ψ의 증거를 받고 syr[pal] cop[bo] eth에 반영되었으며 마르키온[acc. to Adamantius] 메토디오스 바실리오스의 지지를 받고 있는 대명사 ἡμᾶς("우리를")는 좀 더 일반적으로 적용하려고 나중에 삽입된 수정 어구인 것 같다.

Mε("나를")와 σε("너를") 사이의 선택에 대해서 브루스 메츠거는 이렇게 주장한다. "더 난해한 독법인 후자가 (7장의 주장과 더 조화를 이루는) 전자로 대체되었을 경우가 그 역순의 경우보다 가능성이 더 크다. 반면에 σε는 원래 ἠλευθέρωσεν의 마지막 음절을 우연히 반복한 것이었을지도 모른다. E위에 있는 수평선으로 표시된 마지막 날말 -ν을 간과하고 말이다."[1)] GNT[2]이 με를 C 평가를 내린 채 본문으로 받아들였고, GNT[3]은 σε를 D 평

1) Metzger, *Textual Commentary*, 456.

가를 내린 채 본문으로 받아들였으며, GNT[4]는 σε를 B 평가를 내린 채 본문으로 받아들인 것을 보면, 어느 것이 원래의 독법이었을지 결정하는 것은 분명 어렵다. 우리도 8:2에 대한 석의와 주해에서 제시할 추가적인 내적 이유로, 2인칭 단수 대명사 σε("너를")를 원래의 독법으로 받아들인다.

3절 Σαρκὸς ἁμαρτίας("죄 있는 육신/인간성") 뒤에 등장하는 καὶ περὶ ἁμαρτίας("그리고 죄에 대하여[또는 관련하여]")라는 어구는 본문 전통에서 거의 절대적인 지지를 받는다. 하지만 이 어구는 소문자 사본 1912(범주 III)에 생략되었는데, 본문을 부드럽게 하려는 노력의 일환인 것이 분명하다.

11a절 Ἰησοῦν 앞에 있는 관사 τόν은 대문자 사본 ℵ A B와 소문자 사본 1739(범주 I), 1881(범주 II), 6 630 1505 2495(범주 III)의 입증을 받고 있다. 하지만 이 단어는 ℵ[2] C D F G P Ψ(또한 *Byz* K L)와 소문자 사본 33 1175(범주 I), 1506 2464(범주 II), 69 88 104 323 326 330 424[c] 614 1241 1243 1319 1573 1735 1846 1874와 클레멘스와 에피파니우스에서는 생략되었다. 시나이 사본(ℵ 01), 바티칸 사본(B 03), 알렉산드리아 사본(A 01)의 지지를 받기에 τὸν Ἰησοῦν을 원문으로 보고, 관사의 생략은 문체 개선을 시도한 것으로 간주해야 할 것 같다.

11b절 어구 Χριστὸν ἐκ νεκρῶν("그리스도를 죽은 자 가운데서")은 대문자 사본 D[c] G와 소문자 사본 2127(범주 II), 그리고 마르키온 메토디오스 에피파니우스는 물론이고 바티칸 사본(B 03)의 지지를 받고 있다. 이 어구는 GNT[2]에 의해서 선호되는 독법으로, 그리고 GNT[3]에 의해서는 D 평가를 받는 독법으로 받아들여졌다. 하지만 일부 사본에서는 Χριστόν 앞에 관사 τόν이 있다. 대문자 사본 ℵ[3] P Ψ(또한 *Byz* K)와 소문자 사본 33(범주 I), 88 181 326 2495(범주 III)에서처럼 말이다. 또한 이 어구는 테오도레토스의 지지를 받는데, 아마도 앞에 있는 τὸν Ἰησοῦν에 대한 "필경사의 병행화"로 인해 생겨났을 것이다.[2)] 이 밖에도 다른 이문들이 많이 등장한다. (1)

---

2) 참조. Metzger, *Textual Commentary*, 456.

Χριστόν 대신에 Ἰησοῦν이 사용된 이문, (2) Ἰησοῦν Χριστόν이라고 이름 전체가 사용된 이문, (3) 이 어구를 재배열한 이문, 심지어 (4) 소문자 사본 436 629(범주 III)에서 그러하고 it^ar에 반영되었듯이, 전체 절 ὁ ἐγείρας Χριστὸν ἐκ νεκρῶν이 생략된 이문도 있다. 십중팔구 Χριστὸν ἐκ νεκρῶν을 원문으로 받아들여야 한다.

11c절 καί("또한", "이와 마찬가지로")의 부사적 용법이 본문 전통에서 널리 입증되고 있으며, 그것을 원문으로 받아들여야 한다. 하지만 이 단어는 시나이 사본(א 01)과 알렉산드리아 사본(A 02), 그리고 소문자 사본 1739(범주 I), 1881(범주 II), 326 630(범주 III)에 생략되었다. Καί의 생략은 알렉산드리아 지역의 필경사들이 본문을 부드럽게 하려고 했던 것이 분명하다.

11d절 소유격 구문 τοῦ ἐνοικοῦντος αὐτοῦ πνεύματος("내주하는 그의 영으로 말미암아" 또는 "너희 안에 사시는 그의 영으로 말미암아")와 결합된 전치사 διά는 대문자 사본 א A C P^c와 소문자 사본 81 256 1506 1962 2127(범주 II) 104 263 436 1319 1573 1852(범주 III)의 지지를 받고 있으며, it^f, mon syr^h cop^sa, bo에도 반영되었고, 클레멘스 히에로니무스^1/3 아우구스티누스^28/43의 지지를 받는다. 목적격 구문 τὸ ἐνοικοῦν αὐτοῦ πνεῦμα("내주하시는 그의 영 때문에" 또는 "너희 안에 사시는 그의 영 때문에")와 연결되어 있는 διά는 대문자 사본 B D F G P* Ψ(또한 *Byz* K L)와 소문자 사본 33 1175 1739(범주 I), 1881 2464(범주 II), 6 424^c 459 1241 1912[αὐτοῦ가 생략됨] 2200로 입증되며, it^ar, b, d, g, o vg syr^p, (pal)에도 반영되었고, 이레나이우스^lat 오리게네스^gr, lat 크리소스토모스 테르툴리아누스 암브로시아스테르 히에로니무스^2/3 아우구스티누스^15/43의 지지를 받는다.

내적 증거를 고려한다 해도 어느 한 독법을 다른 것보다 선호할 수 없는 상황이다. 목적격 구문의 독법은 하나님이 성령을 소유하고 있는 사람들의 죽을 몸을 일으키실 것임을 시사한다. 그 영은 본질적으로 생명의 영인 까닭이다. 소유격 구문의 독법은 성령이 죽을 몸을 일으키는 일에 하나님의 행동의 직접적이고 개인적인 대행자라는 개념을 나타낸다. 마찬가지로 외적인 증거도 상당히 균형이 잡힌 듯하다. 브루스 메츠거가 지적하듯이, B 사본이 D 사본 및 G 사본과 연관된 것에서 증명되듯이, 목적격 구문을 지지하는 바티칸 사본(B 03)의 무게감이 "서방 본문"의 투입에 의해 약화되긴 했지만 말이다.[3] 그래서 연합성서공회의 위원회는 소유격 구문을 더 선호했다. 여기에 한 가지 첨언하자면, 이 독법은 알렉산드리아 계열의 사본(א A C 그리고 81)과 팔레스타인 본문(syr^{pal} Cyril-Jerusalem) 그리고 서방 본문(it$^{61?}$ Hippolytus)으로부터 폭넓은 지지를 받는다.

13절 13절 후반부에 있는 τοῦ σώματος("몸의")라는 표현은 본문 전통에서 널리 입증을 받고 있으며, 원문으로 받아들일 만하다. 이문 τῆς σαρκός("육신의")는 대문자 사본 D F G와 소문자 사본 630(범주 III)에 등장하고, 수많은 라틴어 본문에 반영되었으며 이레나이우스^{lat}의 지지를 받고 있다. 이 이문은 이 구절 전반부에 있는 κατὰ σάρκα("육신대로" 또는 "죄악된 성품대로")와 좀 더 정확히 연결할 목적으로 삽입된 것이 분명하다. 동등한 표현의 사용보다는 동일한 표현의 반복이 더 선호되었다.

14절 8:14의 마지막 세 단어는 그리스어 본문 전통에서 네 가지 방식으로 제시되었다. 처음 두 방식은 가장 빈번하게 입증을 받아왔으며, 마지막 두 방식은 빈약한 지지를 받아왔다. (1) υἱοὶ θεοῦ εἰσιν(문자적으로 "하나님의 아들들 그들은 ~이다")은 대문자 사본 א A C D와 소문자 사본 1739(범주 I), 81 1506(범주 II), 88 630 1319 1573(범주 III)의 지지를 받는다. (2) υἱοὶ εἰσιν θεοῦ(문자적으로 "아들들 그들은 ~이다 하나님의")는 대문자 사본 B F G와 오리게네스 펠라기우스의 지지를 받는다. (3) εἰσιν υἱοὶ θεοῦ(문자적으로 "그들은 ~이다 아들들 하나님의")는 대문자 사본 P Ψ(또한 *Byz* K L)와 비잔틴 계열의 수많은 소문자 사본들의 지지를 받으며, (4) εἰσιν θεοῦ υἱοί(문자적으로 "그들은 ~이다 하나님의 아들들")는 소문자 사본 326(범주 III)의 지지를 받는다. 하지만 이 선택들 간의 의미의 차이는 중요하지 않다. 역본들은 일반적으로 있을 수 있는 차이를 모호하게 한다.

---

3) 참조. Metzger, *Textual Commentary*, 456.

16절 시리아어 페쉬타 역(syr[p])에 반영된 것처럼 베자 사본(D 06)은 이 구절을 접속사 ὥστε("이러한 까닭에")로 시작한다. 하지만 이 이문은 사본 전통에서 빈약한 지지를 받고 있으며, 주장을 강화하기 위해 삽입된 것 같다.

17절 ἵνα("~하기 위하여")와 συνδοξασθῶμεν("우리가 그의 영광에 참여하다") 사이에 있는 καί("또한", "이와 마찬가지로")의 부사적 용례는 본문 전통에서 강하게 입증된다. 비잔틴 계열에 속한 사본들만 이 단어의 생략을 지지한다. 그래서 καί("또한", "이와 마찬가지로")를 원래의 독법으로 유지해야 하며, 이 본문은 "우리도 그의 영광에 참여하기 위하여"로 읽게 된다.

형식/구조/상황

로마서 본론 중앙부의 두 번째 주요 단락인 이곳 5:1-8:39에서 바울은 그가 일찍이 1:11에서 로마 그리스도인들에게 주겠다고 약속한 그의 "신령한 은사"를 제시한다. 다시 말해서 바울은 이방인 선교 중에 이교도 이방인들에게 선포한 상황화된 기독교 복음의 본질을 제시한다. 이것을 그는 2:16에서 "나의 복음"으로 불렀고, 16:25에서 다시 "나의 복음"이라고 언급할 것이다. 5:1-8:39은 본론 중앙부의 첫 번째 단락(즉 1:16-4:25)에 있는 "의", "칭의", "구속", "화해"("속죄" 또는 "대속 제물")와 같은 주제들 위에(물론 그 주제들을 넘어가기도 하지만) 구축된 단락이다. 본문에서는 (1) "화평"과 "화목", (2) "아담 안에"와 "그리스도 안에" 있는 관계, (3) "그리스도 안에"와 "성령 안에" 있음, 그리고 (4) "그리스도께서 그의 영으로 말미암아 신자들 안에 있음"과 관련된 인격적이고 관계적이며 참여적인 특징들을 부각시킨다. 이 단락은 8장에서 다음과 같은 세 가지를 제시하는 것으로 신학적인 절정에 이른다.

1. 8:1-17에 제시된, 바울의 상황화된 기독교 메시지 선포. 바울은 "그리스도 예수 안에" 있는 사람들에게 "정죄함이 없다"는 선언, "그의 영으로 그리스도인 안에 계시고 그리스도인들을 다스리시는 그리스

도"에 관한 진술, 하나님에 의해 그분의 가족 안에 아들과 딸로 "입양된" 예수를 믿는 신자들을 지칭하는 비유, 그리고 하나님의 영으로 인도함을 받은 하나님의 자녀들로서 살아가라는 권면에 특별한 주의를 기울인다.

2. 8:18-30에 제시된, "그리스도 예수 안에 있는" 이 새 "생명"과 "성령 안에 있는" 새 "생명"에 포함된 것. 개인적인 특징만 아니라 보편적인 함의에도 또 현재만 아니라 미래에도 주의를 기울인다.
3. 8:31-39에 제시된, 그리스도 예수를 통해 표현된 하나님의 사랑에 대한 승리에 찬 단언과 신자의 결과적인 확신. 그 단언을 뒷받침하는 자료로써 초기 기독교 신앙고백 자료의 다양한 부분들이 포함된다.

마찬가지로 이 주요 단락에는 고대 수사학에 속하는 세 가지 기본적인 특징들이 매우 온전하게 표현되었다. 로고스(*logos*, 내용 또는 주장)와 에토스(*ethos*, 화자나 필자의 개인적인 특성)와 파토스(*pathos*, 감정을 움직이는 힘)가 그것이다. "중심이 되는 마루"로부터 오르락내리락하는 "일련의 수문"을 통해 "지협을 가로지르는 운하 여행"이라는 존 로빈슨(John Robinson)의 유비를 빌린다면, 로마서 8장에서는 "서신의 절정에 도달하고" 거기서 "논증으로 하여금 분수령을 가로지르도록 하는 일관된 절정"이 발생한다.[4)]

8:1-17의 통일성과 독특성. 하지만 이 단락에서 우리 목전의 관심은 8장에서 바울이 제시한 첫 번째 부분이다. 즉 "이제 그리스도 예수 안에 있는 자에게는 결코 정죄함이 없다"는 선포와 "그리스도 예수 안에" 있는 생명과 "성령 안에" 있는 생명이라는 주제, "그리스도께서 그의 영으로 말미암아 그리스도인 안에 있음"에 대한 강조, 그가 사용한 "입양" 비유, 그리고 그가 이 독특한 요소들로부터 유추한 내용이다. 이것은 바울이 상황화한 기독교 복음 선포의 기본적인 특징들이다. 바울은 이러한 선언과 주제

4) J. A. T. Robinson, *Wrestling with Romans*, 9.

들과 강조 및 비유를 통해(각각의 함의된 내용과 더불어) 그가 당대의 그리스-로마 세계에서 이교도 이방인들에게 선포한 모든 내용의 최고 수위선에 이르렀다.

대부분의 주석가는 8장에서 바울이 제시한 복음의 첫 번째 부분이 8:1-11에 포함되었다고 이해해왔다.[5] 첫 번째 부분이 8:1-13에 표현되었다고 이해한 사람들도 있다.[6] 하지만 성령에 대한 바울의 강조가 (1) "생명의 성령"이라는 어구가 있는 8:2에 언급될 정도로 일찍 등장하고, (2) 본문 전체에서 12번 이상 반복되며, (3) 8:16의 "성령이 친히 우리의 영과 더불어 우리가 하나님의 자녀인 것을 증언하신다"는 진술에서 절정에 이른다. 이처럼 성령에 대한 그의 강조는 8:1-17의 모든 자료를 하나로 묶으며, 그러므로 이 열일곱 절 전체가 함께 로마서 8장의 첫 번째 부분을 구성한다고 이해해야 한다. 마찬가지로 8:1-11의 주요 특징이며 8:12-17에서 계속되는, "자신의 죄의 성품에 따라"(κατὰ σάρκα) 사는 삶과 "성령의 지시에 부합하게"(κατὰ πνεῦμα) 사는 삶 사이의 대조는 8:1-17을 통일된 자료의 일부분으로 이해하는 데 있어 주제적 뒷받침을 부가적으로 제공한다.

또한 바울은 8:17을 마무리하는 곳에서 "우리가 그[그리스도]와 함께 영광을 받기 위하여 고난도 함께 받아야 한다면[또는 우리가 나중에 제안할, "함께 받아야 하므로"]"이라는 논평을 첨가함으로써 8:18-30에서 논의할 "현재의 고난"과 "미래의 영광"을 예상한다. 그리고 8:18에서 그는 전통적인 편지의 "공개 형식"의 단수 형태, 즉 λογίζομαι ὅτι("내가 추정해보니" 또는 "내가 생각해보니")를 사용하여 8:18-30에 있는 "고난과 영광"에 대한 내용을 공식적으로 소개한다. 8:17에 있는 이 예상 논평과 8:18의 공개 공식은 로마서 8장의 바울의 주장에서 8:17과 8:18 사이에 가벼운 단절이 있음을 암시하는 기능을 한다.

---

5) 예. Godet, *Romans*, 2.57; Michel, *An die Römer*, 248; Käsemann, *Romans*, 212; Cranfield, *Romans*, 1.372; Dunn, *Romans*, 414.

6) 예. Lagrange, *Épître aux Romains*, 200; Wilckens, *An die Römer*, 2.120; Fitzmyer, *Romans*, 479; Moo, *Romans*, 470.

서간체적·수사적 관습들. 불변화사 ἄρα("그래서", "그렇다면")는 코이네 그리스어에서 추정 또는 추론의 형식(즉 앞에서 논의한 것으로부터 유추함)으로만 아니라 단순히 이어지는 진술이나 질문을 생동감 있게 하거나 부각시켜("그러하다면" 또는 "너희도 알다시피"와 같은 구어체적 표현으로) 앞의 메시지에 특별한 주의를 기울이게 하려고 사용되었다.[7] 바울은 이곳 8:1을 시작하면서 ἄρα("그러하다면", "너희도 알다시피")를 이런 방식으로, 즉 "이제 그리스도 예수 안에 있는 자에게는 결코 정죄함이 없나니"라는 그의 선언에 주의를 환기시키려고 사용했다. 더욱이 바울은 불변화사 ἄρα와 οὖν을 결합하여 ἄρα οὖν("결과적으로", "그러므로")이라는 표현을 만들어 자료의 한 단락 또는 하위 단락의 결론을 표시한다.[8] 바울은 8:12을 시작할 때 관용어적 표현인 ἄρα οὖν을 이런 방식으로 사용했다. 즉 로마서 8장의 첫 번째 하위 단락에 속하는 자료의 결론 문단의 시작을 표시하려고 말이다. 따라서 7:14-25에서 모든 사람의 처참한 상황에 대해 그의 독백을 구성하고 8:1-17에서 그의 상황화한 선포를 구성하는 데 있어서, 이 특별한 불변화사를 개별로 사용하거나 다른 단어와 결합하여 사용함으로써 이 두 본문을 눈에 띄게 비슷한 방식으로 제시한다. 그럼으로써 두 내용의 균형을 이룰뿐더러, 사람들이 선을 행할 능력이 없으며 자신이 가진 자원으로는 하나님 앞에 받아들여질 수 없다고 말하는 7:14-25의 묘사를, "그리스도 예수 안에" 있고 "성령 안에" 있는 사람이 어떠한 존재인지를 선언하는 8:1-17의 선포로써 논박한다.

바울은 이 선포 단락에 속하는 8:12에서 호격 ἀδελφοί("형제자매들이여")를 사용한다. 그가 일찍이 1:13, 7:1, 7:4에서 이러한 서간체적 관습을 사용했듯이, 여기서도 다정하게 부르는 형식으로 동일한 호격을 사용한다.[9]

---

7) 본서 7:21의 "석의와 주해"에서 확인했듯이 말이다.

8) 본서 5:18, 7:3, 7:25b의 "석의와 주해"를 보라.

9) 바울이 1:13에서 사용한 ἀδελφοί와 7:4에서 사용한 ἀδελφοί μου에 대해 본서 "석의와 주해"를 보라. 또 나중에 10:1; 12:1; 14:10, 13, 15, 21; 15:14, 30; 16:17에서 로마의 그리스도인들을 직접 지칭하면서 그가 사용한 ἀδελφοί도 주목하라.

"생명"과 "삶"을 가리키는 용어와 성령을 언급하는 용어의 현저함. 우리는 앞서 로마서 본론 중앙부의 이 두 번째 주요 단락(5:1-8:39)을 논의하던 중에, 단어 고리가 (1) 1:16-4:25에서 두드러졌던 동사 πιστεύω("믿다")와 함께 사용된 명사 δικαιοσύνη("의") 및 πίστις("믿음")가 (2) 5:1-8:39에서는 반복적으로 사용되는 명사 ἁμαρτία("죄") 및 θάνατος("사망")와 대조적으로 사용된 눈에 띄는 명사 ζωή("생명")와 동사 ζῆν("살다") 및 ζάω나 ζῶ의 다양한 분사 형태("살아 있는")로 바뀐다는 것을 주목했다.[10] 이러한 특징은 특히 8:1-17에서 분명히 드러난다. 명사 ζωή("생명")가 8:10에서 분명히 사용되고, 8:12에서는 현재 부정사 ζῆν("살다")이 사용되며, 8:13a에서는 2인칭 복수 현재 직설법 동사 ζῆτε("너희가 살고 있다")가, 그리고 8:13b에서는 2인칭 복수 미래 직설법 동사 ζήσεσθε("너희가 살 것이다")가 사용되었다. 이외에도 8:4의 τοῖς περιπατοῦσιν("행하는 사람들에게"), 8:5과 8:8의 οἱ ὄντες("있는 사람들" 또는 "사는 사람들"), 그리고 8:9과 8:11의 οἰκεῖ("그가 거하다")와 같은 "생명"과 "삶"을 가리키는 다양한 동의어적 표현들이 이 본문에 등장한다.

또한 8:1-17에는 하나님의 영을 그리스도 예수께 헌신한 사람들의 생명에 새로운 실체와 새로운 관계를 가져온 대행자로 언급하는 곳이 여럿 있다. 이 주제는 8:2에 "생명의 성령"이라는 어구로 제일 처음 등장하며, 8:2-16 내내 12번 이상 반복되고, 8:16에서 "성령이 우리의 영과 더불어 우리가 하나님의 자녀인 것을 친히 증언하신다"는 진술에서 절정에 이른다. 8:16의 이 진술은 8:17에서 다음과 같은 관점에서 적용된다. (1) 하나님 앞에서 그리스도인의 새로운 지위/신분(즉 "자녀"와 "상속자")과, (2) 그리스도인의 새로운 생활양식(즉 "고난"과 "영광") 등이다.

초기 기독교 신앙고백 자료들의 명시적·암시적 사용들. 우리는 일찍이 로마서 본론 중앙부의 이 두 번째 주요 단락(5:1-8:39)을 이 편지의 첫

10) 이 단어들은 δικαιοσύνη와 함께 본론 중앙부의 이 두 번째 단락에 속한 여덟 절의 다양한 문맥(5:17, 21; 6:13, 16, 18, 19, 20; 8:10)에 등장하지만 말이다.

번째 주요 단락(1:16-4:25) 및 세 번째 주요 단락(9:1-11:36)과 구별할 수 있으며, 또한 네 번째 주요 단락(12:1-15:3)과도 구별할 수 있다는 점을 관찰했다. 두 번째 주요 단락에서는 바울의 진술을 뒷받침하고 그의 주장을 전개하려고 사용된 성경 인용이 부족하다는 점에서 말이다.[11] 이와 같이 성경 인용을 사용하지 않는 것은 8:1의 케리그마적 진술과 8:2-17에서 발전된 내용에 특히 분명히 나타난다. 오히려 8:1-17(과 롬 8장 여러 곳)에 등장하는 것은 사도의 상황화한 기독교 선포와 그 선포의 기본적인 주제의 발전을 뒷받침하는 초기 기독교의 신앙고백 자료들을 분명하거나 암시적으로 사용한 것이다.

이러한 초기 기독교의 신앙고백 자료들은 그 내용의 복음 선포적 특성과 구조의 공식적인 문체로 인식될 수 있다. 또한 바울이 도입부에 사용한 후치사 γάρ("이는", "왜냐하면")를 통해 밝혀질 수 있다. 바울은 그의 서신들 여러 곳에서 구약 본문뿐만 아니라 전통적인 유대 금언적 선언, 고전적인 그리스-로마 진술들 그리고 다양한 유대 기독교의 신앙고백 자료를 소개하기 위해서도 γάρ를 사용한다.[12]

이곳 8:1-17에서 복음 선포적 내용, 공식적인 문체, 그리고 접속사 γάρ("이는")와 같은 도입 어구 사용 등 뚜렷이 드러나는 이러한 특징들은 다음 두 구절에서 가장 분명히 합쳐진다.

> 8:2 - "이는 그리스도 예수 안에 있는 생명의 성령의 법이 죄와 사망의 법에서 너를 해방하였음이라"(ὁ γὰρ νόμος τοῦ πνεύματος τῆς ζωῆς ἐν Χριστῷ Ἰησοῦ ἠλευθέρωσέν σε ἀπὸ τοῦ νόμου τῆς ἁμαρτίας καὶ τοῦ θανάτου).

---

11) 5:1-8:39의 도입 단락에서 이 주제를 설명한 부분을 보라. 참조. R. N. Longenecker, "Prolegomena to Paul's Use of Scripture in Romans," 특히 146-47, 158-67; 같은 저자, "Paul and the Old Testament," in *Biblical Exegesis*, 2nd ed., 88-116.

12) 로마서에서 γάρ가 성경 인용, 유대 금언, 그리스-로마 진술들, 또는 기독교 신앙고백 자료를 소개하는 기능을 하는 예들은 2:11, 14, 24; 5:6; 7:15, 19; 10:13; 11:34-35을 보라. 또한 고전 2:16; 10:26; 15:27도 참조하라.

8:14 - "이는 하나님의 영으로 인도함을 받는 사람은 곧 하나님의 아들이라"(ὅσοι γὰρ πνεύματι θεοῦ ἄγονται, οὗτοι υἱοὶ θεοῦ εἰσιν).

8:1-17에 있는 두세 개의 진술 역시 초기 기독교의 신앙고백 자료를 암시적으로 인용한다고 볼 수 있다. 내용과 구조에 의해 밝혀지든지 아니면 도입 어구 γάρ의 사용에 의해 밝혀지든지 간에, 신앙고백 자료일 수 있는 이 네다섯 부분은 각각 석의와 주해를 진행하면서 검토할 필요가 있다.

8:1-17에서 바울이 제시한 내용의 구조. 8:1-17에서 바울이 제시한 내용의 구조는 다음과 같이 다섯 가지 제목으로 제시할 수 있다.

1. "그리스도 예수 안에" 있고, 결과적으로 또한 "성령 안에" 있는 사람에게는 "정죄함이 없다"(8:1-4)
2. 두 개의 완전히 상반되는 정신세계와 인간 실존의 양식 그리고 각각의 결과들(8:5-9)
3. "그리스도 안에" 있고 결과적으로 "성령의" 지배를 받는 사람들은 생명이 있는 사람들이다(8:9-11)
4. "죄의 성품을 따라" 살지 말고 "성령에 의해" 살라는 권면(8:12-13)
5. "입양"이라는 그리스-로마의 비유를 강조한, 예수를 믿는 신자들의 하나님의 아들과 딸로서의 지위/신분에 관한 부가적인 진술들(8:14-17)

이 일련의 제목들은 각각의 자료들과 함께 아래에서 실시할 본문 석의와 주해의 구조다.

석의와 주해

I. 정죄함이 없다(8:1-4)

루돌프 불트만은 8:1이 바울이 기록하지 않은 난외주이며 어쩌다 본문에 삽입되어 있다고 주장했으며,[13] 수많은 주석가들이 불트만의 견해를 따랐다. 프리드리히 뮐러(Friedrich Müller)는 8:1과 8:2의 순서가 바뀌어야 한다고 제안했다. 8:2의 "그리스도 예수 안에 있는 생명의 성령의 법이 죄와 사망의 법에서 너를 해방하였다"는 진술이 논리적으로 8:1의 "정죄함이 없다"는 주장의 기초를 제공하지, 결과가 아니라는 것이 그 이유다.[14] 하지만 그리스어 본문 전통에서 이러한 제안과 주장을 뒷받침할 만한 것은 없다.

더욱이 8:1을 난외주라고 칭하는 것은, 8:1에서 그리스도가 그에게 헌신한 사람들을 위해 이루신 "정죄함이 없다"(οὐδὲν κατάκριμα)라는 선언이 5:16과 5:18에서 아담이 그의 모든 후손의 삶에 가져온 "정죄"(κατάκριμα)에 관한 진술로 거슬러 올라간다는 문맥적인 상황을 무시한 처사다. 바울이 일찍이 제시한 하나님 앞에서 사람들의 참혹한 상황이 이곳 8:1에서 "그리스도 예수 안에 있는 사람들"에게 종식되었다고 선언되고 있다. 뮐러의 제안은 "정죄함이 없다"는 8:1의 이 선언이, "죄가 기회를 타서 하나님의 계명으로 나를 사로잡고 나를 속이고 그 계명으로 나를 죽였다"는 진술(7:7-13), 사람들은 자신의 자원과 능력으로는 개인적인 자제력을 얻을 수 없으며 그래서 하나님 앞에 용납되지도 않는다는 진술(7:14-25), 그리고 죄로 인한 율법의 무능력에 관한 진술(8:2-4)과 관련한 근접 문맥에서 제시되었다는 사실을 무시하는 것이기도 하다. 마찬가지로 8:1과 8:2의 순서를 바꾸어 8:2을 먼저 읽고 8:1을 그다음에 읽는 것은, 8:2과 8:3 사이에 존재하는 결집력 강한 동사의 연결 때문에 전혀 타당해 보이지 않는다. 8:2의 "그리스

---

13) Bultmann, "Glossen im Römerbrief," 197-202.
14) Müller, "Zwei Marginalien im Brief Paulus an die Römer," 249-54.

도 예수 안에 있는 생명의 성령의 법"은 "죄와 사망의 법"과 대조를 이루며, 그다음에 8:3에서는 "할 수 없는 율법"과 "하나님은 그의 아들을 죄 있는 사람의 모양으로 보내심으로써 행하셨다"고 언급함으로써 순서를 달리하여 동일한 대조가 다시 제시된다.[15]

8:1 8:1-17의 이 거대한 핵심 본문을 여는 진술은 매우 중요한 선언이다. Οὐδὲν ἄρα νῦν κατάκριμα τοῖς ἐν Χριστῷ Ἰησοῦ("그러므로 이제 그리스도 예수 안에 있는 자들에게는 결코 정죄함이 없다"). 이 진술은 정동사가 전혀 없기에 "그리스도 예수 안에 있는 자들에게는 정죄함이 없다"는 신학적인 선언을 반영하는 것으로 이해되어야 한다.[16] 이 진술의 중요성과 효력은 후치사 ἄρα("그러므로")에 의해 강조된다. 이 단어는 코이네 그리스어에서는 추론적인 형식으로뿐만 아니라 진술이나 질문을 생동감 있게 표현하여 진술이나 메시지를 강조하기 위해서도 사용되었다.[17] 그러므로 8장의 이 첫 절에서 이 불변화사 ἄρα는 본문의 핵심이 되는 신학적인 선언을 소개하므로, 강조의 의미를 지닌 "너희도 알다시피"로 이해되어야 할 것 같다. 그래서 "그러므로" 또는 "그러니까"라고 번역하는 것이 최상이다. 부사 νῦν("이제")은 논리적인 대조만을 암시할 가능성이 크며, 그래서 "그러나 상황은 이렇다"라는 표현과 유사한 것으로 간주될 수 있다. 그러나 여기서 νῦν은 바울이 서신들 여러 곳에서 보여준 일반적인 용례와 특히 로마서 3:21과 7:6에서 먼저 등장한 용례와 맥을 같이하며, 시간적인 의미를 지닐 가능성이 매우 크고, 그러므로 그리스도의 죽음과 부활로 말미암아 시작된 구원사의 종말론적 "이제는"이라는 현시대를 언급하는 것으로 보아야 한다.[18]

---

15) 참조. Jewett, *Romans*, 477-78. Jewett는 특히 이 본문 전체에 존재하는 "병행법과 절정 사이의 교대"를 인용하면서 수사학적인 근거로 8:1-17의 통일성을 주장한다.

16) Käsemann은 이것을 "교의적 문장"이라고 말한다. 이 문장은 7:25b의 진술과 역순으로 "병행을 이루며", 이어지는 내용에 대한 "기초로 이해되어야 한다"(E. Käsemann, *Romans*, 214).

17) 본서 7:21의 석의와 주해에서 주목했듯이 말이다.

18) 나중에 로마서 15:23, 25에서는 νῦν이 신학적인 것과 상관없는 시간적인 의미로 사용되

“정죄함이 없다”(οὐδὲν κατάκριμα)라는 이곳 8:1의 선언은 바울이 일찍이 5:12-21에서, 특히 5:16과 5:18에서 말한 내용의 더 폭넓은 문맥에서 제시된다. 5:16, 18은 이곳 8:1을 제외하고는 바울 서신 전체(와 이 문제와 관련하여 신약의 다른 곳)에서 명사 κατάκριμα가 강조의 의미를 지닌 유일한 두 곳이다. 이를테면 아담의 죄의 결과로써 모든 인류에게 내린 하나님의 “심판으로 정죄에 이르게(κρίμα εἰς κατάκριμα)” 되었다. 이곳 8:1에서 “심판으로 정죄에 이르게 한” 보편적인 판결을 가져온 아담의 죄의 끔찍한 유산 및 사람들이 물려받은 타락과 그 결과로 생긴 사람들 자신이 지은 죄는, 나사렛 예수의 사역으로 말미암는 하나님의 놀라우신 은혜와 “그리스도 예수 안에 있는 자들에게는 정죄함이 없다”(οὐδὲν κατάκριμα τοῖς ἐν Χριστῷ Ἰησοῦ)는 선언으로 논박된다.

8:2 8:1의 “정죄함이 없다”는 선언은 이곳 8:2의 설명적 진술에 의해 뒷받침된다. “이는 그리스도 예수 안에 있는 생명의 성령의 법이 죄와 사망의 법에서 너를 해방하였음이라.” 바울은 이 뒷받침하는 진술을 어떤 초기 유대 기독교의 신앙고백 자료에서 가져왔을 것이다. 이와 같은 배경을 상정할 수 있는 것은 이 진술이 독특한 복음 선포의 내용과 공식적인 문체를 가지고 있는 까닭이다. 마찬가지로, 이 진술을 소개하기 위해 바울이 사용한 접속사 γάρ(“이는”)는, 그가 일찍이 로마서에서 성경 본문만 아니라 전통적인 유대 금언과 고대 그리스-로마 진술들도 소개하려고 사용한 것과 매우 유사하게,[19] 이러한 논제를 뒷받침하는 것으로 보인다. 이런 용례가 8:3을 시작하는 곳에서도 다시 이어지는데, 8:2이 시작되는 이곳에서 바울의 γάρ 용례를 이렇게 이해하면, 이처럼 근접한 두 본문에서 그 접속사가 2번 사용된 개연성 있는 까닭을 알 수 있다. 먼저 8:2에서 γάρ는 도입부로서 기능하며, 두 번째로 8:3에서는 설명으로서 기능한다. 8:2의 진술이 어

었다. 또한 고후 8:22; 엡 2:13; 빌 1:5; 몬 9, 11도 보라.

19) 롬 2:11, 14, 24; 5:6; 7:15, 19에 대한 우리의 번역과 설명을 보라. 또한 롬 10:13; 11:34-35; 고전 2:16; 10:26; 15:27도 주목하라.

떤 초기 유대 기독교 신앙고백의 자료에서 유래한 것이라는 우리의 논제를 뒷받침하는 것은, 2인칭 단수 인칭대명사 σε("너를")가 등장한다는 사실이다. 이 단어는 사본 전통에서 1인칭 단수 με("나를")나 1인칭 복수 ἡμᾶς("우리를")보다 더 좋은 증거를 가지고 있다.[20] 그리고 이것은 8:1-17에 걸쳐 바울이 2인칭 복수 인칭대명사와 2인칭 복수 동사형 어미를 사용한 것과 다르다.[21]

많은 주석가들이 8:2에서 "그리스도 예수 안에 있는 생명의 성령의 법"과 "죄와 사망의 법" 사이에 있는 매우 훌륭한 언어학적 균형을 주목해왔다. 비록 이 두 절의 내용이 상반되게 제시되긴 했지만 말이다. 대부분의 해석자들도 두 번 사용된 관사를 동반한 ὁ νόμος("법")라는 표현에서, 첫 번째 예는 "예수의 규정" 또 두 번째 예는 "모세의 규정"을 가리키지 않고, 두 상황 모두 보다 넓게 "원리" 혹은 대조되는 이 구절들과 "관련이 있는 문제들"을 가리킨다고 보았다. 다시 말해 여기서 ὁ νόμος는 "죄"와 "사망"과 관련이 있는 원리나 문제들 또 "그리스도 예수 안에 있는 생명"과 "성령의 사역"과 관련이 있는 원리나 문제들을 가리킨다.[22] 그리고 언어학적으로 균형이 잡혔지만 내용에 있어서는 상반되는 문장으로 이루어진 이 진술이 원래 유대 기독교 상황에서 초기 기독교의 선언으로 작성되고 사용되었다고 이해한다면, 그 진술 및 바울의 그 진술 사용과 관련된 세 가지 특

---

20) 본서 8:2의 "본문비평 주"를 보라.

21) 롬 8:1-17에서 바울이 8:4의 "우리 안에"(ἐν ἡμῖν), 8:9, 10, 11(2번)의 "너희 안에"(ἐν ὑμῖν), 8:11의 "너희의"(ὑμῶν), 8:16의 "우리의"(ἡμῶν)와 같은 1인칭과 2인칭 복수 대명사적 표현을 주로 사용한 것을 주목하라. 이외에도 바울은 그의 다른 본문 내내 1인칭과 2인칭 복수 동사형 어미를 사용한다.

22) 특히 C. H. Dodd, *Romans*, 119; Leenhardt, *Romans*, 201; Ziesler, *Romans*, 202; Räisänen, "Paul's Word Play on νόμος," in *Jesus, Paul, and Torah*, 90을 참조하라. 비록 James Dunn이 이곳 8:2b의 "죄와 사망의 법"과 관련하여 다음과 같이 주장하며 반대하지만 말이다. "일부 주석가들은 유보하지만…여기서 νόμος가 약간은 비교적으로 일반적인 의미를 지녔다고 의도되었을 가능성은 무척 낮다. 바울은 이미 율법, 즉 토라를 죄와 사망과 연결하여 여러 다른 결론을 내렸다(5:12-14, 20; 7:5, 9-11, 13, 23-24). 이곳에서도 이 단어들은 일찍이 단 하나의 막강한 어구로 죄와 사망과 율법의 상호작용을 묘사했던 것들을 단순히 요약할 뿐이다"(Dunn, *Romans*, 1.418-19).

징을 특히 주목할 필요가 있다. (1) 이 진술에 사용된 용어들은 어떤 문제들, 특히 "율법", "죄", "사망" 같은 용어들을 표현하는 유대 기독교적 방식을 반영한다는 것과, (2) "성령"과 "그리스도 예수 안에 있는 생명"에 대한 언급이 독특한 기독교 신학을 반영한다는 것, 그리고 (3) 기독교 메시지의 가장 중요한 특징인 "해방"을 강조하고 있는 것으로 보아 그 진술은 바울이 특히 공감했던 중요한 부분을 말해준다는 것이다.[23] 그래서 이렇게 짐작할 수 있다. 바울은 "그리스도 예수 안에 있는 자들에게는 결코 정죄함이 없다"는 자신의 상황화한 선포를 뒷받침하려고 이 초기 유대 기독교의 신앙고백 진술을 사용하는 데 특히 관심을 가졌다고 말이다.

"그리스도 예수 안에"라는 표현은 그와 유사한 표현과 더불어 기독교 신자들의 구주이신 그리스도 예수와 관련하여 그들의 인격적·장소적·역동적 관계를 표시하기 위해 바울이 즐겨 사용하던 방식이었다. 하지만 이것이 바울이 즐겨 사용하던 표현이라고 말한다고 해서 그 용어를 바울 이전에 예수를 믿은 초기의 유대 신자들이나 유대 기독교 지도자들이 사용하지 않았다고 말하는 것은 아니다. 만일 "그리스도 예수 안에서"라는 표현으로 마무리하는 갈라디아서 3:26을 초기 기독교의 "어록" 진술로 받아들이고, 갈라디아서 3:27-28을 초기 기독교의 신앙고백에 속한 한 부분으로 본다면,[24] 그리고 우리가 여기서 제안하듯이 만일 로마서 8:2에서 바울도 8:1의 그의 선언을 뒷받침하며 "그리스도 예수 안에"라는 표현을 포함하는 초기 유대 기독교의 신앙고백 진술을 도입하고 있다면, 바울이 이 "그리스도 예수 안에"라는 주제를 상당히 독특한 방식으로 발전시키고 있다고 말하는 것은 얼마든지 타당할 수는 있지만, 그가 그 진술을 사용한 첫 번째 사람이었다거나 그 진술이 바울만의 독특한 것이었다고 말할 수는 없다.

---

23) R. N. Longenecker, *Paul, Apostle of Liberty*에서 이 주제를 부각시켰다.
24) 참조. R. N. Longenecker, *Galatians*, 152.

추기: 바울의 "그리스도 예수 안에"와 그와 관련된 표현의 사용에 대하여

아돌프 다이스만은 "그리스도 예수 안에"(그리고 이 어구와 관련어인 "그리스도 안에", "주 안에", "주 예수 안에", "그 안에" 등 그 밖에 개별적인 변형이 있는 두어 표현과 함께)라는 표현이 바울 서신에 164번 등장한다고 보았다.[25] 다이스만의 계산에는 더디오가 로마서를 "주 안에서" 받아썼다는 진술과 같은(롬 16:22) 두어 가지 논란의 여지가 있는 것이 포함되어 있기는 하지만 말이다. 그의 계산에는 목회 서신에 등장하는 8개의 용례도 배제되었다. 배제된 용례는 모두 "그리스도 예수 안에서"라는 어구다.[26] 다이스만의 계산에 따르면, 바울 서신에서 "그리스도 예수 안에"라는 표현 및 그와 비슷한 표현은 다음과 같이 등장한다: 'Eν Χριστῷ 'Ιησοῦ("그리스도 예수 안에") 42번(목회 서신에서 추가로 8번), ἐν Χριστῷ("그리스도 안에") 26번, ἐν κυρίῳ("주 안에") 47번, ἐν αὐτῷ("그 안에") 19번, ἐν ᾧ("그 안에", 이것은 모두 에베소서와 골로새서에 등장한다) 몇 번 등이다. 이와 더불어 로마서 5:10의 ἐν τῇ ζωῇ αὐτοῦ("그의 생명 안에"), 로마서 6:23의 ἐν Χριστῷ 'Ιησοῦ τῷ κυρίῳ ἡμῶν("우리 주 그리스도 예수 안에"), 고린도전서 15:22의 ἐν τῷ Χριστῷ("그리스도 안에"), 빌립보서 2:19의 ἐν κυρίῳ 'Ιησοῦ("주 예수 안에"), 에베소서 4:21의 ἐν τῷ 'Ιησοῦ("예수 안에") 등이 있다.

1. 바울의 "그리스도 안에"라는 표현을 이해하려는 과거의 시도들. 다이스만은 그가 개관한 내용을 근거로 1892년에 출간한 『"예수 그리스도 안"이라는 신약 문구』(*Die neutestamentliche Formel "In Christo Jesus"*)에서, 바울이 선포하고 행한 모든 것의 중심에는 높임을 받으신 그리스도와 자신 사이에 존재한 매우 인격적인 관계에 대한 강렬한 의식이 있었다고 주장했다. 이러한 의식은 예수 그리스도를 진정으로 섬기고 따르는 모든 사람 안에도 있었을 것으로 추측할 수 있다. 그리스도와 그리스도를 믿는 신자들 사이의 관계에 대한 이 의식

25) Deissmann, *Die neutestamentliche Formel "In Christo Jesus"*를 보라

26) 딤전 1:14; 3:13; 딤후 1:1, 9; 2:1, 10; 3:12, 15을 보라.

은 사실 매우 친밀하고 활기차며 인격적인 관계라서 "기독교 신비주의"라고 적절히 칭할 수 있다.

알베르트 슈바이처는 다이스만의 논지를 바탕으로(그에게 감사를 표하지 않았지만) 그의 『사도 바울의 신비주의』(*Mysticism of Paul the Apostle*, 독일어판 1910; 영어판 1931)에서 로마서에서 바울의 "발전된" 사상의 중심과 주요 주제는 "믿음으로 말미암는 칭의"가 아니라(칭의를 두고 슈바이처는 바울의 지형에서 "주 분화구 주변에서 형성된 2차 분화구"라고 칭했다) "그리스도 안에 있음으로 말미암는 신비주의적 구속 교리"라고 주장했다.[27] 다이스만이 원래 논지를 제시하고 슈바이처가 그 논지를 약간 벗어나 채용한 이후, 신약의 해석자들은 자주 바울신학이 "인격적", "관계적", "참여적", 심지어 "신비적"이라고 말했다. 그들은 때로는 (1) 바울 사도의 "인격적", "관계적", "참여적" 언어를 그의 "법정적인" 구원론 진술과 대조하여 제시하기도 했고, 그 밖에 (2) 그의 "그리스도 예수 안에" 또는 "그리스도 안에"라는 표현들을 그의 법정적인 진술들의 연장이나 상세한 설명으로 보기도 했다. 하지만 일반적으로는 (3) 단순히 "인격적", "관계적", "참여적" 또는 "신비적" 특징을 그의 메시지의 "법정적인" 특성과 어떠한 해결을 시도하지 않은 채 나란히 놓기도 했다.

바울의 "그리스도 안에"라는 표현에 대해 20세기 초에 등장한 또 다른 이해는 그리스의 신비종교로부터 영향받은 결과라는 견해였다. 빌헬름 부세(Wilhelm Bousset)와 리하르트 라이첸슈타인(Richard Reitzenstein)은 이 표현법이 기독교 사도가 그리스의 신비종교에서 형식뿐만 아니라 내용까지 빌려온 많은 용어 가운데 하나였다고 주장했다.[28] 알프레드 루아지(Alfred Loisy)와 키르솝 레이크(Kirsopp Lake)는 "기독교가 신비종교로부터 빌려오지는 않았다. 기독교는 적어도 유럽에서는 신비종교 그 자체였으니까"라고 목소리를 높였다.[29] 그리고 어윈 구디너프(Erwin Goodenough)는 그 표현의 그리스적

27) Schweitzer, *Mysticism of Paul the Apostle*, 225.
28) Bousset, *Kyrios Christos*, 104-20; Reitzenstein, *Die Hellenistischen Mysterienreligionen*, 333-93.
29) Lake, *The Earlier Epistles of St. Paul*, 215에서 인용; 또한 Loisy, "The Christian Mystery,"

특성에 동의하면서, 알렉산드리아의 필론의 저술에서 볼 수 있듯이 디아스포라 유대교의 회당 자체가 그러한 신비주의의 온상이 되었으므로, 바울이 어떠한 이교 자료에서 직접 빌려와야 할 필요가 없었다고 주장했다.[30] 그래서 바울의 "그리스도 안에" 또는 "그리스도 예수 안에"라는 표현은 그리스 신비종교에서 발견되는 함의, 즉 성례전적 입문의식, 신성에 들어감, 신비적 동일시, 황홀경적 경험과 그런 것들을 전달했다는 주장들이 제기되었다. 하지만 이러한 이해는 방법론적·비교학적 이유로 오늘날 신약학자들 가운데 확신을 주지 못했다.

방법론적으로, 바울에게 미친 그리스의 영향 문제는 적어도 그의 "그리스도 예수 안에"라는 표현만 놓고 보더라도, 일찍이 이 견해의 옹호자들이 주장했던 것만큼 결정적으로 긍정적인 결론을 도출할 수 없다. 고대 신비종교에 관한 정보가 빈약할뿐더러 시대가 뒤처진 것이었기 때문이다. (1) 증거가 허용하는 것보다 더 자세하게 주장하는 것[31]과 신비종교와 기독교 사이의 영향이 늘 한쪽으로만 움직였다고 무비판적으로 추정하는[32] 위험이 도사리고 있다. 오늘날 대부분의 학자는 기독교가 그리스 사상과 문화에서 어느 정도 영향을 받았는지에 대해서만이 아니라, 그리스 신비종교가 초기 기독교에서 얼마나 벗어나 있는지에 대한 질문도 제기해야 한다는 것을 인식한다.

비교하자면, 바울의 "그리스도 예수 안에"라는 개념과 신비종교의 신과의 합일이라는 개념 간의 차이는, 바울이 후자의 종교적 사색과 형식을 기독교에 통합했다는 견해를 반증하는 데 매우 설득력이 있다. 바울이 성례전적 입문의식

50-64도 보라.

30) Goodenough, *By Light, Light*, 여러 곳.

31) E. Bevan이 신랄하게 비평했듯이, "물론 Loisy가 그러했듯이 만일 누가 오르페우스 신비종교에 대해 상상적으로 묘사하면서 기독교 성만찬에서 얻은 자료를 가지고 그림에 남아 있는 넓은 공백을 채운다면 매우 인상적인 것을 산출해낼 것이다. 이러한 구상에 따르면 당신은 먼저 기독교적 요소를 집어넣고, 그 후에 거기서 기독교적 요소를 찾았다고 놀라게 되는 것이다"(E. Bevan, "Mystery Religions and Christianity," in *Contemporary Thinking about Paul: An Anthology*, ed. T. S. Kepler [New York: Abingdon-Cokesbury, 1950], 43).

32) 이와 같은 방법론적인 고려에 대한 중요한 논의에 대해서는 B. M. Metzger, "Considerations of Methodology in the Study of the Mystery Religions and Early Christianity," *HTR* 48 (1955) 1-20을 보라.

을 선포하지 않았다는 사실 외에도, 그는 그리스 신비종교의 근본적인 구원 교리, 즉 헌신자의 인간성을 신이라고 여겨지는 대상에 궁극적으로 흡수시키는 교리를 진척시키지 않았다. 바울의 "그리스도 예수 안에"라는 주제는 인격적이자 공동체적이다. 더욱이 다음과 같은 문제들도 고려할 필요가 있다. (1) 신비종교에서 구원은 운명에서 해방되는 것이지만, 바울은 사람이 하나님에 의해 창조된 존재인 것을 받아들였으며, 죄와 그 결과로부터의 구원을 선포했다. (2) 믿음이 신비종교에서는 지적인 수긍이지만, 사도에게 믿음은 인격적이고 윤리적인 헌신이다. (3) 신비종교의 목표는 황홀경에 몰입하는 것이지만, 바울은 황홀경을 마지못해 언급했을 뿐이며 그것을 그리스도인의 생명의 특징으로 여기지는 않았다.

심지어 "그리스도 예수 안에"라는 어구의 형식도 그리스 신비종교의 형식과 비슷하기는 하지만, 바울 서신에 등장하는 그 어구가 그리스의 신비종교에서 기인했다고 할 수 없다는 것은 확실하다. 늘 이런 질문을 제기해야 한다. 어구의 유사성이 직접 빌려온 결과인 참된 "계통적" 병행인가? 아니면 그것은 단지 "유비적" 병행에 불과하고 그래서 다소간 비슷한 종교적 경험과 성질에서 발생한 것으로 간주해야 하는가? (1) 바울의 유대교 배경에는 하나님이 그의 백성과 동일시되고 그의 백성은 하나님 자신과 동일시되는 상호적 개념이 포함되었다는 사실과, (2) 바울의 기독교적 경험이 높임을 받으신 그리스도와의 인격적인 교제의 경험이었다는 사실, 그리고 (3) 나중에 요한복음에 기록되었듯이,[33] 예

---

33) "너희는 내 안에 거하라. 나는 너희 안에 거한다"라는 주제가 요한복음이 묘사하는 예수의 가르침의 특징으로 반복해서 등장한다는 사실을 주목하라. 가장 중요한 본문은 다음과 같다. (1) 생명의 떡 강설인 요 6:48-58. 이 본문은 "내 살을 먹고 내 피를 마시는 자는 내 안에 거하고 나는 그 안에 거하나니"라는 말로 마무리된다. (2) 요 14:20. 여기서 예수는 제자들에게 이런 말씀을 하는 분으로 알려졌다. "그날에 너희는 내가 아버지 안에 있고, 너희가 내 안에, 내가 너희 안에 있는 줄을 알리라." (3) 포도나무와 가지 비유인 요 15:1-11. 이 이미지는 다음과 같은 권면에 여러 번 초점이 맞춰져 있다. "내가 너희 안에 있는 것처럼, 너희는 내 안에 거하라." (4) 요 17:21. 이 본문에서 예수는 성부 하나님께 기도하면서 자기 사람들에 대해 다음과 같은 간청을 하신다. "그들도 우리 안에서 하나가 되게 하옵소서." (5) 요 17:23, 26. 이 본문에는 다음과 같은 표현이 있다. "내가 그들 안에 있나이다." (6) 요 16:33. 여기서 예수는 제자들에게 말씀하며 장소적 용어를 사용하신다. "너희로 내 안에서 평안을 누리게 하려 함이라. 세상에서는 너희가 환난을 당하나"(또한 마 18:20과 25:40-

수 자신과 그의 소유(된 백성들) 사이에 존재하는 긴밀한 관계와 관련한 예수의 가르침에 대해 바울이 적어도 어떤 내용을 알았을 것이라는 사실 등, 이 모든 요인은 바울의 "그리스도 예수 안에"라는 신학과 선포가 일차적으로 그의 유대교적 배경과 기독교적 배경 및 자신의 종교 경험에 근거했을 가능성을 매우 높여준다. 소위 헬레니즘적 유대교와 헬레니즘적 유대 기독교가 실제로 얼마나 헬레니즘으로 기울었는지에 대한 질문은 여전히 남을 것이다. 하지만 바울의 "그리스도 예수 안에"라는 표현이 그리스 신비종교의 사상과 언어를 반영한다는 주장은 현대 학자들 사이에서는 좋지 않게 평가받는데, 이는 바람직한 일이다.

아돌프 다이스만은 "그리스도 안에"를 인격적인 존재가 영적인 그리스도 안에 문자적으로 있음을 나타내는 장소적 여격으로 해석해야 한다고 주장했다. 더욱이 그는 바울이 성령을 반쯤은 물질적인 천상의 독립체로 보았다고 제안했다. 그래서 그는 부활하신 그리스도를 천상의 성령과 동일시함으로써 그리스도인의 생명을 "그리스도 예수 안에" 있는 존재와 "우리 안에 사시는 그의 성령에 의하여" 그리스도께 속한 존재로 매우 쉽게 생각할 수 있었다. 다이스만이 좋아하는 유비는 "우리가 그것 안에 있고" "그것이 우리 안에 있다"고 말할 수 있는 공기 유비였다. 그러나 바울의 "그리스도 안에"라는 표현에 대한 다이스만의 설명이 신약 연구에 중요한 진보를 이룬 것은 사실이지만, 그 역시 근거 없는 두 주장에 대해 논의의 여지를 남겨놓았다. 즉 (1) 바울이 성령과 그리스도를 너무 밀접히 동일시하였기 때문에 반쯤은 물질적이고 비인격적인 존재인 성령에 해당하는 것이 적어도 어느 정도는 그리스도에게도 해당해야 한다는 것과, (2) 인격을 가진 사람을 영적인 그리스도의 천상적이고 반쯤은 물질적인 본질 안으로 통합하는 것을 옹호하는 과정에서, 바울은 스스로를 매우 원시적인 형이상학적 사상가로 드러내었다는 것 등이다.

그래서 요하네스 바이스(Johannes Weiss)는 다이스만에 대부분 동의하면서도 다이스만이 이 내용을 충분히 진척시키지 못했다고 주장했다. 그리스도께 해당하는 것도 성령께 해당하고, 성령께 해당하는 것 역시 그리스도께 해당한다

45에 있는 예수 말씀의 긴밀한 관계적 표현도 참조하라).

는 것이다.[34] 바이스는 이처럼 그리스도를 성령과 연관 짓는 것이 "확실한 인격이라는 구체적인 사상으로 그어진 선을 바울의 기독론이 넘는" 부분이라고 주장했다.[35] 여기서 바울은 "추상적인 사색"을 하게 되었고 "인격의 승화와 해체"의 결과를 낳았다는 것이다.[36] 프리드리히 뷔히젤(Friedrich Büchsel)은 여기서 한걸음 더 나아가 문자적인 장소를 주장하는 다이스만의 논지를 반대하면서, 바울의 "그리스도 안에"를 장소적 여격으로 보는 것은, 바울이 제시한 그리스도를 "반쯤은 물질적인 기운"(ein halb sachliches Fluidum)[37]으로 표현하여 비하하며, 또한 바울을 "원시적인 사상가"(primitiver Denker)[38]로 비하한다고 주장했다. 실제로 바로 이 지점에서 다이스만의 해석은 예수에 대한 바울의 이해를 공정하게 평가하지 못했다.

많은 학자는 다이스만의 장소적 해석에 반응하면서 바울의 "그리스도 안에"라는 표현을 단순히 수단이나 인과관계 또는 원천의 여격으로 이해해야 한다고 제안했다. 일례로 뷔히젤은 "그것은 수단, 원인, 양태이며, 비유적 의미로 장소를 사용한다"고 결론을 내렸다.[39] 다시 말해서, 비유적인 의미가 이따금 발견되기는 하지만, 일차적인 의미는 "그리스도에 의하여"라는 수단의 의미를 바울의 "그리스도 안에"라는 어구에 적용함으로써,[40] 또한 "그리스도의 힘주심을 통하여"라는 역동적인 사상을 바울의 "우리 안에 계신 그리스도"라는 형식에 적용함으로써[41] 좀 더 적절히 표현된다.

물론 이러한 이해는 종종 완전히 지적으로나 신학적으로 건전한 의미를 산

---

34) 참조. J. Weiss, *Primitive Christianity*, ed. F. C. Grant (London: Macmillan, 1937), 2.464.
35) J. Weiss, *Paul and Jesus*, trans. H. J. Chaytor (New York: Harper & Bros., 1909), 22.
36) J. Weiss, *Paul and Jesus*, 24; 참조. 같은 저자, *Primitive Christianity*, 2.464-71.
37) F. Büchsel, "'In Christus' bei Paulus," *ZNW* 42 (1949) 146.
38) Büchsel, "'In Christus' bei Paulus," 152. Büchsel의 입장과 약간은 비슷하게 Lietzmann은 바울의 "그리스도 안에"라는 주제를 "유연하게 이해된 신비주의"로 언급했다. H. Lietzmann, *The Beginnings of the Christian Church*, trans. B. L. Woolf (London: Nicholson & Watson, 1937), 183.
39) Büchsel, "'In Christus' bei Paulus," 156.
40) Büchsel, "'In Christus' bei Paulus," 146.
41) Büchsel, "'In Christus' bei Paulus," 152.

출하는 경우도 있다. 바울이 그 표현으로 의미하려는 것이 정확히 무엇이었든지 간에 그리스도가 그리스도인의 생명의 기원, 원인, 능력이라는 사상을 배제하지 않았을 것이라는 점에 동의하지 않을 사람은 아무도 없다. 하지만 뷔히젤의 논문 전체를 두고 제기되는 질문, 곧 그가 무시했던 질문은 이것이다. 그렇다면 바울이 그리스어 구문 διὰ Χριστοῦ와 ἐκ Χριστοῦ를 계속해서 사용하지 않은 까닭은 무엇인가? 그리고 만일 그가 수단, 원인, 또는 기원의 개념만을 표현하려고 했다면, ἐν Χριστῷ라는 표현을 사용하지 않은 까닭은 무엇인가? 그리고 여기서 한걸음 더 나아가, 뷔히젤에 따르면 바울의 사상이 거의 단일했는데, 그렇다면 바울은 왜 이 한 문서에서 이 세 가지 표현을 다 사용했는가?

이와 비슷하게 다이스만의 장소적 해석에 반대하는 견해는 그 어구를 단순히 그리스도와 함께 인격적인 교감에 대한 비유로 이해하는 견해다. 그렇다고 이 견해가 그 표현에 포함된 그리스도와 그리스도인 간의 친근한 관계의 인격적인 요소를 최소화하려고 한다는 의미는 아니다. 오히려 이 입장은 "그 형식의 '장소적' 중요성을 너무 밀어붙이는 것이 유해하다"고 여긴다.[42] 이 견해는 바울이 그리스도와의 긴밀하고 인격적인 교감에 대해 선포하고 있다는 좀 더 일반적이지만 여전히 심오한 진리를 받아들이지만, 그 용어의 형식을 강조함으로써 그 관계를 좀 더 분명하게 설명하려는 것은 피한다. 이러한 이해는 신자의 "그리스도와의 아주 친근한 관계"를 지칭한다고 고집하면서[43] 사도의 가르침의 주요 주제를 확실히 붙잡았다. 그럼에도 윌리엄 바클레이가 적절히 관찰했듯이, "'그리스도 안에'라는 어구의 모든 용례를 누적해보면 이러한 이해 이상의 것이 요구된다."[44]

20세기에는 다이스만의 해석에 전혀 다른 유형의 반론이 등장하기도 했다. 이 입장은 장소적 강조에 동의하지만 ἐν Χριστῷ를 그리스도와의 개인적이거나 인격적인 관계를 의미하는 것이 아니라 기독교회 안의 공동체적인 교감을 가리키는 어법으로 해석한다. 물론 로마 가톨릭교회는 늘 이런 입장을 취했으

42) H. A. A. Kennedy, *The Theology of the Epistles* (London: Duckworth, 1919), 121.
43) H. A. A. Kennedy, *The Theology of the Epistles*, 124.
44) W. Barclay, *The Mind of St. Paul* (London: Collins, 1958), 128.

며, 살아 계신 그리스도 안에 있는 것이 "로마를 중심에 둔 교회" 안에 있는 것이라고 주장했다.[45] 다양한 유형의 종교적 개인주의에 반응하고 성경의 "공동체적 인격"을 재발견함에 따라, 로마 가톨릭 신자가 아닌 사람들 중에서도 이 어구를 우선적으로 그리스도의 몸 안에, 즉 유기적인 교회 안에 있는 공동체적 삶을 이야기하는 것으로 본 사람들이 많이 있다. 예를 들어, 알베르트 슈바이처는 "'그리스도 안에 있다'는 말은 바울의 가르침 중에 최고의 수수께끼다"고 주장했다.[46] 만일 우리가 그 어구를 "집단적 그리고 객관적인 사건"보다는 "개인적 그리고 주관적인 경험"으로 이해한다면 말이다.[47] 그래서 슈바이처는 "'그리스도 안에 있다'는 표현이 단순히 그리스도의 신비스러운 몸 안에 참여하는 것을 가리키는 축약된 표현에 지나지 않는다"고 주장한다.[48] 그리고 슈바이처는 "그리스도 안에"라는 언어가 바울의 여러 서신에서 공통적일 수 있을지 몰라도, 그 언어는 그리스도와의 연합을 지칭하는 가장 적절한 표현은 아니라고 주장했다. 그것은 가장 평범한 것이다. 그것의 축약적인 표현 때문만이 아니라, 우선적으로는 그 언어가 "몸 안에", "육체 안에", "죄 안에", "성령 안에" 등 유비적인 표현들과 쉽게 대조를 이루고, 그럼으로써 이 신비적인 이론에 일련의 정돈된 공식을 제공하기 때문이기도 하다.[49]

마찬가지로 루돌프 불트만은 "'그리스도 안에'가 신비적인 연합을 가리키는 형식과는 전혀 상관없이 주로 교회론적인 형식"이고 그래서 "기독교회에 속하는 것은 곧 '그리스도 안에' 또는 '주 안에' 있는 것이다"라고 주장했다.[50] 영국에서는 이 입장이 존 로빈슨(John A. T. Robinson)과 손턴(L. S. Thornton)에 의해 강하게 진척되었으며, 이는 "문자적으로 그리스도의 부활의 '몸'으로서 교

---

45) 로마 가톨릭 성서학자인 C. Cary-Elwes, *Law, Liberty, and Love* (London: Hodder & Stoughton, 1949), 247.
46) Schweitzer, *Mysticism of Paul the Apostle*, 3.
47) Schweitzer, *Mysticism of Paul the Apostle*, 123.
48) Schweitzer, *Mysticism of Paul the Apostle*, 122-23.
49) Schweitzer, *Mysticism of Paul the Apostle*, 123.
50) Bultmann, *Theology of the New Testament*, 1.311.

회가 바울의 선포의 주된 주제였다"라는 그들 주장의 자연스러운 결론이다.[51)]

2. 바울 서신에서 "그리스도 예수 안에"라는 표현의 중요성. 바울의 "그리스도 예수 안에"라는 표현을 둘러싼 논쟁은 계속될 것이다. 이 표현은 설명하기보다는 경험하는 것이 더 나은, 그리스도인 삶의 핵심적인 특징을 의미하기 때문이다. 더욱이 우리는 이 어구를 심리학자의 실험실의 차가운 산문체로 전락시키면 시킬수록 그 어구의 핵심적인 의미를 잃어버린다고 더욱 장담할 수 있다. 진정으로 인격적인 관계에는 늘 이해불가한 것이 있을 수밖에 없다. 하지만 인격적인 관계는 어느 정도 지적으로 이해되고 표현될 수 있다. 이 "어느 정도"까지가 필자가 바울의 "그리스도 안에"라는 어구를 이해하기 위해 가려는 바로 그 지점이며, 이 지점까지만 갈 수 있다고 믿는다.

바울 서신에는 그 표현이 "그리스도인"이라는 명사나 "그리스도인의"라는 형용사와 동의어로 사용되는 곳이 여러 군데 있다는 것은 사실이다. 일례로 편지에서 "'그리스도 예수 안에' 있는 모든 성도에게"라는 말로 수신자들에게 인사하는 곳에서 바울은 단지 "모든 그리스도인에게"라는 의미로 말을 했을 수 있다.[52)] 마찬가지로 바울은 "'그리스도 안에서' 죽은 자들"을 언급할 때 그 표현으로 "죽은 그리스도인들"을 의미할 것이며,[53)] "그리스도 안에" 또는 "주 안에" 있는 어떤 개인들을 언급하면서 그들을 그리스도인으로 밝히려고 그 어구를 사용했을 것이다.[54)] 이와 비슷하게, διὰ Χριστοῦ나 ἐκ Χριστοῦ가 ἐν Χριστῷ로 쓰일 수 있는 곳이 다수이며, 그랬을 경우 얼마든지 이해할 수 있는 의미가 나올 것이다. 이러한 의미의 혼합이 있다고 할 수 있는 가장 뚜렷한 예는 다음과 같다.

고후 3:14. 여기서 바울은 "ἐν Χριστῷ(RSV: "through Christ"["그리스도

---

51) J. A. T. Robinson, *The Body: A Study in Pauline Theology* (London: SCM, 1957), 51; 또한 L. S. Thornton, *The Common Life in the Body of Christ* (London: Dacre, 1941), 여러 곳.
52) 빌 1:1; 엡 1:1과 골 1:2도 참조하라.
53) 살전 4:16. 참조. 고전 15:18.
54) 예. 롬 16:7, 11.

를 통해"]; AV, NIV, NRSV: "in Christ"["그리스도 안에서"]) 벗겨진" 수건에 대해 언급한다.

롬 5:10. 이 본문은 "ἐν τῇ ζωῇ αὐτοῦ(AV, ASV, RSV, NRSV: "by his life"["그의 생명으로"]; NIV: "through his life"[그의 생명을 통해]) 구원받은 것"에 대해 말한다.

롬 14:14. 여기서 바울은 "내가 ἐν κυρίῳ 'Ιησοῦ(AV: "by the Lord Jesus"["주 예수로"]; RSV, NIV, NRSV: "in the Lord Jesus"["주 예수 안에"]) 알고 확신한다"고 말한다.

빌 4:13. 여기서 바울은 그가 "ἐν τῷ ἐνδυναμοῦντί με(AV: "through Christ which strengtheneth me"["내게 힘주시는 그리스도를 통해"]; RSV: "in him who strengthens me"["내게 힘주시는 자 안에"]; NRSV: "through him who strengthens me"["내게 힘주시는 자를 통해"]; NIV: "through him who gives me strength"["내게 힘주시는 자를 통해"]) 모든 것을 할 수 있다"고 주장한다.

그렇지만 이어지는 본문에서 그리스도와 관련하여 ἐν을 διά 및 ἐκ와 구별하고 있다는 사실은 바울이 이 전치사들을 종종 과거에 그랬다고 생각된 것보다 약간은 더 정확히 사용했음을 암시한다.

고후 1:20, "하나님의 모든 약속은 얼마든지 그리스도 안에서(ἐν αὐτῷ) 예가 되니 그런즉 그로 말미암아(δι' αὐτοῦ) 우리가 아멘 하여 하나님께 영광을 돌리게 되느니라."

고후 2:17, "우리는…하나님 앞에서(ἐκ θεοῦ)와 그리스도 안에서(ἐν Χριστῷ) 말하노라"

골 1:16, "만물이 그에게서(ἐν αὐτῷ) 창조되되…만물이 다 그로 말미암고(δι' αὐτοῦ) 그를 위하여(εἰς αὐτὸν) 창조되었고."

골 1:19-20, "아버지께서는 모든 충만으로 예수 안에(ἐν αὐτῷ) 거하게 하시고…만물이 그로 말미암아(δι' αὐτοῦ) 자기와 화목하게 되기를 기뻐하심이라."

더욱이 바울이 "그리스도 예수 안에", "그리스도 안에", "주 안에", "그 안에"를 "그리스도인"이라는 명사나 "그리스도인의"라는 형용사의 동의어로만 사용했을 가능성이 있는 곳, 또는 그가 가장 염두에 둔 개념이 수단이나 원인적 근원 또는 역동적 생각이라고 주장되는 곳 대부분에서, 해석자들이 조잡하게 보이는 사상에 혐오감을 나타내는 것이 아니라면, 장소적 지칭은 쉽게 볼 수 있다. 다음의 예들은 확실히 장소의 의미를 담고 있다.

롬 8:1, "그러므로 이제 그리스도 예수 안에(ἐν Χριστῷ Χριστοῦ) 있는 자에게는 결코 정죄함이 없나니."

고후 5:17, "누구든지 그리스도 안에(ἐν Χριστῷ) 있으면 새로운 피조물이라."

고후 5:19, "하나님께서 그리스도 안에(ἐν Χριστῷ) 계시사 세상을 자기와 화목하게 하시며."

엡 1:20, "그의 능력이 그리스도 안에서(ἐν τῷ Χριστῷ) 역사하사 죽은 자들 가운데서 다시 살리시고."

빌 3:9, "그 안에서(ἐν αὐτῷ) 발견되려 함이니."

그래서 아돌프 다이스만의 입장에 다 동의하거나 이 표현을 누구나 동일하게 석의한다고 주장하지는 않지만, 바울의 "그리스도 예수 안에"라는 주제는 종종 상당히 명확하게 장소적인 느낌을 준다고 인정해야 한다.[55] 이것은 막연한 "말재주"가 아니며,[56] "그리스도의 몸"이라는 주요 개념에 종속되는 여러 비유 중 하나도 아니다.[57] 오히려 "그리스도 예수 안에"는 높임을 받으신 그리스도와 자신을 그분께 헌신한 사람들 간에 존재하는 친근하고 인격적인 관계를 지칭하는

55) E. Best(*One Body in Christ* [London: SPCK, 1955], 여러 곳)가 주장한 것처럼 말이다.
56) Schweitzer, *Mysticism of Paul the Apostle*, 117이 역설한 것처럼 말이다.
57) J. A. T. Robinson, *The Body*, 특히. 58-67이 천명한 것처럼 말이다.

바울의 지배적인 표현이다. 그리고 그 표현에 공동체적인 어조와 사회적인 함의가 분명 있지만, 이 표현은 매우 자주 사용되었고[58] 또 개인적인 상황에서[59] 사용되었기에, 물질성이나 수단이라는 더 근본적인 개념에서 나온 단순한 의미의 확장을 넘어서는 것으로 이해해야 한다.[60]

3. 로마서에서 바울이 사용한 "그리스도 안에". 바울은 "그리스도 안에"라는 표현과 그러한 의미를 지니는 "그리스도 예수 안에", "우리 주 그리스도 예수 안에", "주 예수 안에", "주 안에"를 로마 그리스도인들에게 보내는 편지에서 여러 번 사용한다.[61] 그러나 8:1-11에서 그는 "그리스도 예수 안에" 있는 존재로서 예수를 믿는 신자들과 그의 영으로 말미암아 "신자들 안에" 있는 존재인 그리스도에 대해 말하면서 이 주제에 특히 관심의 초점을 맞춘다. 하지만 바울이 이러한 장소적 용어 사용에서 인격의 혼합, 즉 신자들이 "그리스도 예수 안에" 있고, 그리스도가 그의 영으로 말미암아 "신자들 안에" 있다는 것을 어떻게 이해했는지에 대해 질문이 제기된다.

다이스만은 이 질문을 가지고 씨름했으며, 바울이 틀림없이 천상의 성령과 영적 존재인 그리스도를 연결하는 노선을 따라 생각했을 것이라고 제안한다. 이러한 연합은 그리스도인들이 일종의 정화된 공기와 같은 곳에서 살고, 공기가 그러하듯이, 신자들 속에 거하는 연합이다. 하지만 이러한 유비는 실제로 바울의 유비가 아니다. 오히려 바울은, 골로새서 1:15-20과 에베소서 1:3-14에서 "그[하나님]가 사랑하시는 아들/사랑하시는 이"인 예수 그리스도에 관해 진술했

58) Deissmann, *Die neutestamentliche Formel "in Christo Jesu,"* 1-2, 118-23의 계산에 따르면, 10개의 바울 서신에서 전부 164회 등장한다.

59) 특히 고후 5:17; 빌 3:9.

60) 학자들이 바울의 "그리스도 안에"라는 표현에 한창 흥미를 느끼고 있었을 때 기록된 두 권의 책 중에서, 1953년에 Best가 이 문제를 다룬 『그리스도 안에 있는 하나의 몸』(*One Body in Christ*)은 1957년에 출간된 J. A. T. Robinson의 *The Body*보다 바울의 사상을 더 잘 나타낸다. Best는 "그리스도의 몸" 비유에 포함된 그리스도인 생명의 공동체적 특성을 강조하면서도 "그리스도 안에"라는 표현에 포함된 인격적 강조를 인정한 반면에, Robinson은 모든 것을 "몸"이라는 공동체 개념 아래 종속시켰기 때문이다.

61) 참조. 롬 6:11, 23; 8:1-2, 39; 9:1; 14:14; 15:17; 16:2, 11-13.

듯이,[62] 높임을 받으신 그리스도를 우주적이고 구속적이며 종말론적인 "보편적 인물"로 생각한 것 같다.[63]

창세기 15:6이 아브라함에 대하여 "그가 야웨를 믿었다"(והאמן ביהוה)고 말하듯이, 그리고 구약성경의 다양한 저자들이 하나님을 믿거나 믿지 않는 사람들에 대해 말할 때 더 일반적인 관계적 히브리어 전치사 ל("~에게", "위하여", "~와 관련하여") 대신에 종종 창세기 15:6에 사용된 것과 동일한 히브리어 전치사 ב("안에")를 사용했듯이,[64] 그리고 예수가 성부와 자신의 관계를 말씀하셨을 때, 어찌 되었든지 간에 하나님이나 예수의 품격을 약화시키지 않고 "아버지가 내 안에"(ἐν ἐμοὶ ὁ πατήρ) 그리고 "내가 아버지 안에"(κἀγὼ ἐν τῷ πατρί) 있다고 보도되었듯이,[65] 바울도 그의 고(高)기독론으로 그리스도나 그리스도인의 인격을 약화시키거나 해체하지 않고 "그리스도 안에" 있다는 것에 대해 말할 수 있었다. 억지로 이 관계를 심리학적으로 분석하려고 하는 것은 바울의 말문을 막히게 했을 것이다. 하지만 바울은 자신이 높임을 받으신 그리스도와 이러한 친밀함을 경험했다고 확신했다.

---

62) 이 본문들에 있는 다음과 같은 기독론적 진술들을 특히 주목하라. "만물이 그에게서 창조되되 하늘과 땅에서 보이는 것들과 보이지 않는 것들"(골 1:16); "만물이 그 안에 함께 섰느니라."(골 1:17); "아버지께서는 모든 충만으로 예수 안에 거하게 하시고"(골 1:19); 하나님께서 "그리스도 안에서 하늘에 속한 모든 신령한 복을 우리에게 주시되"(엡 1:3); "우리는 그리스도 안에서 그의 은혜의 풍성함을 따라 그의 피로 말미암아 속량 곧 죄 사함을 받았느니라."(엡 1:7); 하나님께서 "그 뜻의 비밀을 우리에게 알리신 것이요, 그의 기뻐하심을 따라 그리스도 안에서 때가 찬 경륜을 위하여 예정하신 것이니"(엡 1:9); 그리고 충만한 때에 대한 하나님의 계획이 "그 안에서" "하늘에 있는 것이나 땅에 있는 것이 다 그리스도 안에서" 완성될 것이다(엡 1:10).

63) A. Oepke, "ἐν," *TDNT* 2.542(*TWNT* 2.538에 있는 Oepke의 우주적이고 종말론적인 용어 "Universalpersönlichkeit"를 번역함).

64) 왕하 18:5-6("여호와를 믿었던"[trusted **in** the Lord] 히스기야에 대하여); 시 78:22(이스라엘이 "하나님을 믿지" 않은 것[lack of trust **in** God]에 대하여), 잠 28:25("여호와를 믿는"[trusts **in** the Lord] 사람에 대하여); 사 50:10(이스라엘에게 "여호와의 이름을 믿으라"[trust **in** the name of the Lord]는 예언자의 촉구에 대하여); 렘 17:5-7("여호와를 믿는"[trusts **in** the Lord] 사람의 복에 대하여); 나 1:7("그를 믿는"[trusts **in** him] 사람에 대한 하나님의 돌보심에 대하여); 습 3:12("여호와의 이름을 믿는"[trusts **in** the name of the Lord] 온유하고 겸손한 백성에 대하여).

65) 참조. 요 10:38; 14:10, 11, 20; 17:21.

"그리스도 예수 안에"라는 표현의 이와 같은 친근하고 장소적이며 인격적인 의미를 받아들이는 것은 당연히 바울 사상의 신비주의 형식을 인정하는 것이다. 하지만 이에 대해 질색할 필요는 없다. 만일 우리가 "신비주의"라는 용어로써, "가장 심오한 종교적 경험의 핵심을 형성하지만 최고의 실체를 직관적으로만 느낄 수 있을 뿐 심리학적 언어로 묘사할 수 없는 인간과 하나님 사이의 접촉을 의미한다면 말이다."[66] 이것은 이교도의 흡수 신비주의가 아니다. 인간적인 "나"와 신적인 "당신"의 관계가 둘 사이의 정체성을 유지하는 까닭이다. 우리가 여기서 말하는 신비주의는 오히려 최상의 교제의 단계에서 누리는 인간적인 "나"와 신적인 "당신" 사이의 교제다. 이것을 바울은 높임을 받으신 그리스도와 그를 믿고 그에게 헌신한 사람들 간의 인격적인 관계의 정수로 요약한다. 그리고 바울이 이곳 로마서 8:1-2에서 "그리스도 예수 안에"나 그와 같은 표현을 사용한 방법이 바로 이것이다. 이러한 용례는 나중에 6:11, 23, 8:39, 9:1, 14:14, 15:17, 16:2, 11-13에서도 반영된다.

8:3-4 이 두 구절에서 바울은 하나님께서 그의 아들 그리스도 예수를 모든 백성을 대신하여 보내심으로써 행하신 것을 선언한다. 그 진술은 접속사 γάρ("이는")의 설명적 사용으로 시작하는데, 이 접속사는 8:2 초반에 사용되기도 한다.[67] 하지만 수세기를 내려오는 동안 다양한 필경사와 주석가들은 이 선언적인 진술에 있는 여러 용어와 표현들의 의미를 복잡할 뿐만 아니라 설명적 논평이나 언어적인 개선도 필요한 것으로 보았다.

이 중요한 질문들과 관련하여 다음과 같은 해석의 문제들이 제기되었다.

1. 형용사 ἀδύνατον("힘이 없는", "무력한")의 실명사적 사용으로써 전하려는 의미는 무엇인가? 이 단어를 "할 수 없다"는 능동적 의미로 이

66) Kennedy, *Theology of the Epistles*, 122.
67) 롬 8:14과 8:15을 시작하는 부분에 나타나는 이 동일한 현상도 주목하라.

해해야 하는가? 아니면 "불가능하다"는 수동적 의미로 이해해야 하는가?

2. "하나님은 자기 아들을 죄 있는 육신의 모양으로 보내어…"라는 진술에 동사가 왜 생략되었는가?
3. "하나님"과 "자기 아들" 간의 관계를 이해하기 위한 "보냄"이라는 주제의 중요성은 무엇인가?
4. Καὶ περὶ ἁμαρτίας("그리고 죄와 관련하여")와 앞에 있는 8:3a 및 뒤에 이어지는 8:4의 관계는 무엇인가?
5. Τὸ δικαίωμα τοῦ νόμου("율법의 의로운 요구")는 무슨 의미인가?
6. Πληρωθῇ ἐν ἡμῖν("우리에게 이루어졌다")이라는 표현으로 의미하는 바는 무엇이며, 그 성취가 "죄의 성품을 따르지 않고 성령을 따라 사는" 사람들의 삶에서 어떻게 실현되는가?

우리가 믿기로는, 8:3-4의 바울의 주장 및 그 형식과 관련한 이 문제들은 에두아르트 슈바이처(Eduard Schweizer)의 논지들에 의해 적어도 어느 정도는 분명히 밝혀졌다. 슈바이처는 이렇게 주장한다. (1) 알렉산드리아 유대교 내부에서는 하나님의 "토라"와 하나님의 "지혜"와 하나님의 "로고스"의 동일시 및 영원성에 관한 사색들이 일어났다. (2) 그리스-로마 세계에서 예수를 따르는 초기 추종자들 중에는 이 용어들의 동일시와 영원성에 대한 강조를 이어가며, 그러한 이해를 하나님의 아들이신 그리스도께 적용한 사람들이 있었다. (3) 예수를 믿는 초기 신자들 중에는 토라와 지혜와 로고스가 보내졌듯이, 예수를 "하나님에 의해 보냄을 받은" 분으로 언급한 "보냄 문구"를 발전시킨 사람들이 있었다. (4) 이와 같은 특징적인 "보냄 문구"는 예수를 믿는 초기 신자들의 몇몇 진영에 알려졌다. (6) 이것은 바울에 의해서 갈라디아서 4:4-5과 로마서 8:3-4, 그리고 요한에 의해서 요한복음 3:16-17과 요한1서 4:9에 암시되었다.[68]

---

68) E. Schweizer, "Zum religionsgeschichtlichen Hintergrund der 'Sendungsformel,'" *ZNW*

이러한 "보냄 문구"의 역사적·종교적 배경에 관해 슈바이처가 주장한 모든 내용을 반드시 지지할 필요는 없지만, 적어도 유대교의 "보냄 문구"의 기독교화된 형식이 초기 기독교의 일부 진영에 알려졌으며, 갈라디아서 4:4과 로마서 8:3-4 또한 요한복음 3:16-17과 요한1서 4:9에 암시되었다는 그의 결론은 개연성이 있는 것 같으며, 바울이 이곳 로마서 8:3-4에서 기록한 내용을 바르게 이해할 수 있는 중요한 관점을 제공한다. "보냄 문구"의 정수는 "구속하기 위해(ἵνα...ἐξαγοράσῃ) 하나님이 자기 아들을 보내셨다(ἐξαπέστειλεν ὁ θεὸς τὸν υἱὸν αὐτοῦ)"와 유사하게 표현되었을 것이며, 이와 더불어 종종 요구되는 형식의 내용을 채우기 위해 그 밖의 다양한 다른 진술들도 ἵνα 절에 포함되었을 가능성이 매우 크다. 바울이 잘 알려진 "보냄 문구"를 암시하고 있다는 것을 사실로 받아들이면, 해석자들이 로마서의 이 중요한 진술의 구조와 용어에서 발견한 여러 문제가 어느 정도 분명해질 수 있다.

만일 8:3의 핵심 진술인 "하나님이 자기 아들을 죄 있는 사람의 모양으로 보내어"가 초기 기독교의 "보냄 문구"의 형식을 암시적으로 반영한다면, 명시적인 동사가 생략된 것은 확실히 이해할 수 있을 것이다. 앞서 8:2에서 바울의 기독교 신앙고백 자료 인용을 납득할 수 있었듯이 말이다. 역으로 만일 8:3-4의 용어와 표현들 중에서 원래 이러한 초기 기독교의 "보냄 문구"와 연결되었던 것이 있었고 바울이 이 본문에서 그런 용어와 표현들을 사용하고 있다면, 이 표현들 가운데 처음에 원문맥에서 사용되었을 때와 그다음에 바울이 이곳 8:3-4에서 사용했을 때 이해되었던 정확한 신학적 어감을 결정하기는 다소 어려울 수 있다. 기독교 신앙고백 자료와 형식들은 신학적으로 정확한 것이었다기보다는 그 특성상 일반적으로 좀 더 경건 생활에 적합한 것이었다고 추정할 수 있다. 그래서 주

---

57 (1966) 199-210을 보라. 갈 4:4-5 해석에 대한 Schweizer의 논제를 일찍이 평가하고 사용한 필자의 『갈라디아서 주석』(R. N. Longenecker, *Galatians*, 167-69)을 보라. 또한 롬 8:3-4 해석과 관련하여 이 논지를 사용한 L. E. Keck, "The Law and 'the Law of Sin and Death,'" 43-44도 주목하라.

석가들은 8:3-4에서 다음 항목들의 의미를 정확히 파악하는 데 애를 먹는다. (1) "할 수 없는"이라는 능동적인 의미로 이해될 수도 있고, "불가능한"이라는 수동적인 의미로 이해될 수 있는(또는 둘 다) 실명사적 용어 "힘이 없는"(ἀδύνατον), (2) 예수와 성부 하나님의 관계와 관련하여 여러 어감을 전달할 수 있는 남성 단수 주격 부정과거 분사 "보내는"(πέμψας), (3) 예수의 인격과 관련하여 다양한 함의를 제시할 수 있는 "죄 있는 육신의 모양으로"(ἐν ὁμοιώματι σαρκὸς ἁμαρτίας)라는 절, (4) 다른 상황에서 약간은 다른 의미들을 제시할 수 있는 "[모세] 율법의 의로운 요구"(τὸ δικαίωμα τοῦ νόμου)라는 표현, (5) 율법의 의로운 요구가 "우리 안에서" 즉 "죄의 성품에 따라 살지 않고 성령을 따라 사는 사람들 안에서 이루어졌다"(πληρωθῇ ἐν ἡμῖν)는 논평 등이다. 8:3b에 등장하는 "그리고 죄와 관련하여"(καὶ περὶ ἁμαρτίας)라는 어구를 필자는 바울이 암시적으로 사용한 "보냄 문구"에 속한 것이 아니라 8:4 끝까지 계속되는 부차적인 논평의 시작으로 이해한다.

그러므로 (1) 8:3-4에 제시된 내용의 구조, (2) 이 본문에 사용된 일부 용어와 표현들의 어감 등과 관련하여 불확실한 점이 여럿 있다. 그렇지만 합리적으로 분명하다고 보이는 점은 이곳 8:3-4에서 바울이 "이제 그리스도 예수 안에 있는 사람들에게는 결코 정죄함이 없다"는 그의 상황화한 선포를 이러한 전통적인 "보냄 문구"를 사용함으로써 부가적으로 뒷받침하려고 시도하고 있다는 것이다. 그는 일찍이 그리고 분명하게 8:2에서 초기 기독교 신앙고백 자료의 핵심적인 부분을 인용함으로써 이렇게 했다. 그리고 8:3-4에서도 이와 같은 전통적인 "보냄 문구"의 기독교화한 형태를 암시하는 것 같은 내용으로 그렇게 한 듯하다.

먼저 8:2에서 초기 기독교의 신앙고백을 명시적으로 인용하고 그다음에 전통적인 보냄 문구를 암시적인 형태로 반향한 이 이중적인 뒷받침은, 바울이 8:1에서 선포하고 있는 내용의 중요성을 강조하는 역할을 한다. 바울은 "이제 그리스도 예수 안에 있는 사람들에게는 결코 정죄함이 없다"는 진술에서, 그가 이방인 세계에 상황화한 기독교 선포의 가장 중요한 특징, 즉 핵심적이거나 주된 특징을 제시한다.

II. 상반되는 전혀 다른 두 사고 체계와 인간 실존의 양태 및 그 결과들(8:5-8)

8:5-8 바울은 "죄의 성품을 따라"(κατὰ σάρκα) "자신의 삶을 살지 않고"(동사 περιπατεῖν에서 유래함, 문자적으로 "산책하다", "걸어 다니다")[69] "성령을 따라"(κατὰ πνεῦμα) 사는, 그리스도 예수 안에 있는 사람들에 관한 8:4의 진술로써 그의 선포 단락인 8:1-17의 첫 번째 부분을 마무리한다. 이곳 8:5-8에서는 상반되는 두 사고 체계와 상당히 다른 두 인간 존재의 양태, 즉 (1) "죄의 성품의 지배를 받는" 삶, 또는 (2) "성령의 지배를 받는" 삶에 대해 말함으로써 사람이 어떻게 삶을 사는지에 대한 이 주제를 발전시킨다. 두 사고 체계와 존재의 양태는 "사망"의 결과를 내거나 "생명과 화평"의 결과를 내는, 완전히 다른 2개의 행동 양식으로 표현되었다. 8:5-8의 각각의 문장들은 접속사 γάρ("이는"), διότι("왜냐하면"), δέ("그러나", "그리고") 중 하나로 소개된다.[70] 하지만 세 접속사는 모두 다른 두 사고 체계 및 존재의 양태와 관련한 내용을 설명하면서 단순히 지속되거나 연결되는 사상을 표현하기 위해서 사용된 것 같다. 그러므로 번역할 필요가 없다. 영어에서는 문장들을 나란히 놓는 것 그 자체만으로도 내용이 지속되거나 연결된다는 사실을 표시하기에 충분한 경우가 종종 있다.[71]

이곳 8:5-8에서 바울은 "죄의 성품을 따라 사는 사람들"(οἱ κατὰ σάρκα ὄντες) 또는 약간 다른 단어들로 표현된 것처럼 "죄의 성품에 지배를 받는 사람들"(οἱ ἐν σαρκὶ ὄντες, 8a절)의 생각과 행동이 그것 자체로 결국 "사망"의 심판(θάνατος, 6절)이라는 결과를 초래한다는 사실을 부각시킨다. 그러한 생각과 삶의 방식은 "하나님과 원수가 되며"(ἔχθρα εἰς θεόν, 7절), 이렇게 생각하고 사는 사람들은 "하나님을 기쁘시게 할 수 없기"(θεῷ ἀρέσαι οὐ

---

69) 로마서에서 사람의 생활방식이나 도덕적 행위를 언급하면서 비유적으로 περιπατεῖν을 사용한 예에 대해서는 6:4을 참조하라. 또한 비슷한 문맥에서 κατά와 함께 περιπατεῖν을 사용한 예에 대해서는 롬 14:15; 엡 2:2; 막 7:5; 요이 6을 보라.

70) 8:5a, 6a의 γάρ("이는"), 8:7a의 διότι("왜냐하면"), 8:8a의 δέ("그러나", "그리고") 등, 이 세 단어 모두 각각의 문장에서 늘 후치사로 등장한다.

71) 참조. 바울은 고전 9:16-17에서 후치사로 사용되는 접속사 γάρ를 이와 비슷하게 4번 사용한다.

δύνανται, 8절) 때문이다.

해석자들은 8:5-8에서 바울이 제시한 내용과 관련하여 이런 질문을 자주 제기하곤 한다. 사도는 비그리스도인과 그리스도인 사이에 존재하는 대조를 묘사하고 있는가? 아니면 예수를 믿지 않는 불신자들의 상황에 대해서뿐만 아니라 악한 본성의 지배를 다시 받는 사고방식과 삶의 양태로 후퇴한 그리스도인들의 상황에 대해서도 말하고 있는가? 바울이 가장 사랑하는 그리스도인 개종자들 가운데 있었던 것으로 보이는 사람들(즉 빌립보에서 예수를 믿은 신자들)에게 그리스도 예수의 사고 체계와 같은 사고 체계를 가지라고 권했고(빌 2:5에서도 그랬다. "너희의 태도/사고 체계를 그리스도 예수의 그것과 동일하게 하라." 또한 빌 2:6-11의 "그리스도 찬양시"를 인용했다), 더욱이 바울이 그들에게 "형제자매들아! 너희는 함께 나를 본받으라. 그리고 너희가 우리를 본받은 것처럼 그와 같이 행하는 자들을 눈여겨 보라"(빌 3:17)고 권할 수 있었다는 사실은, 그가 그 권면을 이 두 상반되는 사고 체계 및 존재 양태와 관련하여 예수를 믿지 않는 불신자들이나 참된 그리스도인들을 막론하고 모두에게 말할 필요가 있다고 여겼음을 분명히 제시한다. "육체의 본성을 따라" 생각하고 사는 것은 중생하지 않은 사람들의 상황일뿐더러, 그리스도의 사람이 되었다고 주장하는 많은 사람에게서도 실제로 일어날 수 있는 슬픈 현실이기도 하다.

III. "그리스도 안에" 있고 그러므로 성령의 지배를 받는 사람들은 생명을 가지고 있는 사람들이다(8:9-11)

8:9-11 8:1-17의 선포 단락의 이곳 세 번째 문단에서 바울은 이렇게 선언한다. "그러나 너희는 너희 속에 하나님의 영이 거하시므로 너희가 악한 본성의 지배를 받지 아니하고 영의 지배를 받나니, [누구든지 그리스도의 영이 없으면, 그 사람은 그리스도에게 속한 사람이 아니라. 또 그리스도께서 너희 안에 계시면, 몸은 죄로 말미암아 진정 죽은 것이나, 너의 영은 의로 말미암아 살아 있는 것이니라.] '예수를 죽은 자 가운데서 살리신 이'의 영이 너희 안에 거하시면, '그리스도 예수를 죽은 자 가운데서 살리

신 이'가 너희 안에 거하시는 그의 영으로 말미암아 너희 죽을 몸도 살리시리라." "그리스도 안에" 있고 "성령 안에" 있는 그리스도인의 새 생명에 관한 이 선언에 다음과 같은 문제들이 즉시 부각된다.

1. 세 구절 내내 복수형 대명사 "너희"가 사용된다. 본문 맨 처음에 등장하는 복수 주격 "너희는"(ὑμεῖς), 그 절을 마무리하는 복수 소유의 뜻을 지니는 소유격 "너희의"(ὑμῶν), 그리고 이 세 구절에 4번 등장하는 복수 여격 "너희 안에"(ἐν ὑμῖν) 등, 이 모든 것은 바울이 일단의 사람들을 지칭하고 있으며, 예수를 믿은 신자인 그들의 신분에 대해 말하고 있음을 제시한다.
2. 바울은 8:1-2에서 선포한 것처럼 이 본문에서 그리스도인이 "그리스도 **안에**" 있음에 초점을 맞추는 것이 아니라, "그리스도인 **안에**" 자신의 영으로 말미암아 계시는 그리스도께 초점을 맞추고 있다. 따라서 그리스도인의 실존의 이 두 가지 특징이 본성상 참되고 상호적임을 강조한다.
3. 바울은 "그리스도인 **안에**", "그의 영으로 말미암아 거하시는 그리스도"에 대해 말하면서 이러한 인격적 관계의 대행자들로서 삼위일체의 세 위격을 쉽사리 모두 언급한다. 먼저 8:9a에서 믿는 자 안에 거하시는 "성령"과 "하나님의 영"에 대해 말을 하고, 그다음에 8:9b-10에서 믿는 자 안에 계시는 "그리스도의 영"과 "그리스도"에 대해 말하고, 마지막으로 8:11에서 신자들 안에 거하시고 그들의 죽을 몸에 생명을 주시는, "예수를 죽은 자 가운데서 일으키신 분"이신 하나님에 대해 말한다.

하지만 바울이 이 세 구절에서 쓰고 있는 것을 이해할 때 발생하는 중요한 문제는, 8:9a의 진술 두 번째 단락 시작 부분에 등장하는 접속사 εἴπερ("만일 실제로", "만일 결국", "그러하기에") 및 이 단어와 관련되고 8:9b-11에 이어지는 세 진술을 이끄는 조건적 불변화사 εἰ("만일")를 어떻게 해석해야 할지의 문제다. Eἰ나 εἴπερ 모두 (1) 조건으로 보고 경고로 읽든지, (2) 확신을 표현하는 것으로 보고 격려로 읽든지, 둘 중 하나를 표현하는 것으로 읽을 수 있다. 8:9b("누구든지 그리스도의 영이 없으면 그리스도의 사람이 아니라")의 진술을 시작하는 곳과 8:10("그리스도께서 너희 안에 계시면 몸은 죄로 말미암아 죽은 것이나 영은 의로 말미암아 살아 있는 것이니라")의 진술을 시작하는 곳에 사용된 불변화사 εἰ("만일")는 조건을 표현하는 것으로, 그래서 경고와 관련된 내용을 포함하는 것으로 이해하는 것이 가장 좋은 것 같다. 하지만 8:9a의 첫 번째 진술의 두 번째 절을 시작하는 곳(즉 εἴπερ πνεῦμα θεοῦ οἰκεῖ ἐν ὑμῖν)에 사용된 εἴπερ는 확신의 말로 이해하는 것이 훨씬 더 낫다. 바울이 일찍이 3:30("하나님은 한 분**이시기에**")에서 εἴπερ("만일 실제로", "만일 결국", "그러하기에")를 사용했고, 나중에 8:17("우리가 그와 함께 영광을 받기 위하여 고난도 함께 받아야 **할 것이기에**")[72]에 있는 이 단락을 마무리하는 곳에서 다시 εἴπερ를 사용할 것이고, 일찍이 고린도전서 15:12("그리스도께서 죽은 자 가운데서 다시 살아나셨다 전파**되었거늘** 너희 중에서 어떤 사람들은 어찌하여 죽은 자 가운데서 부활이 없다 하느냐")과 데살로니가후서 1:7("환난을 받는 너희에게는 우리와 함께 안식으로 갚으시는 것이 하나님의 공의**시니**")에서 εἴπερ를 사용했듯이 말이다.[73] 마찬가지로 8:11의 진술이 기본적으로는 8:9a을 여는 진술의 반복이며(물론 어구와 내용 모두 확장이긴 하지만), 8:11의 진술을 시작하는 불변화사 εἰ("만일")는 본문 첫 구절의 두 번째 절에 제시된 확신의 분위기를 지속하고 있는 것으로도 이해해야 할 것 같다. 그래서 "'예수를 죽은 자 가운데서 일으키신 이'의 영이 너희 안에 살아 계시기 **때문에**"로 읽어야 한다.

이러한 언어학적 불확실성 때문에 주석가들은 이 세 구절에서 바울의 논증의 흐름을 약간은 무질서한 것으로 자주 이해해왔다. 우리는 본문을

---

72) 참조. Cranfield, *Romans*, 1.407: "εἴπερ συμπάσχομεν ἵνα καὶ συνδοξασθῶμεν은 조건을 소개하는 것으로 이해해서는 안 되고 오히려 조금 전에 말한 것을 확증하는 사실을 서술하는 것으로 이해해야 한다. 9절에서처럼 본문의 εἴπερ는 '인 것으로 보아(seeing that)'(참조. 옛 라틴어로는 "si quidem")를 의미하고, γάρ와 거의 동일한 의미다." 또한 1.388도 보라.

73) 같은 결과에 도달하는 Kuss, *Römerbrief*, 2.501; Leenhardt, *Romans*, 206-7; Schlatter, *Romans*, 178; Morris, *Romans*, 308; Moo, *Romans*, 490; Jewett, *Romans*, 489을 보라.

읽을 수 있는 여러 가능한 방법을 다 제시하려 하지 않고, 이 본문에 있는 바울의 논증 과정을 다음과 같이 이해하는 것이 가장 좋다고 제안한다.

1. 8:9a의 본문을 시작하는 곳에 제시된 주요 논지: "너희 속에 하나님의 영이 거하시기 **때문에**, 너희가 육신에 있지 아니하고 영에 있나니."
2. 8:9b에서 "그리스도의 영"과 "그리스도" 간의 본질적인 관계를 다룬 적절한 삽입어구: "누구든지 그리스도의 영이 없으**면** 그리스도의 사람이 아니라."
3. 8:10에서 그리스도인 안에 그리스도가 계신 결과를 말하는 삽입어구: "그리스도께서 너희 안에 계시**면**, 몸은 죄로 말미암아 죽은 것이나 영은 의로 말미암아 살아 있는 것이니라."
4. 8:9a의 원래 논지를 8:11에서 반복함. 물론 단순한 반복이 아니라 확장된 형식이고, "하나님"이라는 단순한 용어의 속성을 표현하는 초기 기독교 형식이었을 것으로 보이는 것을 2번 사용한 것이기는 하지만 말이다: "예수를 죽은 자 가운데서 살리신 이[즉 하나님]의 영이 너희 안에 거하시기 **때문에** 그리스도 예수를 죽은 자 가운데서 살리신 이[즉 하나님]가 너희 안에 거하시는 그의 영으로 말미암아 너희 죽을 몸도 살리시리라."

8:9-11에 있는 바울의 논증의 흐름을 이런 방식으로 이해한다면, 분명한 확신의 분위가 8:9a의 논제 진술에서 울리며 그 후 8:11의 그 진술의 확장된 형식에서 다시 울린다. 바울이 삽입어구 형식으로 2개의 조건적 논평을 8:9b과 8:10에 삽입하기는 했지만 말이다. 두 논평은 이러한 확신을 제시하는 진술들을 당연한 것으로 여기고 그들의 생각과 삶에서 성령을 의지하지 않은 그리스도인들에게 경고하는 기능을 한다.

8:10에 신약성경에서 적어도 180번 발견되고, 고전 그리스어나 코이네 그리스어를 막론하고 가장 일반적인 불변화사 중 하나인 μέν(긍정적인 의미

를 전달하는 불변화사로는 "참으로", 양보의 의미를 전달하는 불변화사로는 "비록")이 포함됨으로써, "너의 몸은 죄로 인해 **참으로** 죽은 것이다"로 읽을 수 있는 이 구절의 두 번째 절은 바울이 로마서 본론 중앙부의 이 두 번째 주요 단락에서 일찍이 표현했던 내용을 되짚는다. 바울은 μέν("참으로")을 사용함으로써 일찍이 모든 사람에게 타락과 죄를 겪게 한 "한 사람 아담"의 죄와 관련하여 5:12-21에서 논의했던 부분을 상기시키고 있을 가능성이 크다. 그래서 구원사에서 오늘날 그리스도인의 상황을 (1) "죄로 인해 죽은"이라는 표현에 포함된 모든 것을 경험하지만, (2) "너의 영은 의로 인해 살아 있는 것이다"라는 진술에 의해 함의된 모든 것을 이미 개시된 형태로 인식하는 것으로 이해해야 한다.

이와 비슷하게, 바울은 8:11에 표현된 주요 논제의 확장된 형식에서 자기보다 먼저 예수를 믿은 신자들에 의해 하나님을 지칭하는 표현으로 사용되었던 기독교 공식을 암시하고 있는 것 같다. 먼저는 하나님에 대해 말하면서 "**예수**를 죽은 자 가운에서 일으키신 **이**"라는 표현을 사용한, 예수의 유대인 추종자들이 그 공식을 사용했을 것이고, 그다음에는 하나님을 지칭하는 유대 기독교적 표현을 "**그리스도**를 죽은 자 가운데서 일으키신 **이**"로 바꿔 표현했을 이방인 그리스도인들이 사용했을 것이다.[74]

하지만 이 본문에서 가장 중요한 것은 반복해서 사용되는 여격 표현인 "너희 안에"(ἐν ὑμῖν)다. 이 표현은 이 세 구절에서 4번 등장한다. 8:1-2의 "그리스도 예수 안에"(ἐν Χριστῷ Ἰησοῦ)와 8:9-11에서 4번 사용된 "너희 안에"(ἐν ὑμῖν)는 간단히 말해서 바울의 상황화한 기독교 메시지의 서로 극단적인 두 측면을 이룬다. 바울은 이 메시지를 이방인 선교 중에 이방인들에게 선포했으며, 그리스도인 수신자들도 공감하고 경험하기를 원했다. 이 메시지는 기독교 복음의 인격적·관계적·참여적 특징에 초점을 맞추고 있다. 그리고 받아들인다면 삶을 근본적으로 더 나은 방향으로 변화시킬 수 있을

---

74) 8:3에서 바울이 사용한 기독론적 "보냄 문구"의 의미를 논의한 부분을 참조하라. 8:2과 8:14에서 바울이 사용한 초기 기독교의 신앙고백 자료에 대해 다룬 부분을 보라.

것이라고 바울이 확신한 것이 바로 이 메시지다.

IV. "악한 본성을 따라 살지 말고 성령으로 말미암아 살라"는 권면(8:12-13)
바울은 "그리스도 예수 안에" 있는 사람들, 그러므로 "성령 안에" 있는 사람들에게 "정죄함이 없고" "새 생명"이 있다고 선포하면서, 기독교 복음 선포에 늘 포함되는 윤리적 명령을 강조하려고 애를 쓴다. 바울에 따르면(그리고 신약의 다른 저자들이 묘사한 것처럼) 그리스도인의 삶은 한편으로는 "이미" 또는 "실현된 종말론"과 다른 한편으로는 "아직" 또는 "미래적 종말론"의 양극단 사이에서 사는 삶이다. 오스카 쿨만은 예수를 믿는 신자들의 상황을 다음과 같이 적절히 진술했다. 그리스도인들은 한 세대만이 아니라 두 세대의 상황에서 그들의 삶을 살아낸다. 이를테면, (1) 의로운 삶을 위한 긍정적인 힘이 있고 예수에 의해 시작된 "올 세대"와, (2) 부정적인 힘을 가지고 여전히 존재하면서, 시작된 새 시대의 영향을 계속해 위협하려고 시도하는 "이 세대" 등이다.[75]

8:12-13 이 두 구절에서 바울은 (그가 선포한 내용의 원래 수신자들이었던) 이방인 선교지의 개종자들과 (바울이 상황화한 기독교 복음을 읽고 그들에게 설명해주는 것을 들은) 수도 로마의 그리스도인 수신자들에게, 하나님께서 그리스도 예수의 사역과 성령의 사역으로 인해 그들에게 행하신 것을 필수적으로 알고 있어야 할뿐더러, 그들이 "이 세대"의 중간에 새롭게 시작된 "올 세대"의 시민들로서 어떻게 살아야 하는지에 대해서도 잘 알고 있어야 한다고 촉구한다.[76] "그러므로 형제자매들아! 우리가 빚진 자로되 악한 본성에 져서 악한 본성대로 살 것이 아니니라. 너희가 악한 본성대로 살면 반드시 죽을 것이로되 영으로써 몸의 행실을 죽이면 살리니."

사도는 그의 이 선포 단락을 불변화사 ἄρα("그래서", "그렇다면")와 οὖν("따라서", "그러므로")을 연결하여 ἄρα οὖν("결과적으로", "그러므로")이라

75) 참조. Cullmann, *Christ and Time*, 47-48, 81-93, 222-30.
76) 본서 6:8-11의 "석의와 주해"를 참조하라.

는 관용어적 표현을 이루는 말로 시작한다. 그럼으로써 여기 8:12에서는 중심적인 선포 단락 8:1-17의 결론을 시작한다. 바울이 (이방인 선교의) 원래 청중들과 (로마에 보내는 편지의) 현재 청중들에게 그의 결론이 어디서 시작했는지를 밝히기 위해 앞서 5:18a, 7:3a, 7:25b에서 동일한 관용어적 표현을 사용하여 결론을 내렸듯이 말이다. 더욱이 바울은 이곳 8:12을 시작하는 곳에서 애정이 담긴 호격 ἀδελφοί("형제자매들아")를 직접 채용한다. 이 호격은 그가 말을 건넸던 사람들에게 사용되었고(이방인 선교 중에), 지금 서신의 수신자인 사람들에게도(로마에 보내는 그의 편지에서) 사용된다. 그가 일찍이 1:13과 7:1에서 ἀδελφοί("형제자매들아")를 사용하고 7:4에서는 이보다 더 애정이 담긴 표현인 ἀδελφοί μου("나의 형제자매들아")를 사용했듯이 말이다.[77]

"우리가 빚진 자로되"(ὀφειλέται ἐσμέν)라는 표현은 1:14의 "나는 빚진 자라"(ὀφειλέτης εἰμί)는 바울의 진술을 상기시킨다. 사도가 빚진 것은 물질적이거나 인간적인 것들이 아니라, (1) 그를 이방인의 사도로서 예언자적 사역으로 부르신 하나님과(참조. 1:1a, 5), (2) 그가 선포하도록 하나님께로부터 택정함을 받은 기독교 복음을 위한 것이었다(참조. 1:1b, 9). 마찬가지로 예수를 믿는 신자의 빚진 것 역시 "악한 본성"에 속하는 문제들과 관련된 것이 아니라, (1) 예수 그리스도의 사역 안에서 죄의 정죄와 권세로부터 신자들을 해방하려고 제공하신 하나님께 화답하고, (2) "그리스도 예수 안에"와 "성령 안에" 있는 신자의 새로운 지위에 부합하며, (3) 하나님께서 그의 성령을 주셔서 인도하고 힘을 주시는 "하나님의 아들이나 딸"로서의 새로운 신분과 일치하는 문제들과 관련이 있다.

바울은 접속사 γάρ("이는")를 도입어로 사용하면서 다음과 같이 계속 설명한다: "악한 본성에 져서 악한 본성대로 살 것이 아니니라. 너희가 악한 본성대로 살면 반드시 죽을 것이로되 영으로써 몸의 행실을 죽이면 살리니." 바울은 몸의 죄의 행실을 죽이고 하나님의 성령에 의하여 진정한 생

77) 롬 10:1; 12:1; 14:10, 13, 15, 21; 15:14, 30; 16:17에서 바울이 로마에 있는 그리스도인들을 부르면서 호격 ἀδελφοί를 사용한 것을 참조하라.

명 안으로 들어가는 것과 관련이 있는 이 설명을 뒷받침하려고, 모든 면에서 초기 기독교의 신앙고백 진술이었을 것으로 생각되는 내용을 인용하며, 이 진술을 접속사 γάρ("이는")로 소개한다. "하나님의 영으로 인도함을 받는 사람은 곧 하나님의 아들과 딸들이라(οὗτοι υἱοὶ θεοῦ εἰσιν)."[78]

V. 그리스-로마의 "입양" 은유를 강조하면서, 예수를 믿는 신자들의 신분이 하나님의 아들과 딸이라는 진술들(8:14-17)

8:14-17 8:14이 시작되는 곳에 등장하는 후치사인 접속사 γάρ는 설명을 소개하기 위해서가 아니라, 단순히 8:14-17에 덧붙여진 선포적 진술을 8:1-13에 제시된 자료와 연결시키기 위해 사용되었다. 바울이 8:1-11에서 선포한 내용은 예수를 믿는 신자들이 "하나님의 자녀"(τέκνα θεοῦ)가 되었다는 주제로 확대된다. 그런데 8:12-13의 권면 자료는 매우 중요하지만 그 주제의 완전한 전개를 어느 정도 방해했다. 그래서 이곳 8:14-17에서 바울은 그 중요한 주제의 세부 내용을 다음과 같은 방법으로 채운다. (1) 초기 기독교의 신앙고백적 주장인 것으로 보이는 것을 인용한다: "무릇 하나님의 영으로 인도함을 받는 사람은 곧 하나님의 아들과 딸들(οὗτοι υἱοὶ θεοῦ εἰσιν)이라." (2) 그리스-로마의 "입양" 법을 언급하고, 하나님의 가족 안에서 하나님이 주신 신자의 신분을 지칭하는 은유로 고대의 사회적·법정적 가족 상황을 사용한다. (3) 하나님의 자녀로서 신자의 새로운 신분을 가능케 하며 이 새로운 가족 관계의 실체를 신자에게 증언하시는 성령의 사역을 강조한다. (4) "하나님의 상속자요 그리스도와 함께하는 공동 상속자"가 되는 것을 비롯하여 "그와 함께 영광을 받기 위하여 [그리스도의] 고난도 함께 받아야" 하는 자로서 하나님의 자녀가 되었다고 말한다.

하나님이 예수 그리스도의 사역과 성령의 사역으로 말미암아 확립하신 그리스도인의 새로운 신분을 이해하는 데 있어 중요한 공헌은 1965년에 출간된 요아힘 예레미아스의 소책자 『신약성경의 중심 메시지』(*The*

78) Υἱοὶ θεοῦ를 남자나 여자를 모두 언급하는 것으로 이해함.

Central Message of the New Testament)와 1966에 출간된 그의 논문 『아바: 신약 신학과 현대사에 대한 연구』(*Abba: Studien zur neutestamentlichen Theologie und Zeitgeschichte*)이다.[79] 예레미아스는 (1) "아버지"(히브리어나 아람어를 막론하고 אב)라는 단어가 유대인들 사이에서 조상들과 그 밖에 존경받은 사람들을 지칭하기 위해 널리 사용되었지만, "아버지"의 강조적인 호격 형태(아람어로 אבא)는 유대인 자녀들에 의해 그들의 인간 아버지들을 지칭하는 애정이 담긴 방법으로 사용되었다는 것과, (2) 마가복음 14:36에서 겟세마네 동산에서 기도하실 때 하나님 아버지를 부르며 이런 형식을 사용했다는 것, 그리고 (3) 예수가 사용하신 "아바"는 신약성경 전체에서 제시된 기독교 복음에서 하나님과 그의 백성 간에 존재하는 새로운 관계를 이해하는 열쇠를 제공한다는 것 등을 관찰했다.[80] 더욱이 (1) 마가복음 14:36, 로마서 8:15, 갈라디아서 4:6에서 아람어 "아바"(אבא) 바로 다음에 그리스어 "아버지"(πατήρ)가 이어진다는 사실은 이와 같은 애정이 담긴 하나님과의 친근한 관계에 대한 의식이 아람어를 구사하든지 그리스어를 구사하든지 간에 예수를 믿은 초기 신자들 사이에 널리 퍼져 있었음을 보여준다. (2) 그 표현의 그리스어 형식이 관사를 가지고 있다는 사실, 곧 ὁ πατήρ("그 아버지")라고 읽는다는 사실은 그 표현의 그리스어 형식과 그에 상응하는 아람어를 강조의 어감을 전달하는 호칭의 호격으로 이해해야 함을 시사한다.[81]

하나님을 아버지로 그리고 예수를 믿는 모든 신자를 하나님에 의해

79) J. Jeremias, *The Central Message of the New Testament* (London: SCM; New York: Scribner's, 1965); 같은 저자, *Abba: Studien zur neutestamentlichen Theologie und Zeitgeschichte* (Göttingen: Vandenhoeck & Ruprecht, 1966).

80) Jeremias, *Central Message of the New Testament*, 특히, 9-30; 같은 저자, *Abba*, 특히. 15-67 (ET: *The Prayers of Jesus*, SBT 2.6 [London: SCM, 1967], 11-65)를 보라. 또한 같은 저자, *New Testament Theology*, vol. 1, *The Proclamation of Jesus*, trans. J. Bowden (London: SCM, 1971), 61-68, 197도 참조하라.

81) 강조의 의미를 지닌 호격으로 사용되는 αββα ὁ πατήρ에 대해서는 H. D. Betz, *Galatians*, 211과 D. Zeller, "God as Father in the Proclamation and in the Prayer of Jesus," in *Standing before God: Festschrift J. M. Oesterreicher*, ed. A. Finkel and L. Frizzell (New York: Ktav, 1981), 122-25을 보라.

입양된 "아들과 딸들"로 이해하는 이러한 가족 관계에서는 모든 것이 바뀐다! 바울은 6:16-18과 7:14에서 사용된 종의 이미지와 언어를 택하여 이곳 8:15에서 이렇게 선언한다. "너희는 다시 무서워하는 종의 영을 받지 아니하고 양자의 영을 받았으므로 우리가 '아빠, 아버지'라고 부르짖느니라."

15절의 두 문장에서 바울이 사용한 2개의 πνεῦμα("영")는 (둘 중 하나, 혹은 2개 모두) 하나님의 성령을 가리키는 것으로 볼 수 있다. 하지만 좀 더 개연성이 있는 것은 두 용례 모두 "사람에게 영향을 주는 활기를 불어넣는 원리 또는 본질적인 원리"를 의미하는 것으로 이해해야 하며,[82] 그러므로 굳이 성령이라고 표현할 필요는 없다. 그래서 예수를 믿는 신자는 전혀 새로운 환경에서 삶을 사는 것이다. 다시 말해서, 그는 더 이상 두려움만을 야기하는 "죄의 종"이란 원리에 의해 활기를 얻지 않고, υἱοθεσία의 원리 즉 "하나님으로 말미암아 그의 아들과 딸로 입양되었다"는 실체에 의해 활기를 얻는다. 이러한 삶의 새로운 요인으로 인해 그리스도인의 경험에서 모든 것이 달라진다. 그는 "다시는 두려워하는 종"(δουλείας πάλιν εἰς φόβον)이 아니라, "하나님의 아들과 딸로 입양된 자들(υἱοθεσία)"로 산다.

Υἱοθεσία("양자/입양")라는 용어는 바울의 여러 편지에서 이곳 8:15과 이보다 이른 시기에 쓴 갈라디아서 4:5, 그리고 나중에 로마서 8:23과 9:4, 그리고 다시 에베소서 1:5 등 5번밖에 등장하지 않는 단어다. 이 단어는 유대교 성경(구약)(그것이 그리스어로 된 70인역에서든지 마소라 본문의 의미가 같은 표현에서든지 간에)에서는 발견되지 않는다. 또한 이 단어는 제2성전기 유대교 문헌이나 신약성경에서 바울 서신 외에서는 어느 곳에서도 등장하지 않는다. 그러므로 하나님의 백성과 하나님 자신의 관계를 묘사하기 위해 사용된 "양자/입양"이란 단어는 바울의 독특한 표현이라고 말할 수 있다. 비록 이 용어가 갈라디아서 4:5의 "보냄 문구"에 존재하고 로마서 9:4-5에서 유대인들의 특별한 신분을 이루는 (ὧν ἡ υἱοθεσία["양자 됨이 있고"]로 시작하

82) *Merriam Webster's Deluxe Dictionary*, Tenth Collegiate Edition, 5a에 있는 "spirit"이라는 단어에 대한 정의를 인용함.

는) 전통적인 목록으로 보이는 곳에도 존재하는 것으로 볼 때, υἱοθεσία가 유대인이나 이방인이나 예수를 믿는 신자들에 의해 하나님의 백성과 하나님 자신의 관계를 특징짓는 것으로 이해되었을 것이기는 하지만 말이다.

바울 서신 세 곳에 υἱοθεσία 비유가 등장하는 것과 비교하여, 그리스-로마 사회에서 아이들(특별히 사내아이들)을 입양하는 것과 관련된 법들을 탐구한 매우 중요한 연구가 여럿 있었다.[83] 이곳 8:15에서 바울의 υἱοθεσία 사용을 이해하기 위해 다음과 같은 특징들을 주목하는 것이 특히 중요하다.

1. 입양된 아들은 그의 이전 상황에서 구출되었으며 새로운 "가장"이 된 그의 새 양부와 전혀 새로운 관계에 놓였다.
2. 입양된 아들은 새 가족의 일원으로서 새로운 생활을 시작했으며 옛 채무를 다 면제받았다.
3. 입양된 아들은 양부의 가족에서 생물학적으로 출생한 아들처럼 중요한 사람으로 간주되었다.
4. 입양된 아들은 변화된 신분을 경험하며, 자신의 옛 이름을 버리고 양부에 의해 부여받은 새 이름을 가진다.

로마 제국의 동쪽에 있는 이교도 이방인들에게 선교할 당시 바울이 그리

---

83) 특히 다음 문헌들을 보라. W. J. Woodhouse, "Adoption (Roman)," in *Encyclopedia of Religion and Ethics*, ed. J. Hastings (Edinburgh: T. & T. Clark, 1908), 111-14; W. W. Buckland, *A Textbook of Roman Law from Augustus to Justinian* (Cambridge: Cambridge University Press, 1963), 124-28; J. M. Scott, *Adoption as Sons of God: An Exegetical Investigation into the Background of HUIOTHESIA in the Pauline Corpus*, WUNT 2.48 (Tübingen: Mohr, 1992); A. Berger, B. Nicholas, and S. M. Tregarri, "Adoption," in *The Oxford Classical Dictionary*, ed. S. Hornblower and A. Spawforth (Oxford: Oxford University Press, 2003), 12-13, 54-57; J. Stevenson-Moessner, *The Spirit of Adoption: At Home in God's Family* (Louisville: Westminster John Knox, 2003); T. J. Burke, *Adopted into God's Family: Exploring a Pauline Metaphor* (Downers Grove, Ill.: InterVarsity, 2006); 같은 저자, "Adopted as Sons (ΥΙΟΘΕΣΙΑ): The Missing Piece in Pauline Soteriology," in *Paul: Jew, Greek, and Roman*, ed. S. E. Porter (Leiden: Brill, 2008), 259-87.

스도인의 새로운 신분을 하나님에 의해 "입양된" 존재로 말하는 것을 그들이 들었을 때, 그리스-로마 세계의 이방인 가족에 아들로 입양되는 것과 관련된 이러한 특징의 (전부가 아니라면) 대부분이 그 청중들의 의식에 맨 처음 떠올랐을 것이라는 데는 의심의 여지가 없다. 이와 비슷하게, 이 특징 중 대부분이 로마에 있는 바울의 그리스도인 독자들의 의식과 바울이 편지를 보낸 갈라디아 지방 및 에베소 도시에 있는 그의 개종자들의 의식에서도 맨 처음 떠올랐을 것이라고 추정할 수 있다.

더욱이 (1) "입양이 근본적으로 관계적이며 가족적인[즉 가족과 관련이 있는] 비유라"는 사실과, (2) υἱοθεσία라는 용어가 "바울이 그 당시 로마의 사회법률적 맥락에서 빌려온" 용어라는 사실을 주목할 필요가 있다.[84] 유대인들은 아이를 입양하지 않았다. 그러므로 바울은 유대교적 유산이나 유대 기독교적 배경에서 υἱοθεσία라는 단어를 채용하지 않았을 것이다. 그럼에도 바울은 이곳 로마서 8:15(과 다시 8:23)에서 이 용어를 하나님이 예수 그리스도의 사역을 통해 행하신 것을 가리키는 비유로 사용했다. 그는 분명히 이 단어가 제국의 동쪽 지역에 있는 이교도 이방인들에게 특히 의미가 있을 것이라고 믿었을 것이다. 마찬가지로 바울은 υἱοθεσία라는 표현이 관계의 비유로서, 갈라디아에 있는 개종자들은 물론이고(참조. 갈 4:5) 로마에 있는 그리스도인 수신자들과 에베소와 그 주변에 있는 개종자들(참조. 엡 1:5)도 알고 이해했을 것이라고 믿었던 것 같다.

하나님으로 말미암아 그의 가족으로 입양되었다는 이 새로운 관계 속에서, 예수를 믿는 신자들로서 우리는 하나님께 대한 반응으로 "'아빠, 아버지'(Αββα ὁ πατήρ)라고 부르짖는다"(κράζομεν). 바울이 그리스도인들에 대해 하나님께 "아버지라고 부르짖는다"라고 말했을 때 정확히 무엇을 의미했는지를 밝히려는 수많은 시도가 있었다. 개중에는 이렇게 "하나님을 아버지라고 부르짖는 것"을 초기 그리스도인들이 "우리 아버지"라는 가족적

84) T. J. Burke 책의 "요약" 단락에 있는 결론적인 두 진술을 인용함. T. J. Burke, *Adopted into God's Family*, 194.

인 천명으로 시작하는 "주의 기도"를 드리는 맥락에서 이해해야 한다고 제시한 사람들이 있다.[85] 하지만 바울의 의중에 있었던 것이 (1) 초기 기독교 신앙고백의 일부이거나, (2) 초기 기독교 세례 형식의 어떤 문구이거나, (3) 바울 당대의 또 다른 초기 기독교적 예전이거나, 또는 (4) 초기 기독교 예배에서 두드러지게 표현된 어떤 황홀경적인 발언이었을 것이라고 상정한 사람들도 있다. 그러나 찰스 크랜필드가 매우 올바르게 관찰했다.

> 바른 설명은 분명 κράζειν이 70인역에서 긴급한 기도에 거듭 사용되었다는 단순한 설명이다. 이 단어는 시편에서만 40번 이상 사용되었다(시 3:4[LXX: 5]; 4:3[LXX: 4]; 18:6[LXX: 17:7]; 22:2, 5[LXX: 21:3, 6]; 34:6[LXX: 33:7]). 이것은 몇 개의 다른 히브리어 단어들을 표방하기 위해 사용되었다. 그래서 여기서도 이 단어를 큰 소리로든지 조용하게든지(심지어 소리를 내지 않든지), 공식적이든지 비공식적이든지, 공적이든지 사적이든지 상관없이, 하나님을 향한 긴급하고 진지한 부르짖음을 의미한다고 이해하는 것이 가장 좋다.[86]

바울은 8:1-17에서 상황화한 선포의 이 마지막 문단을 다음과 같은 두 선언으로 마무리한다. (1) 16절에서 말하듯이 "우리가 하나님의 자녀이"(ἐσμὲν τέκνα θεοῦ)고 "우리의 영과 더불어 증언하시는"(συμμαρτυρεῖ τῷ πνεύματι ἡμῶν) 분은 "성령 자신"(αὐτὸ τὸ πνεῦμα)이라는 것과, (2) 17절에서 진술하듯이 "우리가 자녀이므로"(εἰ τέκνα), 우리는 "하나님의 상속자"(καὶ κληρονόμοι θεοῦ)이고 "그리스도와 공동 상속자"(συγκληρονόμοι Χριστοῦ)라는 것이다. 그래서 예수를 믿는 신자들은 "그리스도 예수 안에" 있고 따라서 "성령 안에 있는" 사람들로서, 유대교 성경(구약)에 표현된 대로 하나님께

---

85) Cullmann, *Christology of the New Testament*, 208-9; G. Kittel, "αββα," *TDNT* 1.6; Jeremias, *New Testament Theology*, 1.191-97; 그 밖에 대다수의 학자들.

86) Cranfield, *Romans*, 1.399.

서 그의 백성을 위해 제공하신 이스라엘 종교의 "언약적 신율주의" 아래에서 경험할 수 있었던 것보다 훨씬 더 친근하고 참된 가족 관계를 경험하게 되었다. 이제 그리스도인들은 "그리스도 예수 안에" 있고 "성령으로 말미암아" 사는 하나님의 백성으로서 하나님께 "아버지"(αββα ὁ πατήρ)라고 직접 부를 수 있으며, "하나님의 자녀들"(τέκνα θεοῦ)의 모든 혜택을 누릴 수 있다. 그뿐만 아니라 바울이 8:18-30에서 계속해서 말하듯이, 우리는 "그[그리스도]와 함께 영광을 받기 위하여 [그리스도의] 고난도 함께 받"음으로써 구원사라는 하나님의 계획을 진전시키는 데도 참여한다.

성경신학

바울은 로마서 8:1-17에서 그리스-로마 세계의 이교도 이방인들에게 기독교 복음을 상황화한 선포의 기본적인 특징들을 제시한다. 본문에서 강조하는 바는 다음과 같다. (1) "그리스도 예수 안에" 있는 자들에게 "정죄함이 없다"는 선언, (2) "그리스도 예수 안에" 있는 생명과 "성령 안에" 있는 생명이라는 주제, (3) "그의 영으로 말미암아" 그리스도인 안에 계시고 그들을 주관하시는 "그리스도"에 관한 진술들, (4) 기독교 복음 선포와 예수 그리스도께 대한 개인의 헌신에 늘 포함되는 윤리적 명령형, 그리고 (5) 부가적인 그리스-로마의 "입양" 비유 등이다. 입양 비유는 신자와 하나님의 관계가 "자연적인" 것이 아니라 성부 하나님의 뜻과 예수 그리스도의 사역과 성령의 사역 때문에 이루어진 관계라는 사실을 강조한다. 이것은 바울이 로마에 있는 그리스도인들에게 그의 "영적인 선물"로서 제시한 요소들이다. 바울은 예수를 믿는 로마의 신자들이 예루살렘에 있는 모교회와 결속됨으로써 광범위하게 영향을 받은 바 예수를 믿는 신자들로서 이미 알고 있었고 일찍이 경험한 것의 정당성을 부인하지 않고, 그들을 그리스도인 또는 그리스도의 추종자가 되는 것이 무슨 의미인지에 대한 자신의 개인적·관계적·참여적 이해의 궤도로 이끌기를 바란다.

바울은 여러 서신에서 기독교 복음에 대해 자신이 상황화한 내용을 이보다 훨씬 더 많이 제시한다. 로마에서 예수를 믿은 신자들에게 보낸 편지에서뿐만 아니라 신약성경 안에 포함된 그의 개종자들에게 보낸 목회 서신들에서도 말이다. 더욱이 그가 나사렛 예수의 생애, 죽음, 부활에 관해 예수를 믿는 유대인 신자들과 동의하는 부분이 많이 있었다는 점에도 의심의 여지가 없다. 그는 예루살렘과 팔레스타인의 다른 지역에 있는 유대인 신자들만이 아니라, 그리스-로마 세계의 여러 곳에 있는 소규모 유대 그리스도인 지역에 살고 있는 사람들과도 같은 견해를 가지고 있었다. 바울이 그들처럼 예수를 이스라엘 역사의 절정으로 이해했다는 것은 확실하다. 마찬가지로 바울은 유대인의 선생으로 훈련을 받고 예수를 유대의 메시아로 믿게 된 한 명의 유대인으로서, (1) 로마서 2:1-3:20에서 증거를 제시한 대로, 유대교의 핵심적인 형식과 관례들의 중요성을 이해했으며, (2) 특히 로마서 3:21-4:25에서 증거를 제시한 대로, 유대인들과 유대 그리스도인들이 "의", "칭의", "구속", "화해"("속죄" 또는 "대속")와 같은 매우 중요한 법정적 용어들을 사용하는 것에 공감했다. 하지만 더글러스 무가 바울의 기독교 신학 및 그가 상황화한 선포에 관해 바르게 지적했듯이, "예수 그리스도는 이스라엘 역사의 절정뿐만 아니라 인간 이야기의 절정이기도 하다." 그리고 무가 계속 주장하듯이, "바울 사상의 유대교적 모체에 새롭게 주의를 기울인다고 해서, 바울이 제시한 그리스도가 이스라엘의 이야기를 궁극적으로 초월한다는 사실을 보지 못하는 일이 없어야 한다. 바울이 이스라엘 내러티브로 시작했지 몰라도, 거기서 끝내지는 않았다."[87]

기독교적 성경신학은 (1) 구약 이스라엘 종교의 성취로서 신약의 메시지에, (2) 이스라엘의 약속된 메시아로서 예수와 그의 사역에, (3) 기독교 선포의 본질을 표현하는 "의", "칭의", "구속", "화해"("속죄" 또는 "대속 제물")와 같은 구원론적 표현에 대부분 초점을 맞추었다. 이 문제들은 기독교 역사의 첫 5세기의 교부들만 아니라 16-17세기의 개신교 개혁자들의 신학과 저술의 핵심적인 주제들이었다. 물론 이것은 현대의 대다수 정통 기독교 신학자들과 설교자들, 교사들 및 저술가들의 주제이기도 하다. 사실 이

87) Moo, "Christology of the Early Pauline Letters," 177.

것은 신약성경 전체에서 많은 곳에 다양한 방법으로 표현된 초기 기독교 선포의 근본적인 주제들이다. 그러므로 이 주제들은 확실히 가장 초기에 예수를 믿은 유대 신자들, (로마에 있는 그리스도인들처럼) 초기 유대 기독교의 영향을 받은 사람들, (에티오피아와 북아프리카 여러 곳에서 예수를 믿는 신자들처럼) 고대 세계 전역에 흩어져 있던 다양한 그리스도인들에게 틀림없이 대단히 중요한 것이었을 것이라고 이해된다. 더욱이 이 주제들은 로마 가톨릭이나 동방 정교회 또는 개신교를 막론하고 서방 세계의 "기성" 교회들 대부분의 신학의 중심이 되는 특징이었다.

하지만 (우리가 3:21-4:25의 진술을 설명한 곳에서 강조하려 했듯이) 바울이 이 중요한 모든 문제에 완전히 동의는 하고 있지만, 로마서 본론 중앙부의 두 번째 단락인 5:1-8:39에서 제시하는 내용은 자신이 로마의 수신자들에게 전하는 "영적인 선물"로 여겼던 것이다. 바울은 그 선물을 그들에게 주어 "너희[즉 그들]를 견고하게 하려"(1:11) 하고 "우리[즉 로마에서 예수를 믿는 신자들과 바울]가 너희와 나의 믿음으로 말미암아 피차 안위함을 얻으려 함이라"(1:12)라고 말했다. 바울은 이와 같은 기독교 선포의 형식을 자신만의 독특한 것으로 여겼다(2:16과 16:25에서 "나의 복음"이란 표현을 사용한 것도 참조하라). 우리는 "영적인 선물"이 기독교 복음의 "좋은 소식"을 인격적·관계적·참여적 특징들로서 이해하고 경험하는 것과도 관련이 있다고 제안한다.

오늘날 어떤 교파들의 그리스도인들 사이에서 자주 옹호되어왔듯이, 바울은 어떤 유형의 "두 번째 축복", "더 심오한 삶" 또는 "더 고상한 삶"을 제시하고 있는 것이 아니다. 오히려 그는 예수를 믿는 신자들에게 (1) 로마 그리스도인들이 분명 그렇게 이해했듯이 "의", "칭의", "구속", "화해"("속죄" 또는 "대속")라는 법정적인 용어들을 강조하는 전통적인 유대교와 초기 유대 기독교의 방식에서뿐만 아니라, 이러한 법정적인 실체들의 진리들 위에 기독교 복음을 이해하고, (2) 그리스도인으로서 그들 삶에서 (5:1-11에서 제시한 것처럼) "하나님과의 화평(즉 샬롬, "온전함")" 및 "하나님과의 화목"이 실제로 의미하는 것에 대한 이해로 나아가며, 그러므로 (3) (8:1-17에서 제시한 것처럼) "그리스도 예수 안에 있는 생명", "성령 안에 있는 생명", "그리스도께서 그의 영으로 말미암아" 신자들 안에 계시고 지배하신다는 기독교적 메시지의 절대적으로 중요한 인격적·관계적·참여적 특징들을 공감하고 경험하기를 촉구한다.

현대의 그리스도인들이 (1) 그들의 기독교 신앙의 뿌리를 구약성경에서 깨닫고, (2) 신약성경에 선포된 기독교적 복음과, 구약성경에 묘사된 이스라엘 종교에서 하나님이 그의 백성을 다루시는 것 사이에서 추론할 수 있는 연속성의 흐름을 보며, (3) 유대교나 초기 유대 기독교에 있는 "의", "칭의", "구속", "대속"("화해" 또는 "속죄제") 같은 구원론적 용어들의 기본적인 의미들과 신약의 발전들을 공감할 필요가 있다는 것에는 의심의 여지가 없다. 확실한 것은 이러한 주제와 연구들이 예수를 믿는 현대의 신자들 모두에게 대단히 중요하다는 사실이다. 하지만 기독교를 약속된 메시아에 대한 유대교적 대망의 성취와 구약의 가르침들에 대한 그리스도 중심적인 설명으로만 이해해서는 안 된다.

바울이 로마에 있는 예수를 믿는 신자들에게 그의 편지에서 선포하는 내용은 그가 5:1-8:39에서 "영적인 선물"이라고 제시한 부분에서 절정에 이른다. 특히 8:1-17에서 선포한, (1) "그리스도 예수 안에" 있는 자들에게는 "정죄함이 없다"는 것, (2) "그리스도 예수 안에" 그리고 "성령 안에" 있는 새 생명, (3) "그리스도께서는 그의 영으로 말미암아" 그리스도인 안에 계셔서 다스리신다는 것, (4) 늘 기독교 선포와 예수 그리스도께 대한 헌신의 본질적인 부분으로 이해해야 하는 윤리적 명령, (5) 하나님에 의해 그의 가족으로 입양된 예수를 믿는 신자들 등이다. 바울은 바로 이 인격적·관계적·참여적 메시지를 로마 제국의 동쪽 지역 전역을 선교하면서 이교도 이방인들에게 선포했으며, 예수를 믿는 로마 신자들이 이를 자신들의 기독교적 경험으로 공감하고 받아들이기를 원했다. 또한 그는 그들이 기독교 복음에 대한 이러한 이해를 받아들인 후 스페인(과 아마도 로마 제국의 서쪽 지역 여러 곳)에 있는 이방인들에게까지 사역하는 데 기도와 재정으로 지원해줌으로써 자신의 사역에 합류하기를 소망했다. 그리고 이러한 인격적·관계적·참여적 메시지는 오늘날 기독교 선포의 핵심이 되어야 하며, 그래서 참된 기독교 성경신학의 주요 특징이 되어야 한다.

현대를 위한 상황화

신약성경 가운데 바울 서신에는 (1) 그리스-로마 세계에서 이방인들을 향한 바울의 선교 사역의 궤도 안에 있는 특정한 교회들 또는 교회 집단들이나, (2) 그의 사역에서 바울과 어떤 방식으로든지 연관된 개인들에게 주는 교훈과 책망과 격려가 들어 있다. 바울 서신의 수신자들은 대부분이 바울 자신에 의해(또는 골로새 신자들에게 보내는 편지의 경우에는 그의 개종자들 가운데 한 사람에 의해) 복음 전파를 받은 사람들이다. 로마에 있는 그리스도인들에게 보내는 편지는 매우 예외적이다. 정경에 속하는 다른 편지들(과 정경에 속하는 복음서들, 사도행전, 요한계시록)뿐만 아니라 바울의 모든 편지는 수신자들의 다양한 환경과 지향점 및 필요들 그리고 신약성경의 저자들이 수신자들을 위해 선포한 기독교 복음 사이에 있는 양극성에 대한 증거다. 하지만 로마에서 예수를 믿는 신자들에게 보낸 바울의 편지는 다음과 같은 네 가지 종류의 양극성을 보여준다.

1. 로마의 다양한 기독교 신자들 가운데 있는 이방인 신자들과 유대인 신자들의 혼합된 집단이라는 양극성. 바울은 로마서 1:16-4:25과 그 후 다시 9:1-11:36에서 그들이 이해하고 공감할 것이라고 믿었던 방식으로 말하고 있다.
2. 예루살렘 모교회에서 중심을 차지하고 있었던 초기 유대 기독교의 양극성. 바울은 3:24-26과 로마서의 다양한 다른 전략적인 곳에서 유대 기독교의 신앙고백 자료들을 일부분 인용한다.
3. 바울 자신의 양극성. 이는 로마서 본론의 도입부와 본론의 결론 부분 및 그가 로마서 전체에서 제시하는 전통적인 모든 자료에 부여하는 "해석"과 "발전"에 표현되었다.
4. 바울이 당대 그리스-로마 세계에서 이교도 이방인들에게 선포한 기

독교 메시지를 바울 자신이 상황화한 형식의 양극성. 이 메시지를 바울은 로마서, 이를테면 5:1-8:39의 신학적인 단락과 그다음 12:1-15:13의 윤리적인 단락에서 로마서의 본질적인 특징으로 제시하고 있다.

바울이 이교도 이방인들에게 상황화한 기독교 메시지를 다룬 이 네 번째 문제는 8:1-17의 선포 단락, 특히 바울이 "그리스도 예수 안에" 있음, "성령 안에 있음", "그리스도께서 그의 성령으로 말미암아" 신자 안에 계심과 같은 인격적·관계적·참여적 표현에 매우 분명히 나타나 있다. 그는 이러한 표현들을 예수를 믿는 신자로서 자신과 하나님 간의 관계를 묘사하는 것으로 보았으며, 이러한 실체들이 로마에 있는 그리스도인 수신자들에게도 해당된다는 것을 알리고 싶어 했다. 이교도 이방인들에게 맞춰 상황화한 기독교 메시지는 이 본문에 그리스-로마의 입양이라는 사회적·법적 관습을 은유적으로 사용한 곳에서도 두드러지게 나타난다. 추측건대 바울은 이 입양 비유를 로마 제국의 동쪽 지역에서 선교 여행을 하는 동안 인식하게 되었을 것이며, 바울이 그리스도인의 삶에 적용한 것을 그의 이방인 청중들도 이해하고 공감했을 것이다.

그러므로 로마에 있는 그리스도인들에게 보낸 바울의 편지가 매우 중요한 신약의 서신인 이유는 그것이 제시하는(즉 로마서가 가르치는) 기독교 교리에 대한 내용 때문만이 아니다. 그 편지는 (1) 기독교 메시지가 바울 당대에 다양한 집단 사이에서 어떻게 상황화되었는지(즉 기독교 복음이 초기에 예수를 믿는 각기 다른 집단에 의해 어떻게 이해되고 표현되었는지) 공감하는 데도 중요하고, (2) 기독교 복음을 오늘날 어떻게 더 효과적으로 상황화할 수 있는지(즉 기독교 복음이 우리 시대의 다양한 문화 가운데 어느 정도 다른 사고 체계를 가지고 있는 사람들에게 어떻게 더 효과적으로 표현될 수 있는지) 이해하기 위한 본보기로서도 중요하다. 오늘날 기독교 복음의 상황화를 위한 본보기로서 바울의 편지는 (1) 예수를 믿는 다른 신자들을 이해하고 공감하기 위한 우리의 노력에 초교파적인 도전을 주고, (2) 기독교 복음의 "좋은 소식"을 신약성경의 사도적 선포에 충실하며 수신자들에게 의미가 있는 방식으로 다른 사람들에게 제시하도록 선교적으로 격려한다. 그리스도인들로서 기독교 메시지에 대해 말하고 의미 있게 행동하려는 우리의 노력에 늘 우위를 차지할 필요가 있는 것은, 바로 바울이 이교도 이방인들에게 선포한 기독교 복음의 핵심적인 취지를 강조하는 로마서 8:1-17의 이 메시지다. 이 메시지는 하나님께서 예수 그리스도의 사역으로써 모든 사람을 위해 행하신 것과 그가 그의 영의 사역으로 계속해서 행하시는 것에 초점을 맞춘다.

6. 성령 안의 삶: 개인적이기도 하고 보편적이기도 하며, 현재적이기도 하고 미래적이기도 하며, 고난의 삶이기도 하고 영광의 삶이기도 함(8:18-30)

번역

8:18 생각하건대 현재의 고난은 장차 우리에게 나타날 영광과 비교할 수 없도다. 19 피조물이 고대하는 바는 하나님의 아들들이 나타나는 것이니, 20 피조물이 현재 허무한 데 굴복하는 것은 자기 뜻이 아니요, 오직 굴복하게 하시는 이로 말미암음이라. 21 그 바라는 것은 피조물도 썩어짐의 종노릇 한 데서 해방되어 하나님의 자녀들의 영광의 자유에 이르는 것이니라.

22 피조물이 다 이제까지 함께 탄식하며 함께 고통을 겪고 있는 것을 우리가 아느니라. 23 피조물뿐 아니라 또한 우리 곧 성령의 처음 익은 열매를 받은 우리까지도 속으로 탄식하여 양자 될 것 곧 우리 몸의 속량을 기다리느니라. 24 우리가 소망으로 구원을 얻었으매 보이는 소망이 소망이 아니니, 보는 것을 누가 바라리요? 25 만일 우리가 보지 못하는 것을 바라면 참음으로 기다릴지니라.

26 이와 같이 성령도 연약함 속에 있는 우리를 도우시나니, 우리는 마땅히 기도할 바를 알지 못하나, 오직 성령이 말할 수 없는 탄식으로 우리를 위하여 친히 간구하시느니라. 27 "마음을 살피시는 이[즉 하나님]"가 성령의 생각을 아시나니, 이는 성령이 하나님의 뜻대로 "성도"를 위하여 간구하심이니라.

28 우리가 알거니와 하나님을 사랑하는 자, 곧 그의 뜻대로 부르심을 입은 자들에게는 ["하나님께서"] 모든 것이 합력하여 선을 이루느니라. 29 [왜냐하면],

> "하나님이 미리 아신 자들을
> 또한 그 아들의 형상을 본받게 하기 위하여 미리 정하셨으니,
> 이는 그로 많은 형제 중에서 맏아들이 되게 하려 하심이니라.

[30]또 미리 정하신 그들을 또한 부르시고,
부르신 그들을 또한 의롭다 하시고,
의롭다 하신 그들을 또한 영화롭게 하셨느니라."

본문비평 주

8:19 Τῆς κτίσεως("피조물의")라는 어구는 그리스어 본문 전통에서 광범위한 지지를 받고 있다. 9세기 소문자 사본 2464(범주 II)과 69(범주 III)에만 등장하는 이문 τῆς πίστεως("믿음의")는 필경사의 오류인 것이 확실하다.

20a절 Οὐχ ἑκοῦσα("자기 뜻이 아니요", "자신이 선택한 것이 아니요")라는 표현 역시 사본 전통에서 광범위한 지지를 받는다. 9세기 대문자 사본 F(010)와 G(012)에 등장하는 이문 οὐ θελοῦσα("원하는 바가 아니요")는 필경사의 오류이든지 또는 덜 일반적인 어구를 좀 더 일반적인 어구로 대체하려는 시도다.

20b절 'Εφ' ἐλπίδι("소망하면서")라는 표현은 P^{46}(2세기)과 대문자 사본 ℵ B* D* F G로 잘 입증된다. 하지만 이문 ἐπ' ἐλπίδι("소망 위에")가 P^{27}(3세기)과 대문자 사본 A B^2 C D^2 P(또한 *Byz* K L)와 소문자 사본 33 1175 1739(범주 I), 1506 1881 2464(범주 II), 6 69 88 104 323 326 330 424^c 614 1241 1243 1319 1505 1573 1735 1874 2495(범주 III) 등에 등장한다. 'Επ' ἐλπίδι("소망 위에")가 3세기부터 줄곧 제법 광범위한 지지를 받아왔지만, 더 좋은 증거를 가지고 있는 ἐφ' ἐλπίδι("소망하면서")의 초기에 시도된 교정일 가능성이 매우 크다.

21a절 비교적 현대에 도입된 구절 구분에서 21절 처음에 등장하지만 실제로는 ἐφ' ἐλπίδι("~를 소망하면서"라고 읽게 되는)라는 어구와 함께 20절 끝에서 시작된 절을 이어가는 불변화사 ὅτι("~라는")는 P^{46}과 대문자 사본 A B C D^2 P Ψ(또한 *Byz* K L)과 소문자 사본 33 1175 1739(범주 I), 81 256 1506 1881 1962 2464(범주 II), 6 104 263 424^c 436 459 1319 1573 1852 1912 2200(범주 III)의 지지를 받고 있으며, syr^p에 반영되었고, 오리게

네스 메토디오스 에우세비오스 크리소스토모스 테오도레토스 등의 지지를 받는다. 이문 διότι("왜냐하면")는 대문자 사본 ℵ D* F G, 소문자 사본 2127(범주 II)에 등장하고, syr$^{h, pal}$에 반영되었으며, 비잔틴 본문 전통 전체에서 발견된다. 브루스 메츠거는 오늘날 대부분의 본문비평학자와 주석가들의 의견을 이렇게 진술한다. "Διότι는 우연히 동일한 글자를 두 번 써서 ΕΛΠΙΔΙΟΤΙ가 ΕΛΠΙΔΙΔΙΟΤΙ로 된 것이 분명하다."[1)]

21b절 3인칭 미래 수동태 ἐλευθερωθήσεται("그것이 해방을 받을 것이다")는 본문 전통에서 널리 입증을 받고 있다. 하지만 3인칭 현재 중간태/수동태 ἐλευθεροῦται("그것이 해방된다")가 교정본 P^{27}에 등장하며, vg^{ms}에 반영되었는데, 아마도 본문의 다른 현재 시제와 일치시킬 목적으로 그랬을 것이다. 하지만 이 이문이 P^{27}에 등장하는 반면에, 그리스어 본문 전통의 다른 곳에서는 지지를 받지 못하므로 원본이 아닐 것이다.

23a절 23절이 시작하는 부분에 등장하는 καὶ αὐτοί("우리 자신도")라는 어구는 동일한 23절 후반부에 등장하는 이와 비슷한 ἡμεῖς καὶ αὐτοί("우리 자신 역시")와 더불어 필경사들 사이에서 약간의 혼란을 일으킨 것 같다. 그래서 일부 대문자 사본은 καὶ αὐτοί 대신에 ἡμεῖς καὶ αὐτοί라고 읽으며, 소수의 소문자 사본들은 καὶ αὐτοι ἡμεῖς(104과 아마도 630. 두 사본 모두 범주 III에 속함)라고 읽는다. 반면에 P^{46}은 이 어구를 완전히 생략한다. Ἡμεῖς καὶ αὐτοί("우리 자신 역시") 대신에 이 어구를 달리 표현하는 이문이 여럿 있다. (1) καὶ αὐτοί(대문자 사본 B와 에피파니우스), (2) ἡμεῖς καὶ αὐτοί(P^{46}과 대문자 사본 ℵ A C, 소문자 사본 1739[범주 I], 81 1506 1881[범주 II]), (3) αὐτοί(대문자 사본 D F G와 vg^{ms}) (4) ἡμεῖς αὐτοί(대문자 사본 Ψ와 역본 it$^{d*, g}$ 그리고 암브로시아스테르), (5) καὶ ἡμεῖς αὐτοί(비잔틴 전통의 사본들. 또한 syr^{h}에도 반영된 듯이 보인다).

23b절 Υἱοθεσίαν("양자/입양")이라는 용어는 대문자 사본 ℵ A B C P Ψ와 소문자 사본 33 1175 1739(범주 I), 81 256 1506 1881 1962 2127

1) Metzger, *Textual Commentary*, 456.

2464(범주 II), 6 104 263 424^c 436 459 1241 1319 1573 1852 1912 2200(범주 III)으로부터 광범위한 지지를 받고 있으며, it^ar, b, mon vg syr^p, h cop^sa, bo에 반영되었고, 오리게네스^lat 크리소스토모스 테오도로스^lat 아우구스티누스의 지지를 받는다. 하지만 이 용어는 P^46 vid, 대문자 사본 D F G, 소문자 사본 614(범주 III), 역본 it^d, f, g, o, t, 그리고 암브로시아스테르에서는 생략되었다. 브루스 메츠거가 제안한 것처럼, 이 용어의 생략은 필경사들이 이 단어가 "문맥에서 어색하고 불필요할뿐더러 15절과 모순되는 듯이 보인다고 간주했기 때문"이었을 가능성이 크다.[2)]

24a절 ὃ γὰρ βλέπει τίς ἐλπίζει;("보는 것을 누가 바라리요?")에서 의문대명사 τίς("누가")는 P^27 vid와 P^46, 대문자 사본 B*, 소문자 사본 1739^mg(범주 I)의 입증을 받으며, it^mon* cop^bo에 반영되었고, 오리게네스의 지지를 받는다. 세 개의 다른 이문과 그것을 지지하는 사본들은 다음과 같다. (1) τις...τί("보는 것을, 왜 소망하리요?"), 대문자 사본 B^1 D F G, 역본 it^ar, d, f, g, mon2, o vg [syr^p], 그리고 오리게네스^gr, lat 암브로시아스테르 아우구스티누스^42/51, (2) τις...καί("보는 것을 소망하기도 한다"), 대문자 사본 ℵ, 소문자 사본 1739*(범주 I) 459(범주 III), 그리고 역본 arm^ms, (3) τις...τί καί("보는 것을 왜 소망하기도 하는가?"), 대문자 사본 ℵ^2 A C P Ψ(또한 *Byz* K L), 소문자 사본 33 1175(범주 I), 81 256 1506 1881 1962 2127 2464(범주 II), 6 104 263 424^c 436 1241 1319 1573 1852 1912 2200 2464(범주 III), 역본 it^b syr^h cop^sa에 반영되었고, 클레멘스 디디모스 크리소스토모스 테오도레토스 아우구스티누스^9/51의 지지를 받고 있다. 브루스 메츠거는 이 가능성들에 대해 이렇게 쓴다. "(연합성서공회 위원회의 대다수 회원은 P^46 B* 1739^mg cop^bo 오리게네스와 같은 증거들의 무게감에 매료되어 독법 τίς를 선호했으며, 다른 독법들을 매우 간결하고 전형적인 바울 유형의 질문의 확장으로 간주했다. 두 확장은 (βλέπει 다음에) 구두점이 없고, 악센트가 없는 ΤΙΣ(의문대명사 또는 부정대명사)의 모호함 때문에 필경사들에

---

2) Metzger, *Textual Commentary*, 457.

의해 소개되었을 수 있다."[3]

24b절 3인칭 단수 현재 능동태 직설법 동사 ἐλπίζει("그가 소망하다")는 P^{46}, 대문자 사본 א^{2} B C D F G P Ψ(또한 *Byz* K L)과 소문자 사본 33 1175 1739*(범주 I), 81 256 1506 1881 1962 2127 2464(범주 II), 6 104 263 424^{c} 436 459 1241 1319 1573 1739c 1852 1912 2200 등의 지지를 널리 받고 있으며, it$^{ar, b, d, f, g, mon, o}$ vg syr^{h} cop$^{bo\ ms}$에 반영되었고, 클레멘스 오리게네스$^{gr, lat}$ 크리소스토모스 테오도레토스 암브로시아스테르 아우구스티누스의 지지를 받는다. 하지만 동사 ὑπομένει("그것이 견딘다", "기다린다")가 대문자 사본 א* A와 소문자 사본 1739^{mg}에서 발견되며, syr^{p} cop$^{sa, bo}$에도 반영되었고, 오리게네스와 에프라엠의 지지를 받는다. 브루스 메츠거는 비록 ὑπομένει가 "더 난해한 독법에 등장하므로 원본으로 채용될 만하기는 하지만, 연합성서공회 위원회의 대다수 회원들은 이와 같이 제한된 증거에 본문의 근거를 두려 하지 않았다. 특히 ἐλπίζει(P^{46} B C D G Ψ 33 81 614 1739* it$^{d, g}$ vg syr$^{p\ h}$ arm eth cop$^{bo\ ms}$ 클레멘스 오리게네스$^{gr, lat}$ 키프리아누스 등등)를 지지하는 초기의 그리고 매우 다양한 증거가 있기에 그렇다. 더욱이 목적어와 함께 사용된 ὑπομένειν("어떤 것을 기다리다")이 70인역에서 더 일반적임에도 불구하고 이러한 용례가 여기 이문 외에는 신약성경에서 인용된 예가 없다. 그러므로 모든 것을 고려하면, 초기의 필경사는 ὑπομονή가 다음 절에 있기 때문에 ἐλπίζει 대신에 ὑπομένει로 대체했을 개연성이 크다"[4]고 말했다.

26절 3인칭 단수 현재 능동태 직설법 동사 ὑπερεντυγχάνει("그가 간구하신다")는 대문자 사본 א* A B D F G과 소문자 사본 1739(범주 I), 81 256 1506 1881 2127(범주 II), 6 263 424^{c} 1319 1573(범주 III)의 지지를 강하게 받으며, it$^{b, d*, g}$에 반영되었고, 오리게네스 에피파니우스$^{1/4}$ 아우구스티누스$^{14/17}$의 지지를 받고 있다. 하지만 대문자 사본 א^{2} C P Ψ(또한 *Byz* K L)와 소문자 사본 33 1175(범주 I), 1962 2464(범주 II), 104 436 459 1241 1852

3) Metzger, *Textual Commentary*, 457.

4) Metzger, *Textual Commentary*, 457.

1912(범주 III)에서는 이 단어에 ὑπὲρ ἡμῶν(“우리를 위해”)이 첨가되었다. 이 첨가는 it$^{ar, d2, f, mon, o}$ vg syr^{h} cop$^{sa, bo}$에도 반영되었으며, 오리게네스^{lat} 에우세비오스 크리소스토모스 테오도로스 암브로시아스테르 히에로니무스 아우구스티누스$^{3/17}$의 지지를 받고 있다. 그러나 ὑπὲρ ἡμῶν은 필경사가 ὑπερεντυγχάνει에 의해 이미 암시된 것을 분명히 하려고 나중에 삽입한 것으로 보아야 한다.

28a절 (1) 중성 πάντα를 문장의 주어로 이해하든지(따라서 “모든 것이 합력한다”로 읽음), (2) 동사의 어미에 표현된 문장의 주어로 이해하는데, 주어가 남성이든지(그래서 “그가[즉 하나님이] 모든 것을 합력하게 하신다”로 읽음) 중성이든지 간에(그래서 “그것[즉 성령]이 합력하게 하신다”로 읽음), πάντα συνεργεῖ는 대문자 사본 ℵ C D F G P Ψ(또한 *Byz* K L)와 소문자 사본 33 1175 1739(범주 I), 256 1506 1881 1962 2127 2464(범주 II), 6 104 263 424^{c} 436 459 1241 1319 1573 1852 1912 2200에 의해 매우 널리 입증을 받으며, it$^{ar, b, d, f, g, mon, o}$ vg syr$^{p, h}$ cop^{bo}에 반영되었고, 클레멘스 오리게네스$^{gr, lat}$ 에우세비오스 테오도레토스 암브로시아스테르 히에로니무스 아우구스티누스의 지지를 받는다. 하지만 독법 πάντα συνεργεῖ ὁ θεός(“하나님이 모든 것을 합력하게 하신다”)는 P^{46}(P^{46}이 문장의 서술어로 πάντα가 아닌 πάν을 가지고 있기는 하지만, 이는 필경사의 오류다), 대문자 사본 A와 B, 소문자 사본 81(범주 II), 역본 cop^{sa} eth, 그리고 오리게네스$^{gr2/5}$의 지지를 받는다. P^{46}과 바티칸 사본(B 03)이 동사 συνεργεῖ 다음에 ὁ θεός를 포함한 것을 선호하고, 알렉산드리아 사본(A 02)과 오리게네스가 쓴 로마서 주석의 두 그리스어 교정본도 이에 동의하고 있다는 사실은 중요하다. 그렇지만 ὁ θεός를 포함한 것을 지지하는 증거가 비교적 소수라는 사실은 원본을 결정하는 데 비교적 한정된 근거를 제공한다. 특히 (ὁ θεός가 없는) πάντα συνεργεῖ가 (앞에 인용한 것처럼) 훨씬 더 광범위하며 다양한 뒷받침을 받고 있다는 사실을 고려한다면 말이다. 그래서 동사 συνεργεῖ 자체는 3인칭 단수 주어를 시사하고 3인칭 단수 주어의 바로 앞에 있는 선행사는 τὸν θεόν(“하나님”)이므로, συνεργεῖ의 어미를 남성으로 이해해야 할 가능성이 매우 크다. 그럴 경우 이 어구는 “그가[즉 하

나님이] 모든 것을 합력하게 하신다"로 읽게 된다. 브루스 메츠거가 제안했듯이, ὁ θεός를 본문에 포함시킨 것은 "한 알렉산드리아 편집자에 의해 첨가된 자연스러운 설명일 것이다."[5)]

28b절 실명사적 명사 ἀγαθόν("선")의 사용은 그리스어 본문 전통에서 풍부하게 입증을 받고 있다. 9세기 대문자 사본 L(020)과 9세기 소문자 사본 945(두 사본 모두 Kurt와 Barbara Aland에 의해 범주 V 자료로 분류됨)에 관사 τό가 첨가된 것은 언어학적 개선으로 생각되지만, 전적으로 불필요하다.

30절 이 구절 첫 부분에 있는 3인칭 단수 부정과거 직설법 προώρισεν("그가 미리 정하셨다")은 그리스어 본문 전통에서 널리 입증을 받고 있다. 하지만 알렉산드리아 사본(A 02)은 προέγνω("그가 미리 아셨다")라고 읽는다. 이것은 분명히 8:29의 전반부에 있는 προέγνω를 되돌아보지만, 이곳 8:30에서 "그가 미리 아셨다"라고 읽은 것은 문맥적으로 개연성이 적다.

형식/구조/상황

바울은 8:1-17에서 예수를 믿는 신자들의 새로운 관계를 (1) "그리스도 안에" 있는 것, (2) "성령 안에" 있는 것, (3) "그리스도께서 그의 영으로 말미암아" 신자 안에 계신 것, (4) 하나님으로 말미암아 그의 가족 안으로 "입양된" 것 등으로 선포하고 나서, 8:18-30에서 그리스도의 백성과 "모든 피조물" 그리고 현재와 미래에 대해 이러한 관계들이 지니는 중요한 함의를 제시한다. 그는 이와 아울러 몇 가지 주제를 강조한다. (1) 고난과 영광, (2) 미래에 대한 소망, (3) 성령의 도우심과 간구하심, (4) 하나님께 대한 그리스도인의 확신 등이다.

본문의 범위. 본문이 어디서 시작하고 끝나는지 종종 논란의 대상이 되었다. 개중에는 본문이 8:14에서 시작하고 8:30에서 끝난다고 이해하는

5) Metzger, *Textual Commentary*, 458.

사람들이 있다.[6] 일부는 8:17에서 시작하고 8:30에서 끝난다고 이해하기도 하고,[7] 8:18에서 시작하고 8:25에서 마친다고 이해하는 사람들도 있으며,[8] 8:18에서 시작하고 8:27에서 끝난다고 이해하는 사람들도 있고,[9] 8:18에서 시작하여 8:39에서 끝난다고 그 범위를 확장시키는 사람들도 있다.[10]

오늘날 해석자들은 대부분 본문이 8:18의 "생각하건대 현재의 고난은 장차 우리에게 나타날 영광(δόξα)과 비교할 수 없도다"라는 진술과 함께 시작하고, 유대교 또는 유대 기독교 교리문답이나 제의적 진술들의 인용문(또는 더 가능성이 큰 것은 초기 기독교 신앙고백에서 인용한 인용문)과 함께 8:29-30에서 마무리된다고 말한다. 그 인용문에는 이런 내용이 천명되었다. "하나님이 미리 아신 자들을…미리 정하셨고…또한 부르시고…의롭다 하시고…또한 영화롭게 하셨느니라(καὶ ἐδόξασεν)."[11] 이 일단의 자료 다음에 로마서 본론 중앙부의 두 번째 결론 단락을 제시하는 8:31-36의 일련의 수사적 질문과 대답 및 8:37-39의 승리의 주장이 이어진다.

더글러스 무는 "영광"이라는 주제가, 본문의 수미상관을 표시하는 8:18의 명사 δόξα 및 8:30의 동사 δοξάζω와 더불어, "그리스도 안에" 있는 것과 "성령 안에" 있는 것의 중요한 함의를 제시하는 이 하위 단락의 경계를 표시한다고 말했다. 그리고 8:21의 τὴν ἐλευθερίαν τῆς δόξης("영광의 자유" 또는 "영광스러운 자유")라는 표현도 본문의 한가운데서 같은 주제를 부각시키는 역할을 한다. 무가 주장하듯이,

> "영광"이 18-30절에서 단 3번밖에 언급되지 않았지만, 이 단어는 이 본문의 대단히 중요한 주제다. 이 개념은 처음(18절, "장차 우리에게 나타날 영

6) 예. von der Osten-Sacken, *Römer* 8, 137-39.
7) 예. Cranfield, *Romans*, 1.403-5; 또한 같은 저자, "Sanctification as Freedom," in his *On Romans*, 46-47도 보라.
8) 예. Nebe, *"Hoffnung" bei Paulus*, 93.
9) 예. Balz, *Heilsvertrauen und Welterfahrung*, 33.
10) 예. Lewis, "A Christian Theodicy," 405.
11) 예. Käsemann, *Romans*, 231-32; Moo, *Romans*, 508-10.

광")과 끝(30절, "이들을 그가 영화롭게 하셨느니라")에 등장하여 바울의 중심적인 관심에 대해 중요한 지표를 제공한다.[12)]

헤닝 파울센(Henning Paulsen)도 본문에 나타난 "영광의 소망"이라는 주제의 중심성에 주의를 환기시켰다. 그는 본문의 시작과 끝에서뿐만 아니라 "피조물도 썩어짐의 종노릇 한 데서 해방되어 하나님의 자녀들의 영광의 자유에 이르는 것이니라"는 8:21의 진술에서 바울이 이 주제를 사용한 것에서도 "영광의 소망"이라는 주제가 중요함을 보여준다.[13)]

서간체적·수사적 관습들. 8:18-30에 있는 서간체적·수사적 관습 중 가장 두드러지는 점은 편지의 공개 형식인 οἴδαμεν ὅτι("우리가 알거니와")가 2번 등장한다는 사실이다. 이 형식은 8:22과 8:28의 시작 부분에 등장한다. 8:18의 도입부에 있는 λογίζομαι ὅτι("내가 생각하건대") 역시 더 일반적으로 사용되는 공개 공식인 οἴδαμεν ὅτι("우리가 알거니와")와 같은 의미를 지니는 형식으로 이해해야 할 것 같다.

이 본문에서 또 분명한 것은 8:18-30(이 본문 뒤에 이어지는 8:31-39과 함께)의 주제들이 일찍이 전환하는 역할을 하며 논지를 언급하는 하위 단락인 5:1-11을 지배했던 많은 주제를 회상하고 반향한다는 점이다. 그럼으로써 수사학적 수미상관 또는 "반지 구성"의 형식을 제시한다. 이와 관련하여 가장 눈에 띄는 것은 8:20-25(비교. 5:2)의 "소망", 8:18-21(비교. 5:2)의 "계시된 하나님의 영광", 8:35-37(비교. 5:3)의 "고난 중에 자랑" 그리고 8:31-39(비교. 5:5)의 "그리스도를 주심에서 표현된 하나님의 사랑"이라는 주제들이다.[14)]

일반적인 금언적 교훈과 유대교 또는 유대 기독교의 교리문답 가르침의 사용. 8:28의 진술이 사려 깊게 구성된 형식으로 보이는 것으로 제시되

12) 예. Moo, *Romans*, 508.

13) Paulsen, *Überlieferung und Auslegung in Römer 8*, 특히. 107.

14) 참조. Dahl, "Missionary Theology," appendix I, 88-89.

었고 공개 형식 οἴδαμεν ὅτι("우리가 알거니와")에 의해 소개되었다는 사실은, 이 진술이 상당히 일반적인 금언적 가르침의 기독교화된 형식을 포함하는 것을 시사한다. 더욱이 8:29-30의 자료는 ὅτι 진술로 보이는 것으로 소개된다. 다시 말해서, 바울의 여러 편지에서 종종 어떤 전통적인 금언이나 성경적 가르침의 인용을 소개하는 역할을 하는 불변화사 ὅτι("이는", "왜냐하면")의 특별한 사용 말이다. 또한 이 자료는 하나님에게서 기인하여 "하나님을 사랑하고 하나님의 목적대로 부르심을 입은 자들"과 관련된 영적인 복의 "황금 고리" 즉 "미리 아심", "미리 정하심", "부르심", "의롭다고 하심", "영화롭게 하심" 등을 제시한다. 이와 비교되는 에베소서 1:3-14의 목록 외에는, 일련의 복들에 대한 이러한 목록은 신약의 다른 바울 서신에서 드러나듯이 그리스도인 개종자들에게 편지를 쓰는 바울의 일반적인 특징은 아니다.

이러한 이유로 바울이 다음과 같은 내용을 이 본문에 포함시켰다는 의견이 종종 제시되었다. (1) 8:28에 상당히 일반적인 금언적 교훈에 대해 기독교적 설명을 포함했거나, (2) 8:29-30에 유대교 또는 유대 기독교 교리문답이나 제의적 가르침[15] 혹은 심지어 초기 기독교 신앙고백에서 유래한 자료도 포함했다는 것이다.[16] 찰스 크랜필드는 다음과 같이 제시했다. "사용된 언어와 유대교적 유사어구들이 제시될 수 있다는 사실에 비춰볼 때, 그[바울]가 의도적으로 전통적인 교훈의 일부분을 포함시키고 있다는 개연성은 커진다."[17] 그리고 에른스트 케제만은 이렇게 제안했다. "점점 상승하는 고리로 연결되었고 어휘가 바울 사도의 전형적인 어휘가 아닌 내용들이 사려 깊게 수사적으로 구성되었다는 사실은 여기에 전통적인 제의적 자료가 있음을 알려준다."[18] 약간은 비슷하게 로버트 주이트는 "이 구절의 언어는 바울이 전통적인 유대교의 가르침을 각색했음을 반영한다"고 주장

15) 예. Michel, *An die Römer*, 273; Zeller, *An die Römer*, 163-64.
16) 예. H. W. Schmidt, *An die Römer, ad loc.*
17) Cranfield, *Romans*, 1.424.
18) Käsemann, *Romans*, 244.

했다.[19)]

본문의 구조. 바울은 8:18-30에서 사람이 "그리스도 안에" 자리를 잡고 "성령 안에" 있음을 경험하면서 삶을 살아가는 것이 무슨 의미인지에 대한 중요한 함의에 초점을 맞춘다. 본문의 주제들은 다음과 관련이 있다. (1) 그리스도인의 현재적 고난과 미래적 영광. 이것은 피조물의 현재적 허무함/좌절 및 미래적 자유와 병행을 이룬다(8:18-21). (2) 하나님이 "성령의 첫 열매인" 예수를 믿는 신자들 모두에게 주신 소망과 "전체 피조물"에게 주신 소망(8:22-25), (3) 성령의 도우심과 간구로 가능하게 하시는 그리스도인의 기도(8:26-27), (4) 하나님께서 그를 사랑하는 자와 그의 목적대로 부르심을 받은 자들을 위하여 모든 것을 합력하여 선을 이루신다는 신자들의 확신(8:28-30). 이 네 주제는 네 단락으로 제시되었다. 그중 세 단락은 당대의 서간체적 공개 공식(또는 비슷한 표현)으로 제시되었다. 가장 분명한 공개 공식인 (8:22과 8:28에서처럼) οἴδαμεν ὅτι("우리가 알거니와")와 단수의 의미가 같은 문구인 (8:18에서처럼) λογίζομαι ὅτι("내가 생각하건대")가 그것이다.[20)] 이 주제들은 각각의 문단에서 바울이 8:18-30에서 제시하는 내용의 구조를 제공한다. 이 주제들을 우리가 아래 제시한 석의와 주해의 조직적인 구조로 삼을 것이다.

석의와 주해

I. 그리스도인의 현재적 고난과 미래적 영광, 그리고 피조물의 현재적 허무함/좌절 및 미래적 자유(8:18-21)

8:18 "생각하건대 현재의 고난은 장차 우리에게 나타날 영광과 비교할 수 없도다"라는 진술은, 8:19-30의 모든 진술과 마찬가지로, 바울이

---

19) Jewett, *Romans*, 526.

20) 일찍이 2:2; 3:10; 7:14에 등장한 통상적인 공개 공식인 οἴδαμεν ὅτι를 참조하라. 롬 6:3, 16; 7:1; 11:25에 있는 다른 유사한 공개 공식도 보라.

일찍이 8:1-17에서 쓴 내용을 교정하지도, 확장하지도 않는다고 이해해야 한다. 오히려 바울은 이곳 8:18-30에서 자신이 8:1-17에서 선포한 기독교 메시지를 바탕으로 사람이 "성령 안에서"의 삶을 살아가는 것이 무슨 의미인지에 대한 가장 중요한 함의들을 여럿 강조하려 한다. 그가 본문의 첫 구절에서 쓰고 있는 내용은 그가 8:19-30에서 제시할 모든 내용의 논지 진술처럼 기능한다.[21)]

접속사 γάρ는 신약성경 전체와 코이네 그리스어에서 설명, 원인이나 이유, 추론을 소개할 뿐만 아니라 바로 앞뒤에 있는 내용과 사상이 연결됨을 표시하기 위해서도 등장한다. 그리고 여기서 γάρ의 용례가 그렇다. 즉 8:18-30에 등장하는 내용이 비록 8:1-17에 등장하는 것과 동일하지는 않지만, 그리스도인에게 매우 중요한 함축적인 내용을 강조함으로써 그 선포를 계속한다는 것을 표시한다.[22)]

Λογίζομαι ὅτι("내가 생각하건대")라는 표현은 서간체적으로 바울 자신의 확신을 강조하는 기능을 한다. 바울은 자신의 확신을 청중들과 독자들도 알기를 바란다. 즉 하나님의 백성들에게 "현재 우리의 고난(τὰ παθήματα τοῦ νῦν καιροῦ, 문자적으로 "이때의 고난들")은 우리에게 장차 나타나기로 결정된 영광과 족히 비교할 수 없다(πρὸς τὴν μέλλουσαν δόξαν ἀποκαλυφθῆναι εἰς ἡμᾶς)"는 확신 말이다. 이것은 바울이 유대교 성경(구약)을 읽을 때 잘 배웠던 내용이다. 이 내용은 특히 욥의 이야기에, 시편 저자들의 찬양과 선언에, 그리고 하나님께서 그의 백성들을 대하시는 것에 대한 예언자들의 해석에 표현되었다. 이것은 바울 당대 유대인의 메시아 대망 사상의 핵심에 있는 의식이기도 하다. 하지만 더 구체적으로 이것은 예수를 믿는 신자이자 기

---

21) Cranfield의 말을 참조하라. "사실 19-30절 전체는 이런저런 방법으로 18절을 뒷받침하며 더 자세히 설명한다고 말할 수 있다"(Cranfield, *Romans*, 1.410). 또한 Talbert의 "8:18-27의 논지 진술은 18절에 나온다"는 언급도 참조하라. 그러나 그는 이 단락이 8:27에서 끝난다고 본다(Talbert, *Romans*, 213).

22) A. T. Robertson은 8:18-24에 사용된 γάρ의 사용에 대해 다음과 같이 주석한다. "바울은 롬 8:18-24의 모든 문장을 γάρ로 시작한다.…γάρ는 절과 절 사이의 정확한 관계를 말해주지 않는다. 그런 관계는 가능한 한 문맥으로부터 파악되어야 한다"(*ATRob*, 1191).

독교 복음 선포자인 바울이 초점을 맞추게 된 확신이다. 예수를 믿은 초기 유대인 신자들의 메시지의 중심에는 나사렛 예수가 고난과 죽음과 부활과 승천을 통해 하나님에 의해 이스라엘의 약속된 메시아 및 인류의 영화로운 주님으로 인정되셨다는 내용이 있다. 그 결과 예수를 믿는 모든 사람은 죽어도 부활과 불멸과 영원한 영광을 경험할 것이다.

Τὰ παθήματα τοῦ νῦν καιροῦ("현재의 고난들")라는 표현은 예수를 믿은 신자들이 겪는 모든 것을 포함하는 총체적인 언급이다. 그것이 죄와 타락의 저주 아래에서 유한하고 타락한 사람들로서 겪는 것이든지, 아니면 그리스도인들로서 하나님과 복음을 증언하면서 겪는 것이든지 간에 말이다. ῎Αξιος라는 용어가 사물과 관련하여 사용될 때에는 "비교할 만한" 또는 "동등한 가치"를 의미하며, 따라서 이곳에서는 부정을 나타내는 οὐκ과 함께 사용되어 그리스도인이 "받기로 되어 있는 영광"과 비교하여 그의 "현재 받는 고난"이 상대적으로 사소한 것이란 바른 관점을 갖도록 하려는 것 같다. 부정과거 수동태 부정사 ἀποκαλυφθῆναι("계시되다")는 미래에 관심을 집중시키며, 그래서 예수를 믿는 신자들이 "영광 중에" 다시 살아나고 "불멸하게" 되는 그리스도의 재림의 때로 주의를 환기시킨다(고전 15:42-57). "우리에게" 또는 "우리를 위해"로 번역될 수 있는 εἰς ἡμᾶς라는 어구는[23] 여기서 "우리 안에"라는 의미로 이해하는 것(그래서 신약성경에서 빈번하게 행해지듯이, 전치사 εἰς와 ἐν을 동일시하는 것)이 가장 좋을 것 같다.[24]

8:19-21 바울은 이곳에서(그리고 8:22까지 계속해서) 시적 이미지와 묵시적 언어로 말한다. 이곳 8:18-22의 하나님의 피조물의 "현재의 좌절과 미래의 자유"를 8:18의 도입적 진술의 "그리스도 안에"와 "성령 안에" 있는 사람들의 "현재의 고난과 미래의 영광"에 맞춰 정렬한 바울의 목적은, 분명 병행으로써 후자를 뒷받침하려는 데 있다. 그래서 (1) 8:18의 예수를 믿는

---

23) 영어 번역 성경에서, "to us"(RSV, NRSV, TEV, NET) 또는 "for us"(NEB, Phillips, JB); 또한 더 어색한 번역인 "to usward" (ASV).

24) 영어 번역 성경에서, "in us"(KJV, NIV, TNIV); 참조. 불가타 역은 "in nobis"라고 번역했다.

신자들의 고난과 영광, 그리고 (2) 8:19의 피조물의 좌절과 자유가 병행어구로 제시되었다. 찰스 크랜필드가 적절히 말했듯이, 후자는 "18절에 제시된 진술을 뒷받침하려고" 주어졌다.[25] 이곳 8:19에서 접속사 γάρ는 일찍이 8:18에서처럼 설명, 원인 또는 이유, 심지어 추론을 소개하기 위해서가 아니라, 단지 앞뒤에 있는 내용 사이에 존재하는 밀접한 관계를 표시하는 기능을 한다고 추측할 수 있다.

그렇지만 이보다 더 중요한 것은 피조물의 현재의 좌절과 미래의 구원을(8:19) 예수를 믿는 신자의 현재의 고난과 미래의 영광에 대해 논의함으로써(8:18) 사도 바울이 (1) 두 번째 진술의 유비로써 첫 번째 진술을 뒷받침하고, (2) 예수 그리스도의 사역과 하나님의 영의 사역을 통한 하나님의 구원의 광범위함에 관한 내용을 제시할 수 있었다는 것이다. 그러나 크랜필드가 지적했듯이, 그 진술[즉 뒷받침하며 관련되는 진술] 자체는 "일단 소개가 되었으면[8:19에서처럼], 확장과 설명이 필요했다[8:20-21에서처럼]."[26]

바울이 8:19-21에서 ἡ κτίσις("피조물")라는 단어를 3번 사용하고, 그런 다음에 8:22에서 πᾶσα ἡ κτίσις("모든 피조물")라는 확장된 형식을 사용함으로써 그의 의중에 두고 있었던 것이 정확히 무엇인지에 대해서는 교부들 시대부터 현재까지 그리스도인 해석자들이 다양하게 이해했다.[27] 종종 교부들의 다양한 이해에 동조했던 현대의 신약 해석자들 사이에서 다음과 같은 입장들이 제안되었다.

1. Κτίσις가 포괄적인 방식으로 하나님의 모든 피조물을 가리킨다는 것. 다시 말해서 이 단어는 인간 아래의 (생물이나 무생물을 막론하고)

25) Cranfield, *Romans*, 1.410.

26) Cranfield, *Romans*, 1.410.

27) 입장들에 대한 폭넓은 개관은 Biedermann, *Die Erlösung der Schöpfung beim Apostel Paulus*를 보라. Cranfield, *Romans*, 1.411-12과 Fitzmyer, *Romans*, 506-7이 제시한 그 해석사의 간략한 내용도 주목하라.

피조물만이 아니라, 모든 인간(신자나 불신자를 막론하고)과 천상의 천사들(타락한 천사는 아니지만)을 가리키기도 한다는 것.[28]

2. Kτίσις가 생물과 무생물을 막론하고 창조함을 받은 인간보다 하등의 지상 생물들을 가리킨다는 것. 즉 사람들(신자나 불신자를 막론하고)이나 천사들(하늘에 있는 천사든지 타락한 천사든지)과 구별된 "비이성적인 피조물" 또는 오늘날 사람들이 "자연"이라고 부르는 것을 가리킨다는 것.[29]

3. Kτίσις가 (아우구스티누스의 이해를 따라) "모든 사람" 또는 "인류 전체"를 의미하지만, 인간보다 하등의 피조물(생물이나 무생물을 막론하고)과 천사들(하늘에 있는 천사든지 타락한 천사든지)은 의미하지 않는다는 것. 아돌프 슐라터가 이에 대해 "인간의 명예로운 이름"이라고 말한 것처럼, 이 본문에서 사용된 이 용어는 창조함을 받은 사람들이라는 "동질의[또는 획일적인] 폐쇄된 진영"을 의미한다.[30]

4. Kτίσις가 여기서는 예수를 믿는 신자들을 언급한다고 이해해야 한다는 것. 바울이 원래는 변화를 기다리는 자연 세계를 언급한 묵시적 단편을 바울이 사용하고 있지만, 이 몇 구절에서 바울은 "아직" 소유하지 못한 영광을 기다리고 있는 신자들에 대해 말하려고

---

28) 예. Michel, *An die Römer*, 173; Barrett, *Romans*, 166; Gerber, "Röm viii.18ff. als exegetisches Problem," 64-68; and Gibbs, "Pauline Cosmic Christology," 471.

29) 예. Godet, *Romans*, 2.89-90; Sanday and Headlam, *Romans*, 207; Zahn, *An die Römer*, 400; Cranfield, *Romans*, 1.411-12; 같은 저자, "Some Observations on Romans 8.19-21," 225; Fitzmyer, *Romans*, 506; Murray, *Romans*, 303; Morris, *Romans*, 322; Dunn, *Romans*, 1.469; 그리고 Talbert, *Romans*, 214. 이것은 사실 오늘날 신약 주석가들 사이에서 가장 널리 견지되는 입장이다.

30) Schlatter, *Romans*, 184-87; 또한 T. W. Manson, "Romans," 966; Gager, "Functional Diversity in Paul's Use of End-Time Language," 328-29도 참조하라. 이 이해를 지지하면서 8:19-22의 "창조"에 관한 아우구스티누스의 글이 종종 인용된다. "이것은 단순히 나무, 채소, 돌, 슬픔 및 탄식과 같은 의미로 이해되어서는 안 된다. 이는 마니교도들의 오류다. 또한 우리는 거룩한 천사들이 허무한 데 굴복한다거나 그들이 죽음의 종노릇 한 데서 해방될 것이라고 생각해서도 안 된다. 그들은 불멸의 존재들이다. 여기서 '창조물'은 인류를 의미한다"(*Expositio quarundam propositionum ex epistola ad Romanos*, Prop. LIII, *PL* 35.2074; 또한 *Augustine on Romans*, 23도 보라).

κτίσις의 의미를 변경했다.[31)]

5. Κτίσις가 여기서는 예수를 믿는 신자들의 창조된 몸을 가리키기 때문에, 이 단어를 "창조세계(creation)"가 아니라 "피조물(creature)"로 번역해야 한다는 것. 바울은 이 단어를 "단지 몸을 가리키는 비유로" 사용했으며, "로마서 8:21은 신자들의 몸의 부활을 주장할 뿐, 그 이상도 이하도 아니라는 것." 이 견해는 이레나이우스가 그의 책 『이단에 대하여』(*Against Heresies*)에서 로마서 8:19-22을 주석하면서 제안했다.[32)]
6. 그 용어가 여기서 불신자들을 가리킨다는 것.[33)]
7. 그 용어가 여기서 천사들과 귀신들 및 신자들은 제외하고, 인간 이하의 피조물과 불신자들을 다 가리킨다는 것.[34)]
8. 그 용어가 여기서 천사들을 가리킨다는 것.[35)]

현대 주석가 중에서는 크랜필드가 가장 설득력 있고 간결하게 위의 제안들을 평가했다. 그는 개연성이 없는 견해들을 제거하고, 그렇게 제거하는 과정을 통해 가장 지지받을 만하다고 믿는 것을 결론짓는다.[36)]

1. "신자들은 거의 확실히 배제해야 한다. 23절에서 그들이 다른 피조물과 대조되었기 때문이다."
2. Οὐχ ἑκοῦσα("자기 뜻이 아니요" 또는 "자신이 선택한 것이 아니요")라는

---

31) 예. Reumann, *Creation and New Creation*, 98-99; Hommel, "Das Harren der Kreatur," 7-23; 또한 H. W. Schmidt, *An die Römer*, 145; Vögtle, "Röm 8,19-22," 351-66; 같은 저자, *Zukunft des Kosmos*, 183-207도 보라.
32) Michaels, "The Redemption of Our Body," 92-114. Michaels는 Irenaeus, *Against Heresies* 5.32.1과 36.3으로 뒷받침한다.
33) E. Brunner, *Revelation and Reason: The Christian Doctrine of Faith and Knowledge* (Philadelphia: Westminster, 1946), 72 n. 16.
34) Foerster, "κτίζω, κτίσις," 3.1031; Leenhardt, *Romans*, 219; Käsemann, *Romans*, 232-33.
35) Fuchs, *Die Freiheit des Glaubens*, 109.
36) Cranfield, *Romans*, 1.411.

표현이 "인류를 총체적으로 배제하는 것 같다. 만일 바울이 여기서 κτίσις를 사용하여 인류를 포함시키려 했다면, 그가 최상의 피조물인 아담을 배제하려고 의도했을 수는 없다(그가 이처럼 이상한 예외를 두려 했다면, 틀림없이 그렇게 표시했을 것이다). 어찌 되었든지 간에 분명히 아담은 자신이 원하지 않았지만(οὐχ ἑκών) 허무한 데(ματαιότης) 굴복했다고 말할 수는 없다."

3. "불신자만을 가리킨다는 제안에 반대하면서, 이는 극단적으로 부자연스러운 구별을 하게 한다고 촉구할 수도 있다. Κόσμος를 신자들과 대조하여 불신자들을 의미하기 위해 사용하는 경우가 가끔 있다는 것은 이해할 수 있지만, 신약의 저자가 구체적으로 하나님과의 관계를 가리키며 사용되는 용어인 κτίσις를 이런 방식으로 사용하고 있다는 것은 상상하기가 매우 어렵다. 하나님과의 관계에 있어 그리스도인들이 비그리스도인들에 비해 결코 뒤떨어지지 않을뿐더러, 무엇보다도 그런 관계는 그들이 인식하고 즐거워하는 것이기도 하다."
4. "천사들을 언급한다는 견해도 가능성이 적다." 마찬가지로 "κτίσις가 천사들만을 의미하기 위해 사용되거나, 사람은 배제하고 천지 만물과 천사들을 가리키려고 사용되었다는 것 역시 개연성이 적어 보인다." 더욱이 "천사들과 관련하여 τῇ...ματαιότητι...ὑπετάγη, οὐχ ἑκοῦσα("허무한 데 굴복하는 것은 자기 뜻이 아니요")에 대해 실제로 설득력 있는 해석을 제시하는 것은 거의 불가능하다."

그래서 크랜필드는 이렇게 결론을 맺는다. "이 구절들에서 κτίσις에 대한 실제로 개연성 있는 유일한 해석은 분명 이 단어를 생물이나 무생물을 막론하고 인간보다 하위에 있는 자연 세계를 전부 가리키는 것으로 이해하는 것이다."[37] 이것은 위의 2번 입장이다. 우리가 적절하다고 믿는 것이 바로

37) Cranfield, "Some Observations on Romans 8:19-21," 225; 또한 같은 저자, *Romans*, 1.411-

이 이해이며, 그래서 우리는 아래의 석의와 주해를 이 해석에 기반을 두고 진행할 것이다.

'Αποκαραδοκία("고대함"), ματαιότης("좌절", "허무"), ἑκοῦσα("자기 뜻", "자신의 선택"), ἐλπίς("소망"), συστενάζει("함께 탄식함"), συνωδίνει("함께 고통을 겪음") 등은 사람들의 "인격적인 행동을 대표하는 의식적이고 의지적인 동기들"을 의미하며, 하등 피조물의 "공상적인 의인화"로 이해해서는 안 된다. 그러므로 8:19-22의 해석자들은 바울이 8:19-22에서 "피조물"이라는 표현을 사용할 때 하나님의 "창조함을 받은 인류"를 염두에 두었다는 개연성을 진지하게 고려할 필요가 있다.[38] 하지만 생물이든지 무생물이든지 자연 세계에서 하등의 실체들을 의인화하는 것은 유대교 성경(구약), 특히 시편의 시와 예언자들의 글에 여러 번 등장한다.[39] 그리고 8:19-22이 비록 시의 구조나 운으로 제시되지는 않았다고 하더라도, 본문은 성경의 시와 예언의 많은 특징을 반영한다. 그래서 크랜필드가 관찰했듯이,

> 이 단락 특히 19-22절에 드러나 있는 시적 특징을 적절히 인식하지 못하면, 이 하위 단락을 바르게 이해하지 못할 것이다. 이 네 구절에는 시적 배열과 운처럼 시의 외적인 형식에 속하는 것들이 아니라, 내적인 본질, (예를 들어 이미지 사용에서 보이는) 상상력, 풍성하게 상기시키는 단어, 깊은 정서, 공감의 보편성, 환상과 구상의 참된 관대함에 속하는 것들이 포함되었다.[40]

8:19-21의 ἡ κτίσις("피조물" 또는 "창조")를 오늘날 "자연"이라고 부르는 것, 즉 생물이나 무생물을 막론하고 하나님이 창조하신 인간보다 하등의 피조

12(일찍이 그가 쓴 소논문에서 사용한 "확실히[is surely]"라는 어구를 그의 주석에서는 "그런 것 같다[seems to be]"로 변경했고, 소논문의 ἡ κτίσις를 주석에서는 κτίσις로 변경했을 뿐이다).

38) 예. Schlatter, *Romans*, 184-86.

39) 예. 시 65:12-13; 98:7-9; 사 14:7-8; 24:4, 7; 55:12; 렘 4:28; 12:4.

40) Cranfield, *Romans*, 1.404-5; 또한 C. H. Dodd, *Romans*, 133도 참조하라.

물을 가리킨다고 이해하면, 바울이 이곳 8:19에서 생물과 무생물을 막론하고 "자연의 세계"가 하나님의 아들들이 나타나기를 간절히 고대하며(ἡ ἀποκαραδοκία) 기다리고 있음을 주장하고 있다고 이해하는 것이 제일 낫다. 동사 ἀποκαραδοκέω가 기원전 2세기의 코이네 그리스어로 된 다양한 저술들은 물론이고 기원전 5, 6세기의 고전 그리스어 저술들에 등장하기는 하지만,[41] 명사 ἀποκαραδοκία는 바울 이전의 현존하는 어느 그리스어 본문에서도 발견되지 않았다.[42]

하지만 바울은 그의 편지에서 명사 ἀποκαραδοκία를 2번 사용한다. 이곳 로마서 8:19("피조물이 **간절한 기대**를 가지고 기다리는 바는")과 빌립보서 1:20("나의 **간절한 기대**와 소망을 따라 아무 일에든지 부끄러워하지 아니하고")에서 말이다. 두 용례는 ἐλπίς("소망")와 결합되었다. 이는 바울의 마음에 명사 ἀποκαραδοκία가 확신하는 기대의 어감을 포함하고 있음을 제시한다.

바울은 8:20-21의 복합 문장을 시작하면서 여격 관사를 가진 명사 τῇ ματαιότητι("허무한 데")를 배치함으로써 이 두 구절에서 그의 관심이 자연이 현재 허무하고 썩어짐에 종노릇하는 것, 다시 말해서 그러한 모든 일이 어떻게 일어나게 되었으며, 생물이나 무생물 등 하나님이 창조하신 인간보다 하등인 피조물들이 언제 자유롭게 되는지에 있음을 표시한다. 마찬가지로 그가 사용한 3인칭 단수 부정과거 수동태 동사 ὑπετάγη("굴복하였다")는 다음 사실들을 부각시킨다. (1) 특정한 과거의 사건을 염두에 두었다는 것(그래서 부정과거시제가 사용됨)과, (2) 피조물의 영역 그 자체를 뛰어넘는 어떤 이가 자연의 현재 상태의 기원자였다는 것(그래서 수동태가 사용됨)이다. 그리고 분명하게 드러나지는 않았지만, 바울의 의중에 있는 사건은 17절의 진술을 포함하는 창세기 3:17-19과 관련된 심판이라는 것은 의심의 여지가 없다("땅은 저주를 받아"). 또한 창세기 3:17에 "너로 인하여"라며 강조되었

---

41) *LSJM*, 877.

42) 참조. M-M, 63, col. 2. J. H. Moulton과 G. Milligan은 ἀποκαραδοκία가 "바울의 독특한 용어"라는 사실을 주목하면서, 동사의 명사 형태가 "그가[바울이] 직접 만든 것일 가능성이 있다"고 제안한다.

듯이 사람의 죄 때문에, 자신이 창조한 인간보다 하등인 피조물의 현재 상태를 초래하신 분이 바로 하나님 자신이라는 점에 대해서도 어떠한 의심이 있을 수 없다.

찰스 탈버트는 그의 주석에서 바울의 이해를 적절히 잘 표현했다. "바울은 사람들의 몸을 제외하고서는 사람들에 대해 생각할 수 없듯이 그들의 환경을 제외하고서 사람들에 대해 생각할 수 없었다."[43] 그래서 사도는 8:19-21에서 하나님의 백성의 고난과 하나님이 창조하신 인간보다 하등인 피조물이 현재 겪고 있는 허무함/좌절을 다 언급하는데, 하나님이 창조하신 인간보다 하등의 피조물이 겪는 허무함/좌절에 주의를 환기시킴으로써 하나님 백성의 고난을 뒷받침한다. 하지만 더 중요한 것은 그가 하나님의 백성이나 하나님이 창조하신 인간 이하의 피조물을 막론하고 이들을 향한 약속된 미래의 영광을 확신한다는 점이다. 바울은 유대교 성경(구약)[44]과 정경에 속하지 않은 당대의 다양한 유대 문헌[45]에 관한 자신의 지식으로부터뿐만 아니라 특별히 기독교 복음의 선포로부터[46] 이러한 확신을 갖게 되었다. 그래서 주로 기독교 복음에 대한 좋은 소식에 기초를 둔 이곳 8:20-21에서 바울은 하나님의 백성들에게 약속된 소망(일찍이 고전 15:35-57에서 제시했듯이)을 확장하여 하나님의 모든 피조물을 포함시킨다. 물론 타락한 천사들과 그리스도를 저버리고 하나님의 구원을 거절한 사람들은 배제하고서 말이다.

요안네스 크리소스토모스는 로마서 8:20을 주석하면서 "미래의 영광"과 "현재의 고난"에 관한 바울의 가르침에 전적으로 동조한다. 그는 이것이 예수를 믿는 사람들에게만 해당하는 것이 아니라 인간 이하의 모든 피조물에도 해당한다고 설명한다.

---

43) Talbert, *Romans*, 214.

44) 특히 사 11:6-9; 65:17, 25; 66:22.

45) 특히 *Jub* 1:29; *1 En* 24:1-25:7; 91:16-17; *Sib Or* 3:744-52, 788-95.

46) 참조. 벧후 3:13; 계 21:1-5과 같은 후기 신약성경의 진술들(비록 바울이 고전 15:35-57과 이곳 롬 8:19-21에서 가장 분명하게 설명했지만 말이다).

> 바울은 이것으로 피조물이 썩어지게 되었음을 의미한다. 왜 그리고 어떤 까닭에 그러했을까? 오 인간이여, 당신 때문이다! 당신이 죽을 운명이고 고난을 겪게 된 몸을 가졌기 때문이며, 땅도 저주를 받았고 [창 3:18에 진술된 것처럼] 가시덤불과 엉겅퀴를 생산했기 때문이다.…당신 때문에 피조물은 심하게 고난을 당했으며 썩어지게 되었다. 하지만 피조물이 회복할 수 없을 정도로 손상된 것은 아니다. 피조물은 당신을 위하여 언젠가 다시 썩지 않게 될 것이다. 이것이 "소망으로"의 의미다.[47)]

II. 하나님이 예수를 믿는 신자들과 "전체 피조물"에게 주시는 소망(8:22-25)

8:22-25에서 바울은 이 "소망"이라는 주제를 더 자세히 설명한다. 그는 (1) 예수 그리스도의 사역과 성령의 사역을 통해 하나님께 나아왔고, 그래서 하나님에 의해 "성령의 처음 익은 열매"를 받은 사람들뿐만 아니라, (2) 하나님이 창조하신 인간 이하의 피조물들에 대해서도 말함으로써 이 주제를 설명한다.

8:22-23 8:22의 도입부에 놓여 있는 접속사 γάρ는 그 접속사 앞뒤에 있는 내용 간에 사상의 연속이 있음을 표시한다. 8:18과 8:19의 도입부에서 그러했듯이 말이다. 편지의 공개 형식인 οἴδαμεν ὅτι("우리가 아느니라")는 사도가 이방인 선교 중 자신이 기독교 복음을 선포한 대상들과 로마에 있는 그의 수신자들 모두가 자연이 "다 이제까지 함께 탄식하며 함께 고통을 겪고 있다"는 그의 말에 동의할 것을 확신했음을 암시한다.[48)]

바울은 이사야 24:4-7로부터 자연의 부패와 썩어짐에 대해 알았을 것이다. 이 본문에서 예언자는 "땅은 마르고 시들며, 세상은 약화되고 시들

---

47) Chrysostom, "Homilies," in *Nicene and Post-Nicene Fathers*, 11.444.

48) 바울이 일찍이 롬 2:2, 3:19, 7:14에서, 그리고 나중에 이 동일한 자료 단락인 8:28에서 οἴδαμεν ὅτι를 사용한 것을 참조하라.

며", "저주가 땅을 삼켰다"는 것에 대해 애통해 한다. 또한 바울은 호세아 4:1-3을 통해서도 이 사실을 알았을 것이다. 이 본문은 땅이 사람들의 죄로 인해 약화되고, 슬퍼하며, 더럽혀졌다고 말한다. 이와 비슷하게 세상의 부패와 썩어짐에 대한 자각이 그리스 문학에도 등장한다. 기원전 8세기의 교훈적 시인인 헤시오도스(Hesiod)로 거슬러 올라가자면, 그는 세상의 쇠퇴에 대한 이론을 자연의 썩어짐과 인간의 결점을 연결하여 설명했다.[49] 그리고 헬레니즘적 유대인들도 유대의 예언자들과 그리스의 시인들을 기초로 하여 세상과 세상 사람들의 상태에 대해 그렇게 묘사했다. 「시빌의 신탁」 3:752에서는 땅을 "깊은 탄식으로 경련하는" 것으로 묘사했고, 「에스라 4서」 5:50-55에서는 한 천사가 "피조물은 이미 늙었으며, 젊음의 힘을 이미 잃었다"고 선언한다. 이 두 번째 본문은 어린아이들이 언제나 손위의 형제자매보다 열등하게 태어나며, 그 결과 한 사람의 직계 후손의 아름다움과 열정과 능력이 불가피하게 쇠퇴한다는 그럴듯한 비유를 사용한다.

로마 세계에서는 시인 베르길리우스(Vergil, 기원전 70-19년)가 기원전 42-37년 사이에 『선집』(*Eclogues* 또는 *Bucolics*)이라는 책을 썼다. 이 시집은 일반적으로 목가적인 주제들을 다룬 10편의 시로 구성되었다. 『선집』 4.11.41에서 베르길리우스는 인간 역사의 장에 통치자가 등장하여 세상의 잃어버린 황금기를 회복할 것이라고 예언했다. 그때 자연은 사람의 어떠한 수고도 없이 풍성한 열매를 맺을 것이며, 인간의 불경함에서 오는 해악으로 더 이상 땅이 오염되지 않게 될 것이다. 불과 20, 30년 뒤에 로마 제국의 유일한 통치자로 44년을 다스린 카이사르 아우구스투스(기원전 63-기원후 14년)는 이교도 사제들과 다양한 로마 시민들에 의해, 그의 영광스러운 업적을 바탕으로 베르길리우스의 예언을 실제로 성취한 사람으로 선포되었다. 비록 다른 사람들, 특히 그를 폄하하는 사람들과 하층민들은 이러한 환호를 보내지 않은 것으로 보이지만 말이다.

그러나 바울의 메시지는 카이사르 아우구스투스(또는 여느 인간 황제나

---

49) Hesiod, *Works and Days* 109-201.

왕)에 관한 것이 아니라 나사렛 예수에 관한 것이었다. 하나님은 예수를 죽은 자 가운데서 부활시킴으로써 사람들의 주(主)로 공인하셨다. 또 예수로 말미암아 예수를 믿는 신자들이 하나님과의 바른 관계에 이르렀고 영광스러운 미래에 대한 확실한 약속을 받았을 뿐만 아니라 "피조물도 썩어짐의 종노릇 한 데서 해방되어 하나님의 자녀들의 영광의 자유에 이르"게 될 것이다. 그럼에도 바울은 자신의 설교를 들은 사람들과 이 편지를 읽게 될 사람들이 카이사르 아우구스투스의 재위 이후 격동의 기간을 살아낸 후에 바울이 말한 바 "피조물이 다 이제까지 함께 탄식하며 함께 고통을 겪고 있다"는 점에 동감할 것이라고 확신했던 것 같다. 그래서 바울은 "소망"이라는 주제를 설명하는 이 두 번째 문단을 편지의 공개 형식인 οἴδαμεν ὅτι("우리가 아느니라")로 시작한다.

바울의 πᾶσα ἡ κτίσις("피조물이 다")라는 표현 사용에는 지구 위에 있는 모든 생명체와 무생물체가 포함되어 있다. 이곳 8:22에서 합성동사 형태 συστενάζω("격하게 부르짖다", "함께 탄식하다")로 사용된 동사 στενάζω("부르짖다", "탄식하다")는 70인역에서 욥기 31:38-40에 등장한다. 여기서 욥은 창세기 3:17-19에서 하나님으로 말미암아 정해진, 한 사람의 죄와 자연의 징벌 사이에 있는 관계성을 인정한다. 이 구절에서 또다시 합성동사의 형태인 συνωδίνει("함께 진통으로 괴로워하다", "함께 고통을 겪다")로 등장하는 동사 ὠδίνω("진통하다", "고통을 겪다")는 분만 시 여인의 "출산 고통"과 관련하여 바울에 의해 갈라디아서 4:19에서는 비유적으로 사용되었고 갈라디아서 4:27에서는 문자적으로 사용되었다.[50)]

많은 주석가는 바울이 대체로 ἄχρι τοῦ νῦν(문자적으로 "지금까지")이라는 어구에서 관사가 있는 실명사적 부사 τοῦ νῦν("지금")을 사용하기 때문에 바울이 이곳 8:22에서, 그가 고린도후서 6:2("보라! **지금은** 하나님의 은혜의 때요, 보라 **지금은** 구원의 날이로다")에서 말했고 로마서 3:21("**이제는** 율법 외

---

50) 참조. 사 66:7(LXX); 미 4:10(LXX); 계 12:2. 또한 막 13:8과 마 24:8에서 메시아 시대의 도래에 앞서 예언된 테러와 고난인 "메시아적 화"를 언급하는 명사 ὠδίν(또는 ὠδίς)도 보라.

에 하나님의 한 의가 나타났으니 율법과 예언자들에게 증거를 받은 것이라")에서 강조한, 종말론적 "이제"를 염두에 두었다고 제안했다.[51] 하지만 바울은 그의 다른 편지들뿐만 아니라 로마서에서도 일상적이고 비신학적인 의미에서 단순히 "지금" 또는 "현재"를 의미하려고 νῦν을 사용하기도 했다.[52] 8:22의 말미에서도 바울은 관사가 있는 실명사적 부사를 이런 방식으로 사용한 것 같다. 그래서 이곳의 ἄχρι τοῦ νῦν이라는 표현은 "현재까지" 또는 "지금까지 중단되지 않고"라고 이해하는 것이 가장 좋을 것 같다.[53]

그러나 바울이 이 본문에서 강조하는 바는 단순히 하나님이 창조하신 인간 이하의 피조물이 겪는 현재의 허무함과 미래의 자유에 있지 않다. 그가 이 문제들을 8:19-22의 네 절에서 예화로 말했지만 말이다. 오히려 미래에 대한 신자들의 확신에 찬 소망에 그의 초점이 있다. 이것을 바울은 일찍이 8:18의 논지 진술에서 소개했다. 또한 한 사람이 "그리스도 안에"와 "성령 안에" 있으며, 하나님의 가족으로 "하나님에 의해 입양되고", 또한 "그리스도가 그의 영으로 말미암아 신자 안에" 계신다는 의미의 중요한 함의가 바로 그것이라고 이곳 8:23-25에서 더 충분히 설명한다. 그래서 바울은 8:23에서 이렇게 선포한다. "우리 곧 성령의 처음 익은 열매를 받은 우리까지도 속으로 탄식하여 양자 될 것 곧 우리 몸의 속량을 기다리느니라."

바울은 그의 청중과 독자들이 그 예화(즉 하나님이 창조하신 인간 이하의 피조물의 미래)에 열광하여 그것이 뒷받침하고 설명하는 것(즉 "그리스도 안"과 "성령 안"에 있는 사람들의 미래)을 놓치지 않게 하려고, 대조 형식인 οὐ μόνον δέ, ἀλλὰ καί("뿐만 아니라, ~도")를 삽입하여 그가 진정으로 강조하고 싶은 내용을 시작한다. 바울이 앞 8:15에서는 "양자의 영"(πνεῦμα

51) 참조. Barrett, *Romans*, 166: "하나님의 계획이 성취되는 결정적인 순간"; Käsemann, *Romans*, 236: "재림에 선행하는…종말론적 순간"; Dunn, *Galatians*, 1.473: "종말론적 구원에서 구원의 과정이 이루어지는 '지금'" 또한 롬 7:6; 8:1에서 종말론적 "지금"을 그렇게 사용한 것을 보라.

52) 참조. 롬 15:23, 25; 고후 8:22; 엡 2:13; 빌 1:5.

53) Cranfield, *Romans*, 1.417. "ἄχρι τοῦ νῦν이라는 어구는 이러한 탄식과 고난이 (지금까지 중단되지 않고) 장기적으로 지속되었음을 강조하는 기능을 한다(빌 1.5)."

υἱοθεσίας)이 지금 예수를 믿는 모든 신자가 소유하고 있는 것이라고 선포했지만, 이곳 8:23에서는 신자들이 미래에 "아들과 딸들로 입양될" 것을 기대하면서 "성령의 처음 익은 열매"를 가지고 있다고 말한다. 이 두 실체는 참이다. 모든 그리스도인이 하나님의 구원사를 이루는 데 있어 "D-Day"(개시일)와 "V-Day"(승리의 날) 사이에 있는 이 "시작된 종말론"의 때에 살고 있기 때문이다.[54)]

'Απαρχή("첫 열매")라는 단어는 헤로도토스와 에우리피데스 같은 5세기의 고전 그리스어 저술가들의 글에 등장한다. 거기서 이 단어는 이교의 신들에게 제물로 바쳐지거나 희생제사의 첫 순서로 바쳐진 재산의 첫 번째 부분을 의미한다.[55)] 이 단어는 70인역에서 유대인 가족의 맏아들 및 그들의 소와 양의 첫 번째 수컷을 의미하는 제의적 문맥에도 등장한다. 처음 태어난 모든 수컷은 하나님의 소유물로 간주되었으며, 그래서 여덟째 날에 하나님께 제물로 드리든지 피의 제사로 구속해야 했다(출 22:29-30). 이와 비슷하게 밭에 있는 모든 곡식과 나무나 땅에 있는 모든 열매의 첫 분량은 하나님께 "첫 열매"로 드려야 했다(출 23:19; 민 18:12-13; 신 18:4). 이 용어는 가끔 70인역에서 땅의 구역 중에서 가장 좋은 곳(신 33:21)이나 한 나라의 가장 훌륭한 젊은이들(시 78:51[LXX 77:51]; 105:36[LXX 104:36])을 언급하기 위한 비유적인 의미로 발견되곤 한다. 하지만 제의의 문맥에서 ἀπαρχή의 성경적인 용례는 (1) 하나님께 드림, (2) 개인적인 거룩함, (3) 미래의 비옥함에 대한 약속을 표시한다. 그러므로 이 용어는 신약성경에서, "잠자는 자들의 첫 열매"인 예수에 대해서(고전 15:20, 23), 하나님께 드려지고 거룩하다고 여김을 받으며 그들의 수가 미래에 증가함으로 인해 확신을 제공하는 신자들에 대해서 여러 번 사용되었다.[56)]

---

54) 일찍이 기독교 선포의 중심에 있는 기독교의 "분명한 모순" 또는 "커다란 난제"와 관련하여 우리가 6:5-11에서 논의한 것을 보라.

55) Herodotus, *History* 1.92; Euripides, *Orestes* 96.

56) 참조. 롬 11:16; 16:5; 약 1:18; 계 14:4. 아마도 살후 2:13도 해당될 것이다. 이 본문들에서는 ἀπαρχή(바티칸 사본[B 03] 등)라는 단어나 ἀπ' ἀρχῆς(시나이 사본[01] 등)라는 어구를 원본으로 받아들일 수 있다.

그런데 로마서 8:23의 ἀπαρχή 사용의 가장 흥미롭고 중요한 특징은 이것이다. 곧 바울이 그 용어를 한 사람이 하나님께 드린 제사와 관련하여 사용하는 것이 아니라 하나님이 그의 백성에게 장차 올 훨씬 큰 어떤 것에 대한 보증으로 주시는 선물로 사용한다는 점이다. 실제로 이 구절에서 바울의 ἀπαρχή 사용은 고린도후서 1:22, 5:5과 에베소서 1:14에서 그의 ἀρραβών("첫 분할금", "보증") 사용, 즉 약속된 미래의 행위를 보증하는 "착수금" 또는 "보증금"으로 사용한 것과 비슷하다.

예수를 믿는 신자들이 내적으로 탄식하는 것과 그들이 하나님의 백성으로서 기다리고 있는 것은 하나님의 약속들이 그들의 생애에 완전히 나타나는 것, 즉 8:18의 논지 진술에 선언된 것처럼 "장차 우리에게 나타날 영광"이다. 이것은 사실상 8:29-30에서 선언될 하나님의 구속 행위 전체의 목적인 하나님 백성의 영광스러운 실존을 의미한다. "아들과 딸들로 입양될" 것이 이처럼 완전히 나타나는 것은 "우리 몸의 구속", 즉 그리스도의 재림, 그의 백성이 된 사람들의 부활, 그리고 예수를 믿는 모든 신자가 이곳 땅 위에서 예수의 죽을 운명의 추종자들에 불과했던 사람들에서 (바울이 일찍이 고전 15:42-57에서 선포한 것처럼) 영원히 그들의 주님의 불멸의 동반자들로 변화되는 것과 직접 관련이 있다.

8:24-25 바울은 8:22-25에 포함된 문단의 두 번째 부분에서 계속하여 그리스도인의 소망인 (바울의 8:18의 진술에 선포된 것처럼) "장차 우리에게 나타날 영광"을 선언하고 찬미한다. 이 소망은 예수께 헌신한 사람들이 (그가 8:23에서 설명했듯이) "양자 될 것, 곧 우리 몸의 속량"을 완전히 경험하게 될, 그리스도의 재림 때에 있을 그리스도인의 부활에 초점을 맞춘다. 8:18-24 내내 모든 문장이 시작될 때 사용되던 접속사 γάρ는 8:24-25을 8:22-23과 연결한다. 하지만 아치발드 로버트슨(Archibald Robertson)이 오래전에 관찰했듯이, "[8:18-24에 있는] 구절이나 문장들 간의 정확한 관계는 γάρ에 의해 제시되지 않는다. 가능하다면 반드시 문맥에 비추어 추측

해야 한다."[57] 그래서 본문의 문맥으로 인해, 우리는 8:24이 시작하는 곳의 접속사 γάρ를 (8:18, 8:19, 8:22이 시작되는 곳에서 그랬듯이) 그 앞에 있는 내용과 그다음에 이어지는 내용 사이에 사상의 연결이 있음을 표시하는 것으로만 취급하기로 했으므로 이 접속사를 번역하지 않았다. 또한 우리가 8:24을 번역한 것에서 다음의 두 문제도 주목하라. (1) 우리가 접속사 γάρ를 번역하지 않기로 선택하고 나서 문맥에 비추어 암묵적인 3인칭 단수 현재 직설법 동사 ἐστί("그것은 ~이다")로 생각되는 것으로 문장을 시작했다는 것, 그리고 (2) τῇ γὰρ ἐλπίδι라는 표현에서 정관사가 바로 앞 구절에서 언급된 소망을 가리키기 때문에 우리는 τῇ ἐλπίδι를 "이 소망으로"로 이해했으며, 따라서 이 구절의 첫 번째 문장을 "우리는 이 소망으로 구원을 받았다"라고 번역했다는 것이다.

바울이 부정과거 수동태 동사 ἐσώθημεν("우리가 구원을 받았다")을 사용한 것은 특히 미래에 대한 그리스도인의 소망을 매우 강조하는 문맥을 고려하면 다소 놀랍게 보인다.[58] 하지만 여기서 다시, (8:15에서처럼) 신자가 현재 소유하고 있는 "양자의 영"(πνεῦμα υἱοθεσίας)과 (8:23에서처럼) 미래의 경험으로서 "우리가 아들과 딸들로 입양될 것"(υἱοθεσίαν) 사이의 긴장과 함께, "우리가 구원을 받았다"는 사실과 "우리가 구원을 받을 것이라"는 사실 사이의 긴장이 모든 그리스도인의 삶에 계속 존재하며,[59] 이러한 긴장은 예수를 믿는 신자들이 부활하여 영화롭게 되고 그래서 불멸의 존재가 될 그리스도의 재림 때에야 비로소 해결될 것이다.

하지만 왜 바울이 이 구절에 (1) 상당히 명백한 말인 "보이는 소망이 소망이 아니니"라는 매우 간략한 논평과, (2) 역시 제기할 수 있는 명백한 의문인 "보는 것을 누가 바라리요?"라는 상당히 간략한 질문을 포함했는지

---

57) 위의 8:18에 대한 각주 22에서처럼, 다시 *ATRob*, 1191을 인용함.

58) 롬 5:10; 13:11; 고전 3:15; 5:5; 살전 5:8도 참조하라. 이 본문들에서는 명사 σωτηρία("구원")와 동사 σῴζω("구원하다")가 바울에 의해 주로 미래적·종말론적 의미로 사용되었다.

59) 또는 고후 1:10의 (1) "그[하나님]가 이같이 큰 사망에서 우리를 건지셨고"(부정과거 ἐρρύσατο ἡμᾶς), (2) "또 건지실 것이며"(미래 ῥύσεται), (3) "이후에도 건지시기를 그에게 바라노라"(현재 ἔτι ῥύσεται)에서처럼, 3중적인 구원의 긴장이다.

에 대한 의문이 남는다. 논평이든 질문이든 그것들은 여기에 제시된 "우리가 이 소망으로 구원을 얻었다"는 진술을 뒷받침하거나 설명하지 않는다. 또한 이러한 분명한 논평과 질문이 없었다고 해도, 바울의 논증의 흐름에서 어떤 것도 놓치지 않았을 것이다. 사실 8:24의 첫 문장을 읽고 난 다음, 이 논평이나 그에 동반되는 질문을 생략해도 바울의 논증의 어떤 것도 잃지 않은 채 8:25의 문장 전체를 읽을 수 있다. 그러므로 이 논평과 질문은 단지 바울이 제시하는 내용에서 특정한 수사적 목적으로 작용할 뿐이라고 이해해야 할 것이다. 그리고 사도가 이런 방식으로 말하는 목적은 단지 본문의 심오한 두 진술을 연결함으로써 야기될지도 모르는 강렬함을 완화시키려는 데 있다고 상정할 수 있을 것이다. 즉 8:24을 시작하는 "우리가 이 소망으로 구원을 받았다"라는 선언과, 8:25에서 "만일 우리가 보지 못하는 것을 바라면 참음으로 기다릴지니라"는 선언 및 그것에 암시된 권면으로 마무리하는 진술이다.

더욱이 강렬함을 완화시키려는 이러한 수사적 장치가 바울이 로마에 있는 그리스도인들에게 공식적인 편지를 쓸 때보다도 이교도 청중에게 구술로 설교할 때 더 적합했을 것이라고 타당하게 말할 수 있을 것이다. 그러므로 누구나 약간의 상상력을 펼치기만 한다면 이러한 분명한 진술과 질문을 들었을 때 청중들 사이에 번진 즐거움을 떠올릴 수 있을 것이다. 강렬함을 완화하는 이와 같은 수사적 장치는 (1) 청중의 마음에 8:24의 선언을 각인시키는 데 도움을 주고, (2) 청중이 정신적으로나 감정적으로 8:25의 암시된 권면을 받아들일 준비를 하게 하는 이중적인 목적으로 작용했을 것이다. 그렇지만 이유야 어떠하든지 간에 바울은 그가 이교도 이방인들에게 선포한 기독교 복음의 본질을 그의 편지에서 로마의 그리스도인들에게 설명할 때 이 수사적 장치를 포함시킨 것 같다. 물론 그들이 바울의 논증의 흐름을 이해하는 데 그것이 필요가 없(고, 그것이 어느 정도 피상적이라고 여겼을 수도 있)다는 사실을 그가 알고 있었을지도 모르지만 말이다.

8:18-30에 있는 이 단락의 두 번째 문단의 마지막 문장을 구성하는 8:25의 진술은 마지막 문장과 함께 다음과 같은 암시된 권면을 전달한다.

"만일 우리가 지금 가지고 있지 않은 것을 소망하면, ὑπομονή를 가지고 기다릴지니라." 명사 ὑπομονή는 고전 그리스어나 코이네 그리스어를 막론하고 인간의 힘과 용맹으로부터 나오는 "참을성", "견뎌냄", "변함없음", "강인함", "인내"와 같은 개인적인 특징을 의미하기 위해 널리 사용되었다. 하지만 70인역, 제2성전기 유대교 문헌, 그리고 신약성경에서는 이러한 특질들이 하나님을 믿는 한 개인의 믿음에 근거한다. 프리드리히 하우크(Friedrich Hauck)가 지적했듯이, 바울 서신에서는 ὑπομονή라는 용어가 "매우 풍부하게 묘사되었으며, 그 힘을 종교적인 신앙에서 끌어오고, 이곳에서는 특히 그리스도인의 소망"에서 그 힘을 끌어오고 있다.[60]

신약성경의 영어 번역들은 8:25(과 로마서에서 이 단어가 등장하는 여러 곳, 2:7, 5:3-4, 15:4-5)에서 ὑπομονή를 다양한 방법으로 번역했다. 이 단어는 매우 자주 명사 "patience"(참을성)로(KJV, RSV, NRSV, JB, TEV, Phillips), 또는 부사 "patiently"(참을성 있게)(Moffatt, BV, NIV, TNIV)로 번역되었다. 가끔 "patience and composure"(참을성과 평정)로(Amplified Bible) 또는 "patiently and confidently"(참을성 있고 확신 있게)(NLT)로 확대해서 번역되기도 했다. 다른 역본들은 이 단어를 "endurance"(견딤; NEB, Knox, NET), "persistently"(끈질기게; Goodspeed), 또는 "perseverance"(끈기; NAS)라고 번역하기도 했다. 마찬가지로, 여러 로마서 주석에도 이와 비슷하게 다양한 번역이 있다. 그중에서 "patience"(참음)가 가장 일반적인 번역이다.[61] 비록 "patiently"(참을성 있게)[62] 또는 "patient endurance"(참을성 있게 견

---

60) 고전 그리스어와 코이네 그리스어 전체에서, 그리고 70인역과 다른 유대 그리스어 저술들과 신약성경에서 사용된 ὑπομονή에 대해서는 F. Hauck, "ὑπομένω, ὑπομονή," *TDNT* 4.586-88을 보라. 이곳 8:25의 용례 외에, 롬 2:7; 5:3-4(2번); 15:4-5(2번)에 등장한 것도 주목하라. 또한 고후 6:4; 살전 1:3; 살후 1:4; 딤전 6:11; 딤후 3:10; 딛 2:2; 비슷하게 히 10:36; 약 1:3-4(2번); 벧후 1:6; 계 2:2-3(2번), 19도 보라.

61) Calvin, *Romans*, in *Calvin's Commentaries*, 8.176-77; Godet, *Romans*, 1.99-100; Käsemann, *Romans*, 230; Dunn, *Romans*, 1.476.

62) C. H. Dodd, *Romans*, 135.

딤)"[63] 또는 "patient fortitude"(참을성 있는 강인함)[64]와 같은 동일한 의미를 지닌 표현들이 제안되기도 했지만 말이다. 이외에도 주석가들 중에서는 이 단어를 "endurance"(견뎌냄),[65] "perseverance"(끈기),[66] "constancy and fortitude(꾸준함과 강인함),"[67] 또는 "steadfast perseverance(변함없는 끈기)"[68] 등으로 번역한 사람들이 있다.

프리드리히 하우크가 로마서의 ὑπομονή를 "steadfast endurance"(변함없는 견딤)라고 번역함으로써 바울의 의미를 아마도 가장 잘 파악한 것 같다. 고난이나 반대 또는 불행 아래에서 타협하지 않는 굳센 능력을 함축하는 명사 "인내"는, 사람의 믿음이나 결정 또는 충성에 있어 굳게 고정되었다는 개념을 표시하는 형용사 "변함없는"과 짝을 이루어, 자주 "기독교 체념 신학"을 불러일으킨 "참음"(명사든지, 형용사든지, 부사든지 간에)이라는 단어보다 바울이 ὑπομονή로써 뜻한 바를 더 잘 제시하는 것 같다.[69] 옛 언약 안에 있던 하나님의 백성들이 하나님께 헌신하고 모세 율법에 순종하는 데 있어 굳게 고정되어 있어야 했고 따라서 (바울이 롬 2:7에서 유대인의 종교성을 묘사했듯이) 그들이 하나님으로부터 "영광과 존귀와 불멸"을 받으려고 "선을 행하면서 변함없이 견뎠"듯이, 바울 사도는 이곳 8:25에서 그리스도인들은 "변함없는 견딤"을 가지고 복음에 선포된 약속된 소망을 기다려야 한다고 권한다. 다시 말해서 고난이나 반대나 불행의 때에 타협하지 않고 "장차 우리에게 나타날 영광"을 "고대하면서" 확고하게 있어야 한다고 넌지시 권한다.

---

63) Barrett, *Romans*, 168.
64) Moo, *Romans*, 522.
65) Fitzmyer, *Romans*. 516.
66) Jewett, *Romans*, 521.
67) Sanday and Headlam, *Romans*, 210.
68) Cranfield, *Romans*, 1.147.
69) Jewett, *Romans*, 521이 "참음"이라는 번역을 빈번하게 사용한 것에 대해 묘사하며, 좀 더 적극적인 의미인 "인내"로 번역해야 한다고 주장했듯이 말이다.

III. 성령의 도우심과 간구로 가능케 되는 그리스도인의 기도(8:26-27)

여기서 바울은 계속해서 "그리스도 안에" 있음과 누군가가 "성령 안에" 있는 삶을 살아가는 것의 가장 중요한 함의들을 나열한다. 이 두 구절에서 바울은 종말론적 미래가 아니라 지금 이곳에서 행해지는 그리스도의 백성의 기도에 초점을 맞춘다. 질문을 이렇게 적절히 제기할 수 있다. 바울은 성령이 그리스도인들의 약함을 도우신다고 말하면서 왜 기도에 초점을 맞추는가? 킹슬리 바레트는 이곳 8:26-27에서 바울이 이렇게 말하는 근거에 대해 상당히 다른 두 가지 해석을 제시한다. (1) "기도가 종교적인 의무 중에서 가장 기본적인 것이기 때문일 것이다. 우리는 우리가 어떻게 기도해야 할지도 모를 정도로 연약하다." 또는 더 개연성이 있는 것은 (2) "하나님께 나아가는 유일한 통로인 비밀스런 기도를 알지 못하는 영지주의적 종교 언어"를 병행시켜 대체하기 위해서다. "사람이 입문 의식을 치렀을 때, 하나님의 영이 그의 입을 통해 정확한 문구를 말하신다. 그것은 소통이 되지 않을 수도 있으며, 실제로 대중들에 의해 이해되지도 않았을 것이다."[70] 바울이 인간의 연약함 때문에 성령님이 우리의 삶에서 도와주셔야 함을 입증하는 중요한 예로서 기도를 사용한다고 우리가 제안하는 근거는 이것이다. 기도에는 누구든지 그의 가장 열렬한 바람들이 표현되고(직접적으로든지 아니면 암시적으로든지), 그의 가치의 우선순위가 드러나며(의식적으로든지 아니면 무의식적으로든지), 그의 삶의 자원들이 천명된다(공공연히 또는 은근히). 그래서 이곳 8:26-27에서 사도는 성령이 그리스도인의 기도를 도우신다는 사실이 "성령 안에서" 사는 삶의 매우 중요한 함의라고 말한다. 직접적인 주제는 그리스도인의 기도이지만, 그의 진술에 함의된 내용은 더 넓게는 신자의 바람과 가치 및 살아가는 데 있어 사람들이 환호하는 자원들과 관련이 있다.

8:26 이 두 구절 맨 처음에 부사 ὡσαύτως와 후치사 불변화사 δέ가 등장한다. 이것은 부사만 홀로 등장하든지 아니면 부사와 불변화사가

70) Barrett, *Romans*, 168.

함께 등장하든지 간에 "이와 같이", "이와 같은 방법으로", "동일한 방식으로", "비슷하게" 등으로 다양하게 번역되었다. 번역가와 주석가들은 종종 바울이 이곳 8:26-27에서 쓰고 있는 것과 앞서 8:18-25에서 썼던 것 간에 비교점들을 끌어내려고 시도했다. 즉 (1) "참음으로써 기다린다"는 8:25b의 표현과 "성령도 우리를 도우신다"는 8:26의 진술 간의 비교, (2) 우리의 소망이 우리를 붙들어준다는 8:24-25의 사상과 성령이 우리를 붙들어주신다는 것과 관련한 8:26의 진술 간의 비교, 또는 (3) 8:22-23의 자연과 하나님의 백성의 "탄식"과 8:26의 성령의 "탄식" 간의 비교 등이다. 그래서 그들은 그 부사를, 불변화사와 함께 사용되었든지 그렇지 않았든지 간에, "동일한 방식으로", "비슷한 방법으로", "비슷하게"와 같은 표현으로 번역해왔다.[71)]

하지만 바울이 ὡσαύτως를 사용함으로써 말하려고 했던 것으로 보이는 것은 단지 그리스도인의 "성령 안에서의 삶"의 중요한 함의들에 관해 그가 여기서 제시한 내용에서 더 나아가 매우 중요한 문제로 넘어가고 있다는 것이다. 곧 다룰 문제는 처음의 두 함의를 보충하는 것이지만 굳이 그 함의들에 대한 설명이나 발전으로 볼 필요는 없다. 8:26-27에 제시된 바울의 목적에 대한 이러한 이해, 즉 그가 이 두 구절에서 단지 "성령 안에서의 삶"의 더욱 중요한 함의에 관해서만 말하고 있고 본문에 있는 단어나 표현들과의 필요한 병행어구들을 제시하지 않는다는 이해와 맥을 같이하면서, 우리는 ὡσαύτως를 (δέ와 함께 사용되었든지 아니면 독자적으로 사용되었든지 간에) "마찬가지로"라고 번역했다.[72)]

바울은 8:26의 이 첫 문장에서 "인간의 연약함"(ἀσθενεία)이 예수를 믿는 모든 신자를 비롯하여 모든 사람의 삶에서 두드러지는 특징임을 인정한다. 이와 같은 연약함은 우리가 피조물들로서 유한하고 약하다는 사실뿐

71) 예. NAS, NEB, TEV, NIV, TNIV, NET.
72) 예. KJV, RSV, NRSV. 또한 Moffatt 역에 "So too"로, JB에 "The Spirit too"라고 다양하게 번역된 것에 주목하라.

만 아니라 인간의 돌이킬 수 없는 죄와 타락의 역사에서도 기인한다. 더 참혹한 것은 연약함이, 우리 자신의 죄악된 생각과 행위로 말미암아 돌이킬 수 없는 인간사를 입증하는 우리의 개인적인 선택 때문에, 우리의 모든 삶에서 지배적인 요인이 되었다는 사실이다. 그래서 우리의 바람을 반영하고 우리의 가치들을 표현하며 우리가 자신의 자원들이라고 믿고 있는 것들을 나타내는 우리의 기도에 있어서, 우리는 자신이 마땅히 기도해야 하는 것들을 충분히 알지 못한다. 그래서 바울은 우리의 기도의 주제가 되어야 할 바른 것이 무엇인지에 관한 내용이 우리의 삶에도 일반적으로 해당된다고 암시하는 것 같다. 따라서 본문의 이 첫 문장에서 바울은 "그리스도 안에" 있는 것과 "성령 안에서" 삶을 사는 것의 이 세 번째 함의와 관련한 그의 논지를 제시한다. 즉 "성령도 우리의 연약함 속에서 우리를 도우신다"고 말이다.

3인칭 현재 능동태 직설법 동사 συναντιλαμβάνεται("그가 돕다", "도움을 주다")는 이중 합성동사이며, 전치사 σύν과 ἀντί는 바울 당대에 단지 동사의 행위를 강조하는 기능을 했을 수 있다. 하지만 어원학적으로 접두사 σύν("함께")과 ἀντί("대항하여", "향하는")와 함께 사용되는 λαμβάνεται("그가 받다", "그의 소유로 삼다")는 바울의 이방인 선교 중 그의 이교도 청중들에게(그리고 로마에 있는 그리스도인 수신자들에게도), 아치발드 로버트슨이 8:26의 이 첫 문장을 비교적 의역한 것과 비슷하게 읽혔을 것이다. "성령은 우리와 함께(σύν) 우리의 연약함을 붙드시고 우리가 마주하는(ἀντί) 짐들 가운데 그의 몫을 짊어지신다. 마치 두 사람이 통나무를 양쪽 끝에서 붙들고 옮기듯이 말이다."[73] 이 동사는 출애굽기 18:22, 민수기 11:17, 시편 89:21(LXX 88:21)에서 70인역 번역자들에 의해 이 이중 합성동사의 형태로 3번 사용되었으며, 신약성경에서는 이곳 로마서 8:26과 누가복음 10:40에서 이러한 형태로 2번 등장한다. 이 동사는 요세푸스의 글에서 접두어로 전치사 σύν

73) *ATRob*, 573.

하나만 사용하여 분사 형태인 συλλαμβανομένου로도 등장한다.[74)]

그리스어 동사에 2개의 전치사로 된 접두어가 있다는 것이 약간은 이상하다고 여겨졌기 때문에 합성동사 συναντιλαμβάνεται는 초기에는 70인역 번역자들이 만들었고 나중에 바울에 의해 1번 사용되었으며 누가복음 저자에 의해 다시 한번 사용된 유례없는 현상으로 여겨지기도 했다. 하지만 사실상 아돌프 다이스만은 συναντιλαμβάνεται가 "지중해 그리스 세계의 전 지역에서 두루" 사용되었을 것이며 그래서 이 특별한 합성동사는 "국제적인 그리스어 어휘의 통일성과 획일성의 한 예"라고 주장했다.[75)] 우리가 다이스만의 논지를 받아들인다면, συναντιλαμβάνεται("그가 돕다", "도움을 주다")가 당대의 일반적인 동사였으며, 그래서 그 표현이 바울의 이방인 선교 대상자였던 이교도 청중들이나 로마의 그리스도인 수신자들을 막론하고 모든 사람에게 알려졌을 것으로 추측할 수 있다.

8:26b의 문장을 시작하는 곳에 등장하는 접속사 γάρ("이는")가 8:18-24에서는 단지 앞뒤 내용 간의 사상적 연속성을 표시하려고 사용되었지만, 여기서는 성령이 어떻게 "우리의 연약함을 도우시는지"에 대한 바울의 설명을 포함하는 8:26b-27의 내용 전체를 소개하기 위해 등장한다. 그러나 8:26b에서 이 후치사 γάρ에 이어지는 문장들은 주석가들에게 수많은 언어적·석의적·해석학적 문제를 제기했다. 이들 중 가장 중요한 것은 (1) 바울이 본문의 둘째 문장을 시작하면서 중성 관사 τό를 사용한 것, (2) 바울이 중성 의문대명사 τί를 사용했을 때 의중에 둔 것, (3) 바울이 기도에 관한 도입문을 간접 의문문("우리가 마땅히 기도할 바가 무엇인지?") 형태로 제시하고 그다음에 간략한 감탄문("우리는 알지 못한다!")이 이어지게 한 이유, (4)

---

74) 단 하나의 접두어가 사용된 동사의 예로서 Josephus, *Antiquities* 4.198을 참조하라.

75) Deissmann, *Light from the Ancient East*, 87-88. Deissmann은 다음과 같은 자료로부터 증거를 인용한다. (1) 시칠리아의 그리스 역사가 디오도루스의 『세계사』(*Universal History*). 이 책은 원래 40권으로 이루어졌으며(그중 7권만 현존한다. 남아 있는 책들 대부분은 보존이 잘 되어 있다), 역사의 초기 시대부터 알렉산드로스 대왕의 죽음까지 그 당시 알려진 역사를 다루었다. (2) 기원전 3세기의 것으로 추정되는 그리스 성벽의 명문 2개, (3) 기원전 238년 것으로 추정할 수 있는 그리스어 파피루스 편지 하나 등이다.

이 절의 마지막 부분에서 "말로 표현할 수 없는 탄식"에 대해 말할 때 그가 언급하고 있는 것 등이다.

둘째 문장을 시작하면서 중성 관사 τό를 사용한 것과 관련한 첫 번째 문제에 대해 말하자면, 이것은 간접 의문문 앞에 중성 관사가 등장하는 고전적인 어법을 사용하는 순전히 언어학적인 현상이다.[76] 이러한 구성은 신약성경에서 특히 누가의 글에서 발견된다.[77] 하지만 이러한 구성은 바울 서신인 데살로니가전서 4:1(τὸ πῶς)과 이곳 로마서 8:26(τὸ τί)에도 등장한다.

바울이 중성 의문대명사 τί("무엇")를 사용했을 때 염두에 둔 것이 무엇인지는 결정하기가 더 어렵다. 여기서 τί는 사람이 기도하고 구하는 목적(들)을 언급하는가? 즉 (막 11:24에서처럼) **무엇을 위해 구해야 하는가**? 아니면, 그것이 한 사람의 기도의 내용을 언급하는가?[78] 즉 (눅 18:9-14에서처럼) **어떤 내용으로 기도해야 하는가**?[79] 또는 그것이 기도의 방식이나 형식을 다루고 있다고 이해해야 하는가? 즉 (막 11:25에서처럼) **어떻게 기도해야 하는가**?[80] 처음 두 가지는 거의 같다고 볼 수 있다. 하지만 세 번째는 넓은 의미에서 처음 2개와 동일한 것으로 해석할 수 있기는 하지만, 기도의 바른 방식이나 형식과 관련된 문제라고 쉽게 생각할 수 있다. 그래서 찰스 크랜필드가 바르게 주장했듯이, (1) "τί를 πῶς와 거의 동일한 것으로 축소해서는 안 된다."[81] (2) "τί προσευξώμεθα καθὸ δεῖ라는 어구는 무엇을 구할지(또는 무엇을 기도할지)나 하나님께 우리의 기도를 어떻게 드릴 것인지와 같

---

76) *ATRob*, 739, 1045-46; 또한 *LSJM*, 1195, VIII.B.5도 보라.

77) 눅 1:62(τὸ τί); 9:46(τὸ τίς); 22:4(τὸ πῶς); 행 4:21(τὸ πῶς); 22:30(τὸ τί)을 보라.

78) 예. KJV: "what we should pray for"("우리가 기도해야 할 것을"); NIV, TNIV: "what we ought to pray for"("우리가 기도해야 할 것을"). 참조. Cranfield, *Romans*, 1.421; Moo, *Romans*, 522; Jewett, *Romans*, 522.

79) Barrett, *Romans*, 161, 168: "어떤 기도가 올려드리기 적절한 기도인가."

80) RSV, NEB, TEV: "how we ought to pray"("어떻게 기도해야 하는지"); NRSV: "how to pray as we ought"("마땅히 어떻게 기도해야 하는지"); Phillips: "how to pray worthily"(어떻게 훌륭하게 기도해야 하는지); Moffatt: "how to pray aright"("어떻게 올바로 기도해야 하는지"); NET: "how we should pray"("어떻게 기도해야 하는지"). 참조. Sanday and Headlam, *Romans*, 213; Lagrange, *Aux Romains*, 211-12; Huby, *Aux Romains*, 303.

81) Cranfield, *Romans*, 1.421.

은 내용이 알려지지 않았음을 가리키는 것으로 이해되어서는 안 되고, 이를테면 우리가 한 가지 바른 것, 곧 하나님의 뜻에 따라(καθὸ δεῖ는 27절의 κατὰ θεόν과 비슷한 말이다) 구해야(또는 기도해야) 하는지를 가리키는 것으로 이해해야 한다.[82]

8:25-27을 해석하는 사람들이 맞닥트리는 세 번째 문제, 곧 바울이 기도에 관한 도입문을 간접 의문문("우리가 마땅히 기도할 바가 무엇인지?")의 형태로 제시하고 그다음에 간략한 감탄문("우리는 알지 못한다!")이 이어지도록 한 까닭에 대해서는 확신 있게 말하기가 불가능할 것 같다. 이러한 언어학적 현상은 공식적인 편지에서는 일반적으로 사용되는 특징이 아니다. 우리가 추정할 수 있는 것은, 단지 바울이 이곳 8:26에서 간접 의문문과 감탄사를 사용한 까닭이 8:24에서 "보이는 소망은 소망이 아니니"라고 말한 후 "보이는 것을 누가 소망하리요?"라고 질문한 이유와 약간은 비슷하다는 것이다. 다시 말해서 바울은 자신의 이방인 선교에서 이교도 청중들에게 기독교 복음을 구두로 전할 수밖에 없었던 수사적 이유로 이런 표현을 사용했다가, 나중에 이 수사적 표현을 로마에 있는 그의 그리스도인 수신자들에게 보내는 공적인 편지에 포함시켰을 것이다.[83]

8:26의 네 번째 해석학적 문제, 즉 이 구절의 마지막 부분에서 성령이 "말로 표현할 수 없는 탄식"(στεναγμοῖς ἀλαλήτοις)으로 우리를 위하여 간구하신다고 말할 때 바울이 의중에 두고 있는 것이 무엇이냐는 문제는 많은 해석자에게 해결하기 어려운 것으로 보였다. 홀스트 발츠(Horst Balz), 에른스트 케제만, 고든 피(Gordon Fee)와 같은 명성 있는 신약학자들은 στεναγμοῖς ἀλαλήτοις라는 표현이 "천사의 방언" 또는 "황홀경적인 방언"으로 기도하는 은사 경험을 가리킨다고 광범위하게 주장했다.[84] 그리고 테

82) Cranfield, *Romans*, 1.421.
83) 8:24의 이 문제와 관련하여 본서의 "석의와 주해"를 보라.
84) Balz, *Heilsvertrauen und Welterfahrung*, 80-92; Käsemann, *Romans*, 240-42; 같은 저자, "The Cry for Liberty in the Worship of the Church," 122-37; Fee, *God's Empowering Presence*, 577-86.

오도르 찬(Theodor Zahn), 아치발드 헌터(Archibald Hunter), 파울 알타우스(Paul Althaus), 디터 첼러(Dieter Zeller)[85]와 같은 여러 다른 주석가들은 이러한 해석을 지지하면서 목소리를 높였다. 이 견해는 오리게네스와 크리소스토모스[86]로 거슬러 올라가기에 유서가 깊다.

그렇지만 많은 사람이 이런 이해에 반대 입장을 취하는 것 같다.

1. 이 본문에서 στεναγμοί("탄식들")는 분명히 그리스도인들의 필요와 간구를 하나님 앞에 가져다드리는 것과 관련이 있기 때문에, 예배의 찬양에서 주로 사용된 현상인 은사적 방언 말함은 의중에 없었던 것 같다.[87]
2. 형용사 ἀλάλητος("말할 수 없는", "표현할 수 없는", "언어로 말하지 않는")는 "이루 말할 수 없는" 즉 인간의 언어로 표현될 수 없다는 것을 의미하지 않는다. 만일 이 형용사를 그런 의미로 이해한다면 이 본문의 "탄식들"을 방언과 동일시 하는 것이 거의 불가능하게 되어버린다. 방언이 비록 이해되지 않는 것이라고 해도 말로 표현되는 것인 까닭이다.[88]
3. 이 본문에서 말하는 탄식은 신자의 탄식이 아니라 성령의 탄식이다.[89]

그러므로 형용사 ἀλαλήτοις와 함께 사용된 여격 명사 στεναγμοῖς를 "말로 표현할 수 없는 탄식으로"라고 번역하고, 더글러스 무가 말했듯이, 이 어구가 "우리에게는 감지할 수 없는 방식으로 우리의 마음에서 일어나는 중보

85) Zahn, *An die Römer*, 412-13; Hunter, *Romans*, 84; Althaus, *An der Römer*, 84; Zeller, *An die Römer*, 163.
86) Origen, *Ad Romanos, PG* 14.1120; Chrysostom, *Homilia XXXII in Epistolam ad Romanos, PG* 60.533.
87) Cranfield, *Romans*, 1.423을 풀어씀.
88) Moo, *Romans*, 525을 풀어씀.
89) Moo, *Romans*, 525을 풀어씀.

사역인 성령의 '기도의 언어'"를 가리킨다고 이해하는 것이 가장 좋을 것 같다.[90)]

8:26의 이 마지막 문장 도입부에 있는 강한 반대의 뜻을 나타내는 ἀλλά는 "그러나"라는 부정적인 부사로 번역하는 것이 최상이다. 이 문장의 주어는 "성령 자신"(αὐτὸ τὸ πνεῦμα)이다. 따라서 중성 어법을 인격적 용어로 번역해야 한다. 동사 ὑπερεντυγχάνει("그가 간구한다", "중보한다")는 그리스도인들을 대신하여 행하시는 성령의 활동이다. 그리고 ὑπὲρ ἡμῶν("우리를 대신하여" 또는 "우리를 위하여")이 동사 ὑπερεντυγχάνει에 의해 이미 내포된 뜻을 명확히 하려고 필경사가 삽입한 내용일 가능성이 매우 크지만(본서 "본문비평 주"를 보라), 우리의 번역에 "우리를 위하여"라는 어구를 포함시킨 것은 동사에 암시되었기 때문에 합당하다.

8:27 사도 바울은 8:26에서 그리스도인이 무엇을 기도할지 알도록 도우시고 하나님 앞에서 그들을 대신하여 간구하시는 성령에 대해 말할 뿐만 아니라, 8:27에서 계속하여 성령의 마음을 아시는 하나님과 하나님의 성도들을 대신하여 하나님의 뜻에 맞게 중보하시는 성령에 대해서도 말한다. 그러므로 실제로 그리스도인의 기도는 성령에 의해 그분 자신의 "기도의 언어"로 변환되지만, (1) 그리스도인의 기도 내용이 성령의 탄식으로 변환되거나 (2) 하나님 앞에서 드려지는 성령의 탄식이 그리스도인을 대신하는 성령의 기도에 대한 하나님의 은혜로운 반응으로 변환될 때 그 의미는 온전히 전달된다. 그리스도인들은 이러한 확신을 가지고 기도한다. 즉 "성령 안에서의 삶"은 (1) 우리에게 무엇을 기도해야 하는지 가르치시는 성령의 사역, (2) 우리의 언어가 성령에 의하여 (성령) 자신의 기도 언어로 변환됨, (3) 성령에 의하여 우리의 간구가 하나님의 뜻에 맞게끔 하나님 앞에 상달됨, (4) 하나님께서 성령의 마음을 아시므로 자기 뜻에 따라 그리스도인의 기도에 응답하심 등을 포함한다는 확신 말이다.

"우리 마음을 살피시는 이"라는 표현은 사무엘상 16:7에서 이스라엘의

90) Moo, *Romans*, 525-26.

왕으로 다윗을 선택하신 것과 관련하여 하나님께서 예언자 사무엘에게 주신 말씀과 같은 구약의 진술들을 반향한다. "여호와께서 보는 것은 사람과 같지 아니하니, 사람은 외모를 보거니와 **나 여호와는 마음을 보느니라.**" 그리고 잠언 20:27과 같은 말씀도 반향되었다. "사람의 영혼은 여호와의 등불이라. **사람의 깊은 속을 살피느니라.**"[91] 하나님을 "우리 마음을 살피시는 이"라고 언급한 것은 「솔로몬의 지혜」 1:6("**하나님은 사람의 감정의 증인이시며 마음을 참으로 감찰하는 분이시다**")과 「집회서」 42:18("**하나님은 깊은 것과 사람의 마음을 살피시며, 사람들의 은밀한 모든 것을 두루 아신다**")에서 보듯이 매우 널리 알려졌던 표현이었음이 분명하다.[92] 그러므로 이 표현을, 바울이 이방인을 선교하며 만났던 이교도 청중들은 물론이고 로마에 있는 그리스도인 수신자들도 알고 있었을 것이다. (1) 하나님이 바로 그분("살피시는 이")이라는 것과, (2) 하나님이 모든 사람에 대해 깊은 지식을 가지고 계신다는 것("우리 마음을 살피신다")을 말이다.

8:27의 마지막 절은 접속사 ὅτι로 시작한다. 이 경우 ὅτι는 원인적 연결(즉 하나님이 성령의 의도를 아신다는 점을 바탕으로 그분이 아시는 내용에 대한 설명을 제공함)[93]이나 설명적 연결(즉 성령의 간구의 성격을 설명하거나 간구하시는 이유를 제공함)[94] 중 하나를 표시할 수 있다. Κατὰ θεόν("하나님[의 뜻]대로")이라는 어구가 27절의 마지막 구절 서두에 나오기 때문에(이것은 그리스어 문장에서는 강조의 표현이 대부분 등장하는 곳이다. 반면에 영어 문장에서는 강조와 절

---

91) 참조. 왕상 8:39; 대상 28:9; 29:17; 시 7:9; 17:3; 26:2; 44:21; 139:1-2, 23; 잠 15:11; 17:3; 24:12; 렘 11:20; 12:3; 17:10; 20:12.

92) 참조. 행 1:24; 15:8.

93) 예. Cranfield, *Romans*, 1.424: "ὅτι는 '왜냐하면'이나 '이는'보다는 '~라는 것'을 의미한다고 이해하는 것이 더 낫다. 이 어구가 소개하는 절은 하나님이 성령의 의도를 아시는 이유가 아니라 그가 성령의 의도를 아시는 과정에서 아시는 내용을 설명하는 까닭이다." Käsemann, *Romans*, 242: "ὅτι 절은 설명을 제공하지 않고 원인을 말해준다." 또한 Godet, *Romans*, 2.103; Wilckens, *An die Römer*, 3.161도 참조하라.

94) 예. Sanday and Headlam, *Romans*, 214: "ὅτι를 성령의 간구/중보의 특성을 묘사하는 것으로 보는 것이 최상인 것 같다"; Moo, *Romans*, 527: "'하나님[의 뜻]대로'라는 어구가 강조를 나타내는 위치에 있다는 사실은 그것이 바울이 첫 번째 진술에 대한 이유를 제시하고 있음을 시사한다"; 또한 Kuss, *Römerbrief*, 3.644; Jewett, *Romans*, 525도 참조하라.

정을 나타내는 표현이 일반적으로는 문장 끝에 나온다), ὅτι를 "우리 마음을 살피시는 하나님이 성령의 생각을 아신다"는 바울의 진술에 관한 이유를 소개하는 것으로 이해하는 것이 가장 좋을 것 같다. 즉 "성령께서 **하나님의 뜻대로**(κατὰ θεόν) 하나님의 성도들을 위하여 간구하시기 **때문이다**."

8:26-27은 다음과 관련된 문제들을 다룬다. (1) 무엇을 기도해야 할지 모르는 우리의 인간적인 연약함, (2) 무엇을 기도해야 할지 알기 위해서 우리가 하나님의 영의 도움을 경험함, (3) 성령이 "말로 표현할 수 없는 탄식"과 "하나님의 뜻대로 우리를 위해 간구하신다"는 우리의 의식, (4) "하나님께서 성령의 생각을 아시고", 그래서 그가 성령의 간구대로 우리의 기도에 응답하시며 우리가 기도하면서 사용하는 용어들대로 응답하시는 것이 아니라는 우리의 확신 등이다. 그러므로 바울이 이 두 구절에서 제시하는 "좋은 소식"은 "그리스도 안에" 있는 사람들, 그러므로 "성령 안에"도 있는 사람들이 매우 중요한 자원을 가지고 있다는 것이다. 특히 암시되었다시피, 그것은 그들의 기도와 그들 현재의 지상 생활을 위한 중요한 자원이다. 이것은 그리스도 및 성령과 상관이 없는 사람들이 소유하고 있는 것보다 훨씬 큰 것이다. 즉 하나님의 영의 "도우심"과 바로 그 성령이 그들을 대신하여 하나님 앞에서 "간구하시는 것"이다.

IV. 하나님께서 그를 사랑하는 자와 그의 목적대로 부르심을 받은 자들을 위하여 모든 것을 합력하여 선을 이루신다는 신자들의 확신(8:28-30)

8:28 그리스도인의 "성령 안에서의 삶"에 대한 네 번째이자 마지막인 함의를 제시하는 8:28-30의 도입부 진술은 후치사인 접속사 δέ로 시작한다. 이 접속사는 그리스 저술가들에 의해 한 절과 다른 절을 연결하기 위해 일반적으로 사용되던 단어였다. Δέ는 종종 문장이나 절들 사이에 어떤 대조가 보일 때 등장한다. 물론 다른 경우에 그 단어가 대조가 아닌 단순히 접속의 의미로 기능할 때도 있지만 말이다. 불변화사 δέ는 앞서 8:23과 8:24에서 대조하는 역할을 했다. 그런데 8:25, 26, 27에서 이 단어는 한 문장이나 절을 다른 것과 연결시킬 목적으로만 사용되었으며, 나

중에 8:30에서도 이런 방식으로 다시 등장할 것이다. 그래서 8:25, 26, 27과 8:30의 문장들을 연결하기 위해 δέ가 계속 사용된 것을 볼 때, 이곳 8:28을 시작하는 곳에 있는 δέ 역시 8:28-30의 이 자료를 8:26-27에 제시된 내용과 연결할 가능성이 크다. 그래서 이 단어는, 문장들이 나란히 등장하는 문맥을 고려하면, "이외에도", "게다가", "더욱이" 같은 표현으로 번역되는 것이 최상인 것 같다.

8:28을 시작하는 곳에서 바울이 편지의 "공개 형식" οἴδαμεν ὅτι("우리가 알거니와")를 사용한 것은, 그가 이 구절의 나머지 부분에 기록한 내용을 유대인과 그리스도인들만 아니라 철학적으로 예리하며 종교적으로 경건한 사람 등 통찰력이 있는 모든 사람이 참되다고 인정할 것이라고 믿었다는 데 그 이유가 있다. 찰스 탈버트는 그리스 고전 철학자들(주로 플라톤, 기원전 428/427-348/347년경)과 몇몇 그리스-로마 스토아 철학자들(주로 소[小]세네카, 기원전 4-기원후 65년경)로부터 수많은 금언적 진술을 인용하는데, 그들은 "신들로부터 나온 모든 것은 신들을 존경하는 사람에게는 최상으로 드러난다"(플라톤)거나 "신을 경외하는 사람에게는 모든 것, 심지어 다른 사람들이 악이라고 생각하는 것까지 선하다"(세네카)라는 취지로 말한다.[95] 이와 비슷한 맥락에서 기원전 2세기 초반의 유명한 유대교 선생이었던 예수아 벤 시라는 기원전 180-175년쯤에 이런 글을 썼다. "경건한 자들에게는 모든 것이 유익하다."[96] 그리고 기원후 120-140년에 활동한 3세대 탄나임의 유명한 랍비 아키바는 탈무드에서 다음과 같이 가르쳤다고 인용되었다. "전능하신 이가 행하시는 모든 것은 선을 위해 하시는 것이다."[97]

바울이 이곳 8:28에서, 격언 방식으로(즉 진리나 정서의 간결한 형식을 사용하는 것) 초보적인 신정론(즉 악의 존재를 고려하여 하나님의 선하심과 전능하심을 변호함)을 표현하는, 신(유대-기독교의 하나님이든지 소위 신이라고 불리는 다른

---

95) Talbert, *Romans*, 222-23.

96) Sir 39:25; 또한 39:27도 참조하라. "이 모든 것[즉 물, 불, 철, 소금, 밀, 우유, 꿀, 포도, 기름, 옷]은 경건한 사람들에게 선한 것임을 알 수 있다."

97) *b. Ber*. 60b.

신들이든지)적 행위들의 정당성을 입증하는 데 이처럼 널리 퍼진 내용을 사용한 것은 정확히 설명하기가 어렵다고 여겨졌다(위의 "본문비평 주"를 보라). 이 구절의 그리스어 본문은 적어도 네 가지 방식으로 읽혔다.

1. 명사로 사용된 중성 복수 형용사 πάντα("모든 것")는 주격이며, 따라서 문장의 주어다. 동사 συνεργεῖ의 3인칭 단수형 어미는 중성 주어와 함께 사용될 때, 문장의 주어가 단수 또는 복수인지에 따라 "그것" 또는 "그것들"로 번역된다. 바울은 이러한 이해에 의거하여 "하나님을 사랑하는 자들에게 **모든 것**이 합력하여 선을 이룬다"라고 선포하고 있다. 이것은 약간은 운명론적인 방식으로 고대 철학자들의 금언적 진술들을 반향하는 것 같다.
2. 중성 복수 πάντα("모든 것")는 목적격이며, 따라서 문장의 술부다. 동사 συνεργεῖ의 3인칭 단수형 어미는 문장의 주어로 기능하기에 중성 동사의 어미로 이해되며, 앞서 8:23과 8:26-27 본문에 등장한 τὸ πνεῦμα("성령")를 선행사로 취한다. 이렇게 이해하면, 바울은 여기서 하나님의 성령을 문장의 주어로 염두에 두면서 "**그것**[즉 성령]이 하나님을 사랑하는 자들에게 모든 것이 선을 이루도록 하신다"라고 선언하고 있다.
3. 중성 복수 πάντα("모든 것")는 목적격이며, 따라서 문장의 술부다. 동사 συνεργεῖ의 3인칭 단수형 어미는 남성으로 이해되기에, 바로 앞 8:28에 있는 남성 명사 τὸν θεόν("하나님")을 가리킨다. 이렇게 이해하면, 바울은 이곳에서 하나님 자신을 문장의 주어로 고려하고, 그래서 "그[즉 하나님]가 하나님을 사랑하는 자들에게 모든 것이 선을 이루도록 하신다"라고 선언하고 있다.
4. 중성 복수 πάντα("모든 것")는 목적격이며, 따라서 문장의 술부다. 동사 συνεργεῖ의 3인칭 단수형 어미는 남성으로 이해되고, ὁ θεός("하나님")를 동사 συνεργεῖ의 어미에서 염두에 둔 대상으로 삽입함으로써(원래 본문에 있었든지 아니면 나중에 필경사에 의해 삽입되었든지 간에)

> 발생할 수 있는 모호함을 제거했다. 이렇게 이해하면, 바울은 여기서 "**하나님**이 그를 사랑하는 자들에게 모든 것이 선을 **이루도록 하신다**"라고 분명히 선언하고 있다.

학자들이 이 구절의 정확한 표현이나 구문에 관해 한 번도 의견의 일치를 보이지 않았는지는 모르지만, πάντα συνεργεῖ εἰς ἀγαθόν을 문장의 원래 형태를 구성하고 있는 것으로 보고 다음과 같이 이해하는 것이 최상인 것 같다. (1) 동사 συνεργεῖ의 어미를 문장의 주어로 그리고 남성("그")으로 이해함, (2) 실명사 πάντα("모든 것")를 목적격으로 보고 그래서 문장의 술부로 이해함, 그래서 이 문장을 "그[즉 하나님]가 합력하여 선을 이루신다"로 읽는다(위의 3번). 이 진술은 "하나님을 사랑하는 자들에게"라는 절로 소개되고 그 뒤에 "그의 목적대로 부르심을 입은 자들"이라는 절이 이어진다. 본문의 광범위하고 다양한 사본상의 근거 때문에(본서 "본문비평 주"를 보라), 이러한 독법을 원본으로 받아들여야 할 것 같다. 그런데 "하나님"을 동사의 어미에 있는 "그는"을 말할 때 염두에 둔 대상으로 분명히 밝히는 πάντα συνεργεῖ ὁ θεὸς εἰς ἀγαθόν은 P^{46}, 알렉산드리아 사본(A 02), 바티칸 사본(B 03), 그리고 오리게네스의 로마서 주석의 두 그리스어 개정판의 지지를 받기 때문에 매우 개연성이 크다(위의 4번).

이렇게 8:28을 읽는 것(위의 선택 3번이든지 4번이든지)은 (1) 이 구절의 주요 진술의 주어를 "하나님"으로 이해하고, (2) 동사의 술부를 "모든 것"으로 볼 뿐만 아니라, (3) 문장이 시작되는 곳에 배치한 πάντα를 강조를 위한 것으로 여긴다. 다시 말해서 이 단어가 그곳에 놓인 것은 그리스도인의 삶에서 발생하는 모든 것이, 인간적인 관점에서 "선한 것"이든 "악한 것"이든, 하나님의 주권적인 보살핌 아래 있으며, 그래서 예수를 믿는 신자들은 그것을 어떤 면에서 그들의 삶을 향한 하나님의 목적을 성취하는 과정에서 현재뿐만 아니라 미래에도 선한 것으로 보아야 한다는 사실을 강조한다. 또는 조세프 피츠마이어가 이 구절에 있는 바울의 진술을 적절히 풀어 설명했듯이, "이 땅에서의 삶에서 그리스도인들에게 일어나는 모든 일은 어떻게든 하나님의 섭리로 주관된다. 이 삶에서 그리스도인들에게 해를 끼칠 수 있는 것은 아무것도 없다. 그것이 고난이든지 아니면 악한 적대 세력의 공격이든지 말이다. 이 모든 일은 그리스도인들이 부름을 받은 궁극적인 미래에 이바지할 수 있다."[98]

더욱이 "그가[하나님이] 모든 것을 합력하여 선을 이루게 하신다"는 선언 앞뒤에 2개의 설명적 절들, 즉 "하나님을 사랑하는 자"와 "그의 목적대로 부르심을 받은 자"가 등장하는데, 두 번째 절이 첫 번째 절을 교정하려고 제시된 것은 아니다.[99] 오히려 하나는 바울의 주장 앞에 제시되고 다른 하나는 그다음에 제시된 이 두 절은 이중적이고 매우 극적인 방식으로 신자들의 삶에서 일어나는 모든 사건을 "합력하게끔 하시는" 하나님의 섭리적 보살핌이라는 주제를 설명한다.

8:29-30 바울은 이 두 구절에서 그리스도인들이 왜 하나님께서 그를 사랑하고 그의 목적대로 부르심을 받은 사람들에게 모든 것을 합력하여 선을 이루게 하신다고 확신할 수 있는지 그 이유를 제시한다. 예수 그리스도와 그의 사역 및 계속되는 성령의 사역으로 표현된 하나님의 사랑과 자비와 은혜에 적극적으로 반응한 사람들은 하나님이 이루시는 구원사에 개인적으로 포함되었고, 그들의 지상 생활에서 하나님께서 그들을 위해 행하고 계신 모든 구원 행위의 궁극적 목적인 "그의 아들의 형상을 본받고"(8:29) 마침내 그들이 완전히 "영화롭게" 되는 결과(8:30)를 이룰 것이기 때문이다.

하나님께서 신자들의 삶에서 구원을 이루시는 그들 삶의 단계들은 하나님의 관점에서 볼 때 5개의 중요한 표현들로 제시된다. "미리 아심"… "미리 정하심"…"부르심"…"의롭다 하심"…"영화롭게 하심" 등이다. 그러

98) Fitzmyer, *Romans*, 522.

99) 칼뱅이 "그의 목적대로 부르심을 입은 자들에게"라는 절을 주석하면서, "이 절은 교정하려고 덧붙인 것 같다. 신자들은 자신들이 하나님을 사랑하기 때문에 자기 자신의 공로로 여러 가지 역경으로부터 이렇게 많은 열매를 받는 우위를 점한다고 생각해서는 안 된다"라고 말했듯이 말이다(Calvin, *Romans*, in *Calvin's Commentaries*, 8.179).

나 조세프 피츠마이어가 바르게 경고한 것처럼, 이 단계들을 "예정론이라는 후대에 등장한 신학적 체계의 개념적 단계(*signa rationis*)로 너무 손쉽게 바꿔 놓아서는 안 된다."[100] 바울은 로마서 9장에서 하나님이 사람들이 태어나기 전에 그들을 선택하셨고, 사건들이 발생하기 전에 그 사건들을 선택하셨다고 말하며, 고린도전서 2:7(과 엡 1:5, 11)에서 예수를 믿는 신자들을 위하여 "만세 전에" 하나님이 결정하신 것과 관련하여 동사 προορίζω("앞서 결정하다", "예정하다")를 사용하지만, 이곳 로마서 8:29-30에서 바울이 이 다섯 단계를 제시한 목적은 단순히 하나님의 "구원의 서정"을 제시하려는 것이 아니라 오히려 하나님이 사람들을 구원하시는 일이 (1) 그의 "미리 아심"과 그의 "미리 정하심"에 근거하며, (2) 그의 "부르심"과 그의 "의롭다 하심"에 의해 효력을 발휘하고, (3) 그에게 적극적으로 반응하는 사람들에게 장차 궁극적인 "영화롭게 함"이라는 결과를 낼 것이라는 점을 강조하려는 데 있는 것 같다. 따라서 예수를 믿는 신자들이 하나님께서 그를 사랑하고 그의 목적대로 부르심을 입은 자들에게 모든 것을 합력하여 선을 이루게 하신다는 확신을 얻을 수 있다는 그의 진술을 뒷받침하려고, 사도는 그리스도인의 삶에서 일하시는 하나님의 과정에 있는 이 5개의 중요한 단계를 열거한다. 이 단계들에는 하나님이 그리스도인의 삶에서 모든 환경과 사건을 감독하시는 것도 포함된다.

바울은 이 목록을, 교리문답이든지 예전적 자료든지, 유대교 교훈이나 유대 기독교 교훈 또는 아마도 초기 기독교의 신앙고백 자료에서 가져왔을 것이다. 만일 그렇다면, 바울은 이 목록을 반복하면서 그가 보기에 하나님께서 구원사의 계획을 이루시면서 가지고 계시는 두 가지 중요한 목적을 강조하기 위해 "정하셨다"는 용어 다음에 자신이 강조하는 내용을 포함시켰다고 봐야 할 것 같다. 그 두 가지 목적은 (1) 하나님께 긍정적인 방식으로 반응하는 사람들은 "그의 아들의 형상을 본받는다"는 것과, (2) "그[그의 아들 예수 그리스도]가 많은 형제자매 가운데 맏아들이 되"셨다는 데

100) Fitzmyer, *Romans*, 524-25.

있다.

더욱이 하나님의 "미리 아심"과 "예정" 간의 관계에 대해 많은 논란의 대상이 된 특징들 및 하나님의 예정의 범위와 관련하여, 이 문제들에 대한 바울의 긍정적인 진술들을 하나님의 버리심에 관한 부정적인 진술들로 바꾸어 하나님의 사랑과 은혜와 자비를 저버린 사람들, 그들을 위한 그리스도의 사역을 저버린 사람들, 그래서 하나님의 영의 사역에 저항한 사람들에게 적용해서는 안 된다. 하나님을 사랑하는 자들을 하나님이 미리 아시고 미리 정하셨다는 말의 반대는 하나님이 그를 저버린 사람들을 미리 정하셨다는 것이 아니기 때문이다. 사람들은 하나님과 그의 아들과 그의 영을 하나님의 바람과 상관없이 저버렸다. 그들의 저버림은 그들 자신에게서 기인한 것이다. 오리게네스가 3세기에 하나님의 미리 아심 및 미리 정하심과 관련하여 적절히 썼듯이,

> 성경에서 "미리 알았다"와 "미리 정했다" 같은 단어들은 선과 악에 동일하게 적용되지 않는다. 세심한 성경 학도는 이 단어들이 좋은 것에 대해서만 사용되었다는 것을 알게 될 것이다.…하나님은 악한 사람들에게 말씀하신 때에는 그들을 알지 못했다고 말씀하신다[마 7:23; 눅 13:27].…그들에 대해서는 미리 아신 바 되었다고 말하지도 않으신다. 모든 곳에 미치고 미치지 않는 곳이 없는 하나님의 아심을 피할 수 있는 어떤 것이 있기 때문이 아니라, 악한 것은 모두 그의 아심 또는 그의 미리 아심에 있어 가치도 없는 것으로 여김을 받기 때문이다.[101]

그러므로 8:28-30의 구조와 언어를 근거로, 바울이 이 단락의 이 마지막 몇 구절에 그가 유대교 교훈이나 유대 기독교 교훈의 다양한 부분에서 가져온 자료들 또 아마도 초기 기독교의 신앙고백 자료를 포함시켰다고 적절하게 제안할 수 있다. 그는 이 모든 자료를 자신의 목적을 위해 편집했다. 바

101) Origen, *Ad Romanos, CER* 4.86, 88, 90.

울이 적합한 결론에 이르기 위해 이 자료를 사용하기를 원했다는 것은 분명하다. 즉 (1) 그의 핵심적인 선포의 내용인 "정죄함이 없음", "새 생명", "그리스도 안에" 있음, "성령 안에"서 있음, "그리스도께서 그의 영으로 말미암아" 그리스도인 안에 있음과 예수를 믿는 신자들이 하나님에 의해 그의 가족 안으로 "입양됨"(8:1-17)뿐만 아니라, (2) 바울이 "성령 안에" 살아가는 삶에 대한 중요한 함의들(8:18-30)을 설명한 부분에 적합한 결론들 말이다.

성경신학

바울이 이곳 8:18-30에서 강조한 "성령 안에" 거하는 삶을 산다는 의미가 무엇인지에 함의된 바는 기독교 성경신학이나 그리스도인의 삶을 막론하고 대단히 중요하다. 사실 그러한 삶은 찰스 크랜필드가 이 본문에 제시된 "그리스도인의 소망"과 관련하여 관찰했듯이, "대부분의 시간 동안 지속하는 스스로에 대한 집착과 하나님의 영광에 대한 우리 관심의 미약함이 우리로 하여금 생각하도록 하는 것보다 훨씬 더 놀랍고 더 풍성하다."[102] 모든 그리스도인의 생각과 삶에 기본적인 것은 다음과 같다.

1. 그리스도인들의 현재의 고난과 하나님의 피조물의 현 상황이 이생에서와 미래의 삶에서 예수를 믿는 신자들이 누리는 예정된 영광과 피조물의 약속된 미래의 자유와 어떻게 관련이 있는지에 대한 이해(8:18-21).
2. 하나님께서 "성령의 처음 익은 열매"를 받은 모든 신자 및 파생적으로 "모든 피조물"에게 주신 소망에 관한 필수적인 확신(8:22-25).
3. 특히 기도와 관련이 있지만 그리스도인들의 삶의 모든 측면과도 관련하여, 성령이 하나님의 백성인 사람들을 도우시고 그들을 위해 하나님 앞에서 간구하시는 사역의 생생한 실현(8:26-27).

---

102) Cranfield, "Some Observations on Romans 8:19-21," 230.

4. 하나님께서 그를 사랑하고 그의 목적대로 부르심을 입은 자들의 선을 위해 "모든 것을 합력하게 하신다"는 그리스도인들의 확신(8:28-30).

그리스도인의 사고와 삶에 있는 그 밖의 모든 것은 이 기본적인 진리들에 대한 의식과 경험에 의존한다.

현대를 위한 상황화

바울은 일찍이 로마 제국의 속주 갈라디아에 있는 그의 개종자들에게 "성령을 따라 살라"(갈 5:16, 25a) 또 "성령을 따라 행하라"(갈 5:26b)고 권했다. 하지만 제임스 던이 바르게 주목했듯이, 이곳 로마서 8장에서는 "성령의 사역에 대한 바울의 가장 일관된 주해"가 있다.[103] 신약의 복음서와 특히 제4복음서에는 (1) 하나님의 영과 그의 사역, (2) 하나님의 영과 하나님의 아들이신 예수의 관계, (3) 예수를 믿는 사람들의 영성과 관련된 내용이 많이 제시되었지만, 이곳 로마서 8:18-30에서는 바울이 말하는 내용에서 "성령 안에 있는" 그리스도인으로서 삶을 사는 것이 어떤 의미인지를 다룬다. 이것은 특히 다음과 같은 주제들과 관련된다. (1) 고난과 영광, (2) 장래에 대한 소망, (3) 성령의 도우심과 간구하심, (4) 그의 삶과 영성에 대한 기초로서 하나님에 대한 그리스도인의 확신 등이다. 조세프 피츠마이어가 그의 책 『바울의 로마서에 기초한 영적 훈련』(*Spiritual Exercises Based on Paul's Epistle to the Romans*)에서 강조했듯이, "바울의 로마서는 비평적이지만 묵상하며 읽는다면 기도를 위해서나 또는 인간의 상태와 그리스도인과 하나님 간의 관계에 대한 반추를 위해 굉장한 자원이 된다."[104]

그러므로 예수를 믿는 신자들인 우리에게는 위치적으로 "그리스도 안에" 있는 것뿐만 아니라, 경험적으로 "성령 안에" 사는 것 그리고 "그리스

103) Dunn, "Spirit Speech," 82.
104) Fitzmyer, *Spiritual Exercises*, 3.

도께서 그의 영으로 말미암아" 우리 안에 사시는 것으로써 우리의 삶을 사는 것이 무슨 의미인지를 비평적으로 그리고 묵상적으로 반추하는 것이 필요하다. 서구 세계의 시민이자 현대 문화의 구성원들로서 우리는 종종 건강한 삶을 사는 계획을 제시하고 우리가 참된 영성이라고 이해하는 어떤 유형에 초점을 맞추는 데 상당히 전문가들이다. 하지만 우리는 그리스도인으로서 (1) "그리스도 안에" 있다는 것과 "성령 안에" 있다는 것이 실제로 무슨 의미인지, 그리고 "그리스도께서 그의 영으로 말미암아" 우리 안에 사신다는 것이 무슨 의미인지를 깊이 생각해야 하고, (2) 하나님이 이러한 현실을 통해 우리의 사고와 삶에 어떤 영향을 끼치기 원하시는지를 깊이 생각해야 한다. 다시 말해서 우리는 이 "새 생명의 현실들"이 우리의 전망과, 우리의 소망과, 우리의 행동에 주는 의미가 무엇인지를 진지하게 고려해야 한다. 이것이 바로 바울이 이곳 8:18-30에서 예수를 믿는 신자들인 우리에게 깊게 숙고하고, 우리의 삶에서 바르게 이루어내며, 우리의 행동에서 성령의 인도하심과 힘주심으로써 효과 있게 표현하라고 촉구하는 바다.

7. 초기 기독교 신앙고백 자료가 삽입된, 그리스도 안에 있는 사람을 향한 하나님의 신원하심과 돌보심과 영원한 사랑에 관한 담대한 확언 (8:31-39)

번역

8:31그런즉 이 일들에 대해 우리가 무슨 말 하리요? 만일 하나님이 우리를
위하시면 누가 우리를 대적하리요? 32"자기 아들을 아끼지 아니하시고 우
리 모든 사람을 위하여 내어주신 이가 어찌 그 아들과 함께 모든 것을 우리
에게 주시지 아니하겠느냐?" 33누가 능히 하나님께서 택하신 자들을 고발
하리요? "의롭다 하신 이는 하나님이시니!" 34누가 정죄하리요? "죽으실 뿐
아니라 다시 살아나신 이는 그리스도 예수시니, 그는 하나님 우편에 계신
자요 우리를 위하여 간구하시는 자시니라!"

35누가 우리를 그리스도의 사랑에서 끊으리요? "환난이나 곤고나 박해
나 기근이나 적신이나 위험이나 칼이랴? 36기록된 바, '우리가 종일 주를 위
하여 죽임을 당하게 되며 도살당할 양같이 여김을 받았나이다' 함과 같으
니라." 37그러나 이 모든 일에 "우리를 사랑하시는 이로 말미암아 우리가 넉
넉히 이기느니라!"

38내가 확신하노니, 사망이나 생명이나 천사들이나 권세자들이나 현재
일이나 장래 일이나 능력이나 39높음이나 깊음이나 다른 어떤 피조물이라
도 우리를 우리 주 그리스도 예수 안에 있는 하나님의 사랑에서 끊을 수 없
으리라.

본문비평 주

8:34a 이중 이름 Χριστὸς Ἰησοῦς가 대문자 사본 ℵ A C F G L Ψ(또한 *Byz* L)와 소문자 사본 33(범주 I), 81 256 1962 2127(범주 II), 6 104 365 424^{c} 436 1319 1573 1852(범주 III)에 등장하며, it$^{b, f, g}$ vg syr^{h} cop^{bo}에 반영되었고, 오리게네스^{lat} 아우구스티누스$^{3/4}$의 지지를 받는다. 그러나 홑 이름 Χριστός는 대문자 사본 B D(또한 *Byz* K)와 소문자 사본 1175 1739(범

주 I), 1506 1881 2464(범주 II), 263 459 1241 1912 2200(범주 III)에 등장하며, it[d2, mon] syr[p] cop[sa]에 반영되었고, 이레나이우스[lat] 크리소스토모스 암브로시아스테르 아우구스티누스[1/4]의 지지를 받고 있다. Ἰησοῦς라는 이름을 포함하고 있는 ἅμα δὲ Χριστὸς Ἰησοῦς("그러나 동시에 그리스도 예수는")라는 어구가 P[46vid]에서 발견된다. 비록 그리스어 본문 전통 다른 곳에서는 ἅμα δὲ가 이 구절에 등장하지 않지만 말이다. 이중 이름 Χριστὸς Ἰησοῦς에 Ἰησοῦς가 포함된 것에 대한 찬반을 나타내는 사본들이 본문 전통에서 매우 균형이 잡혀 있으므로, 연합성서공회 위원회는 이 단어를 유지하되 그것을 꺾쇠 괄호 안에 포함하기로 결정했다.

34b절 동사 ἐγερθείς("일으킴을 받았다/다시 살아났다")는 P[27vid]와 P[46], 대문자 사본 ℵ[a] B D G(또한 *Byz* K), 소문자 사본 1739(범주 I), 1881 2127(범주 II), 1241 2495(범주 III) 등에서 광범위한 지지를 받고 있으며, it[ar, d, dem, e, f, g, t, x, z] vg syr[p, h]에 반영되었고, 이레나이우스[lat] 오리게네스[lat]의 지지를 받는다. 대문자 사본 ℵ[*, c] A C Ψ, 소문자 사본 33(범주 I), 81 1506 1962(범주 II), 104 326 436(범주 III) 같은 일부 사본에는 ἐκ νεκρῶν("죽음으로부터")이 첨가되었다. 이 어구는 역본 cop[sa, bo]에도 반영되었으며, 크리소스토모스의 지지를 받는다. 이 더 긴 독법은 설명을 위해 덧붙여진 것으로 보인다.

35절 Τῆς ἀγάπης("사랑의")라는 어구 다음에 단독적으로 표기된 Χριστοῦ("그리스도의")라는 이름은 대문자 사본 C D F G Ψ(또한 *Byz* K L)와 소문자 사본 33 1175 1739(범주 I), 81 256 1881 1962 2127 2464(범주 II), 6 104 263 424[c] 436 459 1241 1319 1573 1852 1912 2200(범주 III)의 지지를 받으며, it[ar, b, f, g, mon, o] vg syr[p, h] cop[bo]에 반영되었고, 오리게네스[gr, lat3/11] 크리소스토모스[2/3] 테오도레토스 테르툴리아누스 암브로시아스테르 히에로니무스[1/7] 아우구스티누스[24/25](알렉산드리아 사본[A 02]은 판독이 불가능하다)의 지지를 받는다. 바티칸 사본(B 03)과 오리게네스[lat4(1)/11]에 등장하는 τῆς ἀγάπης θεοῦ τῆς ἐν Χριστῷ Ἰησοῦ("그리스도 예수 안에 있는 하나님의 사랑")는 짐작건대 나중에 8:39에 있는 동일한 어구와 조화시킨 필경사의 작업일 것이다. 시나이 사본(ℵ 01)과 소문자 사본 365 1506(또한 cop[sa]에 반영되었고, 히폴리투스 오리게네스$^{gr\ mss,\ lat3/11}$ 에우세비오스$^{3/4}$ 크리소스토모스$^{1/3}$ 아우구스티누스$^{1/25}$의 지지를 받음)에서처럼, τῆς ἀγάπης Χριστοῦ("그리스도의 사랑")가 아닌 τῆς ἀγάπης θεοῦ("하나님의 사랑")를 가진 본문 역시 부분적으로 8:39을 반영한 것일 개연성이 크다.

38-39절 8:38에 있는 "천사들(ἄγγελοι)이나 권세자들(ἀρχαί)이나"와 8:39의 "높음(ὕψωμα)이나 깊음(βάθος)" 사이에 등장하는 "우리 주 그리스도 예수 안에 있는 하나님의 사랑"에 장애가 될 수 있는 것들에 대해 바울이 제시하는 목록은 본문 전통에서 다양한 순서로 발견된다. 독법 οὔτε ἐνεστῶτα οὔτε μέλλοντα οὔτε δυνάμεις("현재 일이나, 장래 일이나, 능력이나")는 P^{27vid}와 P^{46}(δύναμις를 사용함)을 비롯하여 대문자 사본 ℵ A B F G, 소문자 사본 1739(범주 I), 1506 1881 1962 2127(범주 II), 365 1319 1573(범주 III)의 결정적인 지지를 받으며, 역본 $it^{ar,\ d,\ f,\ g,\ o}$ $vg^{ww,\ st}$ $cop^{sa,\ bo}$에도 반영되었고, 오리게네스$^{gr,\ lat2(2)/9}$ 에우세비오스 히에로니무스$^{1(6)/7}$ (아우구스티누스$^{5/8}$)의 지지를 받고 있다. 일부 필경사들은 특히 천사들과 관련하여 바울의 목록을 개선할 필요가 있다고 본 듯하다. 그래서 (무엇보다도) 다음과 같은 순서의 독법을 가진 사본들이 있다. (1) 비잔틴 계열의 사본인 K L과 소문자 사본 33 1175(범주 I), 2464(범주 II), 6 424^{c} 1241 1912 2200(범주 III)에서처럼 "능력이나, 현재 일이나, 장래 일이나"로 된 독법. 이 독법은 $it^{b,\ mon}$에도 반영되었고, 오리게네스$^{lat2/9}$ 크리소스토모스 테오도로스^{vid} 테오도레토스 암브로시아스테르 아우구스티누스$^{1/8}$의 지지를 받는다. (2) 대문자 사본 C와 소문자 사본 81 256(범주 II), 104 263 459(범주 III)에서처럼 "권세자들(ἐξουσίαι)이나 현재 일이나 장래 일이나 능력이나"로 된 독법. 이 독법은 vg^{cl} $syr^{h\ with\ *}$ $cop^{bo\ mss}$에도 반영되었고, 오리게네스$^{lat2/9}$의 지지를 받는다. (3) 소문자 사본 436과 1852(두 사본 모두 범주 III)에서처럼 "권세자들(ἐξουσίαι)이나 능력이나 현재 일이나 장래 일이나"로 된 독법. 이 독법은 syr^{p}에도 반영되었다.

형식/구조/상황

바울은 8:31-39의 이 아홉 절에서 로마서 본론 중앙부의 두 번째 단락을 극적인 절정으로 이끈다. 즉 바울은 그가 5:1-8:30에서 제시한 내용에 대해 강렬하고 의기양양하며 심지어 도전적인 결론을 제시한다. 우리가 제안했듯이, 사도가 로마서 본론 중앙부의 이 단락에서 말하는 내용은 그가 일찍이 로마에 있는 그의 수신자들에게 "신령한 은사"(χάρισμα πνευματικὸν)라고 언급한 것이다.[1] 이 은사는 그가 로마 제국 동쪽 지방의 다양한 도시와 마을에서 이방인들에게 선포한 기독교 메시지의 더욱 인격적이고 관계적이며 참여적인 형식을 압축한 것으로 이해된다. 더욱이 기독교 복음의 이렇게 더욱 관계적이며 인격적이고 참여적인 형식은 (1) 그가 "나의 복음"(τὸ εὐαγγέλιόν μου)이라고 묘사한 것이며,[2] (2) 그가 로마에 있는 그리스도인들이 그의 이방인 선교를 더 정확히 이해하고 그가 선포한 내용을 더 공감하기 위해 알아야 할 필요가 있다고 느꼈던 것이고, (3) 그가 예수를 믿는 로마 신자들이 기독교 복음의 더 발전된 이해로 받아들이기를 원한 것이며, (4) 로마의 신자들이 동일한 기독교 메시지를 스페인에 있는 이교도 이방인들에게 확장하려는 계획에 대해 기도와 재정적인 지원을 통해 적극적으로 반응해주기를 원했던 것이다.[3]

이 마무리 단락의 특성. 본문에 시적 표현이 있다거나 신앙고백이 반향되었다고 이해해온 까닭 때문에, 8:31-39은 종종 찬송[4] 또는 송영[5]으로 이해되곤 했다. 질문과 대답이 광범위하게 사용되고 있어서 본문은 가끔 문체상 그리스의 디아트리베 형식으로[6] 이해되기도 했다. 이 본문이 하나님의 백성이 그리스도 예수 안에 표현된 하나님의 사랑에서 분리될 수

---

1) 참조. 1:11-12과 이 본문에 대한 본서의 석의와 주해.
2) 참조. 2:16과 16:25과 이 본문들에 대한 본서의 석의와 주해.
3) 참조. 1:13과 15:24과 이 본문들에 대한 본서의 석의와 주해.
4) 예. J. Weiss, "Beiträge zur paulinischen Rhetorik," 195-96.
5) 예. Balz, *Heilsvertrauen und Welterfahrung*, 116.
6) 예. Käsemann, *Romans*, 246: "질문과 대답, 반대와 대응의 상호작용은 다시 고대의 운율적 산문체에 가까운 기독교 디아트리베가 있음을 보여준다."

없다는 승리의 선언으로 마무리되었지만, "시적인 아름다움"이 있다고 말하기는 어렵다. 그리고 본문에 기독교의 신앙고백 자료들이 포함되어 있어도(특히 32-34절과 아마도 35-37절에도), 본문은 기독교적 송영으로 이해할 만한 증거를 훨씬 넘어서는 내용을 담고 있다. 더군다나 8:31-39(또는 적어도 31-37절의 자료들)을 기독교적 디아트리베로 이해해야 한다는 제안은 지지를 받지 못한다.[7)]

바울은 로마서 4장에서 아브라함에 대한 그의 주해를 수사적 질문을 제기함으로써 믿음의 탁월한 예로 소개한다. "그런즉 우리가 무엇을 말하리요?"(τί οὖν ἐροῦμεν;)(4:1) 그리고 3장에서 바울은 이러한 기본적인 수사적 질문의 변형을 다수 사용했다. 3:1의 "그런즉 유대인의 나음이 무엇이뇨?" 3:3의 "어떤 자들이 믿지 아니하였으면 어찌 하리요?" 3:5의 "무슨 말 하리요?" 3:8의 "그러면…하지 않겠느냐?" 3:9의 "그러면 어떠하냐?" 등이다. 각각의 경우 바울은 이어지는 논증을 강조하려고 이러한 기본적인 수사적 질문 형식들을 사용했다. 각 질문에 내포된 전제는 바울이 일찍이 기록한 것에 근거하며 그의 대답은 비교적 수수께끼 같고 극적인 방식으로 진술되었다.[8)] 그러므로 바울이 이곳 8:31-39에서 이러한 수사적 질문을 사용한 것을, 본문에 일종의 찬송이나 송영 또는 디아트리베 문체가 표현된 것이라고 상정하지 않고, 그가 앞서 3, 4장에서 수사적 질문과 기독교적 대답을 사용한 것과 비슷한 것으로 보아야 한다고 결론을 내리는 것이 이치에 맞을 것 같다.

약간의 상상력을 펼친다면 누구나 8:31-39을 바울이 로마 제국의 동쪽에 있는 다양한 도시와 마을에 있는 비유대인 청중들에게 선포한 복음을

---

7) S. K. Stowers는 그의 통찰력 있는 저술인 *The Diatribe and Paul's Letter to the Romans*에서 종종 8:31-39을 로마서에서 디아트리베의 가능성 있는 예로 열거조차 하지 않는다. Stowers는 로마서에서 바울이 사용한 디아트리베 문체에 대한 Käsemann의 논의를 언급할 때 이렇게 말한다. "Käsemann의 해석은 로마서의 디아트리베 문체가 바울의 계획성 없는 임기응변적인 설교체를 반영한 것이라는 Bultmann 사상의 영향 아래에 있음이 확실하다"(122-23). Stowers는 Bultmann의 이러한 논지를 거부했다.

8) 이 주제들에 대해 우리가 롬 3장과 4장에서 논의한 것을 보라.

종종 어떻게 마무리했는지를 잘 보여주는 부분으로 이해할 수 있다. 승리와 확신과 심지어 도발이라는 특징들이, 바울의 이방인 청중들에게 "우리 주 그리스도 예수 안에 있는 하나님의 사랑"에 적극적으로 반응하라는 내포된 초대와 함께 이 마지막 아홉 절 전체에 울려 퍼진다.

마찬가지로 우리는 바울이 매우 극적이고 열정적으로 표현된 8:31-39의 마무리하는 말들을 왜 로마서에 포함시키려 했는지 알 수 있다. 바울은 5:1-8:30에서 했듯이 그가 이교도 이방인들에게 선포했던 내용의 개요를 로마 신자들에게 제시하고 싶었을 뿐만 아니라, 자신이 그들에게 선포한 기독교 복음의 관계적·인격적·참여적 특징에 그들이 긍정적으로 반응하기를 원하기도 했다. 또한 그들이 이러한 내용을 직접 듣고 경험하면서 그들의 기도와 재정적인 지원으로 말미암아 기독교 복음의 이러한 형식을 스페인에 있는 비유대인들에게도 전하는 일에 그와 함께해주기를 원했다.

본문에 반복적으로 사용된 의문대명사 τίς("누가"). 그리스어는 구두점 없이 기록되었기 때문에 (신약성경의 다른 곳에서와 마찬가지로) 바울 서신들의 어떤 진술을 선언문으로 읽어야 할지 아니면 의문문으로 읽어야 할지 구별하기 어려울 때가 종종 있다. 이것은 신약성경에서 질문이 종종 의문대명사 τί("무엇")로, 그러나 더 자주 τίς("누구")로 표시되는 이유다. 하지만 신약성경의 여러 곳에서는 독자들에게 질문이 이어진다는 것을 알려주는 의문대명사가 제시되지 않는 경우도 있어서, 해석자들은 어떤 질문을 어떤 방식으로 이해해야 할지 문맥으로부터 결정을 내려야 할 때도 있다. 일례로, 고린도전서 1:13에 있는 세 진술을 문맥과 분리시킬 경우, 선언이나 질문으로 읽을 수 있다. Μεμέρισται ὁ Χριστός("그리스도가 나뉘었다" 또는 "그리스도가 나뉘었느냐?"), μὴ Παῦλος ἐσταυρώθη ὑπὲρ ὑμῶν("바울이 너희를 위해 십자가에 못 박히지 않았다" 또는 "바울이 너희를 위해 못 박히지 않았느냐?"), εἰς τὸ ὄνομα Παύλου ἐβαπτίσθητε("너희는 바울의 이름으로 세례를 받았다" 또는 "너희가 바울의 이름으로 세례를 받았느냐?").[9] 문법 자체로는 둘 중 어느 것이 맞는

---

9) 참조. 요 16:31; 롬 14:22; 고전 1:22; 고후 3:1; 히 10:2; 약 2:4.

지 구별이 안 된다. 문맥으로만 판단해야 한다.

8:31-39의 이 마무리하는 본문은 도입부에 중성 의문대명사 τί("무엇")를 가지고 있을 뿐만 아니라 8:31c, 8:33a, 8:34a, 8:35a에 4번 반복되는 남성형 의문대명사인 τίς("누구")도 포함하고 있다. 기독교적 특징을 지닌 반응으로 이어지는 이러한 패턴의 수사적 질문들을 곧바로 인식하는 것이, 바울이 로마 제국의 동쪽 지역에서 복음 전파를 위해 수고하면서 이교도 이방인들에게 설교하는 데 있어 대단히 중요했다고 추측할 수 있다. 더욱이 그 선포를 로마에 있는 그리스도인 수신자들에게 기록된 형태로 제시하는 것이 지속적으로 적절했을 것이라고 추정할 수 있다. 그래서 바울이 그의 원래 청중들이나 로마에 있는 그의 독자들에게 그가 제시한 구조의 핵심적인 특징을 어떻게 이해해야 하는지를 분명히 하려고 8:31c-35의 진술들에 의문대명사 τίς("누구")를 4번 포함시킨 것 같다. 그가 복음을 제시한 구조는 4개의 수사적 질문과 그에 이어지는 4개의 기독교 신앙고백적 반응으로 이루어졌다. 이 본문의 자료들을 어떻게 구분하고 구성할지를 두고 현대의 많은 번역가와 주석가들이 씨름하는 중에, 우리는 바울이 사용한 남성형 의문대명사 τίς("누구")에 그가 제시하고 있는 내용을 바르게 이해하도록 돕는 지침이 제시되었다고 믿는다.

본문에 사용된 초기 기독교의 신앙고백 자료. 현대의 많은 주석가는 바울이 모종의 형식이나 방법으로 8:31-39, 특히 32-37절에서 기독교의 다양한 신앙고백 자료를 사용했다는 견해를 취한다. 에른스트 케제만은 하나님께서 우리 모두를 위하여 그의 아들을 내어주신 것과 이외에도 우리에게 모든 것을 은혜롭게 주신 것, 다른 사람들이 하나님의 백성을 대적하며 고발하는 것에 대하여 그들을 의롭다고 하시는 것들을 다루는 8:32-33의 진술들을 언급하면서, "오늘날 거의 보편적으로 인정하고 있다시피" 이것들은 "신앙고백적 단편들로…표현된 것이다"라고 주석했다.[10] 또한 케제

10) Käsemann, *Romans*, 247; 참조. Cranfield, *Romans*, 1.436: "초기 교회의 전통적인 언어가 여기에 반향되었다."

만은 그리스도의 죽음·부활·간구와 관련한 8:34의 진술에 대해서 이렇게 썼다. "공식화된 자료가 그의 아들에 관한 표현에도 드러나는 것 같다."[11]

마찬가지로 사도가 8:35a의 "누가 우리를 그리스도의 사랑에서 끊으리요?"라는 바울의 수사적 질문에 답하면서 8:35b-37에서 초기 기독교의 공식화된 자료를 적어도 2개는 포함시켰다고 주장할 수 있다. 그 자료는 먼저 제기된 질문에 극적으로 초점을 맞추며, 그다음에 그 질문에 대한 기독교적 반응을 도전적으로 표현한다. 바울은 먼저 8:35b에서 "환난이나 곤고나 박해나 기근이나 적신이나 위험이나 칼"과 같은 매우 적대적인 특징들을 열거한다. 이 목록의 가장 초기 기독교 형식에는 8:36에서처럼 뒷받침하는 자료로 시편 44:22(LXX 43:22)이 포함되었을 것이다. 그러고 나서 바울은 8:37에서 근본적인 기독교적 확신이었을 것으로 추정할 수 있는 "그러나 우리를 사랑하시는 이로 말미암아 우리가 넉넉히 이기느니라"라는 내용을 인용한다.

본문의 구조. 대부분의 번역가와 주석가들은 8:31-39을 다음 셋 중 한 가지 방법으로 다뤄왔다. (1) 하나의 확장된 문단으로, (2) 8:31의 논지 진술과 이어서 8:32-34과 8:35-37에 제시된 두 세트의 질문과 대답 및 8:38-39에 제시된 결론적인 승리 선언으로, (3) 8:31-32, 8:33-34, 8:35-37에 등장하는 세 세트의 수사적 질문과 그 질문들에 대한 기독교적 대답 및 8:38-39에 제시된 결론적인 천명 등이다. 본문의 구조로 제시된 이 세 가지 제안 모두 저마다의 장점이 있으며, 모두 자료의 선별된 다양한 특징으로 정당성을 입증받을 수 있다.

하지만 수사적으로 본문은 고대 그리스의 연설과 산문적 글쓰기의 기본적인 두 형식으로 나눌 수 있다. 이것을 아리스토텔레스(기원전 384-322년)는 그의 『수사학』(*Art of Rhetoric*)에서 (1) "확대된", "지속적인" 또는 "계속되는"(εἰρομένη) 문체와, (2) "주기적인"(ἐν περιόδοις) 또는 "간결한"

11) Käsemann, *Romans*, 247.

또는 "압축적인"(κατεστραμμένη) 문체라고 명명했다.[12] "확대된", "지속적인" 또는 "계속되는" 문체는 고대 그리스 저술가들의 광범위한 산문체(와 신약의 산문체 자료들)에서 가장 일반적으로 사용되던 수사적 문체이며, 로마서 두 번째 단락의 이 마지막 본문인 8:31-37에 등장한다. 두 번째 형식은 8:38-39에서 발견된다.[13]

본문은 주제에 기초하여 두 하위 단락으로 나누는 것이 가장 자연스럽다. 첫 번째 단락인 8:31-34은 "누가 우리를 대적하리요?", "누가 하나님께서 택하신 자들을 능히 고발하리요?", "누가 정죄하리요?"와 같은 수사적 질문으로 시작한다. 두 번째 단락인 8:35-39은 "무엇이 우리를 그리스도의 사랑에서 끊으리요?"라는 수사적 질문으로 시작하고, 하늘에 있는 것이나 땅에 있는 것은 물론이고 사람이 경험할 수 있는 모든 것 가운데서 아무것도 "우리를 우리 주 그리스도 예수 안에 있는 하나님의 사랑에서 끊을 수 없을 것"이라는 승리의 선언으로 결론짓는다. 더욱이 본문의 이 마지막 하위 단락은 8:35a에서 어떤 것이 "그리스도의 사랑"에서 "끊을 수" 있는지에 관한 질문을 분명히 제기함으로써 시작하고, 8:39b에서 피조물 중에 아무것도 그리스도인들을 "우리 주 그리스도 예수 안에 있는 하나님의 사랑에서 끊을 수" 없다는 사실을 천명함으로써 결론을 짓는다. 이와 같은 언어의 유사성은 바울이 8:35-39에서 기록한 내용 전체를 괄호로 묶는 문학적인 수미상관으로 기능한다.[14] 우리는 본문의 약간은 다르게 보이는 주제들(본문의 수사적 문체뿐만 아니라 약간은 다양한 주제들을 고려한다)과 함께 본문의 수사적 특징을 이런 식으로 이해하여, 이어지는 석의와 주해에서 8:35-39을 설명할 것이다.

---

12) Aristotle, *Rhetoric* 3.9(1409a-b)을 보라.

13) 참조. F. Blass, *Greek of the NT*, 275을 논거로 인용하는 *ATRob*, 432. 이어지는 8:38-39에 대한 "석의와 주해"에서 우리가 이러한 관찰을 발전시킨 부분을 보라.

14) Balz, *Heilsvertrauen und Welterfahrung*, 117-18; Moo, *Romans*, 538-39.

석의와 주해

아치발드 로버트슨은 8:31-39에 대해 이렇게 말했다. "멋진 연설문이며, 세상의 어떤 웅변가에게도 필적한다.…여기에 영혼을 위대한 생각으로 불타오르게 하는 최고의 연설이 있다."[15] 이 본문에서 우리는 바울이 로마 제국의 동쪽 지방에 있는 이교도 이방인들에게 설교한 로고스(즉 논증) 안으로 들어갈뿐더러 상당히 명시적으로 사도가 제시하는 것의 에토스(즉 화자나 저자의 성품)와 파토스(즉 감정을 일으키는 힘) 안으로도 들어간다. 바울은 이런 형식의 기독교 메시지를 2:16-16:25에서 "나의 복음"이라고 언급하고, 그것을 5:1-8:30에서 로마에 있는 그리스도인 수신자들을 위해 기본적인 형식으로 제시했으며, 로마의 신자들이 그것을 적법하게 상황화된 기독교 복음으로 받아들이고 스페인에 있는 이교도 이방인들을 위한 선교에 그들의 기도와 재정적인 지원으로 동참하기를 원했다.

I. "그리스도 예수 안에" 있는 사람들에 대한 하나님의 신원하심과 돌보심 (8:31-34)

8:31-32　바울은 로마서 본론 중앙부 두 번째 단락의 마무리하는 이 부분을 그가 첫 번째 단락의 마무리하는 부분을 시작했던 동일한 수사적 질문인 τί οὖν ἐροῦμεν;("그런즉 우리가 무슨 말 하리요?")으로 시작한다. 바울은 이 어구를 믿음의 탁월한 예로서 아브라함을 제시하려고 4:1a에서도 사용했으며,[16] 그것을 이곳 8:31a에서 다시 사용한다. 이처럼 유사한 수사적 질문들은 그 자체만으로도 이 질문을 이중적으로 사용하는 목적과 기능에 관해 무언가를 강조하는 역할을 한다. 마찬가지로 이러한 공식적인 패턴은 이 동일한 질문이 소개하는 이 두 가지 자료의 결론적이며 권고적

---

15) *ATRob*, 1198. Robertson은 롬 6; 7; 9; 10; 11; 고전 3; 4; 8; 9; 12; 13; 15; 고후 2; 3; 4; 5; 8; 10; 11; 13장 같은 다른 본문들이 "이 본문과 거의 같지만" 이 본문을 능가하지는 않는다고 말한다.

16) 첫 번째 단락의 도입부에서 바울이 이 수사적 질문과 그와 비슷한 표현들을 사용한 것에 대해 우리가 논의한 부분("형식/구조/상황")을 참조하라.

인 특성을 제시한다.[17] 그러나 바울이 4:1-24에서 아브라함을 설명한 부분을 우리가 석의하고 주석할 때 고려했듯이, 본문 자체를 석의하고 주해할 때 8:31-39의 결론적 특성과 권고적 특성에 관한 더 많은 자료를 고려해야 할 필요가 있기는 하다.

8:31a에서 사용된 πρὸς ταῦτα("이 일들에 대하여" 또는 "이 일들에 대답하면서")라는 어구는 종종 해석하기 난해한 것으로 여겨지기도 했다. 목적격 명사와 함께 사용된 전치사 πρός는 신약성경에서 678회 정도 그러하듯이, 대개 "어떤 방향으로의 이동"이라는 개념을 표현한다.[18] 하지만 찰스 모울이 (그 전치사가 목적격 명사나 대명사와 함께 사용된 신약의 다른 십여 곳에서뿐만 아니라) 이곳 8:31a에서 목적격 ταῦτα와 함께 사용된 πρός의 의미에 대해 관찰했듯이, "그것은 전이적인 의미에서 '**어느 방향으로 나아가려는 경향을 지닌, ~로 인도하는, ~ 관하여, ~에 대항하여, ~을 고려하여**'를 의미한다."[19] 그래서 이 구절에서 πρὸς ταῦτα는 "이 일들에 관하여" 또는 "이 일들을 고려하여"와 같은 의미를 띤다. 물론 무언가를 확언할 뿐만 아니라 권고하는 본문의 문맥에서 그 어구를 좀 더 정확하게 "**이 일들에 대답하면서**"라는 의미로 이해할 개연성도 있다.

"그런즉 이 일들에 대답하면서 우리가 무슨 말을 하리요?"라는 질문이 전제하는 바는 바울이 앞에서 쓴 내용이다. 더욱이 이 질문은 이어지는 대답들을 준비하는 기능을 한다. 하지만 바울이 이방인 선교 대상자인 이교도 청중들에게 그리고 로마에 있는 그리스도인 수신자들에게 "이것들"에 적절히 반응하라고 촉구할 때, 그가 염두에 두었던 "이것들"이 정확히

---

17) A. H. Snyman은 8:31-39과 앞서 등장하는 4:23-25의 자료와 나중에 등장하는 11:33-36의 자료 간의 관계를 논하면서 다음과 같이 적절하게 말했다. "바울이 종종 주요 단락 끝을 장황한 결론을 삽입함으로써 표시하는 것은 문체적 또는 기질적 특징인 것 같다"("Style and Rhetorical Situation of Romans 8:31-39," 228).

18) 참조. *Moule*, 52.

19) *Moule*, 53(강조는 원저자의 것임). Moule 교수는 53-54쪽에서 신약성경에 목적격과 함께 사용된 πρός의 "전이적 의미" 십여 개가 마 19:8//막 10:5; 막 12:12; 행 23:30; 롬 8:18; 15:2; 고전 6:1; 12:7; 고후 5:10; 갈 2:14; 엡 4:14; 히 4:13에 있다고 밝힌다.

무엇인지에 대해 질문이 생긴다. 많은 해석자가 바울이 여기서 다음과 같은 내용에 대해 적절히 반응하라고 말하는 것으로 이해해왔다. (1) 바로 앞 8:28-30에서 말한 여러 진술(이 진술들은 하나님의 백성이 그리스도 예수의 사역과 그의 영의 사역으로 말미암아 하나님께 적극적으로 반응함으로써 하나님의 영원한 구원 계획에 동참하게 되었기에, 하나님께서 어떻게 그의 백성을 위해 모든 것을 선을 이루게 하시는지에 대해 말한다), 혹은 (2) 바울이 1:16-8:30 전체(또는 적어도 3:21-8:30 혹은 두 곳 모두)에서 제시한 기독교 복음의 더 온전한 선포 등이다. 찰스 크랜필드는 이 문제에 대해 기독교 역사 내내 많은 주석가들이 제시한 견해와 더불어 자신의 견해를 다음과 같이 표현했다.

> 31a절의 "이 일들"의 일차적인 언급이 조금 전에 29(또는 28)-30절에서 말한 내용이라는 데는 의심의 여지가 없다. 하지만 32-34의 내용으로 미루어볼 때, 이 어구는 더 많은 내용을 말하고 있으며, 이 하위 단락이 그리스도인의 소망의 확신(39절에 등장한 "우리 주 그리스도 예수 안에"라는 형식이 V.4[즉 크랜필드가 로마서를 개괄하면서 5:1-8:39로 분류한 단락]의 필수적인 부분임을 나타냄. 5:1, 11, 21; 6:23; 7:25을 비교하라)을 강조하는 V.4[즉 크랜필드의 로마서 개요] 단락의 결론으로서뿐만 아니라, 이 지점까지에 이르는 신학적인 주해의 전 과정에 대한 결론으로서도 작용한다는 것은 분명하다. 31b절의 "하나님이 우리를 위하신다"는 말은 28-30절만이 아니라 1.16b-8.30(또는 적어도 3.21-8.30)의 요약이기도 하다.[20]

"이 일들"(ταῦτα)과 관련된 이 질문에 대한 우리의 대답은 우리가 로마에 있는 바울의 그리스도인 수신자들에게 그의 "신령한 은사"라고 밝힌 내용, 즉 바울이 (천명하고 권면하는 8:31-39을 비롯하여) 5:1-8:39에서 기본적인 형식으로 제시한 기독교 복음의 상황화된 설명에 초점을 맞춘다. 우리는 일

---

20) Cranfield, *Romans*, 1.434.

찍이 로마서 본론 중앙부의 첫 번째 단락(즉 1:16-4:25)과 두 번째 단락(즉 5:1-8:39)이 로마서에서 구별되는 단락일뿐더러 별개의 자료 단위들이기도 하다고 주장했다. 마찬가지로 우리는 첫 번째 단락과 두 번째 단락 모두 4:1a과 8:31a에서 각각 4:1b-24과 8:31b-39에 있는 결론들을 소개하기 위해 "그런즉 우리가 무슨 말 하리요?"라는 동일한 수사적 질문을 사용한다는 사실을 주목했다. 이러한 공식화된 패턴은 바울의 로마서의 이 두 주요 단락들의 각각의 특성 및 기능과 관련한 어떤 함의들을 전달한다. 더욱이 두 번째 단락의 전환 본문과 논제 본문(즉 5:1-11)에 있는 여러 주제가 로마서의 바로 그 주요 단락을 결론짓는 부분들(즉 8:18-30과 8:31-39)에서 다시 언급되었으며, 그럼으로써 수사적 수미상관이나 수사적 유형의 "반지 구성"을 이룬다는 점이 지적되곤 했다. 특히 "소망"(5:2과 8:20-25), "하나님의 영광이 계시됨"(5:2과 8:18-21), "고난 중에 자랑함"(5:3과 8:35-37), 그리고 "그리스도 예수를 내어주심으로 나타난 하나님의 사랑"(5:5과 8:31-39)과 같은 주제들이다.[21]

따라서 우리는 바울이 8:31a에서 언급한 "이 일들"(ταῦτα)이 가리키는 내용을 그가 5:1-8:30에서 진술하는 과정에서 제시한 관계적·인격적·참여적 특징들을 특히 염두에 둔 것으로 이해하는 것이 가장 좋다고 믿는다. 바울은 이 부분들을 기독교 복음 선포에서 그가 유독 강조한 것으로 이해했으며, 그러므로 2:16과 16:25에서 이런 내용이 모두 "나의 복음"을 이루는 것이라고 말한다. 다시 말해서 바울은 이런 내용을 선포했다.

1. "하나님과의 화평(즉 온전함)"과 그리스도인들의 체험에서 뚜렷하게 드러나는 "화목"(5:1-11).
2. "첫 사람 아담"의 "죄"와 "불순종"과 상반되는 "한 사람 예수 그리스도"의 "은혜"와 "순종", 곧 하나님과 하나님이 그리스도를 통해 이루신 것에 적극적으로 반응하는 모든 사람에게 주어지는 하나님

21) 참조. 특히, Dahl, "Missionary Theology," appendix I, 88-89

의 선물인 "의"(5:12-21).

3. "그리스도 안에" 있음과 "성령 안에" 있음 또 "그리스도께서 그의 영으로 말미암아" 신자들 안에 계심(8:1-13).
4. "하나님으로 말미암아" 그의 가족 안으로 "입양"되어 자연적으로 아들과 딸로 태어난 사람들의 모든 권리와 특권을 가진 자들(8:14-17).
5. "성령 안에서의 삶" 즉 하나님의 영의 지배하에서 살아가는 삶으로서, 그리스도인의 이해와 삶에 중요한 함의들을 야기하는 새로운 관계(8:18-30).

바울 자신도 (1) 하나님의 성품과 행위를 서술할 뿐만 아니라 하나님이 그에게 적극적으로 반응하는 사람들에게 선물로 주시는 것을 특징짓기도 하는 "의로운"과 "의", (2) 유대교 신학에서 중요했고 예수를 믿는 모든 유대인 신자들의 마음과 정신에 계속해서 대단히 중요한 의미를 지녔던 "칭의", "구속", "화해"("속죄" 또는 "대속"), (3) 이스라엘의 메시아이자 인류의 주님이신 예수의 하나님 아버지께 대한 "신실함", (4) 최상의 믿음의 사람인 아브라함이 모범을 보인 하나님 백성의 "믿음"과 "신실함"의 필요성과 같은 중요한 주제들을 믿었고 (특히 1:16-3:20에 입증되었듯이) 틀림없이 이를 다양한 유대 그리스도인들 가운데서 실제로 선포했을 것이라는 데는 의심의 여지가 없다. 바울은 이 모든 주제가 예수를 믿는 신자들의 의식에, 예루살렘 모교회의 신학에, 그리고 로마에 있는 그의 그리스도인 수신자들의 생각 가운데 적어도 초기 형태로라도 존재했다고 믿었던 것 같다. 하지만 바울이 이방인들에게 선교하는 중에 기독교 복음을 바울에게서 들은 사람들과 로마의 수신자들에게 그들의 생각과 삶에서 적극적으로 반응하도록 요청할 때 주로 염두에 두었던 내용으로 보이는 것이 바로 이 두 번째 단락인 5:1-8:30에서 강조하는 이러한 주제들이다.[22]

---

22) 주요 주석가들 중에서 저마다 다른 이유를 가지고 이런 결론을 내리는 사람들이 여

바울은 그가 제시한 수사적 질문, "그런즉 이 일들에 대답하면서 우리가 무슨 말을 하리요?"에 대한 답변을 간략하고 직선적이며 약간은 도전적인 두 부분으로 된 조건적 진술로 제시한다. "만일 하나님이 우리를 위하시면 누가 우리를 대적하리요?" 그의 진술의 첫 번째 부분(조건문)은 본질상 그가 5:1-8:30에서 썼던 모든 내용의 요약이다. 이 진술은 서술적인 진술 문맥에서 의문사 εἰ("만일")와 함께 "하나님이 우리를 위하신다"라는 확정적인 사실을 표현한다. 사도는 자신의 이방인 개종자들뿐만 아니라 로마에 있는 모든 그리스도인이 이 사실을 "그리스도 안에" 있는 그들의 새로운 삶에서 분명히 공감하고 온전히 인식하기를 원했다. "우리를 위하시는"(ὑπὲρ ἡμῶν) 하나님이 함께하시면 삶의 모든 것이 바뀐다. 이는 로마 제국의 이교도 이방인들의 삶과 로마에 있는 예수를 믿는 신자들의 삶에서뿐만 아니라, 그리스도 예수의 사역과 하나님의 영의 사역으로 말미암아 하나님께로 오게 된 현대 그리스도인들의 삶에서도 그러하다.

전치사 ὑπέρ의 근원적인 의미는 "위에"이며, 이 단어는 목적격 명사나 대명사와 함께 사용되면 일반적으로 신약성경에서 "위에" 혹은 "넘어"와 같은 개념으로 번역된다. 그러나 소유격 명사나 대명사와 함께 사용될 경우, ὑπέρ는 일반적으로 "위하여", "대신하여", "유익을 위해" 또는 "대신에"로 번역된다. 그런데 전치사 ὑπέρ가 신약성경의 용례에서 대부분 소유격 명사나 대명사와 함께 "다른 사람을 대신하는 어떤 사람"이란 개념을 포함하기도 한다. 물론 이러한 함의는 연관된 "행동의 특성에 달려 있고" 전치사 그 자체에만 의존하지는 않지만 말이다.[23] 그래서 ὑπὲρ ἡμῶν이 단순히 "우리를 위하다" 또는 "우리를 대신하다"라고 번역되는 것이 올바를 수는 있지만, 본문의 문맥에 비춰볼 때 "우리를 위하다" 또는 "우리를 대신하다"

렷 있다. 예를 들어, Zahn, *An die Römer*, 422; Michel, *An die Römer*, 183; C. H. Dodd, *Romans*, 146; Schlier, *Römerbrief*, 276; Wilckens, *An die Römer*, 2.172; Käsemann, *Romans*, 246; Fitzmyer, *Romans*, 530; Moo, *Romans*, 539; Jewett, *Romans*, 535을 보라.

23) 참조. *ATRob*, 630.

를 좀 더 확장된 의미로서 "하나님이 우리 자리를 취하심으로써 우리를 위하여(또는 우리를 대신하여) 행동하셨다"라고 이해하는 것이 좋다.

도입부 질문에 대한 바울의 대답의 두 번째 부분(귀결절)은 또 다른 질문인 "누가 우리를 대적하리요?"이다. 이 질문은 "아무도 없다!"라고 암시되었으면서도 약간은 도전적인 대답을 촉구한다. 이러한 질문과 암시된 대답을 천명하는 것 역시 사도가 일찍이 5:1-8:30에서 썼던 모든 내용의 요약이다. 그리고 바울은 8:32의 주장을 모든 면에서 초기 기독교의 신앙고백 자료에서 유래한 것으로 보이는 내용으로 뒷받침한다. 그 인용문은 그 자체의 집중적이며 도전적인 진술로써 그 상황을 좀 더 충분히 표현하였다. "자기 아들을 아끼지 아니하시고 우리 모든 사람을 위하여 내주신 이[하나님]가 어찌 그 아들과 함께 모든 것을 우리에게 주시지 아니하겠느냐!"

2, 3세기의 그리스도인들은 8:32a의 하나님이 "자기 아들을 아끼지 아니하셨다"(τοῦ ἰδίου υἱοῦ οὐκ ἐφείσατο)라는 표현에서, 아브라함이 "그의 사랑하는 아들을 아끼지 아니하였다"(οὐκ ἐφείσω τοῦ υἱοῦ σου τοῦ ἀγαπητοῦ)는 창세기 22:12과 22:16의 진술들에 대한 암시를 알아보았다.[24] 마찬가지로, 적어도 초기 신자들 중에는 이삭과 그의 "희생제사"를 예수와 그의 십자가상에서의 희생을 예상하는 유형으로 보았던 사람들이 있었던 것 같다.[25] 더욱이 1946년에 한스 요아힘 쇠프스(Hans Joachim Schoeps)는 이러한 관계를 분명히 유대적 관점에서 바라보면서, 예수를 믿는 초기 유대 신자들이 초기 랍비들의 가르침에서 *Akedah*("이삭의 결박")에 관해 강조된 대리적이고 대속적인 관점을 사용했다고 제안했다. 그 가르침에서는 이삭을 아브라함이 유대 백성을 대신하여 하나님께 자원하여 드린 희생제물로 보았고, 이 가르침을 바탕으로 초기 유대 그리스도인들은 나사렛 예수에 대한 그들만의 설명을 자기 백성을 위해 대신 고난을 받는 하나님의 약속된 메시아로

---

24) 참조. Origen, *Homiliae in Genesim* 8 (*PG* 12.208). 이와 같은 유사한 표현들은 알렉산드리아의 클레멘스, 테르툴리아누스, 이레나이우스에게서도 등장한다.

25) 참조. *Barn* 7:3: "그분 자신도 우리의 죄를 위한 희생제사로 성령의 그릇을 드리셔야 했다. 이삭 안에 확립된 유형이 그가 제단 위에서 드려졌을 때 충분히 성취되기 위해서 말이다."

발전시켰다.[26)]

많은 현대 주석가들이 제안해왔듯이,[27)] 8:32a의 표현에 창세기 22:12과 22:16에 대한 암시가 있다는 것은 적어도 "매우 개연성이 높은 것"으로 판단해야 한다. 일부는 이것을 가능성이 전혀 없는 것으로 보기도 하고, 더러는 이것을 무시하기도 하지만 말이다. 그러나 이와 같은 암시가 존재한다는 것을 받아들인다고 해서 그것이 반드시 예수를 믿는 초기 신자들이 이삭을 예수의 원형으로 보았다는 견해를 뒷받침한다는 의미는 아니다. 2세기 「바나바서」 7:3의 저자는 암시를 그런 식으로 본 것이 분명하며, 오늘날 독실한 그리스도인들 중에서도 그렇게 보는 사람들이 더러 있기는 하다. 지난 20세기의 학자들 중에서는 (1) *Akedah*("이삭의 결박")에 대한 초기 유대인의 이해는 대리적·대속적 속죄 주제를 포함했다는 것, 그리고 (2) 이 특징이 예수를 믿는 초기 유대 신자들에 의해 채택되어 십자가 위에서 죽임당하신 그들의 메시아의 희생에 적용되었다는[28)] 한스 쇠프스의 논지를 다양한 정도로 받아들인 사람들이 많이 있기는 하지만, 오늘날 해석자들은 둘 사이의 관계와 발전에 대한 이러한 이해를 거의 받아들이지 않는다.

앨런 시걸(Alan Segal)과 조세프 피츠마이어의 연구로 인해 쇠프스의 이 논지는 대부분 거절되었다. 시걸과 피츠마이어는 성경의 이삭 이야기에 대한 초기 유대교의 언급들, 즉 (1) 제2성전기 유대교의 외경과 묵시문학, (2) 철학적인 경향을 띠는 필론의 신학 논문들, (3) 논쟁적인 경향을 지닌 요세푸스의 역사 저술들, 그리고 (4) 후기 탈무드에 기록된 초기 탄나임 랍

---

26) 참조. Schoeps, "The Sacrifice of Isaac in Paul's Theology," 385-92; 또한 같은 저자, *Paul*, 141-49을 보라.

27) 예. Cranfield, *Romans*, 436: "의도적인 반향일 개연성이 상당히 크다"; Wilckens, *An die Römer*, 2.172: "이의를 제기할 수가 없다."; Moo, *Romans*, 540 n. 18: "바울은 이삭 사건에 대한 암시를 의도했을지도 모른다."

28) 참조. Dahl, "The Atonement," 15-29; 또한 Wood, "The Isaac Typology in the New Testament," 583-89; Wilcox, "'Upon the Tree,'" 98-99; R. J. Daly, "The Soteriological Significance of the Sacrifice of Isaac," *CBQ* 39 (1977) 67도 보라.

비들의 가르침이나 그와 연관된 랍비들의 작품들에서 성경의 이삭 이야기를 언급할 때 어떠한 대속적인 특징도 없다고 지적할 뿐만 아니라, 이삭 이야기에서 이러한 대속의 주제는 유대 저술들 중에서는 기원후 200-500년경으로 거슬러 올라가는 아모라임 시대의 랍비 유대교에서만 찾을 수 있다고 지적하기도 했다. 따라서 아브라함이 "그의 사랑하는 아들을 아끼지 않았다"는 성경 이야기에 대한 후기 유대교적 사색들이 초기 기독교 신학의 발전에 어떠한 영향을 주었다고 주장할 수 없다.

조세프 피츠마이어는 이 상황을 다음과 같이 적절히 요약했다. "진정한 문제는 기독교 이전의 유대교에서 *Akedah*(문자적으로 "결박")에 관한 유대교의 가르침을 이미 대속적 구원이라는 함의를 가지고 이해했느냐에 있다. 이삭이 메시아의 원형으로 이해된 적이 있었는가? 그의 백성을 대신하여 고난을 받으신 메시아에 대해서 말이다." 그리고 이 질문들에 대해 피츠마이어는 "없었다"고 잘라 말한다.[29] 더욱이 피츠마이어도 동의하는 앨런 시걸은 이렇게 제안했다. "이삭의 죽음과 재 그리고 그 후 그의 부활에 대한 아모라임 전통을, 기독교적 석의에 알려진 인물처럼 다채로운 인물로써 유대교를 풍성하게 하려는 시도로 이해하는 것이 타당할 수 있다."[30]

약간은 부수적인 것으로 여겨지기도 하며 사소하게 보이는 8:32의 석의적 특징 두 가지를 여기서 (적어도 간략하게나마) 고찰할 필요가 있다. 그 특징들은 모두 이 진술을 올바로 이해하는 데 참으로 중요하다. 첫 번째 특징은 8:32을 시작하는 곳에서 사용된 전접어 γε다. 신약성경에 30회 정도 사용된 γε는 접속사나 다른 불변화사와 결합하여 등장하며, (1) 이 전접어와 관련한 단어나 표현을 한정하거나 질문을 제기하든지, 아니면 (2) 관련된 단어나 표현을 강조하고 부각시키든지 한다. 그러한 까닭에 γε는 이 두 경우에서 엄격한 문법적 의미보다는 감정적인 뉘앙스를 더욱 전달하며, 그

---

29) Fitzmyer, *Romans*, 531.

30) Segal, "He Who Did Not Spare His Own Son," 183. 또한 Davies and Chilton, "The Aqedah," 46도 참조하라. Davies와 Chilton은 "[이삭 이야기에서 대속적 특징에 관한] 그 개념은 탄나임 시대 이후에 속하는 것"이라고 주장한다.

래서 (종종 이 단어를 생략하기도 하지만) 영어에서는 통상적으로 "여전히" 또는 "심지어"와 같이 번역된다.

하지만 불변화사 γε가 남성 관계대명사 ὅς("그는")와 결합하여 등장한 경우는 신약성경에서 이곳 8:32이 유일하다. 두 단어의 결합으로 말미암아 (그렇게 된 것이 초기 그리스도인 저자에 의한 것이든지 아니면 바울 자신에 의한 것이든지 간에), 이 작은 불변화사는 그의 아들을 아끼지 아니하고 우리 모두를 위해 내어주신 하나님의 행동과 관련하여 "심지어"라는 감정적인 개념을 본문에 집어넣는다. 다시 말해서 이 단어는 사람들을 대신하여 자기 아들을 주신 하나님의 선물이 얼마나 위대한지를 강조하는 기능을 한다. 이처럼 하나님의 행동을 부각시키는 것은 분명히 매우 중요하다. 예수를 믿는 초기 신자들에게뿐만 아니라 바울에게도 그렇고, 현대의 그리스도인들에게도 그렇다.

두 번째 8:32의 사소하게 보이는 석의적 특징은 이 구절 끝에 관사를 가진 중성 복수 어구 τὰ πάντα가 사용되었다는 점이다. 이것은 당대의 관용어적 표현으로 보이며, 따라서 그 어구의 전후 문맥에 비춰 이해해야 한다. "전체" 또는 "총체"와 같은 의미를 표시하는 중성 단수 어구 τὸ πᾶν은 신약성경에서 두어 번밖에는 발견되지 않는다. 하지만 단수 τὸ πᾶν에 근거한 복수 τὰ πάντα는 로마서와 고린도전서 여러 곳에서 많이 등장하며, "전부" 또는 "모든 것"를 의미한다. 이 표현이 가리키는 것이 무엇인지 밝히기 위해서는 본문마다 그 문맥을 고려해야 한다.[31] 이곳 8:31-32의 문맥은 하나님이 **과거에** 그리스도의 사역을 통해 "우리 모두를 위하여" 이미 행하신 일을 통해 **현재** "우리를 위하신다"는 것과 관련이 있다. 그리고 본문 바로 다음에 이어지는 8:33-34에서 바울이 제시한 내용의 초점 역시 **현재에** 맞춰져 있다. 바울은 사람들의 모든 고발에 대항하여 하나님께서 **현재** 그의 백성을 의롭다고 하신다는 것과 그리스도가 하나님 앞에서 "우리

31) 참조. 롬 11:36; 고전 11:12; 12:6, 19.

를 위하여" **현재** 간구하신다는 것을 논의하고 있다.[32] 그래서 이곳 8:32의 관사가 있는 τὰ πάντα라는 어구는 단순히 "모든"으로 번역할 수 있지만, 하나님께서 과거에 인류를 위해 이미 행하신 일에 근거하여, 좀 더 정확하게는 하나님이 그의 백성에게 주시고 그들을 위하여 행하기를 바라시는 "다른 모든 것"을 의미하는 것으로 이해해야 할 것 같다.[33]

8:33-34 8:33-34의 두 번째 일련의 질문과 대답들은 8:31c("누가 우리를 대적하리요?")의 질문을 다른 말로 다시 서술하며, 자기 아들을 주시고 "그와 아울러 모든 것"을 선물로 주시는 하나님에 관한 8:32의 대답을 좀 더 자세히 표현한다. 8:33a("누가 능히 하나님께서 택하신 자들을 고발하리요?")과 8:34a("누가 정죄하리요")의 두 수사적 질문은 모두 8:31c의 수사적 질문처럼, "아무도 없다!"는 암시적인 대답을 전달한다. 그리고 8:33b과 8:34b의 각 질문에 대한 두 신앙고백적 대답은 하나님과 그리스도 예수와 관련한 문제들을 좀 더 충분히 설명한다. 따라서 8:33-34의 이 질문과 대답들은 8:32c-32의 질문 및 대답들과 매우 밀접하게 연결되어야 한다. 두 본문이 같은 방식으로 동일한 목적과 기능을 수행하는 까닭이다.

8:33-34의 초점에 관한 주요 쟁점은 이 본문의 두 질문과 대답이 (1) 어떤 사람의 죄뿐만 아니라 사탄이 예수를 믿는 신자들을 고발하고 하나님이 그들을 변호하시는 미래의 종말론적 심판의 시나리오와 관련하는지,[34] 아니면 (2) 하나님이 그리스도 예수의 과거와 현재의 사역에 근거하여 그의 백성을 변호하시는 것과 현재 불신자들이 그리스도인들을 대적하는 것을 다루고 있는지의[35] 문제였다. 로버트 주이트가 적절히 지적한 것

---

32) 본서 8:33-34의 석의와 주해를 보라.

33) 그래서 NRSV는 "everything else"("다른 모든 것")로 번역했다. 또한 Moffatt: "everything besides"("그 외 모든 것"); Phillips: "everything else that we can need"("우리에게 필요할 수 있는 다른 모든 것")도 보라.

34) 예. Leenhardt, *Romans*, 237; Barrett, *Romans*, 173; Schlier, *Römerbrief*, 277; Dunn, *Romans*, 1.502; Stuhlmacher, *Romans*, 138; Moo, *Romans*, 541-42.

35) 예. Käsemann, *Romans*, 248: "미래는 종말론적이 아니라 논리적인 것이다"; 참조. Jewett, *Romans*, 539.

처럼, 이 문제를 결정하는 중요한 두 가지 요인은 다음과 같다. (1) 법적 용어인 ἐγκαλεῖν("탄핵하다", "고발하다")이 "신약성경에서 사도행전 19:38, 40, 23:29, 26:2, 7에 묘사된 공적인 재판에서만 사용되었다"는 것과, (2) "구약성경과 신약성경, 또는 이와 관련된 문헌 어느 곳에서도 이 동사가 종말론적 심판과 연결해서 사용되지 않았다"는 것 등이다.[36] 그래서 8:33-34은 8:31-32에서 그러했듯이, **현재에** 초점이 맞춰져 있다고 주장하는 것이 타당할 것이다. 두개의 수사학적 질문 및 이에 대한 신앙고백적 대답들은 모든 인간적인 대적과 고발에 대항하여 그의 백성들을 의롭다고 하시는 하나님의 **현재의** 행위와 관련이 있다.

8:33a의 질문("누가 하나님께서 택하신 자들을 고발하리요?")에는 로마서에서 ἐκλεκτοὶ θεοῦ("하나님의 선택된/택함을 받은 자들")라는 명칭이 예수를 믿는 신자들에게 처음 적용되어 등장한다. 비록 (1) 일찍이 8:30에서 바울이 그리스도인들을 "하나님이 부르신"(ἐκάλεσεν) 자들로 언급했고 8:30에 있는 그 동사의 어근과 8:33a의 실명사적 형용사가 밀접히 연관되었으며, (2) 나중에 16:13에서 그가 루포를 τὸν ἐκλεκτὸν ἐν κυρίῳ("주 안에서 선택된/택하심을 입은 자")라고 밝히고, (3) 다시 나중에 신약성경의 다른 편지들은 물론이고 바울 서신 전체에서 ἐκλεκτοὶ θεοῦ("하나님의 선택된/택함을 받은 자들" 또는 "하나님의 피택자")라는 표현이 예수를 믿는 신자들의 칭호로 사용될 것이기는 하지만 말이다.[37] 물론 이 칭호는 유대교 성경(구약)에서 하나님으로 말미암아 그의 특별한 백성으로 택함을 받은 사람들, 즉 이스라엘 백성을 지칭하는 말로 사용되었다.[38] 하지만 바울은 로마서에서 그들의 인종이 어떠하든지 상관없이 예수를 믿는 모든 신자에게 적용하는 표현으로 "하나님의 선택된/택함을 받은 자들" 또는 "하나님이 택하신 자"를 사용하기 시

---

36) 참조. Jewett, *Romans*, 539; Jewett는 특히 출 22:9(LXX); 잠 19:3(LXX); 슥 1:4(LXX)과 동료를 고발하는 사람들에 대해 말하는 Sir 46:19; 2 Macc 6:21과 하나님을 고발하려고 하는 사람들을 언급하는 Wis 12:12을 인용한다.

37) 골 3:12; 딤후 2:10; 딛 1:1을 보라. 참조. 벧전 1:1; 2:9; 요이 13.

38) 예. 대상 16:13; 시 89:3; 105:6, 43; 사 65:9, 15, 23.

작한다. 이러한 존칭어 사용은 유대 기독교에 의해 광범위하게 영향을 받은 유대인 신자들이나 이방인 신자들로 구성된 어떤 기독교 공동체뿐만 아니라(또한 우리가 제안했듯이, 로마 그리스도인들도) 예수를 믿은 유대 신자들에게 다소 거슬렸을 것이다. 그래서 로마서 본론 중앙부의 세 번째 단락(9:1-11:36)에서 바울은 (1) "하나님의 선택된/택함을 받은 자들"로 구성된 두 공동체 사이에 존재하는 관계들과, (2) 이 문제들을 하나님의 구원사의 흐름 속에서 어떻게 이해해야 하는지를 조금은 상세하게 설명할 필요가 있다고 생각한다.

II. 그리스도의 사랑과 하나님의 사랑에서 끊을 수 없음(8:35-39)

8:35-37 8:31-39의 마지막 수사적 질문은 앞서 8:31c, 8:33a, 8:34a에 사용되었던 수사적 질문들처럼 남성 의문대명사 τίς("누가")로 시작한다. 그런데 8:35b에 열거된 대적의 요소들이 모두 영어로 한 사람의 행복에 반대되는 중성적 특색을 지닌 것들(즉 "환난", "곤고", "박해", "기근", "적신", "위험", "칼" 등)로 표현되는 까닭에, 8:35a의 그리스어 남성 의문대명사 τίς는 영어의 중성 의문대명사 "무엇"으로 번역해야 한다.

8:35b에 제시된 개인적인 역경 목록은 바울이 고린도전서 4:9-13에서 제시한 곤경 목록("죽이기로 작정된", "구경거리가 된", "그리스도 때문에 어리석은", "약한", "비천한", "주린", "목마른", "헐벗은", "매 맞은", "정처 없는", "모욕을 당하는", "박해를 받은", "비방을 받은", "세상의 더러운 것과 만물의 찌꺼기같이 된")과 유사한 것일 수 있다. 마찬가지로 이것은 바울이 고린도후서 11:23-29에서 그가 당한 환난과 어려움 목록("옥에 갇힘", "매를 맞음", "죽을 뻔함", "태장으로 맞음", "돌로 맞음", "파선함", "강의 위험", "강도의 위험", "동족의 위험", "이방인의 위험", "시내의 위험", "광야의 위험", "바다의 위험", "거짓 형제 중의 위험을 당함", "주림", "목마름", "추움", "헐벗음", "모든 교회를 위하여 염려함")과도 유사하다.[39] 이러한 개인적인 환난 목록들은 바울 당대의 철학자들과 현자들 및 종교 교사 사이에

39) 고후 6:4-5과 빌 4:12에도 역경과 환난에 대한 비교적 간략한 목록이 있다.

서 제법 일반적이었던 것으로 보인다. 이 목록들은 자신들의 덕성과 가르침 배후에 놓여 있는 신적인 힘을 부각시키려고 그리스-로마의 스토아 철학자들과 에피쿠로스 철학자들 및 견유 학파에 의해서만 아니라 유대교 랍비들과 세속의 저술가들에 의해서도 제시되었다.[40] 그러나 바울이 제시한 역경과 환난의 목록은 자기 칭송이나 자기 강화가 목적이 아니라 "자신이 고난받으신 그리스도와 일치하고 있음을 증명하기" 위한 것들이었다.[41]

이곳 8:35-37에서 바울은 8:31-34에서 사용했(고 2:3-11, 3:1-8, 3:9-18, 4:1-8에서처럼 그가 로마서 본론 중앙부의 첫 번째 단락에서 종종 사용했)던 것과 비슷한 질문과 대답 패턴을 사용한다. 즉 처음에는 주로 자신의 말로 질문을 서술하고, 그다음에는 이른 시기의 전통 자료로부터 가져온 대답을 서술하는 패턴이다. 이러한 패턴이 융통성 없이 늘 동일하게 표현되는 것은 아니다. 바울은 대체적으로 이런 방식으로 생각했던 것 같다. 그러므로 이곳 8:35-37에서는 다음과 같은 내용을 상정할 수 있다.

1. 8:35a의 수사적 질문인 "무엇이 우리를 그리스도의 사랑에서 끊으리요?"는 바울 자신의 말로 서술되었다.
2. 8:35b에 있는 "우리 주 그리스도 예수 안에 있는 하나님의 사랑"에 장애가 될 만한 것들의 목록(즉 "환난이나 곤고나 박해나 기근이나 적신이나 위험이나 칼")은 초기 기독교 신앙고백의 어떤 자료에서 가져온 것이다.
3. 바로 앞에 제시된 잠재적 장애요소를 뒷받침하면서 시편 44:22(LXX 43:22)을 인용한 8:36에 제시된 성경 자료(즉 "우리가 종일 주를 위하여 죽임을 당하게 되며 도살당할 양같이 여김을 받았나이다")는 초기 기독교 신

---

40) 적절한 참고문헌도 제시하면서 이러한 수고스러운 고대의 관습을 광범위하게 논의한 Jewett, *Romans*, 544-46을 보라.
41) Jewett, *Romans*, 545. Jewett는 Betz의 "역경 목록"과 같은 분석을 인용한다. H. D. Betz, *Der Apostel Paulus und die sokratische Tradition*, BHT 45 (Tübingen: Mohr-Siebeck, 1972), 74-89.

앙고백 자료에 포함되었던 것이며, 바울이 그것을 발견한 대로 인용했다.

4. 8:37a에 제시된 신앙고백적 대답의 서론(즉 "그러나 이 모든 일에")은 바울 자신의 말로 표현되었다.
5. 8:37b의 결론 진술인 "우리를 사랑하는 이로 말미암아 우리가 넉넉히 이기느니라!"는 바울이 다른 초기 기독교 신앙고백 자료에서 인용한, 승리에 찬 천명이다.

하지만 8:35-37의 구조를 분석하면 다음과 같은 가장 중요한 두 가지 요지가 전면에 부각된다.

1. 바울과 모든 그리스도인이 경험한 것으로서, 그리스도인이 고난당하신 그리스도와 개인적으로 동일시된다는 실체. 이것은 8:35의 복수 인칭대명사 "우리"(ἡμᾶς)와 8:36의 동사 θανατούμεθα("우리가 죽임을 당하게 되며") 및 ἐλογίσθημεν("우리가 여김을 받았나이다")의 복수 인칭대명사 어미 "우리"로 표시된다.
2. 개인적인 역경에 관한 이 엄청난 목록에 대한 반응인 승리의 어조. 이 승리와 함께 바울 자신이 경험했고 예수를 믿는 전체 신자에게도 해당하는 모든 종류의 환난과 난관에 대하여 "우리는 우리를 사랑하신 이로 말미암아 넉넉히 이기느니라"라고 선언한다. 이것은 8:37의 동사 ὑπερνικῶμεν("우리가 넉넉히 이긴다")의 복수형 인칭대명사 어미가 지시하는 "우리가 "와 복수형 인칭대명사 "우리를"(ἡμᾶς)로 강조된다.

Ὑπερνικάω("나는 넉넉히 이긴다")라는 표현은 명사 νική("승리자", "정복자", "이기는 자")와 동사 νικάω("나는 승리자, 정복자, 이기는 자다")의 과장된 형태다. 전치사 ὑπέρ와 함께 사용된 이 단어는 신약성경에서 이곳 8:37에만 등장한다(비록 나중에 12:2에서 바울이 강력한 권면의 말로 이 단어와 얼추 동의어인

여격 단수 ἀνακαινώσει["변화를 받아"]를 사용하겠지만 말이다). 부정과거 분사 어구인 διὰ τοῦ ἀγαπήσαντος ἡμᾶς("우리를 사랑하시는 이로 말미암아")는, 일찍이 8:32("자기 아들을 아끼지 아니하시고 우리 모든 사람을 위하여 내어주신 이")과 8:34a("죽으신 이는 그리스도 예수시니!")에 언급된 것처럼, 특히 자기 아들을 십자가 위에서 죽게 하신 것으로 표현된 하나님 아버지의 사랑을 염두에 두었다. 그러므로 역경과 반대 속에서 승리하는 능력뿐만 아니라 개인적인 환난에 직면했을 때 그리스도인이 가지는 확신은 자신의 인간적인 능력이나 전략적인 행위에 근거하는 것이 아니라, 전적으로 "자기 아들을 아끼지 아니하시고 우리 모든 사람을 위하여 내어주신, 우리를 사랑하신 이[하나님]"의 손에 달려 있다.

8:38-39 바울은 이곳에서 아리스토텔레스가 말이나 글로 표현된 그리스 수사학의 "도미문의"(Periodic; ἐν περιόδοις) 문체와 "간결한" 또는 "압축적인"(κατεστραμμένη) 문체라고 부른 탁월한 예, 즉 산만하지도 장황하지도 않은(그래서 "간결한" 또는 "압축적인") 방식으로 서로 밀접하게 연결된 일련의 부분이나 단위들(그래서 "도미문의")을 포함하는 수사적 문체를 쓰고 있다.[42] 이러한 표현 형식은, 바울의 매우 유명한 이 편지에서 8:38-39을 그의 메시지의 정점으로 여겨왔던 수세기의 수많은 그리스도인뿐만 아니라, 바울의 설교를 들은 이교도 이방인들과 바울의 편지를 읽은 로마 신자들에게도 매우 기억하기 쉬웠을 것이다. 바울이 8:39b에서 마무리하는 말로 "우리 주 그리스도 예수 안에 있는 하나님의 사랑"을 언급한 것은 8:35a의 도입 질문에서 "그리스도의 사랑"을 언급한 것과 매우 비슷하다. 사실 이 두 진술은 두 구절에 모두 등장하는 χωρίζω("나누다", "분리하다")를 사용함으로써 수사적 수미상관을 형성한다. 그러므로 8:35-39의 이 단락은 (비록 이 본문의 한 부분은 어떤 수사학적 문체로 기록되었고 다른 부분은 다른 수사학적 방식으로 기록되었다고 할지라도) 결론적인 자료에 속하는 한 단위를 이

42) Aristotle, *Rhetoric* 3.9 (1409a-b). 이 단락 서론 "형식/구조/상황"의 "본문의 구조"에서도 주목했듯이 말이다.

루는 것으로 이해하는 것이 가장 좋다.

"그리스도 예수 안에" 있는 사람들을 향한 하나님의 끝없는 사랑에 장애가 될 만한 것들, 즉 "사망", "생명", "천사들", "권세자들/귀신들", "현재 일", "장래 일", "능력들", "높음", "깊음"과 관련된 9개의 상당히 광범위한 문제들과 그다음에 이 모든 것을 포괄하는 열 번째 내용인 "다른 어떤 피조물" 등을 열거하는 것은 바울의 천명에 아치발드 로버트슨이 "일종의 근엄한 품위"[43]라고 부른 것을 더해준다. 이러한 목록은 수사학적으로 "접속사 연용(連用)"(*polysyndeton*)이라 불렸다.[44] 고대의 일부 필경사들은 바울의 목록에 인용된 사항들이나 그 순서를 개선할 필요가 있다고 생각하고는 다른 사항들을 제안했으며, 더러는 "천사들이나(ἄγγελοι) 권세자들/귀신들(ἀρχαί)이나"와 "높음(ὕψωμα)이나 깊음(βάθος)이나" 사이에 다른 순서를 제안하기도 했다(본서 "본문비평 주"를 보라). 그러나 더 좋은 파피루스, 대문자 사본, 소문자 사본 및 오리게네스, 에우세비오스, 히에로니무스, 아우구스티누스와 같은 초기 교부들은 일반적으로 현대 번역에 제시되었고 위에서 우리가 제시한 번역이 표방하는 목록을 결정적으로 선호하는 것 같다. 더욱이 바울이 갈라디아서 1:6b-7a에서 형용사 ἄλλος("다른" 또는 "[동일한 종류의] 또 하나")와 ἕτερος("다른" 또는 "[다른 종류의] 또 하나") 사이를 구별했지만,[45] 이곳 8:39에서 독립적 형태로 사용된 복수 형용사 ἑτέρα는 "다른 종류의 또 다른 하나"가 아니라 "동일한 종류의 또 하나"를 의미한다.[46]

조세프 피츠마이어가 이 문제를 잘 표현했듯이, 바울이 8:38-39에서 제시하고 있는 이 최종적이고 개인화된 도미문(Periodic)의 주장에 담긴 메시지는 모든 참된 그리스도인의 생각과 삶과 선포의 저변에 놓인 확신이다.

---

43) *ATRob*, 427.

44) 롬 9:4에 이와 비슷한 *polysyndeton*이 사용되었다. 또한 마 15:19; 딤전 1:9-10; 계 5:12; 7:12을 보라.

45) 또한 고후 11:4.

46) 또한 갈 1:19; 고전 15:39-41.

> 그리스도 사건에 쏟아부은 하나님의 사랑은 그리스도인의 삶과 소망의 기초다. 지음을 받은 어떤 존재나 세력이든지 이 기초를 흔들 수 없다. 인간과 지상의 삶의 모든 불확실성 가운데 고정되고 확실한 어떤 것, [즉] 하나님의 사랑과 하나님의 선택이 있다. 이것들은 흔들리지 않는다. 그리고 그리스도인들은 그것들 안에서 신뢰하는 법을 배우고 그것들을 당연한 것으로 삼는 법을 배워야 한다.[47]

이러한 선언은 바울이 그의 이방인 선교에서 이교도들에게 설교한 모든 것과 그의 로마서 본론 중앙부의 두 번째 단락에서 그리스도인들에게 편지를 쓰는 모든 내용에 적합한 결론을 제공한다. 더욱이 이 선언은 예수를 믿는 현대의 그리스도인들에게 기독교 메시지의 핵심을 제공하며, 우리에게 이 하나님이 주시는 실체 안에서 우리의 삶을 살라고 촉구한다.

성경신학

다양한 기독교 교파와 교단, 선교단체에 속한 해석자들은 로마서를 읽으면서 자주 (1) 로마서의 특정한 주제를 부각시켰고, (2) 그 주제를 (다른 바울 서신들과) 로마서의 모든 내용을 조직화하는 핵심적인 특징으로 이해했으며, (3) 그 핵심 주제가 바울의 모든 신학의 일차적이고 지배적인 요인이었다고 선언했다. 이처럼 하나의 핵심적인 주제 또는 조직화하는 주제에 초점을 맞추는 것은 바울이 로마서 본론 중앙부의 첫 번째 단락(즉 1:16-4:25)에 기록한 내용과 관련하여 행해졌다. 특히 이 단락에서 다음과 같은 사항 중 하나가 부각되었다. (1) 바울이 "하나님의 의", "의로운", "의"라는 용어들을 사용함(1:17; 3:5; 3:21-26), (2) "구원"이라는 표현을 사용함(1:16; 또한 10:10; 11:11; 13:11도 보라), (3) 예수를 믿는 신자들의 상황을 말하면서 "칭의", "구속", "화해/속죄/대속" 등 유대교와 유대 기독교의 법정적 은유들을 사용함(3:24-25; 5:1, 9), (4) 하나님과의 관계가 "이제는 율법과 상관없

47) Fitzmyer, *Romans*, 536.

이 되었다"라고 가르침(3:20, 21), (5) 하나님의 사랑과 자비와 은혜에 대한 유일한 반응으로서 "믿음"을 강조함(3:26; 3:27-31; 4:1-24) 등이다. 마찬가지로 이러한 초점은 사도가 두 번째 단락(즉 5:1-8:39)에서 쓴 것, 즉 이 단락에서 다음과 같은 사항들 중 하나를 강조하는 것과 관련해서도 나타났다. (1) "화평"에 대한 언급(5:1), (2) "화목"이라는 은유 사용(5:10-11), (3) 아담의 "죄"와 "불순종"에 대응하는 그리스도 예수의 "은혜"와 "순종"을 강조하고, 그럼으로써 하나님께 또 하나님이 그리스도의 사역과 성령의 사역으로 말미암아 영향을 끼친 것에 적극적으로 반응하는 모든 사람에게 하나님의 선물로서 의를 주심을 강조한 것(5:12-21), (4) "그리스도 안에"와 "성령 안에" 있음과 "그리스도께서 그의 영으로 말미암아" 신자들 안에도 계심에 관한 바울의 주해(8:1-13), (5) 하나님의 가족 안에서 태어난 아들과 딸들의 모든 권리와 특권을 비롯하여 그 가족 안에서 그리스도인이 갖는 지위를 묘사하기 위해 "입양"이라는 그리스-로마의 법정적·가족적 용어를 사용함(8:14-17), (6) "성령 안에 있는 삶", 즉 하나님의 영의 지배 아래에서 살아가는 삶과 그리스도인의 깨달음과 삶에 대한 수많은 중요한 함의를 가져오는 이러한 새로운 관계에 대한 그의 교훈(8:18-30) 등이다. 수많은 해석자들이 로마서 본론 중앙부의 세 번째 단락(9:1-11:36)과 네 번째 단락(12:1-15:13)에 대해서도 이러한 개별적인 주제들을 부각시켰다. 이런 주제들은 이어지는 이 두 단락을 설명하는 "석의와 주해"에서 지적할 것이다.

다수의 로마서 해석자들은 (1) 바울이 이 유명한 서신에서 쓰고 있는 내용을 세분화하여 모든 것을 바울이 이 편지에서 제시하는 특정한 한 주제(또는 한 세트의 주제들)로만 다루었거나, (2) 그의 편지에서 어떤 한 주제(나 한 세트의 주제들)만을 부각시키고 그 안에 등장하는 다른 많은 내용을 도외시하면서 바울이 쓴 내용의 통일성을 이해하지 못해 갈팡질팡했다. 하지만 에른스트 케제만은 로마서에서 바울이 제시하는 내용의 총체적인 통일성에 대해 매우 적절히 논평했다. "널리 퍼져 있는 반대 견해들이 있지만, 사도는 그 편지를 매우 세심하게 구성했고 체계적으로 구조를 형성했다."[48] 우리가 바울이 로마서에서 기록한 내용을 설명하고 오늘날 우리의 성경신학을 위한 석의를 구축하려고 시도할 때 반드시 고찰해야 하는 것이 이와 같은 "세심한 구성"과 "체계적인 구조"다.

두 번째 단락의 하위 구조마다 제시된 결론에서 우리는 그 특별한 하위 구조에 등장하는 주제들을 오늘날 기독교 신학의 구조에 통합할 필요에 대해 논평했다. 바울은 8:31-39에서 천명한 이 주장들에서 그가 로마서 본론 중앙부의 두 번째 주요 단락에서 제시한 모든 내용에 대한 결론을 극적인 방식으로 제시했을 뿐만 아니라, 5:1-8:30에서 그가 쓴 내용의 기저에 있는 근본적인 확신을 밝히기도 했다.

1. (바울이 8:31b에서 선언한 것처럼) 하나님은 (2:1-3:20에서 맹렬히 비난했듯이) 어떤 인간적인 노력이나 종교적인 행위에 의해 화해되어야 하거나 화해될 수 있는 하나님이 아니시다. "하나님은 우리를 위하신다."
2. (바울이 8:32에서 선언한 것처럼) 하나님은 (예수의 신실하신 삶과 십자가 위에서의 희생적인 죽음으로 표현되었듯이) "자기 아들을 아끼지 아니하시고 우리 모든 사람을 위하여 내어주셨다"는 사실과 더욱이 "그 아들과 함께 모든 것을 우리에게 은혜롭게 주신다"는 사실로 말미암아 모든 사람에 대한 그분의 지대한 관심을 보여주셨다.
3. (바울이 8:33-34에서 선언한 것처럼) 아무도 하나님의 백성을 "고발하거나" "정죄할 수" 없다. "[그들을] 의롭다 하신 이는 하나님"이시며, "죽으실 뿐만 아니라 살아나신 이는 그리스도시며, 그가 지금 하나님 우편에 계셔서 우리를 위하여 간구하"시기 때문이다.
4. (바울이 8:35-39에서 선언한 것처럼) "모든 피조물 중에서" 어떤 환경이나, 사건이나 사람이나 그 어느 것도 "그리스도 안에" 있는 하나님의 "택한 자들"을 "우리 주 그리스도 예수 안에 있는 하나님의 사

---

48) Käsemann, *Romans*, 246. 물론 그의 논지는 필자가 이 책에서 제시한 것과 세부적인 면에서 상당히 다르다.

> 랑"에서 끊을 수 없다.

이 모든 것은 그리스도 중심적인 모든 성경신학의 기저에 있어야 하며, 그 틀을 제공하고 표현해야 하는 근본적인 확신이자 적절한 결론이다.

현대를 위한 상황화

로마의 그리스도인들에게 편지하는 바울은 5:1-8:39에서 "하나님과의 화평", "화목", "그리스도 안에 있음", "성령 안에 있음", "그리스도께서 그는 영으로 말미암아 그리스도인 안에 있음", "하나님으로 말미암아 그의 가족 안으로 입양됨"과 같은 구원론적인 주제에 초점을 맞춘다. 그는 (1) "평화", "화목", "그리스도 안에" 있음, "성령 안에" 있음, 입양이라는 표현이 신학적으로 심오할 뿐만 아니라 인종적으로도 의미심장한 특징들을 함의했다는 것과, (2) 유대인들이나 유대 그리스도인들의 전통적인 구원론 언어보다 이런 식으로 기독교의 복음 메시지를 선포하는 것이 비유대인을 대상으로 하는 이방인 선교에서 더욱 반향을 불러일으킨다고 믿었음이 분명하다. 바울이 그의 이방인 선교에서 "화평", "화목", "그리스도 안에 있음", "성령 안에 있음", "하나님으로 말미암아 입양됨" 같은 인격적·관계적·참여적 주제들을 선포하기를 좋아했지만, 사도행전에서 누가가 묘사한 바울의 설교와 로마서 본론 중앙부의 첫 번째 단락에 있는 최소한 한 가지 예에서 드러나는 바울 자신의 성경 사용에 비춰 판단해볼 때, 그가 특정한 환경에서 사람들에게 "회개"를 촉구하거나 하나님의 "죄 사함"을 선포하는 것을 싫어하지는 않았던 것 같다. 일례로, (1) 비시디아 안디옥에 위치한 유대인 회당의 구성원들에게 행한 그의 설교(행 13:24, 38), (2) 아테네에서 이교도의 우상숭배를 비난한 것(행 17:30), (3) 유대교 성경(구약)에 대해 알고 있었고 유대 사상과 풍습들에 영향을 받은 로마 통치자였던 아그립바에게 한 말들(행 26:18, 20), (4) 유대 기독교의 신학과 언어에 광범위하게 영향을 받은 로마의 그리스도인들에게 시편 32:1-2을 인용한 것(롬 4:7-8)에 미루어 살펴볼 때 말이다.

회개하는 죄인들에 대한 하나님의 용서는 구약성경의 핵심 주제다. 시내산에서 하나님은 친히 이렇게 선포하셨다. "여호와라, 여호와라, 자비롭고 은혜롭고 노하기를 더디하고 인자와 진실이 많은 하나님이라. 인자를…베풀며 악과 과실과 죄를 **용서하리라**"(출 34:6-7). 레위기 법전에는 하나님께서 그의 백성의 죄를 용서하시는 목적이 서술되었다(레 4:20, 26, 31, 35; 5:10, 13, 16, 18; 6:7; 19:22; 민 15:25, 26, 28). 구약의 시편 저자들은 하나님께서 백성의 죄를 용서하시는 것으로 인해 반복해서 하나님을 찬양한다(시 86:5; 103:2-3; 130:4). 이스라엘 예언자들의 부르짖음은 종종 다음과 같은 간구들을 포함했다. "주여! 들으소서. 주여! **용서하소서**. 주여! 귀를 기울이시고 행하소서. 지체하지 마옵소서"(단 9:19), 또는 "주 여호와여! 청하건대 **사하소서**"(암 7:2). 예레미야 31:31-34에 표현된 대로 하나님께서 그의 백성과 맺을 "새 언약"에 대한 예언자적 설명은 "내가 그들의 악행을 **사하고** 다시는 그 죄를 기억하지 아니하리라"는 중요한 약속으로 마무리한다(34절).

공관복음에서 "회개"와 "죄 사함"이라는 주제들은 예수와 그의 사역에 관한 이야기에서 매우 중요한 특징들로 자주 등장한다. 예를 들어, 이 이야기들은 다음과 같은 예에서 발견된다. (1) 스가랴가 그의 갓 태어난 아들 요한의 장래의 사역에 관하여 예언하는 부분. 이 예언에는 하나님께서 "주의 백성에게 그 **죄 사함**으로 말미암는 구원을 알게" 할 것이라는 진술이 포함되어 있다(눅 1:77). (2) "죄 사함을 위한 회개의 세례"를 선포하는 세례 요한의 사역을 묘사하는 부분(막 1:4//눅 3:3; 참조. 마 3:7-8, 11; 행 13:24; 19:4). (3) 예수가 제자들에게 기도를 가르치신 주기도. 여기에는 하나님의 죄 **사함**과 더불어 다른 사람들에 대한 그의 백성의 죄 **용서**가 나란히 등장한다(참조. 눅 11:4//마 6:12). (4) 예수의 윤리적인 가르침. 그의 가르침에는 "회개하거든 **용서하라**!"와 "만일 하루에 일곱 번이라도 네게 죄를 짓고 일곱 번 네게 돌아와 '내가 **회개하노라**' 하거든 너는 **용서하라**!"는 구체적인 명령이 포함되어 있다(눅 17:3-4). (5) 마태복음에 제시된 최후의 만찬에서 주신 예수의 말씀. "이것은 죄 **사함**을 얻게 하려고 많은 사람을 위하여 흘리는 바 나의 피 곧 언약의 피니라"(마 26:28). (6) 누가복음에 표현되었듯이, 그를 십자가에 못 박은 사람들을 위해 예수가 십자가 위에서 하신 기도("아버지! 저들을 **사하여** 주옵소서. 자기들이 하는 것을 알지 못함이니이다", 눅 23:34). (7) 누가복음에 역시 묘사되었듯이 예수가 부활 후에 그의 제자들에게 하신 말씀. "이같이 그리스도가 고난을 받고 제삼 일에 죽은 자 가운데서 살아날 것과 또 그의 이름으로 죄 **사함**을 받게 하는 **회개**가 예루살렘에서 시작하여 모든 족속에게 전파될 것이 기록되었으니"(눅 24:46-47).

이 쌍둥이 주제는 사도행전에서도 두드러지게 등장한다. 예를 들어, 베드로가 오순절에 행한 설교는 다음과 같은 호소와 약속으로 마무리된다. "너희가 **회개하여** 각각 예수 그리스도의 이름으로 세례를 받고 죄 **사함**을 받으라. 그리하면 성령의 선물을 받으리니"(행 2:38). 그리고 베드로와 "사도들"이 유대 공회 앞에서 두 번째로 변호할 때 한 말에는 다음과 같은 중요한 선포가 포함되었다. "이스라엘에게 **회개함**과 죄 **사함**을 주시려고 그를 오른손으로 높이사 임금과 구주로 삼으셨느니라"(행 5:31). 더욱이 베드로가 고넬료와 그의 가족에게 전한 메시지는 다음과 같은 중요한 선언으로 마무리된다. "그[예수]에 대하여 모든 예언자도 증언하되, '그를 믿는 사람들이 다 그의 이름을 힘입어 죄 **사함**을 받는다' 하였느니라"(행 10:43).

그러나 요한 문헌에는 "사하다/용서하다"라는 용어가 (동사의 형태로) 요한복음 20:23에 예수의 말씀으로 등장하고, 그다음에 요한1서 1:9과 2:12에 2번 더 등장할 뿐이다. 바울 서신에도 "회개"라는 언급이 거의 없다(명사로는 롬 2:4의 "네가 하나님의 인자하심이 너를 인도하여 회개하게 하심을[문자적으로, 회개에 이르게 하심을] 알지 못하여"와 고후 7:9의 "너희가 근심함으로써 회개함에 이른 까닭이라"에만 등장한다). 마찬가지로 바울 서신에는 "(죄) 사함"이란 언급도 거의 없다(명사로는 시 32:1을 인용한 롬 4:7에만 등장하고 그 후 나중에 엡 1:7과 골 1:14에 등장한다). 하지만 누가가 사도행전에서 바울의 사역을 묘사하는 여러 곳에서 바울은 (1) "회개"를 촉구하고(행 13:24; 17:30; 26:20), (2) 예수와 그의 사역을 통한 하나님의 "(죄) 사함"을 선포하며(행 13:38; 26:18), (3) 총체적으로 그의 기독교 복음 선포를 "회개"의 선포로 말하는(행 20:21) 사람으로 묘사되었다.

바울은 하나님의 구원을 말하면서, (히브리어와 그리스어로 같은 단어인) "칭의"나 "의"와 같은 유대교와 유대 기독교의 법정적인 표현들을 사용했다(특히 롬 1:17; 3:21-22, 25; 5:1a, 16-21; 고후 5:21). 그러나 바울은 "하나님과의 화평"(참조. 롬 5:1b외 여러 곳), "화목"(롬 5:11; 11:15; 고후 5:18-20), "그리스도 예수 안에" 있음과 "성령 안에" 있음(롬 8:17; 갈 3:26-28 외 여러 곳), 하나님으로 말미암아 그의 가족 안으로 "입양됨"(롬 8:15, 23; 9:4; 갈 4:5; 엡 1:5) 등과 같은 인격적·관계적·참여적 표현들이 "칭의", "구속", "화해"(또는 "속죄" 또는 "대속") 등 유대교와 유대 기독교의 구원론적이고 법정적인 은유보다 신학적으로 더 중요하며, 인격적으로 더 호소력 있고, 윤리적으로 더 삶을 바꾸는 것으로 보았으며, 심지어 그의 이방인 청중들에게는 "회개"와 "죄 사함"의 전통적인 종교적 주제들보다 더 중요한 주제로 보았다.

그래서 바울이, 이곳 로마서 본론 중앙부의 두 번째 주요 단락(5:1-8:39)에서 그가 직접 보도한 것처럼, 그의 이방인 선교에서 기독교 메시지를 특별히 그의 비유대인 청중들에게 의미 있는 방식으로 제시했다고 이해해야 한다. 기독교 메시지의 상황화는 (1) 기독교 복음의 기본적인 진리들에 근거하고, (2) 수신자들의 이해와 상황과 필요와 관련하여 제시되었다. 그가 일찍이 로마서 본론 중앙부의 첫 번째 단락(즉 1:16-4:25)에서 예루살렘의 모교회에 거점을 두었던 유대 기독교의 신학적인 이해와 종교적인 언어에 광범위하게 영향을 받은 것으로 보이는 로마 신자들에게 이해되고 의미가 있는 방식으로 복음 메시지를 선포하고 발전시킨 것처럼 말이다. 사도가 이 두 경우에 전파한 기독교 선포의 약간은 다른 양태는 오늘날의 복음 전파에 패러다임을 제공하고 도전을 준다. 즉 기독교 메시지의 선포가 (1) 기독교 복음의 본질에 기초해야 하며, (2) 그 복음이 선포되는 대상들의 이해와 상황과 필요에 맞게 상황화되어야 한다는 것이다.

VI. 세 번째 단락:
이스라엘에 대한 하나님의 약속들과 기독교 복음(9:1-11:36)

바울이 로마에 있는 그리스도인들에게 보낸 편지의 본론 중앙부의 세 번째 단락인 9:1-11:36은 종종 로마서의 다른 주제들과 분리된 독립적인 내용을 담고 있는 자료로 간주되었다. 더욱이 (1) 이 세 장에 등장하는 자료의 기원과, (2) 이 단락이 앞서 제시된 1:16-4:25 및 5:1-8:39의 신학적인 단락들과 그다음에 이어지는 12:1-15의 권면 단락에 어떻게 연결되는지와 관련하여 질문들이 자주 제기되었다.

일부는 9:1-11:36이 원래 바울의 독립된 편지 혹은 논문으로서, 바울의 동료나 대필자들 중 한 사람에 의해 보관된 초기 "사본모음집"에 그것이 어떤 방식으로든지 사도의 로마서와 물리적으로 접합되었고(로마서 뒤에 덧붙여졌거나, 비슷한 필체를 보였거나, 둘 다거나), 이 편지나 논문이 나중에 어떤 분별없는 필경사에 의해 지금 우리가 가지고 있는 "로마서"에 포함되었다고 추측한다.[1] 다른 사람들은 9:1-11:36이 바울 자신에 의해 그의 로마서의 본문에 포함되었다고 추정했다. 즉 이 단락이 원래 바울이 이른 시기에 구두로 행한 설교였거나 또는 그가 어떤 이유에서 일찍이 썼던 논문으로서 로마서를 쓸 때 가지고 있었으나, 현재 그 단락이 놓인 자리와 로마서 다른 곳에서 쓴 내용 사이에 필연적인 연결점은 없다는 것이다.[2] 두 번째 이해와

---

1) 이 "사본모음집" 논지는 Deissmann, *Light from the Ancient East*, 235-36이 제기했다. 또한 206 n. 1도 보라.

2) C. H. Dodd, *Romans*, 148: "9-11장은 치밀하고 끊임이 없는 온전한 단락을 이룬다. 이 세 장은 로마서의 나머지 부분을 언급하지 않아도 매우 만족스럽게 읽을 수 있다. 로마서의 다른 부분들을 갈라디아서나 고린도전서와 나란히 읽을 때 유익을 얻는 것처럼, 본문을 로마서의 다른 본문과 관련하여 읽으면 물론 유익하겠지만 말이다." 또한 A. M. Hunter, *Introduction to the New Testament* (London: SCM, 1945), 96: "바울은 일찍이 이 단락을 곤란한 질문을 다룬 독립된 논의로 기록했을지도 모른다. 이 질문은 끊임이 없는 온전한 단락을 이루며 로마서의 나머지 부분을 참조하지 않고도 읽을 수 있다." 또한 J. A. T. Robinson, *Wrestling with Romans*, 6, 108-10도 보라.

관련한 약간의 변경된 내용을 로빈 스크로그스(Robin Scroggs)가 제안했다. 그는 (1) 9:1-11:36이 1:16-4:25과의 수사적 유사성 때문에(구약성경의 비슷한 사용을 비롯하여) 원래 1:16-4:25과 연결되었고, 두 단락이 함께 사도가 일찍이 유대인 청중들에게 했던 설교를 표방했다고 보아야 할 가능성이 크지만, (2) 바울이 유대인들을 겨냥한 설교의 이 두 부분이 이른 시기에 (그리고 어떤 알려지지 않은 이유로) 분리되었고 그래서 9:1-11:36과 5:1-8:39에 기록된 내용과 짝을 이루어 현재의 모습처럼 되었으며, 로마 신자들에게 보낸 바울 서신의 두 부분으로 초기의 다양한 그리스도인들 사이에서 회람되었다고 주장했다.[3] 하지만 교부 시대부터 지금까지 대부분의 주석가는 9:1-11:36을 언제나 로마서를 구성하는 필수불가결한 부분으로, 그리고 늘 현재의 위치에 있었던 것으로 여겨왔다. 그렇지만 (1) 로마서의 이 단락에서 제시된 내용을 어떻게 이해해야 할지, (2) 이 단락이 앞뒤에 있는 내용과 어떻게 관련이 있는지에 대해서는 의견이 분분하다.

현대의 주석가들이 9:1-11:36을 해석하는 통상적인 방법과 특히 사도가 9:6-29에서 쓴 것을 해석하는 방법은 다음과 같이 제시할 수 있다.

1. 사람들의 구원에서 하나님의 "주권적 은혜"를 강조하는 **신학적인** 이해. 이는 4세기 말과 5세기 첫 30년간에 쓰여진 아우구스티누스의 저작들에서 특히 발견할 수 있고[4] 아우구스티누스의 후기 저술들에

---

3) 참조. Scroggs, "Paul as Rhetorician," 271-98.

4) 아우렐리우스 아우구스티누스(354-430)는 그가 다작하던 마지막 30년 동안 『하나님의 도성』, 공관복음의 문제에 대한 저서(*De consensu euangelistarum*), 시편과 요한복음에 관한 방대한 주석 같은 원숙한 저술들로 가장 잘 알려졌다. 하지만 일찍이 아우구스티누스는 북아프리카 히포 교구에서 장로로 임직한 직후인 391년에 카르타고 공의회에서 거기에 참석한 사람들로부터 로마서에 관해 여러 질문을 받았다. 그는 주로 롬 5-9장에서 바울이 진술한 내용에 근거한 "하나님의 주권적 은혜"를 주제로 일련의 짧은 석의적 주석들을 제시함으로써 그 질문들에 답했다. 이 주석들은 나중에 84개의 단락으로 묶여 394년에 *Expositio quarundam propositionum ex Epistula ad Romanos*(*PL* 35.2063-88)라는 제목으로 출판되었다.

아우구스티누스는 하나님의 은혜에 대한 바울의 가르침에 도취하여 온전한 로마서 주석을 쓰기로 결정했는데, 이 역시 394년에 시작되었다. 그는 상당히 방대한 로마서 주석

제시되었으며, 나중에 16세기에 장 칼뱅에 의해 더욱 발전된 "택한 자"에 대한 하나님의 예정을 강조하는 내용과 결부되었다.

2. 하나님이 사람에게 주신 "자유 의지"를 강조하는 **신학적인** 이해. 이는 3세기의 오리게네스, 4세기의 요안네스 크리소스토모스, 16세기의 야코부스 아르미니우스의 저작들에 등장한다.
3. 유대교나 유대 기독교와 비교하여 이 장들을 바울이 구속사의 과정을 제시하는 부분으로 보는 **구원사적** 이해. 이는 (상당히 다른 방식이긴 하지만) 오스카 쿨만과 요하네스 뭉크에 의해 제안되었다.
4. 이 장들을 유대교와 기독교의 존재가 하나님의 뜻과 일치하고 그분의 인정 아래 있다고 선포하는 것으로 해석하는 **종교사적** 또는 **비교종교적** 이해. 이는 크리스터 스텐달에 의해 제안되었다.
5. 하나님이 어떤 사람은 구원하시고 다른 사람들은 정죄하시는 행위에 대한 바울의 옹호(즉 "신정론")로 여기는 **변증적** 이해. 이 이해는 종종 독자적으로 주장되기도 하지만,[5] 위에 언급한 하나 이상의 입장들에 포함되기도 한다.

을 쓰기로 계획했던 것 같다. 1:1-7의 인사말에 대한 그의 주해가 Migne의 『라틴 교부문헌집』(*Patrologia Latina*. 그의 *Epistulae ad Romanos inchoata expositio, PL* 35.2087-2106을 보라)에서 18단을 차지하고 있는 까닭이다. 하지만 아우구스티누스는 이 첫 일곱 절을 주석하고 난 후 더 이상 진전할 수 없다고 느꼈다. 그는 그 프로젝트가 그에게는 너무나 광대했기에 "더 쉬운 작업"으로 돌아가야겠다고 말했다(그의 *Retractationes* 1.25을 보라). 로마서 전체에 대한 주의 깊은 석의가 그 후 아우구스티누스의 모든 생애와 가르침에 대단히 중요했겠지만, David Bentley-Taylor가 바르게 주목했듯이, 아우구스티누스가 "그의 재능이 성경의 자세하고 학문적인 주해보다는 목회적인 적용에 어울렸다고 생각한 것은 분명히 옳았다. 학문적인 주해를 하기에는 히브리어에 대한 무지와 그리스어에 대한 제한된 지식이 그에게 심각한 핸디캡이었다"(D. Bentley-Taylor, *Augustine: Wayward Genius* [Grand Rapids: Baker, 1981], 70).

396년 말 또는 397년 초에 아우구스티누스는 하나님의 주권적 은혜와 선택받은 자들의 예정이라는 주제로 그의 친구 심플리키아누스에게 2개의 긴 편지를 썼다. 이 편지는 하나님의 은혜와 예정에 대한 그의 이해가 얼마나 발전되었는지를 보여주는 증거다(참조. 그의 *De diversis quaestionibus ad Simplicianum, PL* 40.102-47). 하나님의 은혜에 대한 바로 이 주제는 430년에 그가 죽을 때까지 아우구스티누스의 모든 사고와 그의 원숙한 저술들을 계속해서 지배했으며, 물론 그 이후 대부분의 기독교 신학의 방향을 다시 돌려놓았다.

5) 예. Piper, *The Justification of God*, 특히 73-79(과 6-8장에 설명된 내용).

필자는 앞에서 인용한 여러 이해에서 강조된 사항 중 어느 하나라도 그 정당성을 부인하지 않으면서, 9:1-11:36에 제시된 바울의 논증 과정과 특히 로마서 본론 중앙부의 세 번째 단락의 핵심 부분에 등장하는 9:6-11:32의 설명 자료들을 유대교적 또는 유대 기독교적인 남은 자 신학으로 이해하는 것이 최상이라고 제안한다.[6] 이 신학은 성경 본문을 특정하게 사용하여 근거로 삼고, 내용을 제시하는 데 있어 독특한 유형의 남은 자 수사학을 포함시킨다. 또한 필자의 논지에는 (1) 남은 자 신학에 근거한 논증이 예수를 믿는 유대 신자들뿐만 아니라, 예루살렘의 모교회에 거점을 두었던 유대 기독교의 신학과 사고방식 및 종교적 언어에 광범위하게 영향을 받은 이방인 출신의 그리스도인들에게도 이해가 되었고 의미가 있었을 것이라는 점과, (2) 남은 자 수사학이 고대나 현대의 서구인들의 사고방식에 대체로 낯설어서, 9:1-11:36(과 특히 하위 단락인 9:6-11:32)에 제시된 바울의 논증이 종종 기독교적 해석자들에게 와닿지 못했고, 그래서 사도의 편지에서 이 단락의 취지와 중요성이 사람들한테 너무도 자주 공감을 얻지 못했다는 것 등이 들어 있다. 바울이 왜 이 세 장의 자료를 로마서에 포함했느냐는 문제뿐만 아니라 그가 로마에 있는 수신자들이 이해하기를 원한 것이 무엇인지와 관련해서도 그러했다. 아래의 단락에서 설명할 내용이 바로 이 논지와 그 논지의 논리적인 추론들이다.

로마서에서 9:1-11:36의 위치와 기능. 우리는 로마서를 수사학적으로 "권면에 속하는 권고의 말[또는 메시지](λόγος προτρεπτικός)"로 이해해야 한다고 주장했다. 이 권고의 말은 비난과 권고의 메시지를 전하기 위해 그리스 시대의 유대인들에 의해서만 아니라 다양한 그리스-로마 화자와 저술가들에 의해 말과 글로 사용된 고대의 통시적 형식의 수사학이었다. 바울은 로마에 있는 그리스도인 수신자들에게 글을 쓰면서 자신의 목적을 위

6) 본서 서론의 "로마서의 수사학적 장르"에서 필자가 논의한 내용을 참조하라. 또한 "Remnant Theology and Rhetoric," in R. N. Longenecker, *Introducing Romans*, 247-53, 413-21도 보라.

해 이 수사적 형식을 채용했다.[7] 사도는 로마의 수신자들에게 가급적 최대한의 수사적 충격을 주려고 의도적으로 그리스-로마 권고의 담화 구조를 사용했을 수도 있다. 하지만 단순히 그 수사학이 그에게만 아니라 그의 로마인 수신자들에게도 잘 알려진 것이었고 이 특정한 편지에서 이 특정한 수신자들에게 말하고자 하는 내용을 전달하는 데 적절한 도구를 제공했기 때문에 사도가 사용했다고 보는 것이 더 개연성이 있다. 그런데 바울은 당대의 이러한 수사적·문학적 관습에 매이지 않았다. 그래서 그리스-로마의 권고 담화에는 그 나름의 구조와 제약이 있었다. 더욱이 바울은 로마의 신자들에게 글을 쓸 때 자신의 목적을 이루기 위해 사용했던 구조들을 자유롭게 변경하고 확장해도 괜찮다고 보았다.

그리스-로마의 화자들과 저자들은 "권면에 속하는 권고의 말[또는 메시지]"을 식별되는 세 주요 부분/단락으로 제시한다. (1) 상대의 입장이나 이해를 비판하는 부정적인 단락, (2) 화자나 저자의 진리 주장을 제시하는 긍정적인 단락, (3) 청중들과 수신자들에게 두 번째 주요 단락에 제시된 메시지를 받아들이며 실천하라고 호소하는 장려 단락 등이다. 하지만 바울은 이러한 권고의 수사적 구조를 사용하면서 그가 반대한 어떤 율법주의적 견해들(로마에 있는 그의 그리스도인 수신자들이 실제로 항상 그러지 않았더라도 적어도 이론적으로 반대했다고 믿었던)을 비판하기 위해서뿐만 아니라 (1) "하나님의 의", (2) "예수의 신실하심", (3) 하나님에 대한 "믿음" 또는 "신뢰"라는 주제들을 좀 더 충분히 발전시킬 목적으로도 첫 번째 단락을 사용했다. 그는 이 주제들이 예수를 믿는 모든 신자의 근본적인 확신에 뿌리를 두고 있던 것이라고 확신했다. 물론 당대의 모든 신자가 이 주제들을 충분히 이해하지 못했음을 알고 있었겠지만 말이다. 로마서의 구조(와 여기서 우리의 목적에 매우 중요한 것)와 관련하여 아주 분명한 점은, 바울이 9:1-11:36에 그가 "이스라엘을 향한 하나님의 약속들과 기독교 복음"을 탐구한 중요한 부가

---

7) 참조. 위의 "로마서의 수사학적 장르." 또한 "Diachronic Rhetorical Analysis," in R. N. Longenecker, *Introducing Romans*, 196-200도 보라.

적인 자료 단락을 포함시킴으로써 권고 담화의 통상적인 삼중 구조를 확장했다는 사실이다. 그 부가적인 자료는 로마의 수신자들에게, 이교도 이방인들에게 전한 바울 나름의 기독교 선포의 형식을 개괄하는 5:1-8:39과 독자들에게 그가 5:1-8:39에서 선포한 메시지를 받아들이며 실천하라고 촉구하는 12:1-15:13 사이에 위치한다.

하지만 (1) 9:1-11:36의 이 자료가 왜 바울에 의해 5:1-8:39 바로 다음에 제시되었는지, (2) 이 장들이 그 위치에서 어떤 기능을 하는지와 관련한 질문들이 생긴다. 사도가 "누가 능히 하나님께서 택하신 자들을 고발하리요?"라는 수사적 질문을 제기한 8:33a을 우리가 주석하면서 주목했듯이, 그 질문에는 이 서신에서 처음으로 ἐκλεκτοὶ θεοῦ("하나님의 선택된/택함을 받은 자들" 또는 "하나님의 선민")라는 명칭을 예수를 믿는 신자들에게 적용하여 등장한다. 이것은 하나님께 특별한 백성으로 택함을 받은 사람들만을 지칭하기 위해 유대교 성경(구약)에 사용된 표현이다. 이 표현은 이스라엘 백성에게만 해당하는 칭호로 사용되었다. 하지만 로마서에서 바울은 이 칭호를 인종과 상관없이 예수를 믿는 모든 신자에게 적용하기 시작한다.

이방인 신자들을 가리키기 위해 이처럼 "하나님의 선택된/택함을 받은 자들"이라는 표현을 사용하는 것은 분명히 대부분의 유대인에게 거슬렸을 것이다. 이것은 (우리가 앞에서 제안했듯이) 예루살렘에 거점을 두었던 유대 기독교의 신학과 사고방식 및 종교적인 언어에 광범위하게 영향을 받은 것으로 보이는 로마의 유대인-이방인 그리스도인 공동체의 몇몇 사람들에게 거슬렸을뿐더러, 예수를 믿는 유대인 신자들에게도 불쾌감을 주었을 것이다. 그래서 이곳 9:1-11:36에서 바울은 (1) "하나님의 선택된/택함을 받은 자들"이라는 이 두 공동체 사이의 관계와 (2) 현재와 미래에 하나님의 구원 역사를 이루어감에 있어 이 문제들을 어떻게 이해해야 할지를 설명할 필요가 있었다고 생각한 듯하다.

9:1-11:36에 나타난 유대교 또는 유대 기독교의 남은 자 신학과 수사학. 우리는 9:1-11:36에서 바울이 제시하는 내용을 이해하는 데 있어 바울이 사용한 유대교 또는 유대 기독교의 남은 자 신학을 인식하는 것이 중요

하다고 믿는다. 이 남은 자 신학은 바울이 남은 자 수사학을 기독교적으로 설명한 이 세 장의 전면에 부각되었다. 그것은 (1) 유대교 성경(구약)에 하나님의 백성과 관련하여 "선택", "택함", "생존자"라는 이해에서 기원했으며, (2) 구약 정경을 기록한 예언자들의 사역에 아주 분명히 표현되었고, (3) 가장 초기의 유대 바리새인들, 사해의 공동체들, 그리고 그 외 유대 종파에 속한 집단들에 의해 그들의 존재를 정당화하기 위해 사용되었으며, (4) 유대인들에게 회개를 촉구하고 그들에게 세례를 주던 세례 요한의 사역에서 현저하게 드러났고, (5) 사람들에게 자신을 따르라고 초대하고, 자신의 추종자들이 된 사람들을 그의 "적은 양 무리"로 언급하며 그들을 "나의 양"이라고 부른 예수의 사역에 존재했고, 또한 (6) 예수를 믿는 최초기 유대 신자들의 자의식 속에서 현저한 특징이 되었던 사상과 표현의 한 유형이다.[8)]

고트로프 슈렝크(Gottlob Schrenk)와 폴크마르 헤른트리히(Volkmar Herntrich)는 유대교의 남은 자 신학의 본질적인 특징들을 적절히 제시했다. 우리는 이것을 다음과 같이 요약할 수 있다.[9)]

1. 남은 자는 하나님에 의해서만 주권적으로 설정되었다.
2. 남은 자는 작은 규모일 수 있다. 하지만 남은 자가 많은 것으로 묘사되기도 했다.
3. 남은 자는 현재적인 동시에 미래적인 실체다.
4. 남은 자 개념은 하나님이 이스라엘을 선택한 것과 관련이 있다.
5. 남은 자는 일반적으로 예루살렘 성, 즉 시온과 연관되었다.
6. 하나님께서 남은 자들을 확정하신다고 하더라도, 그러한 확정의 다

---

8) "남은 자 신학"과 "남은 자 수사학"을 다룬 중요한 연구는 특히 M. A. Elliott, *The Survivors of Israel: A Reconsideration of the Theology of Pre-Christian Judaism* (Grand Rapids: Eerdmans, 2000)을 보라. 이 책에 서술된 논지는 R. N. Longenecker, *Introducing Romans*, 247-53(247-48 n 23의 참고문헌)에서 더 충분히 다루었다.

9) 참조. Schrenk and Herntrich, "λεῖμμα, ὑπόλειμμα, καταλείπω," 4.203-14.

른 측면은 하나님이 선택하신 사람들 편에서의 믿음과 신실함의 반응이다.

7. 이스라엘의 남은 자만 있는 것이 아니라 하나님께서 이방인 중에서 모으시는 남은 자도 묘사되었다.
8. 이방인들을 모음과 관련하여 다양한 견해들이 있다. 이를테면, 유대교로 개종한 사람들을 근거로 하는지, 아니면 선교를 근거로 하는지의 문제가 있다. 이방인들이 유대교로 개종함으로써 받아들여질 것이라는 기대가 매우 자주 표현되었다.
9. 남은 자를 모으는 것이 하나님의 최종적인 목표는 아니다. 오히려 하나님의 최종적인 목표는 모든 이스라엘의 재입양과 구원이다.
10. 하나님의 선택된(또는 "택함을 받은") 남은 자, 이스라엘 백성, 시온성 사이에 밀접한 관계가 있듯이, 남은 자와 하나님의 약속된 메시아 사이에도 밀접한 관계가 있을 것이다.

유대교와 유대 기독교의 남은 자 신학의 어떤 중요한 특징들을 밝힐 수 있기는 하지만, 고트로프 슈렝크가 지적했듯이, "남은 자에 대한 예언자적 개념이 자라고 있었으며 다른 상황에 적용 가능하다는 것을 인정할 필요가 있다. 남은 자 신학을 적용하는 것은 상황의 변화에 따라 바뀐다."[10]

앞에 인용한 남은 자 해석의 모든 특징이 "초기 유대교"의 방대한 문헌이나 신약의 유대 기독교적 저술에서 발견되는 것은 아니다. 또한 이 문제와 관련해서 이와 같은 광범위한 남은 자 관점의 모든 특징이 인종적 배경이 어떠하든지 간에 예수를 믿는 로마 신자들에게 보내는 바울의 편지에서 발견되지도 않는다. 그들은 (우리가 로마 그리스도인들에게 해당한다고 제안했듯이) 예루살렘 모교회의 유대 기독교로부터 광범위하게 영향을 받은 신자들이다. 하지만 이 모든 자료에는 남은 자 신학과 남은 자 수사학을 종종

10) Schrenk and Herntrich, "λεῖμμα, ὑπόλειμμα, καταλείπω," 4.209. 이것은 그가 "로마서 9-11장의 남은 자"를 다루기 시작하는 부분에서 관찰한 것이다.

인식하게 만드는 충분한 내용이 등장한다.

예를 들어, 바울이 오직 이스라엘 백성의 선택과 관련해서만 남은 자 신학을 이해했거나 남은 자 수사학을 사용했다고 말할 수 없다는 것(앞의 4번의 요지)은 확실하다. 또한 그가 남은 자 신학을 현재 예루살렘 성에만 연결하거나(앞의 5번의 요지) 유대교로 개종한 것에 근거해서만 이방인들에게 선교했다(앞의 8번의 요지)고 생각할 수도 없다. 하나님이 옛 언약 아래 있는 이스라엘 백성을 위해 행하신 것을 찬미했지만, 유대 민족의 백성이나 장소 또는 종교 생활에 한정되지 않은 "예수 그리스도 안에 있는 새 생명"에 관한 바울의 상황화한 메시지는 "옛 언약"의 신학과 생활방식을 훨씬 넘어섰다. 여기서 의심할 수 없는 두 가지 사실이 있다. (1) 유대인들 자신과 예수를 믿는 유대인 신자들이 함께 견지했고 유대에 기반을 둔 남은 자 신학의 다양한 형태를 바울이 알았다는 것과, (2) 그가 어떤 형태의 남은 자 신학이, 유대 기독교의 신학과 사고방식과 종교적 언어의 영향을 받은 (어떤 인종이 섞여 있든지 간에) 로마 신자들 사이에 존재했다는 것을 인식했다는 것이다. 그래서 (1) 기독교 복음이 이스라엘에 대한 하나님의 약속과 어떻게 관련이 있는지, 그리고 (2) 이 문제들을 하나님의 구원사의 전 과정에서 어떻게 이해해야 하는지와 관련하여, 바울이 이곳 9:1-11:36에서 제시하려고 하는 것이 유대교 또는 유대 기독교의 남은 자 신학을 좀 더 적절한 방식으로, 구체적으로 말해서 그리스도 예수의 사역에 근거하며 하나님의 영의 사역으로 말미암아 시행된 하나님의 "새 언약"에 비추어 "기독교화하는" 것이라고 제안할 수 있다.

그리스-로마의 서간체적 관습 중에 9:1-11:36에 있다고 할 수 있는 것들. 9:1-11:36에서 "이스라엘에 대한 하나님의 약속들과 기독교 복음"에 대한 바울의 주해는 이 편지의 중요한 부분이다. 그래서 바울이 로마서 본론 중앙부의 이 세 번째 단락에서 말하는 내용이 여러 방면에서, 특히 그리스-로마의 서간체적 관습을 사용한 것에서, 신약성경에 있는 그의 다른 편지들이나 구체적으로 로마서의 서간체 부분들에 등장하는 것과 비슷하다고 기대할 수 있을지도 모른다. 하지만 바울이 9:1-11:36에서 쓰고 있는 내용은 많은 점에서 그의 다른 서신들뿐만 아니라 로마서의 다른 단락에서 먼저 기록된(또 나중에 기록될) 내용과 다르다. 본문은 내용에 있어서만 아니라 당대 유행하던 서간체적 관습의 사용(또는 오히려 미사용)에 있어서도 다르다. 바울은 그가 로마서의 이 단락에서 말하는 내용을 유대교와 유대 기독교의 남은 자 신학 및 수사학에 근거하지만은 않는다(우리가 제안했듯이, 이 남은 자 신학과 수사학은 이 세 장에서 그가 제시한 주요한 수사적 특징이며, 따라서 그가 이 편지의 다른 곳[특히 5:1-8:39]에서 쓰고 있는 것과 내용 면에서 사뭇 다르다). 그는 이 단락의 자료에 대해 다른 구조와 다른 문체를 제시하기도 한다. 이것은 많은 점에서 그가 일찍이 썼던 신약의 다른 편지들에서 제시한 것과도 다르고, 로마서의 다른 부분에서 제시한 것과도 다르다.

이 편지에 등장하는 그리스-로마의 서간체적 관습들은 주로 시작 단락(즉 1:1-7의 "인사", 1:8-12의 "감사", 1:13-15의 "본론의 도입구")과 결론 단락(15:14-32의 "본론의 결어", 15:33-16:16의 "평화를 기원하는 축도", "칭찬", "안부 인사")은 물론이고, 부가적인 권면들과 전형적인 "은혜를 비는 축도" 그리고 더 많은 안부 인사를 포함하는 16:17-23의 "개인적인 후기"에서 발견된다. 매우 적은 서간체적 어구와 표현들이 12:1(즉 간청 형식과 직접적으로 부르는 호격)과 12:3(즉 말하는 것을 나타내는 동사)에도 있다. 바울이 1:16-11:36의 주해로부터 12:1-15:13의 권면으로 이동하기 때문에 그러한 어구와 표현들이 이곳에 등장하는 것은 타당해 보인다. 하지만 로마서 본론 중앙부의 이 세 번째 주요 단락에 등장하는 것처럼 보이는 유일한 전통적인 서간체 관습들은 다음과 같다.

9:1 - 증거 진술: ἀλήθειαν λέγω ἐν Χριστῷ, οὐ ψεύδομαι, "내가 그리스도 안에서 참말을 하고 거짓말을 아니 하노라."

9:14 - 말하는 것을 나타내는 동사: τί οὖν ἐροῦμεν;, "그런즉 우리가 무슨 말을 하리요?"

9:30 - 말하는 것을 나타내는 동사: τί οὖν ἐροῦμεν;, "그런즉 우리가 무슨 말을 하리요?"

10:1 - 직접 부르는 호격: ἀδελφοί, "형제자매들아!"

11:1 - 말하는 것을 나타내는 동사: λέγω οὖν, "그러므로 내가 말하노니."

11:11 - 말하는 것을 나타내는 동사: λέγω οὖν, "그러므로 내가 말하노니."

11:13 - 말하는 것을 나타내는 동사: ὑμῖν δὲ λέγω τοῖς ἔθνεσιν, "내가 이방인인 너희에게 말하노라."

11:25 - 공개 형식과 직접 부르는 호격: οὐ γὰρ θέλω ὑμᾶς ἀγνοεῖν, ἀδελφοί, "형제자매들아! 너희가 모르기를 원치 아니하노니."

바울의 다른 편지들에는 편지 본론 중앙부의 여러 단락에 각각의 하위 단락들의 다양한 부분을 소개하고 연결하며 마무리하는, 비교적 많은 수의 그리스-로마의 서간체적 특징이 있다. 그러나 로마서 본론 중앙부는 이 점에서 차이가 나고, 이러한 차이는 9:1-11:36에 특히 분명히 드러난다. 일찍이 우리는 그러한 제안된 서간체적 관습들의 다른 용례들을 관찰했다. (1) 적어도 로마서 본론 중앙부 내부와 특히 본론 중앙부의 두 번째 주요 단락인 5:1-8:39에 있는 일부 자료는 현재의 편지 형식을 갖추기 전에 먼저 구술적 역사와 수사적 역사를 가지고 있었다고 보아야 한다. (2) 이 자료들은, 이 자료들이 반영할 수도 있는 서간체적 특징들보다는 구술적·수사적 기능과 관련하여 더욱 평가를 받아야 한다. 이러한 관찰들은 많은 사람에게 로마서 본론 중앙부의 이 세 번째 주요 단락에서 약간은 전통적인 서간체적 관습들로 보이는 것들을 평가할 때 특히 적합하다. 이 자료의 원래의 구술적 형식의 특징들은 엄밀하게 수사적인 기능을 했었을 것이다. 물론 원래의 구술적 형식과 그 후의 편지 형식에서 이 동일한 특징들이 수사적이든지 서간체적이든지 간에 이 두 양태를 제시하면서 도입부 단락과 결론부 단락을 표시하기 위해 비슷하게 기능했을 것이다.[11]

---

11) 고대의 구술적·수사학적·서간체적 관습들과 그것들을 로마서 안에 있는 자료에 적용하는

9:1-11:36에 그리스-로마의 공시적인 수사적 관습만이 존재하는 것에 대하여. 9:1-11:36의 수사학과 관련해서, 이 단락이 유대교나 유대 기독교의 남은 자 신학과 수사학의 지배를 받을 뿐만 아니라, 적어도 어느 정도는 바울 당대의 그리스-로마 세계에 널리 퍼져 있던 몇몇 공식적인 수사적 특징들을 반영하기도 한다. 이것은 사도가 9:1-11:36에서 (1) 교차대구 구조, (2) 디아트리베 문체, (3) 특정한 어구나 단어들의 반복을 통해 어떤 단락들의 틀을 구성하기, 그리고 (4) 그림 언어 등을 최소한도로 사용한 것에서 드러난 듯하다.

교차대구는 짝을 이루는 단어나 진술 또는 본문이, 중심이 되는 단어나 진술 또는 본문 주위에 도치되는 대칭으로 배열된 현상에 대해 현대의 수사학자들이 붙여준 명칭이다. 그 명칭은 "가로지르기/교차"를 의미하는 고전 시대 이후의 그리스어 단어 χιασμός를 음역한 것이다. 그러나 그 용어는 그리스어 낱말 "χ"로부터 직접 유래했으며, 그래서 구조상 기본적인 A-B-A′ 패턴의 배열을 위해 사용된다.

대부분의 학자들은 바울이 로마서 본론 중앙부의 이 단락, 특히 10:19(신 32:21을 인용), 11:3(왕상 19:10을 인용), 11:10(시 69:23을 인용)에서 인용한 몇몇 구약 본문에 있던 교차대구 구조를 유지했다고 보는 데 전혀 문제를 느끼지 않는다. 하지만 현대의 많은 주석가는 사도가 9:1-11:36의 다른 부분에서 또 어떻게 교차대구 구조를 사용했는지는 매우 불확실하다고 생각한다. 때로는 10:9-10("네가 만일 **네 입으로** '예수를 주'로 **시인하며** 또 하나님께서 그를 죽은 자 가운데서 살리신 것을 **네 마음에 믿으면** 구원을 받으리라. 사람이 **마음으로 믿어** 의에 이르고 **입으로 시인하여** 구원에 이르느니라")과 11:30-31("너희가 전에는 하나님께 순종하지 아니하더니 이스라엘이 **순종하지 아니함**으로써 이제 **긍휼**을 입었는지라. 이와 같이 이 사람들이 **순종하지 아니**하니, 이는 너희에게 베푸시는 긍휼로 이제 그들도 **긍휼**을 얻게 하려 하심이라")에서 바울이 교차대구 구조를 사용했다고 여겨진다. 11:33-35의 송영적 진술 역시 이와 비슷하게 다루어진다.

것에 대해서는 R. N. Longenecker, *Introducing Romans*, 169-235을 보라.

"디아트리베"는 가상의 대화 상대자들과 가상의 반대 의견들 그리고 거짓 결론들을 사용하는 생생한 대화체에 붙여진 명칭이다. 신약성경에서 이 수사적 관습의 가장 분명하고 지속적인 사용은 로마서에, 특히 2:1-5과 2:17-24에 등장한다.[12] 최근에 디아트리베 구조는 3:1-8(아마도 9절을 포함해야 할 듯하다)과 3:27-31(아마도 4:1-2을 포함해야 할 듯하다)에서도 등장했으며,[13] 마찬가지로 14:4-11에서도 디아트리베 구조를 본다. 이곳 9:1-11:36에서는 9:19-21과 11:17-24에 디아트리베 문체가 어느 정도 반영된 듯하다. 이 점에 대해서는 아래 석의와 주해에서 좀 더 세밀하게 고찰할 것이다.

수미상관은 처음과 끝에 있는 동일하거나 비슷한 단어들, 용어들, 어구들, 또는 절들의 반복에 의해 틀이 형성된 것으로 보이는 단락, 즉 구술되거나 기록된 내용의 비교적 짧은 단락에 대해 말할 때 수사적 어법으로 사용되는 용어다. 그래서 수미상관은 비교적 구별되는 자료 단위로 간주될 수 있다. 이러한 특징은 고대에 일반적으로 구술적 화법에서뿐만 아니라 공식적인 수사와 일상적인 편지에서도 약간은 일반적인 것이었던 것으로 보인다. 수미상관은 로마서 9-11장, 특히 σπέρμα("씨", "후손")라는 단어 사용에 등장한다. Σπέρμα는 9:6-29의 하위 단락을 시작하는 9:6-8에서 3번, 그 하위 단락을 마무리하는 9:29b에서 다시 한번 사용되었다(이러한 수미상관은 이 세 장의 이어지는 하위 단락 여러 곳에서 파악될 수 있다).

"은유"라는 용어는 어떤 단어나 단어들 집단 또는 문장이 문자적으로 언급하는 것과는 다른 어떤 것을 지칭하기 위해 사용되었다. 하지만 은유는 감지할 수 있는 유사성에 의해 그 은유의 문자적인 의미와 연결되어 있으므로, 은유의 비유적인 용례와 은유의 문자적인 지시대상 간에 유사성이나 유비가 있음을 시사한다. 바울이 (1) 11:16a에서 "처음 익은 곡식"과 "떡덩이", (2) 11:16b에서 "뿌리"와 "가지들" 그리고 (3) 11:17-21에서 "원가지"와 "접붙이심을 받은 야생 가지들"을 언급한 것은 적절한 수사적 명명

---

12) 앞에서 필자가 이 구절들에 관해 설명한 것을 보라.
13) 앞에서 필자가 이 구절들에 관해 설명한 것을 보라.

이다. 이 은유들은 나중에 우리가 본문을 석의하고 주해할 때 반드시 설명해야 할 내용이다.

9:1-11:36에서 내러티브 하위 구조들이 존재할 가능성에 대하여. 바울 서신에 관한 내러티브 접근법은 지난 몇십 년간 다수의 신약학자에 의해 제안되었으며, 다양한 방법으로 발전했고, 오늘날에는 비교적 철저하고 면밀한 연구와 비평적 평가의 주제다.[14] 이와 같은 접근은 바울이 일찍이 (1) 4:1-24에서 믿음의 탁월한 예인 아브라함과, (2) 5:12-21에서 아담이 인류의 삶에 가져온 것과 그리스도가 인류를 대신하여 이루신 것에 관한 내용으로 쓴 글을 연구하는 데 특히 중요하다. 하지만 이것은 바울이 (3) 9:6-10:21에서 이스라엘과 교회의 관계와 (4) 11:1-31에서 하나님의 구원사의 과정에 관해 말한 내용을 분석하는 데도 중요한 듯하다.

우리는 바울이 그의 여러 편지에서 쓴 내용을 해석하는 사람들로서 늘 그의 글 저변에 깔린 내러티브 하위 구조들에 대한 이해를 가지고 본문을 읽을 필요가 있다. 이러한 내러티브 하위 구조들은 예수를 믿는 초기 신자들이 진행한 신학화에 심오한 영향을 주었다. 이러한 신학과 작업은 찬송시, 공식적인 진술들, 압축된 말씀들로 표현된 "초기 기독교 신앙고백들"의 형식을 취했다. 또한 내러티브 하위 구조들은 이러한 내러티브들을 좀 더 공식화된 형식으로 가공한 정경의 네 복음서에도 영향을 끼쳤다. 내러티브 하위 단락들은 바울이 그의 여러 편지에 기독교 복음 메시지에 관한 내용을 기록하는 데도 심오한 영향을 주었다. 따라서 우리는 9:1-11:36의 저변에 깔린 이러한 내러티브 하위 구조들을 인식해야 한다. 특히 사도가 이스라엘과 교회의 관계 및 하나님의 구원사의 과정에 관해 쓴 글들의 저변에 있는 하위 구조들을 의식해야 한다.

초기 기독교 신앙고백 자료들. 바울은 로마의 그리스도인들을 대상으로 글을 쓰면서 전체로든 부분적으로든 초기 기독교의 신앙고백 자료를 다수 사용했다. 그는 이 자료들을 적어도 두 가지 방식으로 사용했다. (1) 그

14) B. W. Longenecker, *Narrative Dynamics in Paul*에 실린 논문들과 논찬들을 참조하라.

의 논증을 뒷받침하고 그 논증에 초점을 맞추기 위해서(일찍이 1:3-4과 3:24-26에서 그랬고, 나중에 14:9에서 그렇게 사용할 것이다), 그리고 (2) 그가 제시한 내용을 요약하거나 절정에 이르도록 하기 위해서(4:25과 8:33-39에서 이런 방식으로 사용했다). 이와 비슷하게, 바울은 어떤 전통적인 격언들과 당시 존재했던 유대교 또는 유대 기독교의 다양한 경건 자료들이나 교리문답 자료를 동일한 이유로 9:1-11:36에 포함시켰다. 비록 이러한 자료들이 일반적으로는 덜 인식되거나 논의되는 것들이기는 하지만 말이다. 이 본문에서 사도가 사용한 이러한 신앙고백적 주장들과 그 밖의 다른 전통적인 자료들을 바르게 밝히고 적절히 설명하는 데 필요한 석의적 내용은 이어지는 본서의 석의와 주해를 위해 남겨두는 것이 좋을 것 같다. 다만 (우리가 일찍이 1:16-4:25에 나타난 이러한 문제들에 대해 여러 곳에서 주장했듯이) 여기서는 두 가지 내용을 말하는 것으로 충분하다. (1) 9:1-11:36에 등장하는 바울 이전의 주장들과 자료들은 로마에 있는 바울의 그리스도인 수신자들(전체든지 일부든지)도 알고 있었을 것이다. (2) 바울이 자신과 로마 수신자들의 동질감을 고취하려고 그것들을 사용하여 그들이 이해하고 공감하는 방법으로 그들을 교훈했다는 것이다.

현저한 성경 인용들. 55에서 60개(만일 혼합된 본문들을 분리하고 2개의 자료를 구별한다면)의 구약 본문에서 인용한 로마서의 분명한 성경 인용 45곳 중에서, 대략 30개 정도가 9:1-11:36에서 25곳 정도에 등장한다. 다시 말해, 로마서에서 구약성경을 인용한 것의 3분의 2가 본론 중앙부의 이 세 번째 단락에서 발견된다. 구약 인용이 9:1-11:36에 이처럼 강하게 집중된 것은, 8-9곳에 걸쳐 분명한 성경 인용 18개가 등장하는 1:16-4:25의 성경 인용 사용과 비슷하거나 심지어 그것을 넘어선다. 마찬가지로, 이렇게 밀집된 성경 인용은 신약성경의 다른 바울 서신에서 발견할 수 있는 것을 훨씬 넘어선다. 고린도전서에는 15개의 분명한 성경 인용이 등장하고, 고린도후서에는 7개, 갈라디아서에는 10개, 에베소서에는 4개, 디모데전서에는 1개, 디모데후서에는 1개 등장하며, 데살로니가전서, 데살로니가후서, 빌립보서, 골로새서, 빌레몬서, 디도서에는 하나도 없다. 더욱이 로마서 5:1-8:39에는 지나가면서 언뜻 등장하는 성경 인용이 겨우 2개뿐이며, 12:1-15:13의 윤리적 권면 부분에는 (약간은 다른 용례로) 10개만 더 발견되고, 15:14-32의 본론을 마무리하는 곳에는 1개의 구약 인용이 있을 뿐이다.

바울의 여러 서신과 특히 로마서의 성경 인용 분포에 나타난 이러한 패턴은 자주 무시되고 있다. 그리고 그런 패턴을 주목하더라도 대개는 하찮은 현상으로 간주하곤 한다. 하지만 아돌프 하르나크는 바울 서신의 이러한 성경 사용 패턴을 강조했으며, 이러한 패턴으로부터 그는 바울의 성경 사용에 대한 상황적 이해를 발전시켰고, 그가 "유대주의자들"로부터 오는 반대라는 뜻으로 사용한, "유대인의 반대"에 맞설 때만 바울이 유대교 성경(구약)을 인용했다고 주장했다.[15] 우리는 "유대주의자들"의 반대가 바울이 유대교 성경(구약)을 인용하는 동기가 된 주요 요인이라는 하르나크의 주장을 받아들이지는 않지만, 바울 서신에서 성경 인용 사용의 비정형 패턴에 관해 그가 관찰한 내용이 여전히 타당성이 있다고 본다. 바울이 로마서에서 구약을 인용할 때 드러나는 비정형 패턴과 관련해서는 특히 더 그렇다.

하르나크에 의해 강조된 구약 사용에 있는 이러한 상당히 독특한 패턴을 설명하면서 우리는 (하르나크와 대조적으로) 다음과 같이 제안한다. (1) 바울은 (로마에서 인종적으로 혼합된, 예수를 믿는 신자들 공동체들이었던) 유대교 또는 유대 기독교의 신학과 사고방식 및 종교적 언어에 영향을 받았던 사람들에게 직접 말할 때면 그의 주장과 제시한 내용(1:16-4:25과 9:1-11:36에서처럼)을 뒷받침하기 위해 구약 인용과 구약 암시 및 성경에 근거한 격언들을 사용한다. 하지만 (2) 그가 로마 제국의 동쪽 지역에 있는 이교도 이방인들에게 "그의 복음"으로 선포한 것을 로마 그리스도인 수신자들에게 보고할 때는, 어떠한 성경 인용문이나 성경 암시들 또는 성경에 근거한 격언들을

15) A. Harnack, "Das alte Testament in den paulinischen Briefen and in den paulinischen Gemeinde," *Sitzungsberichte der Preussichen Akademie der Wissenschaften zu Berlin* (1928) 124-41.

뒷받침하지 않고(5:1-8:39에서처럼) 더욱 개인적이고 관계적이며 참여적인 표현을 사용한다. 앞의 두 논지의 예외가, 로마서 본론 중앙부의 두 번째 주요 단락(즉 5:1-8:39)의 7:7과 8:36에서 바울이 사용한 2개의 성경 인용과 로마서 본론 중앙부의 네 번째 주요 단락(즉 12:1-15:13)에서 사용한 10개의 구약 인용, 그리고 로마서의 본론을 마무리하는 곳(즉 15:14-32)의 15:21에서 사용한 구약 인용에서 발견된다. 그러나 두 번째 주요 단락의 7:7 및 8:36에서 사용된 성경 인용과 로마서 네 번째 주요 단락에서 사용된 10개의 성경 인용에서 바울은 구약의 본문을 1:16-4:25이나 9:1-11:36에서 사용하는 것과는 사뭇 다르게 사용한다(우리가 일찍이 첫 두 본문과 관련해서 주장했고, 나중에 이어지는 10개에 대해서도 주장하듯이). 비록 15:21에서 바울이 사용한 성경 인용이 로마서 본론 중앙부의 두 번째 단락과 네 번째 단락에서 성경 본문들을 사용한 것과 일치하고 동일한 상황적 이유로 사용되었기는 하지만 말이다.[16)]

9:1-11:36의 독특한 구조, 문체, 문학적 특징, 내용에 대하여. 로마서 9:1-11:36의 자료가 로마서를 이루는 한 부분이라고 주장하는 것이 적절할 수는 있지만, 로마서 본론 중앙부의 이 세 번째 주요 단락의 구조, 문체, 문학적 특징들은 본론 중앙부의 다른 세 주요 단락들과 비교하면 그 나름의 독특한 점이 있다. 주목할 수 있는 첫 번째 내용은 이 단락이 9:1-5에서 제의적인 "아멘"으로 마무리되는 "서론"으로 시작하고, 역시 제의적인 "아멘"으로 마무리되는 11:33-36의 "송영"으로 결론짓는다는 것이다. 두 번째 문제이자 사려 깊은 독자들의 눈에 거의 즉시 띄는 것은 이 세 장에 있는 자료가 "그 자체로 고유의 특성을 지니고 있다"는 것이다.[17)] 이 특징은 "저자보다는 설교자"의 특성에 더 어울리며, 특성상 "대화체"에 속한다.[18)]

---

16) 7:7과 8:36의 구약 인용들과 로마서 본론 중앙부의 네 번째 주요 단락의 윤리적 권면 부분에서의 10개의 인용, 그리고 15:21에서의 인용에 대해서는 본서 해당 부분의 석의와 주해를 보라.

17) C. H. Dodd, *Romans*, 148에 표현된 적절한 묘사를 인용함.

18) C. H. Dodd, *Romans*, 148. "바울의 글 거의 모든 곳에서 우리는 살아 있는 목소리의 어조를 엿듣는다. 이는 작가보다는 설교자에 가까운 사람에게서 자연스럽게 볼 수 있는 특징이다.

더욱이 이 세 번째 주요 단락과 바로 앞에 있는 두 번째 단락 사이에는 분명한 문법적 연결이 없다. 바울이 로마서에서는 처음으로 매우 고귀한 명칭인 ἐκλεκτοὶ θεοῦ("하나님의 선택된/택함을 받은 자들" 또는 "하나님의 선민")를 예수를 믿는 신자들에게 적용하는 8:33a의 진술과, 그가 9:6-11:32에서 제시하는 것처럼 "하나님의 선택된/택함을 받은 자들"인 이스라엘 백성과 "하나님의 선택된/택함을 받은 자들"인 예수를 믿는 신자들 간에 존재하는 관계를 다루는 부분 사이에, 상당히 결정적인 주제상의 연관이 있기는 하지만 말이다. 이와 비슷하게, 윌리엄 샌데이와 아서 헤들럼이 주목했듯이, 9-11장에서 "사도 바울은 (3장이 시작되는 곳[과 다른 곳]에서 하던 대로) 논의하고자 하는 주제를 진술하는 일반적인 습관을 따르지 않고, 그 주제가 점차 드러나게 하고 있다."[19] 9:1-11:36에서 드러나는 바울의 논증 과정이 (앞에서 제안했듯이) 남은 자 수사학에 대한 바울 자신만의 설명에 드러난 남은 자 신학과 수사학의 유대교 형식이나 유대 기독교적 형식에 의해 지배를 받았다는 우리의 주장이 옳다면, 이 세 장의 내용도 틀림없이 상당히 독특할 것이라고 판단해야 할 것이다.

이처럼 다른 구조적·문체적·문예적·내용적 현상을 9:1-11:32의 초기 구술적 기원에 대한 어떤 추측을 지지하는 것으로 여길 수도 있다. 아래에서 9:6-29, 9:30-10:21, 11:1-32을 다룰 때 제안하겠지만, 그러한 특징이 바울이 안디옥의 회중에게 전한 설교와 가르침에서 기원했을 가능성이 크다. 또는 샌데이와 헤들럼이 추측했듯이, "어쩌면 로마서를 쓸 때 대필자가 잠시 그의 노동을 연기한 휴지(休止)가 있었을 것이다."[20] 즉 로마서 본론 중앙부의 첫 번째, 두 번째, 네 번째 단락을 바울이 그의 친구 중 한 명을 필경사로 고용하여 쓴 것으로 이해할 수 있는 반면에, 이곳 세 번째 단락에서는 사도가 이런 비서의 도움을 받지 않고 편지를 썼다는 말이다. 하지만 이

이 단락에서는 대화체의 어조가 매우 분명히 드러난다."

19) Sanday and Headlam, *Romans*, 226.

20) Sanday and Headlam, *Romans*, 226.

특별한 현상들을 설명하기 위해 어떤 근거를 제안한다고 해도, 9:1-11:36에 기록된 내용에는 이 세 장의 초기 기원에 근거하여 이런저런 결정을 하게 할 만큼 중요한 것은 하나도 없으며, 이러한 주제와 관련한 모든 추측은 그야말로 추측에 불과하다.

그럼에도 9:1-11:36의 전반적인 구조는 밝히기가 매우 쉬워 보인다. 이 단락의 시작과 끝은 분명히 9:1-5의 글을 여는 서론과 11:33-36의 결론적인 송영으로 표시된다. 이 두 본문에는 모두 마무리하는 "아멘"이라는 최종적인 어구가 포함되었다. 그리고 이 자료의 비교적 분명한 이 두 단위들 사이에 제시된 바울의 주장이 약간은 감지하기가 어렵고 복잡하며 심지어 대단히 난해한 것으로 여겨질 수 있지만(더욱이 주석가들이 종종 9:1-5과 11:33-36 사이에 등장하는 이 자료를 약간은 다르게 분석한다고 하더라도), 우리는 9:6-11:32에 제시된 내용을 "이스라엘에 대한 하나님의 약속과 기독교 복음"이라는 총체적인 주제와 관련한 주해의 세 부분을 포함하는 것으로 이해하는 것이 최상이라고 믿는다. 우리는 이 세 부분을 다음과 같이 제시할 수 있다고 제안한다.

- I부: "남은 자"에게 주신 하나님의 약속들과 이를 뒷받침하기 위해 인용된 성경 본문들(9:6-29)
- II부: 현재 이스라엘의 불신앙과 믿음을 가진 이방인들의 상황(9:30-10:21)
- III부: (1) 이스라엘 내부에 존재하는 남은 자와 관련하여 표현되기도 했지만, 또한 (2) 이방인들 가운데 있는 남은 자와 (3) 미래의 "모든 이스라엘"의 구원과 관련해서도 표현된 하나님의 구원사의 과정(11:1-32)

9:1-11:36에 있는 5개의 하위 단락, 즉 글을 여는 서론, 세 부분으로 이루어진 주해, 그리고 결론적인 송영을 인식할 필요가 있음을 보여주는 석의적·주제적 특징들은 이어지는 석의적 논의에서 자세히 설명할 것이다. 9-11장

에 5개의 하위 단락이 존재한다는 이 제안은 바울이 로마의 그리스도인들에게 보낸 그의 편지 본론 중앙부의 이곳 세 번째 단락에서 제시하는 내용을 설명하는 데 기본적인 개요를 제공해줄 것이다.

1. 서론: 그의 동포에 대한 바울의 간절한 바람, 이스라엘의 유산, 그리고 이스라엘의 메시아와 마무리하는 “아멘”(9:1-5)

번역

9:1 내가 그리스도 안에서 참말을 하고, 거짓말을 아니 하노라. 2 나에게 큰 근심이 있는 것과
마음에 그치지 않는 고통이 있는 것을 내 양심이 성령 안에서 나(의 양심)와 더불어 증언하노니, 3 나의 형제자매 곧 육신에 따른 나의 백성을 위하여 내 자신이 저주를 받아 그리스도에게서 끊어질지라도 원하는 바로라.
4 그들은 이스라엘 사람이라. 그들에게는 하나님의 자녀로 입양됨과 하나님의 영광과 언약들과 율법을 주신 것과 하나님에 대한 예배와 약속들이 있고, 5 조상들 역시 그들에게 속하노라. 인간적인 후손에 관한 한, 그들로부터 그리스도가 오셨고, 그는 만물 위에 계셔서 세세에 찬양을 받으실 하나님이시니라! 아멘.

본문비평 주

9:1 ’Eν Xριστῷ(“그리스도 안에”)라는 표현은 그리스어 사본 전통에서 좋은 증거를 가지고 있다. 대문자 사본 D* F C에 등장하고, 역본 arm vg[s]에 반영된 이문 ἐν Xριστῷ ’Iησοῦ(“그리스도 예수 안에”)는 필경사의 2차적인 독법으로 간주해야 한다.

3a절 전치사 ἀπό(“그리스도로부터”라고 읽음)는 사본 전통에서 잘 입증된다. 따라서 대문자 사본 D G와 소문자 사본 1505(범주 III)에 등장하는 이문 ὑπό(“그리스도에 의해”)와, 지지를 훨씬 덜 받고 “그리스도에게서 끊어짐”의 심각성을 약화시키려고 시도한 것에 불과한 것으로 보이는 대문자 사본 Ψ에 등장하는 이문 ὑπέρ(“그리스도를 대신하여”)는 받아들일 수가 없다.

3b절 소유대명사 μου(“나의”)는 P^{46}에서 τῶν ἀδελφῶν(“형제들의”) 다음에 생략되었다. 전체 어구 τῶν ἀδελφῶν μου(“나의 형제들의”)는 교정되지 않은 바티칸 사본(B*)에는 없다. 비록 P^{46}과 교정되지 않은 B 사본이

사본학적 평가에서는 중요한 증거들이기는 하지만, 여기서 그 사본들에 이 어구가 생략된 것이 우연이었다고 판단해야 할 것 같다.

4a절 복수형 αἱ διαθῆκαι("언약들")는 대문자 사본 ℵ C Ψ(또한 *Byz* K)와 소문자 사본 33 1175 1739(범주 I), 81 256 1506 1881[또한 αἱ를 생략한 1962] 2127 2464(범주 II), 6 104 263 365 424^{c} 436 459 1241 1319 1573 1912 2200(범주 III)로 잘 입증받으며, it$^{d, f, g, mon, o}$ vg$^{ww, st}$ syr$^{p, h (h gr)}$ cop^{bo}에 반영되었고, 오리게네스^{lat} 에피파니우스 크리소스토모스 암브로시아스테르 히에로니무스$^{4/7}$ 아우구스티누스$^{5/6}$의 지지를 받는다. 그러나 단수형 ἡ διαθήκη("언약") 역시 P^{46}, 대문자 사본 B D F G와 소문자 사본 1852(범주 III)로 잘 입증받으며, it$^{ar, b}$ vg^{cl} cop$^{sa, bo mss}$ eth에도 반영되었고, 테오도로스 히에로니무스$^{3/7}$ 아우구스티누스$^{1/6}$의 지지를 받는다. 사본의 증거는 거의 동일하게 나뉜다. 그럼에도 복수형 αἱ διαθῆκαι("언약들")가 다음과 같은 이유로 더 선호되는 것 같다. (1) 필경사들이 단수형을 복수형으로 바꾸는 것보다 복수형을 단수형으로 바꿀 가능성이 더 크다. 그리고 (2) 브루스 메츠거가 관찰했듯이, "복수의 언약들"이라는 개념은 "신학적인 난제들을 야기하는 것으로 보일 수 있기에, 그 표현은 단수형으로 전환되었다."[1)]

4b절 복수형 αἱ ἐπαγγελίαι("약속들")는 대문자 사본 ℵ C Ψ(또한 *Byz* K)와 소문자 사본 33 1739(범주 I), 81(범주 II), 614(범주 III)의 지지를 받으며, it$^{d, g}$ vg syr$^{p, h, hgr}$ cop^{bo} goth arm에도 반영되었다. 그러나 단수형 (ἡ) ἐπαγγελία("약속")가 P^{46}, 대문자 사본 D F G에 등장하며, it^{a} cop$^{bo mss}$에 반영되었다. 복수형 독법인 αἱ ἐπαγγελίαι("약속들")는 단수형 독법인 (ἡ) ἐπαγγελία("약속")보다 본문 전통에서 외적인 증거의 지지를 약간은 더 잘 받는다. 하지만 더 중요한 것은 앞서 단수형 ἡ διαθήκη("언약")보다 복수형 αἱ διαθῆκαι("언약들")를 선호하는 이유로 제시한 내적인 근거가 여기서도 적용된다는 사실이다.

5절 여러 이문이 이 구절의 해석에서 쟁점이 되지는 않는다. 해석

1) Metzger, *Textual Commentary*, 459.

의 차이는 주로 구두점이 다르거나 동일한 데서 기인했다. 하지만 가장 초기의 사본들에는 어떠한 체계적인 구두점이 없었기 때문에 현대의 편집자들과 번역자들 및 주석가들은 구문에 대한 이해와 바울이 여기서 쓴 내용의 의미에 적합하다고 보이는 구두점을 삽입해야 했다.[2)]

형식/구조/상황

1세기의 대다수 유대인들이 바울을 동포들을 반역한 자로 보았다는 것에는 의심의 여지가 없다. 그는 (1) 나사렛 예수가 하나님이 약속하신 메시아이며, (2) 하나님의 유일한 백성으로서 이스라엘의 특권은 끝났고, (3) 예수를 믿는 믿음으로 말미암아 하나님께로 돌아온 이교도 이방인들이 의로운 유대인들과 마찬가지로 하나님께 받음 직하게 되었으며 구원을 받았다고 선포했기 때문이다. 더욱이 다수의 유대인들은 틀림없이 바울이 이방인들에게 복음을 선포하면서 유대교 성경(구약)을 사용하지 "않았으며" 그의 이방인 개종자들을 유대 율법의 가르침과 연결시키기를 "거부하여", 결과적으로 모세 율법을 포기하고 하나님이 정하신 생활방식과 관련하여 유대교가 가르쳤던 모든 것을 거절하게 만들었다고 여겼을 것이다. 심지어 예수를 믿는 유대 신자들 중에서는 예수와 그의 사역 및 구속적 행위를 하나님께서 고대에 그의 백성들에게 약속하신 것의 성취로 받아들이면서도, 이런 문제들 중 어떤 것들과 관련해서는 의혹을 가진 사람들이 있었다. 그들은 특히 바울을 이스라엘의 특권을 부인하고, 이방인 개종자들을 유대 율법에 구체적으로 명기된 실천적인 내용과 연결시키기를 거절하는 사람으로 보았다.

이러한 비난들은 아마도 바울과 복음을 전하려는 그의 노력을 반대하던 유대인들에 의해 빈번하게 제기되었을 것이다. 이러한 반대 중에서는 그의 이방인 선교의 정당성을 의심한 유대인 신자들에 의해 제기된 것들도

---

2) 9:5b의 구두점과 해석에 관련한 주요 입장들을 요약한 Metzger, *Textual Commentary*, 459-62을 보라. 또한 본서의 "석의와 주해"도 보라.

많았을 것이다. 그리고 사도는 이러한 고소와 반대에 대해 그가 이곳 9:1-11:36에서 제시한 방식으로 답변했을 것이다. 따라서 우리는 바울이 (우리가 믿기에) 유대 기독교의 신학과 사고방식 및 종교적 언어에 광범위하게 영향을 받은 로마 신자들에게 편지하면서, 앞서 로마 제국의 동쪽 지역 전체에서 선교 활동을 하는 동안 그를 대적했던 유대인이나 그를 반대했던 유대 기독교인들에게 말할 때 사용했던 구술되거나 기록된 자료를 다시 사용했다고 추정할 수 있다. 그 결과 로마서 본론 중앙부의 이 세 번째 주요 단락인 9:1-11:36은 일찍이 유대의 반대자들과 유대 기독교인으로서 의문을 제기하는 사람들에게 제시했던 내용과 구조 및 문체상의 특징을 여럿 가지고 있다.

석의와 주해

카를 쉘클레(Karl Schelkle)는 유대인들이 이스라엘의 메시아이신 예수를 거절한 것과 그러한 거절로 말미암아 야기된 모든 영적·인격적 함의에 대한 바울의 답변을 "그[바울]의 삶에서 지속적이고 거대하고 통탄할 만한 슬픔"이라고 말했다.[3] 이와 비슷하게 윌리엄 샌데이와 아서 헤들럼은 이스라엘이 예수를 부정적으로 대우한 것에 대한 바울의 반응을 가리켜 "그를 슬픔으로 가득하게 한 사실"로 묘사했다.[4] 그리고 사도는 이러한 깊은 슬픔을 안고 이곳 9:1-5과 9:6-11:36의 내용을 쓰고 있다. 그는 애정을 가지고 "나의 형제자매, 육체를 따른 나의 친척"이라고 부른 사람들과 자신을 동일시했으며, 그러면서도 그의 동포가 영적인 깨달음이 부족하여 그리스도 예수 안에서 하나님이 주신 은혜로운 새 생명의 선물을 받아들이지 않은 것을 비난한다.

9:1-3 바울은 이곳 로마서 본론 중앙부의 세 번째 단락에서 "이스라엘에 대한 하나님의 약속과 기독교 복음"에 대한 그의 주해를 시작

---

3) Schelkle, *Romans*, 149.
4) Sanday and Headlam, *Romans*, 226.

하면서 다음과 같은 내용을 확언한다. (1) 이스라엘 백성에 대한 그의 사랑, (2) 그들의 영적인 안녕을 위한 그의 바람, (3) (할 수만 있다면) 그들을 위해서라면 기꺼이 "저주를 받아 그리스도에게서 끊어지"겠다는 그의 의지 등이다. 바울은 당대에 비교적 관습적인 "증거 진술"을 열정적으로 표현한 그의 기독교적 언급으로써 삼중적인 주장을 다음과 같이 소개한다. Ἀλήθειαν λέγω ἐν Χριστῷ, οὐ ψεύδομαι ("내가 그리스도 안에서 참말을 하고, 거짓말을 아니하노라"). "참말"을 하고 "거짓말을 아니한다"는 주장은 고대의 많은 저술들에서 볼 수 있는 어구들과 비슷하며, 화자들 스스로에게뿐아니라 청중들에게도 무게감을 전해준다.[5] 하지만 바울은 그가 "그리스도 안에서" 이와 같은 참말을 한다고 주장하고, 그것은 성령의 인도하심을 받아 자신의 양심에 의해 확정한 것이라고 주장함으로써 이 주장에 그리스도인으로서의 무게감을 더욱 더한다.

참말이라는 이 주장은 바울 서신에 등장하는 입증 진술 가운데 가장 강력하다. 이 주장이 9-11장에서 그가 주해하기 시작한 맨 처음에 등장한다는 점은, 그가 "그리스도 안에"서 말하고 성령의 인도하심을 받은 그의 양심이 확증한다고 주장함으로써 이 사실을 강조하는 것과 아울러, 로마 제국의 동쪽 지역에서 이교도 이방인들에게 사역하는 동안(또 분명히 그러한 이방인 선교 이전에도) 그가 유대교의 유산에 헌신했다는 것에 심각한 의문을 품었던 유대인들에게 대응했을 뿐만 아니라, 이교도들의 세상에서 사역한 그의 직접적인 기독교 선교 형식의 정당성에 의문을 제기한 유대 그리스도인들과 맞서기도 했음을 암시한다. 더욱이 이 사실은 적어도 로마의 일부 기독교 공동체 안에 있던 유대인 신자나 이방인 신자들이 하나님의 옛 백성인 이스라엘에 대한 바울의 헌신에 의문을 제기했으며 바울에게서 반유대교적 주장이나 태도가 보인다고 우려를 표했음을 바울도 알고 있었음을 암시한다. 바울은 이러한 의문과 우려들을 당시 로마에 살았던 그의 동료

5) 참조. Jewett, *Romans*, 557-59가 강조한 그리스-로마 병행어구들.

나 친척들로부터 들었을 것이다.[6]

유대교 유산을 향한 자신의 헌신에 대한 모든 의혹과 이스라엘 백성에 대한 그의 가르침과 태도에 관해 제기된 질문들에 바울은 날카롭게 대답한다. 샌데이와 헤들럼이 주목했듯이, 바울은 9:1-11:36에서 "그가 논하고자 하는 주제를 서술하는 것으로" 주해를 시작하지 않고 "그 주제가 점차 명확히 드러나도록" 한다.[7] 하지만 그는 여기서 모세가 이스라엘을 위해 하나님께 표현했던 진심 어린 바람을 반향함으로써 자신을 모세와 유대교 성경(구약)의 위대한 예언자들의 전통에 동조시킨다. 모세는 이렇게 말했다. "저들의 죄를 사하여 주옵소서. 만일 그리하지 않으신다면, 생명책에서 내 이름을 지워주옵소서."[8] 말하자면 이스라엘 백성에 대한 이러한 바람은 그의 진정한 바람이기도 했다. 바울은 모세처럼 아무도 다른 사람의 구원을 놓고 하나님과 거래할 수 없다는 것을 알고 있다. 하지만 그는 이 세 장의 주해를 시작하는 맨 처음에서 자신이 이스라엘 백성과 결속되었음을 선언하기 위해, 모세가 하나님께 그의 백성을 위해 "생명책에서 내 이름을 지워주옵소서"라고 간청한 것처럼, 자기 백성을 위해 "저주를 받아 그리스도에게서 끊어지다"라는 극단적인 표현을 사용한다.

9:4-5a 바울은 이곳 4-5a절에서 유대 백성과 하나님 간의 독특한 관계를 부각시키는 그들의 삶과 경험에 드러난 7개의 특징(들)을 제시한다. 첫 번째는 복수 주격 대명사 οἵτινες("그들은")로 소개된다. 이것은 사도가 9:3 마지막에 있는 "나의 형제자매들, 곧 육신에 따른 나의 백성"이라는 그의 언급에서 취한 것이다. 그 뒤에 이어지는 여섯 가지는 모두 단순한 복수 소유격 관계대명사 ὧν("그들의" 또는 "그들에게 속하는")의 반복으로 소

6) 어쩌면 바울이 나중에 16:3-16에서 인사하는 사람들 중 누군가에게서 이 정보를 받았을지도 모른다.

7) 다시 Sanday and Headlam, *Romans*, 226을 인용함.

8) 참조. 출 32:31-32: "모세가 여호와께로 다시 나아가 여짜오되, '슬프도소이다. 이 백성이 자기들을 위하여 금 신을 만들었사오니 큰 죄를 범하였나이다. 그러나 이제 그들의 죄를 사하시옵소서. 그렇지 아니하시오면 원하건대 주께서 기록하신 책에서 내 이름을 지워버려 주옵소서.'"

개된다. 후자에서 그 특징들은 단순 접속사 καί("그리고")에 의해 연결된다. 아치발드 로버트슨이 지적한 것처럼, "열거하는 문장에서 접속사 καί의 반복은 일종의 품위를 더하며, 접속사의 연속적 사용(*polysyndeton*)이라 불린다."[9)]

바울이 열거하는 유대인들의 첫 번째 특권은 "그들이 이스라엘 사람들"[10)]이라는 것이다. "이스라엘"과 "이스라엘 사람들"이라는 명칭들은 9:1-11:36에서 13번 등장하며,[11)] 이것은 로마서 앞부분에서 "유대인" 또는 "유대인들"이라는 명칭을 사용한 것과 대조를 이룬다.[12)] 로마서에서 이 용례의 패턴은, 바울이 유대인들에 관해 총체적으로 말할 때 또는 "외부" 입장에서 그들을 비판할 때는 그들을 단순히 (로마서 앞부분에서 그렇게 사용했듯이) "유대인들"이라고 언급하지만, 그의 백성의 정체성을 밝히고 그들이 하나님께서 약속하신 메시아 예수를 저버린 것에 대해 괴로워할 때는 그들을 "이스라엘 사람들"이라고 부른다는 것이다. 즉 제임스 던이 적절히 관찰했듯이, 바울은 "바깥에서 바라보는 사람이 아닌 내부자로서 자기 자신들에 대한 그의 백성들의 견해를" 사용한다.[13)] 더욱이 던은 계속해서 이곳 9-11장에서 "이스라엘"과 "이스라엘 사람들"이라는 명칭들이 "바울이 그의 백성들이 하나님의 택함을 받은 사람들, 즉 한 분 하나님의 언약 백성

---

9) *ATRob*, 472. 바울이 8:38-39에서 인용하는 하나님의 사랑에 장애가 될 만한 것들을 열거할 때 부정적인 접속사 οὔτε를 반복해서 사용한 것도 보라.

10) "이스라엘 사람들", "히브리 사람들", "유대인들"이라는 명칭들의 유래와 의미와 사용에 대해서는 본서 2:17의 "석의와 주해"를 보라.

11) "이스라엘"이라는 명칭은 로마서에 11번 등장한다: 9:6, 27(2번), 31; 10:1, 19, 21; 11:2, 7, 25, 26(또한 고전 10:18; 고후 3:7, 13; 갈 6:16; 엡 2:12; 빌 3:5에도 이 명칭이 등장함). 그리고 "이스라엘 사람"이라는 명칭은 로마서에 2번 등장한다: 9:4과 11:1(그리고 고후 11:22에도 등장함).

12) "유대인"(또는 복수형 "유대인들")이라는 명칭은 로마서 앞부분 1:16; 2:9, 10, 17, 28, 29; 3:1, 9, 29에 등장한다. 또한 이 명칭은 유대인들과 이방인들을 대조하면서 9:24과 10:12에도 사용되었다. 이 명칭은 고린도전서와 고린도후서 그리고 갈라디아서에도 종종 등장하며, 이와 비슷하게 골 3:11과 살전 2:14에서 각각 한 번씩 사용되었다.

13) Dunn, *Romans*, 2.526.

이라는 의미를 환기시키려고 심사숙고하여 선택한 것"이라고 추론한다.[14)]

하나님께서 주신 매우 중요한 이 특징 혹은 특권을 바울은 유대인의 삶과 경험의 특권들을 열거할 때 첫 번째로 언급한다. 사도가 유대인들을 이해하는 관점에서 가장 중요한 것은 그들 존재의 영적인 차원, 즉 하나님과 그들의 관계다. 발터 구트브로트가 바울의 관점에서 유대인들의 상황을 묘사했듯이, "이스라엘은 개인 구성원들의 총체만이 아니다. 이스라엘은 약속의 담지자이며 그 약속의 성취의 수혜자다."[15)]

바울이 열거하는 하나님께서 주신 두 번째 특권은 "하나님의 자녀로 입양"이라고 적절하게 번역할 수 있는 ἡ υἱοθεσία다. (문자적으로 "아들 됨"이라고 번역할 수 있는) υἱοθεσία라는 단어는 바울의 편지에 5번밖에 등장하지 않는다. 이 단어는 일찍이 예수를 믿는 이방인 신자들에게 적용하면서 로마서 8:15, 23에, 그리고 유대인들에게 적용하면서 이곳 9:4에 등장하며, 또한 갈라디아서 4:5과 에베소서 1:5에 1번씩 더 등장한다. 이 용어는 그리스어로 된 70역에서든지 같은 의미를 지닌 표현이 등장하는 히브리어 마소라 본문에서든지 유대교 성경(구약)에서는 발견되지 않는다. 또한 이 단어는 제2성전기 유대교의 방대한 문헌이나 신약의 바울 서신 외 문헌에서도 발견되지 않는다. 그러므로 하나님의 백성과 하나님 자신의 관계를 묘사하는 은유인 "입양"이라는 단어의 사용은 바울의 독특한 표현이라고 말할 수 있다. (우리가 앞에서 8:15의 "석의와 주해"에서 주목했듯이) 이스라엘 백성의 특권을 이루는 특징들에 대한 전통적인 목록인 것으로 보이는 갈라디아서 4:5과 이곳 로마서 9:4의 "보냄 문구"에 이 용어가 있다는 것은, 하나님의 백성과 하나님의 관계를 특징짓는 υἱοθεσία가 예수를 믿는 유대인이나 이방인을 막론하고 모든 신자에 의해 이해되었음을 시사한다.[16)] 그리고 바

14) Dunn, *Romans*, 2.526.

15) W. Gutbrod, "Ἰσραηλ, κτλ," *TDNT* 3.387.

16) 그리스-로마 세계에서 "입양"의 사회적-법정적 이해와 바울이 하나님의 백성과 하나님의 관계를 묘사하는 은유로 이 용어를 사용한 것을 다룬 중요한 저술들의 목록에 대해서는 본서 8:15, 23의 석의와 주해 그리고 해당 본문의 각주를 보라.

울이 당시 그리스-로마의 사회적·법정적 상황에서 이 용어를 가져온 것처럼 보이며, 또한 그가 8:15, 23에서 이 용어를 예수를 믿는 이방인 신자들이 예수의 역사적인 사역과 성령의 지속적인 사역으로 말미암아 지금 하나님과 갖는 가족 관계를 지칭하는 은유로 사용했지만, 로버트 주이트가 사도의 확고한 믿음을 표현한 것처럼, 바울은 다음과 같은 사실을 확신했다.

> 8:15, 23에서 논의한 아들 됨[우리는 Jewett와 다르게 "입양"이라고 번역함]은 맨 먼저 이스라엘에 속한다. 유대인의 피를 가지고 있지 않은 신자들이 하나님의 아들과 딸이 되었으며(8:15, 23; 고후 6:18), 그래서 이스라엘의 가족 안으로 들어간다.[17]

바울이 9:4에서 언급한 하나님이 유대인들에게 주신 세 번째 특권인 ἡ δόξα("하나님의 영광")는 특별히 의미 있는 문제를 강조한다. 유대교 성경(구약)은 이스라엘 백성이 경험했던 삶과 예배에 "주의 영광"이 임재했다고 자주 말한다. 이를테면 광야에(출 16:7, 10), 광야의 성막에(출 40:34-35; 레 9:6; 민 14:10; 16:19, 42), 시내산에서 율법을 주실 때(출 24:16-17), 그들의 예언자들의 환상에서(겔 1:28), 그리고 예루살렘 성전에(왕상 8:11) 주의 영광이 임했다. "온 땅이 주의 영광으로 충만하게 될" 미래에 모든 사람에게 하나님의 영광의 임재가 약속되기도 했다(민 14:21). 바울이 "영광"(ἡ δόξα)이라는 표현으로 가리키는 것이 바로 이 찬란한 하나님의 임재다. 사도가 계속해서 더 자세히 설명하지는 않지만 "영광"이라는 그의 단순한 표현은 모든 유대인 청중과 그리스도인 청중들에게 그의 백성 중에 계신 "하나님의 임재의 광채"를 시사할 것이다.[18] 따라서 자신의 삶에서 "하나님의 영광"을 경험하는 것은, 이스라엘 사람들이든지, 이스라엘의 남은 자들이든지, 또는 인종과 상관없이 예수를 믿는 사람들이든지 간에, 거대한 가치를 지닌 보

17) Jewett, *Romans*, 563.

18) NEB: "the splendor of the divine presence"(하나님의 임재의 광채).

화를 가지고 있는 것이며, 이는 하나님의 백성의 삶과 경험에서 드러나는 특별한 특징들의 목록에서 제일 먼저 언급될 만하다.

목록에 있는 네 번째 유대인의 특권을 지칭하는 원문이 복수형 αἱ διαθῆκαι("언약들")였는지 아니면 단수형 ἡ διαθήκη("언약")였는지를 두고 논쟁이 있다. 두 독법 모두 거의 동등하게 그리스어 사본 전통의 지지를 받는다(위의 "본문비평 주"를 보라). 그런데 내적인 이유로 인해 복수형 αἱ διαθῆκαι가 선호되는 것 같다. 단순한 몇 가지 까닭에서다. 곧 (1) 필경사들이 단수를 복수로 바꾸는 것보다는 복수를 단수로 바꾸었을 가능성이 더 크고, (2) "복수형 언약들은 신학적인 난제들을 포함한다고 보일 수 있기에 그 표현이 단수형으로 전환되었다"는 생각 때문이다.[19] 더욱이 이스라엘의 역사에서 복수의 언약들을 언급하는 것은 유대인 저자들 사이에서 전혀 드문 일이 아니었다.[20] 가끔은 상당히 동일한 이유에서 비슷한 사본상의 모호함이 일부 유대 자료들 가운데 존재하긴 하지만 말이다.[21] 그러므로 바울은 복수형 αἱ διαθῆκαι를 사용함으로써 하나님께서 아브라함과 맺은 언약(창 15:18; 17:2, 7, 9), 이삭과 맺은 언약(창 26:3-5; 출 2:24), 아브라함과 이삭과 야곱 등 세 족장 모두와 맺은 언약(출 6:4-5; 레 26:42), 모세와 맺은 언약(출 24:7-8), 다윗과 맺은 언약(삼하 23:5)을 염두에 두었을 가능성이 매우 크다.

이스라엘의 삶과 경험의 다섯 번째 특별한 특징은 바울이 ἡ νομοθεσία라고 밝힌 것인데, 이는 문자적으로 "율법 주심"이라는 의미를 띤다. 그리스어 명사 νομοθεσία는 하나님의 율법 **주심**, 백성들의 율법 **받음**, 이스라엘 선생들의 율법 **공포**, 즉 나중에 **공식화된 법제정** 등을 언급할 수 있다. 바울은 일찍이 3:1에서 "유대인의 나음이 무엇이뇨?"라는 수사적

19) Metzger, *Textual Commentary*, 459.

20) 참조, Wis 18:22. 이 본문에서는 아론의 중보로 "조상들과 맺은 하나님의 맹세와 언약들을 기억하게 함으로써" 재앙을 머무르게 했다고 한다. 2 Macc 8:15은 이스라엘 조상들과 맺은 "언약들"에 대해 말하며, *4 Ezra* 5:29에서 에스라는 "당신의 언약들을 믿은 사람들을 왜 당신의 약속들을 부인한 사람들의 발아래 짓밟히게 허락하셨는지"에 대해 하나님께 질문한다.

21) Sir 44:12, 17-18에서 복수형 언약들과 단수형 언약 등 이문들을 주목하라.

질문을 제기한 적이 있다. 사도는 즉시 3:2의 확신에 찬 주장으로 이에 답한다. "범사에 많다! 우선은 그들[유대인들]이 하나님의 말씀을 맡았음이니라." 마찬가지로 이곳 9:4에서도 그가 이스라엘의 특권으로 ἡ νομοθεσία를 언급한 것은 하나님께서 그의 백성 이스라엘에게 그의 "말씀들" 또는 "삶에 대한 교훈들"을 **주신** 것을 먼저 염두에 두었다고 이해해야 한다. 따라서 조세프 피츠마이어가 이스라엘 백성의 삶과 경험의 이 특별한 특징들을 묘사했듯이, "이스라엘은 하나님 자신을 율법 교사로 모시고 있었다. 그리고 바로 이 토라로 인해 이스라엘은 비교할 수 없는 지혜와 교육의 힘과 삶의 지침을 소유했다."[22]

바울이 9:4에서 인용한 이스라엘의 여섯 번째 특권은 ἡ λατρεία다. 이것을 우리는 "하나님에 대한 예배"로 번역했다. 많은 주석가는 ἡ λατρεία가 여기서 "구약의 제사 제도"를 의미한다고 이해해왔다.[23] 유월절을 묘사하는 70인역 출애굽기 12:25-26과 백성들이 "번제, 다른 제사, 화목제"를 드리며 "성소에서" 하나님을 예배하는 것을 말하는 여호수아 22:27에서 λατρεία가 사용되었다. 하지만 바울은 로마서 1:9에서 "그의 아들의 복음에" 그가 전심으로 "하나님을 섬기는"(문자적으로 "예배하는") 일을 언급하면서 동사 λατρεύω("내가 예배하다")를 사용했다. 그리고 여기서 한걸음 더 나아가 그는 몇 절 뒤인 1:25에서 경건하지 않은 사람들에 대해 말하면서 이 동사의 부정과거 시제를 사용했다. 바울은 그들이 "조물주보다 피조물들을 예배하고 섬겼다"고 선언한다. 그리고 빌립보서 3:3에서는 그의 이방인 출신의 그리스도인 개종자들에게 할례를 강요하는 어떤 유대 그리스도인들을 반박하면서 "하나님의 성령으로 봉사하며(λατρεύοντες) 그리스도 예수로 자랑하고 육체를 신뢰하지 아니하는 우리(즉 예수를 믿는 신자들)가 곧 할례파라"고 선언한다.

22) Fitzmyer, *Romans*, 546.

23) 예. Käsemann, *Romans*, 259; Dunn, *Romans*, 2.527-28; Fitzmyer, *Romans*, 547; Moo, *Romans*, 564; Schreiner, *Romans*, 484.

이러한 언급들은 바울과 그의 로마 수신자들에게 "예배"가 구약성경에 규정된 단순히 유대교적인 제사 예배보다 광범위한 것을 가리켰음을 시사한다. 더 정확히 말하면, 이곳 9:4에서 바울의 ἡ λατρεία 사용은 로버트 주이트가 주장한 것처럼 "성전 제사, 가정에서의 섬김, 안식일 준수, 쉐마 낭송, 성만찬과 그 밖에 초기 교회 예배의 여러 형식을 비롯한" 좀 더 일반적인 것으로 이해해야 할 것 같다.[24]

기독교 예배의 뿌리는 이스라엘의 종교에 있다. 바울은 참된 그리스도인과 참된 이스라엘 백성 간의 이러한 예배의 연결을 깨뜨리거나 부인하기를 원치 않는다. 그러나 그는 이스라엘의 제사 제도가 비록 하나님이 명하신 것이고 그 당시 하나님의 백성에게 적절한 것이었다고 하더라도 자신의 수신자들이 그 제도를 하나님을 예배하는 유일한 참된 방법으로 생각하기를 원하지도 않는다. 그래서 바울은 기독교적 예배를 늘 이스라엘 종교의 예배와 연결된 것으로 이해하고 있으면서도 하나님에 대한 참된 예배는 유대교 성경(구약)에서 이전에 이스라엘을 위해 제정된 형식들보다 더 광범위하고 한계가 없는 것으로 말하기도 한다.

바울이 9:4에서 강조하는 이스라엘 백성의 일곱 번째 특권은 이스라엘에게 αἱ ἐπαγγελίαι("하나님의 약속들")가 있다는 것이다. 복수형 αἱ ἐπαγγελίαι("약속들")와 단수형 (ἡ) ἐπαγγελία("약속") 중 어느 것을 원래의 독법으로 이해해야 할지에 대한 질문은 앞에서 "언약들"과 "언약" 중 어느 것을 원래의 독법인지 묻는 말과 어느 정도 비슷하다. 이 경우 복수형 "약속들"이 단수형 "약속"보다 더 좋은 사본 전통의 뒷받침을 받고 있기는 하지만 말이다(앞의 "본문비평 주"를 보라). 하지만 더 중요한 것은 "언약"보다 "언약들"을 선호하는 데 앞에서 제시한 내적인 근거가 여기서도 적용된다는 것과 그러므로 원래의 독법으로 (ἡ) ἐπαγγελία("약속")보다는 αἱ ἐπαγγελίαι("약속들")가 선호된다는 사실이다.

바울은 일찍이 4:1-24에서 하나님이 창세기 15:5에서 아브라함에게 하

24) Jewett, *Romans*, 565.

신 "약속"에 관한 내용을 기록한 적이 있다. 바울은 4:13, 14, 16, 20에서 단수형 ἡ ἐπαγγελία를 분명하게 사용하여 그 약속을 4번 언급한다. 그리고 심지어 이보다 더 이른 시기에 바울은 갈라디아에 있는 그의 개종자들에게 보낸 편지에서(갈 3:6-9; 4:21-31), 자신의 믿음을 하나님의 단일한 약속(창 15:5)에 근거를 둠으로써 모든 그리스도인 신자들의 원형이 된 조상 아브라함을 부각시켰다. 그러므로 그 하나의 주제와 그 한 가지 형태의 표현은 후대의 수많은 필경사에게 이곳 9:4에서 αἱ ἐπαγγελίαι를 (ἡ) ἐπαγγελία("약속")로 바꾸도록 동기를 부여했다는 것에는 의심의 여지가 없다. 하지만 바울은 나중에 로마서 15:8에서 "조상들에게 주신 약속들"(τὰς ἐπαγγελίας τῶν πατέρων)을 확증하신 하나님에 관해 말하기도 한다. 여기서 복수형의 약속들은 하나님께서 아브라함(창 12:2-3; 13:14-17; 15:4-5; 17:4-8, 16-21; 21:12-13; 22:16-18)과 이삭(창 26:3-5)과 야곱(창 28:13-15)에게 하신 약속들은 물론이고, 모세(신 18:18-19)와 다윗(삼하 7:8-16)에게 하신 약속 등 모든 약속을 포함한다. 더욱이 바울은 계속해서 9:6-29에서 이스라엘의 "남은 자들"을 "약속의 자녀들"(9:8)이라고 언급하며, 사라와 리브가를 하나님의 약속을 받은 자들이라고 말한다(9:9-13).

그렇다면 결과적으로, 로버트 주이트가 바르게 말했듯이, "로마에 있는 공동체들이 받은 모든 약속은 최우선적으로 이스라엘에게 속한다. 그러므로 이스라엘의 비극적인 곤경에 동정하는 것은 이 공동체들의 삶이 의존하는 하나님의 다양한 약속들로 인해 요구된다."[25] 그러나 유대인들과 그리스도인들이 구약성경에 기록된 하나님의 약속들을 상당히 다르게 이해했고 반응했다는 것 역시 사실이다. 그러므로 로마서 본론 중앙부의 이 세 번째 단락에서 바울은 (1) 기독교 복음이 어떻게 하나님의 약속을 이스라엘과 연결하고 있는지, 그리고 (2) 하나님의 구원사의 전 과정에서 이 문제들을 어떻게 이해해야 하는지를 두고 기독교적인 관점에서 사항들을 분명히 하려고 노력한다.

---

25) Jewett, *Romans*, 566.

바울이 “하나님의 약속들이 이스라엘 백성에게 속한다”라고 선언하는 이스라엘 백성의 일곱 번째 특권은 9:6-29에 있는 이스라엘의 남은 자들에게 하신 하나님의 약속들로 바로 이어진다. 이 본문은 우리가 9:6-11:32에 있는 “이스라엘을 향한 하나님의 약속들과 기독교의 복음”이라고 제목을 붙였고 세 부분으로 구성된 주해의 첫 번째 부분이다. 하지만 바울은 이 세 부분의 주해를 발전시키기 전에, 후기로 덧붙인 것이 아니라 지금까지 다룬 모든 내용의 절정으로서 대단히 중요한 두 문제를 첨가한다. 이스라엘 백성의 이 두 가지 최고의 특징은 인물들과 관련이 있고 그들이 받은 특권이나 경험한 사건들과 관련이 있지 않다. 첫째는 아브라함과 이삭과 야곱이 그들의 조상들로 있다는 것이고, 둘째는 “인간의 후손에 관한 한” 이스라엘이 하나님이 약속하신 메시아의 모판이 되었다는 것이다.

둘 중 첫 번째 특징은 9:4에서 이스라엘의 삶과 경험의 여섯 가지 특별한 특징을 시작하는 곳에 등장했던 복수 소유격의 관계대명사 ὧν(“그들의” 또는 “그들에게 속한다”)을 재사용하여 소개되며, 여기서는 9:5을 시작하면서 이스라엘 백성의 특권 중 첫 번째를 소개한다. 우리는 ὧν(“그들에게 속한다”)의 반복 때문에, 이스라엘의 삶과 경험의 이 특별한 특징을 “조상들 **역시** 그들에게 속한다”라고 번역했다. 하나님께서 이스라엘 백성에게 주신 두 번째 특권은 ἐξ ὧν(“그들로부터”)이라는 전치사구로 소개되는데, 이는 약간은 다른 어구로써 이 특권 목록이 다르다는 점을 표시한다. 그래서 우리는 바울의 관점에서 볼 때 열거된 것 중에서 가장 중요한 특권에 해당하는, 이스라엘의 삶과 경험의 이 마지막 특별한 특징을 다음과 같이 번역했다. “인간적인 후손에 관한 한, 그들[즉 이스라엘 백성]로부터 그리스도[메시아]가 오셨다.”

예수를 믿는 모든 유대인 신자들뿐만 아니라 바울에게도 하나님의 구속 계획에서 위대한 두 인물은 족장 아브라함과 하나님이 약속하신 메시아 예수다. 사도는 일찍이 3:21-4:25에서 두 인물의 중요성을 개진했다. 3:21-31과 4:24에서는 먼저 예수의 신실하심과 구속 사역에 초점을 맞추고, 그런 다음에 4:1-21에서는 예수를 믿는 모든 신자에게 하나님에 대한 아브라함의 믿음의 예를 원형으로서 강조한다.[26] 유대인들에게 민족의 역사에서 가장 중요한 인물들은 하나님께서 토라("삶의 교훈들")를 주신 모세, 그리고 삶의 영적이고 실천적인 교훈들을 끌어낼 수 있는 아브라함과 이삭과 야곱이다. 하지만 바울은 이곳 9:4-5에서 이스라엘 백성의 특권들을 나열하면서 모세를 직접 언급하지는 않는다. 그가 9:4에서 이스라엘 역사의 특별한 특징으로 νομοθεσία(문자적으로 "율법 주심" 즉 "하나님의 율법 주심")를 포함시키기는 했지만 말이다. 좀 더 정확히 말해서, 바울은 "조상들"(οἱ πατέρες)과 "그리스도"(ὁ Χριστός)만 인용한다. 그는 전자의 인물이 아브라함의 생애와 믿음에 요약되었고, 후자의 인물이 하나님이 약속하신 메시아이신 나사렛 예수 안에서 구현되었다고 이해했다.

수세기 동안 학자들은 9:5b에 있는 용어들에 대해 의문을 제기해본 적이 없었다. 오히려 그들은 본문 후반부의 구두점, 따라서 그 부분의 의미에 대해 종종 의문을 제기했다. 이 구절의 초기 사본들(과 신약의 다른 모든 사본)에 구두점 체계가 없었던 까닭에 고대의 필경사들이나 현대의 편집자들은 모두 바울이 쓴 내용의 구문과 의미를 두고 자신들의 이해에 근거하여 그 사본들에 가장 적합하다고 생각되는 구두점을 넣어야만 했다.

대체로 9:5b에 관해 실제로 매우 다르지만 사소하게 보이는 2개의 선택이 제안되고 광범위하게 논의되었다. 이 다른 구두점으로 인해 상당히 다른 두 가지 번역이 생겨났다.

1. **기독론적 선택.** 이 선택은 단어 σάρκα 다음에 콤마로써 본문을 끊어 καὶ ἐξ ὧν ὁ Χριστὸς τὸ κατὰ σάρκα, ὁ ὢν ἐπὶ πάντων θεὸς, εὐλογητὸς εἰς τοὺς αἰῶνας, ἀμήν(문자적으로 "그리고 그들로부터 육체를 따라 그리스도가 나셨다. 그는 만물 위에 계신 하나님이시며, 영원히 찬양받으실 분이시다! 아멘")이라고 읽는다.[27]

---

26) 참조. 갈 3:6-9; 4:21-31.

27) 롬 9:5b이 기독론적 천명이라는 주장에 대한 가장 포괄적인 석의적·문맥적·신학적 변

2. **신론적 선택**. 이 선택은 단어 σάρκα 다음에 마침표로써 본문을 끊어 καὶ ἐξ ὧν ὁ Χριστὸς τὸ κατὰ σάρκα. Ὁ ὢν ἐπὶ πάντων θεὸς, εὐλογητὸς εἰς τοὺς αἰῶνας, ἀμήν(문자적으로 "그리고 그들로부터 육체를 따라 그리스도가 나셨다. 만물 위에 계신 하나님께서 영원히 찬양받으시기를 원하노라! 아멘")이라고 읽는다.[28)]

구두점에 대한 이 두가지 기본적인 선택 안에서 수많은 다른 번역이 제안되었다. 이 구절 후반부에 관해 8개나 되는 다른 번역 방식이 존재한다.[29)]

앞세대의 성경학자들 사이에서는 논쟁이 거의 동등하게 나뉘었다. 하지만 최근에는 기독론적 해석을 선호하는 학문적 선택이 주도하게 된 것 같다.[30)] 다수의 앞세대의 학자들과 현대의 일부 학자들이 9:5b 해석에 신론

호는 M. J. Harris, *Jesus as God*, 143-72이다. 아래 열거한 학자들도 이 입장을 주장한다. Godet, *Romans*, 341-44; B. Weiss, *An die Römer*, 396; Zahn, *An die Römer*, 342-43; Sanday and Headlam, *Romans*, 233-38(앞서 이 입장을 주장한 사람들에 대한 방대한 목록이 포함됨); H. W. Schmidt, *An die Römer*, 158; Schlatter, *Romans*, 202; Murray, *Romans*, 2.245-48(appendix A: "Romans 9:5"); Michel, *An die Römer*, 296-98; Schlier, *Römerbrief*, 287-88; Cranfield, *Romans*, 2.464-70; Morris, *Romans*, 349-50; Fitzmyer, *Romans*, 548-49; Moo, *Romans*, 565-67; Jewett, *Romans*, 566-69.

28) 롬 9:5b이 하나님을 찬양하는 송영이라는 주장에 대한 가장 포괄적인 석의적·문맥적·신학적 변호는 Ezra Abbot, "On the Construction of Romans ix.5," 87-154이다. 아래 열거한 학자들도 이 입장을 주장한다. H. A. W. Meyer, *Romans*, 2.117-20(앞서 이 입장을 주장한 사람들에 대한 방대한 목록이 포함됨); Lietzmann, *An die Römer*, 90; C. H. Dodd, *Romans*, 152; Käsemann, *Romans*, 260; Kuss, *Römerbrief*, 3.678; Wilckens, *An die Römer*, 2.189; Ziesler, *Romans*, 239; Zeller, *An die Römer*, 174; Dunn, *Romans*, 2.528-29; Stuhlmacher, *Romans*, 146; L. T. Johnson, *Reading Romans*, 147; Byrne, *Romans*, 288.

29) 일찍이 Abbot가 논의한 다양한 번역들을 보라. Abbot, "On the Construction of Romans ix.5," 87-154; 같은 저자, "Recent Discussions of Romans ix.5," 90-112. 보다 최근에(그리고 보다 간략하게) 논의한 것들도 주목하라. Cranfield, *Romans*, 2.465-70; Moo, *Romans*, 565, M. J. Harris, *Jesus as God*, 150-55.

30) 예를 들어 NA[26&27]과 GNT[3&4]의 편집자들과 NRSV의 번역자들이 좋은 증거다. 그들은 (비록 각주에 대안적인 독법을 제시하긴 했어도) 다음과 같이 번역했다. "From them, according to the flesh, comes the Messiah, who is over all, God blessed forever. Amen"(그들로부터 육체를 따라 그리스도가 오셨다. 그는 만물 위에 계신 하나님으로서 영원히 찬양받으실 분이시다! 아멘). 이것은 앞선 비평 본문들과 RSV가 선호한 번역을 의미심장하게 바꾼 것이다. "Of their race, according to the flesh, is the Christ. God who is over all

적인 선택을 선호한 주요한 이유는 다음과 같다.

1. 바울이 그의 다른 서신에서 예수를 하나님으로 언급한 곳은 없다.[31] 하지만 로버트 주이트가 상당히 적절히 대답했듯이, "빌립보서 2:6이 바울이 예수를 하나님으로 언급한 중요한 예이며, 바울이 예수를 '주'라고 언급한 그 밖의 많은 예에서 예수의 신성이 암시되었다."[32]
2. "하나님이 만물 위에 계신다"는 어구는 그것이 그리스도께 해당한다고 주장하기에는 너무 광대하다.[33] 하지만 주이트가 계속해서 지적하듯이, "바울이 그리스도를 만유 위에 계신 '주'로 언급함으로써 그리스도에게 이러한 주장을 적용한 예들이 있다."[34]
3. 경외감의 표현인 εὐλογητός("복을 받으소서", "찬양 받으소서")는 구약성경[35]과 바울의 여러 서신과[36] 신약성경의 다른 저자들의 글에서[37] 오직 하나님에 대해서만 사용되었다. 주이트는 이것을 "반드시 설명해야 할" 문제로 인식했으며 다음과 같은 개연성 있는 설명을 제안하기도 한다. "'육체에 관한 한' 그리스도가 이스라엘에서 나오셨다

---

be blessed for ever. Amen"(육체를 따르면 그리스도는 그들의 혈통에 속한 분이시다. 만물 위에 계신 하나님은 영원히 찬양을 받으실 분이시다. 아멘). NIV가 선호한 번역(From them is traced the human ancestry of Christ, *who is God over all, forever praised!* Amen; "그들로부터 그리스도의 인간적인 혈통이 내려온다. 그는 만물 위에 계신 하나님이시며 영원히 찬양을 받으실 분이시다. 아멘")과 (대안적인 독법도 각주에 포함시킨) TNIV의 번역("From them is traced the human ancestry of the Messiah, *who is God over all, forever praised!* Amen"(그들로부터 메시아의 인간적인 혈통이 내려온다. 그는 만물 위에 계신 하나님이시며 영원히 찬양을 받으실 분이시다. 아멘)도 주목하라.

31) 예. H. A. W. Meyer, *Romans*, 2.118-19; Käsemann, *Romans*, 260; Kuss, *Römerbrief*, 3.678; Dunn, *Romans*, 2.529.

32) Jewett, *Romans*, 567. Jewett는 Hurtado, *Lord Jesus Christ*, 108-18을 인용하여 뒷받침한다.

33) H. A. W. Meyer, Romans, 2.120.

34) Jewett, Romans, 567; 롬 10:12; 14:9; 빌 2:10을 인용함. 또한 골 1:15-17도 참조하라.

35) 예. 창 14:20; 대하 2:12; 6:4; 시 72:18(LXX 71:18).

36) 참조. 롬 1:25; 고후 1:3; 11:31; 엡 1:3.

37) 참조. 막 14:61; 눅 1:68; 벧전 1:3.

는 앞의 언급은 그리스도께 드리는 송영이 제공하는 반제를 요청하는 구분이다. 그래서 이 본문은 로마서 도입 어구에 등장하는 '육신으로는 다윗의 혈통에서 나셨고, 성결의 영으로는…하나님의 능력 있는 아들로 인정되셨다'(1:3-4)는 신앙고백과 연결된다."[38]

머리 해리스(Murray Harris)가 표현하듯이, 로마서 9:5b의 "하나님"(ὁ θεός)이 "그리스도"(ὁ Χριστός)를 가리킨다는 입장을 선호하도록 하는 주요 석의적 특징은 70인역 전체와 신약성경 여러 곳에 등장하는 다음과 같은 그리스어 구문 패턴이다.

그리스어 성경 전체에서 εὐλογητός는 독립적인 송영이나 접사가 없는 송영으로 등장하는 경우에는 항상 하나님의 이름 앞에 놓인다. Εὐλογητὸς ὁ θεὸς ὁ ὕψιστος(창 14:20)와 εὐλογητὸς ὁ θεὸς καὶ πατὴρ τοῦ κυρίου ἡμῶν Ἰησοῦ Χριστοῦ(고후 1:3; 엡 1:3; 벧전 1:3) 등이 좋은 예다. 그러나 로마서 9장에서는 εὐλογητός가 θεός 다음에 등장한다. 만일 로마서 9:5에서 독립적인 송영에 해당하는 정상적인 성경의 어순을 따랐다면, 우리는 εὐλογητὸς θεὸς εἰς τοὺς αἰῶνας, ἀμήν(만일 ὁ ὢν ἐπὶ πάντων을 ὁ Χριστός로 이해한다면)이나 εὐλογητὸς ὁ θεὸς ὁ ὢν ἐπὶ τοὺς αἰῶνας, ἀμήν을 기대할 것이다.[39]

38) Jewett, *Romans*, 568. Jewett는 Cranfield, *Romans*, 2.468을 인용하여 뒷받침한다.

39) M. J. Harris, *Jesus as God*, 161. 또한 창 9:26; 24:27; 출 18:10; 삼상 25:32; 시 41:13(LXX 40:13)의 "주님을 찬송할지어다/주님께 복이 있을지어다"(εὐλογητὸς Κύριος)도 보라. 70인역에서는 시 68:19(LXX 67:19)(κύριος ὁ θεὸς εὐλογητός, "주 하나님을 찬양할지어다/복이 있을지어다")에 이 석의적 패턴의 분명한 예외가 있다. 하지만 이것은 MT와 비교해 볼 때, 시 68:20(LXX67:20)의 실제 송영에 덧붙인 주석인 것이 분명하다. 또한 Cranfield, *Romans*, 2.464-70을 보라. Cranfield는 이 석의적 패턴을 "그 자체로 거의 결론적인 것"이라고 말한다(*Romans*, 2.468). 또한 "신학적인 선택을 주장한 초기와 현대의 학자들이 (5b절이 성부 하나님께 드리는 송영이라는 가정에 근거한)" 이 "기이한 도치"를 설명한 여러 방법을 언급하고 평가한 Harris, *Jesus as God*, 161-63도 주목하라.

로버트 주이트가 이 주제에 대해 방대한 문헌으로부터 요약했듯이, 9:5b의 "하나님"(ὁ θεός)이 "그리스도"(ὁ Χριστός)를 가리킨다는 입장을 선호하는 주요 신학적·문맥적 논증들은 다음과 같다.

1. "신성을 그리스도께 부여하는 것은 유대인들이 예수를 메시아로 받아들이는 중요한 장애물이었다. 그래서 그를 하나님으로 칭송하는 송영은 바울의 논거에 적합하다."
2. "분사 ὤν은 그리스도를 가리킬 경우 의미가 매우 잘 통한다. 이것은 [본문의] 논쟁의 요지를 반영하는 '그분은 참으로 하나님이시다'를 함의한다."
3. "'육체에 관한 한' 그리스도가 이스라엘에서 나오셨다는 앞의 언급은 그리스도께 드리는 송영이 제공하는 반제를 요청하는 구분이다. 그래서 이 본문은 로마서 도입 어구에 등장하는 '육신으로는 다윗의 혈통에서 나셨고, 성결의 영으로는…하나님의 능력 있는 아들로 인정되셨다'(1:3-4)라는 신앙고백과 연결된다."[40]

그러므로 우리는 20세기 중엽에 오스카 쿨만이 제안한 증거 평가에 동의한다. "우리는 바울이 예수 그리스도를 로마서 9:5에서 '하나님'으로 명명한 것이 확실치는 않다고 해도 상당히 개연성 있다고 결론을 내린다."[41] 또한 우리는 머리 해리스가 1992년에 표현한 결론에도 동의한다. "예수가 하나님의 이름과 품성을 공유하고 신적 기능들을 수행하며 인간의 믿음과 칭송의 대상이라는 바울 서신들의 고기독론에 비춰볼 때, 바울이 가끔 θεός라는 총칭적 칭호로써 예수를 언급했다고 해도 놀랄 필요가 없다."[42]

로마서 9:5 맨 끝에 등장하는 ἀμήν("아멘")은 (믿음의 천명에서처럼) 엄

40) Jewett, *Romans*, 568.

41) Cullmann, *Christology of the New Testament*, 313.

42) M. J. Harris, *Jesus as God*, 171. 이것은 Harris의 여섯 가지 석의적·문맥적·신학적 결론들 가운데 마지막 항목이고 아마도 가장 중요할 것이다.

숙한 비준이나 (동의에 대한 천명에서처럼) 마음을 담은 승인의 반응을 촉구한다. 이 단어는 화자나 저자들이 말하거나 쓰는 것을 듣거나 읽는 사람들의 긍정적인 반응을 표현할뿐더러, 화자나 저자들이 불러일으키기를 원한 반응을 예상하며 사용되었다. 바울은 고린도전서 14:16에서 다양한 기독교회들에서 감사의 표현에 사람들이 "아멘"이라고 말하는 것을 언급한다. "선견자" 요한은 요한계시록 5:14에서 하늘에 있는 "네 짐승"이 모든 피조물이 "보좌에 앉으신 이와 어린양께" 드린 찬양에 반응하며 "아멘"이라고 말한다고 말한다. 사람들의 반응으로서 "아멘"은 유대인의 기도와 기독교의 기도에도 사용되었다.[43] 그리고 "아멘"은 기독교 송영들에 최종적인 제의적 천명으로 반복해서 등장한다.[44]

하지만 이곳 9:5b의 상황과 더 관련이 있는 것은 제의적 "아멘"이 종종 독자들에게 긍정적인 반응을 촉구하는 문학적 요청으로 전환되었다는 점이다. 바울이 일찍이 갈라디아에 있는 자신의 그리스도인 개종자들에게 보낸 갈라디아서 6:18의 마무리하는 진술("형제자매들아! 우리 주 예수 그리스도의 은혜가 너희 심령에 있을지어다. 아멘")과 나중에 로마 교회에 보낸 좀 더 공식적인 편지의 15:33("평강의 하나님께서 너희 모든 사람과 함께 계실지어다. 아멘")에서처럼 말이다. 그래서 이곳 로마서 9:5b에서 바울은 로마에 있는 그리스도인 수신자들에게 "그리스도"에 대한 그의 선포, 즉 그리스도가 "만유 위에 계신 하나님으로서 영원히 찬양을 받으실" 분이시며 하나님께서 이스라엘에게 약속하신 "메시아"이심에, 그리고 그가 이교도 이방인들에게 그분이 사람들의 주와 구원자라고 선포한 것에 긍정적으로 반응하라고 촉구한다. 더욱이 로버트 주이트가 바르게 관찰한 것처럼, "로마의 공동체들은 동의를 발함으로써 자신들의 문화적 우월주의를 극복하는 첫발을 내

43) 참조. Schlier, "ἀμήν," 1.335-38.

44) 바울 서신들에서는 "아멘"이 신앙고백적 천명과 송영의 결론에 등장한다: 롬 1:25; 11:36; 16:27; 갈 1:5; 엡 3:21; 빌 4:20; 딤전 1:17; 6:16; 딤후 4:18. 또한 히 13:21; 벧전 4:11; 5:11; 유 25도 보라.

딛고 바울이 나아가기를 바라는 선교를 향해 문을 연다."[45]

성경신학

로마서 9:1-5을 어떻게 읽든지 간에 다음과 같은 세 가지 특징이 바로 전면에 부각된다.

1. 바울의 기독교 복음 선포에 나타난 (그의 여러 편지에 입증되었듯이 모든 사람의 안녕뿐만 아니라) 자기 동포의 안녕을 바라는 그의 열정(9:1-3).
2. 과거에 하나님께서 이스라엘을 위해 행하신 일이 많은 부분에서 현재 그리스도 예수로 말미암아 모든 사람을 위해 하나님이 이루시는 구원과 화목 계획의 상황에 영향을 미쳤다는 바울의 인식(9:4-5a).
3. 바울이 그의 선포에서 예수께 초점을 맞춤. 예수는 (1) "인간의 혈통에 관한 한" 철저히 유대인이시고, (2) 민족의 역사와 관련해서는 하나님의 약속된 메시아이시며, (3) 하나님의 구원사를 이루는 그의 사역 및 인격과 관련해서는 "만물 위에 뛰어나셔서 영원히 찬양을 받으실 하나님이시다"(9:5b).

(1) (모든 사람뿐만 아니라) 자기 동포의 안녕을 바라는 열정, (2) 과거 역사, 특히 다른 문화적·사회적 틀 안에서 하나님께서 일하신다는 인식이 구원사의 현재 과정에서 하나님이 정하신 상황을 제공한다는 것, 그리고 (3) 기독교 선포에서 예수의 사역과 인격에 초점을 맞추는 이 세 가지 특징은 참으로 기독교적인 성경신학에 포함해야 하는 것들이다.

하지만 바울이 이곳 9:5b에서 예수가 "그리스도"(즉 유대인의 "메시아") 이실뿐더러 "만물 위에 뛰어나신 하나님으로서 영원히 찬양을 받으실" 분이시기도 하다고 주장하는 것이 타당할 수는 있지만, 다소 놀라운 사실은 바울이 그의 다른 편지 여러 곳에서는 θεός("하나님")를 기독론적 칭호, 즉

45) Jewett, *Romans*, 569.

그리스도를 지칭하는 말로는 (설령 사용한다고 해도) 거의 사용하지 않는다는 것이다. 바울이 θεός를 이런 의미로 사용한 유일한 2번의 경우가 디도서 2:13과 데살로니가후서 1:12에서 발견된다. 디도서 2:13에 등장하는 어구는 τοῦ μεγάλου θεοῦ καὶ σωτῆρος ἡμῶν Ἰησοῦ Χριστοῦ인데, "우리의 크신 하나님과 구세주이신 그리스도 예수"로 번역하는 것이 가장 좋을 것 같다. 데살로니가후서 1:12에 등장하는 어구는 τοῦ θεοῦ ἡμῶν καὶ κυρίου Ἰησοῦ Χριστοῦ인데, "우리 하나님이시며 주님이신 예수 그리스도"라고 번역할 수 있다. 두 본문에서 이어 등장하는 같은 격의 두 명사를 연결하기 위해 하나의 관사가 사용되었다. 이러한 현상은 대부분의 신약 번역자들과 신약 주석가들 및 신약신학자들은 물론이고 문법학자들과 사전 편찬자들에게 그 하나의 관사 뒤에 이어지는 2개의 서술형 명사들이 동일한 사람과 관련이 있는 것으로 이해된다.[46]

이러한 패턴은 디도서 2:13(과 벧후 1:1)에서 특히 분명히 나타난다. 하지만 데살로니가후서 1:12을 이런 방식으로 해석할 때 발생하는 중요한 문제는 이 구절의 문맥이 두 부분으로 구성되었다는 것, 즉 문맥에 "우리 하나님"과 "우리 주 예수 그리스도"가 모두 언급되었다는 사실이다. 그래서 많은 신약학자는 바울이 이 절에서 "우리 하나님"과 "주 예수 그리스도"를 모두 언급하고 있음이 틀림없다고 결론을 내린다.[47] Θεός의 기독론적 사용에 대한 뒷받침으로 디모데전서 3:16에도 호소하는 것은 적법하지 않다. 그 본문을 그는(ὅ) "육체로 나타나시고"로 읽는 것이 "하나님(θεός)이 육체로 나타나셨다"라고 읽는 이문보다 사본 전통에서 더 강력한 지지를 받고 있

46) 때때로 논란의 여지가 있기도 하지만, 그럼에도 "계사 καί가 같은 격의 두 명사를 연결하는 경우, 만일 관사 ὁ나 그 격에 해당하는 관사가 그 명사나 분사 중에서 첫 번째 명사나 분사 앞에 있고, 두 번째 명사나 분사 앞에서 반복되지 않는다면, 뒤에 있는 명사나 분사는 늘 첫 번째 명사나 분사에 의해 표현되거나 서술되는 동일한 인물과 관련이 있다. 다시 말해서 두 번째 명사나 분사가 앞서 언급된 인물을 더 자세하게 묘사한다는 의미다"라는 규칙은 일반적으로 신뢰할 만한 석의 규칙이다. 이 "규칙"은 통상적으로 Granville Sharp가 제일 처음 제안한 것으로 이해된다.

47) 참조. Cullmann, *Christology of the New Testament*, 313; L. Morris, *First and Second Epistles to the Thessalonians* (Grand Rapids: Eerdmans, 2009), 212.

기 때문이다.

디도서 2:13에서(전후 문맥이 두 부분으로 구성되었다는 것에 대해 의문이 있기는 하지만 어쩌면 살후 1:12에서도) 그러하듯이, θεός가 바울에 의해 이곳 9:5b에서 예수를 가리키는 칭호로 사용되었다는 점 외에 다음과 같은 사실을 주목할 필요가 있다. (1) 기독론적 칭호로서 θεός가 신약성경에서 요한복음 1:1, 18, 20:28, 요한1서 5:20, 히브리서 1:8, 베드로후서 1:1 등에서 6번 더 등장한다는 것과, (2) 이 6번의 등장 모두 요한복음에서 3번, 히브리서에서 시편 45:6을 인용하는 설교 자료에서 1번, 그리고 요한1서와 베드로후서에서 각각 1번 등장하는 등 유대 그리스도인 증인의 진영을 표방하는 글들에서 발견된다는 것이다. 그러나 바울이 그의 여러 편지에서는 왜 θεός를 예수를 묘사하는 말로 사용하지 않는지는 설명이 필요한 실제적인 문제다. 신학적인 흐름에 있어서는 설명이 거의 제시될 수가 없다. 초기에 예수를 믿는 신자들 중에서도 바울은 틀림없이 "고기독론"이라고 부를 수 있는 용어로 예수를 생각했을 것이다. 바울이 예수를 신적인 존재로 이해했다는 것은 확실하다. 더욱이 바울은 유대교 성경(구약)에서 자주 사용되었던, "하나님"과 동등한 κύριος("주")라는 관련 칭호를 신약성경의 다른 모든 저자보다 더 자주 사용했다.

십중팔구 바울은 이교도 이방인들을 향한 그의 선교에서 대개는 예수에 대해 θεός를 사용하지 않았을 것이라고 상정할 수 있다. 그러면 이방인 세계의 많은 사람들 사이에서 혼란이 발생했을 가능성이 있었기 때문이다. 물론 이방인 세계는 바울이 사역했던 철학적·종교적 세계였다. 유대적 환경에서 예수에게 θεός를 사용하는 것은 상당히 다른 두 극단적인 반응 중 하나를 불러왔을 것이다. (1) 신적 존재의 통일성 안에 있는 복수의 위격들이라는 개념을 포함하려고 전통적인 유일신론을 재고하든지, 아니면 (2) 신성모독이라고 비난하든지 말이다. 유대인들이 다신론의 맥락에서 생각하지는 않았을 것이다. 이스라엘의 역사와 의식에 있는 모든 것을 고려한다면, 유대인들은 그것을 받아들이지 못했을 것이다. 하지만 이방인의 환경에서 예수를 지칭하는 칭호로서 θεός를 어떤 방식으로든지 그것을 유일신과 관련시키지 않고서 사용하는 것은 예수를 "많은 신들 중에 한 분"으로 선포하게 했을 것이고, 사도의 기독교 메시지 선포의 기본적인 구조를 약화시켰을 것이다. 따라서 예수의 절대적 주권을 선포하면서도 예수를 여러 신 가운데 또 다른 신으로 받아들이지 못하게 하려고, 바울은 이방인 선교에서 유일신 사상을 표시하는 "하나님"이라는 칭호와 그리스도 예수의 탁월하심을 지칭하는 "주"라는 칭호를 사용하여, 대개 "하나님 아버지"와 "주 예수 그리스도"라는 두 부분으로 된 신앙고백을 사용했다고 상정할 수 있다. 사도 자신에게는 "하나님"과 "주"라는 언급이 넓은 의미에서 동등한 것으로 인식되었지만 말이다.

그렇지만 (나중에 롬 10:9에 등장하는) "예수는 주님이시다"라는 초기 교회의 신앙고백이 그의 여러 편지에 등장하듯이, "주 예수 그리스도"의 본질에 대한 바울의 의식이 "그리스도는 만물 위에 계시고 영원히 찬송을 받으실 하나님이시다!"라는 직접적인 주장에 가끔씩 표현되기도 하였다(이곳 9:5에서처럼). 바울의 이방인 청중들은 바울이 복음을 선포할 때 기본적인 기독론적 확신에 속하는 이러한 어구들을 이해하지는 못했을 것이다. 하지만 로마에 있는 그의 그리스도인 수신자들이 이를 이해했고 공감했으리라는 것은 확실하다. 따라서 바울은 9:6-11:32의 세 부분으로 된 주해의 서론에서 로마의 그리스도인 공동체들 안에 있는 유대인과 이방인으로 구성된 그리스도인 독자들에게 분명히 그리고 매우 정확히 공명하는 방식으로 그의 복음을 상황화하여 제시한다.

현대를 위한 상황화

9:1-5의 서론적인 자료는 대부분 오늘날 예수를 믿는 신자들에게 하나의 패러다임으로서 중요하다. 이를테면 그리스도인으로서 그들의 삶과 그리스도를 대신하여 다른 사람들을 섬기는 그들의 여러 사역의 한 패러다임으로서 말이다. 확실한 것은 바울이 (모든 사람과) 자기 동포의 안녕을 위해 가졌던 열정이, 스스로 그리스도 예수를 따르는 사람들이라고 주장하고 어떤 유형의 사역으로써 다른 사람들에게 도움을 베풀어 예수를 섬기기를 갈망

하는 우리 모두에게 동기부여가 되는 비슷한 열정의 표준을 제시하는 점이다. 또한 그리스도 예수로 말미암아 모든 백성을 위한 하나님의 구원과 화목 계획의 절정에 대한 바울의 이해와, 백성을 위한 하나님의 구속 계획의 과정에서 이스라엘이 가졌던 특권의 정당성에 대한 그의 인식은, 한 사람의 신학적 이해에 있는 갈등으로 이해해서는 안 되고, 오히려 그리스도인의 생각과 행위에서 통전적이고 활력을 불러일으키는 것으로 이해할 필요가 있다. 마찬가지로 분명한 점은, 오늘날 그리스도인들이 그들의 삶과 증거를 유대인 예수, 이스라엘의 약속된 메시아인 예수, 그리고 "만물 위에 계시고 영원히 찬양을 받으실 하나님이신" 분인 예수께 초점을 맞출 필요가 있다는 것이다.

또한 그리스도인들은 현대인들이 이해하고 공감하는 방식으로 기독교 복음을 어떻게 상황화할지에 관해 바울이 그의 사역에서 제시한 패러다임으로부터 배울 필요가 있다. 현대인들은 모두 그들 자신의 문화적 상황에서 그리고 그들 자신만이 인식하는 방식으로 삶을 살아가고 있다. 이 문제와 관련하여 우리가 바울에게서 배울 수 있는 것 가운데 대부분은 그가 로마서 앞부분(과 그의 다른 편지들)에서 기록한 부분에서 이미 관찰했다. 하지만 이곳 로마서 9:1-5과 특히 5절의 뒷부분에서 우리는 바울이 다양한 청중들에게 말하면서 가장 중요한 주제들과 매우 적절한 언어를 어떻게 사용했는지에 대해 더 많은 것을 배울 수 있다. 5:1-8:39의 요약된 형식에 제시되었듯이, 바울이 당대의 이교도 이방인들에게 말할 때뿐만 아니라 유대 기독교의 광범위한 영향을 받았고 유대교 성경(구약)에 대한 실용적 지식을 가지고 있던 로마에 사는 믿음이 있는 그리스도인들에게 글을 쓸 때 말이다.

2. 바울의 주해 1부: 이스라엘의 "남은 자들"에게 주신 하나님의 약속과 이를 뒷받침하기 위해 인용된 구약 본문들(9:6-29)

번역

9:6 그러나 하나님의 말씀이 폐하여진 것 같지 않도다. 이스라엘에게서 난
그들이 다 이스라엘이 아니요. 7 또한 아브라함의 씨가 다 그의 자녀가 아
니라. 오직 "이삭으로부터 난 자라야 네 씨라 불리리라" 하셨으니, 8 곧 육신
의 자녀가 하나님의 자녀가 아니요, 오직 약속의 자녀가 아브라함의 씨로
여기심을 받느니라. 9 약속의 말씀은 이것이니, "명년 이때에 내가 이르리니
사라에게 아들이 있으리라" 하심이라.

10 그뿐 아니라 또한 리브가가 우리 조상 이삭 한 사람으로 말미암아 임
신하였는데, 11 그 자식들이 아직 나지도 아니하고 무슨 선이나 악을 행하지
아니한 때에, 택하심을 따라 되는 하나님의 뜻이 행위로 말미암지 않고 오
직 부르시는 이로 말미암아 서게 하려 하사, 12 리브가에게 이르시되, "큰 자
가 어린 자를 섬기리라" 하셨나니. 13 기록된 바, "내가 야곱은 사랑하고 에
서는 미워하였다" 하심과 같으니라.

14 그런즉 우리가 무슨 말을 하리요? "하나님께 불의가 있느냐?" "그럴
수 없느니라!"

15 모세에게 이르시되, "내가 긍휼히 여길 자를 긍휼히 여기고, 불쌍히
여길 자를 불쌍히 여기리라" 하셨으니,

16 그런즉 원하는 자로 말미암음도 아니요, 달음박질하는 자로 말미암
음도 아니요, 오직 긍휼히 여기시는 하나님으로 말미암음이니라. 17 성경이
바로에게 이르시되, "내가 이 목적을 위하여 너를 세웠으니, 곧 너로 말미
암아 내 능력을 보이고 내 이름이 온 땅에 전파되게 하려 함이라" 하셨으
니, 18 그런즉 하나님께서 하고자 하시는 자를 긍휼히 여기시고, 하고자 하시
는 자를 완악하게 하시느니라.

19 혹 네가 내게 말하기를, "그러면 하나님이 어찌하여 우리를 허물하시
느냐? 누가 그 뜻을 대적하겠느냐?" 하리니, 20 이 사람아! 네가 누구이기에

감히 하나님께 반문하느냐? 지음을 받은 물건이 지은 자에게 "어찌 나를
이같이 만들었느냐?" 말하겠느냐. 21토기장이가 진흙 한 덩이로 하나는 귀
히 쓸 그릇을, 하나는 천히 쓸 그릇을 만들 권한이 없느냐?
22만일 하나님이 그의 진노를 보이시고 그의 능력을 알게 하고자 하사
멸하기로 준비된 진노의 그릇을 오래 참으심으로 관용하시고, 23또한 영광
받기로 예비하신 바 긍휼의 그릇에 대하여 그 영광의 풍성함을 알게 하고
자 하셨을지라도 무슨 말을 하리요? 24이 그릇은 우리니, 곧 유대인 중에서
뿐 아니라 이방인 중에서도 부르신 자니라.
25호세아의 글에도 이르기를, "내가 내 백성 아닌 자를 '내 백성이라',
사랑하지 아니한 자를 '사랑한 자라' 부르리라."
26"'너희는 내 백성이 아니라' 한 그곳에서 '그들이 살아 계신 하나님의
아들이라' 일컬음을 받으리라" 함과 같으니라.
27또 이사야가 이스라엘에 관하여 외치되, "이스라엘 자손들의 수가 비
록 바다의 모래 같을지라도 남은 자만 구원을 받으리니, 28주께서 땅 위에
서 그 ["심판의"] 말씀을 이루고 속히 시행하시리라" 하셨느니라.
29또한 이사야가 [그의 예언에서] 미리 말한 바, "만일 만군의 주께서
우리에게 씨["생존하는 후손들"]를 남겨두지 아니하셨더라면, 우리가 소돔
과 같이 되고 고모라와 같았으리로다" 함과 같으니라.

본문비평 주

9:6a 어구 οὐχ οἷον δὲ ὅτι(문자적으로 "이것은 ~한 상황이 아니다")에서 ὅτι("~라는")가 포함된 본문이 사본 전통에서 잘 입증된다. 이 단어는 P^{46}과 역본 it와 syr^p에 생략되었고, 암브로시아스테르에 의해서도 생략되었는데, 이는 좀 더 쉽고 더 구어체적인 독법을 제공하려는 시도로 이해하는 것이 가장 좋을 것 같다.

6b절 Οὐ γὰρ πάντες οἱ ἐξ Ἰσραὴλ οὗτοι Ἰσραήλ("이스라엘에게서 난 자가 다 이스라엘이 아니기 때문이다")이라는 진술은 사본 전통에서 널리 입증을 받고 있다. 하지만 복수형 Ἰσραηλῖται("이스라엘 사람들")가 대문자

사본 D(06) F G, 소문자 사본 1881[c](범주 II) 88 330 614(범주 III)에서 발견되며 vg[ww]에 반영되었다. 이문 Ἰσραηλῖται가 바울의 의미와 관련해서 의문의 여지가 없기는 하지만, 이 단어가 포함된 사본은 원본으로 받아들이기에는 사본 전통의 증거가 너무 빈약하며, 따라서 그런 독법은 언어학적 개선을 시도한 것으로 보아야 할 것이다.

7절 원인의 접속사 ὅτι("왜냐하면", "이는")는 사본 전통의 매우 강력한 지지를 받고 있다. 하지만 복수 주격의 추상형용사 ὅσοι("~한 사람은 모두", "무려 ~나 되는")가 오리게네스[gr]에 발견되며, it[a b] vg[cl]의 라틴어 *qui*에 반영되었다. 이 이문들 모두 문체의 개선을 시도한 노력으로만 보인다.

11절 신약성경에서 네다섯 번밖에는 등장하지 않는(이곳 롬 9:11 외에 요 3:20; 5:29; 고후 5:10; 딛 2:8; 그리고 어쩌면 약 3:16도) 실명사적 형용사 φαῦλον("가치 없는", "나쁜", "악한")은 대문자 사본 ℵ A B와 소문자 사본 1739(범주 I), 81 1506 1881(범주 II), 6 69 365 424[c] 630 1243 1319 1573(범주 III)의 지지를 받는다. 그러나 이보다 훨씬 더 빈번하게 사용되는 κακόν("나쁜", "가치 없는", "악한")이 P[46], 대문자 사본 D F G Ψ(또한 *Byz* K L), 소문자 사본 1175(범주 I), 2464 범주 II), 88 104 323 326 330 424[c] 614 1241 1735 1846 1874 2344(범주 III)에 등장한다. Κακόν과 φαῦλον은 동의어이므로 둘 중 어느 단어를 택하더라도 본질적인 면에서 전혀 차이가 없다. 하지만 κακόν을 이 절에서 이문으로 보고, 훨씬 덜 사용되는 φαῦλον을 대체하려는 필경사의 작업으로 이해해야 할 것 같다. 더욱이 자주 지적했듯이, κακόν은 바울이 일반적으로 ἀγαθός("선한," "적합한")와 κακός("나쁜," "악한")를 대조하던 것에 바울의 용례를 일치시키는 것이다.[1)] 따라서 후기의 필경사들이 덜 자주 사용되는 φαῦλον을 이 단어로 대체했다고 추측할 수 있다.

12절 여성 여격 대명사 αὐτῇ("그녀에게")는 사본 전통에서 매우 좋은 증거를 가지고 있다. 하지만 이 단어가 P[46]이나 대문자 사본 D*에는 등장하지 않으며, vg이나 syr[p]에도 반영되지 않았고, 오리게네스나 암브로시

---

1) 참조. 롬 3:8; 7:19(비록 고후 5:10에서는 ἀγαθόν과 φαῦλον이 대조되었지만 말이다).

아스테르의 지지도 받지 못했다. 이 단어가 생략된 사본은 사본 전통에서 지지를 훨씬 덜 받는데, 이는 필경사가 문체 개선을 시도한 것이기 때문에 2차적인 것으로 보아야 한다.

13절 부사 καθώς("~한 것처럼")는 P[46], 대문자 사본 ℵ A D F G P Ψ(또한 *Byz* K L)와 소문자 사본 33 1175 1739(범주 I), 1506 1881 2464(범주 II), 6 69 88 104 323 326 330 365 424[c] 614 1241 1243 1319 1505 1573 1735 1874 2495(범주 III)의 강력한 지지를 받고 있다. 신약성경에서 바울 서신에만 등장하는 이 단어의 동의어 καθάπερ("~한 것처럼")는 바티칸 사본(대문자 사본 B)에서만 발견되고, 오리게네스의 지지만을 받는다. 따라서 이 이문은 2차적인 것으로 간주해야 한다.

18절 대문자 사본 D에 첨가되었고 많은 라틴어 역본들에 반영되었으며 주석가 암브로시아스테르의 지지를 받는 ὁ θεός("하나님")는, 두 문장에 있는 동사 4개의 3인칭 단수 어미 "그"를 분명히 하려는 필요 없는 시도인 것으로 보인다. 따라서 그것을 2차적인 것으로 보아야 한다.

19절 Τί οὖν("그렇다면 왜")이라는 어구에서 οὖν("그렇다면")이 포함된 독법은 P[46]과 대문자 사본 B D F G의 지지를 받으며, it와 vg[mss]에도 반영되었다. 하지만 이 구절의 이 두 번째 οὖν("그렇다면")이 생략된 독법이 대문자 사본 ℵ A P Ψ(또한 *Byz* K L)와 소문자 사본 33 1175 1739(범주 I), 1506 1881 2464(범주 II), 6 69 88 104 323 326 330 365 424[c] 614 1241 1243 1319 1505 1573 1735 1874 2495(범주 III)의 지지를 받고 있으며, 대부분의 vg 역본들과 syr 역본들에도 반영되었다. 원본 문제는 사본 전통의 증거만으로는 결정하기 어렵다. 크랜필드가 로마서에서 τί οὖν("그렇다면 왜")이 자주 반복되는 것 때문에 필경사들이 이곳 9:19에서도 오류를 일으키게 되었다는 것을 근거로 이 2차적인 οὖν이 생략되었다고 주장한 것은 어쩌면 옳을지도 모른다. 하지만 그 표현의 빈도는 이 구절에서 그 단어가 반복해서 등장하는 정당성을 지지하기 위해서도 사용될 수 있다. 그러므로 우리는 이 2차적인 οὖν("그렇다면")을 우리의 번역에 포함시킬 것이다. 그러면서도 이 단어를 괄호 안에 넣음으로써 사본상의 문제가 있음을 표시했다.

20a절 독법 ὦ ἄνθρωπε μενοῦνγε("오 사람아[한갓 인간에 불과한 자여], 반대로")는 대문자 사본 ℵ A B와 소문자 사본 1739(범주 I), 81 1506 1881(범주 II), 69 630(범주 III)의 지지를 받으며, 오리게네스의 지지도 받는다. 하지만 μενοῦνγε("반대로")가 생략된 독법이 P46과 대문자 사본 D* F G, 그리고 소문자 사본 629(범주 III)에서 발견되며, 라틴어 역본들에서도 반영되었다. 더욱이 순서가 바뀐 μενοῦνγε ὦ ἄνθρωπε("반대로, 오 사람아[한갓 인간에 불과한 자여]")가 대문자 사본 ℵ2 D2 P Ψ(또한 *Byz* K L)와 소문자 사본 33(범주 I), 2464(범주 II), 6 88 104 323 326 330 1735 2495(범주 III)에 등장하며, syrp에도 반영되었다. Ὦ ἄνθρωπε("오 사람아[한갓 인간에 불과한 자여]")라는 표현 다음에 μενοῦνγε("반대로")가 사용된 것은 고대의 일부 필경사들에게는 뜻밖의 현상이었을 것이다. 따라서 그 단어를 지우든지 아니면 이 단어를 ὦ ἄνθρωπε 앞에 두었을 것이다. 하지만 설령 ὦ ἄνθρωπε μενοῦνγε가 일부 필경사들에게 뜻밖의 표현으로 보였을지라도, 이 표현이 본문에 포함되고 이러한 순서대로 존재하는 것이 더 좋은 증거를 가지고 있다. 따라서 "더 난해한 독법"이 원문으로 간주되었다.

20b절 이 구절 끝에서 제기되는 질문에 있는 2인칭 단수 부정과거 능동태 동사 ἐποίησας("당신이 만들었다")는 사본 전통에서 매우 강력한 지지를 받고 있다. D 사본에 등장하고 syrp에 반영된 이문 ἐπλάσας("당신이 빚었다")는 매우 빈약한 지지를 받고 있으며, 그래서 분명 후대 필경사의 독법일 것이다.

23a절 이 구절이 시작되는 곳에 καί("그리고")가 포함된 독법이 P46, 대문자 사본 ℵ A D F G P Ψ(또한 *Byz* K L)와 소문자 사본 33 1175 1739(범주 I), 81 256 1506 1881 1962 2127 2464(범주 II), 88 104 181 263 323 330 365 451 459 614 629 1241 1243 1319 1505 1573 1735 1846 1852 1874 1877 2344 2492 2495(범주 III)에 의해 매우 널리 입증을 받고 있다. 그리고 이 독법은 많은 it와 vg syrp, h, copbo, eth, geo, slav에도 반영되었으며, 크리소스토모스 암브로시아스테르 펠라기우스 아우구스티누스의 지지를 받는다. 그러나 이 구절 처음에 있는 접속사 καί는 바티칸 사본(B 03)이나

소문자 사본 6 69 326 424[c] 436 1912(범주 III)에는 등장하지 않으며, 1739[mg]에도 생략되었을 가능성이 있고, 오리게네스[gr, lat]에도 등장하지 않는다. 브루스 메츠거가 말했듯이, 어떤 필경사들이 καί를 생략한 것은 "번역의 자유 때문이지, 저본으로 사용한 다른 그리스어 본문 때문은 아닐" 가능성이 크다.[2)] 즉 필경사들이 의식했든지 의식하지 못했든지 9:22-24의 문장에서 추가적인 καί를 없애려고 시도한 것 때문이다.

23b절 Τῆς δόξης("그의 영광의")라는 어구는 사본 전통에서 매우 폭넓은 지지를 받고 있다. 하지만 이 어구 대신에 이문 τῆς χρηστότητος("그의 긍휼하심의")가 대문자 사본 P에 등장하며, syr[p]에 반영되었다. 명사가 왜 이런 식으로 대체되었는지는 말할 수 없다. 그렇지만 이 이문을 원본으로 받아들이기에는 사본의 뒷받침이 너무 빈약하다.

25절 "호세아의 글에"라는 표현에서 전치사 ἐν("~에")이 포함된 독법이 대부분의 사본 전통 전반에서 강한 뒷받침을 받고 있다. 그러나 이 전치사는 P[46(vid)]와 바티칸 사본(B 03)에는 빠져 있다. 여격은 굳이 전치사를 필요로 하지 않는 까닭에, 전치사가 문체상의 이유로 지워졌을 것이다. 하지만 전치사가 있든지 없든지 의미는 동일하다.

26a절 단수 소유격 관계대명사 οὗ("~의")는 사본 전통에서 좋은 증거를 가지고 있다. 단수 여격 관계대명사 ᾧ("~에")가 P[46]과 대문자 사본 ℵ*에 등장하며, 이레나이우스[lat(vid)]의 지지를 받고 있다. 그리스어 구문에서는 οὗ("~의")나 ᾧ("~에")가 모두 용납된다. 동일한 문장에서 바로 뒤에 등장하는 부정어 οὐ("아니")와 있을 수 있는 혼동을 피하려고 P[46]과 교정되지 않은 ℵ에는 οὗ을 ᾧ로 대체했을 것이다.

26b절 Ἐρρέθη αὐτοῖς("그들이 일컬음을 받았다")라는 어구는 대문자 사본 ℵ A D F G P Ψ(또한 *Byz* K L)와 소문자 사본 33 1175 1739(범주 I), 1506 1881 2464(범주 II) 6 69 88 104 323 326 330 365 614 1241 1243 1319 1505 1573 1735 1838 1874 2344 2495(범주 III)의 강력한 지지를 받고 있으

2) Metzger, *Textual Commentary*, 462.

며, vg syr[h] cop 등의 역본에도 반영되었다. 그러나 여격 대명사 αὐτοῖς("그들에게")가 바티칸 사본(B 03)과 이레나이우스[lat(vid)]에는 생략되었다. 더 중요한 것은 이문 ἐὰν[또는 ἄν] κληθήσονται("만일 그들이 부름을 받았다면")가 P[46]과 대문자 사본 F와 G에 등장하고, 수많은 라틴어 역본과 시리아 페쉬타(syr[p])에 반영되었다는 사실이다. 십중팔구 ἐὰν[또는 ἄν] κληθήσονται("만일 그들이 부름을 받았다면")는 인용문에서 이어지는 동사 κληθήσονται와 동화함으로써 발생한 필경사의 실수다.

26c절　"너희는 내 백성이 아니라"라는 진술에서 대명사 ὑμεῖς("너희")는 사본 전통에서 널리 지지를 받고 있다. 하지만 이 단어는 P[46]에 등장하지 않으며, it와 syr[p]에도 반영되지 않았고, 이레나이우스[vid]의 지지도 받지 않는다. Ὑμεῖς("너희")의 생략은 초기 필경사의 오류로 보아야 할 것 같다.

27절　명사 ὑπόλειμμα("남은 자")는 대문자 사본 א* A B와 소문자 사본 81(범주 II) 1739[c](범주 I)의 입증을 받으며 에우세비오스의 지지도 받는다. 그러나 이 단어와 동의어인 κατάλειμμα("남은 자")는 대문자 사본 א[1] D F G P Ψ(또한 *Byz* K L)와 소문자 사본 33 1175 1739*(범주 I), 256 1881 1962 2127 2464(범주 II), 6 61 69 88 104 181 218 263 323 326 330 365 436 451 459 614 621 623 629 630 917 1241 1243 1319 1398 1505 1563 1573 1678 1718 1735 1751 1838 1845 1852 1874 1875 1877 1912 1942 2138 2197 2200 2344 2492 2495 2516 2523 2544(범주 III) 등으로 더 폭넓은 지지를 받는다. 의미에 있어 ὑπόλειμμα와 κατάλειμμα 사이에는 본질적인 차이가 없다. 하지만 "더 난해한 독법"을 선호하는 본문비평 규칙에 따라 대부분의 본문 비평가들은 ὑπόλειμμα("남은 자")를 원본으로 받아들이게 되었다.

28절　공인 본문에 ἐν δικαιοσύνῃ, ὅτι λόγον συντετμημένον(KJV에 "의 안에서, 주께서 땅 위에서 짧은 일을 이루실 것이기 때문에"[in righteousness, because a short work will the Lord make upon the earth]라고 번역됨)이라는 말들이 첨가된 것에 대한 브루스 메츠거의 논평은 적절하고 도움이 되기도 한다. "א* D G K P Ψ 33 88 326 614 1241 *Byz Lect* Old Latin vg sy[h] goth arm 등

등을 따르는 공인 본문은 인용된 LXX 이사야 10:22-23에 ἐν δικαιοσύνη, ὅτι λόγον συντετμημένον을 채워넣었다. 그 자체만을 고려한다면, 이 단어들이 P46vid ℵ* A B 1739 1881 syrp copsa, bo eth 등등에 생략된 것은 필경사의 눈이 우연히 συντέμνων에서 συντετμημένον으로 지나쳐버렸을 때 발생한 것으로 설명할 수 있다. 그러나 27절에서 70인역을 주의 깊게 따르지 않던 바울이 28절에서 문법적으로 이처럼 불투명한 문장을 글자 그대로 베꼈다는 주장은 믿음직스럽지가 않다."[3]

형식/구조/상황

본문이 다루고 있는 중요한 쟁점들과 본문의 기본적인 취지를 어느 정도 모른다면, 성경 본문의 형식과 구조와 상황에 관한 여러 문제를 다루기가 어렵다. 이것은 바울이 9:6-29에서 제시하는 것에도 해당한다. 이 본문은 그 형식과 구조와 상황이 다양하게 설명되고 연구되었다. 그러므로 이 하위 단락의 자료를 석의하려고 시도하기 전에라도 9:6-29이 과거에 어떻게 이해되었는지에 대한 이해와 그 본문을 오늘날 어떻게 바르게 연구해야 하는지에 대한 고려가 필요하다.

9:6-29에 대한 주요 해석들. 윌리엄 샌데이와 아서 헤들럼은 초기 ICC(국제비평주석) 시리즈를 대표하는 그들의 로마서 주석에서 7페이지에 걸친 "로마서 9:6-29의 해석사"라는 제목의 추기를 통해 초기 기독교의 주해부터 개신교 종교개혁 시기의 주해까지 제안된 본문의 주요 해석들을 간결하지만 매우 적절하게 평가하고, 그와 아울러 각 입장에 관한 자세한 문헌을 제시했다.[4] 샌데이와 헤들럼은 그들의 평가를 시작하면서 "로마서 9장의 난제들이 너무 커서 이 본문을 실제로 이해했다고 만족해할 사람은 거의 없다"라고 선언한다.[5] 이것은 지금까지 성경학자들이 말했던 것 중에

3) Metzger, *Textual Commentary*, 462.
4) Sanday and Headlam, *Romans*, 269-75.
5) Sanday and Headlam, *Romans*, 269.

서 가장 분명히 **절제된** 표현 중 하나일 것이다. 바울이 이곳 9:6-29에서 가르치고 있는 것에 대한 다양한 이해의 역사를 다루면서(어떤 입장들은 지지를 얻은 다른 입장들과 정반대다) 샌데이와 헤들럼은 그간 본문에 대한 논의의 다섯 가지 유형을 밝혔다.

1. 기원후 1, 2세기의 "기독교" 영지주의자들의 논의. 그들은 로마서 9:6-29과 특히 9:14-18에 있는 하나님의 선택에 대한 바울의 가르침을 "자신들의 배타적인 종교적 허세"를 표현하는 것으로 이해했다.[6]
2. 오리게네스(185-254년)의 논의. 오리게네스는 이와 같은 영지주의적 해석에 강하게 반대하며 이 본문에 대한 주석에서 "자유의지를 강력히 변호"했다. 오리게네스는 이 주제에 대한 그의 논의에서 "사람들은 부름을 받았기 때문에 자격이 있는 것이 아니라, 그들이 자격이 있기 때문에 하나님께서 그들을 부르신 것"이라고 선언했다. 그리고 로마서 9장에 기초를 둔 인간의 자유의지에 대한 오리게네스의 변증을 "주로" 다소의 디오도로스(325-393), 요안네스 크리소스토모스(347-407), 몹수에스티아의 테오도르(350-428)와 같은 동방 교회의 교부들과 히에로니무스(347-420)와 펠라기우스(354-420) 같은 서방 교회의 교부들이 따랐다.[7]
3. (젊은 시절 다소의 디오도로스의 제자였고 [나중에 몹수에스티아의 주교가 된] 테오도로스의 제자이기도 한) 요안네스 크리소스토모스의 논의. 크리소스토모스는 9:6-29을 인간의 자유의지에 대한 사도적 선포로 이해했다. 이러한 이해는 크리소스토모스 당대에 널리 받아들여졌으며 동방 지역에 있는 기독교회에서 두루 지지를 받았다. 크리소스토모스의 매우 대중적인 저서인 『바울의 로마서에 대한 32개의 설교』는 "동방 교회에서 최고의 책이 되었다." 그 결과 후기의 모든 그리스

6) Sanday and Headlam, *Romans*, 269.
7) Sanday and Headlam, *Romans*, 269-70.

주석가 사이에서 9:6-29에 대한 크리소스토모스의 이해(오리게네스와 다소의 디오도로스에서 파생된)가 지배적이었다. 몹수에스티아의 테오도로스의 저술들에서만 아니라, 다메섹의 요한, 포티우스, 오에쿠메니우스, 테오필락투스 그리고 에우티미우스 지가베누스의 주석들에서도 그랬다.[8]

4. 아우구스티누스(354-430)의 논의. 아우구스티누스는 397년에 그의 친구 심플리키아누스에게 보낸 첫 번째 편지에서 샌데이와 헤들럼이 "로마서 9장에 대한 가장 완벽한 주해"라고 밝힌 것을 썼다. 그의 주해에는 그의 후기 저술들 여러 곳에서도 반복된 "이 주해에 있어서 가장 중요한 요지들", 즉 우리가 여기서 의도한 목적에 가장 중요한 내용이 담겨 있다. 아우구스티누스의 주장은 두 가지로 요약할 수 있다. (1) 9:14-19에 등장하는 내용은 바울 자신이 쓴 것이고 그의 견해를 대표한다. "그래서 오리게네스와 크리소스토모스의 잘못된 석의를 교정했다." (2) 바울이 이런 내용의 글을 쓰는 목적은 "행위가 은혜에 앞서는 것이 아니라 은혜 뒤에 오고, 선택이 예지에 근거하는 것이 아님을 증명하는 것이다. 만일 선택이 예지에 근거한다면 그것은 공로를 암시한다"는 데 있다. 9:6-29에 대한 아우구스티누스의 이해는 피에르 아벨라르(1079-1144)와 토마스 아퀴나스(1224-1274) 같은 중요한 로마 가톨릭 학자들에 의해 받아들여지고 발전되면서 중세 시대를 지배했다.[9]

5. 아우구스티누스의 해석을 기초로 한 장 칼뱅(1509-1564)과 개신교 종교개혁 시대에 아우구스티누스와 칼뱅을 반대했던 야코부스 아르미니우스(1560-1609)가 제안한 9:6-29에 대한 상당히 다양한 해석들. 칼뱅과 아르미니우스의 입장들에 대해 샌데이와 헤들럼은 다음과 같이 논평했다. "교부들의 주석들 가운데서 아우구스티누스와

8) Sanday and Headlam, *Romans*, 270-71.
9) Sanday and Headlam, *Romans*, 271-73.

> 크리소스토모스에 의해 표방된 반제는 종교개혁 때 칼뱅과 아르미니우스에 의해 과장되었다. 각 사람은 자기편에 있는 입장만을 보았다. 칼뱅은 아우구스티누스를 추종했고 그의 가장 난해한 가르침[즉 저주받은 사람들의 예정에 관한 가르침]을 과하게 이야기했으며, 아르미니우스는 가장 개연성이 낮은 곳에서조차 자유의지를 발견하는 미묘한 힘을 보여주었다."[10] "예정"과 "자유의지"에 관한 진지한 토론들과 특히 로마서 9:6-29의 "바른" 해석에 관한 열렬한 토론들은 일반적으로 기독교 역사 내내 지속되었고, 오늘날도 빈번하게 등장한다. 이 문제들을 다루며 상당히 다양한 의견들을 표현하는 여러 학문적인 저술이 출판되었다.[11]

샌데이와 헤들럼은 9:6-29 해석들에 대한 평가를 마무리하면서 "현대 학자들의 관점에서 서로 다른 다양한 의견들을 모두 열거하는 것은 불가능할 것이다"라고 상당히 바르게 말했다.[12] 하지만 해석들을 증가시키려는 시도들에 대한 이와 같은 경고를 암시하는 그들의 주의에도 불구하고, 우리는 9:6-29을 다루는 현대의 해석자들이 바울이 여기서 (1) 그가 제시한 것을 유대교적 또는 유대 기독교적 유형의 남은 자 신학에 기초를 두고 있다는 것과, (2) 그의 논증들을 당대 유행했던 유대 기독교적 형식의 남은 자 수사학에서 구축하고 있다는 사실을 인식할 필요가 있다고 믿는다. 또는 좀 더 정확히 진술하자면, 사도는 여기서 이와 같은 유대 기독교적 형식의 남은 자 신학과 남은 자 수사학을 자신의 고유한 용어로 설명한다. 그래서 우리의 "석의와 주해"에서는 물론이고 "형식/구조/상황"의 나머지 부분에서 이어지는 내용에서, 이러한 접근의 중요한 쟁점들과 본문의 기본적인 취지와 더불어 본문의 남은 자 신학 및 남은 자 수사학과 관련하여 이 논지를

10) Sanday and Headlam, *Romans*, 273-74.

11) 그들 당대의 다양한 논의에 대해서는 Sanday and Headlam, *Romans*, 274-75을 보라.

12) Sanday and Headlam, *Romans*, 275.

좀 더 자세하게 발전시킬 것이다.

추기: 구약성경(MT와 LXX)에 나타난 "남은 자"의 조건, 그리고 형성기 유대교의 랍비들의 글과 기원전 첫 두 세기의 유대교의 소수 종파 문헌에서 드러나는 "남은 자" 용례에 대하여

유대교 성경(구약)에서는 "남은 자" 개념을 표현하는 히브리어 기초어가 4개 있다. 그것은 "남겨진 것" 또는 "남아 있는 것" 또는 "피한" 또는 "생존한"이라는 기본적인 개념이다. 이 기초어들 가운데 가장 일반적인 것은 שאר이다. 이 단어는 이 단어에서 파생한 단어들과 함께 마소라 본문에 220회 정도 등장한다. 이 단어는 명사로는 단수(25회)와 복수(66회) 모두 "남겨진", "남아 있는", "생존하는" 것 또는 사람을 가리키는 데 사용된다. 동사로는 니팔형으로 "남겨져 있다"와 히필형으로서는 "남겨두다"를 의미한다. 예를 들어, 창세기 7:23b에서는 "노아[와 그의 가족]만 살아남았다"는 진술에 어근 שאר가 사용되었다. 열왕기상 19:18에서는 이 동일한 기초어가 하나님께서 엘리야 예언자에게 이스라엘에 그분이 남겨두신(השארתי, "나의 남은 자") 7천 명의 사람들, 즉 "다 바알에게 무릎을 꿇지 아니하고 다 바알에게 입 맞추지 아니한 자"들이 있을 것이라고 말씀하시는 데서 등장한다.

유대교 성경(구약)의 마소라 본문에서 약 103번 발견할 수 있는 기초어 יתר는 그 파생어들과 함께 주로 שאר의 동의어로 사용된다. 예를 들어, 에스겔 6:8에서 에스겔 예언자는 יתר의 히필형 동사를 사용하여 하나님을 대신하여 이렇게 말한다. "너희가 여러 나라에 흩어질 때에 내가 너희 중에서 칼을 피하여 이방인들 중에 **살아남은 자가 있게 할지라.**" 기초어 פלט는 그 파생어들과 함께 히브리어 성경에서 약 80번 발견된다. פלט는 종교적인 의미에서 남은 자들을 언급할뿐더러 종종 단순히 "피난" 또는 "구원"이라는 개념을 의미하기도 한다. 그래서 때때로 종교적인 주제와 세속적인 주제가 혼합되어 있다. 예를 들어 이사야 10:20에서 예언자는 "그날에 이스라엘의 **남은 자**(שאר)와 야곱 족속의 **피난한 자들**(פליטת)이 다시는 자기를 친 자를 의지하지 아니하고 이스라엘의 거룩하신

이 여호와를 진실하게 의지하리"라고 선언한다. 그러고 나서 그는 계속하여 이사야 10:21-22a에서 "**남은 자**(שאר) 곧 야곱의 **남은 자**(שאר)가 능하신 하나님께로 돌아올 것이라. 이스라엘이여! 네 백성이 바다의 모래 같을지라도 **남은 자**(שאר)만 돌아오리"라고 선언한다. 기초어 שרד는 그 파생어들과 함께 마소라 본문에 약 29회 등장하며, 종종 두려움과 피난이라는 어감이 전면에 부각된다. 예를 들어 여호수아 10:20에는 이렇게 기록되었다. "여호수아와 이스라엘 자손이 그들을 크게 살육하여 거의 멸하였고 그 **남은 몇 사람**(השרידים שרדו)은 견고한 성들로 들어간 고로."

이 기초어들은 이 단어가 등장하는 산문체로 된 진술이나 시어로 된 본문을 막론하고 종종 유대교 성경(구약)에서 비슷한 표현들과 결합되거나 비슷한 표현들로서 기능하기도 한다. 이 히브리어 기초어들과 그 파생어들은 매우 빈번하게 역사적인 맥락과 세속적인 맥락에서 사용된다. 하지만 집합명사 שאר와 그 여성형인 שארית는 이 4개의 기초어들 중에서도 신학적으로 가장 중요하다. שאר와 שארית는 어떤 재앙에서 살아남거나 특별한 형식으로 하나님의 복을 받은 하나님 백성의 "남은 자들"을 언급할 때 여러 번 등장하는 까닭이다. 예를 들어, 이 기초어는 히스기야 시대에 생존한 유대인(왕하 19:4; 사 37:4), 요시야 시대에 그 땅에 남아 있는 사람들(대하 34:21), 또는 시드기야 시대에 기원전 597년의 강제 이주 후 예루살렘에 남아 있던 사람들을 가리켰다(왕하 25:11; 렘 24:8; 52:15; 겔 9:8; 11:13; 대하 36:20). 마찬가지로 유대인들이 바벨론에 포로로 간 586년에 그달랴 아래에서 그 땅에 남아 있던 사람들이 "남은 자들"로 언급되었다(שארית; 왕하 25:22; 렘 40:6, 11, 15; 41:10, 16; 42:2, 15, 19; 43:5; 44:12, 28). 그리고 바빌로니아 포로에서 유다로 귀환한 사람들 역시 "남은 자들"이라고 불렀다(שארית; 스 9:8, 13, 14, 15; 느 1:2-3; 학 1:12, 14; 2:2; 슥 8:6, 11, 12).

70인역에서는 동사 λείπω("남겨지다", "남아 있다")가, 전치사와 결합된 동족어와 더불어, 앞에서 인용한 4개의 히브리어 기초어와 그 파생어들을 번역하기 위해 가장 자주 사용된 단어다. 명사 λεῖμμα("남은 자")는 70인역에서 단 한 번 열왕기하 19:4에서만 발견된다. 여기서 히스기야는 "남겨진 남은 자들"(τοῦ λείμματος τοῦ εὑρισκομένου)을 위해 기도를 부탁한다. 관사를 동반한 그리스어 명사 τοῦ λείμματος(본문에서는 소유격)는 70인역에서 히브리어 명사 שְׁאֵרִית를 번역한다. 형용사 λοῖπος는 70인역에 120회 이상 등장하는데, 기초어 שְׁאָר를 번역한 경우도 종종 있지만 대부분은 히브리어의 기초어 יתר와 그 파생어를 나타낸다. 하지만 70인역에서 "남겨진", "남아 있는", "생존하는" 것이라는 개념과 관련하여 가장 빈번하게 사용되는 단어는 거의 300회 정도 등장하는 동사 καταλείπω 및 동족 명사인 καταλεῖπος와 καταλεῖμμα다.

"형성기 유대교"의 후기 랍비들의 글들, 즉 미쉬나와 바벨로니아 게마라(이 둘이 합쳐져 탈무드를 형성함)와 팔레스타인 게마라, 토세프타("추기"), 미드라시(구약성경에 대한 석의적 논문들) 그리고 개인 랍비들의 가르침 모음에 있는 "남은 자"에 대한 이해와 관련하여, 루돌프 마이어(Rudolf Meyer)는 상당이 정확하게 다음과 같이 지적했다.

> 랍비 신학에서 남은 자 개념은 백성들 전체가 구원에 참여할 것이라는 기대에 부차적인 것이다. 이에 비하면 영원히 버림을 받을 몇몇 유대인들과 다른 민족들 중에 있는 소수의 의인들은 거의 계수되지 않는다.[13)]

소위 공식적인 유대교의 발전하고 있는 전통에서 "남은 자"라는 단어는 (1) 가족의 식탁에 남아 있는 음식 또는 (2) 성전에서 아직 드리지 않았거나 태우지 않은 제물들과 관련하여 초기 탄나임 랍비들에 의해 종종 사용되었다. 그래서 이 단어는 일반적으로 "쓰레기" 또는 "부정함"과 동의어였다.[14)] 기원후 첫 2, 3세기의 유대교 선생들이 "남은 자" 사상을 신학적인 문맥에서 호의적으로 사용한 것은 불과 두어 번밖에 되지 않는다. 그 개념은 그것이 긍정적으로 사용되는 곳에서는 언제나 이스라엘 백성 전체를 가리키며 표현된 것 같다. 예를 들면, 기원후 2세기에 인기를 누렸던 유명한 유대인 랍비 여호수아 벤 하나니야가 대

---

13) R. Meyer, "λεῖμμα, κτλ," *TDNT* 4.212.

14) 다음과 같은 논문들에 있는 미쉬나의 진술들을 보라. *Pesahim*("유월절 식사") 10:9; *Nedarim*("맹세") 1:3; *Makkot*("형벌") 3:3; *Hullin*("식용으로 도살된 동물") 8:6; *Kerithot*("근절") 1:1; 3:2; 4:2; *Meilah*("신성 모독") 1:2; 2:9; 4:3, 4; *Teharot*("정결함") 3:4.

표자이며, 그의 가르침이 *m. Berakot* 4:4에 인용되었다. "위험한 곳에서 여행하는 사람은 짧게 기도해야 한다[즉 "18가지 기도문"의 본질만을 기도해야 한다]. '주님! 이스라엘의 **남은 자들**[즉 이방 민족들 가운데 남은 자로만 존재하는 이스라엘 온 백성]을 구원해 주십시오. 그들이 교차로에 있을 때마다 그들의 필요들이 주 앞에 이르게 하소서!'"

율법을 엄격하게 준수하는 데 헌신한 초기 랍비 시대의 하시드들은 자신들을 "이스라엘의 남은 자들"로 분명히 말했다. 자신들을 "하시드"(1750년경 폴란드에서 유대교의 주류를 특징짓던 합리주의와 의례를 소홀히 한 사람들에 대항하여 창설된 극단의 정통적·신비적 종파)라고 부르는 현대의 유대인들이 그러하듯이 말이다. 또한 (기원후 1세기 초에 작성된) 「에스라4서」와 (기원후 2세기 초의 묵시문학인) 「아브라함의 묵시」의 저자들과 같은 비주류 유대 종교인들은 그 개념을 결정적으로 신학적인 방식으로 사용하여 메시아에게 헌신할 장차 올 종말론적 시대의 사람들을 "남은 자들"이라고 언급했다.[15] 하지만 정통파든지, 개혁파든지 또는 보수주의자들이든지 간에 현대의 유대인들과 과거의 주류에 속하는 유대 랍비들 대부분은, 수세기 동안 다양한 이방 민족들에 의한 엄청난 고난과 극심한 박해를 견뎌낸 유대인 공동체 전체를 "이스라엘의 남은 자들"로 여기곤 했다. 그래서 그들은 "남은 자"라는 용어를 유대 백성의 특정 부분을 묘사하는 것으로가 아니라 온 세상의 비유대인 민족들 가운데 있는 유대인 공동체 전체를 지칭하기에 매우 적절한 묘사로 사용했(고 계속해서 사용한)다. 이것은 레위기 26:36-45에 "너희 남은 자들"과 그들을 위하여 그들의 하늘 아버지께서 "애굽 땅으로부터 그들을 인도하여 낸 그들의 조상과의 언약을 기억하실 것이라"고 하신 하나님의 약속과 맥을 같이한다.

구약 예언자들의 글에 나타난 "남은 자" 개념. 히브리어 성경(MT)이든지 그리스어 성경(LXX)이든지 유대교 성경(구약)에서 "남은 자"를 가리키는 수많은 언급은 때로는 의미가 분명하게 드러나기보다는 모호한 경우가 있다. 창세기 6:1-9:28의 기사는 노아와 그의 가족이 땅의 다른 모든 사람과 구별되었다고 말

15) 참조. *4 Ezra* 6:25; 7:27, 28; 9:7; 12:34; 13:24, 26, 48, 49; *Apoc Ab* 29:17.

한다. 특히 "노아[와 그의 가족]만 살아**남았다**"고 말한다. 이와 비슷하게 예언자 엘리야에 대한 열왕기상 18:1-19:18의 이야기는 민족적인 배교 가운데서도 하나님을 대변하고 하나님을 위해 행동한 특별한 한 사람의 중요성에 초점을 맞추고, 그 밖에 이스라엘 중에서 여호와께 충실한 **남은 자** 7천 명에 관한 하나님의 말씀으로 마무리한다. 하지만 제임스 바(James Barr)가 지적했듯이, "남은 자" 개념에 대한 단어-연구적 접근은 유대교 성경(구약)과 그 밖에 다른 유대 문헌에서 등장하는 "의로운 남은 자"라는 개념을 연구하는 데 도움을 주는 만큼이나 방해가 될 수도 있다. 이 전체 문헌에는 (1) 단순히 세속적인 의미를 지니거나, (2) 어떤 특정한 역사적 상황과만 관련되어 사용되거나, (3) 비교적 중립적인 어감을 지니는 "남아 있는"과 "남은 자들"이라는 언급이 너무 많이 있기 때문이다.[16] 사실 "남은"이라는 단어와 "의로운 남은 자" 개념, 즉 의로움의 질을 포함하고 양적으로 수를 염두에 두지 않은 개념을 지칭하는 비교적 고정된 신학적 어감은 유대교 성경(구약)에 포함된 이스라엘 예언자들의 메시지가 나올 때에야 비로소 유대인들의 생각에 등장한 것 같다. 그래서 "제2성전기 유대교"의 저술들과 구약성경에서 등장하는 "의로운 남은 자"라는 사상은 하나의 주제로 다루는 것이 가장 좋다. 그 개념이 이 용어 자체가 (그 용어의 파생어들이나 동족어들과 함께) 등장하는 본문들에 늘 표현된 것은 아니기 때문이다.

8세기의 예언자 아모스는 여러 가지 상황에 대해 "남은 자"를 언급했는데, (1) 사마리아에 있는 여자들의 남은 자(암 4:1-3), (2) 이스라엘의 전쟁하는 남자들 중에 남은 자(5:3), (3) 집에 있는 10명의 남자들 중에서 생존자 1명(5:3)과 같은 문제들에 관한 그의 예언을 기록하면서 그랬다. 그러나 아모스가 남은 자 주제를 사용하고 있는 각각의 경우에서, 이스라엘이 미래에 민족적인 실체로서 존재하는 데 대해 남아 있는 생존자들이 무의미하며 헛되다는 점을 추론할 수 있다. 예를 들어, 아모스는 3:12의 예언에서 이렇게 쓴다.

여호와께서 이와 같이 말씀하시되, "목자가 사자 입에서 양의 두 다리나 귀 조각

16) 참조. Barr, *Semantics of Biblical Language*, 263-65.

을 건져냄과 같이 사마리아에서 침상 모서리에나 걸상의 방석에 앉은 이스라엘 자손도 건져냄을 입으리라."

실제로 아모스 예언자는 하나님이 이스라엘을 선택하셨기 때문에 이스라엘의 미래가 자동적으로 보장되었다는 생각을 떨쳐내기 위해 먼저 "남은 자" 사상을 사용한다. 그가 남은 자 주제를 사용한 것은 이스라엘 백성들이 현 생활에 만족하지 않도록 하여 그들로 하여금 하나님 앞에서 그들의 절망적인 상태를 인식하게 하고 하나님께 돌아가게 하려는 데 목적이 있다.

하지만 아모스도 그의 백성들에게 "살기" 위해서 "여호와를 찾으라"고 도전한다(5:4-6). 하나님의 구원에 대한 약속은 이스라엘의 반응에 따라 달라진다. 만일 이스라엘에 남은 자가 있다면 그 남은 자들은 하나님께 신실할 것이다. 그래서 예언자는 5:15에서 그의 백성들에게 다음과 같은 메시지를 선포한다. "너희는 악을 미워하고 선을 사랑하며 성문에서 정의를 세울지어다. 만군의 하나님 여호와께서 혹시 요셉의 남은 자들(שארית)을 불쌍히 여기시리라."

아모스가 묘사한 이 "종말론적 남은 자"와 관련하여 예언자 아모스가 종교적 삶의 특성만큼이나 민족의 미래의 운명을 언급하고 있다는 증거는 없다. 이것은 9:11-12에서 하나님이 다윗 왕에게 주신 약속들에 있는, 다른 민족들의 남은 자들에 참여할 "에돔의 남은 자"를 언급한 것에서 볼 수 있다.

"그날에 내가 다윗의 무너진 장막을 일으키고 그것들의 틈을 막으며 그 허물어진 것을 일으켜서 옛적과 같이 세우고, 그들이 에돔의 남은 자와 내 이름으로 일컫는 만국을 기업으로 얻게 하리라." 이 일을 행하시는 여호와의 말씀이니라.

그러므로 예언자 아모스가 다음과 같은 세 가지 방법으로 남은 자 개념을 사용했다고 이해해야 한다.

1. 이스라엘의 모든 백성이 "남은 자"라는 주장을 논박하기 위해서. 아모스는 보다 넓은 이스라엘 민족 전체의 심판과 운명을 선언할 때 이 용어를 하나의

주제로 사용한다.

2. 하나님께로 돌아오지 않는 이스라엘의 나머지 사람들에게 멸망이 임할 것이라는 사실을 통해 이스라엘 안에 존재하며 끝까지 남아 있을 남은 자가 있을 것이라는 사실을 보여주기 위해서. 심판의 선언은 하나님께로 돌아오기로 선택한 사람들을 위한 구원 사상도 수반한다.
3. 이웃하고 있는 민족들에 대한 암시와 더불어 "에돔의 남은 자"를 포함함으로써, 남은 자 개념을 하나님이 다윗에게 하신 약속들의 수혜자들이 될 모든 사람을 포함하는 것으로 확대하기 위해서.

그러므로 예언자는 "남은 자"를 일종의 유대 민족의 우월함을 언급하는 것이 아니라 에돔과 다른 민족들 안에 있는 백성들의 하위 집단뿐만 아니라 이스라엘 내부에서 백성들의 하위 집단을 부각시키는 것으로 이해한다. 그들은 하나님께 종교적인 중요성을 지니는 사람들이며, 하나님이 친히 마련하신 미래를 경험할 것이다.

요엘 예언의 맥락은 이스라엘 민족의 경제를 파괴하고 결과적으로 모든 면에서 이스라엘 사회에 영향을 미쳤던 메뚜기 재앙이다. 그 재앙은 종교의식에서 결정적인 역할을 하는 제사를 위협할 정도로 엄청났다. 이 파국적인 상황에서 예언자는 하나님의 복을 당연한 것으로 여기는 유다 백성에게 하나님의 심판을 선언했다. 도덕적 부패가 일상이 되었기에, 예언자 요엘은 청중들에게 회개하고 하나님께 돌아오지 않는다면 메뚜기 재앙이 이보다 훨씬 더 큰 심판에 대한 경고가 될 것이라고 알려주었다.

요엘은 1:15, 2:1, 2:11-13에서 "야웨의 날"이라는 표현을 사용함으로써 그들의 삶을 죄에 내준다면 하나님이 그의 백성을 심판하실 것이라고 선언했다. 이 심판은 (1) 메뚜기 재앙에 의한 자연재해와 (2) 하나님께서 그의 백성을 심판하기 위해 사용하셨던 다른 민족들의 침공으로 임했다. 하지만 예언자는 계속해서 하나님이 다른 민족들이 자신을 대신하여 이스라엘을 벌하게 하셨지만, 그분은 자신을 위해 이스라엘 내부에 백성의 남은 자들을 보존하셨으며, 그들에게 그의 영을 부으시고 기이한 표적으로 자신을 계시하실 것이라고 말한다(2:28-

32). 이 일 이후 하나님은 "유다와 예루살렘의 운명을 회복하실" 것이다(3:1).

그러므로 예언자 요엘이 볼 때, 하나님을 참으로 신뢰하는 사람은 믿음을 가지고 "주의 이름을 부를" 것이다. 하나님께 대한 믿음이 있는 사람들에게 주는 요엘의 메시지는 이것이다. 그들은 물리적으로 구원받을 뿐만 아니라 보상도 받을 것이다. 예루살렘과 유다의 회개하는 백성이 이스라엘의 **남은 자**로 함께 모이게 될 때 이 일이 일어날 것이다.

그러나 "남은 자"라는 개념을 자신의 메시지에 가장 광범위하게 사용한 사람은 예언자 이사야다. 유다는 기원전 701년에 아시리아의 침공으로 섬멸을 당했으며, 예루살렘의 수도인 "시온의 딸"은 "포도원의 망대같이, 참외밭의 원두막같이, 에워싸인 성읍같이 겨우 남았으며", 그 땅에는 "생존자가 조금" 남았을 뿐이었다(사 1:2-9). 남은 자 개념은 과거의 역사적 재앙에서 살아남은 생존자들에 대해 말하는 이사야 예언의 도입부에 등장한다. 그러나 그 후 예언자는 장차 그 땅에 거주하고 하나님의 복을 받게 될 이스라엘 백성들의 미래를 말할 때도 그 남은 자 개념을 사용한다. 예언자의 메시지 전반에 걸쳐 이 "남은 자" 또는 "생존자" 개념의 역사적 사용과 종말론적 사용이 지속적으로 결합하여 나타난다.

이사야는 그의 백성이 다시 하나님께로 돌아갈 것을 소망하며, 그들의 배교를 비난하는 설교를 했다(5:1-7). 그는 그의 백성에 대한 하나님의 심판이 그들에게 그들의 옛길을 버리게 하여 정결의 목적으로 작용하고, 그래서 그들이 하나님의 복 아래에서 그들의 미래를 위한 하나님 약속의 열매들을 맺게 될 것이라는 소망을 품었다. 그러므로 하나님이 "야곱의 집으로부터 그의 얼굴을 가리고" 계신다(8:17)는 예언자의 주장은 (예언자 자신을 비롯하여) 일부 거주자들이 계속해서 하나님을 신뢰했다는 맥락에서 이해해야 한다. 그들은 "시온산에 계신 만군의 여호와께로 말미암은, 이스라엘 중에 징조와 예표"인 사람들로서, 이스라엘 민족 안에서 "의로운 남은 자들"을 이루는 사람들이다(8:18).

이사야는 자기 백성으로부터 "그의 얼굴을 가리시는" 하나님께 "주여! 어느 때까지니이까?"라는 질문으로 반응한다(6:11a). 이것은 (1) 그의 백성에 대한 이사야의 사랑을 강조하고 (2) 예언자가, 심판을 내리시는 하나님의 행위가 그의 백성의 구원과 선을 바라는 마음에 의해 영향받은 것으로 생각했음을 시사하기도 하는 질문이다. 이사야의 "어느 때까지니이까?"라는 질문에 하나님은 다음과 같이 대답하신다.

> 성읍들은 황폐하여 주민이 없으며 가옥들에는 사람이 없고 이 토지는 황폐하게 되며, 여호와께서 사람들을 멀리 옮기셔서 이 땅 가운데에 황폐한 곳이 많을 때까지니라. 그중에 십 분의 일이 아직 남아 있을지라도 이것도 황폐하게 될 것이나, 밤나무와 상수리나무가 베임을 당하여도 그 그루터기는 남아 있는 것같이 거룩한 씨[즉 "생존하는 남아 있는 자"]가 이 땅의 그루터기니라 하시더라(6:11b-13).

여기서 이사야는 민족의 멸망과 민족의 소생하는 생명을 모두 상징하기 위해 나무 이미지를 사용하여 남은 자 주제를 매우 분명하게 제시한다. 이스라엘 민족은 "거룩한 씨"에서 성장할 것이다. 다시 말해서 "생존하는 남은 자들"은 "그 땅의 그루터기"로 기능할 것이다. 따라서 하나님은 구원하기 위해 심판하신다. 그분은 재건하기 위해 멸하신다. 하나님의 궁극적인 목적은 멸망이 아니라 구원이다. 사실 이사야 자신이 미래의 남은 자들의 대표자다. 그는 하나님의 거룩하심에 직면했고, 깨끗하고 정결한 자로 모습을 드러냈다(참조. 사 6장). 그래서 예언자는 자신이 깨끗하고 정결하게 된 경험을 하나님께서 이스라엘 백성을 깨끗하게 하고 용서하시는 상징으로 제시한다.[17]

시리아와 에브라임 간에 전쟁이 벌어지고 있을 때, 이사야는 아하스 왕을 대면하여 왕과 그의 백성에게 믿음으로 하나님께 돌아가라고 권면하며 남은 자 주제를 사용했다. 예언자가 그의 아들이 태어났을 때 그 아들에게 붙여주었던 스알야숩이라는 이름은 "남은 자가 돌아올 것"이란 뜻이다. 이사야는 이 이름을 사용하여 아하스에게 주는 메시지를 요약한다. 그 이름 안에는 (1) 정치적인 방편에만 기초하여 결정을 내리는 사람들을 향한 파멸의 메시지와, (2) 하나님을

---

17) 참조. Harrelson, *Interpreting the Old Testament*, 232.

신뢰하는 것에 근거하여 결정을 내리는 사람들을 향한 구원의 메시지가 다 표현되었기 때문이다(7:2-9). 그러므로 생존한 남은 자들을 멸망할 다수의 백성들 집단과 구별하는 것은 믿음이다. 하나님께 대한 이스라엘의 확신과 신뢰는 하나님이 그의 백성을 위해 개입하시고 의로운 남은 자들이 재앙으로부터 다시 그 모습을 드러낼 조건을 창출할 것이다. 그래서 이사야의 예언에서 남은 자 사상과 믿음은 떼려야 뗄 수 없다.

그의 생애 마지막에 이사야는 히스기야가 애굽과 동맹을 맺으려고 계획 할 때 그에게 전했을 메시지를 표현했다. 그것은 애굽을 의존하기보다는 하나님을 향한 결정을 내리라는 유다 왕을 향한 예언자의 권면이었다. 이 메시지는 "그의 백성의 남은 자들"이 정치적인 동맹 때문이 아니라 하나님께 대한 믿음 때문에 힘과 안전함과 영광을 얻을 것이라는 논지를 강조한다.

> 그날에 만군의 여호와께서 자기 백성의 남은 자에게 영화로운 면류관이 되시며 아름다운 화관이 되실 것이라. 재판석에 앉은 자에게는 판결하는 영이 되시며, 성문에서 싸움을 물리치는 자에게는 힘이 되시리로다(28:5-6).

그러고 나서 예언자는 히스기야에게 주는 자신의 메시지를 마무리하면서 이렇게 선언한다.

> (히스기야) 왕이여! 이것이 왕에게 징조가 되리니, "올해는 스스로 난 것을 먹을 것이요, 둘째 해에는 또 거기에서 난 것을 먹을 것이요, 셋째 해에는 심고 거두며 포도나무를 심고 그 열매를 먹을 것이니이다. 유다 족속 중에 피하여 남은 자는 다시 아래로 뿌리를 박고 위로 열매를 맺으리니, 이는 남은 자가 예루살렘에서 나오며, 피하는(생존한) 자가 시온 산에서 나올 것임이라. 만군의 여호와의 열심이 이를 이루시리이다"(37:30-32).

그러므로 이사야의 사역 처음부터 끝까지 남은 자 개념이 예언자 이사야의 메시지에서 중요한 부분을 차지했다. 그는 (1) 끔찍한 심판을 말하기 위한 부정적인 의미뿐만 아니라, (2) 회개를 권하고 소망을 갖게 하기 위한 긍정적인 의미로도 남은 자 주제를 사용한다. 그리고 그는 하나님이 역사에 개입하신 결과와 하나님이 미래에 주실 종말론적 복을 소개하는 방법으로서 "거룩하고" "정결한" 남은 자 사상들을 사용한다. 하지만 이사야의 주된 관심은 이스라엘로 하여금 하나님께로 돌아가라고 촉구하고 백성 중 일부가 바로 이 미래의 남은 자들의 구성원들이 될 조건을 창출하는 것이었다. 이를테면, 그들 중에는 "거룩하고" "정결한" 종말론적 남은 자들이 될 사람들이 있을 것이다. 그래서 이사야의 남은 자 주제는 회개의 촉구 및 믿음의 촉구와 결합되었다. 그렇다면 바울이 로마서에서 예수 그리스도를 믿는 "남은 자들"(여기서 남은 자들은 "이스라엘의 남은 자들", "이방인의 남은 자들" 그리고 바울 자신을 포함한다)의 사역을 통해 "혈통에 따른 그의 백성"을 메시아에 대한 믿음으로 인도하려고 시도할 때, 이사야의 설교를 상당히 분명하게 그리고 자주 언급한 것은 당연하다.[18]

예언자 미가 역시 그의 설교에서 주로 하나님이 사마리아와 예루살렘을 반역죄로 징벌하시는 것과 관련하여 부정적인 의미로 남은 자 주제를 사용했다. 그럼에도 그는 하나님께서 그의 백성을 전적으로 포기하지 않으신다고도 선포했다. 하나님께서 회개하고 자신을 신뢰하는 사람들의 죄를 용서하시는 까닭이다. 그래서 미가는 그의 예언을 이스라엘의 하나님의 성품과 관련하여 다음과 같은 경외심으로 충만한 선언으로 마무리한다.

> 주와 같은 신(하나님)이 누구니이까? 주께서는 죄악과 그 기업에 남은 자의 허물을 사유하시며, 인애를 기뻐하시므로 진노를 오래 품지 아니하시나이다. 다시 우리를 불쌍히 여기셔서, 우리의 죄악을 발로 밟으시고 우리의 모든 죄를 깊은 바다에 던지시리이다. 주께서 옛적에 우리 조상들에게 맹세하신 대로 야곱에게 성실을 베푸시며 아브라함에게 인애를 더하시리이다(미 7:18-20).

---

18) 특히 롬 9:6-29의 이 단락의 결론에서 바울이 이사야의 예언을 분명하게 사용한 것을 참조하라. 즉 롬 9:28에서 사 10:22-23을, 롬 9:29에서 사 1:9(이뿐만 아니라 9-11장의 나머지 부분 여러 곳에서 여러 차례 이사야서 본문)을 사용한다.

스바냐의 메시지 역시 심판과 소망의 메시지다. 예언자 스바냐는 그의 예언의 첫 두 장 반에서 유다, 블레셋, 모압, 암몬, 구스의 악함으로 인해 그들에게 임할 하나님의 심판을 회화적인 용어로 제시한다. 하지만 3장 후반부에서 스바냐는 남은 자가 하나님의 거룩한 산에 모여들 미래에 대해 말한다. 백성들은 그들 수치의 근원들("교만"과 "높아짐")이 폐하여질 것이므로, 다시는 수치를 당하지 않을 것이다.

남은 자들은 높아지는 대신에 "온유하고 겸손할" 것이며, "주의 이름을 신뢰할" 것이다. 스바냐는 이러한 미래의 남은 자들에 대하여 "이스라엘의 남은 자는 악을 행하지 아니하며 거짓을 말하지 아니하며, 입에 거짓된 혀가 없으며 먹고 누울지라도 그들을 두렵게 할 자가 없으리라"고 말한다(습 3:13). 하나님의 백성 가운데 이 남은 자의 장래의 안녕에 대해 예언자는 하나님의 약속으로 그의 메시지를 마무리한다. "내가 그때에 너희를 이끌고(고향으로 데려갈 것이고) 그때에 너희를 모을지라. 내가 너희 목전에서 너희의 사로잡힘을 돌이킬 때에 너희에게 천하 만민 가운데서 명성과 칭찬을 얻게 하리라"(3:20).

예언자 예레미야는 스바냐와 동시대인이었다. 하지만 그의 사역은 스바냐의 사역보다 수년 더 연장되었다. 예레미야의 수많은 예언을 소개하는 서론적인 세 구절에는 그가 "베냐민 땅 아나돗의 제사장들 중 힐기야의 아들"로 밝혀질 뿐만 아니라, 그의 사역 전체가 연대기적으로 기록되기도 했다. 그는 "아몬의 아들 유다 왕 요시야가 다스린 지 십삼 년에" 사역을 시작하여 "요시야의 아들 유다의 왕 여호야김 시대" 내내 계속되다가 "예루살렘 백성이 사로잡혀 갔던 요시야의 아들 유다의 왕 시드기야의 십일 년 다섯째 달"에 사역을 마무리한다. 이 모든 기간은 유다 왕국 전체에서 부도덕과 배교가 번성한 때였다. 따라서 예레미야는 더욱 심판적인 메시지를 전했으며, 그가 사용한 남은 자 주제는 유대교 성경(구약)에 기록을 남긴 여느 예언자들의 용례보다 훨씬 더 암울했다.[19]

하지만 예레미야는 그의 모든 심판을 선포하면서도 하나님께서 유다를 멸하시는 가운데서도 살아남을 "남은 자"에 대한 일말의 소망을 선포한다. "여호

19) 예를 들어 렘 6:9; 8:3; 11:23; 24:8의 "남은 자"에 관한 분명한 진술들을 참조하라.

와의 말씀이니라. '그때에도 내가 너희를 진멸하지는 아니하리라'"(렘 5:18). 예레미야 예언의 후반에 속한 장들에는 하나님께서 미래에 그의 백성을 위하여 행하시고 그들을 회복시키실 것이라는 약속을 담은 다음과 같은 진술들이 있다.

> 만군의 여호와의 말씀이라. "그날[예언된 미래의 때]에 내가 네 목에서 그 멍에를 꺾어 버리며 네 포박을 끊으리니, 다시는 이방인을 섬기지 않으리라. 그들은 그들의 하나님 여호와를 섬기며 내가 그들을 위하여 세울 그들의 왕 다윗을 섬기리라." 여호와의 말씀이니라. "그러므로 나의 종 야곱아! 너는 두려워하지 말라. 이스라엘아! 놀라지 말라. 내가 너를 먼 곳으로부터 구원하고 네 자손을 잡혀가 있는 땅에서 구원하리니, 야곱이 돌아와서 태평과 안락을 누릴 것이며 두렵게 할 자가 없으리라." 이는 여호와의 말씀이라. "내가 너와 함께 있어 너를 구원할 것이라. 너를 흩었던 그 모든 이방을 내가 멸망시키리라. 그럴지라도 너만은 멸망시키지 아니하리라. 그러나 내가 법에 따라 너를 징계할 것이요 결코 무죄한 자로만 여기지는 아니하리라"(30:8-11).

> 여호와의 말씀이니라. "내 종 야곱아! 내가 너와 함께 있나니 두려워하지 말라. 내가 너를 흩었던 그 나라들은 다 멸할지라도, 너는 사라지지 아니하리라. 내가 너를 법도대로 징계할 것이요, 결코 무죄한 자로 여기지 아니하리라 하시니라"(46:28; 또한 27절도 보라).

그러므로 예레미야의 예언에서는 비록 예레미야의 전반적인 메시지가 구약성경에 기록을 남긴 앞선 예언자들보다 상당히 암울하고 심판의 내용이 담겨 있더라도 하나님께 충성할 이스라엘 백성의 남은 자를 보존하고 복 주신다는 하나님의 약속 역시 눈에 띈다. 더욱이 그의 예언 자료에는 두 가지 중요한 주제가 포함되어 있다. (1) 하나님은 언제나 "남은 자"에게 관심을 가지시며 그들을 부양하신다는 것과, (2) 하나님의 메시지를 선포하는 사람들은 반드시 하나님께 충실한 "남은" 백성들을 늘 아끼고 찾아야 한다는 것이다.

로마서 9:6-29에 나타난 바울의 성경 주제 및 인용문 사용과 다소 공통적인 그리스-로마 수사학적 관습들의 적용. 바울은 앞서 로마서 1:16-4:25에서 구약을 인용한 것과 유사하게, 이곳 9:6-29에서 남은 자 논지를 뒷받침하면서 여러 성경 주제와 본문을 사용한다.[20] 그는 9:30-10:21에 걸쳐 이러한 방식을 좀 더 광범위하게 사용하며, 11:1-32에서는 약간은 덜 빈번하게(비록 역시 중요하지만) 사용한다. 바울은 이러한 성경적인 주제와 본문을 사용하면서 전형적인 유대교 유형에 속하는 "미드라시" 해석을 반영한다. 미드라시 해석에는 성경 본문에 대한 독법과 그 본문의 문자적인 의미에 관한 관심뿐만 아니라 제시된 관계, 암시된 어감, 제안된 함의들 역시 포함된다. 또한 미드라시 해석에는 "성경이 말하는 모든 내용이 오늘날 우리에게 무슨 의미가 있는가?"라는 중요한 질문에 답하려는 의도가 담겨 있다.[21]

유대인들이 미드라시 해석을 사용할 때면 소위 "진주 꿰기"라고 일컫는 방법이 종종 포함되기도 했다. 이것은 유대교 성경(구약)의 각기 다른 부분에 있는 다른 본문들을 어떤 본문에 있는 하나의 요점을 뒷받침하기 위해 서로 관련시킴으로써, "성문 토라"에 있는 하나님의 교훈의 통일성을 강조할뿐더러 특정 성경 본문의 의미를 설명하기도 하는 방법이다.[22] 그리고 "진주 꿰기"는 특별히 (1) "남은 자"에 대한 하나님의 주권적 선택과 (2) 늘 이러한 "남은 자"를 주시겠다는 하나님의 약속을 강조하고, 역사 내내 백성의 "남은 자"가 존재했다는 사도의 논증을 뒷받침하면서 이곳 9:6-29에 등장한다. 이렇게 수집된 주제와 본문들은 일찍이 3:10b-18에 등장하는 것과

20) 사도가 하나님이 (이스마엘이 아니라) 이삭과 (에서가 아니라) 야곱을 주권적으로 선택하신 성경 기사를 사용하여 (롬 9:7에) 창 21:12과 (롬 9:9에) 창 18:10, 14, (롬 9:12에) 창 25:23을 인용한 것을 보라. 또한 그의 해석의 구체적인 요점들과 관련하여 말 1:2-3(롬 9:13); 출 33:19(롬 9:15); 출 9:16(롬 9:17); 호 2:23[MT 2:25](롬 9:25); 호 1:10[MT 2:1](롬 9:26); 사 10:22-23(롬 9:27-28); 사 1:9(롬 9:29)을 사용한 것을 주목하라.

21) 히브리어 동사 דרשׁ는 문자적으로 "~을 의지하다" 또는 "찾다"를 뜻하며, 비유적으로 "반복해서 읽다", "연구하다", "해석하다"라는 의미다.

22) 참조. R. N. Longenecker, *Biblical Exegesis*, 2nd ed., 99-100.

비교될 수 있다.[23)]

마찬가지로 9:6-29에서는 바울 당시 "유행했고" 그래서 많은 화자와 저자들이 활용했던, 당대 그리스-로마의 수사적 관습에 어느 정도 속하는 내용이 발견된다. 예를 들어 9:19-21에서 사도는 2인칭 단수 미래 직설법 동사 ἐρεῖς("너는 말할 것이다")와 호격 명사의 표현인 ὦ ἄνθρωπε("오 사람아", "인간아")를 사용한다. 직접적으로 지칭하는 이러한 형식들은 그리스-로마 디아트리베에서 상당히 일반적인 것이었다. 더욱이 이 본문 처음과 끝에 σπέρμα("씨", "후손")라는 단어가 등장한다. 이 단어는 로마서 9:6-8의 논제 진술에 3번, 이사야 9:27-29의 결론적인 자료에 1번 더 등장한다. 그리고 이사야 9:28에서 등장하는 그 단어는 9:27에 등장하는 이와 동의어인 ὑπόλειμμα("남은 자")와 병행한다. 연설에서든지 기록된 문서에서든지 상대적으로 짧은 자료 단위를 시작하고 마치는 비슷한 단어나 어구 또는 절들을 사용하는 것은 수사학적 어법으로 수미상관이라고 불린다. 이러한 사용이 의식적으로든지 무의식적으로든지 바울 당대에 제법 일반적인 수사학적 관습이었으며, 9:6-29의 시작과 끝에 반영된 것으로 보인다.

9:6-29에 나타난 바울의 주해의 구조. 주석가들이 종종 씨름하는 질문은 이것이다. 즉 9장에서 (9:1-5의 서론 이후) 9:6에서 시작하는 자료인 바울의 주해의 첫 번째 단락을 9:13의 끝에서 마무리되는 것으로 이해해야 하는가?[24)] 아니면 9:18의 끝부분까지 계속되는 것으로 이해해야 하는가?[25)] 혹은 그 단락을 9:29의 끝부분까지 확장되는 것으로 보아야 하는가?[26)] 일반

---

23) 참조. 롬 11:8-10; 15:9-12; 갈 3:10-13; 더욱 제한적이긴 하지만 롬 4:1-8; 9:33; 고전 3:19-20; 15:54-55; 고후 6:16-18도 주목하라.

24) 예. Michel, *An die Römer*, 298-304; Schlier, *Römerbrief*, 289-93; Käsemann, *Romans*, 260-67; Wilckens, *An die Römer*, 2.191-97; Fitzmyer, *Romans*, 558-631; Moo, *Romans*, 570-99.

25) 약간은 잠정적이기는 하지만, J. P. A. Louw, *A Semantic Discourse Analysis of Romans*, 2 vols. (Pretoria: University of Pretoria Press, 1979), 2.99-100을 근거 자료로 인용한 Jewett, *Romans*, 570-86.

26) Cranfield, *Romans*, 2.471; Dunn, *Romans*, 2.536-37. Cranfield와 Dunn 두 사람 모두 이 주요 단락을 9:6-13과 9:14-29 등 "두 부분" 또는 2개의 하위 단락으로 세분화된 것으로 이해

적으로 이 질문에 대한 결정은 이 본문들 자체에 제시된 주제들이 무엇인지를 밝히는 것에 의거한다. 물론 이것은 어느 확장된 본문을 분석하든지 항상 중요하게 고려할 사항이다. 그래서 로마서 9-11장의 이 하위 단락에 기록된 것은 종종 두세 개의 구별된 자료 단락으로 나뉘었다.

하지만 우리의 논지는 이것이다. 즉 이 특정한 저자의 자료에 등장하는 것으로 보이는 전통적인 수사적·서간체적 관습을 고려하여 어떤 특정한 본문의 **공식적인 패턴**에 주목하는 것은 본문의 **구성적 구조**를 결정하는 데 있어 기록된 내용의 **주제 분석**과 병행되어야 한다는 것이다. 이 문학적인 기준을 유지하면서 우리는 명사 σπέρμα("씨", "후손")가 9:6-8에 3번 사용되었고, 9:29에 반복되었으며, 이보다 두 구절 앞서 9:27에 이 단어와 거의 동의어인 τὸ ὑπόλειμμα("남은 자")라는 관사를 가진 명사가 등장한다는 것에 주목할 필요가 있다. 이처럼 (9:27의 ὑπόλειμμα와 더불어) 9:7-8과 그다음에 9:29에서 σπέρμα가 사용된 것은 수사학적 수미상관이 있음을 시사한다.[27] 우리는 이 수미상관을, 사도가 로마에 있는 수신자들(과 현대의 독자들)에게 9:6-29의 자료가 이 세 장(9-11장)의 전반적인 논증에서 별개의 통일된 하위 단락을 구성하고 있음을 의식적으로 알리려는 시도로 이해해야 할 것 같다.

더욱이 (우리가 그렇게 믿고 제안했듯이) 9:6-29을 별개의 통일된 하위 단락에 속한 자료로 이해하는 것이 최상이기는 하지만, 바울의 논증의 이 첫 번째 부분에는 9:14에 "그런즉 우리가 무슨 말을 하리요?"(τί οὖν ἐροῦμεν)라는 수사적 질문이 등장한다. 바울은 이러한 질문을 그가 로마에 보낸 편

했다. 그의 편지 *Ad Simplicianum* 1.2.1에서 9:6-29의 자료를 약간은 모호하기는 하지만 하나의 단락이라고 말한 아우구스티누스를 보라. 이 구절들에 대한 바울의 논증에서 교차대구법적 구조를 파악한 것에 근거하여 9:6-29의 통일성을 지지한 J.-N. Aletti의 논증을 주목하라("L'Argumentation paulinienne en Rm 9," 42-45). 하지만 이 교차대구법은 Aletti가 상당히 인위적으로 제시했기에 논란의 여지가 있다고 판단된다.

27) 참조. Hays, *Echoes of Scripture*, 65. Hays는 바울이 롬 9:7에 사용한 창 21:12을 언급하면서 다음과 같이 말한다. "이 표제적 인용("이삭 안에서 네게 씨라 일컬음을 받을 것이다")의 핵심 용어들은 6-29절을 아우르는 수미상관인 (롬 9:25-29의) 호세아와 이사야 인용에 반복되었다." 또한 Jewett, *Romans*, 604도 보라.

지에서(그리고 신약의 바울 서신의 이곳에서만) 어떤 특정한 단락 또는 하위 단락에 속한 자료를 소개하기 위해 7번 사용한다.[28] 그래서 우리는 9:14의 이 수사적 질문을 로마서 9:6-11:32에 있는 바울의 세 부분으로 된 주해의 이 첫 번째 하위 단락(즉 우리가 "제1부"라고 부른 것)의 공식적인 패턴에 속하는 것으로도 이해해야 한다고 제안한다. 이 수사적 질문은 9:6-29의 보다 넓은 단락 내부에 있는 9:14-18 자료의 더 세분화된 하위 단위를 소개하기 위해 사용되었다.

마찬가지로 9:6-29의 이보다 넓은 단락 안에 있는 9:19-20a에서는 2인칭 단수 대명사적 동사 어미의 ἐρεῖς("네가 말할 것이다"), 호격 형식의 지칭어 ὦ ἄνθρωπε("오 사람아" 또는 "오 단순히 인간아"), 그리고 인칭대명사 σύ("너는")의 사용에서 고대 디아트리베 형식의 직접화법이 반영된 듯하다는 것을 알 수 있다. 이 직접화법 형식 다음에는 9:19b, 9:20b, 9:20c, 9:22, 9:23의 질문들이 이어진다. 이러한 (동사의 어미와 인칭대명사인) "너"와 "오 사람아"의 사용은 바울이 2:1과 2:3에서 상대방을 부를 때 사용했던, 비슷한 디아트리베와 일맥상통한다. 이곳에서 사용된 이 표현은 9:19-26에 기록된 내용을 9:6-29의 보다 큰 단락 안에 있는 하위 단락의 자료로 이해해야 함을 시사한다.

바울의 논증의 이 첫 번째 단락 로마서 9:6-29은 9:27-29에서 매우 중요한 성경 인용문 2개로 마무리된다. 두 인용문 모두 예언자 이사야의 글에서 유래한 것이며, 바울이 제시한 내용의 이 첫 번째 부분의 결론을 형성한다. 전반적으로 세 부분으로 이루어진 그의 논증의 이어지는 두 단락인 9:30-10:21과 11:1-32(그렇다면 11:33-36의 송영도) 역시 이사야에서 유래한 매우 비슷한 인용문들을 이 단락의 결론적인 진술에 통합시켰다. 그래서 사도가 이사야서를 인용한 것이 로마서 9-11장에 있는 바울의 논증의 이 마지막 두 단락의 결론적인 부분을 각각 밝히는 데 결정적이지는 않을지

---

28) 이곳 9:14에 등장한 것 외에 로마서에 등장하는 또 다른 예는 롬 3:5; 4:1; 6:1; 7:7; 8:31; 9:30이다.

몰라도, 9:6-29이 별개의 단락으로서 그 자체로 통일성이 있다는 우리의 논지, 그리고 9:30-10:21과 11:1-32에 있는 자료들 역시 별개의 단락으로서 그 자체로 통일성이 있다고 우리가 나중에 제안할 내용과 맥을 같이한다.

본문 자료의 "주제 분석"을 수행하고 이 본문의 "공식적인 패턴"에 대해 앞에서 인용한 특징들을 다 고려하면서, 9:6-29(롬 9-11장의 세 부분으로 된 주해 중 제1부)의 구조에 대한 우리의 이해를 다음과 같이 개략적으로 제시한다.

1. 이스라엘의 역사에서(그리고 그 밖에 다른 비유대 민족들 가운데) "남은 자"의 존재와 하나님의 약속이 그분의 남은 백성들에게만 주어졌다는 사실에 대한 논제 진술. 이 두 진리는 이스라엘 족장들에 관한 성경의 기사에 예시되었다(9:6-13).
2. 자신을 위해 "남은 자"를 선택하시는 하나님의 자비와 자신의 목적을 위해 부정적으로 다른 백성을 사용하시는 하나님의 공의에 대한 주해. 이 입장을 뒷받침하기 위해 성경 본문이 인용된다(9:14-18).
3. 유대인과 이방인을 다 염두에 두면서 하나님이 어떤 백성은 선택하시고 다른 백성은 완악하게 하신다는 기본적인 신정론(9:19-26).
4. 결론을 진술하기 위해 이사야서에서 인용한 두 본문을 사용하여 이 문제에 대해 내리는 결론(9:27-29).

석의와 주해

바울은 세 부분으로 된 자신의 강해의 첫 번째 부분인 9:6-29에서 두 가지 논제를 제시한다. (1) 이스라엘의 역사에서 늘 "의로운 남은 자"가 있었(고 또 계속 있)다는 것과, (2) 하나님의 약속이 그가 주권적으로 선택하신 "남은" 백성들에게만 주어졌다는 것이다. 이 두 진리 모두 이스라엘 민족의 족장들에 대한 성경 이야기에서 볼 수 있다. 사도는 주해의 이 첫 번째 부분에서 "이스라엘의 남은 자"가 있었을 뿐만 아니라 이방인들 가운데서도 남은 자가 있다는 증거를 제시한다.

1. 이스라엘의 역사에서 (그리고 그 밖의 다른 비유대 민족들 가운데) **"남은 자"의 존재와 하나님의 약속이 그분의 남은 백성들에게만 주어졌다는 사실에 대한 논제 진술. 이 두 진리는 이스라엘의 족장들에 관한 성경의 기사에 예시되었다**(9:6-13)

9:6-8 이 세 구절을 시작하는 약간은 흔치 않은 표현인 οὐχ οἷον ὅτι("~하지 않다")에는 οὐχ οἷον과 οἷον ὅτι 등 그리스어 관용어 2개가 섞여 있다. 둘 다 "~하지 않다" 또는 "마치 ~한 것은 아니다"로 번역될 수 있다. 이 두 관용어를 하나의 복합적인 표현으로 한데 모은 것은, 바울이 로마서 9-11장의 세 부분으로 이루어진 그의 논증을 시작하는 곳에서, 조금 전 9:2-3에서 "육신대로는 나의 동포"로 묘사된 사람들인 유대인의 상황과 관련하여 "큰 근심과 그치지 않는 고통"에 대해 언급된 것이 무엇이든지 간에, 하나님 자신이나 하나님이 아브라함과 그의 후손들에게 하신 약속이 어떤 이유로 실패했다고 암시하는 것으로 이해해서는 안 됨을 그가 강조하기를 원했음을 암시한다. 그리고 그가 이 관용어 표현 중간에 접속사 δέ를 사용한 것은 이러한 이해를 뒷받침한다. 확실한 것은 후치사 δέ를 여기서 반의적인 의미로 이해해야 하고, 그래서 유대인들이 예수를 이스라엘의 약속된 메시아로 받아들이기를 거부한 것으로 인해 하나님과 그분의 약속이 실패했다는 잘못된 인상을 버려야 한다는 신호로 이해해야 한다는 것이다.

'Ἐκπέπτωκεν ὁ λόγος τοῦ θεοῦ("하나님의 말씀이 떨어졌다")라는 진술은 바울이 그의 사역 내내 여러 번 들었던 주장일 가능성이 크다. 특히 개인적으로 경험하고 있었던 어려운 상황으로 인해 하나님과 그분이 아브라함과 이스라엘 백성에게 하신 약속을 믿기를 포기한 일부 디아스포라 유대인들로부터 말이다. 또한 바울은 인종적으로 유대인이든 이방인이든 간에 일부 그리스도인들이 어떤 특정한 지역에서든지 아니면 총체적으로 유대인들을 폄하하는 것을 정당화하려고 내뱉은 이러한 주장을 들었을 수도 있다.

하지만 바울은 9:6a에서 그 상황에 대한 중대한 오해를 부인한다. 그리고 그의 부정적인 주장을 뒷받침하면서 그는 9:6b에서 οἱ ἐξ Ἰσραὴλ οὗτοι("이스라엘에게서 난 자들")와 Ἰσραήλ("참된 이스라엘")을 구별한다. 더욱이 9:7에서 그는 자신이 말하려는 것이 무슨 뜻인지를 분명히 한다. 첫째로 그는 부정적으로 글을 쓰면서 "아브라함의 씨[또는 후손](σπέρμα Ἀβραάμ)가 다 그의 자녀가 아니라"고 말하고, 그런 다음에는 상당히 긍정적으로 창세기 21:12의 용어들을 사용하여 "오직 이삭으로부터 난 자라야 네 씨[즉 "후손", "소생"]라 불리리라"고 선언한다. 마지막으로 바울은 이 도입부 논제 문단의 결론적인 두 절인 9:8-9에서 자신의 결론적인 논평을 제시한다. "곧(τοῦτ' ἔστιν) 육신의 자녀가 하나님의 자녀가 아니요, 오직 약속의 자녀가 아브라함의 씨(σπέρμα, "후손")로 여기심을 받느니라." 바울은 이것을 뒷받침하기 위해 창세기 18:10, 14에 하나님께서 아브라함에게 그의 아내 사라와 그의 약속의 아들 이삭과 관련하여 하신 약속을 인용한다. "그 정한 때에 내가 이르리니 사라에게 아들이 있으리라."

4세기 말에 바울 서신들을 주석한 무명의 라틴어 주석가 "암브로시아스테르"(에라스무스는 16세기에 그를 이렇게 불렀다)는 바울이 여기서 쓴 내용을 다음과 같이 적절히 요약했다.

> 바울이 우리가 이해하기를 원하는 것은 모든 사람이 아브라함의 자녀라고 해서 합당한 것이 아니라 약속의 자녀들인 사람들만, 즉 유대인이든지 이방인이든지 하나님의 약속을 받을 것이라고 그분이 미리 아신 사람들이 그러하다는 것이다.[29]

대략 같은 시기에 활동했던 그리스의 위대한 주석가요 설교가요 정치가였던 요안네스 크리소스토모스는 이 세 구절에 담긴 바울의 메시지를 다음과 같이 매우 알맞게 상황화했다.

---

29) Ambrosiaster, *Ad Romanos, CSEL* 81.309.

> 바울이 말하려고 한 것은 이런 것이다. 이삭이 출생한 방식으로 태어난 사람은 그 누가 되었든지 간에 하나님의 아들이며 아브라함의 씨에 속한다.…이삭은 자연의 법이나 육체의 힘에 따라 태어난 것이 아니라 약속의 힘에 따라 태어났기 때문이다.[30]

바울이 9:6-29에서 논증한 내용의 이 첫 번째 부분은 기록을 남긴 이스라엘 예언자들의 남은 자 신학에 분명히 기초하고 있으며, 따라서 기독교적 형식의 남은 자 수사학의 중요한 예로 간주되어야 한다. 또한 4:1-24에서 족장 아브라함을 의와 믿음의 탁월한 예로 사용했듯이, 사도는 이삭의 출생과 관련한 아브라함과 사라의 이야기를, 하나님의 약속이 약속의 자녀인 이삭의 출생과 관련해서만 주어지고 여종 하갈을 통해 아브라함에게 태어난 이스마엘의 출생과는 관련이 없으며(창 16:1-16), 더군다나 이런 면에서 그의 두 번째 부인인 그두라나 여러 첩을 통해 태어난 다른 자녀들(창 25:1-6)과 관련된 것도 아니라는 그의 기본적인 성경적 예증으로 사용한다. 이 9:6-8의 본문에는 바울이 이어지는 로마서 9-11장의 나머지 부분에서 세 부분으로 이루어진 논증으로 제시할 모든 내용에 대한 이중적인 논제가 제시되었다.

9:10-13 물론 하나님께서 이스마엘이 아니라 이삭을 선택하신 까닭이 이삭이 아브라함의 친 아들인 반면에 이스마엘은 여종의 아들이었다는 사실에 있었다고 주장하거나, 또는 하나님이 이삭을 선택하신 것은 아브라함의 여러 다른 아들이 그의 두 번째 부인인 그두라와 첩들을 통해 태어났기 때문이었다고 주장할 수 있을 것이다. 하지만 어떤 사람의 출생

---

30) Chrysostom, "Homilies," in *Nicene and Post- Nicene Fathers*, 11.463. Cranfield는 거의 모든 주석가들뿐만 아니라 암브로시우스와 크리소스토모스가 이해한 것을 좀 더 평범한 말로 적절히 표현했다. 9:8에서 바울의 결론은 "물론 이삭은 이스마엘과 마찬가지로 자연적으로 출생한 아브라함의 자녀였다. 그러므로 육체의 자녀는 하나님의 자녀들이 육체의 자녀가 아니라는 사실을 의미하는 것은 아니라, 육체적으로 아브라함의 자녀들이 되었다는 단순한 사실 그 자체로서 어떤 사람들을 하나님의 자녀로 만드는 것이 아니라는 의미다"(Cranfield, *Romans*, 2.475).

환경에 의거한 이러한 이해는 하나님께서 야곱을 선택하시고 그의 형 에서를 선택하지 않으셨다는 바울의 미드라시적 논증(9:10-13)에 의해 바로 불식된다. 그가 말하려는 요지는 이것이다. 리브가는 오직 한 사람, 즉 이삭하고만 부부 관계를 가졌다.[31] 그래서 에서와 야곱은 동일한 부모님을 가지고 있었으며, 동일한 짧은 시간에 그들 부모의 쌍둥이 아들로 태어났다. 그런데 하나님은 그들이 태어나기도 전에 이렇게 선언하셨다. "큰 자가 어린 자를 섬기리라![창 25:23b] 하셨나니, 기록된바, '내가 야곱은 사랑하고 에서는 미워하였다'[말 1:2-3] 하심과 같으니라." 그러므로 하나님의 약속들은 어떤 사람의 출생 환경에 의해 주어지는 것이 아니었(고 또 지금도 아니)다. 정확히 말해서, 암브로시아스테르가 상당히 바르게 주석했듯이, 하나님의 약속들은 "약속의 자녀들에 속한 사람들, 즉 유대인이든지 이방인이든지 하나님께서 그의 약속들을 받을 것이라고 미리 아신 사람들에게만" 주어졌다.[32] 다시 말해서 하나님의 약속들은 출생 환경이나 인종과 상관없이 자신의 약속들을 받을 것을 하나님이 아시는 사람들에게만 주어진다.

II. 자신의 입장을 뒷받침하기 위해 성경 본문을 인용하면서, 자신을 위해 "남은 자"를 선택하시는 하나님의 자비와 자신의 목적을 위해 다른 백성을 부정적으로 사용하시는 하나님의 공의에 대한 주해(9:14-18)

9:14-18 "하나님의 말씀("약속")이 폐하여졌다"는 전제를 부인하고 난 후, 바울은 하나님께서는 그의 약속을 받을 것을 아시는 사람들에게 그 약속을 주신다고 선언하고, 또 이것을 뒷받침하면서 이삭과 야곱의 출생에 관한 성경의 이야기를 인용하여 어떤 특별한 상황이 아니라 하나님의 주권적인 선택을 강조하면서 지금 이렇게 질문한다. "그런즉 우리가 무슨

---

31) 명사 κοίτη는 일반적으로 "침대"를 의미하며 구체적으로는 "부부의 침상"을 가리킨다. 고대인들은 이 명사를 "성관계"를 의미하는 완곡한 말로 사용했다(참조. 레 15:21-24[LXX]과 Wis 3:13, 16. 또한 롬 13:13에서 "과도한 성행위", "성적 부도덕" 또는 "호색" 등을 지칭하는 말투로 사용된 복수형 κοίταις를 보라.

32) 다시 Ambrosiaster, *Ad Romanos, CSEL* 81.309을 인용함.

말을 하리요? 하나님께 불의가 있느냐?"

우리가 앞에서 언급했듯이, τί οὖν ἐροῦμεν;("그런즉 우리가 무슨 말을 하리요?")이라는 도입 어구는 로마서에 7번 등장한다. 이 어구는 (이 본문에 등장하는 것을 비롯하여) 나머지 6번의 사례마다 자료의 어떤 특별한 단락 또는 하위 단락을 소개한다.[33] 그래서 우리는 이 도입 질문을 로마서 9-11장에 있는 바울의 논증의 이 첫 번째 하위 단락의 공식적인 패턴에 속한 것으로 보아야 하며, 이 단락은 보다 넓은 9:6-29의 단락 안에 있는 9:14-18의 하위 단위 자료를 소개하고 있다고 제안한다.

수사적 질문인 μὴ ἀδικία παρὰ τῷ θεῷ;("하나님께 불의가 있느냐?")는 강한 역접의 불변화사 μή로 시작한다. 이 단어는 독자에게 하나님 편에서는 불의와 관련된 어떤 것도 있을 수 없음을 알려주는 기능을 한다. 하지만 영어 번역에서, 부정을 뜻하는 이러한 불변화사는 질문의 문맥을 고려하면 불필요하다. 바울은 그 질문에 곧바로 강한 부정적인 반응인 μὴ γένοιτο("그럴 수 없느니라")로 대답하기 때문이다.[34] 그리고 9:6a의 "하나님의 말씀이 폐하여지지 않았다"라는 주장처럼, 하나님과 그의 사역을 비난하며 목소리를 높인 9:14의 "하나님께 불의가 있느냐?"라는 질문은, 바울이 사역하는 동안 유대인이나 유대 그리스도인 또는 이교도 이방인 대적자들이 표현한 것으로 짐작된다.[35]

하지만 하나님이 사람과 사건과 상황을 주권적으로 선택하신다는 사상과 주제는 유대교 성경(구약)에 선포되고 제시된 모든 내용에 근본적인

---

33) 이곳 9:14에 등장하는 것 외에 로마서에 이것과 정확히 일치하는 수사적 질문이 등장하는 다른 본문들도 보라: 롬 3:5; 4:1; 6:1; 7:7; 8:31; 9:30.

34) 희구법 γένοιτο와 함께 사용된 부정어 μή는 문자적으로 "그렇게 되지 말기를!"이라는 의미다. 하지만 좀 더 구어체로 표현하자면 이 어구는 "결코 아니다" 또는 "확실히 아니다"로 번역하는 것이 최상일 것 같다. 롬 3:4(특히 이곳에서 우리가 논의하는 것을 주목하라), 31; 6:2, 15; 7:7, 13; 11:1, 11에서 바울의 μὴ γένοιτο 사용례를 보라. 또한 고전 6:15; 갈 2:17; 3:21과 눅 20:16도 참조하라.

35) Schelkle, *Paulus*, 341-43, Wilckens, *An die Römer*, 2.299, 두 사람은 그들의 주장을 뒷받침하기 위해 오리게네스, 디오도로스, 몹수에스티아의 테오도로스, 요안네스 크리소스토모스를 인용한다.

것이라는 데 대해서는 의심의 여지가 없으며, 또한 하나님께서 이스라엘 백성을 자신의 백성으로 주권적으로 선택하셨다는 사실에 추호도 의심이 있을 수 없다. 이러한 이스라엘 선택은 (약간의 "진주 꿰기"를 실행해본다면) 다음과 같은 율법과 시편과 예언서로부터 인용한 본문에 분명히 표현되었다.

신 7:6 - "너는 여호와 네 하나님의 성민이라. 네 하나님 여호와께서 지상 만민 중에서 너를 자기 기업의 백성으로 택하셨나니."

시 135:4 - "여호와께서 자기를 위하여 야곱 곧 이스라엘을 자기의 특별한 소유로 택하셨음이로다."

사 41:8-9 - "나의 종 너 이스라엘아! 내가 택한 야곱아! 나의 벗 아브라함의 자손아! 내가 땅끝에서부터 너를 붙들며 땅 모퉁이에서부터 너를 부르고 네게 이르기를, '너는 나의 종이라. 내가 너를 택하고 싫어하여 버리지 아니하였다' 하였노라."

그런데 바울 당대의 대다수 유대인들은 하나님께서 이스라엘을 선택하신 것이 결코 무효화될 수 없고, 다른 것으로 대체될 수 없으며, 저버릴 수 없는 철회 불가능한 언약이라고 이해했다. 바울과 동시대에 글을 쓴 여러 경건한 유대교 교사들의 다음과 같은 진술이 그 증거다.

「솔로몬의 시편」 9:17-18 - "주님! 당신은 모든 민족 앞에서 아브라함의 씨를 택하셨으며, 우리 앞에서 당신의 이름을 세우셨습니다. 당신은 우리 가운데 영원히 거하실 것입니다."

「솔로몬의 시편」 14:3 - "그들[하나님의 택하신 백성]을 심으셔서 영원히 뿌리를 내리게 하셨습니다. 그들은 하늘들의 모든 날 동안 결코 뽑히지 않을 것입니다. 이스라엘은 주님의 몫이며 하나님의 기업이기 때문입니다."

「에스라4서」 6:55 - "이스라엘은 하나님의 행위의 끝입니다. 이스라엘을 위해 세상이 창조되었기 때문입니다."

> 「바룩2서」(바룩의 묵시) 48:20-24 - "이 나라는 당신이 택하신 나라입니다. 이 백성은 비교할 수 없는 당신의 유일한 백성입니다.…당신의 법이 우리에게 있으며, 우리는 당신의 계율을 지킬 때 넘어지지 않을 것을 압니다. 어떤 상황에서도 우리는 율법 안에서 늘 복을 받습니다. 우리는 이방인들과 섞이지 않았습니다. 우리는 다 명예로운 한 백성이며, 한 분에게서 하나의 율법을 받았습니다. 우리 가운데 있는 율법이 우리에게 도움을 줄 것이며, 우리 안에 있는 탁월한 지혜가 우리를 도울 것입니다."

하지만 바울은 족장 아브라함에게서 의와 믿음의 탁월한 예를 보았다(갈 3:6-9; 롬 4:1-24). 더욱이 그는 하나님의 약속(들)이 "약속의 자녀들" 즉 "남은" 백성들이었던 사람들에게만 주어졌으며, 단지 (바울이 이곳 롬 9:6-29에서 주장하듯이) 출생이나 민족성에 근거하여 하나님의 자녀라고 주장하는 사람에게는 주어지지 않은 것으로 이해했다. 그러므로 이러한 자랑은 바울에게는 이스라엘 백성을 택하신 하나님의 의도를 왜곡하고 이스라엘에게 그분의 성문 토라를 주신 목적을 곡해한 것이었다. 오히려 사도는 하나님이 광야에서 모세에게 그의 영광을 계시하면서 하신 말씀들을 인용하여, 하나님이 모든 사람을 대하시는 원리를 이렇게 주장한다. "내가 긍휼히 여길 자를 긍휼히 여기고 불쌍히 여길 자를 불쌍히 여기리라"(출 33:19).

하나님이 사람들과 사건들과 상황들을 선택하시는 것과 관련된 이 모든 문제에 대한 바울의 결론은 9:16에서 다음과 같이 표현되었다. "그러므로(ἄρα οὖν) 원하는 자로 말미암음도 아니요, 달음박질하는 자로 말미암음도 아니요, 오직 긍휼히 여기시는 하나님으로 말미암음이니라." 그리고 하나님의 자비하심에 뒤따라오는 논리적인 결론으로 바울은 9:17에서 하나님이 이집트 땅을 뒤덮은 악성 종기 재앙 이후 모세를 통해 바로에게 하신 말씀을 인용한다. "내가 이 일을 위하여 너를 세웠으니, 곧 너로 말미암아 내 능력을 보이고 내 이름이 온 땅에 전파되게 하려 함이라"(출 9:16). 바울은 하나님의 이 모든 말씀에서 추론하여 이렇게 결론을 내린다. "그러므로

(ἄρα οὖν) 하나님께서 하고자 하시는 자를 긍휼히 여기시고, 하고자 하시는 자를 완악하게 하시느니라"(롬 9:18).[36]

그러므로 (1) "하나님의 말씀이 폐하여졌다"거나, (2) "하나님께 불의가 있다"고 말할 수 없다. 하나님의 약속은 늘 이스라엘의 "남은 자들"(과 하나님이 다양한 비유대 민족들 가운데 있는 "의로운 남은 자"라고 여기시는 사람들)에게만 주어졌(고 계속해서 주어지)기 때문이며, 하나님의 긍휼은 긍정적으로나 부정적으로나 하나님이 그것을 표현하기로 선택하시는 사람들에게 늘 표현되었(고 지금도 계속해서 표현되)기 때문이다.

III. 유대인과 이방인을 다 염두에 두면서 하나님이 어떤 백성은 선택하시고 다른 백성은 완악하게 하신다는 기본적인 신정론(9:19-26)

로마서 9:6에 표현된 소위 "하나님의 말씀의 실패"와 9:14에 표현된 소위 "하나님의 불의"라는 주장들에 대해 성경의 중심 되는 사건과 진술들로 답변하고 나서, 바울은 이곳 9:19-26에서 하나님과 사람의 관계에 관한 한층 진보된 질문으로 대응한다. 질문은 이것이다. 하나님이 적어도 어느 범위에서 사람들의 마음을 완악하게 하고 그들의 악한 행위를 유발하는 데 있어 중요한 역할을 감당하시는 경우에도 하나님은 왜 사람들에게 잘못을 찾으시는가? 십중팔구 이것은 사도가 그의 사역 기간에 회당과 시장 또는 강연장에서 전한 설교를 들은 다양한 유대인들, 유대 그리스도인들 또는 이교도 이방인들에 의해 제기된 비난조의 질문이었을 것이다(9:6의 주장인 "하나님의 말씀이 폐하여졌다!"와 9:14의 질문인 "하나님에게 불의가 있느냐?"에 표현되었듯이, 두 문제는 바울이 일찍이 9:6-13과 9:14-18에서 답변한 내용이다).

9:19-21 "그러면 하나님이 어찌하여 우리를 허물하시느냐? 누가

---

36) 바울이 이곳 9:16과 9:15에서 ἄρα οὖν을 사용한 것 외에, 그가 앞서 롬 5:18; 7:3, 25b; 8:12에서 결론을 표시하기 위해 이 관용어적 표현을 사용한 것과 나중에 14:12, 19에서 동일하게 이 표현을 사용하는 것도 보라. 하지만 그는 8:1에서 ἄρα νῦν("그러므로 이제는")이라고 쓴 반면에, 7:21과 갈 2:21에서는 불변화사 ἄρα만을 단독으로 사용한다. 단독으로 사용된 ἄρα는 현대 영어 번역에서 일반적으로 번역되지 않지만, "그렇다면" 또는 "그런즉"이라는 표현으로 그 진술을 더 생동감 있게 하려고 사용된 것이 분명하다.

그의 뜻을 대적하겠느냐"라는 이중적인 수사적 질문으로 소개되며, 하나님과 사람의 관계에서 하나님의 공의에 관련하는 이 세 번째 문제를 다루면서, 바울은 기본적인 신정론, 즉 하나님이 어떤 사람은 선택하시고 다른 사람은 완악하게 하시는 것과 관련하여 하나님의 공의와 자비와 선하심에 대한 기본적이고 약간은 발달되지 않은 변호를 제시한다. 사도는 이렇게 하면서 가상의 질문자 또는 실제 질문자, 가설적인 반대와 거짓 결론을 직접 겨냥하는 디아트리베 형식의 설명 방식을 사용한다. 이러한 디아트리베 형식은 특히 2인칭 미래 직설법 동사 ἐρεῖς("너는 말할 것이다"), 직접 지칭하는 형식 ὦ ἄνθρωπε("오 사람아" 또는 "오 인간에 불과한 자여"), 그리고 지속적인 (명시적이기도 하고 암시적이기도 한) 인칭대명사 μοι와 με("나에게" 그리고 "나를")와 σύ("너")의 사용에서 분명히 드러난다.[37]

바울은 전형적인 유대 미드라시 형식을 사용하여 자신의 대답을 먼저 성경으로 뒷받침하는데, 원하는 것을 만들기 위해 진흙 덩이로 작업하는 토기장이라는 구약성경의 친숙한 이미지를 사용한다.[38] 그리고 바울은 하나님이 창조하신 사람들에 대한 그분의 관계를 창조자와 피조물로 말하는 전통적인 구약의 이미지를 바탕으로, 하나님이 어떤 사람들을 선택하시고 다른 사람들을 저버리시는 까닭에 대한 질문이 매우 적절치 못한 것이라고 주장한다.

9:22-23 그러고 나서 사도는 자신의 두 가지 수사적 질문을 제시한다. 두 질문은 모두 하나님이 어떤 사람은 선택하시고 다른 사람은 저버리시는 일에 대한 근거를 제안한다. 첫 번째 근거는 9:22에 표현되었다. "만일 하나님이 그의 진노를 보이시고 그의 능력을 알게 하고자 하사 멸하기로 준비된 진노의 그릇을 오래 참으심으로써 관용하"신다면 어찌하겠는

---

37) 바울이 일찍이 2:1-5과 2:17-24에서 사용했고 나중에 11:17-24에서 사용할 디아트리베 문체를 참조하라. 비록 본 주석에서 반박하기는 했지만, 이 밖에 디아트리베 형식 사용은 3:1-8(9절도 포함될 수 있음); 3:27-31(4:1-2도 포함될 수 있음); 14:4-11에서도 발견되곤 한다.

38) 참조. 욥 10:9; 사 29:16; 41:25; 45:9; 64:8; 렘 18:1-12; 또한 Wis 15:7-17; Sir 27:5; 33:13; 38:29-30; 1QS 11.22; 1QH 1.21; 3.23-24; 4.29; 11.3; 12.26, 32; 18.12도 보라.

가? 이 질문은 하나님이 악한 사람들과 그들의 악한 행위를 직접 대응하지 않으심으로써 실제로 그분의 인내를 표현하셨고, 그래서 악한 사람들이 그들의 악을 회개하고 하나님의 긍휼하심에 적극적으로 반응할 것이라는 소망으로 그렇게 하셨음을 시사한다. 9:23에 있는 바울의 수사적 질문은 이것이다. "만일 영광 받기로 예비하신 바 긍휼의 그릇에 대하여 그 영광의 풍성함을 알게 하고자 하셨다면 어찌하겠는가?" 이 질문은 하나님의 오래 참으심이 사람들이 그분께로 돌이키는 중요한 요인이 되었으며, 그래서 그들이 즉각 "멸망 받기로 준비되지" 않고 오히려 하나님께 "영광을 받기로 미리 준비될" 연장된 시간을 갖게 되었음을 제시한다. 따라서 바울은 이 두 수사적 질문으로써, "인간에 불과한 존재"가 너무 자주 하나님의 불의한 행동으로 여겼던 것을 실제로는 사람들의 영원한 복을 위하여 하나님께서 행하시는 그분의 긍휼의 행동으로 이해해야 한다는 사실을 늘 고려해야 한다는 매우 실제적인 가능성을 제안한다.

바울은 하나님의 판단의 공의로움에 반대하는 이러한 주장들에 대해 9:20-23의 답변으로 (우리가 앞서 언급했듯이) 기독교 신정론의 기초만을 제시한다. 곧 기독교 신학자들이 수세기 내내 철학적으로 신학화하면서 종종 시도해왔던 방식으로 이 문제를 더욱 발전시키지 않고, 단순히 이 주제의 초보적이거나 기본적인 특징만을 제시한다. 그렇지만 사도가 9:23에서 "그[하나님]의 영광의 풍성함"(τὸν πλοῦτον τῆς δόξης αὐτοῦ)과 "[하나님으로 말미암아] 영광 받기로 예비된"(ἃ προητοίμασεν εἰς δόξαν) 사람들을 언급한 것은 물론이고, 바로 이어지는 9:24-26에서 "그가 부르셨다"(ἐκάλεσεν), "내가 부를 것이다"(καλέσω), 그리고 "그들은 일컬음을 받을 것이다"(κληθήσονται)와 같은 동사들을 사용하여 하나님의 "부르심을 받은" 사람들을 언급한 것은, 하나님의 관점에서 보는 바 하나님의 구원사의 과정에서 신자들 삶의 다섯 가지 특징 또는 단계들을 반영한다. 앞서 바울은 "하나님을 사랑하는 자, 곧 그의 목적대로 부르심을 받은 사람들"(κατὰ πρόθεσιν κλητοῖς οὖσιν)에 대한 하나님의 계획과 목적들을 말하는 8:28-30에서 이 특징들을 언급한

적이 있다.[39] 바울은 로마서 8장의 초반부 몇몇 구절에서 자기 백성을 위한 하나님의 계획과 목적을 개괄적으로 묘사하면서 하나님께 믿음으로 반응하는 사람들의 삶에 하나님이 이루시는 구원사와 관련한 기본적인 요인들을 제시하는데, 다음과 같이 개략적으로 하나님의 계획과 목적의 논리적이고 시간적인 단계로 보이는 것들과 관련하여 그렇게 한다.

1. 하나님의 **미리 아심**. 하나님은 어떤 사람의 삶에서 그가 하나님께 받은 자유의지를 행사하는 데 있어 발생할 수 있는 모든 반응과 행위들 및 발생할 수 있는 모든 해당 사건을 미리 아신다.
2. 하나님의 **미리 정하심**. 하나님은 미래에 발생할 모든 사건뿐만 아니라 어떤 사람의 실제적인 반응과 행위들을 미리 정하신다. 하나님은 미리 알려진 모든 가능성 가운데서 주권적으로 선택하시며, 관련된 사람의 선과 하나님 자신의 계획과 목적의 진보를 위해 정하신다.
3. 하나님의 **부르심**. 하나님은 그분이 미리 아셨고 정하신 사람들을 부르신다.
4. 하나님의 **의롭다 하심**. 하나님은 부르신 사람들을 의롭다고 하신다.
5. 하나님의 **영화롭게 하심**. 하나님은 의롭다고 하신 사람들을 영화롭게 하신다. 현재와 미래의 영광과 영화라는 주제가 하나님의 모든 계획과 목적에서 전면에 드러난다.

그러므로 만일 바울이 9:19에서 다시 언급한, 결과적으로 사람들의 악한 생각과 반역적인 행위들에 대해 하나님을 비난하는 질문들에 대답하면서 이 문제를 좀 더 진척시켰더라면, 그가 (사도가 이러한 철학적인 방식으로 생각했을 것이라고 추측하면서) 다음과 같이 말했을 가능성이 있다고 추측할 수 있다.

---

39) 롬 8:29-30에 있는 이 다섯 가지 특징 또는 단계의 출처 및 바울의 용례에 대해서는 해당 본문에 대한 석의와 주해를 보라.

"만일 비난의 대상을 지목해야 한다면, 하나님께 받은 자유를 반역적이고 악한 방식으로 행사한 사람 자신에게만 비난의 화살을 돌려야 한다. 하지만 만일 어떤 사람의 삶에서 긍휼과 은혜가 경험되었다면, 그것은 하나님께 그 공을 돌려야 한다. 하나님은 미리 아시는 어떤 사람의 생각과 행위들의 모든 가능성 중에서 최상의 것을 선택하셨고, 그 잠재력과 가능성 중에서 최상의 것을 주권적으로 선택하셨다. 하나님의 선택은 문제의 그 사람과 상황을 위해서만 최상인 것이 아니라 하나님의 전체 계획과 목적을 위해서도 최상의 것이다."

9:24-26 이와 같은 추측들은 잠시 접어두고, 여기서 우리의 목적과 관련하여 훨씬 더 중요한 것은, 우리가 예상할 수 있듯이 바울이 9:24에서 바울 자신과 이스라엘(ἐξ Ἰουδαίων)의 남은 백성뿐만 아니라 비유대 민족들(ἐξ ἐθνῶν) 중에서 남은 백성들도 하나님의 구원의 은혜를 받는 사람들이라고 언급함으로써, "그의 영광의 풍성함", "그의 긍휼의 대상", "영광을 위하여 예비한" 사람들에 관한 자신의 진술들을 마무리하고 있다는 것이다. 이방인들 가운데 존재하는 의로운 남은 자들을 포함시키는 이런 언급의 정당성은 사도가 "호세아서"(ὡς καὶ ἐν τῷ Ὡσηὲ λέγει, 문자적으로 "호세아서에서도 그가 말씀하시듯이")에서 인용한 성경 진술에 의해 정당성을 입증 받는다.[40)]

> 호세아 2:23: "내가 '내 백성 아닌 자'(οὐ λαόν μου)를 '내 백성이라'(λαόνμου), '사랑하지 아니한 자'(οὐκ ἠγαπημένην)를 '사랑한 자'(ἠγαπημένην)라 부르리라."
> 호세아 1:10: "'너희는 내 백성이 아니라' 한 그곳에서 그들이 '살아 계신 하나님의 아들과 딸들이라' 일컬음을 받으리라."

40) 이런 방식으로 구약의 글을 언급하는 것은 막 1:2에도 등장한다: καθὼς γέγραπται ἐν τῷ Ἠσαΐᾳ τῷ προφήτῃ("예언자 이사야의 글에도 기록되었듯이"). 또한 롬 11:2b의 ἐν Ἠλίᾳ τί λέγει ἡ γραφή("성경이 엘리야를 가리켜 말한 것")도 보라.

많은 주석가들은 그간 이 주요 단락 9:6-29의 끝부분에 구약의 인용문들이 등장한다는 사실에 주의를 환기시켰다. (1) 9:25-26의 두 인용문은 예언자 호세아(즉 호 2:23과 1:10)의 글에서 온 것이며, 두 본문 모두 전통적으로는 하나님의 백성으로 여겨지지 않았지만 미래에 실제로 "하나님의 백성"으로 일컬음을 받게 될 비유대인 백성에 대해 말하고 있다. (2) 9:27-29의 두 인용문은 예언자 이사야(즉 사 10:22-23과 1:9)의 글에서 온 것이며, 두 본문 모두 이스라엘 민족 내부에 존재한(계속해서 존재하는) 이스라엘과 "남은 자"에 관한 본문이다. 주석가들 중에서는 균형 잡혀 보이는 구약 인용문의 예언적 진술로부터 하나님이 이스라엘 안에 있는 "의로운 남은 자"를 용납하셨을 뿐만 아니라 이방인들 중에서 일단의 백성을 받으셨다는 어떤 암시들을 추론하는 사람들이 더러 있다. 이러한 관찰과 함의에는 인정할 내용이 많다. 이러한 관찰과 함의들은 확실히 이 본문 여러 곳에서 바울이 표현한 생각과 일치하기 때문이다. 더욱이 이러한 관찰과 함의들은 구약의 이 네 본문을 인용한 사도의 목적을 9:25-29에 대한 일반적인 주석보다 훨씬 더 잘 표현한다. 일례로 주석가들은 단순히 다음과 같은 내용에 주목했다. (1) 바울이 9:6-29 끝에 포함한 "수많은 구약의 인용문들"이 있다는 것, (2) 이 성경 인용문들은 "방법과 배열과 관련해서 약간은 일정치 않게 소개되었다"는 것, 그리고 (3) 이 인용문들은 결국 좀 더 완전하게 이루어질 "이 하나님의 계획이 구약의 예언자들에 의해 미리 예언되었다는 사실을 상기시키는" 기능을 한다는 것 등이다.[41)]

하지만 바울이 호세아와 이사야의 세트로 된 인용문을 가지고 9:6-29을 마무리하고 싶었던 것은 아니었던 것으로 보인다. 즉 첫 번째 세트의 인용문은 하나님이 이방인들 중에서 어떤 사람들을 받으셨다는 것을 다루고, 두 번째 세트의 인용문은 이스라엘 내에서 "의로운 남은 자"를 받으셨

41) Sanday and Headlam, *Romans*, 267을 인용함. 바울이 구약의 이 네 본문에서 인용한 본문들에 대한 두 사람의 일반적인 주석은 현대의 많은 주석가에 의해 다양한 형식으로 반복되었다.

음을 부각시키는 것으로 말이다. 만일 바울이 바라는 바가 이것이 전부라면, 우리는 바울이 하나님께서 **이스라엘 내에서** "의로운 남은 자"를 받으셨음을 먼저 기록하고, 그런 다음에 **이방인 중에서** 일단의 백성을 하나님이 받으셨음을 기록했다고 예상할 것이다. 그러나 바울은 이런 방식으로 문제를 제시하지 않는다.

오히려 호세아 2:23과 1:10 등 두 인용문은 9:24b에 있는 바울 사도의 마지막 진술을 뒷받침하면서 제시되었다. 여기서 바울은 하나님이 바울 자신과 이스라엘 안에 있는 유대인들의 "의로운 남은 자"에 대해서뿐만 아니라 "이방인 중에서"(ἐξ ἐθνῶν) 부르심을 받은 사람들에게도 "그의 영광의 풍성함"을 알게 하시기 위해 택하셨다는 것에 대해 말한다. 바울이 "유대인 중에서"(ἐξ Ἰουδαίων) 부르심을 받은 사람들을 언급할 때 당시에 예수를 믿는 유대인 신자들을 염두에 두었다는 것에는 의심의 여지가 없다. 이는 그가 앞서 9:6b-9에서 "아브라함의 참된 씨"에 대해 말했던 내용과 나중에 11:1-7a에서 이스라엘 내에서 "의로운 남은 자"에 대해 말하는 부분에서 정당하게 추측할 수 있다. 이와 마찬가지로 "이방인 중에서"(ἐξ ἐθνῶν) 부름을 받은 사람들을 언급할 때 그는 하나님이 받으셔서 유대인 신자들과 동일한 "그의 영광의 풍성함"을 알게 될 이방인 신자들을 염두에 두었다. 사실 그들은 (호 2:23a에 기록된 것처럼) 하나님이 "나의 백성"으로, (호 2:23b에 기록된 것처럼) "나의 사랑하는 자"로, 그리고 (호 1:10에 기록된 것처럼) "살아 계신 하나님의 아들과 딸들"로 일컬어 주실 신자들이다.

IV. 이사야에서 인용한 두 본문을 사용하여 이 문제에 대해 내리는 결론 (9:27-29)

9:27-29 바울이 이곳 9:27-29에서 이사야서의 두 본문을 인용한 것은 단순히 9:25-26에서 인용한 호세아서 본문 2개와 균형을 맞추려는 것 이상의 목적이 있다. 사도가 이사야 10:22-23과 이사야 1:9 등 두 본문을 사용한 것은 두 본문에 τὸ ὑπόλειμμα("남은 자")와 σπέρμα("씨" 또는 "생존한 후손들")라는 매우 중요한 용어들이 포함되어 있기 때문이라고 주장

하는 것이 적법할 수 있다. 두 용어는 각각의 방식으로 (1) 바울이 일찍이 9:6-13에서 이삭과 야곱의 출생과 관련하여 하나님의 약속 및 주권적인 택함에 대해 기록한 모든 내용과, (2) 그가 9:14-24에서 하나님의 선택과 관련하여 기록한 것에 암시적으로 포함된 대부분의 내용을 압축한다. 그래서 두 본문은 로마서 9-11장에 있는 세 부분으로 된 사도의 주해의 이 첫 번째 단락인 9:6-29에 제시된 내용의 결론적인 진술들로 작용한다.

이 자료의 전체 단락에 적합한 결론을 제시하기 위해 이사야서의 이 두 본문을 약간은 독특하게 사용한 것은 바울이 각각의 본문을 소개하는 방식으로 표시되는 것 같다. 로마서 9:27에서 인용한 이사야 10:22-23은 3인칭 단수 현재 직설법 동사 κράζει("그[이사야]가 외치다")로 소개된다. 이 강조형 동사는 바울 당대의 유대교와 기독교 선생 및 작가들을 막론하고 자신이 앞서 말했거나 쓴 것에 대한 요약적 결론을 제공하는 하나의 중요한 방법을 반영한다.[42] 그리고 로마서 9:29에서 인용된 이사야 1:9은 빈번하게 사용되는 부사 καθώς("~처럼")에 의해서만이 아니라 3인칭 단수 완료 직설법 동사 προείρηκεν("[동일한 글이나 문서에서] 그가 이미[또는 일찍이] 말했다")에 의해서도 소개된다. 이 표현은 종종 현재시제와 대조되어 제시되고 앞서 제시된 결론적인 진술을 설명하는 한층 더 중요한 요약적 진술을 강조하는 기능을 한다.[43] 성경 인용을 소개하는 이 두 가지 방법은 바울이 (그의 구약 인용의 많은 부분이 등장하는) 로마서나 신약성경에 있는 그의 다른 편지들에서 성경의 진술들을 소개하는 통상적인 방법은 아니었다.[44] 그

---

42) 일례로, 요 1:15-18에서 "그가 외쳐 이르되"(κέκραγεν λέγων)라는 도입적 진술로 시작하는 세례 요한의 메시지의 요약을 참조하라. 또한 요 7:28-29, 37-38과 12:44-46에 요약된 예수의 가르침도 보라. 각각의 본문은 부정과거 동사 "그가 외쳤다"(ἔκραξεν)로 시작하고 "이르되"(λέγων)나 "그리고 그가 말했다"(καὶ εἶπεν)가 뒤따른다. 또한 유대의 역사가인 요세푸스는 *Antiquities* 10.117에서, 옥에서도 "가만히 있지 않고" 백성들에게 바빌로니아 왕에게 항복하라고 "외친(ἐκεκράγει)" 예레미야 예언자의 메시지를 요약한다.

43) 고후 7:3에서 바울이 사용한 προείρηκα("내가 전에 말했다")를 참조하라.

44) 필자는 *Biblical Exegesis*, 2nd ed., 91-95에서 신약성경의 바울 서신에 분명하게 인용된 구약 본문을 (단독적으로든지 혼합 형태로든지) 83개 열거했다(그중 45개가 로마서에서 발견된다). 이 목록은 그가 이 다양한 성경 인용들을 소개하기 위해 사용한 "소개 어구"를 모

래서 이 두 인용문은 구약 본문 사용에서 관심을 기울여야 할뿐더러 설명이 필요한 어떤 유형의 차이를 제시한다.

하지만 (1) 이사야 10:22-23의 두 번째 부분을 어떻게 읽어야 하는지, 그리고 (2) 바울이 이곳 9:28에서 예언자 이사야의 진술의 후반부를 어떻게 이해하고 사용했는지를 조사할 필요가 있다. 두 문제 모두 종종 다소 난해한 것으로 여겨졌다. 찰스 크랜필드는 이사야 10:23을 마소라 본문과 70인역 및 그것을 인용한 바울의 인용구에서 각각 어떻게 읽어야 하는지와 관련한 첫 번째 질문을 상당히 잘 요약했다.

> 이사야 10:23의 히브리어 본문은 난해하며, 70인역 번역자들은 그 구절의 상세 내용으로 인해 당황한 기색이 역력했다. 70인역 번역과 이 본문에 대한 바울의 요약 모두 마소라 본문과 상당히 다르기는 하지만 원래의 일반적인 사상을 상당히 정확하게 제시한다.[45]

바울이 로마서 9:28에서 이사야 10:23을 어떻게 이해하고 사용했는지를 다룬 두 번째 문제에 대해, 크랜필드가 바울이 이해하기로는 "주께서 땅 위에서 [심판에 관한] 그의 말씀을 이루고 마침내 시행하시리라"는 예언자의 진술이 그가 조금 전에 9:27에서 인용한 "어떻게 이스라엘의 남은 자만 구원을 받게 될 것인지"라는 예언자적 선언을 설명하는 기능을 한다고 말한 것도 정확할 것이다.[46]

그래서 로마서 9-11장의 세 부분으로 이루어진 사도의 주해의 이 첫 번째 주요 단락에 대한 석의적 논평을 마무리하면서, 우리는 바울이 9:27-

---

두 포함하지만, 성경 본문을 소개하는 이 두 가지 방법이 그가 사용한 다른 소개 문구와 다르다는 사실도 보여준다.

45) Cranfield, *Romans*, 2.502. 우리가 9:28 끝부분에 있는 (공인 본문에 등장하고 KJV에서 "in righteousness, because a short work will the Lord make upon the earth"["의 안에서, 주께서 땅 위에서 작은 일을 이루실 것이기 때문에"]라고 번역된) ἐν δικαιοσύνη, ὅτι λόγον συντετμημένον을 받아들이지 않는 이유에 대해서는 앞의 "본문비평 주"를 보라.

46) Cranfield, *Romans*, 2.502.

29에서 그가 9:6-26에서 기록한 모든 내용에 대해 매우 적합한 성경적 결론을 제공하고, 그가 예언자 이사야에게서 인용한 매우 중요한 두 인용문을 사용함으로써 그렇게 하고 있다는 사실을 다시 주목할 필요가 있다. 이 첫 번째 주요 단락인 9:6-29은 바울이 9:30-11:32에서 주장할 모든 내용에 대한 그의 논지를 제시하는 아주 중요한 부분이다. 그리고 바울은 이사야 10:22-23과 1:9에 있는 이 예언자의 진술이야말로 참된 형식의 남은 자 신학을 압축하며 설명한다고 이해한다. 그래서 그는 그리스도인의 의식과 삶의 본질적인 특징들과 관련하여 로마서 9:6-29의 이 매우 중요한 본문의 결론으로 이사야서의 두 본문을 인용한다.

성경신학

로마서 9:6-29은 종종 기독교 성경신학을 구성하는 데 있어 중요한 본문으로 간주되곤 했다. 3세기의 오리게네스와 4세기의 크리소스토모스, 16세기의 아르미니우스는 인간의 "자유의지"를 옹호하면서 이 본문을 사용했다. 반대로 5세기의 아우구스티누스와 16세기의 칼뱅은 하나님의 "예정"과 "주권적 선택"에 관련된 그들의 가르침을 동일하게 이 본문에 의거했다. 특히 오늘날 토론에서 9:23-26에 등장하는 내용은 점차 관심을 받고 있으며, 바울과 유대인 신자들뿐만 아니라 "이방인 중에서" 부르심을 받은 사람들에게도 "그의 영광의 풍성함"을 알게 하시려는 하나님의 바람에 대한 이 메시지, 즉 유대인이나 이방인을 위한 하나님의 구원의 이 메시지는 호세아의 예언에서 인용한 두 본문으로써 뒷받침을 받고 있다.

하지만 로마서 9:6-29의 주된 취지는 세상의 다양한 민족적·인종적·사회적 집단들 가운데서 살고 있는 "의로운 남은 자"에게만 주어진다는 하나님의 약속들과 관련이 있다. 이 "남은 자"는 유일하게 이스라엘 백성 안에 있을 뿐만 아니라 그들과 이웃하고 있는 비유대 백성들 중에서 하나님이 정하신 사람들 안에도 존재한다. 이 선포에는 "하나님의 주권", "예정", "선택", "인간의 자유의지"(이 주제들이 어떻게 함께 다루어지든지)에 관한 전통적인 신학적 논의들의 (전부가 아니라면) 많은 본질적인 특징들이 포함되어 있다. 그리고 이 선포에는 유대인들과 이방인들에게 제공된 하나님의 구원의 중요한 측면들이 대부분 들어 있다. 더욱이 이것은 (1) 참으로 기독교적인 "성경신학"에서 강조해야 할 필요가 있고, (2) 우리의 모든 교회에서(각각의 교회마다 교리적인 입장이 다양하며 교파와 교단이 다르다고 할지라도) 말로나 행위로 선포해야 할 메시지다.

바울은 믿음의 구체적인 체계들을 발전시키려는 제도화된 구조나 기존의 기관 또는 인간의 노력을 반대하지 않았다. 또한 구약성경이든지 신약성경에서도 구조나 제도 또는 체제들을 포기하지 않았다. 이러한 객관적인 요인들은 사람들이 바르게 삶을 살아내고 건설적인 방향으로 생각하기 위해 공동체적인 환경에서든지 사적인 환경에서든지 반드시 필요하다. 그럼에도 바울이 선포하는 것과 성경의 모든 자료가 뒷받침하는 것은 이것이다. 즉 모든 구조나 제도 또는 체제의 중심에는 "의"라는 지극히 중요한 요소가 있어야 한다. 이를테면, (1) 하나님과 그의 성품의 주된 특성에 해당하는 하나님 자신의 속성적 의, (2) 하나님이 자신께 헌신하는 사람들에게 주시는 선물인 하나님의 전달적 의, 그리고 (3) 하나님의 백성들이 하나님께 선물로 받았고 하나님의 성령의 인도하심으로 말미암아 다른 사람들에게 표현해야 하는, 하나님의 백성의 의 등이 바로 그것이다.

그래서 이곳 로마서 9:6-29에서 바울은 제일 먼저 이스라엘 내부에 존재하고, 다른 비유대적인 민족적·인종적·사회적 집단의 사람들 사이에서도 발견할 수 있는 백성의 "남은 의로운 자"에게만 주어지는 하나님의 약속들에 초점을 맞춘다. 바울이 바라는 것은, 예수를 믿는 모든 신자들이 그들의 교회적·교단적 입장뿐만 아니라 민족적·인종적·사회적 배경이 무엇이든지 간에 (1) 이러한 이해를 그들의 성경신학에 통합하고, (2) 기독교적 남은 자 신학의 용어로써 실제로 생각하고 행동하는 것이다.

현대를 위한 상황화

로마서 9:6-29은 유대교 성경(구약)의 두 부분이 사도 바울에게 로마 신자들을 위한 그의 기독교적 선포의 주된 성경적 기반으로 작용했다는 사실을 강조한다. (1) 아브라함에게 주신(또한 그의 아들 이삭과 손주 야곱에게 확장된) 하나님의 약속에 관한 창세기 기사들과, (2) 하나님의 그 약속을 분명히 설명한 이사야서가 그것이다. 이사야는 하나님의 약속이 이스라엘 내부와 이방인 가운데서 "의로운 남은 자"에게만 주어졌다고(또한 계속해서 주어질 것이라고) 선언했다. 이것들은 분명히 바울 자신에게 대단히 중요한 본문이며 주제들이다. 그리고 바울이 유대인이나 이방인을 막론하고 두 인종에게 늘 선포한 것은 풍성하신 하나님의 사랑과 긍휼, 모든 백성을 위해 구원 사역을 완수하신 예수의 사역, 모든 사람의 선을 위해 능동적으로 역사하시는 하나님의 성령의 사역이었으며, 또한 그가 앞서 5:1-8:39에서는 비유대인 세계에서 선교 사역을 하는 동안 이교도 이방인들에게 선포한 기독교 메시지의 요약을 제시했지만, 이곳 로마서 9:6-29(과 롬 9-11장 나머지 부분)에서 바울은 예루살렘의 모교회에 중심을 두고 있는 유대 기독교의 신학과 사고방식과 종교적 언어에 광범위하게 영향을 받았던 로마의 그리스도인들을 대상으로 삼는다. 이러한 까닭에 바울은 로마의 수신자들에게 그들이 공감하고 이해할 방식으로 말한다. 즉 성경의 일화를 인용하고 성경 인용문을 사용할뿐더러 그가 제시하는 내용을 유대의 남은 자 신학의 기독교화된 형식으로 제시함으로 그렇게 했다.

바울이 이곳 9:6-29에서 기독교 복음을 제시한 것은 형식과 내용 면에서 그가 일찍이 1:16-4:25에서 제시한 내용과 무척 비슷하다. 하지만 본문에 제시된 내용은 형식뿐만 아니라 내용과 강조 면에서도 그가 바로 앞 5:1-8:39에서 기록한 것과는 상당히 다르다. 기독교 복음의 이 두 형식은 약간은 다르지만 전적으로 보완적인 것으로 이해되어야 한다. 그런데 이 두 형식은 문화적으로 약간은 다른 사고방식을 가진 사람들에게 선포한 동일한 기독교적 메시지의 비교적 뚜렷이 구별되는 두 가지 상황화를 표방한다. 이 두 상황화는 기독교 복음 전도자 한 사람이 하나의 기독교 집단에 속한 사람들에게 기록한 하나의 편지에 위치하고 있다. 이러한 상황화는 우리에게 양립할 수 있는 두 세트의 초기 기독교적 가르침들뿐만 아니라, 우리가 그리스도인으로서 오늘날 다소 다른 문화적·종교적 맥락에서 우리 자신을 표현하며 기독교 메시지를 선포할 수 있는지에 대한 두 개의 본보기나 패턴을 제시하기도 한다.

3. 바울의 주해 II부: 현재 실패한 이스라엘과 복을 받은 이방인들, 이를 뒷받침하기 위해 인용된 구약 본문들(9:30-10:21)

번역

9:30그런즉 우리가 무슨 말을 하리요? 의를 따르지 아니한 이방인들이 의를
얻었으니, 곧 믿음에서 난 의요. 31모세의 율법과 관련하여 의의 법[즉 의의
"율법주의적" 또는 "신율주의적" 형태]을 따라간 이스라엘은 율법에 이르
지 못하였으니 32어찌 그러하냐? 이는 그들이 믿음으로 [그것을 추구하지]
않고, 행위에 근거하[여 의를 얻을 수 있다고 생각했]기 때문이다. "부딪칠
돌에 부딪쳤느니라." 33기록된 바,

"보라! 내가 걸림돌과
거치는 바위를 시온에 두노니,
그를 믿는 자는 부끄러움을 당하지 아니하리라 함과 같으니라."

10:1형제자매들아! 내 마음에 원하는 바와 하나님께 기도하는 바는 이
스라엘 백성을 위함이니 곧 그들로 구원을 받게 함이라. 2내가 증언하노니,
그들이 하나님께 열심이 있으나 올바른 지식을 따른 것이 아니니라. 3하나
님의 의를 모르고 자기 의를 세우려고 힘써 하나님의 의에 복종하지 아니
하였느니라. 4"그리스도는 모든 믿는 자에게 의를 이루기 위하여 율법의 마
침이 되시니라."

5모세가 율법으로부터 나오는 의에 관하여 기록하되, "이것들을 행하
는 사람은 이것들로 말미암아 살리라" 하였거니와, 6믿음으로 말미암는 의
는 이같이 말하되, "네 마음에 '누가 하늘에 올라가겠느냐?' 하지 말라 하
니, (올라가겠느냐 함은 그리스도를 모셔 내리려는 것이요) 7혹은 '누가 무저갱에
내려가겠느냐?' 하지 말라 하니 (내려가겠느냐 함은 그리스도를 죽은 자 가운데서
모셔 올리려는 것이라.") 8그러나 그것이 무엇을 말하느냐? "말씀이 네게 가까
워 네 입에 있으며 네 마음에 있다" 하였으니, 곧 우리가 전파하는 믿음의
말씀이라. 9네가 만일 네 입으로 "예수를 주"로 시인하며 또 하나님께서 그
를 죽은 자 가운데서 살리신 것을 네 마음에 믿으면 구원을 받으리라. 10사

람이 마음으로 믿어 의에 이르고, 입으로 시인하여 구원에 이르느니라. [11]성
경에 이르되, "누구든지 그를 믿는 자는 부끄러움을 당하지 아니하리라" 하
니, [12]유대인이나 헬라인이나 차별이 없음이라. 한 분이신 주께서 모든 사람
의 주가 되사 그를 부르는 모든 사람에게 부요하게 복을 주시는 도다. [13]"누
구든지 주의 이름을 부르는 자는 구원을 받으리라."

[14]그런즉 그들이 믿지 아니하는 이를 어찌 부르리요? 듣지도 못한 이를
어찌 믿으리요? 전파하는 자가 없이 어찌 들으리요? [15]보내심을 받지 아니
하였으면 어찌 전파하리요? 기록된 바, "아름답도다! 좋은 소식을 전하는
자들의 발이여" 함과 같으니라.

[16]그러나 그들[이스라엘 백성]이 다 복음을 받아들이지 아니하였도다.
이사야가 이르되, "주여! 우리가 전한 것을 누가 믿었나이까?" 하였으니,
[17]그러므로 믿음은 들음에서 나며 들음은 그리스도의 말씀으로 말미암았느
니라.

[18]그러나 내가 묻노니, 그들이 듣지 아니하였느냐? 당연히 들었노라!
"그 소리가 온 땅에 퍼졌고
그 말씀이 땅끝까지 이르렀도다" 하였느니라.

[19]그러나 내가 묻노니, 이스라엘이 깨닫지 못하였느냐? 먼저 모세가 이
르되,
"내가 백성 아닌 자로써 너희를 시기하게 하며,
미련한 백성으로써 너희를 노엽게 하리라" 하였고,
[20]이사야는 매우 담대하여
"내가 나를 찾지 아니한 자들에게 찾은 바 되고,
내게 묻지 아니한 자들에게 나타났노라" 말하였다.

[21]이스라엘 백성에 대하여 이르되, "순종하지 아니하고 거슬러 말하는
백성에게 내가 종일 내 손을 벌렸노라" 하였느니라.

본문비평 주

9:30 이 구절에 3번 언급된 목적격 명사 δικαιοσύνην("의")은 매번 관사 없이 등장하며, 사본 전통에서도 관사 없이 사용된 δικαιοσύνην이 광범위하게 지지를 받는다. 그러나 이 구절에서 첫 번째로 사용된 목적격 δικαιοσύνην 앞에 관사 τήν이(그래서 "그 의"라고 읽게 된다) P^{46}과 대문자 사본 G에서 발견된다. 첫 번째 목적격 δικαιοσύνην 앞에 관사 τήν이 포함된 것은 이어지는 10:1-21과 이곳 9:30-33에서 바울이 그가 일찍이 1:16-4:25에서 δικαιοσύνην("의")을 설명했던 내용을 상기시키고 그 문제를 재론하려는 표시였을 것이다. 하지만 이곳 9:30-10:21에 등장하는 것과 바울이 1:16-4:25에서 쓴 내용의 관계는 이미 문맥적으로 암시되었기 때문에 9:30의 δικαιοσύνην("의") 앞에 굳이 관사를 삽입하는 것은 불필요할 것이다. 그래서 관사가 삽입된 독법은 사본상 뒷받침이 빈약하고 (바울이 이전에 구술로 전달하지 않았던 것으로 보이며 로마의 그리스도인들에게 보낸 그의 편지에서도 삽입하지 않은 것이 확실하기에) 이 문맥에서 필요한 것이 아니므로, 첫 번째 목적격 δικαιοσύνην 앞에 관사 τήν이 있는 독법은 일부 초기 필경사에 의해 삽입된 이문으로 이해하는 것이 가장 좋다.

31a절 Εἰς νόμον("율법과 연관하여" 또는 "율법의 관련하여")이라는 어구는 P^{46vid}과 대문자 사본 א* A B D G, 그리고 소문자 사본 1739(범주 I), 81 1506 2464(범주 II), 6 424^{c}(범주 III)의 지지를 받으며, 콥트어 역본들에 반영되었고, 암브로시아스테르의 지지를 받고 있다. 그러나 εἰς νόμον의 생략은 소문자 사본 33(범주 I)과 비잔틴 계열의 일부 소문자 사본의 지지를 받고 있기는 하지만, 이 어구의 생략은 무시해도 좋을 것 같다.

31b절 확장된 어구 εἰς νόμον δικαιοσύνης("의의 법과 관련해서")가 대문자 사본 $א^{2}$ F P Ψ(또한 *Byz* K L)와 소문자 사본 1175(범주 I), 1881 2464^{vid}(범주 II), 69 88 104 323 326 330 365 1241 1243 1319 1505 1573 1735 1836 1874 2344 2495(범주 III)에서 발견된다. 그러나 명사 "의"의 첨가는 여러모로 볼 때 표현의 일관성을 위해 나중에 첨가된 문체적인 개선으로 생각된다.

32절 전치사구 ἐξ ἔργων("행위로부터" 또는 "행위에 근거하여")은 P[46vid], 대문자 사본 ℵ* A B F G, 소문자 사본 1739(범주 I), 1881(범주 II), 6 424[c] 2200(범주 III)의 입증을 받으며, it[ar, b, f, g, mon, o] vg cop[sa, bo]에 반영되었고, 오리게네스[lat] 암브로시아스테르 펠라기우스 히에로니무스 아우구스티누스의 지지를 받고 있다. Ἐξ ἔργων에 νόμου("율법의")가 첨가되어 "율법의 행위로"라고 읽게 되는 독법은 ℵ[2] D P Ψ(또한 *Byz* K L)와 소문자 사본 33 1175(범주 I), 81 256 1506 1962 2127 2464(범주 II), 104 263 365 436 459 1241 1319 1573 1852 1912(범주 III)의 지지를 받으며, it[d] vg[ms] syr[p, h, pal]에 반영되었고, 디오도로스[(vid)] 크리소스토모스의 지지를 받고 있다. 하지만 더 짧은 독법 ἐξ ἔργων("행위로")이 사본 전통에서 더 나은 증거를 가지고 있기 때문에 그것을 십중팔구 원본으로 간주해야 할 것이다. Νόμου("율법의")가 첨가된 독법은 바울이 일찍이 3:20과 3:28(갈 2:16 [3번]; 3:2, 5, 10도 참조)에서 사용한 이 온전한 표현에 일치시키려는 것으로 추정된다.

33a절 관사가 있는 어구 ὁ πιστεύων("신뢰하는 사람" 또는 "믿는 자")은 ℵ A B D F G와 소문자 사본 81 1506 1881(범주 II)의 증거를 가지고 있으며, it[b, d*, f, g, mon] syr[p, pal] cop[sa, bo]에 반영되었고, 오리게네스[gr, lat] 암브로시아스테르 아우구스티누스의 지지를 받는다. "믿는 자마다"라는 강조된 의미를 표현하는 καί("그리고") 다음에 실명사적 형용사 πᾶς("~하는 누구나", "~하는 모든 사람")가 있는 독법은 P Ψ(또한 *Byz* K L)와 소문자 사본 33 1175 1739(범주 I), 181 256 1962 2127 2464(범주 II), 6 69 88 104 263 323 326 330 365 436 614 1241 1243 1319 1505 1573 1735 1852 1874 1877 1912 2200(범주 III)의 지지를 받고 있으며, it[ar, d2, o] vg syr[h]에 반영되었고, 크리소스토모스 테오도로스의 지지를 받는다. 이곳 9:33a에 πᾶς가 등장한 것은 모든 사본이 πᾶς ὁ πιστεύων("믿는 자마다" 또는 "신뢰하는 자마다")이라고 읽는 10:11의 동일한 인용구를 바울이 인용한 것에 일치시키려는 필경사에 의한 동화로 이해하는 것이 가장 좋을 것 같다.

33b절 "그는 부끄러움을 당하지 않을 것이다" 또는 "부끄러움을 당하지 않는다"라는 진술에서 3인칭 단수 미래 수동태 직설법 동사

καταισχυνθήσεται는 사본 전통에서 광범위한 증거를 가지고 있다. 그러나 3인칭 단수 부정과거 수동태 가정법 동사 καταισχύνθη가 D F G에 등장한다. 이러한 동사의 형태로는 이 진술을 "그는 부끄럽지 않다"라고 읽게 된다. 하지만 이 이문은 바울이 인용한 이사야 28:16을 70인역의 독법과 일치시키려는 필경사의 시도일 가능성이 매우 크다.

10:1 전치사 ὑπέρ("하나님께 그들[즉 이스라엘 백성]을 위한 나의 기도"에 있는 단어) 다음에 이어지는 복수 소유격 대명사 αὐτῶν("그들을 위한")은 P^{46}, 대문자 사본 ℵ* A B D F G, 소문자 사본 1739(범주 I), 256 1506 1881 1962 2127(범주 II), 6 365 1319 1573 1912(범주 III) 등의 광범위한 지지를 받으며, $it^{d*, f, g, mon}$ $syr^{p, pal}$ $cop^{sa, bo}$에 반영되었고, 암브로시아스테르 아우구스티누스$^{5/9}$의 지지를 받고 있다. 대문자 사본 ℵ^{2} P Ψ와 소문자 사본 33(범주 I) 263 1852(범주 III)에 등장하며, $it^{ar, b, d2, o}$ vg에 반영되었고, 오리게네스^{lat} 크리소스토모스 아우구스티누스$^{4/9}$의 지지를 받고 있는 ἐστιν("그것은 ~이다")의 첨가는 아마도 본문의 의미를 분명하게 할 목적으로 삽입되었을 것이다. 이 문장에 동사가 없기 때문이다. 마찬가지로 비잔틴 계열의 대문자 사본인 K L과 소문자 사본 1175(범주 I), 81 2464(범주 II), 104 436 459 1241[1319에는 ἐστιν이 생략됨] 2200(범주 III)에 등장하고 마르키온$^{acc\ to\ Tertullian}$의 지지를 받는 좀 더 긴 독법인 τοῦ Ἰσραήλ ἐστιν은, 문법을 분명히 할 목적에서만 아니라 바울의 관심의 대상인 "이스라엘 백성"이라는 9:31의 내용을 재서술할 목적으로 삽입되었을 개연성이 크다. 메츠거가 제안했듯이, 이 더 긴 독법은 "교회 예배 시간에 가르침을 시작하면서 이 본문을 읽을 때" 첨가되었을지도 모른다(9:31에 이스라엘이 언급된 것을 참조하라).[1)]

3절 Δικαιοσύνην("의")을 τὴν ἰδίαν("그들 자신의") 다음에 포함해야 할지 말아야 할지는 결정하기 어렵다. 이 단어는 대문자 사본 A B D P와 소문자 사본 1739(범주 I), 81 1506 1881(범주 II), 365 629 630(범주 III)에서

---

1) Metzger, *Textual Commentary*, 463.

생략되었으며, 역본 it[a] vg cop[sa, bo]와 클레멘스에도 생략되었다. 하지만 이 단어는 P[46], 대문자 사본 ℵ F G Ψ(또한 *Byz* K L)와 소문자 사본 33 1175(범주 I), 1962 2464(범주 II), 5 6 61 88 104 181 218 323 326 330 436 441 451 459 467 614 621 623 915 917 1241 1243 1398 1505 1718 1735 1751 1838 1845 1874 1875 1877 1912 1942 1959 2138 2197 2344 2492 2495 2516 2523 2544 2718(범주 III)에 등장하며, 역본 it[(b), d*]에도 반영되었고, 마르키온 이레나이우스[lat]의 지지를 받고 있다. GNT[3, 4]와 NA[26, 27]의 편집자들은 확신이 서지 않아 τὴν ἰδίαν 다음에 δικαιοσύνην을 꺾쇠 괄호로써 포함시키기로 결정했다. 따라서 이것은 GNT와 NA의 이전 판에서 이 단어를 생략하기로 한 편집자들의 결정을 바꾼 것이다.

물론 일부 필경사들이 10:3 중앙에 있는 δικαιοσύνην을 겹말로 보고 이 단어를 생략했을 가능성은 늘 존재한다. 그렇지만 사본상의 증거는 δικαιοσύνην이 원래 τὴν ἰδίαν("그들 자신의")과 함께 등장하지 않았다는 견해를 약간은 더 뒷받침한다. 그러므로 이어지는 석의와 주해에서 우리는 이 구절의 도입부와 끝에 δικαιοσύνην이 존재한다는 것을 받아들이면서도, 이 명사를 이 구절 중앙에 등장한 것으로는 포함시키지 않을 생각이다. "의"라는 사상이 문맥에 분명히 암시되기는 하지만 말이다.

5a절 불변화사 ὅτι의 위치는 논쟁의 대상이 되고 있다. Μωϋσῆς γράφει τὴν δικαιοσύνην τὴν ἐκ τοῦ/νόμου("모세는 율법으로부터 나오는 의에 대하여 기록한다")라는 진술 끝에 ὅτι가 등장하는 것은 P[46], 대문자 사본 ℵ[2] B D[2] G P Ψ와 소문자 사본 33[c](범주 I 교정된 사본), 1962 2127(범주 II), 104 326 436 1241 2495(범주 III)의 지지를 받고 있으며, it[ar, d, e, f, g] syr[(p), h, pal ms]에 반영되었고, 암브로시아스테르 크리소스토모스 테오도레토스의 지지를 받는다. 불변화사 ὅτι는 이처럼 진술 끝에 위치하여 독자들에게 이어지는 레위기 18:5에서 인용한 말씀에 대비케 하는 도입어로서 기능한다. 앞서 로마서 8:36과 신약성경 여러 곳에서 그런 역할을 하듯이 말이다.[2)] 하지

2) 마 2:23; 21:16; 눅 2:23; 요 10:34; 고전 14:21; 히 11:18도 참조하라.

만 일부 사본상의 증거들에서는 Μωϋσῆς γράφει와 τὴν δικαιοσύνην 사이에 ὅτι가 있고, 그럼으로써 "모세는 [율법에서 오는] 의[에 "관하여"] 쓰고 있다"라고 읽게 된다. 이런 ὅτι의 위치는 대문자 사본 ℵ* A D*와 소문자 사본 1739(범주 I), 81 1506 1881(범주 II), 630(범주 III)에 등장한다. 더욱이 소문자 사본 424^{c}(범주 III)와 비잔틴 본문의 특징을 가지고 있는 1827과 1984가 그러하듯이, 불변화사 ὅτι를 아예 생략함으로써 이 문제를 완전히 피하는 소문자 사본들도 있다. 하지만 레위기 18:5에서 인용한 말씀을 소개하는 ὅτι의 위치는 사본의 외적 지지를 약간 더 받고 있으므로 아래 "석의와 주해"에서는 이 독법을 채용할 예정이다.

5b절 Ὁ ποιήσας αὐτὰ ἄνθρωπος ζήσεται ἐν αὐτοῖς("이것들을 행하는 사람은 이것들로 말미암아 살리라")라는 진술은 P^{46}, 대문자 사본 ℵ^{2} P Ψ(또한 *Byz* K)와 소문자 사본 1962 2127(범주 II), 88 104 326 451 1241 2495(범주 III)의 지지를 받고 있으며, it^{d*} syr^{h}에도 반영되었고, 테오도레토스의 지지를 받고 있다. 하지만 ἄνθρωπος("사람")라는 단어가 대문자 사본 G에 생략되었고, 이러한 생략은 역본 it$^{f, g}$ syr^{p}에도 반영되었으며, 암브로시아스테르 크리소스토모스의 지지를 받고 있다. Ὁ ποιήσας αὐτά("이것들을 행하는 사람은")에 이 단어가 불필요하다고 생각했기 때문에 그랬을 가능성이 크다.

더욱이 대문자 사본 ℵ* A D^{gr}, 소문자 사본 1739(범주 I), 81(범주 II)에서처럼 때론 αὐτά("이것들을")가 생략되는 경우도 있다. 이 생략된 독법이 it$^{dem, z}$ vg cop$^{sa? bo?}$에 반영되었으며, 오리게네스$^{gr, lat}$의 지지를 받는다. 마찬가지로 ἐν αὐτοῖς("그것들로 말미암아")라는 어구에서 αὐτοῖς("그것들")는 대문자 사본 ℵ* A B, 소문자 사본 33^{c} 1739(범주 I), 81 1506 1881(범주 II), 436 630(범주 III)에서 αὐτῇ("그것으로")로 대체되기도 하며, 이런 독법이 역본 it$^{dem, x, z}$ vg cop$^{sa? bo?}$에 반영되었으며, 오리게네스$^{gr, lat}$의 지지를 받고 있다. 이는 문맥에 복수형 대명사가 언급하는 선행사가 없어서 그랬을 것이다.

8절 질문 ἀλλὰ τί λέγει;("그러나 그것이 무엇을 말하느냐?")에서 중성 대명사 τί("그것")는 사본 전통에서 광범위한 지지를 받는다. 그러나 이문 ἡ γραφή("성경")가 대문자 사본 D F G와 소문자 사본 33(범주 I), 88 104

326 365 629 1319 1573 1735 2344(범주 III)에서 발견되며, ol^{ar} vg^{cl} cop^{bo}에 반영되었고, 암브로시아스테르의 지지를 받는다. 단순 대명사 τί 대신에 ἡ γραθή로 대체된 것은 납득할 만한 설명적인 기능을 하지만 분명히 2차적인 독법이다.

9a절 'Εν τῷ στόματί σου κύριον 'Ιησοῦν("너의 입으로 '예수는 주이시다'")이라는 어구는 P^{46}, 대문자 사본 ℵ D F G P Ψ(또한 *Byz* K L)와 소문자 사본 33 1739(범주 I), 1881 1962 2127(범주 II), 104 436 1241 2495(범주 III)에 의해 상당히 강력한 입증을 받고 있으며, $it^{(ar), d, dem, e, f, g, x, z}$ vg $syr^{p, h}$ cop^{bo}에도 반영되었고, 이레나이우스^{lat} 암브로시아스테르 크리소스토모스 테오도레토스의 지지를 받고 있다. 그러나 바티칸 사본(B 03) 같은 일부 알렉산드리아 증거 본문과 cop^{sa} 그리고 클레멘스는 본문의 의미를 분명하게 밝히려고 τὸ ῥῆμα("말씀")를 첨가한다. 대문자 사본 A와 같은 다른 증거 본문과 it^{t}에 반영된 본문은 'Ιησοῦν이라는 이름에 Χριστόν을 첨가한다(그래서 "그리스도 예수"라고 읽는다). 그러나 이 두 독법 모두 단순히 본문에서 앞서 사용된 표현들에 동화시키려고 첨가된 것 같다.

9b절 목적격 어구 κύριον 'Ιησοῦν("예수는 주시다")은 P^{46}, 대문자 사본 ℵ B D F G P Ψ(또한 *Byz* K L)와 소문자 사본 33 1175 1739(범주 I), 81 1506 1881 1962 2127 2464(범주 II), 6 69 88 104 181 323 326 330 365 424^{c} 436 451 614 629 630 1241 1319 1505 1573 1735 1874 1877 2344 2492 2495(범주 III) 등을 통해 매우 강력한 지지를 받고 있다. 그리고 이 어구는 모든 라틴어 역본과 콥트어 역본에도 반영되었으며, 오리게네스^{lat}의 지지를 받는다. 바티칸 사본(B 03)과 소문자 사본 81 1506(둘 다 범주 II)에 등장하는 좀 더 완전한 표현인 ὅτι κύριος 'Ιησοῦς(즉 칭호와 이름이 다 주격이고, 거기에 ὅτι가 첨가된)는 이러한 초기 기독교 신앙고백의 표준 형식에 더 가깝게 표현하기 위해 첨가된 2차적인 표현일 가능성이 크다.

15절 이사야 52:7의 인용문이 이곳에서 두 형식으로 등장한다. 비교적 짧은 독법은 ὡς ὡραῖοι οἱ πόδες τῶν εὐαγγελιζομένων τὰ/ἀγαθά("아름답도다. 좋은 소식을 전하는 사람들의 발이여!")이다. 이 독법은 P^{46},

대문자 사본 ℵ* A B C, 소문자 사본 1739(범주 I), 81 1506 1881(범주 II), 1912 2200(범주 III)의 입증을 받고 있으며, it[ar] cop[sa, bo]에도 반영되었고, 클레멘스 오리게네스[gr, lat]의 지지를 받는다. 하지만 여러 다른 사본 증거들은 τῶν εὐαγγελιζομένων εἰρήνην("평강을 전하는 자들의")이라는 어구 다음에 πόδες("발들")가 있다. 이러한 독법은 대문자 사본 ℵ[2] D F G P Ψ(또한 *Byz* K L)와 소문자 사본 33 1175(범주 I), 256 1962 2464(범주 II), 6 104 263 365 436 459 1241 1319 1573 1852(범주 III)에 등장하며, it[b, d, f, g, o] vg syr[p, h] 에도 반영되었고, 마르키온[acc to Tertullian] 이레나이우스[lat] 크리소스토모스 암브로시아스테르 히에로니무스 아우구스티누스의 지지를 받는다. 더 짧은 독법이 발생한 까닭이 한 필경사의 눈이 τῶν εὐαγγελιζομένων에서 τῶν εὐαγγελιζομένων으로 지나쳐간 데 있을 가능성이 있기는 하지만, (ℵ[2] D F G P Ψ과 그 밖에 여러 사본에서처럼) πόδες가 삽입된 더 긴 어구를 70인역의 독법에 좀 더 온전히 상응하는 인용구로 만들기 위해 덧붙여졌을 개연성이 더 크다(사 52:7; 나 1:15[LXX 2:1]을 보라).

17절 Ἡ δὲ ἀκοὴ διὰ ῥήματος Χριστοῦ("그리고 들음은 그리스도의 말씀으로 말미암았느니라")에서 Χριστοῦ라는 명칭의 소유격 형태는 P[46vid], 대문자 사본 ℵ* C[vid] D*, 소문자 사본 1739(범주 I), 81 1506(범주 II), 6 1852(범주 III)의 지지를 받고 있으며, it[ar, b, d] cop[sa, bo]에도 반영되었고, 오리게네스[lat] 아우구스티누스의 지지를 받는다. 하지만 ℵ[1] A D[1] P Ψ(또한 *Byz* K L)와 소문자 사본 33 1175(범주 I), 256 1881 1962 2127 2464(범주 II), 104 263 365 436 459 1241 1319 1573 1912 2200(범주 III)에서는 소유격 θεοῦ가 Χριστοῦ를 대체했다. 이 독법은 syr[p, h]에도 반영되었고, 클레멘스 크리소스토모스 테오도로스 히에로니무스의 지지를 받고 있다. "서방" 계통의 증거 본문들은 "그리스도"나 "하나님"이라는 단어를 전부 생략했다(대문자 사본 F G. 그리고 이러한 독법은 it[f, g, o]와 힐라리우스 암브로시아스테르 펠라기우스에도 반영되었다). 이 사본들에 생략된 것은 필경사가 본문을 전수하는 어느 단계에서 부주의로 인해 발생했을 가능성이 매우 크다.

가능성이 제일 큰 2개의 독법과 관련해서 ῥῆμα θεοῦ("하나님의 말씀")는 좀 더 친숙한 표현이지만(눅 3:2; 요 3:34; 엡 6:17; 히 6:5; 11:3), ῥῆμα Χριστοῦ("그리스도의 말씀")는 신약성경에서 이곳에서만 등장한다. 이는 좀 더 난해한 독법인 "그리스도의 말씀"을 지지하기 때문에 우리는 "그리스도의 말씀"을 원본으로 받아들이며, 이 표현이 좀 더 일반적인 어구인 "하나님의 말씀"으로 대체되었다고 생각한다.

20a절 접속사 καί("그리고", "심지어")와 결합된 3인칭 단수 현재 능동태 직설법 ἀποτολμᾷ("그는 담대하다")는 난해한 표현이다. 동사 ἀποτολμάω는 70인역이나 신약성경에서 이곳에서 유일하게 등장한다. 그런데도 ἀποτολμᾷ καί("그는 담대하다 그리고")는 사본 전통에서 좋은 증거를 가지고 있다. 이 단어가 빠진 독법은 대문자 사본 D*,c F G에서만 등장하기에 그것을 원본으로 보기에는 지지가 너무 빈약하다.

20b절 동사 εὑρέθην("내가 찾은 바 되고") 뒤에 나오는 전치사 ἐν("안에", "의하여", "중에")이 있는 독법은 P^{46}, 대문자 사본 B D* F G, 그리고 소문자 사본 1506[vid](범주 II)의 입증을 받으며, it와 vg[cl]에도 반영되었다. 하지만 전치사 ἐν이 대문자 사본 ℵ A C D[1] P Ψ(또한 *Byz* L)와 소문자 사본 33 1175 1739(범주 I), 1881 2464(범주 II), 6 69 104 323 326 330 365 614 1241 1243 1319 1505 1573 1735 1874 2344 2495(범주 III)에는 생략되었다. 이러한 생략된 독법은 vg[st]에도 반영되었다. 외적인 근거에 의지해서만 ἐν의 포함 여부를 결정하는 것은 어렵다. 문맥과 의미와 관련된 내적인 문제들이 더 중요하다(아래의 "석의와 주해"를 보라. 여기서 우리는 전치사를 원본으로 받아들이고, "~중에서"[among]라고 번역할 것을 제안한다). 전치사의 생략은 70인역의 어법에 맞추려는 것으로 설명할 수 있다.

20c절 Ἐμφανὴς ἐγενόμην("내 자신을 드러냈다")이라는 어구 다음에 있는 전치사 πρός("~에게")는 사본 전통에서 광범위한 지지를 받고 있다. 하지만 베자 사본(D 06)에서 전치사 ἐπί("위에")가 πρός의 자리를 차지하고 있지만, 그 독법은 원본으로 고려하기에는 너무 빈약한 지지를 받고 있다.

형식/구조/상황

바울은 앞서 세 부분으로 이루어진 그의 주해 첫 번째 부분인 9:6-29에서 약속과 관련한 하나님의 주권적 뜻과 선택이라는 관점에서 "하나님의 약속과 사람들의 반응"을 다뤘다. 이제 사도는 두 번째 부분인 이곳 9:30-10:21에서 하나님의 약속과 사람들의 반응을 계속 논한다. 하지만 그는 (1) 특히 유대인들이 예수를 저버린 문제를 다루면서 사람들의 반응에 초점을 맞추며, (2) 일부 이방인들이 하나님께 적극적으로 반응한 사실을 언급한다. 바울은 그들의 이런 반응을 믿음의 표현으로 특징짓는다.

별개의 통합된 본문을 이루는 9:30-10:21의 자료들. 다수의 해석자들은 9:30-33을 바울이 성경을 뒷받침하면서 조금 전 9:6-29에서 쓴 내용의 요약으로 이해하든지,[3] 또는 성경의 뒷받침과 더불어 10:1-21에서 쓸 내용을 소개하는 전환 본문으로 이해하든지,[4] 또는 좀 더 일반적으로 요약과 전환의 기능을 하는 본문으로 이해해왔다.[5] 그러나 "30-33절이 전환적이라는 인상은 대체적으로 현대의 장 구분에 기인하는 것 같다"는 제임스 던의 관찰은 확실히 정확하다.[6] 그리고 더글러스 무가 "언뜻 보면 바울의 논증의 중요한 다음 단계를 분리하는 장 구분을 따르는 것이 자연스러워 보이지만…우리가 언뜻 본 것이 이 경우에는 오해의 소지가 있다. 좀 더 근본적인 장 구분이 9:30에서 시작된다"고 주장한 것은 백번 옳다.[7]

그러므로 9:30-33과 10:1-21 사이에 삽입된 비교적 현대의 장 구분을

---

3) Sanday and Headlam, *Romans*, 278을 보라. "성 바울에게 거의 항상 그러하듯이, οὖν은 이전 단락의 결과들을 요약한다." 이 단어는 이렇게 질문한다. "그렇다면 이 논의의 결론은 무엇인가?" C. K. Barrett 역시 9:30-33에 대한 자신의 석의와 주석을 시작하면서 이런 말을 한다. "문제의 핵심은 이것이다."(C. K. Barrett, *Romans*, 192).

4) Fitzmyer, *Romans*, 576을 보라. "30-33절은 10장으로 넘어가는 전환 구절이다. 여기서는 주로 그의 논증의 두 번째 단계가 발전된다."

5) Michel, *An die Römer*, 319; Schlier, *Römerbrief*, 305; Wilckens, *An die Römer*, 2.210-11; Schmithals, *Römerbrief*, 365.

6) Dunn, *Romans*, 2.579.

7) Moo, *Romans*, 616.

무시하고, 우리는 9:30-10:21이 별개의 통합된 본문이라고 제안한다.[8] 우리가 이렇게 단락을 구분하는 것은 이 하위 단락에 등장하여 본문의 독특하고 일관성 있는 특성을 강조하는 기능을 하는 **공식적인 패턴**의 특징들과 관련이 있다는 이유에서다.

1. "말하는 것을 나타내는 동사"[9]라는 서간체적 관습을 포함하고 있는 9:30a의 수사적 질문인 τί οὖν ἐροῦμεν;("그런즉 우리가 무슨 말을 하리요?")은, 일찍이 로마서에서 9:14과 다른 다섯 곳에서 그러하듯이, 구별되는 하위 단락의 시작을 알리는 기능을 한다.[10]
2. 이방인들이 의를 "얻었"지만 이스라엘 백성은 "믿음으로" 하나님의 의의 선물을 "추구하지" 않은 까닭에 의를 얻지 못했다는 9:30-32에 있는 바울의 진술들(과 이 사실을 뒷받침하기 위해 사 28:16과 8:14을 혼합하여 인용하는 9:33의 진술들)은, 이방인들은 하나님을 "찾은" 사람들이지만 이스라엘 백성은 그들의 "불순종"과 "완악함" 때문에 하나님을 찾지 못했다고 말하는 10:20-21에서 (사 65:1-2의 확장 인용과 더불어) 상당히 눈에 띄는 수미상관을 이룬다. 이 수미상관은 로마에 있는 그리스도인들(뿐만 아니라 오늘날의 독자들)에게 9:30-10:21에 등장하는 내용을 별개의 통합된 자료 단락으로 이해하도록 알려주는 역할을 한다.[11]

---

8) C. H. Dodd, *Romans*, 161-72과 Käsemann, *Romans*, 276-98과 같은 주석가들이 그러하다. Dodd와 Käsemann은 자료의 이 하위 단락을 바울이 9:6-11:32의 세 부분으로 이루어진 그의 주해에서 제시하고 있는 내용의 두 번째 부분으로 이해했다. 첫 번째 부분은 9:6-29에 등장하고, 두 번째 부분은 9:30-10:21에, 그리고 세 번째 부분은 11:1-32에 등장한다.

9) 로마서의 이 단락에서 바울의 "'말하는 것을 나타내는' 동사들"의 사용에 대해서는 9:14; 11:1, 13도 보라. 사도가 갈라디아서에서 논증을 발전시키는 다양한 전환점에서 말하는 것을 나타내는 동사를 어떻게 사용하고 있는지를 주목하라(참조. 갈 3:15, 17; 4:1, 21; 5:16).

10) 일찍이 9:14과 이곳 9:30에 등장한 것 외에 롬 3:5; 4:1; 6:1; 7:7; 8:31도 보라. 이 본문들에서 바울은 자료의 다른 단락들이나 하위 단락들의 시작을 표시하기 위해 이러한 수사적 질문을 사용한다.

11) 수사적 수미상관인 9:30-33과 10:20-21에 대해서는 Aletti, "L'Argumentation paulinniene en Rm 9," 42-43; Dunn, *Romans*, 2.579; Moo, *Romans*, 617을 보라.

3. 명사 δικαιοσύνη("의")와 πίστις("믿음")는 동사 πιστεύω("믿다")와 함께 두드러지는 단어들이다. 사실 이 단어들은 비록 앞에 있는 하위 단락인 9:6-29에서는 등장하지 않았고, 나중에 나올 하위 단락인 11:1-32에서도(또한 9:1-5의 서론이나 11:33-36의 송영에서도) 거의 등장하지 않지만, 9:30-10:21의 하위 단락 전체에서는 핵심이 되는 단어들이다.[12)]
4. 10:20-21의 두 부분(즉 바울의 주해의 이 두 번째 하위 단락 끝)에 바울이 인용한 이사야 65:1-2은 일찍이 9:27-29(즉 그의 주해의 첫 번째 하위 단락의 결론)에서 인용된 이사야 10:22-23 및 1:9과 상당히 유사한 기능을 하는 것으로 보인다. 그럼으로써 9:27-29과 10:20-21 등 이 두 결론적인 본문에서 사도는 각각의 하위 단락에서 제시해왔던 요지를 마무리하는데, 이스라엘의 위대한 예언자인 이사야의 글을 인용하여 그렇게 한다.

9:30-10:21에 사용된 바울의 성경 인용문들. 바울은 일찍이 1:16-3:20에서 자신의 논증을 뒷받침하기 위해 성경 인용과 암시, 그리고 구약성경에 근거한 전통적인 유대 금언들을 다수 사용했다. 마찬가지로 9:6-29에서도 그는 자신이 제시하는 내용을 뒷받침하면서 창세기의 족장들 내러티브와 여러 구약 인용문에서 도출한 중요한 진술들을 사용했다. 그리고 사도는 이어지는 11:1-32에서 여러 구약 인용문들을 추가로 사용할 것이다.

그러나 사람들이 종종 인식하지 못하는 것은 이곳 9:30-10:21(즉 세 부분으로 이루어진 그의 주해 중 두 번째 부분)에서 바울이 그의 진술들을 뒷받침하면서 로마서의 다른 어느 곳, 심지어 9:6-29보다도 성경 인용과 암시, 구약성경에 근거한 잠언 자료를 더 많이 사용한다는 사실이다.[13)] 사실 에른스

12) 참조. 롬 9:30(3번), 31; 10:3(2번), 4, 5, 6, 10에서 바울의 δικαιοσύνη 사용. 또한 9:30, 32, 33; 10:4, 6, 8, 9, 10, 11, 14, 16, 17에서 πίστις/πιστεύω의 등장도 보라(세 부분으로 이루어진 사도의 이 주해에서 명사 πίστις가 등장하는 곳은 11:20뿐이다).

13) 바울이 인용한(또는 어쩌면 잠언적으로 사용한) 사 28:16과 8:14(롬 9:33); 레 18:5(롬

트 케제만이 9:30-10:21에 제시된 내용과 관련하여 (약간은 너무 광범위하게 표현한 것 같지만) 적절히 주목했듯이, "이 단락의 구성은 성경 본문이 각각의 사상을 완성한다는 사실에 의해 지배를 받는다."[14]

9:30-10:21의 요지는 바울 당대의 믿지 않는 유대인들의 상황과 관련이 있으며, 그래서 그의 성경 인용들은 그의 전반적인 논증을 지지하기 위해 제시된다. 이것은 조세프 피츠마이어가 이 문제들에 관해 진술한 것처럼, 다음과 같이 표현할 수 있다. "이스라엘에 발생한 일은 역사에 대한 하나님의 방향과 상반되지 않는다. 이스라엘의 불충성은 미리 알려진 바이고, 심지어 성경에 기록된 것인 까닭이다."[15] 하지만 사도는 믿음이 있는 이방인들의 상황을 이스라엘 백성의 상황과 비교하면서 그 이방인들을 언급하기도 한다. 바울은 하나님 앞에서 "유대인이나 헬라인이나 차별이 없음이라. 한 분이신 주께서 모든 사람의 주가 되사 그를 부르는 모든 사람에게 부요하시다"(롬 10:12)는 그의 주장을 뒷받침하면서 고대 이스라엘의 예언자인 이사야와 요엘의 글에서 가져온 진술들을 사용한다.

바울은 이방인들과 이스라엘 백성에 대한 그의 논증을 뒷받침하기 위해 인용한 모든 성경 본문에서 유대인의 미드라시 석의 방법을 사용한다. 이러한 유형의 해석은 그 성경 본문에서 추출할 수 있는(즉 석의) 명시적이든 암시적이든 특정한 요지들만 아니라, 그 본문의 형식과 어구들(즉 본문비평)과도 관련이 있다. 바울은 자신들의 삶과 교훈을 모세가 쓴 글에 의거했다고 주장한 유대교 선생들에게 대항하면서 하나님이 구원사의 이 새 시대에 가져오신 관계에 대한 그의 이해를 뒷받침할 때 유대인의 바로 이 위대한 율법 수여자의 진술들을 사용하기도 한다. 바울이 이해한 새로운 관계는 (1) 나사렛 예수의 사역과 죽음과 부활과 미래에 대한 그의 약속에 근

10:5); 신 30:12-14(롬 10:6-8); 다시 사 28:16(롬 10:11); 욜 2:32[MT; LXX 3:5](롬 10:13); 사 52:7(롬 10:15); 사 53:1(롬 10:16); 시 19:4[MT 19:5; LXX 18:5](롬 10:18); 신 32:21(롬 10:19); 그리고 사 65:1-2(롬 10:20-21)을 주목하라.

14) Käsemann, *Romans*, 284(그러나 Käsemann은 그가 관찰한 것을 10:8, 11, 13에 등장하는 내용에만 구체적으로 적용했다).

15) Fitzmyer, *Spiritual Exercises,* 165.

거했으며, (2) 하나님의 영의 사역으로 말미암아 예수를 믿는 신자들의 삶에서 이루어진 관계다.

9:30-10:21의 구조. 바울은 세 부분으로 이루어진 그의 주해의 첫 부분인 9:6-29에서 하나님의 주권적인 뜻과 선택이라는 관점에서 "하나님의 약속과 사람들의 반응"이라는 주제를 논했다. 그러나 두 번째 부분인 9:30-10:21에서 그는 같은 주제를 인간의 반응이라는 관점에서 다룬다. 바울은 그의 주해 중 이 두 번째 부분에서 주로 그리스도인들이 하나님의 약속하신 메시아라고 선포한 나사렛 예수를 유대인들이 거절한 것에 초점을 맞춘다. 하지만 그는 일부 이방인들이 하나님으로부터 "믿음에 의한 의"를 얻은 것을 언급하기도 한다. 이것은 인류 역사의 과정에서(뿐만 아니라 사도 자신의 이방인 선교 동안에도) 적어도 어떤 이방인들이 하나님과 그의 구원하시는 긍휼하심에 적극적으로 반응했다는 것을 암시한다. 비록 그들이 이스라엘 백성처럼 하나님과 그의 구속 행위에 대한 지식을 소유하고 있지는 않았지만 말이다. 그러므로 "하나님의 약속과 인간의 반응"이라는 대체적으로 동일한 주제가 세 부분으로 이루어진 사도의 주해의 첫 두 부분에서 다뤄지고는 있다. 하지만 1부에서는 "하나님의 주권적인 뜻, 선택, 택함"에 초점이 있고 2부에서는 "인간의 반응"에 초점이 있기 때문에, 이곳 9:30-10:21에서 바울은 9:6-29에서 제시한 내용과는 어느 정도 다른 내용을 제시한다.

이 두 본문에서 다뤄진 특별한 문제들이 다르기는 해도, 그들의 형식적인 구조들은 매우 비슷하다. 9:6-29에 기록된 내용은 다음과 같은 네 주제 또는 제목으로 개괄할 수 있다. (1) 첫 논제 진술. 이것은 창세기의 족장들 이야기의 어떤 특징들로써 뒷받침을 받는다. (2) 하나님이 백성을 선택하실 때 나타난 하나님의 긍휼과 공의로우심에 대한 주해와 성경적 근거 자료. (3) 하나님께서 어떤 사람들은 선택하시고 나머지 사람들은 버리심을 변호하는 기본적인 신정론과 전통적인 논증 및 성경의 뒷받침. (4) 예언자 이사야의 글에서 가져온 구약의 두 본문의 용어들을 사용한 이 문제에 대한 결론. 9:30-10:21에 등장하는 내용은 이와 상당히 비슷한 4개의 주제 또는 제목으로 구성될 수 있다.

1. 믿음이 있는 이방인들의 상황과 비교하여 이스라엘의 현재 믿지 않는 상황에 관한 논제 진술들. 이는 이사야의 예언의 두 본문에서 가져온 이스라엘의 상황에 대한 자료로 입증된다(9:30-33).
2. 하나님의 구원사적 계획에 초점을 맞춘 주해. 이 주해는 9:30-33의 논제 진술을 설명하고, 10:4에 있는 준신앙고백적인 주장으로 보이는 내용을 제시하며, 구약성경과 성경적 근거를 가진 잠언 자료를 인용한다(10:1-13).
3. 믿지 않는 유대인들의 상황에 관한 두 세트의 수사적 질문과 직접적인 대답들. 이를 뒷받침하기 위해 또 다른 구약 본문들이 인용된다(10:14-19).
4. 예언자 이사야의 글에서 유래한 결론적인 진술들. 바울은 이것을 하나님이 그를 "찾지도" "묻지도" 않은 어떤 이방인들에게 자신을 계시하셨지만, "불순종하고 완악한" 유대인들에게는 아무런 대답을 하지 않으신 것에 관한 말씀으로 이해한다(10:20-21).

9:6-29과 9:30-10:21 사이에 나타난 "공식적인 패턴"의 비교할 만한 특징들은 로마서의 세 번째 주요 단락에서 바울의 주해의 적어도 1부와 2부가 일찍이 구두로 제시된 내용이라는 주장의 근거로 사용될 수 있다. 이러한 견해는 도드가 로마서 9-11장의 자료가 "그 자체만의 어떤 특징이 있다"는, 즉 이 세 장이 "저술가보다는 설교가"의 면모를 보여주며 "대화체의 특성"을 더욱 띤다는 자신의 관찰에 근거하여 제안한 견해와 비슷하다.[16] 두

16) C. H. Dodd, *Romans*, 148. Dodd는 이러한 관찰을 한층 더 설명하여 다음과 같은 이중적인 제안을 제시한다. (1) 롬 9-11장 전체에서 "우리는 바울이…소위 유대인의 질문에 대한 그의 입장을 분명히 전달하기 위해 종종 전달해야 했던 일종의 설교를 듣고 있다는 인상을 받는다"는 것과, (2) "그가 필요한 경우를 대비하여 이러한 설교 자료를 가지고 있다가 그것을 이곳에 삽입했을 가능성이 상당히 크다"는 것이다(149).

부분 사이의 이러한 구조의 유사성은 바울이 일찍이 다양한 유대인 회당 또는 어떤 유대 기독교 모임에서 행한 초기의 기독교 설교와 가르침에서 기인했을지도 모른다.[17] 그는 이 내용을 11:1-32에 있는 세 부분으로 이루어지고 구두로 주어진 주해에 대한 절정의 결론으로 제시한다. 이와 같은 제안의 가능성이 매우 크다고 믿기는 하지만, 그럼에도 이러한 제안은 대체로 늘 추측으로 남아야 할 것이다. 이러한 제안은 주로 1부(9:6-29)와 2부(9:30-10:21)에 등장하는 어조와 형식으로부터 유추할 수 있는 추론의 지지를 받는다. 다음과 같은 뒷받침을 추가로 받는다고 주장할 수 있을 것이다. (1) 10:4에 있는 사도의 상당히 극적인 진술에서 상정할 수 있는 특징적인 형식과 속성. (2) 10:6b-8a에서 바울이 인용한 신명기 30:12-14의 격언처럼 보이는 특성. 이것은 바울이 구두로 전한 기독교적 선포에서 사용한 구약 본문의 대중적인 미드라시 해석 때문이라고 볼 수 있다. (3) 11:1-32에 등장하는 내용에 대해 주장할 수 있는 다른 문제들은 구술적인 기원과 관련이 있다. 이 모든 문제는 이어지는 본문들에 대한 우리의 "석의와 주해"에서 더 충분히 다룰 예정이다.

석의와 주해

바울이 유대교의 남은 자 수사학을 기독교적으로 사용했다는 점은 9:6-29에 있는 그의 주해의 첫 번째 부분에서 분명히 드러났다. 특히 바울이 (1) 하나님께서 어떤 사람은 선택하시고 나머지 사람은 선택하지 않으셨다는 예로 창세기의 족장들 내러티브의 중요한 특징들을 사용한 부분에서, (2) 사람들의 삶과 인간 역사의 여러 사건에서 자신의 뜻을 이루시는 하나

---

17) 누가는 행 9:20-22, 29; 13:14-41, 44-47; 14:1-3; 17:1-4, 10-11, 17; 18:4-6에서 바울을 다양한 유대인 회당에서 설교한 사람으로 언급한다. 또한 누가는 행 11:25-26에서 바울이 시리아의 안디옥에서 (이전에 유대교로 전향했으나 예수를 믿는 신자들이 된 이방인 개종자들을 비롯하여) 예수를 믿는 유대 신자들의 다양한 모임에서 바나바와 함께 "수많은 사람에게 일 년간" 가르쳤다는 사실을 주목한다. 더욱이 누가는 행 21:17-19에서 바울이 야고보와 예루살렘의 "모든 장로들"과 더불어 그의 사역 및 신학을 간단히 토론했다고 언급하기도 한다.

님의 주권을 강조한 부분에서, (3) 어떤 사람을 선택하는 일과 그들의 행위에 대한 하나님의 주권을 변호하면서 사용한 기초적인 신정론에서, (4) 구약의 이스라엘 종교에서 남은 자 신학의 가장 탁월한 선포자였던 이스라엘의 위대한 예언자 이사야의 말을 반복해서 언급한 것에서 말이다. 바울은 그가 9:6-29에서 말하길 원했던 내용에 대한 결론을 제시하기 위해 유대의 남은 자 신학의 가장 중요한 몇몇 용어와 표현들을 포함한 이 위대한 구약 예언자의 진술들을 사용했다. 바울은 9:30-10:21에서도 남은 자 신학과 남은 자 수사학을 사용한다. 특히 (1) 택함을 받고 부르심을 받은 사람들이 하나님께 믿음으로 반응해야 함을 강조한 부분에서, (2) 이방인들을 비롯하여 "그를 부르는 모든 자들"에게 내리시는 하나님의 복과 관련한 그의 분명한 진술들에서, (3) 이스라엘의 약속된 메시아시며 인류의 주님이신 하나님의 아들과 "주의 이름을 부르는 모든 자들" 사이에 존재하는 밀접한 관계에 대한 그의 암시들에서, 그리고 (4) 남은 자 신학에 대한 그의 기독교적 선포와 남은 자 수사학에 대한 그의 형식을 뒷받침하기 위해 사용한 예언자 이사야의 인용문들에서 그러하다.

1부(9:6-29)와 2부(9:30-10:21) 사이에 어떤 차이점이 감지되기도 한다. 가장 분명한 차이점들은 다음과 같다.

1. 2부에는 분명한 남은 자 신학이나 남은 자와 관련된 어휘가 생략되었다는 점이다. 물론 바울이 2부에서 창세기의 족장들 내러티브를 사용하고, 사람들과 사건들에 대한 하나님의 주권적인 선택을 설명하며, "남은 자"와 "씨"라는 용어를 사용할 때 그 주제와 어휘가 분명히 드러났지만 말이다. 그리고 이러한 남은 자 주제와 어휘는 3부(11:1-32)에 다시 등장한다.
2. 2부에는 "의", "믿음"과 같은 용어들이 두드러진다는 점이다. 물론 이 표현들이 하나님의 "선택"에 관한 어휘와 "하나님의 주권적 선택"이라는 주제가 특히 주를 이루었던 1부에는 등장하지는 않았다. 그리고 하나님의 선택이라는 표현과 그분의 주권적 선택이라는 주

제는 3부에서 다시 전면에 드러날 것이다.

3. 2부에서는 1부와 3부의 선언적인 어조 및 진술과는 상당히 다른, 강한 고발적인 어조와 고발이 표현되었다는 점이다. 더욱이 이것은 바울이 이 편지의 2:1-3:20에서 유대인들에 대해 일찍이 진술했던 것보다 더 분명하게 고발적인 어조를 띤다.[18)]

1. 믿음이 있는 이방인들의 상황과 이스라엘의 현재 믿지 않는 상황에 관한 논제 진술들, 그리고 이스라엘의 상황을 확증하는 이사야서의 두 본문 자료(9:30-33)

9:30-32a 바울은 τί οὖν ἐροῦμεν;("그런즉 우리가 무슨 말을 하리요?")이라는 질문으로 이스라엘의 현재 믿지 않는 상황에 관한 그의 논제 진술을 시작한다. 사도는 여기서 (가끔씩 제안되었듯이) 가상적이든지 실제이든지 어떤 반대자가 제기한 내용에 답변하는 것이 아니다. 정확히 말해서 그는 이 편지(그리고 신약의 모든 바울 서신 중에서 오직 이 편지에서만) 앞부분에서 6번에 걸친 동일한 수사적 질문으로 강조했듯이, 수사적 질문을 사용하여 다음에 이어지는 논의를 강조하고 있다. 바울은 이 모든 경우에서 그가 믿기로 (1) 어떤 특별한 논증의 과정에서 매우 중요한 요지거나, (2) 그가 제시한 자료의 매우 중요한 단락이나 하위 단락인 것에 주의를 환기시킨다.[19)]

이 진술들에서 바울은 현재 이스라엘이 믿지 않는 상황에 초점을 맞춘다. 그는 당시 유대인들 대부분의 불신앙과 하나님께 긍정적으로 반응하여 실제로 "의를 얻은" 어떤 이방인들을 대조함으로써 이스라엘의 불신앙

---

18) 이 2부 자료의 어조는 행 7:51-53에 보도된 스데반의 고발적인 어조 및 공격적인 진술과 비교될 수 있다. 이에 대해 유대교 지도자들은 대단히 분노했고, 이 초기 기독교 지도자를 돌로 쳐 죽였다.

19) 바울이 일찍이 롬 3:5; 4:1; 6:1; 7:7; 8:31; 9:14에서 이러한 수사적 질문을 사용한 것을 참조하라.

에 주의를 환기시킨다. 비록 이방인들이 (1) 유대인들이 추구하던 방식대로 "의를 추구하지" 않았고, (2) 유대인들처럼 하나님에 대한 계시된 지식을 가지고 있지 않았으며, (3) 이스라엘 백성이 이해하고 경험하라고 부르심을 받은 것처럼, 하나님을 "믿음으로써" 그에게 반응하는 사람들에게 의의 선물을 주시는 의로운 하나님을 알지 못했지만 말이다.

관사 없는 복수 명사 ἔθνη("이방인들")는 언급하는 사람들의 품성을 묘사하는 그 용어의 특질적 사용을 나타낸다. 이 단어는 이곳 9:30에서 유대인들이 "이교도들" 또는 "야만인들"로 간주했던 비유대인들을 묘사하기 위해 사용되었다. 하지만 이 단어는 어떤 특정한 비유대인 집단이나 특정한 비유대 민족을 염두에 두지는 않았다. 또한 바울이 관사 없이 사용한 ἔθνη는 "이방인들"이 다 믿음의 사람들임을 암시하지도 않는다.

하지만 이곳 9:30에서 바울이 "의, 곧 믿음에서 난 의를 얻은" 이방인을 언급하고, 일찍이 9:22-24에서 하나님의 긍휼의 대상으로서 하나님께 부름을 받고 (9:25-26에서 이방인들을 하나님으로 말미암아 "그의 백성", "그가 사랑하는 자", "그의 아들과 딸들"로 받아들여진 자라고 말하는 호 2:23과 1:10을 인용함으로써 그 근거를 제시한 것처럼) "그의 영광의 풍성함"을 받은 이방인들을 언급한 것을 볼 때, 하나님의 긍휼하심과 구원하시는 은혜에 대한 바울의 이해가 그리스도인인 우리가 일반적으로 추측하는 것보다 더 폭이 넓다는 것은 분명한 것 같다. 이 본문들에 표출된 사도의 진술과 인용문들로부터 우리는 바울이 하나님의 긍휼과 구원하시는 은혜에는 (어느 정도 그리고 어떤 방식에서) (1) 이스라엘 안에 있는 "의로운 남은 자들"과, (2) 예수를 하나님이 약속하신 메시아로 믿는 유대인 신자들과, (3) 바울 자신이나 그 밖에 다른 그리스도인 설교자에 의해 선포된 기독교 복음에 근거하여 예수를 믿음으로 말미암아 하나님께로 나온 이방인 개종자들뿐만 아니라, (4) 다른 종교의 일부 추종자들과 일부 세속적이거나 "이교도"처럼 보이는 이방인들도 하나님께서 받으신다는 내용이 포함되었다고 추론하는 것은 정당할 것이다. 특히 ("내부 운동가들" 또는 "예수를 믿는 무교회 신자들"로 종종 여겨지는) 이 "이교도" 이방인들에게 하나님은 (하나님 자신만 아시는 방법으로) 긍휼과 구원하시는 은혜로 자신을 계시하셨으며, 그들은 (그들 나름의 문화나 환경에 적합한 방법으로) 하나님을 신뢰하고 예수께 헌신함으로써 하나님께 반응하여 하나님의 백성으로 받아들여졌다.

서구의 그리스도인들은 이와 같이 (동양 문화 속에서 살든지 서양 문화 속에서 살든지) "믿음이 있는" 다른 종교인들이나 세속적인 사람들 또는 소위 이교도로 보이는 사람들이 가진 하나님께 대한 신뢰와 예수께 대한 헌신의 상황이나 내용을 개념화할 수 없을 것이다. 더욱이 서구의 그리스도인들은 (변혁적 환상, 하나님의 직접적인 개입, 또는 이적적인 상황과 같은) 종종 주장되어온 경험들, 즉 하나님께서 그의 성령으로 말미암아 행하시는 긍휼과 구원하시는 은혜의 행위를 결코 경험하지 못했을지도 모른다.[20] 그럼에도 프레데릭 윌리엄 파버(Frederick William Faber)가 1862년에 쓴 그의 찬송가 가사의 첫 번째와 세 번째 연에서 웅변적으로 표현했듯이 우리 서구의 그리스도인들은 여전히 믿음을 가질 수 있다.

> 넓은 바다처럼 하나님의 긍휼하심에는 넓음이 있고,
> 하나님의 공의에는 자유보다 더 많은 다정함이 있네.
>
> 하나님의 사랑은 사람의 생각으로는 측량할 수 없이 넓고,
> 영원하신 그의 마음은 인정이 아주 많으시네.

이곳 9:30b-32에서 바울은, 하나님께만 알려졌듯이, 그 당시 대부분의 유대인들의 상황이 하나님을 믿음으로써 하나님의 긍휼하심과 은혜에 적극적으로 반응한 어떤 이방인들의 상황과 직접 대조된다고 선언한다. 사도

---

20) 물론 바울은 하나님의 직접적인 개입과 변혁적인 환상들과 기적적인 환경들이 자신의 종교적인 헌신, 삶에 대한 이해, 그리고 그 결과로써 자신의 사역을 급격히 변화시키는 매우 중요한 요인들이었다고 선언한다(특히 행 26:1-23; 고후 12:1-10 참조). 그리고 바울은 예수를 믿는 신자로서 예수 그리스도(메시아)의 탁월하심을 주장하면서도 계속하여 자신의 유대교 유산을 존중하였다(특히 빌 3:3-11 참조).

는 (1) 9:31에서 역접 접속사 δέ("그러나")로 이스라엘에 관한 그의 진술을 시작하고, 그런 다음에 (2) 이어지는 9:32 진술에 더 강한 부사적 불변화사 ἀλλά("그러나 오히려")를 삽입하여 첫 번째 진술의 부정성을 증가시킴으로써, 이 대조를 강조한다. 이와 비슷하게 그는 9:30b-32에서 한편으로 동사 διώκω("추구하다", "구하다", "뒤쫓다")의 대조적인 사용과 다른 한편으로 동사 καταλαμβάνω("붙잡다", "자기 것으로 만들다", "획득하다/이루다")와 φθάνω("도달하다", "이르다", "이루다")에 의해 믿음이 있는 이방인들과 반응하지 않은 유대인들 사이의 뚜렷한 차이를 제시한다. 그는 9:30b-31에서 2번 분명하게, 그리고 9:32a에서 다시 한번 암시적으로 대조한다.[21)]

화자와 저자의 논제 진술들은 제법 압축적으로 표현되곤 한다. 그 진술들에는 흔히 연설이나 글의 효율적인 표현이 포함되어 있다. 즉 표현의 간결성과 이러한 간결성으로 야기되는 모호함이 동반되므로, 이어지는 내용에서는 좀 더 온전한 설명이 제시된다. 구술에 의한 의사소통과 기록에 의한 의사소통에 모두 나타나는 이러한 특징들이 9:30-33의 바울의 진술, 특히 9:31에 있는 그의 고발적인 진술에 존재한다. 이를테면, (1) 문법적으로는 단수이지만 "이스라엘 백성"의 다수를 가리키는 공동체적 명칭인 "이스라엘"의 사용, (2) 바울이 "이스라엘의" 대단히 많은 "[복수의] 백성들"을 염두에 두었을 때 공동체적인 명칭 "이스라엘" 다음에 **단수** 주격 현재 능동태 분사 διώκων("추구하고 있는")과 3인칭 **단수** 부정과거 동사 ἔφθασεν("그/그녀/그것이 이르지 못했다")을 문법적으로 꾸준히 사용한 것, (3) 이스라엘 백성이 "추구하고 있다"고 한 말이 정확히 무엇인지와 관련하여 난해하기로 악명 높은 어구들, 즉 "율법과 관련된(εἰς νόμον) 의의 법(νόμον δικαιοσύνης)"과, (4) 이 구절 끝에서 이스라엘 백성이 "이르지 못했다"고 한 것이 정확히 무엇인지를 언급하지 않은 것에서 그러한 특징들이 드러난다.

---

21) 빌 3:12-14에도 διώκω("추구하다", "구하다", "뒤쫓다")와 καταλαμβάνω("붙잡다", "자기 것으로 만들다", "획득하다/이루다") 동사들이 이 짝을 이루어 등장한다. 여기서 바울은 자신이 그리스도를 아는 것과 관련된 모든 것을 "추구하고 있"지만 아직은 "얻지" 못했다고 말한다.

문맥을 보면 바울은 이스라엘이 이르지 못한 것이 "의"라고 이해했다(그래서 영어 번역에 3인칭 단수 대명사 "그것"을 삽입할 필요가 있음).

(앞에 열거한) 1, 2, 4번은 순전히 문법적인 쟁점들과 관련이 있다. 그래서 일반적인 문법적 용례와 본문의 문맥에 기초해서 이해할 수 있다. (앞 3번의) 약간은 이상한 어구인 νόμον δικαιοσύνης εἰς νόμον은, 에드 샌더스가 상당히 바르게 관찰했듯이, "거의 납득할 수 없는 단어들의 조합"이다. 그럼에도 샌더스가 지적했듯이, 이 어구의 어법은 바울에 의해 "구원의 유일한 근거가 그리스도를 믿는 믿음"이라는 그의 선포의 "본문의 취지"로 사용되었다. 이 믿음은 "모든 사람에게 차별 없이 주어지고…'의'의 방법으로서 율법을 배제한다."[22)]

9:31의 약간은 이상하게 표현된 이 구절에 대한 우리의 이해를 거꾸로 작업하면서(즉 먼저 본문 끝에서 비교적 쉽게 결정된 해석학적 특징들로 생각되는 것을 먼저 다루고, 그다음에 본문 앞에 있는 더 어려운 문제들로 나아감), 필자는 이 상당히 아리송한 어법을 다음과 같이 이해해야 한다고 제안한다.

1. 이 구절의 끝에 등장하는 목적격 명사 νόμον은 "일반적인 법" 또는 어떤 "율법적인 원리"가 아니라 구체적으로 "모세 율법"을 가리킨다.
2. 목적격 명사 νόμον 앞에 있는 전치사 εἰς는 "연속과 최종을 의미하는 εἰς"로 사용되었고, 그래서 "~와 관련하여" 또는 "~와 연관하여"로 번역해야 한다(일찍이 1:16에서 그렇게 이해했고, 나중에 10:1, 14에서 이 동일한 하위 단락에서 이해하게 되듯이).[23)]

---

22) E. P. Sanders, *Paul, the Law, and the Jewish People*, 42.

23) 참조. Stauffer, "εἰς," 2.429. 여기서 Stauffer는 그가 "연속적이고 최종적인 εἰς"라고 부르는 것에 대해 논의한다. 즉 "전치사는 구체적인 끝을 지향하는 행위의 방향성을 의미한다." 우리가 일찍이 1:16("구원과 관련하여")에서 다뤘고, 현재 이 단락 뒤의 10:1("그들의 구원과 관련한")과 10:10("그들의 의와 관련하여")에서 다루게 될 "연속적이고 최종적인 εἰς"에 대한 부분을 보라. 또한 롬 9:17; 14:9; 고후 2:9; 엡 6:22; 골 4:8에 있는 이와 비슷한 εἰς의 용례도 참조하라.

3. 이 구절 처음에 등장하는 νόμον δικαιοσύνης라는 어구는 유대적 배경을 지닌 사람들(즉 유대인들과 예수를 믿는 유대인 신자들)과 유대 기독교적 형식을 가진 표현들에 광범위하게 영향을 받은(우리가 주장했듯이 인종이 어떠하든지 간에 로마에 있는 모든 신자에게 해당됨) 예수를 믿는 이방인 신자들에게 "'율법주의적' 또는 '신율주의적' 형식의 의"라는 개념을 의미했음직한 설명적 표현이다.

그러므로 바울이 9:31에서 다소 압축적인 어법을 통해 이렇게 선언하고 있다고 이해하는 것이 가장 좋은 것 같다. "이스라엘 백성은 모세 율법과 관련하여 '율법주의적'(또는 신율주의적) 형식의 의를 추구하고 있었으나, 그들은 거기에 이르지 못했다"고 말이다. 바울이 그들의 회당이나 모임 장소에서 기독교 메시지를 선포하는 것을 들은 유대인들과 예수를 믿은 유대인 신자들 모두 이 진술을 이렇게 이해했을 것이라고 추측할 수 있다. 로마에 있는 그리스도인 수신자들(그들의 다양한 "가정 교회"나 공동체에 어떤 인종들이 섞여 있든지 간에) 역시 이런 식으로 이 어구를 이해했을 것이다. 로마에 있는 예수를 믿는 신자들은 그들의 다양한 인종들과 상관없이 모두 (우리가 지금까지 제안한 것처럼) 유대 기독교 형식의 사상과 표현을 익히 알고 있었던 것으로 보인다. 상당이 아리송한 이 구절이 어떤 과정을 거쳐 현재에 이르게 되었는지는 모르지만, 그것은 바울의 초기 설교와 가르침에 있었을 것이다. "본문의 취지는 분명하다."[24] 어구가 어떠하든지 상관없이, 이 진술은 "'의'를 얻는 방법으로서 율법을 배제한다"는 것이다.[25]

바울은 9:32a에서 διὰ τί;("왜 그러냐?")라는 수사적인 질문을 제기한다. 그리고 그는 이 질문에 좀 더 생략적으로 표현된 고발적인 진술로 답한다."Οτι οὐκ ἐκ πίστεως("믿음에 의지하지 않고"), ἀλλ' ὡς ἐξ ἔργων("행위에 의지함이라"). 이것은 좀 더 폭을 넓혀 다음과 같이 읽을 수 있다. "이스라

24) E. P. Sanders의 *Paul, the Law, and the Jewish People*, 42에 있는 표현을 사용함.
25) E. P. Sanders, *Paul, the Law, and the Jewish People*, 42

엘 백성은 믿음에 의하여 의를 추구한 것이 아니라 마치 행위에 의거하여 의를 얻을 수 있는 것처럼 행했다"라고 말이다. 윌리엄 샌데이와 아서 헤들럼은 ἐξ ἔργων이라는 어구 앞에 있는 불변화사 ὡς가 "주관적인 사상을 소개하고" 있음을 적절히 관찰했다. 그래서 이 구절에서 ὡς ἐξ ἔργων이라는 어구는 "마치 행위로부터 그러한 것처럼"으로 번역해야 한다.[26] 샌데이와 헤들럼은 계속해서 여기서 바울이 주관적으로 사용한 이유를 다음과 같이 설명한다.

> 바울은 자신이 ἐξ ἔργων이 νόμον δικαιοσύνης를 추구할 수 있는 방법이라고 결정적으로 주장하는 것이 아니라는 것을 변호하고 싶었다. 그래서 그는 그것을 행위로써 의를 얻을 수 있다고 생각한 유대인들의 사상으로 제시한다.[27]

9:32b-33 이 동일한 맥락에서 바울은 한걸음 더 나아가 9:32b-33에서 "그들[이스라엘 백성]이" 그 백성으로 하여금 걸려 넘어지게 한 "'부딪칠 돌'에 부딪쳤다"고 선언한다. 바울은 이렇게 선언하면서, 이스라엘이 걸려 넘어진 것과 관련한 자신의 선언을 뒷받침하기 위해 구약의 이미지를 사용할뿐더러 "그[문제의 "돌" 또는 "반석"]를 믿는 자는 부끄러움을 당하지 아니하리라"는 그의 선언을 예상하기도 한다.

구약성경에는 하나님의 종말론적 구원이 주어지는 최후의 날에 분명하게 드러날 "돌"이나 "반석"에 대한 언급이 많이 있다. 시편 118:22-23이 아마도 이 "돌" 본문 중에서 가장 초기의 본문일 것이다. "건축자가 버린 돌이 집 모퉁이의 **머릿돌**이 되었나니, 이는 여호와께서 행하신 것이요, 우리 눈에 기이한 바로다." 이사야 8:14에서 예언자 이사야는 하나님이 그의

26) Sanday and Headlam, *Romans*, 280. 두 사람은 ὡς의 주관적 이해를 뒷받침하기 위해 고후 2:17; 11:17; 몬 14을 인용한다.

27) Sanday and Headlam, *Romans*, 280.

남은 백성에게 "성소"가 되실 것이라고 선언한다. 그러나 바로 그 하나님이 "이스라엘의 두 집에는 **걸림돌**과 걸려 넘어지는 **반석**이 되실 것이며 예루살렘 주민에게는 함정과 올무가 되"실 것이다. 이사야 28:16에서 예언자는 주 하나님의 말씀을 다음과 같이 보도한다. "보라! 내가 한 **돌**을 시온에 두어 **기초**를 삼았노니, 곧 **시험한 돌**이요 **귀한 모퉁이 돌이고 견고한 기초돌**이라. 그것을 믿는 이는 다급하게 되지 아니하리로다." 그리고 느부갓네살의 꿈에 대한 다니엘의 해석 이야기를 다루는 다니엘 2:44-45에서는 "사람이 손대지 아니한…산"에서 나온 "**부서뜨리는 돌**"을, "하늘의 하나님이 한 나라를 세우시리니, 이것은 영원히 망하지도 아니할 것이요 그 국권이 다른 백성에게로 돌아가지도 아니할 것이요 도리어 이 모든 나라를 쳐서 멸망시키고 영원히 설" 미래의 때와 관련한 것으로 해석한다.

구약성경의 이 "돌" 이미지의 상당히 많은 내용이 예수와 바울 당시의 대다수 유대인에게는 약간은 수수께끼로 보였을 것이다. 물론 돌 이미지가 적어도 어느 정도는 제2성전기 유대교의 어떤 이스라엘 사람들에게는 일종의 메시아적 함의를 지닌 것으로 이해되었을 수도 있었겠지만 말이다.[28] 하지만 구약성경의 이 돌 이미지를 독특하게 기독론적으로 사용하는 것은 신약의 여러 글에서 현저하게 등장한다. 예수는 공관복음 세 곳 모두에서

---

28) 유대인들 사이에서 구약의 돌 이미지를 메시아적으로 사용했을 가능성을 지지하는 글들이 몇몇 곳에서 발견된다. (1) Josephus, *War* 5:270-74에서 예루살렘이 로마의 10사단에게 포위된 상황을 묘사하는 요세푸스의 보도. 특히 그는 로마 군대가 포위망을 점점 좁혀오면서 예루살렘 성의 건물을 파괴하고 사람을 죽이기 위해 도시의 성벽 위로 얼마나 거대한 돌들을 투척하기 시작했는지, 그리고 도시 성벽의 탑에서 망을 보던 유대인 파수꾼들이 ἡ πέτρα φέροιτο("돌[또는 바위]이 날아오고 있다")라고 외치면서 사람들에게 어떻게 경고했는지를 묘사했다. 그러나 상황이 유대인들에게 더 불리하게 되고, 돌들이 계속해서 성벽 위로 투척되자, 파수꾼들은 ὁ υἱὸς ἔρχεται("그 아들이 오신다")고 소리를 질렀다. 그리고 (2) 히브리어의 אבן("돌")과 בן("아들") 등 두 단어의 비슷한 철자. 이로 인해 제2성전기 유대교의 유대인들은 두 단어를 결합하기도 했다. 참조. M. Black, "The Christological Use of the Old Testament in the New Testament," *NTS* 18 (1971) 11-14; 또한 R. N. Longenecker, *Christology of Early Jewish Christianity*, 50-53도 보라. 쿰란의 유대인 언약자들은 자신들을 "시험을 당하는 방어벽"과 "귀중한 모퉁이 돌"로 이해했으며(사 28:16의 언어를 사용한 1QS 8.7), 그들의 공동체를 "그 서까래들은 제자리에 위치하고" "그 돌들은 잘 놓인" 하나님의 "반석 위에 세워진 건축물"로 여겼다(1QH 6.26-27).

시편 118:22의 말씀을 인용하신 분으로 전해졌다. 예수는 하나님의 구원사의 계획 전체에서 **"모퉁이 돌"**이 된 "건축자들이 버린 **돌**"이 자신과 자신의 사역을 언급하는 것이라고 말씀하신다.[29] 이럼으로써 예수는 그가 이스라엘 백성에게 버림을 받고, 하나님에 의해 신원되시며, 장차 그의 종말론적인 구속의 승리를 미리 말하기 위하여 시편 저자의 말을 사용한다. 렌달 해리스(J. Rendall Harris)가 이 상황을 적절히 묘사했듯이, 그를 믿는 초기 신자들의 의식 속에 "돌을 굴린" 분은 바로 예수 자신이셨다.[30]

신약성경에는 예수를 믿는 초기 신자들 간에 구약의 돌 이미지의 이러한 기독론적 사용의 세 가지 변형이 등장한다. 이를 뒷받침하기 위해 3개의 다른 성경 본문이 사용되었다. (1) 시편 118:22에 근거한 **"모퉁이 돌**이 된 **버림받은 돌**", (2) 이사야 28:16에 근거한 "믿는 자는 다급하게 되지 않는다"는 권고와 함께 "견고한 기초가 되는 **귀한 모퉁이 돌**", (3) 이사야 8:14에 근거한 **"걸림돌**과 **걸려 넘어지는 반석**" 등이 그것이다. 첫 번째는 사도행전 4:11과 베드로전서 2:7에서 발견되고, 두 번째는 에베소서 2:20과 베드로전서 2:6(과 암시적으로 고전 3:11)에서 발견된다. **"걸림돌**과 **걸려 넘어지는 반석**"에 대해 말하는 세 번째 성경 본문은 (사 28:16의 권면의 두 번째 부분과 결합된) 이곳 로마서 9:33과 베드로전서 2:8에 등장한다.[31]

예수가 자기 인격과 사역에 적용하셨고 그다음에 많은 신약의 저자들이 예수께 적용한 것을 우리가 주목했듯이, 이러한 구약성경의 돌 이미지가 신약성경에 널리 사용된 것은 돌 이미지의 기독교화된 설명이 예수를 믿은 초기 신자들 사이에서 상당히 잘 알려졌음을 의미한다. 더욱이 "돌 이미지"에 대한 구약 본문들과 그 변형들이 베드로전서 2:6-8에 함께 등장한 것으로 판단해볼 때, 이 세 가지 성경 본문과 각각의 주제가 결합된 것

29) 참조. 막 12:10-11과 병행어구인 마 21:42과 눅 20:17-18.

30) J. R. Harris, *Testimonies*, 2 vols. (Cambridge: Cambridge University Press, 1916, 1920), 2.96; 또한 K. Stendahl, *The School of St. Matthew and Its Use of the Old Testament* (Lund: Gleerup; Philadelphia: Fortress, 1958), 69, 212도 참조하라.

31) 신약성경에서 "λίθος인 그리스도"에 대한 유익하고 자세한 개관에 대해서는 Jeremias, "λίθος," *TDNT* 4.271-79을 보라.

이 초기 유대 기독교적 선포의 중요한 특징이었다는 것은 분명해 보인다. 그래서 (1) 바울이 로마서 9:30-33의 논제 진술 끝에서 유대인들이 "'걸림돌'에 걸려 넘어졌다"는 고발에 초점을 맞추었고, (2) 그가 이사야 8:14("백성들로 하여금 넘어지게 하는 걸림돌과 걸려 넘어지는 돌")과 사 28:16b("믿는 자는 다급하게 되지 아니하리라")의 진술들을 혼합함으로써 그 고발을 뒷받침했다는 것을 너무 유별나다고 생각해서는 안 된다. 심지어 바울은 그리스어 대명사 αὐτῷ를 기독교화하여 중성 인칭대명사 "그것"(사람이 의지하는 "그것", 곧 "돌"이나 "반석"으로 이해함)이 아니라 남성 인칭대명사 "그를"(즉 "그[그리스도 예수]를 의지하는[즉 믿는] 자는 부끄러움을 당하지 아니하리라"로 이해함)로 이해했다.[32]

II. 하나님의 구원사적 계획에 초점을 맞춘 주해. 이를 뒷받침하기 위하여 9:30-33의 논제 진술을 설명하고, 10:4에 있는 준신앙고백적인 주장으로 보이는 내용을 제시하며, 구약성경과 성경에 근거한 잠언 자료를 인용함(10:1-13)

10:1-13을 훑어보면 이 열세 절 안에 γάρ("이는")라는 단어가 전부 9번 등장한다는 사실이 즉시 드러난다. 물론 불변화사 γάρ는 바울과 신약의 저자들이 다양한 방법으로 사용했던 그리스어의 일반적인 접속사다. 주로 다음과 같은 목적으로 사용되었다. (1) 앞에서 제시한 내용의 연속을 표시하기 위해, (2) 원인과 관련한 진술을 소개하기 위해, (3) 추론을 제시하기 위해, (4) 설명적인 진술을 소개하기 위해, 그리고 (5) 이어지는 내용이 성경 인용, 성경적 암시, 또는 성경에 기반을 둔 격언이나 잠언적 진술임을 표시하기 위해서 등이다. 이 접속사는 10:1-4에서 10:2-3의 세 가지 고발 진술을 소개하기 위해 3번 사용되었다. 이것은 9:30-33에 있는 사도의 상당히 압축적인 논제 진술들을 더욱 분명하게 제시하는 기능을 한다. 그런 다음에

32) Barrett가 *Romans*, 192 n. 1에서 상당히 바르게 설명했듯이, "그리스어 대명사(αὐτῷ)는 동일하게 '그를'이라고 번역할 수 있다."

10:5-13의 아홉 절에서 이 접속사는 성경 인용과 성경 암시, 그리고 성경에 근거한 잠언적인 진술로 보이는 것을 소개하기 위해 6번 더 등장한다. 이 모든 것은 10:4에 있는 바울의 상당히 극적인 "그리스도와 토라의 반제"를 뒷받침하기 위해 제시된다.

10:1-13의 전후 문맥에 있는 어느 자료에서도 접속사 γάρ가 등장하지 않지만, 10:1-13에 있는 이 접속사는 바울이 그의 독자들에게 몇 가지 의도한 바가 있음을 시사한다. (1) 10:1-4과 10:5-13 등 이 두 문단을 하나의 통일되고 독립된 문단을 구성하는 자료로 보도록 의도하고(10:14-15에 이어지는 4개의 질문은 이 자료에 속한 하위 단락의 시작을 표시함), (2) 이 두 문단을 설명적인 자료를 포함하고 있는 것으로 이해하도록 의도한다. 이 자료들은 무엇보다도 9:30-33에서 그가 압축적으로 표현한 논제 진술들을 더욱 분명하게 설명하는 기능을 하지만, 또한 10:4의 비교적 극적인 진술을 설명하는 기능을 하기도 한다.

10:1-4 바울은 10:1-4의 설명적 진술을 여기서 직접 상대를 부르는 호격으로 기능하는 복수 명사 ἀδελφοί("형제자매들아")로 시작한다. 바울은 이 호격을 그 단어가 지닌 모든 가족 이미지와 함께 예수를 믿는 다른 신자들에 대한 경의와 존경을 나타내는 표현으로뿐만 아니라, 그의 수신자들이 그로 인해 오해하거나 불쾌감을 느끼지 않기를 바라는 마음을 담아 중요한 자료를 시작한다는 것을 표시하기 위해 당대의 서간체적 관습을 사용한다. 마찬가지로 바울은 이 설명적 진술들 도입부에 후치사 μέν을 포함시킨다. 이것은 그가 조금 전에 말한 내용을 재천명하거나("참으로") 앞에서 말한 것과 관련하여 일종의 양보하는 내용을 불쑥 꺼내기 위해(역시 "참으로") 사용되었던 그리스어의 일반적인 단어다. 바울은 이곳 10:1에서 그의 동포인 이스라엘 백성을 위해 "마음에 원하는 바와 구하는 바"를 재천명하기 위해 μέν을 사용한다. 그가 일찍이 9:3에서 "나의 형제자매 곧 골육의 친척을 위하여"라고 말하면서 그들을 위한 깊은 관심을 표현했듯이 말이다. 그래서 사도는 직접 지칭하는 호격 ἀδελφοί와 어떤 내용을 단언하는 불변화사 μέν을 다 사용함으로써 (1) 로마에 있는 그의 그리스도인 수신자

들에 대한 가족적인 경의와 존경을 표현하며, (2) 그의 수신자들이 오해하거나 불쾌감을 갖지 않기를 바라는 자료를 소개하고, (3) 그의 동포 이스라엘 백성들에 대해 그가 마음에 원하는 바와 구하는 바를 재천명하고 있다.

하지만 10:1-4에서 바울은 매우 심각한 고발 내용을 세 가지 제기한다. 이것은 이스라엘의 현재 불신앙적인 상태에 대해서 바울이 일찍이 9:30-33에서 압축적으로 진술했던 것을 더 충분하게 설명하는 역할을 한다. 이를테면, (1) 이스라엘 백성은 "하나님께 열심이 있었다. 그러나 그 열심은 지식에 근거한 것이 아니다." (2) 그들은 "하나님의 의에 무지했다." (3) 그들은 "자기 의를 세우려 했다." 그러므로 "하나님의 의에 복종하지 아니하였다." 바울은 이 문단을 자신의 극적인 신앙고백적 진술로 보이는 선언으로 마무리한다. 즉 τέλος γὰρ νόμου Χριστὸς εἰς δικαιοσύνην παντὶ τῷ πιστεύοντι("그리스도는 모든 믿는 자에게 의를 이루는 것과 관련하여 율법의 마침이 되셨다")라고 말이다. 이것은 기독교 메시지의 핵심에서 나온 것이다.

이 극적이고 강력한 단언은 틀림없이 기독교 메시지의 초점과 관련이 있는 문제들이 특히 전면에 부각되었던 환경에서 나왔을 것이다. 이 쟁점들은 (1) 예수와 그의 사역을 어떻게 구약 이스라엘 종교의 맥락에서 이해해야 할지, (2) 이스라엘의 메시아와 인류의 주님이신 예수께 헌신하는 것이 모세 율법을 이해하는 데 어떻게 영향을 주었는지, (3) 모세 율법의 가르침과 비교하여 예수와 그의 사역을 어떻게 강조해야 하는지, (4) 기독교적 선포의 초점이 어디에 있다고 보아야 하는지, 즉 예수와 그의 사역에 있는지 아니면 모세 율법의 교훈에 있는지, 또는 예수의 가르침과 사역과 모세 율법의 법령을 혼합한 것에 초점이 있는지와 관련한다. 예수를 믿는 초기의 많은 유대인 신자들은 두 가지 초점을 가지고 기독교 메시지를 이해했다. 그들은 나사렛 예수와 그의 사역뿐만 아니라 모세 율법 안에서 의로운 생활을 위해 주어진 교훈들을 이중적으로 강조했다. 이것은 야고보와 예루살렘 교회의 "장로들"이 바울에게 "유대인 중에 믿는 자 수만 명이 있으며, 그들이 모두 얼마나 율법에 열성을 가지"고 있었는지를 말하고(행 21:20), 그 후 계속해서 유대인 신자들이 바울에 대해 가지고 있던 그러한 우려들을 누그러뜨리기 위해 바울이 예루살렘에서 어떻게 행동해야 하는지 조언해주었을 때(행 21:21-25) 염두에 두었던, 예수를 믿은 초기 유대인 신자들에게 해당되는 교훈들로 보인다. 이것은 시리아 안디옥에서 예수를 믿는 신자들(베드로까지)을 혼란에 빠뜨렸던 "야고보에게서 온 어떤 사람들"에게도 분명 해당된다(갈 2:11-21을 보라). 바른 기독교적 초점에 대한 이 문제는 어떤 유대인 출신의 그리스도인 선생이 갈라디아 지방에 와서 그곳에 있는 바울의 이방인 개종자들에게 그들의 기독교적 확신을 실천하면서 살아가기 위해 특정한 유대교 규정들을 받아들여야 한다고 말하려고 했을 때 커다란 쟁점이 되었다(갈 1:6-10과 3:1-5:26).

기독교 메시지에서 이 초점의 문제, 즉 그리스도께만 초점을 맞출 것인지 아니면 그리스도와 모세 율법 모두에 초점을 맞출 것인지를 다루는 문제는, 시리아 안디옥이라고 하는 인종적으로 다양한 도시에서 예수를 믿는 신자들 사이에서 가장 중요한 토론의 주제가 되었다고 주장하는 것이 정당할 것이다.[33] 더욱이 바나바와 더불어 "일 년간" "큰 무리를" 가르쳤

---

33) 필자의 논문 "Antioch of Syria," 16-17을 보라.

예루살렘을 제외하면, 로마 제국에서 시리아 안디옥만큼 기독교회의 지상 생활과 삶의 부침에 큰 부분을 차지한 도시는 없다. 사도행전은 우리에게 헬라파 유대 그리스도인들이 예루살렘에서 달아나는 중에 먼저 안디옥에 복음을 전했음을 말해준다. 그들은 먼저 유대인에게만 설교했지만 이내 이방인들도 설교 대상에 포함시켰다. 안디옥에서 믿는 자들의 수가 증가하자, 예루살렘 교회는 바나바를 보내어 상황을 알아보게 했다. 바나바의 수고를 통해 안디옥의 기독교 공동체는 예루살렘의 기독교 공동체와 연결되었다. 그럼으로써 안디옥의 기독교가 약간은 특이하게 시작한 것으로 인해 발생할 수도 있었던 소외나 분열을 막을 수 있었다. 더욱이 바나바의 수고를 통해 다소의 사울이 안디옥에서의 사역에 동참하게 되었다.

1세기 안디옥은 다양한 철학, 사이비 집단, 종교가 번성할 수 있는 온상이었다. 그곳은 관용을 자부심으로 삼았던 도시였다. 심지어 그곳에 살고 있던 유대인들은 유대인 디아스포라의 다른 어느 곳이나 팔레스타인보다도 이방인들에게 개방적이었다. 하지만 안디옥 사람들 중에는 이교도가 제공하는 것보다도 더 중요한 종교적 경험과 삶에서 더 의미 있는 것을 추구하고 있었던 사람들이 많았다. 사실 많은 이방인이 어떻게든 그 도시의 유대인 회당들과 연결되어 있었으며, 유대교의 유일신 사상과 윤리에 감명을 받았다. 그래서 기독교 복음이 안디옥에 이르렀을 때, 유대인들뿐만 아니라 유대교에 의해 정신적으로나 영적으로 준비가 된 이방인들도 그 복음을 받아들였다.

사도행전은 우리에게 안디옥의 엄청난 수의 안디옥 사람들이 복음의 메시지를 받아들였고 예수께 헌신했다고 말한다. 하지만 이 집단이 유대인과 이방인으로 이루어졌기에 그

고(행 11:25-26) 이러한 토론의 주요 당사자 역할을 한 사람이 바울 자신이었다고 추측할 수 있다(행 11:25-26). 그래서 우리는 바울이 (1) "안디옥에서 비로소 그리스도인이라 일컬음을 받게 되었다"(행 11:26b)는 사실에서만 아니라, (2) "그리스도는 모든 믿는 자에게 의와 관련하여 율법의 마침이 되셨다"는 로마서 10:4의 매우 중요하고 상당히 극적인 진술을 작성하는 데도 중요한 역할을 했다고 보아야 한다.

그러므로 이곳 10:1-4에서 바울은 (전반적인 기독교 사역에서뿐만 아니라) 자신의 사역에 관해서도 대단히 중요한 세 가지를 표현한다. (1) 자신의 백성(즉 "이스라엘 백성")의 "구원과 관련한" 파토스(1절), (2) 다른 사람들의 변덕스러운 종교적인 상황에 대한 통찰력 있는 분석(2-3절), (3) 기독교 복음의 메시지와 다른 모든 종교의 메시지 사이는 물론이고 유대교의 초점 및 기독교 메시지의 초점과 관련된 문제들의 가장 중요한 부분을 압축하는 준신앙고백적 진술들로 보이는 것 등이다. 다른 종교들은 헌신해야 하는 어떤 분, 즉 십자가에 못 박히고, 부활하여 높이 들림을 받으신 분이며, "다시 오실" 메시아와 주님이신 예수 그리스도를 선포하기보다는 따라야 할 길을 제시한다(4절).

윌리엄 샌데이와 아서 헤들럼은 10:1-4을 쉽게 의역하면서 이 네 구절의 기본적인 요지(비록 구체적인 내용이나 어감을 다 드러내지는 못했다고 해도)를 포착했고, 사도의 말을 (약간 고풍스럽기는 하지만) 토속어로 다음과 같이 바꿔 표현했다.

> [1]형제들아! 잠깐 숨 좀 돌리겠네. 나의 동포를 겨냥해서 심각한 고발을 하려고 하네. 거듭 이야기하네만, 그들을 미워하는 감정은 내게 추호도 없네.

도시의 관원들은 그들을 유대인들이나 그 도시의 다양한 이교 신봉자들과 구별하는 명칭을 찾아야만 했다. 그래서 관원들은 복음 메시지를 받아들인 사람들에게 "그리스도 추종자들" 또는 "그리스도의 사람들"이라는 뜻의 그리스도인이라는 별명을 붙여주었다. 초기의 자기 명칭인 "도를 좇는 사람들"보다는 바로 이 명칭이 그들의 입에 붙었다. 이유는 단순하다. "그리스도인"은 그리스도인들 자신들에 의해서도 매우 적합한 명칭으로 여겨졌기 때문이다.

나야 늘 그들이 잘 되기를 바라는 마음이 간절하지. 나는 하나님께 그들이 구원받기를 간절히 기도한다네! [2]사실 나는 예전에도 그랬고 지금도 그러하지만, 그들과 한 동포로서 그들이 하나님께 열심이 가득하다는 것 하나는 보장할 수 있네. 그들이 실수한 것이 있다면 이것은 아닐세. 그들의 실수는 바로 그들의 열심이 순전한 영적 통찰력의 결과인 참된 지식의 지도를 따르지 않았다는 것이네. [3]그들은 의를 추구했지. 하지만 그것에 이르기 위해서는 두 가지 길이 있어. 하나는 하나님의 방법인데, 그들은 이 방법을 몰랐던 거야. 다른 하나는 그들 자신의 방법이지. 바로 이 방법에 그들은 맹목적으로 그리고 의도적으로 집착했네. 그들은 하나님의 구원 계획에 복종하기를 거부했던 거야.

[4]그들 자신의 방법은 율법의 법령을 엄격하게 지키는 것에 근거한 것이었지. 그러나 그 법령은 그리스도 안에서 끝났어. 이제 새롭고 더 좋은 길이 있네. 두 가지 특성을 지닌 것이지. 그 방법은 믿음의 원리에 근거한 것이며, 모든 사람에게 동일하게 적용되는 방법이라네.[34)]

샌데이와 헤들럼이 (로마서 나머지 부분을 주석하면서도 그랬듯이) 로마서 10:1-4의 이 하위 단락에서 바울이 쓴 내용을 제일 먼저 의역하면서 16세기 초에 신약성경을 해석한 에라스무스의 실례를 따랐다. 에라스무스 역시 그리스와 로마의 고전 저술자들을 다룬 세속적인 해석자들의 방법을 따랐다.[35)]

---

34) Sanday and Headlam, *Romans*, 276-77.

35) 네덜란드의 종교적 인문주의자였던 데시데리우스 에라스무스(1466-1536경)는 로마 가톨릭 신학자로 교육을 받았지만, 주로 라틴어와 그리스어 언어학자로 활동했다. 당시 에라스무스는 유럽에서 매우 중요한 언어학자이자 성경 주석가였다. 그는 1509년부터 1514년까지 케임브리지 대학교에서 신학교수로 봉직하기도 했다. 에라스무스는 너댓 개의 후기 사본에만 근거하여 신약성경의 그리스어 비평 본문(또는 *Novum Instrumentum*)을 확립한 사람으로 가장 잘 알려졌다. 이 본문은 사본 각주와 라틴어 번역을 담고 있는 17세기에 "공인 본문"이라 불리게 된 것과 여러 면에서 비교될 수 있다. 하지만 그 당시 에라스무스는 종종 비평도 받았지만 신약성경을 의역한 사람으로서, 즉 고전적인 저자들의 작품에 대한 (1세기 말의) 그리스 수사학자인 퀸틸리아누스와 (4세기의) 라틴 수사학자인 테미스티우스가 사용했던 해석학 방법을 전용하고 그 방법을 신약성경에 적용한 사람으로 더 찬사를 받았다. 에라스무스가 주장하듯이, 본문을 의역하는 것은 본문의 명료성을 개선하고, 그래

(의식적으로든 무의식적으로든, 공식적으로든 비공식적으로든) 특정한 성경 저자가 기록한 것을 먼저 의역함으로써 성경 자료를 이해하려는 이러한 방법은 (명시적으로든 단순히 추정으로든) 오늘날에도 많은 해석자와 주석가들이 본문비평과 석의 그리고 성경신학 등 더 힘든 작업을 수행하기 전에 일반적으로 행하는 것이다.

로마서 10:4에 관한 핵심적인 석의적·신학적 쟁점들은 바울이 τέλος νόμου Χριστός("그리스도는 율법의 마침이 되시니라")라고 말하면서 뜻한 바가 무엇인지와 관련이 있다. 이 진술의 맨 처음에 등장하는 술어 주격 표현인 τέλος νόμου("율법의 마침")의 위치는 "율법의 마침"이 무슨 의미인지, 그리고 암시하는 바가 무엇인지를 매우 진지하게 다뤄야 함을 암시한다. 이 첫 번째 구절의 마지막에 등장하는 문장의 진정한 주어인 Χριστός("그리스도") 역시 해석자들에게 구속사와 관련하여 전개되는 하나님의 계획에서 그리스도의 사역을 진지하게 고려할 것을 요구한다.

서 어느 한 언어에서 다른 언어로 번역하는 데 용이하다.

에라스무스는 1499년쯤 로마서를 의역하기 시작했다. 하지만 그는 자신의 그리스어 실력이 그 작업을 수행하기에 불충분하다는 것을 깨닫자 포기했다. 그 후 에라스무스는 수년간 그리스어와 그리스어 신약성경을 집중적으로 연구한 후(이러한 집중 연구는 1516년에 그리스어 신약성경의 초판을 출판하는 것으로 절정에 이르렀다) 다시 1514년에 바울의 로마서를 의역하기 시작했다. 그리고 그는 자신이 의역한 로마서(*Paraphrase on Romans*)를 1517년에 출판했다. 그는 이 책을 1542년에 로마서 주석을 출판한 동료이자 종교적 인문주의자였던 마리온 그리마니 추기경에게 헌정했다. 에라스무스는 그가 의역한 로마서를 따라 1519-1524년 사이에 나머지 바울 서신 모두, (요한의 서신들을 제외한) 일반 서신, 히브리서, 네 복음서, 그리고 마지막으로 사도행전을 출판했다. 신약을 모두 의역한 이 성경은 에라스무스가 성경 번역자로서 자신의 작업을 뒷받침하려고 수행한 것이었다. 하지만 그가 의역한 성경은 그가 소망했던 신약의 이 자료들에 대한 자신의 온전하고 철저한 주석들을 위한 준비로 행해진 것이기도 하다. 애석하게도 에라스무스는 이런 주석 작업에 착수하지 못했다.

에라스무스의 의역 성경은 널리 읽혔고 상당한 영향력을 발휘했다. 그 성경은 즉시 유럽 대륙과 나중에는 영국에서 대중적으로 사용되었다. 에라스무스의 성경연구, 특히 그의 본문비평 작업과 의역 신약성경을 통하여 교회를 개혁하려는 열정적인 바람으로 인해, (이제는 일반적이고 진부한 표현이 되어버린) "에라스무스가 낳은 달걀을 루터가 부화시켰다"고 말하는 것이 적절할 것이다. 하지만 에라스무스는 (로마서 주석을 쓴 Sanday와 Headlam을 비롯하여) 그를 추종한 수많은 성경 주석가들에게 영감을 불어넣었고 하나의 패러다임을 제시하기도 했다.

명사 τέλος는 고전 그리스어 및 코이네 그리스어를 막론하고 폭넓은 의미를 지니며, "종료", "끝", "중단"만 아니라 "목적", "목표", "성취"와 같은 신학적으로 중요한 문제들과 "성과", "사건", "정당성", "과제", "의무"와 같은 좀 더 일상적인 개념을 의미하기도 한다. 이 구절에 대한 해석의 역사에서는 "목표", "목적", "성취", "종료", "끝"과 같은 어감들이 종종 혼합되었으며, 다양하게 설명되었다. 이 짧은 진술을 어떻게 이해해야 하는지를 다룬 문헌도 방대하다.[36)]

바울이 10:4에서 τέλος로써 뜻하는 바가 무엇인지를 어떻게 이해할지를 결정하는 것은 해석자들이 하나님의 구원사 과정을 이해하는 데 늘 영향을 많이 끼쳤다. 이를테면, 이것을 (1) (초기 교회의 더 훌륭한 신학자들에 의해 이단으로 선언되었지만, 여전히 오늘날에도 다양한 형태로 존재하고 있는) 마르키온의 방식으로 이해할 것인지, 또는 (2) (마르키온의 주장에 반대하여 알렉산드리아의 오리게네스와 클레멘스의 해석학적 원리들과 저술들이 기여한 것으로 인정될 수 있고, 기독교 역사의 첫 18세기 대부분을 주도했으며, 오늘날 많은 지역에서 지속되고 있는) 알렉산드리아 학파의 관점에 근거하여 이해할 것인지, 또는 (3) (특히 4세기 말의 요안네스 크리소스토모스와 16세기 상반기의 마르틴 루터의 설교와 저술들의 기여로 인정될 수 있고, 지난 20세기의 "성경신학 운동"에서 전면으로 부각되었으며, 필자가 믿기로는 최상이고 가장 변호하기 좋은 입장인) 안디옥 학파의 관점에서 이해할 것인지 말이다.[37)]

로마서 10:4의 해석에 연루된 쟁점들은 복잡하며 장황하게 논의되었다. 하지만 10:4과 병행을 이루는 본문으로 보이는 갈라디아서와 로마서의 매주 중요한 다른 세 본문에는 예수를 믿는 신자들이 (1) 하나님이 그의 백성의 삶을 위해 정하신 이전 관계의 마침과, (2) 하나님 자신이 예수 그

---

36) (이 주제를 다룬 중요한 참고문헌과 함께) 관련 쟁점들을 간략하면서도 통찰력 있게 다룬 연구들에 대해서는 Käsemann, *Romans*, 282-83과 Moo, *Romans*, 636-43을 보라. 좀 더 자세한 연구는 Bultmann, "Christ the End of the Law," 36-66; Stuhlmacher, "Das Ende des Gesetzes," 14-39; Mussner, "Christus, des Gesetzes Ende zur Gerechtigkeit für Jeden der Glaubt (Röm 10,4)," 31-44을 보라.

37) 참조. R. N. Longenecker, "Three Ways of Understanding," 22-32.

리스도의 구속 사역과 성령의 사역으로써 확립하셨고 기독교 선포에서 독특하게 새로운 특징으로 세우신, 새로운 관계의 시작을 경험하고 있다는 어감이 반영되었다. 갈라디아서와 로마서에서 이 중요한 세 본문은 다음과 같다.

1. 갈라디아서 3:23-25. 이 본문에서 바울은 모세 율법의 보호 기능을 하나님이 옛 언약 아래 있던 그의 백성을 감독할 목적으로 정하신 것으로 선뜻 인정하면서도, 하나님이 예수 그리스도의 사역과 성령의 사역으로써 세우신 새 언약 안에서 하나님의 백성은 더 이상 "감독하는 초등교사" 아래에 있지 않다고 주장한다. 다시 말해서 바울은 하나님의 백성들이 그리스도 예수 안에 있는 그들의 새 생명을 살아가는 데 필요한 수단으로서 더 이상 모세 율법 아래 있지 않다고 주장하기도 한다.
2. 로마서 3:21-4:25. 이 본문에서 사도는 로마에서 예수를 믿는 신자들에게 기독교 복음의 본질을 밝혀주면서 3:21을 "그러나 이제는 율법 외에(νυνὶ δὲ χωρὶς νόμου) 하나님의 의가 나타났으니, 율법과 예언자들에게 증거를 받은 것이라"는 진술로 시작한다.[38)]
3. 로마서 7:1-6. 여기서 바울은 느닷없이 남편의 죽음으로 인해 그의 아내가 남편의 통제에서 자유롭게 되는 예를 든다(7:1-3). 그러고 나서 그는 그 예를 모세 율법에 대해 죽은 바 된, 예수 믿는 신자들의 지위에 적용한다(7:4-6).

그러므로 "목적", "목표", "성취"와 관련이 있는 개념들이 이곳 10:4에서 바울이 사용한 τέλος에 함의된 것으로 이해하는 것은 상당히 타당할 수 있지

38) "그러나 이제"(νυνὶ δέ)와 "율법 외에"(χωρὶς νόμου)라는 표현들에 대해서는 본서 3:21의 "석의와 주해"를 보라. 또한 3:22의 "예수 그리스도의 믿음/신실하심으로 말미암아"(διὰ πίστεως Ἰησοῦ Χριστοῦ)라는 어구에 대한 본서의 주석도 보라.

만, 사도가 강조하는 특징은 그리스도의 주 되심과 하나님의 성령의 사역으로 특징지어진 구원사의 이 새 시대에서 분명한 방식이든 제한적인 방식이든 간에 모세 율법의 "종료", "끝", "중단"이다. 10:4의 이 극적인 천명에서 사도가 의미하는 바를 예증하기 위하여 더글러스 무는 다음과 같은 유비 또는 비교할 만한 시나리오를 적절히 제시했다.

> (많은 학자들이 *telos*가 전달하는 의미라고 생각하는) 경기의 과정 유비가 도움이 된다. 결승선은 (그곳에 도달할 때 경기가 끝나는) 경기의 "종료"이자 (결승선에 도달하기 위하여 달리는) 경기의 "목표"이기도 하다. 마찬가지로 우리는 바울이 그리스도는 (그분이 율법 시대에 마침을 가져오셨다는 의미에서) 율법의 "끝"이시며, (율법이 대망하고 방향을 제시하고 있다는 점에서) 율법의 "목표"시라고 암시하고 있다. 영어 단어 "끝/마침"(end)은 이러한 어감을 완벽히 담아낸다. 하지만 만일 이 단어가 너무 시간적인 의미를 암시하고 있다고 생각한다면, "정점"(culmination), "완성"(consummation) 또는 "절정"(climax)이라는 단어를 사용할 수도 있다.[39)]

"그리스도는 율법의 마침이 되시니라"는 매우 중요한 선언 다음에 이것을 설명하는 2개의 어구가 이어진다. 두 어구는 모두 이 선언에 대한 바른 이해를 위해 반드시 염두에 두고 있어야 한다. 첫 번째 어구는 εἰς δικαιοσύνην이라는 어구다 이것은 전치사 εἰς를 목적을 표현하는 것으로 사용하여("~과 관련한" 또는 "~의 관점에서") 예수 그리스도와 그의 사역으로써 마침이 된 것이 정확히 무엇인지를 구체적으로 밝혀준다. 그것은 바로 "의와 관련한" 모세 율법이다.[40)] 두 번째 어구는 παντὶ τῷ πιστεύοντι("모

---

39) Moo, *Romans*, 641.

40) 참조. Stauffer, "εἰς," 2.429. 여기서 Stauffer는 그가 "연속적이고 최종적인 εἰς"라고 부르는 것을 논의하는데, 거기서 "이 전치사는 구체적인 끝을 향하는 행동의 방향을 의미한다.". 또한 롬 1:16, 9:31, 10:1, 10:10에 있는 이러한 "연속적이고 최종적인 εἰς"의 다른 용례도

든 믿는 자에게")이다. 이 어구 역시 전치사 εἰς의 목적적 사용을 따라 모세 율법이 그리스도인의 경험에서 마침이 된 사람들이 누구인지를 밝힌다.

구약성경에 제시된 이스라엘 종교에서(우리는 여기서 바울이 롬 3:21에서 νυνὶ δὲ χωρὶς νόμου라는 어구를 사용한 것과 관련해서 앞서 표명했던 주석을 반복한다), 하나님과의 관계는 하나님의 사랑과 긍휼, 은혜 및 죄 사함에 근거하며, 어떤 유형이든지 사람들이 하나님의 율법이나 교훈들을 율법적으로 준수한 것에 의거하지 않는다. 하지만 구약의 예언자들은 항상 하나님이 자기 백성과 세우신 언약적 관계를 하나님이 그의 종 모세에게 주신 법에 명기된 대로 표현해야 한다고 주장했다. 즉 그들은 모세 율법에 표현된 "언약적 신율주의"의 지배를 받는 삶을 살아야 했다.

하지만 바울은 하나님께서 예수 그리스도와 그의 사역 및 성령의 더 강력한 사역으로써 사람들에게 제공하신 것 때문에 구원사의 과정에서 새 시대가 동터왔다고 이해했다. 다시 말해서 약속된 종말론적 "이제"가 하나님에 의해 시작되었으며 지금 그의 백성들에 의해 시작 단계에서 경험되고 있다는 것이다. 그래서 사도는 (1) 옛 언약의 시대에서 효과적으로 하나님이 주신 목적을 수행한 율법적 믿음(즉 "언약적 신율주의")은 마침이 되었고,[41] (2) "새 언약의 경건"이 이제 하나님의 정하심에 의해 효과를 발휘하고 있다고 선포했다. 바울이 기독교 복음을 선포했듯이, 이 새로운 형태의 언약적 경건은 (구약의 참믿음이 늘 그래왔듯이) 모든 형태의 "율법주의"와 상반되며, 또한 하나님의 사랑과 긍휼과 은혜에 대한 반응을 구약의 "언약적 신율주의"의 법과 실천들로 표현하라는 요구를 멈추기도 했다.

그리스도가 다메섹 도상에서 유대 바리새인인 바울을 만나신 까닭에, 기독교 사도인 바울은 하나님으로 말미암아 높이 들림을 받으신 나사렛 예수가 이스라엘의 메시아이자 인류의 주님이기도 하시다는 점을 깨닫게 되었다. 바울은 바로 그 다메섹 도상의 경험(예수를 믿는 신자이자 하나님으로 말

보라.

41) 참조. R. N. Longenecker, "The End of Nomism," in *Paul, Apostle of Liberty*, 6장, 128-55.

미암아 어떤 특정한 기독교 사역을 위해 정함을 받은 사도로서 그의 생애 남은 기간에 하나님의 성령의 지속적인 사역과 더불어)에서 (그가 롬 8:19-23에서 주장하듯이 "모든 피조물"의 구속을 비롯하여) 모든 사람을 위한 하나님의 구원의 개방적인 특성에 관해서도 더 많은 것을 배웠다. 더욱이 기독교 사도인 바울은 그가 예수께 헌신한 까닭에, 그리고 성령의 사역으로 말미암아 지속적으로 성장한 결과로써 하나님의 구속 계획의 발전적인 성격과 관련하여 매우 중요한 것을 공감하게 되었다. 이를테면, 하나님께서 그분의 구속 행위의 전체 과정에서 전면에 나서셨다는 것과 그러한 행위가 나사렛 예수와 그의 사역 및 구원 사역에 초점이 맞춰져 있다는 것, 그리고 예수가 가르치신 것과 성령의 사역을 통해 행하신 것에 대한 함의들을 설명하신다는 사실이다. 그래서 바울은 하나님의 백성들도 (1) 하나님의 구속 사역에 대한 이해에서, (2) 그들의 믿음의 초점에서, (3) 구원사의 이 마지막 시대에 그들이 하나님의 사랑과 긍휼과 은혜에 대해 반응한 방법에서 전진해 나아가야 할 필요가 있다고 믿었다.

하나님의 구원사적 계획의 발전적인 특성에 대한 이러한 이해에 근거하여 바울은 갈라디아에 있는 자신의 이방인 개종자들이 그들의 믿음을 "더욱 잘" 표현하기 위해 모세 율법의 "최소한의 요구들"을 받아들이고, 특히 유대교의 어떤 음식물 규정과 제의 행위들을 하나님께서 이스라엘 백성들에게뿐만 아니라 인종과 상관없이 예수를 믿는 모든 신자의 "바른" 생활양식을 위해서도 요구되는 것으로 받아들이는 것에 대해 꾸짖었다. 이러한 독특한 관점으로 바울은 이곳 10:4에서 "그리스도는 모든 믿는 자에게 의를 이루기 위하여 율법의 마침이 되시니라"라고 선언한다. (그 당시 로마 제국에서 세 번째로 큰 도시였고 많은 수의 유대인들을 비롯하여 인종적으로 다양한 인구를 가지고 있던) 시리아 안디옥에서 행한 사도의 설교와 가르침에서 강조된 기독교 메시지의 이러한 독특한 특징을 고려할 때, 문화적으로 다채로운 그 도시에서 예수를 믿는 신자들이 단순히 "메시아적 유대인들"이 아니라, 훨씬 더 중요하게 "그리스도를 따르는 사람들" 또는 "그리스도의 가족에 속한 사람들"인 Χριστιανοί라고 불리게 된 것(참조. 행 11:26)을 놀랍게 여겨서는 안 된다.

10:5-8 로버트 주이트가 바르게 언급했듯이, "이 단락의 형식은 고전적인 '등장인물 담화'와 히브리적 페쉐르(성경 해석—역주)가 결합된 것이다."[42] 10:5-8의 "등장인물 담화"의 수사적 형식에서 대조되는 2개의 "목소리"는 (1) 레위기 18:5에서 의에 관해 **모세가 기록한 것**과, (2) 신명기 30:11-14의 용어들을 잠언적인 방식으로 이해하면서 **기독교 신앙이 선언하는 것**이다. 본문의 페쉐르적 특징은 바울의 신명기 30:11-14 사용과 그가 10:6, 7, 8에서 τοῦτ' ἔστιν("이것은 ~이다")이라는 표현을 3번 사용한 것에 표현되었다.

바울은 보통 그가 구약성경에서 인용한 본문의 원래 의미를 고수하는 경향이 있다. 그래서 10:5에서 이 본문이 시작되는 부분부터 바울은 τὴν δικαιοσύνην τὴν ἐκ τοῦ νόμου("율법으로 말미암는[또는 율법에 의거한] 의")와 관련하여 레위기 18:5에 있는 하나님께서 모세에게 주신 ὁ ποιήσας αὐτὰ ἄνθρωπος ζήσεται ἐν αὐτοῖς("이를 행하는 자는 그것들로 말미암아 살리라")라는 말씀을 상당히 엄격히 인용한다. 하지만 10:6-8에서 사도는 본문의 원문맥을 전혀 고려하지 않고 신명기 30:11-14을 인용하는 것 같다. 그는 기독교 복음의 메시지, 즉 "우리가 선포하고 있는 믿음의 말씀"이 위로 하늘에서나 아래로 깊은 곳에서 어떤 비밀스러운 방식으로 찾아야 하는 것이 아니라고 주장한다. 오히려 "그 [믿음의] 말씀은 네게 가까워, 네 입에 있으며, 네 마음에 있느니라."[43] 그러므로 이 구약 본문에 있는 하나님의 진술들

---

42) Jewett, *Romans*, 622. Jewett는 "등장인물 담화"의 수사학적 형식과 관련하여 특히 Bultmann, *Der Stil der paulinischen Predigt*, 87-88과 Stowers, *A Rereading of Romans*, 309을 인용하고, 미드라시 페쉐르의 방법과 관련하여 특히 Wilckens, *Romans*, 2.225; Hays, *Echoes of Scripture*, 79; 그리고 Fitzmyer, *Romans*, 588을 인용한다.

43) 참조. (1) 갈 3:16. 여기서는 아브라함에게 주신 그의 "씨"(זרע, σπέρμα)와 관련한 하나님의 약속이 공동체적으로 이스라엘 백성을 가리키는 것으로 해석되지 않고, 그리스도를 언급하는 것으로 이해된다. (2) 엡 4:8. 여기서는 시 68:18이 "그가 사람들로부터 선물들을 받았다(לקחת, ἔλαβες)"라고 읽지 않고 "그가 사람들에게 선물들을 주셨다(ἔδωκεν)"라고 읽는다. 이 바울 서신 본문과 관련한 쟁점들에 대한 논의와 가능한 해결책은 R. N. Longenecker, *Biblical Exegesis*, 2nd ed., 106-8을 보라.

을 바울이 사용할 때 주제는 (1) 그의 백성에게 매우 가까운 하나님의 "교훈의 말씀"(즉 토라)에서부터 (2) 모든 백성에게 매우 가까운 "우리가 전파하는 믿음의 말씀"(즉 기독교 복음)에 이르기까지 극적으로 달라진다.

윌리엄 샌데이와 아서 헤들럼은 그들의 로마서 주석에서 로마서 10:6-8을, 신명기 30:12-14에서 발견되는 동일한 단어들을 많이 사용했지만 구약 본문의 주제와 메시지를 변경한 잠언적인 암시로 다뤘다. 두 사람이 바울이 여기서 쓰고 있는 내용의 잠언적 특성을 지지하는 근거는 다음과 같다.[44]

1. "본문의 문맥은 구약성경이 인용되고 있다는 사실이 강조되지 않았음을 보여준다. 논증의 목적은 δικαιοσύνην ἐκ πίστεως의 특징들을 묘사하는 데 있지, 구약으로부터 그 논증을 어떻게 입증할 수 있는지를 보이는 데 있지 않다."
2. "사도는 이전 구절에서 사용했던 인용 방식과는 달리, 성경에 호소하는 것을 조심스럽게 그리고 분명하게 피한다."
3. "인용은 매우 부정확하다. 구약성경을 상당히 잘 알고 있는 평범한 독자라면 그 표현이 익숙하다고 느꼈겠지만, 그것을 인용으로 간주할 수는 없었을 것이다."
4. "이 구약 본문의 용어들은 분명 잘 알려져 있었고, 그중 많은 경우 잠언적으로 사용되었다."[45]
5. "바울은 다른 곳에서도 그가 전하려는 내용을 친숙하게 표현하기 위해 성경의 용어들을 사용한다."[46]

샌데이와 헤들럼은 이렇게 결론을 내린다. "이러한 몇 가지 이유로 인해 여

44) 다음의 다섯 가지 요점들에 대해서는 Sanday and Headlam, *Romans*, 289을 보라.
45) Philo, *Quod omnis probus liber sit* 10; *4 Ezra* 4:8; *2 Bar* 3:29-30; *Jub* 24:32과 같은 본문들을 인용함. 또한 암 9:2도 보라.
46) 롬 10:18; 11:1을 인용함.

기서 사도는 어떠한 논증도 구약의 인용문에 기초시키려 하지 않고, 다만 그가 말하고자 하는 바를 표현하기 위해 친숙하고 적합하며 유명한 언어를 선택할 뿐이다."[47]

물론 한 저자가 글을 쓰고 있을 당시 그 저자가 품었던 정확한 의도를 결정하는 것은 극히 어렵다. 하지만 샌데이와 헤들럼이 바울이 여기서 제시하고 있는 것을 명확한 인용보다는 성경의 잠언적 사용으로 본 것은 일반적으로 옳은 것 같다. 앞에서 언급했듯이, 사도의 공식적인 도입 어구는 바울의 인용문이 우리가 예상하는 것보다 더욱 다양하다는 증거다. 그 공식 어구는 말하는 주체가 구약성경, 율법, 모세, 하나님이 아니라 "믿음으로 말미암는 의"라는 점에 초점을 맞추고 있다. 더욱이 샌데이와 헤들럼이 언급했듯이, 바울 당대에 이 본문은 여러 유대적 맥락에서 표현되는, 이미 약간은 잠언적인 특성을 지니고 있었다.[48] 여기서 한걸음 더 나아가, 바울이 고린도전서 15:32에서 지극히 잠언적인 방식으로 이사야 22:13을 인용하여 그것을 고린도전서 15:33에서 이방인의 격언과 연결하고 있다는 사실은 그가 이곳 로마서 10:6-8에서 신명기 30:12-14과 관련해서도 비슷하게 작업하고 있을지도 모른다는 제안을 뒷받침한다.

이곳 10:6-8에 등장하는 용어들이 한편으론 바울 당대에 잠언적으로 사용된 것이 분명하지만, 많은 점에서 신명기 30:12-14의 용어들을 따르고 있으며, 그래서 이 본문은 종종 성경 인용으로 여겨지기도 했다. 하지만 바울은 성경에서 유래한 이 용어를 상당히 자유롭게 사용하는데 (1) 결정적으로 기독교적 의미를 구약 본문에 부과하는 데 사용하고, (2) 10:6, 7, 8에서 페쉐르 어구인 τοῦτ' ἔστιν("이것은 ~이다")을 사용하여 이 본문에 있는 3개의 설명을 소개하는 것과 더불어 짧은 미드라시 형식으로 진행한 주석

47) Sanday and Headlam, *Romans*, 289; Thackeray, *Relation of St. Paul to Contemporary Jewish Thought*, 187-88도 참조하라.

48) 참조. *Deut. Rab.* 8:6. 하지만 이 본문은 바울에 대한 랍비들의 반박일 수 있다. 또한 Thackeray가 인용한 *Targ Jer I* on Deut 30:12-14("말씀이 너의 학교에서 네게 가까우니라")을 보라.

[49]에서 사용하며, (3) 그의 목적에 가장 적합한 말씀 형식을 선택하는 일에[50] 사용한다. 그런 까닭에 사도는 성경적인 석의에 집중하기보다는 여기서 잠언적인 격언을 자기 목적에 맞게끔 사용하고, 그가 더 적합한 상황이라고 믿은 것에 그것을 위치시키고 있다.

10:9-13 바울은 10:5-13의 마지막 다섯 절에서 (1) (레 18:5을 인용하며 10:5에서 제시한) **모세가 기록한 것**과 (신 30:12-14에 근거한 잠언의 특성을 지닌 용어들을 사용하여 10:6-8에서 선포한) **기독교적 신앙이 선포하는 것**의 차이를 기독교적인 방식으로 적용하며, (2) 기독교의 메시지가 모세 율법이 아니라 예수와 그의 사역에 초점이 맞춰져 있음을 강조하고, (3) 예수를 믿는 모든 신자들이 "유대인이나 이방인이나 차별이 없다"는 사실을 재서술하며, 그럼으로써 (이것을 뒷받침하기 위해 사 28:16을 인용하여) 어느 형태든지 인종의 영적인 중요성을 부인하며, (4) "누구나 주의 이름을 부르는 사람은 구원을 받을 것이라고" 선포하면서 (이를 뒷받침하기 위해 욜 2:32을 인용하여) 하나님이 주시는 구원의 선물에 담긴 보편성의 중요성을 천명한다. 바울과 그의 동료들이 선포한 τὸ ῥῆμά("그 말씀")라는 주제는 예수 그리스도와 그의 사역 및 부활이라는 진리와 관련이 있다. 하나님의 선물인 δικαιοσύνη("의")를 소유하고 있는 사람들에 의해 행해지는 믿음의 고백은 κύριος Ἰησοῦς("예수는 주이시다")이다. 바울은 어떤 사람의 삶에 대한 이러한 철저한 재설정이 내적으로도 경험되며("네 마음으로 믿는다") 외적으로도 표현된다("네 입으로 고백한다")고 말한다.

---

49) 이 어구가 히 2:14; 7:5; 10:20에서도 동일하게 사용되었다. 또한 후기 랍비 문헌의 *b. Ber.* 6a과 *Sifra Num.* 139도 보라.

50) 마소라 본문이든 70인역이든 신 30:12을 "누가 무저갱에 내려갈 것인가?"라고 읽지 않는다. 오히려 히브리 본문과 그리스어 본문 모두 "누가 우리를 위하여 바다 저편으로 가겠느냐?"라고 읽는다. 바울이 여기서 사용하는 본문은 초기 교회에서 뽑아온 것일 가능성이 매우 커 보인다. "Αβυσσος가 (1) 바다의 깊은 곳, (2) 무덤, 또는 (3) 지하세계를 의미할 수 있기 때문이다. 이러한 까닭에 예수를 믿던 초기 신자들이 여러 방식으로 사용한 카타바시스-아나바시스(*katabasis-anabasis*, "내려감과 올라감") 주제가 사용될 수 있었을 것이다 (필자의 *Christology of Early Jewish Christianity*, 60을 보라).

III. 믿지 않는 유대인들의 상황에 관한 두 세트의 수사적 질문과 직접적인 대답 및 이를 뒷받침하기 위해 인용된 다른 구약 본문들(10:14-19)

바울은 10:14-19에서 믿지 않는 유대인들의 상황에 관한 두 세트의 수사적 질문과 이에 대한 직접적인 대답을 제시하며, 이를 구약의 여러 본문으로써 뒷받침한다. 그가 직접 선택한 접촉점은 10:13에서 인용한 요엘 2:28에 있는 예언자 요엘의 진술이다. Πᾶς ὃς ἂν ἐπικαλέσηται τὸ ὄνομα κυρίου σωθήσεται("누구든지 주의 이름을 부르는 자는 구원을 받으리라").

10:14-17 사도는 이 추가적 해설을 소개하기 위해 먼저 10:14-15에서 모두 의문사 πῶς("얼마나", "어떤 방법으로")로 시작하는 한 세트의 수사적 질문 4개를 제기한다. 이 질문들은 4개의 논리적인 단계를 제시하는 기능을 한다(역순이기는 해도 맨 마지막 질문을 특히 강조하기 위한 것이라는 것이 분명하다). 이 단계들은 백성들의 삶에서 하나님의 구원을 이루는 데 필요하다. (1) "그들이 믿지 아니한 자"를 **믿는 것**, 즉 주 예수 그리스도를 믿는 것, (2) 좋은 소식의 메시지를 **듣는 것**, 즉 기독교 복음 메시지를 듣는 것, (3) 기독교 복음의 **선포**, 즉 바울과 다른 기독교 선포자들의 선포, (4) 기독교 복음을 선포하는 설교자들을 **보내는 것**, 즉 하나님께서 이 설교자들을 보내심 등이다. 로마서 10:15b에 인용된 이사야 52:7의 "아름답도다! 좋은 소식을 전하는 자들의 [산을 넘는] 발이여"는 이 네 단계를 받아들이는 예언자적 감탄을 덧붙일뿐더러, (1) 하나님의 구원의 선물을 백성들에게 가져오는 데 있어 설교의 필수적인 역할을 강조하며, (2) 바울의 유대인 동포들을 위해 하나님의 구원을 가져오기 위한 이 네 번째 조건이, 하나님께서 이스라엘 백성에게 기독교 복음의 좋은 소식을 그들에게 선포한 설교자들을 보내신 것으로써 이미 성취되었음을 시사한다.

이스라엘의 현재 상황에 관한 바울의 모든 진술에서 그가 지적하고 있는 가장 통탄할 만한 요점이 10:16에 매우 간명하게 제시되었다. Ἀλλ' οὐ πάντες ὑπήκουσαν τῷ εὐαγγελίῳ("그러나 그들[이스라엘 백성]이 다 복음[즉 기독교 복음]을 받아들이지 아니하였도다"). 사도가 10:16에서 선언하듯이, 유대인들이 이렇게 반응하지 않을 것에 대해 예언자 이사야는 이사야 52:13-

53:12에 있는 종의 노래에서 예상했었다. 바울은 이사야 53:1a의 용어들을 명시적으로 인용한다. "우리의 메시지를 누가 믿었나이까?" 사도는 하나님께로부터 보냄을 받은 설교자들이 선포한 "메시지"를 믿어야 할 "믿음"의 필요성을 말함으로뿐만 아니라 좀 더 구체적으로 그 "메시지"를 "그리스도의 말씀"이라고 밝힘으로써 이 성경적 진술을 기독교적으로 해석한다.

10:18-19 바울은 10:14-15a의 네 가지 수사적 질문들의 적용을 마무리하면서, 10:18-19에서 또 다른 세트로 된 2개의 수사적 질문을 제기한다. 첫 번째 질문은 이것이다. Μὴ οὐκ ἤκουσαν;("그들[이스라엘 백성]이 듣지 아니하였느냐?") 이 질문의 형식은 두 번째 질문의 형식과 마찬가지로 종종 해석자들에게 약간의 혼란을 주었다. 두 질문에는 2개의 부정적 불변화사인 οὐ와 μή가 함께 사용되든지, 서로 가깝게 사용되든지, 동시에 등장하기 때문이다. 그리고 신약성경에서 οὐ와 μή가 등장하는 70번도 넘는 곳에서, 진술의 부정적인 특징이 강조된다(이중부정이 현재 말하고 있는 내용의 부정적 특성을 실제로 파괴하며 오히려 긍정적인 것을 암시하는 영어와는 다르다).

하지만 10:18-19의 이 두 질문에서 μή와 οὐ는 함께 사용될 경우 일반적으로 등장하는 방식과 다르게 역순으로 제시되었다. 이 역순은 70인역과 신약성경에서는 질문들에서만 발견되는데, μή가 먼저 등장하여 의문사로 사용되고, 그다음에 οὐ가 이어져 동사의 부정어로 사용된다.[51] 더욱이 οὐ μή의 이중부정이 "그렇지 않다"라는 부정적인 대답을 예상하지만, 의문사 μή와 부정적 불변화사 οὐ의 결합은 "그렇다"라는 긍정적인 대답을 예상한다.[52] (바울이 10:18-19의 이 두 질문을 소개할 때 이곳에 등장하는 것처럼) 긍정적인 대답인 "그렇다"를 예상하는 μή 다음에 οὐ가 이어지는 순서와 비슷한 가장 중요한 구약성경과 신약성경의 병행어구는 70인역과 바울의 다른 편지에 있는 다음의 본문들이다.

---

51) 참조. *ATRob*, 1173-74.

52) *BAG*, 519, col. 1에 반대함. 이 사전은 롬 10:18-19과 고전 9:4-5의 질문들에서 μή를 의문사로, οὐ를 부정적인 불변화사로 인정하면서도, "누구나 이중의 부정적인 구절들 때문에 긍정적인 대답을 예상하게 된다"고 진술한다.

예레미야 23:24: μὴ οὐχὶ τὸν οὐρανὸν καὶ τὴν γῆν ἐγὼ πληρῶ; λέγει κύριος("여호와가 말하노라. '나는 천지에 충만하지 아니하냐?'").

고린도전서 9:4-5(2번): μὴ οὐκ ἔχομεν ἐξουσίαν φαγεῖν καὶ πεῖν; μὴ οὐκ ἔχομεν ἐξουσίαν ἀδελφὴν γυναῖκα περιάγειν ὡς καὶ οἱ λοιποὶ ἀπόστολοι καὶ οἱ ἀδελφοὶ τοῦ κυρίου καὶ Κηφᾶς;("우리가 먹고 마실 권리가 없겠느냐? 우리가 다른 사도들과 주의 형제들과 게바와 같이 믿음의 자매 된 아내를 데리고 다닐 권리가 없겠느냐?")

고린도전서 11:22: μὴ οἰκίας οὐκ ἔχετε εἰς τὸ ἐσθίειν καὶ πίνειν;("너희가 먹고 마실 집이 없느냐?")

더욱이 바울은 시편 19:4의 용어들을 10:18b에서 인용함으로써 이와 같은 예상된 긍정적인 답변을 뒷받침한다. 이렇게 바울은 시편 19:1-6의 문맥에서 하나님이 그의 피조세계를 통해 자신을 계시하신 것을 칭송한 유대교 성경(구약)의 한 본문에 등장하는 용어들을 전형적인 페쉐르 방식으로 기독교화한다.

10:19에 표현된, 이 본문의 두 번째 수사적 질문에서 사도는 이렇게 묻는다. Μὴ Ἰσραὴλ οὐκ ἔγνω;("이스라엘이 알지 못하였느냐?") 사도는 그가 제기한 10:18의 첫 번째 질문에서처럼 여기서도 μή를 의문사로, οὐκ를 부정의 불변화사로 사용한다. 그래서 다시금 "그렇다"라는 긍정적인 답변을 기대한다. 그런 다음에 그는 이처럼 예상되는 긍정적인 답변을 뒷받침하면서, 유대인의 위대한 율법 수여자가 "이스라엘의 전체 총회가 듣는 데서" 낭송한 "모세의 노래"의 가장 중심에 놓여 있는 신명기 32:21b의 용어들을 인용한다. 여기에 사용된 용어들은 하나님의 백성이 하나님께 대한 그들의 지식에서 돌이켜 우상들을 숭배하는 것에 대한 하나님의 반응을 표현한다. 바울은 πρῶτος Μωϋσῆς λέγει(문자적으로 "먼저 모세가 말한다")라는 진술로써 신명기 32:21b의 이 인용문을 소개한다.

이 도입적 진술에서 사용된 πρῶτος("먼저", "첫째")는 해석자들에게는 늘 이해하기 어려운 부분이었다. 그다음에 "두 번째" 구약 진술에 대한 분명한 언급이 등장하지 않기 때문이다. 그러므로 통상 번역자와 주석가들은 사도가 구약의 관련 본문들을 2개 이상 제시하려고 했지만, 단지 더 이상의 순서를 제시하지 않고 이어지는 이사야 65:1-2의 두 인용을 언급하는 것으로 그쳤거나, 더 일반적으로는 그가 이사야 65:1-2에서 인용하는 두 본문 중 첫 번째 본문(또는 두 본문 모두)이 시작되는 곳에 순서를 표시하기 위해 전환을 나타내는 단어인 δέ("그리고", "그러나", "이제")를 사용했다고 추측해 왔다.[53]

하지만 아치발드 로버트슨은 πρῶτος가 신약성경에서 부사로 사용될 뿐 아니라 형용사로도 등장한다는 사실을 바르게 지적했다. 그러므로 이 단어를 형용사적으로 이해하여, 이곳 10:19의 πρῶτος Μωϋσῆς λέγει라는 바울의 진술은 다음과 같이 읽어야 한다. "모세가 (이것을) 말한 첫 번째 사람이다"라고 말이다.[54] 또 찰스 크랜필드는 (비록 그의 논증이 구두점 문제에 의거하긴 했지만) 바울이 πρῶτος를 사용하여 말하려고 했던 바를 이렇게 표현했다. "그렇다면 πρῶτος의 요점은 모세가 이스라엘이 참으로 알고 있었다는 사실에 대한 첫 번째 증인이라는 데 있다."[55] 그래서 결과적으로, 바울이 여기서 πρῶτος Μωϋσῆς λέγει라는 도입 어구를 사용하여 말하려는 것은 (1) 이스라엘 백성이 그들의 메시아이신 나사렛 예수가 오시기까지 하나님의 구속 계획의 본질과 전체 목적을 이해했다는 것을 처음으로 인정한 사람이 다름 아닌 유대인의 위대한 율법 수여자인 모세였다는 것과, (2) 유대

53) 예를 들어, RSV와 NRSV: "**First** Moses says…**Then** Isaiah is so bold as to say"; 또는 NIV에 번역된 것처럼: "**First** Moses says…**And** Isaiah boldly says…**But** concerning Israel he says."

54) *ATRob*, 657. Robertson은 마 5:24; 요 1:41; 딤전 1:16의 형용사적 병행어구를 인용한다. 참조. Jewett, *Romans*. 634. Jewett는 10:19을 이렇게 번역한다. "먼저 모세가 말한다." 하지만 그는 이 구절을 주석하면서 이렇게 쓴다. "이곳에 사용된 πρῶτος라는 단어는…그다음에 이어지는 '둘째'라는 표현 없이 사용되었고, '모세가 말한 첫 번째 사람이었다'는 의미를 지니는 것 같다"(644).

55) Cranfield, *Romans*, 2.539. 그러나 Cranfield는 같은 페이지에서 "이사야가 이스라엘이 알았다는 사실에 대한 두 번째 증인으로 소개되고 있다"고 주장하며, 그래서 바울이 10:19에서 πρῶτος를 부사적으로 사용한다고 이해한다.

백성들이 지도해주기를 바랐고, 하나님께서 "백성이 아닌" 자들과 "깨닫지 못하는 나라"를 이스라엘이 나사렛 예수를 하나님의 약속된 메시아로 받아들이게 하는 요인으로 사용하실 것을 예언한 사람이 바로 모세 자신이었음을 선언하는 것이다.

신명기 32:21b과 바울이 구약의 이 본문을 사용한 것에서 ἐπ' οὐκ ἔθνει("백성 아닌 자")와 ἐπ' ἔθνει ἀσυνέτῳ("깨닫지 못하는 나라")라는 어구들이 유대 백성이 아닌 사람들, 즉 이방인을 가리킨다는 것은 의심의 여지가 없다. 이 구절에서 논쟁의 대상이 되는 문제는 본문의 두 진술에 사용된 미래형 동사 παραζηλώσω와 παροργιῶ의 어감과 관련이 있다. (1) 동사 παραζηλώσω는 "내가 질투를 일으킬 것이다[또는 질투를 유발할 것이다]" 또는 "내가 시기하게 할 것이다[또는 시기심을 유발할 것이다]"라고 번역할 수 있다. 또는 어쩌면 "내가 열심을 내게 할 것이다[또는 원하는 목표에 도달하기 위해 열심을 내도록 촉구할 것이다]"라고 번역할 수도 있다. 그리고 (2) 동사 παροργιῶ는 단순히 "내가 분노를 낼 것이다[또는 분노를 유발할 것이다]"라고 번역할 수 있다. 비록 παραζηλώσω가 "시기"나 "열심"의 어감을 더욱 표현한다고 이해한 사람들도 있지만, 최근 대부분의 주석가는 이 동사를 여기서 "질투" 사상을 표현하는 것으로 이해했다.[56] 대부분의 현대 주석가는 παροργιῶ를 "분노"라는 단어로 번역했다. 하지만 리처드 벨(Richard Bell)이 παραζηλώσω를 "내가 질투를 유발할 것이다"라고 번역하고, παροργιῶ를 "내가 질투심이 있는 분노를 유발할 것이다"라고 번역함으로써 이 두 단어의 어감을 가장 잘 파악한 것 같다.[57]

---

56) 예. Zahn, *An die Römer*, 493; Godet, *Romans*, 2.388-89; B. Weiss, *An die Römer*, 460; Sanday and Headlam, *Romans*, 300; Schlier, *Römerbrief*, 315; Käsemann, *Romans*, 297; Kuss, *Römerbrief*, 3.779; Cranfield, *Romans*, 2.539; Wilckens, *An die Römer*, 2.231; Dunn, *Romans*, 2.625; Stuhlmacher, *Romans*, 160; Fitzmyer, *Romans*, 599-600; Moo, *Romans*, 668.

57) Bell, *Provoked to Jealousy*, 특히, 39. Terence L. Donaldson은 1989년에 발표한 그의 논문 "Zealot and Convert"에서 "바울의 그리스도-토라 반제", 이스라엘의 상황에 대한 바울의 묘사, 하나님이 이방인들의 적극적인 반응으로써 이스라엘 백성에게 질투를 유발하심 등이 주제 전체에 대해 탁월한 해석을 제공했다. 특히 668-82을 보라.

IV. 예언자 이사야의 글에서 유래한 결론적인 진술들. 바울은 이것을 하나님께서 그를 "찾지도" "묻지도" 않은 이방인들에게 자신을 계시하셨지만 "불순종하고 완악한" 유대인들에게는 아무런 대답을 하지 않으신 것에 관한 말씀으로 이해한다(10:20-21)

이곳 10:20-21의 두 부분에 등장하는 바울의 이사야 65:1-2 인용은 여러 면에서 일찍이 그가 로마서 9:27-29에서 인용한 이사야 10:22-23 및 이사야 1:9의 진술들과 매우 유사하게 기능한다. 이러한 유사한 본문들은 사도가 9:27-29과 10:20-21에서 그가 먼저 9:6-29과 그다음에 9:30-10:21에 있는 자료의 하위 단락마다 제시해왔던 요점들을 마무리하고 있음을 강하게 시사한다. 즉 그는 세 부분으로 이루어진 그의 주해의 1부(9:6-29)와 2부(9:30-10:21)를 이스라엘의 위대한 예언자 이사야의 글에서 인용한 말로써 마무리한다.

10:20-21 바울이 여기서 인용하는 말씀은 이사야 65:1-2에서 가져온 것이다. 이사야 65:1-2은 구약의 문맥에서 이사야 63:7-64:12에 제시된 하나님의 백성의 긴 기도에 대한 하나님의 대답을 다룬다. 이 기도는 하나님께 그분이 과거에 자기 백성에게 주신 복들과 과거에 그들을 위해 행하신 행위들을 상기시키며, 그들이 현재 겪는 괴로움에 지금 개입해주실 것을 간청한다. 이사야 65:1-2의 인용된 말씀으로 시작하는 하나님의 대답과 직접 연결되는 부분은 이사야 64:12에서 백성들이 하나님께 드린 기도의 마지막 부분에 있는 항변 진술이다. "여호와여! 일이 이러하거늘, 주께서 아직도 가만히 계시려 하시나이까? 주께서 아직도 잠잠하시고 우리에게 심한 괴로움을 받게 하시려나이까?"

본문 자체만 놓고 보면, 바울이 로마서 10:20에서 인용한 이사야 65:1a의 용어들은 대체로 70인역 독법과 일치한다. 비록 이사야 65:1a의 "나는 나를 구하지 아니하던 자에게 나 자신을 계시했으며, 나를 찾지 아니하던 자에게 찾아냄이 되었다"라는 두 진술을 사도가 10:20에서 "내가 나를 찾지 아니한 자들에게 찾은 바 되고, 내게 묻지 아니한 자들에게 나를 알렸노라"는 말로 바꾸긴 했지만 말이다. 마찬가지로 사도가 10:21에서 인용하는 이사야 65:2a의 용어들도 70인역 독법과 상당히 일치한다. 다만 이사야 65:2a처럼 "내 손을 벌렸노라"라는 어구가 "온종일"이라는 어구 앞에 있지 않고, "온종일 내가 내 손을 벌렸노라"처럼 그 뒤에 이어진다.

왜 그리고 어떻게 이러한 자리바꿈이 발생했는지를 설명하는 것은 우리의 역량을 넘어선다. 문화가 다른 것 때문에 약간 다른 사고의 전개 과정이 필요했을 것이다. 또는 바울이 일찍이 10:6-8에서 신명기 30:12-14의 용어들을 그런 식으로 인용한 것과 상당히 유사하게, 여기서 그가 이사야 65:1-2에 있는 이사야의 진술들에 대한 잠언적 해석을 인용하고 있다고 추측할 수도 있다. 이런 잠언적 해석은 바울이 접촉했던 유대인 신자들이 이전에 수행했던 바다.

이곳 로마서 10:20-21에 있는 바울의 이사야 65:1-2 인용과 관련된 중요한 해석학적 문제는, 하나님의 말씀이 구약의 문맥에서는 하나님의 백성 이스라엘을 향하고 있다는 것이다.

> 나는 나를 구하지 아니하던 자에게 나 자신을 계시했으며, 나를 찾지 아니하던 자에게 찾아냄이 되었도다(내 이름을 부르지 아니하던 나라에, "내가 여기 있노라, 내가 여기 있노라" 하였노라)[사 65:1]. 내가 자기 생각을 따라 옳지 않은 길을 걸어가는 패역한 백성들에게 종일 내 손을 벌렸노라 [사 65:2].

하지만 바울은 구약의 이 본문을 먼저 하나님이 자신을 계시한 대상이자 그분에게 긍정적으로 반응한 이방인들에 관해 말하고(사 65:1에서처럼), 그다음에 이스라엘 백성을 "불순종하고 거슬러 말하는 백성"이라고 비난하는(사 65:2에서처럼) 것으로 읽는다.

우리는 첫 번째 절이 하나님께 적극적으로 반응한 이방인들에 대해 말하고 두 번째 절은 "불순종과 거슬러 말하는" 이스라엘 백성에 대해 말하는 이사야 65:1-2이 언제 처음으로 두 부분으로 나뉘게 되었는지를 묻는 역사적인 질문에 관한 대답을 찾지 못할지도 모른다. 이것은 로마서 10:20-

21에서 바울이 직접 나누었을지도 모르고, 또는 더 가능성이 큰 것은 일찍이 예루살렘 교회나 시리아 안디옥의 회중들 가운데 있던 사도나 교사가 이를 나누었으며, 그 후에 바울이 시리아 안디옥에서 복음 사역을 할 때와 그 후 로마 제국의 동쪽 지역 이방인들에게 선교할 때 전달했을지도 모른다(사도가 일찍이 10:6-8에서 사용한 신 30:12-14의 잠언적 해석과 유사할 수도 있다).

석의적 질문과 역사적 질문은 잠시 제쳐두고, 바울이 9:6-11:32의 세 부분으로 이루어진 주해의 이곳 2부(9:30-10:21)에서 말하고 있듯이, 그가 믿음이 있는 이방인의 상황과 비교하여 믿지 않은 이스라엘의 현재 상황에 대해 말할 때, 그는 유대교 성경(구약)에서 남은 자 신학에 대한 가장 탁월한 선포자이기도 했던 이스라엘의 위대한 예언자 이사야의 글에서 인용한 말씀으로써 그의 논의를 마무리한다. 그가 일찍이 그의 주해의 1부(9:6-29)를 (사 10:22-23과 1:9에서 인용한) 이사야서의 예언들에 있는 두 본문을 인용하여 마무리했듯이 말이다. 더욱이 바울은 2부를 마무리할 때, 이사야 65:1-2에서 인용한 말씀들에 대한 자신의 이해를 "이사야는 담대하여 말한다"(Ἠσαΐας ἀποτολμᾷ καὶ λέγει)라는 진술로써 소개한다. 이 진술은 일찍이 로마서 9:29에서 "이사야가 미리 말한바"(προείρηκεν Ἠσαΐας)라는 진술로써 이사야의 본문들을 소개할 때 썼던 것과 비슷하다.

인정하건대, 예언자 이사야의 글에서 인용한 용어를 사용하는 데서 드러나는 이러한 **공식 패턴**의 유사성은, 로마서 9:27-29과 10:20-21에서 인용한 이사야의 예언들이 비슷하게 사용되었음을 확립하는 데 결정적이지는 않다. 하지만 이 병행 어구들은 적어도 바울이 사용한 이 탁월한 구약 예언자의 글에서 유래한 성경 인용들이 로마서 9-11장의 세 부분으로 이루어진 그의 주해의 첫 두 부분에 대한 결론적인 진술들임을 암시한다. 그래서 세 부분으로 이루어진 그의 주해의 1부와 2부의 여러 곳에서 바울이 예언자 이사야에게서 유래한 자료를 사용했다고 정당하게 제안할 수 있을뿐더러, 9:6-29과 9:30-10:21의 하위 단락마다 결론적이며 뒷받침하는 주장으로써 이사야의 진술을 사용했다고 제안할 수 있을 것이다. 더욱이 오늘날의 주석가들도 1부와 2부에서 기록된 형태로 제시된 내용이 원래 바울의 설교와 가르침에서 기원한다는 논제를 지지하기 위해 **공식 패턴**의 유사성을 사용할 수 있을 것이다. 바울이 시리아 안디옥의 다문화적 도시에서든지 아니면 로마 제국의 동쪽에 있는 다양한 마을이나 도시에서든지, 아니면 두 곳에서 모두 설교하며 가르쳤든지 간에 말이다.

성경신학

앞에서 "유대인들에 대한 고발과 유대인의 실패"로 이루어졌다고 밝힌 로마서 2:17-29의 "성경신학" 항목을 시작하며, "인정하건대, 영적인 실패와 윤리적인 실패를 고발하는 데 거의 전적으로 집중하는 본문으로부터 끌어낼 수 있는 긍정적인 내용은 많지 않다"고 주석했다. 그 하위 단락에 해당하는 내용은 우리가 "이스라엘의 현재 실패와 복을 받은 이방인들, 그리고 이를 뒷받침하기 위해 인용된 구약 본문들"이라고 제목을 붙인 이곳 9:30-10:21에 등장하는 내용에 더욱 해당된다. 이곳 9:30-10:21에 등장하는 내용은 2:17에 기반을 두고 기독교적 관점에서 유대인들의 상황을 좀 더 통찰력 있게 분석하는 반면에, 어조와 고발 내용에서는 사도가 일찍이 2:17-29에서 유대인들과 그들의 실패에 관해 진술했던 것보다 더 비난적이다.[58]

이곳 9:30-10:21의 쟁점들은 단순히 유대인들과 유대인의 실패를 고발하는 것 이상이다. 물론 사도의 기독교적 관점으로써 이스라엘의 현재 불신앙 상태를 분석한 것에 대해 더 충분히 설명하는 것이 적절하다고 할 수 있다. 그러나 이곳 9:30-10:21에서 다음과 같은 세 가지 문제를 강조하는 것이 좀 더 중요하고 기독교적인 성경신학에 훨씬 더 필요하다. (1) "그리스도-토라 반제"라 불렸던 것에 대한 바울의 가르침, (2) 하나님이 "믿음이

58) 롬 10:2-3에서 이스라엘 백성을 향한 매우 심각한 비난 세 가지를 다시 주목하라(이 비난은 사도가 9:30-33에서 압축적으로 진술한 내용을 좀 더 자세히 설명하지만, 그가 이보다 앞서 2:17-29에서 유대인들과 유대인의 실패에 관해 썼던 내용을 더 명시적으로 설명한다). 즉 (1) 그들은 "하나님께 열심히 있으나 그들의 열심이 지식에 의거한 것이 아니라"는 것과, (2) 그들이 "하나님의 의를 몰랐다"는 것, 그리고 (3) "하나님의 의에 복종하지 않았다"는 것이다.

있는 이방인들"을 받으셨다는 사도의 발언, (3) 믿음이 있는 이방인들의 존재가 유대인들로 하여금 나사렛 예수를 하나님의 약속된 메시아로 믿도록 만드는 촉매로써 기능한다는 바울의 이해 등이다. 우리는 이 세 가지 문제를 우리의 기독교 신학의 논의들에서 좀 더 광범위하게 고려해야 하고, 우리의 기독교적 선포에 좀 더 능숙하게 표현해야 하며, 우리의 기독교 윤리와 실천에서 더 적절히 실행되어야 한다고 요구하면서 이 문제를 다룰 것이다.

1. 그리스도-토라 반제. 우리가 시리아 안디옥의 기독교 공동체들에 속한 신자들 사이에서 특히 두드러졌다고 제시한, 그리스도와 유대교 토라 간의 관계에 관한 몇 가지 질문은 기독교 역사 내내 지속되었고 오늘날에도 많은 기독교 진영에서 전면에 부각되고 있다. 이 질문들은 (1) 예수와 그의 사역을 구약 이스라엘 종교의 맥락에서 어떻게 이해해야 하는가? (2) 이스라엘의 메시아이자 인류의 주님이신 예수께 대한 헌신이 모세 율법에 대한 이해에 어떤 영향을 미쳐야 하는가? (3) 기독교 신학에서 모세 율법의 가르침들과 비교하여 나사렛 예수와 그의 사역에 두어야 하는 강조점은 무엇인가? (4) 기독교의 선포와 그리스도인의 삶의 초점을 어디에 두어야 하는가? 예수와 그의 사역인가? 아니면 모세 율법의 교훈인가? 아니면 이 둘을 합친 어떤 것인가?

이 질문들에 대한 바울의 답변은 로마서 10:4에 있는 그의 극적인 진술에 압축되었다. "그리스도는 모든 믿는 자에게 의를 이루기 위하여 율법의 마침이 되시니라." 우리는 이와 같은 준신앙고백적 주장을 바울이 직접 만들었거나 적어도 그것을 만드는 데 관여했다고 주장했다. 그러나 설령 그가 이 공식 어구의 용어를 선정하는 데 관여하지 않았더라도, 바울이 그것을 이곳 10:4에서 선포했고 바로 이어지는 몇몇 구절에서 변호했으며, 그 가르침에 비추어 자신의 기독교적 삶과 사역을 살아냈다는 것은 사실이다. 애석한 말이지만, 10:4의 이러한 선언을 우리의 기독교적 성경신학과 기독교적 선포에서 더 폭넓게 관심을 가지고, 우리의 삶과 우리가 "그리스도인들"(즉 "그리스도를 따르는 자들")로서 교회에서 경험하는 것들에서 더 의식적으로 표현해야 할 필요가 있다는 것 또한 사실이다.

2. 하나님께서 "믿음이 있는 이방인들"을 받으셨다는 사도의 발언. 바울은 이 편지의 본론 중앙부 첫 번째 단락의 첫 번째 부분, 특히 2:1-3:20에서 적어도 이방인들에게 호의적으로 말하고 하나님께서 특별히 이방인들을 받으셨음을 암시하는 것 같은 진술을 여럿 포함시켰다. 특히 다음과 같은 본문들이 두드러진다.

> 로마서 2:10-11: "선을 행하는 각 사람에게는 영광과 존귀와 평강이 있으리니, 먼저는 유대인에게요 그리고 헬라인에게라. 이는 하나님께서 외모로 사람을 취하지 아니하심이라."
>
> 로마서 2:14-15: "율법 없는 이방인이 본성으로 율법의 일을 행할 때에는 이 사람은 율법이 없어도 자기가 자기에게 율법이 되나니, 이런 이들은 그 양심이 증거가 되어 그 생각들이 서로 혹은 고발하며 혹은 변명하여 그 마음에 새긴 율법의 행위를 나타내느니라."
>
> 로마서 2:26-27: "그런즉 무할례자가 율법의 규례를 지키면 그 무할례를 할례와 같이 여길 것이 아니냐? 또한 본래 무할례자가 율법을 온전히 지키면 율법 조문과 할례를 가지고 율법을 범하는 너를 정죄하지 아니하겠느냐?"

바울은 그가 2:1-3:20에서 쓴 내용의 대부분을 좀 더 충분히 설명하는 로마서 본론 중앙부의 이곳 세 번째 단락에서, 하나님이 "믿음이 있는 이방인들"에게 다가가시고 그들과 관계하시는 것에 관한 세 부분으로 이루어진 그의 주해의 1부(9:6-29)에서 이와 비슷한 발언을 한다. 특히 다음과 같은 본문들이 중요하다.

> 로마서 9:23-24: "영광 받기로 예비하신 바 긍휼의 그릇에 대하여 [하나님께서] 그 영광의 풍성함을 알게 하고자 하셨을지라도[그의 진노의 대상을 오래 참고자 하셨을지라도] 무슨 말을 하리요? 이

> 그릇은 우리니 곧 유대인 중에서뿐 아니라 이방인 중에서도 부르신 자니라."

로마서 9:25-26(23-24절의 진술을 뒷받침하면서 호세아의 예언을 인용하여):

> "내가 내 백성 아닌 자를 '내 백성이라', 사랑하지 아니한 자를 '사랑한 자라' 부르리라[호 2:23]. 너희는 '내 백성이 아니라' 한 그곳에서 그들이 '살아 계신 하나님의 아들이라' 일컬음을 받으리라 함과 같으니라[호 1:10]."

바울이 로마서 9:6-29에서 제시한 설명의 맥락에서는, 사도가 9:24에서 "유대인 중에서뿐만 아니라 이방인 중에서도 부르신 자"라고 발언한 것과 이 발언을 뒷받침하면서 9:25-26에서 인용한 호세아서의 두 본문의 취지는, (바울의 이방인 개종자들이 그랬듯이) 바울 자신의 설교를 통해 하나님께 적극적으로 반응했거나 (로마에 있는 예수를 믿는 이방인 신자들처럼) 다른 기독교 복음 전도자들에 의해 그리스도를 소개받은 이방인들의 의로운 남은 자들을 가리킬 것이다.

하지만 바울은 세 부분으로 이루어진 그의 주해의 2부(9:30-10:21)를 9:30에서 "의를 추구하지 아니한 이방인들이 의를 얻었으니, 믿음에서 난 의요"라는 말로 시작한다. 그리고 그는 수미상관으로 된 이 단락을 10:20에서 이사야 65:1의 용어들을 인용함으로써 마무리한다. 바울은 이사야 65:1을 (이사야의 예언에서는 "불순종하고 거슬러 말하는 백성인" 이스라엘을 가리키는 것과는 반대로) 분명히 이방인들을 가리키는 것으로 이해했다. "내가 나를 찾지 아니한 자들에게 찾은 바 되고, 내게 묻지 아니한 자들에게 나 자신을 알게 했노라."

그러므로 적어도 사도가 9:30에서 "믿음으로 말미암는 의"를 얻은 이방인들을 언급하고 10:20에서 이사야 65:1(과 앞에서 인용했듯이 그가 로마서에서 먼저 언급했던 몇몇 본문)을 인용한 것에 비춰볼 때, 바울의 관점에서는 하나님의 긍휼과 구원하시는 은혜를 받은 사람들 가운데 (1) 이스라엘 내부의 "의로운 남은 자들"과, (2) 예수를 하나님의 약속된 메시아로 믿은 유대인 신자들, 그리고 (3) 그리스도를 믿은 이방인 개종자들뿐만 아니라, (4) 하나님이 긍휼과 구원하시는 은혜로써 자신을 계시하여(하나님 자신에게만 알려진 방식으로) 하나님께 적극적으로 반응했고(하나님이 하나님께 대한 "신뢰"와 "믿음"이 있다고 이해하신 양상으로), 따라서 하나님에 의해 그의 백성으로 받아들여진 이방인들(그들의 수가 얼마가 되었든지 간에)도 포함되었다.

우리는 이교도 이방인들이 하나님께 대해 보인 이러한 신뢰의 상황이나 내용을 개념화할 수 없을지도 모른다. 하지만 우리는 하나님이 사랑과 긍휼과 은혜로써 또 하나님만 아시는 방식으로 손길을 내미셨던 대상, 즉 어떤 식으로든지 신뢰와 믿음으로써 적극적으로 반응한 "이방인들 중의 남은 자"가 있다는 것을 여전히 믿을 수 있다. 하나님의 사랑과 긍휼과 은혜의 범위를 이런 식으로 이해하는 것은 적어도 어느 정도 현대의 기독교 성경신학에 포함되어야 할 필요가 있다.

3. 믿음이 있는 이방인들의 존재가 유대인들로 하여금 나사렛 예수를 하나님의 약속된 메시아로 믿도록 하는 촉매로써 기능한다는 바울의 이해. 로마서 9:30-10:21에서 또 중요한 것은 10:19에서 믿음이 있는 이방인들의 존재가 유대인들 사이에서 예수를 믿는 믿음을 위한 촉매가 된다는 요점이 제시된다는 것이다. 사도가 모든 유대인이 교훈을 받기를 바랐던, 위대한 율법 수여자인 모세가 제일 먼저 제시한 것이 바로 이 점이다. 모세는 신명기 32:21b에서 하나님이 그의 백성 이스라엘에게 "내가 백성이 아닌 자로 너에게 시기가 나게 하며(ἐγὼ παραζηλώσω ὑμᾶς) 어리석은 민족으로 너의 분노를 일으키리로다(παροργιῶ ὑμᾶς)"라고 선포하셨다고 썼다. 신명기 32:21b과 바울이 사용한 그 본문 모두 ἐπ' οὐκ ἔθνει("백성이 아닌 자로")와 ἐπ' ἔθνει ἀσυνέτῳ("깨닫지 못하는 나라로")라는 표현들이 유대인이 아닌 사람들, 즉 이방인들을 가리킨다는 점에 대해서는 의심의 여지가 거의 없다. 신명기 32:21b의 문맥은 이 표현들이 하나님의 백성에게 그분의 심판을 수행하면서 이스라엘 백성을 괴롭혀 그들로 하여금 회개하도록 하는 비유대인 백성과 민족들을 염두에 둔 것임을 시사한다. 하지만 바울이 인용하는 맥락에서 볼 때, 그는 이 표현들을 "믿음을 가진 이방인들"을 언급하고 있는 것

으로 이해했다는 것이 분명하다. 그들의 존재와 선포는 이스라엘 백성에게 선을 이루는 중요한 효과를 지닐 것이다.

바울은 나중에 세 부분으로 이루어진 그의 주해의 3부(11:1-32)에 있는 11:11에서 "이스라엘을 시기하게 하려고" 이방인들에게 임한 "구원"(ἡ σωτηρία)에 관해 말할 것이며, 다시 11:14에서 자신이 이방인들에게 행한 사역이 "혹 내 골육을 아무쪼록 시기하게 하여 그들 중에서 얼마를 구원하려 함이라"(εἴ πως παραζηλώσω μου τὴν σάρκα καὶ σώσω τινὰς ἐξ αὐτῶν)고 말할 것이다. 바울은 이방인들의 구원과 이방인들을 향한 자신의 사역이 어떻게 자신의 동포인 유대 백성에 대한 증거가 되는지 더 많은 내용을 전달할 것이다. 하지만 여기서는 단지 (1) 그리스어 동사 παραζηλόω("시기하게 하다", "열심을 내게 하다")가 10:19에서 인용하는 신명기 32:21b의 말씀에 등장할뿐더러 나중에 바울의 기독교적 사역의 특히 중요한 특징에 관한 11:14의 진술에서 현저하게 부각되는 것이라는 사실을 주목하고, (2) "이방인의 사도"가 "믿음이 있는 이방인들", 즉 인종과 상관없이 예수를 자신들의 구원자와 주님으로 믿은 사람들의 주요한 기능 중 하나가 유대인으로 하여금 예수께 대한 동일한 믿음을 갖게 하는 촉매로서 기능하는 것이라고 이해했다는 점을 강조하며, (3) 그리스도인들(그들의 인종적인 유산이 무엇이든지 간에)이 하나님의 사랑과 긍휼과 구원하시는 은혜의 충만함을 이해하려고 할 때와 그들이 자신들의 성경 신학들을 구성할 때, 그리고 그들이 다른 사람들에게 나아가 증언하려 할 때는 언제든지 반드시 유대 백성이 포함되어야 한다고 독려하는 것으로 충분하다.

현대를 위한 상황화

바울이 9:30-10:21에서 기록한 것을 오늘날 상황화하는 데 가장 중요한 것은 로마서 10:20-21에서 인용한 이사야 65:1-2의 하나님의 말씀이다. 바울은 그 말씀을 자료의 하위 단락의 결론으로 제시한다. (1) "내가 나를 찾지 아니한 자들에게 찾은 바 되고, 내게 묻지 아니한 자들에게 내 자신을 알렸노라"(사 65:1에서 인용), (2) "순종하지 아니하고 거슬러 말하는 백성에게 내가 종일 내 손을 벌렸노라"(사 65:2에서 인용). 우리는 바울(과 그 이전에 예수를 믿은 몇몇 초기 신자들)이 왜 로마서 10:20-21에서 이사야 65:1-2의 진술들의 위치를 바꾸었는지 결코 이해할 수 없을지도 모른다. 또한 이사야 65:1-2에서 이스라엘 백성에게 주는 하나님의 메시지가 언제 또는 왜 두 부분으로 나뉘었는지, 즉 65:1의 두 진술을 "믿음이 있는 이방인들"에 관해 말하는 것으로 이해하고, 65:2의 진술을 "불순종하고 거슬러 말하는" 이스라엘 백성을 겨냥하는 것으로 나누었는지 설명할 수 없을지도 모른다. 하지만 유대교 성경(구약)의 옛 언약에서 남은 자 신학에 대한 가장 탁월한 선포자였던 예언자 이사야가 기록한 이 말씀들은 하나님의 "새 언약"의 구성원들이라고 주장하는 우리 모두의 정신과 마음에 항상 반향될 필요가 있다. 이 말씀들은 우리에게 지속적으로 (1) 하나님께서 자기에게 묻지 아니하는 사람들에게 자신을 계시하셨고, 그래서 자기를 찾지 아니하는 사람들 사이에서 찾은 바 되셨으며(사 65:1의 말씀처럼), (2) 하나님은 언제든지 패역한 백성을 환영하기 위해 그의 손을 펼치셨다(사 65:2의 말씀처럼)는 사실을 상기시킨다. 우리는 예수를 믿는 신자들로서 하나님과 그분의 성품에 관한 이 모든 주장의 진리를 경험했다. 이 주장들은 특히 하나님의 사랑과 긍휼과 구원하시는 은혜에 관해 말한다. 이처럼 하나님을 실제로 경험한 것이 하나님에 관한 우리의 모든 생각과 그분을 위한 우리의 모든 행위의 동기부여가 되고 우리의 생각과 행위를 지배하도록 해야 한다.

기독교 복음의 적절한 상황화를 위해 중요한 것은 "그리스도는 모든 믿는 자에게 의를 이루기 위하여 율법의 마침이 되시니라"라고 선언하는 로마서 10:4의 준신앙고백적 선언이다. 현대의 그리스도인들은 율법으로 의를 얻으려고 하는 것을 중지해야 한다. 그것이 "율법주의적인" 의미에서든지 아니면 "신율주의적인" 의미에서든지 말이다. 안데르스 니그렌(Anders Nygren)이 적절하게 말했듯이, 예수를 믿는 신자는 "그것[율법]에 의해 정죄 받지도 않고 의롭다 함을 받지도 않는다. 그는 율법에서 아무것도 소망하지 않으며, 아무것도 두려워하지 않는다. 의로움과 자유함, 하나님의 정죄와 분노에 관한 한, 신자에게 율법은 완전히 제거되었다."[59] 니그렌이 계속해서 주장했듯이, 예수를 믿는 사람은 "그리스도의 복음이 **바로 하나님의 그 의**라는 것"을 발견했기 때문이다.[60] 또는 마르틴 루터가 표현한 것처럼, 그리스도인은 "그것이 무엇이 되었든지 간에, 어떠한 외적인 것도 그리스도인의 의나 자유함을 산출하는 데 영향을 주지 않는다.…그리스도인의 삶과 의와 자유함에 필요한 것은 하나, 단 하나뿐이다. 그것은 가장 거룩한 하나님의 말씀, 즉 그리스도의 복음이다."[61]

59) Nygren, *Romans*, 310-11.
60) Nygren, *Romans*, 303(강조는 원저자의 것임).
61) Luther, "A Treatise on Christian Liberty," 313-14.

4. 바울의 주해 III부: 하나님의 구원사의 과정: 이스라엘 내부에 존재하는 남은 자, 이방인들 가운데 남은 자, "온 이스라엘"의 구원과 모든 사람에게 베푸시는 하나님의 긍휼(11:1-32)

번역

11:1그러므로 내가 말하노니, 하나님이 자기 백성을 [완전히] 버리셨느냐?
그럴 수 없느니라! 나도 이스라엘인이요, 아브라함의 씨에서 난 자요, 베
냐민 지파라. 2하나님이 그 미리 아신 자기 백성을 [전부] 버리지 아니하셨
나니! 너희가 성경이 엘리야를 가리켜 말한 것을 알지 못하느냐? 그가 이
스라엘을 하나님께 고발하되,

3"주여! 그들이 주의 예언자들을 죽였으며, 주의 제단들을 헐어 버렸
고, 나만 남았는데, 내 목숨도 찾나이다" 하니,

4그에게 하신 대답이 무엇이냐?

"내가 나를 위하여 바알에게 무릎을 꿇지 아니한 사람 칠천 명을 남겨
두었다" 하셨으니,

5그런즉 이와 같이 지금도 [하나님의] 은혜로 택하심을 따라 남은 자
가 있느니라. 6만일 은혜로 된 것이면 행위로 말미암지 않음이니, 그렇지 않
으면 은혜가 은혜 되지 못하느니라.

7그런즉 어떠하냐? 이스라엘이 구하는 그것을 얻지 못하고, 오직 [하나
님으로 말미암아] 택하심을 입은 자가 얻었고, 그 남은 자들은 우둔하여졌
느니라. 8기록된 바,

"하나님이 오늘까지 그들에게
혼미한 심령과
보지 못할 눈과
듣지 못할 귀를 주셨다" 함과 같으니라.

9또 다윗이 이르되,

"그들의 밥상이 올무와 덫과
거치는 것과 보응이 되게 하시옵고,

[10]그들의 눈은 흐려 보지 못하고
그들의 등은 항상 굽게 하옵소서" 하였느니라.
[11]그러므로 내가 말하노니, 그들이 넘어지기까지 실족하였느냐? 그럴
수 없느니라! 오히려 그들이 넘어짐으로써 구원이 이방인에게 이르러 이
스라엘로 시기 나게 함이니라. [12]그들의 넘어짐이 세상의 풍성함이 되며 그
들의 실패가 이방인의 풍성함이 되거든, 하물며 그들의 충만함이리요!
[13]내가 이방인인 너희에게 [직접] 말하노라. 내가 이방인의 사도인 만
큼 내 직분을 영광스럽게 여기노니, [14]이는 혹 내 골육을 아무쪼록 시기하게
하여 그들 중에서 얼마를 구원하려 함이라. [15]그들을 버리는 것이 세상의 화
목이 되거든, 그 받아들이는 것이 죽은 자 가운데서 살아나는 것이 아니면
무엇이리요?
[16]제사하는 처음 익은 곡식 가루가 거룩한즉 떡 덩이도 그러하고, 뿌리
가 거룩한즉 가지도 그러하니라!
[17]또한 가지 얼마가 꺾이었는데 돌감람나무인 네가 그들 중에 접붙임
이 되어 참감람나무 뿌리의 진액을 함께 받는 자가 되었은즉, [18]그 가지들
을 향하여 자랑하지 말라. 자랑할지라도 네가 뿌리를 보전하는 것이 아니
요, 뿌리가 너를 보전하는 것이니라. [19]그러면 네 말이 "가지들이 꺾인 것은
나로 접붙임을 받게 하려 함이라" 하리니, [20]옳도다. 그들은 믿지 아니하므
로 꺾이고, 너는 믿으므로 섰느니라. 높은 마음을 품지 말고 도리어 두려워
하라. [21]하나님이 원가지들도 아끼지 아니하셨은즉, 너도 아끼지 아니하시
리라.
[22]그러므로 하나님의 인자하심과 준엄하심을 (생각해)보라. 넘어지는
자들에게는 준엄하심이 있으니, 너희가 만일 하나님의 인자하심에 머물
러 있으면 그 인자가 너희에게 있으리라. 그렇지 않으면 너도 찍히는바 되
리라. [23]그들도 믿지 아니하는 데 머무르지 아니하면 접붙임을 받으리니, 이
는 그들을 접붙이실 능력이 하나님께 있음이라. [24]네가 원돌감람나무에서
찍힘을 받고 본성을 거슬러 좋은 감람나무에 접붙임을 받았으니, 원가지인
이 사람들이야 얼마나 더 자기 감람나무에 접붙이심을 받으랴?

[25]형제자매들아! 너희가 스스로 지혜 있다 하면서 이 비밀을 너희가 모
르기를 내가 원하지 아니하노니, 이 비밀은 이방인의 충만한 수가 들어오
기까지 이스라엘의 더러는 우둔하게 된 것이라. [26]그리하여 온 이스라엘이
구원을 받으리라. 기록된 바,

"구원자가 시온에서 오사
야곱에게서 경건하지 않은 것을 돌이키시겠고,
[27]내가 그들의 죄를 없이 할 때에
그들에게 이루어질 내 언약이 이것이라" 함과 같으니라.

[28]복음으로 하면, 그들이 너희로 말미암아 원수 된 자요, [하나님의] 택
하심으로 하면, 조상들로 말미암아 사랑을 입은 자라. [29]하나님의 은사와 부
르심에는 후회(철회)하심이 없느니라. [30]너희가 전에는 하나님께 순종하지
아니하더니, 이스라엘이 순종하지 아니함으로써 이제 긍휼을 입었는지라.
[31]이와 같이 이 사람들이 순종하지 아니하니, 이는 너희에게 베푸시는 긍휼
로써 이제 그들도 긍휼을 얻게 하려 하심이라. [32]하나님이 모든 사람을 순
종하지 아니하는 가운데 가두어 두심은 모든 사람에게 긍휼을 베풀려 하심
이로다.

본문비평 주

11:1 Tὸν λαὸν αὐτοῦ("그의 백성")라는 어구에 등장하는 관사가 있는 명사 τὸν λαόν("그 백성")은 대문자 사본 ℵ A B C D P Ψ(또한 *Byz* L)와 소문자 사본 33 1175 1739(범주 I), 81 256 1506 1881 1962 2127 2464(범주 II), 6 69 88 104 181 263 323 326 330 365 424^{c} 436 451 459 614 629 1241 1243 1319 1573 1735 1852 1874 1877 1912 2200(범주 III)의 강력한 지지를 받고 있다. 이 단어는 it$^{ar, d}$ vg syr$^{p, h}$ cop$^{sa, bo}$에도 반영되었으며, 오리게네스^{lat} 에우세비오스 크리소스토모스 히에로니무스 아우구스티누스의 지지를 받고 있다. 하지만 독법 τὴν κληρονομίαν("그 기업")이 P^{46}과 대문자 사본 F G에 등장하고, it$^{b, f, g, o}$에 반영되었으며, 암브로시아스테르의 지지를 받는다. 이 이문은 아마도 시편 94:14(LXX 93:14)의 영향을 받았을 것이다. "여호와

께서는 자기 백성을(τὸν λαὸν αὐτοῦ) 버리지 아니하시며 자기의 소유를(τὴν κληρονομίαν αὐτοῦ) 외면하지 아니하시리로다."[1)]

2절 4세기의 바티칸 사본(B* 03)과 9세기의 비잔틴 계열 사본 L에는 이 구절 끝의 ἐντυγχάνει τῷ θεῷ κατὰ τοῦ Ἰσραήλ("그가 이스라엘을 하나님께 고발하되") 다음에 현재 단수 주격 분사 λέγων("말하되")이 등장하며, 이러한 독법은 소문자 사본 2464(범주 II), 69 88 104 323 326 330 614 1241 1735 1874(범주 III)에서도 발견된다. 하지만 분사 λέγων은 대문자 사본 ℵ[2] A B[2] C D F G P Ψ 또는 소문자 사본 1175 1739(범주 I), 81 1506 1881(범주 II), 6 365 424[c] 1243 1319 1505 1573 2495에는 등장하지 않으며, 라틴어 역본과 시리아어 역본에도 반영되지 않았다. 분사 λέγων("말하되")이 생략된 독법이 원본일 가능성이 크다. 이 단어가 삽입된 것은 이어지는 성경 인용을 분명히 함으로써 11:4이 시작되는 곳에 있는 λέγει("그것이 말하다")와 병행을 이루게 하려는 의도 때문이었을 것이다.

4절 제2부정과거 동사 κατέλιπον("내가 지켰다" 또는 "보존했다")은 대문자 사본 ℵ B D Ψ와 소문자 사본 6 69 323 330 365 614 1241(범주 III)의 지지를 받고 있다. 하지만 미완료 동사 κατέλειπον("내가 지켜왔다" 또는 "내가 보존해왔다")은 P[46], 대문자 사본 A C F G P(또한 *Byz* L)와 소문자 사본 1175 1739(범주 I), 88 104 326 1319 1573 1735 1846 1874(범주 III)의 지지를 받기에 사본 전통에서 조금은 더 나은 증거를 가지고 있다. 소문자 사본 81과 1506(둘 다 범주 II)에 등장하는 미래형 καταλείψω("내가 지킬 것이다", "남길 것이다", "보존할 것이다")는 아마도 열왕기상 19:18의 70인역 독법에 영향을 받았을 것이다. "당신이[주께서] 이스라엘 가운데 칠천 명을 남기리니(καταλείψεις) 다 바알에게 무릎을 꿇지 아니하고 다 바알에게 입 맞추지 아니한 자[그에게 경배하지 아니한 모든 입]니라."

---

1) M. D. Given, "Restoring the Inheritance in Romans 11:1," *JBL* 118 (1999) 89-96은 τὴν κληρονομίαν("그 기업")이 원본일 개연성이 있다고 주장했다. 그것이 "난해한 독법"이고 본문들 간에 상호 반향이 있다는 것이 그 이유다. 하지만 그의 주장은 빈약하며, 겉으로만 그럴싸하다.

제2부정과거 동사 κατέλιπον(“내가 지켰다” 또는 “보존했다”)과 미완료 동사 κατέλειπον(“내가 지켜왔다” 또는 “내가 보존해왔다”) 중 하나를 결정하는 것은 무척 어렵다. 철자에서 약간의 차이가 있을 뿐이고, 사본의 지지에 있어서도 미묘한 차이만 있기 때문이다. 동사의 두 형태 간에 의미의 차이는 거의 없다. 하지만 미완료 κατέλειπον이 본문 전통에서 어느 정도 더 나은 지지를 받고 있기 때문에 미완료를 원본으로 간주해야 할 것 같다.

6절 이 구절 끝부분에서 두 번째로 등장하는 단어 χάρις(“은혜”) 다음에 εἰ δὲ ἐξ ἔργων, οὐκέτι ἐστὶ χάρις, ἐπεὶ τὸ ἔργον οὐκέτι ἐστὶν ἔργον(“그러나 만일 행위로 된 것이면, 그것은 더 이상 은혜에 근거한 것이 아니다. 그렇지 않으면 행위가 더 이상 행위가 아니니라”)이 시나이 사본의 교정본(א[2])과 8세기 또는 9세기의 대문자 사본인 Ψ와 소문자 사본 33[vid] 1175(범주 I), 256(범주 II), 6 104 365 424[c] 436 459 1241 1319 1573 1912(범주 III)에 등장한다. 이 진술에 대한 이문들 역시 (1) 처음에 등장하는 ἐστί를 생략하고 맨 마지막에 있는 ἔργον 대신에 χάρις라고 읽는 바티칸 사본(B 03), (2) ἐστὶ χάρις 대신에 ἡ χάρις라고 읽는 소문자 사본 1962(범주 II), (3) ἐπεί 대신에 ἤ를 가지고 있고, οὐκέτι ἐστὶν ἔργον 대신에 οὐκ ἔστιν ἔργον이라는 독법을 가지고 있는 비잔틴 계열 사본 L과 소문자 사본 2127 2464(범주 II)와 vg[ms] [syr[p, h]]에 반영되었고, 크리소스토모스의 지지를 받는 본문에서도 발견된다. 하지만 이러한 이문들은 P[46], 대문자 사본 א* A C D F G P, 또는 소문자 사본 1739(범주 I), 81 1506[vid] 1881(범주 II), 263 1852 2200(범주 III)의 지지를 받지 못하고 있으며, it[ar, b, d, f, g, o] vg cop[sa, bo]에도 반영되지 않았고, 오리게네스[gr, lat] 암브로시아스테르 히에로니무스 또는 아우구스티누스의 지지를 받지 못하고 있다. 브루스 메츠거가 상당히 적절하게 관찰했듯이, “이 어구들이 원본이라면, 왜 생략되었는지 그 이유가 없는 것 같다. 여러 형태의 표현이 첨가되었다는 사실은 그것들 중 어느 것이 원본인지에 대한 의혹을 던진다.”[2)]

---

2) Metzger, *Textual Commentary*, 464.

7절 3인칭 단수 현재 능동태 직설법 동사 ἐπιζητεῖ("그것이 구하고 있다")는 본문 전통 전체에서 광범위한 지지를 받고 있다. 9세기의 대문자 사본 F G와 소문자 사본 104 1846(둘 다 범주 III)에 등장하고 라틴어 역본들과 시리아어 역본들에 반영된 부정과거 ἐπεζήτει("그것이 찾았다")는 사본의 지지가 빈약하며, 설명하려는 목적으로 수정된 것 같다.

8절 부사 καθώς("처럼", "듯이")는 P[46], 대문자 사본 A C D G P Ψ(또한 *Byz* L)와 소문자 사본 33 1175 1739(범주 I), 1881 2464(범주 II), 6 69 88 104 323 326 330 365 614 1241 1243 1319 1505 1573 1735 1874 2344 2495(범주 III)의 지지를 받고 있다. 하지만 이 단어와 동의어인 부사 καθώσπερ("듯이")는 대문자 사본 A B와 소문자 사본 81(범주 II)의 지지를 받고 있다. 이 두 부사 사이에는 사본상의 증거나 의미에 있어 차이가 거의 없다. 다만 καθὼς γέγραπται("기록되었듯이")라는 표현은 바울이 구약성경을 인용할 때 즐겨 사용한 매우 일반적인 도입 어구이며, 그래서 여기서는 γέγραπται와 함께 사용된 καθώς를 원본으로 받아들이는 것이 낫다(*NA*[26, 27]과 GNT[3, 4]의 편집자들도 그렇게 생각하는 것이 가장 개연성이 크다고 보았다).

12절 알렉산드리아 사본(A 02)은 11:12을 완전히 생략했다. "그러나 그들의 넘어짐이 세상의 풍성함이 되며 그들의 실패가 이방인의 풍성함이 되거든, 하물며 그들의 충만함이리요!"가 생략된 까닭은 5세기의 어떤 필경사가 (1) 이 구절에 2번 사용되었고 1번 암시된 πλοῦτος("풍성함", "부")라는 단어가 사용된 것을 지나치게 반복적이라고 여겼든지, 아니면 (2) "세상의 풍성함"과 "이방인의 풍성함"이라는 표현들 사이에 차이가 없다고 보았든지, 또는 (3) 이 구절 끝에 등장하는 압축적인 진술 πόσῳ μᾶλλον τὸ πλήρωμα αὐτῶν을 번역하기 어렵다고 보았거나, 아니면 아마도 (4) "그들을 버리는 것이 세상의 화목이 되거든 그 받아들이는 것이 죽은 자 가운데서 살아나는 것이 아니면 무엇이리요?"라는 11:15의 더욱 분명한 진술에 비춰볼 때 이 진술을 겹말로 간주했을 가능성에 있을 것이다. 이유가 어떻든지 간에, 이 구절이 본문에 포함된 것이 본문 전통에서 광범위한 지지를 받고 있으므로 우리는 이것을 원본으로 보아야 한다.

13a절 후치사인 접속사 δέ("그러나", "그리고", "이제")는 대문자 사본 ℵ A B P와 소문자 사본 1739(범주 I), 81 1506 1881(범주 II), 104 630 1243 1735 1874(범주 III)의 강한 지지를 받고 있다. 하지만 (원인, 추론, 지속을 표현하거나 어떤 설명을 소개하기 위해 사용되는) 접속사 γάρ는 대문자 사본 D F G Ψ(또한 *Byz* L)와 소문자 사본 33 1175(범주 I), 2464(범주 II), 6 69 88 323 326 330 365 614 1241 1319 1505 1573 2344 2464 2495(범주 III)에 등장한다. 그리고 추론의 접속사 οὖν("그래서", "그러므로")은 대문자 사본 C에 등장한다. 접속사 δέ는 사본 역사에서 견실하기에 원본으로 보아야 한다. Γάρ나 οὖν과 같은 이문들은 11:11-12과 11:13-15에 등장하는 내용들 간의 연결을 강화할 목적으로 대체된 것일 가능성이 있다. 두 문단 간의 연결은 너무도 분명하기 때문에 이러한 다른 연결 접속사 중 어느 것을 삽입하지 않아도 된다.

13b절 관용어적 표현인 μὲν οὖν("사실 그렇다면", "사실은")은 P[46], 대문자 사본 ℵ A B C P와 소문자 사본 81과 1506(둘 다 범주 II)에 의해 잘 입증된다. 하지만 이 어구가 대문자 사본 Ψ(또한 *Byz* L)와 소문자 사본 33 1175 1739(범주 I), 1881 2464(범주 II), 6 69 88 323 330 614 1241 1243 1505 1735 1874 2344 2495(범주 III)에서는 접속사 δέ("그러나," "그리고")로 대체되었고, (2) 대문자 사본 D F G와 소문자 사본 326 365 1319 1573(모두 범주 III)에서는 생략되었다. 후기의 필경사들은 μὲν οὖν이 초기의 구술적·토속적·시적 관용어라는 것을 이해하지 못했고, 그래서 이 어구를 좀 더 문학적인 산문체 표현으로 대체했거나 단순히 지워버렸던 것 같다(이 본문에 대한 "석의와 주해"를 보라).

13c절 미래형 동사 δοξάσω("내가 영광스럽게 할 것이다" 또는 "높이 살 것이다")와 미래형 동사 δοξάζω("내가 생각할 것이다", "믿을 것이다", "고려할 것이다")는 본문 전통에서 필경사들의 혼란을 자아냈던 것 같다. 그리스어의 두 낱말 σ와 ζ가 유사하게 발음되는 까닭에서다. 미래형 동사 δοξάσω("내가 영광스럽게 할 것이다" 또는 "높이 살 것이다")는 P[46], 대문자 사본 F G Ψ, 그리고 소문자 사본 33 1175(범주 I), 88 1874 2344(범주 III)의 지지를 받

고 있으며, 그래서 원본으로 받아들여야 할 가능성이 크다. 미래형 동사 δοξάζω("내가 생각할 것이다", "믿을 것이다", "고려할 것이다")는 유사하게 발음되며 의미도 비슷하지만, 이문으로 간주되기에 거부되어야 한다.

16a절 문장 처음에 등장하는 후치사 δέ("그러나", "그리고", "이제")는 본문 전통 전체에서 광범위한 증거를 가지고 있다. 그러나 이 단어가 알렉산드리아 사본(A 02)에서는 γάρ("이는")로 대체되었다. 하지만 아무리 가치 있는 것이라 하더라도 5세기의 증거 본문 하나만으로는 δέ("그러나", "그리고", "이제")를 지지하는 엄청난 사본 증거를 뒤집을 수가 없다.

16b절 Εἰ ἡ ῥίζα ἁγία("만일 뿌리가 거룩하면")에서 조건을 나타내는 단어 εἰ("만일")는 대문자 사본 ℵ A B C D P^c Ψ(또한 *Byz* L)와 소문자 사본 33 1175 1739(범주 I), 81(범주 II), 69 104 181 323 326 330 365 451 614 629 1319 1505 1573 1874 1877 2344 2495(범주 III)의 광범위한 지지를 받고 있으며, $it^{ar, d, dem, x, z}$ vg $syr^{p, h}$ $cop^{sa, bo}$에도 반영되었고, 클레멘스 암브로시아스테르의 지지를 받고 있다. 하지만 불변화사 εἰ("만일")는 P^{46}, 대문자 사본 F G P*, 그리고 소문자 사본 1962 2127(범주 II), 436 1241(범주 III)에 생략되었으며, 이 생략된 독법이 $vg^{f, g}$에도 반영되었고, 크리소스토모스의 지지를 받는다. 여기서 εἰ의 생략은 우연히 발생했을 것이다. 이 단어가 여기 있는 것이 11:16에 이어지는 문장들과 수사학적 균형을 이루는 데 필요해 보이기 때문이다.

17절 Συγκοινωνὸς...ἐγένου("네가 함께 받는 자/함께 참여하는 자가 되었다")의 사상을 완성시키기 위해 본문 전통에서는 여러 다른 어구들이 등장한다. (1) (에티오피아어 역본과 암브로시아스테르에서는) τῆς ῥίζης τῆς ἐλαίας("감람나무 뿌리의"), (2) (P^{46}, 대문자 사본 D* F G, $it^{d, f, g}$ $cop^{bo\ ms, fay}$, 그리고 이레나이우스^{lat}와 아우구스티누스$^{3/5}$ 등 교부들에서는) τῆς πιότητος τῆς ἐλαίας("감람나무 수액의"), (3) (P^2, 대문자 사본 A D^2 P[또한 *Byz* L], 그리고 소문자 사본 33 1739[범주 I], 81 256 1881 1962 2127[범주 II], 6 104 263 365 436 459 1241 1319 1573 1852 2200에 등장하며, it^{ar} vg $syr^{p, h}$에 반영되고, 오리게네스$^{lat3/4}$ 크리소스토모스 아우구스티누스$^{2/5}$의 지지를 받는) τῆς ῥίζης καὶ τῆς πιότητος τῆς ἐλαίας("감람나무

뿌리와 수액의"), 그리고 (4) (대문자 사본 ℵ B C Ψ와 소문자 사본 1175[범주 I], 1506 2464[범주 II], 1912[범주 III]에 등장하며, it^b, o [cop^sa, bo]에 반영되고 오리게네스^lat1/4의 지지를 받는) τῆς ῥίζης τῆς πιότητος τῆς ἐλαίας("감람나무 수액의 뿌리의") 등이다. 메츠거는 "널리 소개된 καί와 τῆς ῥίζης의 생략(P^46 D* G it^d, g 등등)이 문장을 개선하기 위한 교정이라는 의구심이 들기 때문에, 네 번째 선택이 다소간의 한정된 증거를 가지고 있음에도 불구하고 "다른 독법들이 나오게 된 이유를 가장 잘 설명하는 것으로 보인다"고 주장했다.[3)]

21절 Οὐδέ("아니") 앞에 μή πως("아마도," "어떻게든 하지 않도록")가 삽입된 독법은 P^46, 대문자 사본 D F G Ψ(또한 *Byz* L)와 소문자 사본 33 1175(범주 I), 1962 2464(범주 II), 104 459 1241 1912(범주 III)의 지지를 받으며, it^ar, b, d, f, g, o vg syr^p, h에도 반영되었고, 이레나이우스^lat 크리소스토모스 암브로시아스테르의 지지를 받는다. 하지만 (μή πως가 삽입되지 않은) 짧은 본문 οὐδέ는 대문자 사본 ℵ A B C P와 소문자 사본 1739(범주 I), 81 256 1506 1881 2127(범주 II), 6 263 365 424^c 436 1319 1573 1852 2 2200(범주 III)의 지지를 받고 있으며, cop^sa, bo, fay에도 반영되었고, 오리게네스^lat 아우구스티누스의 지지를 받는다. 이처럼 강력한 사본상의 뒷받침을 받고 있기 때문에 짧은 독법이 원본일 가능성이 매우 크다. 어쩌면 (P^46을 만드는 데 관여한) 어떤 초기 필경사가 "하나님이 너도 아끼지 아니하시리라"와 같은 직설적인 진술을 싫어해서 "어쩌면"이라는 단어를 삽입하여 문장을 부드럽게 했을지도 모른다.

브루스 메츠거가 관찰한 것처럼, "그러나 한편으로 (a) μή πως가 바울의 표현이고(이 어구는 바울의 다른 편지에 9번 등장하는 반면에 신약성경 다른 곳에서는 1번밖에 등장하지 않는다), (b) 이 단어가 다른 것과 연결되지 않은 것이 분명하며(오리게네스는 더 적합한 어구인 πόσῳ μᾶλλον과 πλέον으로 대체했다. 그곳을 보라), 이 어구가 이어지는 미래형[φείσεται]에 문법적으로도 적합하지 않기 때문에, 필경사들은 이 단어가 이곳에 있는 것으로 인해 불편했을지

3) Metzger, *Textual Commentary*, 464.

도 모른다."[4] 그러므로 GNT[3, 4]와 NA[26, 27]의 편집자들은 본문에 μή πως를 유지했지만, 그것을 괄호 안에 두었다. 이것은 μή πως를 생략한 GNT[2]와 NA[25]의 초기 결정을 바꾼 것이다. 그 어구의 생략은 우리가 믿기로는 그리스어 본문 전통에서 가장 잘 입증된다.

25절 복수 여격의 재귀대명사 ἑαυτοῖς 앞에 어떤 전치사가 사용되었는지는 논란의 대상이다. 다음과 같은 입장들과 사본 자료들이 중요하다. (1) 재귀대명사 ἑαυτοῖς 앞에 전치사 παῤ가 있는 독법이 원본이다. 이 독법은 대문자 사본 ℵ C D(또한 *Byz* L)와 소문자 사본 33 1175(범주 I), 81 256 1881 1962 2127 2464(범주 II), 104 263 365 436 459 1241 1319 1573 1912(범주 III)의 지지를 받으며, it[b]에도 반영되었으며, 오리게네스[lat] 크리소스토모스 테오도로스 히에로니무스[1/3]의 지지를 받는다. (2) ἑαυτοῖς 앞에 전치사 ἐν이 있는 독법이 원본이다. 이 독법은 대문자 사본 A B와 소문자 사본 1506(범주 II) 1852 2200(범주 III)의 지지를 받고 있으며, syr[p, h]에도 반영되었다. 또는 (3) ἑαυτοῖς 앞에 전치사가 없는 것을 원본으로 이해해야 한다. 전치사의 생략은 P[46], 대문자 사본 F G Ψ와 소문자 사본 1739(범주 I), 6 424[c](범주 II)의 지지를 받으며, it[ar, d, f, g, o] vg cop[sa, bo, fay]에도 반영되었고, 암브로시아스테르 히에로니무스[2/3] 아우구스티누스의 지지를 받고 있다. 단순(즉 어떠한 전치사도 없는) 재귀대명사 ἑαυτοῖς로 인해 필경사들이 전치사를 삽입했을지도 모른다. 반면에 παῤ가 사본 전통에서 가장 강력한 지지를 받고 있다. 그래서 GNT[3, 4]와 NA[26, 27]은 꺾쇠괄호 안에 전치사 παῤ를 유지했다. 이것으로써 이 부분에 불확실성이 큼을 나타내는데, 이는 전치사 ἐν을 받아들인 초기의 GNT[2]나 NA[25]와 다르다.

31절 동사 ἐλεηθῶσιν("그들이 긍휼을 얻게 하다") 앞에, 설사 있다고 해도, 어느 단어가 있는지를 결정하기가 참 어렵다. 몇 가지 선택의 여지가 있다. (1) νῦν("지금"). 이 단어는 대문자 사본 ℵ B D*와 소문자 사본 1506(범주 II)의 입증을 받으며, cop[bo, fay ms]에 반영되었다. 또는 (2) ὕστερον("나중

---

4) Metzger, *Textual Commentary*, 464-65.

에"). 이 단어는 소문자 사본 33(범주 I), 256 1962 2127(범주 II), 263 365 1319 1573 1852 1912(범주 III)에 등장하고, cop$^{sa, fay ms}$에 반영되었으며, 암브로시아스테르^{mss}의 지지를 받는다. 또는 어쩌면 (3) 이 두 단어 중 어느 것도 동사 앞에 없어야 한다. P^{46}, 대문자 사본 A D^{2} F G Ψ(또한 *Byz* L)와 소문자 사본 1175 1739(범주 I), 81 1881(범주 II), 6 104 436 459 1241 2200(범주 III)에서처럼 말이다. 단어가 생략된 독법은 it$^{ar, b, d, f, g, o}$ syr^{p} 오리게네스^{lat}에도 반영되었으며, 크리소스토모스 암브로시아스테르 히에로니무스 아우구스티누스의 지지를 받고 있다.

Nῦν과 ὕστερον 모두 생략된 독법은 초기의 본문 증거와 다양한 본문에서 모두 우세하다. 반면에 메츠거가 제안했듯이, "νῦν의 두 번째 등장으로 발생하는 의미의 난해함 때문에, 필사자들이 그것을 생략하거나 좀 더 적합한 ὕστερον으로 대체하려고 했을지도 모른다."[5] 그러므로 외적인 증거와 내적인 증거는 많은 본문비평 학자에게 상당히 균형 잡힌 것으로 인식되었고, 연합성서공회 편집자들은 νῦν을 유지했지만 그것을 꺾쇠 괄호 안에 포함시켰다.

32절 Συνέκλεισεν γὰρ ὁ θεὸς τοὺς πάντας εἰς ἀπείθειαν("하나님이 모든 사람을 순종하지 아니하는 가운데 가두어 두셨기 때문이다")에 있는 τοὺς πάντας("모든 백성", "모든 사람")라는 어구는 대문자 사본 ℵ A B D^{2} Ψ와 소문자 사본 33 1175 1739(범주 I), 81 256 1506 1881 1962 2127(범주 II), 6 104(범주 III)의 결정적인 지지를 받고 있다. 하지만 P^{46vid}와 대문자 사본 D*(대문자 사본 F G에는 πάντα가 있지만 관사 τά는 생략되었다) 같은 몇몇 소수의 사본 증거들은 중성 복수형인 τὰ πάντα("모든 것들")라고 읽는다. 이 이문은 it$^{ar, b, d, f, g, o}$ vg에도 반영되었으며, 이레나이우스$^{(gr), lat}$ 암브로시아스테르 히에로니무스$^{12/17}$ 아우구스티누스$^{1/10}$의 지지를 받고 있다. 이것은 어느 필경사가 갈라디아서 3:22의 ἀλλὰ συνέκλεισεν ἡ γραφὴ τὰ πάντα ὑπὸ ἁμαρτίαν("그러나 성경은 모든 것을 죄 아래에 가두어 두었다")을 상기한 결과로

5) Metzger, *Textual Commentary*, 465.

발생했을 것이다.

형식/구조/상황

번역자와 주석가들은 바울이 세 부분으로 이루어진 그의 주해의 3부, 즉 이곳 11:1-32에서 제시하는 내용을 특히 본문비평(앞에 있는 "본문비평 주"를 보라) 및 본문 해석의 어떤 특징들(본서 아래에 있는 "석의와 주해"를 보라)과 관련하여 종종 이해하기 어렵다고 여겼다. 하지만 바울이 (9:6-29과 9:30-10:21에서 말한 것과 함께) 11:1-32에서 기록한 내용에 (1) 일찍이 그가 기독교 사역(아마도 행 11:26이 말해주는 것처럼, 그가 바나바와 함께 사역하면서 "일 년간 모여 있어 큰 무리를 가르쳤고 제자들이 안디옥에서 비로소 그리스도인이라 일컬음을 받게" 된 시리아 안디옥에서의 그의 설교와 가르침)에서 처음에 구두로 선포했으며, 그런 다음 구두로 선포한 것을 (2) 로마서에서 편지 형식에 담아 수도인 로마에 있는 인종적으로 혼합된 기독교 공동체들에게 보냈다고 상정한다면, 적어도 이 본문의 본문비평학적 난제와 해석학적 난제들 중 일부분이 설명될 수 있을 것이라고 정당하게 제안할 수 있다. 바울이 11:1-32에서 기록한 것을 이해하기 위해 이러한 접근법을 활용하는 현대의 번역자들과 주석가들은 과거의 많은 해석자를 혼란하게 만들었던 여러 문제에 대해 더욱 설득력 있는 해결점들을 제시하는 약간은 더 나은 입장에 있다.

11:1-32에서 결론에 도달한 바울의 남은 자 신학과 수사학. 로마서 11:1-32에 기록된 내용을 이해하기 위해 가장 중요한 것은 다음과 같은 기본적인 인식이다. 즉 바울은 9:6-29(그의 주해 1부)에서 시작했고 9:30-10:21(3부)에 걸쳐 표현한 그의 남은 자 신학과 수사학을 이 본문에서 마무리한다. 우리는 일찍이 유대인의 남은 자 신학과 수사학의 본질적인 열 가지 특징을 언급했고, 사도가 로마서 본론 중앙부의 세 번째 주요 단락(즉 9:1-11:36과 특히 9:6-11:32에 세 부분으로 이루어진 그의 주해)에서 자신의 방식으로 이 열 가지 특징들 대부분을 사용했다고 제안했다.[6] 이 열 가지 요점 가

6) 참조. 본서 700쪽. 거기서 우리는 G. Schrenk and V. Herntrich, "λεῖμμα, ὑπόλειμμα,

운데 다음 여덟 가지는 사도가 이곳 11:1-32에서 기록한 내용을 이해하는 데 특히 중요하다고 생각된다.

요점 1: 남은 자는 하나님이 홀로 주권적으로 세우신 것이다.

요점 2: 남은 자는 적을 수 있지만 남은 자의 거대함이 묘사되기도 한다.

요점 3: 남은 자는 현재적 실체인 동시에 미래적인 실체다.

요점 4: 남은 자 개념은 하나님이 이스라엘을 택하심과 관련이 있다. 이 문제에 대해 바울이 하나님의 약속들이 "이스라엘 내부의 남은 자"에게만 주어지고 그 남은 자를 통해 "이방인 중에서 남은 자"에게로 확대된다고 주장하지만 말이다.

요점 6: 하나님께서 남은 자를 세우셨지만, 그 세움의 이면에는 하나님께서 선택하신 사람들 편에서의 믿음과 신실함의 반응이 있다.

요점 7: "이스라엘 내부의 남은 자"만 있는 것이 아니라, 하나님께서 "이방인 가운데" 택하신 "남은 자"도 언급된다.

요점 9: 남은 자를 모으는 것이 하나님의 최종 목표가 아니다. 오히려 하나님의 최종 목표는 온 이스라엘을 다시 받아들임과 구원이다.

요점 10: 하나님의 "택함을 받은(뽑힌 또는 선택함을 받은) 남은" 백성과 하나님의 메시아 간에 친밀한 관계가 존재한다.

11:1-32의 서간체적·수사학적 관례들. 11:1-32에서 상당히 분명한 점은 몇 개의 서간체적 표현이 존재한다는 것이다. 그 표현들은 본문의 다섯 절에 등장하며 (1) 바울이 제시하는 내용의 어떤 중요한 부분의 시작과 (2) 그의 귀결적인 진술의 시작을 밝히는 기능을 한다.

11:1 - "말하는 것을 나타내는 동사": λέγω οὖν("따라서 내가 말하다/이야

καταλείπω," *TDNT* 4.203-14에서 뽑은 10개의 요점을 인용했다.

기하다/묻다")

11:7 - 간략한 수사적 질문: τί οὖν;("그런즉 어떠하냐?")

11:11 - 또 다른 "말하는 것을 나타내는 동사": λέγω οὖν("그러므로 내가 말하노니")

11:13 - "직접적인 대상을 표시하는 여격"을 포함하여 "말하는 것을 나타내는 동사": ὑμῖν δὲ λέγω τοῖς ἔθνεσιν("이제 내가 이방인인 너희에게 말하노라")

11:25 - "직접적인 대상의 호격"을 포함하는 "공개 공식": οὐ γὰρ θέλω ὑμᾶς ἀγνοεῖν, ἀδελφοί("형제자매들아! 너희가 모르기를 내가 원하지 아니하노니")

11:1과 11:11의 처음 2개의 "말하는 것을 나타내는 동사"에 사용된 것은 수사적 관습의 **대용**(anaphora)이다. 대용은 수사학자들이 2개 이상의 세트로 된 진술들이 시작되는 곳에서 한 단어나 표현의 반복에 부여하는 명칭이다. 그 단어는 첫 번째 세트 바로 다음에 이어지거나 조금 떨어진 곳에 있는 그다음 세트(또는 세트들)의 진술이 시작되는 곳에서 반복된다. 이곳 11장의 첫 부분에 있는 수사적 대용의 확장된 사용은 11:1-6의 진술들과 몇 절 다음에 있는 11:11-12의 비슷한 진술들 사이의 연결을 암시할 뿐만 아니라, 진술의 두 번째 세트에 제시된 내용이 첫 번째 세트에 제시된 것으로부터 발전한 것임을 시사하기도 한다. 이것은 1:16-17의 사도의 논제 진술에 등장하는 확장된 수사적 대용과 비교하여 두 장 뒤 3:21-22에서 제시된, 본질적으로 앞의 진술들을 반복하고 확장하고 발전시킨 그의 진술들과 매우 비슷하다.[7)]

7) 로마서의 압축된 대용에 대해서는 1:24, 26, 28의 "하나님이 그들을 내버려 두사"의 반복을 주목하라. 바울 서신 다른 곳에는, 고전 6:12-13의 "모든 것이 가하나"(또는 "허용되나")라는 격언의 반복에 있는 확장된 대용을 보라. 이 격언은 10:23-24에서 본질적으로 반복된다. 바울 서신 외에서는 히 11:3-31에 "믿음으로"라는 어구가 18번 등장하고, 마 5:3-12에 "복이 있나니"라는 표현이 9번 등장하며, 눅 6:20-26에 "복이 있나니"와 "화 있을진저"라는 표현이 4번 사용된 것을 주목하라.

11:1-32에 눈에 띄게 등장하는 담화와 편지 작성의 또 다른 전통적인 관습은 수사학자들이 **은유**라고 부르는 것이다. "은유"라는 용어는 단어의 문자적인 지시대상과는 다른 어떤 것을 가리키지만 감지할 수 있는 유사성으로 말미암아 그 단어의 문자적인 의미와 연결된, 어떤 단어나 단어 집단 또는 문장과 관련해서 사용된다. 그래서 그 단어의 문자적인 지시대상과 그 단어의 비유적인 용례 간의 유사성 또는 유비를 제시한다. 그리고 "은유"는 바울이 (1) 11:16a에서 "처음 익은 곡식"과 "떡 덩이," (2) 11:16b에서 "뿌리"와 "가지," (3) 11:17-24에서 "원가지"와 "접붙임을 받은 돌감람나무 가지", (4) 11:24에서 "돌감람나무"와 "좋은 감람나무"를 언급한 것을 지칭하기에 상당히 적합하다.

마찬가지로 11:1-32에는 그리스-로마의 연설과 저술에 종종 등장하는 2개의 수사적 관습에 비교될 수 있다고 이해되는 2개의 문체적 특징이 있다. 첫 번째 특징은 11:13에서 바울이 상대방을 직접 지칭하면서 "너희"라는 대명사를 사용한 것이며, 그런 다음 11:17-24에서 그것을 더 풍성히 사용한다(반복적으로 사용하는 단수 "너")는 것이다. 이것은 그리스어의 디아트리베에서 "너"나 "너희"를 사용한 것과 매우 유사하다. 두 번째 특징은 11:30-31에 있는 사도의 진술을 구성하면서 전면에 부각되는 것으로서 그리스어의 교차대구 구조를 반영하는 것 같다. "너희가 전에는 하나님께 순종하지 아니하더니, 이스라엘이 **순종하지 아니함**으로써 이제 **긍휼**을 입었는지라. 이와 같이 이제 이 사람들이 **순종하지 아니**하니 이는 너희에게 베푸시는 긍휼로써 이제 그들도 **긍휼**을 얻게 하려 하심이라."

디아트리베 표현과 교차대구적 구조는 바울 당시 그리스-로마 세계에서 널리 사용되었다. 따라서 바울이 사용한 이러한 제법 일반적인 웅변적·문학적 관습(의식적으로 혹은 무의식적으로 표현되었든지 간에)은, 바울이 유대인들과 이방인들에게 적절하게 말하는 방법과 또한 로마에 있는 인종적으로 다양한 신자들에게 모두가 이해할 수 있는 방식으로 글을 쓰는 방법을 알고 있었음을 의미한다.

이 본문의 수사적 특징과 관련하여 더욱 중요한 점은, 바울이 11:1-

32에서 기록하는 모든 내용의 저변에 있는 내러티브 하위구조다. 종종 주장되었듯이 바울이 여기서 온전한 "역사 철학"을 전개한다고 할 수 없지만, 사도는 이 본문에서 "하나님의 구원사의 과정"이라고 불릴 수 있는 내용을 제시하며, 먼저 "이스라엘 안의 남은 자"를 다루고 그다음에 "이방인들 가운데 남은 자" 및 "모든 이스라엘"의 구원을 다루며, 마지막으로 "그들 모두(즉 모든 사람)를 향한 하나님의 자비하심"을 다룬다. 그러나 이 본문에 있는 내러티브 하위구조를 인식하는 것보다 더욱 중요한 것은, 여기 11:1-32에서 바울이 유대교 혹은 유대 기독교 남은 자 신학과 수사학을 사용하며, 그 신학과 수사학을 나름대로 변경하여 기독교 메시지의 핵심으로 선포한다는 사실이다.

이 편지의 공식 패턴과 구성적 구조와 관련하여 우리의 대체적인 논지는 이것이다. 즉 그 패턴과 구조가 (1) 바울이 어떻게 그의 편지를 구성했는지에 관해 통찰을 제공할 뿐만 아니라, (2) 다양한 단락과 하위 단락이 작용하는 기능(들)을 알려주고, (3) 바울 자신이 로마서 안에 있는 다양한 자료에 부여한 중요성을 부각시키며, 그래서 (4) 해석자들에게 그의 논증 과정을 어떻게 이해할지에 관한 지침을 제공하기도 한다.[8] 이러한 공식 패턴과 구성적 구조의 문제들은 이 단락 11:1-32에서 특히 분명하게 나타나는 것 같고, 그래서 이어지는 우리의 석의적 주석에서 지속적으로 고려해야 할 필요가 있을 것이다.

11:1-32에서 바울이 사용한 성경적 진술들. 사도는 일찍이 1:16-3:20에서 매우 많은 성경 인용과 암시, 그리고 구약성경에 근거한 전통적인 유대 격언들로 그의 논증을 뒷받침했다. 이와 마찬가지로 4:1-24에서는 그가 앞서 3:21-31에서 하나님에 대한 인간의 믿음과 신뢰에 관해 쓴 내용을 뒷받침하기 위해 유대인의 조상 아브라함을 탁월한 예로 사용했다. 그래서 바울은 9:6-29(9-11장의 세 부분으로 이루어진 그의 주해의 1부)과 9:30-10:21(2부)의 하위 단락에서도 그가 제시하는 내용을 뒷받침하면서 구약 내러티브

8) 본서 "주석 서론", 20-21을 보라.

와 진술들을 사용했다. 그는 "믿음이 있는 이방인들과 이스라엘의 현재 불신앙의 상태"에 관해 말할 때 자신이 기독교화한 남은 자 신학을 소개하기 위해 1부에서는 광범위하고 상당히 의미심장하게, 그러나 2부에서는 한층 더 광범위하고 좀 더 자유롭게 그렇게 한다. 그리고 바울은 11:1-32(3부)에서도 계속해서 (1) 이스라엘 내부에 있는 "남은 의로운 자"의 지속적인 존재에 대한 그의 주장을 뒷받침하기 위한 주요 구약 내러티브(11:1-6에서)와, (2) 바울이 당대의 이스라엘 백성을 묘사하는 내용을 뒷받침하면서 과거 이스라엘의 가장 존경받던 지도자 중 세 사람으로부터 가져온 매우 중요한 세 진술들(11:7-10), (3) 미래에 "온 이스라엘이 구원을 받을 것이라"는 그의 주장을 뒷받침하면서 하나님이 이스라엘에게 하신 약속들의 영원성에 관한 이스라엘의 위대한 예언자 이사야의(그리고 예레미야 예언자에 의해 반향된) 말씀에서 주로 선별한 인용문을 혼합하여 사용한다.

바울은 예언자 이사야에게서 가져온 혼합 인용문 뒤 11:28-32에서 후기로 보이는 내용을 덧붙인다. 이 후기는 그가 11:1-27에서 썼던 것뿐만 아니라 9:6-10:21에서 쓴 모든 내용에 대해서도 적절하게 요약한다. 이와 같이 11:28-32 자료는 바울이 일찍이 로마서 본론 중앙부의 중요한 2개의 신학적인 단락, 즉 첫 번째 단락(1:16-4:25)과 두 번째 단락(5:1-8:39)에서 썼던 내용을 간략하게 제법 많이 반복한다. 특히 그는 신학적인 두 단락에서 앞서 제시했던 다수의 진술을 11:32에서 매우 간략히 요약된 형태로 반복한다. Συνέκλεισεν γὰρ ὁ Θεὸς τοὺς πάντας εἰς ἀπείθειαν, ἵνα τοὺς πάντας ἐλεήσῃ("하나님이 모든 사람을 순종하지 아니하는 가운데 가두어 두심은 모든 사람에게 긍휼을 베풀려 하심이로다").[9]

11:1-32의 구조와 메시지. 11:1-32의 구조를 어떻게 분석하든지 간에 본문의 중요한 부분, 즉 상당히 중요한 11:1-27에 등장하는 서간체적·수사학적 관습들에 제일 먼저 주의를 기울여야 한다.

---

9) 참조. Dunn, *Romans*, 2.696은 그리스어 단어가 12개밖에 되지 않는 이 경구적인 진술이 "서신 전체의 중요한 주제들"을 요약한다는 점을 주목한다.

1. 11:1과 11:11의 도입부에 등장하는 서간체적 표현인 "말하는 것을 나타내는 동사" 2개.
2. 11:7-10의 귀결되는 고려 사항을 소개하는 요약된 수사적 질문인 "그런즉 어떠하냐?"
3. 11:1-10과 11:11-24 등 두 하위 단락을 연결하고 로마서에 제시된 내용의 발전을 암시하는 수사적 대용 구조.
4. 11:13의 "말하는 것을 나타내는 동사"의 서간체적 표현. 이 표현은 그 표현이 등장하는 자료의 하위 단락에서 진일보한 추론적 논의를 소개한다.
5. 11:25 처음에 눈에 띄게 등장하는 전통적인 서간체적 특징인 "공개 공식"과 "상대방을 직접 지칭하는 호격."

"공식 패턴"과 "구성적 구조"와 관련된 이 다섯 가지 특징에 근거하여 필자는 11:1-27에 기록된 내용이 다음과 같은 주제와 내용을 다룬다고 제안한다.

1. 하나님께서 "완악하게 하신 사람들"이 이스라엘에 있었던 것과 비교하여 이스라엘 내부에는 계속해서 "남은 자"가 있었다는 사실. 계속해서 남은 의로운 자가 있었다는 주장을 뒷받침하기 위해 인용한 엘리야 이야기와, 하나님께서 이스라엘을 완악하게 하셨다는 진술을 뒷받침하기 위해 인용한 모세, 이사야, 다윗의 진술들(11:1-10).
2. 하나님의 전반적인 목적과 계획에서 이스라엘의 "넘어짐"과 믿음이 있는 이방인들의 "화목" 그리고 이 문제들의 상호작용(11:11-24).
3. 하나님이 이스라엘을 위해 주신 메시아 예수를 그 민족이 현재 저버렸다는 맥락에서 "온 이스라엘"의 구원에 대한 하나님의 취소할 수 없는 약속과 하나님께서 현재 그의 옛 백성을 "부분적으로 완고하게 하심" 및 이를 뒷받침하기 위해 인용한 예언자 이사야의 글(11:25-27).

바울은 11:1-27에서 제시한 이 세 가지 내용에 11:28-32에 있는 또 다른 문단의 자료를 첨가한다. 이 자료는 사도가 일찍이 로마서에서 썼던 대부분의 내용을 요약하기에 적합하다(위에서 설명한 것을 보라). 그래서 본서의 "석의와 주해"에서는 자료의 세 하위 단락인 11:1-10, 11:11-24, 11:25-27을 다룰뿐더러 추가적인 문단인 11:28-32도 진지하게 고려할 것이다.

석의와 주해

I. 이스라엘에 하나님께서 "완악하게 하신 사람들"이 있었던 것과 비교하여 이스라엘 내부에는 계속해서 "남은 자"가 있었다는 사실. 계속해서 남은 의로운 자가 있었다는 주장을 뒷받침하기 위해 인용한 엘리야 이야기와, 하나님이 이스라엘을 완악하게 하셨다는 진술을 뒷받침하기 위해 인용한 모세, 이사야, 다윗의 진술들(11:1-10)

주석가들은 자주 11:1-10을 보다 큰 하위 단락인 11:1-32에 있는 별개의 통일된 부분으로 이해해왔다.[10] 그리고 이러한 이해는 의심의 여지 없이 참이다. 하지만 이 본문에는 논증의 두 흐름이 존재한다. 첫 번째는 11:1-6에 등장하며, "말하는 것을 나타내는 동사"인 λέγω οὖν("그렇다면 내가 말하다/묻는다")에 의해 소개되는 주제, 곧 이스라엘 내부에 "남은 의로운 자"가 계속해서 존재한다는 문제를 다룬다. 두 번째는 11:7-10에서 발견되며 이스라엘이 의를 얻는 데 실패한 문제를 다루고, 간략한 수사적 질문인 τί οὖν;("그런즉 어떠하냐?")에 의해 소개된다. 바울은 이 각각의 내용을 제시하면서 그의 입장을 먼저 서술하고(첫 번째 주제를 위해 이처럼 상당히 방대하게, 그러나 두 번째 주제를 위해서는 간략히 서술한다), 그다음에 자신이 기록한 내용을 유대교 성경(구약)에서 인용한 자료로 뒷받침한다. 비록 첫 번째 제시된 부

10) 참조. Sanday and Headlam, *Romans*, 307; Schlier, *Römerbrief*, 320-21; Michel, *An die Römer*, 337; Barrett, *Romans*, 206; Cranfield, *Romans*, 2.542; Kuss, *Römerbrief*, 3.784; Wilckens, *An die Römer*, 2.234-35; Dunn, *Romans*, 2:632-34; Moo, *Romans*, 670-71.

분의 결론부에서는 다음과 같은 그의 요점을 더욱 부각시키지만 말이다. "지금도 [하나님의] 은혜로 택하심을 따라 남은 자가 있느니라(ἐν τῷ νῦν καιρῷ λεῖμμα κατ' ἐκλογὴν χάριτος γέγονεν)"(11:5).

11:1-2a 말하는 것을 나타내는 동사 λέγω("내가 말하다", "이야기하다", "묻다")는 추론을 뜻하는 불변화사 οὖν("그렇다면")과 함께 사용되어 바울이 일찍이 10:14-21에서 말한 내용과 이곳 11:1-2a에서 하나님이 이스라엘의 약속된 메시아인 그의 아들을 보내신 것을 그의 백성이 긍정적으로 받아들이지 않은 것에 대한 하나님의 반응과 관련하여 선포하는 내용을 서로 연결한다. 바울은 이곳 11:1a에서 "말하는 것을 나타내는 동사"를 이런 식으로 사용한 것과 일찍이 10:18과 10:19에서 "말하는 것을 나타내는 동사"를 2번 사용한 것을 연결함으로써 편지 형식을 훌륭하게 사용한다. 바울이 11:1-6에서 말하고 있는 것과 바로 앞 10:14-21에서 말했던 것은 서로 관련이 있지만, 이 두 본문에 대한 논의들은 매우 정반대의 반응들과 관계가 있다. 첫 번째 본문 10:14-21은 ("그들이 듣지 아니하였느냐?"와 "이스라엘이 깨닫지 못하였느냐?"라는 질문에 대답하면서) 의문사 μή와 그다음에 이어지는 부정의 불변화사 οὐ를 사용함으로써 관용어적인 방식으로 "물론 그들은 들었고, 깨달았다!"라는 긍정적인 대답을 제시한다. 두 번째 본문 11:1-6은 ("하나님께서 그의 백성을 [전부] 버리셨느냐?"라는 질문에 대답하며) 부정적인 불변화사 μή 하나만을 사용함으로써 "그렇지 않다!"라는 부정적인 대답을 요청한다. 이 부정적인 대답은 바로 뒤에서 강렬하게 표현되었고 매우 감정적인 부정 어구 μὴ γένοιτο("그럴 수 없느니라!" 또는 좀 더 구어체로 표현하여 "절대로 그렇지 않다" 또는 "그렇지 않은 것이 확실하다")에 의해 강조된다.[11]

바울은 참 이스라엘 사람('Ισραηλίτης)으로서,[12] 하나님이 이스라엘 백

11) 로마서에 9회 등장하는 이 극적인 부정적 표현인 μὴ γένοιτο의 용례에 대해서는 (이곳 11:1 이전에 등장하는) 3:4, 6, 31; 6:2, 15; 7:7, 13; 9:14과 (11:1 이후에 등장하는) 11:11을 보라. 이 표현은 로마서 외의 바울 서신에서는 고전 6:15과 갈 2:17; 3:21에서만 발견되며, 그 외의 신약성경에서는 눅 20:16에만 등장한다. 이 표현에 대한 더 폭넓은 연구는 본서 롬 3:4 주석을 보라.

12) "이스라엘 사람"('Ισραηλίτης)이라는 명칭은 일찍이 9:4과 이곳 11:1 등 로마서에 2번밖에

성을 전부 다 버리셨다고 결코 말할 수가 없었다. 그는 이러한 확신의 증거로써 자신의 민족적이고 영적인 유산을 인용한다.

1. 그는 참 "이스라엘 사람"이다. 다시 말해서, 유일하신 참 하나님을 믿고, 하나님이 모세를 통해 그의 백성에게 주신 그의 "교훈"(토라)으로 자신을 계시하셨음을 인정하는 사람이다. 하지만 그는 예수 그리스도의 사역과 가르침과 구원하시는 역사에 표현된 하나님의 사랑과 은혜와 긍휼에 반응하기도 했다. 따라서 그는 하나님이 약속하신 메시아인 나사렛 예수의 사역과 성령의 지속적인 사역으로 말미암아 믿음으로 하나님께 왔으며, 그 결과 하나님으로부터 의의 선물을 받았다.
2. 그는 하나님께서 자신의 철회할 수 없는 약속들을 주신 이스라엘 백성의 위대한 조상 "아브라함의 후손"이다.
3. 그는, 제임스 데니가 바르게 지적했듯이, "유다의 포로 후기 신정 왕국의 백성을 주로 대표한 지파"였던 "베냐민 지파"에 속한 사람이다.[13]

바울은 11:2a에서 그가 11:1에서 표현했던 확신의 본질을 반복한다. 그는 요약적으로 다음과 같이 단언한다. "하나님께서는 미리 아신 자기 백성을 [전부] 버리지 아니하셨느니라."[14] 이 단어의 첫 번째 부분의 특성을 다섯 가

등장하지 않는다. 이 단어의 중요성에 대한 논의는 본서 9:4 주석을 보라.

13) Denney, *Romans*, 2.676. Joachim Jeremias는 *Jerusalem in the Time of Jesus*, 275-83에서 예수(와 바울) 당시 많은 유대인이 자신들이 속한 지파의 정체성을 알았고 그것을 소중히 여겼다는 점을 보여주었다.

14) 베드로가 행 3:23에서 선언한 것과 반대임. 여기서 베드로는 ἐξολεθρευθήσεται("철저히 멸하다", "근절하다")라는 매우 강한 동사를 사용한다. "누구든지 그 예언자[즉 예수. "네 여호와 하나님께서 네 백성 중에서 너를 위하여 예언자 하나를 일으키시리니"]의 말을 듣지 아니하는 자는 [하나님의] 백성 중에서 멸망 받으리라(ἐξολεθρευθήσεται ἐκ τοῦ λαοῦ)." LXX 신 18:19 독법에서 인용한 이 선언은 일부 초기 이방인 출신 그리스도인들에 의해 반(反)유대적 방식으로 읽혔을 것이다.

지 방식으로 이해할 수 있다.

1. 삼상 12:22a(LXX 삼상 12:22a) 또는 시 94:14a(LXX 시 93:14a)의 내용("주께서는 자기 백성을 [전부] 버리지 아니하실 것이요")을 살짝 편집한 성경 인용으로.[15)]
2. 이 두 구약 본문 중 어느 하나(또는 둘 다)의 "암시적 환기" 또는 "맥락적 반향"으로.[16)]
3. 이 두 구약 본문 중 어느 하나(또는 둘 다)에 근거한 유대교적 또는 유대 기독교적 "격언"으로.
4. 이 두 구약 본문 중 어느 하나(또는 둘 다)에 근거하여 형성된 유대교적 또는 유대 기독교적 신앙고백 자료로.
5. 이 두 구약 본문 중 어느 하나(또는 둘 다)를 전혀 의식적으로 의존하지 않고 바울이 친히 작성한 단언으로.

이 중 어느 하나를 받아들인다고 해도 의미의 차이가 거의 없다는 점은 분명하다. 하지만 바울이 여기서 사무엘상 12:22을 직접 인용하고 있는지 아니면 시편 94:14(또는 두 구절 모두)을 인용하고 있는지를 단언하기는 다소 어렵다. 그가 바로 이어지는 11:2b에서 구약의 예언자 엘리야 이야기를 인용할 때("너희가 성경이 말한 것을 알지 못하느냐?"), 그리고 나중에 11:8a("기록된 바")과 11:9a("다윗이 이르되")에서처럼, 어떤 도입 문구나, 어구 또는 진술로써 그 단언을 소개하지 않는 까닭이다.[17)] 11:2a의 이 단언을 직접적인 성경 인용이 아니라, 리처드 헤이즈가 제안했듯이, 이 두 구약 본문의 "암시적 환기" 또는 "맥락적 반향"(또는 둘 다)으로 이해할 수 있다. 어느 경우든

15) 네슬레-알란트의 그리스어 성경에서 οὐκ ἀπώσατο ὁ θεὸς τὸν λαὸν αὐτοῦ라는 진술은 강조가 되어 있다. 또한 Dunn, *Romans*, 2.636도 참조하라.
16) Hays, *Echoes of Scripture*, 68-70에서 주장했듯이.
17) 바울이 로마서 여러 곳과 그의 다른 서신에서 여러 번 인용했듯이 말이다(참조. R. N. Longenecker, *Biblical Exegesis*, 2nd ed., 92-95).

지 도입 문구나 어구 또는 진술이 필요하지 않다.

하지만 개연성이 더 높은 것은 바울이 여기서 이 두 구약 본문 중 어느 한 본문(또는 두 본문)에 근거한 유대교적 격언이나 유대 기독교적 격언을 사용하고 있다는 것이다. 바울은 이 격언을 그의 초기 청중들(우리가 상정했듯이, 시리아 안디옥에서 예수를 믿은 인종적으로 혼합된 신자들)과 로마에 있는 그의 그리스도인 수신자들(그들의 특정한 인종이 무엇이든지 간에)이 사실로 받아들이고 공감할 것을 알았다. 그래서 우리는 바울이 11:2a의 전반부에서 "하나님이 자기 백성을 [전부] 버리셨느냐?"라는 질문에 답변하면서, 원래는 사무엘상 12:22이나 시편 94:14(또는 둘 다)에서 인용했고 널리 알려진 격언, "하나님은 그의 백성을 버리지 아니하셨느니라!"를 표현한다고 제안한다. 사도가 이곳에서 보인 대답의 패턴은 그가 일찍이 2:2에서 사용했던 것과 매우 비슷해 보인다. 그 본문에서 그는 "이런 일을 행하는 자에게 내리는 하나님의 정죄(심판)가 진리대로 되는 줄 우리가 아노라"는 격언을 인용함으로써 그의 논증을 뒷받침했다. 그러고 나서 그는 몇 절 뒤인 2:11에서도 비슷하게 대답한다. 그 본문에서는 "이는 하나님께서 외모로 사람을 취하지 아니하심이라"는 격언을 인용한다. 더욱이 이러한 용례와 상당히 근사한 병행 어구를 2:6-10에서 찾을 수 있다. 여기서 바울은 동일한 목적으로 초기 기독교의 신앙고백, 경건생활 자료나 교리문답 자료로 보이는 내용을 사용했고, 이와 마찬가지로 몇 절 뒤인 2:14-15에서는 원래 유대교적 환경이나 유대 기독교 환경에서 작성된 것이 분명한 교리문답 자료를 사용한 것 같다.[18)]

바울이 11:2a의 후반부에서 "하나님이 미리 아신(ὃν προέγνω) 자들"이라고 언급한 것은 그가 로마서 8:29 앞부분에서 썼던 "하나님이 미리 아신 자들(οὓς προέγνω)"이라는 어구에서 가져온 것이다. 8:29의 용례에서 "미리 알다"라는 용어는 그가 8:29-30에서 설명한 "미리 아신", "미리 정하신", "부르신", "의롭다 하신", "영화롭게 하신" 등 신자의 생애에서 매우 중

---

18) 본서에 있는 롬 2장 해당 본문의 주석을 보라.

요한 영적인 다섯 단계의 목록 맨 앞에 등장한다. 그래서 이렇게 주장하는 것이 타당할 것이다. (1) 로마서 8:29의 목록 맨 앞에 있는 "미리 알다"라는 단어는 사도가 하나님 백성의 삶에서 매우 중요한 영적인 실체들을 가리키는 제목이나 주제로 기능하도록 의도한 것이며, (2) 이곳 11:2a에서 "미리 알다"라는 단어는 8:29에 등장한 "미리 아신", "미리 정하신", "부르신", "의롭다 하신", "영화롭게 하신"과 관련된 문제들을 촉발시키는 것으로 이해해야 한다. 그래서 성경에 근거한 "하나님은 그의 백성을 [전부] 버리지 않으셨다"는 격언에 "그가 미리 아신"이라는 어구를 첨가하면서, 이스라엘 백성이 늘 하나님의 구원사적 계획에 광범위하게 포함되었고 또한 그들이 **계속해서 그 계획에 포함되고 있는** 까닭에, 하나님께서 그들을 전적으로 버리실 수가 없다는 사실을 사도가 단언하고 있을 가능성이 매우 크다.

11:2b-6 바울은 "하나님께서 그의 백성을 [전부] 버리지 아니하셨다"는 주장을 뒷받침하면서 열왕기상 19:10, 14의 엘리야의 절망적인 메시지("주여! 그들이 주의 예언자들을 죽였으며 주의 제단들을 헐어 버렸고 나만 남았는데, 내 목숨도 죽이려 하나이다")는 물론 열왕기상 19:18("내가 나를 위하여 바알에게 무릎을 꿇지 아니한 사람 칠천 명을 남겨 두었다")의 하나님의 반응과 관련된 본문을 인용한다.[19] 이 본문들은 사도의 남은 자 신학을 직접 뒷받침한다. 그래서 그는 11:5에서 하나님의 백성 중에서 "지금도 [하나님의] 은혜로 택하심을 따라 남은 자가 있다(ἐν τῷ νῦν καιρῷ λεῖμμα κατ' ἐκλογὴν χάριτος γέγονεν)"고 분명히 말한다.[20] 다시 말해서, 참된 이스라엘 사람들은 민족적인 이스라엘의 공동체 내부에 **계속 존재한다**. 바울이 여기서 주로 염두에 둔 사람들은 예수를 하나님의 약속된 메시아로 인정한 유대인들과 미래에 그렇게 할 유대인들이라는 것에는 의심의 여지가 없다. 하지만 그가 9:6-

---

19) 바울이 11:2a에서 압축적으로 사용한 ἐν Ἠλίᾳ("엘리야[에 관한 본문]에")라는 어구는 9:25a에서 사용된 ἐν τῷ Ὡσηέ("호세아[의 책]에")라는 어구와 비슷하다. 또한 막 1:2의 ἐν τῷ Ἠσαΐᾳ τῷ προφήτῃ("예언자 이사야[의 글]에")도 보라.

20) Γέγονεν은 (γίνομαι에서 유래한) 현재완료 3인칭 단수 직설법 동사다("태어나다", "일어나다", "존재하다"). 그래서 과거의 존재와 지속적인 존재를 모두 시사한다.

18과 9:22-24의 "남은 자"와 9:30의 "이방인들"에 대해 광범위하게 언급한 부분과 호세아 및 이사야서 본문을 인용한 것으로 미루어볼 때, 그는 9:25-26과 10:20의 "남은 자"에 대해 언급한 것을 뒷받침하면서 이 용어를 사용한 것 같다. 바울은 이스라엘 민족 내부뿐만 아니라 이방인들 중에서도 거주하고 있는 (하나님께만 알려진) 다른 "남은 백성"의 마음과 정신과 헌신과 관련된 더욱 어렵고 복잡한 질문들을 하나님께 남겼다.[21)]

11:6의 두 부분으로 이루어진 진술("만일 은혜로 된 것이면 행위로 말미암지 않음이니 그렇지 않으면 은혜가 은혜 되지 못하느니라")은 일부 고대 필경사들과 현대의 본문비평 학자들에게는 어느 정도 바울의 논의와 관계가 없는 것으로 보였던 것 같다. 그래서 이 진술은 생략되거나 본문상의 수정이 가해지기도 했다(위의 "본문비평 주"를 보라). 하지만 이 진술의 생략이나 제안된 "교정"은 더 좋은 사본 증거로 지지를 받지 못하고 있다. 더욱이 브루스 메츠거가 지적했듯이, "이 어구가 원본이라면, 이 어구를 생략해야 할 이유가 없어 보인다. 첨가된 표현의 여러 형태가 존재한다는 사실 역시 그 표현들이 원본에 있었는지에 대해 의혹을 제기한다."[22)]

바울은 이곳 11:6에서 로마서에서 일찍이 핵심으로 보았던 문제, 즉 하나님이 받아주신 사람은 하나님의 은혜(χάρις)에만 근거하지, 자신의 행위

---

21) 이러한 문제들에 대한 바울의 태도는 행 10:34-35에서 베드로가 하나님이 로마의 백부장 고넬료를 받으신 상황에 직면했을 때 그가 보였던 태도와 매우 비슷하다. "내가 참으로 하나님은 사람의 외모를 보지 아니하시고 각 나라 중 하나님을 경외하며 의를 행하는 사람은 다 받으시는 줄 깨달았도다." 또한 베드로가 예루살렘에서 신자들에게 가이사랴에서 벌어진 일을 설명하면서 행 11:9에서 하나님이 그에게 주신 말씀을 인용한 것도 보라. "하나님이 깨끗하게 하신 것을 네가 속되다고 하지 말라." 더욱이 행 11:17에서 그 가이사랴 사건의 중요성에 관해 베드로가 내린 결론을 주목하라. "그런즉 하나님이 우리가 주 예수 그리스도를 믿을 때에 주신 것과 같은 선물을 그들[즉 고넬료, 그의 가족, 그의 친구들]에게도 주셨으니, 내가 누구이기에 하나님을 능히 막겠느냐?" 롬 2:10-11에 있는 바울의 진술도 주목하라. "선을 행하는 각 사람에게는 영광과 존귀와 평강이 있으리니, 먼저는 유대인에게요 그리고 헬라인에게라. '이는 하나님께서 외모로(προσωποληψία) 사람을 취하지 아니하심이라.'"

22) Metzger, *Textual Commentary*, 464.

(ἔργα)에 근거하지 않는다는 사실을 강조하고 있음이 분명하다.[23] 그리고 그는 이 핵심 진리를 매우 요약된 형태로 다시 주장하고 있다. 더욱이 사도가 이 구절에서 쓰고 있는 내용은 그가 일찍이 행한 구두 설교와 가르침의 형식, 즉 우리가 상정했듯이, 바울이 앞서 시리아 안디옥에서 행한 그의 설교와 가르침을 압축된 문체로 반영하고 있다고 추측할 수 있다.

11:7-10 축약된 수사적 질문 τί οὖν;("그런즉 무엇?")은 11:1-10에서 이 자료의 첫 번째 하위 단락의 두 번째 부분의 시작을 알려준다. 그리고 이곳 11:7에서 바울은 "남은 자"에 관한 그의 주해와 관련하여 불가피하게 명시적으로 제기될 암시적인 질문에 대답한다. 이 질문은 다른 것은 생략하고 두 단어로 이루어진 단도직입적 질문인 "그런즉 무엇?"으로 표현되었다. 이 질문이 좀 더 장황하게 설명되었다면 이렇게 표현되었을 것이다. 만일 현시점에서 (11:5에 진술된 대로) 하나님의 은혜로 말미암아 택함을 받은 남은 자가 있다면, 하나님으로 말미암아 택함을 받은 "남은 자들"에 들지 않은 이스라엘의 "나머지 사람들"에 대해서는 무엇이라고 말할 수 있겠는가? 바울의 대답 역시 매우 간략하고 요약적으로 제시되었다. "이스라엘이 구하는 그것을 얻지 못하고, 오직 [하나님으로 말미암아] 택함을 입은 자가 얻었고, 그 남은 자들은 완악하여졌다." 이렇게 이 한 구절 11:17에서 사도는 그가 9:6-29에서 "남은 자들"에 관해 말한 내용과 9:30-10:21에서 우리가 "이스라엘의 현재 불신앙의 상태"라고 제목을 붙인 부분에 관해 언급한 내용의 본질을 함축적으로 말하고 있다.

바울은 일찍이 "남은 자"와 "나머지 다른 사람들"에 대한 그의 가르침을 요약한 다음, 계속하여 11:8-10에서 "그런즉 '나머지 다른 사람들'(즉 이스라엘 백성 중에 "남은 자"가 아닌 사람들)에 대해서는 어떠하냐?"라는 암시된 질문에 히브리 정경의 주요 세 부분, 즉 "율법"(신 29:4을 인용)과 "예언서"(사 29:10을 인용)와 "성문서"(시 69:22-23을 인용)에서 인용한 본문으로 자신의 대답을 변호한다. 바울은 세 본문을 인용함으로써 유대교 성경(구약)

23) 특히 롬 3:21-24과 5:1-2을 참조하라.

이 이스라엘 내부에서 하나님께 믿음으로써 반응하지 않은 "나머지 사람들"에 대해 어떻게 한목소리로 말하고 있는지를 전형적인 유대교 방식으로 증명하려 한다.

바울이 11:8에서 제시하는 첫 번째 구약 인용은 신명기 29:4과 이사야 29:10에서 가져온 혼합 인용이다. 이 본문의 대부분의 용어와 그 기본적인 구조는 신명기 29:4에서 취한 것이다. 이 본문은 모세가 이스라엘 백성이 "광야의 방황" 이후 "약속의 땅"을 소유하기 위해 요단강을 건너기 전에 그들에게 한 권면의 일부분이다. "깨닫는 마음과 보는 눈과 듣는 귀는 오늘 여호와께서 너희[즉 이스라엘 백성]에게 주지 아니하셨느니라." 하지만 이 혼합 인용에서 가장 중요한 문장은 이사야 29:10에서 취했다. 이 본문은 "여호와께서 깊이 잠들게 하는 영(LXX πνεύματι κατανύξεως)을 너희[즉 이스라엘 백성]에게 부어 주사 너희의 눈을 감기셨음이니"라고 선언한다. 그리고 나서 바울은 계속해서 백성의 "눈"과 "그들의 예언자들과 통치자들의 눈"이 그의 말씀의 중요성을 깨닫지 못하도록 하나님에 의해 "감기게 되었다"고 말한다. 백성의 "어리석음"(또는 "깊이 잠듦"), 그들의 "감긴 눈" 그리고 역사의 과정에서 하나님의 사역을 깨닫지 못함과 관련된 신명기 29:4과 이사야 29:10 간의 유사점들 때문에 유대교 교사 또는 초기 유대 기독교 교사들이 먼저 이 두 구약 본문을 함께 보았다는 것은 분명하다. 그래서 바울은 유대인의 위대한 율법 수여자인 모세와 유대인의 위대한 예언자 이사야에게서 인용한, 이 매우 중요한 두 선언을 혼합하여 그 당시 유대인들이 영적으로 혼수상태에 있었고, 하나님이 기독교 복음 선포를 통해 구원사의 과정에서 현재 일하고 계신다는 사실에 대해 그들의 눈이 감겨 있다고 요약적으로 선언한다.

11:9-10에 등장하는 두 번째 구약 인용 본문은 시편 69:22-23에서 유래한 것이다. "그들의 밥상이 올무가 되게 하시며 그들의 평안이 덫이 되게 하소서. 그들의 눈이 어두워 보지 못하게 하시며 그들의 허리가 항상 굽게 하소서." 십중팔구 이 본문은 바울이(또는 아마도 바울 이전에 예수를 믿은 유대 신자들이) "그들 앞에 있는 밥상"이나 "그들의 허리가 항상 굽게"와 같은

이미지에는 특별히 주목하지 않고, 단순히 "눈이 어두워", "감긴 눈", "어리석음"(또는 "깊이 잠듦") 같은 표현에 근거하여 앞에서 인용한 신명기 29:4과 이사야 29:10 혼합 본문에 결합했을 것이다. 분명한 것은 이것이다. 바울이 11:8-10에 있는 이 성경 본문들을 인용함으로써 주장하고 싶었던 것은 이스라엘 백성이 그들의 영적인 혼수상태와 무지함 때문에 하나님의 의의 선물을 얻지 못했다는 것이다. (1) 유대인의 위대한 율법 수여자 모세, (2) 유대인의 위대한 예언자 이사야, 그리고 (3) 유대인의 위대한 왕 다윗이 선언했듯이 말이다.

II. 하나님의 전반적인 목적과 계획에서 이스라엘의 "넘어짐", 믿음이 있는 이방인들의 "화목" 그리고 이 문제들의 상호작용(11:11-24)

바울은 이스라엘 내부에 "남은 자"가 계속해서 존재한다는 것(11:1-7)과 하나님이 약속하신 메시아를 저버린 유대 백성의 "나머지 사람들"을 완악하게 하셨다는 것(11:8-10)에 대해 요약적으로 말한 후, 11:11-24에서 9:6-11:32의 세 부분으로 이루어진 그의 주해의 3부 중 두 번째 하위 단락을 시작한다. 이곳 11:11-24에서 그는 주로 (1) "이스라엘의 넘어짐"(11:11-12), (2) 믿음이 있는 이방인들의 구원, 즉 바울이 이방인들 중 "남은 자"의 구원을 분명히 가리키는 "세상의 화목"(11:13-16), 그리고 (3) 하나님의 전반적인 목적과 계획에서 이 중요한 두 특징의 상호작용(11:17-24)과 관련된 문제들을 다룬다. 바울은 11:11-24의 세 부분으로 이루어진 논의를 그가 조금 전에 11:1-10에 기록한 내용과 연결시키는데, (1) 11:11에서 그가 앞서 11:1에서 사용한 서간체적 표현인 λέγω οὖν("그렇다면 내가 말한다/묻는다")을 사용하고, 그렇게 두 본문이 연결되었음을 표시함으로써, 또한 (2) "말하는 것을 나타내는 동사"인 서간체적 표현들 2개를 격언적인 수사적 방식으로 사용하고, 그럼으로써 첫 번째 세트인 11:1-10에서 진술했던 내용을 넘어 두 번째 세트인 11:11-24에 어떤 내용이 전개되는지를 표시한다.

11:11-12 바울은 "이스라엘의 실족"과 관련하여 다음과 같은 매우 중요한 네 가지 요지를 선언한다.

1. 이스라엘의 "실족"은 이스라엘 백성이 "회복 불능"에 빠졌음을 의미하지 않는다. 하나님의 은혜로부터 그 민족의 "넘어짐"을 영원한 것으로 이해해서는 안 된다. 이렇게 생각하는 것에 대해 사도는 11:1b에서 사용했던 매우 감정적이고 부정적 표현인 μὴ γένοιτο("그럴 수 없느니라!")로 11:11에서 즉시 대답한다. 사도는 이 장 후반부 11:25-27에서 영원한 넘어짐이라는 사상에 반대하면서 이스라엘 백성의 "일부가 완악하게" 되었고, 이것은 "이방인들의 충만한 수가 들어올 때" 시정되어서 "온 이스라엘이 구원을 받을 것"이라고 선언한다.
2. 사도가 "그들의 범죄"(τῷ αὐτῶν παραπτώματι)라고 언급한, 이스라엘이 하나님께서 주신 그들의 메시아를 거절한 것은 하나님으로 말미암아 이방인들에게 "구원"을 가져오는 요인으로 정해진 것이다.
3. 하나님이 믿음이 있는 이방인들을 받으신 것은 "이스라엘로 시기나게 하려고"(εἰς τὸ παραζηλῶσαι αὐτούς) 하나님에 의해 정해진 것이다.
4. 현재 하나님이 이스라엘 내부와 이방인들 중 "남은" 백성에게 복을 주신다면, "이스라엘의 충만함이 가져올 풍성함은 얼마나 더 크겠는가"(πόσῳ μᾶλλον τὸ πλήρωμα αὐτῶν)!

하지만 11:11-12에는 이스라엘 백성에게 주신 하나님의 약속이 현재의 구원사의 시대에 "참된 영적 이스라엘"로 이해되는 기독교회로 옮겨졌다는 사상은 없다. 또한 바로 앞에 있는 본문인 11:1-10에서도 이러한 암시가 없으며, 이 본문 다음에 이어지는 11:13-27에서도 이런 내용이 등장하지 않는 것은 확실하다. 하나님의 약속이 이스라엘 민족에게서 기독교회로 방향이 재설정되었고, 그래서 그 약속이 유대 백성에게서 믿음이 있는 이방인들에게 향했다는 주장은 속사도 시기의 위대한 첫 번째 기독교 변증가였던 순교자 유스티누스(기원후 100-165년경)가 그의 책 『트리폰과의 대화』(Dialogue with Trypho)에서 분명히 진술했던 주장이다. 이 책은 그리스도께 회심하기 이전에 이교도 사상가였던 이방인 출신의 그리스도인 유스티누스와 "트리폰"이라는 이름을 가진 학식이 많은 한 유대인 랍비 사이에 이틀간 벌어진 "토론"을 다룬다. 각 논쟁자는 상대방에게 자기 입장의 타당성을 확신시키려 한다. 물론 유스티누스의 입장이 유일한 참된 깨달음을 가진 것으로 제시되기는 하지만 말이다. "우리[즉 기독교회 안에 있는 이방인 출신의 그리스도인들]가 참된 영적 이스라엘이다!"[24] 하나님의 약속이 이전되었음을 옹호하는 이와 같은 주장은 그 외 여러 초기 기독교 저술에도 등장한다.[25] 더욱이 이 주장은 수세기를 내려오는 동안 교부들, 로마 가톨릭, 동방 정교회 또는 개신교 등 수많은 기독교 해석자들이 당연시해왔다.

기독교회가 "참된 영적 이스라엘"이라는 주장은 갈라디아서 6:16에 있는 이방인 개종자들에게 바울이 마지막으로 축복한 말에 자주 근거를 두었다: "무릇 이 규례를 행하는 자에게와 **하나님의 이스라엘에게도** 평강과 긍휼이 있을지어다."[26] 하지만 데이비스(W. D. Davies)가 언급했듯이, "이러한 제안이 옳다면, 우리는 이에 대한 최종적인 뒷받침을 바울이 '이스라엘'을 광범위하게 다루고 있는 로마서 9-11장에서 찾을 것을 기대할 것이다."[27] 특히 이곳 11:11-12에서뿐만 아니라 바로 이어지는 11:13-22에서 말이다. 그러나 로마서뿐만 아니라 그의 다른 신약 서신에서도 이와 같은 성경적인 뒷받침은 빈약하다.[28]

우리 앞서 살았던 사람들, 특히 과거 20세기 동안 교회의 교사로서 활

---

24) Justin Martyr, *Dialogue* 11.5; 또한 121.4-122.1도 보라.

25) 예. *1 Clement* 29:1-3; 30:1; 59:4; *2 Clement* 2:3; *Apocalypse of Peter* 2; Ignatius, *To the Magnesians* 8:1-2; 10:2-3; *Epistle of Barnabas* 4:8; 14:1, 5; 10:12; *Didascalia* 6.5.4-8.

26) 또한 벧전 2:9-10도 참조하라. "너희는 택하신 족속이요 왕 같은 제사장들이요 거룩한 나라요 그의 소유가 된 백성이니, 이는 너희를 어두운 데서 불러내어 그의 기이한 빛에 들어가게 하신 이의 아름다운 덕을 선포하게 하려 하심이라. 너희가 전에는 백성이 아니더니 이제는 하나님의 백성이요, 전에는 긍휼을 얻지 못하였더니 이제는 긍휼을 얻은 자니라."

27) W. D. Davies, "Paul and the People of Israel," *NTS* 24 (1977) 10-11 n. 2.

28) 롬 9-11에 제시되었다고 종종 주장된 이 가짜 주제를 다룬 매우 중요한 연구에 대해서는 Richardson, *Israel in the Apostolic Church*, 76-80을 보고, 갈 6:16에서 바울이 사용한 "하나님의 이스라엘"에 대해서는 Burton, *Galatians*, 357-58과 Dahl, "Der Name Israel," 161-70을 보라. 또한 R. N. Longenecker, *Galatians*, 296-99도 주목하라.

동했던 사람들에게 존경과 경의를 표하는 것은 전적으로 옳고 바르다. 우리 모두 그리스도인으로서 우리의 영적인 부모이며 교사였던 분들에게 많은 빚을 지고 있기 때문이다. 우리는 많은 부분에서 우리가 가지고 있는 교회의 전통적인 깨달음을 이해하고 발전시키는 데 있어 "서로 다른 사람에게 의존하고" 있다. 그렇다. 우리는 우리의 기독교적 유산으로부터 많은 유익을 받았지만, 때로는 우리의 "선조들"과 우리가 존경하는 교사들의 실패도 인정하고, 그들의 실수를 용서할 필요가 있다(우리가 우리의 후배들 역시 우리의 삶과 일들을 기억할 때 표현해주기를 소망하는 반응이다). 수세기를 내려오는 동안 기독교적 선포를 설명한 수많은 해석자들이 견지해왔듯이, 이 경우 바울이 로마서 9-11장에서 원래는 이스라엘 백성에게 주셨던 하나님의 약속의 지향점을 자신이 "참된 영적 이스라엘"이라고 여긴 새로운 집단인 예수를 믿는 신자들과 기독교회로 재설정했다(또는 "이전했다")고 말할 수는 없다. 그리고 종종 잘못 생각해왔듯이, 하나님의 심판과 죄에 대한 저주의 말씀을 유대인들에게 남겼다고 말해서는 안 된다.

오히려 우리는 이렇게 말해야 한다. 바울이 로마서 9-11장 전체에서, 특히 이곳 11:11-12과 11:13-17에서 강조하고 있는 것이 "이스라엘 내부에 있는 남은 자들"과 이와 관련한 "이방인 중에서 남은 자들" 간에 존재하는 관계라고 말이다. 두 진영 모두 나사렛 예수와 그의 사역, 그리고 하나님의 성령의 사역에 표현된 하나님의 사랑과 긍휼과 은혜에 "믿음으로" 반응했(고 장차 반응할 것이)다. 바울이 강조하는 것은 이스라엘 백성이 애석하게도 "넘어졌다"는 것을 인정하는 메시지다. 사실 그들은 하나님이 약속한 메시아이신 예수를 거절함으로써 하나님의 은총에서 "실족했다." 예수를 거절한 것은 하나님을 거스른 그들의 주된 "범죄"(τὸ παράπτωμα αὐτῶν)였다. 하지만 바울이 강조하는 내용은 이스라엘 백성이 "회복하기 불가능할 정도"(ἵνα πέσωσιν)로 실족한 것이 아니라는 확신을 표현하는 메시지이기도 하다. 사도는 11:11-12에서 영적으로 실족한 이스라엘 백성과 관련하여 두 가지 문제에 대한 확신을 표현한다. (1) "그들이 넘어짐으로써 구원이 이방인에게 이르러 이스라엘로 시기 나게" 한다는 것(11:11)과, (2) "그들의 넘어짐이 세상의 풍성함이 되며 그들의 실패가 이방인의 풍성함이 되거든, 하물며 그들의 충만함이" 가져올 충만함이 얼마나 풍성한지 말이다(11:12).

하나님의 구원이 이방인에게 이르러 이스라엘 백성에게 "의로운 시기"가 어떻게 발생할지, 그리고 이스라엘이 그들에게 약속한 영적인 풍성함을 어떻게 다시 경험하게 될지, 바울은 분명하게 말하지 않는다. 나중에 바울은 이 본문의 동일한 하위 단락에서, "그들을 접붙이실 능력이 하나님께 있기" 때문에 회개할 이스라엘 백성이 "원감람나무에 접붙이게 될 것"을 말한다(11:23-24에서). 그러고 나서 그는 계속해서 "온 이스라엘이 구원을 받을" 미래의 때에 관해 이야기할 것이다(11:25-27에서). 하지만 11:11-27에 있는 이 모든 진술은 사도가 미래에 대해 하나님께 받은 확신을 표현하는 선포 진술들이다. 그래서 바울의 이 진술들은 하나님이 미래에 이스라엘 백성을 어떻게 구원하실지에 대한 확신을 불러일으키려는 의도가 있는 것으로 보이며, 어떤 원인-결과의 관계를 설명하거나 오늘날 해석자들이 그들의 분석적인 마음으로 하려고 하듯이 자세하게 말하려는 것이 아닌 것 같다.

바울이 11:11-12에서 말하는 내용은 (우리가 추측했듯이) 그가 일찍이 시리아 안디옥에서 믿음이 있는 유대인들과 이방인들에게 설교하고 가르치면서 선포했던 메시지에 속한 중요한 부분일 가능성이 매우 크다. 그 메시지를 바울은 이곳 로마에 있는 그리스도인들에게 보내는 편지에 포함시켰다(로마의 회중에는 인종적으로 유대인과 이방인들이 다 포함되어 있었으며, 이방인들이 더 많았다). 하지만 사도는 이 본문에서나 바로 앞뒤에 있는 본문에서도 이스라엘 민족과 기독교회 간에 존재하는 연결을 자세히 설명하지 않는다. 그리고 그가 하나님의 약속들이 이스라엘에서 기독교회로 옮겨졌다는 어떤 논제도 제시하지 않는다는 것은 확실하다. 오히려 바울은 하나님의 "화목"을 경험한 믿음이 있는 이방인들과 하나님으로부터 "저버림"을 경험한 믿음이 없는 유대인들 사이에 존재하는 단절을 강조한다. 그리고 그는 "이스라엘 내부의 남은 자"와 "이방인 중에서 남은 자" 사이에 존재하는 본질적인 하나 됨과 "남은" 백성인 이 두 집단 간의 연결과 그들의 하나 됨이라는 의식을 선포한다. 이와 아울러 그는 모든 민족상의 차이와 이전의 생각과 삶의 양식의 모든 성향을 쫓아낸다.

11:13-15 세 구절에 해당하는 이 짧은 단락에서,[29)] 바울은 디아트리베 형식으로 좀 더 자세하게 뒤따라올 11:17-24의 내용을 소개한다. 11:13-15에서 주목할 만한 부분은 다음과 같은 특징들이다.

1. 이 단락은 수신자를 직접 부르는 11:13의 2인칭 복수 대명사 "너희"(ὑμῖν)로 시작한다. 이것은 그리스 디아트리베의 (단수든 복수든) "너/너희" 사용과 매우 비슷한 특징이다. 더욱이 2인칭 단수 대명사 "너"(σύ, σέ, σοῦ)가 11:17-24에서 2인칭 단수 완료 동사형 어미(-ας)와 한 번 연결된 것을 비롯하여 여러 차례 등장한다.
2. 11:12을 시작한(εἰ δέ, "**그러나** 만일") 일반적인 접속사 δέ("그러나", "그리고", "이는", "이제")는 반복적으로 사용되며, 이곳 11:13(ὑμῖν δὲ λέγω, "**이제** 내가 너희에게 말한다")에서 두드러지게 등장하고, 이어지는 11:16(εἰ δέ, "**이는** 만일")과 11:18(εἰ δέ, "**그러나** 만일") 그리고 11:23(δὲ ἐὰν, "**그리고** 만일")의 두 문단에 계속해서 사용된다. 이러한 δέ의 다소 다양한 용례들은 11:11-24을 기본적으로는 동일한 주제에 근거한 연결된 자료 모음으로 이해해야 함을 시사한다.

---

29) 일부 번역 성경(예. RSV, NRSV, NIV, TNIV)과 주석가들(C. H. Dodd, *Romans*, 173; Schreiner, *Romans*, 592, 603)은 11:16과 11:17 사이에 단락을 구분한다(NA[27]과 UBS[4]처럼). 다른 번역 성경(예. TEV와 NJB)과 대부분의 주석가들(Godet, *Romans*, 2.244; Sanday and Headlam, *Romans*, 319; Michel, *An die Römer*, 344; Käsemann, *Romans*, 307; Wilckens, *An die Römer*, 2.241; Murray, *Romans*, 2.84; Moo, *Romans*, 696-97; Jewett, *Romans*, 666)은 단락 구분이 11:15과 11:16 사이에서 발생한다고 이해한다. 후자의 입장이 둘 중 더 낫다. 단순한 이유에서다. 11:16의 비유들(즉 "처음 익은 곡식"과 "떡 덩이" 그리고 이어지는 "뿌리"와 "가지들")이 바울의 논증에서 그가 11:17-24(즉 "원가지"와 "접붙임을 받은 야생 가지")과 11:24(즉 "돌감람나무"와 "원감람나무")에서 사용한 비슷한 비유들과 밀접히 연결되어 있기 때문이다. 그런데 바울이 11:16의 은유들을 잠언적으로 사용하는 것은 (나중에 제안하겠지만) 그의 독특한 용례이기에, 이 두 진술이 (앞에서 본문을 번역하면서 다루었듯이) 사도가 선포한 내용의 본질을 비유적인 방식으로 표현한 별개의 단락을 이루고 있다고 보는 것이 최상일 것 같다.

3. 바울은 이 문단에서 그리스어 본문 전통에서 좋은 증거를 가지고 있는 μὲν οὖν(문자적으로는 "사실 그렇다면", 관용어적으로는 "사실상")이라는 표현을 사용한다(위의 "본문비평 주"를 보라). 로버트슨은 μὲν οὖν을 "토착어와 시어에 가장 잘 남아 있는 오래된 관용어"라고 말한다.[30] 하지만 그것이 후기의 수많은 필경사에게는 불가해한 것이었던 것 같다. 따라서 그들은 이 어구를 좀 더 문학적인 표현으로 대체하든지 단순히 지워버렸다.[31]
4. 사도의 간절한 바람은 그의 이방인 선교가 하나님으로 말미암아 "어떻게든"(또는 "어떤 방법으로든") 당대의 유대인들("내 백성")에게 "시기 나게" 하여 "그들 중 얼마를 구원하는" 것이다. 하지만 그가 후접사인 πως("어떻게든", "어떤 방법으로든", "혹")라는 단어를 사용한 것은 유대인들 중에서 시기 나게 하는 일이 얼마나 일어날지(또는 "일어날 수 있는지") 확신하지 못했음을 시사한다. 그럼에도 하나님이 이교도 이방인들을 위한 그의 선교를 이스라엘 백성들로 하여금 기독교 복음 메시지에 적극적으로 반응하게 하는 요인으로 어떻게든 사용하실 것이라는 그의 바람은 계속 유지되었다.
5. 바울은 당대의 대다수 유대인들의 상황을 "버리는 것"(ἀποβολή; ἡ ἀποβολὴ αὐτῶν["그들을 버리는 것"]이라는 어구에서 사용되었듯이)으로 묘사했다. 비록 그가 일찍이 11:1-6과 11:11-12에서 그 상황이 전적으로 또는 영원히 그렇지는 않다고 주장했지만, 분명 그 상황은 영적으로 심각하고 애석하게도 상당히 끔찍한 상태다.
6. 바울은 예수를 하나님이 약속하신 메시아로 믿는 신자들을 "화목"(καταλλαγή; 즉 καταλλαγὴ κόσμου["세상의 화목"]라는 어구에서 사용되었듯이)이라는 단어로 묘사했다. 이것은 바울이 유대인이든 이방인

---

30) *ATRob*, 1151.

31) "토착어와 시어"에서 μὲν οὖν이 이처럼 좀 더 오래되고 더 두드러지게 사용되었다는 것은 바울이 이전에 구두로 이 내용을 표현했음을 암시한다. 이곳 11:13b에서 바울이 "내가 사실상 이방인의 사도인 만큼"이라고 진술하기 때문이다.

이든 막론하고 하나님께 적극적으로 반응하는 사람들의 상황을 묘사하기 위해 5:10-11에서 사용한 것과 동일한 용어다. 그리고 바울은 고린도후서에서 (물론 주로 이방인들에게 그러나 유대인들에게도) 하나님의 구원의 본질적인 특성 및 자신의 사역과 메시지의 본질에 대해 말할 때 이 용어를 사용했다.

7. 동포 유대인들을 향한 바울의 간절한 바람은 그들이 궁극적으로 "죽은 자 가운데서 살아나는 것"(즉, 죽음에서의 생명)을 경험하는 것이었다. 이것을 그는 "이방인의 충만한 수가 들어올 때"(11:25) 그의 이방인 선교를 통해 "어떻게든" 또는 "어떤 방법으로든" 이루어질 것이라고 소망했다. 하지만 더욱 중요한 점은 이것이다. 나중에 11:26-27에서 선포하듯이, 그는 이스라엘 백성이 "구원자가 시온에서 오사 야곱에게서 경건하지 않은 것을 돌이키실" 때에 그것을 경험하여 "온 이스라엘이 구원을 받을 것이라"고 확신했다.

11:16 바울이 일찍이 11:5에서 "은혜로 **택하심을 따라 남은 자**가 있느니라"(λεῖμμα κατ' ἐκλογὴν χάριτος γέγονεν)고 진술한 문맥과, 11:7에서 "선택하심을 입은 자가 ["의"를] 얻었느니라"(ἡ ἐκλογὴ ἐπέτυχεν)는 어구를 사용한 것에 비추어볼 때, 그가 이곳 11:16에서 표현한 비유적 진술들은 다음과 같은 방법으로 하나님의 "택함을 받은 남은 자"에 대한 논의를 전달하는 것으로 이해되어야 한다. (1) "이스라엘 내부의 남은 자"와 "이방인 가운데 남은 자" 간에 존재하는 뗄 수 없는 관계를 강조하고, (2) "남은" 백성인 이 두 집단의 본질적인 하나 됨을 선포하는 것으로써 말이다. 에른스트 케제만이 바르게 관찰했듯이, 이 구절(11:16)은 "유대인의 정체성을 강하게 표현하지 않는다."[32] 다시 말해서, 이 본문은 기독교회와 이스라엘 사이에 존재하는 직접적인 정체성에 대해 말하지 않는다. 오히려 문맥을 고

32) 참조. Käsemann, *Romans*, 307(뒷받침하려고 E. Kühl이 1913에 출간한 주석 *Der Brief des Paulus an die Römer*를 인용함).

려할 때, 이 구절은 "이스라엘 내부의 남은 자"와 비교하여 "이방인 중에서 남은 자"와 관련된 문제들이 하나님 앞에서 어떠한지를 두고 바울 자신의 독특한 논제를 표현하는 것으로 보아야 한다. 그래서 바울이 구약성경에서 가져온 이미지를 채용하는 반면에, 그가 이곳 11:16에서 그 이미지를 사용한 것은 기독교회와 이스라엘 간의 연결 문제에 대한 것을 말하는 것이 아니라 "이스라엘 내부의 남은 자" 및 "이방인 중에서 남은 자"와 관련하여 존재하는 연결성과 하나 됨을 강조하는 것으로 이해해야 한다.

11:16의 잠언적 진술의 첫 부분("제사하는 처음 익은 곡식 가루가 거룩한즉 떡 덩이도 그러하고")은 하나님이 민수기 15:18-21에서 모세에게 주신 교훈을 떠올리게 한다.

> 이스라엘 자손에게 말하여 이르라. 너희는 내가 인도하는 땅에 들어가거든, 그 땅의 양식을 먹을 때에 여호와께 거제를 드리되, 너희의 처음 익은 곡식 가루 떡을 거제로 타작마당의 거제같이 들어 드리라. 너희의 처음 익은 곡식 가루 떡을 대대에 여호와께 거제로 드릴지니라.[33]

두 번째 진술("뿌리가 거룩한즉 가지도 그러하니라")은 유대교 문헌에서 사용된 이미지를 사용한다. 한 본문은 정경에 속하며 다른 하나는 성경시대 이후의 작품으로서 이스라엘 백성의 영적인 상황을 다룬다. 예를 들어,

> 욥기 18:16: "밑으로 그[악한 자]의 뿌리가 마르고, 위로는 그의 가지가 시들 것이며"

> 「집회서」 40:15: "악에서 나온 줄기에는 연한 가지가 없나니, 불경건한 뿌

---

33) 또한 레 23:14도 보라: "너희는 너희 하나님께 예물을 가져오는 그날까지 떡이든지 볶은 곡식이든지 생이삭이든지 먹지 말지니, 이는 너희가 거주하는 각처에서 대대로 지킬 영원한 규례니라." Josephus, *Antiquities* 4.70을 주목하라. "[유대] 백성은 땅에서 생산되는 모든 것의 첫 열매(ἀπαρχήν)를 하나님께 드려야 했다." 참조. Philo, *De specialibus legibus* 1.27-28.

리는 험준한 바위 가까이 있기[즉 영양분이 없는 바위 조각에 있기] 때문이라."[34]

하지만 "처음 익은 곡식", "떡 덩이", "뿌리", "가지"라는 이미지가 바울의 1세기 청중과 독자들에게 친숙한 것은 분명해도, 바울이 이 이미지를 사용한 것은 이해하기 어려운 것으로 종종 여겨졌다. 오리게네스와 많은 초기 기독교 교부들은 "처음 익은 곡식"과 "뿌리"를 그리스도를 가리키는 것으로 이해했다. 그의 "거룩하심"은 그의 백성의 복을 보장한다고 말이다. 또한 그들은 "떡 덩이"와 "가지"를 그리스도와 연합한 사람들로, 그러므로 그리스도의 몸의 지체들인 우주적인 교회로 이해했다.[35] 해석자 중에는 수세기 동안 이들에 동의하는 사람들이 많이 있었고, 오늘날의 많은 해석자 중에서도 그러하다.[36]

하지만 그 밖에 다른 교부들과 현대의 많은 주석가들은 "처음 익은 곡식"과 "뿌리"가 이스라엘의 족장들(족장들 3명 전부든지 아니면 아브라함만이든지 간에)을 염두에 둔 것으로 이해했고, 또한 "떡 덩이"와 "가지"를 기독교회가 접붙임을 받은 이스라엘을 가리킨다고 이해해왔다.[37] 이러한 이해는 석의적으로 다음과 같은 사실에 근거를 두기도 했다. (1) 일찍이 9:5에서 사도는 자신이 특히 이스라엘 족장들을 이스라엘 역사에서 매우 중요한 기반이 되는 인물들로 관심을 가졌다는 것을 입증했다는 사실과, (2) 11:16의 이 진술들 이후 불과 몇 구절 다음인 11:28에서 사도가 이스라엘 백성을

34) 그 외에 정경과 성경 시대 이후 본문에서 사용된 "뿌리"와 "가지" 이미지에 대해서는 렘 17:8; 호 9:16; Sir 1:20을 보라.

35) Origen, *Ad Romanos* 8.11 (*PG* 14.1193); 또한 Theodore of Mopsuestia, *Ad Romanos, PG* 66.858도 보라.

36) 현대의 학자들은 다음과 같다. P. von der Osten-Sacken, *Christian-Jewish Dialogue: Theological Foundations* (Philadelphia: Fortress, 1986), 106-7; Elizabeth E. Johnson, *The Function of Apocalyptic and Wisdom Traditions in Romans 9-11*, SBLDS 109 (Atlanta: Scholars, 1989), 98.

37) Chrysostom, *Homilia XXXII ad Romanos, PG* 60.588; 또한 Godet, *Romans*, 2.244-45; Cranfield, *Romans*, vol. 2 on 11:16; Moo, *Romans*, 700-701.

"조상들 때문에 사랑을 입은" 자들이라고 말한다는 사실이다. 이러한 이해는 기독교 역사 내내 거의 주를 이루었다. 많은 현대 주석가들은 성경 시대 이후 몇몇 유대교 문헌들에 이스라엘의 족장들(세 사람 모두 또는 한 사람만)이 땅의 모든 세대의 "뿌리" 또는 "의의 식물"로 언급되었다고 지적한다.[38)]

하지만 11:16의 해석자들 중에는 "처음 익은 곡식"과 "뿌리"에 관한 바울의 비유들이 그가 "[하나님의] 은혜로 택하심을(선택함을 또는 뽑힘을) 따라 남은 자"라고 언급한 11:5과 "택하심을 입은(선택함을 받은 또는 뽑힌) 자들"이라고 언급한 11:7에 연속되기에, 그 비유들이 이러한 내용을 이어간다고 이해한 사람들이 더러 있다. 그래서 그들은 "처음 익은 곡식"과 "뿌리"에는 "이스라엘 내부의" 믿음이 있는 "남은 자"가 염두에 있다고 이해했다.[39)] 더욱이 이 비교적 적은 수의 해석자들 가운데는 이 비유들에 대한 다양한 이해들 중 2개 이상을 약간은 다른 방식으로 혼합한 사람들이 있다. 예를 들어, 조세프 피츠마이어는 "처음 익은 한 줌의 곡식 가루가 이미 그리스도를 영접한 '남은 자'를 나타내고, 뿌리가 '족장들' 특히 아브라함을 나타낸다"고 하면서 "이미지들을 나누려고" 시도했다.[40)]

분명한 것은 바울이 11:16의 비유적인 진술들을 통해 말하려고 하는 것이 정확히 무엇인지를 두고 오늘날 해석자들 사이에서 의견이 일치하지 않는 부분이 상당히 많다는 사실이다. 그럼에도 확실한 점이 몇 가지 있다. 사도는 다른 문맥에서 (1) 예수 그리스도를 그리스도인들의 새 생활/새 생명을 위한 기초로 말할 수 있었다는 것, (2) 하나님과 이스라엘의 언약 관계를 하나님과 예수를 믿는 신자들과의 관계를 위한 패러다임을 제공해주는 것으로 언급한다는 것, (3) 아브라함을 믿음의 최상의 예로 부각시킨다

---

38) 예. *Jub* 21:24(그의 아들 이삭에게 준 아브라함의 말씀); *1 En* 93:5(하나님의 아브라함 선택에 관한 에녹의 예언); Philo, *Quis rerum divinarum heres sit* 279(아브라함에 관하여 말하면서).

39) 특히 B. Weiss, *An die Römer*, 4th ed., on 11:16; Kühl, *An die Römer*, 385; Barrett, *Romans*, 216-17. 비록 이스라엘 내부의 남은 자를 일반적으로 "온 이스라엘의 궁극적인 구원에 대한 보증"으로 이해하지만 말이다(Barrett, *Romans*, 216을 인용함).

40) Fitzmyer, *Romans*, 614.

는 점 등이다. 그러므로 그리스도, 이스라엘 또는 아브라함(혹은 이 중요한 원형적인 사람들이나 특징들의 혼합)이 필수적으로 그리스도인들의 종교적 경험의 "처음 익은 곡식"과 "뿌리"가 된다고 이해하는 것이 오히려 쉬울 수 있다.

그러나 바울은 "이스라엘의 남은 자"와 "이방인 중에서 남은 자" 사이의 관계에 대한 자신의 이해를 설명하는 로마서 11장의 문맥에서 "처음 익은 곡식", "떡 덩이", "뿌리", "가지" 비유들을 사용하여 (1) "이스라엘 내부의 남은 자"와 "이방인 중 남은 자" 사이에 존재하는 떼려야 뗄 수 없는 연결을 강조하고, (2) "남은" 백성인 이 두 집단의 본질적인 하나 됨을 선포하며, (3) 하나님이 보실 때 두 집단의 남은 백성 모두 하나님의 선물인 "거룩함"의 특질을 소유하고 있다고 선언한다. 하나님의 선물은 하나님 앞에서 그들의 지위를 전적으로 바꾸며, 그들의 생활양식과 다른 사람들과의 관계에 극적으로 영향을 미친다.[41)]

11:17-24 바울은 이 하위 단락의 마지막 문단에서 (그가 11:16의 진술에서 사용했던) "뿌리"와 "가지" 비유들과 관련하여 "버럭 화를 낸다." 즉 "이스라엘 내부의 남은 자들"(즉 예수께 대한 그들의 적극적인 반응으로 인해 하나님이 정하신 그들의 "뿌리" 및 "혈통"과 단단히 연결된 "원가지들")을 향해 표현된 부정적인 태도나 행위에 대항하여 "이방인 중에서" 믿음이 있는 "남은 자들"(즉 "접붙임을 받은 가지들")에게 경고하기 위해 이 본문의 진술에서 이 비유들을 약간 변형한다. 바울 당대의 이방인 출신의 그리스도인들 중에는 나사렛 예수를 이스라엘의 약속된 메시아로 받아들였지만 (적어도 이러한 이

---

41) 원감람나무의 뿌리 또는 혈통에 접붙임을 받은 돌감람나무에 대한 바울의 비유는 그 신학적인 의미와 존재론적인 의의에 있어 롬 8:15, 23; 9:4(그리고 갈 4:5과 엡 1:5)에 등장하는 귀족 아버지의 가족으로 입양된 사내아이 비유와 매우 비슷하다. 이 두 비유에서 접붙임을 받은 가지와 입양된 아들은 (1) 그들의 이전 상황에서 벗어나 전혀 새로운 관계에 놓이며, (2) 그 새로운 관계에서 매우 많은 자원을 가지고 새로운 삶을 시작하며, (3) 다른 원가지들이나 생물학적으로 출생한 다른 아들들과 동일하게 귀중히 여김을 받으며, (4) 그들이 이전에 가지고 있던 것보다도 훨씬 큰 특권과 기회를 가진 전적으로 바뀐 지위/신분을 경험한다(본서 롬 8:15 "석의와 주해"를 보라).

방인 출신의 그리스도인들의 견해로는) 유대교적인 "잔재"를 그들의 기독교적 경험에 너무 많이 주입한 유대인들을 경멸적으로 바라본 사람들이 있었다고 추측할 수 있다. 일례로 소아시아 북동지역의 로마 속주였던 폰토스의 시노페라는 작은 마을에서 유명세를 얻은, 2세기 이방인 기독교 교사인 마르키온이 그랬다. 더욱이 바울이 로마서 14:1-15:12에서 "강한 자"와 "약한 자" 사이의 관계에 대해 로마에 있는 그의 수신자들에게 권면해야 했다는 사실에서 보듯이, 예수를 믿었던 유대인들에 대한 어떤 경멸적인 태도들이 로마의 기독교 공동체 안에 있던 일부 이방인 신자들 가운데서도 존재했었다고 추측할 수 있다. 여기서 한걸음 더 나아가 시리아 안디옥의 기독교 공동체 가운데 일부 이방인 "그리스도 추종자들"이 예수를 믿는 유대인 신자들을 대항하여 어떤 경멸적인 태도(와 어떤 부정적인 행위들까지)를 표현했다고도 추측할 수 있다. 우리가 상정했듯이, 이 구절들(11:17-24)의 메시지가 일찍이 바울이 그 거대한 제국의 수도에서 1년간 설교하고 가르치며 선포했던 것이었다면 말이다.

사도는 믿음이 있는 이방인들, 즉 "이방인 중에서 남은 자"에게 (1) "원가지" 및 "접붙임을 받은 돌감람나무 가지"와 (2) "원감람나무" 및 "돌감람나무"와 관련한 두 세트의 비유적인 진술로 그의 경고를 표현한다. 바울은 11:17-24에서 예수를 믿는 이방인 신자들을 주로 겨냥하고 있는 것이 분명한 그리스어의 디아트리베 형식을 채용한다. 디아트리베 형식은 11:13a에서 복수형 "이방인인 너희에게"(ὑμῖν ἔθνεσιν)로 시작하고, 이곳 11:17-24에서 2인칭 단수인 "너"(σύ, σέ, σοῦ)와 2인칭 단수 동사형 어미(-ας)의 사용으로써 계속 유지된다.[42]

주석가들은 11:17-24에서 사용된 비유들의 이미지와 관련된 두 가지

42) 로마서에서 바울의 그리스어 디아트리베 형식의 사용에 대해서는 특히 디아트리베 문체가 가장 확실하게 등장하는 2:1-5과 2:17-24을 보라. 또한 9:19-21에도 디아트리베일 가능성이 큰 문체가 등장한다. 하지만 디아트리베 형식이 3:1-8(9절도 포함될 수 있음)과 3:27-31(4:1-2도 포함될 수 있음) 자료에 있다고 할 수는 없다. 더욱이 14:4-11에서 디아트리베 형식이 있다고는 확실히 말하기가 매우 어렵다(논쟁의 여지가 있는 해당 본문에 대한 본서의 설명을 보라).

문제를 자주 논의했다. 첫 번째는 11:16에서 시작되는 "뿌리"와 그 "가지들" 이미지를 사용하기 위한 바울의 감람나무 선택과 관련이 있다. 물론 사도는 뿌리와 그 가지 간의 관계에 대해 말할 때 그의 요지를 분명히 하기 위해 다른 나무나 식물을 사용할 수도 있었을 것이다. 하지만 그가 감람나무를 사용한 것은 (1) 그것이 유대교 성경(구약)에서 이스라엘 민족의 상징으로 사용되었고,[43] 그래서 이스라엘 내부에 있는 "의로운 남은 자"(즉 참된 "이스라엘 사람들")를 언급하기에 가장 적절했을 것이며, (2) 감람나무가 지중해 전역에서 널리 경작되고 있었기에[44] 바울이 설교하고 편지를 보낸 사람들 누구에게나 매우 잘 알려졌기 때문이다.

두 번째 문제는 바울이 "돌감람나무"의 "야생 가지"에서 "경작된" 감람나무 또는 "원감람나무"의 뿌리나 줄기에 접붙임을 받은 것에 대해 말하는 내용과 관련이 있다. 종종 주장되듯이, 이러한 절차는 고대의 정상적인 원예 방식과는 정반대인데, 고대에는 열매를 맺지 못하는 원감람나무의 가지를 돌감람나무의 뿌리에서 힘을 얻게 하려고 돌감람나무의 뿌리나 줄기에 접붙여 열매를 맺지 못하는 가지가 감람나무 열매를 생산하도록 했다. 사실 해석자들 중에는 리츠만(Hans Lietzmann, 1906)과 도드(C. H. Dodd, 1932)의 주석을 따라 "돌감람나무의 가지"를 "원감람나무"에 접붙이는 바울의 비유를 "실책"에 해당하는 것으로 본 사람들도 있다. 즉 이것은 바울이 당대의 원예 방식에 대해 무지했음을 보여주는 것이며 그래서 그가 도

---

43) 특히 렘 11:16을 참조하라. "여호와께서는 그[이스라엘]의 이름을 일컬어 좋은 열매 맺는 아름다운 푸른 감람나무라 하였었으나, 큰 소동 중에 그 위에 불을 피웠고 그 가지는 꺾였도다." 또한 호 14:5-6도 주목하라. "내가 이스라엘에게 이슬과 같으리니, 그가 백합화같이 피겠고 레바논 백향목같이 뿌리가 박힐 것이라. 그의 가지는 퍼지며 그의 아름다움은 감람나무와 같고 그의 향기는 레바논 백향목 같으리니."

44) 바울이 감람나무와 그 가지들 비유를 사용한 것은 로마의 유대인 카타콤에서 발견된 유대인 장례 명문 중 하나에 "올리브 나무"를 의미하는 엘레아스(Eleas)라는 이름의 유대인 회당을 언급하는 글귀가 쓰여 있다는 사실에 영향을 받았다고 제안하는 사람들이 있다. 하지만 엘레아스는 회당 예배자들의 특성과 관련한 어떤 어감도 없이 특정한 로마의 회당이 있는 위치를 가리킬 가능성이 매우 크다. "로마에 있는 유대인 장례 명문들"에 대해서는 R. N. Longenecker, *Introducing Romans*, 64-66을 보라.

시 출신이라는 것을 무심코 노출하는 것이라고 말이다.[45]

다른 한편으로, 해석가들 중에는 앞세대의 존경받는 신약 역사학자인 윌리엄 램지(William M. Ramsay)의 선례를 따른 사람들이 더러 있다. 램지는 고대 지중해 세계에서는 "열매 맺는 것을 중단한 감람나무를 되살리기 위해 야생 감람나무의 순을 그것에 접붙여 그 나무의 수액으로 야생 순을 키워 그 나무가 다시 열매를 맺도록 하는 것이 상당히 일반적이었다"고 주장했다.[46] 그리고 "돌감람나무에서 취한 녹색의 접지(接枝)"를 접붙이는 방식에 관하여 말한 바울과 동시대인인 콜루멜라(Columella)라는 이름을 가진 사람이 언급한 내용이 있다. 그는 이 접지를 오래된 감람나무의 뿌리나 줄기에 구멍을 뚫고 거기에 접붙여서 늙은 원감람나무로 하여금 다시 올리브 열매를 생산하게 하는 것에 대해 설명한다.[47]

많은 해석자들이 언급했듯이, 바울이 "뿌리"와 "가지"를 비유적으로 사용한 것과 "이스라엘 내부의 남은 자"와 "이방인들 중에서 남은 자" 사이의 연결과 하나 됨에 관한 그의 논지를 정확하게 조화시키는 것은 매우 어렵다. 하지만 더글러스 무가 일반적으로 비유를 사용하는 것과 사도가 특히 이곳에서 비유를 사용하는 것에 관해 주장했듯이, 바울이 제시하려는 신학적인 요지는 유효하다.

저자들과 화자들은 비유를 적용함에 있어 비유의 자연적인 경계를 자주

---

45) 참조. C. H. Dodd, *Romans*, 180. 여기서는 원감람나무의 뿌리 또는 줄기에 접붙임을 받은 돌감람나무에 대한 바울의 이미지가 "참으로 놀랄 만한 원예학적 실험"으로 묘사되었으며, "바울에게는 도시에서 성장한 사람의 한계가 있었다"고 추론한다. 또한 Lietzmann, *An die Römer*의 해당 부분을 보라.

46) Ramsay, "The Olive-Tree and the Wild Olive," 223은 팔레스타인 전역을 광범위하게 여행한 Theobald Fischer를 인용한다.

47) Columella, *De re rustica* 5.9.16. 이 "뒤바뀐" 원예 과정에 대한 더 많은 정보는 Baxter and Ziesler, "Paul and Arboriculture," 25-32을 보라. 이러한 절차는 비유적으로 사용될 경우, 야생 가지를 원감람나무의 뿌리나 혈통에 접붙여서 야생 가지에 양분을 공급하는 것에 대한 내용이 아니라, 오래된 뿌리에 "야생 가지"를 접붙임으로써 오래된 뿌리를 되살리는 것에 대해 말하는 것이다.

범한다. 그러므로 우리는 바울이 자신이 예를 들고 있는 신학적인 과정이 비유의 조건에 영향을 끼치도록 했다는 사실을 인정하는 것으로 만족해야 한다. 따라서 우리는 그가 자신이 실제적인 수목 재배 방식을 언급하고 있음을 알고 있는지 그렇지 않은지에 대해서는 확신할 수 없다. 그리고 확실히 그 사실로부터 어떠한 신학적인 결론을 도출할 수 없다.[48]

11:17-20에서 예수를 믿는 이방인 신자들, 즉 "이방인 중에서 남은 자"에게 주는 바울의 경고는 다음과 같은 부정적인 훈계로 표현되었다.

1. "그 본가지들에 대하여 자랑하지 말라." "네가 '뿌리'(이스라엘 내부의 남은 자로 이해함)를 보전하는 것이 아니요, '뿌리'가 너를 보존하는 것이니라."
2. "원가지들(믿지 않는 이스라엘 백성으로 이해함)이 꺾인 것은 너희로 접붙임을 받을 수 있게 하기 위해서다"라고 말하지 말라. "그들은 믿지 아니하므로 꺾이고, 너는 믿으므로 섰느니라."
3. 높은 마음을 품지 말고 도리어 두려워하라. "하나님이 원가지들(믿지 않는 이스라엘 백성)도 아끼지 아니하셨다면, 너(이방인 중에서 남은 사람들)도 아끼지 아니하시리라."

이와 같은 자랑과 우월감의 표현 및 교만은 하나님의 구원하시는 은혜를 경험하고 믿음으로 하나님의 거룩한 선물을 받은 사람들에게 전적으로 부적절하다. 더 심각한 점은 이것들이 영적으로 매우 위험하다는 사실이다. 바울이 11:21에서 지적하듯이, "하나님이 원가지들을 아끼지 아니하셨다면, 너도 아끼지 아니하실 것이다."

여기서 한걸음 더 나아가 바울은 11:22-24에서 그의 청중들과 독자들

---

48) Moo, *Romans*, 703은 뒷받침하기 위해 Godet, Murray, Käsemann, Barrett, Cranfield와 같은 주석가들을 인용한다.

에게 하나님의 "인자하심"과 "준엄하심"을 지속적으로 인식하라고 촉구한다. 준엄하심은 하나님의 은혜 베푸심을 저버린 사람들을 향한 것이지만, 인자하심은 하나님께 적극적으로 반응하고 "계속해서 그의 인자하심에 거하는" 사람들을 향한 것이다. 바울은 이 하위 단락을 (메시아이신 예수의 사역에 표현된) 하나님의 은혜를 저버렸기 때문에 "원감람나무" 줄기에서 "꺾인" 사람들조차 다시 "접붙임을 받을" 수 있다는 확신으로 마무리한다. "그들을 접붙이실 능력이 하나님께 있기" 때문이다. (계속해서 감람나무와 가지 이미지를 사용하여) 만일 하나님이 돌감람나무를 경작된 원감람나무에 붙이실 수 있으시다면, "원가지인 이 사람들이야 얼마나 더 자기 감람나무에 접붙이심을 받을 수 있겠는가!"

바울이 11:16에서 선언한 내용에서 시작하고 11:17-24에서 약간은 다른 방식으로 다시 표현된 이 모든 비유에서, 바울의 주요 요지는 다음과 같은 내용을 다룬다. (1) "이방인 중에서 남은 자"와 "이스라엘 내부의 남은 자"의 떼려야 뗄 수 없는 관계, (2) "남은" 백성인 이 두 집단의 본질적인 하나 됨, (3) 예수를 믿는 모든 신자, 즉 "이스라엘 내부의 남은 자"와 "이방인 중에서 남은 자" 양쪽에 다 있는 하나님의 거룩한 선물, 그리고 (4) 예수를 믿는 이방인들에게 하나님께서 현재 유대인들 대다수를 저버린 것으로 인해 자신들과 하나님의 관계에 대해 자랑하지 말고, 하나님의 구원하시는 은혜로 인해 두려움을 가지고 서서 하나님과 이스라엘 백성 모두에게 알맞게 반응하라는 경고 등이다.

III. 하나님이 주신 이스라엘의 메시아 예수를 이스라엘이 현재 저버렸다는 맥락에서 "온 이스라엘"의 구원에 대한 하나님의 취소할 수 없는 약속과 하나님이 현재 그의 옛 백성을 "부분적으로 완고하게 하심", 그리고 이를 뒷받침하기 위해 인용된 예언자 이사야의 글(11:25-27)

바울이 로마서 9:6-11:32에서 제시한 내용의 중요한 요지, 곧 바울이 이 본문들의 세 부분으로 이루어진 그의 주해 전체에서 전개하고 있는 내용은, 이스라엘 백성에게 주신 하나님의 약속들이 취소될 수 없다는 것과 그래서 하나님이 선택하신 미래의 때에 그 약속들이 이루어진다는 것이다. 바울이 11:25-27에서 선포하고 있는 요지가 바로 이것이다. 하나님께서 정하신 대로 미래에 "온 이스라엘이 구원을 받을 것이다!" 그리고 사도는 이 메시지를 확신을 가지고 선언한다. (1) 수많은 유대인이 하나님이 약속한 메시아이신 예수를 저버리고 있고, (2) 하나님께서 현재 유대 백성의 대다수를 "어느 정도 완악하게" 하고 계시지만 말이다.

이것은 바울의 전반적인 기독교 메시지의 매우 중요한 특징이다. 이것은 하나님과 그의 약속들의 믿음직스러움에 관한 바울의 확신에 근거했다. 이 확신은 그의 유대적 유산의 본질적인 부분이며, 그의 기독교적 헌신에서도 계속되었다. 하지만 더욱 특별히 그 확신들은 다음과 같은 까닭에 그의 마음에 생겨났다. (1) 자신의 그리스도께로의 회심과 성령의 지속적인 가르침으로 말미암아 초래된, 하나님의 구원사의 과정에 대한 바울의 새로운 이해, (2) 구약성경에서 남은 자 신학에 대한 가장 뛰어난 설교자였던 이스라엘의 위대한 예언자 이사야를 바울이 기독교적 관점에서 다시 읽음, (3) 바울이 유대교 성경(구약)의 일부 난해한 본문을 재해석하고 그 본문들의 다소 모호한 의미들을 좀 더 충분하고 분명한 의미로 설명할 수 있게 했던 그의 유대교적 그리고 유대 기독교적인 페쉐르 해석 방법 등이다. 그래서 이곳 11:25-27에서 바울은 "남은 자["이스라엘의 남은 자"이든지 아니면 "이방인 중에서 남은 자"이든지, 또는 둘 다이든지 간에]를 모으는 것이 하나님의 최종 목표가 아니며, 오히려 하나님의 최종적인 목표는 '온 이스라엘'의 재입양 또는 구원이다"라고 선언한다(이것을 우리는 앞에서 언급한 유대교 또는 유대 기독교의 남은 자 신학의 9번째 요지로 인용했다).

"온 이스라엘"의 재입양과 구원으로 드러나는 하나님의 사랑과 긍휼과 은혜의 작용에서 하나님의 궁극적인 목표의 중요성은 11:25a에서 바울이 사용한 서간체적 "공개 문구"에 강조되었다. "형제자매들아! 너희가 모르기를 내가 원하지 아니하노니"(οὐ θέλω ὑμᾶς ἀγνοεῖν, ἀδελφοί). 상당히 전통적인 이 공개 문구는 바울이 11:25-27에서 제시하는 매우 중요한 특징들에 주의를 환기시킨다. 더욱이 "온 이스라엘"의 구원과 관련이 있고 하나님의 구원사적 과정의 절정과 관련이 있는 바울의 "비밀"(μυστήριον)이라는 용어 사용은, 그가 불과 세 절밖에 되지 않는 비교적 짧은 이 본문에서 미래에 있을 하나님의 구원하시는 활동과 관련하여 지금까지는 거의 알려지지 않은 특징들(또는 어떤 "불충분하게 알려진" 측면들)을 그의 수신자들에게 말하기를 원한다는 분명한 표시다.[49)]

지금은 "좀 더 충분히 알려진"(또는 어쩌면 더욱 "분명해진") "비밀"이라는 단어로써 바울이 전하려고 한 것은 분명 그가 11:25b-2a에서 제시하는 세 가지 문제와 관련되었다. (1) 하나님으로 말미암아 현재 이스라엘이 "부분적으로(또는 더러) 완악해짐", (2) 이스라엘의 "완악함"은 "이스라엘의 충만한 수가 들어오기까지" 계속됨, (3) 하나님의 구원사적 과정의 결론적인 사건으로서 "온 이스라엘"의 구원 등이다. 하지만 사도는 이 "비밀"이 그가 11:26b-27에서 인용하고 있는 그 밖의 두 가지 문제와도 관련이 있다고 생각했을 가능성이 매우 크다. 이 문제들은 그가 (4) "시온으로부터 오실 구원자가 야곱에게서 경건하지 않은 자를 돌이키실" 것과, (5) 하나님이 "그들[그의 백성]의 죄를 없이" 하시겠다는 언약적 약속에 관한 이사야 59:20-21과 27:9에 있는 예언자 이사야의 말에서 인용한 문제들이다. 이 진술이 모두 동일한 비중을 가지거나 중요한 것은 아니다. 하지만 바울은 이 모든 것을 하나님의 구원사적 과정의 절정과 관련이 있는 복합적인 사건들에 상당히 결정적으로 연루되었고 그래서 이 모든 것이 미래에 대한 기독교적 이해에 중요한 것으로 이해한 듯하다.

---

49) 19세기와 20세기의 몇몇 학자들이 제안했듯이, 셈어적 배경(특히 유대교 성경과 외경들)과 관련이 있고 그리스 신비종교와는 관련이 없는 바울의 "비밀" 사용에 대해서는 R. E. Brown, "The Semitic Background of the New Testament *Mysterion*"와 R. E. Brown, *The Semitic Background of the Term "Mystery" in the New Testament*를 보라. 정경에 속한 바울 서신에서 "비밀"(μυστήριον)이라는 용어는 20번 등장하며, 그 대다수가 사도가 선포한 복음 메시지의 특성을 가리킨다(특히 롬 16:25-26을 보라; 또한 고전 2:6-13; 4:1; 15:51; 엡 3:3-10; 6:19; 골 1:26-27; 2:2; 4:3도 참조하라). 결혼과 관련하여 엡 5:32("그 둘이 한 육체가 될지니, 이 비밀이 크도다. 나는 그리스도와 교회에 대하여 말하노라")의 진술은 단지 "본질적으로 이해하기 어려운" 내용을 의미하려고 "비밀"이라는 단어를 사용한다.

1. 이 현시점에서 "이스라엘이 더러 완악함을 경험했다"(11:25b).
2. 하나님으로 말미암아 "완악하게 된" 이러한 상황은 "이방인들[즉 "이방인 중에서 믿음이 있는 남은 자"]의 충만한 수가 들어오기까지" 계속될 것이다(11:25c).
3. "이스라엘이 더러 완악해진 것"과 "믿음이 있는 이방인의 충만한 수"와 관련된 이 문제들이 완전히 이루어지면, "온 이스라엘이 구원을 받을 것이다"(11:26a).
4. "온 이스라엘"의 구원은 "구원자가 시온에서 오시고" 그가 "야곱에게서 경건하지 않은 것을 돌이키실" 미래의 어느 때에 발생할 것이다.
5. 이 모든 것은 고대 이스라엘 백성에게 하신 하나님의 확실한(즉 [11:29에 있는 대로] "철회할 수 없는") 약속 때문에 발생할 것이며, 이때 하나님은 친히 이스라엘 백성의 죄를 제거하실 것이다.

이 모든 문제가 정확히 "언제" 그리고 "어떻게" 발생할 것인지에 대해서 바울은 아무 말도 하지 않는다. 수세기에 이르는 기독교 역사 내내 해석자들은 이 묵시적인 진술들의 "공간을 채우려고" 자주 시도했다. 하지만 바울은 "언젠가는" 또는 "어떤 방식으로든"(πως) 자신의 이방인 사역이 하나님으로 말미암아 (그가 11:14에서 말했듯이) 미래에 유대인 동포들 중에서 얼마를 구원하는 요인으로 사용될 것이라는 소망을 말하고 있을 뿐이다. 그가 이 세 구절에서 제시하는 또 다른 비중이 있는 문제들, 즉 그가 11:25b-26a에서 표명한 진술 및 11:26b-27에서 인용한 예언자 이사야의 글에서 표현한 것과 관련해서, 사도는 "언제" 그리고 "어떻게" 이 문제들이 발생하게 될지에 대해서는 단지 구체적인 내용을 제시하지 않을 뿐이다. 이 세 구절에서 바울은 하나님의 구원사적 과정의 절정과 관련하여 그가 기독교 메시지의 중심에 놓여 있는 것으로 알고 있는 내용을 선포하고 있다. 그는 이사야 59:20-21(그가 11:26b에서 이 본문을 압축하고 있듯이)과 이사야 27:9(그가 11:27에서 이 본문을 압축하고 있듯이)의 혼합 본문에 있는 이사야의 예언을 기독교적인 페쉐르 방식으로 읽음으로써 미래와 관련된 이 핵심 되는 메시지를 이해하게 되었다.

바울이 11:25-27에서 제시하는 내용은 사도적 선언이지, "원인과 결과" 또는 "목적을 위한 수단"의 진술이 아니다. 이 본문은 (1) 자신들을 하나님의 구원사에서 하나님의 관심의 주된 초점으로 생각하는 이방인 출신의 그리스도인들을 꾸짖고, (2) "이스라엘 내부의 남은 자"나 "이방인 중에서 남은 자"를 막론하고 예수를 믿는 신자들에게 하나님의 구속 사역 및 구원 사역과 관련하여 그들의 시야를 넓히라고 격려하며, (3) 미래에 이스라엘 백성을 위해 계속 일하시는 하나님의 역사에 대한 확실한 소망을 제공하려고 제시된 것이다. 그리고 독자들에게 바울이 11:25-27에서 제시하고 있는 내용을 어떻게 이해해야 하는지를 설명하려고 학자들은 물론이고 평신도들 모두 수많은 제안을 하고 의견을 냈지만, 이 문제들은 사도가 관심을 둔 핵심이 아닌 듯하다.

하지만 논의는 바울이 11:26a에서 진술한 "온 이스라엘이 구원을 받으리라"에 가장 자주 초점을 맞췄는데, 이는 당연하다. 명사 "이스라엘"과 함께 사용된 형용사 "온"에 대한 일반적인 이해는 이 어구가 다수의 유대인을 언급하는 대중적이고 상당히 과장된(즉 "화려한" 또는 "부풀린") 방식이라는 것이다(사실 이와 비슷하게 "미식축구 경기를 보려고 온 학교가 경기장에 나왔다"라든지 "그 사건으로 온 나라가 격분했다"와 같은 과장된 진술은 우리가 흔히 사용하는 말이다). 미쉬나 산헤드린(*m. Sanhedrin*) 10:1a이 이와 비슷한 후대의 유대적 표현으로 자주 인용된다.

> 온 이스라엘 사람들은 장차 올 세상에 참여할 것이다. [사 60:21을 인용하며] "네 온 백성이 다 의롭게 되어 영원히 땅을 차지하리니, 그들은 내가 심은 가지요 내가 손으로 만든 것으로서 나의 영광을 나타낼 것인즉"이라고 기록되었기 때문이다.

랍비의 이 진술은 "장차 올 세상"과 비교하여 이스라엘 백성에 대한 공식적인 유대교적 이해를 요약한다. 하지만 이 진술 바로 다음에 *m. Sanhedrin* 10:1b-3에서는 "장차 올 세상에 참여하지 못하는 사람들[주로 이스라엘 백성에 속하는 사람들]"이 누구인지를 밝히는 많은 문단이 있다. 소망이 없는 사람들 중에는 (1) "율법에 규정된 죽은 자의 부활이 없다고 말하는 사람", (2) "율법이 하늘에서 온 것이 아니라고 말하는 사람", (3) "에피쿠로스 학파에 속한 사람" 등이 있다.

바울이 11:26a에서 "온 이스라엘이 구원을 받으리라"(πᾶς Ἰσραὴλ σωθήσεται)는 선언으로 의미하려는 바가 다양하게 이해되었다. 주로 이 어구는 다음과 같은 내용을 의미한다고 이해되었다. (1) 인류 역사 전체에서 이스라엘 백성은 모두 "장차 올 세상"에서 어떤 방식으로든지 하나님의 구원을 경험할 것이다. 또는 (2) 하나님께서 구원사적 과정을 절정에 이르게 하시는 때에 살아 있는 유대인들은 모두 하나님의 구원을 경험할 것이다. 또는 (3) "영적인 이스라엘"(즉 기독교회)에 속하고 하나님의 아신 바가 된 사람들은 하나님의 구원의 성취를 경험할 것이다. 그들이 인종적으로 유대인이든지 이방인이든지 상관이 없으며, 옛 언약에 속한 사람들이든지 새 언약에 속한 사람이든지 막론하고 말이다. 바울이 여기서 하나님의 구원사의 과정이 하나님 자신으로 말미암아 절정에 이르게 될 때 살아 있을 유대 백성의 구원에 관해 이야기하고 있다는 것이 필자의 견해다. 더욱이 필자는 11:26a에서 "온 이스라엘이 구원을 받으리라"는 바울의 선언이 빌립보서 2:6-11의 "그리스도 찬양시"의 후반부와 맥을 같이한다고 제안한다. 이 찬양시는 사도가 예수를 믿은 초기 신자들의 예배에서 인용한 것이 분명하다. 그 후반부의 내용은 다음과 같다.

하나님이 그[즉 예수]를 지극히 높여
　　모든 이름 위에 뛰어난 이름을 주사,
하늘에 있는 자들과 땅에 있는 자들과 땅 아래에 있는 자들로
　　모든 무릎을 예수의 이름에 꿇게 하시고,
모든 입으로 예수 그리스도를 주라 시인하여

하나님 아버지께 영광을 돌리게 하셨느니라(빌 2:9-11).

우리의 이 논의에 특히 적절한 것은 여기서 "예수를 지극히 높"이신 것과 "그에게 모든 이름 위에 뛰어난 이름을 주신" 하나님의 목적에 관한 진술이다. 그것은 (1) "하늘에 있는 자들과 땅에 있는 자들과 땅 아래에 있는 자들로 모든 무릎을 예수의 이름에 꿇게 하시는" 것과, (2) "모든 입으로 예수 그리스도를 주라 시인하여 하나님 아버지께 영광을 돌리게 하"신다는 것이다. 후반부에 모든 사람으로 하여금 미래에 예수께 경배하도록 하는 것을 찬양하는 빌립보서 2:6-11의 이 초기 기독교적 찬양시를 주저 없이 인정하며 인용한 사람과 이곳 로마서 11:26에서 하나님의 구원사적 과정의 절정에서 "온 이스라엘이 구원을 받으리라"고 선언하는 사람은 동일한 사도 바울이다.

빌립보서 2:6-11의 "그리스도 찬양시"는 2:6-8과 2:9-11에서 모두 초기 기독교 선포의 특성을 가지고 있으며, "언제" 그리고 "어떻게"와 관련된 모든 종류의 타당한 질문과 "내용" 및 "결과"에 관한 모든 종류의 쟁점에 대해 열려 있다. "온 이스라엘이 구원을 얻으리라"는 바울의 선언 역시 동일한 특성을 지니고 있으며, 그러므로 동일한 유형의 질문과 쟁점을 다수 제기한다. 그러나 "언제" 그리고 "어떻게"와 관련된 약간은 복잡한 몇 가지 문제가 있지만, 바울의 선언은 "온 이스라엘"의 미래적 구원과 관련한 바울의 확신이 그의 기독교 선포의 일부분이었다고 결론을 내려야 한다. 이교도 이방인들을 향한 바울의 전체 사역은 사실 이스라엘 백성에 대한 이와 같은 긍정적인 기대, 곧 우리가 믿은 바대로 (바울이 일찍이 11:13-15에서 단언했듯이) 미래의 언젠가 실현될 것이라는 기대에 영향을 받았다. 따라서 오늘날 우리도 하나님이 친히 구원사적 과정을 절정에 이르게 하실 때 "온 이스라엘이 구원을 받게 될" 상황을 이루실 것을 기대하면서 살 필요가 있다. 동시에 우리는 "언제" 그리고 "어떻게"에 관한 이 복잡한 인간적인 질문들을 늘 하나님과 그분의 미래적 구원행위에 맡길 필요가 있다.

그러나 지난 3, 40년간 수많은 유명한 신약학자들에 의해 제시되고 발전해온 "온 이스라엘"이 "어떻게" "구원을 받을 것인지"에 관한 한 가지 특별한 논지가 있다.[50] 그것은 11:1-32에 있는 자료, 특히 11:25-27에 구체적인 기독론적 언어가 부재하다는 관찰 위에 구축된 제안이다. 오히려 11:26b-27에서 바울은 "온 이스라엘이 구원을 받을 것이라"고 자신이 11:26a에서 주장한 것을 뒷받침하기 위해 이사야 59:20-21과 이사야 27:9에서 가져온 구약의 예언자 이사야의 말을 사용한다. 이사야의 두 본문에서는 그 구원을 이루는 당사자가 하나님 자신이며(즉 "시온으로부터 오시는 구원자"), 이스라엘 백성의 구원을 가져오는 수단은 "하나님의 언약"이고, 예수 그리스도나 그의 사역에 대해서는 전혀 언급이 없다. 이러한 관찰에 근거하여, 신약학자들 중에는 (1) 그들이 11:1-32의 고의적인 기독론적 강조점의 부재로 본 것이 사도가 의도한 것이며, (2) 바울이 이스라엘 백성과 관련하여 실제로 선포하고 있는 것은 그들에 대한 하나님의 구원이 이방인들에게 요구된 "그리스도 예수를 믿는 믿음"이 아닌 "특별한 방법" 또는 "별개의 길"(*Sonderweg*)을 수단으로 하여, 즉 모세 율법에 표현된 하나님

---

50) Franz Mussner는 1976년과 1977년에 바울의 구원론에 대한 "두 언약" 이해를 주창했다. 그의 첫 번째 주장은 롬 11:26을 다룬 것이고, 두 번째 주장은 롬 10:4을 다룬 것이다. Mussner는 이 두 구절이 각각의 문맥에서 하나님의 구원의 두 가지 형태에 대해 말하고 있다고 제안했다. 즉 (1) 이방인들이 하나님의 의의 선물을 받기 위해 요구되는 근거로서 그리스도에 대한 믿음과, (2) 유대인들에게 요구되는 의의 근거로서 모세 율법에 제시된 하나님의 토라("교훈들")에 대한 순종이 그것이다(F. Mussner, "'Ganz Israel wird gerettet werden'[Rom 11,26]: Versuch einer Auslegung," *Kairos* 18 [1976] 241-55; 그리고 같은 저자, "Christus, des Gesetzes Ende zur Gerechtigkeit für Jeden der Glaubt (Röm 10,4)," 31-44). 이와 같은 "두 언약 신학"은 과거 수십 년에 걸친 유대인과 그리스도인들 간의 토론 대부분에 있는 전제가 되었다. Mussner의 논지는 여러 다른 신약학자들에 의해 수용되어 로마서에 등장하는 바울의 구원론과 관련하여 "특별한 방법" 또는 "별개의 길"(*Sonderweg*)에 대한 어느 정도 다른 설명들로 발전되었다. 특히 이곳 11:26-27에 표현된 이와 같은 "특별한 방법" 또는 "별개의 길"에 대한 중요한 입장들에 대해서는 K. Stendahl, "Christ's Lordship and Religious Pluralism," in his *Meanings: The Bible as Document and as Guide* (Philadelphia: Fortress, 1984), 233-44; J. G. Gager, *The Origins of Anti-Semitism: Attitudes toward Judaism in Pagan and Christian Antiquity* (Oxford: Oxford University Press, 1983), 261-64; Haacker, "Das Evangelium Gottes and die Erwählung Israels," 70-71; O. Hofius, "Das Evangelium und Israel. Erwägungen zu Röm 9-11," *ZTK* 83 (1986) 319-20; 더 자세한 내용은 O. Hofius, "'All Israel Will Be Saved': Divine Salvation and Israel's Deliverance in Romans 9-11," *PSBSup* 1 (1990) 19-39을 보라.

의 언약에 순종함으로써 이루어질 것이라고 주장하는 사람들이 있다.

하지만 이들 외의 다른 여러 신약학자는 바울이 11:26-27에서 쓴 내용에 대한 "두 언약" 이해 또는 특별한 방법 이해에 반대를 표현했다. 그들이 반대하는 까닭은 주로 (1) 그러한 이해가 바울이 로마서 다른 곳과 (바르게 이해할 경우 심지어 롬 9-11장과도) 그의 다른 편지들에서 상당히 분명하게 제시하는 내용과 상충하며, (2) 그 이해가, 바울의 진술들이 등장하는 전반적인 맥락보다는 바울이 말하지 않은 것을 이용하여, 바울의 여러 편지에서 더욱 분명한 구원론적 진술들은 제쳐둔 채 11:26-27의 바울의 진술을 해석하려는 데 있다.[51] 예를 들어, 로버트 주이트는 11:26의 3인칭 미래 동사 σωθήσεται와 관련하여 매우 올바르게 지적했다. "동사 σωθήσεται("그들이 구원을 받을 것이다")는 5:9-10, 10:9-13, 11:14에서처럼 복음에 의한 회심을 분명하게 언급한다. 바울의 표현에서 유대인의 회심이 '별개의 길'(*Sonderweg*)이라는 암시는 전혀 없다."[52] 그리고 "시온에서" 오시는 "구원자"가 하나님 나라를 하나님께 넘겨드리기 전 "종말"에 오시는 그리스도(참조. 고전 15:24)보다는 하나님 자신을 가리킨다고 해석하는, 11:26-27에 대한 "별개의 길" 이해에 대한 에드 샌더스의 평가는 전적으로 적절하다.

> 그[바울]가 "구원자"를 하나님으로 이해하는지 아니면 그리스도로 이해하는지는 별문제가 안 된다. 바울이 "하나님을 배제하고 그리스도"를 생각할 수 없듯이, "그리스도를 배제하고 하나님"을 생각했다는 것은 믿을 수 없기 때문이다. 로마서 11:25, 26을 두 가지 구원의 길을 제시하는 것으로 해석하는 것은 내가 볼 때 방향이 잘못된 것 같다. 이러한 이해는 바울이 그러한 구별을 했다고 보도록 요구한다. 하지만 우리가 그의 서신들을

51) 11:26-27에서 바울의 구원론에 대한 이러한 "특별한 방법" 또는 "별개의 길"에 대한 이해에 대한 특히 통찰력 있는 반박은 E. P. Sanders, "The Salvation of Israel," in *Paul, the Law, and the Jewish People,* 192-98; Hvalvik, "A 'Sonderweg' for Israel," 87-107; Moo, *Romans*, 725-26에 의해 제시되었다.

52) Jewett, *Romans*, 702, Cranfield, *Romans*, 2.577; Fitzmyer, *Romans*, 623; W. Radl, "σώζω," *EDNT* 3 (1993) 320을 지지하며 인용함.

> 통해 바울을 접한 것에 의하면, 바울은 한 하나님만을 알았다. 그리스도를 보내셨고 "우리 주 예수를 죽은 자들 가운데서 다시 살리신" 하나님 말이다(롬 4:24). 바울에게 "구원자"가 "그리스도를 배제한 하나님"을 가리킬 수 있다고 생각하는 것은 그에게서 생각할 수 없는 관념을 기대하는 것 같다.…바울의 생각에서 "하나님 중심적" 요소와 "그리스도 중심적" 요소를 명확하게 구별하는 것은 없다.…하나님의 뜻은 그리스도를 통해 모든 사람이 구원받는 것이다. 이스라엘의 일부분을 완악하게 하신 분은 하나님이시며, 그의 말씀은 폐하여지지 않는다(롬 9:6). 그리고 온 이스라엘로 하여금 반드시 구원을 받게 하실 분은 하나님이시다. 이것이 그리스도를 떠나서 발생하지 않겠지만 말이다.[53]

더욱이 필자는, 9:6-11:27에 있는 세 부분으로 이루어진 그의 주해에서 그러하듯이(아래에서 우리가 11:28-32 자료의 약간은 다른 특성을 설명한 부분을 보라), 바울이 남은 자 신학과 수사학에 초점을 맞추고 있는 내용에서 이 주해의 세 번째 부분을 마무리하는 본문인 11:25-27에서 다음과 같은 중요한 특징을 발견하게 될 것을 기대한다고 지적하는 것이 타당하다고 믿는다. 즉 (우리가 앞에서 유대교적 또는 유대 기독교적 남은 자 신학의 요지 10번으로 밝힌 특징인) "하나님의 택함을 받은[선택된 또는 선택함을 입은] 남은 백성과 하나님의 메시아 사이에 밀접한 관계가 있다"는 것 말이다. 그러므로 필자의 결론은 이것이다. 바울의 원래 청중들(우리가 추측했듯이, 시리아 안디옥에서 예수를 믿은 유대인 신자들과 이방인 신자들)과 로마에 있는 그의 수신자들은 성부 하나님과 성자 예수 그리스도 간의 밀접한 연결을 받아들였을 것이며, 그래서 "온 이스라엘이 구원을 받으리라"는 사도의 선포가 신론적이자 기독론적인 어감들을 모두 표현한다고 이해했을 것이다.

---

53) E. P. Sanders, *Paul, the Law, and the Jewish People*, 194.

IV. 세 부분으로 이루어진 바울의 주해를 마무리하기에 적합하고 로마서 본론 중앙부의 첫 번째 단락과 두 번째 단락의 특별히 중요한 문제들을 강조하는 후기(11:28-32)

많은 주석가들이 주목했듯이, 바울이 11:1-27에서 제시한 것과 지금 11:28-32에서 쓰고 있는 내용 사이에는 그리스어 접속사(나 연결 기능을 하는 어떠한 그리스어 불변화사)가 없다. 사실 사도가 세 부분으로 이루어진 그의 주해의 3부(11:1-27)에서 제시한 자료는 구약의 예언자 이사야의 글에서 가져온 혼합되고 압축된 본문들을 인용함으로써 26b-27절에서 결론에 이르게 되는 것 같다. 예언자 이사야의 글을 인용함으로써 9:29에서 마무리되는 1부(9:6-29)와, 동일한 예언자의 글에서 가져온 용어들로 10:20-21에서 마무리되는 2부(9:30-10:21)처럼 말이다. 따라서 어떤 유형의 주제적 연결을 사도가 의도했다고 상정해야 하지만, 그가 11:1-27에서 쓴 내용과 이곳 11:28-32에서 쓰고 있는 내용 간에 언어학적 "접속사의 생략"(*asyndeton*; 즉 "연결이 안 된" 특징)이 존재한다.

물론 언어학적 접속사의 생략은 로마서의 전반적인 "공식 패턴"과 "구성적 구조"에서는 비교적 사소한 문제다. 하지만 (1) 바울이 매 단락을 예언자 이사야에게서 가져온 자료를 인용하여 결론을 짓고, (2) 세 부분으로 이루어진 이 자료의 길이가 거의 동일하다는 관찰과 결부하여, 세 부분으로 이루어진 사도의 주해의 매 단락을 마무리하는 곳에서 "연결어가 빠진" 특징은 이 세 하위 단락이, 우리가 추측했던 대로, 사도가 이른 시기에 시리아 안디옥에서 구두로 설교하거나 가르친 하나의 독립적인 자료를 여기서 세 부분으로 재현한 것임을 암시한다(확실히 "증명하지"는 못하지만 말이다).

더욱이 특히 언어학적인 접속사의 생략에 대한 이러한 관찰이 이 문단의 내용적 특성과 관련한 다른 관찰과 결합될 때, 다음과 같이 상정할 수 있다.

1. 11:28-32의 자료는 "덧붙여진 후기"다. 이 후기는 이 세 장의 세 부분으로 이루어진 그의 주해 3부의 결론 다음에 놓였으며(즉 11:1-27),

물론 세 부분으로 이루어진 주해가 충분히 제시된 뒤에(즉 9:6-11:27 뒤에) 자리를 잡았을뿐더러 3개의 큰 신학적인 단락(즉 첫 번째 단락 1:16-4:25, 두 번째 단락 5:1-8:39, 세 번째 단락 9:1-11:27)의 결론 가까이에(그다음에는 11:33-36의 송영만 덧붙여짐) 자리를 잡았다.

2. 바울은 그가 11:1-27에서 선포한 내용 대부분과 그가 일찍이 9:6-29과 9:30-10:21에서 제시한 대부분의 내용을 적절히 마무리할 뿐만 아니라 편지 앞부분에 있는 두 주요 단락인 1:16-4:25과 5:1-8:39의 논증의 과정에서 제시한 대단히 중요한 문제들을 강조하려고 이 후기를 추가했다.

사도는 11:28-31에서 많은 내용을 강조한다. (1) "기독교 복음과 그리스도인들의 원수"일뿐더러 "조상들 때문에 하나님으로 말미암아 사랑을 받기도"한 유대인들의 현재 상태, (2) 어느 백성에 대한 하나님의 "택함"("선택"), (3) 그의 백성에게 주어진 하나님의 약속의 "철회 불가능성", (4) 하나님에 대한 기본적인 반응과 관련하여 모든 백성의 불순종, (5) 모든 사람의 불순종에 대한 하나님의 의로운 심판, (6) 순종으로 하나님께 돌아온 사람 누구나 긍휼을 받을 수 있도록 그의 긍휼하심을 보이시는 하나님의 목적 등이다. 이 모든 것은 (우리가 여기서 7번째 요지라고 밝힌) 11:32의 마지막 선언에 요약되었다: "하나님이 모든 사람을 순종하지 아니하는 가운데 가두어 두심은 모든 사람에게 긍휼을 베풀려 하심이로다." 이것은 바울이 로마서에서 신학적으로 제시된 여러 곳에서 세부적으로 다양하게 선포했던 문제들이다. 이것은 9:6-11:27의 세 부분으로 이루어진 그의 주해에 제시된 남은 자 신학에 대한 바울 자신의 기독교적 설명에서 절정에 이르렀다. 그리고 11:28-32의 덧붙여진 후기의 마지막 진술에서 사도는 하나님의 구원사전 과정을 뒷받침하면서, 즉 하나님이 "이스라엘 내부의 남은 자"를 지속적으로 받아주심을 뒷받침하면서, 하나님께서 현재 "이방인 중에서 남은 자"를 다 받으시고, 미래에 "온 이스라엘"을 모두 구원하시는 것이 "모든 사람에게"(즉 인종적인 유산, 지형학적인 거주지, 특정한 상황이나 환경과 상관없이 모든 사람에게) "긍휼을 베푸시려는" 하나님의 바람임을 선포한다.

성경신학

로마서 9-11장의 세 부분으로 이루어진 바울의 주해의 1부인 9:6-29에서 바울은 하나님의 약속들이 이스라엘 백성의 "의로운 남은 자"에게만 주어진 것이며, 남은 자는 "이스라엘 내부"에 존재했고 계속 존재할 뿐만 아니라 현재 "믿음으로" (하나님께만 알려진) "이방인 중에서"도 존재한다고 주장했다. 사도는 그의 주해의 3부인 11:1-27에서 하나님의 구원사의 과정에 대한 자신의 이해를 좀 더 분명하게 제시한다.

이렇게 함으로써 사도는 (1) 이방인들이 (유대인이 대부분 믿었듯이) 유대교의 개종자가 됨으로써 하나님께 받아들임을 받는 것도 아닐뿐더러, (2) 유대인들이 (많은 그리스도인이 지난 2천 년의 기독교 역사 내내 주장해왔듯이) 기독교회의 제도에 연합함으로써 하나님께 받아들임을 받는 것도 아니라고 주장한다. 오히려 바울은 다음과 같이 주장한다.

1. 대다수의 유대인이 예수를 그들의 메시아로 받아들이기를 거부하고 하나님이 그들의 마음을 완악하게 하셨지만, 계속해서 "이스라엘 내부에 남은 자"가 존재한다는 것.
2. 현재에도 "이방인 중에서 남은 자"가 존재한다는 것.
3. "이방인의 충만한 수가 들어오는" 때가 지나서, 그리고 특별히 "구원자가 시온에서 오시는" 때가 지나서, 하나님의 행위로 말미암아 "온 이스라엘이 구원을 받게 되는" 일이 발생한다는 것.

더욱이 사도는 11:28-32의 덧붙여진 후기에서 구원사 전체 과정 내내 이스라엘 백성과 이방인의 총체적인 불순종에도 불구하고 사람들의 인종, 거주 지역, 상황 또는 환경과 상관없이 "모든 사람에게 긍휼을 베푸시는" 하나님의 바람은 과거에도 그랬고 지금도 계속된다고 선언한다.

이 후기는 "이스라엘 내부의 남은 자"(즉 "원감람나무" 가운데서 나온 사람들)와 "이방인 가운데 남은 자"(즉 "접붙여진 가지들")에 초점을 맞춘 메시지다. 이 두 집단의 "남은 백성"은 (1) 서로 떼려야 뗄 수 없이 연결되었고, (2) 본질적으로 하나이며, (3) 하나님 앞에서 동일한 특질의 거룩함을 받았다. 바울은 기독교회를 이스라엘 민족과 관련시키려고 하지 않는다. 또한 그는 하나님이 이스라엘에게 주신 약속들을 기독교회에 이전하지도 않는다(하지만 하나님의 저주를 이스라엘에게만 남긴다). 오히려 하나님의 주권적인 선택과 사람들의 믿음의 반응에 기초하여 모든 집단의 사람들과 다양한 형태의 인간 제도들 가운데 지금 존재하는 "의로운 남은 자"에 바울의 관심이 있다.

그래서 우리가 그리스도인들로서 성경신학을 구성하려는 우리의 시도와 우리의 교회론적·전기독교적 토론에서 기독교의 매우 중요한 이 "남은 자" 특징을 강조하고, 조직화된 구조나 유산으로 물려받은 형식들과 관련된 문제에만 초점을 맞추지 않는 것이 대단히 중요하다. 우리가 구조적으로 사고하며 우리의 삶을 바르게 하고 도움을 베풀며 살기 위해 개인적으로뿐만 아니라 공동체적으로도 구조와 형식 및 교의적 신앙 체계들을 발전시키려는 인간적인 노력은 모두 중요하다. 하지만 우리는 그리스도인으로서 너무도 자주 자신의 사고의 틀에 갇히게 되고 우리의 삶을 제도화하는 바람에 우리가 참으로 "남은 자들"이라는 사실, 다시 말해서 우리가 비기독교적이고 종교적으로 다원화되었으며 상당히 세속적인 세계에서 하나님의 "택함을 받은 백성"이라는 사실을 잊어버린다. 그래서 우리는 늘 (1) 우리의 사고와 공식적인 성경신학에 우리 자신이 하나님의 "남은 백성"이라는 깨달음을 더욱 포함시키고, (2) 우리의 개인적·공동체적 삶에서 이러한 기독교적 "남은 자" 이해를 가지고 행동해야 할 필요가 있다.

현대를 위한 상황화

오늘날 우리가 로마서 11:1-32을 이해하기가 매우 어려운 이유는 (1) 로마서 10장이 단순히 이스라엘 백성이 예수를 하나님이 보내신 그들의 메시아로 영접하기를 거절한 것으로 인해 내리는 "바울의 매질"(즉 "거듭해서 모질게 때리는 것")로 종종 읽혔으며, (2) 로마서 11장이 기독교회와 이스라엘 민족 간의 관계를 다루는 것으로 자주 이해되었다는 사실에 기인한다. 이러한 관계에 근거하여 하나님의 약속들이 원래는 이스라엘에게 주어졌지만, 이제는 기독교회로 이전되었다고 일반적으로 설명된다. 하지만 이러한 해석은 바울이 11:28-32에 덧붙인 후기의 분명한 진술을 도외시한다. 11:28-32은 (1) 이스라엘 백성이 "조상들 때문에 [하나님으로 말미암아] 사랑을 입었다"(11:28b)는 것과, (2) 이스라엘 백성에게 내리신 "하나님의 선물과 그의 부르심"은 "철회되지 않는다"는 것(11:29), 그리고 (3) 이스라엘 백성의 현재의 불순종은 미래의 언젠가 하나님 자신으로 말미암아 극적으로 바뀜으로써 "온 이스라엘이 구원을 받을 것이라"(11:31, 그가 앞에서 말했고 11:26-27에서 인용한 말씀을 이어간다)는 사실에 대해 말한다. 그러므로 우리는 그리스도인들로서 오늘날 11:1-32에 있는 바울의 진술을 상황화하기 위해 하나님 앞에서 좀 더 명료하게 생각하고 (바울이 이방인 그리스도인들이 그러고 있는 것에 대해 두려워했듯이, 교만하지 말고) 더 겸손하게 행해야 한다. 우리는 (1) 우리가 이전에 불순종과 죄악된 삶을 살았지만 하나님의 은혜로 "이방인 중에서 택하심을 입은[선택함을 받은 또는 뽑힌] 남은 백성"이라는 것, (2) 우리가 "이방인 중 남은 자"들로서 "이스라엘 내부의 남은 자"와 떼려야 뗄 수 없게 연결되었고 본질적으로 하나라는 것, (3) 하나님께서 우리에게 주신 거룩함이 역사적으로 이스라엘의 구약 종교에 속한 "참된 이스라엘 사람들"을 통해, 그리고 이스라엘 민족 안에서 하나님의 "남은 자"의 증거로 말미암아 우리에게 임한 것이라는 사실을 깨달아야 한다. 사실 우리는 우리가 속한 종교적 구조나 제도가 아니라 하나님의 택함을 입은 "남은 자들"이라는 관점에서 우리 자신의 영적인 실존을 이해할 필요가 있다.

바울의 메시지를 오늘날 상황화하는 데 중요한 것은 기독교 복음을 사도 당대의 사람들에게 상황화하는 것과 관련하여 그가 제시하는 패턴이다. 여러모로 이 패턴들은 기독교 복음의 현대적 상황화를 위한 패턴으로 작용한다. 로마서 본론 중앙부의 이 커다란 신학적 단락들, 즉 첫 번째 단락(1:16-4:25)과 두 번째 단락(5:1-8:39)과 세 번째 단락(9:1-11:36)에서 사도는 기독교 복음을 이해하고 설명하는 다소 다른 세 가지 방식을 제시한다.

1. 기독교 복음의 메시지를 이해하고 표현하는 유대 기독교적 방법에 광범위하게 영향을 받은 (인종적으로 이방인과 유대인을 모두 아우르는) 신자들을 위해 로마서 1:16-4:25(첫 번째 단락)에 제시된 내용. 이 단락에서 제시된 것은 그리스도의 사역으로 말미암는 하나님의 구원을 법정적인 용어로 말하며, 그 법정적인 이해를 좀 더 분명한 기독교적 방식으로 발전시키려 한다.
2. 사도가 기독교 복음을 이교도 이방인들에게 선포한 방식과 관련하여 로마서 5:1-8:39(두 번째 단락)에 제시된 내용. 이 단락에서 제시된 것은 그리스도의 사역과 성령의 사역으로 말미암는 하나님의 구원의 관계적·인격적 특징들을 강조한다.
3. 로마서 9:1-11:36(세 번째 단락)의 "권면의 메시지"(λόγος προτρεπτικός)의 전반적인 수사학적 구조에 삽입한 내용. 이것은 사도가 일찍이 (시리아 안디옥에서 예수를 믿는 유대인과 이방인 신자들에게) 구두로 설교하고 가르친 것에서 가져온 후에 로마에 있는 그리스도인 수신자들에게 편지 형식으로 보냈다고 생각되는 자료 단락이다. 여기서 제시된 것은 하나님이 주권적으로 자기 백성을 택하신 것과 예수를 믿은 신자들이 남은 자들이라는 요소들을 특히 강조한다.

기독교의 복음 메시지를 이해하고 제시하는 이 세 가지 방식은 언뜻 보면 "약간은 다른 방식"으로 보일 수 있다. 하지만 이 세 가지 방식은 서로 경쟁하거나 모순되는 것들이 아니다. 또한 3개의 다른 복음을 제시하는 것도 아니다. 오히려 이 방식들은 기독교 복음에 대한 바울의 이해와 선포의 충만함과 관련된 핵심적인 특징을 제시한다. 더욱이 이 방식들에는 우리가 예수를 믿는 신자들로서 우리의 사고와 삶과 기독교적 섬김에서 경험했던 많은 단계와 강조점들이 반향된다. 또한 이 방식들은 오늘날 의미 있는 기독교적 선포와 섬김을 위한 패러다임을 제공한다.

5. 송영: 초기 기독교 신앙고백 자료에 포함된 하나님의 지혜와 지식을 송축하는 찬양시(11:33-36)

번역

11:33 오 깊도다! 하나님의 지혜와 지식의 풍성함이여!
그의 판단은 헤아리지 못할 것이며,
그의 길은 찾지 못할 것이로다!
34 "누가 주의 마음을 알았느냐?
누가 그의 모사가 되었느냐?"
35 "누가 주께 먼저 드려서
갚으심을 받겠느냐?"
36 이는 만물이 주께로부터 나오고 주로 말미암고 주께로 돌아감이라.
그에게 영광이 세세에 있을지어다! 아멘.

본문비평 주

11:13 찬양을 시작하는 표현 "오 깊도다! 바로[또는 "즉"] 하나님의 지혜와 지식의 풍성함이여!"에서 첫 번째 καί(이것은 분명 "바로" 또는 "즉"이라는 개념을 표시하기 위해 사용된 설명적 καί다)가 포함된 독법이 사본 전통에서 널리 입증을 받고 있다. 그리스어 대문자 사본 321과 라틴어 불가타 역에서만 이 단어가 생략되었다. Καί가 포함된 것은 구체적으로 하나님의 "지혜"와 "지식"을 "[하나님의] 풍성하심의 깊이"에 대한 증거로 밝힘으로써 "[하나님의] 풍성하심의 깊이"에 관한 진술을 향상시킨다. 물론 이렇게 향상된 표현을 본문의 시적인 흐름을 지나치게 표현하지 않고 라틴어나 영어로 번역하는 작업은 쉽지 않지만 말이다.

형식/구조/상황

바울은 그의 여러 서신에서 주요 단락들을 종종 그가 앞에서 제시한 내용을 결론짓기에 적합한 기능을 하는 송영이나 찬양 또는 초기 기독교의 신앙고백으로 마무리한다. 로마서에서는 일찍이 4:25(신앙고백적 진술)과 8:31-39(신앙고백적 진술과 송영적 진술의 혼합)에서 그렇게 했고, 로마서를 마무리하면서 다시 16:25-27(송영)에서 그렇게 할 것이다.[1] 이곳 로마서 11:33-36에서 바울은 (1) 인간의 이해를 넘어서는 하나님의 지혜와 (2) 어떠한 인간적인 사상 체계에도 포함될 수 없는 그분의 지혜에 대한 열광적인 찬양을 표현하는 송영을 제시한다.

본문의 기원. 이 11:33-36의 본문은 종종 신약성경에서 예술적인 언어와 찬양시적 표현의 중요한 예로 여겨지곤 했다.[2] 이 본문의 기원이 (1) 전적으로 바울 자신이 작성한 것인지, (2) 바울이 초기 기독교 신앙고백 자료에서 인용한 것인지, 아니면 (3) 바울이 11:33과 11:36에서 초기 송영 형식의 기독교적 신앙고백을 두 연으로 인용하고, 이를 뒷받침하려고 11:34-35에 이사야와 욥기를 인용한 두 본문을 삽입한 것인지의 문제가 자주 그리고 광범위하게 논의되었다. 최근에는 신약학자들 중에 바울이 이 찬양 본문 전체의 단독 저자였다고 주장하는 학자들이 많이 있다.[3] 그들에 따르면, 바울은 유대인의 성경과 외경 본문(11:33에), 널리 알려진 구약의 두 본문(11:34-35에), 그리고 자주 인용되는 헬레니즘적 유대교 교훈(11:36에)으로 보이는 본문에서 인용한 여러 표현과 진술을 넘겨받았다는 것이다. 이것은 입증할 수는 없지만 11:33-36의 기원을 이해하는 데 가능성이 매우 큰 설명이다.[4]

---

1) 갈 1:5; 엡 3:20-21; 빌 4:20; 딤전 1:17; 딤후 4:18b에서 하나님을 찬양한 송영들을 보라.

2) 초기 기독교의 기도와 찬양시에 대한 현대의 비평적 연구를 진척시킨 Eduard Norden은 이 본문을 그가 볼 때 신약성경 안에서 고대 예술적 산문 연구의 가장 분명한 자료들로 보이는 다섯 본문(바울 서신에 4개, 마태복음에 1개) 중 첫 번째 본문으로 사용했다(Norden, *Agnostos Theos*를 보라).

3) Bornkamm, "The Praise of God," 105; Käsemann, *Romans*, 381; Cranfield, *Romans*, 2.589; Dunn, *Romans*, 2.698; Fitzmyer, *Romans*, 633; Moo, *Romans*, 740을 보라. 하지만 Jewett는 "[11:33과 36에] 분명하게 기독교적 요소들이 결여되었고, [11:34-35에 사용된 2개의 구약 본문에] 후대에 편집한 흔적이 있다"는 것을 근거로 바울이 11:33과 36에서 초기 기독교의 신앙고백 자료를 인용했고, 11:34-35에 이사야와 욥기의 두 진술을 삽입했다고 주장한다(Jewett, *Romans*, 714).

4) 바울이 당대의 찬양시의 방식을 따라 이 찬양시를 직접 작성했다는 입장에 대해서는 특히

본문의 구조와 메시지. 하나님을 찬양하는 바울의 송영은 3개의 짧은 연으로 구성되었다. 11:33에 있는 첫 번째 연은 하나님의 판단은 "헤아리지 못하며" 그의 길은 "찾지 못할 것"이라는 사실들을 강조하며 "하나님의 지혜와 지식의 풍성함"을 말한다. 11:34-35에 있는 두 번째 연은 하나님의 지혜와 지식이 인간이 소유한 어떤 것보다도 뛰어나므로 그것들이 인간의 지혜나 지식이나 행위를 의존한 것이라고 결코 말할 수 없다는 의미를 띠는, 이사야와 욥기에서 유래한 진술들을 인용한 것이다. 11:36에 있는 세 번째 연은 "만물이(τὰ πάντα) 주께로부터 나오고(ἐξ αὐτοῦ) 주로 말미암고(δι' αὐτοῦ) 주께로 돌아감(εἰς αὐτόν)"으로, 하나님께만 "영광이 세세에"(ἡ δόξα εἰς τοὺς αἰῶνας) 있기를 선언한다.

그러므로 이 짧은 세 연에서 바울은 로마서 9:6-11:32에서 (1) 사람들과 사건들에 대한 하나님의 택함, (2) "이스라엘 내부의 남은 자"와 "이방인 중에서 남은 자" 모두를 택하심("선택" 또는 "뽑음"), (3) 예수를 약속된 메시아로 받아들이기를 거부하는 것으로 주로 표현된 그들의 불순종 때문에 이스라엘 백성 중에 대다수를 현재적 버리심, (4) "이스라엘의 남은 자"와 "이방인 중에서 남은 자"에 대한 하나님의 현재적 구원, 그리고 (5) "이방인의 충만한 수가 들어오고" "구원자가 시온에서 오시는" 때에 있을 "온 이스라엘"의 구원에 관해 선포한 내용을 마무리한다. 하지만 11:33-36의 이 송영적 찬양시는 9:6-11:32의 세 부분으로 이루어진 바울의 주해만을 마무리하는 것은 아니다. 조세프 피츠마이어가 적절히 지적했듯이,

> 이 찬양시는 로마서의 교리 단락 전체(1:16-11:36)의 결론을 이루기도 한다. 이스라엘에 대한 하나님의 태도는 헤아릴 수 없고 택함을 입은 그의 백성에게 자신의 정의와 긍휼을 보일뿐더러, 인류에 대한 하나님의 태도 역시 모두 그러하기 때문이다. 하나님께 빚을 지운 사람은 한 사람도 없다. 인류를 다루시는 하나님만의 방식은 사람들이 계산할 수 있는 것과

Deichgräber, *Gotteshymnus und Christushymnus in der frühen Christenheit*, 61-64을 보라.

전혀 다르다. 그들이 하나님께 받아들여지는 것은 공로 때문이 아니며, 그들이 받은 의롭다 함과 구원은 하나님의 은혜와 긍휼에 기인한다. 더욱이 하나님은 자신의 목적을 성취하기 위해 계속해서 사람들의 죄성과 불순종을 사용하신다.[5)]

석의와 주해

11:33 감탄사 "오"(ὦ)는 여기서 두려움이나 놀람의 표현이 아니다. 오히려 이것은 압도적인 경탄과 마음 깊은 곳에서 우러나오는 감사, 그리고 경이로운 경외심의 반응이다. 이 감탄사는 사람들의 모든 헤아림 너머에 있는 어떤 문제를 소개하는 기능을 한다. 이를테면, "하나님의 지혜와 지식의 풍성함의 깊이"를 진지하게 생각하는 모든 사람의 마음과 정신의 특징인 경탄과 감사와 경외심의 반응 말이다.[6)]

바울이 11:33의 후반부를 쓸 때 염두에 두었을지도 모르는 구약 정경과 외경은 욥기 9:10("그[하나님]는 측량할 수 없는 큰일을, 셀 수 없는 기이한 일을 행하시느니라")과 「솔로몬의 지혜」 17:1("당신의 판단은 크시고 해석할 수 없습니다. 그래서 제멋대로 행하는 사람들은 곁길로 갔습니다")이었을 것이다. 하나님의 지혜와 지식에 관한 이러한 진술들이 바울 당대의 유대인 세계에서 잠언적 금언으로 널리 퍼져 있었다는 것은, 바울 사도 이후 불과 반세기밖에 지나지 않은 무렵에 「바룩2서」 14:8-9을 쓴 유대인 저자의 더 광범위하고 유창한 진술로써 시사된다.

오 주님! 나의 주님! 당신이 판단하시는 것을 누가 헤아리겠습니까? 당신

5) Fitzmyer, *Romans*, 633.

6) (앞의 "본문비평 주"에서 언급했듯이) 그리스어 본문에서는 βάθος πλούτου("풍성함의 깊이") 다음에 설명의 καί("바로")를 삽입함으로써 경탄과 감사와 경외심이 향상되었다. 비록 본문의 시적인 흐름을 지나치게 표현하지 않고 라틴어나 영어로 번역하는 일이 쉽지는 않지만 말이다. 그래서 우리는 이것을 번역하지 않았다.

의 길의 깊이를 누가 찾을 수 있겠습니까? 당신의 도(道)의 심오함을 누가 찾아낼 수 있겠습니까? 당신의 불가해한 모사를 누가 묘사할 수 있겠습니까? 어머니의 태에서 나온 사람들 중에 누가 당신의 지혜의 시작과 끝을 찾았습니까?

11:34-35 "하나님의 지혜와 지식의 풍성함"에 관한 그의 주장, 특히 하나님의 "판단을 헤아리지 못하며" 하나님의 "길은 찾지 못한다"는 그의 감탄을 자아내는 진술들을 뒷받침하면서, 바울은 2개의 구약 본문을 인용한다. 첫 번째 본문은 이사야 40:13("누가 여호와의 영을 지도하였으며, 그의 모사가 되어 그를 가르쳤으랴?")이며, 두 번째 본문은 욥기 35:7("네가 하나님께 무엇을 드리겠으며, 그가 네 손에서 무엇을 받으시겠느냐?")에 제기된 질문으로부터 유래한 것일 가능성이 크다. 이 질문들을 바울의 성경 인용으로 볼 수 없다는 주장이 종종 제기된다. 그의 편지들에서 καθὼς γέγραπται("기록된 바")라는 도입 어구나 이와 비슷한 도입 표현으로써 구약 인용을 소개하는 것이 바울의 습관인 까닭이다. 하지만 이 두 절에 속한 자료는 앞에 있는 11:33의 자료와 뒤에 나오는 11:36처럼 찬송 형식으로 제시되었다. 게다가 이사야 40:13과 욥기 35:7 후반부는 바울 당대에 잘 알려진 본문들이다. 이런 본문을 위해 도입 어구를 사용하는 것은 지나치게 규칙을 찾는 것일 뿐이다.

11:36 바울은 그의 열광적인 찬양시를 "만물이(τὰ πάντα) 주께로부터 나오고(ἐξ αὐτοῦ) 주로 말미암고(δι' αὐτοῦ) 주께로 돌아감(εἰς αὐτόν)이라. [하나님께만] 영광이 세세에(ἡ δόξα εἰς τοὺς αἰῶνας) 있을지어다"라는 선언으로 마무리한다. 그리고 그는 이 선언을 "아멘"(ἀμήν)이라는 예전적인 공식 어구로써 끝낸다. 유대인과 바울 및 다른 모든 신약성경 저자들 사이에서 이 단어는 바로 앞에 있는 송영, 축복, 또는 중요한 진술을 확증하고 강화하는 기능을 했다.[7] 그래서 11:33, 36에 있는 바울의 송영은 창조함을

7) 로마서 여러 곳에서 바울의 ἀμήν 사용에 대해서는 1:25; 9:5; 15:33; 16:27(또한 사본학적으

받고 지금 존재하는 모든 것이 하나님께 **기원**을 두며, 하나님으로부터 **지원**을 받고, 만물의 **목표**와 **종국**과 **목적**이 하나님을 찬송하는 데 있다는 선언으로 마무리한다. 사도가 바로 앞에 있는 9:6-11:32의 세 부분으로 이루어진 그의 주해에서 주장했듯이, 하나님의 행위의 전반적인 계획에는 (1) 이스라엘에게 주신 하나님의 옛 약속들뿐만 아니라, (2) "이스라엘 내부의 남은 자"들에 대한 하나님의 과거와 현재의 태도, (3) "이방인 중에서 남은 자"에 대한 하나님의 관심과 선교, 그리고 (4) "온 이스라엘"을 위한 하나님의 미래적 구원이 포함된다.

성경신학과 현대를 위한 상황화: 중요한 결론적·"비과학적" 주석

성경신학을 구성하는 것은 성경의 여러 진술을 단지 축적하고 "적당한" 순서로 배열하는 것 그 이상이다. 그 순서가 논리적·목회적·실존적 고찰에 근거하고 있다고 해도 말이다. 논리적·목회적·실존적 고찰은 모든 기독교적 수고에 매우 중요하다. 하지만 성경신학을 구성하려는 시도뿐만 아니라, 자신의 생활과 다른 사람을 위한 선교를 위해 그러한 신학적인 개념을 표현하려는 모든 시도는 우선적으로 하나님에 대한 찬양의 표현과 예배 행위로 행해져야 한다.

바울은 자신의 생애와 다른 사람들을 위한 그의 복음 전파 사역 및 그의 모든 서신에서 상당히 독특한 방식으로 하나님을 찬양하고 그분을 예배하는 자신의 열정적인 갈망을 전형적으로 보여준다. 찬양과 예배라는 이 문제들은 하나님의 지혜와 지식을 칭송하는 사도의 찬양시에서 매우 분명히 표현되었다. 하지만 다음과 같은 확신을 예수를 믿는 신자들인 우리의 의식에 심을 필요가 있다. 즉 하나님께 드리는 우리의 찬양과 예배는 우리 그리스도인의 삶에서뿐만 아니라 우리 각 사람이 형성하는 성경신학에서도 어떤 식으로든 적절한 방식으로 늘 반추될 필요가 있다.

로는 논란의 대상이 되는 16:24)을 보라. 바울의 다른 서신에서 송영과 축복 끝에 사용된 이 단어에 대해서는 갈 1:5; 6:18; 엡 3:21; 빌 4:20, 23; 딤전 1:17; 6:16; 딤후 4:18을 보라.

VII. 네 번째 단락: 일반적인 권면과 구체적인 권면(12:1-15:13)

고대의 "권면의 메시지"(λόγοι προτρεπτικοί; 문자적으로 "권면의 말")는 질책과 교정을 담당하는 부정적 단락과, 저자가 자신의 진리를 조직적으로 제시하는 긍정적 단락으로 이루어진다. 세 번째 단락이 종종 포함되기도 하는데, 거기에는 저자가 자신이 두 번째 자료 단락에서 제시한 내용을 받아들이며 시행하라고 덜 체계적인 방식으로 독려한다.[1] 바울은 전형적인 "권고" 담화의 처음 두 단락을 이 편지의 본론 중앙부에 있는 신학적인 세 가지 주요 단락으로 확장하고, 1:16-4:25과 5:1-8:39의 두 단락의 전통적인 "권면의 메시지"에 속하는 처음 두 단락의 형식과 나란히 놓았지만, 남은 자 신학에 대한 자신의 기독교적 이해를 제시하는 9:1-11:36에 부가적인 신학적 주해 단락을 삽입함으로써 한걸음 더 진척시켰다. 로마서 본론 중앙부의 네 번째 주요 단락인 12:1-15:13은 고대의 "권면의 메시지"에 포함되곤 하는 권면 자료의 세 번째 단락과 많은 점에서 비슷하다. (1) 저자가 앞서 제시한 내용에 대한 반응을 촉구하고 (2) 약간은 느슨하게 구성된 방식으로 권면과 호소를 한다는 점에서 말이다.

12:1-15:13의 독특한 특징들. 특정한 교회나 일단의 교회들을 위해 기록된 바울의 편지에는 (1) 비교적 잘 짜인 신학적인 단락(들)과, (2) 약간 더 체계적인 권면 단락이 있다.[2] 하지만 권면 단락으로 편지의 본론을 마무리하는 사도의 이러한 관례는 로마에 있는 그리스도인들에게 보내는 그의 편지에서 가장 명시적으로 그리고 가장 광범위하게 등장한다. 바울은 그 공동체에 이방인 신자들이 압도적으로 많은 까닭에 수도에 있는 그 공

---

1) Aune, *Westminster Dictionary*, 385을 풀어쓴 것임. 로마서에서 "권면 강화"의 특성과 구조에 관한 요약적인 진술들(학문적인 자료로 뒷받침됨)에 대해서는 R. N. Longenecker, *Introducing Romans*, 197-200을 보라. 본서 15쪽에서 시작하는 이 통시적인 수사학적 장르에 대한 논의도 주목하라.

2) White, *Form and Function of the Body of the Greek Letter*, 87-88을 풀어쓴 것임.

동체들을 이방인들을 위해 하나님께서 그에게 주신 명령 안에 있는 사람들로 이해했다. 따라서 바울은 1:16-4:25, 5:1-8:39, 9:1-11:36의 커다란 세 신학적 단락을 제시한 후에, 로마서 본론 중앙부를 이 권면 자료 단락으로 마무리한다. 그리고 이곳 12:1-15:13에서 바울은 (1) 두 부분으로 제시된 "그리스도인의 사랑의 윤리"라는 주제에 대한 그의 주해를 포함하는 일반적인 권면과, (2) 먼저 로마 정부와 세금 제도(13:1-6에서)에 대한 그리스도인의 태도와 그다음에 적어도 그 도시의 일부 그리스도인 공동체들 안에 있는 예수를 믿는 어떤 신자들이 보였던 문제 있는 태도와 행동에 대해 이야기하는 구체적인 호소들(14:1-15:13에서)을 제시한다. 이 두 가지 문제 모두 로마의 그리스도인들 사이에서 분열이 발생한 원인이었던 것이 분명하다.

로마서의 권면과 호소 단락은 바울의 여느 편지에서 발견되는 것보다 더 명시적이고 광범위한 방식으로 제시되었을 뿐만 아니라, 그의 다른 편지에 등장하는 형태와 다소 다른 형태 및 더 포괄적인 방식으로 제시되기도 했다. 몇 가지 이유에서다. (1) "바침과 헌신과 분별" 및 그 뒤에 "겸손과 서로 섬기라는 호소"가 이어지는 12:1-8의 훈계들은 모든 그리스도인의 생각과 삶의 중심을 직접 겨냥하고, (2) 12:9-21과 13:8-14의 일반적인 권면들은 포괄적인 "그리스도인의 사랑의 윤리"의 기본적인 특징(사도가 예수를 믿는 모든 신자에게 그들 삶의 모든 측면에서 모범으로 삼고 표출하라고 촉구함)을 포함하며, (3) 13:1-7과 14:1-15:13의 구체적인 호소는 로마 그리스도인들의 교회와 관련한 관심사들을 다루며, 오늘날의 환경과 상황에서 비슷한 쟁점들을 다루는 현대의 그리스도인들에게 패러다임을 제공한다(이러한 폭넓은 적용을 바울이 로마에 있는 그리스도인들에게 편지를 쓸 때 실제로 마음에 두었든지 그렇지 않았든지 말이다). 그래서 로마서 본론 중앙부의 마지막 주요 단락의 이 권면 자료들은 오늘날 "그리스도를 따르는 사람들"에게 매우 중요하다. 개인으로서만 아니라 사회의 구성원과 교회 안에서 같은 신자들로서도 그러하다. 그래서 이 본문들은 "기독교적 개인 윤리"를 이해하는 것뿐 아니라 "기독교적 사회 윤리"를 구축하는 데도 매우 중요하다(학문의 분과로서 분석하느라 2개가 구별될 수 있지만, 실천적인 면에서는 결코 분리될 수 없다). 이뿐만 아니라 이 본문들은 모든 참된 그리스도인 공동체들의 공동체적 경험에도 매우 적절하다.

더욱이 이 단락 12:1-15:13에는 바울이 로마에 있는 그리스도인들에게 준 자신의 "신령한 은사"(χάρισμα πνευματικόν)를 구성하는 요소로 여겼던 자료가 포함되어 있다. 이 신령한 은사는 그가 일찍이 1:11-12에서 그들을 견고하게 하고 격려하기 위해 주는 선물로 언급되었다. 그 선물은 (1) 그가 로마 제국의 다양한 동쪽 지역에서 이교도 이방인들에게 선포했던 기독교 복음 메시지를 관계적으로 그리고 인격적으로 상황화한 것이었으며(그 복음의 정수를 그는 일찍이 5:1-9:39에서 로마 수신자들을 위해 다시 표현했다), (2) 그가 자신의 개종자들에게 "그리스도를 따르는 자들"로서 살아간다는 의미가 무엇인지에 대해 가르쳤던 "그리스도인의 사랑의 윤리"였다. 바울은 이 윤리의 핵심 내용을 12:1-21과 13:8-14에서 제시한다. 사도는 기독교 복음을 자신만의 독특한 방식으로 상황화함으로써 이러한 기독교 윤리 내용을 포함시킨 것 같다. 기독교 복음은 법정적 진리 위에 구축되었으며, 이는 초기에 예수를 믿은 모든 유대인 신자들에 의해 받아들여졌고 유대 기독교적 설교자들에 의해 선포되었다. 하지만 그가 "나의 복음"이라고 언급한 2:16과 16:25에서 암시하듯이, 바울은 이 동일한 "좋은 소식"의 메시지를 이교도 이방인들에게 선포할 때 더 관계적이고 인격적인 방법으로 발전시켰다. 12:1-21과 13:8-14의 이 총체적인 윤리적 가르침이 13:1-7과 14:1-15:13의 구체적인 호소와 결합될 때, 이 권면과 호소 단락은 현대의 그리스도인들에게 다양한 차원에서 관계적이고 인격적일 뿐만 아니라 사회적이고 교회적인 윤리 내용과 윤리적 패러다임을 제공한다.

12:1-15:13에 있는 서간체적 관습들. 로마서 본론 중앙부의 이 네 번째 권면 단락에서 고대 그리스 편지의 통상적인 서간체적 특징들, 특히 1:1-15의 도입 단락, 15:14-32의 로마서 본론의 마무리 단락, 그리고 15:33-16:27의 로마서 결론 단락에 등장하는 것과 같은 서간체적 특징을 찾기가 어려운 것 같다. 여러 면에서 12:1-15:13은 앞에 있는 1:16-4:25, 5:1-8:39, 9:1-11:36 등 3개의 신학적인 단락과 관련하여 수사학적·형식적 특징에

서 더욱 비교된다. 첫 번째 단락(1:16-4:25)과 두 번째 단락(5:1-8:39)은 그리스어의 "권면적" 연설과 글에 비교되고, 세 번째 단락(9:1-11:36)은 유대인과 유대 그리스도인의 "남은 자" 신학과 수사학에 채용된 논증 유형에 비교된다. 하지만 당대의 편지 관습 중에서 두어 개만 12:1-15:13에 등장하며, 이 특징들은 이 최종적인 주요 단락을 분석하는 데 해석상 약간의 도움을 준다.

첫째로 12:1 맨 앞에 있는 "권면 공식"인 παρακαλῶ οὖν ὑμᾶς("그러므로 내가 너희를 권하노니")와 "수신자를 부르는 호격"인 ἀδελφοί("형제자매들이여")는 바울 서신의 권면 단락이 12:1에서 시작함을 분명히 밝히고 있다. 또한 12:3의 "말하는 것을 나타내는 동사" λέγω γάρ("내가 말하노니")는 자료의 새로운 하위 단락의 시작을 분명히 표시한다. 14:14의 "확신을 표시하는 문구"인 οἶδα καὶ πέπεισμαι ἐν κυρίῳ Ἰησοῦ ὅτι("내가 주 예수 안에서[혹은 "~로 인해"] 알고 확신하노니")는 14:13의 οὖν("그런즉")에 이어지는 새로운 편지 단락의 시작으로 기능한다고 적절히 주장할 수 있을 것이다. 그렇다면 14:13은 (1) 사도가 14:1-12에서 권면한 내용을 마무리하고, (2) 14:1-13의 자료 단락의 최종적인 호소 2개를 제시하는 것으로 이해된다. 이와 마찬가지로 15:5-6과 15:13에 있는 두 가지 "기도"는 바울이 그 기도 앞에 있는 권면을 마무리하려고 의도한 것으로 상정될 수 있다. 이 권면들을 (1) 각각 이 두 "기도" 바로 앞에 등장하는 자료인 15:1-4과 15:7-12로 이해하든지, 또는 좀 더 광범위하게 (2) 14:1-23에 있는 "강한 자"와 "약한 자"에 관한 권면이나, 또는 더욱 광범위하게 (3) 15:1-4과 15:7-12의 자료와 함께 12:1-14:23의 모든 권면을 마무리하는 것으로 이해하든지 상관은 없다.[3]

12:1-15:13의 구조와 내용. 로마서 본론 중앙부의 이 최종적인 윤리 단락에는 두 세트의 권면 자료가 있다고 종종 제안되었다. 자주 주장되듯이,

3) 바울의 바람을 표현하는 "기도"는 바울의 다른 편지에서 자료의 어떤 단락이나 하위 단락을 마무리하기 위해 등장한다. 예를 들어 살전 3:11-13; 살후 2:16-17; 3:5; 3:16a(어쩌면 고후 13:13도 해당된다).

첫 번째 세트는 12:1-13:14에 등장하며, (1) 12:1-2의 바침, 헌신, 분별에 관한 도입적 진술, (2) 12:3-8에서 예수를 믿는 신자들 간에 겸손과 서로 섬김을 호소, (3) 12:9-21의 "그리스도인의 사랑의 윤리"의 주요 특징과 관련된 일반적인 권면들, (4) 13:1-7에서 로마에 있는 그리스도인들에게 도시의 지도자들에게 복종하고 마땅히 내야 할 세금을 납부하라는 구체적인 권면들, 그리고 (5) "그리스도인의 사랑의 윤리"라는 주제를 이어가는 13:8-14의 일련의 일반적인 권면들이 들어 있다. 두 번째 윤리적인 권면 세트는 14:1-15:12에 등장한다고들 제안하는데, 그 권면은 로마에 있는 그리스도인 공동체들 내부의 음식 문제에 대하여 "강한 자"와 "약한 자" 사이의 관계를 다루며, 그런 갈등 관계에서 자신을 "강한 자"로 여기는 사람들을 책망하는 내용을 포함한다. 15:13에는 바울의 바람을 표현하는 마무리 "기도" 또는 "송영과 축복"이 이어진다. 이러한 이해와 관련해서 각각의 권면 세트는 다음과 같은 내용과 결합하여 상당히 많은 경우 독립적으로 존재한다.[4)](1) "그리스도인의 사랑의 윤리"를 제시하는 12:9-21과 13:8-14 등 두 본문 사이에 놓여 있기에 그러한 사랑의 윤리의 구체적인 적용으로 이해할 수 있는 권면으로서 도시의 지도자들을 존경하고 세금을 납부하는 것에 대해 바울이 13:1-7에서 권면한 내용과, (2) 로마에 있는 기독교 공동체들 내부의 음식 문제에 대해 사도가 14:1-15:13에서 권면한 내용이다. 14:1-15:13의 권면들은 종종 (1) 고린도전서 8:1-11:1에서 바울이 예수를 믿는 고린도 신자들에게 쓴 내용에 비교되며, (2) 로마 세계에서 다양한 문화적 환경과 식사 습관과 생활에 관한 연구로 가장 잘 밝혀지는 내용으로 이해되곤 한다.

12:1-15:13의 두 세트로 된 권면을 이런 식으로 이해하는 것은 물론 가능하다. 바울 서신의 권면 단락은 전형적으로 그 앞에 신학 내용을 담고 있

---

4) 이 두 세트의 권면을 각각 어떻게 설명할지에 대해서는 (1) Cranfield, *A Commentary on Romans* 12-13과 (2) Reasoner, *The Strong and the Weak*를 참조하라. 또한 Käsemann의 설명도 눈여겨 볼 필요가 있다. "로마서 이 부분의 논증은 12-13장의 일반적인 권면과 14:1-15:13에서 로마에 있는 그리스도인들을 겨냥한 분명히 독립된 교훈으로 이루어져 있다." Käsemann, *Romans*, 323.

는 단락보다는 구조가 허술하고, 그래서 이 권면 단락에 등장하는 일반적인 권면과 구체적인 호소들 사이에 존재하는 상호관계와 관련하여 해석자들의 이해에 여러 입장이 나올 수밖에 없기 때문이다. 하지만 바울이 먼저 12:9-21과 그다음에 13:8-14에 있는 그의 일반적인 "사랑의 윤리"를 바로 다음에 이어지는 구체적인 호소들의 근거로 작용하도록 의도했을 수도 있다. 이를테면, 바울은 (1) 12:9-21의 일반적인 권면이 그가 도시와 세금 문제들과 관련하여 13:1-7에서 구체적으로 호소한 내용에 근본적인 것이 되도록 의도했고, (2) 13:8-14의 일반적인 권면을 식사 논쟁과 관련하여 그가 14:1-15:12에서 구체적으로 호소한 내용에 근본적인 것으로 의도했다는 말이다.

12:1-15:13에 있는 윤리 자료의 구조가 느슨한 까닭에, 해석자들은 본문의 내적인 관계를 확신 있게 설명하지 못하게 되었고, 본서의 "석의와 주해"에서 우리는 본문의 개별 단락을 순서대로 하나씩 다룰 것이다. 물론 이 주요 단락의 일반적인 권면과 구체적인 호소를 서로 간의 관계에서 어떻게 이해할 수 있을지에 대해 약간의 제안을 제시할 계획이다. 하지만 우리는 (1) 점진적으로, 이 주요 단락의 다양한 자료들을 다루면서 우리의 특정한 논지를 구축하며, (2) 이 관계들의 정확한 특성을 정밀하게 설명하지는 않으려 한다.

유대 랍비의 방법이나 이방인 철학자의 방법과 비교하여 윤리적으로 사고하고 행동하는 기독교적인 방식에 대하여. 12:1-15:13의 윤리적 권면과 호소들을 이해하기 위해 가장 중요한 것은 바울이 여기서 다음과 같은 내용을 다룬다는 사실을 인식하는 것이다. (1) 그리스도인의 윤리 의식 형성에 포함된 기본적인 요인들, (2) 그리스도인의 윤리적 사고와 행위의 본질적인 동기들, (3) 예수를 믿는 신자가 개인적·사회적·교회적 삶의 다양한 정황에서 어떻게 사고하고 행동해야 하는지를 결정하는 방법에 관한 질문들, (4) 이 모든 문제를 실행에 옮길 필요성 등이다. 이것은 사도가 일찍이 로마 제국의 동쪽 지방에서 이방인들에게 설교하고 가르치면서 다룬 것 같고, 그들도 더 충분히 공감하기를 그가 원했음이 분명한 매우 중요한 문제들이다. 로마에 있는 예수를 믿는 신자들이 그리스도인이 되기 이전에 어떠한 윤리적 사고를 가지고 행동했는지, 또 그들이 종교적인 유대인이었는지 아니면 이교도 이방인들이었는지 상관없이 말이다.

유대교 배경을 가진 사람들과 유대교 또는 유대 기독교적 신학과 표현 양식들로부터(그들의 인종적 배경이 어떠하든지 간에 로마에 있는 예수를 믿는 신자들이 그러하듯이) 광범위하게 영향을 받은 사람들에 대하여, 펌 퍼킨스(Pheme Perkins)는 바울 윤리의 포괄적인 개요를 논하면서 다음과 같이 적절히 지적했다.

> 바울은 유대교적 상황에서 누구나 기대할 수 있을 만한 율법 해석과 율법의 의무로서 윤리를 주해하지 않는다. 오히려 권면들은 복음 선포로부터 생겨났다(롬 12:1; 살전 4:1; 갈 5:1). 그리스도인은 주님 안에서 또는 주님을 위해 산다(고전 7:39; 11:11; 빌 4:4; 롬 14:9). 도덕적 분별력이 있는 새로운 공동체가 그리스도 안에서 나타났다는 것이 바울 윤리학의 전제다. 바울은 그 공동체의 구성원들이 주님과의 관계에서 그의 권면의 진리를 분별할 수 있다고 생각했을 것이다(롬 13:8). 그는 그들이 믿음의 내적인 표준에 부합하게 행동할 것이라고 기대한다(롬 14:22-23).[5)]

이 중요한 권면 단락에 구약의 인용이 10개 등장한다.[6)] 하지만 12:1-15:13에 있는 성경 인용들은 유대교 랍비들이 그들의 교훈집에서 사용한 여러 성경 인용문과는 약간은 다른 방식으로 사용되었고 또한 바울 자신이 일찍이 로마서 1:16-4:25과 9:1-11:36에서 제시하는 모든 주장을 뒷받침하기 위한 근본적인 근거로써 성경 본문, 암시, 격언 등을 매우 광범위하게 사용했던 것과도 다르게 사용되었다. 이곳 12:1-15:13에서 바울은 그의 권면

---

5) Perkins, "Paul and Ethics," 269.

6) "The Distribution of Biblical Quotations in Romans," in R. N. Longenecker, *Introducing Romans*, 239-41을 보라.

과 호소들을 (1) 기독교의 복음 메시지로부터 추론한 함의들과 (2) 예수의 가르침과 모범에 기초한다. 이와 아울러 인용된 구약의 본문들은 그리스도인들의 윤리적 사고와 삶을 위한 일차적인 근거로서 제시되지 않고, 기독교적 복음 메시지와 예수의 가르침과 모범에 근거한 기독교 윤리가 유대교 성경(구약)에서 하나님이 주신 교훈들과 긴밀히 연결되었음을 증명하기 위해 제시된다.

더욱이 바울이 예수를 믿는 신자들에게 선한 것을 추구하라고 권하면서 당대의 다양한 철학적 자료와 표현들을 종종 자신의 목적을 위해 사용했을 수도 있지만(또는 자신의 용도로 "재침례했다"고 말할 수 있다), 펌 퍼킨스가 지적했듯이 그는 "결코 윤리를 철학적 파이데이아(*paideia*, 즉 "기본적인 철학적 교훈"이나 "초보적인 훈련 요강")로 대체하지 않는다."[7] 오히려 그 반대다. 바울은 12:1-15:13에서 그리스도인의 윤리 의식의 형성에 포함된 기본적인 요인에 대해 말할 때, "하나님의 자비", "기독교 복음" 메시지, 하나님의 구원으로 말미암는 어떤 사람의 "변화" 그리고 하나님이 계속해서 신자의 "마음을 새롭게" 하심과 같은 문제들을 강조한다. 마찬가지로 바울은 그리스도인의 윤리적 사고와 행위의 동인들에 관해 말할 때 우선적으로 예수 그리스도로 말미암는 하나님의 구원 사역에 대한 신자의 반응을 염두에 두었다. 이것은 "그리스도인의 사랑의 윤리"라는 용어로 표현되었으며, 다른 사람들에 대한 그리스도인의 참된 관심사에 의해 실행될 때에야 비로소 의미가 있게 된다. 바울은 12:1-15:13에서 그리스도인이 삶의 특정한 개인적·사회적·교회적 영역 등에서 어떻게 생각하고 행해야 할지를 결정하는 목표를 이야기할 때, (1) 기독교 복음에 내재한 함의들과, (2) 예수가 그의 교훈과 모범에서 제시하신 패턴을 언급한다.

---

7) Perkins, "Paul and Ethics," 277.

1. 바침, 헌신, 분별에 관한 도입부 호소와 진술(12:1-2)

번역

12:1 그러므로 형제자매들아! 내가 [앞서 진술한] 하나님의 모든 자비하심으로 너희를 권하노니, 너희 몸을 하나님이 기뻐하시는 거룩한 산 제물로 드리라. 이것은 합리적인 사람으로서 너희가 드릴 적절한 예배 행위로다. 2 너희는 이 세대를 본받지 말고 오직 마음을 새롭게 함으로 변화를 받아 하나님의 선하시고 기뻐하시고 온전하신 뜻이 무엇인지 분별하도록 하라.

본문비평 주

12:2a 2인칭 복수 중간태 또는 수동태 명령형 동사 συσχηματίζεσθε("너희는 스스로 본받아라" 또는 "본받게 되라")와 2인칭 복수 중간태 또는 수동태 명령형 동사 μεταμορφοῦσθε("너희는 스스로 변화하라" 또는 "변화되라")는 P[46]과 대문자 사본 B* P[또한 *Byz* L], 그리고 소문자 사본 1739(범주 I), 104 365 1241(범주 III)의 지지를 받고 있다. 그런데 현재 중간태 또는 수동태 부정사 συσχηματίζεσθαι("스스로 본받다")와 현재 중간태 또는 수동태 부정사 μεταμορφοῦσθαι("변화되다")가 대문자 사본 A B[2] D* F G Ψ와 소문자 사본 1175(범주 I), 81 1506(범주 II), 630 2495(범주 III)에 등장한다. 사본의 외적 증거는 다소 의문의 여지를 남긴다. 하지만 문맥의 명령형적 특성에 근거한 내적 증거에 의거할 때, 2인칭 복수 중간태 또는 수동태 명령형 동사가 원본이고, 후대의 필경사(또는 필경사들)가 동사의 부정사형을 명령형으로 바꾸었다기보다는 12:1의 부정과거 명령형 동사 παραστῆσαι("드리라")와 병행시키려고 2인칭 복수 명령형 동사를 부정과거 중간태 또는 수동태 부정사로 바꾸어, 앞 구절에 있는 παρακαλῶ ὑμᾶς("내가 너희를 권하노니")라는 표현의 의미를 완성했을 가능성이 더 크다.

2b절 Τοῦ νοός("마음의" 또는 "너희 마음의")라는 어구는 P[46], 대문자 사본 A B D[gr*] F G, 소문자 사본 1739(범주 I) 6 424[c] 1881(범주 III)로 입증되며, 클레멘스 오리게네스 키프리아누스의 지지를 받고 있다. 대문자 사본 ℵ

D^2 P Ψ(또한 *Byz* L)와 대부분의 소문자 사본에 τοῦ νοός 다음에 ὑμῶν("너희의")이 첨가되었으며, 이 첨가된 이문이 $it^{d, g}$ vg $syr^{p, h}$에 반영되었다. "초기의 좋은 증거들에 의해 지지를 받는" 짧은 본문이 선호된다. 외적 증거의 비중 때문뿐만 아니라 "필경사들에게는 ὑμῶν이 1절에 등장한 이 단어와 적합한 병행 어구로 보였을 가능성이 크기" 때문이다.[1)]

형식/구조/상황

윤리적 권면과 호소를 다룬 이 확장된 본문의 처음 두 구절은 이어지는 12:3-15:13에 포함된 모든 내용의 "주요 주제",[2)] "서론",[3)] "요약"[4)] 또는 일종의 표제 단락[5)]을 포함하는 것으로 종종 묘사되었다. 하지만 이보다도 바울은 이 도입 단락에서 (1) "하나님의 자비하심," (2) "기독교 복음" 메시지, (3) 하나님의 구원으로 말미암는 한 사람의 "변화", (4) 신자들의 "마음을 새롭게" 하시는 하나님의 지속적인 사역 등 그리스도인의 윤리 의식 형성과 관련한 매우 중요한 요인들을 제시한다.

석의와 주해

12:1 후치사 οὖν("그러므로")은 신약성경에서 단순히 전환을 표시하는 불변화사로 종종 사용되었다. 하지만 여기서는 바울이 하나님의 자비(그래서 우리는 앞에서 "이전에 진술한"이라는 말을 괄호 안에 포함시켰다)에 관해 이전에 썼던 내용을 상기시키고, 이어지는 권고를 앞에서 언급한 신학적인 선포에 기초하려고 바울이 사용한 것이다. 하지만 12:1-15:13에서 권하는 내용의 근거로서 바울이 제시한 신학적 내용을 어디서 시작하는 것으로 보아야 할지에 대해 질문이 제기될 수밖에 없다. 해석자들 중에는 바울이 "남

---

1) Metzger, *Textual Commentary*, 466.
2) Käsemann, *Romans*, 323.
3) Cranfield, *Romans*, 2.595.
4) Dunn, *Romans*, 2.707.
5) Michel, *An die Römer*, 365.

은 자" 유형의 기독교 신학을 제시한 바로 앞 단락인 9:1-11:36의 내용을 염두에 두었다고 제안한 사람들이 있다. 반면에 바울이 1:16-4:25에서 제시한 내용을 염두에 두었다고 추측하는 사람들도 있다. 여기서 바울은 (1) "하나님의 의"에 대한 전통적인 유대교의 **속성적** 이해를 발전시켜 회개한 죄인들에게 주시는 하나님의 의의 선물인 의에 대한 독특한 기독교적 **전달적** 이해를 포함하며, (2) "칭의", "구속", "화해"(어쩌면 "속죄" 또는 "대속"으로 번역하는 것이 더 나음)라는 법정적 개념을 부각시켰고, (3) 어떤 사람의 하나님과의 관계가 그 사람의 의의 "행위"가 아니라 하나님에 대한 신뢰와 하나님께서 그리스도의 사역과 성령의 사역 안에서 제공하신 것을 "믿음으로" 받아들인 것에 의거한다는 사실을 주장했다. 하지만 오늘날 대부분의 주석가는 바울이 12:1을 시작하면서 불변화사 οὖν("그러므로")을 사용했고, 거의 바로 뒤따라오는 διὰ τῶν οἰκτιρμῶν이라는 어구에서 "자비들"이라는 단어를 사용했기 때문에 이곳에서 그가 앞서 편지 본론 중앙부의 3개의 주요 신학적인 단락들(즉 1:16-4:25, 5:1-8:39, 9:1-11:33)에서 하나님의 사랑, 긍휼(자비), 구원하시는 은혜에 관해 쓴 모든 내용을 염두에 두었을 개연성이 있다고 주장한다.

필자가 일반적으로 동의하는 것이 바로 이 두 번째 이해다. 비록 "주로 바울의 편지 본론 중앙부의 두 번째 단락(즉 5:1-8:39)의 자료에서"라는 진술을 첨가하기는 했지만 말이다. 두 가지 이유에서 이 진술을 포함시키기를 제안한다. (1) 사도가 로마서를 쓰면서 사용했을 것으로 보이는 수사적 구조인 "권면의 메시지"(λόγοι προτρεπτικοί) 형식에서, 두 번째 단락이 이어지는 권면 단락(권면 단락을 종종 λόγοι προτρεπτικοί에 포함된 두 번째 단락으로 보든지, 아니면 바울이 로마 교회에 보낸 편지에서처럼 네 번째 단락으로 보든지 간에)의 기초로서 기능하는 긍정적인 내용을 포함하기 때문이고, (2) 두 번째 단락이 그리스도인과 하나님 간의 관계를 매우 관계적이고 인격적인 방식으로 제시하고 있기에 그렇다. 관계에 대한 이런 유형의 언어와 이해가 이곳 네 번째 단락(12:1-15:13)의 권면과 호소의 저변에 있는 듯하다.

동사 παρακαλῶ("내가 설득하다", "권하다", "용기를 북돋다")는 그리스-로마 시대의 공적인 서신이나 개인 편지를 막론하고 저자가 수신자들에게 요구하는 내용을 소개하기 위해 여러 방식으로 사용되었다.[6] 이곳에서 바울의 요구와 가장 가까운 신약성경 외의 자료는 「마카베오하」 9:26에 기록된 것으로, 시리아의 그리스 통치자인 안티오코스 4세(소위 에피파네스, 기원전 175-164년에 통치함)가 최근에 정복당한 유대인들에게 요구한 내용이다. 그 내용은 (사도의 여러 편지에 있는 내용과 비교할 수는 없지만) 로마서 12:1에 있는 바울의 요구에 등장하는 것과 동일한 그리스어 세 단어로 시작한다.

> "그러므로 내가 너희에게 요구하며(παρακαλῶ οὖν ὑμᾶς) 간청하노니, 너희는 [내게서] 받은 공적인 혜택과 사적인 혜택을 기억하고 너희 각 사람은 짐과 짐의 아들을 향한 너희가 현재 가지고 있는 선한 뜻을 보존하기를 원하노라."

동일한 그리스어 표현인 παρακαλῶ οὖν ὑμᾶς는 나중에 로마서에서 15:30과 16:17에 등장한다. 이 어구와 비교할 만한 어구가 고린도후서 2:8, 6:1, 에베소서 4:1, 빌립보서 4:2, 디도서 2:6에서도 발견된다.[7] 그래서 이러한 어구의 형식과 관련하여 사도가 어구를 쉽게 변형한다는 사실뿐만 아니라 동일하거나 비교할 만한 어구에 근거하여, 우리는 바울이 그의 그리스도인 수신자들에게 "그리스도를 따르는 사람들"로서 그들의 생각이나 삶과 관련하여 그의 권면과 호소를 소개하려고 동사 παρακαλέω(또는 이 동사의 단축형인 παρακαλῶ)를 종종 사용했다고 말할 수 있다.

전치사 διά("말미암아", " 때문에", "~의 관점에서")는 여기서 어떤 것이 발생한 까닭, 즉 예수를 믿는 신자들이 "하나님의 자비의 관점에서[또는 "자비 때문에"]" 하나님께 긍정적으로 반응할 수 있음을 나타내기 위해 사용

---

6) 참조. 다양한 용례를 인용한 Bjerkelung, *PARAKALÔ*.

7) 고전 1:10; 16:15-16; 고후 8:6; 살전 4:1; 살후 3:12에 있는 이 동사의 약간 다른 형태들도 보라.

되었다. 그의 사랑과 자비와 구원하시는 은혜 안에서 예수를 믿는 사람들이 하나님 자신과 화목하기 위한 길을 여신 분은 하나님이시기 때문이다. 복수형 표현인 "자비들"(οἱ οἰκτιρμοί, 이 단어가 여기서 소유격으로 등장하는 까닭은 전치사 διά의 지배를 받기 때문이다)은 자비라는 추상적인 사상보다는 하나님의 수많은 자비로운 행위를 암시한다. 하나님의 자비로운 모든 행위는 로마서 본론 중앙부의 첫 번째와 두 번째와 세 번째 단락 전체(즉 1:16-11:36), 특히 두 번째 단락(즉, 5:1-8:39)에 제시된 기독교 복음 선포와 직결되었다.

부정과거 부정사 παραστῆσαι("드리다", "해주다", "헌신하다")는 제사 언어에서 유래했으며 개인적인 헌신 행위를 함의한다. 바울은 "너희 몸"(τὰ σώματα ὑμῶν)이라는 표현을 재귀용법 "너희 자신"을 가리키는 어구로 사용하여 이 행위를 자신을 드리는 것으로 묘사한다. 자신을 하나님께 드리는 것은 "살아 있는 제물"(θυσίαν ζῶσαν)이라는 제의 용어로 묘사되었다. 즉 유대인의 성막과 성전에서 동물을 제물로 드렸듯이 죽임을 당했거나 피가 흐르는 죽은 제물이 아니라, 활력이 넘치고 살아 있는 상태로 드리는 자신의 전인격적인 제물이다. 더욱이 이 "살아 있는 제물"은 형용사 ἁγίαν("거룩한")과 εὐάρεστον("기뻐하시는", "받으심 직한")으로 묘사되었다. 이 형용사들은 그리스도인들이 자신을 (1) 전적으로 하나님의 목적에 맡게 드리는 사람으로, (2) 언제든지 하나님이 그들의 삶을 계속해서 정결케 하신 것을 받은 자로, (3) 늘 하나님의 뜻에 부합하게 애쓰는 자로 드린다는 것을 표시한다.

바울은 1절 전반부에서 쓴 내용을 강조해준다고 생각한 진술을 삽입함으로써 12:1을 마무리한다. 그것은 τὴν λογικὴν λατρείαν ὑμῶν(필자는 "이것은 합리적인 사람으로서 너희가 드릴 적절한 예배 행위다"라고 번역했다)이다. 이 진술을 번역하는 것은 어렵기로 악명이 높다. 이는 다음과 같은 영어 역본을 추적하면 매우 분명히 드러난다. (1) "이것은 너희의 이치에 맞는 예배다"(KJV, NET), (2) "이것은 너희의 영적 섬김이다"(ASV), (3) "이것은 예배라는 너희의 영적 섬김이다"(NASB), (4) "이것은 너희의 영적인 예배다"(RSV, NRSV, NIV), (5) "생각하는 존재에 합당한 방법으로 그분을 예배하라"(JB), (6) "이것은 이성적인 존재들로서 너희의 바른 예배다"(TNIV), (7) "지성적인 예배 행위"(Phillips), (8) "정신과 마음으로 드리는 예배"(NEB), (9) "이것은 너희의 제의, 영적인 의식이다"(Moffatt), (10) "이것은 너희가 드려야 할 참된 예배다"(TEV). 주석가들이 다음과 같이 본문을 해석하여 번역한 몇 가지 예에서 드러나듯이, 12:1의 이 진술에 대한 주석가들의 이해 역시 다양하다. (1) "이성에 적합한 하나님에 대한 섬김. 즉 비이성적인 동물 제사가 아니라 영적인 예배"(W. Sanday and A. C. Headlam), (2) "너희의 제의, 영적인 제사"(C. H. Dodd), (3) "너희가 그분께 드려야 하는 영적인 예배"(C. K. Barrett), (4) "너희의 영적인 예배"(E. Käsemann), (5) "예배에 대한 지적인 이해. 즉 복음의 진리와 일치하는 예배"(C. E. B. Cranfield), (6) "우리[바울]의 주장으로부터 귀결되는 예배"(N. T. Wright), (7) "너희의 이성에 적합한 제의"(D. J. Moo), (8) "너희의 이치에 맞는 예배"(R. Jewett).[8)]

또한 바울은 12:1에서 제사 용어를 사용한다. (1) 수신자들에게 자신을 "하나님께 거룩하고 받으실 만한 산 제사"(θυσίαν ζῶσαν ἁγίαν εὐάρεστον τῷ θεῷ)로 드리라고 권하고 (2) 이와 같이 드리는 것을 "예배 행위"(λατρείαν)라고 부르면서 말이다. 바울은 15:16에서도 제사 용어를 비유적으로 사용하여 하나님이 그에게 명하신 이방인들을 위한 사역을 하나님의 복음을 선포하여 예수를 믿는 이방인 신자들이 하나님께서 "받으실 만한 제물"(ἡ προσφορὰ εὐπρόσδεκτος)이 되게 하는 그의 "제사장 직분"으로 언급한다.[9)] 이 제사 용어는 우리가 로마서 12:1의 τὴν λογικὴν λατρείαν ὑμῶν이라는 진술을 이해하거나 이 그리스어 표현을 번역할 때 그리스도인

8) Sanday and Headlam, *Romans*, 353; C. H. Dodd, *Romans*, 189-91(Moffatt의 번역을 사용함); Barrett, *Romans*, 230-32; Käsemann, *Romans*, 325, 329; Cranfield, *Romans*, 601-5; N. T. Wright, "The Messiah and the People of God," 224; Moo, *Romans*, 637, 640; Jewett, *Romans*, 729-31.

9) 또한 바울이 고후 2:14-16과 빌 2:17; 4:18에서 제사 용어를 비유적으로 사용한 예를 보라.

의 삶이 하나님을 예배하는 신자의 모습과 관련된다는 사실을 언제나 강조할 필요가 있음을 암시한다. 더욱이 비록 형용사 λογικός("합리적인")가 70인역에는 등장하지 않지만, 이 용어는 고대의 많은 그리스 철학자들이 즐겨 사용하던 용어였으며, 특히 아리스토텔레스, 플라톤 그리고 후기 스토아 철학자들의 글에 등장한다.[10] 고대에 이 단어가 널리 사용되었다는 것은 λογικός("합리적인")가 "고정 어구"가 되었으며, 그래서 (그리스-로마 세계에서 어떤 인종이든지, 어디에 거주하든지 상관없이) 이방인들과 유대인들 그리고 예수를 믿는 신자들에 의해 그렇게 이해되었음을 암시한다.

필론의 저술에(그리고 어쩌면 벧전 2:2과 2:5에도) 형용사 λογικός("합리적인")와 πνευματικός("영적인")가 밀접히 연결된 것은 두 용어가 헬라파 유대인의 사상에 긴밀하게 일치되었다는 명백한 증거를 제공하는 것 같다. 하지만 두 단어가 바울 당대에 동의어로 이해되었다고 주장하는 것은 증거를 훨씬 넘어서는 것이다. 바울이 이곳 12:1에서 "너희의 영적인 예배다"라고 말하고 싶었다면, (λογικὴν λατρείαν ὑμῶν이라고 하기보다는) 단순히 πνευματικὴν λατρείαν ὑμῶν이라고 쓸 수도 있었을 것이다. Πνεῦμα라는 단어 집단이 그의 여러 편지에 자주 등장했고, 특히 불과 몇 장 앞인 로마서 8:1-30에서 발견되었지만, 형용사 λογικός는 그의 서신서 중에서 이곳에만 등장하는 까닭이다. 문맥상 λογικὴν λατρείαν ὑμῶν을 ("너희의 영적인 예배"보다) "너희의 합리적인 예배"로 이해하는 것은 사도가 12:2에서 예수를 믿는 신자들이 "너희 마음을 새롭게 하여"(τῇ ἀνακαινώσει τοῦ νοός) 변화를 받으라고 호소하는 것과 잘 어울린다. 언어학적 이유와 상황적 이유를 모두 고려할 때, 바울이 이곳 12:1에서 진술하는 내용은 다음과 같이 이해하는 것이 최상인 것 같다. 예수를 믿는 신자들은 "[이전에 진술한] 하나님의 자비하심"을 경험했기 때문에 지적인 면에서나 영적인 면에서 자신을 전적으로 하나님께 드리는 것이 매우 이치에 맞다. 사실 "이것이야말로

---

10) Cranfield, *Romans*, 2.602-4에서 (때로 언급되듯이 *TDNT*가 아니라) G. Kittel, *TWNT* 4.145-47과 Behm, *TWNT* 3.186-89을 요약한 것을 보라.

합리적인 사람으로서 드리는 너희의 적절한 예배 행위다."

12:2 바울이 이곳 12:2에서 쓰고 있는 것과 12:1에서 쓴 내용 간의 관계는 둘 중 한 가지 방법으로 이해할 수 있다. (1) **어울리는** 두 세트의 권면으로, 말하자면 2개의 비슷하지만 구별되는 권면 세트로, 또는 (2) 이 두 번째 세트의 권면을 첫 번째에 **종속되는** 것으로, 즉 12:2의 권면을 예수를 믿는 신자들이 12:1의 포괄적인 권면들을 수행하는 수단으로 말이다. 예를 들어, 조세프 피츠마이어는 이 두 구절이 서로 어울리는 방식으로 제시되었다고 주장한다. "첫 절은 그리스도인의 삶의 육체적[즉 신체적 또는 외적인] 측면을 표현하고, 두 번째 절은 정신적인[즉 지적인 또는 내적인] 측면을 표현한다."[11] 반면에 더글러스 무는 12:2의 명령들이 12:1에 언급된 하나님께 드리고 헌신하라는 요구를 어떻게 실행할 것인지, 그다음에 결과적으로 나타날 신자가 하나님의 뜻을 분별하는 것에 관해 더 자세하게 설명한다고 주장한다.[12] 무의 제안에 따라 12:2의 명령형들이 12:1의 요구를 어떻게 실행해야 하는지를 설명한다고 보는 것이 가장 개연성이 크다. 이것은 모든 신자의 삶에서 매우 중요한 문제이자 자신의 삶에서 실천해야 하는 하나님의 뜻을 결과적으로 시험하고 인정하는 것이다.

(συσχηματίζω에서 유래한) 동사 συσχηματίζεσθε("~으로 형성하다", "~을 본받다", "~으로 인도하다")는 현재시제 중간태(여기서는 수동태는 아닐 것이다)이며, συσχηματίζεσθε 앞에 종종 강한 금지에 등장하는 불변화사 μή가 있는 것 때문에, 해석자들 중에는 이 호소를 로마에 있는 그리스도인들에게 "이 현세대[에 대한 생각과 행위]를 본받는 것을 멈추라"고 권면하는 것으로 이해한 사람들이 있다. Μή를 "중지하라"로 번역하는 것은 바울이 로마에 있는 그리스도인들이 이러한 생각과 행위를 실제로 행하고 있다고 믿었음을 암시한다. 하지만 나중에 편지의 마무리 단락 맨 첫 구절인 15:14에서 사

11) Fitzmyer, *Romans*, 638-39은 H. D. Betz, "Foundation of Christian Ethics according to Romans 12:1-2," 61을 뒷받침으로 인용한다.
12) Moo, *Romans*, 754-55은 Zahn, *An die Römer*, 해당 부분을 뒷받침으로 인용한다.

도는 로마에 있는 수신자들에 대한 확신을 이렇게 표현한다. "내 형제자매들아! 너희가 스스로 선함이 가득하고 모든 지식이 차서 능히 서로 권하는 자임을 나도 확신하노라." 그래서 이곳 12:2a의 부정적인 권면을 로마에 있는 그의 수신자들의 실제 생각과 행위들을 구체적으로 꾸짖는 것으로 이해해서는 안 되고 오히려 바울이 예수를 믿는 모든 신자에게 표현하고자 하는 일반적인 권면으로 이해해야 할 것 같다. 즉 (1) 바울이 이방인 선교 기간에 하나님께로 인도한 이방인 신자들과, (2) 다른 그리스도인들에 의해 복음을 전해 듣고 지금은 로마에 살고 있는 이방인 신자들과 유대인 신자들뿐만 아니라 사도가 살던 당시와 오늘날 스스로를 "그리스도를 따르는 자"로 고백하는 모든 사람에게 바울은 "이 세대[의 생각과 행위]를 본받지 말라"고 권한다.

"이 세대를 본받지 않는" 것은 그들을 향한 하나님의 뜻이 무엇인지 알기를 원하는 모든 그리스도인에게 중요한 요인이다. 바울은 예수를 믿는 신자들에게 "이 세대를"(τῷ αἰῶνι τούτῳ) 본받지 말라고 권하면서, (신약의 모든 저자의 윤리적 사고의 중심에 있는) 그의 "두 세대"론을 선택하고 있다. 이 가르침은 예수를 믿는 신자들이, 예수의 지상 사역과 죽음과 부활로 말미암아 시작된 "올 세대"라는 맥락에서 의로운 삶을 위한 독특한 힘을 가지고 살면서도, 새롭게 시작된 시대의 효과에 여전히 부정적인 힘으로 위협을 가하는 "이 시대"의 맥락에서, 그들의 삶을 살아야 한다고 주장한다.[13]

12:2a을 "너희를 둘러싼 세계가 너를 그 틀에 끼워 맞추지 않도록 하라"고 풀어쓴 필립스(J. B. Phillips)의 유명한 의역은, 바울의 부정적 권면의 에토스를 효과적으로 포착했으며, 그래서 어느 시대 어느 환경에서든지 모든 그리스도인을 향한 사도의 바람을 이해하는 데 도움이 되는 것으로 여겨져야 한다. 이러한 의역이 사도의 호소를 이데올로기적 배경과 그 번역의 독특한 언어학적 형식 그리고 구체적인 언어와 관련하여 "번역하

---

13) Cullmann, *Christ and Time*, 특히, 47-48, 81-93과 222-30을 보라. 본서 롬 6:5-11 "석의와 주해"도 참조하라.

지"는 못하겠지만 말이다. 이러한 평가는 그 외 최근의 수많은 "의역" 성경에도 해당한다. 예를 들어 『독자를 위한 새 국제 성경』(*New International Reader's Version*)은 12:2a을 어린이 독자를 겨냥하여 이렇게 번역했다. "더 이상 이 세상이 살아가는 방식으로 살지 마세요."

바울은 예수를 믿는 신자들에게 권한 "이 세대"에 속한 사람들의 사고방식과 행동양식대로 살지 말라는 이 부정적인 명령보다 더 중요한 내용을 당대의 모든 청중과 독자들뿐만 아니라 그리스도인이라고 고백하는 현대의 우리 모두에게 "오직 너희 마음을 새롭게 함으로 변화를 받으라"(ἀλλὰ μεταμορφοῦσθε[여기서는 동사의 수동태형이 사용되었음] τῇ ἀνακαινώσει τοῦ νοός)는 말로써 권한다. 바울이 여기서 말하는 주목할 만한 "변화"는 예수를 믿는 신자들이 그들의 삶과 행위를 단장하는 방식으로 받아들여야 할 외형적인 예의나 표현이 아니다. 그것은 신자들이 하나님이 그의 성령의 사역으로써 그들의 삶에 이루시도록 하는 생각과 의지와 갈망의 완전한 내적 변화이며, 이는 행동과 행위의 인식할 만한 외적인 변화로 이어진다. 이것은 바울이 일찍이 8:12-13을 쓸 때 염두에 두었을 것이 분명한, 사람의 내적 존재의 변화다. "그러므로 형제들아 우리가 빚진 자로되 육신에게 져서 육신대로 살 것이 아니니라. 너희가 육신대로 살면 반드시 죽을 것이로되 영으로써 몸의 행실을 죽이면 살리니." 하나님의 영으로 말미암아 이루어지는 신자의 마음의 새롭게 됨이란 에베소서 4:23(그리스도인들은 그들의 생각과 태도에서 "새롭게 되어야" 한다)과 골로새서 3:10(신자들의 "새로운 자아"는 [하나님의 성령으로 말미암아] "자기를 창조하신 이의 형상을 따라 지식에까지 새롭게 하심을 입은 자"다), 디도서 3:5(하나님께서 "우리를 구원하시되 중생의 씻음과 성령의 새롭게 하심으로 하셨나니")과 같은 바울의 후기 편지에도 표현되었다.

하나님의 성령의 사역으로 인해 신자의 마음이 이처럼 내적으로 새롭게 된 결과는 이것이다. "하나님의 선하시고 기뻐하시고 온전하신 뜻이 무엇인지 분별하도록 하라." 이러한 결과적인 진술은 문법적으로 바울이 전치사 εἰς("안으로", "~로")와 관사가 있는 부정사 τὸ δοκιμάζειν("시험으로 증명하다" 또는 "입증하다")으로 소개된다. 이처럼 관사가 있는 부정사와 함께 사용된 전치사 εἰς는 목적 또는 결과(문자적으로는 "~하기 위하여")를 나타낸다. 사도는 τὸ ἀγαθόν("선", "선한 것", "옳은 것"), τὸ εὐάρεστον("기뻐하는 것", "받을 만한 것"), τὸ τέλειον("완전한 것", "온전한 것") 등 관사를 동반한 실명사적 형용사도 사용한다. 사도가 신자의 마음에 성령의 새롭게 하시는 행위로 그리스도인이 경험하게 되는 하나님의 뜻의 특성을 묘사하기 위해 사용한 이 세 실명사적 형용사로써 말하고자 하는 것은 이렇게 요약할 수 있다. "그리스도인이 된 사람의 새롭게 된 마음으로 볼 수 있는 삶은 그 자체로 선하고 만족스럽고 온전하다."[14)]

성경신학

하나님의 백성 이스라엘을 지도하기 위해 구약성경에 하나님이 제시하신 것이든지 아니면 고대나 현대의 어떤 철학적 사상 체계가 되었든지 간에, 그리스도인의 윤리학은 어떤 도덕법으로 제시되지 않는다. 기독교적 윤리는 (1) 당대의 윤리 규범과 일치하는 것이거나, (2) 자신이 유산으로 받은 가족의 가치에 의해 좌우되거나, (3) 자기 양심의 명령을 따르는 것이 아니다. 이 모든 것은 어떤 상황에서 도움이 될 수 있는 요인들이다. 하지만 문제의 핵심은 이것이다. 기독교적 윤리 사상과 삶은 사랑하시는 하나님께서 우리에게 주신 새로운 부활 생명에서 나온다. 그래서 그리스도인의 삶은 미래의 부활을 기다리는 동안 늘 우리의 새롭게 시작된 부활 생명의 현재적 표현으로 이해해야 한다. 이러한 새 생명은 (1) 하나님께서 그리스도의 사역과 하나님의 영의 사역을 통해 우리에게 주신 것이며, (2) 하나님을 영화롭게 하고, 그리스도의 사역에 반응하며, 성령의 인도를 받고, 부활하신 그리스도의 대리인으로서 다른 사람들을 섬기는 삶을 사는 것이다. 그러므로 로마서 본론 중앙부의 네 번째 단락(즉 12:1-15:13) 맨 처음에 등장하는 12:1-2의 "드림", "헌신", "분별"이라는 주제와 관련하여 예수를 믿는

---

14) C. H. Dodd, *Romans*, 193(Dodd가 말한 "Christian man"이라는 용어를 "Christian person"이라는 용어로 바꾸었지만 말이다).

신자들을 향한 바울의 첫 호소는, 그의 이방인 복음 사역에서 그리스도께로 돌아온 그의 개종자들과 로마에 있는 그의 그리스도인 수신자들뿐만 아니라 오늘날 기독교적 성경신학을 구축하려는 모든 노력에서도 의미 있는 것으로 이해되어야 한다.

현대를 위한 상황화

바울의 윤리적 가르침을 상황화함에 있어, 그리스도인의 윤리 의식을 형성하는 것과 관련하여 다음과 같은 문제들을 항상 처음부터 강조해야 한다. (1) "하나님의 자비하심"을 상기함, (2) "기독교 복음"에 선포된 메시지를 기억함, (3) 하나님의 구원으로 말미암은 한 사람의 "변화" 그리고 (4) 하나님이 그의 영의 사역으로 인해 믿음이 있는 한 사람의 "마음"을 계속해서 "새롭게 하심", 그 결과 예수를 믿는 신자에게는 (5)"하나님의 뜻", 즉 "하나님의 선하시고 기뻐하시고 온전하신 뜻이 무엇인지 시험하고 입증하는" 능력이 있게 된다. 기독교적 윤리는 (1) 단지 외적인 지침과 행동보다는 신자의 새로운 도덕적 분별 및 헌신과 관련이 있으며, (2) 하나님이 예수 그리스도의 사역과 성령의 사역을 통해 구속적으로 행하셨고 지금도 행하고 계신 것에 대한 반응에서 나오며 또 그러한 반응으로 표현된다. 더욱이 기독교적 윤리는 그리스도를 믿는 믿음으로써 하나님께 나아온 사람들의 "변화"와 지속적인 "새롭게 됨"이라는 기본적인 특징에 뿌리를 두고 있다. 그래서 기독교적 윤리는 개인적으로나 공동체적으로나 이처럼 "변화를 받고" "새롭게 된" 사람들의 마음과 정신과 삶에서 이루어진(그리고 이루어지고 있는) 태도와 생각과 행위들과 관련이 있다. 그 윤리는 기독교 복음에 표현된 하나님의 사랑과 자비와 은혜의 상황화다. 예수를 믿는 신자들은 오늘날 더 적합하게 그리고 더 광범위하게 하나님의 사랑과 자비와 은혜를 표현하도록 부름을 받고 있다.

2. 예수를 믿는 신자들 사이에서 겸손하고 서로 섬기라는 호소(12:3-8)

번역

12:3 내게 주신 은혜로 말미암아 너희 각 사람에게 말하노니, 마땅히 생각할 그 이상의 생각을 품지 말고 오직 하나님께서 각 사람에게 나누어 주신 믿음의 분량대로 건전한 정신을 가지고 생각하라. 4 우리가 한 몸에 많은 지체를 가졌으나 모든 지체가 같은 기능을 가진 것이 아니니, 5 이와 같이 우리 많은 사람이 그리스도 안에서 한 몸이 되어 다른 모든 지체에 속하였느니라.

6 우리에게 주신 은혜대로 받은 은사가 각각 다르니, 혹 너희가 받은 은사가 예언이면 믿음의 분수대로 예언하고, 7 혹 그것이 섬기는 일이면 섬기는 일로, 혹 가르치는 일이면 가르치는 일로, 8 혹 위로하는 일이면 위로하는 일로, 구제하는 일이면 성실함으로 베풀고, 다스리는 일이면 부지런함으로 행하고, 긍휼을 베푸는 자는 즐거움으로 할 것이니라.

본문비평 주

12:3a Διὰ τῆς χάριτος τῆς δοθείσης μοι("내게 주신 은혜로 말미암아" 또는 "때문에")라는 어구는 본문 전통에서 강력한 지지를 받는다. 하지만 뒤에 나오는 소유격 τοῦ θεοῦ("하나님의")가 비잔틴 계열의 대문자 사본 L과 소문자 사본 81 1506(범주 II), 69 323 330 1241 1735(범주 III)에 등장하며, vg^{ms} syr^{h}에도 반영되었다. 문맥상으로는 분명 소유격 "하나님의"가 적합하다. 하지만 사본의 지지가 매우 빈약한 까닭에 이 단어는 본문의 2차적인 확장으로 판단해야 할 것이다.

4절 Πολλὰ μέλη("많은 지체")의 어순은 P^{46}(또한 P^{31})과 대문자 사본 א B D F G의 광범위한 지지를 받고 있다. 하지만 역순인 μέλη πολλά("지체들 많은")가 대문자 사본 A P Ψ(또한 *Byz* L)와 소문자 사본 33 1175 1739(범주 I), 1506 1881(범주 II), 6 69 88 104 323 326 614 1243 1319 1505 1573 1874 2344 2495(범주 III)에 등장한다. 물론 어순이 어떠하든지 간에 의미는 동일

하다. 하지만 πολλὰ μέλη("많은 지체")의 어순이 더 강력한 본문 증거를 가지고 있기에 원본일 개연성이 더 크다.

5a절　동사 ἐσμεν("우리는 ~이다")이 9세기 대문자 사본인 F와 G에서 생략된 것은 아마도 필경사의 실수일 것이다.

5b절　관용어적 표현인 τὸ δὲ καθ' εἷς ἀλλήλων("하지만 각 지체는 다른 모든 지체에 속하였다")에 있는 중성 정관사 τό는 P^{46}(또한 P^{31})과 대문자 사본 ℵ A B D* F G P와 소문자 사본 1739(범주 I), 81 1506(범주 II), 6 365 1243 1319 1573(범주 III)의 광범위한 지지를 받고 있다. 하지만 대문자 사본 D^2 Ψ(또한 *Byz* L)와 소문자 사본 33 1175(범주 I), 1881(범주 II), 69 88 104 323 326 614 1241 1505 1735 1874 2495(범주 III)에는 중성 관사 τό 대신에 남성 정관사 ὁ가 등장한다. 중성 관사 τό가 더 강력한 사본의 증거를 받고 있기에 그것을 원본으로 보아야 할 것이다.

형식/구조/상황

바울은 사역하는 동안 자주 당대의 그리스도인들에게 하나님과의 관계로 인해 오만하거나 자만하지 말라고 호소할 필요를 느꼈던 것 같다. 그리스도인들은 (1) 겸손하고, (2) 하나님이 주신 은사로 다른 사람들을 섬기며, (3) 하나님이 주신 은사로 그들을 위해 사역해야 한다. 믿음이 없는 유대인들과 비교하여 예수를 믿는 신자들이 가진 오만과 자만의 태도를 바울은 일찍이 11:17-25a에서 언급했었다. 그는 "그리스도를 따르는 자들"이라고 고백하는 사람들에게 다음과 같이 분명하게 말했다. "높은 마음을 품지 말고 도리어 두려워하라"(11:20b), "스스로 지혜 있다고 하지 말라"(11:25a). 이와 동일한 오만과 자만의 태도가 로마 공동체들의 적어도 일부 그리스도인들 사이의 관계에까지 영향을 미쳤던 것 같다. 그래서 사도는 어떤 음식을 먹는 문제와 관련해서 자신들이 "약한 자들"이라고 여겼던 사람들과 비교하여 태도와 행위에 있어 스스로 "강한 자들"이라고 여겼던 사람들에게 다음과 같이 직언한다. "이제 인내와 위로의 하나님이 너희로 그리스도 예수를 본받아 서로 뜻이 같게 하여 주사"(15:5), "그리스도께서 우리를 받아 하나님께 영광을 돌리심과 같이 너희도 서로 받으라"(15:7)고 말이다.

애석하게도 오만과 자만은 모두 노골적으로나 은밀하게 기독교회에 너무 자주 영향을 미쳤던 인간의 일반적인 잘못이다. 왜곡된 이 특징들은 실제로 "그리스도를 따르는 자들"인 우리가 "그리스도 예수께서 가지고 계셨던 것과 동일한 태도를 서로에게" 가지고 있고, "그리스도께서 우리를 용납하신 것처럼 서로를 용납한다"는 기독교 신학에서 선포하는 것들을 부정하는 결과를 야기한다. 적어도 로마의 일부 그리스도인 공동체들에서는 바울이 12:1-15:13에서 그의 윤리적 권면들을 시작하면서 말해야겠다고 생각한 심각한 문제들이 있었다. 바울은 그 문제들을 12:1-2의 "드림, 헌신, 분별"에 관한 그의 호소와 진술 직후, 그리고 12:9-21의 "그리스도인의 사랑의 윤리"의 첫 번째 부분 이전에서 제시한다. 이러한 오만과 자만의 문제는 모든 기독교 윤리적 의제에서 다루어져야 하고 오늘날 예수를 믿는 신자들로서 우리의 모든 현대적 사고와 행위에서 버려져야 하는 인간의 잘못이다.

석의와 주해

12:3-8　바울은 이 본문의 권면을 다소간 관례적으로 "말하는 것을 나타내는 동사" 어구인 12:3a의 λέγω γάρ("왜냐하면 내가 말한다")로 시작한다. 이 어구는 자료의 새로운 단락의 시작을 표시하는 기능을 한다. 하지만 여기서 연속의 의미를 전달하는 것으로 보이는 전치사 γάρ("왜냐하면")가 삽입되어 12:2의 "너희 마음을 새롭게 함으로 변화를 받아"라는 주제와 그런 다음에 12:3-8에서 자신과 다른 사람들에 대한 새로운 "생각" 및 새로운 유형의 "건전한 마음"에 관한 권면의 연속을 표시한다.

사도는 12:3b에서 동사 φρονεῖν("생각하다")을 가지고 4번에 걸친 언어유희를 하는데, "[너희 자신에 대하여] **마땅히 생각할**(παρ' ὃ δεῖ φρονεῖν) **그 이상의 생각을 품지 말고**(μὴ ὑπερφρονεῖν) **오직**(ἀλλά)…[자신에 대해] **건전한 마음으로**("지혜롭게", εἰς τὸ σωφρονεῖν) **생각하라**(φρονεῖν)"고 선언한다. 이 구절에서 자신에 대해 새로운 "생각"을 강조하고 자신과 관련하여 "건전한 마음"을 호소하는 것은 구체적으로 12:2의 권면과 관련이 있다. 거기서 바울은 예수를 믿는 신자들이 "너희 마음을 새롭게 함으로써" 변화를 받아야 한다고 선언했다. 바로 이러한 새로운 생각과 건전한 마음은 하나님께 인정을 받는다. 하나님께서는 모든 그리스도인에게 적절한 믿음의 분량을 주시며, 모든 신자에게 하나님께서 주신 믿음의 분량에 맞게끔 생각하고 행동하라고 요구하신다.[1)]

바울이 여러 다른 편지에서 (1) 그가 사도로서 말한 것과 (2) 어떤 특별한 문제에 대한 자신의 이해—물론 이러한 개인적인 이해를 그는 그의 수신자들의 상황에 대한 바른 평가라고 굳게 믿었다(고전 7장에서 하나님의 백성의 결혼 생활에 관한 그의 진술에서 가장 분명하게 믿었듯이[2)])—를 구별하기는 했지만, 이곳 12:3에서 그는 오만과 자만의 문제에 대해 권위 있는 사도로서 말한다(διὰ τῆς χάριτος τῆς δοθείσης μοι; "내게 주신 은혜로 말미암아." 이 표현은 분명 그가 하나님께 받은 이방인을 향한 사도의 직분을 가리킨다). 바울의 권면은 모든 수신자들에게(παντὶ τῷ ὄντι ἐν ὑμῖν; 문자적으로 "너희 가운데 있는 모든 사람에게") 향한다. 이것은 바울이 직후에 말하는 내용을 묵살하거나 가볍게 취급해서는 안 된다는 의미다. 바울이 말하는 것은, 모든 사람이 너무도 일반적으로 잘못하고 있는 것에 대한 사도의 비난으로 받아들여야 한다. 그러한 잘못이 지속된다면 그리스도인의 삶에서 그들의 성장과 모든 그리스

---

1) 12:3의 마지막 진술에 대한 해석은 난해하기로 악명이 높다(가능한 해석들에 대한 목록은 Cranfield, *Romans*, 2.613-16을 보라). 여기서 πίστεως("믿음")는 "믿는 행위"로 이해하고, μέτρον("분량")은 그가 받은 이 믿음의 은사의 양으로 이해하여, 사도가 사람마다 하나님께서 주신 믿음이라는 은사의 분량에 맞게 생각하라고 말하고 있다고 이해해야 할 것 같다.

2) 고전 7장에서 다음과 같은 진술들을 주목하라. (1) "내가 이 말을 함은 허락이요 명령은 아니니라"(6절), (2) "결혼한 자들에게 내가 명하노니(명하는 자는 내가 아니요 주시라)…그 나머지 사람들에게 내가 말하노니(이는 주의 명령이 아니라)"(10, 12절), (3) "내가 모든 교회에서 이와 같이 명하노라"(17b절), (4) "처녀에 대하여는 내가 주께 받은 계명이 없으되 주의 자비하심을 받아서 충성스러운 자가 된 내가 의견을 말하노니"(25절), (5) "내가 이것을 말함은 너희의 유익을 위함이요 너희에게 올무를 놓으려 함이 아니니 오직 너희로 하여금 이치에 합당하게 하여 흐트러짐이 없이 주를 섬기게 하려 함이라"(35절), (6) "그러나 내 뜻에는 [과부가] 그냥 지내는 것이 더욱 복이 있으리로다. 나도 또한 하나님의 영을 받은 줄로 생각하노라"(40절).

도인 공동체의 건강에 매우 부정적인 결과가 있을 것이다. 그러므로 그런 문제들을 매우 진지하게 취급해야 한다.

12:4-5에서 바울은 앞에서 권면한 내용을 건강한 몸 비유를 사용하여 설명한다. 몸은 존재적으로 하나이지만 기능면에서는 지체들 사이에서 다양성을 가진다. 이 모든 것은 다양한 부분의 하나 됨, 각 부분의 중요성에 대한 인식, 그리고 몸 전체의 건강과 행복을 위해 각 부분이 상호 섬기는 결과를 낳는다. 그래서 바울은 예수를 믿는 신자들에게 하나님께서 주신 은사와 기능들과 그들 간의 본질적인 태도가 다르지만, 그들은 다 "그리스도의 한 몸"을 이룬다는 사실을 인식하라고 권한다. 그래서 당대의 관용어 표현인 τὸ δὲ καθ' εἷς ἀλλήλων("각 사람[부분]이 한 몸이 되어 서로 지체가 되었다")은 어느 사람의 신체적인 부분뿐만 아니라 그리스도의 몸의 지체에게도 해당된다.[3)]

바울은 예수를 믿는 신자들 사이에 겸손과 상호 섬김이 있어야 한다는 호소를 12:6-8에서 개별 교회의 모습으로 표출된 보편교회인 "그리스도의 몸" 전체의 유익을 위해 주신 하나님의 일곱 가지 은사를 제시함으로써 마무리한다. 이 일곱 가지 은사의 목록은 다음과 같다.

1. "예언." 예언은 여기서 미래에 대한 예고가 아니라 영감 받은 기독교 설교를 의미한다(고전 12:10, 28; 13:2; 14:1, 3-6, 24, 39; 딤전 4:14).
2. "섬기는 일." 사도는 섬기는 일이라는 어구에서 기독교 공동체를 세우는 모든 활동을 염두에 두었을 것이다(고전 12:5; 고후 4:1; 11:8; 엡 4:12).
3. "가르치는 일." 가르치는 일은 기독교 복음의 진리를 가르치는 것과 관련이 있다(고전 12:28-29. 여기서는 교사들 역시 하나님으로부터 은사를 받

3) 이 관용어적 표현에 있는 중성 정관사 τό를 그리스어와 로마어의 여러 저술, 신약성경 그리고 에우세비오스의 『교회사』(*Ecclesiastical History*)에서 인용한 Sanday and Headlam, *Romans*, 355-56을 참조하라.

은 사람들의 목록에서 세 번째로 언급되었다).

4. "위로하는 일." 위로하는 일은 유익한 상담과 관련되었을 가능성이 크다(빌 2:1; 살전 5:11; 또한 히 13:22도 참조하라).
5. "구제하는 일." 구제하는 일은 다른 사람들의 필요와 복음의 진보를 위해 개인재산을 나누는 것과 관련이 있다(욥 31:17; 눅 3:11; 엡 4:28).
6. "다스리는 일." 다스리는 일은 지역의 공동체나 교회들 집단에서 지도자나 직원으로서 사회를 보거나 지도를 하거나 다스리는 일을 하는 것과 관련이 있다(살전 5:12-13).
7. "긍휼을 베푸는 일." 긍휼을 베푸는 일은 주로 병든 자들을 돌보는 일을 하는 사람들의 행위를 의미하는 것 같다. 하지만 이 일은 다른 사람들에게 친절하게 행동하고 도움을 주는 모든 행위를 가리킬 수 있다(예. 가난한 사람들의 쓸 것을 제공하는 일, 실업자들을 돌보는 일, 죽은 자를 장사하는 일, 장애인이나 병석에 누워 있는 사람이나 옥에 갇힌 사람들의 필요를 공급해주는 일 등).

12:6-8에서 하나님이 그의 백성에게 주신 은사로 언급된 목록은 바울이 일찍이 고린도전서 12:4-11(과 이것을 간략하게 요약한 엡 4:11)에서 나열한 "성령의 은사들"과 매우 비슷하다. 하지만 본문의 목록은 은사 목록을 망라한 것이 아니라 대표적인 몇 개를 포함할 뿐이다. 그리고 여기에 언급된 은사 중에 초기 기독교 공동체의 특정한 직분이나 직분자들의 제도를 인가하거나 지지하기 위해 인용된 것은 하나도 없다. 오히려 바울은 이 7개의 은사를 언급함으로써 단지 예수를 믿는 신자들이 (1) 그들이 하나님께 받은 은사와 관련하여 다르게 기능한다는 것과, (2) 그들이 하나님께 받은 은사들 및 이 은사들의 사용에 근거해서만 판단해야지, 어떤 개인적인 특성(들)에 근거하거나 부요함이나 지위 또는 명성에 근거해서는 안 된다고 선언하고 있다.

예수를 믿는 다른 신자들과 우리 자신을 평가할 때 중요한 문제는 (1) 하나님께서 그의 은혜로 우리 각 사람에게 주시고 우리가 그분의 은혜에 반응한 은사들과, (2) 그리스도의 몸의 안녕을 위해 하나님이 주신 이 은사들을 가지고 우리가 하나님의 백성으로서 무엇을 했는지와 관련이 있다.

성경신학

프랭크 마테라(Frank Matera)는 로마서 12:3-8의 요점을 다음과 같이 적절히 묘사했다. "바울은 로마의 그리스도인들에게 그리스도 안에서 하나의 몸으로 사는 새로운 방식으로 생각하라고 권함으로써 '너희 마음을 새롭게 함으로 변화를 받아'라는 말의 의미가 무엇인지에 대한 구체적인 예를 제시한다."[4] 사도가 일찍이 소아시아에서 복음 사역을 수행하면서 자신의 이방인 개종자들에게 선포한 것이 바로 이 메시지인 것이 분명하다. 이것은 바울이 로마에 있는 예수를 믿는 신자들이 이해하기를 바란 선포이기도 하다. (1) 예수를 믿는 신자들로서 우리의 생각과 행위의 기본이 되는 것이 하나님이 "그리스도의 몸"의 행복을 위해 "그리스도를 따르는 사람들"인 우리 각 사람에게 어떤 은사들을 개인적으로 그리고 공동체적으로 주셨다는 사실을 더욱 충분히 감사할 필요가 있다는 점, (2) 우리는 그리스도인으로서 개인적으로 하나님께서 주신 이 은사들에 반응하고 표현하는 것에 따라 하나님께 심판을 받으며, (3) 다른 사람들이나 우리 자신에 대한 평가와 관련하여 우리가 내리는 판단들은 겉모습이나 부요함이나 지위 또는 명성과 같은 외적인 문제가 아니라, 하나님께서 그의 은혜와 자비하심으로써 그의 백성에게 주신 각각의 은사와 우리나 다른 신자들이 하나님이 주신 이 은사들을 가지고 무엇을 했는지에 근거해야 한다. 우리 모든 그리스도인의 삶 저변에 놓여 있어야 하는 것은 (1) 하나님이 그의 백성에게 주시는 선한 은사들과, (2) 그의 백성이 하나님의 은사를 개인적으로 그리고 공동체적으로 신실하게 드러낸다는 의식과 참되고 활기찬 성경신학을 구축하고 표현하려는 우리 모두의 노력이다.

---

4) Matera, *Romans*, 290.

현대를 위한 상황화

그리스도 안에 있는 새 생명은 태도와 새로운 관점을 요구하는데, 이는 우리가 하나님이 주신 믿음에 반응할 때 하나님이 그의 영을 통하여 주시는 것으로서, 우리 자신의 삶에 대해서뿐만 아니라 다른 사람들과 관련해서도 가져야 하는 것이다. 그래서 바울이 광범위한 용어들을 사용하여 선언했듯이, 우리 그리스도인들은 하나님이 그의 영으로 우리의 마음을 변화시키고 동일한 성령으로 말미암아 그 변화를 지속적으로 다시 새롭게 하시도록 해야 한다. 좀 더 구체적으로 말해서, 우리는 (1) 하나님이 그의 영으로 그의 모든 백성에게 다양한 신령한 은사를 주셨으며, (2) 하나님이 우리 각 사람에게 주신 은사(들)에 근거하여 그리고 우리가 이 은사(들)를 어떻게 적절히 나타내 보이는지에 의거하여 우리의 삶을 평가해야 하며, (3) 우리는 다른 사람들이 하나님이 그들에게 주신 은사(들)와 하나님께 받은 특정한 은사(들)를 나타내 보이는 것에 대해 동일한 근거에 의해서만 그들을 평가할 수 있음을 알아야 한다.

3. 그리스도인의 사랑의 윤리, 1부(12:9-21)

번역

12:9그리스도인의 사랑은 참되어야 한다! 악을 미워하고 선한 것을 붙들라.
10서로 사랑하여 서로 우애하고, 존경하기를 서로 먼저 하며,
11항상 열심을 품고 영적인 열정을 지켜 주를 섬기라. 12소망 중에 즐거
워하며 환난 중에 참으며 기도에 항상 힘쓰며, 13성도들의 쓸 것을 공급하며
손님 대접하기를 실천하라.
14너희를 박해하는 자를 축복하라. 축복하고 저주하지 말라. 15즐거워하
는 자들과 함께 즐거워하고, 우는 자들과 함께 울라. 16서로 마음을 같이하
며, 높은 데 마음을 두지 말고 도리어 낮은 위치에 있는 사람들과 어울리려
고 하며, 스스로 지혜 있는 체하지 말라.
17아무에게도 악을 악으로 갚지 말고 모든 사람 앞에서 옳은 것을 하는
데 마음을 써라. 18할 수 있거든 너희로서는 모든 사람과 더불어 화목하라.
19내 사랑하는 자들아! 너희가 친히 원수를 갚지 말고 하나님의 진노하
심에 맡기라. 기록되었으되, "원수 갚는 것이 내게 있으니 내가 갚으리라고
주께서 말씀하시니라." 오히려
20"네 원수가 주리거든 먹이고
목마르거든 마시게 하라.
그리함으로 네가 숯불을 그 머리에 쌓아 놓으리라."
21악에게 지지 말고 선으로 악을 이기라.

본문비평 주

12:9 복수 주격 현재 분사 ἀποστυγοῦντες("혐오하다", "미워하다")는 광범위한 사본의 지지를 받고 있다. 하지만 이 단어가 9세기의 대문자 사본 F(010)와 G(012)에서 복수 현재 분사 μισοῦντες("미워하다")로 대체되었으며, 이 단어는 다양한 라틴어 역본과 시리아어 역본에 반영되었다. 하지만 ἀποστυγοῦντες가 본문 전통에서 나온 증거에 의해 훨씬 더 지지를 받

는다. 따라서 ἀποστυγοῦντες를 원본으로 이해하는 것이 가장 좋을 것 같다. 비록 이 단어가 신약성경 전체에서 이곳 12:9에만 등장하지만 말이다. 더욱이 μισοῦντες("미워하다")는(이 단어의 기본 동사형인 μισέω["내가 미워하다"]가 신약성경에서 상당히 일반적으로 사용된다) 단순히 후대의 독자들이 더 일반적으로 알고 있었기에 후대의 필경사들에 의해 대체되었다고 보는 것이 좋을 것 같다.

11절 Τῷ κυρίῳ δουλεύοντες("주께 섬김을 드려" 또는 "주를 섬기는 일에")라는 어구에서 독법 τῷ κυρίῳ("주님")는 P^{46}, 대문자 사본 ℵ B D^2 Ψ[또한 *Byz* L]와 소문자 사본 33 1175 1739(범주 I), 81 256 1506 1881 1962 2127(범주 II), 6 104 263 365 436 459 1241 1319 1573 1852 2200(범주 III)에 의해 광범위하게 지지를 받고 있다. 하지만 독법 τῷ καιρῷ("올바른[적절한, 좋은] 때에")는, 브루스 메츠거가 지적했듯이, "주로 서방 본문 증거들(D* F G $it^{d*,g}$ 오리게네스^{lat} 키프리아누스 암브로시아스테르 히에로니무스 몇몇 다른 사본)"의 입증을 받고 있으며, 더욱이 메츠거가 계속해서 제안하듯이, 이 이문은 "[글자 위에 줄이 있는] κω와 κρω(거룩한 이름 κυρίῳ가 습관적으로 [글자 위에 줄이 있는] κω로 축약되었으며, καί의 약어는 κ로 기록됐다")의 혼동에서 비롯되었을 것이다.[1]

14절 Εὐλογεῖτε τοὺς διώκοντας ὑμᾶς("너희를 박해하는 자를 축복하라")라는 권면에서 목적격 인칭대명사 ὑμᾶς("너희를")의 삽입은 대문자 사본 ℵ A[과 다른 위치에 있는 D](또한 *Byz* L) P Ψ 33^{vid}와 소문자 사본 1175(범주 I), 81 256 1506 1881 1962 2127(범주 II), 104 263 365 436 459 1241 1319 1573 1852 1912 2200(범주 III)의 입증을 받으며, $it^{(b),d,s}$ vg^{cl} $syr^{p,h}$ $cop^{sa,bo,fay}$에도 반영되었고, 오리게네스^{lat} 크리소스토모스의 지지를 받고 있다. 하지만 이 대명사 ὑμᾶς는 P^{46}과 대문자 사본 B와 6, 소문자 사본 1739(범주 I), 424^c(범주 III)에 생략되었으며, 이 생략된 독법이 $vg^{ww,st}$에 반영되었고, 클레멘스의 지지를 받는다. 브루스 메츠거가 주목했듯이, "권면

1) Metzger, *Textual Commentary*, 466.

의 범위를 더 넓게 하려고 ὑμᾶς가 생략된 것인지 아니면 마태복음 5:44과 누가복음 6:28에 있는 말씀을 회상하면서 필경사들이 그 대명사를 첨가했는지는 결정하기가 어렵다." 그리고 메츠거는 연합성서공회의 위원회들이 결정한 것을 다음과 같이 보도한다. "두 독법 모두 사본 증거에서 상당히 비슷하게 지지를 받는 까닭에 위원들 대다수는 이 대명사를 괄호에 넣어 [ὑμᾶς]라고 인쇄하기로 결정했다"(이것은 ὑμᾶς를 유지하지만 꺾쇠 괄호 안에 그것을 포함시킨다는 의미다).[2)]

대문자 사본 F G에서처럼 그리고 it$^{ar, f, g, o}$ syr^{pal}에 반영된 것처럼, 일부 사본에는 εὐλογεῖτε τοὺς διώκοντας ὑμᾶς 문장 전체가 생략되었다. 하지만 이것은 아마도 유사 종결어 때문일 가능성이 크다. Εὐλογεῖτε가 다음 문장에서 반복되기 때문이다.

17절 Προνοούμενοι καλὰ ἐνώπιον πάντων ἀνθρώπων("모든 사람 앞에서 옳은 것을 하는 데 마음을 써라")이라는 권면에 일부 필경사들은 분명히 잠언 3:4과 고린도후서 8:21의 영향을 받아 καλά 다음에 (1) 알렉산드리아 사본 교정본에서처럼 ἐνώπιον τοῦ θεοῦ καί("하나님 앞에서 그리고"), 또는 (2) 대문자 사본 F G와 소문자 사본 629(범주 III)에서처럼 그리고 it^{g} vg에 반영되고 암브로시아스테르의 지지를 받고 있듯이 οὐ μόνον ἐνώπιον τοῦ θεοῦ ἀλλὰ καί("하나님이 보실 때뿐만 아니라 ~도")라는 어구를 삽입했다.

마찬가지로 소문자 사본 181(범주 II) 436(범주 III) 등 일부 사본에서는 πάντων이 생략되었다. 이 생략된 독법은 it$^{d, g}$에 반영되었다. 이러한 생략은 필사 중에 무심코 지나쳐 읽은 것 때문에 발생했을 것이다. 더욱이 P^{46}과 대문자 사본 A^{1} D* F^{gr} G(또한 056과 0142와 같은 후기의 대문자 사본들)에서처럼 일부 증거 본문에는 πάντων이 관사 τῶν으로 대체되었으며, πάντων이 관사 τῶν으로 대체된 독법이 일부 라틴어 역본들에 반영되었고 암브로시아스테르의 지지를 받고 있다. 하지만 브루스 메츠거가 올바르게 언급했듯이, "πάντων이라는 단어는 앞에 나온 μηδενί와 균형을 맞추기 위해 반드시 필

---

2) Metzger, *Textual Commentary*, 466.

요하다."[3)]

형식/구조/상황

바울이 12:9-21에서 권면한 내용(과 이와 관련된 13:8-14의 권면 진술)의 성격이나 구조 및 사상의 발전과 의도된 목적에 관한 견해가 다양하다. 이 문제들에 대해 지금까지 논의한 것(또는 논의할 수 있는 것) 대부분이 확정적이지 않다. 하지만 일부 "알려진 추측들"은 다른 것보다 나으며, 그래서 이 문제들과 관련된 몇몇 쟁점을 여기서 다룰 필요가 있다.

바울의 일반적인 권면 자료의 특성과 12:9-21(과 13:8-14)에 있는 그의 권면들. 20세기 전반기에 마르틴 디벨리우스(Martin Dibelius)는 신약성경과 정경 이후 초기 기독교 작품들의 권고 자료들을 "권면"(paraenesis)이라고 불리는 독특한 유형의 자료로 밝혔다. 그는 이러한 권면 자료들이, 특정한 저술에서 논의된 문제와 직접적인 관련이 없이 종종 함께 연결된 도덕적인 주제들에 대한 상투적인 내용으로 이루어졌다고 주장했다.[4)] 그래서 디벨리우스는 바울 서신의 권면 단락이 (1) 논증 단락과 문체가 다르고, (2) 당면한 문제들과의 직접적인 관련성이 부족하며, (3) 교회의 일반적인 요구만을 다루며, 사실 (4) "사도의 윤리학의 이론적인 근거와 관련이 없고 그의 고유한 다른 사상을 거의 다루지 않는다"라고 제안했다.[5)] 여러 바울 학자들은 일반적으로 디벨리우스에 동의했으며, 그래서 사도의 편지에 나타난 그의 모든 윤리 단락이 (1) 내용에 있어 상당히 전통적이고(즉 고대 세계와 초기 기독교적 용례로부터 인용한 상투적인 도덕적 금언과 문구들을 사용한 것으로), (2) 내용과 배열에 있어 대체로 문체를 고려했으며, (3) 그의 다양한 편지들을 받는 수신자들의 특정한 쟁점들과 직접적인 관련성이 없이 기본적으로 한

3) Metzger, *Textual Commentary*, 466.
4) M. Dibelius, *A Fresh Approach to the New Testament and Early Christian Literature* (London: Nicholson & Watson, 1936), 217-37.
5) M. Dibelius, *From Tradition to Gospel*, trans. B. L. Woolf (New York: Scribner, 1965), 238-39; 또한 그의 *Commentary on the Epistle of James*, Hermeneia (Philadelphia: Fortress, 1976), 1-11도 보라. 여기서 Dibelius는 신약의 야고보서를 언급하며 그의 논제를 제시한다.

편지에서 다른 편지로 교환될 수 있다고 보려는 경향이 있었다.

하지만 필자는 『갈라디아서 주석』에서 갈라디아서 5:1-6:10의 권면 단락이 그가 그 편지의 앞 네 장에서 주장했던 쟁점들을 직접 언급하고 있다는 사실을 지적했다. 상당히 좋은 평판을 가진 여러 주석가들은 바울의 다른 서신의 권면 단락들이 각 서신의 앞부분에 있는 신학적 단락들의 중요한 윤리적 함의들을 어떻게 설명하고 있는지를 보여주었다.

갈라디아서 5:13의 "사랑으로 서로 섬겨라"는 도입부 권면과 6:10의 "모든 이에게 착한 일을 하라"는 마무리하는 권면이 이 자료 단락의 수사학적·문학적 수미상관으로 기능하면서, "사랑"과 "다른 사람을 섬김"이라는 주제들이 갈라디아서 5:13-6:10의 권면 전체에 울려 퍼지고 있는 반면에,[6] 로마서 12:9-21과 로마서 13:8-14에서 바울이 "그리스도인의 사랑의 윤리"를 두 부분으로 제시한 것은 앞서 갈라디아서에서 그가 언급한 "사랑의 윤리적" 진술들과 어떤 면에서 비슷한 점이 있기는 하지만, 다른 부분에 있어서는 상당히 다르다. 두 권면의 차이점들은 형식과 문체에서 가장 두드러지게 나타난다. 하지만 그 차이점들은 내용에 있어서도 약간 다르다(특히 갈 5:13-6:10에서는 성령의 사역이 포함되었지만 롬 12:9-21과 13:8-14에서는 성령에 대한 언급이 생략되었다). 이러한 차이점들은 논의의 대상이 되는 다른 문제들의 상황적인 근거, 사용되고 있는 다른 형식들, 그리고 다른 목적들과 관련해서 설명될 수 있다.

그러므로 이렇게 결론을 내려야 마땅하다. 즉 로마서 12:9-21과 13:8-14에서 "그리스도인의 사랑의 윤리"를 다룬 중요한 두 본문을 (Dibelius의 논지처럼) 예수를 믿은 초기 신자들 가운데 일반적이었던 다양한 도덕적 쟁점에 대한 "상투적인 내용"만을 나타내는 것으로 이해해야 한다고 추측할 선험적인 이유가 없다고 말이다. 오히려 이 두 권면 본문들에 대한 우리의 논의를, 그 본문들이 (1) 이 본문 앞에 있는 신학적인 내용과 긴밀히 연결되었고 (2) 그 본문들이 놓여 있는 자료들의 목적과 부합한 내용을 제시하고

6) 참조. R. N. Longenecker, *Galatians*, 특히 236-37.

있다는 가정 위에서 시작하는 것이 훨씬 더 낫다.

12:9-21의 권면에 나타난 사상의 구조와 발전. 하지만 12:9-21에 있는 내적 구조 및 사상의 발전과 관련하여 주석가들 사이에 의견이 일치하는 것은 거의 없다. 예를 들어 찰스 크랜필드는 이 본문의 제목을 "느슨하게 연결된 일련의 권면 단락들"이라고 붙였으며,[7] 제임스 던은 이 본문이 "느슨하게 구성되었다"고 말한다.[8] 이와는 반대로 로버트 주이트는 12:9-21을 "수사적인 결과를 위해 예술적으로 구성되었으며 로마의 그리스도인 집단들 사이에 있던 긴장과 밀접한 관련이 있다"고 본다.[9]

하지만 해석의 어떤 문제들은 완전히 해결되지 않을 수도 있고, 본문의 전반적인 구조에 관한 쟁점들이 유동적이기는 해도, 해석자들은 12:9-21에서 "12:12과 12:14 사이에 사소한 단절"이 분명히 존재한다는 것을 점점 인식하고 있다.[10] 형식면에서 이 "사소한 단절"은 다음과 같은 사실로써 인식할 수 있다. (1) 바울이 12:9-13에서 일련의 독립(또는 "절대") 분사들을 사용하고 있다는 사실이다. 이 분사들은 분명히 동사의 명령형으로 기능한다. (2) 바울이 12:14-21에서 독립(또는 "절대") 부정사와 독립(또는 "절대") 분사를 함께 사용하고, 정상적인 명령형 동사와 독립(또는 "절대") 분사를 사용하고 있다는 사실이다. 이 모든 것은 첫 번째 세트에서 분사가 독자적으로 기능했던 것과 동일한 명령형적인 방식으로 기능한다.[11] 더욱이 이러한 "사소한 단절"은 (1) 12:9-13에 제시된, "하나님의 백성인 사람들"과 그들이 어떻게 대우를 받는지의 문제에서 (2) 12:14-21에서 다루고 있는, "너희를 박해하는 자들"과 그들을 어떻게 대우해야 하느냐는 문제로 넘어가는

---

7) Cranfield, *Romans*, 2.628-29.

8) Dunn, *Romans*, 2.737; 또한 Barrett, *Romans*, 239-43; Talbert, "Tradition and Redaction in Romans 12:9-21," 83-93도 보라.

9) Jewett, *Romans*, 756.

10) Matera, *Romans*, 290.

11) A. T. Robertson은 이렇게 말했다. 롬 12:9-21에서 독립(또는 "절대") 분사와 독립(또는 "절대") 부정사가 이처럼 융합된 것은 "신약성경에서 이러한 종류 가운데 가장 눈에 띄는 예다" (*ATRob*, 946).

주제의 변화에 분명히 드러나 있는 것 같다.[12)]

석의와 주해

이곳 12:9-21(과 13:8-10)에 등장하는 권면은 다 예수를 믿는 신자로서 "그리스도인의 사랑의 윤리"와 관련이 있다. 사도는 여기서 그리스어 ἀγάπη를 사용한다. 명사 ἀγάπη는 그리스어의 방대한 저술들 어느 곳에서도 발견되지 않는다. 방대한 고전 그리스어 저술들과 코이네 그리스어 저술들 모두 "사랑"을 지칭하기 위해 3개의 다른 단어를 채용한다. (1) φιλία. 이것은 사랑을 지칭하기 위해 많은 문맥에 등장하는 일반적인 단어다. (2) ἔρως. 이것은 주로 성적인 사랑과 관련이 있다. (3) στροργή. 이것은 가족 구성원들 사이의 사랑과 관련이 있다. 하지만 ἀγάπη라는 단어는 70인역에서 약 20번 등장하나, 대부분의 경우 어떤 구체적인 의미 없이 사용되었다. 명사 ἀγάπη가 신약성경에서는 약 120회 등장하며, 그중 75회는 바울 서신에서 발견된다. 그 단어 자체를 두고 독특하게 기독교적이라고 주장할 수는 없다. 하지만 바울이 이 단어를 관사 없이 사용하고 있고 특히 그의 다양한 편지에 등장하는 문맥과 관련하여 살펴보면, 사도의 여러 편지와 특히 이곳 로마의 그리스도인들에게 보내는 그의 편지에서 ἡ ἀγάπη라는 표현은 주로 다음의 사실을 염두에 둔 기독교적인 독특성을 내포한다. (1) 성부 하나님과 우리의 구주이자 주님이신 예수 그리스도께서 우리에 대해 가지신 사랑(롬 5:5, 8; 8:35)과, (2) 그리스도인들이 하나님과 그리스도 예수께 반응하고 그리스도인 상호 간에 나타내 보이며, 스스로를 "그리스도를 따르는 사람들"로 천명한 적이 없는 사람들에게 표현해야 하는 사랑이다(이곳 롬 12:9-21과 나중에 13:8-10에 묘사된 사랑이 이런 사랑이다).

12:9-13 9-13절에 열거된 일련의 권면들에는 정동사, 특히 2인

12) Cranfield, *Romans*, 2.629: "14절과 함께 구조가 바뀐다. 그리고 이러한 변화는 새로운 시작을 표시하는 것 같다. 9-13절에서 바울의 주요 관심사는 여하튼 간에 그리스도인들과 그들의 동료 그리스도인들의 관계였다. 14-21절에서 그의 주요 관심사는 어찌 되었든지 그리스도인들과 교회 바깥에 있는 사람들의 관계였다."

칭 복수 명령형 어미 ἔστε("너희는 ~가 되라" 또는 "~가 될 필요가 있다")와 함께 사용된 동사가 없다.[13] 오히려 이 다섯 절의 권면들은 직설법으로 볼 수도 있고 명령법으로 볼 수도 있는 여러 독립(또는 "절대") 분사들이 주도한다. 엄밀히 말해서 그리스어 분사들은 직설법이나 명령형이 아니다. 그래서 직설법이나 명령법적 어감을 나타내기 위한 정동사가 없다면, 분사들이 등장하는 본문의 문맥에 의해 그 분사들의 서법이 결정될 수밖에 없다.[14] 그리고 이곳 12:9-13의 문맥이 명령법으로 제시되었다는 것에 대해서는 의심의 여지가 없다.

12:9-13의 권면 목록의 제목에 해당하는 12:9a의 첫 번째 권면은 그다음 다섯 절에 이어지는 내용의 논제 진술 역할을 한다: ἡ ἀγάπη ἀνυπόκριτος(문자적으로 "사랑은 가식이 없어야 한다"). 그리스어의 경우 관사라고 해서 늘 명사를 한정하지는 않는다. 하지만 가끔 그리스어 관사는 어떤 특정한 문맥에서 어떤 구별을 강조하거나 어떤 요지를 제시하기 위해 실질적인 명사와 함께 사용되기도 한다. 현재의 문맥에서 바울은 관사 ἡ("그")를 명사 ἀγάπη("사랑")와 함께 사용함으로써 "사랑"이란 총체적인 주제를 염두에 둔 것으로 보일뿐더러, 좀 더 중요하게는 그가 여기서 말하고 있는 것이 그리스도인의 삶에서 그리고 그 삶을 통하여 표현되는 하나님의 사랑임을 지적하는 것 같다.[15] 그리고 부정적인 의미를 지니는 단어

---

13) A. T. Robertson이 지적했듯이, "물론 문맥에 의해 직설법인지 명령법인지가 결정될 수 있기는 하지만, 그 명령형은 롬 12:9에 있는 분사들처럼 ἔστε가 생략된 몇 가지 예를 보여준다"(*ATRob*, 396).

14) 다시 Robertson은 이렇게 지적한다. "신약성경이나 파피루스에서 생략[문법적으로 완전한 구조를 이루기 위해 반드시 있어야 하는 한두 단어의 생략]이나 파격 구문[한 문장에서 구문론적으로 일관성이 없거나 논리가 맞지 않는 예]으로 인해 분사가 직설법이나 명령법의 작업을 수행하는 예가 있기는 하지만, 분사 자체가 명령법이나 직설법은 아니다."(*ATRob*, 1133).

15) "사랑"을 가리키는 ἀγάπη라는 단어의 사용은 이교도 그리스어 저술들에서 지극히 제한적이었다. 이 단어는 가끔 유대 문헌에 등장하기도 한다. 특히 70인역 아가서를 보라. 또한 *Pss Sol* 18:3; *Let Aris* 229; Philo, *Quod Deus sit immutabilis* 69; *T Gad* 4:7; 5:2; *T Benj* 8:2; *Sib Or 2:65*도 주목하라. 하지만 신약성경에서 ἀγάπη는 하나님의 사랑, 그리스도의 사랑, 그리고 하나님과 그리스도 예수와 다른 사람들에 반응하는 하나님 백성의 사랑을 가리키기 위

ἀνυπόκριτος는 문자적으로 "가식과 별개로" 또는 "가식이 없는"을 의미한다. 12:9a에서 이 단어는 좀 더 긍정적인 표현인 ("가식이 없는" 것의 본질인) "순전한"이라는 의미로 이해하는 것이 가장 좋을 것 같다. 그래서 우리는 12:9a의 이 권면적 진술을 12:9b-13에 이어지는 일련의 권면들의 논제 진술로서뿐만 아니라 **"그리스도인의 사랑은 순전해야** 한다!"라는 선언으로 이해했다.

바울은 "그리스도를 따르는 자들"이라고 고백하는 사람들에게 "순전한"(즉 "가식이 없는") 사랑을 가지라고 권한다. 그리고 이 순전한 사랑을 사도는 그리스어의 독립(또는 "절대") 분사들(즉 그리스어의 어떠한 명령형 동사를 사용하지 않는)만을 사용하는 일련의 간략한 권면들로 설명한다. 문맥에 비춰볼 때, 바울은 그리스도인들에게 그들의 생각과 삶의 유형과 행위를 언제나 다음과 같이 하라고 권한다.

1. "악을 미워하고 선에 속하라."
2. "형제를 사랑하며 서로 우애하라."
3. "다른 사람들을 너희 자신보다 더 존경하라."
4. "항상 열심을 품고 영적인 열정으로 주를 섬기라."
5. "소망 중에 즐거워하며 환난 중에 참으며 기도에 항상 힘쓰라."
6. "어려운 처지에 있는 하나님의 백성들의 쓸 것을 공급하라."
7. "손님 대접하기를 힘쓰라."

이 권면 목록은 율법주의적인 방식으로 표현된 기독교적 의무 "일람표"로 제시되지 않았다. 이 권면들은 하나님의 자녀들로서 진정으로(즉 "가식 없이") 사랑한다는 것이 무슨 뜻인지 설명하는 기능을 한다. 그리스도인이 관심을 집중해야 하는 것은 어떤 책임이나 의무 목록이 아니다. 그리스도인

해 반복해서 사용되었다. 롬 13:10의 진술에서 바울이 ἡ ἀγάπη("그 사랑")를 2번 사용한 것을 보라.

은 하나님께서 그리스도 예수의 인격과 일하심 그리고 성령의 사역으로 말미암아 이루신 인격적인 관계에 늘 관심을 집중해야 한다. 그래서 이곳에 열거한 7개의 사항은 모두 하나님이 자신과 그의 백성 간에 세우신 관계에서 "자연스럽게"(또는 더 정확히 말하면 "초자연적으로") 흘러나온다. 하지만 모든 그리스도인의 삶에는 하나님 백성의 책임들을 상기해야 할 시기가 있다. 그래서 추측할 수 있듯이, 앞서 바울은 로마 제국의 동쪽 지역에 있는 자신의 이방인 개종자들에게 그리스도인의 책임과 관련된 메시지를 선포했으며, 그 후 로마에 있는 그리스도인들에게 보내는 그의 편지에 동일한 윤리적 강조를 실었다. 그래서 오늘날 우리는 예수를 믿는 신자들로서 하나님의 긍휼과 사랑과 은혜로써 이 동일한 권면을 받는다.

12:14-21 바울이 12:9-21에서 선포한 "그리스도인의 사랑의 윤리"의 첫 부분 전체에 여러 독립(또는 "절대") 분사들이 전면에 부각된다. 분사들이 거의 끝없이 계속되는 듯하다. 앞에서 보았듯이, 분사들은 12:9-13에서 일반적인 동사와 결합되지 않고 빠른 속도로 연이어 등장했다. 하지만 12:14-21에서는 독립(또는 "절대") 분사들이 다른 독립(또는 "절대") 분사들과 결합되었을 뿐만 아니라, 대개 분사의 용례에서 볼 수 있듯이 일반적인 명령형 동사와 함께 등장하는 것은 물론이고 독립(또는 "절대") 부정사와 함께 등장하기도 한다.

12:14에는 관사가 있는 분사 τοὺς διώκοντας("박해하는 사람들")가 2인칭 복수 현재 명령형 동사 εὐλογεῖτε("너희는 축복하라!")와 결합된, 상당히 통상적인 그리스어 구문 패턴이 등장한다. 그런 후 이 분사는 2인칭 복수 현재 부정 명령형 동사구 μὴ καταρᾶσθε("저주하지 말라!")와 결합된다. 하지만 12:15에서는 독립(또는 "절대") 분사 χαιρόντων("기뻐하는 자들")이 독립(또는 "절대") 부정사 χαίρειν("기뻐하라!")과 함께 등장하고, 독립(또는 "절대") 분사 κλαιόντων("우는 자들)은 독립(또는 "절대") 부정사 κλαίειν("울어라!")과 결합되었다. 이와 유사하게 12:16에서는 독립 분사 φρονοῦντες("생각을 같이하라" 또는 "화해하며 살아라")가 독립 분사 부정 명령인 μὴ τὰ ὑψηλὰ φρονοῦντες("높은 데 마음을 두지 말라" 또는 "교만하지 말라")와 일

반적인 부정 명령형 동사를 사용한 진술인 μὴ γίνεσθε φρόνιμοι παρ' ἑαυτοῖς("스스로 지혜 있다고 생각하지 말라")와 결합되어 제시되었다. 더욱이 12:17-18에서 독립 분사 ἀποδιδόντες("조심하다")는 다른 독립 분사인 προνοούμενοι("고려하다" 또는 "중히 여기다") 및 εἰρηνεύοντες("화목하여 살다")와 결합되었다.

12:14-18의 이 모든 예에서 독립(또는 "절대") 분사와 독립(또는 "절대") 부정사는 이 본문에 등장하는 일반적인 명령형 동사와 동등하다. 하지만 12:19-21에서는 명령형 동사, 즉 어떠한 독립 분사나 독립 부정사 없이 명령형의 동사 구조가 본문을 주도한다. 12:14-21에서는 이러한 용례와 다양한 관계들이 모두 등장하는 까닭에, 고대와 현대의 여러 해석자들과 뜻을 같이하여 로버트슨은 다소 절망하면서 이렇게 말한다. "분사의 사용에 나타나는 이러한 다양한 층들이 항상 분명하게 밝혀지는 것은 아니다."[16]

12:14-21에서 독립(또는 "절대") 분사가 다른 독립(또는 "절대") 분사나 일부 독립(또는 "절대") 부정사와 결합되는 현상뿐만 아니라 좀 더 정상적으로 분사가 명령형 동사 구조와 함께 등장하는 것에 대해 필자가 이해한 것을 다음과 같이 제시할 수 있다.

1. 명령형 동사 구조가 등장하는 12:14a, 17a, 19-20, 21 등 4곳에서, 바울이 적어도 가장 초기의 일부 기독교 공동체의 의식에 자리 잡고 있던 4개의 "예수의 말씀"을 의역하고 있다고 이해해야 한다(즉 "로기아[즉 말씀들]" 또는 소위 Q 자료에 포함된 것으로서, 우리가 가지고 있는 공관복음에서 현재의 내러티브 형식과 동사의 형태로 제시된 예수의 가르침 이전에 존재했을 것으로 보이는 자료). 더욱이 바울이 여기서 제시하고 있는 "예수의 말씀"을 의역한 세 본문에는 그 어구가 나중에 공관복음에 사용된 것, 이를테면, 로마서 12:14a(비교. 마 5:44//눅 6:27-28)의 "말씀들", 12:17a(비교. 마 5:39-42//눅 6:29-30)의 "말씀", 12:21(비교. 마 5:38-

16) *ATRob*, 340.

48//눅 6:27-36)의 "말씀"에 등장하는 것과 비슷하다.[17)]

2. 12:19a에 제시된 "사랑하는 자들아! 너희가 친히 원수를 갚지 말고 하나님의 진노하심에 맡기라"는 권면은, 신명기 32:35("원수 갚는 것이 내게 있으니, 내가 보복하리라")과 잠언 25:21-22a("네 원수가 배고파하거든 음식을 먹이고 목말라하거든 물을 마시게 하라. 그리 하는 것은 핀 숯을 그의 머리에 놓는 것과 일반이요")를 인용한 로마서 12:19b-20의 구약의 자료들과 함께 초기의 일부 "로기아" 또는 "예수의 말씀들"을 모은 "Q" 자료에서 유래했을 가능성이 크다고 보아야 한다. 마태와 누가는 그들의 복음서에 이 권면과 구약의 본문들을 "예수의 말씀"으로 포함시키지 않기로 결정했다. 아마도 그들이 "핀 숯을 원수의 머리에 쌓아놓는다"는 비유를 자신들의 독자들이 이해하기가 너무 어렵다고 여겼기 때문인 것 같다. 하지만 바울은 정경의 복음서 저자들보다 앞서 글을 쓰면서 이 본문에서 제시하는 4개의 주님의 말씀에 그가 인용하는 예수의 "말씀" 및 구약 본문의 문맥과 더불어 이 화법을 포함시키는 것을 주저하지 않았던 것으로 보인다.
3. 로마서 12:14-18에 등장하는 독립 분사들과 독립 부정사들은 관련된 두 세트의 권면들(즉 15-16절과 17b-18절)에서 모두 발견된다. 이것은 14절과 17a절에서 바울이 인용한 처음 2개의 "예수의 말씀"을 뒤따른다. 분명 바울은 15-16절과 17b-18절의 독립 분사들과 독립 부정사들을 14절과 17a절의 처음 2개의 "예수의 말씀들"에 등장하는 명령형 동사들과 동등한 것으로 의도했다.

---

17) 바울이 예수의 가르침들을 사용했다는 이 문제는 오랫동안 신약학자들의 입장을 나눈 매우 커다란 문제 중 한 부분일 뿐이다(19세기 초부터 20세기 후반에 이르는 쟁점과 입장들에 대한 유익한 개관은 Furnish, "The Jesus-Paul Debate," 342-81을 보라). 필자는 과거든 현재든, 매우 오랜 기간의 논의를 개괄하려 하지 않고, 여기서는 단지 Allison, "The Pauline Epistles and the Synoptic Gospels," 25의 입장에 동의한다고만 말하려 한다: "바울이 예수의 가르침을 거의 알지 못했다는 오래된 확신은 거부되어야 한다. 나사렛 예수는 바울신학의 정체불명의 전제가 아니었다. 오히려 그 반대다. 예수에게서 기원하는 전통은 목회자·신학자·선교사인 바울 사도의 역할 수행에 기여했다."

4. 나중에 마태복음 5:38-48과 누가복음 6:27-36에 제시된 예수의 가르침을 의역한 로마서 12:21의 권면은, 찰스 크랜필드가 썼듯이, "12:14-21 전체에 대한 요약이라고 말할 수 있다. 이 구절들의 주제가 바로 신자의 승리, 즉 세상의 악을 이긴 복음의 선함으로써 굳게 서 있는 사람의 승리인 까닭이다."[18)]

그래서 우리는 12:14-21에 제시된 바울의 권면을 이해하기 위해 본문의 구조를 다음과 같이 보아야 한다고 제안한다.

12:14-16: 로마서 12:14에서 "예수의 말씀"을 의역함. "너희를 박해하는 자를 축복하라. 축복하고 저주하지 말라!"(비교. 마 5:44//눅 6:27-28). 12:15-16에서 바울의 주해적 권면이 이어진다. "즐거워하는 자들과 함께 즐거워하고 우는 자들과 함께 울라." "서로 마음을 같이하라." "높은 데 마음을 두지 말고 도리어 낮은 데 처하라." "스스로 지혜 있는 체하지 말라."

12:17-18: 로마서 12:17a에서 "예수의 말씀"을 의역함. "아무에게도 악을 악으로 갚지 말라!"(비교. 마 5:39-42//눅 6:29-30). 12:17b-18에서 바울의 주해적 권면이 이어진다. "모든 사람 앞에서 선한 일을 행하는 데 관심을 가져라." "할 수 있거든 너희로서는 모든 사람과 더불어 화목하라."

12:19-20: 로마서 12:19a에서 "예수의 말씀"을 의역함. "내 사랑하는 자들아! 너희가 친히 원수를 갚지 말고 하나님의 진노하심에 맡기라." 12:19b-20에서는 바울이 제시하는 주해적 권면이 아니라 예수가 친히 신명기 32:35과 잠언 25:21-22에서 인용한 구약 본문의 뒷받침이 제시된다(이 인용에는 "숯불을 그 머리에 쌓아 놓으리라"는 잠 25:22의 어렵기로 악명 높은 비유가 포함되었다). 이 구약의 인용들

---

18) Cranfield, *Romans*, 2.650.

은 분명히 "예수의 말씀들"을 모은 초기의 "로기아" 또는 "Q" 자료에 포함되었을 것이다(마태와 누가가 그들의 복음서에 다시 언급하지는 않았지만 말이다).

12:21: 본문의 이 마지막 구절에서 "예수의 말씀"을 의역함. "악에게 지지 말고 선으로 악을 이기라"(비교. 마 5:38-48//눅 6:27-36). 바울은 이 "말씀"을 어떤 방식으로든 발전시키지 않고 그 본문 그대로 12:14-21에 서술된 논의 전체의 결론으로 제시한다.[19]

로마서 12:14-21의 두 번째 세트의 권면에서 가장 혼란스런 해석학적 문제는 사람의 머리 위에 "숯불을 쌓아놓는다" 또는 "숯불을 옮긴다"는 12:20b의 비유를 구약의 용례와 예수가 그 본문을 사용하신 부분에서뿐만 아니라 이곳 바울의 용례에서 어떻게 해석할 것인지의 문제다. 이 화법은 잠언 25:22a의 히브리어(MT) 본문에서 "원수**에게서** 숯불을 **제거하는 것**[즉 심판]"을 언급하는 것으로 이해할 수 있다. 하지만 그 해석은 70인역의 그리스어나 이곳 로마서 20:22b에서 모두 지지를 받지 못한다. 그러므로 대부분의 주석가는 "숯불"이 "불타는 수치의 고통"을 상징한다고 해석해왔다.[20] 그런데 개중에는 이것을 "고상한 복수의 한 유형"에 대한 상징으로 해석한 사람들도 있다.[21]

하지만 1953년과 1976년에 이집트학자인 지그프리트 모렌츠(Siegfried

---

19) 초기 그리스도인들이 예수의 가르침과 모범을 이런 식으로 의식하고 있었다는 것에 대해서는 R. N. Longenecker, ed., *Contours of Christology in the New Testament*, 61-68의 3장을 보라. 이 내용은 본서 "초기 그리스도인 공동체의 기독론적 자료들"에 실려 있다. 앞에서 인용한 Allison, "The Pauline Epistles and the Synoptic Gospels"이라는 중요한 논문 이외에, D. M. Stanley, "Pauline Allusions to the Sayings of Jesus," 26-39; Stuhlmacher, "Jesus-tradition in Römerbrief?" 140-50; Wenham, "Paul's Use of the Jesus Tradition," 7-37; Dunn, "Paul's Knowledge of the Jesus Tradition," 193-207; M. B. Thompson, *Clothed with Christ*, 여러 곳을 보라.

20) 오리게네스, 암브로시아스테르, 아우구스티누스, 히에로니무스, 그리고 현대의 많은 주석가들.

21) 크리소스토모스, 테오필락토스, 그리고 현대의 일부 주석가들.

Morenz)는 멤피스 사제들의 이집트 제의에 주의를 환기시켰다. 예식이 진행되는 동안 원수는 그가 피해를 준 사람들 앞에서 "자기 손에 쇠스랑을 들고 머리에 불 피운 향로를 가지고 옴으로써 저지른 잘못에 대한 회개를 표현했다."[22] 이 이집트 의식은 기원전 3세기의 것이므로 구약의 잠언이 작성된 시기보다 후대에 속한다. 그렇지만 "그의 머리에 불 피운 향로"가 언급된 것은 고대 세계에서 회개 개념을 함축하는 은유나 비유가 된 이집트의 오래된 의식을 반영할지도 모른다. 그래서 (1) 잠언 25:22의 저자와, (2) 예수(만일 잠 25:22이 초기의 "예수의 말씀" 자료에 포함되었다면)와, (3) 로마서 12:20에서(우리가 가능성이 가장 크다고 믿듯이 그가 예수의 가르침을 인용하면서) 바울이 이 표현을 회개를 언급하는 것으로 이해했을 가능성이 크다.

성경신학

바울이 이곳 12:9-21에서 제시하는 것은 윤리적인 자료다. (1) 바울은 이 윤리적 자료가 기독교 복음에 없어서는 안 될 부분이었으며, 기독교적 메시지 선포에 늘 동반되어야 한다고 확신했다. (2) 바울은 이 윤리적 자료를 그의 윤리적 가르침의 본질적인 특징을 제시하는 것으로 이해했다. 그래서 그리스-로마 세계에 있는 이방인들에게 전한 자신의 메시지의 특성을 로마에 있는 그리스도인들에게 더 충분히 알려주기 위해, 그는 그들에게 복음 메시지를 제시하면서 윤리적인 자료를 포함시킬 필요를 느꼈다. (3) 바울은 이 윤리적 자료를 로마에 있는 그리스도인들을 "견고하게 하려고" 그들에게 제시하는 그의 "신령한 은사"의 중요한 특징으로 여겼다. 그래서 로마의 그리스도인들과 바울 모두 각자의 "믿음으로써 피차 안위함을 얻으려" 했다(그가 일찍이 1:11-12에서 수신자들에게 약속했듯이 말이다).

우리는 12:9-21을 기독교 윤리학의 상당히 공식적인 주해로 다루었다.

---

22) Morenz, "Feurige Kohlen auf dem Haupt," 187-92. Morenz의 글은 Klassen, "Coals of Fire," 337-50에 인용되어 논의되었다. 또한 Klassen, "Love Your Enemy," 147-71(특히 161-63)도 보라.

이 본문에는 구술로 선포하거나 기록된 문서로 선포했던 상당히 독특한 수사학적 그리고 문학적 형식이 있다. 사실 (앞서 인용한 Robertson의 관찰을 반복하자면), 이 본문에 등장하는 독립(또는 "절대") 분사와 독립(또는 "절대") 부정사들은 신약성경에 있는 같은 종류의 구문 중 "가장 탁월한 예"다.[23] 더욱이 우리는 이 윤리 자료에 "그리스도인의 사랑의 윤리: 1부"라고 제목을 붙였다. 다음과 같은 이유에서다. (1) 관사 있는 ἡ ἀγάπη("그 사랑")라는 표현이 이 본문 맨 처음에 등장하고, (2) 이 절들에 "[하나님의 백성의] 사랑"을 "하나님의 백성인 사람들"(12:9-13)과 그리고 "하나님의 백성을 대적하는 사람들"(12:14-21)에게 어떻게 표현해야 하는지에 관한 이해가 서술되었기 때문이다. 사도는 나중에 13:8-14에서 약간은 다른 문체와 다른 목적으로 "그리스도인의 사랑의 윤리: 2부"를 제시할 것이다. 하지만 이곳 12:9-21에서 그는 그리스도인의 사랑의 윤리에 관한 가르침의 기본적인 핵심을 제시한다. 이것은 분명히 그가 이교도 이방인들에게 복음을 전할 때 포함시켰던 내용이다. 그럼으로써 바울은 (1) 그가 5:1-8:39에서 인격적·관계적·참여적인 방법으로 설명했던 것처럼, "그리스도 안에" 있는 화평과 화목과 생명에 관한 그의 독특한 신학적 메시지뿐만 아니라, (2) 먼저 12:1-8의 권면에서 제시했지만 특히 12:9-21에서 좀 더 공식적으로 제시된 이 권면들에서 강조하는, "그리스도 안에" 있는 사랑의 새 생명으로써 산다는 것이 무슨 의미인지에 대한 그만의 윤리적 가르침도 선포한다.

바울의 윤리적 설교와 가르침의 패턴은 특히 이곳 12:9-21에서, 즉 "그리스도인의 사랑의 윤리: 1부"를 제시한 곳에서 전면에 부각된다. 물론 이 패턴의 어떤 특징들이 앞서 12:1-8의 훈계와, 13:8-14의 "그리스도인의 사랑의 윤리: 2부", 그리고 나중에 로마에 있는 그리스도인 공동체 내부에서 이 윤리적인 진술들을 실제로 적용한 14:1-15:13에 등장하지만 말이다. 바울의 윤리적 설교와 가르침의 이 패턴은 특히 (1) 그리스도인의 복음 선포에 내재된 윤리적 함의들 및 (2) 역사적 예수의 종교적인 가르침과 윤리

23) 다시 *ATRob*, 946을 인용함.

적인 모범 등을 강조한다. 바울은 나중에 13:8-14에서 "[모세] 율법의 성취"로서 "하나님의 백성의 순전한 사랑"에 대해서도 언급할 것이며, 그 후 14:1-15:13에서는 복음 선포와 예수의 가르침과 모범에 대한 윤리적 함의들이 구약의 윤리와 어떻게 긴밀히 연결되었는지에 대해서도 주의를 환기시킬 것이다.

하지만 종종 지적되는 것처럼, 앞서 말한 12:1-2, 12:3-8, 12:9-21의 본문에는 예수를 믿는 신자의 윤리적 사상과 삶을 인도하거나 지배하거나 힘을 주시는 하나님의 성령에 대한 언급이나, 적어도 이러한 취지로 된 분명한 언급이 없다. 일찍이 사도는 5:1-8:39에서 그리스도인의 삶에서 역사하시는 성령에 관해 광범위하게 언급했다. 그는 (1) 의롭게 되었고 그들의 마음에 하나님의 부어주시는 사랑을 경험한 신자들에게 수여된 성령(5:5), (2) "성령의 새로운 방식으로 섬기고 기록된 법조문의 옛 방식으로 하지 않는" 그리스도인들(7:6), (3) "죄와 사망의 법"에서 신자들을 해방시킨 "생명의 성령의[또는 "영의"] 법"(8:2), (4) "죄의 성품을 따르지 않고 성령을 따라 사는 우리에게 율법의 의의 요구가 이루어지게 하려"고 신자들을 (모세) 율법에서 해방시키시는 하나님의 목적(8:4), (5) "죄의 성품"이 아니라 "성령의" 지배를 받는 그리스도인들(8:9), (6) "의 때문에 생명"을 주시는 "성령"(8:10), (7) "신자들 안에 사시는 그의 영으로" 신자들의 "죽을 몸"에 생명을 주시는 하나님(8:11), (8) "하나님의 영으로 인도함을 받는" "하나님의 자녀들"(8:11), (9) 하나님의 영의 사역으로 말미암아 하나님의 자녀로 "입양"되고 동일한 성령으로 말미암아 하나님을 "아버지"라고 부를 수 있게 된 예수를 믿는 신자들(8:15), (10) 그리스도인의 영에게 그가 하나님의 자녀라고 증언하시는 "성령"(8:16), (11) 예수를 믿는 신자들을 대신하여 하나님 앞에서 "표현할 수 없는 말로 탄식하시며" 중보하시는 "성령"(8:26), 그리고 (12) "성령이 하나님의 뜻대로 하나님의 백성을 위하여 간구하시는 까닭에" 하나님의 백성을 대신하여 "성령의 마음"을 아시는 하나님(8:27)을 분명하게 언급한다. 루크 티모시 존슨은 이곳에 관여된 문제에 대해 다음과 같이 적절하게 썼다.

> 로마서를 여기까지 읽으면 누구나 하나님의 성령이 신자들의 도덕적인 삶에 매우 능동적으로 그리고 직접적으로 관여하셨다고 쉽게 결론을 내릴 수 있다. 바울의 논증의 모든 내용으로 인해 독자는 이러한 기대감을 갖게 된다. 하지만 바울이 12:1에서 자기 논증의 도덕적인 결과들이라는 주제로 관심을 돌릴 때(οὖν, "그러므로"를 주목하라), 성령과 관련한 이와 같은 언어는 사실상 사라진다.[24)]

그런데 (일찍이 1:16-11:36에서 언급된) "인간의 힘을 초월적인 영적 능력에 맞추는" 바울의 "특성상 분명하고도 명시적으로 종교적인" 표현과 (이곳 12:1-15:13에서 다루는) "선을 실천하고 악을 피하라고 권하는" 그의 "특성상 도덕적인 또는 권면적인" 표현 간의 관계를 논의하면서, 루크 존슨은 (1) 바울의 로마서에는 이러한 두 가지 형식의 담화 사이에 본질적인 연결이 존재하며, (2) 바울 자신도 이러한 연결이 존재함을 내비치고, (3) 이러한 연결을 사도 자신이 12:1-21의 세 본문에서 분명하게 설명하지 않은 이전의 종교적인 표현(5:5, 7:6과 특히 8:1-30에서 분명하게 발견되듯이)으로부터 추론할 수 있다고 주장했다.[25)] 그리고 존슨은 바울의 윤리적 진술들의 이론과 형식에 관한 그의 논지를 먼저 5:1-8:39에서, 그다음에 12:1-21에서 아리스토텔레스가 『니코마코스 윤리학』에서 제시하는 윤리적 진술의 이론 및 형식과 비교함으로써 뒷받침한다.[26)] 사실 존슨도 바울의 분명한 기독론적 내용과 암시된 성령에 대한 이해에서 아리스토텔레스와 바울의 차이를 강조한다. 사도의 모든 윤리적 가르침과 실천은 이러한 이해에 휩싸여 있다.[27)]

---

24) L. T. Johnson, "Transformation of the Mind and Moral Discernment in Paul," 217.

25) L. T. Johnson이 "Transformation of the Mind and Moral Discernment in Paul," 215에서 질문 형식으로 이것을 제시했고, 216-36에서 이것을 설명한다.

26) L. T. Johnson, "Transformation of the Mind and Moral Discernment in Paul," 221-25. 바울과 아리스토텔레스 간의 관계에 대해서 Johnson은 상당히 분명하게 진술한다: "필자는 바울이 『니코마코스 윤리학』을 직접 가지고 글을 쓰고 있다거나 아리스토텔레스가 직접적인 영향을 주었다고 제안하는 것이 아니다. 필자는 도덕적 분별에 관한 바울의 언어가 이것과 눈에 띄게 유사한 종류의 논리를 따르고 있다고 제시하고 있다"(225).

27) L. T. Johnson, "Transformation of the Mind and Moral Discernment in Paul," 225-29. 또

존슨의 전반적인 논지와 그가 제시한 구체적인 요점들을 받아들이면서 우리는 참된 그리스도인의 윤리학적 사고와 실천에서 다음과 같은 특징들을 언제든지 강조해야 할 필요가 있다고 말하는 것이 매우 적절하다고 본다. (1) 기독교 복음의 함축된 내용, (2) 역사적 예수의 가르침과 모범, (3) 복음 메시지의 윤리적 함의와 예수의 가르침 및 모범에서 추론할 수 있는 것이 구약성경에 있는 이스라엘 예언자들의 설교와 긴밀히 연결되었다는 인식, 그리고 (4) 이 처음 세 가지 요인의 지향점이 하나님의 영의 인도하심과 다스리심과 힘주심으로써 그리스도인의 개인과 공동체적 삶에서 실현되어야 한다는 점 등이다. 이렇게 이 네 문제를 모두 고려함으로써, "개인 윤리"와 "사회 윤리"를 모두 효과적으로 다루는 엄밀한 의미의 성경신학을 구성할 진정한 가능성이 있다.

현대를 위한 상황화

바울이 12:1-2에서 제시하듯이 그리스도인의 윤리 의식의 형성은 (1) "하나님의 긍휼하심"을 기억하고, (2) "기독교 복음" 메시지와 그 함의를 받아들이고, (3) 하나님이 그의 구원으로 말미암아 사람을 "변화시키며," (4) 하나님께서 믿음이 있는 사람의 "마음"을 계속해서 "새롭게 하심"에 근거한다. 12:9-21(과 나중에 13:8-14에서 동일한 주제를 다루는 2부와 14:1-13에서 바울이 음식 문제와 관련하여 신자들 사이에 발생한 분열에 대해 로마의 그리스도인들에게 구체적으로 호소하는 부분)에서 "하나님 백성의 사랑"에 관해 설명하는 이곳 1부에서, 바울 사도는 계속하여 그리스도인의 윤리적 사고와 행위가 (1) 기독교의 복음 메시지로부터 추론할 수 있는 함의들과 (2) 역사적 예수의 가르침과 모범에 의해 지도를 받는다고 말한다. 이와 아울러 구약 인용들은 그리스도인들의 윤리적 사고와 삶의 주요한 기초로 사용되지 않았고, 단순히 기독교 복음 메시지와 예수의 가르침 및 모범에서 유추한 함의에 근거한 기독교 윤리가 유대교 성경(구약)에 나타난 하나님의 계시와 긴밀히 연

한 235-36의 마지막 문단에서 Johnson이 내린 결론도 보라.

결되었음을 보여주려고 사용되었다. 그리스도인의 삶이 종종 유대교 율법주의의 어떤 유형이나 그리스의 스토아철학과 유사한 방식으로 생각되고 표현되기도 하지만, 그리스도인의 삶의 본질적인 하나님 중심적, 그리스도 중심적, 성령 중심적 특성은 예수를 믿는 신자들의 사고와 행위에서 개인적으로 그리고 기독교회의 사고와 행위에서 공동체적으로 현대에도 언제든지 되찾고 강조하며 상황화할 필요가 있다.

4. 그리스도인과 국가에 대한 권면들(13:1-7)

번역

[13:1]각 사람은 위에 있는 권세들에게 복종하라. 권세는 하나님으로부터 나지 않음이 없나니, 모든 권세는 다 하나님께서 정하신 바라. [2]그러므로 권세를 거스르는 자는 하나님의 명을 거스름이니, 거스르는 자들은 심판을 자초하리라.

[3]다스리는 자들은 선한 일에 대하여 두려움이 되지 않고 악한 일에 대하여 되나니, 네가 권세 있는 자를 두려워하지 아니하고 싶으냐? 선을 행하라. 그리하면 그에게 칭찬을 받으리라. [4]권세 있는 자는 하나님의 사역자가 되어 너희 각 사람에게 선을 베푸는 자니라. 그러나 네가 악을 행하거든 두려워하라. 그가 공연히 칼을 가지지 아니하였으니, 곧 하나님의 사역자가 되어 악을 행하는 자에게 진노하심을 따라 보응하는 자니라. [5]그러므로 [인간 정부 권세들에게] 복종하지 아니할 수 없으니, [받을지도 모르는] 진노 때문에 할 것이 아니라 양심 때문에 할 것이라.

[6]너희가 조세를 바치는 것도 이로 말미암음이라. 그들이 하나님의 일꾼이 되어 바로 이 일에 항상 힘쓰느니라. [7]모든 자에게 줄 것을 주되, 조세를 받을 자에게 조세를 바치고, 관세를 받을 자에게 관세를 바치고, 두려워할 자를 두려워하며, 존경할 자를 존경하라.

본문비평 주

13:1a 권면 πᾶσα ψυχὴ ἐξουσίαις ὑπερεχούσαις ὑποτασσέσθω("각 사람[문자적으로 모든 영혼 또는 모든 사람]은 위에 있는 권세들에게 복종하라")는 대문자 사본 ℵ A B D^{2} P Ψ[또한 *Byz* L]와 소문자 사본 33 1175 1739(범주 I), 81 256 1506 1881 1962 2127(범주 II), 5 6 61 69 88 104 218 263 323 326 330 365 436 441 451 459 467 614 621 623 629 630 915 917 1241 1243 1319 1398 1505 1563 1573 1678 1718 1735 1751 1838 1845 1852 1874 1875 1877 1908 1912 1942 1959 2110 2138 2197 2200 2344 2492 2495 2516

2523 2544 2718(범주 III) 등의 광범위한 지지를 받고 있다. 하지만 초기의 이문에는 이 구절 맨 처음에 있는 πᾶσα ψυχή("각 사람")가 생략되고, ἐξουσίαις ὑπερεχούσαις ὑποτασσέσθω 앞에 복수 여격 πάσαις("모든 사람에게")가 삽입되었다(그래서 "위에 있는 **모든** 권세에게 복종하라"고 읽게 된다). 이 이문은 기원후 200년경 P46의 필경사를 통해 그리스어 본문 전통에 처음 들어온 것 같다. P46은 4세기와 5세기의 라틴어 역본 it[ar, b, d*, f, g, t] vg[mss]에 반영됐으며 이레나이우스[lat] 히폴리투스 (테르툴리아누스) 암브로시아스테르와 같은 서방 교회의 주석가들에 의해 지지를 받았다. 이후에 이 이문은 6세기의 대문자 사본 D*(06)와 9세기의 대문자 사본 F와 G 등 그리스어 본문 전통에 다시 등장했다.

Πᾶσα ψυχή가 생략된 경우나 삽입된 경우를 막론하고 이 이문은 ἐξουσίαις ὑπερεχούσαις라는 어구의 중요성을 "**로마에** 있는 시 관료들"을 언급하는 것에서부터 "**언제 어디서나, 다스리는** 권한을 가지고 있는 **모든** 사람"을 포함하는 것에 이르기까지 확대하려는 시도를 나타내는 것으로 보인다. 반면에 이문은 P46의 필경사에 의해 소개되었고, 그다음에 여러 옛 라틴어 번역자들, 불가타 편집자들, 그리고 서방 주석가들에 의해 계속되었다. 이는 그것이 "덜 공식적인 문체"였거나 "πᾶσα ψυχή라는 어구에 포함된 히브리어 관용어를 피하려는 목적" 때문에 그랬을 것이다.[1)]

1b절 전치사구 표현인 ὑπὸ θεοῦ("하나님으로 말미암아")는 그리스어 사본 전통에서 광범위한 지지를 받는다. 하지만 이문 ἀπὸ θεοῦ("하나님으로부터")는 대문자 사본 D* F G와 소문자 사본 1506(범주 II), 69 88 323 629 1573(범주 III)으로부터 지지를 받고 있다. 하지만 ἀπὸ θεοῦ("하나님으로부터")를 지지하는 사본은 그 이문을 받아들이기에는 너무 빈약하다. Ὑπὸ θεοῦ 대신에 ἀπὸ θεοῦ로 대체한 것은 "하나님이 세우신 것"을 좀 더 능숙하게 나타내려고 표현을 개선했기 때문에 발생한 것 같다. 하지만 일부 그리스어 사본에 어떤 단어로 대체되었든지 간에 ὑπὸ θεοῦ("하나님으로 말미암

1) Metzger, *Textual Commentary*, 467에 제안되었듯이.

아")라는 표현은 "하나님께서 세우신 것"을 상당히 잘 나타낸다.

1c절 'Εξουσίαι("권세")를 반복하지 않고 복수 관사 αἱ("그들")만 있는 본문이 대문자 사본 ℵ A B D F G P와 소문자 사본 1739(범주 I), 81 1506 1881(범주 II), 6 88 330 365 424[c] 1319 1573(범주 III)의 지지를 받으며, 라틴어 역본과 콥트어 역본들에도 반영되었고, 이레나이우스[lat]와 오리게네스의 지지를 받는다. 하지만 명사 ἐξουσία가 첨가된 독법은 대문자 사본 D[2] P Ψ(또한 *Byz* L)와 소문자 사본 33 1175 (범주 I), 69 104 323 326 424[c] 614 1241 1243 1505 1735 1874 2344 2495(범주 III)에 등장한다. 그러나 이 독법은 이차적이며 상당히 불필요한 첨가다.

1d절 이 구절의 마지막 문장의 ὑπὸ θεοῦ("하나님으로 말미암아")라는 어구에 있는 관사가 생략된 독법이 대문자 사본 ℵ* A B D F G P와 소문자 사본 1739(범주 I), 81 1506 1881(범주 II), 69 88 104 365 1243 1319 1573(범주 III) 등으로 광범위하게 입증을 받으며, 오리게네스의 지지를 받고 있다. Θεοῦ 앞에 관사 τοῦ가 등장하는 본문은 대문자 사본 ℵ[c](또한 *Byz* L)와 소문자 사본 33 1175(범주 I), 6 323 326 330 614 1241 1505 1735 1874 2344 2495(범주 III)의 지지를 받고 있지만, 문체를 (수정할) 목적으로 이차적으로 첨가되었을 가능성이 크다.

3a절 Τῷ ἀγαθῷ ἔργῳ("선한 일에 대하여")라는 어구는 P[46], 대문자 사본 A B D* F[c] G와 소문자 사본 1739(범주 I), 256 1506 1881(범주 II), 6 424[c] 630 1319 1573 1852 2110 2523(범주 III)의 지지를 받으며, 라틴어 역본들과 콥트어 역본들에도 반영되었고, 이레나이우스[lat] 클레멘스의 지지를 받는다. 하지만 이문인 복수 소유격 어구 τῶν ἀγαθῶν ἔργων("선한 일들의")은 대문자 사본 D[2]와 Ψ(또한 *Byz* L)와 소문자 사본 33 1175(범주 I), 81 1962 2127(범주 II), 5 61 69 88 104 181 218 263 323 326 330 365 436 441 451 459 467 614 621 623 629 915 917 1241 1398 1505 1563 1678 1718 1735 1751 1838 1845 1874 1875 1877 1908 1912 1942 1959 2138 2200 2344 2492 2495 2516 2544 2718(범주 III)에 등장하며, 시리아어 역본들에도 반영되었다. 이 이문 어구는 문장을 문법적으로나 문체상으로 개선하려는 시도를 나

타내는 것 같다. 마찬가지로 9세기 대문자 사본 F(010)에서 발견되는 τῷ ἀγαθοεργῷ("선을 행하는 사람과 관련하여")도 문법과 문체의 개선을 시도한 것일 개연성이 크다.

4a절 2인칭 단수 여격 대명사 σοί("너에게." 이 단어를 우리는 "너희 각 사람에게"로 번역했다)는 본문 전통에서 매우 광범위한 증거를 가지고 있다. 하지만 이 단수 대명사는 9세기의 대문자 사본 F (010)와 G (012) 그리고 소문자 사본 2344(범주 III)에서 생략되었고, 이 생략된 독법이 bo[ms]에도 반영되었다. 이는 πᾶσα ψυχή("모든 사람", "모든 영혼", "각 사람")와 같은 확대된 어구로 시작하는 권면에서 단수 대명사가 적합하지 않다고 생각했기 때문이었을 것이다.

4b절 목적절 εἰς τὸ ἀγαθόν("선을 행할 목적으로")에서 관사 τό는 그리스어 본문 전통에서 거의 보편적으로 받아들여졌다. 하지만 4세기의 바티칸 사본(B 03)에서는 관사가 생략되었다. 이것은 필경사의 실수 때문이거나 문체의 개선을 시도하려는 데 그 까닭이 있을 것이다.

4c절 Ἔκδικος εἰς ὀργήν(문자적으로 "진노를 위한 보응")이라는 어순은 P[46], 대문자 사본 ℵ[c] A B P Ψ*와 5세기의 048[또한 *Byz* L]과 소문자 사본 1739(범주 I), 81 1506 1881(범주 II), 6 69 88 104 326 330 365 630 1243 1319 1505 1573 2495(범주 III)로써 충분히 입증받고 있으며, 이레나이우스[lat]의 지지도 받는다. 하지만 전치사구 표현인 εἰς ὀργήν이 대문자 사본 D* F G에서 생략되었다. 또한 대문자 사본 ℵ* D[2] Ψ[c]와 33 1175(범주 I), 323 614 1241 1319 1735 1874 2344(범주 III)와 같은 소문자 사본에서 역순으로 된 εἰς ὀργὴν ἔκδικος("진노를 위해 보응하는 자")를 주목할 필요가 있다. 하지만 두 이문 모두 원본으로 받아들이기에는 만족할 만한 사본의 지지를 받지 못한다.

5절 현재 중간태 부정사 ὑποτάσσεσθαι("너희 자신을 복종시키다")가 있는 독법은 대문자 사본 ℵ A B P Ψ와 5세기의 사본 048과 소문자 사본 33 1175 1739(범주 I), 81 1506 1881 1962 2127(범주 II), 88 104 181 323 326 330 365 436 451 614 629 630 1241 1505 1573 1735 1877 2492 2495(범주

III)로써 매우 널리 입증받는다. 동사의 이러한 형식은 라틴어 역본, 시리아어 역본, 콥트어 역본들에도 반영되었다. 그런데 2인칭 복수 현재 명령형 ὑποτάσσεσθε("너희는 너희 자신을 복종시켜야 한다")가 P[46], 대문자 사본 D F G와 소문자 사본 6 69 1243 1319 1874 2344(범주 III)에 등장하며, 옛 라틴어 역본 it에 반영되었고, 이레나이우스[lat]와 암브로시아스테르의 지지를 받는다. 하지만 2인칭 복수 현재 명령형 어미인 -εσθε("너희는 ~해야 한다")는 본문 전통에서 원본인 현재 중간태 부정사 어미 -εσθαι를 대체할 만큼 충분히 입증받지 못한다. 분명 어떤 필경사들이 13:5을 옮겨쓰다가 앞의 12:14a, 12:17a, 12:19-20, 12:21에서 "예수의 말씀들"을 의역한 곳에 사용된 명령형 동사의 영향을 받았을 것이다.

형식/구조/상황

바울이 "그리스도인과 국가"에 관해 권면한 로마서 13:1-7은 그 내용이나 형식에서 많은 해석자에게 12:9-21에서(또한 13:8-14에서 조금은 다른 형식으로) 제시된 "그리스도인의 사랑의 윤리"와 다소 "어울리지 않는" 것으로 비쳤다. 이곳 13:1-7에서 그의 호소들이 적어도 얼핏 보기에는 전후 문맥에서 벗어난 것 같기 때문이다. (1) 12-13장의 호소의 내용을 둘러싼 권면들이 포괄적이고 일반적인 데 비해, 본문의 권면들은 범위와 적용 면에서 구체적이다. (2) 12-15장에 제시된 내용 전체에서 눈에 띄는 것은 기독론, 종말론, 사랑(ἀγάπη)과 관련된 동기부여를 주는 요인들이지만, 13:1-7에 있는 호소의 논거는 하나님께서 그의 주권적인 선택으로 세우신 것에 근거한다. (3) 본문의 호소는 12:9-21과 13:8-14에 제시된 사도의 "그리스도인의 사랑의 윤리"의 분명한 연속성을 파괴한다. 하지만 사도의 로마서는 로마 제국의 수도에 살았던 그리스도인들에게 쓴 편지였다. 따라서 바울이 그 편지에서 로마의 그리스도인들이 그 정부를 어떻게 평가하며 당국과의 관계를 어떻게 형성할지에 대해 무엇인가 말하지 않았다면 오히려 이상했을 것이다.

사실 50년대 중반과 후반에 로마시가 내부적으로나 정치적으로 불안정한 와중에 사도가 예수를 믿는 신자들이 로마시에서 발생한 혼란에 어떻게 반응해야 하는지와 관련하여 아무 말도 하지 않았다면 이상했을 것이다. 로마시의 혼란은 (1) 시의 조세, 관세, 통관세 징수를 수행하던 사람들의 탐욕스러운 행위들 때문에 발생했고, (2) 사도가 기원후 58년에 이 편지를 완성하고 있을 무렵에 절정에 이르렀던 것 같다.[2] 그 당시 로마에서 발생하고 있었던 사건들은 그 사건들에 대한 신자들의 처신과 아울러, (1) 로마에 살던 그리스도인들의 삶과 증언과 (2) 지속적으로 관심을 요구하는 "그리스도인과 국가"라는 주제와 관련하여 전반적으로 로마 제국 내에서 초기 기독교에 있었던 생각과 행위에 매우 심각한 파급효과가 있었을 것이다.

또는 좀 더 신학적인 방법으로 이 문제들을 서술한다면, 사도가 로마에 있는 신자들에게 글을 쓰면서 당시 두 가지 사이에서 심리적으로 갈등하고 있다고 생각되는 사람들에게 어떤 목회적인 조언을 제공하려고 하지 않았다면 상당히 이상했을 것이다. 그 두 가지는 곧 (1) "올 세대"의 시작을 경험하고 "그리스도 안에 있는 새 생명"으로 기뻐하는 것과, (2) "이 세대"에 속한 구성원들로서 그들의 삶을 적합하게 살기 위해 하나님으로부터 부름을 받은 것이다.[3] 로마의 그리스도인들이 "그리스도 안에서" 새로운 백성들이 되었고, 그들의 삶이 기독교 복음 메시지와 그들 안에서 역사하시는 하나님의 영의 사역으로 말미암아 변화되었지만, 그들은 도시와 정치의 곤란한 문제에 직면하기도 했다. 이 문제들은 수도에 살고 있는 백성들이면서 동시에 세속적이고 본질적으로 이교적인 문화에 대해 기독교적 증언을 충실하게 표현하려는 신자들에게 매우 실천적인 중요성을 지니는 것이었다. 이 모든 쟁점은 (1) 그들이 지역의 시 관원들에게 조세나 관세 또는

---

2) 참조. Friedrich, Pöhlmann, and Stuhlmacher, "Zur historischen Situation und Intention von Röm 13,1-7," 342-81. R. N. Longenecker, *Introducing Romans*, 49-50, 121-22, 145에 실린 그들의 제안의 적절함을 평가한 우리의 논의를 주목하라. 또한 본서의 13:1-7 "석의와 주해"를 보라.

3) 바울의 사상과 신약성경 전반에서 "이 세대"와 "올 세대"에 대해서는 특히 Cullmann, *Christ and Time*, 47-48, 81-93, 222-30을 보라.

통행세를 계속해서 내야 하는지, (2) 그들이 시 당국자들을 어느 정도 존경하고 공경해야 하는지와 관련된 아주 "현실적인" 문제들에 초점이 맞춰져 있다.

일곱 절로 구성된 이 본문이 사도가 12-13장 바로 앞뒤에서 쓴 내용과 정확히 어떻게 연결되는지를 두고 항상 논쟁이 일어날 수 있다. 13:1은 물론이고 이어지는 13:2-7에, 13:1-7을 이 본문 바로 앞에 있는 12:9-21의 내용과 직접적으로 이어주는 연결어 또는 접속사가 전혀 없기 때문이다. 그리고 이 본문과 13:8-14 사이에도 연결어나 접속사가 없다. 하지만 우리는 본문의 통일성을 받아들이면서도 바울 자신이 (1) 13:1-7의 호소들을 그가 조금 전 12:9-21에서 제시한 "그리스도인의 사랑의 윤리: 1부"를 매우 중요하게 상황화한 것으로 보았으며, (2) 이 윤리적 호소들을 로마에서 예수를 믿는 신자들의 현재 상황에 특히 적합한 것이라고 믿었다고 얼마든지 주장할 수 있다. 그래서 바울은 그의 수신자들을 향해 그들을 다스리는 정부 당국자들에게 복종하라고 권한다. 그들이 조세와 관세와 통행세를 바치는 것이 합당하며 시 관원들을 존경하고 공경하라고 말이다.[4)]

이 본문의 첫 부분인 13:1-5에 등장하는 그리스도인의 시민으로서의 책임에 대한 보다 일반적인 메시지는 사도가 일찍이 로마 제국 동쪽 지역의 여러 도시와 마을에서 이방인들에게 선교할 때 선포했을 것으로 짐작된다. 로마의 통치 아래 다른 지역에 살고 있던 바울의 이방인 개종자들이 이러한 문제들에 직면했다는 것에는 의심의 여지가 없다. 하지만 이곳 13:1-7에서 바울은 인간 정부에 대한 신자들의 태도와 관련하여 좀 더 개괄적으로 씀으로써 그의 기독교 복음 선포를 상황화했을 뿐만 아니라(그의 이방인 선교지 여러 곳에서도 상황화했고, 이곳 롬 13:1-5의 로마에 있는 그의 그리스도

4) 이에 수반되는 것으로서, 사도는 롬 12:14, 12:17(또한 12:19-20도 포함되었을 가능성이 무척 크다), 12:21에서 그의 일반적인 윤리적 권면들을 예수의 가르침에 근거지우고, 바로 이어지는 13:8에서도 "예수의 말씀"을 포함시킨 후에, 13:1-7의 이 자료를 단지 "그리스도인의 사랑의 윤리"에 관한 그의 좀 더 일반적인 권면들이 있는 맥락에 첨가했을 뿐이다. 12:9-21의 권면들과 13:1-7의 호소들이 모두 어떻게든 역사적 예수의 가르침들에 근거하고 있기 때문이다.

인 수신자들에게도 동일한 메시지의 핵심을 보도했듯이), 기독교 사도로서 로마에 있는 신자들에게 당시 그들을 혼란스럽게 했던 도시와 정치의 문제들(13:6-7에 언급되었듯이)에 그들이 어떻게 반응해야 하는지 구체적으로 충고하기도 했다. 그러나 (바울이 이방인 선교 기간에 개종자들에게 여러 번 제시했을지도 모르는) 13:1-5의 비교적 일반적인 권면 진술들과 (그 당시 로마에서 발생하고 있던 구체적인 문제들에 대한 바른 기독교적인 대응과 관련하여 매우 구체적인 방식으로 다루고 있는) 13:6-7의 상당히 구체적인 충고가 불과 수세기 후 일부 교부들(그리고 현대의 많은 신약 주석가들)에게는 12:9-21(한 형식으로)과 13:8-14(또 다른 형식으로)에서 제시된 "그리스도인의 사랑의 윤리"에 관한 그의 더욱 포괄적인 진술들과 다소 불협화음을 내는 것으로 보였을 수도 있다.

13:1-7의 권면과 호소들의 상황과 목적에 대한 다양한 이해들. 13:1-7에 대한 초기 기독교의 해석부터 현대의 본문 해석에 이르기까지 이 본문의 권면과 호소들의 상황과 의도와 목적을 둘러싸고 다양한 견해가 제안되었다. 초기 기독교 교부들 사이에서는 다음과 같은 이해가 널리 퍼졌었다. (1) 로마의 기독교 공동체 내부에 "그리스도 안에 있는 새 생명"과 "인간 역사 안에서 하나님의 새로운 시대가 시작되었다"는 복음 메시지가 "이 세대"와 "옛 세상"과 관련된 모든 것을 거부할 것을 요구한다고 생각한 "지나치게 열광적인" 또는 "극단적인" 일부 신자들이 존재했다는 것이다. 이런 생각에는 모든 형태의 인간 정부를 거절하고, 인간적인 권세자들이 요구하는 세금과 통행세의 납부를 거부하는 태도가 포함된다. (2) 바울은 이 본문에서 이러한 왜곡된 기독교적 메시지에 반대하고 있다는 것이다.[5] 13:1-7의 상황과 목적에 대한 이러한 이해는 제법 최근의 여러 해석자에 의해 받아들여졌다.[6]

---

5) 예를 들어, Schelkle, "Staat und Kirchen in der patristischen Auslegung von Röm 13:1-7," 223-36; Blank, "Kirche und Staat im Urchristentum," 9-28; K. Aland, "Das Verhältnis von Kirche und Staat in der Frühzeit," 60-246의 분석을 보라.

6) 예를 들어, Nygren, *Romans*, 426-27; H. Schlier, "The State according to the New Testament," in Nygren, *The Relevance of the New Testament* (New York: Herder and Herder, 1968), 229-30(그의 책 *Römerbrief*를 재판한 것임); Wilckens, "Römer 13.1-7,"

일찍이 기원후 41년에 로마의 유대인들에게 그들의 "전통적인 생활 방식"을 유지하도록 허용하면서도 "모임은 갖지 못하도록" 명령한 클라우디우스 황제의 칙령과 더불어,[7] 49년에 동일한 황제의 칙령으로 인해 로마에서 수많은 유대인이 "크레스투스의 선동으로 인해 끊임없이 소요를 일으킨다는 이유로" 추방되었는데,[8] 로마의 그리스도인들이 (특히 유대인 출신의 신자들만 아니라 많은 이방인 신자들 역시) 이를 괴로움과 분개함으로써 기억했다고 주장하는 해석자들도 있다. 그래서 그들은 바울이 13:1-7에서 권면한 내용이 예수를 믿는 신자들로 하여금 로마와 그 관원들에 대항하여 지속적인 적개심을 일으키지 못하게끔 하고 로마시의 "그리스도를 따르는 자들"에게 해를 끼칠지도 모르는 시 당국자들의 적대감을 방지하기 위해 의도된 것이라고 주장한다. 예수를 따르는 사람들은 유대인의 메시아로 간주된 나사렛 예수를 믿는 사람들이라고 스스로 주장했기 때문에, 시의 관원들은 그들을 여전히 유대교의 한 종파로 보았을 가능성이 크다.[9]

이 두 가지 이해 모두 이전의 신약 주석가들과 현대의 주석가들에 의해 (독립적으로든 함께든) 다양한 방식으로 제안되었다. 장 칼뱅은 그의 주석을 뒷받침하며 종종 이 두 가지 이해를 인용했다(칼뱅은 유대교 열심당에 대한 현대 학문적 연구나 로마의 유대인 탄압과 추방에 관한 비평적 평가를 사용할 수 없었기 때문에, 첫 번째 이해는 명시적으로, 두 번째 이해는 암시적으로 인용했다). 칼뱅은 그의 로마서 주석에서 13:1-7 주석을 시작하면서, 다음과 같이 썼다.

바울은 그리스도인의 삶에 관해 교훈하면서 이 본문을 조심스럽게 다루

226-30; Ridderbos, *Paul*, 320-23; Fitzmyer, *Romans*, 663; Moo, *Romans*, 792-94을 보라.

7) 참조. Cassius Dio, *Historia Romana* 60.6.6-7.

8) 참조. Suetonius, *Claudius* 25.4(*Introducing Romans* , 67-69에 있는 필자의 논의를 보라).

9) 예. Borg, "A New Context for Romans xiii," 205-18; R. A. Culpepper, "God's Righteousness in the Life of His People: Romans 12-15," *RevExp* 13 (1976) 456-57; E. Bammel, "Romans 13," in *Jesus and the Politics of His Day*, ed. E. Bammel and C. F. D. Moule (Cambridge: Cambridge University Press, 1984), 366-75; J. Moiser, "Rethinking Romans 12-15," *NTS* 36 (1990) 571-82.

고 있다. 시급한 어떤 필요에 의해서 그랬던 것 같다. 이는 특히 당시의 복음 설교로 야기되었던 것이다. 물론 모든 시대에 복음을 설교하는 데 이러한 시급함이 필요하지만 말이다. 지상의 모든 권세가 폐지될 때에야 비로소 그리스도의 나라가 적절히 높임을 받고, 인간적인 모든 멍에를 떨쳐버릴 때에야 비로소 그리스도께서 주신 자유를 누릴 수 있다고 믿는 침착하지 못한 영혼들이 늘 있기 마련이다. 하지만 이러한 오류는 다른 사람들보다도 유대인들의 마음을 지배했다. 유대인들은 구원자가 오시기 전에 아브라함의 자손의 나라가 크게 번성했는데, 구원자가 출현한 이후에도 굴레에 매여 있는 것은 수치라고 생각했다.

유대인들을 이방인만큼 그들의 통치자들에게서 멀어지게 만드는 다른 문제도 있었다. 이 통치자들은 모두 진정한 경건을 증오했을 뿐만 아니라 극단적인 적대 감정을 가지고 종교를 박해하기도 했다. 그러므로 하늘과 땅의 유일한 주인이신 그리스도로부터 그 나라를 강탈하려고 노력하는 사람들을 합법적인 주인들과 통치자들로 인정하는 것은 말도 안 되는 것으로 보였다.

이러한 이유들 때문에 바울이 판사들의 권위를 매우 조심스럽게 세우게 되었을 가능성이 크다. 그는 먼저 자신이 말하려고 하는 바를 간략히 요약한 일반적인 교훈을 언급하고 그다음에 그 교훈을 설명하고 입증하는 데 도움이 되는 진술들을 첨가한다.[10]

반면에 지난 2세기 동안에 여러 신약 본문비평가들은 13:1-7을 후기 편집자의 작품으로 여겼으며, 그래서 이 본문을 "난외주" 또는 "삽입"으로 선언했다. 본문에 분명한 기독론적 또는 종말론적 특징이 결여되었다는 것이 주된 이유다.[11] 물론 본문 앞에 있는 12:9-21에 울려 퍼지고 본문 다음

---

10) Calvin, *Romans*, in *Calvin's Commentaries*, 8.280.

11) 바울이 로마서를 정경의 복음서들보다 더 일찍 기록한 까닭에, 바울이 "예수의 말씀" 전통을 구술로든지 기록된 자료로든지 사용했다는 사실이 종종 무시되곤 한다.

13:8-14에 등장하는 "사랑"이라는 주제와 분명한 언어학적 연결이 생략된 것도 그 이유이기는 하지만 말이다.[12] 그럼에도 에른스트 케제만이 지적했듯이,

> 외적인 근거에서든지 내적인 근거에서든지…본문의 진정성을 논박할 어떤 이유도 없다. 이레나이우스가 권세들을 천사들의 세력으로 잘못 해석한 영지주의적 해석에 반대하면서 이 본문을 먼저 인용한다(*Adv. Haer.* v.24.1)는 사실은 유대-기독교의 동일한 전통이 분명히 베드로전서 2:13-17에서 이미 사용되었다는 사실을 고려하면 아무런 의미가 없다. 그 본문은 어쩌면 이 로마서 본문에 대한 첫 번째 주석으로 간주될 수도 있다. 문제는 있겠지만 말이다. 어찌 되었든지 간에, 이 전통이 베드로전서 2장에서 가정 준칙에 등장하는 것을 보면, 그것이 오래되었다는 것만은 확실하다.[13]

그리고 케제만은 상당히 올바르게 계속해서 다음과 같이 말한다. "[13:1-7의] 일반적인 권면 전체는 12:1f.과 13:8ff에 의해 괄호로 묶여 있으며, 그래서 사실 기독교적인 특징을 띤다는 사실을 부인할 수 없다."[14]

하지만 13:1-7을 기록함에 있어 역사적인 문맥이나 바울의 목적과 관련하여 더욱 중요한 점은 1976년에 요하네스 프리드리히(Johannes Friedrich), 볼프강 푈만(Wolfgang Pöhlmann), 페터 슈툴마허(Peter Stuhlmacher)가 공동 저술한 논문에서 제시한 논지다. 즉 (로마의) 시 당국자들에게 조세와 관세와 통행세를 바치는 것과 관련한 13:6-7의 구체적인 호

---

12) Schmithals, *Römerbrief*, 458-62; O'Neill, *Romans*, 207-9; J. Kallas, "Romans XIII.1-7: An Interpolation," *NTS* 11 (1964-1965) 365-74; W. Munro, "Romans 13:1-7: Apartheid's Last Biblical Refuge," *BTB* 20 (1990) 161-68. R. N. Longenecker, *Introducing Romans*, 16-19에 로마서의 "주석과 삽입"을 논의한 부분을 보라. 여기서 (롬 13:1-7을 비롯하여) 로마서에 "주석" 또는 "삽입"이 있다는 것과 관련된 초기의 수많은 주장을 논의했다.

13) Käsemann, *Romans*, 351.

14) Käsemann, *Romans*, 352.

소들과 일반적으로 인간 정부에 대해서도 존경과 공경을 요구하는 13:1-5(이 내용은 13:6-7에서 다른 말로 표현되었다)의 권면은 시의 조세와 관세 및 통행세 징수를 맡은 정부 관료들의 탐욕스러운 행동에 대항하여 기원후 50년 중반에 로마인들 사이에서 증가 일로에 있던 불만을 배경으로 이해해야 한다.[15] 한동안 로마시의 법무관(즉 사법적 기능을 가진 치안판사)이었고 로마의 역사가 겸 웅변가였던 타키투스(56-120년쯤)는 58년에 네로 황제(54-68년에 통치)가 개입할 수밖에 없었던 시의 세금 제도에 로마의 시민들이 항의한 일이 있었다고 보도한다. 비록 네로가 시의 조세와 관세와 통행세를 폐지하지는 않고 세금 징수자들에게 좀 더 엄격하게 규정하라고 명령하기는 했지만 말이다.[16] 마찬가지로 잠시 동안 하드리아누스 황제의 개인 비서를 지냈던 로마의 전기 작가이자 역사가 겸 수사학 교사였던 수에토니우스(69-122년쯤)는 네로가 재위 기간에 로마의 조세와 관세와 통행세 제도의 매우 통탄할 만한 부담을 경감시켰다고 말한다.[17]

프리드리히, 푈만, 슈툴마허가 지적했듯이, 세금 납부와 관련한 지침들은 바울의 다른 신약 서신에는 들어 있지 않을뿐더러 바울 당대의 광범위한 유대 저술들과 그리스-로마 저술들에서도 거의 발견되지 않는다. 그래서 바울이 57-58년 사이의 겨울에, 즉 시의 조세와 관세 및 통행세를 징수하는 정부 관원들의 탐욕스러운 행동에 대항하여 로마에서 백성들의 동요가 절정에 달한 바로 그 무렵에 로마서를 썼을 개연성이 크다는 사실[18]은, 13:1-5뿐만 아니라 13:6-7을 사도의 상담이 절대적으로 필요한 특정한 시기에 주어졌고, 바울이 자신의 그리스도인 수신자들에게 이 구체적인 상황에서 어떻게 대처해야 하는지 조언해주는 내용으로 이해해야 함을 시사

15) Friedrich, Pöhlmann, and Stuhlmacher, "Zur historischen Situation und Intention von Röm 13,1-7," 131-66. 또한 F. Laub, "Der Christ und die staatliche Gewalt: Zum Verständnis der 'politischen' Paränese Römans 13,1-7 in der gegenwärtigen Diskussion," *MTZ* 30 (1979) 257-65; Dunn, *Romans*, 2.759; 같은 저자, "Romans 13:1-7," 66도 보라.

16) Tacitus, *Annals* 13.50-51.

17) Suetonius, *Nero* 10.1.

18) R. N. Longenecker, *Introducing Romans*, 46-50의 "시기"에 대한 논의를 보라.

한다. 만일 그렇다면(우리는 그러하다고 믿는다), 알렉산더 웨더번(Alexander Wedderburn)이 발의한 다음과 같은 결론을 받아들일 필요가 있는 것 같다. (1) 적어도 13:6-7은 "로마 교회 내부에 있는 상황뿐만 아니라 교회의 구성원들이 살아가야만 했던 상황과 그들을 둘러싸고 있던 사회적·경제적·정치적 환경에 대한 바울의 놀라울 정도로 정통한 지식"에 대한 증거가 되며, (2) 바울이 그의 그리스도인 수신자들에게 주는 충고는 "그 지식에 비춰 기록되었으며, 우리는 그러한 상황에 비춰 본문을 해석해야 한다."[19]

13:1-7의 역사적인 상황과 문학적인 연결, 그리고 이 본문을 기록한 바울의 목적에 관한 몇 가지 제안. 예수를 믿는 첫 세대의 신자들 중에 "그리스도 안에 있는 새 생명"과 "역사 안에서 하나님의 새로운 기대가 시작되었다"는 기독교 메시지를 이해하는 데 있어 "지나친 열광주의자들"(또는 심지어 "극단주의자들")이 더러 있었으며, 그러므로 그들이 모든 형태의 인간 정부와 조세와 관세 및 통행세를 징수하는 정부 관원들의 온갖 시도들을 비롯하여 "옛 세대"나 "옛 세상"과 관련된 모든 것에 대해 의혹을 품었다는 점에는 의심의 여지가 없다. 나중에 공관복음인 마가복음 12:17, 마태복음 22:21b, 누가복음 20:25에 편입된 "가이사의 것은 가이사에게, 하나님의 것은 하나님에게 바치라"는 "예수의 말씀"과 이 말씀에 등장하는 세 공관복음 저자들이 보도하는 갈등 상황에 비춰볼 때, 반로마적 입장들이 예수의 유대인 청중들 사이에 존재했으며 예수가 이 문제들에 대해 말씀하셨다는 것이 분명해진다. 마찬가지로 디모데전서 2:1-4, 디도서 3:1-2, 베드로전서 2:13-17은 (인간 정부와 관원들을 향한 그리스도인의 태도에 대한 이들의 권면은 이곳 롬 13:1-7에 표현된 호소와 많은 점에서 비슷하다) 이러한 반정부적 태도들이 예수를 믿는 초기의 신자들 사이에도 존재했었음을 암시한다. 지리적으로뿐만 아니라 시간적으로 그리고 신학적으로 서로 멀리 떨어져 살았던 초기의 여러 교부들이 13:1-7에서 사도가 호소한 내용을, 예수를 믿는 신자들 사이에 있던 이러한 반정부적 경향에 대항하기 위한 노력을 표현하는 것

---

19) Wedderburn, *Reasons for Romans*, 63.

으로 이해했다는 사실은, 로마에 있는 그리스도인들과 로마시 관원들 사이의 이러한 관계(또는 오히려 "비관계")에 대한 이해가 로마 제국 전체에 널리 알려졌으며, 그래서 바울이 로마에 있는 그리스도인들에게 편지를 쓸 당시 로마에 살고 있던 일부 "지나치게 열광주의적" 또는 "극단주의적"으로 예수를 믿는 신자들 사이에 존재했을 것이라는 사실을 암시한다.

더욱이 (일찍이 41년에 공포된 클라우디우스의 칙령뿐만 아니라) 49년에 공포된 클라우디우스의 칙령을 로마의 유대인 신자들과 이방인 신자들 모두 또렷이 기억했다고 믿는 것은 그리 어렵지 않다.[20] 이러한 까닭에 로마의 그리스도인들은 유대인 신자나 이방인 신자를 막론하고 그들의 종교적 정신에 로마의 권위에 대한 적대감이 남아 있었다고 주장할 수 있다. 이 적대감은 적어도 당시 수도에 살았던 일부 그리스도인들 사이에 존재했던 신학적 극단주의를 지지하는 역할을 했었을 것이다. (1) "옛 세대" 및 "옛 세상"과 관련된 모든 것을 거부하려는, 기독교 메시지에 대한 "지나친 열광주의적" 또는 "극단주의적" 이해와 (2) 처음에 (41년의 칙령에 따라) 유대인들의 모임을 금지하고 그다음에 (49년의 칙령에 따라) 대규모의 유대인들과 유대인 동조자들을 로마에서 추방함으로써 모든 유대인 논란을 종식시킨 로마의 시도들에 대한 지속적인 기억 등, 이 두 요인 모두 인종적으로 유대인이든 이방인이든, 로마의 수많은 그리스도인의 정신과 마음에서 떠나지 않은 기억으로 남아 있었을 것이다.

이 두 요인은 틀림없이 로마 정부와 그 관원들을 향한 로마 그리스도인들의 태도에 영향을 주었을 것이다. 일반적으로는 인간 정부를 향하고 구체적으로는 로마의 관원들을 향한 이러한 적대감이 로마 기독교 공동체들에 속한 대부분의 "그리스도를 따르는 사람들"의 정신과 마음에 어느 정도 잠복해 있거나 분명히 드러나지 않은 채로 있었을 것이다. 하지만 비록 잠복해 있거나 드러나지는 않았을지라도, 이러한 관점과 적대감은 로마의

20) 클라우디우스의 41년의 칙령과 더 심각한 49년의 추방 명령에 대한 논의는 R. N. Longenecker, *Introducing Romans*, 67-69을 보라.

신자들 사이에서 계속 존재했을 것이다. 그런 감정들은 눈에 띄지 않은 채 바닥에 놓여 있었지만, 벼락에 맞거나 성냥불로 켜지거나 어떤 종류든 "불꽃"이 튀기만 하면 갑자기 불길이 솟게 되는 마른 나뭇가지나 썩은 나무와 같았다.

로마의 "그리스도를 따르는 사람들" 안에 있던 극단주의와 분명히 드러나지 않은 적대감에 불을 지핀 불꽃은 로마의 백성들로부터 과도한 관세와 통행세를 뜯어내는 시의 세금 징수원들의 부도덕한 행위가 제공한 것으로 보인다. 결과적으로 50년대 중반에 도시의 평민들 사이에서 분노와 반발 및 반란을 일으키려는 마음이 생겨났고, 이것은 58년 어느 때엔가 절정에 도달했다. 적어도 예수를 믿는 로마 신자들 중에는 로마의 통치권을 가지고 있는 당국자들을 지지하는 것을 거부하고, 그들에게 부과된 조세와 관세와 통행세를 더 이상 내지 않음으로써 이러한 혁명적인 생각들을 지지하며 로마시의 대중으로서 할 수 있을 만한 행동을 하려는 사람들이 있었다고 추측할 수 있다. 그래서 바울은 로마의 도시 상황과 정치적인 상황에 관하여 어느 정도 알고 있었기 때문에(그가 16:3-15에서 문안하는 사람들 중 하나 혹은 그 이상의 사람들로부터 받은 편지를 통해 알았을 것이다), 그들이 일반적으로는 시 당국자들에게 어떻게 반응해야 하고 이러한 부도덕한 세금징수원들에게 조세와 관세와 통행세를 납부하는 긴급한 상황에 어떻게 반응해야 하는지 조언하려고, 편지를 보내는 김에 그 기회를 활용했다. 더욱이 바울이 13:1-7에서 권면하고 호소할 때 그는 수신자들을 위해 12:9-21의 "그리스도인의 사랑의 윤리 1부"를 마무리하는 앞서 언급한 진술들을 상황화했다고 추측할 수 있다. 이것을 우리는 12:17-19(우리가 앞에서 제안했듯이, 이 본문은 "예수의 말씀"을 인용한 것일 가능성이 매우 크다)에서 발견할 수 있다. "아무에게도 악을 악으로 갚지 말고 모든 사람 앞에서 선한 일을 도모하라"(12:17). "할 수 있거든 너희로서는 모든 사람과 더불어 화목하라"(12:18). "내 사랑하는 자들아! 너희가 친히 원수를 갚지 말고 하나님의 진노하심에 맡기라"(12:19).

13:1-7의 구조. 13:1-7의 바울의 권면은 4개의 하위 단락으로 제시될

수 있다.

1. 13:1a의 도입 권면: "각 사람은 위에 있는 권세들에게 복종하라." 이 권면은 13:1b-7의 논제 진술로 기능한다.
2. 13:1b-2의 기본적인 신학적 논증. 이 논증은 13:1a의 도입 권면의 논제 진술을 뒷받침하면서 제시된다. 이 기본적인 뒷받침 논증은 하나님께서 인간 정부의 권세를 세우셨다는 사실과 하나님께서 세우신 것을 대적하는 사람들에게 내리는 하나님의 심판에 초점이 맞춰져 있다.
3. 13:3-5의 논증을 뒷받침하는 일련의 "논리적이며 실천적인" 논증들. 본문은 그리스도인들이 "있을지도 모르는 징계"를 피하도록 "다스리는 권세자들"에게 복종하며, 기독교 복음 메시지에 근거하고 하나님의 영으로 말미암아 힘을 얻는 자신의 "양심"에 충실하라고 권한다.
4. 13:1-5의 바울의 권면적 진술들에 대한 13:6-7의 구체적인 적용. 당시 로마 그리스도인들이 직면하고 있는 특히 논란이 많은 문제는 (a) 시에서 요구하는 세금을 납부하는 것, (b) 그 밖에 통행세와 정부의 관세를 납부하는 것, (c) 일반적으로 정부의 권세자들을 존경하는 것, (d) 구체적으로 시의 관원들을 공경하는 것 등이다.

13:1-7의 구조는 사도가 이 본문에 그의 사도적 사역에서 기인한 2개의 권면 자료를 합쳤음을 시사한다. 13:1-5에서 제시된 첫 번째 단위는 "그리스도인과 국가"에 관한 약간은 상투적인(즉 "일반적으로 사용되는" 또는 "자주 제시되는") 권면 묶음으로 이루어져 있다. 바울은 이 권면의 내용을 일찍이 로마 제국의 동쪽 지역에서 선교를 하는 동안 그의 이방인 개종자들을 위해 수행했던 사역에 포함시켰을 것이다. 13:6-7에서 제시된 두 번째 단위에는 로마의 신자들에게 주는 구체적인 권면들이 담겨 있다. 그는 (1) 로마시에서 발생하고 있는 도시적·정치적 불안정에 관해 직접 말하며, (2) 그곳

에 있는 그리스도인들이 반정부적 저항에 참여하는 것을 만류하고, (3) 이를 뒷받침하기 위해 잘 알려진 "예수의 말씀"의 핵심을 인용한다. 이것은 (Friedrich, Pöhlmann, Stuhlmacher가 제안한 논지를 받아들여) 50년대 중후반에 로마의 그리스도인들이 직면했던 상황에서 특히 중요한 것이었다.

석의와 주해

I. 이어지는 내용의 논제 진술 기능을 하는 도입부 권면(13:1a)

13:1a 13:1a의 도입부 권면은 본문에서 이어지는 모든 내용의 논제 진술로서 기능한다. 하지만 이 권면적 논제 진술에 대해 해석자들은 본문의 나머지 부분인 13:1b-7에서 권면하는 내용을 이해하는 방법과 관련하여 다뤄야 할 내용이 무척 많다는 즉각적인 문제에 봉착한다. 다시 말해서 해석자들이 즉각 직면하는 문제들은 다음과 같다.

1. 13:1의 첫 부분에서 형용사 "모든" 또는 "각"이 어디에 놓여야 하는가? 즉 주격 어구 πᾶσα ψυχή("모든 사람"; 문자적으로 "모든 영혼")로써 권면을 시작하는 곳인가? 아니면 여격 어구인 πάσαις ἐξουσίαις ὑπερεχούσαις("다스리는 모든 권세들에게")의 첫 부분인가?
2. 바울이 πᾶσα ψυχή("모든 사람"; 문자적으로 "모든 영혼")라는 표현을 사용함으로써 염두에 두었던 사람은 누구인가? 그것이 "로마에서 예수를 믿는 모든 신자"인가? 아니면 "일반적으로 그리스도인들 전부"인가? 또는 어쩌면 "모든 곳에 있는 모든 사람"인가?
3. 사도가 여격 어구 ἐξουσίαις ὑπερεχούσαις("다스리는 권세들에게")라는 말로써 뜻한 것은 무엇인가? 그것이 로마시의 관원들이었는가? 아니면 인간 관원들의 결정과 행위에서 그들의 욕망 배후에 있으며, 그 욕망들을 실행하는 자로 여겨졌던 영적인(또는 천사적인) 세력들이었는가? 아니면 어쩌면 둘 다인가?

첫 번째 질문은 가장 쉽게 대답할 수 있을 것 같다. "모든 사람(πᾶσα ψυχή, 문자적으로 "모든 영혼")은 권세들에게 복종하라"는 독법이 "다스리는 모든 권세들에게(πάσαις ἐξουσίαις ὑπερεχούσαις) 복종하라"는 이문보다 그리스어 본문 전통에서 훨씬 더 좋은 증거를 가지고 있기 때문이다. 이 이문은 일반적으로 그 가치를 인정받는 P[46]에 처음 등장하지만 일찍이 주로 4, 5세기의 라틴어 역본들과 4, 5세기 서방 교회 교부들의 본문 전통의 지지를 받고 있다(앞의 "본문비평 주"를 보라). 더욱이 (P[46]으로 대표되는) 어떤 초기의 그리스어 필경사가 13:1a의 논제 진술 처음부터 πᾶσα ψυχή를 지우고 권면을 마무리하는 어구에 πάσαις를 첨가함으로써 그것이 어떤 특별한 지역 정부의 권세(즉 **로마의 시 관원들**)를 언급하는 것이 아니라, 인간 정부의 모든 권세들(즉 **때와 장소를 막론하고 모든 정부의 관원들**)을 가리키게 할 요량으로 ἐξουσίαις ὑπερεχούσαις("다스리는 권세들에게")의 지시대상을 확장했다는 것은 매우 분명한 것 같다. P[46] 필경사의 이러한 수정은 주로 옛 라틴어 역본들과 라틴어 불가타 편집자들뿐만 아니라 4, 5세기 서방 교회의 일부 주석가들, 그런 다음에 일부 후기의 그리스어 대문자 사본으로 이어졌다.

바울이 πᾶσα ψυχή라는 주격 어구를 사용함으로써 염두에 두었던 사람이 누구냐는 두 번째 질문 역시 대답하기가 상당히 쉬워 보인다. 이 질문에 어떤 대답을 하더라도 엄격히 사본상의 고려가 아니라 주로 13:1a에 등장하는 내용에 대한 문맥적 해석에 근거해야 하기 때문이다. 이 문제와 관련하여 πᾶσα ψυχή가 "로마서의 문맥에서" "(로마에 있는) 모든 그리스도인"을 가리킨다는 찰스 크랜필드의 주장은 정확하다. 이 권면은 다른 도시와 다른 환경에 있는 예수를 믿는 다른 신자들에게 패러다임으로 적용될 수 있다. 하지만 이곳 13:1a에서 사도의 권면(과 13:1b-7에 이어지는 그의 호소들)은 그 당시 로마 제국의 수도에 살고 있던 그리스도인들을 일차적으로 지칭하는 것으로 이해해야 할 가능성이 매우 크다.

사도가 여격 어구 ἐξουσίαις ὑπερεχούσαις("다스리는 권세들에게")라는 말로써 염두에 두었던 것이 무엇 혹은 누구였느냐는 세 번째 질문은 지난 한 세기 동안 신약학자들 사이에서 자주 논의되었던 질문이다. 마르틴 디벨리우스는 1909년에 13:1에 있는 그리스어 복수 명사 ἐξουσίαι("권세들" 또는 "세력들")가 "인간 정부의 권세들"만이 아니라 "인간의 권세들"과 "천사 또는 영적 세력들"을 다 염두에 두었다고 주장한 첫 번째 신약학자다. 그는 "인간의 권세들"을 그들 배후에서 후원했던 "천사 또는 영적인 세력들"에게 인도되거나 힘을 부여받은 "인간의 권세들"로 이해했다.[21)]20세기 후반부에 (이 주제에 대한 초기 저술에서 이런 입장을 취한 Charles Cranfield 뿐만 아니라) 귄터 덴(Günther Dehn), 카를 슈미트(Karl Schmidt), 칼 바르트, 오스카 쿨만을 비롯하여[22)] 여러 신약 해석자들은 13:1a의 ἐξουσίαις ὑπερεχούσαις를 이렇게 이해하고 발전시켰다.

이곳 13:1a의 ἐξουσίαις ὑπερεχούσαις라는 바울의 표현에 "이중 지시대상"이 있다는 해석에 대한 찬반양론은 크랜필드가 그의 1979년 판 『로마서 국제비평주석』(ICC)에서 가장 잘 요약했다(이 책은 여러 "교정"과 함께 1981, 1983, 1986, 1989년에 재판되었다). 이후에 집필한 이 로마서 주석의 모든 교정판에서 그는 이전 1960, 1962, 1965에 출간한 저술에서 다루던 것과는 상당히 다른 방식으로 이 표현을 다루었다. 크랜필드는 그의 최신판 로마서 주석에서 ἐξουσίαις ὑπερεχούσαις에 이중 지시대상이 있다는 해석을 지지하며 오스카 쿨만이 제시한 논증들을 요약하면서, 맨 먼저 쿨만이 논증

---

21) M. Dibelius, *Die Geisterwelt im Glauben des Paulus* (Göttingen: Vandenhoeck & Ruprecht, 1909)를 보라. 하지만 나중에 Dibelius는 이 입장을 포기했다. 그의 논문 "Rom und die Christen in ersten Jahrhundert," *SHAW* (1941-1942), 특히, 7 n. 2과 비교하라. 또한 Dibelius의 논문 모음집 제2권인 *Botschaft und Geschichte: Gesammelte Aufsätze II* (Tübingen: Mohr, 1956), 2.177-228도 보라.

22) G. Dehn, "Engel and Obrigkeit," in *Theologische Aufsätze Karl Barth zum 50. Geburtstag*, ed. E. Wolf (Munich, 1936), 90-109; K. L. Schmidt, "Das Gegenüber von Kirche und Staat in der Gemeinde des Neuen Testaments," *TB* 16 (1937), cols. 1-16; K. Barth, *Church and State* (London: Macmillan, 1939); ET of *Rechtfertigung und Recht* (Zollikon-Zurich, 1938); O. Cullmann, "Zur neuesten Diskussion über die ἐξουσίαι in Röm. 13,1," *TZ* 10 (1954) 321-36; ET in *The State in the New Testament*, 93-114; 13:1의 ἐξουσίαις ὑπερεχούσαις에 대한 Cranfield의 초기 해석에 관해서는 그의 "Some Observations on Romans 13:1-7," 241-42; "The Christian's Political Responsibility according to the New Testament," 176-92; *Commentary on Romans 12-13*의 해당 본문 주석을 보라.

한 다음과 같은 다섯 가지 주요 요지를 열거한다(Cullmann의 논증을 Cranfield는 앞서 1960년대에 출간한 저술들에서는 수용했지만 1979년도 판 로마서 주석에서는 거부했다).

1. 이곳 외에 바울 서신에서 ἐξουσία가 복수형으로 등장하거나 (딛 3:1을 제외하고) πᾶσα와 함께 단수형으로 사용되어 복수의 의미를 지니는 모든 곳에서, 이 단어는 분명히 눈에 보이지 않는 천사들의 세력들을 의미한다(고전 15:24; 엡 1:21; 3:10; 6:12; 골 1:16; 2:10, 15; 비교. 벧전 3:22).
2. 대다수 초기 신앙고백의 고정 어구들에 천사들이 간략하게나마 언급되었다는 사실에서 암시되었듯이, 천사들의 권세라는 개념과 그들이 그리스도께 지배받는다는 이해는 바울 서신과 초기 교회의 전반적인 사고에서 핵심적인 사안이다.
3. 고린도전서 2:8의 τῶν ἀρχόντων τοῦ αἰῶνος τούτου라는 표현이 보이지 않는 세력들과 인간 통치자들을 모두 언급한다는 것이 주석가들 사이에서 강력한 지지를 받고 있다는 사실에 비춰볼 때, 로마서 13:1의 ἐξουσίαις가 앞에서 제안한 것처럼 이중적인 지시대상을 지니고 있다는 것이 최상의 설명이다.
4. 그리스도인이 세상 법정에서 소송을 제기한 문제와 관련하여 고린도전서 6:3에서 천사들을 언급한 것은 세상의 권세가 천사들의 권세를 대리한다는 개념을 시사하는 것으로 설명하는 것이 가장 좋다.
5. 초기 기독교는 보이지 않는 세력들이 세상에서 일어나는 현상들 배후에서 작용한다는 "후기" 유대교(좀 더 적절한 현대의 용어로는 "초기 유대교" 또는 "형성기 유대교")와 견해를 같이했다(Cullmann은 갈 4:3, 9과 골 2:8, 20의 στοιχεῖα τοῦ κόσμου라는 언급을 마 18:10과 행 12:15의 한 개인의 천사와 계 2, 3장과 고전 4:9, 엡 6:12의 교회들의 천사들, 그리고 마지막으로 민

족과 나라를 다스리는 천사들에 대한 후기 유대교의 신앙과 연결시킨다).[23]

크랜필드는 그의 1979년 판 로마서 주석에서 13:1a에 있는 ἐξουσίαις ὑπερεχούσαις의 "이중 지시대상" 해석을 지지하면서 쿨만의 기본적인 요지들을 제시한 후에, 이와 같은 이중 지시대상 이해를 반박하는 "더 중요한 반대 의견" 다섯 가지를 제시한다. 그는 1960년대에 출간한 저술들에서 일찍이 받아들였던 이중 지시대상 이론에 반대하며 그 증거를 제시한다.

1. 복수형의 ἐξουσία가 영적 세력을 언급하는지 아니면 세상의 권세들을 언급하는지의 문제는 이 단어가 속해 있는 언어학적·내용적 맥락에 의존하는데, 로마서 13:1에 등장하는 언어학적 맥락은 바울 서신의 다른 모든 예들과 다르다. 이곳에서만 이 단어는 ἀρχή를 동반하지 않고, 여러(적어도 2개) 용어들 목록에 속하지 않으며, 또한 이곳에서만 그리스도를 언급하지 않는다는 점에서 내용적 맥락이 다르다.
2. 고린도전서 2:8에 대한 쿨만의 해석은 본문에서 너무 많은 것을 도출해내고 있다.
3. 신약성경은 적대적인 영적 세력이 정복된 이후에 적극적으로 그리스도를 섬기도록 다시 기회를 얻는다는 주장을 뒷받침하는 어떤 증거도 제공하지 않는다.
4. 바울은 어느 곳에서도 그리스도께 복종한 세력들이 신자들에게 권세를 행사한다고 암시하지 않는다. 오히려 그리스도 안에서 신자들은 세상의 영적 세력들에게 더 이상 복종하지 않는다고 주장한다.
5. 13:1-7에 있는 바울의 가르침은 하나님께서 자신의 목적을 위해 인간 통치자들을 임명하고 사용하신다는 구약의 예언자적 전통과 묵

23) Cranfield, *Romans,* 2.657-58(그러나 "후기 유대교"라는 그의 언급이 오늘날에는 소위 "초기 유대교" 또는 "형성기 유대교"라고 부르는 것을 가리킨다고 보는 것이 더 적절하다).

시 전통 및 지혜 전통에 정확히 의존한다.[24)]

그러므로 크랜필드는 국제비평주석 시리즈의 1979년 판 로마서 주석에서 1960년대에 이 주제를 다룬 그의 초기 저술들과는 반대로, 바울이 이곳 13:1a에서 ἐξουσίαις ὑπερεχούσαις를 "이중 지시대상"으로 이해하고 사용한 것이 아니라 예수를 믿는 신자들이 존경하고 복종해야 하는 로마시 당국자들이나 그 관원들과만 관련된 표현을 사용한 것으로 이해했다. 이러한 까닭에 크랜필드는 이 도입 어구의 논제적 권면을 다음과 같이 번역했다. "[로마에 살고 있는] 모든 [그리스도의] 사람은 [제국 수도의] 다스리는 권세를 가진 사람들에게 복종하라"고 말이다. 필자는 (1) 화자와 필자의 논제 진술이 고대에서나 현대에서나 종종 매우 압축적으로 표현된다는 사실과 (2) 바울이 로마에 있는 신자들에게 보낸 편지의 전반적인 내용이, 그가 글을 쓴 대상과 이 논제 진술에서 염두에 두고 있는 것에 대한 분명한 이해를 그의 독자들에게 제시할 것으로 기대했다는 사실 등을 인정하면서 크랜필드의 해석에 동의한다.

II. 논제 진술에 대한 주된 신학적인 논증(13:1b-2)

13:1b-2 바울이 13:1a의 권면적 논제 진술을 뒷받침하면서 13:1b에서 제시하는 주요 이유는 신학적이다. (1) 그는 "[인간] 권세는 하나님으로부터 나지 않음이 없다"고 선언적인 방식으로 진술함으로써 그 이유를 상당히 분명하게 제시한다. (2) 그는 "모든 [인간의] 권세는 하나님께서 정하신 바"라고 선언함으로써 그 이유를 반복하고 강조한다. 이 주요 이유는 설명의 접속사 γάρ("이는")와 전치사구 ὑπὸ θεοῦ("하나님으로 말미암아")를 2번 사용함으로써 소개되며, 그럼으로써 인간 정부와 관원을 "임명하고" "세우는 데" 있어 하나님의 주권을 강조한다.

"모든 [인간의] 권세는 하나님께서 정하신 바"라는 설명적 진술로 반

---

24) Cranfield, *Romans*, 2.658-59.

복되는, “[인간] 권세는 하나님으로부터 나지 않음이 없다”라는 기독교 사도의 확신은 그의 유대교 유산에서 그 근원을 찾을 수 있다. 하나님의 창조함을 받은 백성들이 형성하는 인간 정부와 그들의 결정 및 행동과 아울러, 인간의 모든 활동에 나타난 하나님의 주권에 관한 이해는 (1) 유대교 성경(구약)의 가르침의 기본이 되며 (2) 많은 비정경적 유대 문헌에서도 계속된다. 그러한 이해는 아래의 본문들에서도 볼 수 있다.

예레미야 27:5-6(바빌로니아의 느부갓네살 왕과 관련하여): “나[주 하나님]는 내 큰 능력과 나의 쳐든 팔로 땅과 지상에 있는 사람과 짐승들을 만들고 내가 보기에 옳은 사람에게 그것을 주었노라. 이제 내가 이 모든 땅을 내 종 바벨론의 왕 느부갓네살의 손에 주고 또 들짐승들을 그에게 주어서 섬기게 하였나니.”

다니엘 4:17, 25, 32(느부갓네살의 꿈에 나타난 “거룩한 감찰자”의 선포. 이 선포는 다니엘이 왕에게 한 대답에서 반복되고, 하늘로부터 왕에게 하신 말에도 다시 반복된다): “지극히 높으신 이가 사람의 나라를 다스리시며 자기의 뜻대로 그것을 누구에게든지 주시리라.”

다니엘 5:21(바빌로니아 왕 벨사살의 통치와 관련하여): “지극히 높으신 하나님이 사람 나라를 다스리시며 자기의 뜻대로 누구든지 그 자리에 세우시느니라.”

「집회서」 10:4-5(일반적으로 통치자들이나 장군들과 관련하여): “세상을 다스리는 일은 하나님의 손에 있으며, 정확한 때에 그분은 합당한 사람을 세우신다. 모든 사람의 통치는 하나님의 손에 놓여 있으며, 그분은 장군에게 그의 위엄을 부여하신다.”

「솔로몬의 지혜」 6:3(이 세상의 통치자와 재판관들과 관련하여): “너희는 너희의 통치권을 주님으로부터 받았다. 너희의 주권은 지극히 높으신 이에게서 온다.”

하지만 13:1b의 바울의 중요한 주장에서 다소 놀랄 만한 특징은, 비록 인간 정부와 관원들을 임명하고 세우는 데 있어 하나님의 주권을 이렇게 이해하는 것이 유대인의 종교적인 마음(예수를 믿는 다른 유대인 신자들과 바울 사도 자신을 비롯하여)에 깊이 배어 있다고 하더라도, 바울이 여기서 하나님께서 인간 정부와 관원을 주권적으로 "세우시고" "정하셨다"는 그의 주장을 뒷받침하기 위해 어떠한 구약 본문도 직접 인용하지 않는다는 사실이다. 유대교 성경(구약)을 이용하는 것은 로마에 있는 바울의 그리스도인 수신자들에게 얼마든지 용납되는 일일뿐더러 그들이 적극적으로 찬성했을 법한 일이기도 하다. (일찍이 우리가 1:16-4:25에서 바울이 로마의 그리스도인들에게 편지를 쓴 방법에 의거하여 주장했듯이) 그들은 유대 기독교적 사상과 언어와 해석 습관의 영향을 받아왔기 때문이다.

하지만 13:1-5의 자료들이 원래 바울의 이방인 선교 사역의 맥락에서 형성되었다면, 또 그의 이교도 이방인 청중들이 유대교 성경(구약)에 대해 거의 아는 바가 없고 그와 유사한 유대교의 교훈들에 관해서도 전혀 아는 것이 없었다면, 그리고 만일 바울이 두 번째 단락(5:1-8:39)의 신학적인 설명과 네 번째 단락(12:1-21과 13:8-14에 등장하는)의 일반적인 권면들에서 로마의 신자들에게 이전에 그가 로마 세계의 이방인들에게 선교하면서 선포했던 내용의 핵심을 제시하려고 했다면, 바울이 이곳 13:1-5(이나 13:6-7의 이 권면 단락의 절정)에서, 13:1-5의 권면 진술들을 뒷받침하면서 구약성경의 어떠한 "증거 본문"도 포함시키지 않은 것을 너무 이상하게 생각하지 말아야 한다.

바울에게는 개인적으로 모든 백성뿐만 아니라 공동체적으로 민족과 국가의 문제에 있어 하나님의 주권에 대한 생생한 의식이 그의 유대교 유산으로부터 마음속에 깊이 배어 있었다. 이 의식은 총체적으로 기독교의 가르침에 의해, 그리고 구체적으로는 "그리스도를 따르는 사람"이자 기독교 사도로서 바울 자신의 종교 경험에 의해 강화되기도 했다. 바울은 하나님의 창조에 나타난 하나님 자신에 대한 계시(일찍이 모든 사람에게 "분명하다"고 롬 1:19-20에서 말했던)를 통해 "하나님께 관하여 알 수 있는 것"에는, 인간의 모든 결정과 모든 인간 행위의 과정 속에 선한 것이든지 악한 것이든지 주권적으로 역사하는 참되신 한 분 하나님에 대한 기본적인 이해가 들어 있다고 확신했을 것이다.

그래서 기원과 유사성에 관한 문제들을 어떻게 이해한다고 해도, 여기서 주목해야 할 것이 있다. 바울이 (1) 13:1b에서 13:1a의 권면적 논제 진술을 뒷받침하면서 주된 근거를 제시할 때, "권세는 하나님으로부터 나지 않음이 없다"는 신학적인 공리를 이용하여 그리한다는 것과, (2) 13:1c에서 이 주된 신학적인 이유를 "모든 권세는 다 하나님께서 정하신 바라"는 말로 반복함으로써 계속 강조한다는 것, 또한 (3) 13:2에서 인간 정부와 관원들을 세우심에 있어 하나님의 주권에 관해 조금 전에 말한 모든 내용을 다음과 같은 무서운 경고로 마무리한다는 것이다. "그러므로 권세를 거스르는 자는 하나님의 명을 거스름이니 거스르는 자들은 심판을 자초하리라."

III. 그리스도인들이 "받을지도 모르는 징계"를 피하고 그들 자신의 "양심"에 충실하기 위해 다스리는 권세를 가진 자들에게 복종하라는 "논리적"이고 "실천적인" 논증들(13:3-5)

13:3-4 바울 사도는 13:1a에서 제시한 권면적 논제를 뒷받침하면서 13:1b-2에서 제시하는 주요 신학적인 이유에 이어, 이곳 13:3-4에서 로마에 있는 하나님의 백성에게 그들의 도시 관원들에게 "복종해야"하는 또 다른 "논리적"이고 "실천적인" 이유를 제시한다. 그 이유는 다음과 같이 요약할 수 있다.

1. 인간 정부와 통치자들의 궁극적인 목적이 그들이 다스리는 사람들의 복지에 있기 때문에, 그리스도인들은 그들을 두려워하는 대신 그들에게 복종해야 한다(13:3).
2. 인간 정부와 관원들은 그들이 다스리는 사람들을 대신하여 "선한 것"을 증진시키라는 명령을 받았으므로, 그리스도인들은 그들을 지원하고 격려해야 한다(13:4a).
3. 인간 정부와 통치자들은 "칼을 가지고" "악을 행하는" 사람들을 징

> 계하는 "진노의 집행자"로서 하나님께 받은 권세를 가지고 있다. 그리스도인들은 자신들이 직접 보응해서는 안 되고 이 문제에 있어 하나님께서 세우신 정부의 권세들에게 복종해야 한다(13:4b). 즉 사도가 일찍이 "그리스도인의 사랑의 윤리: 1부"를 마무리하면서 권면했듯이, 예수를 믿는 신자들은 (1) "악을 악으로 갚지" 말고, "모든 사람과 화평하게 살아야" 하며(12:17-18), (2) 자신들에게 해를 끼친 사람에게 "원수를 갚지" 말고 "하나님의 진노하심에 맡겨야" 한다. 하나님께서 친히 "원수 갚는 것이 내게 있으니 내가 갚으리라"고 말씀하셨기 때문이다(12:19).

하지만 조세프 피츠마이어가 바르게 관찰했듯이, 바울이 이곳 13:3-4에서 쓴 내용은 "현대의 신학 논의에서 주요한 문제를 야기했다. 바울의 가르침이 가끔은 모든 종류의 인간 정부를 정당화하는 빌미를 제공해왔기 때문이다."[25] 피츠마이어가 13:1-7에 대해, 그러나 특히 사도가 인간 정부를 긍정적으로 묘사한 13:3-4에 대해 계속해서 말했듯이,

> 1-7절을 관통하는 내용은 시의 권세자들이 선하고 정치 공동체의 이익을 찾는 일에 스스로 올바르게 행동하고 있다는 것이다. 바울은 전체주의적 정부나 독재 정부, 또는 시민 개인이나 소규모 집단의 정당한 권리를 지키지 못하는 정부가 있을 수 있다는 가능성에 대해서는 생각하지 않는다. 바울은 단지 문제의 한 측면, 즉 적절한 절차에 따라 임명된 합법적인 권세에 복종할 의무만을 주장한다. 바울은 사소한 언급 하나를 제외하고는 (13:4), 다스림을 받는 백성들에 대한 권세자들의 의무나 책임에 대해서는 논하지 않는다. 더욱이 시민의 합법적인 불순종이라는 개념은 그의 시야 밖에 있다. 바울은 그리스도인들과 다스리는 권세들 간의 관계를 철저하

---

25) Fitzmyer, *Romans*, 664-65.

게 논하지 않고 있다.[26)]

기독교 역사 수세기를 이어오면서 여러 해석자들은 바울이 13:3-4에서 진술한 내용(과 13:1-2과 13:5-7을 둘러싼 권면들)을 "전제주의적으로" 이해해 왔다. 예를 들어 카이사레아의 에우세비오스(260-339년경)는 이 본문을 소위 신성 로마 제국을 다스리는 콘스탄티누스 황제의 매우 유익한 31년 통치(306-337년)에 대한 성경적인 뒷받침으로 채용했다. 그리고 1930년대 말과 1940년대 초 독일의 일부 "자유주의 기독교" 신학자들과 설교자들은 히틀러의 광기 어린 통치를 지지하기 위해 이 본문을 사용했다. 가공할 정도로 잘못 판단한 그들의 국가주의적·인종차별적 이론들로 인해 (1) 많은 유럽 시민들이 정치적인 이유로 참혹하게 죽음을 당했으며, (2) 인종적인 동기에서 끔찍한 유대인 "홀로코스트"가 발생했고, (3) 대단히 파괴적인 일련의 "전격전"(blitzkrieg)으로 인해 이웃 국가들이 침략을 당했다. 여기에는 순전히 국가주의적이고 개인적인 권력 강화라는 구실과 더 많은 세계 전쟁을 수행하려고 공언한 의도가 있었다.

역으로 말해서, 과거 수세기 내내(그리고 오늘날에도) 많은 기독교 학자들, 설교자들, 교사들, 평신도들은 하나님께서 인간 정부들을 주권적으로 세우셨기 때문에 하나님의 백성들은 그들이 속한 시대와 나라의 인간 정부 관원들의 심판과 조치에 늘 복종해야 한다는 논제를 받아들이는 데 무척 어려움을 느꼈다. 당대에 여러 면에서 천재적 기질을 발휘했고 가장 중요한 초기 교부들 가운데 한 사람이었던 오리게네스(185-254년)는—그의 부친도 그리스도인으로서 이집트 정부의 관료들에 의해 순교 당했다—종종 세속적인 "권세들"과 교회의 "권세들"에 의해 배척당하고 협박을 받았다. 그는 생애 마지막 5년간 매우 강렬한 박해를 경험했으며, 두로시에서는 육체적인 고문을 당하기까지 했다(그는 두로에서 기독교 순교와 유사한 운명을 맞아 254년에 사망했다). 오리게네스는 이처럼 자신이 세속 정부와 교회의 권세

26) Fitzmyer, *Romans*, 665.

들로부터 겪은 부정적인 수많은 결정과 행위를 겪었기 때문에, 사도가 인간 정부들과 그 관원들을 "하나님의 사역자들"로 상당히 긍정적으로 묘사했다는 사실이 자신을 매우 속상하게 했다고 말할 수밖에 없었다.[27] 그래서 오리게네스는 이곳 13:3-4에 있는 바울의 말들을 살인과 절도와 관련된 문제들만을 언급하는 것으로 이해해야 할 필요가 있다고 생각했으며, 그래서 하나님께서 인간 정부들에게 "칼을 주고" "진노의 집행자"로서 기능하도록 하셨다는 정당성을 살인과 절도라는 단지 2개의 도덕적 악과만 관련된 것으로 이해했다.

마찬가지로 칼 바르트는 20세기 중반에 기독교 신학을 가르쳤던 그의 스승 중 많은 이들이 로마서 13:1-7의 바울의 진술들(과 특히 13:3-5의 진술들)을 이용하여 히틀러의 왜곡된 인종차별과 국가주의적 정책들 또 그 절정으로써 유대인 홀로코스트와 제2차 세계대전 기간에 전격적인 침략 전쟁을 벌인 것을 합법화하는 것을 봤을 때, 당대 독일의 자유주의 신학에 강하게 반응했다. 바르트가 이해하기에, 윤리 및 정부의 관원들과 정치에 관한 바울의 가르침들은 13:1-7의 권면에 요약된 것이 아니라 12:9-21에 있는 그의 "그리스도인의 사랑의 윤리"의 결론적 구절인 12:21에 요약되었다. "악에게 지지 말고, 선으로 악을 이기라."[28]

오늘날 많은 그리스도인도 13:1-7에 있는 바울의 권면과 특히 13:3-4의 진술을 "그리스도인과 국가"라는 주제에 대한 "하나님의 최종적인 말씀"으로 이해하는 데 어려움이 있다. (13:1b-2에 진술되었듯이) 하나님께서 인

---

27) 참조. Origen, *Commentarium in epistulam b. Pauli ad Romanos*(루피누스가 요약한 라틴어 번역), *PG* 14.1227. 이 내용을 Thomas Sheck는 다음과 같이 번역했다. "바울은 이 말로서 [나를] 애 먹인다. 바울은 세속적인 권세와 세상적인 심판을 하나님의 사자라고 부르며, 이것을 1번만 아니라 2번, 3번 반복한다. 나는 세상적인 재판장이 하나님의 사자라는 의미가 무엇인지 알아내고 싶다"(Origen, *Commentary on the Epistle to the Romans*, trans. Scheck, 2.224). 오리게네스의 그리스어 로마서 주석의 현존하는 단편 중에서도 롬 13장의 자료를 담고 있는 것은 하나도 없다. 우리는 오리게네스가 13:1-7에서 바울이 한 말을 설명한 것을 루피누스의 405년 라틴어 번역에서만 얻을 수 있다.

28) K. Barth, *Römerbrief*. 이 책은 여러 번 개정되어 출판되었다. 영어 번역본의 해당 부분을 보라.

간 정부와 관원들에게 하나님 백성의 삶에 합당한 권세를 가지도록 주권적으로 정하셨다는 것에 대해서는 추호의 의심의 여지가 없다. 그리고 확실한 것은 예수를 믿는 신자들이 (13:3-4에 진술되었듯이) 왜 복수와 관련하여 "자신들이 직접 보응"하려고 해서는 안 되는지에 관해 여러 논리적이고 실천적인 이유가 있다는 것이다. 하지만 13:1-7에서 바울이 (사람들이 종종 주장하듯이) "그리스도인과 국가"에 관한 기독교 신학을 온전히 제시하고 있다거나, 이곳 13:3-4에서 그가 모든 인간 정부와 그 모든 관원의 행위들을 정당화시키고 있다고 추정하는 것은 이 본문에 반영된 바울의 권면적 진술들의 목적과 특수성을 무시할뿐더러 잘못 전하는 것이다.

무수히 많은 학자들이 13:1-7, 특히 13:3-5을 쓸 당시의 역사적인 상황과 사도의 목적을 설명하려 했다.[29] 필자의 생각에는 이 문제에 대한 로버트 주이트의 이해가 우리가 나아가야 할 방향을 가장 잘 제시한 것 같다.

> 로마서 13:1-7은 이어지는 세대의 모든 시대, 모든 곳에 해당하는 정치 윤리의 기초를 만들려고 의도된 것이 아니었다. 이러한 작업은 매우 적절하지 않은 것으로 드러났다. 바울은 자신을 마지막 세대에 속한 사람으로 보았으므로 후대의 기독교 윤리학에 짐을 지워주거나 계속해서 석의적 논의를 지배하게 될 문제들에 관심을 가졌을 리가 없다. 바울의 목표는 곧 있을 그의 방문 상황에 꼭 맞는 방식으로 로마의 수신자들의 관심사를 다루면서 그들에게 호소하는 데 있었다.[30]

바울이 정부의 권세들에 대해 "다스리는 자들은 선한 일에 대하여 두려움이 되지 않고 악한 일에 대하여 되나니"(13:3a)라며 설명적인 주장으로 시작하고, "그는 하나님의 사역자가 되어 네게 선을 베푸는 자"이며 그들은

---

29) 13:1-7(특히 13:3-5)의 상황과 목적에 관한 학자들의 견해에 대한 목록과 각각의 입장에 대한 문헌들에 대해서는 Jewett, *Romans*, 785-86을 보라.

30) Jewett, *Romans*, 786-87.

"하나님의 사역자가 되어 악을 행하는 자에게 진노하심을 따라 보응하는 자니라"(13:4)는 설명적 외침으로 마무리하는 그의 긍정적인 진술들을 표현한 때는, 네로가 로마 황제로 재위한 15년 기간(54-68년)의 전반기 어느 때였을 가능성이 매우 크다. 네로가 로마 시민들로부터 그의 관용과 공의로 칭송을 받았던 때는 그의 통치 초기 몇 년간이었다. 네로는 로마 원로원의 "법규"를 회복했으며, 백성들 사이에 자행되던 학대와 불공평한 일들을 바로잡았고, 로마 제국 내 대부분의 속주에 평화의 시기를 가져왔다. 하지만 기원후 63년에 로마는 아르메니아 속주를 잃었으며, 64년에는 화재로 인해 로마시가 큰 피해를 입었다. 네로는 화재의 책임을 로마시에 살고 있던 그리스도인들 탓으로 돌려 자신에게서 주의를 돌리려 했다. 하지만 로마의 대다수 주민들은 네로가 제국의 수도를 더 거창하게 재건하기 위해 방화를 저질렀다고 그를 비난했다. 이 사건들 이후 상황은 "더 악화되었다." 네로는 그의 인간관계에서 급격히 "무너지고" 있었고, 결국 그가 사랑하던 로마시 외곽에서 68년 6월 9일에 자결했다.

네로는 그의 통치에 대한 평판이 좋았던 57-58년 겨울에 로마 시민들로부터 호감을 얻었으며, 그의 통치는 제국 전역에 있는 대부분의 신하들로부터 우호적인 평가를 받았다. 바울은 이 시기에 로마서를 쓰면서 로마시의 "다스리는 권세들"에 대해 상당히 긍정적으로 말하고 있다.[31] 아마도 사도는 로마 제국 동쪽의 여러 지역에서 초기 이방인 선교 사역을 수행할 때 로마 제국의 시민 통치 방식을 그렇게 묘사했을 것이다. 그리고 이곳 13:3-4에서 그는 "기독교 선교의 평화로운 확장을 위태롭게 할 만한 어떠한 불충한 행동을 피하도록 하려고" 그러한 내용을 기록한 것 같다.[32]

---

31) 13:3-4에 나타난 국가에 대한 바울의 긍정적인 견해의 배경에 대한 논제에 대해서는 특히 M. Theobald, *Römerbrief* (Stuttgart: Katholisches Bibelwerk, 1992-1993), 2.88; W. E. Pilgrim, *Uneasy Neighbors: Church and State in the New Testament* (Minneapolis: Fortress, 1999), 28-29을 참조하라.

32) Jewett, *Romans*, 786이 Wengst, *Pax Romana and the Peace of Jesus Christ*, 102-4; K. Haacker, "Der Römerbrief als Friedensmemorandum," *NTS* 36 (1990) 25-41; D. A. Cineira, *Die Religionspolitik des Kaisers Claudius und die paulinische Mission* (Freiburg:

13:5 하지만 바울은 다음과 같은 두 가지 사실도 알고 있었다. (1) 예수를 믿는 신자들은 유대인이든지 이방인이든지 로마 세계 전역에서 유대교의 한 종파를 이루는 것으로 이해되었다는 것, (2) 기독교 메시지는 이교도 이방인들에 의해 그들이 유대교의 가르침이라고 알고 있었던 것과 연결되었다는 것이다. 이것은 단순히 기독교가 유대인들의 나라에 그 뿌리를 두고 있고, 기독교 신자들이 갈릴리 나사렛 마을 출신의 유대인 목수였던 예수를 예배했으며 그를 유대인의 메시아라고 주장했기 때문이었다. 더욱이 바울은 제국에 속한 대부분의 유대인들과 비유대인들이 그러했듯이, 유대인과 로마인이 "일촉즉발의 상황"에 있었다는 것도 틀림없이 인식하고 있었을 것이다. 그 결과 로마에 속한 그리스도인들은 비기독교인 이웃들에게 자신들과 자신들의 메시지를 어떻게 대변해야 하는지를 늘 염두에 두어야 했다. 또는 마커스 보그(Marcus Borg)가 바울과 당대 그리스도인들이 직면했고 그들이 일상에서 언제나 반응해야 했던 상황을 더욱 인상적으로 표현했듯이,

> 바울이 이 본문을 로마에 있는 그리스도인들에게 쓸 무렵, 유대교는 로마 제정에 맞서 오랜 기간 저항한 결과, 재앙이 발생하기 직전에 있었다. 로마인들에 의해 십자가 처형을 당한 한 유대인에 의해 창설된 신생 기독교는 여전히 로마의 눈에는 유대교의 한 종파로 이해되었으며, 역사와 문화, 이데올로기 및 연관된 양식에 있어서 유대 세계와 떼려야 뗄 수 없이 연관되었다. 기독교는 필연적으로 유대-로마 관계의 위기에 휘말릴 수밖에 없었다. 로마를 향해 취해야 할 바른 자세는 무엇이었을까? 이것은 디아스포라 공동체와 팔레스타인 공동체들에게 비슷하게 핵심을 찌르는 질문, 즉 권세자들의 지위에 대한 이론적인 관심의 저변에 확실히 깔려 있는 질문이었다.[33]

Herder, 1999), 403의 입장들을 요약했듯이 말이다.

33) Borg, "A New Context for Romans xiii," 218.

그래서 사도는 그가 13:3-4에서 제시하는 "논리적"이고 "실천적인" 이유들을 13:5의 호소로 마무리한다. "그러므로 복종하지 아니할 수 없으니(διὸ ἀνάγκη ὑποτάσσεσθαι) 진노(τὴν ὀργήν) 때문에 할 것이 아니라 양심(τὴν συνείδησιν)을 따라 할 것이라." 압축적인 그리스어 문장 διὸ ἀνάγκη ὑποτάσσεσθαι("그러므로 복종하지 아니할 수 없으니")는 "그러므로 예수를 믿는 신자들은 하나님이 세우신 로마 정부의 권세들에게 복종해야 한다"는 더 온전한 진술을 압축한 것이다.[34] 이곳 13:5의 관사가 있는 τὴν ὀργήν("그 진노")이라는 어구는 틀림없이 조금 전 13:4 끝부분에서 제시된 인간 정부 권세들에 대한 묘사, 즉 θεοῦ διάκονός ἐστιν ἔκδικος εἰς ὀργήν("'진노를 행하는' 또는 '보응하는', 하나님의 종")에 의해 정의되어야 한다. 또는 페터 슈툴마허가 이 문제를 표현했듯이, "국가 권력에 충성스럽게 복종해야 하는" 두 가지 이유 중 "첫 번째 이유"는 이것이다. "악을 행하는 사람들에게 내리는 하나님의 진노의 심판은 실제로 국가의 법정에 의해 대표적으로 수행되기" 때문이다.[35] 그리고 바울이 로마 권세자들에게 복종하라고 제시하는 두 번째 이유는 관사를 가진 어구 τὴν συνείδησιν("그 양심")에 의해 간략하면서도 평이하게 제시된다. 이것은 일찍이 12:2b에서 강조되었던 그리스도인의 마음의 "변화"와 "새롭게 됨"과 관련된 문제들을 주로 염두에 두었을 가능성이 크다. 이와 같은 인생관의 변화와 사고의 갱신은 신자의 삶에서 "하나님의 뜻이 무엇인지", 다시 말해서 우리의 모든 삶의 환경에서 하나님의 "선하시고 기뻐하시고 온전하신 뜻"이 무엇인지를 이해하게 할 것이라고 약속된다. 여기에는 로마 그리스도인들이 직면하고 있는 도시와 정치의 구체적인 상황에서 하나님의 뜻이 무엇인지도 분명 포함한다.

그래서 바울은 13:5에서 로마에 있는 그리스도인들에게 그들이 제국의 수도에서 그들을 둘러싸고 전개되고 있던 도시와 정치의 소요들에 어떻

---

34) 롬 8:7, 20; 10:3; 고전 14:32, 34; 15:27-28; 16:16; 엡 1:22; 5:21-22; 골 3:18; 딛 2:5, 9 등 바울 서신의 다른 문맥에서 동사 ὑποτάσσω("복종하다", "굴복하다", "순종하다")의 비슷한 용례를 참조하라.

35) Stuhlmacher, *Romans*, 203.

게 반응하며 생각하고 행동해야 할지에 대해 쓰면서, 예수를 믿는 모든 신자의 일체의 결정과 실천사항에서 기억해야 할 중요한 두 가지 인간적인 요인을 압축된 형식으로 다소 모호하게 제시한다. 곧 (1) 자신이 처한 상황(여기서는 부상하는 사회적·정치적 소요)에 대한 평가와, (2) 적절하게 생각하고 행동하는 자신의 변화되고 새롭게 된 마음(성령으로 말미암아 한 사람의 삶에서 이루어진 변화되고 새롭게 된 마음)이 제공해주는 지침 등이다.

바울이 (로마서를 쓰기 전에) 로마 세계의 동쪽 지역에서 이방인들을 향한 복음 사역을 수행하는 동안 그리스도인 개종자들에게 선포해야 했던 것이 바로 이 메시지다. 그 메시지는 이곳 13:1-5에서 로마 신자들에게 축약된 형태로 제시되었다. 로마 정부의 권세 아래 살았던 이방인 신자들이나 유대인 신자들은 다 하나님의 새로운 백성으로 어떻게 살아야 하는지, 즉 예수를 믿는 신자들이 세속적이고 상당히 이교적인 사회에서 어떻게 그들의 삶을 살아내야 하는지에 대해 사도의 교훈을 받을 필요가 있었다.

IV. 로마에 있는 그리스도인들이 구체적으로 직면하고 있던 도시적·정치적 쟁점들과 관련된 13:1-5의 권면들의 구체적인 적용(13:6-7)

13:6-7 로마서 13:1-5에서 바울이 권면한 내용에 대한 구체적인 적용이 이곳 13:6-7에 등장한다. 그것은 당시 로마 그리스도인들이 직면했던 도시적·정치적 쟁점들과 관련이 있다. 즉 (1) 지방세를 바치는 것, (2) 그 외 통행세와 국세를 바치는 것, (3) 전반적으로 정부의 권세자들을 공경하는 것, 그리고 (4) 구체적으로 로마의 도시 관원들을 존경하는 것 등이다. 사도가 본문의 마지막 이 두 구절에서 제시하는 것은 (Friedrich, Pöhlmann, Stuhlmacher가 제안한 논제를 받아들이면서) 분명 그가 당시 로마에서 예수를 믿는 신자들이 직면하고 있었던 상황에서 그들에게 매우 현실적으로 중요했던 것이라고 보았던 것이다.

사도는 이 본문 마지막 두 절의 구체적인 호소에서 계속하여 로마 정부와 그 관원들을 "하나님의 일꾼(λειτουργοὶ θεοῦ)이 되어 다스리는 일을 하는" 사람들로 묘사한다. 13:6에서 그들을 이렇게 묘사하는 것은 일찍이 13:4에서 하나님이 그들을 "하나님의 사역자"(θεοῦ διάκονός)가 되어 (1) "선"(τὸ ἀγαθόν)을 베푸는 자로, (2) "악을 행하는 자에게 진노하심을 따라 보응하는 자"(ὀργὴν τῷ τὸ κακὸν πράσσοντι)로 정하셨다는 내용과 매우 유사하다. 바울은 처음에 말했을 때와 그런 다음에 13:1-5에서 글로 기록했을 때 그가 염두에 두었다고 우리가 제안한 것과 상당히 동일한 이유로, 로마 정부와 관원들을 이러한 방식으로 언급했음이 분명하다. 즉 그는 (1) 다른 사람들과 함께 네로 재위 첫 몇 년간 로마 제국 전역에 살던 사람들을 위해 네로 황제가 행한 여러 이로운 행동들을 칭송했으며, (2) 기독교 선교의 평화로운 확장에 위협을 줄지도 모르는 정치적 불충성의 빌미를 제공할 만한 어떠한 표현도 피하고 싶었기 때문이다.[36)]

로마의 그리스도인들을 향한 바울의 충고는 매우 분명하고 날카롭다. "모든 자에게 줄 것을 주되 조세를 받을 자에게 조세를 바치고 관세를 받을 자에게 관세를 바치고 두려워할 자를 두려워하며 존경할 자를 존경하라." 이러한 충고는 하나님이 예언자 예레미야를 통해 바빌로니아에서 포로 생활을 하던 이스라엘 백성에게 주신 교훈과 일맥상통한다. "너희는 내가 사로잡혀 가게 한 그 성읍의 평안을 구하고 그를 위하여 여호와께 기도하라. 이는 그 성읍이 평안함으로써 너희도 평안할 것임이라"(렘 29:7).[37)]

---

36) 13:3-4에 대한 필자의 간추린 주석과 이러한 주석을 지지하기 위해 인용한 참고문헌을 다시 보라. 거기서 필자는 다음과 같이 제안했다. 네로는 그의 재위 초기의 우호적인 시기인 57-58년 겨울에 로마 시민들로부터 호감을 받았으며 그의 통치는 제국 전역에 있는 그의 대부분의 신하들로부터 우호적인 평가를 받았다. 바울은 이 시기에 로마에 있는 그리스도인들에게 편지를 쓰면서 13:3-4에서 로마시의 "다스리는 권세들"에 대해 상당히 긍정적으로 말하고 있다. 이것은 사도가 일찍이 로마 제국 동쪽의 다양한 지역에서 진행한 이방인 선교에서 로마시 정부에 대해 묘사했을 법한 내용이다. 그리고 이곳 13:3-4에서 그는 (앞에서 인용했던 Robert Jewett의 어구를 사용하여 표현하자면) "기독교 선교의 평화로운 확장에 위협을 줄지도 모르는 정치적 불충성의 빌미를 제공할 만한 어떠한 표현도 피하고 싶었"던 것 같다.

37) Bar 1:11에서 하나님의 백성에게 주는 충고를 참조하라. "땅 위에서 그들의 날이 하늘에서처럼 영원하도록, 바빌로니아 왕 느부갓네살의 목숨과 그의 아들 벨사살의 목숨을 위해 기도하라. 주님께서 우리에게 힘과 명석한 이해력을 주셔서 우리의 삶이 바빌로니아 왕 느부갓네살과 그의 아들 벨사살의 보호 아래 있고, 우리가 그들의 총애를 받아 오래 섬길 수 있도록 기도하라. 또한 잠 8:15; 단 2:21; Sir 17:17; Wis 6:3-4; *Let Aris* 196, 219, 224도 보라.

하지만 더 구체적으로 13:7에서 사도가 권면한 내용은 “예수의 말씀” 또는 소위 Q자료에 포함되었을 가능성이 매우 큰 예수의 핵심적 가르침을 반영한다. 이것은 분명히 초기 여러 그리스도인 공동체 내부에서 회람되었을 것이며,[38] 바울과 로마에 있는 그리스도인 수신자들도 이에 대해 알았을 것이다. 이것은 나중에 세 복음서 저자들이 마가복음 12:17, 마태복음 22:21, 누가복음 20:25에서 각각 포함시켰던 경구적인 “예수의 말씀”이다. “가이사의 것은 가이사에게, 하나님의 것은 하나님께 바치라!” 그리스도인의 큰 선생이며 주님이신 분의 이 “말씀”은 또한 베드로전서 2:13-17의 중심 되는 권면들의 동기가 되었을 것이다. 특히 (1) “인간의 모든 제도를 주를 위하여 순종하되 혹은 위에 있는 왕이나 혹은 그가 악행하는 자를 징벌하고 선행하는 자를 포상하기 위하여 보낸 총독에게 하라”(벧전 2:13, 14)는 베드로전서 본문의 첫 부분과 (2) 그리스도인들에게 “뭇 사람을 공경하며” “왕(황제)을 존대하라”(벧전 2:17)고 권면하는 본문의 마지막 부분이 그러하다. 동일한 말씀이 사도가 디도서 3:1-2에서 “믿음이 있는 충성된 자녀”에게 부탁한 권면의 저변에 있는 말씀일 것이다. “너는 그들[디도의 목회적 돌봄 아래 있는 사람들]로 하여금 통치자들과 권세 잡은 자들에게 복종하며 순종하며 모든 선한 일 행하기를 준비하게 하며, 아무도 비방하지 말며 다투지 말며 관용하며 범사에 온유함을 모든 사람에게 나타낼 것을 기억하게 하라.”

하지만 바울이 로마서 13:7에서 역사적 예수의 이 “말씀”을 사용한 것은 앞에서 인용한 바울과 베드로의 용례와 비슷하기는 하지만, 당대에 로마 그리스도인들이 직면했던 도시적·정치적 쟁점들, 즉 로마에 있는 신자들이 실제로 직면하고 있는 문제들과 구체적으로 관련이 있다. 이를테면, (1) 시에서 징수하는 지방세를 내는 일, (2) 정부가 합법적으로 부과한 통행세와 국세를 내는 일, (3) 일반적으로 정부 권세들을 존중하는 일, (4) 구체적으로 시 관원들을 공경하는 일 등이다. 그래서 사도가 13:1-7의 마지막

38) 필자의 “Christological Materials within the Early Christian Communities,” 47-76을 보라.

두 절에서 제시하고 있는 것은 (Friedrich, Pöhlmann, Stuhlmacher가 제안한 논지를 따르자면) 그가 전에 그랬듯이, 50년대 중반에서 말기 사이에 로마 제국의 수도에서 고조되고 있었던 사회적·정치적 긴장 아래 있던 로마의 그리스도인들에게 매우 적절하다고 생각한 내용이었다.

성경신학

본문 13:1-7과 관련하여 늘 제기되는 질문은 이것이다. 바울이 이 본문에서 그리스도인과 모든 인간 정부의 관계에 대해 결정적인 이해를 표현하려고 의도했는가? 그래서 예수를 믿는 신자들에게 (서구 기독교에서는 종종 당연시해왔듯이) 그들이 살거나 마주하고 있는 어떤 상황이나 환경에서든지 순종하라고 했는가? 또는 이 일곱 절의 권면 진술은 어떤 특정한 시기와 특정한 상황 아래에 있는 로마 신자들에게 주는 지침이었는가? 그리고 로마의 그리스도인들에게 그들이 살던 시대의 특수한 상황에 어떻게 반응할지 권면하기 위해서만 주신 말씀인가? 물론 마가복음 12:13-17과 병행구들, 사도행전 5:29, 베드로전서 2:13-17, 그리고 요한계시록 13장처럼 관련된 신약의 다른 본문들에도 주의를 기울이면서 오늘날 그리스도인들이 이와 비슷한 사회적·정치적 환경에서 어떻게 반응해야 하는지 알려주는 패러다임으로 기능하기도 하겠지만 말이다.

페터 슈툴마허는 로마서 13:1-7에 있는 권면 진술에서 바울이 주장한 내용을 다음과 같이 간략히 묘사했다.

> 바울은 로마의 그리스도인들에게 국가의 현존하는 세력에게 가급적 충성을 다하라고 명령하며 그 세력에게 하나님의 정하심이 있다고 이해한다. 세상을 창조하시고 그 세상을 은혜로 보존하시는 하나님의 뜻에 맞추어 국가 제도들은 (경찰력을 이용하여) 선을 신장하고 악을 억제한다. 그리스도인들은 먼저 이것을 감사함으로 인정해야 한다. 그들은 국가가 요구

하는 당연한 의무와 세금 납부를 거절하지 말아야 한다.[39]

하지만 슈툴마허는 계속해서 다른 여러 신약 해석자들이 이곳 13:1-7에 있는 바울의 권면과 관련하여 내용을 확장해서 말한 것을 상당히 적절하게 요약하면서 현대의 모든 기독교 주석가, 교사, 설교자, 평신도에게 다음과 같은 사실을 인식하라고 촉구한다.

1. "바울이 분명하게 이상주의적인 어조로 글을 씀에도 불구하고, 시대를 초월한 '하나님이 세우신 정부의 특성과 명령'에 대해 말하려는 의도가 그에게 있었던 것은 아니다.…오히려 그는 로마의 힘을 가지고 하나님의 정하심에 따라 다스리는 권세를 행사하는 사람들에 대한 적절한 존경을 촉구하고 있을 뿐"이라는 사실.
2. "지상의 모든 세력처럼, 그들도 최후의 심판 때 하나님의 보좌 앞에서 반드시 답을 내놔야 한다"는 사실.
3. 이 본문이 "신약성경에서 그리스도인과 국가간의 관계를 다룬 유일한 본문이 아니라 이와 동일하게 중요한 여러 본문 중 하나에 불과하다"는 사실. 그런 본문들에는 "마가복음 12:13-17과 병행구, 사도행전 5:29, (롬 13:1-7) 베드로전서 2:13-17, 요한계시록 13장이 있다."
4. "그리스도인들은 국가를 하나님의 정하심과 그의 뜻에 부합하게 혼란을 억제하는 정부의 형태로 여겨야 한다"는 사실.
5. "그리스도인들은 장난삼아서라도 무정부주의를 생각할 수 없다"는 사실.
6. "그리스도인들은 국가의 세력이 마귀의 속성을 지닐 것이라고 계속해서 예상해야 하며, 이러한 예감은 그리스도를 고백할 것인지 아니면 스스로 하나님의 위엄과 권세를 주장하는 정치 세력을 가지고 있

39) Stuhlmacher, *Romans*, 206.

는 사람들에게 충성할 것인지에 대해 결정적으로 질문을 제기할 수 있다"는 사실.

7. "복음 증거가 금지되거나 본질적으로 제한되는" 모든 상황에서, 베드로가 유대인의 산헤드린 공회 앞에서 취한 대답은 그리스도인들이 할 수 있는 유일한 태도라는 사실. 즉 "우리가 사람보다 하나님께 순종하는 것이 마땅하다!"
8. "신약의 모든 본문은 국가의 세력에 대항하여 극렬하게 반대하지 못하게 한다"는 사실.
9. "정치적으로 전혀 영향을 받지 않는 그리스도인들이 언젠가 복음의 주장에 상응하는 인간 정부의 형태를 성공적으로 주장했다가 그 후 그것을 실현하게 될 가능성은 신약 본문의 시야 내에서는 존재하지도 않았다"는 사실.[40]

슈툴마허는 13:1-7에서 바울이 권면한 내용에 대한 그의 중요한 석의적 논의를 다음과 같은 관찰과 해석학적 제안으로 결론을 맺는다.

> 성경 시대에 그리스도인들은 국가와 국가의 세력 행사에 어떠한 본질적인 영향을 끼칠 수가 없었지만, 오늘날 그리스도인 시민들에게는 여러 나라에서 직간접적으로 국가 제도에 영향을 행사하고 스스로 다스림의 책임을 짊어질 가능성이 있다. 이러한 환경에서 그리스도인들은 그들 자신이 가진 기독교 신앙과 시민으로서의 책임을 연결할 수 있게 할 원리들과 그에 대한 논의가 필요하다. 성경의 본문과 전제로 판단해볼 때, 이러한 원리들은 그것들이 (그리스도의 몸인) 교회와 도시 공동체 간의 차이를 유지할 것인지, 그들이 그리스도 안에 있는 하나님의 뜻을 삶의 두 형식으로 적절하게 옮겨 놓을 것인지, 그것들이 교회와 국가를 서로 긍정적으로 연결시

---

40) Stuhlmacher, *Romans*, 206-7.

킬 것인지에 근거하여 평가되어야 한다.[41]

더욱이 로마서 13:1-7에 근거하여 그리스도인들이 적어도 다음의 세 가지 사항을 항상 고려하여 "그리스도인과 국가"라는 주제에 대한 성경신학을 전개할 필요가 있다고 말하는 것은 정당하다. (1) 모든 국가와 백성의 일에 작용하는 하나님의 주권에 관한 무엇보다 중요한 확신. (13:1-2과 그 밖에 여러 곳에 암시되었듯이) 하나님의 뜻이 어떤 주어진 상황이나 환경에 표현되고 있는지를 늘 이해할 수 있는 것은 아니지만 말이다. (2) 인간적인 문제나 종교적인 문제를 막론하고 가능한 곳이라면 어디서든지 정부의 권세들에게 긍정적인 반응을 해야 할 필요성. (13:5a의 "징계 때문에"라는 어구에 암시되었듯이) 기독교 복음전파와 기독교회의 지속적인 선교에 악영향을 미치는 정부의 반응을 피하기 위해서 말이다. (3) (13:5b의 "양심 때문에"라는 어구에 암시되었듯이) 그리스도인이 "변화되고" 꾸준히 "새롭게 된" 마음을 통해 도시와 정치의 특정한 문제들과 관련하여 바른 판단을 내릴 수 있도록 하나님의 성령께 의지해야 할 필요성 등이다. 이 세 가지 고려 사항은 그리스도인과 국가와 관련된 성경신학에 기본적인 것이며, 그러므로 이 고려 사항들이 이 문제들에 대한 그리스도인의 모든 생각과 행동의 중심에 있어야 한다.

현대를 위한 상황화

로마서 13:1-7에서 바울이 그리스도인과 국가에 관해 가르친 내용을 "현대를 위해 상황화"한 것에 대해 많은 것을 말할 수 있을 것이다. 앞에서 우리가 석의적으로 그리고 신학적으로 제시한 내용이 있기에, 여기서 그것을 더 진전시키는 것은 중복이자 불필요한 일일 것이다. 그렇지만 다음과 같은 일반적인 요지들은 그리스도인과 국가에 대한 어떤 이론적인 논의와 특정한 사회적·정치적 상황에서 예수를 믿는 신자로서 자신의 삶을 살아가

41) Stuhlmacher, *Romans*, 207.

려는 데 있어 특히 중요하다.

1. 기독교적 선포에는 언제든지 그 선포의 다른 여러 요소 가운데 "올 세대"의 시작을 경험하여 "그리스도 안에 있는 새 생명" 안에서 즐거워하고 있는 사람들이 "이 세대"의 구성원들로서 어떻게 삶을 살아가야 하는지에 관한 교훈이 포함되어야 한다. 특히 "그리스도를 따르는 사람들"이 오늘날 그들의 인간 정부와 관원들을 어떻게 평가하고 응대해야 하는지에 대해 언급해야 한다.
2. (지역적인 것이든지 세계적인 것이든지 막론하고) 사회적·정치적 모든 관심사와 관련된 문제들을 비롯하여 그리스도인의 모든 생각과 행동에 기본적인 것은 하나님이 그분의 뜻과 목적을 주권적으로 수행하신다는 확신이다. 하나님의 뜻과 목적이 종종 파악하기 쉽지 않고 자세히 설명하기가 어렵지만 말이다.
3. 삶의 모든 상황에서, 예수를 믿는 신자들이 마주하는 구체적인 환경들(당장 직면하는 것이든지 아니면 어떤 행동에서 나온 것이든지 간에)은, 적어도 인간적으로 가능한 한, 하나님의 백성이 조심스럽게 분석할 필요가 있다.
4. 그리스도인들은 그들의 삶의 모든 상황에서 하나님께 인도하심을 구해야 한다. 하나님의 인도하심은 (일찍이 12:2에서 강조했듯이) 하나님의 성령을 통해 "그리스도를 따르는 사람"의 "변화되"고 "새로워진" 마음으로 주어진다. 이와 같은 세계관의 변화와 사고의 갱신으로 말미암아 신자는 "하나님의 뜻이 무엇인지", 즉 오늘날 그리스도인들이 마주하는 사회적·정치적 환경을 비롯하여 삶의 다양한 환경에서 하나님의 "선하시고 기뻐하시고 온전하신 뜻"이 무엇인지를 깨닫게 된다.

그러므로 13:1-7의 권면 본문은 소위 "하나님이 세우신 인간 정부의 특성과 임무"에 대한 하나의 무시간적인 진술 세트를 제시하는 것으로 이해되어서는 안 된다. 오히려 바울이 여기서 (1) 예수를 믿는 신자들이 그리스도인과 국가 간의 관계에 관한 문제들을 다룰 때 늘 염두에 두어야 하는 어떤 원리들을 제시하고, (2) 그 원리들을 당시 로마에서 예수를 믿는 신자들이 직면한 구체적인 문제들에 적용하는 것으로 이해해야 한다. 본문은 그리스도인들과 그들 각자의 인간 정부 및 관원들 사이의 관계와 관련하여 제기될 수 있는 모든 문제를 해결하지는 않는다. 하지만 본문은 비슷한 상황에서 그리스도인에게 있어야 할 생각과 행위에 대한 하나의 패러다임을 제시한다. 그리고 밀접하게 관련이 있는 문제들을 다루는 (막 12:13-17과 병행구; 행 5:29; 벧전 2:13-17; 계 13장과 같은) 신약성경의 다른 본문들과 결합할 때, 이 본문은 하나님의 성령께서 오늘날 이와 비슷한 사회적·정치적 환경들 가운데 있을지도 모르는 하나님 백성의 생각과 행동을 인도하는 데 사용하시는 중요한 성경 본문으로 기능한다.

5. 그리스도인의 사랑의 윤리, 2부(13:8-14)

번역

[13:8]"서로 사랑하라!" 이것 외에는 아무에게든지 아무 빚도 지지 말라. [자기 자신 외에] 남을 사랑하는 자는 율법을 다 이루었느니라. [9]"간음하지 말라", "살인하지 말라", "도둑질하지 말라", "탐내지 말라" 한 것과 그 외에 다른 계명이 있을지라도, "네 이웃을 네 자신과 같이 사랑하라" 하신 그 말씀 가운데 다 들었느니라. [10][그리스도인의 아가페] 사랑은 이웃에게 악을 행하지 아니하나니, 그러므로 [그리스도인의 아가페] 사랑은 율법의 완성이니라.

[11]또한 너희가 이 시기를 알거니와, 자다가 깰 때가 벌써 되었으니, 이는 이제 우리의 구원이 처음 믿을 때보다 가까웠음이라. [12]밤이 거의 끝나고 낮이 가까웠으니, 그러므로 우리가 어둠의 일을 벗고 빛의 갑옷을 입자. [13]낮에와 같이 단정히 행하고, 방탕하거나 술 취하지 말며, 음란하거나 호색하지 말며, 다투거나 시기하지 말고, [14]오직 주 예수 그리스도로 옷 입고 죄악의 성품에 속하는 욕망을 어떻게 충족시킬지 생각하지 말라!

본문비평 주

13:8 2인칭 복수 현재 명령형 ὀφείλετε("너는 해야 한다", "너는 빚을 진다", "너는 ~할 의무가 있다")는 본문 전통에서 광범위한 지지를 받고 있다. 하지만 주격 복수 현재 분사 ὀφείλοντες("해야 하는", "의무가 있는")가 시나이 사본(ℵ* 01)에 등장하며, 그럼으로써 13:8을 13:7에 있는 "조세"와 "관세", "존경"과 "공경"을 주어야 할 "자에게 바치라/주라"는 명령과 연결된다. 가정법 형태의 ὀφείλητε("너는 해야 한다", "빚을 져야 한다", "반드시 해야 한다")가 시나이 사본 교정본(ℵ²)에 등장한다. 그러나 ℵ*과 ℵ² 등 이 이문들은 문체 개선을 시도한 것에 불과한 것으로 보이며, 그러므로 원본으로 고려해서는 안 될 것 같다.

9절 Οὐ κλέψεις("도둑질하지 말라")와 οὐκ ἐπιθυμήσεις("탐내지

말라")가 본문에 포함되고 위의 순서대로 등장하는 독법은 P[46], 대문자 사본 A B D F G Ψ, 그리고 소문자 사본 33 1175 1739(범주 I), 1881(범주 II), 6 1241 2200(범주 III) 등 광범위한 지지를 받고 있다. 하지만 일부 사본 증거는 이 두 계명 사이에 οὐ ψευδομαρτυρήσεις("거짓 증거 하지 말라")를 삽입한다. 대문자 사본 ℵ [P] 0150과 소문자 사본 81 256 1506 1962 2127(범주 II), 104 365 436 459 1319 1573 1852 1912(범주 III)에서처럼 말이다. 이 이문은 it$^{ar, b}$ vg^{cl} syr$^{(h), pal}$ cop^{bo}에도 반영되었으며 오리게네스$^{lat1/6}$의 지지를 받고 있다. 이 삽입은 출애굽기 20:15-17과 신명기 5:19-21의 영향 때문인 것이 분명하다. 그 밖에 다른 독법도 본문의 전수 과정에서 생겨났다. 일부 본문에는 계명들을 생략한 것도 있고, 그 밖에 계명들을 재배열한 것도 있다(이것은 분명히 70인역 사본들 간에 있는 다양함과 MT에서 기원했다는 사실에 근거했을 것이다). 하지만 이중적인 더 짧은 독법인 οὐ κλέψεις, οὐκ ἐπιθυμήσεις가 더 나은 사본의 지지를 받고 있으며, 그래서 원본으로 받아들여야 한다.

11절 Ὅτι ὥρα ἤδη ὑμᾶς…ἐγερθῆναι("너희가 깰 때가 이미 되었기 때문이다")라는 어구에서 대명사 ὑμᾶς("너희")는 대문자 사본 ℵ* A B C P와 소문자 사본 81 1881 1962 2127(범주 II), 365 1319 1852(범주 III)의 지지를 받고 있으며, it$^{ar, b, d, f, g, o}$ vg cop^{bo}에도 반영되었고, 클레멘스 암브로시아스테르 히에로니무스 아우구스티누스의 지지를 받고 있다. 반면에, 대명사 ἡμῶν("우리")은 P^{46vid}, 대문자 사본 ℵ^{2} D F G Ψ 0150(또한 *Byz* L)과 소문자 사본 33 1175 1739(범주 I), 256 1506(범주 II), 6 104 263 436 459 1241 1573 1912 2200(범주 III)의 지지를 받으며, sy$^{rp, pal}$ cop^{sa} 에도 반영되었고, 크리소스토모스의 지지를 받고 있다. 두 독법 모두 비교적 강한 지지를 받고 있다. 하지만 내적인 근거에 의거하여 ὑμᾶς("너희")가 더 나은 것 같다. Ἡμῶν("우리")이 ὑμᾶς("너희")로 바뀌었다기보다는 ὑμᾶς("너희")가 다음 절에 있는 ἡμῶν("우리")의 인칭과 동화시키기 위해 ἡμῶν("우리")으로 바뀌었을 가능성이 더 크기 때문이다. 소수의 증거 본문에는 대명사가 완전히 생략된 것도 있다(생략된 독법이 syr^{h} eth에도 반영되었고, 오리게네스^{lat}의 지지를 받는다).

12a절 Ἀποθώμεθα οὖν τὰ ἔργα τοῦ σκότους("그러므로 어두움의

일을 벗자")에서 1인칭 복수 부정과거 가정법 중간태 동사 ἀποθώμεθα("벗자")가 대문자 사본 ℵ A B C D^{2} P Ψ 0150(또한 *Byz* L)과 소문자 사본 33 1175 1739(범주 I), 81 256 1506 1881 1962 2127(범주 II), 6 104 263 365 436 459 1241 1319 1573 1852 1912 2200으로부터 결정적인 지지를 받고 있다. 그리고 이 독법은 클레멘스 크리소스토모스 테오도레토스의 뒷받침을 받기도 한다. 하지만 서방 증거 본문들 중에는 P^{46}과 대문자 사본 D$^{*, 3}$ F G처럼 ἀποβαλώμεθα("던져버리자")로 읽는 것도 더러 있다. 그리고 이 독법은 eth에도 반영되었다. 하지만 ἀποθέσθαι는 보통 포기를 나타내는 어구에서 사용된다. 더욱이 동사 ἀποβάλλειν은 바울 서신의 다른 어느 곳에서도 등장하지 않는다.

12b절 이 구절 마지막 문장의 동사 ἐνδυσώμεθα("입자")와 결합되었고 대조나 연관 또는 전환을 의미하는 불변화사 δέ("차라리", "그래서", "이제", "그런데", "그러므로")는 약간 논증의 대상이 된다. 일부 사본 증거들에는 이 불변화사가 생략되었다(P^{46c}, 대문자 사본 ℵ*과 P, 그리고 소문자 사본 6에서처럼. 그리고 이 독법은 cop^{mss}에도 제안되었다). 또는 동사 ἐνδυσώμεθα 앞에 접속사 καί가 놓인 것도 있다(대문자 사본 ℵ^{3} C^{3} D^{2} F G Ψ와 소문자 사본 33 326에서처럼. 또한 역본 it vg syr도 보라). 기원후 200년경의 P^{46}에는 동사 뒤에 οὖν이 있다. 비록 대부분의 사본 증거에는 동사 바로 뒤에 δέ가 있지만 말이다(대문자 사본 A B C* D* P 1506과 소문자 사본 1739 1881에서처럼. 또한 이 독법은 클레멘스의 지지도 받는다). GNT$^{3, 4}$는 ἐνδυσώμεθα 바로 다음에 δέ를 받아들였다. 하지만 그것에 약간의 의문이 있음을 나타내려고 꺾쇠 괄호 안에 넣었다.

형식/구조/상황

로마서 12:9-21의 권면 진술들과 마찬가지로, 이곳 13:8-14에 있는 바울의 권면 진술들의 특성, 구조, 사상의 발전, 목적 등과 관련하여 주석가들은 다양한 의견을 표현했다. 일반적으로 해석자들은 단순히 사도가 사용한 단어들의 출처와 의미를 설명하는 것으로 만족하곤 했지만 말이다. 이 본문의 형식, 구조, 사상의 발전, 목적과 관련하여 지금까지 논의된 것(과 논의할 수 있는 것) 대부분은 추측에 의거한 것이다. 그럼에도 "정보에 의거한 추측들"은 그렇지 못한 것보다 낫다. 그래서 우리는 다음과 같은 추측들이 더 낫다고 본다.

13:8-14의 원래의 어구와 현재의 목적에 관한 제안. 바울이 13:8-14에서 제시한 권면들을 그가 일찍이 기독교 사도로서 행한 가르침과 설교에서 가져온 것이라고 추측하는 것이 이치에 맞을 것이다. 그것은 (1) 인종적으로 다양하게 혼합된 신자들 집단으로 이루어진, 시리아 안디옥의 기독교 공동체들에서 "일 년 내내" 가르친 것에서 가져온 것일 수도 있고, (2) 로마 제국의 동쪽 지방의 여러 도시와 마을과 지역에서 이교도 이방인들을 향한 복음전도 사역 기간에 선포한 기독교 복음에서 가져온 것일 수도 있다.

더욱이 사도가 그의 편지에 13:8-14의 자료를 포함시킨 목적은 앞서 12:9-21의 권면 자료를 포함시킨 목적과 무척 비슷했다고 상정할 수 있다. 즉 로마에서 예수를 믿는 신자들이 당시 직면하고 있던 구체적인 환경에 대한 윤리적 목표를 제공하는 중요한 기독교적 원리들을 제시하기 위해서 말이다. 또는 이 문제들과 그 근거를 좀 더 분명하게 다음과 같이 표현할 수 있을 것이다. (1) 12:9-21의 "그리스도인의 사랑의 윤리: 1부"에서 제시된 바울의 윤리적 원리들은 도시적·정치적 성격에 속한 관심사들과 관련된 13:1-7의 구체적인 권면들을 위한 근본적인 고려사항으로 의도된 일반적인 기독교적 원리들로 이해하는 것이 가장 좋다. 이 문제들은 당시 로마에 살고 있던 예수를 믿는 신자들에게는 실천적으로 매우 주요했다. 그래서 (2) 이곳 13:8-14의 "그리스도인의 사랑의 윤리: 2부"의 권면적 진술들 역시 적어도 로마에 있는 일부 기독교 공동체들 내부에서 제기된 문제에 관해 바울이 14:1-15:13에서 상황화한 권면들을 위한 근본적인 고려사항으로 작용하도록 의도되었다고 추측할 수 있다. 이렇게 본문들을 비교하는 것은 신약의 편지를 해석할 때 "공식 패턴"과 "구성적 구조"의 중요성에 관한 우리의 논지에 의존함으로써 어느 정도는 (우리가 믿기로) 정당화될 수 있다.[1] 하지만 끊임없이 반복되는 "난제"(즉 정기적으로 제기되지만 추측성 대답만 있는 듯한 질문)를 해결하기 위해 가장 가능성이 큰 가설도 등장했다. 이런 내용이다. (1) 바울이 비슷한 자료들에 속한 이 본문들을 12:9-21과 13:8-14에 분리해놓은 까닭이 무엇인지, 그리고 (2) 사도가 이 본문들을 각각의 맥락에서 어떻게 기능하게 했는지 등이다.

주님이 제자들에게 "서로 사랑하라"(ἀγαπᾶτε ἀλλήλους)는 "새 계명"(ἐντολὴν καινήν)을 주신 것을 예수를 믿는 초기 신자들이 기억한 것에서 보듯이, 그리고 나중에 요한복음 13:34-35에 기록된 것처럼, 로마서 12:9-21의 "그리스도인의 사랑의 윤리: 1부"의 모든 내용에 스며있고 나중에 13:8-14의 "그리스도인의 사랑의 윤리: 2부"의 권면적 진술들의 도입부인 13:8-10의 처음 세 구절에 다시 등장하는 주제인, ἀγάπη 유형의 사랑에 관한 바울의 진술은 초기 기독교 전통에 그 뿌리를 두고 있다. 이 진술들은 갈라디아서 5:14("네 이웃을 네 몸같이 사랑하라")과 갈라디아서 5:22("성령의 열매는 [무엇보다] 사랑이니")에 있는 기독교 윤리의 중요한 특질인 ἀγάπη 유형의 사랑에 대한 강조도 상기시킨다. 그리고 이 진술들은 고린도전서 13:1-13의 서정적인 구성에 나타난 사도의 요지를 전달한다. 이 본문에서 사도는 상당히 열광적인 문체로 그리스도인의 삶의 매우 중요한 세 가지 성품을 "믿음"(πίστις)과 "소망"(ἐλπίς)과 "사랑"(ἀγάπη)이라고 인용함으로써 그 시적인 설교를 마무리하고, 그런 다음에 매우 의미심장한 진술을 첨가한다. "그러나 그중에 제일은 [아가페] 사랑이라(μείζων δὲ τούτων ἡ ἀγάπη)."

그러므로 자기희생과 인격적인 ἀγάπη 사랑을 강조하는 것이 예수를 믿는 초기의 신자들 사이에서는 기독교 메시지의 중요한 특징이었다고 결론을 내릴 수 있다. 그리고 이교도 이방인을 향한 바울의 복음 선교의 중요

1) 본서 "주석 서론"에서 "공식 패턴"과 "구성적 구조"에 관한 도입 진술을 보라. 또한 우리가 이 논지를 롬 9:6-29; 9:30-10:21; 11:1-32의 "기독교 남은 자 신학"이라는 주제에 대해 사도가 일찍이 이방인 선교에서 가져온 초기의 세 설교의 본질을 표방한다고 여겨지는 로마서 자료들에 적용한 것을 주목하라.

한 특징 역시 ἀγάπη 사랑이었다는 점에는 의심의 여지가 없다. 바울이 이 주제를 이곳 로마서 13:8-10에서 반복한 데는 로마에 있는 그리스도인 수신자들에게 이 ἀγάπη 사랑의 주제가 (12:9-21에서 기능했듯이) 그의 모든 윤리적 교훈의 근본적인 특징으로 기능한다는 사실을 확신시키려는 의도가 있었을 것이다.

마찬가지로 바울이 공리적 자료로 구성된 이 단락 13:8-14의 끝부분인 13:11-14에 삽입한 자료에서 하나님의 구원사의 종말론적 과정에서 매우 중요한 "이 시기"를 강조한 것은, 모든 초기 기독교 사상의 저변에 있는 주제로 기능하고 사도가 이방인 선교에서 선포했던 기독교 메시지의 기본적인 원리로 작용한다.[2] 이곳 13:11-14에서 바울은 두 가지 목적에서 이 주제를 사용한다. 즉 (1) 하나님의 구원사의 과정에서 "이 시기"에 대한 강조가 그의 이방인 선교의 주된 특징이기도 했다는 사실을 다시금 확신시키기 위해서, (2) 당시 로마 그리스도인들의 하나 됨을 분명하게 "찢어 버렸"던 교회의 문제를 특별히 언급함으로써(이 문제에 대해서는 14:1-15:13에서 구체적으로 다룰 것이다), 예수를 믿는 신자들이 이 문제를 어떻게 다루었는지 또 그들이 이 문제와 관련하여 서로 어떻게 행동했는지를 하나님의 "새 언약 백성"인 그들이 지금 하나님의 구원사의 과정에서 어디쯤 살아가고 있는지를 보여주는 맥락에서 항상 이해해야 한다는 것을 주장하기 위해서였다. 그러므로 다음과 같은 강력한 논거의 정당성이 입증될 수 있다. 즉 (1) "그리스도인의 ἀγάπη 사랑"과 (2) (13:8-10과 13:11-14의 두 문단에 제시된) "하나님의 구원사에서 '이 시기'의 중요성" 등 이 두 주제는 바울이 그의 초기 이방인 선교 기간에 전달한 이전의 설교와 가르침에서 가져온 것이고, 14:1-15:13에서 그가 권하고 요구하는 모든 것의 기초로 여겨졌다는 것이다.

반면에 13:9에서 바울이 모세 율법의 십계명 중 4개(그가 "그 외에 다른

---

2) 신약의 종말론적 사상에서 "현시대"에 "이 세대"와 "올 세대" 간에 발생하는 중첩을 강조하면서 초기 기독교 사상에서 이 두 세대의 관계의 중요성을 다룬 것으로는 특히 Cullmann, *Christ and Time*, 47-48, 81-93, 222-30을 보라.

계명이 있을지라도"라고 암시한 것을 비롯하여)를 언급하고 13:10에서 그리스도를 따르는 사람이 행하는 ἀγάπη 사랑이 "[모세] 율법의 완성"이라고 주장할 필요가 있었던 것은, 그의 이방인 선교 기간에 개종한 이방인 회심자들에게 선포한 설교의 요지를 대표하는 특징은 아니었을 것이다. 대부분의 이방인들은 일반적으로 구약의 윤리적인 교훈들을 알지 못했고, 유대교의 윤리적 교훈에 대해서도 거의 지식이 없었을 것이다.

예수를 믿는 신자들의 윤리와 유대교의 윤리 사이의 관계에 대한 쟁점이 대두된 것은 바울이 일찍이 시리아 안디옥의 인종적으로 혼합된 그리스도인 공동체에서 가르치는 사역을 했을 때였다. 누가의 사도행전에 따르면 이 사역은 사도의 유명한 이방인 선교 이전에 있었다. 그리고 사도행전 11:26에 의하면 바나바와 사울은 안디옥에 일 년간 있으면서 "수많은 사람들을 가르쳤고", "제자들은 처음으로 Χριστιανοί(즉 "그리스도를 따르는 사람들")라고 불렸다." 누가가 바나바와 사울의 사역을 다룬 방식을 고려하면, 다음과 같이 상정하는 것이 가장 좋을 것 같다. (1) 바울은 안디옥에 있는 신자들 사이에서 예수를 믿는 신자의 윤리와 유대인의 윤리 간의 관계에 대한 초기 토론에 널리 관여했다는 것과, (2) 안디옥에서 주로 사도가 가르친 내용 때문에 그곳에 있는 신자들이 나사렛 예수를 유대인의 메시아로 받아들이고 그들의 삶의 방향을 모세 율법에서 찾는 "도(道)의 사람들"로 뿐만 아니라, 더 정확하게는 그들의 충성이나 생활양식에서 "그리스도를 따르는 사람들"(Χριστιανοί)로 묘사되었다는 것이다. 그리스도인들을 "그리스도를 따르는 사람들"로 명명한 것이 원래는 그 도시의 비신자들인 유대인과 이방인들이 경멸조로 불렀던 이름에서 유래했던 것을 그 후에 예수를 믿는 유대인과 이방인 신자들이 적합하다고 받아들여서 사용한 것인지, 아니면 유대인 신자와 이방인 신자들이 애당초 그들의 기본적인 신념과 고유한 생활양식(들)을 밝히는 데 가장 적합한 명칭으로 선언한 것인지는 상관이 없다.

바울은 그의 후기 이방인 선교 기간 동안 이교도 이방인들을 향한 복음전파 사역 중에 여러 다른 맥락들에서 이 문제를 다루었을 것이다. 하지만 가장 가능성이 큰 것은 그가 이곳 13:8-10에서 "그리스도인의 ἀγάπη 사랑"이 "모세 율법의 완성"이라고 강조한 것이 (1) 시리아 안디옥의 인종적으로 혼합된 신자들 집단에서 사도가 일찍이 설교하고 가르친 내용의 특징을 표방한다는 점과, (2) (역시 인종적으로 혼합된 신자들 집단이었던) 로마 그리스도인들의 관심사이자 윤리적으로 큰 중요성을 지닌 문제를 강조한다는 점, 그리고 (3) 이곳 13:8b-10에서 그 당시 로마 기독교 공동체들 내부에 있는 신자의 무리들 사이의 관계들을 파괴하고 있던 교회적·실천적 관심사들과 직접 관련이 있는 매우 중요한 기독교 원리로 제시되고 있다는 점이다.

13:8-14 자료의 목적과 구조. 우리의 제안은 이것이다. 바울은 13:8-10과 13:11-14의 두 권면 문단을, 적어도 로마의 일부 그리스도인 공동체에 존재하고 있던 골칫거리에 대해 그가 14:1-15:13에서 호소한 내용를 위한 신학적인 기초로 작용하는 두 세트의 간략한 신학적인 자료로 제시했다는 것이다. (권면들 역시 로마서 본론 중앙부 전체, 즉 1:6부터 13:8-10과 13:11-14의 두 문단에 이르기까지 사도의 신학적·윤리적 설명이라는 폭넓은 문맥에서, 그가 앞서 본론 중앙부에서 제시한 내용에 대한 짧고 기억에 남을 만한 결론으로 기능했을 것이다.) 첫 번째 문단은 12:9-21에서 중요하게 다룬 "그리스도인의 ἀγάπη 사랑"이라는 주제를 분명하게 전달하며, 두 번째 문단은 "하나님의 구원사에서 '이 시대'가 갖는 특성"이라는 중요한 주제를 보충적인 방식으로 강조한다. 이 두 주제는 당대 그리스도인의 생각과 삶에 속한 모든 것에서 중요한 역할을 수행했(으며 오늘날에도 기독교적 사상과 행위에 비슷하게 기능할 필요가 있)다. 이 자료에 대해 이어지는 "석의와 주해"는 다음과 같은 두 제목으로 제시될 것이다.

모세 율법의 완성으로서 그리스도인의 아가페 사랑(13:10)
하나님의 구원사의 "이 시대"에서 기독교 윤리의 특성(13:11-14)

석의와 주해

I. 모세 율법의 완성으로서 그리스도인의 아가페 사랑(13:10)

로마서 13:8-14에 있는 바울의 "그리스도인의 사랑의 윤리: 1부"의 첫 번째 문단인 13:8-10의 권면은 예수를 믿는 신자들에게 다른 사람들과의 관계에서 ἀγάπη 사랑으로부터 동기부여를 받고 그 사랑이 목표가 된다는 의미가 무엇인지를 다룬다. 바울이 이 첫 문단에서 말하려고 하는 것은 이어지는 문단에서 매우 중요하기는 하지만 암시적인 질문으로 제시된다. 예수를 믿는 신자가 자신의 윤리를 결정하고 실천하는 지침을 어떻게 얻을 것인가? 이러한 지침은 구약의 계명에 속하는 교훈들("토라")에 경건히 복종하고 구약의 계명에 대해 성령의 인도하심을 받는 것으로 얻을 수 있는가? 또는 하나님께서 그의 피조물과 그의 백성을 대하시는 모든 방식을 특징짓고, 하나님의 계명과 예수의 모든 윤리적 가르침의 기초가 되는 아가페 사랑을 그리스도인의 윤리적 사고와 행위의 근본적인 요인으로 이해할 것인가?

13:8 동사 ὀφείλω("빚을 지다", "~ 할 의무가 있다")는 고대 그리스 세계에서 재정적인 문제와 법적인 문제에서 자주 사용되는 일반적인 용어였다. 이 단어는 (1) 사람들 간의 관계와, (2) 사람들과 그들의 신들 또는 하나님과의 관계와 관련된 비유로 사용되기도 했다.[3] 히브리어 구약성경에 제시된 유대인의 법을 그리스어로 표현하는 70인역에서 하나님께 빚진 것(ὀφείλειν)을 가리키는 이 비유적인 개념은 "부분적으로는 [사람들의] 하나님과의 관계에서 유래했고, 부분적으로는 피조되었다는 기존 사실에서 유래했으며, 또 부분적으로는 하나님의 법이나 세속적인 풍습에서 유래했다."[4] 빌레몬서 18절에서 바울은 빌레몬의 종 오네시모가 주인에게 재정적인 손실을 끼쳤을 가능성을 언급할 때 상당히 문자적으로 ὀφείλει("그는 빚을 지고 있다")를 사용한다. 하지만 바울은 이곳 로마서 13:8에서뿐만 아

3) 참조. Hauck, "ὀφείλω," 5.559-60.
4) Hauck, "ὀφείλω," 5.561.

니라 그의 다른 서신에서 예수를 믿는 신자들이 하나님과 다른 사람들에게 진 빚이나 마땅히 해야 할 것을 비유적으로 언급한다. 이러한 빚은 하나님이 예수의 구원 사역과 하나님의 영의 사역으로 말미암아 친히 이루신 구원에서 나온다고 추론된다.

접속사 εἰ("만일")와 부정의 불변화사 μή("아니")가 합쳐진 숙어 εἰ μή는 신약성경에서 "~하지 않으면" 또는 "이외에"를 뜻하기 위해 자주 사용된다. 이 문단의 첫 번째 문장에서 중성 관사 τό는 종종 번역가와 주석가들에 의해 무시되거나 실명사적 용법으로 취급되었는데, 일종의 인용을 소개하는 것으로 이해해야 할 가능성이 매우 크다.[5] 그것도 성경 인용이 아니라 역사적 예수의 가르침에서 온 인용일 개연성이 크다. 그래서 우리는 여기에 인용된 예수의 윤리적 가르침의 정수라고 믿는 것을 번역하면서 인용부호와 감탄부호를 첨가했다. "서로 사랑하라!"

더욱이 바울이 13:8의 이 첫 번째 문장을 설명할 때, 그는 "[자기 자신 이외에] 남을(τὸν ἕτερον) 사랑하는 자(ὁ ἀγαπῶν)는 율법을 다 이루었느니라(νόμον πεπλήρωκεν)"라고 쓴다. 그는 여기서 독특하게 기독교적인 방식으로 사용되었고 관사를 동반한 "그 사랑"(ἡ ἀγάπη)이라는 단어를 채택한다. "남을"(τὸν ἕτερον)이라는 표현은 총체적 명칭으로 사용되어 "[자신을 제외한] 다른 사람"을 뜻하는 대조적인 어감을 가진다. 구약의 모세 법전에 뿌리를 둔 유대인의 율법적인 윤리와 비교하여 그리스도인의 ἀγάπη 유형의 사랑의 관계를 표시하려고 "그는 율법을 이루었다"(νόμον πεπλήρωκεν)라는 진술이 사용되었다. 앞에서 주목했듯이, 고전 시대나 코이네 시대를 막론하고 그리스의 저술가들은 그들의 저술에 "사랑"을 지칭하기 위해 세 단어를 사용했다. (1) φιλία. 이것은 "사랑"과 "우정"을 지칭하기 위해 많은 문맥에 등장하는 일반적인 단어다. (2) ἔρως. 이것은 주로 "성적인 사랑"과 관련이 있다. (3) στροφή. 이것은 일반적으로 "가족 구성원들 사이의 사랑"과 관련

---

5) A. T. Robertson이 지적했듯이, "롬 13:8에서처럼 인용을 표현하는 한 가지 방법은 τό다"(*ATRob*, 243).

이 있는 맥락에서 사용되었다. 하지만 ἀγάπη라는 단어는 성경 외의 현존하는 그리스어 저술에서는 발견되지 않는다. 그런데 ἀγάπη("사랑")는 비록 대체로 의미를 특정하지는 않았지만 70인역에 20번가량 등장한다. 따라서 이 단어 자체가 독특한 기독교적 표현이라고 주장할 수는 없다.

그러나 명사 ἀγάπη가 신약성경에 120번쯤 등장하며, 그중 75번은 바울 서신에 등장한다. 바울이 그의 편지에서 ἀγάπη가 등장하는 구체적인 문맥과 결부하여 ἀγάπη를 관사가 있는 형태로 반복해서 사용하므로, 사도 바울의 여러 편지와 특히 이곳 로마서에서 ἡ ἀγάπη는 주로 다음 사실들을 염두에 둔 독특한 기독교적 어감을 함의한다고 주장할 수 있다. (1) 성부 하나님과 그리스도 예수께서 자기 백성을 향해 가지신 사랑(롬 5:5, 8; 8:35), (2) 그리스도인들이 하나님과 그리스도 예수께 대해 가져야 할 사랑, (3) 예수를 믿는 신자들이 서로에 대해 가지고 있어야 할 자기희생적 사랑, (4) 그리스도인들이 "그리스도를 따르는 사람들"이라고 스스로 천명한 적이 없는 다른 사람들에게 표현해야 할 인격적이고 자기희생적인 사랑 등이다.

13:9-10 바울은 유대교 성경(구약)의 출애굽기 20:1-17과 신명기 5:6-21에서 제시된 십계명(즉 "열 개의 교훈의 말씀들")에 포함된 네 가지 명령을 인용한다. 이 네 계명이 히브리어 마소라 본문에 제시된 것처럼, 여기서는 일곱 번째 계명("간음하지 말라"), 여섯 번째 계명("살인하지 말라"), 여덟 번째 계명("도둑질하지 말라"), 열 번째 계명("탐내지 말라")의 순서로 등장한다. 사도는 이 계명들을 이곳 13:9에서 그리스어 70인역의 B 사본의 순서로 제시한 것 같다(LXX 출 20:13, 14, 15, 17을 보라). 바울은 구약의 이 네 계명뿐만 아니라 "그 외에 다른 계명이 있을지라도" "네 이웃을 네 자신과 같이 사랑하라"(ἀγαπήσεις τὸν πλησίον σου ὡς σεαυτόν)는 "이 교훈의 한 말씀 안에 다 요약되었다"(ἐν τῷ λόγῳ τούτῳ ἀνακεφαλαιοῦται)고 주장한다. 이 계명은 (1) 하나님이 구약성경에서 그의 백성에게 주신 하나님의 모든 계명 저변에 있는 것이며,[6] (2) 예수와 바울 시대에 많은 유명한 유대교 랍비들에 의

---

6) 특히 레 19:18b과 신 6:5.

해 "율법의 대강령" 또는 "가장 큰 계명"으로 여겨졌고,[7] (3) 신약 복음서에서 예수의 중요한 가르침으로 등장하며,[8] (4) 야고보는 이를 "성경의 최고의 법"이라고 불렀고,[9] (5) 바울은 갈라디아서에서 "온 율법은 한 말씀에서 이루어졌다(요약되었다)"고 강조했다.[10]

더욱이 10절에서 바울은 "그리스도인의 아가페 사랑은 이웃에게 악을 행하지 않는다"라고 주장한다. 그 이유는 분명하다. "아가페 사랑"은 늘 "자기보다 다른 사람"의 행복을 고려하는 자기희생적이며 인격적인 사랑이기 때문이다. 마찬가지로 바울은 "그리스도인의 아가페 사랑이 구약 율법의 완성"이라고 주장한다. 조세프 피츠마이어가 매우 정확하게 말했듯이,

> 그것[모세 율법]이 인간 구원의 역사에서 지향했던 목표인 그리스도가 "율법의 마침"(10:4)이시라면, 그[하나님]의 전 존재와 구원 행위의 동인이 되었던(8:35) "사랑"이 율법 자체의 완성이라고 말할 수 있다.[11]

피츠마이어가 계속해서 썼듯이, 바울이 13:8-10에서 선포하고 있는 것은 다음과 같다.

> 사랑으로 역사하는 믿음으로 살아가는 그리스도인들이 모세 율법으로 살아가려고 노력했던 사람들의 바로 그 바람을 완성했다. 그[바울]는 지금

---

7) 참조. *Str-Bil*, 1.357, 907-8. 또한 I. Abrahams, "The Greatest Commandment," in *Studies in Pharisaism and the Gospels*, 1st ser. (Cambridge: Cambridge University Press, 1917), 18-29을 보라.

8) 나중에 세 복음서 저자가 모두 전해준 "예수의 말씀"이 그러하다(막 12:31a; 마 22:39a; 눅 10:27b). 참조. P. Borgen, "The Golden Rule: With Emphasis on Its Use in the Gospels," in *Paul Preaches Circumcision and Pleases Men* (Trondheim: Tapir, 1983), 99-114.

9) 참조. 약 2:8.

10) 참조. 갈 5:14. 또한 골 3:14도 보라. "이 모든 것 위에 사랑(τὴν ἀγάπην)을 더하라. 이는 온전하게 매는(모든 것을 완전히 하나 되게 묶는) 띠니라."

11) Fitzmyer, *Romans*, 679.

모세 율법의 완성을 그리스도인의 삶의 이상으로 제안하는 것이 아니다. 그는 단지 8:4에서 그리스도인의 사랑은 율법이 요구하는 것을 행한다고 이미 말했던 내용을 달리 말하고 있을 뿐이다.[12]

이 문제를 좀 더 일상적인 말로 표현하자면 이렇다. 예수를 믿는 신자의 윤리가 구약성경의 윤리적 계명들의 기본적인 요지와 의도 및 바람에 늘 일치해야 하지만, 그리스도인의 "아가페 사랑"은 다른 어떤 종교나 세속 철학자들이 제시한 윤리 규정들뿐만 아니라 구약의 윤리적 계명들을 실제로 "능가한다"(즉 적합한 결론에 이르게 함으로써 그 계명들을 "중단시킨다").[13] 그러므로 아가페 사랑은 남자든지 여자든지, 나이가 어떠하든지, 어느 시대에 살든지 간에 그리스도를 따르는 사람들이 언제든지 그들의 윤리적 결정을 내리고 행동하는 데 있어 중요하고 결정적인 요인으로 이해되고 실천되어야 한다.

II. 하나님의 구원사의 "이 시대"에서 기독교 윤리의 특성(13:11-14)

바울은 13:11-14에 있는 "그리스도인의 사랑의 윤리: 2부"를 예수를 믿는 신자들에게 몇 가지를 촉구하는 호소로 마무리한다. 그는 (1) 그들이 지금 살고 있는 이 시대의 기간을 종말론적으로 매우 중요한 기간으로 인정하라고 호소한다. 이 시대는 하나님께서 "이 현존하는 시대"에 "올 세대"를 시작하고 계시는 때이기 때문이다. (2) "올 세대"와 "이 세대"가 중첩되고 있는 이 시대에 사는 것의 함의를 인식하라고 호소한다. (3) 이 구원사의 시대에 책임 있게 생각하고 행동하라고 호소한다. 사실 이 시대는 예수를 믿

---

12) Fitzmyer, *Spiritual Exercises*, 197(이것은 그가 *Romans*, 679a에서 쓴 내용을 조금 더 분명하게 다시 서술한 것이다).

13) 또는 Fitzmyer가 바울이 14:1-15:13에서 제시한 것과 관련하여 그의 책 *Spiritual Exercises*, 189에서 이와 비슷하게 말하듯이, "이 본문 그대로라면, 이 본문은 모세의 법적인 규칙들이 더 이상 그리스도인의 행위에서 규범이 되지 않는다고 암시한다. 하지만 그럼에도 그리스도인들에게 요구하는 것이 있다. 모든 그리스도인 안에서 작용하는 원리는 복음으로 말미암아 생겨난 믿음에서 흘러나오는 사랑 또는 자선이다(13:8-10).

는 신자들이 (1) 기독교 복음의 함의들과, (2) 역사적 예수의 가르침 및 모범들과, (3) 기독교 복음 메시지, 예수의 가르침, 예수의 모범을 그리스도인의 삶의 문제들에 적용하는 하나님의 영과, (4) 그의 영의 사역으로 예수를 믿는 신자의 "마음을 새롭게 하시는" 하나님의 지속적인 사역 등을 통해 인도함을 받고 방향이 설정된, 하나님의 약속된 구원사의 시대다.[14] "옛 언약"의 모든 계명이 지향하는 바가 바로 이 "새 언약"이다. 이것은 많은 경건한 사람들에게 칭찬할 만한 것으로 보일지도 모르는, 구약성경에 제시된 하나님의 계명들에 단순히 순종하는 것이 아니다. 하지만 새 언약의 목표와 방향성은 늘 옛 언약의 계명들의 기본적인 요지, 의도, 바람(심지어 구약성경의 저자들의 시야를 넘어서는 문제를 다룰 때에도)과 그래서 구약 계명들의 성취와 "긴밀히 연결된 것"으로 이해되어야 한다.[15]

13:11-12a 이 문단의 첫 번째 절과 두 번째 절 전반부인 13:11-12a에서 바울은 13:12b-14의 권면을 소개하기 위해 그 당시 일반적이었던 종말론적 표현을 여럿 사용한다. 이를테면, "이 시대"(τὸν καιρόν), "[미래의] 때"(ὥρα), "[미래] 구원"(ἡ σωτηρία), "밤이 깊고"와 대조되는 "낮이 가까웠으니(거의 임했으니)"(ἡ νὺξ προέκοψεν, ἡ δὲ ἡμέρα ἤγγικεν) 등이 그것이다. 이 연속되는 종말론적 표현들은 성경 시대 이후 유대교에서 사용되는 "이 세대"와 "올 세대"라는 어구[16]와 신약의 복음서[17]와 그 밖에 신약의 비(非)바울 서신들[18]에도 등장하는 "이 세대" 또는 "현 세대"와 "올 세대"라는 언

---

14) 예언자 예레미야가 렘 31:33-34에서 선포한 것처럼(이 성경 본문은 나중에 히브리서 저자에 의해 히 10:15-17에 분명히 언급되었다).

15) 참조. 12:2의 권면과 관련하여 앞에서 언급한 해당 본문의 "석의와 주해", "성경신학", "현대를 위한 상황화"를 참조하라.

16) 신약성경에서 "이 세대"와 "올 세대"에 대해서는 특히 Cullmann, *Christ and Time*, 47-48, 81-93을 보라.

17) 복음서에 "이 세대"/"현 세대"라는 표현이 등장한 예로 마 13:22, 39, 40, 49; 24:3; 28:20; 눅 16:8; 20:34, 35을 보라. "올 세대"가 등장한 예로는 막 10:30; 눅 18:30을 보라. 동일한 문맥에 두 용어가 모두 등장한 예는 특히 마 12:32과 눅 20:34-35을 보라.

18) 바울 서신 외에 "올 세대/세상"에 대해서는 특히 히 6:5의 "내세의 능력(μέλλοντος αἰῶνος)"을 보라.

급에 해당한다. 바울은 이곳 13:11의 "이 세대"와 "올 세대"에 대해 암시한 것 외에 그의 다른 서신 여러 곳에서 거의 십여 개의 이와 유사한 용어들을 사용한다.[19)]

이전에 사도는 로마의 갈라디아 지방에 살고 있던 그의 개종자들에게 글을 쓰면서 갈 3:1-5에서 모세 율법의 시대와 성령의 시대를 대조했다. 거기서 그는 기독교 복음 선포로 말미암아 성령의 새로운 시대를 경험한 그들로서는 성령으로 말미암아 이루어진 그들의 새 생명에서 무엇인가를 완성하려고 모세 율법으로 다시 돌아가서는 안 된다고 주장했다. 반대로 그는 갈라디아서 5:16에서 그의 개종자들에게 "성령을 따라 살라"고 요구하고, 바로 이어서 그러면 그들이 "육체의 욕망을 이루지 않을 것이라"고 약속했다. 그리고 바울은 갈라디아서 3:23-4:7에서 더 광범위하게 (1) 하나님께서 그의 영의 사역으로써 그의 백성을 지금 인도하시는 것을 (2) 모세 율법으로 말미암아 이전에 이스라엘 백성을 인도하시던 것과 대조하고, 이어지는 내용에서 제시하는 모든 것의 논제 단락으로서 기능하는 갈라디아서 3:23-25에서 다음과 같이 주장한다.

> "이 믿음(τὴν πίστιν, 즉 그리스도인의/기독교적인 믿음)"이 오기 전에 우리는 율법 아래에 매인 바 되고 "장차 올(εἰς τὴν μέλλουσαν πίστιν) 믿음"이 계시될 때까지 갇혔느니라. 이같이 율법이 우리를 그리스도께로 인도하는 초등교사가 되어 우리로 하여금 믿음으로 말미암아 의롭다 함을 얻게 하려 함이라. "이 믿음(τῆς πίστεως, 즉 그리스도인의/기독교적인 믿음)"이 온 후로는, 우리가 율법의 초등교사의 감독 아래에 있지 아니하도다(οὐκέτι ὑπὸ παιδαγωγόν ἐσμεν).

19) 롬 13:1-2a 외에 롬 12:2; 고전 1:20; 2:6, 8; 3:18; 고후 4:4; 엡 1:21; 2:2; 딤전 6:17; 딤후 4:10; 딛 2:12도 보라.

사실 바울은 갈라디아서 전체에서 "묵시적 종말론"[20]이라고 상당히 적절하게 부를 수 있는 표현을 사용하여 하나님의 구원사의 두 세대 또는 두 시대를 제시하면서, 예수를 믿는 갈라디아의 신자들에게 세 가지를 권고한다. (1) 그들이 지금 살아가고 있는 현시대가 하나님의 구원사적 과정에서 매우 중요한 기간임을 인식하고, (2) "이 세대"와 "올 세대"의 중첩이 이루어진 이 기간에 사는 삶에 함축된 의미를 인식하며, (3) 하나님의 구원사의 이 시대에서 정확하게 생각하고 책임 있게 행동하라고 말이다. 그래서 그는 이곳 로마서 13:11-12a의 권면에서도 로마의 그리스도인들에게 "이 시기를 알라"고 권한다.

13:12b-14 그리스도인들이 하나님의 구원사의 "이 시기"에 어떻게 살 것인지와 관련된 구체적인 권면들이 13:12b-14에 제시되었다. 12b-13절에 있는 이 권면의 첫 번째 세트의 어조는 이 권면 자료가 바울의 이교도 이방인 선교 기간에 예수를 믿은 갓 개종한 신자들에게 처음으로 전해졌음을 암시한다. 그가 권면하는 당사자들이 "어둠의 일을 벗으라"는 권면을 받는 까닭이다. 어둠의 일은 "방탕함", "술 취함", "음란", "호색"과 같은 외적인 문제들만 아니라 "다툼", "시기"와 같은 비교적 내적인 문제들도 포함한다. 하지만 권면은 13:14에서 사도의 모든 수신자들에게 매우 중요한 호소로 마무리된다. 그 수신자들이 바울의 이방인 선교에서 그로 말미암아 최근에 개종하여 그리스도께로 인도함을 받은 이교도들이든지, 아니면 로마에 있는 공동체에서 유대교 유산과 이방인 유산을 다 가지고 있던 그리스도인들(물론 오늘날 다양한 기독교 교파와 교회에서 예수를 믿는 신자들)이든지 상관없이 말이다. 바울의 권면은 이것이다. "오직 주 예수 그리스도로 옷 입고 죄악의 성품에 속하는 욕망을 어떻게 충족시킬지 생각하지 말라!" 조세프 피츠마이어가 이 글에서 바울의 바람과 의도를 가장 적절히 묘사했듯이,

---

20) 갈라디아서의 "묵시적 종말론"의 중요성에 대한 광범위한 주해는 Boer, *Galatians*, 31-35을 보라.

그리스도인들은 자신들이 종말에 살고 있다는 사실을 인식해야 한다. (바울이 고전 10:11에서 표현했듯이) 두 시대(토라의 시대와 메시아의 시대)가 만났기 때문이다. 그리스도 예수는 그의 고난, 죽음, 부활로 말미암아 새 시대를 진척시키셨다. 구원이 가까이 있다. 그래서 그리스도인들은 그들이 지금 살고 있는 시대에 반응해야 한다. 이것은 그리스도인들이 왜 이 세상을 본받지 말고(12:2) 새 시대에 맞춰야 하는지에 대한 설명이다. 그들은 구원이 마침내 이르게 될 날을 고대해야 한다. 구원이 더 가까웠다고 한다. 하지만 그 구원은 여전히 미래에 속한 어떤 것이다. 그리스도인들이 살고 있는 시대는 위태롭다. 그리고 바울은 잠자는 자들을 깨우려 하며 그들에게 방심하지 말라고 권한다.[21]

성경신학

로마서 13:8-10과 13:11-14 등 바울의 두 문단은 (우리가 믿기에) 그가 이전에 설교하고 가르칠 때 사용했던 두 세트의 매우 중요한 윤리적 권면들로 이해하는 것이 가장 좋다. 그는 로마서에서 이것을 로마에 있는 적어도 일부 기독교 공동체 내부에 존재했던 교회의 골칫거리와 관련한 그의 구체적인 호소를 위한 중요한 신학적인 근거로 다시 사용했다(이 문제를 그는 바로 이어지는 14:1-15:13의 호소에서 구체적으로 다룰 것이다). 하지만 두 문단은 바울이 일찍이 로마서 본론 중앙부(즉 1:16부터 두 문단 13:8-10과 13:11-14에 이르기까지)에서 제시했던 신학적이고 윤리적인 가르침이라는 보다 큰 문맥에서 본론 중앙부 전체에 대한 짧고 기억에 남을 만한 결론으로 작용하기도 한다. 이 두 가지 이유를 위해 13:8-10과 13:11-14의 짧은 두 문단은 현대의 기독교 성경신학에 중요한 윤리적 자료들을 제공한다.

하나님의 모든 생각과 행위를 특징짓고, 예수를 믿는 초기 신자들 사이에서 기독교 메시지의 중요한 특징이었으며, 이곳 12:9-21과 13:8-10의

21) Fitzmyer, *Spiritual Exercises*, 197-98.

사도의 권면에서 부각되는 자기희생적이고 인격적인 ἀγάπη 유형의 사랑을 강조하는 것은 진정한 기독교 성경신학에 항상 포함되어야 한다. 마찬가지로 13:11-14에서 바울이 오늘날 우리의 모든 생각과 행동을 뒷받침하는 "이 시대"를 하나님의 구원사적 과정에서 대단히 의미심장한 것으로 강조한 것은 중요하다.

바울은 매우 중요한 이 두 가지 강조들로써 당대나 오늘날에나 그의 가장 유명하고 가장 널리 읽히는 편지에서 자신의 신학적인 주장을 마무리한다. 현대의 기독교 성경신학에 어떤 내용을 첨가할 수 있든지 간에, 하나님의 구원사의 이 시대에 (1) 아가페 유형의 그리스도인의 사랑과 (2) 기독교 윤리의 특성 등 이 두 특징은 우리가 논의하고 제시하고 공포한 내용 전체에 늘 스며 있게 해야 한다. 실제로 기독교 성경신학이 기독교적인 것으로 이해되려면 말이다.

현대를 위한 상황화

우리는 오늘날 예수를 믿는 그리스도인들로서 지속적으로 하나님의 은혜로우신 아가페 사랑을 경험하고 끊임없이 이 동일한 아가페 사랑을 다른 사람들에게 나타낼 필요가 있다. 그리스도인의 삶이 단순히 하나님께 헌신하고 신학적으로 진지하게 사고하는 삶인 것만은 아니다. 그 삶은 하나님께 대해 사랑으로 반응하는 삶이자 다른 사람들을 사랑하는 행위이기도 해야 한다. 그리스도인들로서 우리의 모든 생각과 행위에는 반드시 아가페 사랑이 있어야 한다. 우리의 생각과 행위들이 정당하고 건설적이고 도움이 되는 것이 되려면 말이다. 이것이 바로 바울이 그의 편지 본론 중앙부의 이 마무리하는 단락에서 강조하는 매우 중요한 문제이며, 오늘날 기독교 복음을 상황화하는 곳에서 반드시 늘 전면에 드러내어 강조해야 할 사안이다.

마찬가지로 우리는 예수를 믿는 신자들로서 지금 우리가 살고 있는 "이 시대"(즉 하나님의 구원사의 과정에서 현 세대 또는 현재의 시대)의 중요성을 늘 인정해야 한다. 우리가 모세 율법 시대에 살고 있는가? 또는 우리가 지금 유대인의 메시아이시며 인류의 구원자와 주님이신 예수의 시대에 살고 있는가? 13:8-14의 최종적인 권면에서 바울이 제시하는 대답은 이것이다. 우리가 "이 시대"에 예수의 주권 아래 살고 있다고 말이다. 그래서 13:14의 그의 최종적인 권면은 다음과 같은 말로 서술되었다. "주 예수 그리스도로 옷 입고, 죄악의 성품에 속하는 욕망을 어떻게 충족시킬지 생각하지 말라!"

6. 로마에 있는 그리스도인들 사이의 관계에 대하여(14:1-15:13)

번역

[14:1]믿음이 연약한 자를 너희가 받되, 그의 의견을 비판하지 말라. [2]어떤 사람
은 모든 것을 먹을 만한 믿음이 있고, 믿음이 연약한 자는 채소만 먹느니라.
[3]먹는 자는 먹지 않는 자를 업신여기지 말고, 먹지 않는 자는 먹는 자를 비
판하지 말라. 이는 하나님이 그를 받으셨음이라. [4]남의 하인을 비판하는 너
는 누구냐? 그가 서 있는 것이나 넘어지는 것이 자기 주인에게 있으매, 그
가 세움을 받으리니 이는 그를 세우시는 권능이 주께 있음이라.

[5]어떤 사람은 이날을 저 날보다 거룩하게 여기고, 어떤 사람은 모든 날
을 같게 여기나니, 각각 자기 마음으로 확정할지니라. [6]날을 특별하게 여기
는 자도 주님과 관련하여 특별하게 여기고, 먹는 자도 주님과 관련하여 먹
으니, 이는 하나님께 감사함이요. 먹지 않는 자도 주를 위하여 먹지 아니하
며, 하나님께 감사하느니라.

[7]우리 중에 누구든지 자기를 위하여 사는 자가 없고 자기를 위하여 죽
는 자도 없도다. [8]우리가 살아도 주를 위하여 살고 죽어도 주를 위하여 죽
나니, 그러므로 사나 죽으나 우리가 주의 것이로다. [9]이를 위하여 그리스도
께서 죽었다가 다시 살아나셨으니, 곧 죽은 자와 산 자의 주가 되려 하심
이라.

[10]그런데 네가 어찌하여 네 형제나 자매를 비판하느냐? 어찌하여 네 형
제나 자매를 업신여기느냐? 우리가 다 하나님의 심판대 앞에 서리라. [11]기
록되었으되,

"주께서 이르시되, '내가 살았노니
모든 무릎이 내게 꿇을 것이요,
모든 혀가 하나님께 자백하리라' 하였느니라."

[12]이러므로 우리 각 사람이 자기 일을 하나님께 직고하리라.

---

[13]그런즉 우리가 다시는 서로 비판하지 말고 도리어 부딪칠 것이나 거칠 것을 믿음이 있는 형제나 자매 앞에 두지 아니하도록 주의하라. [14]내가 주 예수 안에서 알고 확신하노니 어떤 음식이라도 그것 자체로는 부정한 것이 없으되, 다만 어떤 것을 부정하다고 여기는 그 사람에게는 그것이 부정하니라. [15]만일 네가 먹는 것으로 말미암아 네 형제나 자매가 근심하게 되면 이는 네가 사랑으로 행하지 아니함이라. 그리스도께서 대신하여 죽으신 형제나 자매를 네가 먹는 것으로 망하게 하지 말라.

[16]그러므로 너희가 선하다고 여기는 것이 악한 것이라고 비방을 받지 않게 하라. [17]하나님의 나라는 먹는 것과 마시는 문제가 아니요 오직 성령 안에 있는 의와 평강과 희락의 문제이기 때문이니라. [18]이런 식으로 그리스도를 섬기는 자는 하나님을 기쁘시게 하며 사람에게도 인정을 받느니라.

[19]그러므로 우리가 화평의 일과 서로를 세우는 일을 힘쓰나니, [20]음식으로 말미암아 하나님의 일을 무너지게 하지 말라. 모든 음식이 다 정결하되, 무엇이든지 다른 사람을 넘어지게 하는 것을 먹는 사람에게는 악한 것이라. [21]고기도 먹지 아니하고 포도주도 마시지 아니하고 무엇이든지 네 형제나 자매로 넘어지게 하는 일을 아니하는 것이 더 나으니라. [22]네 자신과 하나님 사이의 이 일들에 대해 네가 믿는 바를 지키고 있으라. "자기가 인정하는 바로써 자기를 정죄하지 아니하는 자가 복이 있다"는 것을 인식하라. [23]그러나 의심하고 먹는 자는 정죄되었나니, 이는 그 먹는 것이 믿음에서 나온 것이 아니기 때문이라. "믿음에서 나지 아니하는 것은 다 죄니라."

[15:1]"강한" 우리는 마땅히 "약한 자"의 약점을 담당하고 우리 자신을 기쁘게 하지 아니할 것이라. [2]우리 각 사람이 이웃을 기쁘게 하되 그들의 선을 이루고 그들을 세우도록 할지니라. [3]그리스도께서도 자기를 기쁘게 하지 아니하셨나니, 기록된 바,

"주를 비방하는 자들의 비방이 내게 미쳤나이다" 함과 같으니라.
[4]무엇이든지 과거에 기록된 바는 우리의 교훈을 위하여 기록된 것이
니, 우리로 하여금 인내로 또는 성경의 위로로 소망을 가지게 함이니라.
[5]이제 인내와 위로의 하나님이 너희가 그리스도 예수를 따를 때 너희
가운데 하나 됨의 영을 주셔서 [6]한 마음과 한 입으로 하나님 곧 우리 주 예
수 그리스도의 아버지께 영광을 돌리게 하려 하노라.

---

[7]그러므로 그리스도께서 우리를 받아주셨듯이, 너희도 하나님께 영광
을 돌리기 위해 서로 받아들이라. [8]내가 말하노니, 그리스도께서 하나님의
진실하심을 위하여 유대인들의 종이 되셨으니, 이는 조상들에게 주신 약속
들을 견고하게 하시고, [9]이방인들도 그 긍휼하심으로 인하여 하나님께 영
광을 돌리게 하려 하심이라.

기록된 바,
"그러므로 내가 열방 중에서 주께 감사하고
주의 이름을 찬송하리로다" 함과 같으니라.
[10]또 이르되,
"열방들아! 주의 백성과 함께 즐거워하라" 하였으며,
[11]또,
"모든 열방들아! 주를 찬양하며,
모든 백성들아! 그를 찬송하라" 하였으며,
[12]또 이사야가 이르되,
"이새의 뿌리, 곧
열방을 다스리기 위하여 일어나시는 이가 있으리니,
열방이 그에게 소망을 두리라" 하였느니라.
[13]소망의 하나님이 모든 기쁨과 평강을 믿음 안에서 너희에게 충만하
게 하사 성령의 능력으로 소망이 넘치게 하시기를 원하노라.

본문비평 주

14:1 (접두어 δια를 가진) διαλογισμῶν이라는 단어는 "논란의 여지가 있는 의견"이라는 개념을 나타낸다. 이 독법은 그리스어 본문 전통에서 널리 지지를 받고 있다. 하지만 이 단어가 1175(범주 I), 81(범주 II), 69 1874 2344(범주 III)와 같은 소문자 사본들에서는 λογισμῶν(즉 접두어 δια가 없는)으로 대체되었다. 이 단어는 단지 "생각들"이라는 개념만을 제시한다. 하지만 이 이문은 원본으로 받아들이기에는 그 증거가 너무 빈약하다.

2절 3인칭 단수 현재 능동태 직설법 동사 ἐσθίει("그가 먹다")는 대문자 사본 ℵ A B C D[2] 048[또한 *Byz* L]과 소문자 사본 33 1175 1739(범주 I), 1506 1881(범주 II), 6 69 104 326 330 365 614 9 1241 1243 1319 1505 1573 1735 1874 2344 2495(범주 III)에 의해 광범위한 지지를 받고 있으며, vg와 syr 및 cop 역본 등에도 반영되었고, 테르툴리아누스와 클레멘스의 지지를 받고 있다. 그러나 명령형 동사 ἐσθιέτω("그에게 먹게 하라")가 P[46]과 대문자 사본 D* F G에 등장하고, it와 vg에 속한 일부 역본에도 반영되었다. 그러나 이 명령형 동사는 본문 전통에서 어느 정도 지지를 받고 있지만 원본으로 고려하기에는 그 증거가 너무 빈약하다.

3절 14:3을 시작하는 표현(ὁ ἐσθίων, "먹는 자는")과 반대의 뜻으로 병행관계인 ὁ δὲ μὴ ἐσθίων("그리고/그러나 먹지 않는")은 P[46]과 대문자 사본 A B C D* 048*와 1506(범주 II), 5 623 2110(범주 III)과 같은 소문자 사본의 입증을 받으며, 클레멘스의 지지도 받는다. 하지만 καὶ ὁ μὴ ἐσθίων("그리고/또한 먹지 않는 자는")이 대문자 사본 ℵ[c] D[2] P Ψ[또한 *Byz*]와 후기의 많은 소문자 사본에 등장한다. 마찬가지로 οὐδὲ ὁ μὴ ἐσθίων("또한 먹지 않는 자도")이 다양한 비잔틴 계열의 사본에서 발견된다. 그러나 나중에 언급한 두 독법 모두 원본으로 받아들이기에는 그리스어 본문 전통에서 충분한 지지를 받지 못하고 있다.

4절 이 구절의 마지막 문장("이는 그를 세우시는 권능이 주께 있음이라")에 ὁ κύριος("주님")가 등장하는 것은 P[46]과 대문자 사본 ℵ A B C P Ψ와 소문자 사본 1852(범주 III)의 광범위한 지지를 받고 있으며, [syr[p]] cop[sa,] bo goth arm eth 등에도 반영되었고, 아우구스티누스1/6의 지지를 받고 있다. 하지만 대문자 사본 D F G 048 0150[또한 *Byz* L]과 소문자 사본 33 1175 1739(범주 I), 81 256 1506 1881 1962 2127(범주 II), 6 104 263 365 436 459 1241 1319 1573 1912 2200(범주 III) 같은 다른 여러 사본은 ὁ θεός("하나님")라고 읽으며, 이 독법은 itar, b, d, f, g, o vg syrh에도 반영되었으며, 오리게네스lat 크리소스토모스 암브로시아스테르 히에로니무스 아우구스티누스5/6의 지지를 받고 있다. 브루스 메츠거가 이 후자의 독법과 관련하여 제안한 것처럼, "필경사들이 3절에 있는 θεός의 영향을 받았을 개연성이 있다."[1)]

5절 Ὃς μέν("실제로 어떤 사람은")이라는 어구에서 γάρ("이는")가 생략된 독법이 P46과 대문자 사본 ℵc B D F G Ψ 048[또한 *Byz* L]과 소문자 사본 33 1175 1739(범주 I), 81 1881 1962(범주 II), 6 436 1241 1912 2200(범주 III)의 입증을 받고 있으며, 또한 syrp, h copsa에 반영되었고, 오리게네스lat 크리소스토모스 히에로니무스 아우구스티누스2/3의 지지를 받고 있다. 하지만 γάρ("이는")가 첨가된 독법은 대문자 사본 ℵ* A P 0150과 소문자 사본 256 1506 2127(범주 II), 104 365 459 1319 1573 1852(범주 III)의 지지를 받으며, itar, b, d, f, g, o vg copbo에도 반영되었고 암브로시아스테르 아우구스티누스1/3의 지지를 받고 있다. 외적 증거는 γάρ가 생략된 것을 원본으로 조금 더 선호한다. 하지만 브루스 메츠거는 연합성서공회 위원회의 숙고를 논평하면서, (1) 고대의 필경사들이 접속사 γάρ의 지속적인 기능을 이해하지 못했고 그 단어가 원인 관계를 표현하지 않기에 이 단어를 생략했을 것이라고 제시하며, 그럼에도 (2) 연합성서공회 위원회가 γάρ를 포함시키기로 결정했으나 확실하지 않음을 나타내려고 그것을 꺾쇠 괄호로 표기했음을 주목한다.[2)]

6절 Ὁ φρονῶν τὴν ἡμέραν κυρίῳ φρονεῖ("날을 특별하게 여기는 자도 주님과 관련하여 특별하게 여기고")이라는 문장 다음에, 대문자 사본 C3 P Ψ[또한 *Byz* L]와 대부분의 소문자 사본들과 같은 많은 증거 본문들은 καὶ

---

1) Metzger, *Textual Commentary*, 468.

2) Metzger, *Textual Commentary*, 468.

ὁ μὴ φρονῶν τὴν ἡμέραν κυρίῳ οὐ φρονεῖ("그리고 날을 특별하게 여기지 않는 자도 주님과 관련하여 지키지 않으니")를 첨가한다. 이 독법은 $syr^{p, h}$ arm에도 반영되었다. 그러나 메츠거가 지적한 것처럼, "이것은 καὶ ὁ μὴ ἐσθίων이라는 절을 따라 균형을 맞춰서 진술하려는, 비잔틴 계열 사본의 전형적인 주석이다."[3)]

9절　독법 ἀπέθανεν καὶ ἔζησεν("그[그리스도]가 죽었다가 다시 살아나셨으니")은 대문자 사본 א* A B C 0150과 소문자 사본 1739(범주 I), 256 1506(1881 καὶ ἀπέθανεν) 2127(범주 II), 365 1319 1573 1852(범주 III)에 의해 광범위한 지지를 받고 있으며, (vg^{st}) $cop^{sa, bo}$에도 반영되었고, 오리게네스$^{lat(1/2)}$ 크리소스토모스$^{1/2}$ 아우구스티누스$^{2/6}$의 지지를 받고 있다. 하지만 데살로니가전서 4:14(Ἰησοῦς ἀπέθανεν καὶ ἀνέστη, "예수께서 죽으셨다가 다시 살아나심을")의 영향을 받은 것이 분명한 고대의 어떤 필경사들이 다음과 같은 방법으로 ἔζησεν의 의미를 더 분명히 설명하려 했다. (1) 대문자 사본 F G와 소문자 사본 629와 $it^{(d2), f, g}$ $vg^{cl, (ww)}$에 반영된 것처럼 이 단어를 ἀνέστη로 바꾸거나, (2) 대문자 사본 $א^2$ D^1 0209^{vid}와 소문자 사본 1175(범주 I), 6 81 424^c(범주 III) 또는 세 동사를 다 사용하는 D*, 2(ἔζησεν καὶ ἀπέθανεν καὶ ἀνέστη)처럼, 다양한 문장에서 ἀνέστη를 의미가 같은 두 동사와 연결하고 가끔 앞에 καί를 첨가(그래서 καὶ ἀπέθανεν καὶ ἀνέστη καὶ ἔζησεν)한다.

10절　Βήματι τοῦ θεοῦ("하나님의 심판 자리")라는 어구에서 소유격 θεοῦ("하나님의")는 대문자 사본 א* A B C* D F G(참조. 또한 대문자 사본 0150의 τῷ θεῷ)와 소문자 사본 1739(범주 I), 1506(범주 II), 1852 2200(범주 III)의 강한 지지를 받고 있다. 이 독법은 $it^{ar, b, d, f, g, o}$ $vg^{ww, st}$ $cop^{sa, bo}$에도 반영되었으며, 오리게네스$^{lat5/6}$ 히에로니무스$^{1/3}$ 아우구스티누스$^{1/6}$의 지지를 받고 있다. 하지만 $א^2$ $C^{2 vid}$ P Ψ 048 0209[또한 *Byz* L]와 소문자 사본 33 1175(범주 I), 81 256 1881 1962 2127(범주 II), 6 104 263 365 436 459 1241 1319 1573 1912(범주 III)와 같은 많은 사본 증거에서 소유격 Χριστοῦ("그리

---

3) Metzger, *Textual Commentary*, 468.

스도의")가 θεοῦ("하나님의")를 대체했다. 이 이문은 vg[cl] syr[p, h]에도 반영되었으며 폴리카르포스 마르키온[acc to Tertullian] 오리게네스[lat1/6] 크리소스토모스 암브로시아스테르 히에로니무스[2/3] 아우구스티누스[5/6]의 지지를 받고 있다. 이처럼 θεοῦ("하나님의")에서 Χριστοῦ("그리스도의")로 바뀐 것은 고린도후서 5:10(ἔμπροσθεν τοῦ βήματος τοῦ Χριστοῦ)에 있는 어구의 영향 때문일 것이다.

12절 Ἕκαστος ἡμῶν περὶ ἑαυτοῦ λόγον δώσει τῷ θεῷ("우리 각 사람이 [우리의] 일에 대해 **하나님께** 직고하리라")라는 문장 끝에 있는 τῷ θεῷ("하나님께")가 원본인지를 결정하는 것은 조금 어렵다. Τῷ θεῷ가 포함된 독법이 대문자 사본 ℵ A C D P Ψ 048 0150 0209[또한 *Byz* L]와 소문자 사본 33 1175(범주 I), 81 256 1506 1962 2127(범주 II), 104 263 365 436 459 1241 1319 1573 1852 1912(범주 III)의 지지를 받고 있으며, 이 독법은 it[ar, b, d, gue] vg syr[p, h] cop[sa, bo]에도 반영되었고, 오리게네스[lat] 크리소스토모스 아우구스티누스[2/8]의 지지를 받고 있다. 그러나 이 구절 끝에 τῷ θεῷ가 생략된 독법은 대문자 사본 B F G와 소문자 사본 1739(범주 I), 1881(범주 II), 6 424[c] 2200(범주 III)의 지지를 받고 있으며, it[f, g, o, r]에도 반영되었고, 폴리카르포스 암브로시아스테르 아우구스티누스[6/8]의 지지를 받고 있다. 사본의 외적 증거는 τῷ θεῷ("하나님께")의 포함을 강력히 선호한다. 하지만 내적인 고려에 의하면, 이 단어가 원문에서 생략되었다면, 동사 δώσει의 지시대상을 분명히 하려고 필경사들이 어떻게 이 단어를 첨가했을지 이해하기가 더 쉽다. 연합성서공회 위원회는 τῷ θεῷ를 보유하기로 했지만 약간의 의심을 나타내기 위해 꺾쇠 괄호로 묶기로 결정했다.

13절 Τὸ μὴ τιθέναι πρόσκομμα τῷ ἀδελφῷ ἢ σκάνδαλον("부딪칠 것이나 거칠 것을 믿음이 있는 형제나 자매 앞에 두지 아니하도록 주의하라")이라는 금지는 사본 전통에서 폭넓고 매우 강하게 지지받고 있다. 하지만 πρόσκομμα("부딪칠 것")와 ἢ("또는")가 바티칸 사본(4세기 대문자 사본 B, 03)에서 생략되었으며, 이 생략된 독법이 소문자 사본 365(범주 III)에서 다시 등장한다. 이 생략은 실수였거나, 초기의 어느 필경사가 "부딪칠 것"과 "거칠 것"을 다 말하면서 어색한 겹말로 보인 것을 제거하려고 했기 때문에 발생한 것 같다.

14절 재귀대명사 ἑαυτοῦ("그 자신의", "그것 자체의")는 대문자 사본 ℵ B C[2] 048과 1739(범주 I), 81 1506(범주 II), 6 69 104 330 365 1319 1505 1573 2495(범주 III)와 같은 소문자 사본의 지지를 받고 있다. 하지만 소유격 인칭대명사 αὐτοῦ("그의" 또는 "그로 인해")가 A C* D F G P Ψ 209[또한 *Byz* L]와 같은 대문자 사본과 33 1175(범주 I), 1881(범주 II), 88 323 326 614 1241 1243 1735 1846 1874 2344(범주 III)와 같은 소문자 사본 등 몇몇 알렉산드리아 계열 사본과 서방 본문에 등장한다. 그래서 "예수로 인해 아무것도 부정하지 않다"라고 번역하게 된다. 이 문제와 관련하여 사본의 증거는 거의 동일하게 나뉘어 있다. 하지만 후자가 기독론적으로 더 중요할 수 있는 반면에, 필경사들이 "그[즉 그리스도 예수]로 인해"를 단순히 "그것 자체[즉 문제의 음식]"로 바꾸었을 개연성은 매우 희박한 것 같다. 오히려 초기의 어떤 필경사가 단순한 재귀대명사 ἑαυτοῦ("그것 자체의")를 더 의미심장한 인칭대명사 ἑαυτοῦ("그 자신의")로 바꿨을 가능성이 더 크다. 그래서 "문제의 음식"을 언급하는 재귀대명사 ἑαυτοῦ("그것 자체의")가 원본이라고 상정하는 것이 이치에 맞을 것이다.

16a절 전환의 접속사 οὖν("그래서", "그러므로", "결과적으로", "그런즉")이 포함된 독법이 P[46], 대문자 사본 ℵ A B C D P Ψ 048[또한 *Byz* L]과 소문자 사본 33 1175 1739(범주 I), 1506 1881(범주 II), 6 69 88 104 323 326 330 365 614 1241 1243 1505 1573 1735 1874 2344 2495(범주 III) 등에 의해 널리 입증받고 있다. 이 독법은 it vg syr[h] cop에도 반영되었고, 클레멘스 암브로시아스테르의 지지를 받는다. 하지만 불변화사 οὖν은 대문자 사본 F G와 소문자 사본 1319에 생략되었으며, 이 생략된 독법이 syr[p]에도 반영되었다. 하지만 여기에 οὖν이 포함된 독법이 그리스어 본문 전통에서 강한 지지를 받고 있으며, 생략된 독법은 문체 개선을 시도한 것으로 보인다.

16절 Μὴ βλασφημείσθε οὖν ὑμῶν τὸ ἀγαθόν("그러므로 너희의 선한 것이 비방을 받지 않게 하라")에 있는 2인칭 복수 소유격 ὑμῶν("너희의")은 대문자 사본 ℵ A B C P 048 0209와 소문자 사본 33 1739(범주 I), 81 1881

1962 2127(범주 II), 104 326 436 451 1241 2485(범주 III)로 충분히 입증된다. 그러나 1인칭 복수 소유격 ἡμῶν("우리의")은 대문자 사본 D G Ψ로 입증되며, it[ar, d, e, g] vg syr[p] cop[sa]에 반영되었고, 클레멘스 오리게네스[lat] 암브로시아스테르 아우구스티누스의 지지를 받는다. 두 단어 모두 의미가 잘 통한다. 물론 ὑμῶν이 직접적인 문맥에 더 잘 들어맞지만 말이다(바로 앞 15절에서 2인칭이 나왔지만, 더 일찍 13절에서는 1인칭 κρίνωμεν이 등장했다). 더군다나 외적 증거는 2인칭 소유격 ὑμῶν이 원본임에 무게를 실어준다.

18절 전치사구 ἐν τούτῳ("이로써" 또는 "이런 방식으로")가 대문자 사본 ℵ* A B C D* F G P 048 0209와 소문자 사본 1739(범주 I), 81 1506 1881(범주 II), 326 330 1243(범주 III)에 등장한다. 하지만 대문자 사본 ℵ[1] D[2] Ψ[또한 *Byz* L]와 소문자 사본 33 1175(범주 I), 6 69 88 104 323 365 614 1241 1319 1505 1573 1735 1838 1874 2344 2495(범주 III)에는 전치사구 ἐν τούτοις("이 방식들로")가 등장한다. 사본의 외적 증거는 다소간 ἐν τούτῳ("이로써" 또는 "이런 방식으로")를 선호한다. 더욱이 ἐν τούτῳ가 "더 난해한 독법"인 것 같다. 이 어구의 선행사가 약간은 불분명하기 때문이다. 그래서 ἐν τούτῳ("이런 방식으로")를 원본으로 보고, ἐν τούτοις("이 방식들로")는 단지 문체 개선을 시도한 것으로만 여겨야 할 것 같다.

19절 이 구절의 사본학적 문제는 그리스도인이 "화평의 일"을 추구하는 것을 서술하면서 바울이 (1) 1인칭 현재 직설법 동사 διώκομεν("우리가 힘을 쓰고 있다")을 사용하여 그렇게 하는지, 아니면 (2) 1인칭 현재 권고형 가정법 διώκωμεν("힘을 쓰자")을 사용하여 그리하는지에 있다. 전자는 대문자 사본 ℵ A B F G P 048 0150 0209[또한 *Byz* L]와 소문자 사본 6 263 2200[* vid](범주 III)의 지지를 받고 있으며, 후자는 대문자 사본 C D Ψ와 소문자 사본 33 1175 1739(범주 I), 81 1506 1881 256 1962 2127(범주 II), 104 365 436 459 1241 1319 1573 1852 1912 2200[c vid]의 지지를 받고, it[ar, b, f, g, gue, o, r] vg syr[pal] cop[sa, bo]에도 반영되었으며, 오리게네스[lat] 크리소스토모스 암브로시아스테르 아우구스티누스의 지지를 받고 있다. 이곳에 2인칭 복수 명령형 διώκετε("너희는 힘써야 한다")를 가지고 있는 성구집이 몇 개 있다. 브루스 메츠거는 다음과 같이 보도했다. "조금 더 우수한 대문자 사본이 διώκομεν을 지지하고…로마서의 다른 곳에서 ἄρα οὖν이라는 어구가 늘 직설법 다음에 이어지기는 하지만(5:18; 7:3, 25; 8:12; 9:16, 18; 비교. 14.12), 위원회는 대체적으로 이곳의 문맥이 권고형 가정법에 적합하다고 느꼈다(비교. 13절과 20절의 명령형)."[4)]

21절 이 문장("고기도 먹지 아니하고 포도주도 마시지 아니하고 무엇이든지 네 형제나 자매로 넘어지게 하는 일을 아니하는 것이 더 나으니라")의 마지막 단어로 등장하는 동사 προσκόπτει("그[녀]가 넘어지다")는 대문자 사본 א[1] A C 048 0150와 소문자 사본 1506(범주 II), 6 88 1735 1852(범주 III)의 지지를 받으며, it[r] syr[p] cop[bo]에도 반영되었고, 오리게네스[gr, lat] 아우구스티누스[3/5]의 지지를 받고 있다. 하지만 대문자 사본 א[2] B D F G Ψ 0209[또한 *Byz* L]와 소문자 사본 33[vid] 1175(범주 I), 256 1881 1962 2127(범주 II), 104 263 365 436 459 1319 1573 1912 2200(범주 III)과 같은 다른 사본들에는 ἤ σκανδαλίζει ἤ ἀσθένει("그[녀]를 걸려 넘어지게 하거나 약하게 하다")라는 문장이 첨가되었다. 이 더 긴 독법은 it[ar, b, d, f, g, o] vg syr[h, (pal)] cop[sa]에도 반영되었고, 크리소스토모스[1/2, (1/2)] 암브로시아스테르 아우구스티누스[2/5]의 지지를 받고 있다. 동사 προσκόπτει는 대문자 사본 א*에서 λυπείται("그[녀]를 슬퍼하게 하다")로 대체되었으며, 대문자 사본 P에서는 λυπείται ἤ σκανδαλίζει ἤ ἀσθένει("그[녀]를 슬퍼하게 하거나 걸려 넘어지게 하거나 약하게 하다")로 대체되었다. 이와 같은 이문들이 등장한 것은 원래의 독법이 고린도전서 8:11-13의 어구와 단어들을 떠올린 필경사들에 의해 수정되었음을 암시한다.

22절 본문의 다음 질문은 관계대명사 ἥν이 σὺ πίστιν ἣν ἔχεις("네가 가지고 있는 믿음")라는 절에 원래 있었느냐는 것이다. 관계대명사가 본문에 있는 독법은 대문자 사본 א A B C 048의 지지를 받으며, it[ar, r] vg[mss]에도 반영되었으며, 오리게네스[lat] 아우구스티누스[3/4]의 뒷받침을 받고 있다. 하지만 관계대명사 ἥν이 대문자 사본 D (F) G P Ψ 0150 0209[vid]와

4) Metzger, *Textual Commentary*, 469.

소문자 사본 1175 1739(범주 I), 81 256 1506 1881 1962 2127(범주 II), 6 104 263 365 436 459 1241 1319 1573 1852 1912 2200(범주 III)에서 생략되었으며, 이 어구는 $it^{b, d, f, g, o}$ $cop^{sa, bo}$와 크리소스토모스 암브로시아스테르 아우구스티누스[1/4]에도 생략되었다. 관계대명사 ἣν이 없다면, 이 문장은 진술로 읽을 수도 있고 질문으로 읽을 수도 있다. 질문으로 이해하면 문체적으로 좀 더 생생하다. 따라서 이 문장을 "그래서 네가 이것들에 대해 어떻게 믿든지 간에, 너 자신과 하나님 사이에 그것을 간직하라"고 번역할 수 있다. 만일 ἣν이 원문에 없었다면, 어떤 갑작스러운 상황을 완화시키려고 그것이 삽입되었을 가능성이 있다. 반대로 만일 ἣν이 원문에 있었다면, πίστιν 뒤에 "이오타화"(iotacism, 현대 그리스어에서 모음이나 이중모음을 이오타를 발음할 때처럼["이"] 발음하는 것—편집자주) 때문에 생략되었을 개연성이 있다(후기 그리스어에서는 HN과 IN의 발음이 거의 비슷했다). 연합성서공회 위원회는 대문자 사본 ℵ A B C의 증거를 가지고 있기에 관계대명사 ἣν을 원본으로 유지했지만 그것을 꺾쇠 괄호 안에 포함시키기로 결정했다.

23절 사본 증거들 중에는 16:24-27(즉 16장 끝에 등장하는 본문)의 송영을 이곳 14:23b(즉 14장 끝)에 배치한 것이 더러 있다. 이러한 배치는 7세기 대문자 사본 0209과 9세기 대문자 사본 P[또한 9세기 비잔틴 계열의 대문자 사본 L]에 등장한다. 소문자 사본 1881(범주 II)과 181 326 330 451 614 1241 1877 2492 2495(범주 III)에서는 14장 끝에 이 본문이 등장하기도 하고, 이러한 독법은 (7세기 초 역본인) syr^{h}에도 반영되었으며, 알렉산드리아의 키릴로스와 키루스의 테오도레토스와 같은 5세기의 교부들과 8세기 아랍의 그리스도인인 다마스쿠스의 요한의 지지를 받는다. 하지만 그리스어 사본 전통에서 이 송영이 14장 끝에 배치된 독법을 지지하는 초기 증거는 부족하다. 훨씬 더 좋은 사본에서는 이 송영이 16장 끝에 배치되어 있다(16:25-27을 논의할 때 이렇게 주장할 것이다).

브루스 메츠거가 상당히 바르게 지적한 것처럼, "로마서의 결론 문제에 대한 자세한 논의에는 바울이 두 장을 썼을 수도 있다는 가능성을 비롯하여 마지막 장(또는 마지막 두 장)의 진정성과 통일성에 관한 문제들이 포함되어 있다."[5)] 이 문제들에 대한 전반적인 연구에 대해서는 필자의 논문 "원래 서신의 형태"("The Form of the Original Letter," in R. N. Longenecker, *Introducing Romans*, 19-30)를 보라. 로마서의 결론과 관련된 사본상의 증거를 더욱 집중적으로 다룬 갬블, 알란트, 람페, 메츠거(Gamble, *The Textual History of the Letter to the Romans*, 56-95; K. Aland, *Neutestamentliche Entwürfe*, 284-301; Lampe, "Zur Textgeschichte des Römerbriefes," 273-77; Metzger, *Textual Commentary*, 470-77)를 보라.

15:2 "**우리** 각 사람이 이웃을 기쁘게 하되 그들의 선을 이루고 그들을 세우도록 할지니라"는 권면에서 사용된 1인칭 복수 소유격 인칭대명사 ἡμῶν("우리의")은 대문자 사본 ℵ A B C D*2 Ψ[또한 *Byz* L]와 소문자 사본 33 1175 1739(범주 I), 1506(범주 II), 6 88 323 1241 1243 1319 1573 1874 2344(범주 III) 등의 광범위한 지지를 받고 있다. 하지만 2인칭 복수 소유격 인칭대명사 ὑμῶν("너희의")이 대문자 사본 D1 F G P 048 0209vid와 소문자 사본 1506 1881(범주 II), 69 104 326 330 365 614 630 1505 2495(범주 III)에 등장한다. 독법 ἡμῶν("우리의")은 그리스어 사본 전통에서 더 좋은 입증을 받기에 원본으로 받아들여야 한다. 이문 ὑμῶν("너희의")은 바울이 자신을 분명하게 앞 절의 "강한 자"와 동일시한 것과 모순될 수 있는 것을 피하기 위한 필경사의 시도로 발생했을 것이다.

7절 Καθὼς καὶ ὁ Χριστὸς προσελάβετο ὑμᾶς("그리스도께서 **너희를** 받으심과 같이")의 끝에 있는 대명사 ὑμᾶς("너희를")는 대명사 ἡμᾶς("우리를")보다 더 낫고 더 다양한 사본의 지지를 받고 있다. 전자는 대문자 사본 ℵ A C D2 F G Ψ와 소문자 사본 33 1175 1739(범주 I), 81 256 1881 1962 2127*(범주 II), 6 263 365 436 1241 1319 1573 1912 2200(범주 III)의 지지를 받고 있으며, itd2, f, g, gue vg syrp, h copbo에도 반영되었고, 오리게네스lat 크리소스토모스 암브로시아스테르의 뒷받침을 받는다. 반면에 후자는 대문자 사본 B D* P 048 0150과 소문자 사본 1506 2127(범주 II), 104 459 1852(범주

5) Metzger, *Textual Commentary*, 470.

III)의 입증을 받으며, it$^{ar, b, d^*, r, o}$ vg^{ms} cop^{sa} 에도 반영되었고, 테오도레토스^{lem}의 지지를 받는다. 더욱이 브루스 메츠거가 지적했듯이, 대명사 ὑμᾶς("너희를")는 "문맥(7절)에서 2인칭 복수의 다른 예와 조화를 이룬다."[6)]

8절 현재완료 수동태 부정사 γεγενῆσθαι("되었다")는 대문자 사본 ℵ A C^2 D^1 P 048(또한 Byz L)과 소문자 사본 33 1175(범주 I), 1506(범주 II), 6 69 88 104 323 326 330 365 614 1241 1243 1319 1505 1573 1735 1874 2344 2495(범주 III)의 지지를 받고 있다. 하지만 부정과거 부정사 γενέσθαι("되었다")가 대문자 사본 B C* D* F G Ψ와 소문자 사본 1739(범주 I), 1881(범주 II), 630(범주 III)에 등장한다. 사본의 외적 사항만 고려한다면, 두 독법 사이에서 결정을 내리기가 쉽지 않다. 하지만 신학적인 근거로 현재완료 수동태 부정사 γεγενῆσθαι("되었다")가 더 난해한 독법이다. 그 독법은 예수가 그의 지상 사역 기간에 "유대인의 종"이 아니었지만, 높이 되신 그리스도로서 그가 "유대인의 종"이 되었음을 암시하는 것으로 이해될 수 있기 때문이다. 반면에, 부정과거 부정사 γενέσθαι("되었다")는 그의 현재 상황과 관련하여 그 동사 자체로부터 제기되는 어떤 암시 없이, 역사적 예수가 유대인의 종"이었다"는 점만을 지적한다. 그러므로 현재완료 수동태 γεγενῆσθαι를 원래의 독법으로 보고, 부정과거 γενέσθαι를 필경사의 교정으로 이해하는 것이 가장 좋을 것 같다. 이 이문은 원래의 독법으로부터 야기될지도 모르는 어떤 함의를 방지하기 위한 시도였을 것이다.

11a절 이곳 15:11의 또 다른 성경 인용을 소개하기 위해 동사 λέγει("그것이 말하다")를 사용하지 않고 καὶ πάλιν("그리고 또")만 사용한 것이 대문자 사본 ℵ A C P Ψ[또한 *Byz* L]와 소문자 사본 33 1175 1739(범주 I), 1506 1881(범주 II), 6 69 88 104 323 326 330 365 614 1241 1243 1319 1573 1874 2344(범주 III)에 의해 널리 입증을 받고 있으며, 히에로니무스에 의해 vg에도 반영되었다. 반면에 더 온전한 도입 어구인 καὶ πάλιν λέγει("그리고 다시, 그것이 말한다")는 대문자 사본 B D F G와 소문자 사본 1505 1735

6) Metzger, *Textual Commentary*, 473.

2495(범주 III)의 지지를 받고 있다. 그리고 λέγει를 사용한 이러한 독법은 syr에도 반영되었으며, 암브로시아스테르의 지지를 받고 있다. 물론 그 차이가 15:10을 그 문맥에서 이해하는 데 그리 중요하지는 않다. 그럼에도 사본상의 증거는 동사 λέγει("그것이 말하다")를 사용하지 않고 καὶ πάλιν("그리고 또")만 사용한 것을 지지하는 것 같다. 다음 구절인 15:11(또한 15:12에 인용된 이사야서 본문에 대한 도입 어구)에 도입 어구 καὶ πάλιν("그리고 또")이 등장하듯이 말이다.

11b절 3인칭 복수 부정과거 능동태 명령형 ἐπαινεσάτωσαν("그들은 찬양하라")은 P[46], 대문자 사본 A B C D Ψ와 소문자 사본 1739(범주 I), 81 1506 1881(범주 II), 88 326 365 1319 1505 1573 2495(범주 III) 등 광범위한 증거를 가지고 있다. 하지만 2인칭 복수 명령형 ἐπαινέσατε("너희는 찬양하라")가 대문자 사본 F G P[또한 *Byz* L]와 소문자 사본 33 1175(범주 I), 6 69 104 323 330 614 1241 1243 1735 1874 2344(범주 III)에 등장한다. P[46], 대문자 사본 A B C D Ψ의 3인칭 복수 부정과거 능동태 명령형 ἐπαινεσάτωσαν("그들은 찬양하라")이 사본 전통에서 더 좋은 지지를 받고 있기에 원본으로 간주되어야 한다.

형식/구조/상황

바울은 14:1-15:13 전체에서 로마에 있는 신자들이 어떻게 서로를 대해야 하는지를 다룬 권면과 호소를 여럿 제시한다. 이 권면과 호소들은 상당히 큰 두 단락 14:1-12과 14:13-23으로 이루어진 권면 자료에 제시되었다. 이 두 큰 단락들 다음에는 매우 간략한 2개의 단락 15:1-6과 15:7-13이 이어진다. 이 짧은 단락들은 약간은 더 직접적이며, 수신자들의 상황에 대해 좀 더 드러내고, 조금 전 더 큰 두 단락에서 제시된 내용을 어느 정도 되풀이한다. 이 작은 두 단락은 결론적인 "기도의 바람"으로 각각 마무리된다. 첫 번째 바람은 (15:1-6 끝에 있는) 15:5-6에 등장하며, 그다음은 (15:7-13 끝에 있는) 15:13에 등장한다.

바울이 14:1-15:13에서 다루고 있는 문제들의 구체성에 대하여. 음식 문제들에 관한 비슷한 호소들이 고린도전서 8:1-11:1에 등장하는 까닭에, 주석가들은 로마서 14:1-15:13의 이 특별한 권면적 호소들을 바울이 이전에 고린도의 개종자들에게 쓴 편지에서 간추린 것으로 이해하곤 했다. 하지만 이곳에서 사도가 채식주의(14:2, 6c, 21)와 특별한 성일을 지킴(14:5-6a)에 대해 언급하고 포도주를 마시지 않는 것에 대해 암시한 것(14:17, 21)은 고린도 교회에 보낸 편지에서는 발견되지 않는다. 그래서 오늘날 주석가들은 대부분 14:1-15:13을 사도가 이방인 선교 기간에 고린도에서 마주했던 어떤 상황으로 인해 마음에 품게 되었던 그리스도인의 자유에 관한 권면들이 아니라, 그 당시 적어도 로마의 일부 그리스도인 공동체 내부에 존재하던 구체적인 상황을 겨냥한 권면과 호소로 이해한다.

사실 오늘날 대다수의 신약 해석자들은 14:1-15:13에 담겨 있는 권면의 구체성에 대해 폴 미니어(Paul Minear)의 입장에 일반적으로 동의한다.

> 바울은 사실 그가 모든 교회에서 가르친 내용에 대한 전형적인 교훈 자료들을 그의 편지에 종종 포함시켰다. [로마서] 12장과 13장에는 이런 유형에 속했을 법한 내용이 포함되어 있다.…그러나 [로마서] 13장과 14장 사이에 문학적 문체의 변경이 있다. 사도는 권면의 전통적인 구술 형식으로 담아낸 일반적인 명령에서 일단의 구체적인 문제에 대한 고려로 주제를 바꾼다. 가장 가까운 유비가 고린도전서다(8:1-13; 9:19-23; 10:23-11:1). 고린도에서 바울이 어떤 구체적인 상황과 직접 씨름했다는 것에는 의심의 여지가 없다. 그렇다면 이런 경우가 로마에서도 발생했다는 것을 의심해야 할 이유가 무엇인가?[7)]

필자는 로마서 14:1-15:13에서 다뤄지는 쟁점들의 구체성에 대해 미니어 교수(와 그의 입장에 찬동하는 사람들)와 견해를 같이한다. 필자는 (앞에서 제안했듯이) 바울이 바로 앞 단락인 13:8-14에서 제시한 2개의 중요한 기독교적

7) Minear, *The Obedience of Faith*, 22.

확신들을 여기서 상당히 실용적으로(즉 매우 "실천적인 문제들"과 관련하여) 설명하고 있으며, 적어도 로마에 있는 일부 그리스도인 공동체 내부에서 제기되었던 구체적인 문젯거리와 관련해서 그렇게 하고 있다고 믿는다. 이것은 바울이 일찍이 13:1-7에서 로마에 있는 신자들을 위해 12:1-21의 매우 중요한 기독교적 윤리 선언들(과 구체적으로 9-21절의 선언들)을 그들의 도시적·사회적 상황에서 그들에게 특히 적절한 방법으로 상황화했던 것과 매우 비슷하다.

14:1-15:13에 연루된 쟁점들과 바울이 염두에 둔 사람들에 대하여. 그러나 당시 로마의 상황에 대해 바울이 기록하는 내용에 근거하여, 연루된 쟁점들과 염두에 둔 사람들을 어떻게 이해해야 하는지를 정확히 결정하기는 어렵다. 로마서를 쓰던 당시에는 바울 사도가 로마에 가본 적이 없었다. 사실 그가 그 도시의 그리스도인들 중 개인적으로 알던 사람은 소수에 불과했으며, 그나마 그들 대부분은 이전에 로마 제국의 다른 도시와 마을들에서 만났을 뿐이다. 더 중요한 점은 그가 로마의 상황에 대해 알고 있었던 것 중 (전부가 아니라면) 대부분이 (그리스도인의 "정보망"을 통해) 풍문으로 들은 것이든지, 아니면 그가 나중에 16:3-15에서 안부 인사를 한 사람들 중 어느 한 사람(또는 그 이상)으로부터 그에게 전달된 편지(들)를 통해 알게 되었던 것 같다는 사실이다.

그럼에도 바울이 14:1-15:13에서 기록하는 내용으로부터, 로마에는 자신들을 기독교 신앙에서 "강한 자"(οἱ δυνατοί)라고 여기고, 자신들의 짐짓 우월한 지위를 가지고 그들이 "약한 자"(οἱ ἀδυνάτοι)라고 묘사했던 다른 신자들을 판단하고 멸시하는 사람들이 있었다고 추론할 수 있다. 여기서 한걸음 더 나아가, 짐짓 "더 약한" 신자들 집단이 다양한 종류의 음식을 먹는 것과 종교적으로 중요한 어떤 날들을 지키는 것, 또한 식사할 때 포도주를 마시는 것에 대해 상당히 엄격한 입장을 취하고 있었던 까닭에 "강한 자"들이 그렇게 행동하고 있었다고 합리적으로 추론할 수 있다. 또한 다음과 같이 추정하는 것도 이치에 맞다. (1) "강한 자" 집단은 (설령 전부는 아니더라도) 주로 이방인 출신의 그리스도인들로 이루어졌다. 이들은 유대인들이 어떤 음식에 대한 적절함과 부적절함, 어떤 날들의 거룩함, 포도주를 마시는 것을 거리끼는 것에 전혀 관심이 없었다. 반면에 "강한 자"가 "약한 자"라고 밝힌 집단은 (전부는 아니더라도) 주로 예수를 믿는 유대인 신자들로 이루어졌다. 그들은 어떤 특정한 음식의 적절함이나 부적절함, 어떤 시간, 계절, 날들을 특히 거룩하다고 고려할 필요성, 그리고 포도주를 마시는 것의 적절함이나 부적절함을 고려하도록 교육받았다. (2) 바울은 로마의 그리스도인들에게 호소하면서 주로 자신들을 "강한" 신자들로 생각한 사람들에게 말했으며, 그들에게 스스로를 "약한" 신자로 밝힌 사람들과 먼저 화해하라고 요구하고 있었다. (3) 사도가 제시한 모든 권면에서 의도한 목적은 로마의 그리스도인 공동체 내부에서 화평과 하나 됨을 회복하여 그 도시에서 기독교 복음의 정확한 표현을 향상시키는 것이었다.

하지만 신약학자들 중에 로마 교회의 이 비교적 난해한 상황에 관여된 쟁점과 사람들을 밝히면서 조금 더 나아간 사람들이 더러 있다. 일부는 로마 교회의 상황과 14:1-15:13을 쓴 바울의 목적을 분석하는 데 있어서도 상당히 멀리 나아가기도 했다. 예를 들어, 폴 미니어는 (앞에서 인용한 그의 진술에서처럼) 연루된 쟁점과 사람들 문제에 대한 그의 일반적인 접근을 약간 넘어서, 로마의 그리스도인들 사이에 발생한 분열이 통상적으로 생각한 것보다 훨씬 더 복잡했던 것 같다고 말했고, 신자들 가운데 서로 다투고 있던 5개나 되는 서로 다른 집단들이 14:1-15:13에 드러난다고 제안했다.[8] 그리고 프란시스 왓슨(Francis Watson)은 한술 더 떠서 다음과 같이 주장했다. 즉 바울의 권면과 호소 본문을 (1) "강한 자"보다는 "약한 자"를 겨냥한 내용으로 이해하며, (2) 예수를 믿는 유대인 신자들에게 그 도시의 유대인 공동체와 유대교 율법에서 떠나 뚜렷이 구별되는 기독교 신앙을 고백하는 가운데 이방인 신자들과 하나되기를 권고한 것으로 이해해야 한다는 것이다.[9]

---

8) Minear, *The Obedience of Faith*, 8ff.

9) F. Watson, "The Two Roman Congregations: Romans 14:1-15:13," in *Paul, Judaism, and the Gentiles*, 94-105; K. P. Donfried, ed., *The Romans Debate: Revised and Expanded Edition* (Peabody: Hendrickson, 1991), 201-15에 재판됨.

바울이 14:1-15:13에 쓴 내용으로부터 로마의 그리스도인 공동체 내부에서 무슨 일이 발생했는지 정확히 알거나 그 당시 논의되던 내용을 정확히 평가하는 일은 쉽지 않다. 로마의 그리스도인들이 그 상황을 알고 있었으며, 당시에 논의되던 것의 찬반양론을 모두 이해했음은 분명하다. 마찬가지로 바울이 그 정보를 어떻게 입수하게 되었더라도 그는 그 정보의 정확성을 의심하지 않았을 것이다. 하지만 현대의 해석자들인 우리는 정확한 상황이나 논의들을 실제로 알지 못할 수도 있다.

그렇지만 바울이 그의 권면과 호소에서 (1) 스스로를 "강한 자"로 여겼던 사람들에게 그들이 "약한 자"로 여겼던 다른 신자들을 용납하라고 부탁하고, (2) 예수를 믿는 신자들이 일반적으로 "아디아포라"(즉 그리스도인들에게 요구하지도 금하지도 않는 문제들)로 분류될 수 있었던 문제들과 관련해서 그리스도인의 자유를 행사할 필요가 있다고 가르치며, (3) 다른 사람들의 양심을 정죄하거나 자신의 자아를 꾸짖지 말고 예수를 믿는 신자들 사이에서 서로 덕을 세우기를 권하고, (4) 로마의 그리스도인 공동체들 내부에 하나 됨과 화평을 이룰 것을 간곡히 부탁하고 있다.

14:1-15:13에 나타난 바울의 권면과 호소의 신학적 기초에 대하여. 바울은 이곳 로마서 본론 중앙부의 네 번째 단락인 12:1-15:13에서 기독교 복음을 상황화하면서 자신의 권면과 호소의 기초로 작용하는 매우 중요한 신학적·윤리적 강조들을 다수 포함시켰다. 이 중요한 권면 단락인 12:1-2을 시작하면서 바울은 기독교 윤리는 늘 (1) "하나님의 자비하심"을 염두에 두는 것, (2) "기독교 복음"에 선포된 메시지를 기억하는 것, (3) 하나님의 구원으로 말미암아 사람이 "변화한다"는 것, 그리고 (4) 하나님께서 그의 영의 사역을 통해 계속해서 신자의 "마음을 새롭게 하심"에 기초해야 한다고 주장한다. 더욱이 12:3-8에서 바울은 로마의 그리스도인들에게 스스로를 마땅히 생각해야 할 것 이상으로 생각하지 말라고, 즉 하나님께서 그분의 임재와 구원으로 그들에게 은혜를 베푸셨기에 자신들의 존재나 생각이 특히 중요하다는 오만한 마음과 자만심을 품지 말라고 부탁한다. 그들은 자신을 "건전한 마음"으로, 다시 말해서 하나님이 그들 각 사람에게 주신

믿음과 은사의 분량대로 생각해야 한다. 그리고 바울은 12:9-21에서 "하나님 백성의 아가페 사랑"에 관한 비교적 공식화된 자료 단락을 제시함으로써 그의 기독교적 윤리 교훈의 정수를 설명한다. 아가페 사랑은 하나님 자신의 아가페 사랑에 대한 반응이며 이를 모든 사람에게 표현해야 한다. 그래서 기독교 윤리는 하나님께서 개인적으로나 공동체적으로나 "변화를 받고" "새롭게 된" 백성들을 그들의 마음과 정신과 삶에 이루(셨고 지금도 이루고 계)신 태도와 생각과 행동과 관련이 있다.

그러나 적어도 로마의 일부 그리스도인 공동체들의 문젯거리가 되었던 교회의 상황에서 매우 중요한 것은 바울이 13:8-14에서 제시한 중요한 두 가지 확신이다.

1. 예수를 믿는 신자의 윤리는 구약성경 계명들의 취지와 의도 및 염원과 늘 "일치"해야 하지만, 그리스도인의 "아가페 사랑"의 윤리는 구약의 모든 윤리적 명령(과 그 밖에 다른 어떤 종교나 세속 철학이 제시하는 다른 모든 윤리적 방안)을 능가한다.
2. 하나님의 구원사적 과정에서 "이 시기"에 예수를 믿는 신자들은 예수의 주권 아래에서 살아야 하고 모세 율법의 교훈(즉 유대인의 "토라")의 주권 아래에서 살아서는 안 된다.

그러한 까닭에 사도는 13:8-14의 이 마지막 세트의 권면에서 14절의 결론적인 호소를 제시한다. 이 결론은 독특하게 그리스도 중심적인 방식으로 문제를 제시한다. "주 예수 그리스도로 옷 입고 정욕을 위하여 육신의 일을 도모하지 말라!"

바울이 14:1-15:13의 권면과 호소를 제시하는 기독론적 근거에 대하여. 이어지는 우리의 석의와 주해를 미리 언급한다면, 우리는 사도가 (1) "예수의 말씀들"에 대한 많은 암시와 (2) 그리스도인의 행위에 대한 패러다임이자 초기 그리스도인들이 기억했던 예수가 지상 사역 기간에 행하신 여러 행위를 사용함으로써 자신의 권면과 호소를 어떻게 뒷받침하고 있는지 주목한다. 바울이 이 본문에서 암시하는 역사적 예수의 현저한 가르침들은 다음과 같다.

> 14:10: "네가 어찌하여 네 형제나 자매를 비판하느냐?"(참조. 마 7:1; 눅 6:37)
>
> 14:13: "그런즉 우리가 다시는 서로 비판하지 말고 도리어 부딪칠 것이나 거칠 것을 믿음이 있는 형제나 자매 앞에 두지 아니하도록 주의하라"(참조. 마 18:7; 막 9:42; 눅 17:1-2).
>
> 14:14: "내가 주 예수 안에서 알고 확신하노니 어떤 음식이라도 그것 자체로는 부정한 것이 없노라"(참조. 마 15:11; 막 7:15).[10]

이와 유사하게, 그리스도인의 행위의 패러다임을 제시하는 예수의 모범을 언급하는 내용이 15:1-13에서 발견된다. 이 본문에서는 마이클 톰슨(Michael Thompson)이 바르게 관찰했듯이, "바울의 권면의 기독론적 지향점이 매우 분명히 드러난다."[11]

> 15:3: "그리스도께서도 자기를 기쁘게 하지 아니하셨나니."
>
> 15:5: "인내와 위로의 하나님이 너희가 그리스도 예수를 따를 때 너희 가운데 하나 됨의 영을 주시기를 원하노라."
>
> 15:7b-9a: "너희도 서로 받아들여라. 내가 말하노니, 그리스도께서 하나님의 진실하심을 위하여 유대인들의 종이 되셨으니, 이는 조상들에게 주신 약속들을 견고하게 하시고, 이방인들도 그 긍휼하심을 위하여 하나님께 영광을 돌리게 하려 하심이라."

---

10) 바울이 일찍이 롬 12:14a, 17a, 19-20, 21에서 "예수의 말씀들"을 풀어쓴 예도 참조하라. 또한 바울이 사용한 역사적 예수의 가르침들에 대해서는 13:8과 13:9-10에서 우리가 논의한 것도 보라.

11) M. B. Thompson, *Clothed with Christ*, 208(Thompson이 밝힌 예수의 모범들에 대한 암시일 가능성이 있는 다른 예들도 보라).

14:1-15:13의 권면과 호소들이 구약성경의 선포와 "일치한다"는 점을 증명하려고 이곳에 사용된 바울의 성경 본문 인용에 대하여. 14:1-15:13에 있는 바울의 권면들에는 바울의 표준적인 도입 어구인 γέγραπται("기록되었으되")나 이 도입 어구와 함께 그 앞에 있는 더 공식적 표현인 γέγραπται의 어감을 전달하는 단순한 표현인 πάλιν("또" 혹은 "다시")으로 소개되는 많은 성경 인용이 있다. 공식적이든지 축약된 형식이든지 두 표현 모두 신적인 권위를 분명하게 나타낸다.

14:11: "주께서 이르시되, '내가 살았노니, 모든 무릎이 내게 꿇을 것이요, 모든 혀가 하나님께 자백하리라' 하였느니라"(사 45:23을 인용).

15:3: "주를 비방하는 자들의 비방이 내게 미쳤나이다"(시 69:9[MT 69:10; LXX 68:19]을 인용).

15:9: "이로 인해 내가 열방 중에서 주를 시인하고 주의 이름을 찬송하리로다"(시 18:49[MT 18:50; LXX 17:49]을 인용).

15:10: "열방들아! 주의 백성과 함께 즐거워하라"(신 32:43을 인용).

15:11: "모든 열방들아! 주를 찬양하며, 모든 백성들아! 그를 찬송하라"(시 117:1[116:1]을 인용).

15:12: "이새의 뿌리, 곧 열방을 다스리기 위하여 일어나시는 이가 있으리니, 열방이 그에게 소망을 두리라"(사 11:10을 인용).

하지만 바울은 일찍이 12:3-21과 13:8-14에서 구약을 인용했을 때처럼, 이 성경 본문들을 그의 기독교적 권면과 호소를 위한 주요 기초로 사용하지는 않는다. 오히려 그는 이 본문들을 사용하여 (1) 기독교 복음 메시지, (2) 역사적 예수의 가르침, (3) 예수가 지상에서 어떻게 사셨고 지상 사역을 어떻게 수행하셨는지에 대한 기억에 근거한 14:1-15:13의 권면과 호소가 구약성경의 윤리적 명령과 권면 진술들의 주요 취지와 의도와 열망과 "긴밀히 연결되어" 있음을 시사한다.

14:1-15:13 자료들의 구조에 대하여. 이 단락의 구조는 많은 번역가와

주석가들에게 파악하기가 다소 쉽지 않았던 것 같다. 이런 까닭에 종종 주석가들은 바울이 이 본문에서 말하고 있는 내용이 약간은 느슨하게 표현되었다거나, 조세프 피츠마이어가 언젠가 자신(과 다른 많은 사람)의 견해로 진술했듯이, "이 [14:1-15:13] 권면 단락이 **매우 체계적이지 않고 장황한** 까닭에 그것은 정확히는 윤리적 논문이 아니다."[12] 하지만 이 본문 전체에서 사도가 로마의 그리스도인들에게 동일한 일반적인 주제, 즉 적어도 로마의 일부 그리스도인 공동체 내부에서 일어난 문제를 야기한 상황에 대한 그들의 반응을 염두에 두고 권면하며 호소하고 있다는 것을 누구나 인식한다. 하지만 그가 4:1-15:13에서 로마의 교회 상황과 관련하여 제시한 내용과 그 내용의 특징들(제시된 내용의 윤곽을 적절한 제목과 문단 나누기와 같은 형식적인 사항들로써 어떻게 나타내는지의 문제를 포함하여)은 번역가들과 주석가들에게 언제나 문제가 되었다.

현대 영어 번역가들 중에서 (1961년판 프랑스어 성경을 의존한) JB의 편집자들은 14:1-15:6의 모든 자료에 "꼼꼼한 사람들을 향한 관용"이라는 제목을 붙이고, 이 비교적 광범위한 한 묶음의 자료를 14:1-12, 13-15, 16-21, 22-23, 15:1-6 등 다섯 문단으로 나눴다. 그들은 15:7-13의 부가적인 자료에 "하나가 되라는 호소"라고 제목을 붙이고, 15:7-12과 15:13 등의 두 문단으로 나누었다. RSV 번역가들은 기본적으로 이들의 입장에 동의하면서 14:1-15:13에 "서로 용납하라"는 일반적인 제목을 붙였으며, 그 자료를 14:1-4, 5-9, 10-12, 13-23, 15:1-6, 7-12, 13 등 일곱 단락으로 나눴다. 하지만 NRSV는 이 본문에 다음과 같이 4개의 제목을 붙였다. (14:1-4, 5-6, 7-9, 10-12 등 네 단락으로 발전된) "서로 판단하지 말라", (14:13-23의 하나의 문단으로 표현된) "서로에게 거치는 자가 되지 말라", (15:1-6의 하나의 문단으로 진술된) "다른 사람을 기쁘게 하고 자신을 기쁘게 하지 말라", 그리고 (15:7-13의 하나의 문단으로 표현된) "유대인과 이방인들을 위한 복음" 등이다. NIV와 개정본인 TNIV는 14:1-15:13 전체에 "약한 자와 강한 자"라는 하나의 제목

12) Fitzmyer, *Spiritual Exercises*, 189(강조는 덧붙여진 것임).

만 붙였을 뿐이다. 두 역본은 모두 바울이 말하고 있는 내용을 14:1-4, 5-8, 9-12(NIV에서 14:5-8과 9-12의 문단으로 나눈 것을 TNIV에서는 14:5-9과 10-12로 나눴다), 13-18, 19-21, 22-23, 15:1-4, 5-6, 7-12, 13 등 10개의 문단으로 분류하였다.

영어권 주석가들 중에서는 킹슬리 바레트(Kingsley Barrett)가 3개의 주요 단락(14:1-12, 13-23; 15:1-13)으로 14:1-15:13을 다뤘으며,[13] 에른스트 케제만, 조세프 피츠마이어, 더글러스 무는 이 본문이 네 단락(14:1-12, 13-23; 15:1-6, 7-13)으로 제시된 것으로 이해했고,[14] 찰스 크랜필드는 이 본문을 5개의 단락(14:1-12, 13-23; 15:1-6, 7-12, 13)으로 이해했다.[15] 필자는 이 본문 자료를 (Käsemann, Fitzmyer, Moo가 제안한 것처럼) 4개의 주요 하위 단락으로 나누는 것에 동의한다.

필자의 논증은 이 본문의 형식과 내용에 모두 의거하였다. 형식과 관련하여 다음 두 가지 사실을 주목할 필요가 있다. (1) 이 확장된 본문의 첫 번째 하위 단락인 14:1-12은 12절 처음에 추론적인 불변화사 ἄρα("그래서", "그런즉", "따라서")와 οὖν("그래서", "그런즉", "그러므로", "따라서")이 함께 사용된 것으로 마무리된다는 것과, (2) 이 본문의 두 번째 하위 단락인 14:13-23은 19-23절의 마지막 문단 처음에 동일한 방식으로, 즉 19절 도입부에 이 동일한 추론적 불변화사들이 함께 사용된 것으로 마무리된다는 것이다. 자료의 한 단락 또는 하위 단락의 결론을 표시하기 위해 ἄρα와 οὖν이 결합된 예는 공관복음, 사도행전, 바울의 여러 편지, 히브리서에 50번쯤 등장한다. 특히 바울은 ἄρα οὖν을 결론적인 관용어 표현으로 사용하길 즐겨 한다.[16] 더욱이 15:1-6과 15:7-13 자료 등 2개의 하위 단락 모두 "기도와

13) Barrett, *Romans*, 255-73(참고로, 개역개정역도 세 단락으로 나눠져 있다—역주).

14) Käsemann, *Romans*, 365; Fitzmyer, *Romans*, 686-708; Moo, *Romans*, 826-84.

15) Cranfield, *Romans*, 2.698-99.

16) 이곳 14:12과 14:19에서 바울의 ἄρα οὖν 사용 외에 그가 일찍이 로마서 5:18; 7:3, 25b; 8:12; 9:16, 18에서 이 관용적 표현을 사용한 것도 보라. 하지만 그가 롬 7:21과 갈 2:21에서 불변화사 ἄρα 하나만 사용하여 "그래서" 또는 "그런즉"이라는 표현으로 진술을 생동감 있게 하려는 것이 분명한 반면에, 8:1에서는 ἄρα νῦν("그러나 지금")이라고 쓴다. 비록 ἄρα 하나

바람"으로 마무리된다. 그 첫 번째는 (15:1-6 끝에 있는) 15:5-6에 등장하고, 그다음에는 (15:7-13 끝에 있는) 15:13에서 등장한다. 이 두 "기도와 바람"은 각각의 자료 단락을 결론짓기 위해 매우 분명하게 작용한다.

14:1-15:13의 이 네 하위 단락은 어떤 서간체적·수사학적 관습들에 의해 밝혀질 수 있을뿐더러, 각각의 내용, 특히 바울이 그의 논제를 발전시키는 방식에 의해서도 밝혀질 수 있다. 사도의 논증은 14:1-15:13에서 다음과 같이 4개의 발전 단계로 제시될 수 있을 것 같다.

1. 예수를 믿는 신자들 간의 관계에 관한 지침들(14:1-12).
2. 로마의 그리스도인들에게 주는 구체적인 권면과 호소들(14:13-23).
3. "약한 자"의 행복을 돌봐야 할 "강한 자"의 의무(15:1-6).
4. 바울의 포괄적인 기독교 윤리를 요약하는 결론. 그 결론을 지지하기 위해 예수의 지상 사역에 나타난 그의 모범이 사용되었고, 바울의 포괄적인 기독교 윤리가 어떻게 구약성경과 긴밀히 연결되는지를 보여주기 위해 성경 본문들이 인용되었다(15:7-13).

사도가 14:1-15:13에서 말하고 있는 내용의 이 네 단계 구조는 이어지는 "석의와 주해"의 지침이 될 것이다.

석의와 주해

I. 예수를 믿는 신자들 간의 관계에 관한 지침들(14:1-12)

사도는 14:1-15:13에서 말하는 내용의 이 첫 번째 단계인 14:1-12에서 예수를 믿는 로마 신자들 간의 상호관계와 관련하여 지침을 제시한다. 그는 당시 로마의 적어도 일부 그리스도인 공동체들 내부에서 분열을 초래하고 있

만 사용된 것은 현대 영어 번역(이나 한글 번역)에서 일반적으로 번역이 되지 않았지만 말이다.

던 특정한 문제들을 언급한다.

14:1 바울의 지침을 주도하는 논제는 이 권면 자료의 첫 구절에서 제시되었다. "믿음이 연약한 자를 너희가 받되, 그의 의견을 비판하지 말라." 2인칭 복수 현재 중간태 명령형 동사 προσλαμβάνεσθε("너희가 [서로] 받아들여야 한다", 또는 단순히 "서로 받아들여라")는 단지 다른 사람을 관용하거나 어떤 공식적인 방식으로 그들을 받아들이는 것에만 해당하지 않는다. 오히려 동사 προσλαμβάνω는 "다른 사람을 자신의 친구들 진영 안에 있는 존재로, 자신의 사회의 구성원으로 생각하고 받아들이는 것"이라는 훨씬 중요한 어감을 암시한다. 그래서 이 단어는 이 문맥에서 예수를 믿는 신자들이 스스로를 "그리스도를 따르는 자들"로 고백하는 다른 모든 사람을 자신들처럼 하나님의 복을 받은 사람들로 받아들이고 환영하며 "그리스도 안에" 있는 형제자매들로 생각하고 대우해야 한다고 제시한다. 이런 까닭에 바울은 로마에 있는 그리스도인 수신자들에게 특히 주로 사회적인 배경, 개인적인 견해, 또는 개인적인 선호와 관련된 문제들, 다시 말해서 소위 "아디아포라"나 예수를 믿는 신자들에게 요구하지도 금하지도 않는 문제들에 대한 이해와 실천의 차이가 있는 곳에서, 예수께 대한 신앙을 고백하는 다른 모든 신자를 받아들이며 환영하라고 권한다.

14:2-6 바울이 이 다섯 절에서 제시하는 지침에 비추어 우리는 로마의 그리스도인들 사이에 분열을 야기한 문제들이 다음과 관련되었다고 추론할 수 있다. (1) 예수를 믿는 신자들이 λάχανα("재배 식물", "허브", "채소")[17]만 먹고 κρέα(문자적으로, "고기")를 먹지 말아야 하느냐는 음식과 관련된 쟁점들[18]과 (2) 특정한 때, 절기, 날들(또는 날)에 대한 일종의 종교적인

17) 마 13:32; 막 4:32; 눅 11:42에 복수형 단어 λάχανα가 사용된 것을 주목하라. 또한 Josephus, *War* 5.437도 보라.

18) 바울이 나중에 14:21에서 "κρέα(복수형, "고기들")도 먹지 아니하고 포도주도 마시지 아니하고 무엇이든지 네 형제나 자매로 넘어지게 하는 일을 아니하는 것이 더 나으니라"라고 권면한 것을 주목하라. Josephus, *Antiquities* 10.261도 보라. 참조. 고전 8:13: "만일 음식이 내 형제를 실족하게 한다면 나는 영원히 고기를 먹지 아니하여 내 형제를 실족하지 않게 하리라."

관심사들(14:5-6) 등이다. 바울은 나중에 14:13-23에서 로마의 그리스도인들 사이에 벌어진 논쟁거리에 식사와 함께 포도주를 마시는 것이 적절한지 그렇지 않은지의 문제를 포함시킨 것 같다(14:17과 14:21).

논쟁의 대상이 되었던 음식과 관련된 쟁점들은 과식이나 과음의 문제가 아니었던 것이 확실하다. 과음과 과식은 로마의 신자들 중 어느 누구도 옹호하지 않았을 것이다. 오히려 그 쟁점들은 분명히 그리스도인들이 식사할 때 고기를 먹고 포도주를 마시는 것이 적법한지 그렇지 않은지와 관련되었다. 날짜를 지키는 문제 역시 어떤 특정한 때나 절기에 하나님을 예배하는 것이 적절한지, 또는 주중에 어느 날을 그리스도인이 하나님께 예배하는 가장 거룩한 날로 여겨야 할 것인지의 문제와 관련되지는 않았던 것 같다. 오히려 그 쟁점들은 예수를 믿는 유대인 신자들과 이방인 신자들이 그리스도인들로서 새롭게 경험하고 있는 것을 율법을 준수하던 유대인들 또는 이교도 이방인들로서 그들의 과거 경험과 어떻게 관련시켜야 하는지에 초점이 맞춰져 있는 것 같다. 이를테면, 예수를 믿는 유대인 신자들에게는 그들이 토요일에 유대교 안식일과 일요일에 기독교의 주의 날을 모두 다 지켜야 하는지가 문제였을 가능성이 무척 크다.[19)]

이 문제들 각각에 대해 바울은 상당히 포괄적인 대답을 제시한다. (1) 음식과 관련된 쟁점에 대해서 그는 "(고기를 비롯하여) 모든 것을 먹는 자는 먹지 않는 자를 업신여기지 말고, 먹지 않는 자(즉 채식주의자)는 먹는 자를 비판하지 말라. 이는 하나님이 그를 받으셨음이라"라고 선언한다(14:3). 그리고 (2) 날을 지키는 문제와 관련해서 그는 이렇게 쓴다. "어떤 사람은 이 날을 저 날보다 거룩하게 여기고, 어떤 사람은 모든 날을 같게 여기나니, 각각 자기 마음으로 확정할지니라"(14:5). 사도는 두 문제를 다 염두에 두면서 그리스도인의 결정과 행위를 주님이신 그리스도 예수와 그들의 관계에

19) 우리가 이곳 14:1-15:13에서 바울이 권하고 요구한 것의 총체적인 근거로 제안한, 롬 13:8-14에 언급된 바울의 두 논제 "모세 율법의 완성으로서 그리스도인의 아가페 사랑"(13:8-10)과 "하나님의 구원사의 '이 시대'에서 기독교 윤리의 특성"(13:11-14)은 대체로 이 확장된 윤리적 본문에 대한 사도의 구체적인 권면들 전체를 염두에 두고 있는 것 같다.

연결시킨다. 그는 이 두 문단(과 나중에 더 자세히 설명할 바로 이어지는 14:7-9 문단)에서 예수를 믿는 신자들에 대해 이렇게 말한다. (1) "그가 서 있는 것이나 넘어지는 것이 자기 주인에게 있으매, 그가 세움을 받으리니 이는 그를 세우시는 권능이 주께 있음이라"(14:4). 그리고 (2) 그들의 행위에서 그들은 "주님과 관련하여" 행동한다(14:6).

14:7-9 사도는 이에 앞서 14:4에서 그리스도인을 주인에게 헌신해야 하고 그의 통제를 받는 노예와 비교했다. 이곳 14:7-8에서 바울은 이 노예와 주인 유비를 로마의 "강한" 신자들과 "약한" 신자들의 생각 및 행위에 적용한다. 그는 그들이 매일 식사할 때 고기와 포도주를 먹고 마시는 것의 적절성과 관련된 일상적으로 보이는 생각과 행동, 그리고 특정한 날과 때와 절기 등 종교적인 모임에도 적용한다. 이 문제들과 관련된 사도의 논증은 이것이다. 그리스도인의 생각과 행위들은 자신의 특정한 유산이나 개인적인 선호(비록 언제나 존중해야 하지만)에 지배를 받아서는 안 되며, 그 대신 그들의 생각과 행위는 높임 받으신 주 예수 그리스도의 뜻과 지시하심에 지배를 받아야 한다는 것이다. 그래서 바울은 현재의 이 문단의 최종적인 진술로 14:9에서 "이를 위하여 그리스도께서 죽었다가 다시 살아나셨으니, 곧 죽은 자와 산 자의 주가 되려 하심이라"고 선언한다. 그럼으로써 그는 실제로 로마에 있는 신자들에게 이 특정한 음식 문제 및 날을 준수하는 문제, 또한 그 범위를 넓혀서 자신의 배경과 개인적으로 선호하는 것들과 관련된 모든 문제에서 (1) 기독교 복음 메시지와, (2) 하나님께서 그의 영을 통해 그들의 마음을 계속해서 새롭게 하심과, (3) 예수의 가르침과 모범에 대해 초기 교회가 기억하는 내용으로써 인도함을 받아야 한다고 가르친다.

14:10 하위 단락인 14:1-12의 마지막 문단은 10절에서 로마의 그리스도인들에게 이 자료 앞 단락인 14:4에서 제시된 비난을 반복하는 직접적인 이의 제기로 시작한다. 예수를 믿는 어떤 신자들이 예수를 믿는 다른 신자들의 생각과 행위들을 거만하게 판단하는 것을 꾸짖는 이 비난은, 예수를 믿는 모든 유대인 신자들의 명목상의 지도자인 야고보가 야고보서

4:12에서 제기한 것이기도 하다. "너는 누구이기에 이웃을 판단하느냐(σὺ τίς εἶ ὁ κρίνων τὸν πλησίον)?" 야고보와 바울이 이처럼 다른 그리스도인들에게 짐짓 "기독교적인" 판단을 내리는 것에 대해 이처럼 이의를 제기하는 것은, 예수를 믿은 최초의 신자들이 기억하여 말이나 글로(혹은 둘 다) 전달해주고,[20] 그 후 복음서 저자들이 기록한 예수의 가르침 또는 "말씀들"에 근거한 것이라고 주장하는 것이 이치에 맞을 것이다. 그 본문들은 다음과 같다.

> 눅 6:37: "비판하지 말라, 그리하면 너희가 비판을 받지 않을 것이요. 정죄하지 말라, 그리하면 너희가 정죄를 받지 않을 것이요."
>
> 마 7:3-5: "어찌하여 형제의 눈 속에 있는 티는 보고 네 눈 속에 있는 들보는 깨닫지 못하느냐? 보라! 네 눈 속에 들보가 있는데 어찌하여 형제에게 말하기를, '나로 하여금 네 눈 속에 있는 티를 빼게 하라' 하겠느냐? 외식하는 자여! 먼저 네 눈 속에서 들보를 빼어라. 그 후에야 밝히 보고 형제의 눈 속에서 티를 빼리라."

14:13-23에 이어지는 그의 다른 권면과 호소에서 사도가 염두에 두고 있었던 사람들이 정확히 누구였는지는 확실하지 않다. 하지만 바울이 자신들이 다른 그리스도인들을 올바로 판단할 수 있다고 생각한 그리스도인들을 나무라고 바로잡는 이곳 14:4과 14:10에서 분명 바울은 스스로를 "강한 자"로 여긴 사람들과 그 "강한 자"들이 "약한 자"로 여겼던 사람들을 모두 염두에 두고 있다. 몇 가지 이유에서다. (1) 그는 14:3에서 "모든 것을 먹는 자"와 "모든 것을 먹지 않는 자"에 대해 포괄적으로 쓰고 있고, (2) 14:10에서 포괄적으로 "모든 사람"(πάντες)이 장차 다 하나님의 심판대 앞에 설 것에 대

---

20) 참조. R. N. Longenecker, "A Logia or Sayings Collection," in *Contours of Christology in the New Testament*, 61-68; 같은 저자, *Studies in Hermeneutics, Christology, and Discipleship*, 104-12에 재출판됨.

해 말하고 있으며, (3) 14:12에서 "우리 각 사람"(ἕκαστος ἡμῶν)이 그 최후의 심판 날에 "자기 일을 하나님께 계산할 것이라"고 경고할 때, 계속해서 이처럼 포괄적으로 쓰고 있다.

14:11-12 바울은 14:11에서 그가 조금 전에 "우리가 하나님의 심판대 앞에 설 것이라"는 선언에서 선포한 내용과 그리스도를 따른다고 고백하지만 그리스도를 따르는 다른 사람들을 교만하게 판단하는 사람들에게 판단하지 말라고 암시적으로 쓴 내용이, 훨씬 이전에 예언자 이사야를 통해 이사야 45:23에서 표명하신 하나님의 선언과 직접적이고 긴밀하게 연결되었다고 주장한다. 사도가 생각하기에, 기독교적 신앙의 가장 탁월한 선구자이자 이스라엘의 구약 종교에서 남은 자 사상을 전하는 가장 중요한 설교자는 예언자 이사야였다. 그것은 바울이 일찍이 로마서 9:6-11:32에서 제시한 그의 세 편의 남은 자에 관한 신학 설교에서 매우 분명하게 증명되었다(우리가 앞에서 제안했듯이, 이 설교는 시리아 안디옥에서 예수를 믿는 신자들에게 처음 선포되었으며 그다음에 로마의 그리스도인들에게 동일한 취지로 제시되었고 그 설교를 마무리하는 11:33-36의 송영에서 절정을 이룬다).[21] 그래서 14:11에서 사도는 혼합된 방식으로 이사야 49:18의 "내가 나의 삶으로 맹세하노니!"와 이사야 45:23의 "모든 무릎이 내게 꿇을 것이요, 모든 혀가 하나님께 자백하리라!"라는 하나님의 선언을 인용한다.

바울은 예언자 이사야의 말을 인용하면서 그가 한 말들과 구약 예언자의 진술들의 연속성을 보여주려는 데에만 관심을 두는 것 같다. 하지만 그는 이사야의 글에서 인용한 말을 사용하면서 다른 사람들을 교만하게 판단하고 정죄하려는 모든 사람이 마주하는, 성경에 근거한 불길한 현실을 선언하기도 한다. 특히 유산의 문제나 개인적인 견해 또는 선호와 관련하여 다른 사람들을 판단하고 정죄하는 모든 사람은 비록 자신이 예수를 믿

21) 앞에서 바울이 이사야의 예언들을 사용한 것에 대한 우리의 논의를 보라. 롬 9:27-28(사 10:22-23); 9:29(사 1:9); 9:33(사 28:16; 8:14); 10:11(사 28:16); 10:15(사 52:7); 10:16(사 53:1); 10:20-21(사 65:1-2); 11:8(사 29:10); 11:26-27(사 59:20-21; 27:9). 또한 바울이 롬 11:34-36에 있는 그의 송영에서 이사야서에서 인용한 진술들을 사용한 것도 주목하라.

는 신자라고 해도, 최후의 심판 때 예수를 믿는 다른 신자들을 판단하고 정죄한 그들의 생각과 행동들에 대해 설명하도록 하나님께 요구받을 것이다! 그래서 바울은 14:1-12의 이 마지막 지침에서 로마의 그리스도인들과 오늘날 예수를 믿는 모든 신자에게 다음과 같이 경고한다. "우리 각 사람이 자기 일을 하나님께 직고하리라"(ἕκαστος ἡμῶν περὶ ἑαυτοῦ λόγον δώσει τῷ θεῷ)고 말이다.

II. 로마의 그리스도인들에게 주는 구체적인 권면과 호소(14:13-23)

로마에서 예수를 믿는 신자들의 한 집단이 예수를 믿는 다른 집단(들)에게 정확히 무슨 말을 했는지, 그리고 더 중요한 것은 이 집단들이 각각의 입장을 어떻게 주장했는지는, 바울이 14:13-23에서 권면하고 호소한 내용을 가지고는 정확히 대답할 수 없는 질문들이다. 로마의 그리스도인들은 틀림없이 그 당시의 상황과 (우리가 앞에서 상정한 것처럼) 찬반양론으로 논의되고 있던 내용이 무엇인지를 알았을 것이다. 마찬가지로 바울은 그 내용을 어떻게 전달받았든지 그가 받은 정보가 정확하다고 보았던 것 같다. 하지만 현대의 해석자들로서 우리는 다양한 집단의 정확한 구성을 사실상 모를뿐더러 각각의 집단이 주장하는 내용의 정확한 흐름을 추적할 수도 없다.

그렇지만 바울이 일찍이 12:9-21에서 제시한 윤리적 선언이 13:1-7의 구체적인 권면과 호소의 이론적인 기초로 작용한다는 논제를 받아들이면서 우리는 바울이 13:8-14에서 먼저 "모세 율법의 완성으로서 그리스도인의 아가페 사랑"(8-10절)에 대해, 그다음에 "하나님의 구원사에서 '이 시기'의 기독교 윤리의 특성"(11-14절)에 대해 진술하고 있는 내용 역시, 14:1-15:13에서 그가 로마에서 문제를 야기하고 있는 음식 및 절기와 관련된 문제들에 대해 제시하는 권면과 호소들의 신학적인 기초로 작용하는 것으로 이해되어야 한다. 그래서 우리는 사도가 13:8-14에 있는 신학적이고 기초적인 진술들과 14:1-15:13의 구체적인 권면을 함께 언급하는 이유가 그의 독자들이 그것을 서신의 구조에서 "공식적 형식"의 또 다른 예로 이해하도록 의도한 데 있다고 제안한다. 그럼으로써 그는 앞서 등장한 12:9-21(윤리적인 기초에 대하여) 및 13:1-7(구체적인 권면과 호소에 대하여)과 뒤에 등장하는 13:8-14(신학적인 기초에 대하여) 및 14:1-15:13(구체적인 권면과 호소에 대하여)에 제시된 자료와 관련하여 "구성적 구조"의 병행을 제시한다.[22)]

일찍이 12:9-21과 13:1-7의 자료에서 관찰했듯이, 이러한 "공식적인 형식과 구성적 구조" 역시 13:8-14의 신학적·윤리적 진술과 14:1-15:13의 권면과 호소에 유사하게 기술된 것으로 이해해야 할 것 같다. 이러한 까닭에 바울이 13:8-14과 14:1-15:13 두 곳에서 말하는 내용은 로마 그리스도인들의 지대한 관심사였던 다음과 같은 서로 관련이 있는 두 쟁점을 다루고 있는 것으로 이해해야 할 것이다. (1) 예수를 믿는 신자들이 그들의 생각과 행동에서 어떻게 안내를 받을 것인지의 문제, 즉 모세 율법의 명령으로써 인도를 받을 것인가 아니면 기독교 복음 메시지에서 추론한 내용, 역사적 예수의 가르침과 모범, 그리고 성령의 인도하심으로써 안내를 받을 것이냐는 문제다. (2) 예수를 믿는 신자들이 "구원사의 이 시기"에 예수 안에 있는 새 생명을 어떻게 살아낼 것인지의 문제다. (기독교회 내에서 비교적 유대교로 기우는 구성원들이 주장한 것으로 보이는) 율법주의적인 생활양식으로 살 것인지, 아니면 (유대교로 기울지 않는 신자들이 옹호하고 있는 것으로 보이는) 그리스도에 기반을 둔 성령의 인도하심에 반응하며 살 것인지 말이다.

14:13-14 로마 그리스도인들 간의 관계와 관련하여 바울의 모든 권면을 주도하는 호소는 이 권면 자료의 하위 단락을 여는 구절인 14:13에서 제시되었다. "그런즉 우리가 다시는 서로 비판하지 말고 도리어 부딪칠 것(πρόσκομμα)이나 거칠 것(σκάνδαλον)을 믿음이 있는 형제나 자매 앞에 두지 아니하도록 주의하라." 종종 "부딪칠 것"으로 번역되는 명사 πρόσκομμα는 문자적으로 "장애물" 또는 "화를 내게 하는 상황"이라는 뜻이며, 보통 "거칠 것"이라고 번역되는 σκάνδαλον은 문자적으로 "죄를 짓게 하는 유혹" 또는 "배교하도록 하는 미혹"을 의미한다. 로마에 있는 그리스도인 수

---

22) 본서 서론의 "공식적인 형식과 구성적 구조"(20-22쪽)를 보라. 또한 롬 9:6-11:32의 세 편의 "설교"에 현저하게 등장하는 특징들도 주목하라.

신자들을 향한 바울의 이러한 호소는 초기의 "예수의 말씀" 모음집에 포함되었을 것으로 추측되는 예수의 실제 가르침을 반영하며, 그래서 바울뿐만 아니라 로마의 그리스도인들도 잘 알고 있던 내용이었을 것이다. "죄를 짓게 하는 일들(ἀπὸ τῶν σκανδάλων)이 있음으로 말미암아 세상에 화가 있도다. 이러한 일이 반드시 있을 것이지만 그렇게 하는 그 사람에게는 화가 있도다."[23)]

그러고 나서 사도는 로마의 그리스도인들을 향해, 복음서 저자 두 사람이 나중에 그들의 복음서에 포함시킨(먼저는 마가가 그의 복음서 7:15-23에, 나중에 마태가 그의 복음서 15:11-20에) 초기의 "예수의 말씀"을 상기시킴으로써 "형제나 자매 앞에 부딪칠 것이나 거칠 것을 두지 말라"는 호소에 힘을 싣는다. 이 두 공관복음 저자들 모두 예수가 자신이 가르치시는 내용에서 그의 제자들이 깨닫기를 원하신 것을 그들에게 사적으로 친히 설명하셨다고 자신들의 독자들에게 말한다. 이를테면, "무엇이든지 밖에서 사람에게로 들어가는 것은 능히 사람을 더럽게 하지 못하느니라." 그러고 나서 예수는 "사람에게서 나오는 그것이 사람을 더럽게 하느니라. 속에서, 즉 사람의 마음에서 나오는 것은 악한 생각 곧 음란과 도둑질과 살인과 간음과 탐욕과 악독과 속임과 음탕과 질투와 비방과 교만과 우매함이니, 이 모든 악한 것이 다 속에서 나와서 사람을 더럽게 하느니라"라고 설명하셨다. 하지만 마가복음의 저자는 "무엇이든지 밖에서 사람에게로 들어가는 것은 능히 사람을 더럽게 하지 못"한다는 예수의 진술을 언급한 후에, 마가복음 7:19b에서 권면의 말투로 예수를 믿은 초기의 많은 유대인 신자들이 특히 분명히 알아챘을 적절한 요지를 콕 집어 선언한다. "예수는 이 말씀을 하시면서 모든 음식을 깨끗하다고 선언하셨다." "무엇이든지 밖에서 사람에게로 들어가는 것은 능히 사람을 더럽게 하지 못"한다는 예수의 이 가르침은 바울이 로마서 14:14에서 "내가 주 예수 안에서 알고 확신하노니 어떤 음식이라도 그것 자체로는 부정한 것이 없"다고 기록할 때 염두에 두었던 것 같다.

---

23) 마 18:7; 또한 막 9:42과 눅 6:37도 참조하라.

인정하건대, 이러한 천명의 첫 번째 부분인 "내가 주 예수 안에서 알고 확신하노니"와 특히 전치사구 ἐν κυρίῳ Ἰησοῦ는 필자가 여기서 제안하는 것과는 약간은 다르게 이해되곤 했다. 현대의 주요한 영어 성경 가운데 가장 일반적인 역본들에는 이 어구가 다음과 같이 번역되었다.

JB — "내가 온전히 알고, 주 예수를 위하여 말한다"("I am perfectly well aware, and I speak for the Lord Jesus").

NEB — 내가 그리스도인으로서 절대적으로 확신한다("I am absolutely convinced, as a Christian").

ASV, RSV, NRSV — 내가 주 예수 안에서 알고 납득되었다("I know and am persuaded in the Lord Jesus").

NIV — 주 예수 안에 있는 사람으로서 나는 온전히 확신한다("As one who is in the Lord Jesus I am fully convinced").

TNIV — 내가 주 예수 안에서 충분히 납득되어 확신한다("I am convinced, being fully persuaded in the Lord Jesus").

또한 바울이 이곳 14:14a에서 말하고 있는 내용에 대한 다양하고 대표적인 다른 이해들은 다음과 같다.

J. Moffatt — "나는 주 예수 안에서 알고 확신한다"("I know, I am certain in the Lord Jesus").

R. F. Weymouth — "나는 주 예수 안에서 알고 확실히 느낀다"("I know and feel assured in the Lord Jesus").

E. J. Goodspeed — "나는 알고 주 예수를 따르는 사람으로서 확신한다"("I know and as a follower of the Lord Jesus I am convinced").

C. G. Williams — 나는 알고 주 예수와 하나가 되어 분명한 확신을 가지고 있다("I know, and through my union with the Lord Jesus I have a clear conviction").

Berkeley Version(G. Verkuyl) — "주 예수와 연합하여 나는 알고 확신한다"("In union with the Lord Jesus I know and am convinced").

J. B. Phillips — "나는 확신하고 그리스도 앞에서 이것을 말한다"("I am convinced and I say this in the presence of Christ Himself").

TEV 또는 "Good News for Modern Man"(R. G. Bratcher) — "내가 주 예수와 하나가 되었기에 확실히 안다"("My union with the Lord Jesus makes me know for certain").

로마서 14:14a을 대하는 모든 번역가와 주석가들이 직면하는 석의적 문제는 사도가 전치사 ἐν을 어떤 의미로 사용했는지를 이해하는 문제다. 'Eν이 70인역에서 적어도 2,245회 등장하고, 신약성경에서 2,698회 등장하는 고대 코이네 그리스어 중 가장 일반적인 전치사였다는 점에는 의심의 여지가 없다(비록 ἐν이 전치사로서 이전에 분명히 "여러 가지 역할을 했던" 까닭에 현대 그리스어에서는 사라졌지만 말이다. 이러한 이유로 이 단어의 의미가 불확실해졌으며, 점차 사어가 되어 마침내 사용되지 않게 되었다). 바울은 나중에 15:16에서 그리스도인들을 "성령으로 말미암아"(ἐν πνεύματι ἁγίῳ) 거룩하게 된 사람들이라고 말하면서 전치사 ἐν을 수단의 의미로 사용한다. 그리고 바울이 이곳 14:14에서 사용한 ἐν κυρίῳ 'Iησοῦ 역시 "주 예수로 말미암아"를 의미하는 수단으로 이해해야 할 것 같다.

400여년 전에 흠정역 번역자들은 14:14의 ἐν κυρίῳ 'Iησοῦ를 수단의 의미로서 "주 예수로 말미암아"(by the Lord Jesus)라고 번역했다. 그들은 그 당시 초기 그리스도인 공동체들 사이에 (구술로나 글로나) 회람되었던 "예수의 말씀들" 모음집과 관련하여 진행된 현대의 연구 결과로부터 어떤 혜택도 얻을 수 없었다. 하지만 오늘날의 학자들은 이러한 "예수의 말씀" 모음집을 얻을 수 있게 되었기에(물론 약간의 추론으로써), 바울이 14:14의 전치사구 ἐν κυρίῳ 'Iησοῦ를 사용함으로써 적어도 초기 공동체들 사이에서 회람되던 예수의 기억에 남을 만한 가르침을 염두에 두었을 것이며 예수의 역사적인 가르침들 중 하나를 암시하고 있다고 생각하는 것은 타당하다. 바울은 로마의 그리스도인들이 예수의 가르침을 알고 있었을 뿐만 아니라, 적어도 일부 공동체들 내부에서 논의되고 있는 음식과 관련된 문제에 특히 의미가 있다는 것을 알게 되리라고 믿었다.

따라서 바울은 자신의 권위에 의지하여 "어떤 음식이라도 그것 자체로는 부정한 것이 없"다고 선언한다. 하지만 동시에 그는 로마의 그리스도인들 중에는 그들이 "정결한 음식"과 "부정한 음식"이라고 여겼던 것을 구별하는 사람들이 있다는 것도 알고 있었다. 이러한 구별은 신실한 유대인들(또는 어쩌면 가능성은 희박하지만, 이교도 이방인들)로서 그들이 과거에 가르침을 받았던 것에 근거한 구별이었음이 분명하다. 하지만 바울은 "정결한" 음식과 "부정한" 음식에 관해 엄격한 견해를 가졌을 수도 있는 그러한 신자들을 직접 꾸짖지는 않는다. 그가 이 본문 전체에서 암시하고 있듯이, 그리스도인들은 이 문제와 관련하여 얼마든지 자유롭게 결정할 수 있었으며, 자신이 선호하는 것을 표현할 수 있었기 때문이다. 사도는 (1) 예수를 믿는 신자가 식사 때 무엇을 먹거나 마셔야 할지를 두고 너무 편협하고 지나치게 제한적으로 생각한다고 여겨진 사람들을 멸시하거나 업신여긴 "더 강한" 그리스도인들에게 주의를 집중하며, (2) 짐짓 "더 강한" 그리스도인들에게 이 문제와 관련하여 그들이 보기에 "더 약한" 그리스도인들을 향하여 "사랑으로 행동"하고, 스스로를 "더 강한" 자로 여기는 그리스도인들에게 먹고 마시는 것으로 인해 약한 그리스도인들에게 "괴로움을 안겨" 주지 말라고 권하며, (3) 짐짓 "더 강한" 그리스도인들에게 그들이 먹고 마시는 것으로 말미암아 "그리스도께서 대신하여 죽으신 형제나 자매를 망하게 하지 말라"고 요구한다. 이것은 사도가 일찍이 13:8a에서 로마의 모든 그리스도인에게 "피차 사랑의 빚 외에는 아무에게든지 아무 빚도 지지 말라"고 촉구한 것처럼, 로마에서 예수를 믿는 신자들 사이에서의 "아가페 사랑"과 상호 존중을 강조하는 호소다.

14:16-18 바울은 이 세 구절에서 그가 이전 세 구절에서 권면한 내용을 기본적으로 반복한다. 이곳에서 그 문제들을 약간은 다른 이해의 맥락에 배치하긴 했지만 말이다. 이곳 14:16-18에서 바울은 "하나님의

나라”, 즉 참된 기독교적 경험과 관련이 있는 기본적이고 본질적인 “의”, “화평”, “성령 안에 있는 기쁨”이라는 가장 중요한 관심사들을 제시한다. 바울은 당시 로마에서 진행되고 있던 일들을 지배했던 생각과 비판과 행위들을 반대하면서 이 중요한 관심사들을 제시한다. 즉 과거의 규칙, 개인적인 선호, 기발한 논의들, 그리고 이론이나 실천에서 다른 사람들보다 뛰어나다는 생각과 비판과 행위에 반대하면서 말이다. 사도가 이 세 구절에서 경고하는 것은 예수를 믿는 신자들이라면 “하나님의 나라”에 대한 문제들을 왜곡해서 그것을 “먹는 것과 마시는 문제”로 만들어서는 안 된다는 것이다. 오히려 그들은 그들의 생각과 삶을 “성령 안에 있는 의와 평강과 희락”에 집중해야 한다. 바울이 그의 독자들에 대해 가지는 확신은 이것이다. “이런 식으로 그리스도를 섬기는 자는 하나님을 기쁘시게 하며 사람에게도 인정을 받느니라.”

14:19-23 바울은 14:1-15:13의 확장된 권면의 이 두 번째 부분을 14:19-23에서 로마 신자들에게 매우 구체적으로 호소하며 마무리한다. 그는 14:19a에서 추론을 나타내는 불변화사 ἄρα(“그래서”, “그런즉”, “따라서”)와 οὖν(“그래서”, “그런즉”, “그러므로”, “따라서”)을 결합하여 이 결론적인 호소들을 시작한다. 그럼으로써 드러나는 점은 그가 14:19-23의 이 문단을 제시하면서 로마 그리스도인들 사이의 관계에 대해 그가 언급한 전체 내용의 이 두 번째 부분이 막바지에 이르렀다는 것이다. 이전에 14:12a에서 권면 자료 중 이 단락에 속한 첫 번째 부분의 결론을 표시하기 위해 동일한 관용어 표현인 ἄρα οὖν을 사용했듯이 말이다.

바울이 오늘날 그리스도인 공동체뿐만 아니라 당대의 모든 그리스도인 공동체에 바랐던 것은 매우 중요한 2개의 특징들이다. (1) “화평”(εἰρήνη; שלום. 이것은 “갈등이 없음”, “평온”, “만족”만이 아니라 “온전함”, “전반적인 행복”, “온전함”을 의미한다)[24]과 (2) “서로 세움”(τὰ τῆς οἰκοδομῆς τῆς εἰς ἀλλήλους)이다.

24) 이곳 14:17, 19; 15:13의 바울의 권면에서만 아니라 일찍이 1:7; 2:10; 3:17; 8:6, 그리고 나중에 15:33과 16:20에서 εἰρήνη(“화평”)를 사용한 예를 보라. 이 모든 본문에서 일차적인 강

로버트 주이트가 "서로 세움"이라는 이 두 번째 특징에 대해 바르게 지적했듯이,

> 공동체를 세운다는 의미를 나타내기 위해 οἰκοδομή를 사용하는 것은 공동체 사역을 가리키는 바울의 전형적인 은유다(고전 3:9-10; 14:3, 5, 12, 26; 고후 10:8; 12:19; 13:10). 70인역에서 하나님이 이스라엘을 세우시는 것을 묘사하기 위해 이 은유가 사용된 반면에(렘 12:16; 38:4, 28; 40:7; 45:4; 49:10; 51:34), 신자들의 공동체를 세운다는 사상과 가장 분명하게 병행하는 어구들은 쿰란 문헌에서 발견된다. 예를 들어, 1QS 8.5-10에는 쿰란 공동체가 "이스라엘과 지극히 높으신 이의 백성들을 위하여 거룩한 집을 영원히 세우는 것"으로 묘사되었다. 그들의 과업은 율법의 진리를 증언하는 것과 "그 땅을 위해 속죄하는 것과 불경건한 자들을 심판하는" 것이다. 쿰란에서 발견된 시편 37편 페쉐르(해석)에는 하나님이 의의 교사를 "임명하여 그를 위해 공동체를 세우게" 하셨다고 한다(4Qp 37 III.16). 비록 이 은유가 동일하다고 해도, 초기 그리스도인 공동체들의 특성은 매우 다르고 그 공동체를 세우는 책임이 쿰란에서보다 훨씬 더 널리 공유되었다.[25]

사도가 τὰ τῆς οἰκοδομῆς τῆς εἰς ἀλλήλους("서로 세움")라는 어구를 사용한 것과 관련하여 주이트가 지적한 것처럼, "바울은 하나님의 공동체 전체를 염두에 두었다."[26]

그래서 사도는 로마의 그리스도인들에게 "음식으로 인해 하나님의 일을 무너지게 하지 말라"고 간청한다. "하나님의 일"(τὸ ἔργον τοῦ θεοῦ)이란 표현은 (1) 기독교 복음을 선포한 신실한 신자들의 증언을 통해 성취된 모

조점은 "완전함", "전반적인 행복", "온전함"에 있다.

25) Jewett, *Romans*, 865. 그가 인용한 쿰란 문헌은 Cranfield, *Romans*, 2.721에서 가져온 것임.

26) Jewett, *Romans*, 866은 Schlatter, *Romans*, 258 및 Michel, *An die Römer*, 436과 같은 주석가들을 뒷받침으로써 인용했다.

든 것과 (2) 로마의 그리스도인들이 믿음으로 경험하고 초기에 선포된 복음에 대한 그들의 지속적인 신실한 반응으로 경험한 모든 것과 관련이 있음이 분명하다.

바울의 호소는 자신들을 "강한 자"로 생각하는 사람들뿐만 아니라 다른 사람들(추측건대, 자칭 "더 강한" 집단이라고 생각하는 사람들)에 의해 "약한 자"로 취급된 사람들도 겨냥한다. 사도는 (일찍이 14:14과 이곳 14:20b에서 주장했듯이) "모든 음식이 다 정결하다"고 계속 주장하면서도, 로마의 그리스도인들에게 (1) 그들의 생각에서 "무엇이든지 다른 사람을 넘어지게 하는 것을 먹는 것은 잘못된 일이라"(14:20c)는 사실을 인식하고, (2) 그들의 행위에서 "고기도 먹지 아니하고 포도주도 마시지 아니하고, 무엇이든지 네 형제나 자매로 넘어지게 하는 일을 아니하는 것이 더 낫다"(14:21)는 것을 표현하라고 조언한다.

더욱이 바울은 당시 로마의 그리스도인들 사이에서(그리고 애석하게 오늘날에 예수를 믿는 많은 신자 사이에서도) 쟁점이 되었음이 분명한 음식 및 절기 문제와 관련된 이러한 논쟁에서 양쪽의 당사자들 모두에게 (1) "자기가 인정하는 것으로써 자기를 정죄하지 아니하는 자가 복이 있다"는 것을 인식하면서 "자신과 하나님 사이의 이 일들에 대해 네가 믿는 바를 지키고 있"을 것[27]과 (2) "그 먹는 것이 믿음에서 나온 것이 아니기 때문에, 의심하고 먹는 자는 정죄되었다"고 명한다. "믿음에서 나지 아니하는 것은 다 죄"이기 때문이다.[28]

---

27) 필자는 이 진술에 따옴표를 했다. 이 진술이 바울 당대의 일반적인 잠언적 진술이었을 것이라고 믿기 때문이다. 예를 들어 (기원후 1세기 말과 2세기 초에 활동했던) 그리스의 스토아 철학자 에픽테토스가 그의 책 *Dissertationes* 4.3.11에서 "모든 면에서 네 자신의 선을 지켜라"(τήρειν τὸ ἀγαθὸν τὸ σεαυτοῦ ἐν παντί)고 말한 잠언적인 진술에서도 이런 내용을 찾을 수 있다.

28) 필자는 이 진술에 따옴표를 했다. 이 진술이 (기원전 30년 무렵에 태어나 기원후 45년 무렵에 죽었던 알렉산드리아의 헬레니즘적 유대교의 철학자요 신학자였던) 필론이 *De Abrahamo* 18에서 표현했던 유대교의 일반적인 금언에서 기원했을 것이라고 믿기 때문이다. "하나님을 생각하지 않고 행하는 것은 그 무엇이 되었든지 유익하지 않다"(ἐπεὶ τὸ ἄνευ θείας ἐπιφροσύνης ἀλυσιτελές).

III. "약한 자"의 행복을 돌봐야 할 "강한 자"의 의무(15:1-6).

14:1-15:13 권면 자료의 앞의 두 하위 단락인 (1) 14:1-12의 "지침들"과, (2) 14:13-23의 "구체적인 권면과 호소들"에서 바울은 비교적 뜨겁게 논의되고 있었던 음식과 절기 문제에 대해 로마 그리스도인들에게 모든 것을 말해주고 싶었던 것 같다. 지금까지 말한 것 외에 이 문제들과 관련하여 더 말해줄 수 있는 것이 무엇이었을까? 하지만 사도는 계속해서 15:1-4과 15:7-8에서 구체적인 호소를 담은 더 작은 단락을 삽입하여 심각했던 이 문제에 대해 좀 더 말한다. 그런 후 그는 15:9-12에서 자신의 이해와 긴밀하게 연결되는 성경 본문들을 인용하여 로마의 그리스도인들에게 호소한다.

15:1-4과 15:7-8의 이 간략한 두 세트의 호소들은 비교적 더 직접적이고 수신자들의 상황을 좀 더 드러내 보여주며, 이전에 14:1-12과 14:13-23에서 제시했던 내용을 어느 정도 반복한다. 그리고 바울은 이 비교적 짧은 호소의 끝부분인 15:5-6(15:1-4의 호소 이후)과 15:13(15:7-12의 호소와 성경 인용 이후)에서 "기도와 바람"을 첨가한다.

이 간략한 두 세트의 호소는 동반되는 "기도 및 바람"과 더불어 해석자들이 매우 다양한 방식으로 해석해왔다. 교회에 소속되어 로마서의 "짧은 형태"를 다룬 편집자는 초기 교회의 예배에 사용하려고 바울의 편지를 "보편화하기"를 원했던 것으로 보이는데, 분명 그는 15:1-13을 본문 앞에 있는 14:1-23의 내용에서 분리했다. 사도의 편지에서 "긴 형태"의 결론적인 특징으로 보이는 16:25-27의 송영은 로마서의 이 "짧은 형태"에서 위치를 바꿔 14:1-23의 권면과 호소 다음에 종종 등장한다.[29] 초기의 편집자가 15:1-13을 삭제한 이유가 몇 가지 있는 것 같다. (1) 본문이 사도가 14:1-23에서 이미 썼던 내용에 추가하는 내용이 거의 없는 것처럼 보였고, (2) 본문에 약간의 구문론적인 난해함 또는 대단히 복잡한 표현들이 있으며,

---

29) 로마서의 "짧은 형태", "중간 형태", "긴 형태"에 대한 논의는 필자의 *Introducing Romans*, 19-30을 보라.

그리고 (3) 본문에 2개의 기도와 바람이 있는 반면에, 사도의 다른 서신에서는 어떤 단락이나 하위 단락에 그 기도와 바람이 한 번밖에는 등장하지 않는다는 것이다.

이러한 이유로 19세기의 수많은 해석자와 현대의 일부 학자들, 교사들, 설교자들은 15:1-13을 일종의 삽입 단락 또는 배치가 잘못된 것 등등으로 취급하여, 결과적으로 관심을 본문에서 돌리려고 했다. 이러한 해석의 가장 극단적인 예는 발터 슈미탈스(Walter Schmithals)의 설명에서 찾을 수 있다. 슈미탈스는 그의 『역사적 문제로서 로마서』(*Der Römerbrief als historisches Problem*, 1975년)와 『로마서 주석』(*Der Römerbrief. Ein Kommentar*, 1988년)에서 이 논쟁의 대상이 되는 문제들을 중시하여 15:1-13에 등장하는 내용이 바울이 로마에 보낸 편지의 초기 두 판본의 초기 두 결론, 즉 (Schmithals에 의해 재구성된) 사도의 "편지 A"의 결론과 그다음에 (Schmithals에 의해 재구성된) "편지 B"의 결론을 합친 것으로 선언했다. 이 두 결론이 나중에 바울의 로마서 정경의 판본(또는 "긴 형태")에 합쳐지게 되었다는 것이다.

그러나 필자가 생각하기에, 삽입 가설과 초기의 두 결론이 합쳐졌다는 추측 모두 거의 개연성이 없다. 그럼에도 이 간략한 두 하위 단락 15:1-6과 15:7-13이 왜 로마서의 긴(그리고 정경의) 형태에 등장하는지의 문제는 실제적인 문제다. 그러나 15:1-13을 삽입 단락으로 보거나 초기 두 세트의 결론 자료의 융합으로 보기보다는 15:1-6과 15:7-13을 이 본문의 현재 내용과 문맥에 원래부터 있었던 것으로 이해하고, 여기서 한걸음 더 나아가 다음과 같은 사항에 대한 좀 더 적합한 근거를 제시하는 것으로 이해하는 것이 훨씬 더 나은 듯하다. (1) 사도가 이미 14:1-23에서 썼던 내용의 상당히 많은 부분을 반복한 두 단락의 내용의 특성, (2) 많은 해석자들이 두 단락의 표현들에서 주목했던 구문론적 문제들, (3) 이 두 하위 단락 자료를 각각 마무리짓는 2개의 기도와 바람이 존재하는 것에 대한 근거 말이다.

필자가 여기서 제안하는 것처럼, 로마의 그리스도인 공동체 안에서 벌어졌던 음식 및 절기와 관련된 논쟁들이 전 지구적인 규모로 "세계를 떠들썩하게 하는 일"은 아닐 수 있을지 몰라도, 이 논쟁들이 바울에게는 매우 중요한 영적 관심사였으며, 예수를 믿는 신자로서만 아니라 이방인 세계에 복음을 전하라고 하나님의 정하심을 받은 기독교 사도로서 그에게 엄청난 감정적인 충격을 주었다는 사실을 인식할 필요가 있다. 로마 제국의 수도인 로마에서 예수를 믿는 신자들 사이에 (1) 화평"(즉 "갈등이 없음", "평온", "만족"과 심지어 이보다 더 중요한 "완전함", "온전함", "다른 사람들의 행복에 대한 관심")과 (2) "서로 세움"에 대한 간절한 열망(즉 "상호 관심과 서로를 돌아봄")이 없었다면, 적어도 사도가 평가하기에, "하나님의 일"은 "무너지고 말" 것이다.

로마의 신자들 사이에서 발생한 이러한 갈등 상황은 바울의 "마음에 굉장한 번민"이 되었던 것 같다. 그래서 그가 이미 14장에서 호소한 내용을 15:1-4과 15:7-9a에서 반복한 것과 그의 다소 난해한 구문 및 그의 두 결론적 기도와 바람은 그의 개인적인 번민을 반영한 것일 가능성이 매우 크다. 마음의 번민으로 인해 종종 그 사람의 생각이 반복되기도 하고 말이나 글로 표현하는 진술들이 마구 뒤섞여 나타나기도 하며 자신의 바람과 열망이 되풀이되기도 하는 까닭이다. 그렇지만 원인과 환경이 어떠하든지 간에 바울은 실제로 15:1-6과 15:7-13의 이 짧은 두 단락에서 호소한 내용의 핵심을 재서술하고 2개의 기도와 바람을 첨가하고 있다. 바울은 로마 그리스도인들의 행복과 관련해서만 아니라 스페인(과 어쩌면 로마 제국 서쪽의 다른 지역들)에서 자신의 이방인 선교를 지속적으로 확장하는 것과 관련해서도 이 호소와 기도와 바람을 제시한다.

15:1-2 15:1-6의 간략한 권면 단락의 처음 두 구절에서 바울은 그가 14:1-23에서 언급한 상황과 관련하여 선언한 것을 더욱 직접적으로 말하며 상세 내용을 좀 더 드러내지만 그것을 어느 정도 반복하며 시작한다. 사실 바울은 처음으로 15:1에서 로마의 신자들 사이의 갈등이 "강한 자"(οἱ δυνατοί)와 "약한 자"(οἱ ἀδύνατοι) 사이에 일어나는 것이라고 분명하게 말한다. "강한 자"라는 호칭은 어느 한 집단이 그들 자신을 지칭하던 것이고, "약한 자"는 이에 추론하여 다른 사람들(소위 강한 자 집단일 개연성이 높다)이 다른 집단에 붙여주었던 명칭인 것이 분명하다. 하지만 우리는 이 두 집단

의 정확한 구성을 알 수는 없다.[30] 그럼에도 (1) 스스로를 "강한 자"로 말한 집단은 (전부가 아니라면) 대체로 어떤 음식에 대한 적절함이나 적절하지 않음, 어떤 날의 거룩함, 포도주를 마시는 것에 관한 유대인의 거리낌과 무관한 이방인 출신의 그리스도인들로 구성되었다는 것과, (2) 다른 사람들("강한 자" 집단)이 "약한 자"로 밝힌 집단은 (전부가 아니라면) 대체로 어떤 종류의 음식을 먹는 것이 적절한지 적절하지 않은지, 어떤 때와 절기와 날을 특별히 거룩하다고 여길 필요성이 있는지, 그리고 그들이 음식을 먹을 때 포도주를 마시는 것이 적절한지 적절하지 않은지를 구별하는 유대인들에게 가르침을 받은 유대인 신자들로 구성되었다고 보는 것이 개연성이 가장 크다.[31] 하지만 인종적으로 유대인이었고 유대교 바리새인으로 훈련을 받은 바울은 15:1a("'강한' 우리는")의 선언에서 자신이 기본적으로 스스로 "강한 자"라고 불렀던 사람들의 기본적인 신념에 동의하고 있다고 분명히 밝힌다. 역사는 하나의 종교적 신념에서 다른 것으로 바꾼 개종자들의 이야기로 가득하다. 그들은 그들의 옛 종교 생활을 그들이 이해한 새로운 깨달음에 포함시키려고 하든지, 아니면 그들의 새로운 신념들을 가지고 옛 종교 생활을 판단하고 싶어 한다. 그러므로 로마에서 예수를 믿는 유대인 신

---

30) Sanday와 Headlam은 그들의 주석 ICC *Romans*, 399-403의 "롬 14장에 언급된 종파 또는 당파는 무엇인가?"라는 제목의 "추기"에서 로마 그리스도인들의 "강한 자" 집단의 구성원과 관련된 이 문제에 특별히 관심을 기울였다. 그들의 연구가 오래된 것이기는 하지만, 그들이 그 집단의 정체를 밝힌 것은 폭넓게 인용되었고, 그들의 주석은 매우 중요하다.

31) 참조. Cranfield, *On Romans*, 78에 있는 "로마서 설교." Cranfield는 그 논문에서 이렇게 말한다. "'약한 자'와 '강한 자' 사이에 쟁점이 되었던 것이 무엇인지를 정확히 파악하는 것은 전혀 쉽지 않으며, 여러 가지 다른 설명이 제시되었다. 필자의 생각에, 약한 자는 (갈라디아서에 언급된 유대주의자들과는 다르게) 그들이 율법의 음식물 규정을 준수함으로써 하나님께 빚을 지운다고 생각하지도 않았고 모든 그리스도인에게 그들의 방식을 본받으라고 강요하지도 않았지만, 그들 자신에 관한 한 깨끗한 양심을 가지고 구약의 율법이 요구하는 음식물 규정을 지키는 것을 포기할 수 없다고 강하게 느꼈던 그리스도인들(추측건대 주로 유대인 출신의 그리스도인들)이었다. 반대로 강한 자는 율법의 본질이신 분, 즉 율법의 의식법을 비롯한 모든 것이 가리키고 있던 분이 오신 지금, 의식법이 요구하는 것들을 더 이상 문자적으로 순종할 필요가 없다고 인정한 그리스도인들이었다." 이 주석에 대해 필자는 일반적으로 찬동한다. 비록 구약 율법의 "의식법적 요구"에 관한 문제들에 주로 초점을 맞추지는 않지만 말이다.

자들과 이방인 그리스도인들이 스스로 지칭한 것이든지 아니면 다른 사람이 붙여준 것이든지 간에 "강한 자" 및 "약한 자"와 관련하여 자신들을 어떻게 위치시켰는지 결정하기가 쉽지 않다.

스스로 "강한 자"라고 칭했을 것 같은 집단의 구성원이 어떠하든지 간에 사도는 15:1에서 자신이 그들이 견지하고 있는 것과 비슷한 관점을 가지고 있다고 여겼으며, 그들에게 "'약한 자'의 약점을 담당하며 자기를 기쁘게 하지 말라"고 권한다. 더욱이 그는 계속해서 15:2에서 로마에 있는 수신자들에게 다음과 같이 호소함으로써 그 권면을 확대한다. "우리 각 사람이 이웃을 기쁘게 하되 그들의 선을 이루고 그들을 세우도록 할지니라." 이로써 그는 앞서 권면한 것의 취지를 14:19에서 반복한다. "우리가 화평의 일과 서로를 세우는 일을 힘쓰자."

15:3-4 바울은 15:3-4에서 지상 사역 동안에 예수가 보이신 모범을 교회에 상기시킴으로 앞 두 절에서 제시한 호소를 뒷받침한다. 이것을 그는 "그리스도께서도 자기를 기쁘게 하지 아니하셨"다는 진술로 요약한다. 사도가 분명히 하려고 하듯이, 예수의 모범은 시편 69:9의 말씀과 긴밀히 연결되었다. 여기서 시편 저자는 하나님을 경외하는 자로서 자신이 겪었던 것을 이렇게 말했다. "당신[하나님]을 비방하는 자들의 비방이 내게 미쳤나이다." 그래서 바울은 그의 독자들에게 예수의 모범과 구약에 기록된 시편 저자의 의식을 상기시킴으로써 (15:1-2에서 말했듯이) "약한 자의 약점을 담당하고 자기를 기쁘게 하지 말라" 그리고 "이웃을 기쁘게 하되 그들의 선을 이루고 그들을 세우도록 하라"는 그의 호소를 뒷받침한다. 바울은 예수를 믿는 "더 약한" 신자라고 생각되는 사람들을 "세워주는" 데 필요한 이러한 생각과 행위로 말미암아 "더 강한" 그리스도인들이 "인내"(ὑπομονή)[32]와 "위로"(παράκλησις)와 "소망"(ἐλπίς)을 경험할 것이라고 설명한다.

---

32) "변함없는 인내"인 ὑπομονή에 대해서는 F. Hauck, "ὑπομένω, ὑπομονή," *TDNT* 4.586-88을 보라. 또한 이전에 롬 2:7; 5:3-4; 8:25에서 이 명사가 사용된 예도 참조하라.

15:5-6 바울은 바로 앞 구절에서 "변함없는 인내"(ὑπομονή)와 "위로"(παράκλησις)에 대해 말한 후 로마의 그리스도인 수신자들을 위해 다음과 같은 "기도와 바람"을 표현한다.

> 이제 인내와 위로의 하나님(ὁ θεὸς τῆς ὑπομονῆς καὶ παρακλήσεως)이 너희가 그리스도 예수를 따를 때 너희 가운데 하나 됨의 영을 주셔서(δῴη, 희구법), 한마음과 한 입으로 하나님 곧 우리 주 예수 그리스도의 아버지께 영광을 돌리게 하려 하노라.

초기 기독교 신앙고백 자료에서 유래한 것이든지 아니면 바울 자신이 작성한 것이든지 간에, 이것은 송영은 아니다. 오히려 이것은 바울 서신 중 데살로니가전서 3:11-13, 5:23, 데살로니가후서 2:16-17, 3:5, 3:16a, 디모데후서 4:16b, 그리고 어쩌면 고린도후서 13:14(13)에서 발견할 수 있는 내용에 비견되는 기도와 바람이다.[33] 기도와 바람은 일반적으로 주동사의 희구법을 취한다. 그리고 그 기도와 바람은 사도의 여러 편지에서 어떤 단락이나 하위 단락의 절정을 표시하며, 그러므로 그것이 등장하는 자료의 단락이나 하위 단락의 결론적인 특징으로 작용한다.

바울이 로마에 있는 그리스도인 수신자들을 위해 기도하고 바라는 것은 그들이 하나님께서 주시는 "인내"와 "위로"를 받고, 그렇게 함으로써 "그들 가운데 하나 됨의 영"을 표현하는 것이다. 이처럼 다른 사람들의 행복을 위해 마음을 쓰면서 하나가 되는 것은 지상 사역 동안 다른 사람과 동질감을 가지고 함께하여 "하나님 곧 우리 주 예수 그리스도의 아버지께 영광을 돌리신" 예수의 모범을 그 패턴으로 삼는 것이다. 따라서 다른 사람들에 관한 관심과 그들을 돌보는 것은 예수를 믿는 신자에게 있는 새 생명의 표현들이다. 하지만 이보다 더 중요한 것은 다른 사람들을 위하는 이러한 새로운 태도와 행위가 친히 백성들을 "입양"하여 그의 가족 안에 들이시고

---

33) 참조. R. N. Longenecker, "Prayer in the Pauline Letters," 222-23.

그들에게 가족의 책임을 주신 하나님으로 말미암아 이루어진 새로운 가족 관계에 그 뿌리를 두고 있다는 점이다.[34)]

IV. 결론: 예수의 모범과 구약 본문의 뒷받침을 받는 바울의 "포괄적인 기독교 윤리"에 대한 요약(15:7-13)

15:7 바울은 이 단락의 첫 구절에서 로마에 있는 그리스도인 수신자들에게 보내는 14:1-15:13에서 그가 호소한 모든 내용의 핵심을 진술한다. "그리스도께서 우리를 받아 하나님께 영광을 돌리심과 같이, 너희도 서로 받아들여라."[35)] 그리스도를 부르고 그분과의 관계를 고백하는 모든 사람을 받아들이는 것은 (1) 입장이 어떠하든지 또 어떤 삶을 살고 있든지 간에 자신을 부르고 자신과의 관계를 고백하는 모든 사람을 받으신 그리스도의 모습으로 힘을 받고 그런 모범을 받아들이는 것이며, (2) 모든 그리스도인의 궁극적인 바람이 되어야 하는 "하나님께 영광을 돌리는" 일로 이해되어야 한다. 이처럼 다른 사람을 받아들이는 것은 14:1-15:13 권면의 이 전체 단락의 첫 구절, 즉 14:1을 요약적으로 반복하는 것이다. "믿음이 연약한 자를 너희가 받되 그의 의견을 비판하지 말라."

15:8-9a 바로 이어지는 15:8-9a에서 사도는 계속해서 그가 "그리스도를 본받아"와 "하나님께 영광을 돌리심"을 언급함으로써 염두에 두고 있는 것을 설명한다. 사도는 (1) 지상 사역 동안 다른 사람들의 종(특히 "유대인들의 종")이 되신 예수를 언급한다. 그분은 "조상들에게 주신 약속들을 견고히" 하려고 그렇게 하셨다. 또한 사도는 (2) 예수 자신이 그의 아버지이신 하나님과 구약성경에 있는 하나님의 교훈들("토라")에 신실하셨음을 언급한다. 그분은 "이방인들로 하여금 그의 긍휼하심으로 말미암아 하

---

34) 바울이 롬 8:15, 23, 9:4에서 그리스도인의 새로운 신분/지위와 하나님 가족에서의 새로운 관계를 말하면서 그리스-로마의 "입양" 은유를 사용한 것을 참조하라. 또한 갈 4:5과 엡 1:5도 보라.

35) 콤마가 앞에 있는 상호대명사 ἀλλήλους("서로") 다음에 위치하기보다는 단순한 대명사 ὑμᾶς("너희") 다음에 위치했다고 이해한다.

나님께 영광을 돌리게 하려고" 하나님의 교훈들을 이루셨다.

15:9b-12 바울은 그다음에 15:9b-12에서 아래와 같은 성경 본문 4개를 인용한다.

1. 15:9b에 인용된 시편 18:49(LXX 17:49): "그러므로 내가 열방 중에서 주께 감사하고 주의 이름을 찬송하리로다."[36]
2. 15:10에 인용된 신명기 32:43: "열방들아! 주의 백성과 함께 즐거워하라."
3. 15:11에 인용된 시편 117:1(LXX 116:1): "너희 모든 열방들아! 주를 찬양하라."
4. 15:12에 인용된 이사야 11:10: "이새의 뿌리 곧 열방을 다스리기 위하여 일어나시는 이가 있으리니, 열방이 그에게 소망을 두리라."

위의 네 본문 모두에는 "이방인들"을 언급하는 내용이 있으며, 그래서 바울이 기독교 복음과 그가 하나님께 받은 이방인 선교에 대한 자신의 이해와 관련된 중요한 특징들을 반영한다. 이 외에도 주목할 만한 중요한 점은 처음 세 본문이 이방인들로부터 또는 이방인들에 의해 하나님께 드려지는 영광(또는 찬양)을 언급한다는 사실이다. 두 번째 본문은 이방인들을 하나님의 백성 이스라엘과 연관 짓는다. 그리고 네 번째 본문에는 "이새의 뿌리"인 유대인, 즉 메시아를 "소망할" 이방인들이 포함되어 있다. 바울은 이 중요한 "증거 본문" 목록을 그가 분명하게 이름을 명기한 예언자 이사야의 말을 인용하며 마무리한다. 그리고 바울이 로마서 본론 중앙부의 세 번째 단락에서 이사야서 본문들을 반복해서 사용한 것에서 분명하게 드러났듯이,[37] 이사야는 바울이 이스라엘의 구약 종교에서 가장 분명한 "'남은 자'

---

36) 시 18:49과 삼하 22:50의 그리스어 본문에는 바울이 그의 인용문에서는 생략했지만, 고상한 칭호인 Κύριε("주님")가 등장한다.

37) 우리가 일찍이 바울이 로마서에서 사용한 이사야서의 예언들에 대해 논의한 부분을 보라. 롬 9:27-28(사 10:22-23); 9:29(사 1:9); 9:33(사 28:16; 8:14); 10:11(사 28:16); 10:15(사

에 대한 설교자"이자 기독교 선포의 가장 중요한 선구자들 가운데 한 사람으로 간주했던 사람이다. 그래서 네 성경을 인용한 본문 모두 바울에게는 기독교 복음 메시지나 이방인 세계에 대해 그가 하나님께로부터 받은 사명과 관련하여 그의 의식을 뒷받침하는 데 있어 대단히 중요한 특징들을 포함한다.

그런데 바울이 여기서 이 성경 본문 4개를 인용한 목적이 이교도 이방인들을 향한 그의 선교와 메시지를 뒷받침하려는 데 있었던 것은 아니었던 것 같다. 오히려 그는 이 본문들을 사용하여 "다른 사람들을 포함하고 관심에 두는" 그의 윤리가 얼마나 구약성경의 기본적인 취지와 의도와 바람과 "긴밀히 연결되었는지" 그리고 특히 그 윤리가 하나님의 가족 안에서 사람들의 다양성이 존재하고 다양한 삶이 발견된다는 기독교적 인식을 뒷받침한다는 사실을 보여주려 한 것 같다. 바울이 로마의 그리스도인들에게 호소한 것은 "그리스도를 따르는 사람들"이라고 선언하지만 기독교적 믿음을 표현하는 이해와 삶의 방식에 있어서는 조금씩 다를 수 있는 사람들을 이해하고 돌보는 데 그들도 관용적이어야 한다는 것이다. "그리스도께 대한" 그들의 믿음을 약간은 다른 방식으로 표현하는 "그리스도를 따르는 사람들"의 영적인 행복을 받아들이고 관심 갖는 것은 하나님 자신의 의도와 목적과 "긴밀히 연결되었기" 때문이다.

15:13 바울은 그의 두 번째 간략한 단락 15:7-13의 마지막 구절에서 로마에 있는 그리스도인 수신자들을 향한 그의 마지막 "기도와 바람"을 표현한다. "소망의 하나님이 모든 기쁨과 평강을 믿음 안에서 너희에게 충만하게 하사 성령의 능력으로 소망이 넘치게 하시기를 원하노라." 이것은 예수를 믿는 다른 신자들을 받아들이라는 사도의 기본적인 호소를 염두에 둔 기도와 바람이다. 이 호소들은 (1) 지상 사역에서 예수의 모범에 기초를 둔 것이며, (2) 특정한 음식 및 절기와 관련된 문제들의 차이를 주로 유산

52:7); 10:16(사 53:1); 10:20-21(사 65:1-2); 11:8(사 29:10); 11:26-27(사 59:20-21; 27:9). 바울이 롬 11:34-35의 송영에 이사야서에서 가져온 진술을 사용한 것도 주목하라.

으로 물려받은 삶의 방식이나 개인적인 선호의 문제로 보아야 한다고 제시하고, (3) 이와 같은 그리스도인의 자유의 차이를 이방인들과 유대인들을 다 하나님 백성의 한 가족 안으로 모은다고 언급하는 구약의 네 본문과 "긴밀히 연결된 것"으로 이해해야 한다고 말한다. 그러나 바울은 이곳 15:13에서 예수를 믿는 모든 신자를 하나가 되도록 하는 요인들을 가장 분명하게 말한다. 그것은 "하나님의 긍휼하심을 위해 하나님께 영광을 돌리는 것"과 "하나님께 찬송하는 것", "하나님의 모든 백성과 함께 즐거워하는 것", "하나님께서 약속하신 모든 것을 소망하는 것"이다. 로마서의 본론 중앙부 전체(즉 1:16-15:13)를 마무리하는 15:13의 이 마지막 기도와 바람에서 하나님은 "소망의 하나님"(ὁ θεὸς τῆς ἐλπίδος)으로 그려지고 있다. 그분은 (1) 미래의 소망(ἐλπίς)을 약속하시며, (2) 그 자신과 그의 약속에 대한 "믿음 안에서"(ἐν τῷ πιστεύειν) 현재 그의 백성들을 "모든 기쁨과 평강"(πάσης χαρᾶς καὶ εἰρήνης)으로 채우시고, (3) 그의 백성들을 "성령의 능력으로 소망이 넘치게"(εἰς τὸ περισσεύειν ἐν τῇ ἐλπίδι ἐν δυνάμει πνεύματος ἁγίου) 하신다. 사실 바울이 이곳 15:13에서 제시하고 있는 것은 그가 이교도 이방인들을 향한 선교에서 선포했던 모든 것과 그가 로마에 있는 신자들에게 썼던 모든 것, 그리고 신약성경에 있는 그의 편지들로 말미암아 여전히 현대의 그리스도인들에게 말하고 있는 모든 것의 본질적인 내용이다.[38)]

---

38) 개인적인 간증을 하자면, 필자는 "소망의 하나님", 예수 그리스도의 사역, 그리고 하나님의 성령의 사역에 근거한, 장래에 대한 "소망"의 중요성과 중심성을 몇 년 전에 예상치 않은 상황에서 공감하게 되었다(그것은 필자에게 너무도 압도적이고 감정적으로 진이 빠지는 경험이었다). 필자가 미국 코네티컷주 뉴헤이븐에 소재한 예일 대학교의 본 캠퍼스 북쪽에 자리하고 있는 구도시 공동묘지를 산책하고 있을 때였다. 그 공동묘지 정문 위의 검은색 쇠 창살에 커다란 글씨로 "부활의 소망을 가지고"(IN HOPE OF THE RESURRECTION)라고 쓴 푯말이 눈에 들어왔다. 섬광처럼 뇌리를 스치는 생각이 있었다. "부활의 소망을 가지고"는 그리스도인의 모든 삶을 떠받치고 예수를 믿는 신자의 죽음과 관련된 모든 것을 뒷받침하는 기본적인 확신이라는 사실이 필자의 의식에 불타올랐다. 이후에 우리 가족의 장지(이 장지는 지금 필자의 외조부모와 부모님이 묻혀 계시고, 사랑하는 아내와 필자가 언젠가 묻힐 장소다)의 묘비를 세우는 것을 의논하면서, 우리 가족의 유언으로 그 묘비에 "부활의 소망을 가지고"라는 이 동일한 말을 새겨 넣었다. 바울이 롬 1:16-15:13에서 신학적으로 그리고 윤리적으로 광범위한 내용을 제시하는 그의 마지막 말과 수년 전 뉴헤이븐의 그

성경신학

바울은 로마의 그리스도인들 사이에서 문젯거리가 되었던 어떤 상황에 대해 14:1-15:13에서 구체적으로 권면하고 호소할 뿐만 아니라, 12:1-21과 13:8-14에 있는 그의 일반적인 윤리적 주해에서 기독교 윤리의 특성을 다루며 그리스도인의 윤리적 사고와 행위가 (1) 예수를 믿는 신자의 변화되고 새롭게 된 마음, (2) 기독교 복음 메시지에서 유래한 함의들, 그리고 (3) 역사적 예수의 가르침과 모범에 대해 교회가 기억하고 있는 것 등으로써 지침을 받는다고 말한다. 또한 그는 이것을 제시하면서 구약을 인용하기도 했다. 하지만 바울은 그리스도인의 윤리적 사고와 삶의 일차적인 기초로 성경의 명령을 사용하지는 않았다. 오히려 그는 기독교 윤리가 유대교 성경(구약)에서 하나님이 주신 계시와 "긴밀히 연결되었음"을 지적하기 위해 구약을 인용했다. 그리스도인의 삶이 종종 유대적 "신율주의"의 어떤 형식이나 그리스 고전 "윤리학"의 형식 또는 그리스 스토아 철학의 어떤 특징들과 너무도 유사하다고 생각되거나 여러 방식으로 표현되기도 하지만, 기독교 윤리학의 본질적인 하나님 중심, 그리스도 중심, 성령 중심의 특성은 오늘날 성경신학을 구성하는 데 있어 신앙을 고백하는 그리스도인들의 사고와 행위에서 늘 강조되고 상황화될 필요가 있다.

루크 티모시 존슨이 바울의 윤리학과 아리스토텔레스(기원전 384-322년)의 윤리학을 비교하면서 제 문제들을 요약한 것처럼,

> 바울의 도덕적 논리가 아리스토텔레스의 인격 윤리와 눈에 띄게 비슷하기 때문에 바울이 표현하지 않은 일부 전제들은 『니코마코스 윤리학』으로 조심스럽게 보충될 수 있지만, [사도의] 논리의 틀은 그의 종교적 확신에 의해 널리 채색되었다. 인간의 분별력 있는 사고와 시험은 반드시 필요하다. 하지만 그것은 자신의 마음만이 아니라 그리스도의 마음에도 입각한다. 참되게 보고 적절히 행동할 수 있는 능력은 성령의 힘 주심에 의해 가능해

경애하는 그리스도인들의 유언에 쓰였던 글귀처럼 말이다.

> 진다. 신중함의 요점은 자신의 관심사뿐만이 아니라 무엇보다 그리스도의 몸인 공동체의 모든 선을 위한 것이기도 하다. 건전한 도덕적 사고의 척도는 도덕적인 "중용"을 취하는 것이 아니라, 낮아져서 다른 사람을 섬기는 그리스도께 대한 믿음에 상응하는 것이다. 한마디로 바울이 그의 독자들 안에서 형성하기를 바랐던 습관들은 예수의 습관들이며, 그가 그의 공동체 내부에서 이루고자 했던 성품은 예수 그리스도의 성품이다.[39)]

존슨이 바울 및 그의 윤리학과 관련하여 일찍이 동일한 논문에서 주장했듯이,

> 바울은 [그리스도인] 공동체 내부에서 도덕적인 분별의 과정을 믿음의 분량 안에서뿐만 아니라 구체적으로 "그리스도께 대한 믿음" 안에서도 행사되어야 하는 것으로 이해한다.…그것은 예수가 하나님께 순종하고 다른 사람들을 위해 자신을 주시는 사랑으로 입증되었다. 그러므로 신자들이 "마음을 새롭게 함으로써" 변화를 받았다는 것은 그리스도의 마음으로 "옷 입는 것"을 의미하며, 그래서 φρόνησις["사고방식"]의 과정은 새롭게 되고 영향받은 그들의 νοῦς["마음", "지성"]에 의해 파악된 ἀρχαί["기초적인 기독교 교훈들"]에 맞추어 정렬된다.[40)]

이와 같은 하나님 중심, 그리스도 중심, 성령 중심의 윤리가 "그리스도를 따르는 사람들"인 우리의 사고(즉 우리의 성경신학)와 예수를 믿는 신자들로서 현대의 우리의 삶(즉 우리의 기독교 윤리학) 곳곳에 개인적으로뿐만 아니라 교회적으로나 사회적으로 늘 스며 있어야 한다. 그리스도인의 삶은 한편으로 미래의 부활을 기다리고 있지만, 언제나 새롭게 시작된 우리의 부활 생명의 현재적 표현으로 이해되어야 하기 때문이다. 새 생명은 (1) 그

---

39) L. T. Johnson, "Transformation of the Mind and Moral Discernment in Paul," 235-36.
40) L. T. Johnson, "Transformation of the Mind and Moral Discernment in Paul," 229.

리스도의 사역과 하나님의 영의 사역을 통하여 하나님이 우리에게 주셨으며, (2) 그리스도의 사역과 성령의 인도하심에 반응하여 하나님을 영화롭게 하는 것이어야 하고, (3) 우리가 부활하신 그리스도의 대표자로서 다른 사람을 섬기며 살도록 하나님이 의도하신 것이다.

현대를 위한 상황화

14:1-15:13에 제시된 바울의 권면과 호소는 그 당시 로마의 그리스도인들 사이에서, 적어도 그들의 일부 공동체 안에서 벌어지고 있었던 특별한 상황을 겨냥한 것이다. 그래서 이방인을 위해 하나님께 임명을 받은 사도로서 바울이 제시한 모든 권면과 호소에는 사도적 어감이 있을뿐더러 다루는 문제들의 구체적 상황도 있다. 우리는 바울 당시 로마에 있던 그리스도인들에게 보낸 편지의 현대 독자들로서 (1) 본문에서 다뤄지고 있는 쟁점들의 특성이나 내용 또는 (2) 연루된 사람들의 정확한 정체에 관하여 정확히 확신할 수는 없다. 또한 우리는 바울이 가지고 있던 사도적 권위를 가지고 말할 수도 글을 쓸 수도 없다.

그렇지만 우리는 채식주의 식습관, 어떤 거룩한 날과 절기를 지키는 것, 그리고 포도주를 마시는 것에 대한 몇 가지 내용을 이해할 수 있다. 더욱이 우리는 모두 가족적 유산을 가지고 있으며 이로부터 개인적으로 선호하는 것들도 생겼다. 이 개인적인 선호는 결국 개인적인 확신으로 발전된다. 그리고 우리는 다 최소한 어느 정도는 이처럼 물려받은 선호도나 확신을, 한 사람의 사고를 안내하고 삶을 규율하며, 또한 우리가 종종 당연시하듯이, 다른 모든 사람의 생각을 안내하고 모든 사회를 규율하는 이론이나 신학의 형태로 확대시키는 사람들(심지어 그리스도인들까지)의 성향을 이해할 수 있다.

하지만 바울은 오늘날 예수를 믿는 신자가 직면할 수 있는 것에 비견될 만한 상황에 있는 독자들이 자신들에게나 다른 사람들에게 부과하기를 원하는 "규칙들"을 제시하지 않는다. 오히려 그는 그들(또는 다른 사람들)에 의해 아디아포라적 관심사들(즉 그리스도인들에게 요구하지도 금하지도 않는 문제들)로 분류될 수 있는 문제들을 다루면서 그리스도인들에게 어떤 패러다임(즉 "전형" 또는 "원형")을 제공한다. 14:1-15:13에 있는 사도의 권면과 호소의 하위 단락들과 본문에 포함된 적어도 한 문단을 시작하는 아래의 절들은, 현대의 그리스도인들이 자신이 속한 그리스도인 공동체들 내부에서 그들의 태도와 행위에 대해서뿐만 아니라 다른 그리스도인들과의 관계와 그들에 대한 반응에 대해 마음에 새겨야 할 것을 호소하는 내용이다.

1. "믿음이 연약한 자를 너희가 받되, 그의 의견을 비판하지 말라"(14:1).
2. "우리가 다시는 서로 비판하지 말고 도리어 부딪칠 것이나 거칠 것을 믿음이 있는 형제나 자매 앞에 두지 아니하도록 주의하라"(14:13).
3. "우리가 화평의 일과 서로를 세우는 일을 힘쓰자"(14:19).
4. "'강한' 우리는 마땅히 '약한 자'의 약점을 담당하고 우리 자신을 기쁘게 하지 아니할 것이라. 우리 각 사람이 이웃을 기쁘게 하되, 그들의 선을 이루고 그들을 세우도록 할지니라"(15:1-2).
5. "그리스도께서 우리를 받아 하나님께 영광을 돌리심과 같이, 너희도 서로 받아들여라"(15:7).

바울이 위의 진술들에서 말한 내용은 간단하고 상당히 명쾌하다. 남은 것은 (1) 우리가 기독교 복음과 건강한 삶을 위해 중요한 문제들과 아디아포라적 관심사만을 표방하는 문제들을 명확하게 구별하는 것과, (2) 우리 편에서 우리가 알고 있는 것을 구체적인 상황에서 적절하게 행동으로 옮기려는 의지다. 이는 하나님께서 변화시켜주셨고 그의 성령으로 말미암아 끊임없이 새롭게 되는 마음에 근거하며, 하나님의 백성의 다양한 공동체에서 이와 같이 변화되고 새롭게 된 마음을 가진 다른 사람들과 협력하는 것과, 명료한 마음과 준비된 의지를 가지고 구체적인 방향과 충분한 힘을 위해 늘 하나님의 성령을 의지하는 것을 포함한다.

C. 본론의 결론

VIII. "사도의 방문" (15:14-32)

번역

[15:14]내 형제자매들아! 너희가 스스로 선함이 가득하고 모든 지식이 차서 능
히 서로 권하는 자임을 나도 확신하노라. [15]그러나 내가 너희로 다시 생각나
게 하려고 하나님께서 내게 주신 은혜로 말미암아 더욱 담대히 몇 가지 점
에 대해 너희에게 썼노니, [16][하나님이 내게 주신] 이 은혜는 곧 나로 이방
인을 위하여 그리스도 예수의 일꾼이 되어 하나님의 복음을 선포하는 제사
장 직분을 하게 하사 이방인을 제물로 드리는 것이 성령 안에서 거룩하게
되어 하나님께 받으실 만하게 하려 하심이라.

[17]그러므로 내가 그리스도 예수 안에서 하나님의 일에 대하여 자랑하
는 것이 있거니와, [18]그리스도께서 이방인들을 순종하게 하기 위하여 나를
통하여 이루신 것 외에는 내가 감히 말하지 아니하노라. 그 일은 말과 행위
로, [19]표적과 기사의 능력으로, 성령의 능력으로 이루어졌으며, 그리하여 내
가 예루살렘으로부터 두루 행하여 일루리곤까지 그리스도의 복음을 편만
하게 전하였노라. [20]또 그리스도를 알지 못한 곳에 복음을 전하는 것이 늘
나의 포부였노라. 이는 남의 터 위에 건축하지 아니하려 함이라. [21]기록된
바,

"주의 소식을 받지 못한 자들이 볼 것이요,
듣지 못한 자들이 깨달으리라" 함과 같으니라.

[22]이것이 내가 너희에게 가려 하던 것이 여러 번 막힌 이유라.

[23]이제는 이 지방에 [일할] 장소가 없고 또 여러 해 전부터 언제든지 서
바나로 갈 때에 너희에게 가기를 바라고 있었으니, [24]이는 [내가 서바나로]
지나가는 길에 너희를 보고 먼저 너희와 사귐으로써 얼마간 기쁨을 가진
후에 너희가 나를 그리로 보내주기를 바람이라.

[25]그러나 이제는 내가 성도를 섬기는 일로 예루살렘에 가노니, [26]이는

마게도냐와 아가야에서 예수를 믿는 신자들이 예루살렘 성도 중 가난한 자들을 위하여 기쁘게 얼마를 연보하였음이라. [27]저희가 기뻐서 하였거니와 또한 저희는 그들에게 빚진 자니, 만일 예수를 믿는 이방인 신자들이 믿음이 있는 유대인들의 영적인 복들을 나눠 가졌으면, 물질적인 것으로써 그들을 섬기는 것이 마땅하니라. [28]그러므로 내가 이 일을 마치고 그들이 이 열매를 그들이 받았음을 확증한 후에 내가 가는 길에 너희에게 들렀다가 서바나로 가리라. [29]내가 너희에게 나아갈 때에 그리스도의 충만한 복을 가지고 갈 줄을 아노라.

[30]형제자매들아! 내가 우리 주 예수 그리스도와 성령의 사랑으로 말미암아 너희를 권하노니 너희 기도에 나를 위하여 예루살렘에 예수를 믿는 가난한 신자들을 돕는 나의 싸움에 하나님께서 나와 힘을 같이하여, [31]나로 유대에서 불신자들로부터 건짐을 받게 하고 또 예루살렘에서 내가 섬기는 일을 그곳에 있는 성도들이 받을 만하게 하고, [32]나로 하나님의 뜻을 따라 기쁨으로 너희에게 나아가 너희와 함께 편히 쉬게 하라.

본문비평 주

15:14a ’Αδελφοί μου("나의 형제자매들아")라는 표현에 등장하는 소유격 단수 인칭대명사 μου("나의")는 대문자 사본 ℵ A B C D[2] P Ψ[또한 *Byz* L]와 소문자 사본 33 1175(범주 I), 1506(범주 II), 6 69 88 104 323 326 330 365 614 1241 1243 1319 1505 1573 1735 1874 2344 2495(범주 III) 등의 광범위한 지지를 받고 있으며, 중요한 vg와 syr 역본들에도 반영되었다. 하지만 이 단어는 P[46], 대문자 사본 D* F G와 소문자 사본 1739(범주 I), 1881(범주 II)에 생략되었으며, 역본 it(즉 옛 라틴어 역본)와 암브로시아스테르에도 생략되었다. 이 단어가 생략된 것은 교회가 예배에서 공적인 낭독을 위해 로마서의 메시지를 "보편화"(즉 "일반화")하려는 열망에 의해 빚어졌을 개연성이 있다. 이것은 로마서의 "짧은 형태"(즉 1:1-14:23)의 동기가 되었던 것 같다.

14b절 Καὶ αὐτοί("너희 자신도" 또는 "너희는 스스로")라는 표현이 삽

입된 독법은 그리스어 사본 전통에서 매우 널리 지지를 받는다. 하지만 이 표현이 P[46]과 대문자 사본 D F G에 생략되었고, 생략된 독법이 it(즉 옛 라틴어 역본)에도 반영되었다. Καὶ αὐτοί의 생략은 적어도 부분적으로 바울과 로마 신자들 간의 특별한 관계를 언급한 내용을 삭제함으로써 로마서를 "보편화"하려는 열망 때문인 것 같다.

14c절 Μεστοί ἐστε ἀγαθωσύνης("너희는 **선함**이 가득하다")라는 어구에 등장하는 소유격 ἀγαθωσύνης("선함의")가 포함된 독법은 그리스어 사본 전통에서 광범위한 지지를 받고 있다. 하지만 ἀγαθωσύνης 대신 소유격 ἀγάπης("사랑의")가 대문자 사본 F와 G에서 발견되며, 반면에 소유격 ἁγιωσύνης("거룩함의")가 소문자 사본 629(범주 III)에 대체어로 등장한다. 하지만 비교적 훨씬 약한 입증을 받는 이 이문들은 훨씬 더 좋은 지지를 받는 원본 소유격 ἀγαθωσύνης("선함의")를 대체할 수 없다. 비록 한 명 이상의 고대 필경사들이 (1) "사랑"(ἀγάπης)이나 "거룩함"(ἁγιωσύνης)에서 대해 말하는 것이 사도 바울에게 더 적절했다고 생각했거나, (2) 이 단어들의 약간은 비슷한 철자로 인해 단지 혼동해서 그랬을 수 있겠지만 말이다.

14d절 Πεπληρωμένοι πάσης [τῆς] γνώσεως("모든 지식으로 채워져" 또는 "모든 지식 안에서 완전해져")에 등장하는 소유격 관사 τῆς("그것의")가 P[46]과 대문자 사본 A C D F G[또한 *Byz* L]와 소문자 사본 33 1175(범주 I), 69 88 104 323 326 365 614 1241 1319 1505 1573 1735 1874 2495(범주 III)에는 생략되었다. 하지만 이 단어는 대문자 사본 ℵ B P Ψ와 소문자 사본 1739(범주 I), 1506 1881(범주 II), 6 330 1243 2344(범주 III)에 포함되었다. 관사가 생략된 것으로 읽으면 이 어구는 "모든 지식으로 채워져" 또는 "지식 안에서 완전해져"로 이해된다. 만일 관사를 포함시킨다면, 이 어구는 "그 지식"이라는 표현으로 대표되는 어떤 특별한 종류의 지식을 염두에 두었을 가능성이 매우 크다.

사본의 증거는 거의 동일하게 나뉜다. 하지만 이 관사가 원본이라면, 관사 τῆς가 왜 생략되었는지 그 까닭이 없는 것 같다. 더욱이 사본의 증거가 τῆς의 생략을 약간은 선호하는 것 같으므로, 이 구절은 관사 없이 읽어야 할 것 같다. 그래서 "모든 지식으로 채워져" 또는 "지식 안에서 완전해져"로 읽게 된다.

14e절 'Αλλήλους νουθετεῖν("서로 권하는" 또는 "서로 교훈하는")이라는 표현에서 상호대명사 ἀλλήλους("서로")는 P[46]과 대문자 사본 ℵ A B C D F G P Ψ와 소문자 사본 1175 1739(범주 I), 1506 1881(범주 II), 88 326 630 1243 1505 2495(범주 III)의 강력한 지지를 받으며, 모든 라틴어 역본과 syr[h]에도 반영되었다. 하지만 이문인 복수 대명사 ἄλλους(일반적으로 말하거나 글을 쓰는 사람과 다른 "다른 사람들"을 의미하는)가 9세기의 비잔틴 계열인 대문자 사본 L과 소문자 사본 33(범주 I), 6 69 104 323 330 365 614 1241 1319 1573 1735 1874 2344(범주 III)에 원래의 단어 대신에 등장하며, 이는 syr[p]에도 반영되었다. 이 이문은 후대의 필경사들에 의해 다음과 같은 목적으로 삽입된 것이 분명하다. (1) 바울이 한 말의 속뜻을 더욱 보편화하기 위해서, 또는 (2) 당대의 다른 모든 기독교 공동체들과 비교하여 로마에 있는 교회의 권위를 강조하기 위해서, 또는 어쩌면 둘 다이다.

15a절 이 구절의 첫 단어로 등장하는 형용사 τολμηρότερον("담대한")은 P[46], 대문자 사본 ℵ[2] C D F G P Ψ[또한 *Byz* L]와 소문자 사본 33 1175 1739(범주 I), 1881(범주 II), 6 69 88 104 323 326 365 614 1241 1243 1319 1505 1573 1735 1874 2344 2495(범주 III)의 광범위한 지지를 받고 있다. 하지만 부사형 τολμηροτερῶς("담대하게")가 대문자 사본 A G와 소문자 사본 1506(범주 II)과 330 629(범주 III)에 등장한다. 두 단어의 의미가 본질적으로는 다르고, 부사 τολμηροτερῶς가 현대의 학자들에 의해 문법적으로 더 적합하다고 고려될 수 있지만, 형용사 τολμηρότερον이 원본으로 선택되어야 한다. 이유는 단순하다. 사본 전통에서 더 나은 지지를 받기 때문이다.

15b절 대문자 사본 ℵ* A B C나 소문자 사본 1739(범주 I), 81 1881(범주 II), 218 630 2495(범주 III)에는 ἔγραψα ὑμῖν("내가 너희에게 썼다")이라는 어구 다음에 ἀδελφοί("형제[와 자매들]")라는 단어가 등장하지 않는다. 이 생략된 독법은 cop[sa, bo]에도 반영되었고, 오리게네스 크리소스토모스 아우구스티누스의 뒷받침을 받는다. 그러나 많은 그리스어 사본에는

ἔγραψα ὑμῖν 다음에 ἀδελφοί가 있다. P[46], 대문자 사본 ℵ[c] D F G P Ψ[또한 *Byz* L](비록 7세기의 대문자 사본 0209에서는 ἀπὸ μέρους 다음에 ἀδελφοί가 등장하지만 말이다)와 대부분의 소문자 사본이 그러하다. 그리스어 원본에 ἀδελφοί가 있는 독법은 it[d, g] vg syr[h, pal] cop[sa mss] arm에도 반영되었다.

이곳 15:15에서 ἀδελφοί의 생략 또는 삽입에 관한 이 문제는 풀기가 쉽지 않다. 사본 증거가 매우 균등하게 나뉘어 있는 것으로 보이기 때문이다. 하지만 브루스 메츠거가 다음과 같이 주장한 것은 아마도 옳을 것이다. (1) ἀδελφοί가 원본이었다면, 그 단어가 왜 생략되었을지에 대한 이유가 없었을 것이다. 그리고 (2) ἀδελφοί는 교회에서 로마서를 낭독하던 어느 때에 삽입되었을 개연성이 있다.[1] 그러므로 우리는 바울의 편지 바로 이곳에 있는 ἀδελφοί라는 단어가 원본이 아닐 것이라고 결론을 내렸고, 그래서 우리의 번역에 이 단어를 포함시키지 않았다.

15c절 사본의 증거는 (1) P[46]과 대문자 사본 ℵ[2] A C D G P Ψ[또한 *Byz* L]와 소문자 사본 33 1175 1739(범주 I), 1506 1881(범주 II), 69 88 323 326 330 365 614 1241 1243 1319 1505 1573 1735 1874 2344 2495(범주 III)의 지지를 받는 ὑπὸ τοῦ θεοῦ("하나님으로 말미암아")나 (2) 주로 대문자 사본 ℵ* B F의 지지를 받고 있는 ἀπὸ τοῦ θεοῦ("하나님으로부터")를 거의 동일하게 지지한다. Ὑπό와 ἀπό 모두 상당히 동일한 뜻을 나타낼 수 있다. 하지만 ὑπό가 그리스어 사본 전통에서 약간은 더 나은 지지를 받고 있으며, 그래서 원본일 가능성이 매우 크다.

16a절 16절을 시작하는 곳에 있는 전치사 εἰς("~로", "목적을 위하여")는 사본 전통에서 널리 입증받는다. 하지만 P[46]에는 그 대신에 전치사 διά("~ 때문에")가 있다. P[46]에만 등장하는 이 이문은 어떤 특정한 필경사의 특유의 독법 또는 필경사의 단순한 오류로 판단하는 것이 가장 좋을 것 같다.

16b절 Εἰς τὰ ἔθνη("이방인들에게")라는 어구는 그리스어 사본 전

---

1) 참조. Metzger, *Textual Commentary*, 473.

통에서 아주 좋은 지지를 받고 있다. 바티칸 사본(B 03)에서 이 어구가 생략된 것은 아마도 고의가 아닐 가능성이 매우 크다.

16c절 부정과거 가정법 동사 γένηται("그것이 되게 하려고")는 그리스어 사본 전통에서 좋은 증거를 가지고 있다. 하지만 부정과거 수동태 γενήθῃ("그것이 되었다")가 바티칸 사본(B 03)과 소문자 사본 1881*(범주 II)에 등장하지만, 후기의 어느 필경사가 바울의 선교를 회고하며 평가한 것으로 보아야 할 것 같다.

17a절 이 절을 시작하는 표현으로 가능성 있는 세 가지 그리스어 표현이 있다. (1) ἣν ἔχω καύχησιν("나는 그것을 자랑한다"). 이 어구는 P^{46}에 등장한다. (2) ἔχω οὖν καύχησιν("그러므로 내게는 자랑이 있다"). 이 어구는 대문자 사본 ℵ A P Ψ[또한 *Byz* L]와 소문자 사본 33 1175 1739(범주 I), 1881(범주 II), 6 104 323 326 614 1241 1243 1505 1874 2495(범주 III)에 등장한다. (3) ἔχω οὖν τὴν καύχησιν("그러므로 내게는 그 자랑이 있다"). 이 어구는 대문자 사본 B C^{vid} D F G와 소문자 사본 81 1506(범주 II), 69 330 365 1319 1573 1735(범주 III)의 지지를 받는다. 세 가지 선택 모두 원본으로 제안되었다. 하지만 세 가지 선택 모두 구어체로 "그러므로 나는 자랑한다(또는 "자랑거리로 삼고 있다")"라고 번역할 수 있다.

17b절 Ἐν Χριστῷ Ἰησοῦ("그리스도 예수 안에서")라는 어구가 그리스어 사본 전통 내내 매우 광범위하게 이 동일한 곳에서 등장한다. 하지만 Ἰησοῦ라는 이름이 P^{46}과 소문자 사본 323(범주 III)과 암브로시아스테르에 의해 생략되었는데, 생략된 까닭이 무엇인지 이해하기 어렵다.

18a절 미래형 동사 τολμήσω("내가 담대하게 한다", "추정한다", "과감히~한다")는 그리스어 사본 전통에서 광범위하게 입증받는다. 그런데 현재시제 동사 τολμάω("내가 담대하게 한다", "추정한다", "과감히 ~한다")가 대문자 사본 ca^2와 B에 등장한다. 아마도 미래형 τολμήσω를 원본으로 선택해야 할 것 같다. 사본의 외적 증거에서 미래형을 선호하는 것이 우세하기 때문만 아니라 미래형 동사가 본문의 모든 현재시제와 과거시제 동사들 가운데 약간은 어울리지 않으므로 그것을 "더 난해한 독법"으로 간주해야 하기 때

문이다.

18b절 Δι' ἐμοῦ("나로 말미암아")라는 표현은 사본 전통에서 두루 강하게 지지를 받는다. 하지만 바티칸 사본(B 03)에는 δι' ἐμοῦ λόγων("나의 말로 말미암아")이라는 독법이 등장한다. 이 확장된 독법은 "나로 말미암아"라고 표현한 사도의 의미를 좀 더 온전히 제시하려는 4세기의 시도인 것이 분명하다. 그러나 δι' ἐμοῦ λόγων("나의 말로 말미암아")이라는 이 확장된 독법이 바티칸 사본(B 03)의 지지를 받고 있지만 단순한 δι' ἐμοῦ("나로 말미암아")라는 표현을 광범위하게 지지하는 사본 증거를 대체할 수는 없을 것 같다.

18c절 Ὑπακοὴν ἐθνῶν("이방인들의 순종")이라는 어구 역시 그리스어 사본 전통에서 강한 지지를 받는다. 그런데 바티칸 사본(B 03)은 ὑπακοήν("순종") 대신에 ἀκοήν("들음")이라고 읽는다. 그러나 앞의 18b절의 경우처럼, 이 ἀκοήν("들음")이라는 독법은 ὑπακοὴν ἐθνῶν("이방인들의 순종")을 지지하는 더 광범위한 사본을 대체할 수 없다.

19절 Ἐν δυνάμει πνεύματος("성령의 능력으로")라는 어구를 고려하는 데 있어 여러 중요한 사본 증거들도 한정적 소유격 θεοῦ를 보유하고 있다는 점(그럴 경우 "**하나님의** 성령의 능력으로"라고 읽게 됨)을 주목할 필요가 있다. 이 독법은 P^{46}, 대문자 사본 ℵ D^{1} P Ψ 0150[또한 *Byz* L]과 소문자 사본 1175(범주 I), 1506(범주 II), 6 436 1241 1912(범주 III)로써 입증을 받으며, it^{b} $syr^{p,h}$에도 반영되었고, 오리게네스$^{lat2/3}$ 크리소스토모스의 지지를 받는다. 다른 많은 사본에는 한정적 의미로 사용된 형용사 ἁγίου를 보유하고 있다(그러면 "**거룩하신** 성령의 능력으로"라고 읽게 됨). 이 독법은 대문자 사본 A $D^{*,2}$ F G와 소문자 사본 33 1739(범주 I), 81 104 256 1881 1962 2127(범주 II), 263 365 459 1319 1573 1852 2200(범주 III)의 지지를 받고 있으며, $it^{ar,d,f,g,mon,o}$ vg $syr^{h\ mg,pal}$ $cop^{sa,bo}$에도 반영되었고, 오리게네스$^{lat1/3}$ 암브로시아스테르 아우구스티누스의 지지를 받는다. 더욱이 수많은 비잔틴 계열의 사본에는 θεοῦ와 ἁγίου가 다 들어 있다(ἐν δυνάμει ἁγίου πνεύματος θεοῦ라고 읽게 됨).

Θεοῦ와 ἁγίου가 다 들어 있는 독법은 이 사본상의 문제를 해결하려고 앞에 언급된 2개의 선택을 나중에 혼합한 것으로 보아야 할 것 같다. 바티칸 사본(B 03)만 πνεύματος라는 단어를 가지고 있다. 이러한 사실은 이 중요한 4세기 사본의 종합적인 탁월성에도 불구하고, 대문자 사본 B에 의해서만 지지를 받는 이 독법이 원본인지(GNT²의 편집위원들은 이 독법이 원본이라고 생각했다)에 충분한 답변이 되느냐는 질문이 제기된다. 브루스 메츠거는 GNT³과 GNT⁴의 그리스어 본문을 확정지으려 했던 연합성서공회 위원회가 ("타협안" 투표에서) 여기서 가장 초기의 사본 증거인 P⁴⁶을 따르기로 결정했지만 의심의 여지가 많음을 나타내고자 θεοῦ를 꺾쇠 괄호 안에 포함시켰다고 보도한다.[2] 이러한 결정은 GNT²에 반영된 바티칸 사본(B 03)의 독법만을 받아들이던 것으로부터의 결정적인 변화를 나타낸다. 우리는 P⁴⁶의 증거를 주요 증거로 받아들이는 결정에 동의하며 우리의 번역에 한정적 소유격 θεοῦ를 포함시켰다. 물론 이러한 판단을 논박할 합당한 근거들이 있음을 인정하지만 말이다.

22절 관사가 있는 τὰ πολλά("여러 번")는 대문자 사본 ℵ A C P Ψ[또한 *Byz* L]와 소문자 사본 33 1175 1739(범주 I), 1506 1881(범주 II), 6 69 88 104 323 326 365 614 1241 1243 1319 1505 1573 1735 2344 2495(범주 III)의 광범위한 지지를 받고 있다. 하지만 부사 πολλάκις("여러 번", "종종", "자주")는 P⁴⁶과 대문자 사본 B D F G와 소문자 사본 330(범주 III)의 입증을 받고 있다. 어떤 독법을 취하든지 의미는 결과적으로 동일하다. 하지만 (1) 부사 πολλάκις("여러 번", "종종", "자주")가 원본이고(P⁴⁶ 증거에 따름), (2) 관사가 있는 명사 τὰ πολλά("여러 번")가 더 다듬어진 구문으로 생각되기에 이것이 나중에 삽입되었다고 추측할 수 있다.

23절 바울은 "여러 해 동안" 로마의 그리스도인들을 보기를 바라고 있었다고 선언한다. Πολλῶν("여러")이라는 단어는 P⁴⁶과 대문자 사본 ℵ A D F G Ψ[또는 *Byz* L]와 소문자 사본 33 1739(범주 I), 1881(범주 II), 104

---

2) Metzger, *Textual Commentary*, 473.

436 451 1241 2495(범주 III) 등 광범위한 지지를 받고 있으며, 크리소스토모스 테오도레토스의 지지도 받는다. 하지만 "여러"라는 개념은 대문자 사본 B C P와 소문자 사본 81 1962 2127(범주 II), 326 (범주 III)에 ἱκανῶν ("충분한", "많은 수의", "엄청나게")이라는 단어로 표현되었다. 그러나 πολλῶν 이 더 좋고 더 다양한 지지를 받고 있기 때문에, 그것을 원본으로 여겨야 할 것 같다. Ἱκανῶν이라는 단어는 더 세련된 단어다. 우리가 추정할 수 있듯이, 이 단어는 사도의 진술을 과장된 것으로 독자들이 여겼을 수도 있는 것을 완화시키기 위해 알렉산드리아의 어떤 편집자에 의해 대체된 것이다.

24절　15:23a-24a의 문장에 (2번 사용된 분사 ἔχων 다음에 이어지는) 정동사가 없기 때문에 고대의 어떤 필경사(들)가 ἐλεύσομαι πρὸς ὑμᾶς("내가 너희에게 갈 것이다")라는 진술을 삽입했을 것이다. 이 첨가된 문장은 대문자 사본 ℵ[2] [또한 *Byz* L]와 소문자 사본 33 1175(범주 I), 256 2127(범주 II), 6 104 263 365 436 459 1241 1319 1573 1912(범주 III)에 등장하며, syr[h]에도 반영되었다. 하지만 ὡς ἂν πορεύωμαι εἰς τὴν Σπανίαν("내가 너희에게 갈 것이다"라는 부가적 진술이 없는 "내가 서바나로 갈 때에")이라는 더 짧은 본문에는 그 더 빈약한 사본 증거들의 필경사들이 아주 분명하게 하고자 했던 내용이 이미 암시되어 있다. 더 중요한 점은 더 짧은 본문이 P[46]과 대문자 사본ℵ* A B C D F G P Ψ 0150과 소문자 사본 1739(범주 I), 81 1506 1881 1962(범주 II), 2200(범주 III)에 의해 상당히 결정적인 지지를 받고 있다는 사실이다. 이 독법은 it[ar, (b), d, f, g, mon, o] vg syr[p] cop[sa, bo]에도 반영되었고, 오리게네스[lat] 크리소스토모스 암브로시아스테르 히에로니무스의 지지를 받는다. 그래서 이 짧은 독법을 원본으로 받아들여야 한다.

25절　현재 분사 διακονῶν("섬기는")은 대문자 사본 ℵ[c] A B C P Ψ [또한 *Byz* L]와 소문자 사본 33 1175 1739(범주 I), 1506 1881(범주 II), 6 69 88 104 323 326 330 365 614 1241 1243 1319 1505 1573 1735 1874 2344 2495(범주 III)에 의해 널리 지지를 받는다. 하지만 대문자 사본 ℵ*에는 부정과거 분사 διακονήσων("섬겼던")이 있고, 반면에 P[46]과 대문자 사본 D F G에는 부정과거 부정사 διακονῆσαι("섬기다")가 있다. 이 몇 가지 가능성

중에서 첫 번째 것은 세 가지 선택 가운데 가장 널리 지지를 받기는 하지만 약간 어색하다. 그러나 P[46]의 독법과 "서방 본문" 계열의 대문자 사본인 D F G는 사도가 예루살렘으로 가는 목적을 예루살렘시의 "성도들을 섬기는 일"이라고 가장 잘 설명했다. 그러므로 내적 증거와 외적 증거 모두 P[46]의 부정과거 부정사 διακονῆσαι("섬기다")에 우선권을 부여하며, 그래서 여기서 바울이 말하고 있는 것을 다음과 같이 번역하는 것이 최상인 것 같다. "나는 성도들을 **섬기기** 위해 예루살렘으로 가는 길이다."

26a절 Μακεδονία("마게도냐")라는 지명은 사본 전통에서 광범위하게 입증받고 있다. 하지만 복수형 Μακεδόνες("마게도냐 사람들")가 대문자 사본 F G에 등장하며, it와 syr[p]에도 반영되었고, 암브로시아스테르의 지지를 받고 있다. 이 이문은 사도가 여기서 "마게도냐 사람들"을 언급하고 있다는 것을 매우 분명히 하려는 것이 틀림없다. 하지만 이 문맥에서 "마게도냐"는 이미 "마게도냐 사람들"과 특히 "예수를 믿는 마게도냐 신자들"을 암시한다. 그래서 대문자 사본 F G의 필경사들만뿐 아니라 옛 라틴어 번역의 번역자들과 주석가 암브로시아스테르에 의해 이처럼 설명된 것은 상당히 불필요하다고 생각된다.

26b절 3인칭 복수 부정과거 동사 εὐδόκησαν("그들은 기뻐했다")도 사본 전통에서 광범위한 지지를 받는다. 그런데 3인칭 단수 부정과거 동사 εὐδόκησεν("그/그녀가 기뻐했다")이 P[46]과 바티칸 사본(B 03)과 소문자 사본 1241(범주 III)에 등장한다. 이처럼 P[46]과 대문자 사본 B에 3인칭 단수 εὐδόκησεν이 사용된 것은 그리스어 사본 전통에서 매우 널리 등장하는 Μακεδονία라는 지명의 단수 사용과 문법적으로 일관성이 있다. 하지만 복수 동사 εὐδόκησαν은 개념적으로 "마게도냐"라는 명칭에 존재하는 복수의 사람들(즉 "마게도냐 사람들")을 암시한다. 이 문맥에서 이 단어는 "마게도냐의 예수를 믿는 사람들"을 의미한다. 이 중 어느 것을 받아들이든 간에 문장의 의미는 손상되지 않는다.

27절 문법적으로 약간은 어색한 표현인 εὐδόκησαν γὰρ καὶ ὀφειλέται εἰσίν("왜냐하면 그들은 기뻐했고 그들은 빚진 자들이기 때문이다")은 대문자 사본 ℵ A B C P Ψ[또한 *Byz* L]와 소문자 사본 33 1175 1739(범주 I), 1506 1881(범주 II), 6 69 88 104 323 326 330 365 614 1241 1243 1319 1505 1573 1735 1846 1874 2344 2495(범주 III)로써 광범위하게 입증받고 있으며, vg syr cop에도 반영되었다. 하지만 이것을 단순하게 읽는 소수의 다른 사본들도 있다. (1) P[46], 대문자 사본 F G와 암브로시아스테르의 독법처럼 ὀφειλέται γὰρ εἰσίν("왜냐하면 그들은 빚진 자이기 때문이다"), 또는 (2) 대문자 사본 D(06)처럼 ὀφειλέται εἰσίν("그들은 빚진 자다"). 사본 전통에서 보다 널리 받아들여진 독법과 P[46](기원후 200년경)과 D(기원후 6세기)의 단순한 독법 사이에서 원본을 결정하기는 쉽지 않다. 하지만 εὐδόκησαν γὰρ καὶ ὀφειλέται εἰσίν("왜냐하면 그들은 기뻐했고 그들은 빚진 자들이기 때문이다")이 그리스어 사본 전통에서 광범위하게 등장한다는 사실과 아울러, "좀 더 난해한" 독법(그래서 현대 본문비평의 규정에 따르면 원본일 가능성이 더 높은)인 이 표현의 어색함 때문에 εὐδόκησαν γὰρ καὶ ὀφειλέται εἰσίν이 원본이라고 결정해야 할 것 같다.

28절 역사적 내러티브에서 어느 정도 중단되었던 주제를 다시 시작하는 역할을 하는 불변화사 οὖν("그러므로")은 사본 전통에서 널리 입증을 받는다. 하지만 9세기의 대문자 사본 F와 G는 οὖν 바로 다음에 불변화사 ἄρα를 첨가한다(그래서 "그렇다면"으로 읽는다). 하지만 이렇게 ἄρα를 추가한 것은 문체 개선에 불과한 것 같으므로 그 어구가 원본이라는 생각은 무시해야 할 것 같다.

29a절 Οἶδα δέ("그러나 나는 안다" 또는 "그리고 나는 안다")라는 표현 역시 사본 전통에서 널리 입증을 받는다. 하지만 대문자 사본 F와 G에는 그 대신에 γινώσκω γάρ("왜냐하면 나는 안다")라는 어구가 있다. 이 독법은 히에로니무스의 불가타 역본에도 반영되었고, 라틴 주석가 암브로시아스테르의 지지도 받고 있다. Οἶδα δέ("그러나 나는 안다") 대신에 γινώσκω γάρ("왜냐하면 나는 안다")로 대체된 독법은 (1) 바울이 사용한 불변화사 δέ("그러나")에서 보일 수도 있는 불확실성을 최소화하려는 시도였거나, (2) 동사 γινώσκω를 사용하여 사도의 분명한 확신을 더 적극적으로 말하려는

것으로 보인다. 하지만 γινώσκω γάρ("왜냐하면 나는 안다")라는 이 이문은 원본으로 받아들이기에는 사본의 뒷받침이 충분하지 않다.

29b절 여격 명사 πληρώματι("충만함에")는 사본 전승 전체에서 널리 입증을 받는다. 하지만 대문자 사본 F와 G는 그 대신에 명사 πληροφορίᾳ("충분한 확신을 가지고", "확신 있게")를 가지고 있는데, 이것은 "충만함에"와 같은 함의를 표현하지만, 사본 전통에서 사본 증거의 뒷받침은 훨씬 빈약하다.

29c절 Ἐν πληρώματι εὐλογίας Χριστοῦ ἐλεύσομαι("나는 그리스도의 충만한 복을 가지고 갈 것이다")라는 절은 P^{46}, 대문자 사본 ℵ* A B C D F G P와 소문자 사본 1739(범주 I), 81 1506 1881(범주 II), 6 424[c] 629 630 1243 2200(범주 III)의 광범위한 증거를 가지고 있고, vg[ww bo] geo[1]에도 반영되었으며, 클레멘스 오리게네스[lat] 암브로시아스테르 펠라기우스의 지지를 받고 있다. 하지만 여러 다른 사본은 Χριστοῦ 앞에 τοῦ εὐαγγελίου τοῦ("~의 복음의")라는 어구를 첨가한다. 그래서 "그리스도의 복음의 충만한 복을 가지고"라고 읽게 된다. 이 첨가는 대문자 사본 ℵ[2]와 Ψ[또한 *Byz* L]와 소문자 사본 33 1175(범주 I), 256 1506 1962 2127(범주 II), 5 61 69 88 104 181 218 323 326 330 365 436 441 451 459 467 614 621 623 915 917[비록 Χριστοῦ 대신에 Ἰησοῦ라고 기록되었지만] 1241 1319 1398 1505 1563 1573 1678 1718 1735 1751 1838 1845 1846 1874 1875 1877 1908 1912 1942 1959 2110 2138 2344 2492 2495 2523 2544 2718(범주 III)의 지지를 받고 있으며, vg[cl] syr[p, h] geo[2]에도 반영되었다. 하지만 이 이문이 훨씬 더 좋은 증거를 가지고 있는 더 짧은 독법을 대체할 수는 없다.

30a절 이 하위 단락의 마지막 문단을 시작하는 호소에 ἀδελφοί("형제[와 자매]들아")라는 단어가 포함된 독법(그래서 "**형제자매들아**, 내가 너희를 권한다"라고 읽는다)은 대문자 사본 ℵ A B C D F G P[또한 *Byz* L]와 소문자 사본 33 1175 1739(범주 I), 1506 1881(범주 II), 6 69 88 104 323 326 330 365 614 1241 1243 1319 1505 1573 1735 1874 2344 2495(범주 III)의 풍성한 증거를 가지고 있으며, 중요한 라틴어, 시리아어, 콥트어 역본들에도 반

영되었다. 하지만 ἀδελφοί라는 단어는 P[46]과 바티칸 사본(B 03)에서 생략되었다.

P[46]과 대문자 사본 B에 ἀδελφοί라는 단어가 생략된 것은 설명하기가 무척 어렵다. 그래서 그간 많은 주석가들은 단지 바울이 다른 권면적 호소에 ἀδελφοί라는 단어를 포함시키는 것이 관행이라는 단순한 이유로써 이 단어를 포함시켜왔다. 그래서 NA[26, 27]과 GNT[3, 4]의 편집자들은 지속적으로 이 단어를 포함시켰다. 불확실함을 표시하기 위해 이 단어를 꺾쇠 괄호로 묶기는 했지만 말이다. 이런 까닭에 우리는 이 단어를 우리의 번역에 포함시켰다. 우리 역시 P[46]과 바티칸 사본(B 03)에서 이 단어가 생략된 까닭을 합리적으로 제시할 수가 없기는 하지만 말이다.

30b절 "주 예수 그리스도로 말미암아" 또는 "주 예수 그리스도에 의하여"라는 표현에서 사용된 전치사 διά("통하여", "말미암아", "의하여")는 사본 전통 전체에서 강한 지지를 받는다.'Ονόματος τοῦ("~의 이름의[또는 "에 의하여"]")라는 어구가 첨가된 것(따라서 "형제자매들아! 주 예수 그리스도의 **이름으로** 권하노니"로 읽는다)은 비잔틴 계열의 대문자 사본 L과 소문자 사본 1881(범주 II)에 등장한다. 하지만 이 이문은 사본 전통에서 원본으로 고려하기에는 증거가 너무도 빈약하다.

31a절 "예루살렘에서 나의 섬기는 일[또는 사역]"이라는 표현에서 διακονία("섬김", "사역")라는 단어는 p[46], 대문자 사본 ℵ A C D[2] P Ψ 0150[또한 *Byz* L]과 소문자 사본 33 1175 1739(범주 I), 81 256 1506 1881 1962 2127(범주 II), 104 263 365 436 459 1241 1319 1573 1852 1912 2200(범주 III) 등 광범위한 지지를 받고 있으며, it[d2, f, g] vg[mss] syr[p, h] cop[sa, bo]에도 반영되었고, 오리게네스[lat] 크리소스토모스의 지지를 받는다. 하지만 이 단어는 대문자 사본 B D* F G에서 δωροφορία("선물을 가져감")로 대체되었다. 이 단어는 it[ar, b, d*] vg에도 반영되었고, 암브로시아스테르의 지지를 받고 있다. 후대의 "서방" 편집자들에게 ἡ διακονία μου ἡ εἰς 'Ιερουσαλήμ이라는 어구가 약간은 이상하게 보였던 것 같다. 또는 그들이 δωροφορία를 사용하여 신약성경의 다른 곳에 등장하는 바울의 여행 목적을 좀 더 분

명히 설명하고 싶었을지도 모른다.

31b절 Ἡ εἰς Ἰερουσαλήμ("예루살렘에 있는")이라는 표현에서 전치사 εἰς("안에")는 p[46], 대문자 사본 ℵ A C D[2] P Ψ[또한 *Byz* L]와 소문자 사본 33 1175 1739(범주 I), 1881(범주 II), 6 69 88 104 323 326 330 365 614 1241 1243 1319 1573 1735 1874 2344(범주 III)의 강한 지지를 받고 있다. 하지만 수많은 서방 사본에는 그 대신 전치사 ἐν("안에")이 있다. 이 독법은 대문자 사본 B D* F G와 소문자 사본 1505와 2495(범주 III)에서 발견된다. 이처럼 εἰς 대신에 ἐν으로 대체된 것은 전치사 εἰς가 예루살렘에 복종함을 암시하는 것으로 읽힐까봐 걱정이 되어 발생했을 가능성이 가장 크다. 반면에 전치사 ἐν은 장소의 개념 외에는 다른 어떤 의미도 전달하지 않았을 것이다. 하지만 독법 εἰς("안에")가 매우 광범위하게 입증을 받고 있으므로 그것이 원본일 것이다.

32절 종속적으로 목적을 나타내는 문장 ἵνα ἐν χαρᾷ ἐλθὼν πρὸς ὑμᾶς διὰ θελήματος θεοῦ συναναπαύσωμαι ὑμῖν("나로 하나님의 뜻을 따라 기쁨으로 너희에게 나아가 너희와 함께 편히 쉬게 하라")은 대문자 사본 A C 0150과 소문자 사본 33 1739(범주 I), 81 256 1506[vid] 1881[c][1881*은 ἀναπαύσομαι라고 읽는다] 2127[여기서는 συναναπαύσομαι라고 읽는다](범주 II), 263 365 424[c] 1319 1573 1852[비록 ἐν χαρᾷ가 생략되었지만] 2200(범주 III)의 입증을 받고 있다. 이 독법은 cop[sa]에도 반영되었고, 오리게네스[lat]의 지지를 받는다. 32절의 이 독법을 원본으로 받아들여야 할 것 같다.

다른 이문들 전체는 단어들의 순서 및 사본 전통에 등장하는 단어들 자체와 관련이 있다. 이 이문들의 목록은 다음과 같다. (1) ℵ*에 등장하는 것처럼 ἐν χαρᾷ와 ἐλθών의 어순이 바뀐 경우. (2) θελήματος를 수식하는 단어들의 변경. 예를 들어 ℵ*에서 발견되는 Ἰησοῦ Χριστοῦ, 또는 D* F G에 등장하고, it[ar, (b) d*, (d2), f, g, mon, o] vg[ms]에도 반영되었으며 암브로시아스테르의 지지를 받는 Χριστοῦ Ἰησοῦ. (3) 더 널리 입증을 받는 θεοῦ 대신에 대문자 사본 B의 지지를 받는 κυρίου Ἰησοῦ의 등장. (4) 분사 ἐλθών이 부정과거 가정법 ἔλθω로 대체되고 병렬 구문을 만들기 위해 접속사 καί를 첨가한 경우. 이 독법은 $\aleph^2$ D* F G P Ψ[또한 *Byz* L]와 소문자 사본 1175(범주I), 1962(범주II), 104 436 459 1241 1912(범주III)에 등장하고, it$^{ar, (b) d*, (d2), f, g, o}$ vg syr$^{(p), h}$ cop^{bo}에도 반영되었으며, 크리소스토모스 암브로시아스테르의 지지를 받고 있다. (5) 부정과거 가정법 동사 συναναπαύσωμαι가 대문자 사본 P Ψ와 소문자 사본 1881 2127(범주II), 104 459 1241 1319 1912(범주III)에서처럼 미래 직설법 동사 συναναπαύσομαι로 대체된 경우. 또는 대문자 사본 D*(와 it$^{ar, (b) d*, (d2), f, g, o}$ vg^{ms}에 반영되고 암브로시아스테르의 지지를 받음)에서처럼 동사 ἀναψύξω로 대체되거나, 대문자 사본 F G에서처럼 동사 ἀναψύχω로 대체된 경우, (6) 대문자 사본 D* F G에서처럼 ὑμῖν 대신에 μεθ' ὑμῶν으로 대체된 경우. 이 독법은 it$^{ar, (b) d*, (d2), f, g, o}$ vg^{ms}에도 반영되었으며 암브로시아스테르의 지지를 받는다. 하지만 (앞에서 인용했듯이) 15:32의 더 받아들여지는 독법인 이 종속적·목적적 문장은 원본으로 간주될 만큼 충분히 뒷받침된다. 그리고 여기서 한걸음 더 나아가, 이에 근거하여 전부는 아니지만 다른 여러 독법이 가장 잘 설명되는 것 같다.

우리가 15:33을 설명하는 부분과 관련하여 선행하는 논평. 15:33의 평강을 비는 축복(또는 어쩌면 평강의 축도)과 "아멘"이 바울이 로마에 보낸 편지의 원래 내용의 적절한 결론(16:25-27의 송영이 있든지 없든지 간에 사도가 쓴 편지의 원형으로 인정을 받아온 로마서의 열다섯 장의 "중간 형태"가 있었을 수도 있다는 논지에 따름. 이 논지는 일찍이 P^{46}의 독법과 어떤 중요한 교부 시대의 주석가들에 근거하여 많은 신약학자에 의해 제안되었다)[3)]을 제공한다고 주장되곤 했다. 또는 적어도 평강을 비는 축복(또는 평강의 축도)은 로마서 본론을 마무리하는 단락 또는 "사도의 방문" 단락에 적합한 결론을 제공한다(이와 비슷한 본문은 고전 16:23의 은혜를 비는 축도와 고후 13:11b과 빌 4:9b, 23의 평강과 은혜를 비는 축도다). 어찌 되었든지 간에, 15:33을 그다음에 이어지는 16:1-27의 내용과 분리하는 것은 13세기 초에 구약성경과 신약성경 모두 처음으로 장을 나

---

3) 필자의 *Introducing Romans*, 20-24의 "초기의 짧은 형태의 존재"와 "중간 형태의 존재"를 참조하라.

누고 그 후 16세기 중엽에 절을 구분한 이래, 주석가들 사이에서는 거의 전통이 되었다. 그럼으로써 15:33은 15:14-32과 연결되었고, 이어지는 16:1-27의 내용과는 분리되었다.

하지만 신약의 서신서 여러 곳에서 바울은 평강을 비는 축복으로 편지나 어떤 단락을 결론짓지 않는다. 현존하는 그의 다른 서신에서 평강을 비는 축복이나 기원이 등장하는 경우, 그것은 편지의 결론을 시작하는 부분에 등장한다(특히 살전 5:23; 살후 3:16; 빌 4:9b을 보라. 또한 고후 13:11b; 갈 6:16; 엡 6:23a; 빌 4:9b; 살전 5:23a을 주목하라). 그다음에 거의 바로 뒤나 조금 뒤에서 그는 은혜를 비는 축복으로 편지의 결론을 마무리한다(살전 5:28; 살후 3:18; 빌 4:23). 그러므로 우리는, 우리의 논의를 미루어 로마서 15:33-16:27에 있는 "결론 단락"의 도입부 특징인 15:33을 나중에 다룰 것이다.

형식/구조/상황

바울은 15:14-32의 본론을 마무리하는 단락 또는 사도의 방문 단락에서 (1) 로마의 그리스도인들을 칭찬하고(15:14), (2) 그가 그들에게 편지를 쓰는 목적을 진술하며(15:15-16), (3) 로마 제국의 동쪽 지역에서 이교도 이방인들에게 행한 과거의 사역을 언급하고(15:17-22), (4) 로마에 있는 신자들을 방문한 후 스페인에 있는 이교도 이방인들에게 복음 사역을 수행하려는 그의 미래 계획을 말하며(15:23-24), (5) 지금은 "성도를 섬기기" 위해 예루살렘에 가야 하고, 그의 사역을 마치고 나서야 비로소 스페인에서 복음 사역을 이어가려는 바람을 이룰 수 있기에 스페인으로 가는 길에 로마의 그리스도인들을 방문할 것이라고 선언하며(15:25-29), (6) 로마에 있는 그리스도인 수신자들에게 그를 위해 하나님께 기도하여 그의 안전과 예루살렘에 가는 그의 목적의 성취를 위해 구하도록 부탁한다. 아울러 그는 예루살렘에서 예수를 믿는 신자들을 위한 그의 사명을 완수한 후, 그가 바랐던 로마 방문을 위해 기도하기를 부탁한다(15:30-32). 본문에 있는 이 주제들은 매우 분명히 드러난다.

자신이 고수한 선교적 입장을 뒷받침하기 위해 인용한 구약의 예언자 이사야의 글의 한 본문과 아울러 바울이 이 본문에서 사용한 몇몇 용어는 로마서 본론 중앙부의 첫 번째 단락인 1:16-4:25에서 보인 그의 진술들의 형식이나 목적과 비슷하다. 사실 이 두 단락에는 (1) 바울의 구약 이미지 사용과, (2) 그의 진술 중 하나 이상을 뒷받침하기 위한 그의 구약성경 사용에서 상당한 유사성이 있다.

바울이 예수를 믿는 유대인 신자로서 종종 이러한 흐름을 따라 생각했을 것이라는 점에는 의심할 여지가 없다. 그러나 이방인 선교에 대해 이방인 그리스도인들에게 말하면서 왜 그는 그들에게 이 선교 사역을 이런 식으로 정당화하려고 했을까? 그가 이교도 이방인 청중에게 (1) 이방인 세계를 향한 그의 선교가 "**이방인으로 하여금 하나님께 받으실 만한 제물이 되게 하려고**, 하나님의 복음을 선포하는 **제사장 직분**"을 수행하는 것이었거나(15:16), (2) "그리스도를 알지 못하는 곳에 복음을 전하려는" 그의 바람이 "그에 관한 소식을 받지 못한 자들이 볼 것이며, 듣지 못한 자들이 깨달을 것"이라는 **구약의 예언자 이사야의 말의 성취**였다고 선언했을 것(15:20-21)이라고 믿기는 어렵다. 그러나 그가 15:14-32에서 이런 식으로 말한 대상은 그들이 얼마나 인종적으로 다양하든지 간에 (우리가 추측한 것처럼) 유대 기독교의 신학과 언어와 사고방식에 광범위하게 영향을 받은 신자들이었다.

바울이 자신의 사역에 대한 이러한 묘사(15:16)와 논증을 뒷받침하면서 구약을 인용하는 것(15:21)은 로마서 본론 중앙부의 두 번째 단락(즉 5:1-8:39)에는 등장하지 않는다. 여기서 바울은 이교도 이방인들에게 상황화한 자신의 기독교 메시지를 요약한다. 그러나 15:16과 15:21에서 그가 사용한 이런 유형의 표현과 제시된 내용은 첫 번째 단락에 있는 메시지의 내용이나 이 단락에서 구약 인용을 사용하는 방식과 매우 비슷하다. 첫 번째 단락에서 사도는 유대 기독교의 신학과 언어 및 사고방식에 광범위하게 영향을 받은 인종적으로 혼합된 신자들 집단에게 말한다. 마찬가지로 이것은 바울이 세 번째 단락인 9:6-11:32에서 그의 기독교적 남은 자 신학을 전개하며 사용한 표현 유형 및 석의적 뒷받침도 유사하다(이 내용은 우리가 앞에서 설명했듯이 바울이 일찍이 시리아 안디옥의 인종적으로 혼합된 기독교 공동체들 안에서 행한 그의 설교를 반영한다). 그래서 형식과 방법 및 심지어 본질적인 요소와 관련된 문제들은 일반적으로 바울이 그가 설교하는 특정한 청중을 위해 통상적으로 상황화한 것이라고 상정할 수 있다. 우리는 이 본론을 마무리하거나 사도의 방문 단락 자료를 분석하면서 이 사실을 염두에 둘 것이다.

본문의 특성과 명칭. 이 본문에 바울의 과거 선교 여행(19절)과 그의 미래 여행 계획(23-32절)에 대한 언급이 다수 포함되어 있기 때문에, 이 본문은 종종 "여행기"로 불린 적이 있다. 하지만 1967년에 로버트 펑크(Robert Funk)는 특히 사도의 방문 및 계획과 관련하여 바울 서신에 등장하는 어떤 한 단락을 지칭하기 위해 "사도의 방문"(apostolic parousia)이라는 표현을 만들었다.[4] "사도의 방문"이라는 표현은 오늘날 로마서의 "본론을 마무리하는" 자료의 내용에 적합한 제목으로 채용되곤 한다.

펑크는 (우리가 로마서의 결론 단락의 시작으로 이해하는 것이 더 낫다고 믿는 33절을 비롯하여) 15:14-32에 등장하는 내용을 바울 서신들에 나타난 "사도의 방문"의 가장 완전한 예로 이해했다. 펑크는 그 외 사도의 방문 단락들이 데살로니가전서 2:17-3:13, 고린도전서 4:14-21(16:1-11에 있는 "두 번째" 사도의 방문과 함께), 빌립보서 2:19-24(2:25-30에 있는 "두 번째" 사도의 방문과 함께), 빌레몬서 21-22절 그리고 갈라디아서 4:12-20이라고 밝힌다. 하지만 이 여러 본문에 나타난 "사도의 방문" 단락들은 논쟁의 여지가 있고, 이들 중 어느 것도 여기서 우리의 목적과 특별히 관련된 것은 없는 듯하다.

본문의 편지 형식과 특징들. 로마서를 시작하는 몇몇 단락(즉 1:1-7의 인사말, 1:8-12의 감사, 1:13-15의 본문의 도입부)에 당대의 다양한 편지 관습을 반영하는 형식과 특징이 여럿 있듯이, 로마서의 후반부에 있는 여러 단락(즉 15:14-32의 본론의 마무리 또는 사도의 방문 및 15:33-16:27의 결론 단락들)에서도 비교적 전통적인 편지 형식과 특징이 많이 발견된다. 로마서의 이 단락에는 다음과 같은 관습적인 서간체의 특징들이 등장한다.

---

4) 참조. Funk, "The 'Apostolic Parousia,'" 249-68.

15:14 - **직접 수신자를 부르는 말**과 결부된 **확신의 표현**: πέπεισμαι ἀδελφοί, "형제자매들아! 나는 확신하노라."

15:15 - **상기시키는 진술**: ἔγραψα ὑμῖν...ὡς ἐπαναμιμνῄσκων ὑμᾶς, "내가 너희로 다시 생각나게 하려고…썼노니."

15:22 - **방문에 대한 소망**: ἐνεκοπτόμην τὰ πολλὰ τοῦ ἐλθεῖν πρὸς ὑμᾶς, "내가 너희에게 여러 번 가려 하던 것이."

15:23-24 - **장래에 방문하겠다는 알림**: νυνὶ δὲ...ἐλπίζω...θεάσασθαι ὑμᾶς, "그러나 지금…너희를 보기를…바람이라."

15:29 - 또 다른 **확신의 표현**: οἶδα δὲ ὅτι ἐρχόμενος πρὸς ὑμᾶς ἐν πληρώματι εὐλογίας Χριστοῦ ἐλεύσομαι, "내가 너희에게 나아갈 때에 그리스도의 충만한 복을 가지고 갈 줄을 아노라."

15:30 - **직접 수신자를 부르는 말**과 결부된 **요청 형식**: παρακαλῶ ὑμᾶς ἀδελφοί, "형제자매들아! 내가 너희를 권하노니."

겨우 열아홉 절밖에 되지 않는 공간에 이처럼 상대적으로 많은 전통적인 서간체의 특징이 존재한다는 것은 로마서 본론 중앙부의 앞에 있는 네 주요 단락들, 즉 1:16-4:25, 5:1-8:39, 9:1-11:33의 큰 세 신학적인 단락과 12:1-15:13의 광범위한 윤리적인 단락으로부터 이곳 15:14-32에 있는 자료들을 (적어도 형식에 있어서) 구별하는 역할을 한다. 위의 네 단락에는 모두 상대적으로 적은 서간체적 형식이 들어 있다. 당대의 수사학적 관습들은, 불과 몇 개의 서간체적 특징들(이 4개의 더 확장된 단락들의 다양한 전략적인 장소에 있는, 주로 수신자를 직접 부르는 말, 말하는 것을 나타내는 동사, 공개 공식)만 가지고, 로마서 본론 중앙부의 훨씬 큰 신학적·윤리적 단락들에서 사도가 제시하고 있는 내용을 주도하는 경향이 있다. 한편 열아홉 절밖에 되지 않는 이 본론을 마무리하는 단락 또는 사도의 방문 단락에서는, 당시의 편지 형식과 특징들이 갑자기 등장하며, 당대의 수사적 관습들이 거의 부재한다 (비록 바울이 15:14의 기본적인 자료를 기독교적인 방식으로 재작업했다는 것은 예외인 듯하지만 말이다. 15:14은 그 본문의 기독교적 특징과 문맥은 차치하고라도 수사적인 방식으로 약간은 당대의 관습적이고 정중한 변증을 반영한다).

본문의 구조. 15:14-32의 편지 형식과 서간체적 특징들은 이 단락의 구조를 형식적인 면에서 강조한다. 이 구조는 적어도 주요 단락에 있어 다음과 같이 제시될 수 있다.

1. 로마의 그리스도인들에 대한 칭찬과 바울이 그들에게 편지를 쓰는 목적(15:14-16). 이 칭찬은 14절에서 **확신의 표현**과 **직접 수신자를 부르는 말**로 소개되며, 15절의 **상기시키는 진술**이 이어진다.
2. 과거에 로마 제국의 동쪽 지역에서 진행된 사역에 대한 바울의 재서술. 그는 자신이 이 사역에 관여했던 사실로 인해 로마의 신자들을 일찍이 방문하지 못한 까닭을 설명한다(15:17-22). 이 주해는 17절에서 전환적 접속사로 기능하는 후치사 οὖν으로 시작한다.
3. 바울의 미래의 여행 계획과 스페인에 가서 선교하겠다는 제안. 바울은 그사이에 예루살렘에서 예수를 믿는 신자들을 섬긴 후 스페인으로 가는 길에 로마의 그리스도인들을 방문하겠다고 약속한다(15:23-29). 이 미래의 여행 계획이 23절의 **방문에 대한 소망**과 24절의 **장래 방문에 대한 알림**으로 말문을 열고, 29절의 **확신의 표현**으로 마무리된다.
4. 기도 요청(15:30-32). 이 단락은 30절의 **요청 형식**과 **직접 수신자를 부르는 말**로 시작한다.

본문에 제시된 내용들. 상당히 중요한 다수의 수사적 특징에 의해 주도되는 본론 중앙부의 주요 네 단락과 더불어, 로마서를 시작하는 단락들 및 최종적인 단락들에서 눈에 띄는 편지 형식과 특징들로 인해, 일부 학자들은 로마서를 단순히 편지의 틀로써 제시된 신학적이고 윤리적인 논문(또는 우리가 "권고적" 강화라고 밝혔던 것)으로 생각하게 되었다.[5] 물론 대체적으로 이

---

5) 여전히 중요한 19세기의 프랑스 주석가이자 뇌샤텔(Neuchâtel)의 신학 교수였던 Frédéric

것은 사실이다. 하지만 로마서에서 이 서간체적 틀에 속한 자료들은 로마서의 훨씬 넓은 본론 중앙부에 포함된 사도의 논증의 흐름과 발전을 뒷받침하는 기능을 하기도 한다. 로마서를 시작하는 단락들은 상당히 압축된 형식으로 편지를 쓰는 바울의 태도와 관심사들을 표현하고, 편지를 쓰는 그의 주요 목적을 예상하며, 그가 편지의 나머지 부분에서 좀 더 충분히 발전시키고자 하는 내용이 무엇인지를 강조하듯이, 마무리하는 단락들은 사도의 동일한 태도와 관심사와 목적들 중에 많은 내용을 반복하고 좀 더 충분히 설명한다.

그래서 바울은 15:14-32의 본론의 결론부 또는 사도적 방문 단락을 시작하면서 그의 수신자들게 칭찬의 말을 하고 있다. "내 형제자매들아! 너희가 스스로 선함이 가득하고 모든 지식이 차서 능히 서로 권하는 자임을 나도 확신하노라"(14절). 이것은 1:8-12의 감사 단락을 시작하면서 그가 로마의 수신자들에게 말했던 것과 비교된다. "먼저 내가 예수 그리스도로 말미암아 너희 모든 사람에 관하여 내 하나님께 감사함은 너희 믿음이 온 세상에 전파됨이로다"(8절). 그래서 바울은 1:16-15:13에 있는 권면적 "교훈과 권고의 메시지" 바로 전후에 등장하는 이 두 중요한 단락에서 그의 수신자들을 매우 칭찬한다. 그의 어조나 용어를 볼 때 그는 자신이 그들에게 편지하는 목적이 그들을 꾸짖으려는 것이 아니라 위로하고 힘을 북돋으려는 데 있음을 암시한다.

그러고 나서 바울은 15:15-16에서 로마 신자들에게 편지하는 그의 목적과 관련하여 가장 분명한 진술들 가운데 하나를 제시한다.

그러나 내가 너희로 다시 생각나게 하려고 하나님께서 내게 주신 은

Godet는 로마서의 "편지의 결론"으로 밝혔던 부분을 막 시작하는 곳에서 이렇게 선언했다. "로마서는 교훈적 논문이며, 이 편지에는 교리적이며 실천적인 내용이 포함되어 있다. 이제 그 논문이 마무리되며, 편지가 다시 시작한다. 사실 이어지는 부분이 그 논문 앞에 있는 편지의 서론(i.1-15)과 밀접한 관련이 있다는 것을 보여주는 일은 쉽다"(1881년 영어 번역본 *Commentary on St. Paul's Epistle to the Romans*, 2.364의 번역을 따름).

혜로 말미암아 더욱 담대히 몇 가지 점에 대해 너희에게 썼노니, [하나님이 내게 주신] 이 은혜는 곧 나로 이방인을 위하여 그리스도 예수의 일꾼(λειτουργόν)이 되어 하나님의 복음을 선포하는 제사장 직분(ἱερουργοῦντα)을 하게 하사 이방인을 제물로 드리는 것이 성령 안에서 거룩하게 되어 하나님께서 받으실 만하게(ἡ προσφορὰ εὐπρόσδεκτος) 하려 하심이라.

이미 1:5b-6, 13b, 15에서 좀 더 압축된 형식으로 말했듯이, 여기서 사도는 로마서 본론 중앙부(즉 1:16-15:13)의 내용을 이방인들에게 복음을 전파하는 그의 사도적 직분(즉 책임)과 직접 연결한다. 더욱이 15:15-16에서 그는 자신이 하나님으로부터 그리스도 예수의 일꾼이 되는 은혜를 받았다고 주장한다. 이것은 1:1과 1:5a에서 더 압축된 진술들을 반영하는 권위에 대한 주장이다. 그리고 바울은 주로 이방인 신자들인 그의 수신자들이 그가 하나님께 사명을 받은 사역의 범위 안에 포함된다고 주장한다. 그가 일찍이 1:5에서 "이방인들"을 언급했고, 1:13b-15에서 그의 사역의 범위 안에 그들을 포함시키면서 제시했듯이 말이다. 그래서 결과적으로 바울이 이곳 15:15-16에서 말하고 있는 것은 그들이 그의 편지의 내용을 (1) 기독교 복음을 이방인들에게 선포하라는, 그가 하나님께 받은 명령을 수행하는 중요한 한 부분으로 이해하고 (2) 신적인 권위를 가진 복음 메시지의 상황화로 받아들여야 한다는 것이다.

바울은 (그의 과거 사역과 미래의 계획을 언급하고 있는) 15:17-29에서뿐만 아니라 이 두 구절(15-16절)에서도, 그가 로마를 방문하려는 계획과 현재 쓰는 편지와 관련하여 1:11-12에서 언급한 그의 목적("내가 너희 보기를 간절히 원하는 것은 어떤 신령한 은사를 너희에게 나누어 주어 너희를 견고하게 하려 함이니, 이는 곧 내가 너희 가운데서 너희와 나의 믿음으로 말미암아 피차 안위함을 얻으려 함이라")이 어떻게 펼쳐질 것인지를 넌지시 내비친다. 사도는 로마의 그리스도인들에게 편지를 쓰면서 수신자들이 편지 내용으로 위로와 격려를 받기를 원한다. 더욱이 바울은 그가 15:30-31에서 권하듯이 그들의 기도로뿐만 아니라 15:32에서 암시하듯이("나로 하나님의 뜻을 따라 기쁨으로 너희에게 나아가 너희와 함께 편히 쉬게 하라") 그들의 재정적인 후원으로 스페인에 가려는 계획에도 그를 격려해줌으로써 그들이 그의 편지에 반응하기를 원한다.

그러므로 로마서의 본론을 마무리하는 이 단락 또는 사도의 방문 단락은 단순히 사도가 그의 편지의 핵심적인 본론 중앙부에서 말하고 싶었던 것을 말하는 데 사용된 편지의 틀을 마무리하는 단락으로 이해해서는 안 된다. 더 중요한 것은 바울이 이 마무리하는 단락에서 그가 로마의 그리스도인들에게 편지를 쓸 때 가지고 있었던 그의 태도와 관심사 및 목적과 관련한 본질적인 특징들을 강조하고 있다는 사실이다. 그 특징들은 로마서의 도입 단락에서 비교적 압축된 형식으로 먼저 제시되었고, 그런 다음에 로마서 본론 중앙부의 네 주요 단락들에서 설명되었으며, 이곳 로마서 결론에서 다시 강조되고 더욱 전개되었다. 결과적으로 로마서의 도입부에 언급된 바울의 관심사와 목적들이 로마서 본론 중앙부에서 그가 기록하려는 것을 개략적인 의제로만 제공하고 있지만, 본론을 마무리하는 이곳에서 그 의제는 다시 강조되면서 더욱 분명하게 요약적으로 결론을 맺고 있다.

석의와 주해

본문을 마무리하는 이 단락을 (형식과 관련하여) 이해하거나 사도의 방문 단락에 있는 바울의 진술을 (내용과 관련하여) 이해하는 것은 제법 난해하다. 고대의 여러 필경사가 1:16-15:13의 네 가지 주요한 신학적·윤리적 단락들을 다룰 때 적절하다고 여겼던 것보다 15:14-32 본문에 대한 그들의 해석을 진행하는 데 훨씬 더 자유로움을 느꼈던 것으로 보이기 때문이다(1:16-15:13에서 훨씬 더 광범위하게 제시된 네 단락에 대한 본서의 "본문비평 주"와 비교하여 15:14-32에 관한 본서의 "본문비평 주"에서 보았듯이 말이다). 이러한 더 자유로운 태도는 적어도 부분적으로 바울의 신학과 윤리학을 "보편화하려는" 초기 교회의 열망과 결부되었던 것으로 보인다(초기 그리스도인들 사이에서 로마서의 "짧은 형식"을 널리 받아들인 것에서 볼 수 있듯이 말이다). 이와 같은 이해에서 로마서 1-14장은 예수를 믿는 초기의 많은 신자에게 초기 기독교 신학대전에 속하는 내용이 되었고, 15:14-32의 개인적·역사적 자료는 필경사들의 수정에 좀 더 열려 있었다.

그런데 사본의 이문들이 15:14-32에 상대적으로 자주 등장하고, 그 이문들이 많은 본문 비평학자들에게 해결되지 않은 수많은 질문을 남겼지만, 오늘날 많은 신약학자들은 이 본문에 대한 원문이 일반적으로 여전히 결정될 수 있다고 제법 확신한다. 그리고 우리도 본문에 대한 우리 자신의 본문 비평적 분석에 근거하여 이 본론을 마무리하는 단락 또는 사도의 방문 단락을 이 본문이 원본이라는 일반적인 확신을 가지고 읽을 수 있다고 믿는다. 그래서 우리는 이곳 15:14-32에 등장하는 내용을 대체적으로 바울이 로마의 그리스도인 수신자들에게 말하고 싶어 했(을 뿐만 아니라 오늘날 신앙을 고백하는 그리스도인들에게도 말하고 싶어 했)던 것을 대표하는 부분으로 이해한다.

I. 로마의 그리스도인들에 대한 칭찬과 바울이 그들에게 편지를 쓰는 목적(15:14-16)

14:1-15:13에서 사도가 다루었던 로마의 신자들 사이에서 벌어진 갈등 상황이 그에게는 개인적으로 "마음의 큰 근심"이 되었던 것 같지만, 바울이 이곳 15:14-16에서 기록하는 내용은 상당히 다른 어조를 띤다. 그는 (1) 수신자들이 실제로 어떤 사람들인지에 대한 그의 마음 저변에 있는 확신과, (2) 그들에게 편지를 쓰는 자신의 목적, 그리고 (3) 그들을 향한 그의 사역의 특성을 제시한다.

15:14 "내 형제자매들아! 너희가 스스로 선함이 가득하고 모든 지식이 차서 능히 서로 권하는 자임을 나도 확신하노라." 문단을 여는 이 "확신의 표현"은 사도가 그의 로마인 수신자들에게 표현한 단순히 "입에 발린 칭찬", "맘에는 없는 말" 또는 "그리스도인의 예의"로 종종 이해되었다.[6] 그러나 스탠리 올슨(Stanley Olson)이 보여주었듯이(그리고 Robert

6) 예. Käsemann, *Romans*, 391. Käsemann은 "입에 발린 칭찬"(complimentary flattery)이라

Jewett가 인정하면서 이 구절에 관한 Olson의 1985년 논문을 요약했듯이), "파피루스 편지들에는 수신자가 탁월한 인격을 가졌기 때문에 어차피 의무를 행하려는 마음이 있다는 점에 근거하여 요청하는 공손한 양해의 말이 종종 들어 있다."[7] 그래서 바울이 로마의 그리스도인들을 칭찬하는 이곳에는 불화나 의견 충돌 문제와 관련하여 말하는 데 사용되던 당대의 일반적인 수사학 기교로 생각되는 것이 반영되어 있다. 그것은 사도가 그의 수신자들의 삶이 "선함이 가득하고 모든 지식이 차서 능히 서로 권하는" 것임을 칭찬하기 위해 기독교적인 방식으로 사용하고 재작업한 수사학이다.

로마의 그리스도인들을 이처럼 칭찬한 것은 바울이 일찍이 1:8-12의 감사 단락에서 썼던 것과 좋은 의미로써 비교가 된다. "먼저 내가 예수 그리스도로 말미암아 너희 모든 사람에 관하여 내 하나님께 감사함은 너희 믿음이 온 세상에 전파됨이로다"(1:8). 그래서 1:16-15:13의 "교훈과 권면의 메시지"라는 그의 광범위한 네 부분을 다루기 바로 전에 등장하는 1:8의 중요한 진술과 그런 다음에 네 개의 주요 단락들 바로 뒤에 등장하는 이 단락을 시작하는 15:14의 문장에서, 사도는 그의 수신자들을 매우 칭찬한다. 바울은 표현과 어조를 이용하여 자신이 그들에게 편지를 쓰는 목적이 그들을 꾸짖으려는 데 있는 것이 아니라 격려하고 힘을 북돋아주려는 데 있음을 드러낸다. 그러므로 "그의 마음의 번민"은 틀림없이 신자들이 실수로 빠졌고 그가 시정하기를 갈망했던 상황과 관련이 있을 것이다. 하지만 그는 마음의 번민이 있더라도 로마의 그리스도인들은 근본적으로 "선함이 가득하고 모든 지식이 차서 능히 서로 권하는 자"임을 확신한다.

15:15-16 그렇지만 바울은 로마의 그리스도인들에 대한 확신에

는 논제를 설명하는 것으로 보이며, 그 밖에 다른 수많은 해석학적 제안과 그 제안들을 지지하는 사람들을 제시한다. 또한 Cranfield, *Romans*, 2.752도 주목하라. 그는 이렇게 설명한다. "우리가 본문에서 대하고 있는 것은 그리스도인의 예의이지 아첨이 아니다. 비록 μεστοί, πεπληρωμένοι와 πάσης라는 단어가 사용된 것에 과장의 요소가 있다는 점에는 의심의 여지가 없지만 말이다."

7) Jewett, *Romans*, 903. Jewett의 글은 Olson, "Pauline Expressions of Confidence," 282-95(특히 291)를 풀어쓴 것이다.

도 불구하고 "어떤 점에 대해 담대히" 말하는 까닭을 제시한다. (1) "너희 [즉 "로마 신자들"]로 하여금 ["어떤 중요한 것들을"] 다시 생각나게 하려고", (2) "하나님께서 내게 주신 은혜로 말미암아 이방인을 위하여 그리스도 예수의 일꾼이 되어 하나님의 복음을 선포하는 제사장 직분을 하게 하사 이방인을 제물로 드리는 것이 성령 안에서 거룩하게 되어 하나님께 받으실 만하게 하려고" 말이다.

15:15-16에 있는 그의 목적 진술에서 중요한 것은 하나님이 이방인의 사도로 임명하신 바울이 15:16에서 그의 이방인 사역과 관련하여 사용하고 있는 이미지다. 다시 말해서 그것은 (1) 바울의 이방인 사역이 **제사장 직분**(또는 **사역**)이었다는 것(여기에 사용된 λειτουργός라는 용어는 사도가 일찍이 13:6에서 정부 당국에 대해 사용했고 히브리서 저자가 히 1:7에서 하나님을 위해 사역하는 천사들에 대해 사용한 용어인데, 이 문맥에서는 인간적인 제사장을 함의한다)과, (2) 그의 이방인 사역이 "하나님의 복음을 선포하는 **제사장적 섬김**(ἱερουργοῦντα)이라"는 것, 그리고 (3) 그의 바람이 그의 사역을 통하여 "이방인들이 하나님께서 **받으실 만한 제물**(ἡ προσφορὰ...εὐπρόσδεκτος)이 되게 하는" 것이라는 것 등이다. 16절의 구문은 조금 어렵다. 제사장 및 제물과 관련된 이미지는 명확하다. 그리고 이러한 이미지는 바울을 연구하는 현대의 여러 해석자에게 "이방인의 사도"의 입(또는 그의 대필자 중 한 사람의 펜)에서 나온 말이라고 하기에는 약간 낯설어 보였다. 반면에 다른 주석가들은 이 본문을 다루면서 하나님이 임명하신 이방인의 사도라는 자신의 역할에 대해 바울이 구약의 제의적 이해를 가지고 있었다고 주장했다.[8)]

그러나 만일 우리가 바울이 유대 기독교의 신학과 언어 및 사고방식에 광범위하게 영향을 받은 로마의 그리스도인들(그들의 구체적인 인종이 어떠하든지 간에)에게 편지를 쓰고 있다고 이해한다면, 그가 그들이 이해하는 종교적인 표현이나 그들이 공감할 종교적 이미지를 사용하여 그가 하나님께 받은 사역의 특성을 말했다는 점에 놀라지 말아야 한다. 말하자면 바울

---

8) 예. K. Weiss, "Paulus — Priester der christlichen Kultgemeinde," *TLZ* 79 (1954) 355-64.

은 그 사역을 묘사하기 위해 "제사장 직분", "제사장적 섬김", "받으실 만한 제물"이라는 유대교적이거나 유대 기독교적인 은유들을 사용하여 자신의 이방인 선교를 말하고 있었다. 바울은 이와 비슷한 용어들을 사용하여 로마서 앞부분에 3:24-26의 신앙고백 자료를 포함시켰다. 이 본문에는 바울이 유대 기독교적인 신학과 언어와 사고방식에 광범위하게 영향을 받은 사람들에게 예수 그리스도의 사역을 언급할 때 사용한 "의"(δικαιοσύνη), "구속"(ἀπολύτρωσις), "화해", "속죄" 또는 "대속 제물"(ἱλαστήριον), 그리고 "그의 피로"(ἐν τῷ αὐτοῦ αἵματι)와 같은 유대 기독교적인 구원론적 표현들이 등장한다.

바울이 그의 편지의 이 두 번째 주요 단락에서 제시한 자료가 바울이 유대교 성경(구약)에 대한 지식이 없는 비유대인들에게 선포했던 내용의 요약 또는 요약적 설명이 분명하므로, 그가 그리스-로마 세계에서 이교도 이방인들에게 선포한 기독교 복음의 특성을 로마 신자들에게 제시할 때에 로마서 본론 중앙부의 두 번째 단락인 5:1-8:39에서 자신의 논증을 뒷받침하기 위해 성경을 인용하지 않았다고 하더라도, 그가 15:21에서 이사야 52:15("그들이 아직 그들에게 전파되지 아니한 것을 볼 것이요, 아직 듣지 못한 것을 깨달을 것임이라")을 사용한 것은 로마서 본론 중앙부의 두 번째 단락(1:16-4:25)과 세 번째 단락(9:1-11:36)에 있는 비슷한 구약 본문들처럼 이해되거나 받아들여지기도 했을 것이다. 사도는 첫 번째 단락과 두 번째 단락에서 유대교의 성경에 뿌리를 내리고 그것을 근거로 삼은 수신자들(그들의 다양한 인종과 상관없이)에게 직접 말하고 있다. 그리고 동일한 이유에서 그가 15:16에서 제의 용어를 사용하고 15:21에서 이사야 본문을 사용한 것은, 어떤 유형의 유대 기독교적 배경을 가지고 유대교 성경(구약)을 알고 있던 사람들에게 직접 말하면서 그가 기독교 복음을 어떻게 상황화했는지를 보여준다.

II. 일찍이 로마에 있는 그리스도인들을 방문할 수 없었던 까닭에 대한 설명으로서 과거에 로마 제국 동쪽 지역에서 바울이 행한 사역(15:17-22)

15:17 바울의 "사도의 방문" 단락의 두 번째 부분은 후치사인 접속사 οὖν("그러므로")으로 시작한다. 이 단어는 여기서 그 단어의 통상적인 전환 기능으로써 독자들에게 저자가 제시하고 있는 내용의 어느 한 부분에서 더욱 진전된 내용으로 안내한다. 이곳 15:17-22의 더 진전된 내용은 바울이 로마 제국의 동쪽 여러 지역에서 사역했던 것에 대해 로마의 그리스도인들에게 간략하게 설명한다. 여기서 바울은 자신이 이전에 그들을 방문할 수 없었던 이유를 설명한다. 이 구절의 도입부에 대한 세 가지 가능성 있는 그리스어 독법이 있다. (1) ἣν ἔχω καύχησιν("나는 그것을 자랑한다"). 이 어구는 P46에 등장한다. (2) ἔχω οὖν καύχησιν("그러므로 내게는 자랑이 있다"). 이 어구는 대문자 사본 ℵ A P Ψ[또한 *Byz* L]에 등장한다. (3) ἔχω οὖν τὴν καύχησιν("그러므로 내게는 그 자랑이 있다"). 이 어구는 대문자 사본 B C^vid D F G에 등장한다. 각각의 독법은 약간은 다른 강조를 나타내는 듯하다. 하지만 세 가지 선택 모두 구어체로 "그러므로 나는 자랑한다" 또는 "자랑거리로 삼고 있다"라고 번역할 수 있다.

15:17에서 말하는 바울의 "자랑"은 3:27에서 비난한 "자랑"과 상당히 다르다.[9] 이 구절에서 바울의 자랑은 하나님께 대항하거나 하나님과 경쟁하는 것이라기보다는 (1) 그가 "그리스도 안에"(ἐν Χριστῷ Ἰησοῦ) 있음 및 (2) "하나님과 관련된 일을"(τὰ πρὸς τὸν θεόν) 행하고 있는 것, 다시 말해서 "그리스도 안에" 있는 인격적인 관계와 하나님을 위한 섬김에 대한 자랑이다.[10]

15:18-19a 바울은 이 흐름을 따라 15:18-19a에서 그가 기독교 사

---

9) 동사 καυχάομαι("자랑하다", "영광으로 삼다", "자부심을 갖다")와 중성 명사 καύχημα("자랑")와 여성 명사 καύχησις("자랑함")가 고대 그리스 저술가들, 유대교 성경(구약)의 저자들, 그리고 로마서와 그 밖에 다른 그의 서신 여러 곳에서 다양한 방식으로 사용되었다는 것에 대해서는 일찍이 본서 롬 3:27에서 논의한 것을 보라.

10) 바울이 일찍이 고후 1:12-14에서 표현한 "자랑"에 대한 그의 진술을 참조하라.

도로서 말할 권리가 있는 모든 내용이 "그리스도께서 내가 말한 것과 행한 것으로 인해 이방인들로 하여금 하나님께 순종하게 하기 위하여 나를 통하여 이루신" 것이라고 선언한다. 예수 그리스도는 바울의 메시지의 초점이며, 모든 영적·개인적 변화를 일으킨 분이시다. 바울은 하나님께서 비유대인들의 삶에 영적·인격적 변화를 가져오는 날을 위해 정하신 인간적인 도구에 불과하다. 더욱이 사도가 그의 이방인 선교에서 말하고 행한 모든 것은 표적과 기사가 동반되었다. 하나님이 임재하신다는 이러한 특징들은 "하나님의 영의 능력"으로써 이루어졌다. 바울이 그 당시 하나님의 인간적인 도구로서 간절히 바랐던 것은 "이방인들 편에서 ["하나님을 향한"] ["믿음의"] 순종을 이루는(εἰς ὑπακοὴν ἐθνῶν)" 것이다.[11] 바울은 하나님께 받은 복음전파 사역과 기독교적 목회 사역을 수행하면서 그가 말한 것과 행한 것(λόγῳ καὶ ἔργῳ)을 다 사용하여 이방인들로 하여금 하나님께 [믿음의] 순종을 이루게 했다.

15:19b 바울이 예루살렘 "성도들"을 섬기기 이전, 간절히 바랐듯이 로마 그리스도인들을 방문하기 이전, 그리고 스페인에 있는 이교도 이방인들을 위해 계획한 복음전도 사역을 하기 이전에 수행했던 바울의 선교 활동의 범위는 사도 자신이 묘사하듯이, "예루살렘으로부터 두루 행하여 일루리곤까지(ἀπὸ Ἰερουσαλὴμ καὶ κύκλῳ μέχρι τοῦ Ἰλλυρικοῦ)"였다. 주석가들 사이에서는 (유대인의 수도인) 예루살렘이라는 명칭과 (마게도냐 북부 해안과 트라키아 서쪽에 위치하여 일리리아 또는 달마티아라고도 불렸던 로마의 한 지방인) 일루리곤이라는 명칭을 사용하여 예루살렘시와 일루리곤 지방에 기독교 복음 사역을 수행했다고 바울이 포괄적으로 말하고 있는지, 아니면 그의 선교 사역이 예루살렘시라는 범위에서부터 로마의 일루리곤(일리리아 또는 달마티아) 지방까지 해당되었다는 좀 더 배타적인 방식으로 말하고 있는

11) Εἰς ὑπακοὴν ἐθνῶν(문자적으로, "이방인들의 순종을 위하여")이라는 어구는 1:5과 16:26에 등장하는 εἰς ὑπακοὴν πίστεως(문자적으로, "믿음의 순종을 위하여")라는 표현을 반향한다. 15:18의 εἰς ὑπακοὴν ἐθνῶν이라는 표현과 관련이 있는 비교적 난해한 표현인 εἰς ὑπακοὴν πίστεως에 대한 논의에 대해서는 본서 1:5 석의와 주해 및 각주를 보라.

지를 두고 많은 토론이 있었다. 누가가 쓴 사도행전에는 바울이 로마의 일루리곤 지방에서 사역했다는 언급이 물론 없다. 그럼에도 바울은 로마 제국의 동쪽에 있는 지역과 도시와 마을들에서 진행한 자신의 사도적 사역이 그 지역들에서 그가 개종시킨 사람들을 통해 주변 지역과 도시와 마을들에 거주하는 사람들에게 전달되었다고 이해하여, 그 사역들을 자신이 하나님께 받은 이방인 선교의 합법적인 확장으로 여겼을 것이다.[12)]

그러므로 윌리엄 샌데이와 아서 헤들럼이 다음과 같이 주석한 것은 본문에 언급된 바울의 지정학적 진술에 대한 가장 그럴듯한 설명이다.

> 그 단어들에 대한 가장 타당한 설명은 예루살렘을 하나의 경계로 취하고 일루리곤을 또 다른 동쪽 경계로 취한다면, 바울이 단지 두 지역 사이의 직행로만 다니지 않고 그 중간에 있는 지역들을 두루 여행했다는 의미가 될 것이다. 예루살렘과 일루리곤은 사실 두 범위를 대표한다.[13)]

사도가 그리스도인으로서 그의 복음전도 사명을 "예루살렘으로부터 두루 행하여 일루리곤까지 그리스도의 복음을 편만하게 전파하였다"고 주장하는 것과 관련하여, 로버트 주이트는 다음과 같이 적절히 주석했다.

> 바울이 주장하는 것은 그가 모든 장소에서 복음을 전했다는 것이 아니라 그 지역의 동료들로 말미암아 결과적으로 그 내륙지방을 복음화하기 위해 충분한 수의 중요한 거점들에 교회를 세우는 그의 구체적인 소명을 성취했다는 뜻이다. 그는 이 동쪽 지역에서의 그의 책임을 이행했고 이제 다른 지역으로 갈 준비가 되었다.[14)]

---

12) 특히 골 4:7-17을 참조하라. 여기서 바울은 근처의 다른 여러 도시와 지역(심지어 골로새 시까지)에서 사역하여 얻은 그의 많은 개종자를 언급한다. 이 사역지들을 바울은 자기 사역의 확장으로 이해했다.

13) Sanday and Headlam, *Romans*, 407.

14) Jewett, *Romans*, 914.

15:20-21 이곳 15:20-21에서 바울은 기독교적 복음 사역이 어떻게 수행되어야 하는지에 대해 매우 흥미롭고 상당히 중요한 그의 생각을 살짝 드러낸다. 그는 20절에서 이러한 기독교 사역과 관련하여 자신의 계획과 바람에 대한 제법 강력한 진술을 삽입한다. "그리스도를 알지 못한 곳에 복음을 전하는 것이 늘 나의 포부가 되었다. 이는 남의 터 위에 건축하지 아니하려 함이라."

기독교 역사의 과정에서 기독교 사역들은 종종 다른 사람들이 그들의 열심과 수고로 제공한 터 위에 구축되곤 했다. 이것을 항상 나쁘다고 할 수는 없다. 하나님이 여러 가지 방법으로 그의 백성을 통해 그의 뜻을 이루시기 때문이다. 하지만 다른 사람들의 터 위에 세우고 있는 것들이 모두 너무도 자주 (1) 기독교 복음 안에서 하나 됨의 메시지를 반영하지 못했고, (2) 하나님 백성의 통일성을 부정하는 경쟁적인 어감을 드러내었다. 이보다 더 나쁜 것은, 소위 기독교 사역이라 불리는 것들이 때로는 자신들 내면 깊은 곳에 "자신들을 위한 하나의 제국을 세우려는" 강력한 욕망을 가졌던 사람들을 통해 수행되기도 했다는 것이다. 심지어 성실한 간증, 적절한 상담, 모범이 되는 성품, 다른 사람들을 위해 일하는 "선한 일들"과 같은 칭찬할 만한 요인들을 가지고 그렇게 하기도 한다. 분명한 점은 우리가 표현한 그러한 반대되는 판단이 대단히 피상적이고 궁극적으로는 인간적으로 불가능하다는 것이다. 하나님께서만 (우리 자신을 비롯하여) 어느 한 사람의 내면의 생각과 의도를 아시기 때문이다. 확실한 점은 성실한 간증, 적절한 상담, 모범이 되는 성품, "선한 일들"과 같은 요인들을 늘 질서가 잡히고 생활이 건실한 그리스도인의 삶의 가치로 여기고 그러므로 대단히 칭송할 만한 것으로 여겨야 한다는 것이다. 선한 동기를 가지고 건실한 삶을 살던 그리스도인들도 그리스도로 말미암아 하나님께 우선적으로 충성하고 다른 사람의 필요를 돌보던 삶에서 떠나 자신을 영화롭게 하고 자신의 필요에 우선적으로 관심을 보이는 모습으로 얼마든지 변질될 수 있다. 그들이 직면하고 있는 많은 부차적인 상황이나 활동들 속에서도 그러한 필요들이 커짐에 따라 말이다. 우리의 삶이 점점 연루되고 정치적인 특성을 지니게 됨에 따라, 우리는 자주 그리스도인들로서 우리 자신의 제한된 상황에서 매우 방어적이고 이기적이게 된다. 이것은 애석하게도 우리가 나이를 먹어가면서 거의 불가피한 인간의 공통적인 결점이다! 우리가 그리스도인의 삶에서 점점 늙어가고, 우리 가족의 상황과 사회 환경 및 종교 활동에서 더욱 책임 있는 자리에 서게 될수록 말이다.

하지만 바울은 늘 (1) 그의 삶에서 그리스도의 주권에 초점을 맞추며, (2) 그의 생각과 행위에서 그리스도 예수로 말미암아 하나님께 반응할 기회가 없었던 사람들, 또는 진정한 영적·경제적·사회적 문제들을 경험하고 있는 사람들에 대한 관심을 잊어버리지 않기를 원했다. 더욱이 바울은 (1) 하나님께서 그분의 영의 사역과 그의 백성의 적절한 활동을 통해 자신의 삶에서나 다른 사람들의 삶에서 나머지 모든 세부적인 것들을 이루실 수 있으며, (2) 자신이 하나님의 종으로 하나님께서 자신이나 그들을 삶을 성령의 인도하심과 그의 백성의 행동을 친히 지도하심으로써 삶의 세부적인 것들을 다 이루실 것을 신뢰할 수 있었다고 믿었다. 바울은 이러한 맥락에서 그의 확신이 구약의 위대한 예언자 이사야의 말씀으로 지지를 받는다고 이해했다. 이사야 52:13-53:12의 고난 받는 종 본문에서 예언자는 이렇게 선언했다. "그들[즉 많은 민족의 백성들과 왕들]이 그들에게 전파되지 아니한 것을 볼 것이요, 아직 듣지 못한 것을 깨달을 것임이라"(사 52:15b).

15:22 바울이 15:22에서 (1) 시나이 사본(즉 4세기의 대문자 사본 ℵ)과 알렉산드리아 사본(즉 5세기의 대문자 사본 A)의 관사가 있는 τὰ πολλά("여러 번")라는 표현을 사용했든지, 아니면 (2) P^{46}(기원후 200년경)과 바티칸 사본(즉 4세기의 대문자 사본 B)의 부사 πολλάκις("여러 번", "종종", "자주")를 사용했든지 간에(이에 대해서는 앞에 있는 "본문비평 주"를 보라), 그가 로마에 있는 그리스도인 수신자들에게 말하려는 요지는 분명했다. 즉 "예루살렘과 일리리아"[15] 사이에 있는 "전 지역에서" 이방인들을 위해 수행한 그의 광범위한 선교 사역으로 인해, 그는 하나님께서 그에게 주신 이방인

15) 다시 Sanday and Headlam, *Romans*, 407의 어구들을 인용함.

선교를 열정적으로 수행함으로써 이른 시기에 로마의 그리스도인들을 방문할 수 없었다는 것이다. 더욱이 그는 자신이 조금 전 20절에서 말했고 그런 다음에 예언자 이사야의 글을 자신의 입장을 지지하는 진술로 여겨 21절에서 언급했듯이, 로마 제국의 수도에서 사역해야 할 필요를 느끼지 못했다. 이유는 단순하다. (그가 이 문제에 대해 설명하듯이), "그리스도를 알지 못한 곳에 복음을 전하는 것이 늘 나의 포부가 되었다. 이는 남의 터 위에 건축하지 아니하려 함이라."

III. 바울의 미래 여행 계획과 스페인에 가서 선교하겠다는 제안 및 그 사이에 예루살렘에서 예수를 믿는 신자들을 섬기고 로마의 그리스도인들을 방문하겠다는 약속(15:23-29)

15:23-24 바울은 그의 미래의 여행 계획을 몇 가지 방식으로 제시하기 시작한다. 곧 (1) 가까운 시일에 로마 그리스도인들을 방문하기를 소망한다고 선언하고, (2) "이 지방에"(즉 예루살렘이라는 도시의 경계로부터 일루리곤의 지방 경계에 이르기까지) 더 사역할 곳이 없다고 말하며, (3) 그들과 함께 있기를 자주 바랐다고 주장하고, (4) 가까운 미래에 "내가 스페인에 갈 때에" 그들을 방문할 것이라고 약속함으로써 말이다. 15:19에 제시된 예루살렘으로부터 일루리곤까지 "그리스도의 복음을 편만하게 선포했다"는 그의 진술은 그가 그 지역의 상상할 수 있는 모든 지역에 기독교 복음을 전파했다는 의미가 아니라, "그가 그 지역의 동료들로 말미암아 결과적으로 그 내륙지방을 복음화하기 위해 충분한 수의 중요한 거점들에 교회를 세우는 그의 구체적인 소명을 성취했다"는 뜻이다.[16] 그래서 바울은 로마에 있는 그리스도인 수신자들에게 (1) 스페인으로 가는 길에 그들을 방문하기를 소망하고 또한 그럴 계획이 있다는 것과, (2) 그가 스페인으로 가는 길에 잠시 그들과 함께하고 싶어 하여 (그가 일찍이 1:12에서 진술했듯이) "너희와 내가 서로의 믿음으로 말미암아 피차 안위함을 얻으려" 한다는 것, 그리

---

16) 다시 Jewett, *Romans*, 914을 인용함.

고 (3) 그가 계획한 스페인 여행과 사역에 그들의 지원을 바란다는 것, 또는 그가 로마의 그리스도인들을 방문하는 자신의 목적과 관련하여 일찍이 1:13b에서 말했듯이 "너희 중에서도 다른 이방인 중에서와 같이 열매를 맺게 하려" 한다는 것을 말한다.

15:25-27 그러나 지금 바울은 (먼저 15:23에서 사용했지만 여기서는 좀 더 관용어적으로 "그러나 지금은"이라고 번역된 νυνὶ δέ를 다시 사용하여) 그가 그 사이에 "예루살렘 성도들 중 가난한 자들"(εἰς τοὺς πτωχοὺς τῶν ἁγίων τῶν ἐν Ἰερουσαλήμ), 즉 유대인의 수도에서 경제적으로 핍절한 신자들을 섬기는 일을 수행해야 한다고 선언한다. 15:27의 그리스어는 매우 압축적이다(즉 말과 글의 극단적인 효율성이 특징이며, 단지 생략되었다고 이해해야 하는 단어와 표현이 있다). 그래서 그가 말하거나 쓴 내용을 이해하기 위해서는 문맥에서 유추한 이 단어들이나 표현들을 첨가해야 한다. 필자는 문맥을 고려하여 이 구절을 확장해서 다음과 같이 번역했다. "저들은 기뻐서 그렇게 했다. 그런데 사실 저들은 그들에게 빚진 자다. 예수를 믿는 이방인 신자들이 믿음이 있는 유대인들의 영적인 복들을 나눠 가졌으므로, 그들은 믿음이 있는 유대인들에게 물질적인 것으로 갚아야 한다."

바울 서신의 신학적·윤리적 진술들이 당대의 사회구조와 경제적 문제들을 거의 다루지 않았다는 주장이 종종 제기되곤 했다. 하지만 브루스 롱네커는 『가난한 자를 기억하라: 바울, 가난, 그리고 그리스-로마 세계』(*Remember the Poor: Paul, Poverty, and the Greco-Roman World*)[17]라는 제목의 매우 중요한 역사적·석의적 연구에서 다음과 같은 내용을 증명함으로써 이런 주장을 효과적으로 종식시켰다. (1) 경제적으로 가난한 사람들에 대한 관심은 기독교적 선포에 대한 사도의 이해에 필수적이라는 것과, (2) 이러한 관심은 현대 그리스도인들의 사고와 행위에서 대단히 중요한 것이어야 한다고 말이다. 이처럼 경제적으로 핍절한 사람들에 대한 적극적인 관심은 바울이 일찍이 갈라디아서 2:10에서 주장했던 것이다. 바울의 주장은 예

17) (Grand Rapids: Eerdmans, 2010).

루살렘 교회의 지도자들이 그가 이방인 사역을 수행할 때 그에게 부탁했던 것에 대한 답변인데, 그것은 바로 바울에게 늘 "가난한 자들을 기억해" 달라는 것이었다. 이것은 바울이 "본래부터 힘써 행하여 오던 것"이었다.

그렇지만 리안더 켁(Leander Keck)이 바르게 주목했듯이, "바울은 [이곳 롬 15:25-27에서] [그가 가져가는 금전적인 선물을] 받을 사람들을 [어떤 신학적이고 사변적인 의미에서] '가난한 자'로 지칭하는 것이 아니라 현실적으로 비참한 처지에 있는 가난한 성도들로 생각한다."[18] 일찍이 갈라디아서 2:10에서 그가 보도하듯이 바울은 로마에 보내는 편지에서 예루살렘 교회의 지도자들(또는 "기둥들")이 부탁한 "가난한 자들을 기억해달라"는 요청을 전혀 인용하지 않는다. 오히려 재정적인 문제와 관련하여 장차 수행할, 예루살렘에 있는 "성도들을 섬기는" 그의 사역은 (1) 예루살렘에서 예수를 믿는 신자들이 재정적으로 절박한 처지에 있었다는 것과 (2) 마게도냐와 아가야의 그리스도인들이 예루살렘의 신자들에게 영적으로 빚을 졌으므로 그들이 자신들의 물질적인 부요함을 예루살렘에 있는 신자들에게 당연히 나눠주어야 한다고 생각했다는 것에 자극을 받았다.

그래서 바울이 예루살렘의 유대인 신자들을 위해 자신의 이방인 개종자들로부터 연보를 거둔 것은, 바울의 후기 해석자들에 의해 바울이 그리스도의 사도로서 "본래부터 힘써 행하여 왔던 바로 그 일"에 대한 모범과 패러다임으로 이해되어야 한다(바울 자신이 그렇게 이해했듯이). 이처럼 바울은 "예루살렘에 있는 성도들을" 재정적으로 섬기는 일을 수행할 준비가 되었지만, 엄청난 개인적인 손실을 얻게 될 가능성이 있었다. 그는 경제적으로 궁핍한 예루살렘의 예수를 믿는 신자들에게 재정적 도움을 제공하는 자신의 사명이 로마의 그리스도인들을 방문하려는 자신의 개인적인 바람과 스페인에 복음을 전하는 선교 계획보다 앞서야 할 것으로 생각했다.

궁핍한 신자들에게 재정적인 도움을 제공하는 것 외에, 바울이 예루살렘에 가기를 원했던 이유가 그 도시에 있는 예수를 믿는 유대인 신자들에

18) Keck, "The Poor among the Saints in the New Testament," 122.

게 그가 로마의 그리스도인들에게 편지로 전한 본질적인 내용을 제시하려는 데 있다고 추측할 수 있다. 로마서 본론 중앙부의 주요 네 단락에서 그가 쓴 내용이 오랫동안 그의 생각을 사로잡아왔던 것이라는 점에 대해서는 의심의 여지가 있을 수 없다. 초기에 시리아 안디옥에서 진행된 그의 기독교 사역과 그 후 로마 제국 동쪽의 다양한 지역에서 진행된 훨씬 더 광범위한 기독교 이방인 선교에서뿐만 아니라, 실제로 (대필자의 도움을 받아서, 또한 그가 로마서를 쓰는 기간에 서신의 다양한 부분들을 읽어준 고린도와 그 주변 지역의 동료와 친구들의 다양한 논평에 반응하면서 썼을 가능성이 큰) 로마서를 쓰고 있던 기간에도 그러했다. 더욱이 바울이 예루살렘 교회의 "그리스도를 따르는 자들"에게 자신이 선포한 기독교 복음의 특징으로 생각했고 로마서에서 강조했던 몇몇 문제를 제시하려 했다고 상정할 수 있다. 그는 특히 다음과 같은 주제들을 강조하고 싶어 했을 것이다.

1. 하나님의 기본적인 속성일 뿐만 아니라 하나님이 회개한 죄인들에게 주시는 선물인 의.
2. 공로 사상을 바탕으로 "율법의 행위"에 의지하지 않고, 하나님께 대한 믿음과 그가 주신 것에 대한 신뢰의 반응의 결과인 하나님과의 인격적인 관계.
3. 하나님과의 "새 언약" 관계 안에 있는 근본적 주제인 예수의 신실하심.
4. 하나님께서 요구하시고 받으시는 반응에 대한 패러다임인 아브라함의 믿음.
5. 예수 그리스도로 말미암아 이루어진 화평과 화목.
6. 예수를 믿는 신자의 새 생명을 특징짓는 "그리스도 안"과 "성령 안"에 있음의 경험.
7. 예수를 믿는 모든 신자에게 해당하는 "하나님으로 말미암는 그분의 가족으로 입양됨"의 실체.
8. 신학적으로나 윤리적으로 그리고 이스라엘이나 예수를 믿는 신자들

을 막론하고 적용되는 하나님의 남은 의로운 자의 실현.

9. 하나님의 남은 자가 있는 곳은 어디든지, 그리고 그 문제에 대한 우리 자신의 선입견과 이해가 어떠하든지 간에, 하나님께서 자신의 "남은 의로운 자"를 아시고 받으신다는 인식.
10. 그리스도인의 "사랑의 윤리"의 기본적인 원리들 및 로마(와 아마도 로마 제국 전역)에 있는 그리스도인들이 당시 직면하고 있었던 도시적·사회적인 상황에 대처하는 이러한 원리의 적용.
11. 적어도 로마에 있는 일부 그리스도인들(과 어쩌면 다른 곳에서 예수를 믿는 다른 많은 신자들) 사이에서 제기된 교회의 상황에 적용되는 그리스도인의 "사랑의 윤리"와 관련된 한 단계 더 나아간 진술.

이것은 바울이 예수를 믿는 예루살렘 신자들에게 제시하고서 그들과 얼굴을 맞대고 토론하고 싶어 했던 문제들이라고 추측할 수 있다. 하지만 이 중요한 문제들을 충분히 그리고 공개적으로 토론하려는 소망은 그가 예루살렘에서 갇히고 그 후 가이사랴에서 감금되었으며 로마에서 2년간 가택연금을 당하는 바람에 가로막히고 말았다. 하지만 가이사랴와 로마에서 오랫동안 감금당한 동안에도 바울이 그가 로마의 그리스도인들에게 쓴 편지에 포함시켰고, 로마 그리스도인들에게 그들의 존경하는 지도자와 선생들이 읽어준 이 특징적인 신학적·윤리적 문제들(과 그 외 많은 신학적·윤리적·교회적 관심사들. 에베소서, 빌립보서, 골로새서, 빌레몬서와 같은 그의 "옥중 서신"과 그의 후기 서신들인 디모데전후서 및 디도서에서 볼 수 있듯이 말이다)에 대해 진지하게 고민했다고 보는 것이 이치에 맞을 것이다. 더욱이 비록 예루살렘과 그 후 가이사랴에서 그리고 최종적으로 로마에서 온 일부 유대 기독교 지도자들이 여러 곳에 감금되었던 바울을 방문할 수 있었고, 그가 감금되어 있는 동안에 그를 찾아온 사람들에게 그가 선포한 기독교 복음의 여러 독특한 특징에 대해 말할 기회가 있었겠지만, 바울이 훨씬 더 광범위하게 상황화한 자신의 기독교 메시지(즉 그가 2:16과 16:25에서 "나의 복음"이라고 제목을 붙였던 그 메시지)를 선포하기를 갈망했다고 상정할 수도 있다. 그래서 이렇게 추론할 수 있다. 바울은 적어도 옥에 수감되었던 오랜 기간 중에도 로마의 그리스도인들에게 보낸 그의 원래의 편지를 편집하고 있었을 것이라고 말이다(그 당시 뵈뵈가 편지를 로마의 그리스도인들에게 전달했을 것이며, 뵈뵈의 지도 아래 여러 지역의 지도자들이 그들에게 읽어주었을 것이라고 추측할 수 있다).[19]

그러므로 우리는 바울이 옥에 수감되어 있던 비교적 긴 이 기간에 로마서를 실제로 편집했고 그래서 일반적으로 사용하도록 "보편화했다"고 가정할 수 있다. 그의 편집은 다음과 같은 방법으로 이루어졌을 것이다. (1) 롬 1:7과 1:15에서 구체적으로 로마시를 언급한 부분을 생략하고, (2) 로마서 본래의 내용을 14:1-23의 권면으로 마무리하며, 아마도 실제로 그가 직접 (3) 16:25-27의 송영을 14:1-23의 권면에서 제시한 내용 바로 다음의 위치로 재배치했을 것이다.[20] 지금까지 로마서의 "짧은 형식"으로 불렸던 것이 이렇게 존재하게 되었다. 이것은 바울이 투옥으로 인해 직접 말할 수 없었던, 다양한 신자들 집단들에서 읽히기를 원했던 것(이며 초기에 다양한 "그리스도를 따르는 사람들" 집단들 사이에서 바울의 본질적인 메시지로 인식되고 읽혔던 자료)이라고 추측할 수 있다.

15:28-29 바울은 15:28-29에서 그가 일찍이 15:23-24에서 제시한 중요한 요지로 다시 돌아온다. 그가 스페인의 이교도 이방인들에게 복음 선교를 하는 길에 로마의 그리스도인들을 방문할 것이라는 내용 말이다. 그래서 (1) 그가 스페인으로 가는 여행을 로마의 그리스도인들이 "지원해주기"를 바랐으며, (2) 그가 그들과 함께하는 시간을 "얼마간 향유하기"를 바랐다. 바울의 로마 방문은 "다른 사람의 터 위에" 건축하려는 것이 아니었다. 오히려 바울의 바람은 이것이다. 제국의 동쪽 지역에서 행한 그

---

19) 바울이 로마에 보낸 편지의 준비와 전달 및 해석에서 뵈뵈가 감당한 역할과 관련하여 본서에서 16:1-2을 논의한 내용을 보라.

20) 딤후 4:13에서 우리는 바울이 언젠가 "드로아 가보의 집"에 "겉옷"만 아니라 그의 "책"과 그의 "가죽 종이에 쓴 책"을 놓아두었으며 디모데에게 그가 옥에 있는 동안에 그에게 가져오도록 부탁했다는 내용을 듣는다. 이것은 "책"과 "가죽 종이에 쓴 책"이 그가 감금되어 있던 당시 그에게 무척 중요했음을 암시한다. 이것은 그가 옥에 있는 동안에도 자기가 기록한 자료들을 편집했을 가능성을 제시한다.

의 이방인 선교에 중요한 역할을 했던 안디옥의 그리스도인들처럼, 로마의 그리스도인들이 로마 제국의 서쪽 지방에서 행할 그의 이방인 선교에 동일한 역할을 맡아주는 것 말이다. 유대인들과 비유대인들이라는 인종적으로 혼합된 집단이었던 시리아 안디옥의 "그리스도를 따르는 사람들"이 그들 가운데서 1년 동안 진행된 바울의 사역으로부터 바울과 그의 메시지를 알게 되었듯이, 그는 역시 인종적으로 혼합된 사람들이었던 로마의 그리스도인들이 (1) 그들에게 제시한 편지의 내용을 통해 그의 독특한 메시지를 알고, (2) 그다음에 그가 방문할 때 그들이 그를 개인적으로 알게 되기를 원했다. 그래서 시리아 안디옥의 그리스도인들이 로마 제국의 동쪽 지역에서 행한 그의 이방인 선교를 지지하는 거점 역할을 하며 기도와 재정 지원으로 그를 후원했듯이, 바울은 로마의 그리스도인들이 그가 계획한 스페인의 이교도 이방인들에게 복음을 전하는 사역에서 동일한 역할을 수행해주기를 바랐다. 바울은 그가 일찍이 15:23-24에서 약속했던 로마 방문을 재확인하며, 기독교화한 서간체적 **확신 문구**로 마무리한다. "내가 너희에게 나아갈 때에 그리스도의 충만한 복을 가지고 갈 줄을 아노라."

IV. 기도 요청(15:30-32)

바울은 편지의 본문을 마무리하는 이 하위 단락 또는 사도의 방문 단락을 결론지으면서 로마의 그리스도인들에게 "예루살렘에 있는 성도들"을 향한 사명을 감당하려는 그를 위해 기도해 달라고 부탁한다. 그렇게 요청하면서 바울은 예루살렘에 있는 재정적으로 궁핍한 신자들을 돕기 위한 자신의 수고를 그들을 위한 "싸움"으로 말한다(여기서 바울은 전치사 συν과 동사 ἀγωνίζομαι에서 기원한 부정과거 부정사 συναγωνίσασθαι를 사용한다. 그래서 이 단어는 "다른 사람[들]과 함께하는 전쟁", "다른 사람 혹은 백성과 함께 힘을 씀" 또는 "어떤 상황에서 다른 사람이나 백성들을 진지하게 돕는 것"으로 이해할 수 있다). 따라서 우리는 사도가 이곳 15:30b에서 생략한 내용을 그의 수신자들에게 그와 그의 선교를 위해 기도함으로써 "궁핍한 예루살렘 신자들을 돕는 그의 싸움"에 "그와 함께해달라"고 요청하는 것으로 이해할 수 있다. 더욱이 바울은 그들에게 "나로 유대에서 불신자들로부터 건짐을 받게 하고 또 예루살렘에서 내가 섬기는 일을 그곳에 있는 성도들이 받을 만하"게 되게 해달라고 기도하기를 요청한다.

물론 이런 질문이 제기된다. 예루살렘의 유대인 신자들에게 금전적인 선물을 가져가는 사명을 수행할 때 자신에게 닥칠지도 모르는 일에 대해 바울은 왜 그토록 두려워했을까? 그는 무엇 때문에 그가 "유대에서 불신자들로부터 건짐을 받게 되고" 예루살렘에서의 그의 사역이 "그곳에 있는 성도들에게 받을 만하게" 되게 해달라고 요청했는가? 궁핍한 유대인들에게 돈을 선물로 가져가는 사람을 누가 대적했을까? 이스라엘의 메시아이신 나사렛 예수에 대한 그들의 입장이 무엇이든지 간에 말이다.

이에 대해 제임스 던은 상당히 적절하게 다음과 같이 말했다.

> 바울은 [유대인들에게 전반적으로] 율법을 저버린 변절자로 널리 여겨졌으며, 예루살렘 교회 내부에서든지 그 교회에 의해서든지 이 점에 관한 한 그를 변호하는 조처가 거의 또는 전혀 취해지지 않았던 것 같다(행 16:3과 18:18에도 불구하고, 행 21:20-24을 인용하자면). 그 이후 우리는 바울이 붙잡혀서 재판을 받을 때 어떤 유대인 출신의 그리스도인도 그를 변호하려고 그 옆에 있었다는 소리를 듣지 못한다. 야고보가 정통 유대인들 사이에서 분명히 높은 지위를 가지고 있었음에도 말이다.…예루살렘의 그리스도인들은 도대체 어디에 있었는가? 그들은 바울에게서 손을 털고, 그가 혼자 고생하도록 내버려 두었던 것으로 보인다.[21]

실제로 사도가 자신의 인격을 비난하고 자신의 메시지를 오해하는 것에 대

---

21) B. W. Longenecker, *Remember the Poor*, 311 n. 30에 인용된 J. D. G. Dunn, *Unity and Diversity in the New Testament* (London: SCM, 1977). 바울이 이 헌금을 "예루살렘의 성도들"에게 전달하려고 예루살렘에 가는 일에 대해 두려워했다는 문제, 이 헌금에 대한 믿음이 없는 유대인과 믿음이 있는 유대인의 반응, 사도와 기독교 전체에게 이 헌금의 중요성과 관련한 매우 중요한 논의에 대해서는 B. W. Longenecker, 310-16을 보라.

항하여 로마서에서 자신을 변호할 필요가 있다고 느꼈다면,[22] 예루살렘에서는 (1) 그의 인격에 대한 비난과, (2) 그의 메시지에 대한 오해, 그리고 (3) 이교도 이방인들을 향한 그의 선교 사역과 관련하여 그를 향한 고소가 훨씬 더 심할 것임을 의식했다. 이 모든 것은 예루살렘의 불신 유대인들에 의해서뿐만 아니라 그 도시와 그 지역의 적어도 일부 믿음이 있는 유대인들에 의해서도 바울에게 가해진 비난이었다. 믿음이 있는 유대인들 중에서 바울을 비난한 사람들은 예수를 이스라엘의 메시아와 인류의 주님으로는 인정했지만, 바울 설교의 몇몇 특징과 그가 이방인 선교에서 보여준 복음 전도 방법이나 실천적인 모습 일부를 받아들이려 하지 않았다. 브루스 롱네커가 예루살렘의 가난한 유대인 신자들을 재정적으로 섬기기 위해 그 도시로 가려는 사도의 생각을 묘사했던 것처럼, "바울은 기꺼이 목숨을 걸고 있었다."[23]

그래서 사도는 15:31에서 로마의 그리스도인들에게 두 문제와 관련하여 자신을 위해 기도해 달라고 요청한다. (1) "나로 유대에서 불신자들로부터 건짐을 받"고, (2) "예루살렘에서 내가 섬기는 일이 그곳에 있는 성도들이 받을 만하게 되도록" 말이다. 바울은 로마서 본론을 마무리하거나 사도의 방문을 다룬 이 마지막 절인 15:32에서 헌금을 예루살렘에 있는 신자들에게 전하고 난 후에, 그가 "하나님의 뜻으로 말미암아" "기쁨으로" 로마의 그리스도인들을 방문하고 그들과 함께 "편히 쉬게" 될 것을 간절히 바란다고 선언한다.

하지만 애석하게도, 예루살렘의 재정적으로 궁핍한 유대인 신자들을 위한 바울의 사명은 그가 바라거나 기대한 대로 이루어지지 않았다. 유대인 신자들이 바울이 그들에게 가져간 돈을 실제로 받았는지에 대해서 우리로서는 아는 바가 전혀 없다. 또한 그들이 만일 그 돈을 받았다면 그들

---

22) 바울의 인격과 그의 이방인 선교에 대해 가해질 수도 비난 목록에 대해서는 필자의 *Introducing Romans*, 123-26을 참조하라.

23) B. W. Longenecker, *Remember the Poor*, 311, 315.

이 금전 선물로써 무엇을 했는지, 또는 만일 그들이 그 돈을 받았다면 그들이 유대 당국자들에 의해 어떻게 다루어졌는지, 만일 그들이 그 돈을 받지 않았다면 바울이 가져간 돈은 어찌 되었는지에 대해서도 아는 바가 없다. 우리가 아는 것이라고는 바울이 예루살렘에 도착했다는 것에 대한 세부적인 이야기, 그가 예루살렘에서 옥에 갇힌 자처럼 취급당했다는 것, 그가 처음에는 예루살렘에서 감금되었다가 나중에는 가이사랴에서 감금되었다는 것, 그가 로마의 당국자 앞에서 자신을 변호했다는 것, 그가 가이사에게 호소한 것, 로마 군대의 호위 아래 로마로 갔다는 것, 마지막으로 로마의 셋집에서 2년간 가택연금을 당했다는 것에 대해 누가가 사도행전 21:17-28:31에서 우리에게 말하고 있는 내용이 전부다. 바울은 로마에서 (1) "자기에게 오는 사람을 다 영접하고", (2) "하나님의 나라를 전파하며 주 예수 그리스도에 관한 것을 가르쳤으며", (3) 하나님이 임명하신 사도로서 "담대하게 거침없이" 그의 사역을 계속했다.

분명한 것은 바울이 사도행전 21-28에서 누가가 기록한 모든 사건을 계속해서 "하나님의 뜻" 안에 있는 것으로 생각했을 뿐만 아니라, 그의 삶과 기독교 사역에서 연이어 일어나는 모든 사건이 "하나님의 뜻"을 따라 벌어지고 있다고 생각했다는 점이다. 하지만 바울이 로마서를 쓰고 난 후 개인적으로 어떻게 지냈는지, 수도의 셋집에 감금되어 있는 동안에 그가 계속해서 어떻게 생활하며 계속 사역을 진행했는지에 대해서 우리는 신약성경의 그의 다른 편지들에 있는 자서전적 진술들에 기초해서 추측만 할 뿐이다. 이 모든 내용은 바울이 로마에 보낸 그의 편지에 대한 우리의 주석의 목적을 넘어선다. 더욱이 우리는 바울이 로마의 그리스도인들에게 편지한 내용과 관련하여 이미 너무 많은 가설을 제시한 것 같다. 비록 우리에게는 바울이 로마에서 받은 재판(들), 누가가 사도행전 28:30-31에서 쓴 내용 이후 가능성 있는 바울의 사역(들), 그가 어떻게 죽었는지에 대해 개인적인 견해가 있다고 하더라도, 우리는 이 문제들에 대해 여기서 추정된 내용을 더 이상 제시하지 않을 것이다. 이 중에 로마서 주석과 연관된 것은 하나도 없다.

성경신학

로마서 1:1-15:13은 우리에게 (1) 개인적으로 바울에 관한 많은 것들, (2) 바울의 기독교 복음 선포에 관한 많은 내용, (3) 그의 목회 사역에 관한 몇 가지를 말해준다. 이 편지에 있는 모든 자료는 기독교 성경신학을 구성하는 데 대단히 중요하다. 하지만 바울이 이 본론을 마무리하는 하위 단락 또는 사도의 방문 단락인 15:14-32에서 제시하고 있는 것은 다음 몇 가지 내용을 이해하는 데 매우 중요하다. 곧 (1) 자신의 복음 사역에 대한 그의 생각과 행동, (2) 스페인(과 어쩌면 로마 제국 서쪽 지방의 여러 곳)에 있는 이교도 이방인들에 대한 그의 사역에 대한 소망, (3) 마게도냐와 아가야의 이방인 출신 그리스도인들에게서 모금한 헌금을 예루살렘의 재정적으로 궁핍한 유대인 신자들에게 전달하려는 그의 계획과 목적 등에 대해서다. "예루살렘에 있는 성도들"을 위한 연보와 관련한 그의 계획과 목적은 경제적으로 핍절한 모든 사람에 대한 바울의 마음 깊은 곳에서 우러나오는 관심과 "그리스도를 따르는 사람들"이라고 고백하는 모든 사람 사이에 전반적으로 참된 관계가 있기를 바라는 그의 갈망을 상징적으로 표현한다.

폴 스티븐스(Paul Stevens)가 15:29에 대해 설교하며 지적했듯이, 사도 바울이 15:14-32에서 증언하는 것은 사도의 기독교 사역 전반에 걸쳐 그에게 동기부여를 했던 세 가지 중요한 열정들이다. (1) (이 본문에서뿐만 아니라 로마서 전반에 걸쳐 나타나는) "하나님의 복음에 대한 열정", (2) (본문에서 스페인에 가려는 그의 미래 선교에 대한 계획에 강조된) "하나님의 선교에 대한 열정", (3) (연보와 "예루살렘에 있는 성도들"에게 재정적인 도움을 주는 것에 표현된) "하나님의 백성의 하나 됨에 대한 열정" 등이다.[24] 스티븐스가 주장한 것처럼, 결과적으로 바울이 예수를 믿는 이방인 신자들로부터 연보를 모아 재정적으로 핍절한 유대인 신자들에게 가져가는 것은 "이 사랑의 선물로 상징되는,

---

24) Stevens, "'The Full Blessing of Christ' (Romans 15:29)," 295-303. 그러나 우리가 15:29c의 "본문비평 주"에서 제시한 내용은 Stevens가 첫 번째 문제를 "그리스도의 복"보다는 "하나님의 복음에 대한 열정"으로 읽는 것과 상반된다.

유대인과 이방인들의 하나 됨의 가교"를 구축하려는 시도였다.[25] 그리고 스티븐스가 계속해서 주장하다시피,

> 이 가교 건설이 바울 선교의 의미를 지배했다고 주장하는 것은 결코 지나치지 않다. 바울은 에큐메니컬 선교사였다. 하나 됨은 하나님의 백성이 이 땅에서 하나님의 사역을 하기 위한 전제 조건에 도달하는 수단이 아니다. 하나 됨은 그것 자체로 목적이다. 그것은 목표다(참조. 엡 4:11-16). 하나님의 선교는 궁극적으로 그리스도의 머리 되심 아래에서 땅 위에 공동체를 건설하는 것이기 때문이다.[26]

또는 브루스 롱네커가 마게도냐와 아가야의 이방인 신자들이 모아 준 연보를 개인적으로 예루살렘의 궁핍한 유대인 신자들에게 전해줌으로써 그들을 "섬기려는" 바울의 바람에 대해 썼듯이,

> 바울이 연보를 예루살렘의 심장부에 가져가도록 동기를 부여하는 두 가지 목표가 중심에 있었을 개연성이 무척 높다. 첫째, 그는 그 연보가 초기 예수 운동의 서로 다른 흐름 사이에서 하나가 되게 하는 힘을 촉발하길 소망했다. 둘째(관련이 없지는 않지만), 그는 그 연보가 이방인들을 목표로 삼고 있었던 초기 예수 운동의 "율법에서의 해방"을 가르치는 선교의 거리낌을 제거함으로써 이러한 목적들을 돕기를 소망했다. 이외에도 두 가지 결과가 이 우선적인 목표들에 이어질 것이다. 즉 연보의 전달은 예수를 따르지 않은 유대에 거하는 사람들에게 복음을 선포하는 것을 도울 것이며, 바울이 세운 공동체들에게 바울 복음의 이해와 궤를 달리한 방법으로 영향을 주려고 했던 온갖 노력의 사기를 꺾을 것이다.[27]

---

25) Stevens, "'The Full Blessing of Christ' (Romans 15:29)," 301.
26) Stevens, "'The Full Blessing of Christ' (Romans 15:29)," 301.
27) B. W. Longenecker, *Remember the Poor*, 313.

그리고 브루스 롱네커가 이런 맥락에서 계속 말하듯이,

> 가능성 있는 이 모든 동기의 배후에는 틀림없이 어떤 확신이 저변에 깔려 있다고 보아야 할 것이다. 그리고 그것은 모든 점에서 경제와 구원사를 밀접하게 관련시킨다. 바울이 이해하기에, 예수를 따르는 이방인들이 가난한 사람들의 궁핍함을 완화하기 위해 수고하면서 그들의 제한된 자원들 중 일부를 주었다는 사실은, 그들 중에 역사하시는 성령의 역사에 대한 증거이자 그들이 할례를 받지 않은 상태임에도 불구하고 이스라엘의 전능하신 하나님께서 그들을 정당하게 받으셨음에 대한 증거다.[28)]

그래서 참되고 살아 있는 기독교 성경신학을 구성할 때에 반드시 다음과 같은 것이 늘 살아 존재해야 한다. (1) "기독교 복음 메시지를 위한 열정", (2) "기독교 복음을 선포하기 위한 열정", (3) "예수를 믿은 신자들의 하나됨을 위한 열정"(Paul Stevens가 강조했고 사용한 어구를 이용하자면) 말이다. 마찬가지로 이러한 참되고 살아 있는 기독교 성경신학을 표현할 때에는 늘 다음과 같은 내용이 있어야 한다. (1) 기독교적인 확신과 표현의 다른 지류들을 하나로 만들려는 바람, (2) 어떤 그리스도인들 집단이 다른 그리스도인들 집단에 대해 가진 불쾌함을 제거하려는 바람, (3) 관련 없는 특징과 영향으로부터 기독교 선포를 자유롭게 하여 오랫동안 그리스도를 떠나 살아왔던 사람들의 정신과 마음에 기독교적 선포가 울림을 줄 것이라는 바람, (4) 다른 사람들로 하여금 하나님께 적극적으로 반응하지 못하도록 유혹하는 사람들의 온갖 노력을 예수 그리스도의 사역과 하나님의 영의 사역을 통해 꺾으려는 바람, 그리고 (5) 다른 사람들의 필요를 채워주고 기독교 복음의 "좋은 소식"을 말로 표현하면서 기꺼이 궁극적으로 하나님의 영을 의지하려는 마음(Bruce Longenecker가 자신의 방식으로 초점을 맞춘 것처럼) 등이다. 기독교 성경신학은 단지 성경(구약과 신약 모두)에서 끌어와 축적된 자

---

28) B. W. Longenecker, *Remember the Poor*, 313.

료와 교회사 및 자신의 철학적 관점들의 도움을 받는 것이 아니다. 기독교 성경신학은 기독교 신학자들과 목회자들, 교사들, 복음 전도자들과 평신도들이 그들 각자의 상황과 삶의 기회에서 드러내는 열정 및 동기부여와 관련이 있다.

현대를 위한 상황화

참되고 살아 있는 기독교적 성경신학의 구성에 대해 언급한 바로 앞 단락에서 우리는 현대를 위한 기독교 복음의 상황화를 간략히 요약했다. 하지만 우리는 예수를 믿는 현대의 신자들로서 방법론에 대해 더 많은 것을 배우는 데 관심을 가질 것이 아니라, 하나님의 영이 우리를 인도하여 상황을 더 잘 이해하게 하시고, 하나님의 백성에 대해 더 큰 사랑을 가지게 하시며, 또한 우리의 메시아와 주님이신 예수 그리스도를 위해 더 효과적인 봉사의 삶을 이어나가게 하시도록 그분을 의지적으로 더 의존해야 한다. 그래서 바울이 이곳 15:14-32에서 우리를 위해 제시한 것처럼, 우리의 삶과 사역과 섬김을 위한 중요한 패턴으로 바울 자신의 삶과 사역과 섬김의 패턴을 가질 필요가 있다. 마찬가지로 하나님의 자녀들이 그들의 생활을 살아내며 또 하나님께서 모든 사람(과 하나님의 모든 피조물)을 위해 그리스도를 통해 이룩하신 것에 초점을 맞추는 복음 메시지를 표현하는 일을 하나님의 영이 지도하시기 때문에, 우리는 그의 인도하심에 지속적으로 귀를 기울일 필요가 있다.

로마서의 결론 단락

로마서의 두 결론 단락인 15:33-16:16과 16:17-27의 길이 및 서술 방식과 관련한 문제들은 이 두 단락을 바울의 다른 편지들의 결론 단락(들)과 비교하면 즉시 분명해진다. 첫 번째로 쉽게 눈에 띄는 특징은 이 두 결론 단락이 사도의 다른 편지들의 결론 단락(들)보다 상당히 길다는 것이다. 물론 이 두 단락이 길이에 있어 로마서의 2개의 도입 단락인 1:1-7과 1:8-12에 비교될 수 있지만 말이다. 쉽게 인지할 수 있는 15:33-16:16과 16:17-27의 두 번째 특징은 이 본문에 등장하는 주제들이 바울의 여러 다른 편지의 결론 단락(들)에 등장하는 다수의 주제와 비슷하다는 점이다. 물론 로마서의 결론 단락들에서뿐만 아니라 그의 다른 편지들의 마지막 단락(들)에서도 약간의 어구 차이와 목적의 차이, 그리고 몇몇 어감상의 차이가 발견되는 것이 사실이다.

바울의 다른 편지들의 결론 단락(들)에 등장하는 것과 비교하여 로마서의 이 두 결론 단락에 제시된 것 중 가장 눈에 띄는 병행구들을 다음과 같이 제시할 수 있다.

1. 15:33에 있는 바울의 평강을 비는 축복 또는 "평강의 기원"은 고린도후서 13:11b, 갈라디아서 6:16, 에베소서 6:23a, 빌립보서 4:9b, 데살로니가전서 5:23a에 있는 평강을 비는 축복 또는 "평강을 기원하는 기도와 바람"과 병행한다.
2. 16:1-2에 있는 어떤 동료에 대한 추천은 고린도전서 16:10-12, 15-18, 에베소서 6:21-22, 골로새서 4:7-9, 디모데후서 4:20에서 그가 동료들을 추천한 부분과 병행한다.
3. 로마의 그리스도인들에게 당시 로마에 살고 있던 수많은 그의 과거 동료, 친구, 아는 사람들에게 안부를 전하라는 16:3-15의 요청들은

어느 정도 고린도전서 16:20b, 고린도후서 13:12, 빌립보서 4:21a, 골로새서 4:15, 데살로니가전서 5:26, 디도서 3:15b의 비슷한 요청들과 병행한다고 할 수 있다.

4. 16:16a에서 바울이 언급한 "거룩한 입맞춤"은 고린도전서 16:20b, 고린도후서 13:12a, 데살로니가전서 5:26(비교. 벧전 5:14)에 있는 "거룩한 입맞춤"에 대한 다른 세 개의 언급과 병행한다.
5. 16:16b과 16:21-23에서 전달한 다른 교회들과 어떤 동료들로부터의 안부 인사는 고린도전서 16:19-20a, 고린도후서 13:13, 빌립보서 4:21b-22, 골로새서 4:10-14, 디모데후서 4:21b, 디도서 3:15a, 빌레몬서 23-24에서 비슷하게 전한 다양한 동료들로부터의 안부 인사와 병행한다.
6. 16:17-19에서 바울이 경고하며 권면한 내용은 고린도전서 16:13-14, 22a, 고린도후서 13:10, 에베소서 6:10-17, 골로새서 4:17에 있는 비슷한 경고의 권면들과 병행한다.
7. 16:20a에 언급된 그의 "종말론적 바람/약속"은 고린도전서 16:22b, 갈라디아서 6:16, 데살로니가전서 5:23-24에 있는 비슷한 "종말론적 바람/약속"과 병행한다.
8. 16:20b에서 그가 결론적으로 덧붙인 은혜의 축복은 고린도전서 16:23, 고린도후서 13:14, 갈라디아서 6:18, 에베소서 6:24, 빌립보서 4:23, 골로새서 4:18c, 데살로니가전서 5:28, 데살로니가후서 3:18, 디모데전서 6:21b, 디모데후서 4:22b, 디도서 3:15c, 빌레몬서 25에 있는 결론적인 은혜의 축복과 병행한다.

로마서를 마무리하는 15:33-16:16과 16:17-27에 그의 여러 다른 서신의 결론 단락에서 언급된 내용과 다소 비슷한 방식으로 등장하는 주제들이 포함되었다는 사실은, 그 편지들 저마다의 역사적 상황, 교리적 주해, 또는 윤리적 권면들이 어떠하든지 간에, 독자들에게 모든 바울 서신에서 발견할 수 있는 공통점을 상기시켜주는 역할을 한다. 하지만 15:33-16:16과 16:17-

27의 분량이 더 확장되었기 때문에, 이 단락들에서 사도의 다른 편지에 등장하는 내용을 넘어서는 중요한 특징들이 보인다고 해서 그렇게 놀랄 필요는 없다. 로마서의 이 결론 단락들의 비슷한 특징들은 다음과 같이 항목별로 정리할 수 있다.

1. 16:1-2에 있는 뵈뵈에 대한 확장된 추천.
2. 바울이 로마의 그리스도인들에게 그 당시 로마에 살고 있던 그의 과거의 동료와 친구 및 지인들, 또한 바울이 안부를 전했던 몇몇 사람과 관련된 그리스도인 가정과 회중들에게도 안부를 전해달라는 부탁을 포함하는 16:3-15의 긴 안부 인사.
3. 그가 세웠고 계속 돌봤던 "그리스도의 모든 [이방인] 교회들"을 대신하여 바울이 16:16b에서 로마의 그리스도인들에게 전하는 안부 인사.
4. 16:17-20a에 제시된 부가적인 권면.
5. 바울이 16:21과 16:23에서 고린도와 그 주변 도시들에 있는 동료들을 대신하여 로마의 그리스도인들에게 전하는 추가 안부 인사.
6. 바울이 로마 교회에 쓴 편지를 "받아 쓴" 대필자가 전하는 16:22의 안부 인사. 십중팔구 더디오 자신이 안부를 전할 수 있도록 부탁하고 작성했을 것이다.
7. 16:25-27에 풍부하게 제시된 송영. 이것은 바울이 로마서 앞부분에서 썼던 모든 내용을 뒷받침하는 중요한 주제들과 강조점들을 두드러지게 하려는 것이 분명하다.

IX. 평강을 비는 축복, 뵈뵈에 대한 추천, 로마에 있는 과거의 동료와 친구 및 지인들 또 어떤 그리스도인 가정과 회중들에게 안부를 전해달라는 요청, 그리고 바울이 세웠고 계속 돌봤던 교회들을 대신하여 로마 그리스도인들에게 전하는 인사(15:33-16:16)

번역

15:33평강의 하나님께서 너희 모든 사람과 함께 계실지어다!

16:1내가 겐그레아 교회의 집사로 있는 우리 자매 뵈뵈를 너희에게 추천
하노니, 2너희는 주 안에서 성도들의 합당한 예절로 그를 영접하고 무엇이
든지 그에게 소용되는 바를 도와줄지니, 이는 그가 여러 사람과 나의 보호
자가 되었음이라.

3너희는 그리스도 예수 안에서 나의 동역자들인 브리스가와 아굴라에
게 문안하라. 4그들은 내 목숨을 위하여 자기들의 목까지도 내놓았나니, 나
뿐 아니라 이방인의 모든 교회도 그들에게 감사하느니라.

5또 저의 집에 있는 교회에도 문안하라.

내가 사랑하는 에배네도에게 문안하라. 그는 아시아[지방]에서 그리스도께 처음 맺은 열매니라.

6너희를 위하여 많이 수고한 미리암에게 문안하라.

7내 고향 출신의 동포요 나와 함께 갇혔던 안드로니고와 유니아에게 문안하라. 그들은 사도들 사이에서 뛰어나며, 나보다 먼저 그리스도 안에 있던 자라.

8또 주 안에서 내 사랑하는 암블리아에게 문안하라.

9그리스도 안에서 우리의 동역자인 우르바노와 나의 사랑하는 친구인 스다구에게 문안하라.

10그리스도 안에서 시험을 받아 인정함을 받은 아벨레에게 문안하라.
아리스도불로의 권속에게 문안하라.

11내 친척 헤로디온에게 문안하라. 나깃수의 가족 중 주 안에 있는 자들

에게 문안하라.

[12]주 안에서 수고한 여성인 드루배나와 드루보사에게 문안하라. 주 안
에서 많이 수고하고 사랑하는 또 다른 여성 버시에게 문안하라.

[13]주 안에서 택하심을 입은 루포와 그의 어머니에게 문안하라. 그의 어
머니는 곧 내 어머니니라.

[14]아순그리도와 블레곤과 허메와 바드로바와 허마와 및 그들과 함께
있는 형제들에게 문안하라.

[15]빌롤로고와 율리아와 또 네레오와 그의 자매와 올름바와 그들과 함
께 있는 모든 성도에게 문안하라.

[16]너희가 거룩하게 입맞춤으로써 서로 문안하라. 그리스도의 모든 교
회가 다 너희에게 문안하느니라.

본문비평 주

이곳 15:33-16:16에는 종종 주석가들이 그리스어 사본 전통에서 이문들의 "엉킴", "복잡한 집합체" 또는 "복잡하게 들어맞음"이라고 부르는 것이 등장한다. 이 이문들 중에는 특성상 사소한 것도 있고, 초기 기독교 사상과 실천의 이런저런 중요한 특징을 반영하는 것도 있으며, 여전히 설명할 수 없는 것들도 있다. 더욱이 본론을 마무리하는 단락 또는 사도의 방문 단락인 15:14-32의 많은 이문에서처럼, 이곳 15:33-16:16에서도 일부 고대의 필경사들은 바울의 편지 본론 중앙부의 네 가지 주요한 신학적 윤리적 단락들을 다룰 때 적절하다고 여겼던 것보다 더욱 자유로움을 느낀 것 같다. 다시 말해서 그들은 1:16-15:13을 다룰 때(또는 로마서의 "짧은 형태"가 초기에 존재했다고 가정하면서 14:23에서 끝난 그리스어 자료들을 다룰 때) 자신만의 독법을 그리스어 본문에 부여했던 것 같다.[1)]

1) 필자의 *Introducing Romans*, 20-22의 "The Probable Existence of an Early Short Form"을 보라(또한 22-28쪽에서 논의한 로마서의 더 짧은 본문에 대한 다른 견해들도 살펴보라). 바울이 제국 내 여러 도시의 옥에 갇혀 있는 동안 로마에 보낸 자신의 편지를 널리 보급하기 위해 로마서 원본을 편집하여 "짧은 형태"를 만들었다는 필자의 생각과 관련해서는 본서

15:33 문장 끝에 ἀμήν("그렇게 되기를 원한다", "참으로", "아멘")의 부재가 P^{46}, 대문자 사본 A F G와 소문자 사본 1739(범주 I), 1506 1881(범주 II), 330 436 451 630 2200(범주 III)의 입증을 받고 있다. 이 단어가 없는 독법은 vg^{ms}에도 반영되었다. 그러나 문장 끝에 ἀμήν이 존재하는 독법은 대문자 사본 ℵ B C D P Ψ[또한 *Byz* L]와 소문자 사본 33 1175(범주 I), 81 256 1962 2127(범주 II), 6 69 88 104 181 263 323 326 365 459 614 629 1241 1243 1319 1505 1573 1735 1852 1874 1877 1912 2344 2492 2495(범주 III)의 지지를 받고 있으며, 이 단어가 포함된 독법이 vg $syr^{p, h}$ $cop^{sa, bo}$ arm eth slav에도 반영되었고, $오리게네스^{lat}$ 크리소스토모스 암브로시아스테르의 지지를 받는다.

'Aμήν이 원래 이 문장 끝에 있었는지 없었는지를 둘러싼 질문은 대답하기 매우 어렵다. 사실 사본의 증거에만 기초해서는 대답하기가 거의 불가능하다. 그리스어 사본 전통은 동일하게 나뉘어 있다. (1) ἀμήν이 부재한 독법은 주로 (사본 전통에서 가장 초기 사본 증거인) P^{46}에 근거하고 있지만, (2) ἀμήν이 포함된 독법은 제법 많은 사본의 지지를 받는다(각 사본의 편집자들은 분명히 이 단어를 바울이 로마서의 주요 부분을 마무리하며 사용한 표현으로 받아들였을 것이다). 이 문제를 결정하기가 너무 어렵기 때문에 브루스 메츠거는 이 문장 끝에 있는 ἀμήν을 "꺾쇠 괄호 안에 넣어야" 하고, 그럼으로써 독자들에게 이 단어를 포함시키면서 의심의 여지가 상당히 있었음을 표시해야 한다고 주장할 필요를 느꼈다(물론 이 문제와 관련한 Metzger의 입장은 $NA^{26/27}$과 $GNT^{3/4}$의 그리스어 본문을 "확정하는" 편집 작업에서 그의 동료들의 입장으로 인해 부결된 것 같기는 하다).[2]

매우 난해한 이 본문비평 문제에 대해 필자는 (1) 우리가 가지고 있는 가장 이른 사본 증거인 P^{46}에서 ἀμήν이 부재한다는 사실을 존중하고, (2) 바울이 그의 편지들 여러 곳에서 평강을 비는 축복(평강을 바람 또는 추정되는

1618-20쪽을 보라.

2) Metzger, *Textual Commentary*, 475.

평강의 축도)으로 어떤 편지나 편지의 한 단락을 **마무리하지** 않는다는 점을 인정하는 것이 가장 좋다고 믿는다. 오히려 평강을 비는 축복이 등장할 때, 평강을 비는 축복은 실제로 그 편지의 결론을 **시작한다**(특히 살전 5:23; 살후 3:16; 빌 4:9b. 또한 고후 13:11b; 갈 6:16; 엡 6:23a; 살전 5:23a도 참조하라).[3] 그런 후 은혜를 비는 축복이 거의 바로 직후 또는 조금 지나서 그 편지의 결론을 마무리하는 곳에서 등장한다(살전 5:28; 살후 3:18; 빌 4:23).[4] 그래서 필자는 이곳 15:33에 있는 바울의 어구들("평강의 하나님께서 너희 모든 사람과 함께 계실지어다!")을 평강을 비는 축복 또는 평강을 기원하는 도입부로 이해하는 것이 가장 적절하다고 생각한다. 이것은 사도가 16:1-27에 있는 그의 모든 결론적인 진술들을 쓰기에 **앞서** 말하기로 의도한 것이며, 15:14-32에 있는 자료의 이전 단락을 **결론지으려는** 것(또는 심지어 종종 추측하듯이, 이것을 그의 최종적인 송영의 첫 번째 부분으로 보아야 하는 평강의 축복으로 이해하고, 이 평강의 축복과 사도가 16:25-27에서 최종적으로 빈 은혜의 축복 사이에 다른 자료들이 삽입되었다고 이해하는 것)이 아니다.

16:1a 불변화사 δέ("그러나", "그러면", "이제")는 그리스어 사본 전통 전체에서 광범위하게 입증을 받고 있다. 그러나 이 단어는 대문자 사본 D* F G에서 생략되었다. 생략된 독법을 문체적인 개선을 시도한 것으로 보고 그것이 원본은 아니라고 이해하는 것이 가장 좋을 것 같다.

1b절 Τὴν ἀδελφὴν ἡμῶν("우리의 자매")이라는 어구에서 대명사 ἡμῶν("우리의")은 대문자 사본 ℵ B C D Ψ(또한 *Byz* L)와 소문자 사본 33 1175 1739(범주 I), 1881(범주 II), 6 69 88 104 323 326 330 365 614 1241 1243 1505 1573 1735 1874 2344 2495(범주 III)의 입증을 받고 있으며, vg와 대부분의 syr 역본들에도 반영되었고, 암브로시아스테르의 지지를 받고 있다. 반면에 대명사 ὑμῶν("너희의")이 P^{46}, 대문자 사본 A F G P에 등장하

3) 앞에서 인용한 "An Anticipatory Comment with Respect to Our Treatment of 15:33"을 보라.
4) 본서 1647-49쪽을 보라.

며, it(즉 옛 라틴어 역본)와 cop^bo에 반영되었다. 이와 비슷하게 로마서 15:2에서 대명사 ἡμῶν("우리의")이 대명사 ὑμῶν("너희의")으로 대체된 독법은 대문자 사본 F G P에서 발견된다. 하지만 τὴν ἀδελφὴν ἡμῶν("우리의 자매")이 원본이었을 가능성이 매우 크다.

1c절 Οὖσαν καὶ διάκονον("그[그녀]는 집사이기도 하다")이라는 어구에서 καί(부사적으로 "심지어", "이와 마찬가지로", "역시"를 표시하기 위해 사용된 것이 분명함)가 있는 독법이 P^{46}과 대문자 사본 $ℵ^2$ B C*와 소문자 사본 81(범주 II) 1243(범주 III)의 지지를 받으며, cop^bo에도 반영되었다. 하지만 καί가 대문자 사본 ℵ* A C^2 D F G P Ψ(또한 *Byz* L)와 소문자 사본 33 1175(범주 I), 1881(범주 II), 6 69 88 104 323 326 330 365 614 1241 1505 1573 1735 1874 2344 2495(범주 III)에서는 부재하며, 이처럼 καί가 없는 독법은 라틴어 역본들과 cop^sa에서도 반영되었다.

$NA^{26/27}$과 $GNT^{3/4}$의 편집자들이 이곳 16:1에서 καί를 꺾쇠 괄호에 넣은 것에서 보듯이, καί의 존재나 부재에 대한 사본 증거는 많은 사람에게 균등하게 나뉜 것으로 보였다. 그런데 16:1에서 καί의 존재는 (1) 우리가 가지고 있는 가장 초기의 사본 증거(기원후 약 200년)인 P^{46}과 (2) 기원후 4세기경에 필사된 바티칸 사본(대문자 B 03) 등 우리의 가장 중요한 사본 증거들에 의해 입증을 받는다. 이 두 사본은 뵈뵈의 διάκονον("집사") 자질에 초점을 맞춘다. 후기의 필경사들은 초기 교회에서 여성들의 지도자직을 경시하려는 마음에 단순히 καί("심지어", "역시")의 부사적 사용을 생략한 것 같다. 하지만 필자는 16:1에서 καί("심지어", "역시")의 부사적 사용을 유지해야 한다고 믿는다. 두 가지 이유에서다. (1) 이 단어는 P^{46}이나 바티칸 사본(B 03)과 같은 중요한 사본 증거들로 입증받고 있으며, (2) 이 단어는 (아래 16:1-2 "석의와 주해"에서 좀 더 설명하겠지만) 초기 교회의 지도자직 역할에서 그리스도인의 여성들에 대한 바른 이해를 증언하는 까닭이다.

2a절 Αὐτὴν προσδέξησθε("그녀를 너희는 영접하라")의 어순, 즉 문장이 시작되는 곳에서 여성 단수 목적격 대명사 αὐτήν과 그다음에 이어지는 2인칭 복수 부정과거 가정법 동사 προσδέξησθε로 이루어진 어순은 로

마의 그리스도인들에게 뵈뵈의 중요성을 강조한다. "그녀[즉 뵈뵈]를 너희는 환영해야 한다." 이 독법은 대문자 사본 ℵ A P Ψ[또한 *Byz* L]와 소문자 사본 33 1175 1739(범주 I), 1881(범주 II), 6 69 88 104 323 326 330 365 614 1241 1243 1319 1505 1573 1735 1874 2344 2495(범주 III)의 입증을 받으며, vg에도 반영되었고, 암브로시아스테르의 지지를 받고 있다. 또한 P[46]이 이 독법을 지지하는 것 같다. 매우 초기의 이 중요한 사본은 이곳에 동사 προσδέξησθε만 있고, 대명사 αὐτήν은 분명히 바로 앞 구절에 비추어 이해해야 한다. 하지만 αὐτὴν προσδέξησθε("그녀를 너희는 영접하라")에서 προσδέξησθε αὐτήν("너희는 그녀를 영접하라")으로 바뀐 어순은 대문자 사본 B C D F G(과 비잔틴 계열의 모든 소문자 사본)에 등장한다.

이러한 역순은 일부 필경사가 시도한 "문체의 개선"으로 돌릴 수 있다. 하지만 이 이문의 어순은 여성 목적격 대명사 αὐτήν("그녀를")을 우월한 위치인 문장의 처음에서 좀 덜 강조되는 위치인 문장의 끝으로 옮긴 것이다. 이러한 어순의 변경은 필경사가 16:1에서 καί의 부사적 사용을 생략한 것으로 보이는 부분과 맥을 같이한다.

그러므로 필자는 αὐτὴν προσδέξησθε("그녀를 너희는 영접하라")를 원본으로 이해하는 것이 가장 좋다고 믿는다. 그래서 영어 번역에서는 (순전히 문체상의 이유로) 바울이 16:2에서 요청한 것을 "부탁하는데, 그녀를 받아줘라", "너희는 그녀를 영접해야 한다" 또는 "그녀를 받아들여라"와 같은 구어체로 번역하는 것이 필요다고 생각하지만, 바울의 원래 어순으로 보이는 독법에서 사도가 로마의 그리스도인 수신자들에게 편지하면서 뵈뵈를 특별히 강조하고 있었다는 사실("그녀를 너희는 영접해야 한다")을 늘 인식할 필요가 있다.

3a절 Πρεισκαν("브리스가")이라는 이름이 P[46]과 바티칸 사본(B 03)에 등장한다. 그 밖에 모든 초기 그리스어 사본은 이 이름을 약간 축약된 형태인 Πρίσκαν("브리스가")으로 제시한다. 하지만 소문자 사본 81 256 1881[c](범주 II), 104 323 365 614 629 630 1319 1505 1573 1735 1852 2495(범주 III)와 같은 여러 후기의 소문자 사본에는 약칭인

Πρισκιλλαν("브리스길라")이 등장한다. 이 약칭은 vg[mss] syr[bo]에도 반영되었고, 암브로시아스테르의 지지를 받는다. 이 이름은 사도행전 18:2, 18, 26, 고린도전서 16:19, 디모데후서 4:19에 있는 이 여성의 이름의 독법과 일치한다.

이 이름의 원래 형태는 아마도 (P[46]과 바티칸 사본에 있는 것처럼) Πρεισκα 이었거나 어쩌면 (그 밖에 초기의 대문자 사본에 있는 것처럼) 약간 축약된 형태인 Πρίσκα이었을 것이다. 약칭이자 좀 더 구어체인 이름이, 누가가 사도행전에서 사용하고 바울이 고린도전서와 디모데후서에서 사용한 것처럼, 이곳 로마서 16:3에서 후기의 필경사들에게 영향을 주었다는 것은 의심의 여지가 없다.

3b절 대문자 사본 D* ² F G에서는 καὶ τὴν κατ' οἶκον αὐτῶν ἐκκλησίαν("또한 그들의 집에 있는 교회")이라는 어구가 (나중에 16:5a에서보다는) 이곳 16:3b에 등장한다. 하지만 이처럼 16:5 끝에서 16:3 처음으로 위치가 변경된 것을 원본으로 진지하게 간주하기에는 사본 전통의 뒷받침이 너무 빈약하다. 이렇게 된 것은 16:5 도입부에 등장하는 이 어구가 일부 초기 해석자들에게 나중에 덧붙여진 것으로 보여 브리스가와 아굴라에 더 긴밀히 연결할 필요가 있다고 생각했기 때문인 것 같다. 9세기의 대문자 사본 P에는 καὶ τὴν κατ' οἶκον αὐτῶν ἐκκλησίαν("또한 그들의 집에 있는 교회")이라는 어구가 16:3과 16:5 두 곳 모두에 생략되었다. 그 시대에는 이 어구가 어디에 등장해야 하는지, 즉 16:3 끝인지 아니면 16:5 처음인지 확신이 없었기 때문이었을 것이다.

5a절 16:5의 축약된 문장인 καὶ τὴν κατ' οἶκον αὐτῶν ἐκκλησίαν("또한 그들의 집에 있는 교회[에도 문안하라]")의 존재와 위치는 16:3에서 언급된 브리스가와 아굴라에 연결되지는 않지만, 초기의 그리스어 사본의 광범위한 입증을 받고 있으므로 원본으로 받아들일 만하다(본서 16:3 "본문비평 주"를 보라).

5b절 바울이 "사랑하는 에배네도"를 ἀπαρχὴ...εἰς Χριστόν("그리스도께…처음 익은 열매")라고 언급한 것은 사본 전통에서 광범위한 지지를

받고 있다. P[46]과 6세기의 대문자 사본 D*(06)에 등장하는 이문 ἀπ' ἀρχῆς("처음부터")는 필경사의 오류일 가능성이 매우 크다. 이렇게 된 것은 ἀπαρχή("처음 열매")와 ἀπ' ἀρχῆς("처음부터")가 발음이 거의 동일하다는 데 그 까닭이 있다.

5c절 지정학적 언급인 τῆς 'Ασίας("아시아[지방]의")는 P[46]과 대문자 사본 ℵ A B C D* F G와 소문자 사본 1739(범주 I), 81 256 2127(범주 II), 6 263 365 424[c] 630 915 1319 1573 1852 1912 2110 2200(범주 III) 등으로써 광범위한 입증을 받는다. 하지만 τῆς 'Αχαίας("아가야의")라는 독법이 대문자 사본 D[1] P Ψ[또한 *Byz* L]와 비잔틴 계열의 수많은 소문자 사본에 등장한다. "아가야의"라는 독법은 필경사가 바울이 일찍이 고린도전서 16:15에서 "아가야[지방]의 첫 열매"라고 언급한 것과 일치시키려고 한 것일 가능성이 크다.

5d절 독법 εἰς Χριστόν("그리스도에게" 또는 "그리스도를 위하여")은 초기 사본 전체에서 강한 뒷받침을 받고 있다. 대문자 사본 D F G와 소문자 사본 1881(범주 II)과 323 1505(범주 III)에 등장하는 이문 ἐν Χριστῷ("그리스도 안에")는 필경사가 바울의 매우 특징적 표현인 "그리스도 안에" 또는 "그리스도 예수 안에"에 동화시키려고 했기 때문인 것으로 보인다.

6a절 16:6의 여인은 대문자 사본 A B C P Ψ와 소문자 사본 1739(범주 I), 104 365 1505 1573 1735 2495(범주 III)에서 Μαρίαν("마리아")으로 불린다. 이 이름은 콥트어 역본에도 반영되었다. 하지만 여성 이름인 Μαρίαμ("미리암")은 P[46]과 대문자 사본 ℵ D F G[또한 *Byz* L]와 소문자 사본 1175(범주 I), 1881(범주 II), 6 69 88 323 326 330 614 1241 1243 1319 1874 2344(범주 III)의 입증을 받는다. 그리스어 사본 전통의 증거는 거의 균등하게 나뉘어 있으며, 해석자들도 원본과 관련하여 거의 동일하게 나뉘어 있다. 그런데 Μαρίαμ("미리암")이라는 이름이 (1) P[46]의 지지를 받고, (2) 셈어에 속하는 이름이기에 이 문맥에서는 "더 난해한 독법"일 것이며, (3) Μαρίαν으로 바꾸는 것이 그 역보다 더 쉽기 때문에, 필자는 Μαρίαμ("미리암")이 원본이었을 것이라고 본다.

6b절 Εἰς ὑμᾶς("너희를 위하여")라는 표현은 P[46]과 대문자 사본 ℵ A B C P Ψ와 소문자 사본 1739(범주 I), 81 256 1881 2127(범주 II), 6 61 263 326 330 365 451 1243 1319 1505 1573 1718 1852 1908 1942 2110 2197 2495(범주 III) 등으로써 매우 광범위하게 입증을 받고 있다. 대문자 사본 D F G에 등장하는 이문 ἐν ὑμῶν("너희 안에" 또는 "너희 가운데")을 원본으로 고려하기에는 그 증거가 너무 빈약하다. 물론 이 이문이 바울의 상당히 독특한 표현이고, 그러한 이유로 일부 필경사들이 더 좋은 독법이라고 생각했을 개연성은 있지만 말이다. 마찬가지로 대문자 사본 C[2] [또는 *Byz* L]와 비잔틴 계열의 많은 소문자 사본들에서 발견되는 이문 ϵἰς ἡμᾶς("우리를 위하여") 역시 원본으로 고려하기에는 사본 전통에서 너무 빈약한 지지를 받는다.

7절 16:7에 제시된 두 번째 이름과 관련된 두 가지 문제는 무척 중요하다. 그것은 (1) 그 이름의 철자 및 (2) 그 이름에 부가된 악센트와 관련된다. 그 이름의 원래 철자와 관련해서는 Ἰουνιαν이 그리스어 사본 전통에서 대문자 사본 ℵ A B C D F G P의 입증을 받고 있다. 그러나 다른 철자인 Ἰουλιαν이 P[46]과 소문자 사본 6(범주 III)에 등장하며, 이 이문은 it[ar, b] vg[mss] cop[bo] eth에도 반영되었고, 히에로니무스의 지지를 받고 있다. (비록 P[46]의 입증을 받지 못하고 있음을 인정하지만) 이처럼 그리스어 대문자 사본으로부터 강력한 지지를 받고 있기 때문에 학자들은 Ἰουνιαν이 그 이름의 원철자였다는 것을 거의 의심하지 않는다.

하지만 이 이름에 악센트가 어디에 있는지, 즉 남성 이름(즉 Ἰουνιᾶν 또는 "유니아스")인지 아니면 여성 이름(즉 Ἰουνίαν 또는 "유니아")인지를 둘러싼 질문이 지난 반세기 동안 상당히 열띤 논쟁거리가 되었다. 물론 신약 본문의 그리스어에 악센트를 부과하는 일이 기원후 6세기에서야 비로소 유행하기 시작했다는 사실 때문에 이 이름의 악센트가 어떻게 되는지를 결정하는 것은 더욱 어렵게 되었다. 악센트를 채용하기 전에는 이 단어의 전후 문맥에 근거해서만 결정했었다. 성경의 대다수 본문에서는 구체적인 문맥과 상관없이 동떨어져 등장하는 그리스어 이름을 그 문맥에서 어떻게 이해해야 할지, 즉 남성으로 이해해야 할지 아니면 여성으로 이해해야 할지와 관련해서는 문제가 없지만, 그 이름이 남자 이름인지 아니면 여자 이름인지를 질문하는 것이 정당한 때가 왕왕 있다.

해석사를 살펴보면 (1) 교부 시대의 주석가들은 일반적으로 악센트가 없는 'Ιουνιαν을 여자 이름으로 다뤘으며, (2) 13세기부터 20세기 중엽의 대다수 주석가는 이 이름을 남성으로 이해하여 그 단어에 'Ιουνιᾶν 또는 "유니아스(Junias)"(유니아누스[Junianus]라는 이름의 축약형)로 악센트를 붙였고, (3) 20세기 중엽 이후 본문비평적 견해는 대체적으로 그 이름을 여성으로 선호하여 'Ιουνίαν 또는 "유니아(Junia)"라고 악센트를 붙였다.[5] 그리고 필자는 "유니아"라고 번역한 이 여성형 독법인 'Ιουνίαν을 받아들이면서 그녀가 안드로니고의 아내일 가능성이 크다고 본다. 사도는 이 그리스도인 부부가 자신의 고향 출신의 유대인 동포로서 초기에 그와 함께 옥에 있었고(아마도 로마의 관할 감옥인 가이사랴에 있었을 것이다), "사도들 중에서 뛰어난 사람"이며, 바울보다 먼저 예수를 믿는 신자가 되었다고 말한다.

8절 'Αμπλιᾶτον("암블리아투스")이라는 남자 이름은 P^{46}과 대문자 사본 ℵ A B* C^{vid} F G와 소문자 사본 1739*(범주 I)의 입증을 받고 있으며, 라틴어 역본들과 cop^{bo}에도 반영되었다. 그러나 축약된 남성형 'Αμπλιᾶν("암블리아")이 대문자 사본 B^2 D P Ψ(또한 *Byz* L)와 소문자 사본 33 1175(범주 I), 1881(범주 II), 69 88 104 323 326 330 614 1241 1243 1735 1874 2344(범주 III)에 등장한다. 'Απλίαν("아플리아")이라는 여성 이름은 소문

5) 이 쟁점에 대한 상당히 간략한 본문비평적 설명은 특히 R. R. Schulz, "Romans 16.7," 109-10; Cervin, "A Note regarding the Name 'Junia(s)' in Romans 16.7," 464-70; Epp, *Junia*, 45-46을 보라. 과거 20-30년 동안 많은 영어 번역은 이 이름을 남성 이름에서 여성 이름으로 이해하는 것으로 해석학적 변화를 분명히 표현했다. RSV, TEV, NJB, NIV, NASB에서는 이 이름을 "유니아스"(Junias)인 남성으로 읽었지만, NRSV, TNIV, REB에서는 이 이름을 "유니아"(Junia)로 개정했다(16세기 KJV 번역자들은 이 이름을 "유니아"로 번역하여 이것을 여성으로 이해한 것 같다). 그리고 오늘날 M.-J. Lagrange(1931), F. F. Bruce(1963), H. Schlier(1977), C. E. B. Cranfield(1979), U. Wilckens(1982), J. D. G. Dunn(1989), J. A. Fitzmyer(1993), D. J. Moo(1996), R. Jewett(2007)와 같은 주요한 로마서 주석가들은 이 이름을 여성으로 이해해야 한다고 주장했다.

자 사본 365 1319 1505 1573 2495(모두 범주 III)에서 발견되며, 이 독법은 cop^{sa}에도 반영되었다. 이처럼 여성으로 이해하는 것은 (1) "주 안에서 내 사랑하는"이라는 바울의 진술이나, (2) 8절의 이 이름이 7절의 여성 이름인 Ἰουνίαν 또는 "유니아"에 바로 이어 등장하는 것에 영향을 받았을 것이다. 하지만 Ἀμπλιᾶτον("암블리아투스")이라는 남자 이름이 P^{46}과 시나이 사본(ℵ 01)과 바티칸 사본(B 03) 같은 중요한 사본들에 의해 훨씬 더 좋은 지지를 받고 있으므로, 그것을 원본으로 받아들여야 한다.

9절　Ἐν Χριστῷ("그리스도 안에서")라는 표현에서 Χριστῷ라는 이름이 P^{46}과 대문자 사본 ℵ A B P(또한 *Byz* L)와 소문자 사본 33 1175 1739(범주 I), 1881(범주 II), 6 88 104 323 330 614 1241 1243 1505 1573 1735 1874 2344 2495(범주 III)의 입증을 받고 있으며, 모든 라틴어 역본과 cop^{bo}에도 반영되었고, 암브로시아스테르의 지지를 받고 있다. 하지만 대문자 사본 C D F G Ψ와 소문자 사본 81(범주 II), 326 365 630 1319(범주 III)에서는 여격의 ἐν Χριστῷ("그리스도 안에서") 대신에 여격의 κυρίῳ("주 안에서")가 사용되었다. 그러나 이 이문은 바로 앞뒤 문맥 여러 곳, 즉 16:2, 11, 12(2번), 13에서 "주 안에서"라는 표현이 반복해서 사용되는 것에 영향을 받은 것으로 이해해야 할 것 같다. 비록 이곳 16:9에서 "그리스도 안에서"라는 표현이 사본 증거에 의해 강하게 지지를 받고 있지만 말이다.

15a절　여자 이름인 Ἰουλίαν("율리아")는 대문자 사본 ℵ A B C^2 D P Ψ[또한 *Byz* L]와 소문자 사본 33 1175 1739(범주 I), 81 256 1881 1962 2127 2464(범주 II), 6 69 88 104 181 263 323 326 330 365 436 451 459 614 629 1241 1243 1319 1505 1573 1735 1852 1874 1877 1912 2200 2344 2492(범주 III)의 입증을 받으며, vg $syr^{p, h}$ $cop^{sa\ bo}$에도 반영되었고, 오리게네스^{lat} 크리소스토모스의 지지를 받고 있다. 하지만 악센트가 없는 형태의 Ἰουνιαν("유니아")이라는 이름이 대문자 사본 C* F G에서 등장한다. 이 이문은 남성으로 읽을 수도 있고 여성으로 읽을 수도 있다(앞 16:7 "본문비평 주"를 보라). 그러나 남성이든지 여성이든지 Ἰουνιαν("유니아")을 여기서 원본으로 간주하기에는 사본의 증거가 너무 빈약하다.

15b절 'Ιουλίαν("율리아")과 Νηρέα("네레오")라는 두 이름은 대문자 사본 ℵ A B C[c] D P Ψ[또한 *Byz* L]와 소문자 사본 33 1175 1739(범주 I), 81 1881 1962 2127 2464(범주 II), 6 69 88 104 181 323 326 330 365 436 451 614 629 630 1241 1243 1319 1505 1573 1735 1874 1877 2492 2495(범주 III)로 광범위하게 입증받고 있으며, 이 두 그리스어 이름은 라틴어와 시리아어 및 콥트어 역본들에도 반영되었다. 그러나 P[46]에는 'Ιουλίαν("율리아")과 Νηρέα("네레오")라는 두 이름이 Βηρέα("베레오")와 'Αουλίαν("아울리아")으로 등장한다. P[46]에 이 상당히 다른 두 이름이 등장하는 것은 본문비평학에서 늘 주목의 대상이 되어왔으며, 일반적으로 설명을 시도하지도 않았다. 물론 그런 이름들은 P[46]에 발견된다고 상정되는 이름 변경 패턴과 때때로 관련된다.

15c절 남자 이름인 'Ολυμπᾶν("올름바")은 그리스어 사본 전통에서 광범위하게 지지를 받고 있다. 이 이름은 공식적 이름인 'Ολυμπιδα("올룸피다")보다 더 짧고 더 구어체적이다. 그러나 공식적 이름인 'Ολυμπιδα는 9세기의 대문자 사본인 F와 G에 등장하며, 모든 라틴어 역본에서 올림피아뎀(Olympiadem)이라는 라틴어 이름으로 반영되었다. 초기의 여러 필경사들에 의해 어느 것이 이 사람 이름의 독법에 먼저 등장했는지, 즉 이것이 그를 올름바로 언급하는지 아니면 그를 올림피아뎀으로 언급하는지는 논쟁의 대상이 될 수 있다. 하지만 이곳 16:15에서 바울은 개인적으로 이 지인에게 안부를 전하면서 더 짧고 더 구어체적인 이름인 'Ολυμπᾶν("올름바")을 사용한다. 분명 바울은 그 사람을 단지 지인이 아니라 친구로 여겼기 때문이다.

형식/구조/상황

15:33의 평강의 축복 또는 평강의 기원은 이어지는 내용을 본문 앞에 있는 본론을 마무리하는 단락 또는 사도의 방문 단락과 다른 독특한 부분으로 구별한다. 이 평강의 축복은 상당히 표준적인 두 가지 서간체적 관습과 더불어 이 단락에서 15:33, 16:1-2, 16:3-16의 첫 세 부분의 시작을 표시하는

기능을 한다. 추가 자료가 덧붙여졌는데, 이는 바울이 개척했고 그의 보살핌 아래에 있는 모든 이방인 교회가 보내는 인사를 지역 회중으로 다양하게 모이는 로마의 그리스도인들에게 전달한다(16:16b).

15:33 - 평강의 축복 또는 평강의 기원: ὁ θεὸς τῆς εἰρήνης μετὰ πάντων ὑμῶν, "평강의 하나님께서 너희 모든 사람과 함께 계실지어다."

16:1 - 편지 전달자 추천: συνίστημι δὲ ὑμῖν Φοίβην τὴν ἀδελφὴν ἡμῶν, "내가 우리 자매 뵈뵈를 너희에게 추천하노니."

16:3-16a - 로마의 그리스도인들로 하여금 당시 로마에 살고 있던 바울의 많은 옛 동료와 친구 및 지인들에게 문안하고, 그 도시의 어떤 그리스도인 가정과 회중들에게도 문안하며, "거룩한 입맞춤으로 서로 문안하라"는 부탁: ἀσπάσασθε Πρίσκαν καὶ Ἀκύλαν 등등, "브리스가와 아굴라 등등에게 문안하라"

16:16b - "그리스도의 모든 [이방인] 교회"가 로마의 그리스도인들에게 보내는 안부 인사를 바울이 전달함.

15:33-16:16에 제시된 자료들 다음에 이어지는 16:17의 παρακαλῶ ὑμας ἀδελφοί("형제자매들이여! 내가 너희를 ["권하노니", 또는 "격려하노니"]")라는 표현은 이어지는 내용을 앞에 있는 내용과 분리시키는 기능을 한다(참조. 이와 똑같은 서간체적 표현이 일찍이 12:1과 15:30에서 사용되었다).

그래서 15:33-16:16으로 구성된 하위 단락이 다음과 같은 네 부분으로 구성되었다고 이해해야 한다.

1. 평강의 축복 또는 평강의 기원(15:33).
2. 뵈뵈 추천(16:1-2).
3. 로마의 그리스도인들로 하여금 당시 로마에 살고 있던 바울의 옛 동료, 친구, 지인들(과 그 도시의 어떤 그리스도인 가정과 회중들)에게 문안

하고, "거룩한 입맞춤으로 서로 문안하라"는 부탁(16:3-16a).

4. "그리스도의 모든 교회"로부터 로마의 그리스도인들에게 전달된 문안 인사(16:16b).

평강의 축복, 특정한 여성의 추천, 로마의 그리스도인들로 하여금 당시 로마에 살고 있던 바울의 옛 동료와 친구 및 지인들에게 문안하라는 부탁, 그리고 바울 자신의 이방인 교회들이 로마의 그리스도인 회중들에게 전하는 일반적인 문안 인사는 언뜻 보면 1세기의 기독교 지도자에 의해 기록된 거의 모든 편지의 결론에 걸맞은 상당히 표준적인 문안이며, 그러므로 바울이 이 편지에서 제시하고 있는 내용을 이해하는 데 그리 중요하지 않은 것으로 보일 수 있다. 하지만 로마서의 첫 결론 부분에 있는 이 네 부분 각각의 본질적인 내용은, 바울 당대의 기독교회의 상황과 관련되며 사도가 이 편지에서 논증하는 내용의 어떤 중요한 특징들과 관련된 암시들이다.

석의와 주해

I. 평강의 축복 또는 평강의 기원(15:33)

15:33 바울이 15:33의 도입부에 "평강의 하나님께서 너희 모든 사람과 함께 계실지어다"(ὁ δὲ θεὸς τῆς εἰρήνης μετὰ πάντων ὑμῶν)라는 평강의 축복 또는 기원을 포함시킨 까닭은 이것이 그리스도인 저자가 결론을 시작하는 표준적인 방법이었기 때문이 아니라, 그가 일찍이 14:1-15:13에서 다루었던 "강한 자"와 "약한 자" 사이에 있었던 논쟁과 관련하여 로마의 그리스도인들 사이에 평강이 있기를 강력히 바란다는 사실을 강조하고 싶었기 때문이었을 것이다. 그리고 현재의 이 자료 단락 바로 뒤에 이어지며 개인적인 내용을 다루는 하위 단락 16:17-23에, 로마서에서 은혜를 구하는 마지막 축복(16:20b) 바로 전에 등장하는 (1) 로마 신자들 사이의 "분쟁"과 일부 그리스도인들이 다른 그리스도인들을 "거치게 하는 것"에 대한 언급(16:17-18)과 (2) "평강의 하나님께서 사탄을 너희 발아래에서 상하게 하시

리라"는 또 다른 평강 진술이 포함되어 있기 때문에, (일찍이 5:1-11에서 표현된) "하나님과의 평강과 화목" 및 (14:1-15:13 전체에 표현된) "예수를 믿는 신자들 사이의 평강과 화목"에 대한 2개의 관심으로 인해, 바울이 그의 편지를 마무리하는 이 단락을 쓸 때 그의 마음이 무거웠을 것이라고 타당하게 추론할 수 있다. 더욱이 15:33의 평강의 축복에서 바울은 신앙을 고백하는 "예수를 따르는 자들"이 예수를 믿는 다른 신자들에 대해 가졌던 모든 적대적인 태도를 반대하고, 그 대신에 그리스도인 공동체 안에 있는 "평강"의 가장 적절한 특징, 즉 하나님과 다른 신자들과의 "화목"을 가져오는 "그리스도 안에 있는 생명"의 "온전함" 또는 "완전함"을 강조했다(바울이 일찍이 5:1-11의 신학적인 설명에서 제시했듯이 말이다).

II. 뵈뵈 추천(16:1-2)

16:1-2에 언급된 뵈뵈와 그녀에 대한 바울의 추천을 둘러싼 온갖 추측이 난무한다. 주로 (1) 바울이 뵈뵈에 대해 명시적으로 말하는 것이 무엇인지, (2) 뵈뵈가 로마의 그리스도인들에게 보내는 바울의 편지를 전달하면서 어떤 역할을 수행했는지, (3) 사도가 로마의 수신자들에게 보내는 편지의 내용을 설명하는 데 있어 뵈뵈가 수행한 역할은 무엇인지, (4) 뵈뵈를 추천하는 말에서 바울이 자신에 대한 로마 그리스도인들의 태도를 어떻게 이해했는지 또 그들에게 편지할 때 어떤 관심사를 가졌는지에 관해 시사하는 내용이 무엇인지, (5) 사도의 이방인 선교를 스페인까지 진척시키는 데 있어 뵈뵈가 감당할 역할에 대해 바울과 뵈뵈 두 사람이 기대한 바가 무엇인지 등을 다룬다.

바울이 뵈뵈에 대해 "우리 자매 뵈뵈"(Φοίβην τὴν ἀδελφὴν ἡμῶν)라고 말하는 부분에서, 바울이 뵈뵈를 예수를 믿는 참된 신자로 여겼다는 것은 분명하다. 더욱이 그는 뵈뵈를 (1) 고린도시의 항구인 "겐그레아 교회의 집사이기도 한(καὶ διάκονον)" 사람으로 칭찬한다. 이것은 그녀가 겐그레아에 있는 그리스도인 회중 가운데서 지도력을 발휘하는 위치에 있었음을 나타낸다. 또한 바울은 그녀가 (2) 자신과 그 지역의 다른 많은 그리스도인에게

"후원자" 또는 "보호자"(προστάτις)가 된다고 칭찬하기도 한다. 이것은 뵈뵈가 바울의 사역과 고린도와 그 인근 지역에서 예수를 믿는 다른 신자들의 사역에 상당히 전략적으로 관여해왔음을 암시한다.

뵈뵈가 바울의 편지를 로마의 그리스도인들에게 전달하며 수행했던 역할과 관련하여, 그녀가 바울의 편지를 자비로 고린도에서 로마로 전달한 것이 분명하다. 뵈뵈가 로마서의 내용을 로마의 그리스도인들에게 제시하고 해석하는 데 있어 수행했던 역할과 관련하여, 그녀가 로마의 그리스도인 지도자들과 회중들에게 바울의 편지를 제시했을 뿐만 아니라, (1) 바울이 이 편지에서 제시한 자료들을 그가 일찍이 사용한 것과 (2) 바울이 이러한 자료를 사용한 의도에 대해 중요한 정보를 제공하는 역할을 하기도 했다고 상정하는 것은 타당할 것이다. 한마디로 말해서, 뵈뵈는 바울이 고린도에서 사역하는 동안 바울의 보호자였으며, 로마서에 있는 내용을 십중팔구 바울의 입으로부터 직접 들었을 것이고, 적어도 편지의 몇몇 부분에서 바울과 그 지역의 다른 그리스도인들 간의 토론에 분명 참여했을 것이다. 그러므로 뵈뵈는 로마의 그리스도인들에게 (1) 바울이 다양한 단락에서 말한 내용과 (2) 바울이 각 단락에서 선포한 내용으로 전하고자 한 것, 그리고 (3) 바울이 편지의 어떤 중요한 단락들이 로마의 특정한 상황에서 어떻게 실천되도록 기대했는지를 설명하는 위치에 있었을 것이다. 뵈뵈는 다른 사람들에게 바울이 로마에 보낸 편지에 대한 첫 번째 주석가로 이해되어야 할 것이다. 그리고 로마서에 대한 모든 주석가, 교사 또는 설교자들은 로마서에 대해 글을 쓰거나 말하기 전에 바울이 이 편지에서 쓴 내용에 대해 뵈뵈가 설명한 내용에서 큰 유익을 얻었을 것이다.

앞에서 언급한 네 번째 문제, 즉 뵈뵈를 추천하는 바울의 말이 바울과 그의 메시지에 대한 로마 그리스도인들의 태도와 바울이 그들에게 편지를 쓸 때 품었던 관심사에 대해 암시하는 바가 무엇인지와 관련하여, 사도가 이런 식으로 뵈뵈를 추천할 수밖에 없다고 느꼈다는 사실이, (1) 로마의 그리스도인들이 그의 편지를 받고 그가 쓴 내용을 어떻게 이해했을지에 대해 어떤 의혹이 있었다는 것만 아니라 (2) 제기될 만한 질문이 무엇이든지 뵈뵈뵈가 분명히 설명하고 그가 기록한 것을 가장 잘 대변하리라고 바울이 확신했음을 암시한다는 사실을 주목할 필요가 있다. 사도가 이방인 선교를 스페인에서 진척시키는 일에 뵈뵈가 어떤 역할을 수행할지에 대해 바울과 뵈뵈 모두 기대했던 것과 관련해서는, (1) 뵈뵈의 재정적인 후원이 적어도 어느 범위에서 바울이 스페인의 이교도 이방인들을 위해 계획했던 선교적 노력에 계속되었을 것이며, (2) 뵈뵈가 보인 재정적 후원의 모범이 로마의 그리스도인들에게 로마 제국의 서쪽 지역에서 이방인들을 위해 사도가 진행할 사역을 비슷한 방법으로 지지하도록 고무했을 것이라고 믿는 것이 타당한 것 같다.

바울은 뵈뵈에 대해 더 이상 말을 하지 않는다. 분명 바울은 로마에서 뵈뵈의 인격과 행위가 그 도시의 그리스도인들에게 충분히 추천할 만하기 때문에 덧붙일 내용이 없다고 확신했을 것이다. 사도가 뵈뵈와 관련하여 로마의 그리스도인들에게 구체적으로 부탁하는 모든 것은 그들이 "주 안에서 성도들의 합당한 예절로 그를 영접하고 무엇이든지 그에게 소용되는 바를 도와"주라는 것이다. 이것은 외교적인 언어로 쓰였고 기독교적 열정으로 표현된 요청이다. 그럼에도 로마의 모든 기독교 분파는 이 요청을 로마에서뿐만 아니라 바울이 계획한 스페인 선교에서도 기독교 복음이 전파되도록 의도된 요청으로 이해했을 것이다.

III. 로마의 그리스도인들로 하여금 로마에 살고 있던 바울의 옛 동료와 친구 및 지인들과 그 도시의 어떤 그리스도인 가정과 회중들에게 문안하고 "거룩한 입맞춤으로 서로 문안하라"는 부탁(16:3-16a)

16:3-16a에 등장하는 문안 인사와 관련해 가장 눈에 띄는 특징들은 다음과 같다.

1. 바울은 그의 다른 편지들에서 하듯이 그리스도인 수신자들에게 자신의 문안 인사(또는 그의 동료, 친구, 지인들의 문안 인사)를 보내는 대신에, 로마의 그리스도인들이 당시 로마에 살고 있던 그의 옛 동료와

친구 및 지인들에게 문안 인사를 해달라고 부탁한다.[6)]

2. 바울은 로마의 그리스도인들이 제법 많은 수의 사람들에게 문안 인사를 해달라고 부탁한다.
3. 사도가 로마의 그리스도인들에게 그들의 문안 인사를 보내라고 부탁한 대부분의 사람에 대해 칭찬하는 내용이 있다.
4. 이러한 칭찬의 말은 주로 과거에 바울과 그의 이방인 선교에 협력했던 사람들과 관련이 있다.

골로새서 4:10-14과 빌레몬서 23-24에서 사도는 일련의 문안 인사에서 이와 비슷한 칭찬의 말을 한다. 하지만 이 칭찬들은 바울 자신의 문안 인사나 그가 다른 사람들의 문안 인사를 전달하는 문맥에 있다. 사도가 로마의 그리스도인들에게, 로마에 있는 그의 옛 동료와 친구 및 지인들에게 표현하라고 부탁한 문안 인사의 말미인 로마서 16:3-15에서만 바울은 "거룩한 입맞춤으로 서로 문안하라"(16:16a)는 좀 더 일반적인 권면을 첨가하고, "그리스도의 모든 [이방인] 교회"를 대신하여 문안 인사를 전달한다(16:16b).

이 목록에 언급된 사람들은 모두 예수를 믿는 유대인 신자들(또는 로마 당국이 유대인 출신의 그리스도인들과 관련이 있다고 여겼던 사람들)이었을 것이다. 유대인들은 기원후 49년에 클라우디우스의 칙령으로 인해 로마를 떠났지만, 추방령이 폐지된 이후(기원후 54년 클라우디우스 황제의 서거 이전에 "사실상" 폐지된 후든지 아니면 54년 서거 이후 "법적으로" 폐지된 후든지 간에) (1) 가족 문제나 경제적인 이유로 수도로 다시 돌아왔거나, 아니면 (2) 이러한 이유와 그 밖의 다른 개인적인 이유로 그곳에 머물렀다. 바울은 로마의 그리스도인들이 그의 옛 동료와 친구 및 지인들을 알게 되면 유익을 얻을 것이라고 생각하여 그들에게 문안하라고 부탁했을 것이다. 하지만 사도가 로마의 그리스도인들에게 문안하라고 부탁한 사람들은 이미 로마의 그리스도인 공동체 중 한 곳이나 다른 곳에 참여하고 있었으며, 단순히 방문자나 국외자가 아

6) 빌 4:21a의 요청이 유일한 예외다.

니었다. 짐작건대 그들은 로마에 있는 바울의 수신자들을 이미 잘 알고 있었으며, 소개받아야 할 낯선 사람들이 아니었다. 그래서 바울이 이 긴 문안 인사 목록을 제시함으로써 일차적으로 원하는 바가 로마 그리스도인들과의 관계에서 자신의 신용을 높이려고 것이었고, 그들 그리스도인 회중들에 속한 일부 사람들과 맺고 있던 개인적인 관계를 부각시킴으로써 그러한 목적을 달성하려 했다고 믿는 것은 순진한 것 같지 않다. 또는 해리 갬블(Harry Gamble)이 이 긴 목록의 안부 부탁과 관련하여 바르게 관찰했듯이,

> 서술적 어구들에서 개인들과 바울 자신 간의 관계가 비중 있게 강조된 점이 특히 눈에 띈다. 바울은 이 사람들을 자신과 연결하고, 또한 자신을 그들과 연결한다. 이러한 특징들로부터 구체적인 개인들에게 보내는 바울의 칭찬이 담긴 문안 인사들은 개인들을 그 공동체와 비교하여 존경을 받는 위치에 두고 있으며, 사도를 그들과 긴밀히 연결함으로써 바울 자신도 동일한 지위에 놓는 기능을 한다.[7)]

16:3-5a 우리로서는 바울이 16:3-15에서 열거한 신자들 대부분에 대해 실제로 아는 바가 거의 없다(학자들은 종종 그 사람들의 역사를 채우려고 하거나 그들을 이미 알려진 동일한 이름이나 비슷한 이름을 가진 사람들과 연결시키려고 한다). 이곳 16:3-5a에서 인용된 로마 출신의 첫 두 명의 초기 신자들인 브리스가와 아굴라 부부는 의심의 여지 없이 오늘날 바울의 편지를 읽는 독자들에게 가장 잘 알려진 사람들이다. 누가는 사도행전 18:2에서 바울이 로마 제국의 동쪽 지역에 살고 있는 이교도 이방인을 대상으로 두 번째 복음 사역을 하는 동안 "아굴라라 하는 본도에서 난 유대인 한 사람을 만나니 글라우디오가 모든 유대인을 명하여 '로마에서 떠나라' 한 고로 그가 그 아내 브리스길라[브리스가의 구어적·지소사적 형태]와 함께 이달리야로부

7) Gamble, *Textual History*, 92.

터 새로 온지라"고 전해준다.[8] 바울과 이 부부 사이의 관계에 대한 이야기는 세속적인 관심사나 기독교 사역 모두에서 진정한 우정과 긴밀한 협력에 관한 이야기다.

바울과 누가 모두 이 부부를 말할 때 일반적으로 브리스가가 먼저 언급된다는 사실은 브리스가가 그의 남편보다 더 높은 사회 계급 출신이었거나, 그녀가 다른 어떤 이유로 더 중요한 사람으로 여겨졌음을 시사한다. 아마도 아굴라는 로마에서 "자유인(또는 해방 노예)"이 되기 이전에 유대인 노예였다가 로마의 시민권을 가지고 있었던 브리스가 가문(*gens Prisca*)과 어떤 식으로든 관련이 있었던 그 지역의 한 여성과 결혼했을 것이다. 그들은 아굴라의 손재주와 브리스가의 지위와 돈과 연줄 등을 통해 로마에서 천막 만드는 일과 가죽 공예업을 세웠던 것으로 보인다. 그들 사업의 분점은 고린도와 에베소에도 있었을 것이다(참조. 행 18:2, 18-19, 26; 롬 16:3; 고전 16:19; 딤후 4:19). 그러나 브리스가와 아굴라는 예수를 믿는 신자이기도 했고, 아마도 로마에 살 때 (결혼하기 전에 개별적으로든지, 아니면 결혼한 후 함께) "그리스도를 따르는 자들"이 되었을 것이다. 그러나 기원후 49년에 클라우디우스 황제의 칙령으로 인해 두 사람은 로마를 떠나야 했고, 고린도에서 그들의 사업을 계속했다.

누가는 사도행전 18:1-4에서 우리에게 이렇게 말한다. "바울이 아덴을 떠나 고린도에 이르러…그들[브리스가/브리스길라와 아굴라]에게 가매…생업이 같으므로 함께 살며 일을 하니, 그 생업은 천막을 만드는 것이더라." 바울은 그들과 함께 거하며 "회당에서 강론하고 유대인과 헬라인을 권면하"였다. 나중에 누가가 사도행전 18:18-21에서 더 자세히 말해주는 것처럼, "바울은 더 여러 날 머물다가 신자들과 작별하고 배 타고 시리아로

---

8) 누가는 그의 책에서 언급하고 있는 사람들의 이름(예. 실라, 소바더, 브리스길라, 아볼로)을 습관적으로 좀 더 구어체와 지소사형으로 사용했다. 반면에 바울은 일반적으로 그의 친구들을 좀 더 공식적인 이름(예. 실루아노, 소시바더, 브리스가, 에바브로디도)으로 언급한다. 물론 바울이 어떤 상황에서는 좀 더 구어체와 지소사형으로 그의 친구 몇 사람(예. 아볼로, 에바브라)을 언급하지만 말이다.

떠나갈새 브리스길라와 아굴라도 함께 하"였으며, 시리아로 항해하는 동안 브리스가와 아굴라가 배에서 내려 에베소에 주거지를 마련하였다(이곳에 그들은 천막 만드는 일과 가죽 공예 사업의 또 다른 지부를 가지고 있었던 것 같다).

누가가 계속해서 우리에게 사도행전 18:24-26에서 말해주듯이, 브리스가와 아굴라는 에베소에서 아볼로가 기독교 복음을 자기가 알던 대로 선포하고 있다는 소식을 들었다. 두 사람은 아볼로가 복음을 전한다는 소식을 듣고 "그를 자기 집으로 초대하여 그에게 하나님의 도를 더 정확하게 풀어 설명했다." 더욱이 고린도전서 16:29로부터 우리는 바울이 에베소에서 브리스가 및 아굴라와 합류했으며, 그들이 오랫동안 함께 기독교 사역을 수행했다는 것을 알 수 있다. 브리스가와 아굴라가 언제 그들의 고향인 로마로 돌아갔는지에 대해 우리로서는 아는 바가 없다. 하지만 그들이 클라우디우스의 유대인 추방령이 약화되었거나 철회된 이후, 즉 황제가 죽은 54년 이전이나 이후에 돌아가고 싶어 했다는 것은 지극히 자연스러울 것이다.

마찬가지로, 우리는 그 칙령이 더 이상 효력을 지니지 못하게 된 이후 브리스가와 아굴라가 로마로 돌아간 중요한 동기가 무엇이었는지에 대해서도 아는 바가 없다. 아마도 황제의 수도에서 그들의 사업을 다시 일으키기 위해서였을 것이다. 그러나 그들이 로마로 돌아간 이유에 바울이 로마를 방문하려는 계획에 맞춰 그들이 바울을 지지해주었으면 하는 바람도 포함되었을지 모른다. 사도는 틀림없이 고린도와 에베소 두 곳에서 그들과 이 문제로 여러 번 이야기를 나눴을 것이다. 하지만 이곳 16:3-5a에서 바울은 그의 옛 동료이자 친구인 두 사람의 기독교 사역과 관련하여 특별히 주목할 만한 두 가지 문제만 언급한다. (1) 그들은 바울의 과거 이방인 사역에서 바울을 위해 자신들의 목숨을 내놓았다(누가가 행 19:23-41에서 말한 폭동이 일어나는 동안 그를 도와 죽음의 문턱에서 구원해낸 것). (2) 그들의 가정에서 모이는 로마 신자들의 공동체가 있었다. 그래서 사도는 세속 사업과 기독교 사업에서 모두 친구 및 동료로서 매우 가깝게 지냈던 이 유대 그리스도인 부부에 대해 말함으로써, 로마 그리스도인들로 하여금 이들에게 문안 인사를 하라고 부탁하는 목록을 시작한다. 바울은 로마의 그리스도인들이 이 부부를 매우 존중한다는 것을 알고 있었으며, 그들의 높은 평판이 어느 정도는 자신에게도 긍정적인 영향을 미치기를 소망했을 것이다.

16:5b-6 바울이 로마 그리스도인들에게 문안해달라고 부탁하는 사람들 중에서 강조되는 특별한 두 사람은 (1) 그가 "아시아[지방]에서 그리스도께 처음 맺은 열매(즉 첫 회심자)"로 묘사하는 "사랑하는 친구 에베네도"와 (2) 미리암이라는 이름을 가진 한 여성이다. 바울은 미리암이 "너희를 위하여 많이 수고했다"고 말한다.[9] 에베네도와 미리암이 신약성경의 다른 곳에서는 언급되지 않았지만, 우리는 (1) 바울이 이 두 사람을 각각 기원후 49년의 클라우디우스의 칙령 이후 로마로부터 난민으로 떠나왔을 때 그의 이방인 선교 기간 언젠가 어느 곳에서 만났으며, (2) 그가 "그리스도를 따르는 자들"인 두 사람에 대한 이야기를 그들로부터만 아니라 다른 사람들로부터도 들었고, (3) 기원후 54년 클라우디우스가 죽은 다음 그의 칙령이 약화되거나 법적으로 폐지된 이후 어느 때에 그들이 로마로 돌아왔으며, (4) 그들이 초창기에 로마의 그리스도인 공동체를 세운 사람들이었던 까닭에 로마 그리스도인들에 의해 매우 존중받고 있었고, (5) 바울은 로마의 그리스도인들이 자신을 로마 기독교의 성장에 대해서뿐만 아니라 로마 제국 전체에 기독교 복음을 확장하는 일에 대해서도 동일한 관심을 가지고 있는 이 두 사람과 밀접하게 관계가 있는 것으로 봐주기를 원했다고 볼 수 있다.

16:7 바울은 다음으로 안드로니고와 유니아에게 문안 인사를 보내라고 부탁한다. 두 사람은 로마 신자들 사이에서 특별한 주목을 받았던 부부였을 가능성이 매우 크다.[10] 바울은 이 부부에 대해 네 가지 매우 중요한 점을 말한다. (1) 그들은 바울의 고향 출신의 동포(즉 유다에서 로마로 이주

---

9) 아시아에 대한 지역 명칭과 미리암이라는 여자 이름을 지지하는 그리스어 사본 전통에 대해서는 앞에서 언급한 16:5c와 16:6a의 "본문비평 주"를 보라.

10) 악센트가 있고 없고 간에 여자의 이름으로서 Ἰουνιαν이라는 이름에 대해서는 앞에 있는 16:7의 "본문비평 주"를 보라.

한 유대인 부부)였다는 점, (2) 두 사람은 (아마도 가이사랴에 있는 로마 관할의 동일한 감옥에) "나와 함께 갇혔었다"는 점, (3) "그들은 사도들 사이에서 뛰어난 사람들"이라는 점(먼저는 유대인의 고국에서, 그다음에는 로마에서 기독교 사역을 수행하는 일에서 그러했을 것이다), 그리고 (4) "그들은 나보다 먼저 '그리스도 안에' 있는 자들이었다"는 점 등이다.

더글러스 캠벨(Douglas Campbell)은 다음의 내용을 상정했는데, 그는 분명히 옳다. (1) 나사렛 예수를 이스라엘의 메시아와 인류의 주님으로 믿는 신앙이 바울의 이방인 선교보다 더 이른 시기에 로마에 자리잡았다는 것, (2) 그 믿음은 로마령 유다 출신의 유대인 신자들을 통해 생겨났다는 것, (3) 이러한 이해가 당시 로마에 살고 있었고 바울이 매우 칭찬한 유대 그리스도인 부부인 안드로니고와 유니아의 삶과 사역을 조명했을 점이라는 것 등이다.

> 로마에 있는 공동체에게 맨 처음 끼친 기독교의 영향은 의심의 여지 없이 이른 시기에 발생하기도 했고 유대적 영향이기도 했다. 그러므로 그 공동체의 신학적 전통들은 부활 사건 이후 가장 초기 시대, 즉 사도 부부인 유니아와 안드로니고와의 특별한 관계로 거슬러 올라간다(롬 16:7). 이들은 바울보다도 더 오래전에 그리스도인이 되었고, 지도자들로 있었으며, 그래서 거의 확실하게 유다 출신이었다.[11)]

우리가 믿듯이 당대 상황에 대한 캠벨의 이해가 정확하다면, 우리는 바울이 16:7에서 언급한 이 유대 그리스도인 부부를 로마의 기독교 개척과 초창기 기독교의 안녕에서 매우 중요한 사람들이자 로마의 그리스도인들 사이에서 매우 존경받는 사람들로 분류하고 열거하는 이유를 이해하도록 해주는 통찰을 얻는다. 바울은 브리스가와 아굴라, 에배네도, 미리암과 나란히 안드로니고와 유니아 부부를 포함시키며, 그들을 "나의 고향 출신의 동포"

11) D. A. Campbell, "The Story of Jesus in Romans and Galatians," 116.

로, "나와 함께 갇혔던" 사람들로, "사도들 가운데서 뛰어난 사람"으로, "나보다 먼저 '그리스도 안에' 있는 사람"으로 언급한다.

브리스가와 아굴라, 에배네도, 미리암[마리아], 그리고 안드로니고와 유니아는 로마 제국의 수도인 로마에서 기독교를 세우는 일에 초석이 되었던 사람들이었던 것 같다. 그리고 (1) 바울이 유대인과 유대인 출신의 그리스도인들이 로마에서 추방을 당했을 때(즉 기원후 49-54년경) 그들을 만나 그들을 자신의 동료와 친구 및 지인들로 여겼으며, (2) 그가 로마의 그리스도인들도 그들의 도시에서 기독교의 초석을 놓고 세우는 일에 특별히 중요한 사람들로 존경했다고 본 사람들이 바로 이 유대 출신의 초기 그리스도인들이었다. 그래서 바울은 로마의 그리스도인들에게, 이들에게 문안하라고 부탁한다. 그들은 클라우디우스의 유대인 추방령이 약화되었거나 폐지된 이후 최근에 로마로 돌아왔을 것이다. 분명 바울은, 여전히 로마의 그리스도인들에 의해 존경받고 있을 가능성이 크기에 그를 대신하여 말할 수 있었던 유대 그리스도인 "믿음의 영웅들"과 연합하는 것이 어느 정도 그에게도 유익이 될 것이라는 소망을 가지고 이렇게 요청하고 있다.

16:8-15 바울이 당시 로마에 살고 있던 그의 유명한 옛 동료와 친구들 및 지인들로 여긴 듯한 16:3-7의 중요한 신자들 목록은 16:8-15에 있는 좀 더 긴 다른 로마 신자들 목록으로 보충된다. 분명 사도는 로마에 있는 그리스도인 수신자들이 이들을 그가 로마 제국의 동쪽 지역에서 사역하는 동안 만나고 알고 함께 지내던 사람들로 이해해주기를 원했다. 바울은 로마의 그리스도인들에게 그들에게도 문안하라고 부탁하며, 그들을 특별히 존중하고, 로마의 신자들이 바울 자신을 그들과 관련해서 생각해주기를 바란다. "친구를 보면 그 사람을 알 수 있다"는 상식적인 격언을 이용하여 바울은 이 몇 구절에서 로마의 그리스도인들에게 그의 옛 동료와 친구 및 지인들과 관련하여 자신의 인격, 자신이 전한 기독교 복음, 그리고 자신의 이방인 선교를 받아들이라고 부탁하며, 그래서 그를 용납하고 그를 위해 기도하며, 그가 계획한 스페인 복음 사역을 하는 데 재정적으로 뒷받침해주기를 부탁하고 있는 것 같다.

16:16a 바울이 로마의 그리스도인들에게 16:3-15에서 언급한 그의 옛 동료와 친구 및 지인들에게 전하라는 이 긴 안부 인사의 목록은, 16:16a에서 로마의 그리스도인들에게 "너희가 거룩하게 입맞춤으로써 서로 문안하라"는 사도의 요청으로 마무리된다. 결과적으로, 그들은 이렇게 함으로써 그들의 생각과 행동, 특히 개인적으로 바울과 그의 이방인 선교, 기독교 복음에 대한 바울 자신의 상황화, 그리고 그가 계획한 스페인 복음 사역과 관련한 그들의 생각과 행동에서 하나가 될 것이다.

IV. "그리스도의 모든 교회"로부터 로마의 그리스도인들에게 전달된 문안 인사(16:16b)

바울은 16:16b에서 "그리스도의 모든 교회"로부터 로마의 그리스도인들에게 문안 인사를 전함으로써 이 전체 단락을 마무리한다. 이 "그리스도의 교회들"은 로마 제국 동쪽의 다양한 지방에서 분명 바울 자신이 직접적으로든지 혹은 그의 개종자들의 사역을 통해서든지 세웠고, 그의 동료와 목회 서신들 및 간헐적인 방문을 통해 "교회를 세운 아버지"로서 그들과 지속적으로 연락을 주고받았던, 신자들의 회중들이었을 것이다. 이렇게 말함으로써, 바울은 (1) 이방인을 위한 하나님의 사도로서 이러한 문안 인사를 보내는 자신의 권위를 천명하고 있다. 그는 이방인 세계에 복음 메시지를 선포하라고 하나님으로부터 임명을 받았기 때문이다. 또한 바울은 (2) 그리스-로마 세계의 동쪽 지역 전체에 있는 이방인 출신의 그리스도인들과의 관계를 강조한다. 그는 그들을 대신하여 말할 수 있는 특히 중요한 지위를 견지해왔기 때문이다. 그리고 그는 (3) 로마에 있는 그리스도인 수신자들에게 그의 이방인 사역의 타당성, 특히 그가 기독교 복음을 이방인들에게 상황화한 것의 정당성, 그리고 그의 이방인 선교를 통해 하나님께로 인도함을 받은 모든 이방인 신자들과 함께 소유하고 있는 그들의 영적인 하나 됨을 인정하면서 이 이방인 교회들과 연합하라고 초청한다.

제프리 와이마(Jeffrey Weima)가 이 문안 인사와 관련하여 적절히 관찰했듯이,

> 바울이 이처럼 광범위하게("모든 교회") 다른 사람들의 문안 인사를 전달한 곳은 없다. 여기서 바울은 로마인들에게 자신을 아가야, 마게도냐, 아시아, 갈라디아, 시리아, 그리고 그 밖에 제국의 여러 동쪽 지역에 있는 모든 교회의 공식적인 지지를 받는 사람으로 제시하는 것 같다. 더욱이 그들의 후원은 바울의 복음이 지중해 세계 전역에 있는 신자들 사이에서 검증된 실적을 가지고 있음을 증명한다. 결과적으로 이 문안 인사는 로마의 신자들에게 바울의 사도권과 그의 복음의 권위를 인정하여 다른 교회들과 연합하라고 암묵적으로 도전한다.[12)]

또는 제임스 던이 약간은 평범하지만 더욱 간결하게 이 문제들을 진술했듯이, "그러므로 문안 인사에는 '정치적인' 어조가 담겨 있다. 바울은 이 모든 교회를 위해 말하고 있으며, 그 교회들은 그의 선교에서 그를 지지하고 있다."[13)]

성경신학

15:33-16:16의 이 첫 번째 결론 단락에서 성경신학의 구성과 특히 관련이 있는 것은 (1) 사도가 "우리 자매", "겐그레아 교회의 집사" 그리고 "여러 사람과 나의 보호자"라고 말하며 뵈뵈를 추천한 것과, (2) 바울이 9명의 그리스도인 여자들에 대해 언급한 것이다. 바울은 이 여인들을, 로마에서 또 그가 하나님께 받은 이방인 선교를 수행한 다양한 도시와 마을과 지역에서 그들이 헌신한 기독교 사역으로 인해, 자신의 옛 동료와 친구 및 존경하는 사람들로 생각했다. 분명 사도는 그의 이방인 복음전도 사역에서 개인적으로 이 여자들을 만났고 로마의 그리스도인들도 그들을 매우 존경하고 있었다고 믿었다. 그들은 바울이 구체적으로 이름을 밝힌 일곱 명의 그리스도인 여자들(즉 브리스가, 미리암, 유니아, 드루배나, 드루보사, 버시, 율리아 등)이다.

---

12) Weima, *Neglected Endings*, 227.

13) Dunn, *Romans* 2.899.

이와 더불어 다른 2명의 여자(즉 이름을 밝히지 않은 "루포의 어머니"와 이름을 밝히지 않은 "네레오의 자매" 등)가 그들의 아들이나 형제들과 관련하여 언급된다. 기독교 사역에서 이처럼 여자들을 언급한 것은 초기 기독교의 가장 이른 시기에 예수를 믿는 여자들을 하나님이 일꾼으로 세우셨고, 믿는 남자들의 사역만큼 중요한 사역에 그들이 종사했다는 사실을 반영한다.

초기 교회에서 여자들이 중요한 역할을 수행했다. 그리고 (신약성경의 다른 본문들을 비롯하여) 이 본문에서 분명하게 드러나는 점은 초기 교회에서 기독교 사역이 남자들에게 한정되지 않았다는 사실이다. 사실 기독교 사역의 "남자와 여자 모두"라는 현상은 사도 베드로가 (욜 2:28에서 예언자가 전했듯이, 구원사의 이 마지막 시기에 하나님의 미래 행위에 관한 그분의 약속을 인용하면서) 사도행전 2:17에서 선포할 때 염두에 두었던 내용이다. "하나님이 말씀하시기를, 말세에 내가 내 영을 **모든 사람**에게 부어 주리니, 너희의 **자녀들은 예언할 것**이요, 너희의 젊은이들은 환상을 보고, 너희의 늙은이들은 꿈을 꾸리라."

베드로는 실제로 그 구약 예언에 사도행전 2:18에서 발견할 수 있는 자신만의 독특한 강조를 삽입하여 요엘 2:28의 정확한 표현을 다소 넘어선다. 그 예언은 약간 반복적인 방식으로 표현되었다. "그때에 내가 내 영을 내 **남**종과 **여**종들에게 부어 주리니, **그들이 예언할 것**이요." 사실 이곳 로마서 15:33-16:16에서 바울의 진술이 반영하는 것은 기독교 사역의 "남자와 여자 모두"에 대한 강조다. 그리고 현대에 성경신학을 구축하는 데 있어 포착하고 표현해야 할 것이 바로 이 부분에 대한 강조다.

이와 마찬가지로, 바울이 이 본문에서 다수의 동료와 친구 및 지인들(10명의 여자들 및 19명의 남자들)을 언급한 것은 그가 하나님의 사역을 수행하면서 자신을 "고독한 총잡이"로 여기지 않았음을 암시한다. 바울은 그의 사역마다 그와 함께 사역했던 여러 신자를 끌어들였다.[14] 그리고 이러한 동료들 간의 협력관계는 우리의 신학적인 작업에서도 늘 표현되어야 한다. 우

14) 특히 Ellis, "Paul and His Co-Workers," 437-52을 참조하라.

리의 석의, 여담, 각주, 다양한 자료를 조직함, 그리고 우리의 진술의 미묘한 차이들을 구성함에 있어서 말이다.

현대를 위한 상황화

인정하건대, 우리는 평강의 축복, 뵈뵈의 추천, 그리고 다른 사람들에게 부탁한 일련의 문안 인사에서 기독교 신학, 기독교적 선포 또는 그리스도인의 삶에 관한 교훈을 많이 얻지는 못할 것이다. 하지만 다소간 간접적으로 우리는 바울에게 이러한 동료와 친구 및 지인들 집단이 필요했다면 우리도 그러하다는 것을 추론할 수 있다. 사실 친한 동료나 진정한 친구나 지인 집단이 없는 그리스도인의 삶은 매우 건강하지 못하다. 마찬가지로 기독교 사역을 "고독한 총잡이"로 수행하는 것 역시 그 사람에게 개인적으로 매우 심각한 결과를 수반하며, 매우 자주 자신의 사역에 비참한 결과가 뒤따른다.

우리의 메시지는 (1) 인격적으로나 개인적으로 "그리스도 안에" 있는 것과, (2) 그리스도인들로서 사고에 있어서만 아니라 삶과 생활에 있어서도 "그리스도의 몸"에 속한 구성원이며 다른 사람들과의 연합됨을 모두 강조하는 복음의 메시지다. 그래서 바울은 로마에 보내는 그의 편지를 마무리하는 이 첫 번째 하위 단락에서 우리 독자들을 자신과 연관시키고, 진정으로 "그리스도를 따르는" 모든 사람과의 교제, 즉 과거와 현재뿐만 아니라 미래의 모든 신자와의 교제로 이끈다.

X. 개인적인 후기, 추가된 안부와 송영(16:17-27)

번역

16:17 형제자매들아! 내가 너희를 권하노니 너희가 배운 교훈을 거슬러 분쟁
을 일으키거나 거치게 하는 자들을 살피고 그들에게서 떠나라. 18 이같은 자
들은 우리 주 그리스도를 섬기지 아니하고 다만 자기들의 식욕만 섬기나
니, 교활한 말과 아첨하는 말로 순진한 자들의 마음을 미혹하느니라. 19 너
희의 순종함이 모든 사람에게 들리는지라. 그러므로 내가 너희로 말미암아
기뻐하노니, 그러나 나는 너희가 선한 데 지혜롭고 악한 데 미련하기를 원
하노라. 20a 평강의 하나님께서 속히 사탄을 너희 발 아래에서 상하게 하시
리라.

20b 우리 주 예수의 은혜가 너희에게 있을지어다. 아멘!

---

21 나의 동역자 디모데와 나의 친척 누기오와 야손과 소시바더가 너희
에게 문안하느니라. 22 [이 편지를 기록하는 나 더디오도 주 안에서 너희에
게 문안하노라.] 23 나와 이곳의 온 교회를 돌보아 주는 가이오도 너희에게
문안하고, 이 성의 재무관 에라스도와 형제 구아도도 너희에게 문안하느
니라.

25 나의 복음, 즉 예수 그리스도를 전파함은 영세 전부터 감추어졌다가
26 이제는 나타내신 바 되었으며, 영원하신 하나님의 명을 따라 예언자들의
글로 말미암아 모든 민족이 믿어 순종하게 하시려고 알게 하신 바 그 비밀
의 계시를 따라 된 것이니, 이제 이 복음으로 너희를 능히 견고하게 하실
27 지혜로우신 하나님께 예수 그리스도로 말미암아 영광이 세세 무궁하도록
있을지어다.

본문비평 주

16:17-20과 25-27 로버트 주이트는 과거나 현대를 막론하고 수많은 신약학자와 더불어 16:17-20a의 "추가 권면들"과 16:25-27의 "송영"이 후기의 필경사들이나 필사자들에 의해 본문에 삽입된 "추가 내용"(즉 "주석" 또는 "관련 없는 자료")이라는 입장을 가장 능숙하게 주장했다. 이러한 "추가 내용"에 대한 주이트의 주장은 이 두 본문이 (1) 그 위치에 있어 사도의 로마서에 있는 "주목할 만한 대칭"과 부합하지 않으며,[1] (2) "로마서의 나머지 부분과 비교하여 문체와 논리적인 발전에서 다르다"[2]는 (많은 신약학자의 관찰만 아니라) 그의 관찰에 근거한다. 그러나 우리는 바울이 16:17-20a과 25-27에서 제시하는 내용이 그의 다른 서신의 개인적인 후기에서 쓴 내용과 어느 정도 다르다는 것을 인정하지만, 다음과 같은 방식으로 이해하기를 원했다고 믿는다. 곧 (1) 바울이 로마서 앞부분에서 제시한 것과 관련이 있다는 것, (2) 그가 16:17-27(16:24은 빼고)에서 개인적인 후기를 쓴 그의 몇 가지 목적을 부각시키고 있다는 것, (3) 특히 16:25-27의 송영에서 그가 일찍이 로마서 앞부분에서 쓴 많은 주요 주제와 취지들(이 주제들에 대해서는 해당 본문을 주석하며 설명할 것이다)을 요약하고 있다는 것이다.

20a절 16:20의 후반부에 위치한 은혜의 축복은, 이 본문에 Ἰησοῦ라는 단독적인 이름이 사용되었든지 Ἰησοῦ Χριστοῦ라는 복합적인 이름이 사용되었든지 간에, P^{46}과 대문자 사본 ℵ A B C Ψ 0150과 소문자 사본 33(범주 I), 1881 256(범주 II), 104 263 436 1319 1573 1852(범주 III)에 의해 폭넓게 입증을 받고 있으며, syr^{p}에도 반영되었다. 하지만 대문자 사본 D F G와 같은 일부 사본들은 이 은혜의 축복을 16:23 끝에(즉 16:24의 내용으로) 배치한다. 이 위치는 $it^{d^*, f, g, mon, o}$에도 반영되었다. "서방" 본문에 은혜의 축복이 이 위치에 배치된 이유는 16:21-23의 안부 인사가 나중에 생

1) Jewett, *Romans*, 50을 보라.

2) Jewett, *Romans*, 986-96(16:17-20a에 대하여), 997-1011(16:25-27에 대하여)을 보라. 또한 Jewett가 이 입장을 뒷받침하면서 인용하는 해석자들을 주목하라.

각한 것이거나 덧붙여진 후기로 보이지 않게 하려고 그런 것 같다. 대문자 사본 Ψ[또한 *Byz* L]와 소문자 사본 1175(범주 I), 6 365 1241 1912 2200(범주 III)에 등장하듯이, 다른 사본들에는 이 은혜의 축복이 16:20의 끝부분과 16:23의 끝부분(즉 16:24의 내용으로)에 다 있다. 이 위치는 it^{ar} syr^{h}에도 반영되었다. 그러나 16:24에서 표현된 사도의 은혜의 축복의 두 번째 등장을 받아들이기에는 그리스어 사본의 증거가 너무 빈약하다(아래 24절을 보라).

이 이외에도 이 은혜의 축복이 16:25-27의 송영 다음에 놓이는 사본도 있다. 이 위치는 9세기 대문자 사본 P와 소문자 사본 33(범주 I), 256(범주 II), 104 263 436 459 1319 1573 1852(범주 III)의 지지를 받고 있으며, vg^{ms} syr^{p}에도 반영되었고, 암브로시아스테르의 지지를 받는다. 이러한 위치는 의심의 여지 없이 로마서 전체를 적합한 결론으로 이르게 하려는 의도 때문이다. 하지만 은혜의 축복을 로마서의 마지막 말로 둔 이 위치와 관련하여 브루스 메츠거가 표현했듯이, "그러나 만일 이 은혜의 축복이 원래 이 위치에 있었다면, 그것을 더 앞으로 이동해야 할 좋은 구실은 없다."[3]

확증하는 "아멘"의 존재 및 위치와 관련해서뿐만 아니라 16:17-27에 있는 바울의 "개인적인 후기"에서 은혜의 축복의 존재 및 위치와 관련한 많은 논의는 바울의 로마서의 소위 짧은 형태, 중간 형태, 긴 형태에 대한 자신의 의견이 무엇이냐에 달려 있다.[4] 하지만 사본상의 증거는 은혜의 축복('Ιησοῦ라는 단독적인 이름으로든지 'Ιησοῦ Χριστοῦ라는 복합적인 이름으로든지)이 준(準)제의적인 "아멘"과 함께 16:20b에 있는 것이 원본이(며, 16세기 중엽에 나뉜 구절에 따라 전통적으로 16:24로 알려진 부분의 내용으로는 매우 의심쩍다고 보아야 한)다. 그러므로 우리의 번역에는 16:20b에 은혜의 축복과 확증하는 "아멘"을 다 포함시켰지만, 16:17-27에서는 둘 중 어느 것도 포함시키지 않았다.

---

3) Metzger, *Textual Commentary*, 476.

4) 원래 편지의 형식에 대한 앞선 토론은 R. N. Longenecker, *Introducing Romans*, 19-30을 보라.

20b절 16:20 후반부에 있는 은혜의 축복은 Ἰησοῦ("예수")라는 독립적인 이름이나 Ἰησοῦ Χριστοῦ("예수 그리스도")라는 복합적인 이름을 사용한 것으로 이해할 수 있다. "우리 주"라는 칭호 뒤에 있는 단독 이름인 "예수", 즉 ἡ χάρις τοῦ κυρίου ἡμῶν Ἰησοῦ μεθ' ὑμῶν("우리 주 예수의 은혜가 너희와 함께 있기를!")은 P^{46}과 대문자 사본 א와 B, 소문자 사본 1881 (범주 II)의 입증을 받는다. "우리 주"라는 칭호 뒤에 있는 복합적 이름인 "예수 그리스도", 즉 ἡ χάρις τοῦ κυρίου ἡμῶν Ἰησοῦ Χριστοῦ μεθ' ὑμῶν("우리 주 예수의 은혜가 너희와 함께 있기를!")은 A C P Ψ 0150[또한 *Byz* L], 소문자 사본 33 1175 1739(범주 I), 81 256 2127 2464(범주 II), 6 104 263 365 459 1241 1319 1573 1852 1912 2200(범주 III)의 입증을 받고 있으며, 이 복합적인 용례는 $it^{ar, b, (d2),}$ $vg^{p, h}$ $cop^{sa, bo}$에도 반영되었고, 오리게네스^{lat} 크리소스토모스의 지지를 받고 있다.

언뜻 보면, 사본의 증거가 다소 공평하게 나뉘는 것으로 보일 수 있다. 하지만 독립적 이름인 Ἰησοῦ("예수")가 우리가 가지고 있는 그리스어 본문 전통에서 가장 중요한 3개의 사본인 P^{46}과 시나이 사본(א 01)과 바티칸 사본(B 03)의 입증을 받고 있다는 사실은 독립적 이름인 Ἰησοῦ("예수")를 원본으로 선정하는 데 매우 비중 있게 작용한다. 더욱이 Χριστοῦ("그리스도")가 원래 그 이름에 포함되었다면, 브루스 메츠거가 지적한 것처럼, "제의적인 형식들을 확대하려는 것이 일반적인 경향이므로, 필사하는 사람이 그것을 생략해야 할 이유가 없어 보인다."[5] 그러므로 독립적 이름인 "예수"가 원본이었을 가능성이 매우 크다.

24절 16:20b을 논의하면서 앞에서 주목했듯이, 사본들 중에는 은혜의 축복을 16:20의 끝부분뿐만 아니라 16:24에 포함시키는 사본들이 있다. 대문자 사본 Ψ[또한 *Byz* L]와 소문자 사본 1175(범주 I), 6 365 1241 1912 2200(범주 III)이 그렇다. 이는 it^{ar} syr^{h}에도 반영되었다. 9세기 대문자 사본 P와 소문자 사본 33(범주 I), 256(범주 II), 104 263 436 459 1319 1573

5) Metzger, *Textual Commentary*, 476.

1852(범주III)에서 그러하듯이, 두 번째 은혜의 축복 역시 일부 사본에서는 16:27 다음에 등장한다. 이러한 은혜의 축복 역시 vg^ms syr^p cop^bo[ms] arm eth 에서 16:27 다음에 등장하며, 암브로시아스테르도 그 축복이 이 위치에 있는 것을 지지한다. 하지만 P^46과 대문자 사본 ℵ A B C 0150과 소문자 사본 1739(범주I), 81 1962 2127 2464(범주II)에서 생략된 것처럼, 가장 초기이면서 가장 좋은 사본 증거들은 16:24에나 16:27 다음에 두 번째 은혜의 축복을 전적으로 생략했다. 이 생략은 it^b vg^ww, st cop^sa, bo에도 반영되었고, 오리게네스^lat의 지지를 받고 있다. 그래서 우리는 현대의 모든 주요 번역 및 주석과 더불어 아래의 "석의와 주해"에서 16:24이나 16:27 다음에 어떤 것도 포함시키지 않을 것이다.

25-27절 브루스 메츠거는 간략하게 다음과 같이 지적한다. "송영("이제 너희를 능히 견고하게 하실…하나님께 예수 그리스도로 말미암아 영광이 세세 무궁하도록 있을지어다!")은 위치가 다양하다. 전통적으로 그것은 16장 끝에(25-27절에) 위치했다. 하지만 사본들 가운데는 그 송영이 14장 끝에 등장하는 것도 있고, 15장 끝에 등장하는 것(P^46)도 있다. 더욱이 일부 사본 증거에는 이 송영이 14장과 16장 끝부분 두 곳에 있는 것도 있으며, 송영이 전혀 등장하지 않는 것도 있다."[6] 그리고 메츠거가 후기의 모든 영어 번역을 위해 그리스어 본문을 "확정"하려고 수고한 연합성서공회 위원회의 입장과 관련하여 언급했듯이, "송영이 로마서의 원래 형식에 속하지 않았을 가능성을 인정하기는 하지만, 인상적인 사본 증거(P^46 ℵ B C D 81 1739 it^ar, b, d*, f, o vg syr^p cop^sa, bo eth 클레멘스 등등)의 강력함에 의거하여 위원회는 이 구절들을 로마서의 전통적인 위치에 포함시키면서도 꺾쇠 괄호로써 처리하기로 결정했다."[7]

메츠거는 "송영의 여섯 위치에 대한 사본상의 증거"를 요약하면서 신약 사본 전통에서 이 송영의 위치와 관련하여 다음과 같은 차트를 제시

---

6) Metzger, *Textual Commentary*, 470.
7) Metzger, *Textual Commentary*, 476-77.

한다.[8)]

(a) 1:1-16:23 + 송영	$P^{61\ vid}$ ℵ B C D 81 1739 $it^{d.\ 61}$ vg syr^{p} $cop^{sa,\ bo}$ eth
(b) 1:1-14:23 + 송영 + 15:1-16:23 + 송영	A P 5 33 104 arm
(c) 1:1-14:23 + 송영 + 15:1-16:24	L Ψ 0209^{vid} 181 326 330 614 1175 *Byz* syr^{h} $mss^{acc\ to\ Origen\ (lat)}$
(d) 1:1-16:24	F^{gr} G(D의 원형일 것이다) 629 $mss^{acc.\ to\ Jerome}$
(e) 1:1-15:33 + 송영 + 16:1-23	P^{46}
(f) 1:1-14:23 + 16:24 + 송영	vg^{mss} $it^{acc.\ to\ capitula}$

27절 송영의 마지막 찬미에 있는 한 단어 αἰῶνας("영원히")는 P^{46}, 대문자 사본 B C Ψ(또한 *Byz* L)와 소문자 사본 33 1175 1739(범주 I), 256 1506 1881 2127(범주 II), 6 $104^{1/2}$ 263 365 $459^{1/2}$ 1241 1319 1573 1912 2200의 입증을 받는다. 이 한 단어는 syr^{h} cop^{sa}에도 반영되었으며, 에우세비오스 크리소스토모스 테오도레토스 암브로시아스테르의 지지를 받고 있다. 더 발전된 어구인 αἰῶνας τῶν αἰώνων("영원 무궁히")은 P^{61}, 대문자 사본 ℵ A D P 0150과 소문자 사본 81 1962 2464(범주 II) $104^{1/2}$ 436 $459^{1/2}$ 1852의 입증을 받으며, $it^{ar,\ b,\ d*,\ f,\ o}$ vg syr^{p} cop^{bo}에도 반영되었고, 오리게네스^{lat} 아우구스티누스의 지지를 받고 있다. 필경사들에게는 그들이 원본이라

8) Metzger, *Textual Commentary*, 473. Metzger는 이 각주에서 다음과 같이 쓰기도 했다. "P^{61}이 로마서에서는 매우 단편적이기 때문에(16:23, 24-27만 보유함), (a)와 더불어 (b)의 순서를 지지하기 위해 인용될 수 있다."

고 여기는 성경의 송영에서 어떤 단어라도 생략하는 것은 흔치 않은 일이었고, 당대 교회의 용례에 맞춰 송영을 확장하는 것이 일반적이었으므로, 하나의 단어 αἰῶνας("영원히")만을 원본으로 받아들이는 것이 가장 좋을 것 같다.

형식/구조/상황

바울은 일반적으로 그의 편지들을 (1) 문안과 권면을 포함하는 후기, (2) (가끔 평강의 축복과 은혜의 축복을 포함시키긴 했지만) 언제나 은혜의 축복으로 끝맺는 후기, (3) 자신이 직접 기록한 것처럼 보이는 개인적인 후기로 마무리했다.[9] 그리고 16:17-20b의 자료들은 16:21-23에 추가된 문안 인사들 및 16:25-27에 덧붙여진 송영과 함께 이러한 후기를 표현하는 것 같다.

학자들 중에는 16장 전체를 로마서의 개인적인 후기로 이해한 사람들도 있고, 16:20b의 은혜의 축복 바로 뒤에 있는 16:21에서 시작되는 부분만을 후기로 이해하는 사람들도 있다. 하지만 우리는 로마서의 개인적인 후기가 παρακαλῶ ὑμᾶς("내가 너희를 권하노니")라는 부탁 형식과 ἀδελφοί("형제자매들아")라는 직접 수신자를 부르는 호격으로 시작하며, 16:21-23에서 다른 사람들을 대신하여 (22절의 더디오가 보낸 문안 인사를 비롯하여) 사도가 보낸 일련의 문안 인사로 끝맺는다고 믿는다. 그러나 사본 증거가 빈약한 16:24의 은혜의 축복 없이 16:25-27의 송영만 덧붙여진 채로 말이다. 바울은 그의 편지의 이 마지막 단락을 고린도에 있는 그의 동료 중 한 명이자 편지를 대필했던 더디오가 아닌 자신이 직접 썼으며, 자신의 글로써 후기를 덧붙인 것 같다(물론 16:22에서 더디오가 자신의 문안 인사를 직접 첨가하기 위해 펜을 다시 받았을 것이다).

바울 서신들에 있는 개인적인 후기들은 모두 다소 대충 다뤄졌다. 그 이유는 (1) 주석가들이 바울 서신들의 감사 단락과 본론 단락에서 발견되

9) 참조. 갈 6:11-18; 살후 3:16-18; 고전 16:19-24; 골 4:18; 몬 19-25. R. N. Longenecker, "Ancient Amanuenses and the Pauline Epistles," 282-92을 보라.

는 좀 더 비중 있는 문제들에 초점을 맞추는 것이 자연스러운 경향이며, (2) 그의 편지들을 시작하는 인사 및 마무리하는 후기는 순전히 관습적이므로 단지 그 편지의 수신자들과 친분을 쌓거나 유지하는 기능만을 한다는 것이 널리 퍼져 있는 가정이기 때문이다. 그러나 아돌프 다이스만이 오래전에 주장했듯이(여러 바울 서신의 후기에 모두 적용하긴 했지만, 특히 갈라디아서 6:11-18의 개인적인 후기와 관련해서), "편지를 마무리하는 말에 전반적으로 더 많은 주의를 기울여야 한다. 우리가 사도를 이해하려고 한다면, 마무리 말은 매우 중요하다."[10] 그리고 이 논지는 안 저비스(Ann Jervis)와 제프리 와이마(Jeffrey Weima)에 의해 상당히 발전되었다.[11]

분명 바울은 16:17-27(24절은 빼고)의 개인적인 후기와 송영에서 (1) 자신이 로마의 수신자들에게 더욱 권면함으로써 여전히 남아 있는 관심사를 표현하고(17-20a절), (2) 그의 편지에 마무리하는 은혜의 축복과 최종적인 "아멘"을 추가하며(20b절), (3) 고린도와 그 인근 지역에서 그와 가깝게 지냈던 사람들의 문안 인사를 전하며(21-23절), (4) 준(準)제의적 송영으로써 그가 이 편지에 기록한 주요 취지들을 요약하기를 원했다(25-27절).

단락의 구조. 바울의 개인적 후기의 첫 번째 부분인 16:17-23에는 불과 일곱 절밖에 안 되는 곳에 상대적으로 많은 당대의 공통적인 서간체적 형식과 관습이 있다.

16:17 - 부탁 문구와 직접 지칭하는 호격(παρακαλῶ ὑμᾶς, ἀδελφοί): "형제자매들아! 내가 너희를 권하노니."

16:19 - 기쁨의 표현(ἐφ' ὑμῖν χαίρω): "내가 너희로 말미암아 기뻐하노니."

16:21 - 다른 사람들의 문안 인사 전달(ἀσπάζεται ὑμᾶς Τιμόθεος ὁ

---

10) Deissmann, *Bible Studies*, 347; 또한 G. Milligan, *The New Testament Documents: Their Origin and Early History* (London: Macmillan, 1913), 21-28도 보라.

11) Jervis, *The Purpose of Romans*, 132-57; Weima, *Neglected Endings*, 215-30; 같은 저자, "Preaching the Gospel in Rome," 358-66.

συνεργός μου καὶ Λούκιος καὶ Ἰάσων καὶ Σωσίπατρος οἱ συγγενεῖς μου): "나의 동역자 디모데와 나의 친척 누기오와 야손과 소시바더가 너희에게 문안하느니라."

16:22 - 삽입된 문안 인사(ἀσπάζομαι ὑμᾶς ἐγὼ Τέρτιος ὁ γράψας τὴν ἐπιστολήν): "이 편지를 기록하는 나 더디오도…너희에게 문안하노라."

16:23 - 그 외 또 다른 사람들의 문안 인사의 전달(ἀσπάζεται ὑμᾶς Γάϊος. ἀσπάζεται ὑμᾶς Ἔραστος...καὶ Κούαρτος): "가이오도 너희에게 문안하고, 에라스도와 구아도도 너희에게 문안하노라."

이 단락에는 16:20b에 은혜의 축복과 확증하는 "아멘"도 포함되어 있다. 이 특징은 16:20a의 평강의 진술에서 이어진다. 하지만 16:20a의 평강 진술은 엄격히 말해서 (15:33에서처럼) 평강의 축복이 아니라 16:17-19에 암시된 상황과 관련하여 하나님께서 이루실 "평강에 대한 약속"으로 이해하는 것이 좋다.

16세기 중엽 이후 로마서 16:24로써 구분되었던 두 번째 은혜의 축복은 그리스어 사본 전통에서 원본으로 여기기에 증거가 너무도 빈약하다. 바울이 그의 다른 서신들에서 그러했듯이, 개중에는 최종적인 은혜의 축복으로 로마서 전체를 마무리하도록 하려고 16:24의 내용을 보존하는 사람들도 있다(특히 그들은 16:25-27에 있는 송영의 통전성에 의문을 제기하면서 그렇게 한다).[12] 하지만 16:24에 있는(또는 바로 16:25-27에 이어지는) 두 번째 은혜의 축복은 P^{46}이나 P^{61}의 지지를 받지 못하고 중요한 대문자 사본으로부터도 입증을 받지 못하므로 두 본문이 놓여 있는 위치 어느 곳에도 그 축복이 포함되었다는 충분한 증거는 없다. 더욱이 고대 그리스어 편지에서 작별 인사는 ἔρρωσο나 ἔρρωσθε("안녕히 계세요")로써 시작하고 때로는 εὐτύχει나

---

12) Gamble과 Jervis가 각각 매우 신뢰할 수 있고 마땅히 칭송받아야 할 그들의 저술에서 언급했듯이 말이다. Gamble, *Textual History*, 122-24; Jervis, *The Purpose of Romans*, 138-39.

이 단어의 강조형인 διευτύχει("행운을 빌다" 또는 "잘 되기를 바라다")로써 시작하며, 상당히 표준적인 패턴을 보인다. 즉 첫 번째 작별 인사는 편지 결론의 첫 번째 부분 곧 대필자나 비서가 저자를 대신하여 기록한 자료에서 등장하며, 두 번째 작별 인사는 저자가 직접 쓴 편지의 개인적인 후기에 등장한다. 이것이 바로 로마서의 결론 단락에 등장하는 패턴이다: (1) 바울의 지도 아래 더디오가 "쓴" 그 결론의 첫 번째 단락인 15:33-16:16과 함께 15:33의 로마서 결론 단락 시작 부분에 있는 평화의 축복, (2) 분명 바울이 자신의 손으로 직접 쓴(더디오의 문안 인사를 제외한 대부분의 내용) 편지 결론의 두 번째 부분인 16:17-27(24절을 빼고)과 함께 개인적인 후기 단락에 있는 16:20b의 은혜의 축복.

로마서의 개인적인 후기에는 16:20b의 은혜의 축복 바로 다음에 등장하는 더 많은 세트의 문안 인사가 있다(16:21-23). 나중에 등장한 이 한 세트의 문안 인사는 16:3-16에서 문안 인사를 부탁하는 첫 번째 세트와는 다르다. 첫 번째 세트에서는 사도가 로마의 그리스도인들에게 당시 로마에 살고 있던 그의 여러 옛 동료와 친구 및 지인들에게 문안하고(16:3-15), 그들에게 "거룩한 입맞춤으로써 서로 문안하며" "그리스도의 모든 교회로부터 오는" 문안 인사를 전하라고(16:16) 부탁했지만, 이 두 번째 세트의 문안 인사에서 바울은 고린도와 그 주변에 있던 7명의 동료와 친척 및 친구들의 문안 인사를 로마의 그리스도인들에게 대신 전한다(16:21, 23). 그리고 흥미로운 것은 로마서를 기록하는 일에 바울의 대필자로 섬겼으며 실제로 자신을 "'주 안에서' 이 편지를 '기록한' 사람"(ὁ γράψας τὴν ἐπιστολὴν ἐν κυρίῳ)으로 묘사하고 있는 더디오의 문안 인사가 포함되었다는 사실이다. "주 안에서"라는 상당히 독특한 바울의 표현이 바울의 대필자로서 작업하는 더디오 자신에게 무슨 의미였는지 상관없이 말이다.

은혜의 축복은 통상 바울 서신들의 개인적인 후기에서 가장 마지막에 등장한다. 하지만 현존하는 고대의 일반 편지들과 특히 바울 서신들의 개인적인 후기들은 형식에 있어 상당히 다양하다. 그래서 일반적으로 고대의 편지나 구체적으로 바울 서신들의 후기에 등장하는 다양성은 각각의 편지가 기록될 당시 존재했던 구체적인 상황의 결과이기 때문에 그러한 상황을 반영한다고 추측할 수 있다.

이곳 로마서에서 우리는 바울이 은혜의 축복을 기록하고 16:20b의 "아멘"을 천명하고 **나서** 어느 때엔가(그리고 고린도시에서 또는 근처 어느 곳에서) 발생한 구체적인 상황으로 인해 다음과 같은 시나리오를 상정하는 것이 이치에 맞다고 본다.

1. 고린도와 그 인근에 있는 사도의 동료와 친구들 중에는 바울이 자신의 편지를 로마에 전달하라고 뵈뵈에게 맡기기 전에 그 편지를 그들에게 읽어주는 것(사도가 직접 했을 수도 있지만, 좀 더 개연성이 크게는 뵈뵈나 더디오 혹은 그 단체 안에 있는 여러 독자가 읽었을 수도 있다)을 듣기 위해 모인(또는 어쩌면 사도 자신이 소집한) 사람들이 있었다.
2. 모인 사람들에게 그 편지를 읽어주고 나서, 그들 중에는 자신들의 사적인 문안 인사를 편지와 함께 보낼 수 있는지 물은 사람들도 있었을 것이다. 진심 어린 우정의 행위로서뿐만 아니라 더 중요하게는 바울이 쓴 내용을 지지하기 위해서 말이다.
3. 그 당시 바울의 대필자였던 더디오도 이 문안 인사에 참여하기를 원했고 분명 자신의 지지를 표현하기를 원했다. 그러므로 더디오는 바울에게서 펜을 넘겨받아 자신의 문안 인사를 썼을 것이다.
4. 자원하여 지지하는 문안 인사들을 첨가한 후, 바울이 생각하기에 자신이 쓴 내용의 중요한 취지를 부각시키려고, 바울은 현재 16:25-27에 등장하는 꽤 공식적이고 상당히 웅변적으로 표현된 송영으로써 편지를 직접 마무리했다(사도는 이 송영을 그의 편지의 적합한 결론으로 직접 작성했으며, 더디오에게 대필을 부탁하지 않고 자신의 손으로 썼을 것이다).

그러므로 16:17-27의 바울의 개인적인 후기에 들어 있는 개별 문안들은 다음과 같이 제시할 수 있다.

1. 16:17-20a에 있는 부가적인 권면들. 이 권면들은 (a) 16:17에서 **부탁 공식**(παρακαλῶ ὑμᾶς, "내가 너희를 권하노니")과 **상대방을 직접 부르는 호격**(ἀδελφοί, "형제자매들아")으로 시작했고, (b) 19절에서 편지에 사용되는 **기쁨의 표현**(ἐφ' ὑμῖν χαίρω, "내가 너희로 말미암아 기뻐하노니")으로 느닷없이 확신을 표명하며, (c) 16:20a에서 "하나님께서 속히 사탄을 너희 발아래서 상하게 하시리라"는 약속으로 마무리한다.
2. 16:20b에 있는 준(準)제의적 "아멘"으로 마무리하는 은혜의 축복.
3. 16:21-23에 있는 고린도와 그 인근 지역에 있는 사도의 동료와 친구들 중 몇몇 사람으로부터 로마의 그리스도인들에게 보내는 "그 밖에 문안 인사들." 유대인들과 유대인 출신의 그리스도인들을 수도에서 추방할 때 이들은 로마를 떠나야 했고, 고린도와 그 인근 지역에서 로마로부터 유배된 사람들로 계속 머물러야 했으며, 분명 로마의 신자들이 잘 알았던 사람들이다.
4. 16:25-27에 덧붙여진 송영.

이 단락의 암시된 논증들. 제프리 와이마는 (그가 로마서에서 사본상 빈약한 증거를 가진 16:24의 두 번째 은혜의 축복을 제외하고 15:33-16:27의 자료로써 올바르게 밝힌) 바울의 결론의 기능에 관해 다음과 같이 말했다.

> 보통 바울은 편지들의 본론에서 취한 주요 관심사나 주제들과 직접 관련이 있는 방식으로(때로는 그것들을 요약하는 방식으로) 이 편지 단위를 형성하고 각색한다. 그래서 편지의 결론은 감사 본문처럼 많은 기능을 하는데, 역순으로 그리한다. 감사 본문이 편지의 본론에서 다룰 주요 관심사들을 미리 예시하고 가리키듯이, 결론은 본론에서 취급했던 주요 요지들을 부각시키고 압축하는 역할을 한다. 바울 서신의 결론의 이러한 반복 기능은 로마서의 결론이 편지의 나머지 부분에 있는 바울의 주요 관심사

(들)를 드러내는 데 특히 의미가 있음을 암시한다.[13)]

우리는 바울 서신의 결론의 이러한 기능이, 더디오가 바울의 지시로 쓴 이곳 15:33-16:16에 있는 서신의 마무리 단락의 첫 번째 부분에도 해당한다고 믿는다. 이 본문에는 (1) 평강의 축복, (2) 뵈뵈에 대한 추천, (3) 사도가 로마의 그리스도인들에게 당시 로마에 살고 있었던 그의 옛 동료와 친구 및 지인들에게 전해달라고 부탁하는 긴 목록의 문안 인사가 포함되어 있다. 이러한 기능은 16:17-27(24절은 빼고)에 있는 개인적인 후기 단락에도 해당한다. 이 단락은 (적어도 16:22에 있는 더디오의 삽입된 문안을 제외하고 대부분) 사도 자신이 직접 쓴 것 같다. 즉 (1) 16:17-20a의 추가된 권면들, (2) 16:20b의 확증하는 준(準)제의적인 "아멘"으로 마무리하는 은혜의 축복, (3) 16:21-23에 있는 고린도의 동료와 친구들이 보낸 것을 사도가 전달하는 "추가 문안 인사들"(비록 바울이 직접 쓴 것에 더디오의 문안 인사가 들어 있지만[16:22]), 그리고 (4) 16:25-27의 덧붙여진 송영 등.

석의와 주해

I. 추가된 권면들(16:17-20a)

16:17-20a 추가된 권면들은 일찍이 14:1-15:13에서 언급했던 "강한 자"와 "약한 자" 사이의 갈등과 관련이 있는 분열을 염두에 두었을 가능성이 매우 크다. 바울은 추가된 이 권면 세트에서 "분쟁", "거치게 하는 것", "교활한 말과 아첨하는 말로 순진한 사람들의 마음을 미혹하는" 사람들을 언급하며, 일어나고 있던 일이 "너희가 배운 교훈을 거슬러" 발생하고 있다고 묘사하고, 로마의 그리스도인들에게 "그들에게서 떠나라"고 권한다(16:17-18). 하지만 그의 권면은 단지 수신자들을 꾸짖는 것이 아니다. 바울은 로마의 그리스도인 공동체 내부의 분쟁과 거치는 것들에 대해 말하

13) Weima, "Preaching the Gospel in Rome," 359.

고 있는 중에도 그의 수신자들을 "형제자매들"이라고 언급하며(17a절), 그들이 바른 교훈을 받았음을 인정하고(17b절), "우리 주 그리스도를 섬기지 아니하고 그들의 배만 섬김으로써" 로마의 그리스도인 공동체 내부에서 문제를 일으키던 사람들과 그들을 구별한다(18절). 사실, 사도는 로마의 그리스도인들을 "순종하는" 사람들이라고 칭찬하며(16:19a), "선한 데 지혜롭고 악한 데 미련하여" 일방적인 판단을 피하라고 권하고(16:19b), 그들에게 "평강의 하나님께서 속히 사탄을 너희의 발아래서 상하게 하실" 것이라고 확신을 준다(16:20a).

로마의 그리스도인들 공동체 내부에 있는 "강한 자"와 "약한 자" 간의 관계가 바울에게는 지대한 관심사였던 것 같다. 이러한 상황은 분명 바울이 다른 사람들로부터 들었던 것이며 14:1-15:13에서 비교적 직접적으로 다루었던 문제였다. 이곳 16:17-20a에서 그는 그 문제를 다시 제기하여 그의 수신자들에게 오늘날 어떤 진영에서 소위 "엄히 꾸짖는 충고"(즉 혹독한 말이지만 사랑의 마음을 담은 충고)인 것과 비슷한 방식으로 권면하는 것 같다. 바울이 직접 쓴 일련의 권면들은 교회와 관련된 이 문제가 로마 그리스도인들의 관심사일 뿐만 아니라 사도 자신의 지대한 목회적·감정적 관심사에 속한 것이기도 하며, 그래서 그가 이곳 16:17-20a에서 그것을 다룰 수밖에 없다고 느꼈음을 암시한다.

바울이 로마의 그리스도인들에게 편지를 쓸 당시 그의 주요 관심사는 (1) 그들이 바울 자신의 이방인 선교에서 기독교 메시지를 상황화하는 그의 독특한 방식(즉 1:11에서 언급한 그들에게 주려고 한 그의 "신령한 선물"; 또한 2:16과 16:25의 "나의 복음")을 이해하고 공감하는 것과, (2) (감사 단락인 1:12에 암시되었고 사도의 방문 단락인 15:24과 15:32에서도 넌지시 내비쳤듯이) 바울과 로마의 그리스도인들 모두 상대방에게서 자신에게 가장 긴요한 것을 얻을 수 있다는 것이다. 하지만 이곳 16:17-20a에서 바울은 자신을 특정한 상황에 처한 그의 수신자들과 그들의 주요 관심사 가운데 하나에 맞추려는 것 같다. 그런데 그는 그들을 "형제자매들"이라고 애정을 담아 부르면서(17a절), 그들이 기독교 신앙의 바른 근거 위에 있음을 천명하고(17b절), 적어도 그들 대부분이 그들 가운데 있는 분열을 초래하는 다른 사람들과는 전혀 다른 범주에 있다고 보았으며(18-19a절), 그들의 순종을 칭찬하고(19a절), 비판적이지 않은 방식으로써 그들에게 "선한 데 지혜롭고 악한 데 미련하라"고 권하며(19b절), 그들에게 "평강의 하나님께서 속히 사탄을 너희의 발 아래서 상하게 하실" 것이라는 확신을 준다(16:20a). 바울은 그들과의 관계를 구축하려고 이런 방식으로 말한다.

II. 마무리하는 은혜의 축복과 확증하는 "아멘"(16:20b)

16:20b 먼저 "본문비평 주"에서 주목했듯이, 사본의 증거는 이곳에 편지를 마무리하는 은혜의 축복과 확증하는 "아멘"을 위치시키고 (그 뒤에 기록된) 16:24이나 16:25-27의 준(準)제의적인 송영 직후에 위치시키지 않는 본문을 결정적으로 선호한다. 은혜의 축복과 그에 대한 확증하는 "아멘"이 원래 등장했던 곳이 어디인지를 둘러싼 과거와 현재의 모든 추측 가운데서 확실한 점은, 이 문제를 고려할 때 사본상 압도적인 증거를 우선적으로 존중해야 한다는 것이다.

고대의 많은 필경사와 현대의 많은 해석자에게는 바울이 마지막 은혜의 축복을 선언하고 확증하는 "아멘"으로써 그 축복을 뒷받침한 후에 두 가지 자료, 즉 (16:24을 제외하고) 16:21-23의 추가된 문안 인사와, 16:25-27의 송영을 추가했다는 사실이 이상하게 느껴졌을 것이다. 하지만 그리스어 사본 증거는 바울이 얼마든지 그랬을 가능성이 있음을 시사한다. 고대의 필경사들과 현대의 해석자들이 종종 16:21-23과 16:25-27을 "나중에 생각한 것"이나 "후기"(이러한 명명은 어떤 사람들에게 "덧붙여진 것"만을 뜻하는 약간은 경멸적인 표현으로 보였을 것이다)라고 말하는 것을 피했지만, 이 두 본문이 내용이나 위치에 있어서 사도의 다른 편지들의 마지막 단락의 내용과는 상당히 다른 자료들을 제시한다는 사실을 논박하기는 어렵다.

하지만 16:21-23과 16:25-27의 두 본문을 바울이 로마서의 결론을 작성할 때 일어났을 법하다고 우리가 제안한 상황에 비춰 이해해야 한다는 것, 즉 이 두 본문이 사도에 의해 작성되었고 고린도에 있는 그의 동료와 친구들이 이 편지를 읽고 난 **이후** 그리고 이 편지가 뵈뵈에게 맡겨져 로마에 있는 신자들에게 전달되기 **전**에 이 편지에 덧붙여졌다는 것이 우리의 논지다.[14] 이러한 시나리오가 확정적이지 않다는 것은 인정한다. 하지만 이것은 해석자들에게 어느 정도 긍정적인 결과를 제공하는 합리적인 추측이다.

III. 고린도와 인근 지역에 있는 바울의 동료와 친구들이 보낸 "추가 문안 인사들"(16:21-23)

16:21-23 추가 문안 인사를 포함시키게 된 개연성 있는 시나리오를 제시하면서 앞에서 언급했듯이, 16:21-23에서 바울이 직접 쓴 이 문안 인사[15] 역시 로마에 있는 바울의 수신자들과의 관계를 구축하는 역할을 한다. 이 문안 인사들은 선행하는 16:3-16의 문안 인사 세트와 경쟁관계에 있는 것이 아니라 16:3-16에 있는 내용에 대한 보충으로 제시되었다. 사도가 로마의 그리스도인들에게 당시 로마에 살고 있었던 그의 동료와 친구 및 지인들에게 전달해달라고 부탁하며 앞서 16:3-16에서 제시했던 문안 인사 세트를 그가 로마 신자들 공동체에 속한 몇몇 사람들과 가지고 있던 개인적인 관계를 강조함으로써 주로 그의 신용을 증진시키는 기능을 하는 것으로 보아야 했듯이, 바울이 고린도와 겐그레아에 있는 그의 친구와 친척 및 동료들 중 7명의 문안 인사를 보낸(그리고 그의 대필자 더디오가 자신의 문안 인사를 덧붙인) 16:21-23의 두 번째 세트의 문안 인사 역시, 주로 바울의 사도적 권위를 뒷받침하고 로마의 그리스도인들 사이에서 그의 복음의 상황화가 더욱 쉽게 받아들여질 수 있게 하려고 포함되었다고 보아야 한다.

---

14) 바울이 로마서를 완성한 후 고린도에서 발생했을 개연성이 큰 상황과 관련하여 앞에서 "제안한 시나리오"를 주목하라. 우리가 믿기로 그 시나리오는 사도로 하여금 16:20b에 있는 은혜의 축복과 "아멘" 이후에 16:21-23의 "추가 문안 인사"와 16:25-27의 송영을 추가하도록 했을 것이다.

15) 우리가 1079-80쪽에서 "제안한 시나리오"를 보라.

IV. 덧붙여진 송영(16:25-27)

16:25-27 사본학적·문학적 이유에서 송영의 진정성을 둘러싼 이의가 종종 제기되곤 한다. 사본 전통은 이 본문의 위치에 대해 다양한 형태를 보여준다. (1) 14:23 다음에(즉 로마서의 "짧은" 형태 끝에), (2) 15:33 다음에(즉 로마서의 "중간" 형태의 끝에), (3) 16:23/24 다음에(즉 로마서의 "긴" 형태의 끝에), (4) 14:23과 16:23/24 두 본문 다음에(예를 들어, 5세기의 대문자 사본 A[02]와 9세기의 대문자 사본 P[025]에), (5) 16:1-23/24을 제외한 14:23과 15:33 두 본문 다음에(예를 들어, 소문자 사본 1506에), 또는 (6) 모든 본문에서 생략된 형태(예를 들어, 9세기의 대문자 사본 F[010]와 G[012]에) 등이다. 송영의 언어와 문체가 바울의 것이 아니라고 이해하는 사람들이 오늘날 많이 있다. 사실 현대의 대다수 신약학자는 16:25-27에 있는 이 준(準)제의적 송영을 십중팔구 마르키온 시대인 2세기 중엽에 기원했으며 바울 이후 로마서에 추가된 것으로 이해한다. 또한 마르키온이 로마서 15-16장을 삭제한 사람이었으며, 그 후 그를 추종한 사람들이 1-14장에 적합한 결론으로 이 송영을 작성했다고들 주장한다.

많은 사람이 관찰했듯이, 바울의 통상적인 문체는 편지의 결론을 송영으로 마무리하지 않고 은혜의 축복으로 끝내는 것이다. 하나의 예외가 있다면 그것은 "사랑의 기원"을 담은 고린도전서 16:24이다. 이 본문은 고린도전서 16:23의 은혜의 축복 다음에 등장하는 바울이 직접 쓴 후기로 보아야 할 것이다. 그래서 그것은 16:20b의 은혜의 축복 다음에 로마서 16:21-23의 추가 문안 인사 세트와 16:25-27의 마무리하는 송영이 덧붙여져 로마서를 마무리하는 부분과 병행하는 것으로 이해될 수 있다. 또 다른 문제는 16:25-27의 표현이 상당히 공식적이고 또한 어쩌면 제의적(그래서 우리가 "준[準]제의적"이라는 용어를 사용했다)이라는 것, 그래서 특히 에베소서와 목회 서신과 같은 소위 제2 바울 서신과 더 유사하다는 것이다. 그러나 만일 후기의 이 편지들을 회람용 편지로 기록한 것이든지(에베소서처럼) 또는 대필자가 상당히 자유롭게 기록한 것이든지(목회 서신처럼) 간에 어떤 의미에서 바울이 쓴 것으로 받아들인다면, 이 특별한 현상에 대한 부정적인 평가는 상당히 축소된다. 그래서 16:25-27에 있는 송영의 위치 및 표현과 관련하여 앞에서 언급한 관찰들이 적절하지만, 이로부터 도출한 이 세 구절의 진정성에 대한 부정적인 결론들은 그리 설득력이 없다.

16:25-27의 송영을 바울이 작성했느냐는 질문을 긍정적으로 평가하는 데 더 중요한 것은 바울이 로마서에서 중요한 자료의 큰 단락을, 문자적으로 인용했거나 자신의 말로 풀어쓴 신앙고백적 진술 혹은 송영으로 마무리하는 것이 그의 습관으로 보인다는 사실이다. 몇 가지 예를 제시하겠다. (1) 그의 편지 본론 중앙부의 첫 번째 단락(즉 1:16-4:25)을 마무리하는 4:25에 등장하는 그의 그리스도 중심적 진술인 "예수는 우리가 범죄한 것 때문에 내줌이 되고 또한 우리를 의롭다 하시기 위하여 살아나셨느니라." (2) 그의 편지의 동일한 본론 중앙부의 두 번째 단락(즉 5:1-8:39)을 마무리하는 8:31-39에 등장하는 "그리스도 안에 있는 하나님의 사랑에 대한 승리의 선언." (3) 세 번째 단락(즉 9:1-11:36)을 마무리하는 11:33-36에 등장하는 그의 "하나님의 지혜와 지식에 대한 찬양." (4) 네 번째 단락(즉 12:1-15:13)을 마무리하는 15:13에 등장하는 송영인 "소망의 하나님이 모든 기쁨과 평강을 믿음 안에서 너희에게 충만하게 하사 성령의 능력으로 소망이 넘치게 하시기를 원하노라" 등이다. 이 신앙고백적 본문 또는 송영 본문들은 각각의 단락에서 바울이 쓴 내용을 멋지게 요약한다. 하지만 이 본문들은 엄격히 교훈적인 방식보다는 수사적인 방식으로 그렇게 한다. 그러므로 바울이 로마서의 끝에 송영을 배치한 것도 이런 기능을 의도한 것이라고 타당하게 볼 수 있다.

제프리 와이마가 지적했듯이, 16:25-27의 송영이 로마서 전체에 표현된 "바울의 관심사를 반복하는 방식은 놀랍다." 특히 와이마는 이렇게 언급한다.

> "나의 복음"이라는 언급은 로마서 도입부와 감사 본문, 편지의 본론 및 사도의 방문 단락에서 사도의 복음을 로마의 신자들과 나누려는 바울의 관심사를 상기시킨다. 감사 단락(1:11, "너희를 견고하게 하려 함이

> 니"[στηριχθῆναι])에 언급된 내용과 동일하게, 송영은 하나님이 바울의 복음을 사용하여 로마의 신자들을 "강하게"(στηρίξαι) 하실 것이라고 천명한다. 여기서 한걸음 더 나아가 송영은 로마서 도입부(1:2-4)에서 강조되었던 문제인 바울의 복음과 구약 메시지 간의 연속성을 부각시킨다. 더 구체적으로 "예언자들의 글로 말미암아"(16:26, διὰ γραφῶν προφητικῶν)라는 어구는 "예언자들을 통하여 성경에"(1:2, διὰ τῶν προφητῶν αὐτοῦ ἐν γραφαῖς ἁγίαις)라는 편지의 도입 어구를 의도적으로 암시한다. 복음의 비밀을 알게 한 목표 또는 목적은 "모든 이방인으로 하여금 믿음의 순종을 이루는 것"(εἰς ὑπακοὴν πίστεως εἰς πάντα τὰ ἔθνη)이다. 송영의 이 어구는 편지의 도입 어구와 또 다른 직접적인 언어적 연결을 제공한다. "모든 이방인 중에서 믿음의 순종을 이루게 하나니"(1:5, εἰς ὑπακοὴν πίστεως ἐν πᾶσιν τοῖς ἔθνεσιν). 또한 송영은 그리스도께서 사도를 통하여 "이방인들을 순종하게끔 하기 위하여"(15:18, εἰς ὑπακοὴν ἐθνῶν) 역사하신다는 사도 방문 단락의 요지를 상기시키기도 한다.[16)]

그리고 이것 외에도 와이마가 언급한 것처럼, "송영의 반복되는 강력한 특성은 바울이 로마의 신자들 가운데서 그의 복음의 권위를 견고케 하고 그의 복음을 받아들이게끔 하려는 추가 수단으로 작용한다."[17)]

그러므로 우리는 이렇게 제안한다. 이 준(準)제의적 송영을 바울이 직접 썼을 가능성이 매우 크다. 다시 말해서 이 송영은 (1) 바울이 로마 제국의 동쪽 지역에서 진행했던 사역에서 그의 사역의 본질을 한 문단으로 표현하려고 작성된 후 이곳 로마서 끝에서 다시 사용되었거나, (2) 그가 이 편지의 중요한 주제 및 취지들이라고 믿은 내용을 요약된 형태로 부각시키기 위해, 그의 편지를 마무리한 이후, 그리고 아마도 고린도나 그 인근 지역에 살고 있던 그의 동료와 친구들의 부탁으로 작성되었을 것이다. 이렇게

---

16) Weima, *Neglected Endings*, 229.
17) Weima, *Neglected Endings*, 229.

함으로써, 앞의 내용을 뒤돌아보며 그들의 생각과 마음에 로마서의 핵심적인 내용이 스며들게 하려고 했다. 사도 편지의 송영을 이렇게 요약하면서 적어도 다섯 가지 요지가 강조된다.

1. 바울이 이 편지에서 쓴 모든 내용은 기독교적 확신으로 그들을 견고케 하려는 데 있다(25a절).
2. 바울이 일찍이 로마 제국의 동쪽 지역의 이방인 선교에서 선포했고, 지금 로마 신자들에게 그의 편지로 선포하고 있는 그의 상황화한 복음 선포("나의 복음")의 초점은 예수 그리스도 및 그의 사역과 관련이 있다(25b절).
3. 이와 같은 예수 그리스도에 대한 선포는 "그 비밀이 과거 오랜 기간 감춰져 왔지만, 이제는 나타난 바 되었으며 하나님의 명을 따라 예언자들의 글로 말미암아 알려지게 되었다"(25c-26a절).
4. 하나님의 모든 행위, 예수의 모든 구속 사역, 그리고 바울의 모든 설교의 목적은 "모든 이방인이 믿어 하나님께 순종하는 것"이었다.
5. 이방인에게 수행한 사역에서 행해진(이루어지게 될) 것에 대한 모든 찬양과 영광은 "예수 그리스도로 말미암아 지혜로우신 하나님께만" 돌려져야 한다.

성경신학과 현대를 위한 상황화

16:25-27의 송영에 있는 이러한 강조점들 가운데 어느 것 하나를 설명하는 것은 중복되는 일일 것이다. 바울은 분명히 이 모든 문제가 그가 이 편지에서 쓴 내용에 근본적이며 또 그 기록한 내용으로 이미 표현되었다고 보았다. 이 송영이 (1) 일찍이 그의 이방인 사역 기간에 작성되었고 나중에 이곳 로마서 끝에 다시 언급되었거나, (2) 이 편지의 내용을 불러준 일이 끝난 뒤에 쓴 것이든지 말이다. 따라서 16:25-27의 송영이 사도의 사역 기간에 작성된 것이라고 하더라도, 사도가 그가 이미 기록했던 내용과 그가 하나님께 받은 사역의 본질을 구성하고 있다고 믿은 것을 마무리하고 요약

하는 문단으로써 이 송영을 첨가하려 했다고 이해하는 것이 가장 좋을 것 같다.

로마서를 마무리하는 바울의 결론적 진술을 우리가 개선하려고 해서는 안 될 것이다. 그리고 확실히 우리는 바울이 자신의 편지를 마무리하면서 최종적인 발언을 할 수 있도록 허락해주어야만 할 것이다. 그럼에도 우리 시대에 이 송영에 있는 발언을 상황화하면서 적어도 다음과 같은 내용을 강조해야 한다. 즉 바울이 16:25-27에 있는 송영에서 강조한 내용을 오늘날 우리가 참된 기독교적 성경신학을 구성하려고 할 때 반드시 울려 퍼지게 해야 하며, 더 나아가 우리의 모든 기독교적 사고와 그리스도인의 삶에 스며들게끔 해야 한다는 것이다.

참고문헌

주석과 주석 자료들

특기 사항: 아래 열거한 주석과 주석 자료들은 본문에서 저자 이름과 간략한 제목만 제시된다.

I. 교부 시대

주요 헬라 교부들(연대순)

Origen (c. 185-254). *Commentarium in epistulam b. Pauli ad Romanos* (Rufinus's abridged Latin translation, *PG* 14.833-1291).

______. *Commentarii in Epistulam ad Romanos*, 5 vols., ed. T. Heither. Freiburg-im-Breisgau: Herder, 1990-95 (CER).

______. *Commentary on the Epistle to the Romans*, trans. T. P. Scheck. Washington: Catholic University Press of America, 2001.

______. *The Writings of Origen*, trans. F. Crombie, in *Ante-Nicene Christian Library*, vols. 10 and 23, ed. A. Roberts and J. Donaldson. Edinburgh: T. & T. Clark, 1869.

Diodore of Tarsus (died c. 390). "Fragments of a Commentary on Romans," in *Die Pauluskommentare aus der griechischen Kirche*, ed. K. Staab. Münster: Aschendorff, 1933, 83-112.

John Chrysostom (c. 347-407). *Homilia XXXII in Epistolam ad Romanos* (*PG* 60.391-682)

______. "The Homilies of St. John Chrysostom on the Epistle of St. Paul the Apostle to the Romans," in *NPNF*, 11.329-564 (cf. also *PG* 64.1037-38; 51.155-208).

Theodore of Mopsuestia (c. 350-428). *In epistolam Pauli ad Romanos commentarii fragmenta* (*PG* 66.787-876)

______. Fragments of a Commentary on Romans, in *Die Pauluskommentare aus der Griechischen Kirche*, ed. K. Staab. Münster: Aschendorf, 1933, 113-72.

Cyril of Alexandria (died c. 444). *Explanatio in Epistulam ad Romanos* (*PG* 74.773-856).

Theodoret of Cyrrhus (393-466). *Interpretatio in Epistulam ad Romanos* (*PG* 82.43-226).

Gennadius of Constantinople (died c. 471). *Epistulam ad Romanos* (fragments), in *Pauluskommentare aus der griechischen Kirche*, ed. K. Staab. Münster: Aschendorff, 1933.

주요 라틴 교부들(연대순)

Tertullian (c. 145-220). *Adversus Marcionem* (*PL* 2.263-555).

______. *Adversus Valentinianos* (*PL* 2.558-662).

______. "The Five Books against Marcion" and "Against the Valentinians," in *ANF*, 3.269-475, 503-20.

Ambrosiaster (c. 366-384에 기록됨). *Commentarium in epistulam beati Pauli ad Romanos* (*PL* 17.47-197; *CSEL* 81.1).

Augustine (c. 354-430). *Expositio quarundam propositionum ex epistola ad Romanos* (*PL* 35.2063-88)

______. *Epistolae ad Romanos inchoata expositio* (*PL* 35.2087-2106)

______. *Augustine on Romans: Propositions from the Epistle to the Romans. Unfinished Commentary on the Epistle to the Romans*, ed. and trans. P. A. Landes. SBLTT: ECLS 23.6; Chico: Scholars, 1982.

______. *Retractationes* (CSEL 84.183-85).

______. *De diversis Quaestionibus octoginta tribus* (*PL* 40.11-101).

______. *De diversis Quaestionibus ad Simplicianum* (*PL* 40.102-47).

Pelagius (c. 354-420). *In Epistolam ad Romanos* (*PL* 30.646-718).

______. *Pelagius's Commentary on St. Paul's Epistle to the Romans. Translated with Introduction and Notes*, by T. de Bruyn. Oxford: Clarendon, 1993.

II. 종교개혁 시대

주요 로마 가톨릭 주석(연대순)

Thomas Aquinas (1225-74). "Expositio in omnes sancti Pauli epistolas. Epistola ad Romanos," in *Opera omnia*, 25 vols. Parma: Fiaccadori, 1852-73; repr. New York: Musurgia, 1948-50, 13.3-156.

Desiderius Erasmus (1469-1536). *The Collected Works of Erasmus*, vol. 42: *Paraphrases on Romans and Galatians*, trans. J. B. Payne, A. Rabil, Jr., and W. S. Smith, Jr.; ed. R. D. Sider. Toronto: University of Toronto Press, 1984.

______. *Annotations on Romans*, ed. R. D. Sider et al. Toronto: University of Toronto Press, 1994.

주요 개신교 주석(연대순)

Martin Luther (1483-1546). *Luthers Werke*, 61 vols. Weimar: Böhlaus, 1883-1983: vol. 56 (Glossae & Scholia), 1938; vol. 57 (Nachschriften), 1939.

______. *Luther's Works*, 55 vols., general editors J. Pelikan (vols. 1-30) and H. T. Lehmann (vols. 31-55): vol. 25, "Lectures on Romans: Glosses and Scholia," trans. W. G. Tillmanns and J. A. O. Preus, ed. H. C. Oswald. St. Louis: Concordia, 1972.

______. *Commentary on the Epistle to the Romans.* A New Translation, trans. and ed. J. T. Mueller. Grand Rapids: Zondervan, 1954.

______. *Luther: Lectures on Romans, Newly Translated and Edited* by W. Pauck. LCC 15; London: SCM; Philadelphia: Westminster, 1961.

Philipp Melanchthon (1497-1560). *Melanchthons Werke in Auswahl*, 7 vols., ed. R. Stupperich. Gütersloh: Mohn, 1951-75, 5.25-371.

______. *Loci Communes Theologici*, trans. J. A. O. Preuss. St. Louis: Concordia, 1992.

______. *Commentary on Romans*, trans. F. Kramer. St. Louis: Concordia, 1992.

Martin Bucer (1491-1551). "In epistolam ad Romanos," in *Metaphrases et enarrationes epistolarum d. Pauli apostoli*. Strasbourg: Rihel, 1536; repr. Basel: Pernan, 1562, 1-507.

John Calvin (1509-64). *Commentarii in omnes epistolas Pauli apostoli*. Strasbourg: Rihel, 1539.

______. *Commentarius in epistolam Pauli ad Romanos*, ed. T. H. L. Parker. Leiden: Brill, 1981.

______. *Commentary on the Epistle of Paul the Apostle to the Romans*, trans. J. Owen. Edinburgh: Calvin Translation Society, 1844; repr. Grand Rapids: Eerdmans, 1947.

______. *The Epistles of Paul the Apostle to the Romans and to the Thessalonians*, trans. R. Mackenzie, in *Calvin's Commentaries*, 12 vols., ed. D. W. Torrance and T. F. Torrance. Edinburgh: Oliver & Boyd, 1960; Grand Rapids: Eerdmans, 1961, 8.5-328.

______. *Calvin's New Testament Commentaries*, trans. and ed. T. H. L. Parker. London: SCM; Grand Rapids: Eerdmans, 1971.

Bengel, Johann A. (1687-1752). *Gnomon Novi Testament*, 2 vols. Tübingen: Fues, 1742; ET: *Gnomon of the New Testament*, 2 vols., trans. C. T. Lewis and M. R. Vincent. Philadelphia: Perkinpine & Higgins, 1860, 1862; repr. as *New Testament Word Studies*, Grand Rapids: Kregel, 1978.

Wesley, John (1703-91). *Explanatory Notes upon the New Testament*. London: Epworth, 1950 (repr. of 1754 edition).

III. 현대 비평 시대(알파벳 순)

Achtemeier, Paul J. *Romans. A Bible Commentary for Teaching and Preaching*. Interp; Atlanta: John Knox, 1985.

Althaus, Paul. *Der Brief an der Römer übersetzt und erklärt*. NTD; Göttingen: Vandenhoeck & Ruprecht, 1978.

Barclay, William. *The Letter to the Romans*. Daily Study Bible; Edinburgh: St. Andrews, 1955; Philadelphia: Westminster, 1975, repr. 1978.

Barrett, C. Kingsley. *A Commentary on the Epistle to the Romans*. BNTC / HNTC; London:

Black; New York: Harper & Row, 1957; 2nd ed. Peabody: Hendrickson, 1991.

Barth, Karl. *The Epistle to the Romans*, trans. E. C. Hoskyns. London/New York: Oxford University Press, 1933; original German publication: *Der Römerbrief*. Zollikon-Zurich: Evangelischer Verlag, 1919; ET from Sixth Edition. Munich: Kaiser, 1929; rev. ed. by H. Schmitt, Zurich: Theologischer Verlag, 1985.

Best, Ernest. *The Letter of Paul to the Romans*. CBC; Cambridge: Cambridge University Press, 1967.

Billerbeck, Paul. *Kommentar zum Neuen Testament aus Talmud und Midrasch*, 6 vols. Munich: Beck, 1926-63, vol. 3 (4th ed. 1965), 1-320.

Black, Matthew. *Romans*. NCB; London: Oliphants; Grand Rapids: Eerdmans, 1973; 2nd ed. 1989.

Bray, Gerald, ed. *Romans*, in *Ancient Christian Commentary on Scripture*, general editor T. C. Oden, vol. VI. Downers Grove: InterVarsity, 1998.

Brown, Raymond E. "Letter to the Romans," in his *An Introduction to the New Testament*. New York: Doubleday, 1997, 559-84.

Bruce, Frederick F. *The Epistle of Paul to the Romans: An Introduction and Commentary*. TNTC; London: Tyndale; Grand Rapids: Eerdmans, 1963; 2nd ed., 1969; repr. Leicester: Inter-Varsity; Grand Rapids: Eerdmans, 1985.

Brunner, Emil. *The Letter to the Romans: A Commentary*, trans. H. A. Kennedy. London: Lutterworth; Philadelphia: Westminster, 1959; ET from *Der Römerbrief übersetzt und erklärt*. Stuttgart: Oncken, 1938; repr. 1956.

Byrne, Brendan. *Romans*. SacPag; Collegeville: Liturgical, 1996.

Craig, Gerald R. "The Epistle to the Romans" (Exposition), in *The Interpreter's Bible*, 12 vols, ed. G. A. Buttrick et al. New York: Abingdon, 1954, 9.379-668.

Cranfield, Charles E. B. *A Critical and Exegetical Commentary on the Epistle to the Romans*. ICC; 2 vols. Edinburgh: T. & T. Clark, 1975, 1979.

Denney, James. *St. Paul's Epistle to the Romans*. EGT; London: Hodder & Stoughton, 1900, 2.555-725; repr. Grand Rapids: Eerdmans, 1970, 1983.

Dodd, Charles Harold. *The Epistle of Paul to the Romans*. MNTC; London: Hodder & Stoughton, 1932; rev. ed. London: Collins, 1959.

Dunn, James D. G. *Romans*. WBC; 2 vols. Dallas: Word, 1988-89.

Fitzmyer, Joseph A. *Romans: A New Translation with Introduction and Commentary*. AB; New York: Doubleday, 1993.

Gaugler, Ernst. *Der Brief an die Römer*, 2 vols. Zurich: Zwingli, 1945; repr. 1958.

Gifford, Edward H. *The Epistle of St. Paul to the Romans, with Notes and Introduction*. London: Murray, 1881; repr. 1886.

Godet, Frédéric. *Commentary on St. Paul's Epistle to the Romans*, 2 vols., trans. A. Cusin. Edinburgh: T. & T. Clark, 1880-81; New York: Funk & Wagnalls, 1883; repr. Grand Rapids: Kregel, 1977; ET from *Commentaire sur l'épître aux Romains*, 2 vols. Paris: Sandoz & Rischbacher; Geneva: Desrogis, 1879; repr. Geneva: Labor et Fides,

1879-81.

Gore, Charles. *St. Paul's Epistle to the Romans: A Practical Exposition*, 2 vols. London: Murray; New York: Scribners, 1899-1900; repr. 1907.

Haldane, Robert. *Exposition of the Epistle to the Romans*, 3 vols. Edinburgh: Whyte, 1839; repr. New York: Carter, 1853; repr. in one volume as *Commentary on Romans*, Grand Rapids: Kregel, 1988.

Hamilton, Floyd E. *The Epistle to the Romans: An Exegetical and Devotional Commentary*. Philadelphia: Presbyterian and Reformed, 1958.

Harrison, Everett F., and Donald A. Hagner. "Romans," in *The Expositor's Bible Commentary*, rev. ed., 13 vols., ed. T. Longman and D. E. Garland. Grand Rapids: Zondervan, 2008, 11.19-237.

Harrisville, Roy A. *Romans*. ACNT; Minneapolis: Augsburg, 1980.

Hendriksen, William. *Exposition of Paul's Epistle to the Romans*, 2 vols. NTC; Grand Rapids: Baker; Edinburgh: Banner of Truth, 1980-81.

Hodge, Charles. *A Commentary on the Epistle to the Romans*. Philadelphia: Grigg & Elliot, 1835; 2nd ed. Philadelphia: Claxton, 1864; repr. New York: Armstrong, 1896; Grand Rapids: Eerdmans, 1980.

Huby, Joseph. *Saint Paul. Épître aux Romains*. Traduction et commentaire. VS; Paris: Beauchesne, 4th ed. 1940; new ed., rev. S. Lyonnet, 1957.

Hunter, Archibald M. *The Epistle to the Romans: Introduction and Commentary*. TBC; London: SCM, 1955; repr. with subtitle *The Law of Love*, 1968, 1977.

Jewett, Robert. *Romans: A Commentary*. Hermeneia; Minneapolis: Fortress, 2007.

Johnson, Luke Timothy. *Reading Romans: A Literary and Theological Commentary*. Macon: Smyth & Helwys, 2001.

Käsemann, Ernst. *Commentary on Romans*, trans. G. W. Bromiley. London: SCM; Grand Rapids: Eerdmans, 1980; ET from *An die Römer*. HNT; Tübingen: Mohr Siebeck, 1973; 4th ed 1980.

Kertelge, Karl. *The Epistle to the Romans*, trans. F. McDonagh. NTSR; London: Sheed & Ward; New York: Herder & Herder, 1972; ET from *Der Brief an die Römer*. Düsseldorf: Patmos, 1971.

Knox, John. "The Epistle to the Romans" (Introduction and Exegesis), in *The Interpreter's Bible*, 12 vols., ed. G. A. Buttrick et al. New York: Abingdon, 1954, 9.353-668.

Kühl, Ernst. *Der Brief des Paulus an die Römer*. Leipzig: Quell & Meyer, 1913.

Kuss, Otto. *Der Römerbrief übersetzt und erklärt*, 3 vols. (on chs. 1-11). Regensburg: Pustet, 1957, 1959, 1978.

Lagrange, Marie-Joseph. *Saint Paul. Épître aux Romains*. EtBib; Paris: Gabalda, 1916; 4th ed. (with addenda) 1931; repr. 1950.

Leenhardt, Franz J. *The Epistle of Saint Paul to the Romans: A Commentary*, trans. H. Knight. London: Lutterworth; Cleveland: World, 1961; ET from *L'Épître de saint Paul aux Romains*. CNT; Neuchatel-Paris: Delachaux et Niestlé, 1957; 2nd ed.

Geneva: Labor et Fides, 1981.

Lenski, Richard C. H. *The Interpretation of St. Paul's Epistle to the Romans*. Columbus: Lutheran Book Concern, 1936; repr. Minneapolis: Augsburg, 1961.

Liddon, Henry P. *Explanatory Analysis of St. Paul's Epistle to the Romans*. London: Longmans, Green, 1893; repr. Grand Rapids: Zondervan, 1961.

Lietzmann, Hans. *Die Briefe des Apostels Paulus an die Römer*. HNT 8; Tübingen: Mohr Siebeck, 1906; 2nd ed. 1928; 3rd ed. 1933; 5th ed. 1971.

Lightfoot, Joseph B. *Notes on Epistles of St. Paul from Unpublished Commentaries*. London: Macmillan, 1895, 237-305 (on chs. 1-7); repr. Grand Rapids: Zondervan, 1957.

Lohse, Eduard. *Der Brief an die Römer*. KEKNT; Göttingen: Vandenhoeck & Ruprecht, 2003.

Lyonnet, Stanislaus. *Les Épîtres de Saint Paul aux Galates, aux Romains*. SBJ; Paris: Cerf, 1953; 2nd ed. 1959, 45-136.

Manson, Thomas W. "Romans," in *Peake's Commentary on the Bible*, 2nd ed., ed. M. Black and H. H. Rowley. London: Nelson, 1962, 940-53.

Matera, Frank J. *Romans*, Grand Rapids: Baker Academic, 2010.

Metzger, Bruce M. *A Textual Commentary on the Greek New Testament*. New York: United Bible Societies, 1971; 1975 (corrected edition); 2nd rev. ed. Stuttgart: Deutsche Bibelgesellschaft, 1994.

Meyer, Heinrich A. W. *Critical and Exegetical Handbook to the Epistle to the Romans*, 2 vols. MCNT; New York: Funk & Wagnalls, 1884; rev. ed. by W. P. Dickson and T. Dwight, 1889; ET from *Der Brief an die Römer*. MKEKNT; Göttingen: Vandenhoeck & Ruprecht, 1836; 5th ed. 1872.

Michel, Otto. *Der Brief an die Römer*. MKEKNT; Göttingen: Vandenhoeck & Ruprecht, 1955; 14th ed. 1978.

Moo, Douglas J. *The Epistle to the Romans*. NICNT; Grand Rapids: Eerdmans, 1996.

Morris, Leon. *The Epistle to the Romans*. PC; Leicester: Inter-Varsity; Grand Rapids: Eerdmans, 1988.

Murray, John. *The Epistle to the Romans: the English Text with Introduction, Exposition, and Notes*, 2 vols. NICNT; Grand Rapids: Eerdmans, 1959, 1965.

Nygren, Anders. *Commentary on Romans*, trans. C. C. Rasmussen. Philadelphia: Fortress, 1949, 1972; London: SCM, 1952; ET from *Der Römerbrief*. Göttingen: Vandenhoeck & Ruprecht, 1951. 이 책은 *Pauli Brev till Romarna*. Stockholm: Svenska Kyrkans Diakonistyrelses Bokförlag, 1944로부터 번역한 것임.

O'Neill, John C. *Paul's Letter to the Romans*. PNTC; Harmondsworth-Baltimore: Penguin, 1975.

Robertson, Archibald T. "The Epistle to the Romans," in *Word Pictures in the New Testament*, 4 vols. New York: Smith, 1931, 4.320-430.

Robinson, John A. T. *Wrestling with Romans*. London: SCM; Philadelphia: Westminster, 1979.

Sanday, William, and Arthur C. Headlam. *A Critical and Exegetical Commentary on the Epistle to the Romans*. ICC; Edinburgh: T. & T. Clark; New York: Scribner, 1895, 2nd ed. 1896, 5th ed. 1902; repr. 1922, 1958, 1962.

Schelkle, Karl Hermann. *Paulus Lehrer der Väter*. Die altkirchliche Auslegung von Römer 1-11. Düsseldorf: Patmos, 1956.

______. *The Epistle to the Romans: Theological Meditations*. New York: Herder and Herder, 1964; ET of *Meditationen über den Römerbrief*. Einsiedeln: Benziger Verlag.

Schlatter, Adolf. *Romans: the Righteousness of God*, trans. S. S. Schatzmann. Peabody: Hendrickson, 1995; ET from *Gottes Gerechtigkeit. Ein Kommentar zum Römerbrief*. Stuttgart: Calwer, 1935, 3rd ed. 1959, 4th ed. 1965; 6th ed. (with preface by P. Stuhlmacher), 1991.

Schlier, Heinrich. *Der Römerbrief. Kommentar*. HTKNT; Freiburg/Basel/Vienna: Herder, 1977.

Schmidt, Hans W. *Der Brief des Paulus an die Römer*. ThKNT; Berlin: Evangelische Verlagsanstalt, 1963, 3rd ed. 1972.

Schmithals, Walter. *Der Römerbrief. Ein Kommentar*. Gütersloh: Mohn, 1988.

Schreiner, Thomas R. *Romans*. BECNT; Grand Rapids: Baker, 1998.

Shedd, William G. T. *A Critical and Doctrinal Commentary upon the Epistle of St. Paul to the Romans*. New York: Scribner's, 1879; repr. Grand Rapids: Zondervan, 1967.

Stuhlmacher, Peter. *Paul's Letter to the Romans: A Commentary*, trans. S. J. Hafemann. Louisville: Westminster John Knox, 1994; ET from *Der Brief an die Römer übersetzt und erklart*. NTD; Göttingen: Vandenhoeck & Ruprecht, 1989.

Talbert, Charles H. *Romans*. Macon: Smyth & Helwys, 2002.

Taylor, Vincent. *The Epistle to the Romans*. EPC; London: Epworth, 1955, 2nd ed. 1962.

Weiss, Bernhard. *Der Brief an die Römer*. MK; Göttingen: Vandenhoeck & Ruprecht, 1881, 4th ed. 1891.

Wilckens, Ulrich. *Der Brief an die Römer*, 3 vols. EKKNT; Zurich: Benziger; Neukirchen-Vluyn: Neukirchener Verlag, 1978, 1980, 1982.

Witherington, Ben, III, with Darlene Hyatt. *Paul's Letter to the Romans: A Socio-Rhetorical Commentary*. Grand Rapids: Eerdmans, 2004.

Wright, N. Thomas. "The Messiah and the People of God: A Study in Pauline Theology with Particular Reference to the Argument of the Epistle to the Romans." D.Phil. Dissertation, University of Oxford, 1980.

Zahn, Theodor. *Der Brief des Paulus an die Römer ausgelegt*. KNT; Leipzig: Deichert, 1910, 2nd ed. 1925.

Zeller, Dieter. *Der Brief an die Römer. Übersetzt und erklärt*. RNT; Regensburg: Pustet, 1985.

Ziesler, John A. *Paul's Letter to the Romans*. TPINTC; London: SCM; Philadelphia: Trinity, 1989.

단행본과 논문 및 그 밖의 자료들

특기 사항: 아래 열거한 단행본과 논문 및 그 밖에 자료들은 본문에서 저자 이름과 간략한 제목만 제시된다.

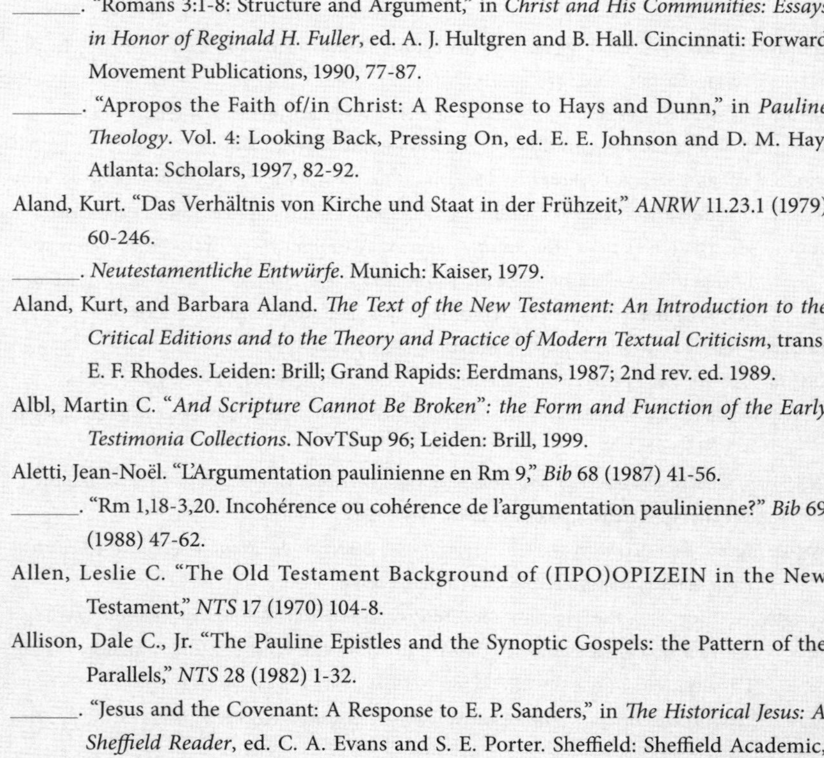

Abbot, Ezra. "On the Construction of Romans ix.5," *JBL* 1 (1881) 87-154.

______. "Recent Discussions of Romans ix.5," *JBL* 2 (1883) 90-112.

Abegg, Martin G. "Paul, 'Works of the Law' and MMT," *BARev* 20 (1994) 52-55, 81.

Achtemeier, Paul J. "'Somethings in Them Hard to Understand': Reflections on an Approach to Paul," *Int* 38 (1984) 254-67.

______. "Romans 3:1-8: Structure and Argument," in *Christ and His Communities: Essays in Honor of Reginald H. Fuller*, ed. A. J. Hultgren and B. Hall. Cincinnati: Forward Movement Publications, 1990, 77-87.

______. "Apropos the Faith of/in Christ: A Response to Hays and Dunn," in *Pauline Theology*. Vol. 4: Looking Back, Pressing On, ed. E. E. Johnson and D. M. Hay. Atlanta: Scholars, 1997, 82-92.

Aland, Kurt. "Das Verhältnis von Kirche und Staat in der Frühzeit," *ANRW* 11.23.1 (1979) 60-246.

______. *Neutestamentliche Entwürfe*. Munich: Kaiser, 1979.

Aland, Kurt, and Barbara Aland. *The Text of the New Testament: An Introduction to the Critical Editions and to the Theory and Practice of Modern Textual Criticism*, trans. E. F. Rhodes. Leiden: Brill; Grand Rapids: Eerdmans, 1987; 2nd rev. ed. 1989.

Albl, Martin C. "*And Scripture Cannot Be Broken*": *the Form and Function of the Early Testimonia Collections*. NovTSup 96; Leiden: Brill, 1999.

Aletti, Jean-Noël. "L'Argumentation paulinienne en Rm 9," *Bib* 68 (1987) 41-56.

______. "Rm 1,18-3,20. Incohérence ou cohérence de l'argumentation paulinienne?" *Bib* 69 (1988) 47-62.

Allen, Leslie C. "The Old Testament Background of (ΠΡΟ)ΟΡΙΖΕΙΝ in the New Testament," *NTS* 17 (1970) 104-8.

Allison, Dale C., Jr. "The Pauline Epistles and the Synoptic Gospels: the Pattern of the Parallels," *NTS* 28 (1982) 1-32.

______. "Jesus and the Covenant: A Response to E. P. Sanders," in *The Historical Jesus: A Sheffield Reader*, ed. C. A. Evans and S. E. Porter. Sheffield: Sheffield Academic, 1995, 61-82.

Arzt, Peter. "The 'Epistolary Introductory Thanksgiving' in the Papyri and in Paul," *NovT* 36 (1994) 29-46.

Aune, David E. *The New Testament in Its Literary Environment*. Philadelphia: Westminster, 1987, 158-225.

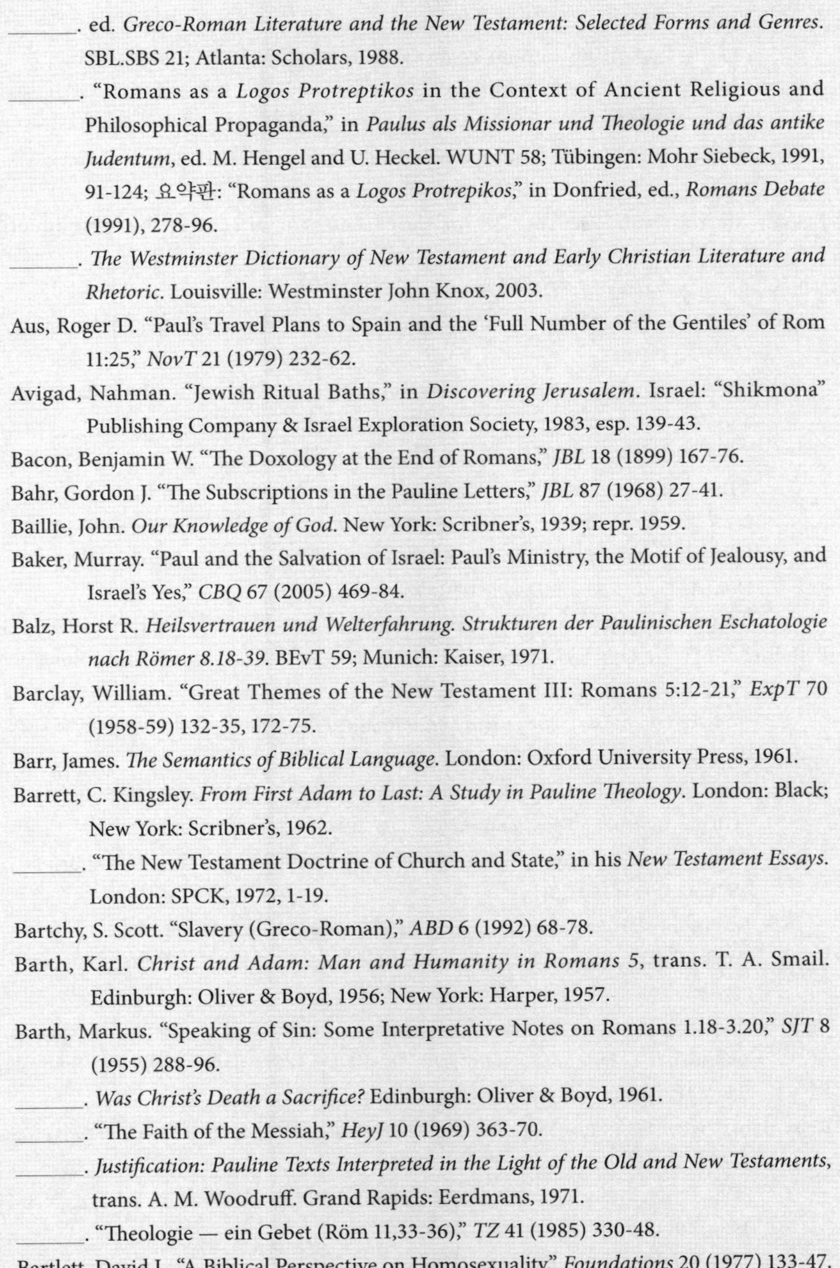

______. ed. *Greco-Roman Literature and the New Testament: Selected Forms and Genres.* SBL.SBS 21; Atlanta: Scholars, 1988.

______. "Romans as a *Logos Protreptikos* in the Context of Ancient Religious and Philosophical Propaganda," in *Paulus als Missionar und Theologie und das antike Judentum*, ed. M. Hengel and U. Heckel. WUNT 58; Tübingen: Mohr Siebeck, 1991, 91-124; 요약판: "Romans as a *Logos Protrepikos*," in Donfried, ed., *Romans Debate* (1991), 278-96.

______. *The Westminster Dictionary of New Testament and Early Christian Literature and Rhetoric*. Louisville: Westminster John Knox, 2003.

Aus, Roger D. "Paul's Travel Plans to Spain and the 'Full Number of the Gentiles' of Rom 11:25," *NovT* 21 (1979) 232-62.

Avigad, Nahman. "Jewish Ritual Baths," in *Discovering Jerusalem*. Israel: "Shikmona" Publishing Company & Israel Exploration Society, 1983, esp. 139-43.

Bacon, Benjamin W. "The Doxology at the End of Romans," *JBL* 18 (1899) 167-76.

Bahr, Gordon J. "The Subscriptions in the Pauline Letters," *JBL* 87 (1968) 27-41.

Baillie, John. *Our Knowledge of God*. New York: Scribner's, 1939; repr. 1959.

Baker, Murray. "Paul and the Salvation of Israel: Paul's Ministry, the Motif of Jealousy, and Israel's Yes," *CBQ* 67 (2005) 469-84.

Balz, Horst R. *Heilsvertrauen und Welterfahrung. Strukturen der Paulinischen Eschatologie nach Römer 8.18-39*. BEvT 59; Munich: Kaiser, 1971.

Barclay, William. "Great Themes of the New Testament III: Romans 5:12-21," *ExpT* 70 (1958-59) 132-35, 172-75.

Barr, James. *The Semantics of Biblical Language*. London: Oxford University Press, 1961.

Barrett, C. Kingsley. *From First Adam to Last: A Study in Pauline Theology*. London: Black; New York: Scribner's, 1962.

______. "The New Testament Doctrine of Church and State," in his *New Testament Essays*. London: SPCK, 1972, 1-19.

Bartchy, S. Scott. "Slavery (Greco-Roman)," *ABD* 6 (1992) 68-78.

Barth, Karl. *Christ and Adam: Man and Humanity in Romans 5*, trans. T. A. Smail. Edinburgh: Oliver & Boyd, 1956; New York: Harper, 1957.

Barth, Markus. "Speaking of Sin: Some Interpretative Notes on Romans 1.18-3.20," *SJT* 8 (1955) 288-96.

______. *Was Christ's Death a Sacrifice?* Edinburgh: Oliver & Boyd, 1961.

______. "The Faith of the Messiah," *HeyJ* 10 (1969) 363-70.

______. *Justification: Pauline Texts Interpreted in the Light of the Old and New Testaments*, trans. A. M. Woodruff. Grand Rapids: Eerdmans, 1971.

______. "Theologie — ein Gebet (Röm 11,33-36)," *TZ* 41 (1985) 330-48.

Bartlett, David L. "A Biblical Perspective on Homosexuality," *Foundations* 20 (1977) 133-47.

Bartsch, Hans. "The Concept of Faith in Romans," *BibR* 13 (1968) 41-53.

Bassler, Jouette M. *Divine Impartiality: Paul and a Theological Axiom*. SBL.DS 59; Chico:

Scholars, 1982.

______. "Divine Impartiality in Paul's Letter to the Romans," *NovT* 26 (1984) 43-58.

Batey, Richard. "'So All Israel Will Be Saved': An Interpretation of Romans 11:25-32," *Int* 20 (1966) 218-28.

Baxter, A. G., and J. A. Ziesler, "Paul and Arboriculture: Romans 11.17-24," *JSNT* 24 (1985) 25-32.

Beasley-Murray, Paul. "Romans 1:3f: An Early Confession of Faith in the Lordship of Jesus," *TB* 31 (1980) 147-54.

Behm, Johannes. "διαθήκη," *TDNT* 2.106-34.

Beker, J. Christiaan. *Paul the Apostle: the Triumph of God in Life and Thought*. Philadelphia: Fortress, 1980.

______. "The Jewish Character of the Argument in 1:16-4:25," in his *Paul the Apostle*, 78-83 and 94-104.

______. "The Meaning of 'Body,'" in his *Paul the Apostle*, 287-89.

______. "The Faithfulness of God and the Priority of Israel in Paul's Letter to the Romans," *HTR* 79 (1986) 10-16; repr. in *Christians among Jews and Gentiles*, ed. G. W. E. Nickelsburg and G. W. MacRae. Philadelphia: Fortress, 1986, 10-16; also repr. in Donfried, ed., *Romans Debate* 1991, 327-32.

______. "Vision of Hope for a Suffering World: Romans 8:17-30," *PSBSup* 3 (1994) 26-32.

Bell, Richard H. *No One Seeks for God: An Exegetical and Theological Study of Romans 1:18-3:20*. Tübingen: Mohr Siebeck, 1998.

______. *Provoked to Jealousy: the Origin and Purpose of the Jealousy Motif in Romans 9-11*. WUNT 63; Tübingen: Mohr Siebeck, 1994.

Berger, Klaus. "Abraham in den paulinischen Hauptbriefen," *MTZ* 17 (1966) 47-89.

______. "'Gnade' im frühen Christentum," *NTT* 27 (1973) 1-25.

______. "Apostelbrief und apostolische Rede. Zum Formular frühchristlicher Briefe," *ZNW* 65 (1974) 190-231.

______. *Formgeschichte des Neuen Testament*. Heidelberg: Quelle & Meyer, 1984.

______. "Hellenistische Gattungen im Neuen Testament," *ANRW* 2.25.2 (1984) 1031-1432, 1831-85.

Berkley, Timothy W. *From a Broken Covenant to Circumcision of the Heart: Pauline Intertextual Exegesis in Romans 2:17-29*. SBL.DS 175; Atlanta: Society of Biblical Literature, 2000.

Betz, Hans Dieter. *Galatians: A Commentary on Paul's Letter to the Church in Galatia*. Hermeneia; Philadelphia: Fortress, 1979.

______. "Das Problem der Grundlagen der paulinischen Ethik (Röm 12.1-2)," *ZTK* 85 (1988) 199-218.

______. "The Foundation of Christian Ethics according to Romans 12:1-2," in *Witness and Existence: Essays in Honor of Schubert M. Ogden*, ed. P. E. Devenish and G. L. Goodwin. Chicago: University of Chicago Press, 1989, 55-72.

Betz, Otto. "The Qumran Halakhah Text *Miqsat Ma'ase Ha-Torah* (4QMMT) and Sadducean, Essene, and Early Pharisaic Tradition," in *The Aramaic Bible: Targums in Their Historical Context*, ed. D. R. G. Beattie and M. J. McNamara. Sheffield: JSOT, 1994.

Biedermann, Hermenegild M. *Die Erlösung der Schöpfung beim Apostel Paulus. Ein Beitrag zur Klärung der religionsgeschichtlichen Stellung der paulinischen Erlösungslehre.* Würzburg: St. Rita, 1940.

Bjerkelung, Carl J. *PARAKALŌ. Form, Function and Sinn der parakolō-Sätze in den paulinischen Briefen*. Oslo: Universitetsworlaget, 1967.

Black, Matthew. "The Pauline Doctrine of the Second Adam," *SJT* 7 (1954) 170-79.

Blackman, Cyril. "Romans 3.26b: A Question of Translation," *JBL* 87 (1968) 203-4.

Blank, Josef. "Warum sagt Paulus: 'Aus den Werken des Gesetzes wird niemand Gerecht'?" EKKNT *Vorarbeiten* 1 (1969) 79-107.

______. "Kirche und Staat im Urchristentum," *Kirche und Staat auf Distanz*, ed. G. Denzler. Munich: Kösel, 1977, 9-28.

Bläser, P. Peter. *Das Gesetz bei Paulus*. Münster: Aschendorfische Verlagsbuchhandlung, 1941.

Bloesch, Donald G. "'All Israel Will Be Saved': Supersessionism and the Biblical Witness," *Int* 43 (1989) 130-42.

Boer, Martinus C. de. *Galatians: A Commentary*. Louisville: Westminster John Knox, 2011.

Boers, Hendrikus. *Theology Out of the Ghetto: A New Testament Exegetical Study Concerning Exclusiveness*. Leiden: Brill, 1970, esp. 82-104.

______. *The Justification of the Gentiles: Paul's Letters to the Galatians and Romans*. Peabody: Hendrickson, 1994.

Boismard, M.- É. "Constitué fils de Dieu (Rom 1.4)," *RB* 60 (1953) 5-17.

Borg, Marcus J. "A New Context for Romans xiii," *NTS* 19 (1972-73) 205-18.

Bornkamm, Günther. "Faith and Reason in Paul's Epistles," *NTS* 4 (1958) 93-100.

______. "Gesetz und Natur. Röm. 2,14-16," in *Studien zu Antike und Urchristentum*. BEvT 28; Munich: Kaiser, 1959, 93-118.

______. "The Revelation of God's Wrath: Romans 1-3," in his *Early Christian Experience*, trans. P. L. Hammer. London: SCM, 1969, 47-70.

______. "The Praise of God: Romans 11.33-36," in his *Early Christian Experience*, trans. P. L. Hammer. London: SCM, 1969, 105-11.

______. "Theologie als Teufelskunst. Römer 3,1-9," in *Geschichte und Glaube II: Gesammelte Aufsätze*, vol. 4. BEvT 53; Munich: Kaiser, 1971, 140-48.

______. "Christology and Justification (on Romans 1:3f. and 1:16f.)," Appendix III in his *Paul*, trans. D. M. G. Stalker. New York: Harper & Row, 1971, 248-49.

Bousset, Wilhelm. *Kyrios Christos*. Göttingen: Vandenhoeck & Ruprecht, 1913.

Bowers, Paul. "Fulfilling the Gospel: the Scope of the Pauline Mission," *JETS* 30 (1987) 185-98.

Brauch, Manfred T. "Perspectives on 'God's Righteousness' in Recent German Discussion," in E. P. Sanders, *Paul and Palestinian Judaism: A Comparison of Patterns of Religion*. Philadelphia: Fortress, 1977, "Appendix," 523-42.

Brockmeyer, Norbert. *Antike Sklaverei*. Ertrage der Forschung 116; Darmstadt: Wissenschaftliche Buchgesellschaft, 1979.

Brown, Michael Joseph. "Paul's Use of ΔΟΥΛΟΣ ΧΡΙΣΤΟΥ ΙΗΣΟΥ in Romans 1:1," *JBL* 120 (2001) 723-37.

Brown, Raymond E. "The Semitic Background of the New Testament Mysterion," *Bib* 39 (1958) 426-48 and 40 (1959) 70-87.

______. *The Semitic Background of the Term "Mystery" in the New Testament*. FBBS 21; Philadelphia: Fortress, 1968.

______. "Not Jewish Christianity and Gentile Christianity, but Types of Jewish/Gentile Christianity," *CBQ* 45 (1983) 74-79.

______. "The Beginnings of Christianity at Rome" and "The Roman Church near the End of the First Christian Generation (a.d. 58 — Paul to the Romans)," in R. E. Brown and J. P. Meier, *Antioch and Rome: New Testament Cradles of Catholic Christianity*. New York: Paulist, 1983, 92-127.

______. "Further Reflections on the Origins of the Church of Rome," in *The Conversation Continues: Studies in Paul and John in Honor of J. L. Martyn*, ed. R. T. Fortna and B. R. Gaventa. Nashville: Abingdon, 1990, 98-115.

Brownlee, William H. "The Placarded Revelation of Habakkuk," *JBL* 82 (1963) 319-25.

Bruce, Frederick F. "Paul and the Historical Jesus," *BJRL* 56 (1974) 317-35.

______. "Paul and 'The Powers That Be,'" *BJRL* 66 (1983-84) 78-96.

Bryan, Christopher. *A Preface to Romans: Notes on the Epistle in Its Literary and Cultural Setting*. Oxford: Oxford University Press, 2000.

Büchsel, Friedrich. "ἀλλάσσω...καταλλάσσω, καταλλαγή," *TDNT* 1.251-59.

______. and Johannes Herrmann. "ἵλεως, ἱλάσκομαι, ἱλασμός, ἱλαστήριον," *TDNT* 3.300-23.

Bultmann, Rudolf. *Der Stil der paulinischen Predigt und die kynischstoische Diatribe*. FRLANT 13; Göttingen: Vandenhoeck & Ruprecht, 1910; repr. 1984.

______. "Das Problem der Ethik bei Paulus," *ZNW* 23 (1924) 123-40.

______. "Neueste Paulusforschung," *Theologische Rundschau* 8 (1936) 1-22.

______. "Anknüpfung und Widerspruch. Zur Frage nach der Anknüpfung der neutestamentlichen Verkündigung an die natürliche Theologie der Stoa, die hellenistischen Mysterienreligionen und die Gnosis," *TZ* 2 (1946) 401-18.

______. "Glossen im Römerbrief," *TLZ* 72 (1947) 197-202.

______. *Theology of the New Testament*, 2 vols., trans. K. Grobel. New York: Scribners, 1951, 1955.

______. "The Kerygma of the Earliest Church," in his *Theology of the New Testament*, esp. 1.46.

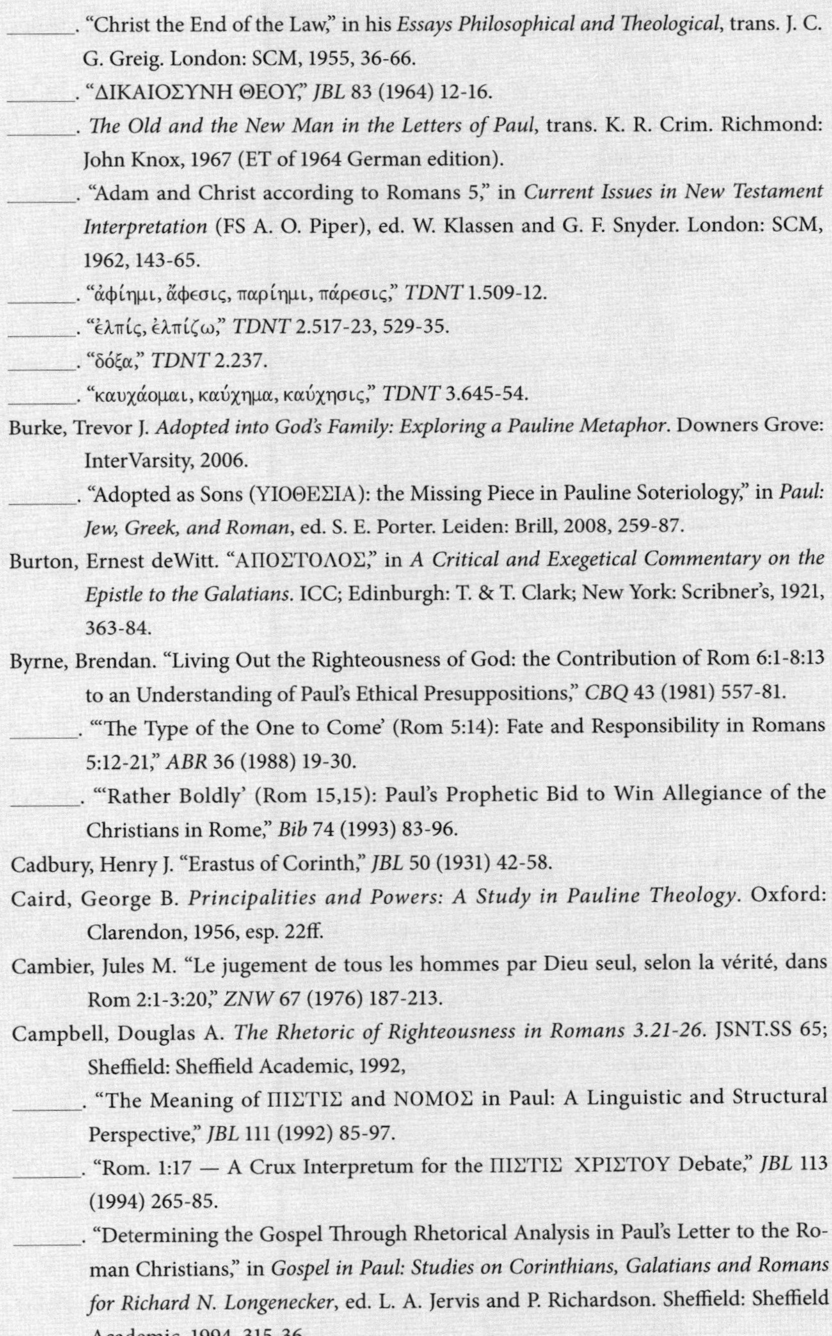

______. "Christ the End of the Law," in his *Essays Philosophical and Theological*, trans. J. C. G. Greig. London: SCM, 1955, 36-66.

______. "ΔΙΚΑΙΟΣΥΝΗ ΘΕΟΥ," *JBL* 83 (1964) 12-16.

______. *The Old and the New Man in the Letters of Paul*, trans. K. R. Crim. Richmond: John Knox, 1967 (ET of 1964 German edition).

______. "Adam and Christ according to Romans 5," in *Current Issues in New Testament Interpretation* (FS A. O. Piper), ed. W. Klassen and G. F. Snyder. London: SCM, 1962, 143-65.

______. "ἀφίημι, ἄφεσις, παρίημι, πάρεσις," *TDNT* 1.509-12.

______. "ἐλπίς, ἐλπίζω," *TDNT* 2.517-23, 529-35.

______. "δόξα," *TDNT* 2.237.

______. "καυχάομαι, καύχημα, καύχησις," *TDNT* 3.645-54.

Burke, Trevor J. *Adopted into God's Family: Exploring a Pauline Metaphor*. Downers Grove: InterVarsity, 2006.

______. "Adopted as Sons (ΥΙΟΘΕΣΙΑ): the Missing Piece in Pauline Soteriology," in *Paul: Jew, Greek, and Roman*, ed. S. E. Porter. Leiden: Brill, 2008, 259-87.

Burton, Ernest deWitt. "ΑΠΟΣΤΟΛΟΣ," in *A Critical and Exegetical Commentary on the Epistle to the Galatians*. ICC; Edinburgh: T. & T. Clark; New York: Scribner's, 1921, 363-84.

Byrne, Brendan. "Living Out the Righteousness of God: the Contribution of Rom 6:1-8:13 to an Understanding of Paul's Ethical Presuppositions," *CBQ* 43 (1981) 557-81.

______. "'The Type of the One to Come' (Rom 5:14): Fate and Responsibility in Romans 5:12-21," *ABR* 36 (1988) 19-30.

______. "'Rather Boldly' (Rom 15,15): Paul's Prophetic Bid to Win Allegiance of the Christians in Rome," *Bib* 74 (1993) 83-96.

Cadbury, Henry J. "Erastus of Corinth," *JBL* 50 (1931) 42-58.

Caird, George B. *Principalities and Powers: A Study in Pauline Theology*. Oxford: Clarendon, 1956, esp. 22ff.

Cambier, Jules M. "Le jugement de tous les hommes par Dieu seul, selon la vérité, dans Rom 2:1-3:20," *ZNW* 67 (1976) 187-213.

Campbell, Douglas A. *The Rhetoric of Righteousness in Romans 3.21-26*. JSNT.SS 65; Sheffield: Sheffield Academic, 1992,

______. "The Meaning of ΠΙΣΤΙΣ and ΝΟΜΟΣ in Paul: A Linguistic and Structural Perspective," *JBL* 111 (1992) 85-97.

______. "Rom. 1:17 — A Crux Interpretum for the ΠΙΣΤΙΣ ΧΡΙΣΤΟΥ Debate," *JBL* 113 (1994) 265-85.

______. "Determining the Gospel Through Rhetorical Analysis in Paul's Letter to the Roman Christians," in *Gospel in Paul: Studies on Corinthians, Galatians and Romans for Richard N. Longenecker*, ed. L. A. Jervis and P. Richardson. Sheffield: Sheffield Academic, 1994, 315-36.

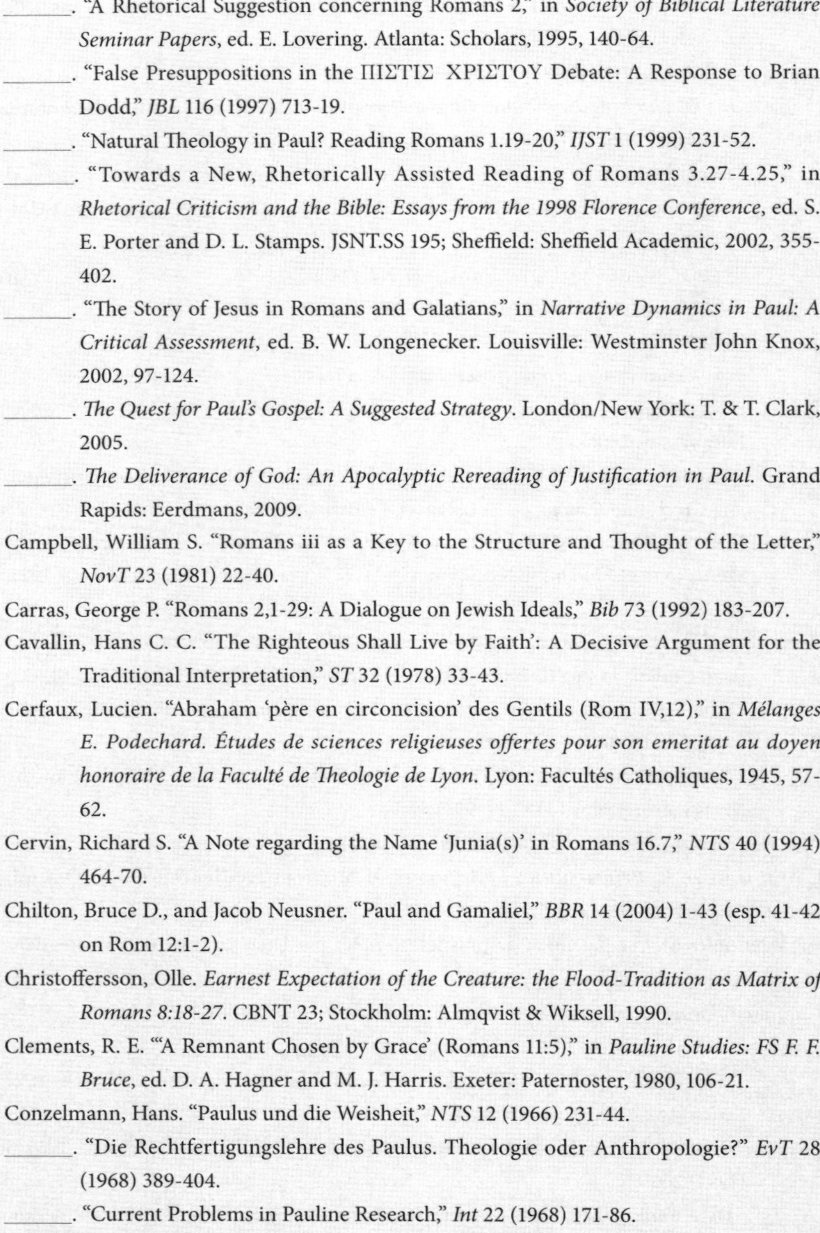

______. "A Rhetorical Suggestion concerning Romans 2," in *Society of Biblical Literature Seminar Papers*, ed. E. Lovering. Atlanta: Scholars, 1995, 140-64.

______. "False Presuppositions in the ΠΙΣΤΙΣ ΧΡΙΣΤΟΥ Debate: A Response to Brian Dodd," *JBL* 116 (1997) 713-19.

______. "Natural Theology in Paul? Reading Romans 1.19-20," *IJST* 1 (1999) 231-52.

______. "Towards a New, Rhetorically Assisted Reading of Romans 3.27-4.25," in *Rhetorical Criticism and the Bible: Essays from the 1998 Florence Conference*, ed. S. E. Porter and D. L. Stamps. JSNT.SS 195; Sheffield: Sheffield Academic, 2002, 355-402.

______. "The Story of Jesus in Romans and Galatians," in *Narrative Dynamics in Paul: A Critical Assessment*, ed. B. W. Longenecker. Louisville: Westminster John Knox, 2002, 97-124.

______. *The Quest for Paul's Gospel: A Suggested Strategy*. London/New York: T. & T. Clark, 2005.

______. *The Deliverance of God: An Apocalyptic Rereading of Justification in Paul*. Grand Rapids: Eerdmans, 2009.

Campbell, William S. "Romans iii as a Key to the Structure and Thought of the Letter," *NovT* 23 (1981) 22-40.

Carras, George P. "Romans 2,1-29: A Dialogue on Jewish Ideals," *Bib* 73 (1992) 183-207.

Cavallin, Hans C. C. "The Righteous Shall Live by Faith': A Decisive Argument for the Traditional Interpretation," *ST* 32 (1978) 33-43.

Cerfaux, Lucien. "Abraham 'père en circoncision' des Gentils (Rom IV,12)," in *Mélanges E. Podechard. Études de sciences religieuses offertes pour son emeritat au doyen honoraire de la Faculté de Theologie de Lyon*. Lyon: Facultés Catholiques, 1945, 57-62.

Cervin, Richard S. "A Note regarding the Name 'Junia(s)' in Romans 16.7," *NTS* 40 (1994) 464-70.

Chilton, Bruce D., and Jacob Neusner. "Paul and Gamaliel," *BBR* 14 (2004) 1-43 (esp. 41-42 on Rom 12:1-2).

Christoffersson, Olle. *Earnest Expectation of the Creature: the Flood-Tradition as Matrix of Romans 8:18-27*. CBNT 23; Stockholm: Almqvist & Wiksell, 1990.

Clements, R. E. "'A Remnant Chosen by Grace' (Romans 11:5)," in *Pauline Studies: FS F. F. Bruce*, ed. D. A. Hagner and M. J. Harris. Exeter: Paternoster, 1980, 106-21.

Conzelmann, Hans. "Paulus und die Weisheit," *NTS* 12 (1966) 231-44.

______. "Die Rechtfertigungslehre des Paulus. Theologie oder Anthropologie?" *EvT* 28 (1968) 389-404.

______. "Current Problems in Pauline Research," *Int* 22 (1968) 171-86.

Corrigan, Gregory M. "Paul's Shame for the Gospel," *BTB* 16 (1986) 23-27.

Corsani, B. "*Ek pisteos* in the Letters of Paul," in *The New Testament Age: Essays in Honor of Bo Reicke*, 2 vols., ed. W. C. Weinrich. Macon: Mercer University Press, 1984, 1.87-

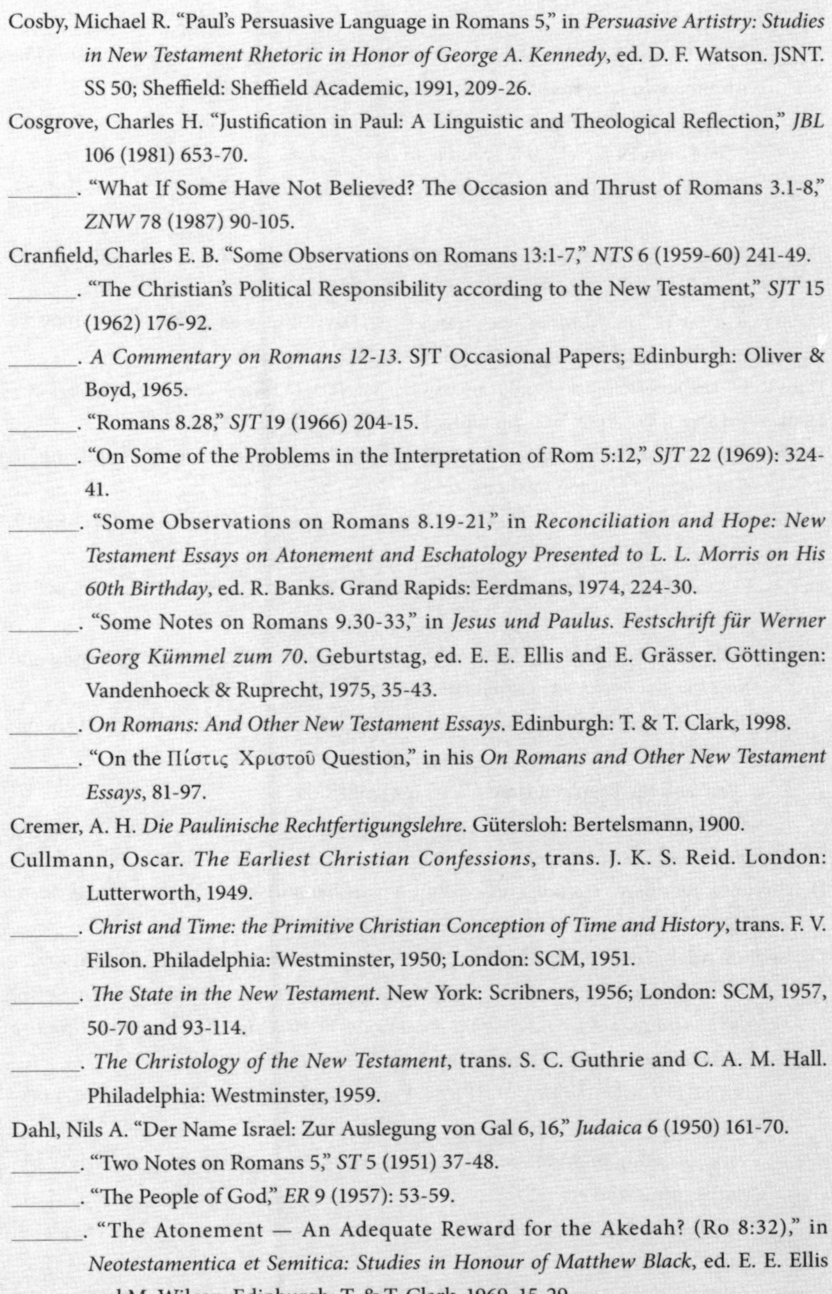

93.

Cosby, Michael R. "Paul's Persuasive Language in Romans 5," in *Persuasive Artistry: Studies in New Testament Rhetoric in Honor of George A. Kennedy*, ed. D. F. Watson. JSNT. SS 50; Sheffield: Sheffield Academic, 1991, 209-26.

Cosgrove, Charles H. "Justification in Paul: A Linguistic and Theological Reflection," *JBL* 106 (1981) 653-70.

______. "What If Some Have Not Believed? The Occasion and Thrust of Romans 3.1-8," *ZNW* 78 (1987) 90-105.

Cranfield, Charles E. B. "Some Observations on Romans 13:1-7," *NTS* 6 (1959-60) 241-49.

______. "The Christian's Political Responsibility according to the New Testament," *SJT* 15 (1962) 176-92.

______. *A Commentary on Romans 12-13*. SJT Occasional Papers; Edinburgh: Oliver & Boyd, 1965.

______. "Romans 8.28," *SJT* 19 (1966) 204-15.

______. "On Some of the Problems in the Interpretation of Rom 5:12," *SJT* 22 (1969): 324-41.

______. "Some Observations on Romans 8.19-21," in *Reconciliation and Hope: New Testament Essays on Atonement and Eschatology Presented to L. L. Morris on His 60th Birthday*, ed. R. Banks. Grand Rapids: Eerdmans, 1974, 224-30.

______. "Some Notes on Romans 9.30-33," in *Jesus und Paulus. Festschrift für Werner Georg Kümmel zum 70*. Geburtstag, ed. E. E. Ellis and E. Grässer. Göttingen: Vandenhoeck & Ruprecht, 1975, 35-43.

______. *On Romans: And Other New Testament Essays*. Edinburgh: T. & T. Clark, 1998.

______. "On the Πίστις Χριστοῦ Question," in his *On Romans and Other New Testament Essays*, 81-97.

Cremer, A. H. *Die Paulinische Rechtfertigungslehre*. Gütersloh: Bertelsmann, 1900.

Cullmann, Oscar. *The Earliest Christian Confessions*, trans. J. K. S. Reid. London: Lutterworth, 1949.

______. *Christ and Time: the Primitive Christian Conception of Time and History*, trans. F. V. Filson. Philadelphia: Westminster, 1950; London: SCM, 1951.

______. *The State in the New Testament*. New York: Scribners, 1956; London: SCM, 1957, 50-70 and 93-114.

______. *The Christology of the New Testament*, trans. S. C. Guthrie and C. A. M. Hall. Philadelphia: Westminster, 1959.

Dahl, Nils A. "Der Name Israel: Zur Auslegung von Gal 6, 16," *Judaica* 6 (1950) 161-70.

______. "Two Notes on Romans 5," *ST* 5 (1951) 37-48.

______. "The People of God," *ER* 9 (1957): 53-59.

______. "The Atonement — An Adequate Reward for the Akedah? (Ro 8:32)," in *Neotestamentica et Semitica: Studies in Honour of Matthew Black*, ed. E. E. Ellis and M. Wilcox. Edinburgh: T. & T. Clark, 1969, 15-29.

______. *Studies in Paul: Theology for the Early Christian Mission*. Minneapolis: Augsburg, 1977.

______. "The Missionary Theology in the Epistle to the Romans," Appendix II: "The Argument in Romans 5:12-21," in his *Studies in Paul*, 70-91.

______. "A Synopsis of Romans 5:1-11 and 8:1-39," in his *Studies in Paul*, Appendix I, 88-90.

______. "The Future of Israel," in his *Studies in Paul*, 137-58.

______. "The One God of Jews and Gentiles (Romans 3.29-30)," in his *Studies in Paul*, 178-91.

______. "Romans 3.9: Text and Meaning," in *Paul and Paulinism: Essays in Honour of C. K. Barrett*, ed. M. D. Hooker and S. G. Wilson. London: SPCK, 1982, 184-204.

Dalman, Gustav H. *The Words of Jesus*, trans. D. M. Kay. Edinburgh: T. & T. Clark, 1909.

Dalton, W. J. "Expiation or Propitiation? (Rom iii.25)," *ABR* 8 (1960) 3-18.

Daly, R. J. "The Soteriological Significance of the Sacrifice of Isaac," *CBQ* 39 (1977) 67.

Danker, Frederick W. "Rom 5:12: Sin under Law," *NTS* 14 (1968) 424-39.

Daube, David. *The New Testament and Rabbinic Judaism*. Jordan Lectures 1952; London: University of London / Athone, 1956.

Davies, Glenn N. *Faith and Obedience in Romans: A Study in Romans 1-4*. JSNT.SS 39; Sheffield: JSOT, 1990.

Davies, P. R., and Bruce D. Chilton. "The Aqedah: A Revised Tradition History," *CBQ* 40 (1978) 514-46.

Davies, William David. "Paul and the Dead Sea Scrolls: Flesh and Spirit," in *The Scrolls and the New Testament*, ed. K. Stendahl. New York: Harper, 1957, 157-82.

______. *Paul and Rabbinic Judaism: Some Rabbinic Elements in Pauline Theology*. London: SPCK, 1958.

______. "Paul and the People of Israel," *NTS* 16 (1969) 4-39.

______. "Abraham and the Promise," in his *The Gospel and the Land: Early Christianity and Jewish Territorial Doctrine*. Los Angeles: University of California, 1974, 168-79.

Deichgräber, Reinhard. *Gotteshymnus und Chrystushymnus in der frühen Christenheit*. SUNT 5; Göttingen: Vandenhoeck & Ruprecht, 1967.

Deissmann, Adolf. *Die neutestamentliche Formel "In Christo Jesu."* Marburg: Elwert, 1892.

______. *Bible Studies, Contributions Chiefly from Papyri and Inscriptions to the History of the Language, the Literature, and the Religion of Hellenistic Judaism and Primitive Christianity*, trans. A. Grieve. Edinburgh: T. & T. Clark, 1901.

______. "ΙΛΑΣΤΗΡΙΟΣ und ΙΛΑΣΤΗΡΙΟΝ. Eine lexikalische Studie," *ZNW* 4 (1903) 193-212.

______. *Paul: A Study in Social and Religious History*, trans. W. E. Wilson. New York: Harper, 1912, 2nd ed. 1927.

______. *The Religion of Jesus and the Faith of Paul*, trans. W. E. Wilson. London: Hodder & Stoughton, 1923.

______. *Light from the Ancient East: the New Testament Illustrated by Recently Discovered*

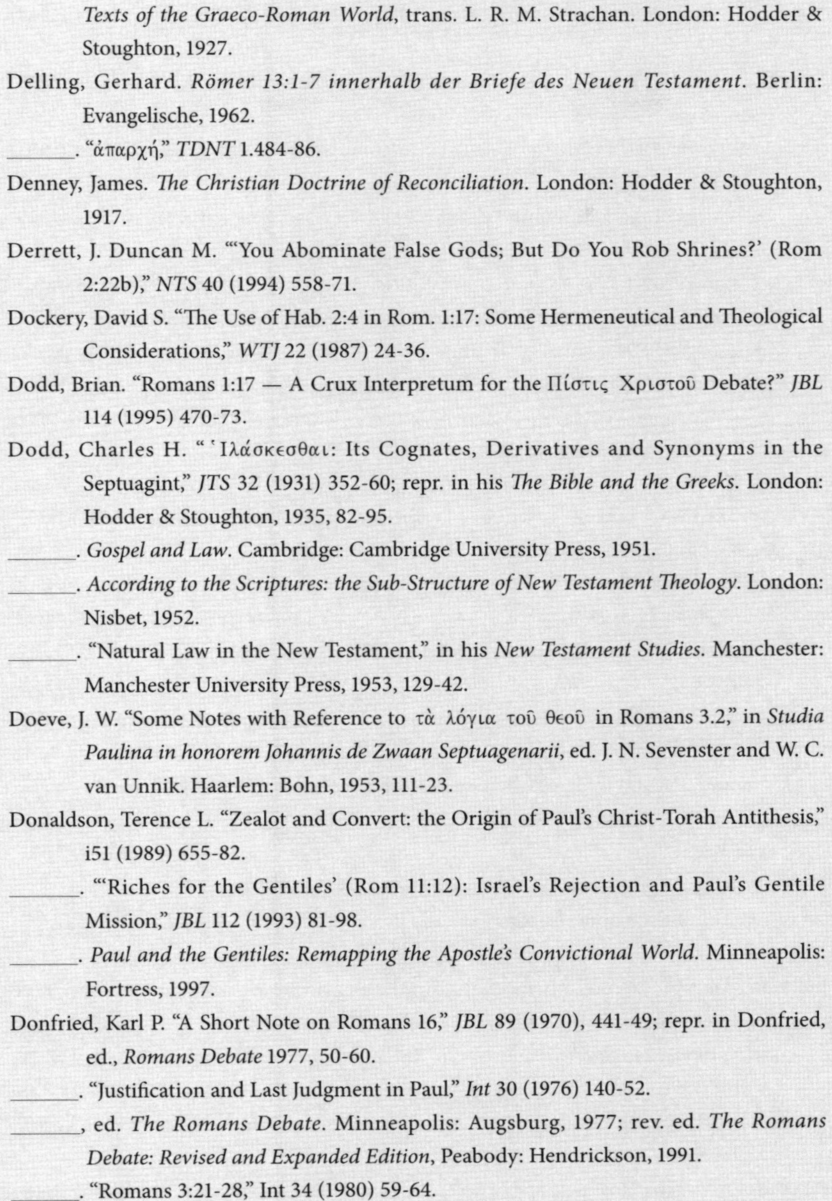

Texts of the Graeco-Roman World, trans. L. R. M. Strachan. London: Hodder & Stoughton, 1927.

Delling, Gerhard. *Römer 13:1-7 innerhalb der Briefe des Neuen Testament*. Berlin: Evangelische, 1962.

______. "ἀπαρχή," *TDNT* 1.484-86.

Denney, James. *The Christian Doctrine of Reconciliation*. London: Hodder & Stoughton, 1917.

Derrett, J. Duncan M. "'You Abominate False Gods; But Do You Rob Shrines?' (Rom 2:22b)," *NTS* 40 (1994) 558-71.

Dockery, David S. "The Use of Hab. 2:4 in Rom. 1:17: Some Hermeneutical and Theological Considerations," *WTJ* 22 (1987) 24-36.

Dodd, Brian. "Romans 1:17 — A Crux Interpretum for the Πίστις Χριστοῦ Debate?" *JBL* 114 (1995) 470-73.

Dodd, Charles H. "Ἱλάσκεσθαι: Its Cognates, Derivatives and Synonyms in the Septuagint," *JTS* 32 (1931) 352-60; repr. in his *The Bible and the Greeks*. London: Hodder & Stoughton, 1935, 82-95.

______. *Gospel and Law*. Cambridge: Cambridge University Press, 1951.

______. *According to the Scriptures: the Sub-Structure of New Testament Theology*. London: Nisbet, 1952.

______. "Natural Law in the New Testament," in his *New Testament Studies*. Manchester: Manchester University Press, 1953, 129-42.

Doeve, J. W. "Some Notes with Reference to τὰ λόγια τοῦ θεοῦ in Romans 3.2," in *Studia Paulina in honorem Johannis de Zwaan Septuagenarii*, ed. J. N. Sevenster and W. C. van Unnik. Haarlem: Bohn, 1953, 111-23.

Donaldson, Terence L. "Zealot and Convert: the Origin of Paul's Christ-Torah Antithesis," i51 (1989) 655-82.

______. "'Riches for the Gentiles' (Rom 11:12): Israel's Rejection and Paul's Gentile Mission," *JBL* 112 (1993) 81-98.

______. *Paul and the Gentiles: Remapping the Apostle's Convictional World*. Minneapolis: Fortress, 1997.

Donfried, Karl P. "A Short Note on Romans 16," *JBL* 89 (1970), 441-49; repr. in Donfried, ed., *Romans Debate* 1977, 50-60.

______. "Justification and Last Judgment in Paul," *Int* 30 (1976) 140-52.

______, ed. *The Romans Debate*. Minneapolis: Augsburg, 1977; rev. ed. *The Romans Debate: Revised and Expanded Edition*, Peabody: Hendrickson, 1991.

______. "Romans 3:21-28," Int 34 (1980) 59-64.

Doty, William G. *Letters in Primitive Christianity*. Philadelphia: Fortress, 1973.

Doughty, Darrell J. "The Priority of ΧΑΡΙΣ: An Investigation of the Theological Language of Paul," *NTS* 19 (1973) 163-80.

Dresner, Samuel H. "Homosexuality and the Order of Creation," *Judaism* 40 (1991) 309-21.

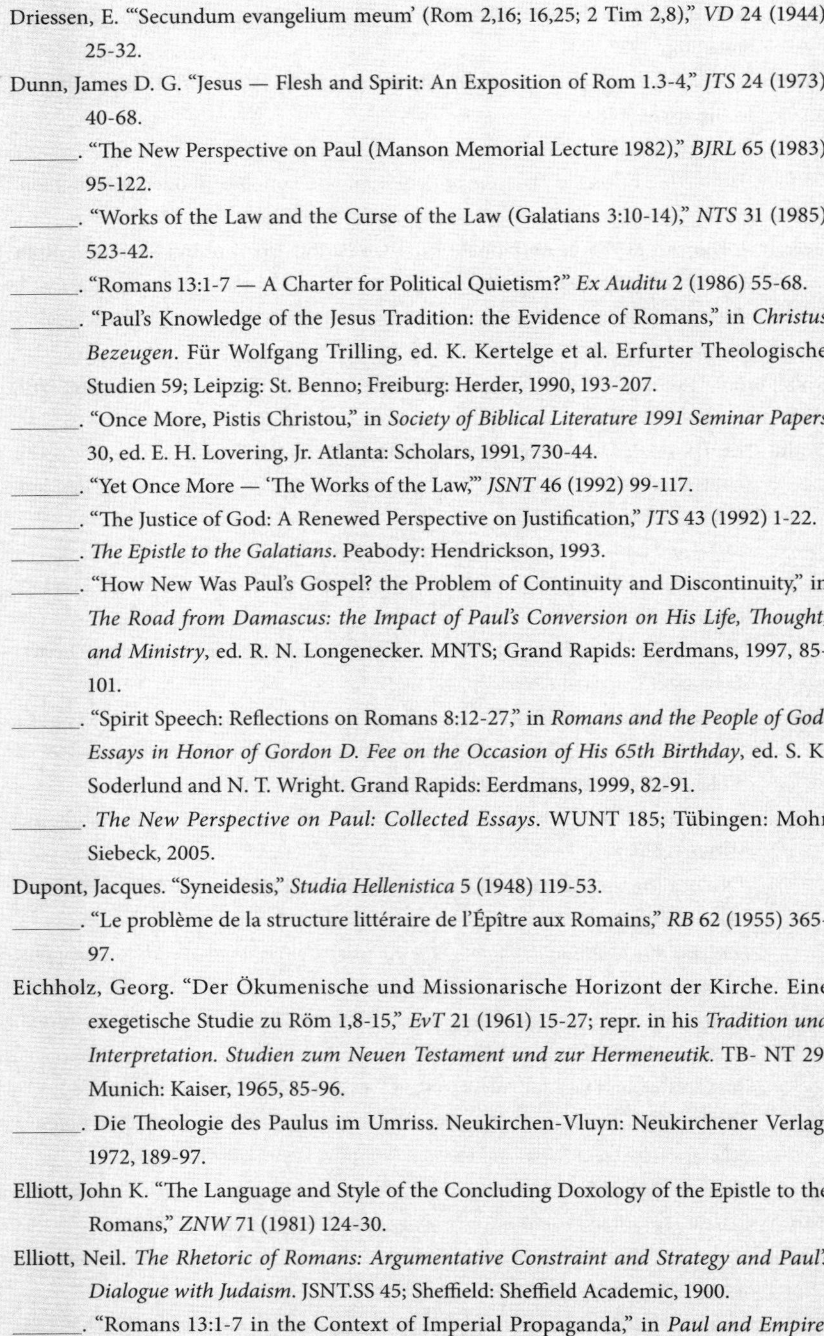

Driessen, E. "'Secundum evangelium meum' (Rom 2,16; 16,25; 2 Tim 2,8)," *VD* 24 (1944) 25-32.

Dunn, James D. G. "Jesus — Flesh and Spirit: An Exposition of Rom 1.3-4," *JTS* 24 (1973) 40-68.

______. "The New Perspective on Paul (Manson Memorial Lecture 1982)," *BJRL* 65 (1983) 95-122.

______. "Works of the Law and the Curse of the Law (Galatians 3:10-14)," *NTS* 31 (1985) 523-42.

______. "Romans 13:1-7 — A Charter for Political Quietism?" *Ex Auditu* 2 (1986) 55-68.

______. "Paul's Knowledge of the Jesus Tradition: the Evidence of Romans," in *Christus Bezeugen*. Für Wolfgang Trilling, ed. K. Kertelge et al. Erfurter Theologische Studien 59; Leipzig: St. Benno; Freiburg: Herder, 1990, 193-207.

______. "Once More, Pistis Christou," in *Society of Biblical Literature 1991 Seminar Papers* 30, ed. E. H. Lovering, Jr. Atlanta: Scholars, 1991, 730-44.

______. "Yet Once More — 'The Works of the Law,'" *JSNT* 46 (1992) 99-117.

______. "The Justice of God: A Renewed Perspective on Justification," *JTS* 43 (1992) 1-22.

______. *The Epistle to the Galatians*. Peabody: Hendrickson, 1993.

______. "How New Was Paul's Gospel? the Problem of Continuity and Discontinuity," in *The Road from Damascus: the Impact of Paul's Conversion on His Life, Thought, and Ministry*, ed. R. N. Longenecker. MNTS; Grand Rapids: Eerdmans, 1997, 85-101.

______. "Spirit Speech: Reflections on Romans 8:12-27," in *Romans and the People of God: Essays in Honor of Gordon D. Fee on the Occasion of His 65th Birthday*, ed. S. K. Soderlund and N. T. Wright. Grand Rapids: Eerdmans, 1999, 82-91.

______. *The New Perspective on Paul: Collected Essays*. WUNT 185; Tübingen: Mohr Siebeck, 2005.

Dupont, Jacques. "Syneidesis," *Studia Hellenistica* 5 (1948) 119-53.

______. "Le problème de la structure littéraire de l'Épître aux Romains," *RB* 62 (1955) 365-97.

Eichholz, Georg. "Der Ökumenische und Missionarische Horizont der Kirche. Eine exegetische Studie zu Röm 1,8-15," *EvT* 21 (1961) 15-27; repr. in his *Tradition und Interpretation. Studien zum Neuen Testament und zur Hermeneutik.* TB- NT 29; Munich: Kaiser, 1965, 85-96.

______. Die Theologie des Paulus im Umriss. Neukirchen-Vluyn: Neukirchener Verlag, 1972, 189-97.

Elliott, John K. "The Language and Style of the Concluding Doxology of the Epistle to the Romans," *ZNW* 71 (1981) 124-30.

Elliott, Neil. *The Rhetoric of Romans: Argumentative Constraint and Strategy and Paul's Dialogue with Judaism*. JSNT.SS 45; Sheffield: Sheffield Academic, 1900.

______. "Romans 13:1-7 in the Context of Imperial Propaganda," in *Paul and Empire:*

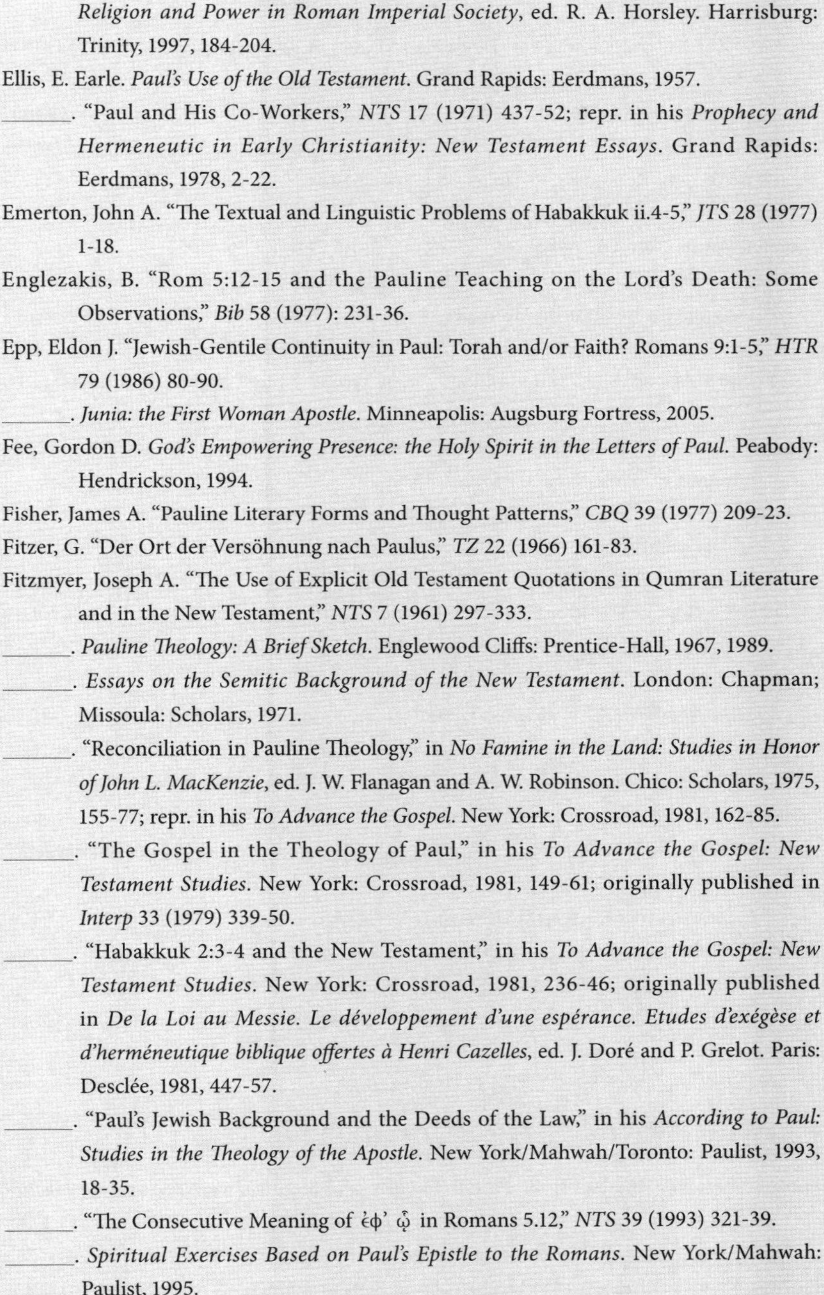

Religion and Power in Roman Imperial Society, ed. R. A. Horsley. Harrisburg: Trinity, 1997, 184-204.

Ellis, E. Earle. *Paul's Use of the Old Testament*. Grand Rapids: Eerdmans, 1957.

______. "Paul and His Co-Workers," *NTS* 17 (1971) 437-52; repr. in his *Prophecy and Hermeneutic in Early Christianity: New Testament Essays*. Grand Rapids: Eerdmans, 1978, 2-22.

Emerton, John A. "The Textual and Linguistic Problems of Habakkuk ii.4-5," *JTS* 28 (1977) 1-18.

Englezakis, B. "Rom 5:12-15 and the Pauline Teaching on the Lord's Death: Some Observations," *Bib* 58 (1977): 231-36.

Epp, Eldon J. "Jewish-Gentile Continuity in Paul: Torah and/or Faith? Romans 9:1-5," *HTR* 79 (1986) 80-90.

______. *Junia: the First Woman Apostle*. Minneapolis: Augsburg Fortress, 2005.

Fee, Gordon D. *God's Empowering Presence: the Holy Spirit in the Letters of Paul*. Peabody: Hendrickson, 1994.

Fisher, James A. "Pauline Literary Forms and Thought Patterns," *CBQ* 39 (1977) 209-23.

Fitzer, G. "Der Ort der Versöhnung nach Paulus," *TZ* 22 (1966) 161-83.

Fitzmyer, Joseph A. "The Use of Explicit Old Testament Quotations in Qumran Literature and in the New Testament," *NTS* 7 (1961) 297-333.

______. *Pauline Theology: A Brief Sketch*. Englewood Cliffs: Prentice-Hall, 1967, 1989.

______. *Essays on the Semitic Background of the New Testament*. London: Chapman; Missoula: Scholars, 1971.

______. "Reconciliation in Pauline Theology," in *No Famine in the Land: Studies in Honor of John L. MacKenzie*, ed. J. W. Flanagan and A. W. Robinson. Chico: Scholars, 1975, 155-77; repr. in his *To Advance the Gospel*. New York: Crossroad, 1981, 162-85.

______. "The Gospel in the Theology of Paul," in his *To Advance the Gospel: New Testament Studies*. New York: Crossroad, 1981, 149-61; originally published in *Interp* 33 (1979) 339-50.

______. "Habakkuk 2:3-4 and the New Testament," in his *To Advance the Gospel: New Testament Studies*. New York: Crossroad, 1981, 236-46; originally published in *De la Loi au Messie. Le développement d'une espérance. Etudes d'exégèse et d'herméneutique biblique offertes à Henri Cazelles*, ed. J. Doré and P. Grelot. Paris: Desclée, 1981, 447-57.

______. "Paul's Jewish Background and the Deeds of the Law," in his *According to Paul: Studies in the Theology of the Apostle*. New York/Mahwah/Toronto: Paulist, 1993, 18-35.

______. "The Consecutive Meaning of ἐφ᾽ ᾧ in Romans 5.12," *NTS* 39 (1993) 321-39.

______. *Spiritual Exercises Based on Paul's Epistle to the Romans*. New York/Mahwah: Paulist, 1995.

Flückiger, Felix. "Die Werke des Gesetzes bei den Heiden (nach Röm 2,14ff.)," *TZ* 8 (1952)

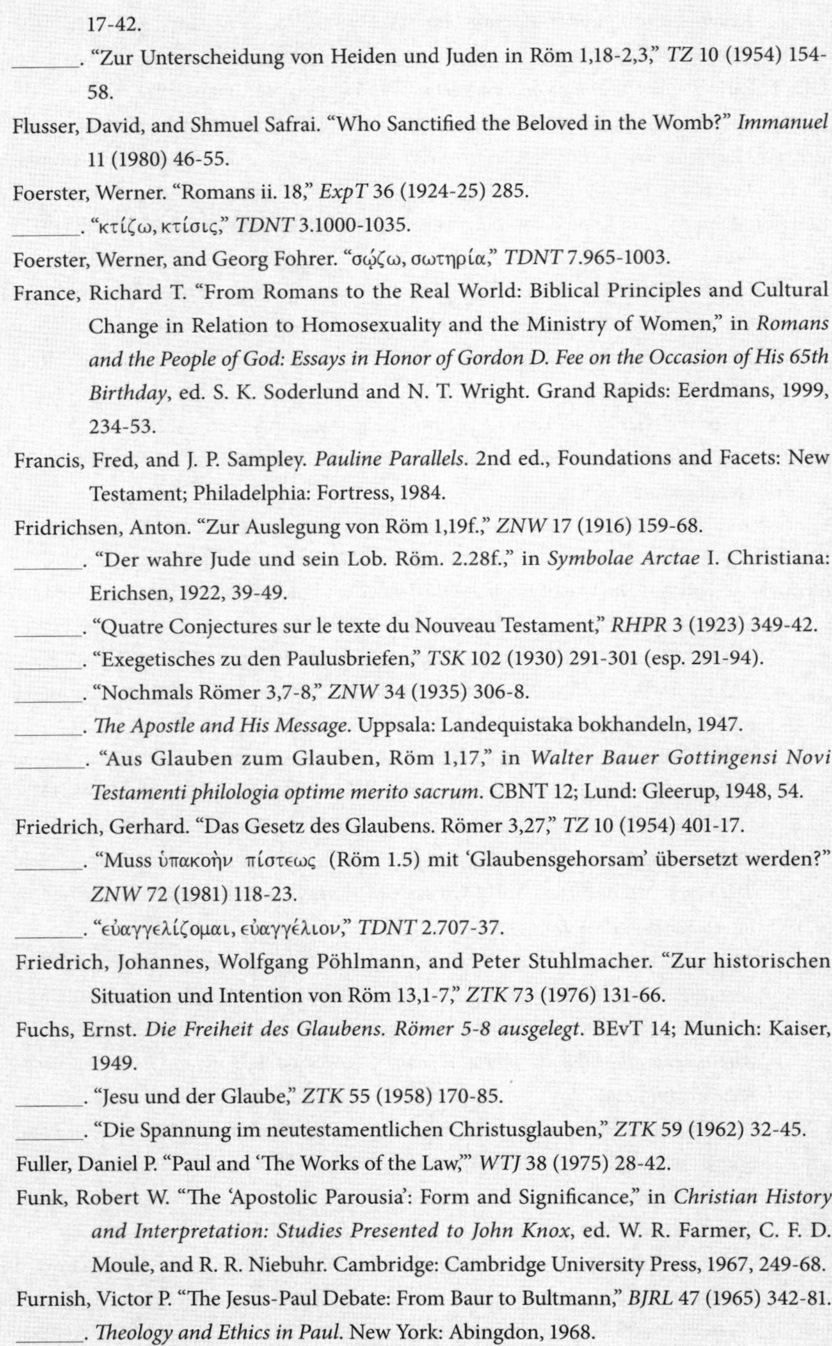

17-42.

______. “Zur Unterscheidung von Heiden und Juden in Röm 1,18-2,3,” *TZ* 10 (1954) 154-58.

Flusser, David, and Shmuel Safrai. “Who Sanctified the Beloved in the Womb?” *Immanuel* 11 (1980) 46-55.

Foerster, Werner. “Romans ii. 18,” *ExpT* 36 (1924-25) 285.

______. “κτίζω, κτίσις,” *TDNT* 3.1000-1035.

Foerster, Werner, and Georg Fohrer. “σῴζω, σωτηρία,” *TDNT* 7.965-1003.

France, Richard T. “From Romans to the Real World: Biblical Principles and Cultural Change in Relation to Homosexuality and the Ministry of Women,” in *Romans and the People of God: Essays in Honor of Gordon D. Fee on the Occasion of His 65th Birthday*, ed. S. K. Soderlund and N. T. Wright. Grand Rapids: Eerdmans, 1999, 234-53.

Francis, Fred, and J. P. Sampley. *Pauline Parallels*. 2nd ed., Foundations and Facets: New Testament; Philadelphia: Fortress, 1984.

Fridrichsen, Anton. “Zur Auslegung von Röm 1,19f.,” *ZNW* 17 (1916) 159-68.

______. “Der wahre Jude und sein Lob. Röm. 2.28f.,” in *Symbolae Arctae* I. Christiana: Erichsen, 1922, 39-49.

______. “Quatre Conjectures sur le texte du Nouveau Testament,” *RHPR* 3 (1923) 349-42.

______. “Exegetisches zu den Paulusbriefen,” *TSK* 102 (1930) 291-301 (esp. 291-94).

______. “Nochmals Römer 3,7-8,” *ZNW* 34 (1935) 306-8.

______. *The Apostle and His Message*. Uppsala: Landequistaka bokhandeln, 1947.

______. “Aus Glauben zum Glauben, Röm 1,17,” in *Walter Bauer Gottingensi Novi Testamenti philologia optime merito sacrum*. CBNT 12; Lund: Gleerup, 1948, 54.

Friedrich, Gerhard. “Das Gesetz des Glaubens. Römer 3,27,” *TZ* 10 (1954) 401-17.

______. “Muss ὑπακοὴν πίστεως (Röm 1.5) mit ‘Glaubensgehorsam’ übersetzt werden?” *ZNW* 72 (1981) 118-23.

______. “εὐαγγελίζομαι, εὐαγγέλιον,” *TDNT* 2.707-37.

Friedrich, Johannes, Wolfgang Pöhlmann, and Peter Stuhlmacher. “Zur historischen Situation und Intention von Röm 13,1-7,” *ZTK* 73 (1976) 131-66.

Fuchs, Ernst. *Die Freiheit des Glaubens. Römer 5-8 ausgelegt*. BEvT 14; Munich: Kaiser, 1949.

______. “Jesu und der Glaube,” *ZTK* 55 (1958) 170-85.

______. “Die Spannung im neutestamentlichen Christusglauben,” *ZTK* 59 (1962) 32-45.

Fuller, Daniel P. “Paul and ‘The Works of the Law,’” *WTJ* 38 (1975) 28-42.

Funk, Robert W. “The ‘Apostolic Parousia’: Form and Significance,” in *Christian History and Interpretation: Studies Presented to John Knox*, ed. W. R. Farmer, C. F. D. Moule, and R. R. Niebuhr. Cambridge: Cambridge University Press, 1967, 249-68.

Furnish, Victor P. “The Jesus-Paul Debate: From Baur to Bultmann,” *BJRL* 47 (1965) 342-81.

______. *Theology and Ethics in Paul*. New York: Abingdon, 1968.

Gager, John G. "Functional Diversity in Paul's Use of End-Time Language," *JBL* 89 (1970) 325-37.

Gagnon, Robert A. J. "Heart of Wax and a Teaching That Stamps: ΤΥΠΟΣ ΔΙΔΑΧΗΣ (Rom 6:17b) Once More," *JBL* 112 (1994), 667-87.

______. *The Bible and Homosexual Practice: Texts and Hermeneutics*. Nashville: Abingdon, 2001.

Gale, Herbert M. "Paul's View of State: A Discussion of the Problem in Romans 13,1-7," *Int* 6 (1952) 409-14.

Gamble, Harry, Jr. *The Textual History of the Letter to the Romans: A Study in Textual and Literary Criticism*. SD 42; Grand Rapids: Eerdmans, 1977.

Garlington, Don B. "The Obedience of Faith in the Letter to the Romans, Part I: the Meaning of ὑπακοὴ πίστεως (Rom 1:5; 16:26)," *WTJ* 52 (1990) 201-24.

______. "ΙΕΡΟΣΥΛΕΙΝ and the Idolatry of Israel (Romans 2.22)," *NTS* 36 (1990) 142-51.

______. *"The Obedience of Faith": A Pauline Phrase in Historical Context*. WUNT 2.8; Tübingen: Mohr Siebeck, 1991.

______. *Faith, Obedience, and Perseverance: Aspects of Paul's Letter to the Romans*. WUNT 2.79; Tübingen: Mohr Siebeck, 1994.

Garnet, Paul. "Atonement Constructions in the Old Testament and the Qumran Scrolls," *EvQ* 46 (1974) 131-63.

Gaston, Lloyd. "Abraham and the Righteousness of God," *HBT* 2 (1980) 39-68; repr. in his *Paul and the Torah*. Vancouver: University of British Columbia Press, 1987, 45-63.

______. "Works of Law as a Subjective Genitive," *SR* 13 (1984) 39-46.

______. *Paul and the Torah*. Vancouver: University of British Columbia Press, 1987.

Gerber, Uwe. "Röm viii.18ff as exegetisches Problem der Dogmatik," *NovT* 8 (1966) 58-81.

Gibbs, John G. *Creation and Redemption: A Study in Pauline Theology*. VTSup 26; Leiden: Brill, 1971.

______. "Pauline Cosmic Christology and Ecological Crisis," *JBL* 90 (1971) 466-79.

Goodenough, Erwin R. *By Light, Light: the Mystic Gospel of Hellenistic Judaism*. New Haven: Yale University Press, 1935.

Goppelt, Leonhard. "Der Missionar des Gesetzes (zu Röm 2, 21f.)," in *Basileia. Walter Freytag (Festschrift)*. Wuppertal-Barmen: Rheinische Missionsgesellschaft, 1959, 199-207; repr. in his *Christologie und Ethik: Aufsätze zum Neuen Testament*. Göttingen: Vandenhoeck & Ruprecht, 1968, 137-46.

______. "Paul and Heilsgeschichte: Conclusions from Romans 4 and I Corinthians 10:1-13," trans. M. Rissi, *Int* 21 (1967) 315-326; ET from "Paulus und die Heilsgeschichte. Schlussfolgerungen aus Röm 4 und 1 Kor 10:1-13," *NTS* 13 (1966) 31-42, repr. in his *Christologie und Ethik. Aufsätze zum Neuen Testament*. Göttingen: Vandenhoeck & Ruprecht, 1968, 220-33.

______. "Versöhnung durch Christus," in his *Christologie und Ethik. Aufsätze zum Neuen Testament*. Göttingen: Vandenhoeck & Ruprecht, 1968, 147-64.

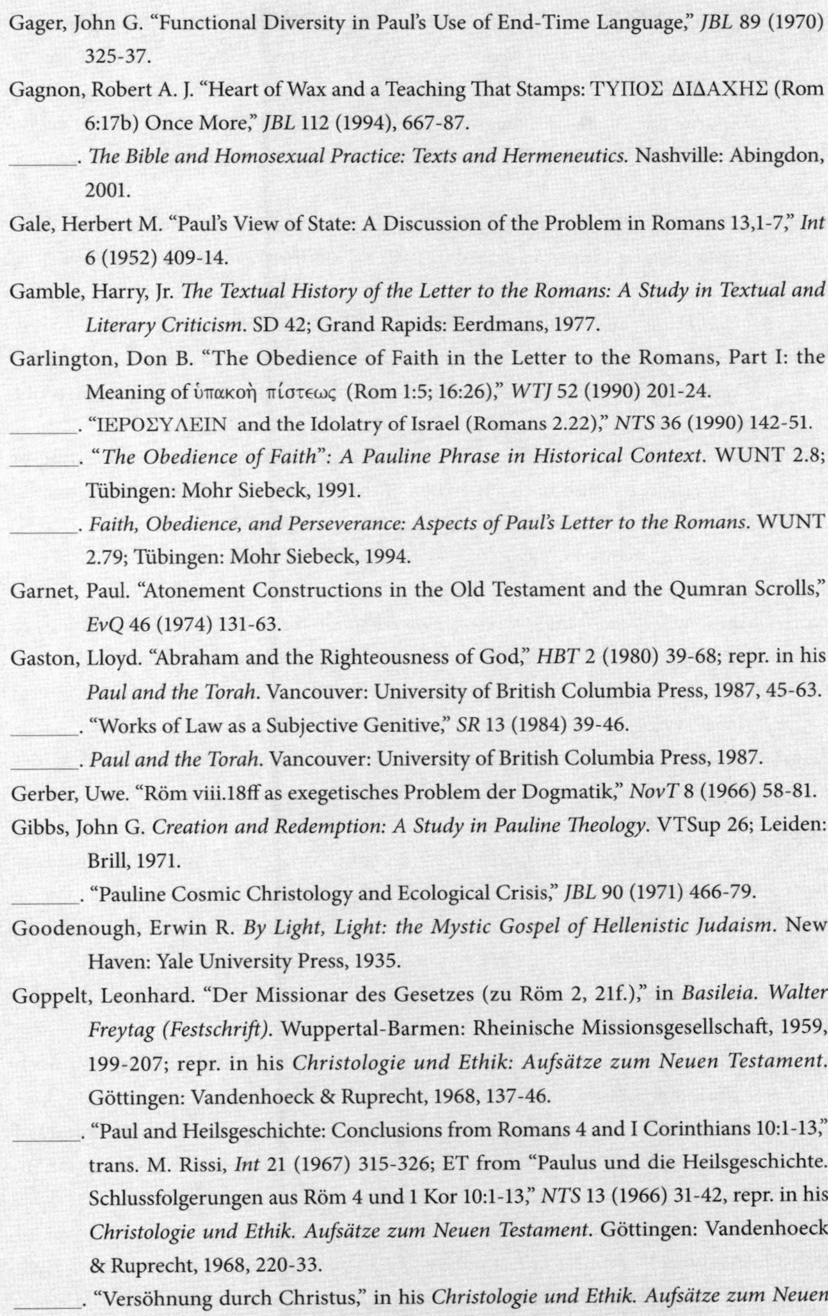

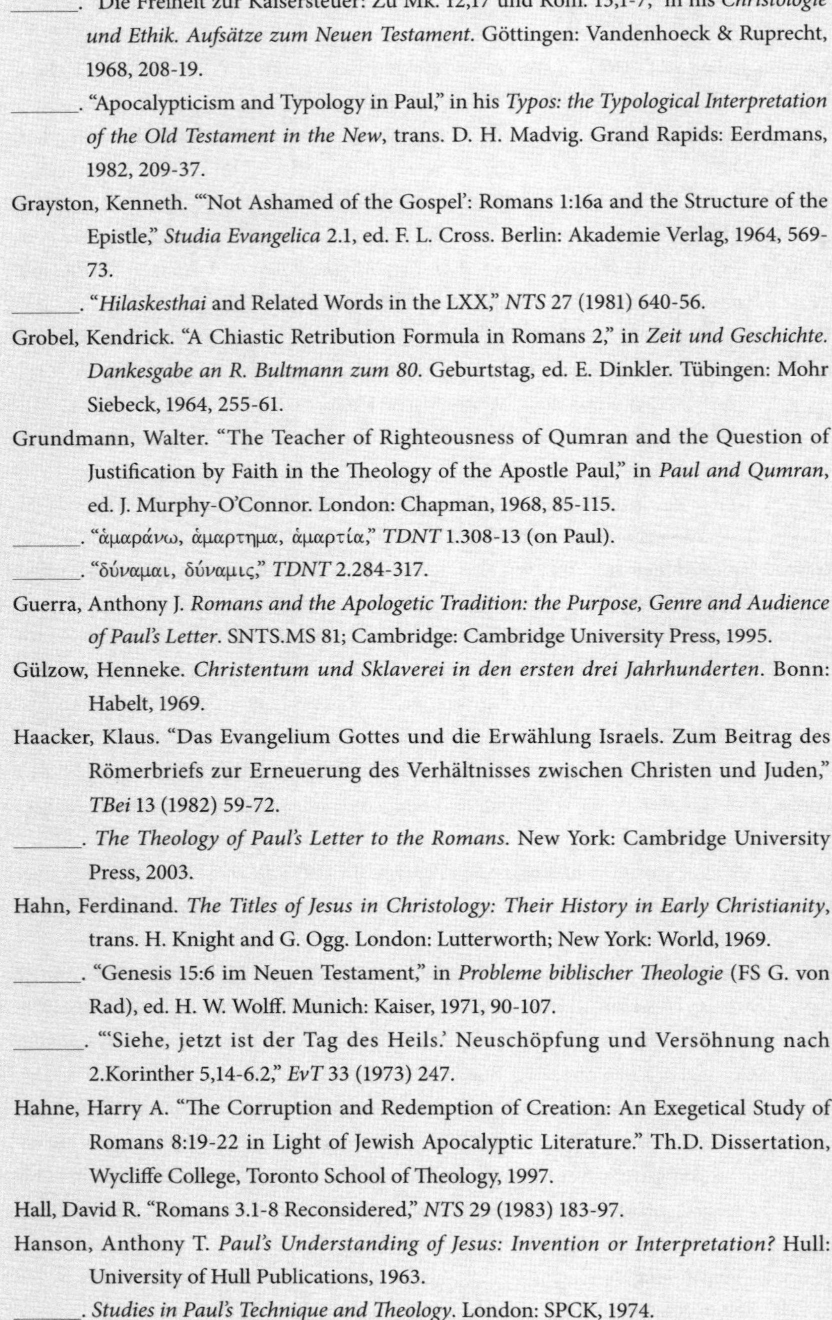

______. "Die Freiheit zur Kaisersteuer: Zu Mk. 12,17 und Röm. 13,1-7," in his *Christologie und Ethik. Aufsätze zum Neuen Testament*. Göttingen: Vandenhoeck & Ruprecht, 1968, 208-19.

______. "Apocalypticism and Typology in Paul," in his *Typos: the Typological Interpretation of the Old Testament in the New*, trans. D. H. Madvig. Grand Rapids: Eerdmans, 1982, 209-37.

Grayston, Kenneth. "'Not Ashamed of the Gospel': Romans 1:16a and the Structure of the Epistle," *Studia Evangelica* 2.1, ed. F. L. Cross. Berlin: Akademie Verlag, 1964, 569-73.

______. "*Hilaskesthai* and Related Words in the LXX," *NTS* 27 (1981) 640-56.

Grobel, Kendrick. "A Chiastic Retribution Formula in Romans 2," in *Zeit und Geschichte. Dankesgabe an R. Bultmann zum 80*. Geburtstag, ed. E. Dinkler. Tübingen: Mohr Siebeck, 1964, 255-61.

Grundmann, Walter. "The Teacher of Righteousness of Qumran and the Question of Justification by Faith in the Theology of the Apostle Paul," in *Paul and Qumran*, ed. J. Murphy-O'Connor. London: Chapman, 1968, 85-115.

______. "ἁμαράνω, ἁμαρτημα, ἁμαρτία," *TDNT* 1.308-13 (on Paul).

______. "δύναμαι, δύναμις," *TDNT* 2.284-317.

Guerra, Anthony J. *Romans and the Apologetic Tradition: the Purpose, Genre and Audience of Paul's Letter*. SNTS.MS 81; Cambridge: Cambridge University Press, 1995.

Gülzow, Henneke. *Christentum und Sklaverei in den ersten drei Jahrhunderten*. Bonn: Habelt, 1969.

Haacker, Klaus. "Das Evangelium Gottes und die Erwählung Israels. Zum Beitrag des Römerbriefs zur Erneuerung des Verhältnisses zwischen Christen und Juden," *TBei* 13 (1982) 59-72.

______. *The Theology of Paul's Letter to the Romans*. New York: Cambridge University Press, 2003.

Hahn, Ferdinand. *The Titles of Jesus in Christology: Their History in Early Christianity*, trans. H. Knight and G. Ogg. London: Lutterworth; New York: World, 1969.

______. "Genesis 15:6 im Neuen Testament," in *Probleme biblischer Theologie* (FS G. von Rad), ed. H. W. Wolff. Munich: Kaiser, 1971, 90-107.

______. "'Siehe, jetzt ist der Tag des Heils.' Neuschöpfung und Versöhnung nach 2.Korinther 5,14-6.2," *EvT* 33 (1973) 247.

Hahne, Harry A. "The Corruption and Redemption of Creation: An Exegetical Study of Romans 8:19-22 in Light of Jewish Apocalyptic Literature." Th.D. Dissertation, Wycliffe College, Toronto School of Theology, 1997.

Hall, David R. "Romans 3.1-8 Reconsidered," *NTS* 29 (1983) 183-97.

Hanson, Anthony T. *Paul's Understanding of Jesus: Invention or Interpretation?* Hull: University of Hull Publications, 1963.

______. *Studies in Paul's Technique and Theology*. London: SPCK, 1974.

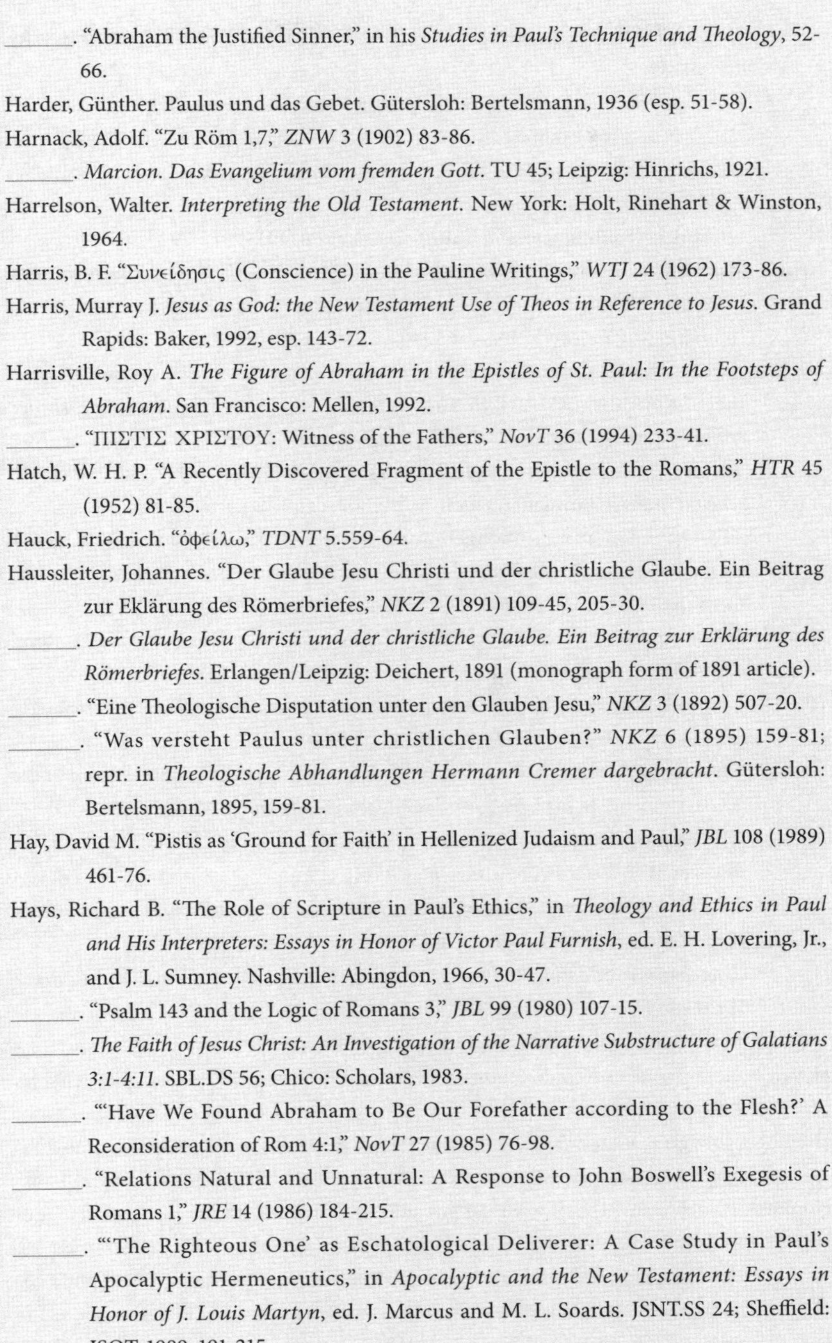

______. "Abraham the Justified Sinner," in his *Studies in Paul's Technique and Theology*, 52-66.

Harder, Günther. Paulus und das Gebet. Gütersloh: Bertelsmann, 1936 (esp. 51-58).

Harnack, Adolf. "Zu Röm 1,7," *ZNW* 3 (1902) 83-86.

______. *Marcion. Das Evangelium vom fremden Gott*. TU 45; Leipzig: Hinrichs, 1921.

Harrelson, Walter. *Interpreting the Old Testament*. New York: Holt, Rinehart & Winston, 1964.

Harris, B. F. "Συνείδησις (Conscience) in the Pauline Writings," *WTJ* 24 (1962) 173-86.

Harris, Murray J. *Jesus as God: the New Testament Use of Theos in Reference to Jesus*. Grand Rapids: Baker, 1992, esp. 143-72.

Harrisville, Roy A. *The Figure of Abraham in the Epistles of St. Paul: In the Footsteps of Abraham*. San Francisco: Mellen, 1992.

______. "ΠΙΣΤΙΣ ΧΡΙΣΤΟΥ: Witness of the Fathers," *NovT* 36 (1994) 233-41.

Hatch, W. H. P. "A Recently Discovered Fragment of the Epistle to the Romans," *HTR* 45 (1952) 81-85.

Hauck, Friedrich. "ὀφείλω," *TDNT* 5.559-64.

Haussleiter, Johannes. "Der Glaube Jesu Christi und der christliche Glaube. Ein Beitrag zur Eklärung des Römerbriefes," *NKZ* 2 (1891) 109-45, 205-30.

______. *Der Glaube Jesu Christi und der christliche Glaube. Ein Beitrag zur Erklärung des Römerbriefes*. Erlangen/Leipzig: Deichert, 1891 (monograph form of 1891 article).

______. "Eine Theologische Disputation unter den Glauben Jesu," *NKZ* 3 (1892) 507-20.

______. "Was versteht Paulus unter christlichen Glauben?" *NKZ* 6 (1895) 159-81; repr. in *Theologische Abhandlungen Hermann Cremer dargebracht*. Gütersloh: Bertelsmann, 1895, 159-81.

Hay, David M. "Pistis as 'Ground for Faith' in Hellenized Judaism and Paul," *JBL* 108 (1989) 461-76.

Hays, Richard B. "The Role of Scripture in Paul's Ethics," in *Theology and Ethics in Paul and His Interpreters: Essays in Honor of Victor Paul Furnish*, ed. E. H. Lovering, Jr., and J. L. Sumney. Nashville: Abingdon, 1966, 30-47.

______. "Psalm 143 and the Logic of Romans 3," *JBL* 99 (1980) 107-15.

______. *The Faith of Jesus Christ: An Investigation of the Narrative Substructure of Galatians 3:1-4:11*. SBL.DS 56; Chico: Scholars, 1983.

______. "'Have We Found Abraham to Be Our Forefather according to the Flesh?' A Reconsideration of Rom 4:1," *NovT* 27 (1985) 76-98.

______. "Relations Natural and Unnatural: A Response to John Boswell's Exegesis of Romans 1," *JRE* 14 (1986) 184-215.

______. "'The Righteous One' as Eschatological Deliverer: A Case Study in Paul's Apocalyptic Hermeneutics," in *Apocalyptic and the New Testament: Essays in Honor of J. Louis Martyn*, ed. J. Marcus and M. L. Soards. JSNT.SS 24; Sheffield: JSOT, 1989, 191-215.

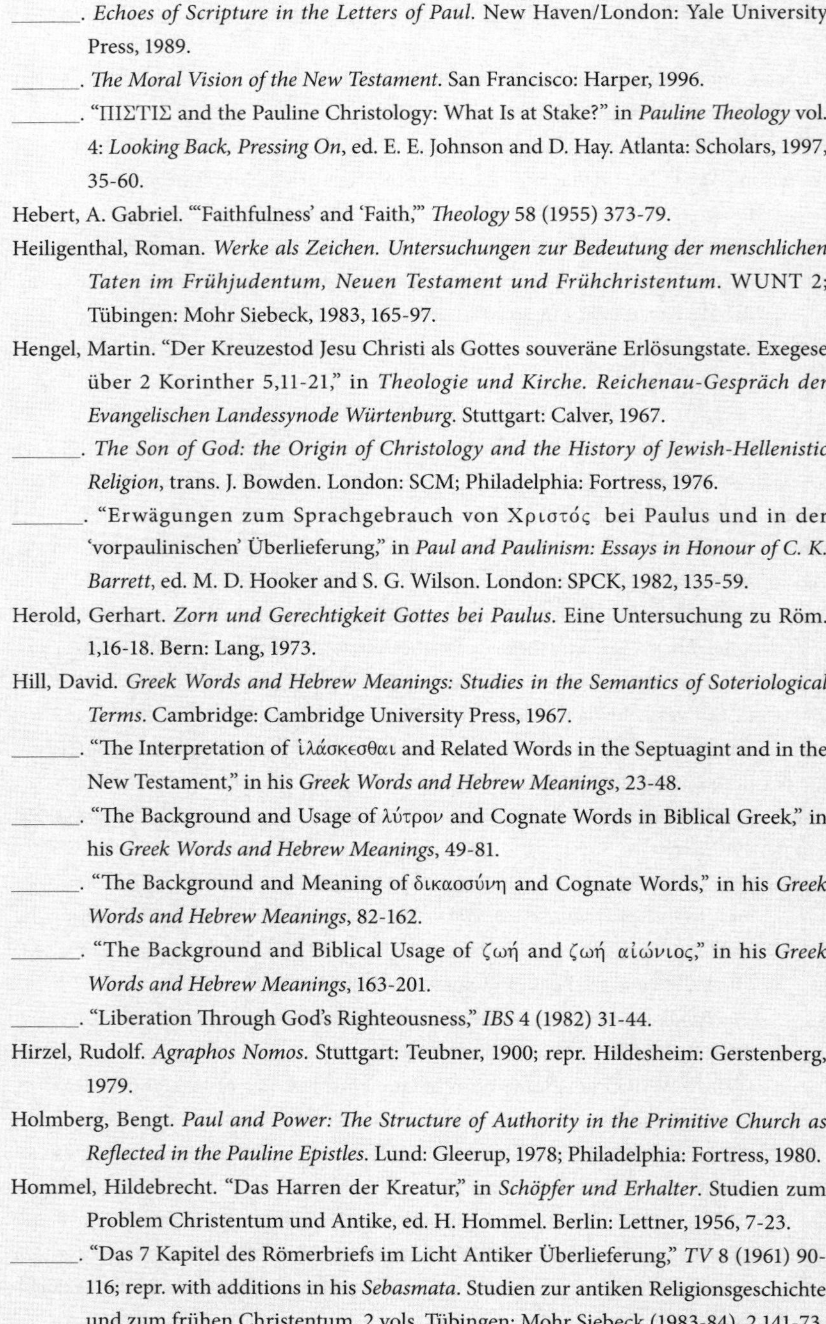

______. *Echoes of Scripture in the Letters of Paul*. New Haven/London: Yale University Press, 1989.

______. *The Moral Vision of the New Testament*. San Francisco: Harper, 1996.

______. "ΠΙΣΤΙΣ and the Pauline Christology: What Is at Stake?" in *Pauline Theology* vol. 4: *Looking Back, Pressing On*, ed. E. E. Johnson and D. Hay. Atlanta: Scholars, 1997, 35-60.

Hebert, A. Gabriel. "'Faithfulness' and 'Faith,'" *Theology* 58 (1955) 373-79.

Heiligenthal, Roman. *Werke als Zeichen. Untersuchungen zur Bedeutung der menschlichen Taten im Frühjudentum, Neuen Testament und Frühchristentum*. WUNT 2; Tübingen: Mohr Siebeck, 1983, 165-97.

Hengel, Martin. "Der Kreuzestod Jesu Christi als Gottes souveräne Erlösungstate. Exegese über 2 Korinther 5,11-21," in *Theologie und Kirche. Reichenau-Gespräch der Evangelischen Landessynode Würtenburg*. Stuttgart: Calver, 1967.

______. *The Son of God: the Origin of Christology and the History of Jewish-Hellenistic Religion*, trans. J. Bowden. London: SCM; Philadelphia: Fortress, 1976.

______. "Erwägungen zum Sprachgebrauch von Χριστός bei Paulus und in der 'vorpaulinischen' Überlieferung," in *Paul and Paulinism: Essays in Honour of C. K. Barrett*, ed. M. D. Hooker and S. G. Wilson. London: SPCK, 1982, 135-59.

Herold, Gerhart. *Zorn und Gerechtigkeit Gottes bei Paulus*. Eine Untersuchung zu Röm. 1,16-18. Bern: Lang, 1973.

Hill, David. *Greek Words and Hebrew Meanings: Studies in the Semantics of Soteriological Terms*. Cambridge: Cambridge University Press, 1967.

______. "The Interpretation of ἱλάσκεσθαι and Related Words in the Septuagint and in the New Testament," in his *Greek Words and Hebrew Meanings*, 23-48.

______. "The Background and Usage of λύτρον and Cognate Words in Biblical Greek," in his *Greek Words and Hebrew Meanings*, 49-81.

______. "The Background and Meaning of δικαοσύνη and Cognate Words," in his *Greek Words and Hebrew Meanings*, 82-162.

______. "The Background and Biblical Usage of ζωή and ζωή αἰώνιος," in his *Greek Words and Hebrew Meanings*, 163-201.

______. "Liberation Through God's Righteousness," *IBS* 4 (1982) 31-44.

Hirzel, Rudolf. *Agraphos Nomos*. Stuttgart: Teubner, 1900; repr. Hildesheim: Gerstenberg, 1979.

Holmberg, Bengt. *Paul and Power: The Structure of Authority in the Primitive Church as Reflected in the Pauline Epistles*. Lund: Gleerup, 1978; Philadelphia: Fortress, 1980.

Hommel, Hildebrecht. "Das Harren der Kreatur," in *Schöpfer und Erhalter*. Studien zum Problem Christentum und Antike, ed. H. Hommel. Berlin: Lettner, 1956, 7-23.

______. "Das 7 Kapitel des Römerbriefs im Licht Antiker Überlieferung," *TV* 8 (1961) 90-116; repr. with additions in his *Sebasmata*. Studien zur antiken Religionsgeschichte und zum frühen Christentum, 2 vols. Tübingen: Mohr Siebeck (1983-84), 2.141-73.

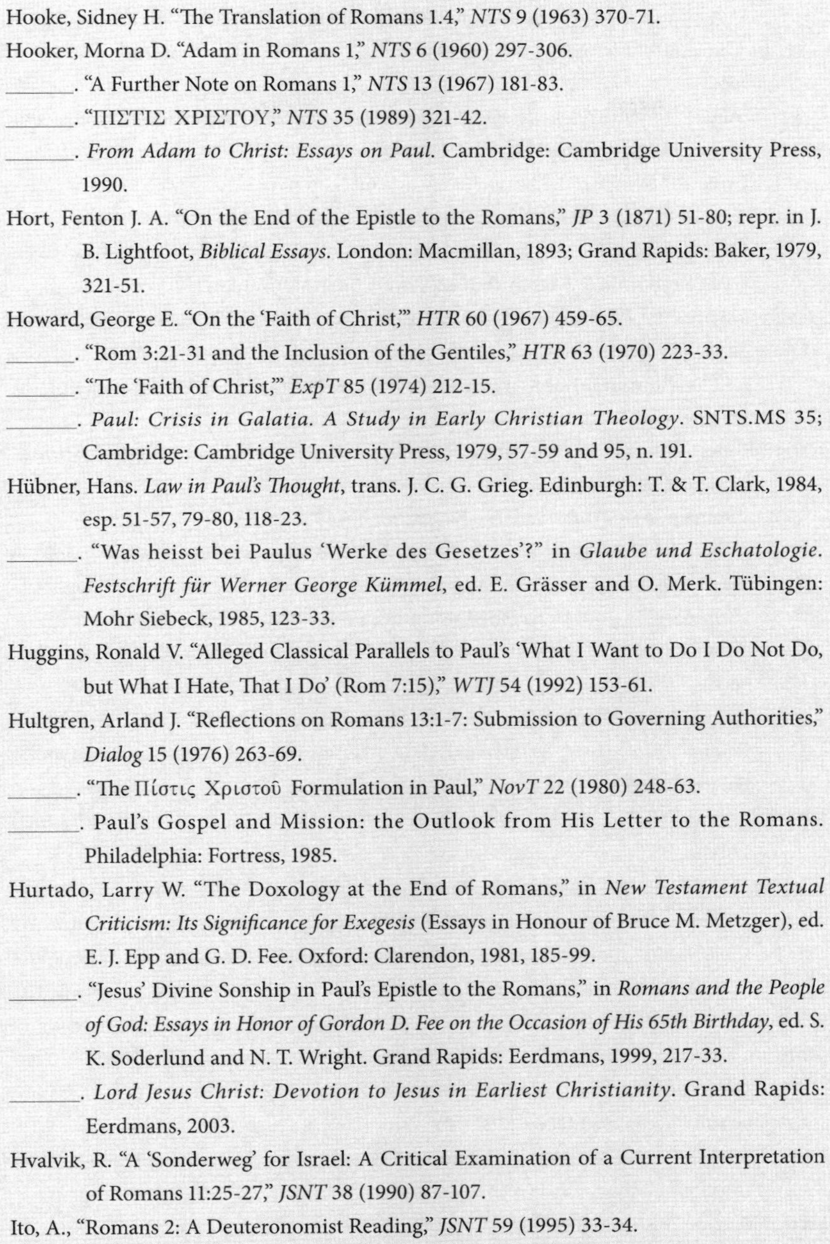

Hooke, Sidney H. "The Translation of Romans 1.4," *NTS* 9 (1963) 370-71.

Hooker, Morna D. "Adam in Romans 1," *NTS* 6 (1960) 297-306.

______. "A Further Note on Romans 1," *NTS* 13 (1967) 181-83.

______. "ΠΙΣΤΙΣ ΧΡΙΣΤΟΥ," *NTS* 35 (1989) 321-42.

______. *From Adam to Christ: Essays on Paul*. Cambridge: Cambridge University Press, 1990.

Hort, Fenton J. A. "On the End of the Epistle to the Romans," *JP* 3 (1871) 51-80; repr. in J. B. Lightfoot, *Biblical Essays*. London: Macmillan, 1893; Grand Rapids: Baker, 1979, 321-51.

Howard, George E. "On the 'Faith of Christ,'" *HTR* 60 (1967) 459-65.

______. "Rom 3:21-31 and the Inclusion of the Gentiles," *HTR* 63 (1970) 223-33.

______. "The 'Faith of Christ,'" *ExpT* 85 (1974) 212-15.

______. *Paul: Crisis in Galatia. A Study in Early Christian Theology*. SNTS.MS 35; Cambridge: Cambridge University Press, 1979, 57-59 and 95, n. 191.

Hübner, Hans. *Law in Paul's Thought*, trans. J. C. G. Grieg. Edinburgh: T. & T. Clark, 1984, esp. 51-57, 79-80, 118-23.

______. "Was heisst bei Paulus 'Werke des Gesetzes'?" in *Glaube und Eschatologie. Festschrift für Werner George Kümmel*, ed. E. Grässer and O. Merk. Tübingen: Mohr Siebeck, 1985, 123-33.

Huggins, Ronald V. "Alleged Classical Parallels to Paul's 'What I Want to Do I Do Not Do, but What I Hate, That I Do' (Rom 7:15)," *WTJ* 54 (1992) 153-61.

Hultgren, Arland J. "Reflections on Romans 13:1-7: Submission to Governing Authorities," *Dialog* 15 (1976) 263-69.

______. "The Πίστις Χριστοῦ Formulation in Paul," *NovT* 22 (1980) 248-63.

______. Paul's Gospel and Mission: the Outlook from His Letter to the Romans. Philadelphia: Fortress, 1985.

Hurtado, Larry W. "The Doxology at the End of Romans," in *New Testament Textual Criticism: Its Significance for Exegesis* (Essays in Honour of Bruce M. Metzger), ed. E. J. Epp and G. D. Fee. Oxford: Clarendon, 1981, 185-99.

______. "Jesus' Divine Sonship in Paul's Epistle to the Romans," in *Romans and the People of God: Essays in Honor of Gordon D. Fee on the Occasion of His 65th Birthday*, ed. S. K. Soderlund and N. T. Wright. Grand Rapids: Eerdmans, 1999, 217-33.

______. *Lord Jesus Christ: Devotion to Jesus in Earliest Christianity*. Grand Rapids: Eerdmans, 2003.

Hvalvik, R. "A 'Sonderweg' for Israel: A Critical Examination of a Current Interpretation of Romans 11:25-27," *JSNT* 38 (1990) 87-107.

Ito, A., "Romans 2: A Deuteronomist Reading," *JSNT* 59 (1995) 33-34.

Jeremias, Joachim. "Zur Gedankenführung in den paulinischen Briefen," in *Studia Paulina in honorem Johannis de Zwaan Septuagenarii*, ed. J. N. Sevenster and W. C. van Unnik. Haarlem: Bohn, 1953, 146-53 (esp. 146-49).

______. "Chiasmus in den Paulusbriefen," *ZNW* 49 (1958) 145-56 (esp. 154-55).

______. *The Central Message of the New Testament*. London: SCM; New York: Scribner's, 1965.

______. *Abba. Studien zur neutestamentlichen Theologie und Zeitgeschichte*. Göttingen: Vandenhoeck & Ruprecht, 1966 (esp. 15-67 and 290-92).

______. "λίθος," *TDNT* 4.268-83 (esp. his section on "Christ as λίθος," 271-79).

______. *Jerusalem in the Time of Jesus*. London: SCM; Philadelphia: Fortress, 1969.

______. "Die Gedankenführung in Röm 4. Zum paulinischen Glaubensverständnis," in his *Foi et Salut selon S. Paul*. AnBib 42; Rome: Biblical Institute, 1970, 51-58.

Jervis, L. Ann. *The Purpose of Romans: A Comparative Letter Structure Investigation*. Sheffield: Sheffield Academic, 1991.

______. "'The Commandment Which Is for Life' (Romans 7,10): Sin's Use of the Obedience of Faith," *JSNT* 27 (2004) 193-216.

Jewett, Robert. *Paul's Anthropological Terms: A Study of Their Use in Conflict Settings*. Leiden: Brill, 1971.

______. "Romans as an Ambassadorial Letter," *Int* 36 (1982) 5-20.

______. "The Redaction and Use of an Early Christian Confession in Romans 1:3-4," in *The Living Bible Text: Essays in Honor of Ernest W. Saunders*, ed. R. Jewett and D. E. Groh. Washington: University Press of America, 1985, 99-122.

______. "The Law and the Coexistence of Jews and Gentiles in Romans," *Int* 39 (1985) 341-56.

______. "Ecumenical Theology for the Sake of Mission: Romans 1:1-7—15:14-16:24," in *Pauline Theology* vol. 3: *Romans*, ed. D. M. Hay and E. E. Johnson. Minneapolis: Fortress, 1995, 89-108.

Johnson, Alan F. "Is There a Biblical Warrant for Natural-Law Theories?" *JETS* 25 (1982) 185-99.

Johnson, Luke Timothy. "Romans 3:21-26 and the Faith of Jesus," *CBQ* 44 (1982) 77-90.

______. "Transformation of the Mind and Moral Discernment in Paul," in *Early Christianity and Classical Culture: Comparative Studies in Honor of Abraham J. Malherbe*, ed. J. T. Fitzgerald, T. H. Olbricht, and L. M. White. NovTSup 110; Leiden: Brill, 2003, 215-36.

Johnson, S. Lewis. "Romans 5:12 — An Exercise in Exegesis and Theology," in *New Dimensions in New Testament Study*, ed. R. N. Longenecker and M. C. Tenney. Grand Rapids: Zondervan, 1974, 298-316.

Judge, Edwin A. "Paul's Boasting in Relation to Contemporary Professional Practice," *ABR* 16 (1968) 37-50.

Kähler, Martin. "Auslegung von Kap. 2,14-16 im Römerbrief," *TSK* 47 (1874) 261-306.

Kampen, John, and Moshe J. Bernstein, eds. *Reading 4QMMT: New Perspectives on Qumran Law and History*. Atlanta: Scholars, 1996.

Käsemann, Ernst. "Zum Verständnis von Röm 3,24-26," *ZNW* 43 (1950-51) 150-54; repr.

in his *Exegetische Versuche und Besinnungen*, 2 vols. Göttingen: Vandenhoeck & Ruprecht, 1960, 1.96-100.

_______. "Römer 13,1-7 in unserer Generation," *ZTK* (1959) 316-76.

_______. *New Testament Questions of Today*, trans. W. J. Montague. London: SCM; Philadelphia: Fortress, 1969.

_______. "'The Righteousness of God' in Paul," in his *New Testament Questions of Today*, 168-82.

_______. "Paul and Israel," in his *New Testament Questions for Today*, 183-87.

_______. "Worship in Everyday Life: A Note on Romans 12," in his *New Testament Questions for Today*, 188-95.

_______. "Principles for the Interpretation of Romans 13," in his *New Testament Questions for Today*, 196-216.

_______. "Some Thoughts on the Theme 'the Doctrine of Reconciliation in the New Testament,'" in *The Future of Our Religious Past: Essays in Honour of Rudolf Bultmann*, ed. J. M. Robinson. London: SCM; New York: Harper & Row, 1971, 49-64.

_______. *Perspectives on Paul*, trans. M. Kohl. London: SCM; Philadelphia: Fortress, 1971.

_______. "Justification and Salvation History in the Epistle to the Romans," in his *Perspectives on Paul*, 60-78.

_______. "The Faith of Abraham in Romans 4," in his *Perspectives on Paul*, 79-101.

_______. "The Cry for Liberty in the Worship of the Church," in his *Perspectives on Paul*, 122-37.

Kaylor, R. David. *Paul's Covenant Community: Jew and Gentile in Romans*. Atlanta: John Knox, 1988.

Keck, Leander E. "The Poor among the Saints in the New Testament," *ZNW* 56 (1965), 100-29.

_______. "'the Poor among the Saints' in Jewish Christianity and Qumran," *ZNW* 57 (1966), 54-78.

_______. "The Function of Romans 3.10-18: Observations and Suggestions," in *God's Christ and His People: Studies in Honour of Nils Alstrup Dahl*, ed. J. Jervell and W. A. Meeks. Oslo: Universitetsforlaget, 1977, 141-57.

_______. "The Post-Pauline Interpretation of Jesus' Death in Romans 5:6-7," in *Theologia Crucis—Signum Crucis. Festschrift für Erich E. Dinkler zum 70. Geburtstag*, ed. C. Andresen and G. Klein. Tübingen: Mohr Siebeck, 1979, 237-48.

_______. "The Law and 'the Law of Sin and Death' (Rom 8:1-4): Reflections on the Spirit and Ethics in Paul," in *The Divine Helmsman: Studies on God's Control of Human Events*, Presented to Lou H. Silberman, ed. J. L. Crenshaw and S. Sandmel. New York: Ktav, 1980, 41-57.

_______. "Romans 1:18-23," *Int* 40 (1986) 402-6.

Kertelge, Karl. "*Rechtfertigung*" *bei Paulus. Studien zur Struktur und zum Bedeutungsgehalt*

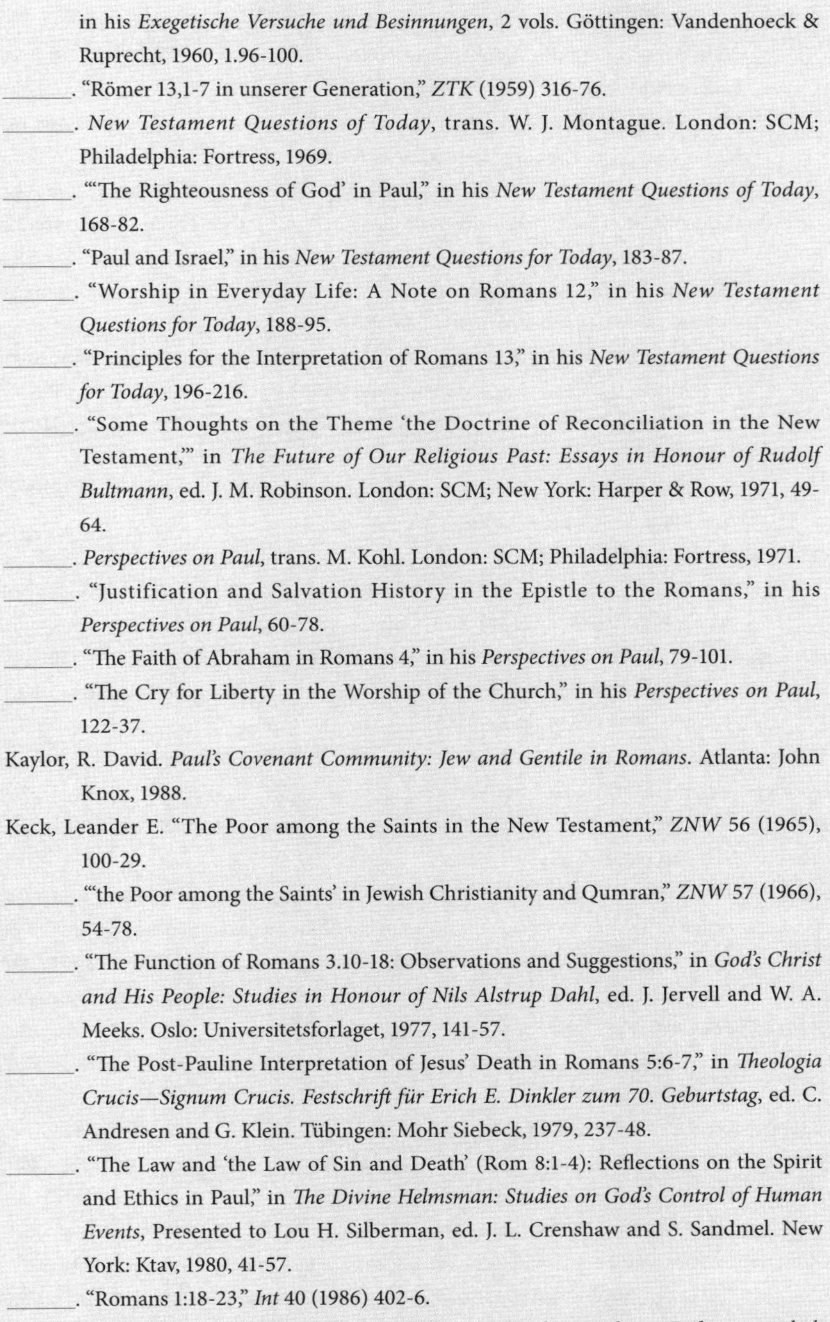

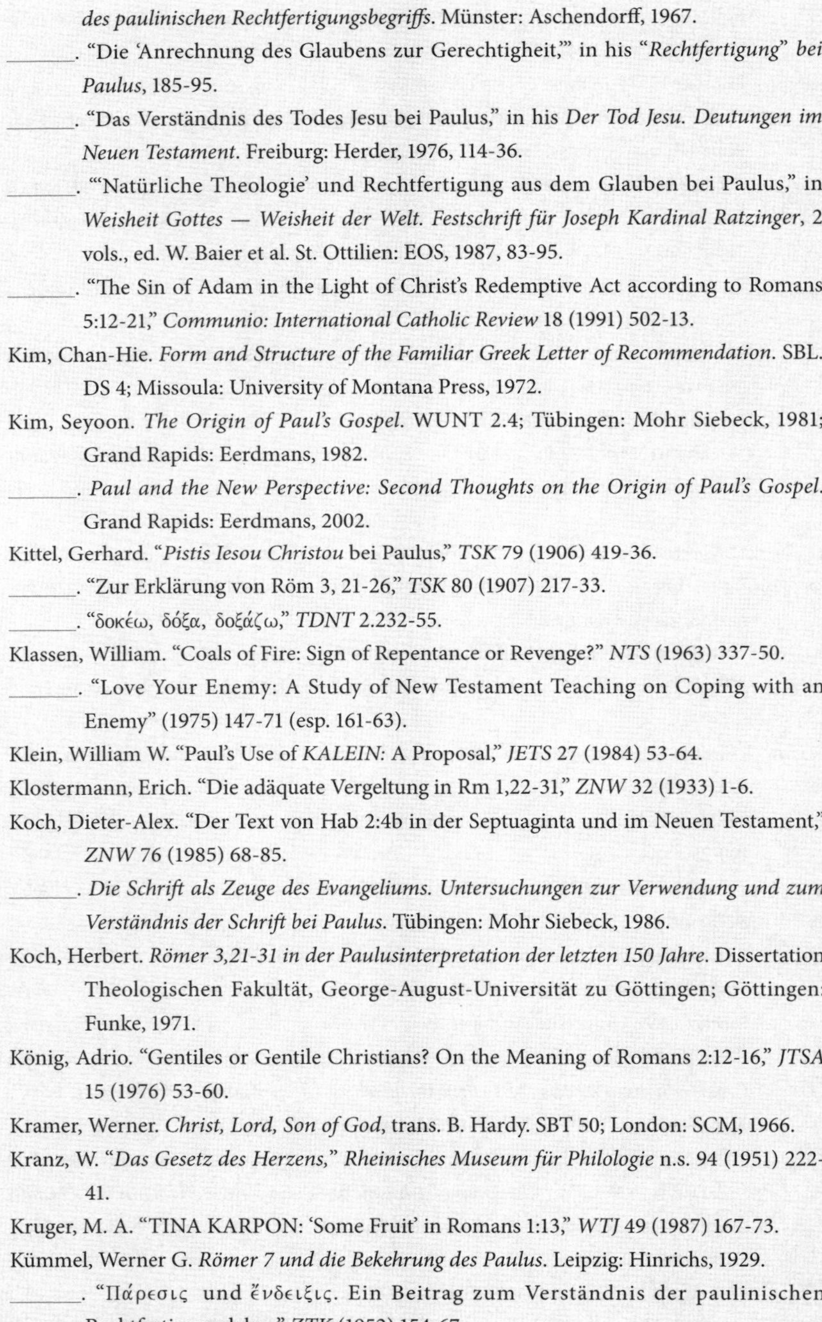

des paulinischen Rechtfertigungsbegriffs. Münster: Aschendorff, 1967.

______. "Die 'Anrechnung des Glaubens zur Gerechtigheit,'" in his "*Rechtfertigung*" *bei Paulus*, 185-95.

______. "Das Verständnis des Todes Jesu bei Paulus," in his *Der Tod Jesu. Deutungen im Neuen Testament*. Freiburg: Herder, 1976, 114-36.

______. "'Natürliche Theologie' und Rechtfertigung aus dem Glauben bei Paulus," in *Weisheit Gottes — Weisheit der Welt. Festschrift für Joseph Kardinal Ratzinger*, 2 vols., ed. W. Baier et al. St. Ottilien: EOS, 1987, 83-95.

______. "The Sin of Adam in the Light of Christ's Redemptive Act according to Romans 5:12-21," *Communio: International Catholic Review* 18 (1991) 502-13.

Kim, Chan-Hie. *Form and Structure of the Familiar Greek Letter of Recommendation*. SBL. DS 4; Missoula: University of Montana Press, 1972.

Kim, Seyoon. *The Origin of Paul's Gospel*. WUNT 2.4; Tübingen: Mohr Siebeck, 1981; Grand Rapids: Eerdmans, 1982.

______. *Paul and the New Perspective: Second Thoughts on the Origin of Paul's Gospel*. Grand Rapids: Eerdmans, 2002.

Kittel, Gerhard. "*Pistis Iesou Christou* bei Paulus," *TSK* 79 (1906) 419-36.

______. "Zur Erklärung von Röm 3, 21-26," *TSK* 80 (1907) 217-33.

______. "δοκέω, δόξα, δοξάζω," *TDNT* 2.232-55.

Klassen, William. "Coals of Fire: Sign of Repentance or Revenge?" *NTS* (1963) 337-50.

______. "Love Your Enemy: A Study of New Testament Teaching on Coping with an Enemy" (1975) 147-71 (esp. 161-63).

Klein, William W. "Paul's Use of *KALEIN*: A Proposal," *JETS* 27 (1984) 53-64.

Klostermann, Erich. "Die adäquate Vergeltung in Rm 1,22-31," *ZNW* 32 (1933) 1-6.

Koch, Dieter-Alex. "Der Text von Hab 2:4b in der Septuaginta und im Neuen Testament," *ZNW* 76 (1985) 68-85.

______. *Die Schrift als Zeuge des Evangeliums. Untersuchungen zur Verwendung und zum Verständnis der Schrift bei Paulus*. Tübingen: Mohr Siebeck, 1986.

Koch, Herbert. *Römer 3,21-31 in der Paulusinterpretation der letzten 150 Jahre*. Dissertation Theologischen Fakultät, George-August-Universität zu Göttingen; Göttingen: Funke, 1971.

König, Adrio. "Gentiles or Gentile Christians? On the Meaning of Romans 2:12-16," *JTSA* 15 (1976) 53-60.

Kramer, Werner. *Christ, Lord, Son of God*, trans. B. Hardy. SBT 50; London: SCM, 1966.

Kranz, W. "*Das Gesetz des Herzens*," *Rheinisches Museum für Philologie* n.s. 94 (1951) 222-41.

Kruger, M. A. "TINA KARPON: 'Some Fruit' in Romans 1:13," *WTJ* 49 (1987) 167-73.

Kümmel, Werner G. *Römer 7 und die Bekehrung des Paulus*. Leipzig: Hinrichs, 1929.

______. "Πάρεσις und ἔνδειξις. Ein Beitrag zum Verständnis der paulinischen Rechtfertigungslehre," *ZTK* (1952) 154-67.

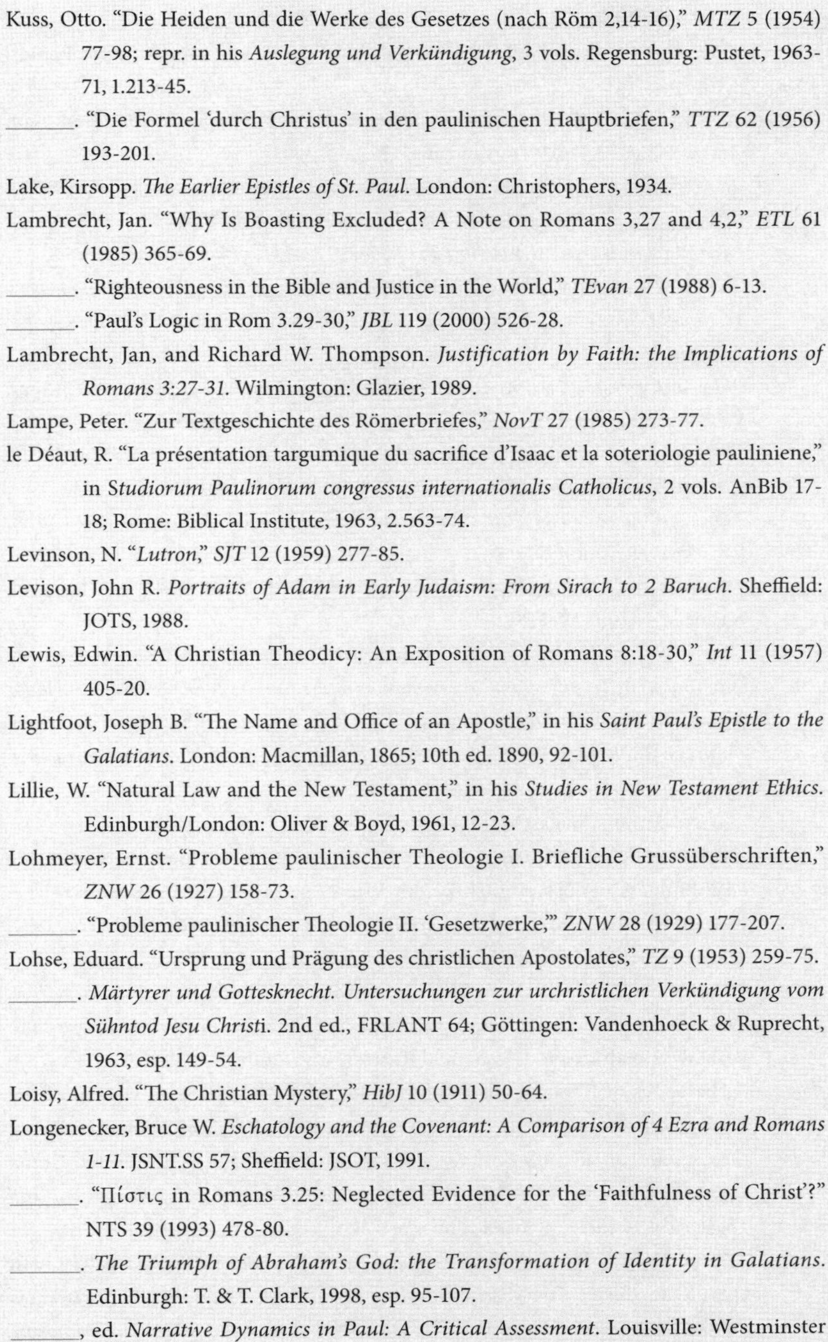

Kuss, Otto. "Die Heiden und die Werke des Gesetzes (nach Röm 2,14-16)," *MTZ* 5 (1954) 77-98; repr. in his *Auslegung und Verkündigung*, 3 vols. Regensburg: Pustet, 1963-71, 1.213-45.

______. "Die Formel 'durch Christus' in den paulinischen Hauptbriefen," *TTZ* 62 (1956) 193-201.

Lake, Kirsopp. *The Earlier Epistles of St. Paul*. London: Christophers, 1934.

Lambrecht, Jan. "Why Is Boasting Excluded? A Note on Romans 3,27 and 4,2," *ETL* 61 (1985) 365-69.

______. "Righteousness in the Bible and Justice in the World," *TEvan* 27 (1988) 6-13.

______. "Paul's Logic in Rom 3.29-30," *JBL* 119 (2000) 526-28.

Lambrecht, Jan, and Richard W. Thompson. *Justification by Faith: the Implications of Romans 3:27-31*. Wilmington: Glazier, 1989.

Lampe, Peter. "Zur Textgeschichte des Römerbriefes," *NovT* 27 (1985) 273-77.

le Déaut, R. "La présentation targumique du sacrifice d'Isaac et la soteriologie pauliniene," in *Studiorum Paulinorum congressus internationalis Catholicus*, 2 vols. AnBib 17-18; Rome: Biblical Institute, 1963, 2.563-74.

Levinson, N. "*Lutron*," *SJT* 12 (1959) 277-85.

Levison, John R. *Portraits of Adam in Early Judaism: From Sirach to 2 Baruch*. Sheffield: JOTS, 1988.

Lewis, Edwin. "A Christian Theodicy: An Exposition of Romans 8:18-30," *Int* 11 (1957) 405-20.

Lightfoot, Joseph B. "The Name and Office of an Apostle," in his *Saint Paul's Epistle to the Galatians*. London: Macmillan, 1865; 10th ed. 1890, 92-101.

Lillie, W. "Natural Law and the New Testament," in his *Studies in New Testament Ethics*. Edinburgh/London: Oliver & Boyd, 1961, 12-23.

Lohmeyer, Ernst. "Probleme paulinischer Theologie I. Briefliche Grussüberschriften," *ZNW* 26 (1927) 158-73.

______. "Probleme paulinischer Theologie II. 'Gesetzwerke,'" *ZNW* 28 (1929) 177-207.

Lohse, Eduard. "Ursprung und Prägung des christlichen Apostolates," *TZ* 9 (1953) 259-75.

______. *Märtyrer und Gottesknecht. Untersuchungen zur urchristlichen Verkündigung vom Sühntod Jesu Christi*. 2nd ed., FRLANT 64; Göttingen: Vandenhoeck & Ruprecht, 1963, esp. 149-54.

Loisy, Alfred. "The Christian Mystery," *HibJ* 10 (1911) 50-64.

Longenecker, Bruce W. *Eschatology and the Covenant: A Comparison of 4 Ezra and Romans 1-11*. JSNT.SS 57; Sheffield: JSOT, 1991.

______. "Πίστις in Romans 3.25: Neglected Evidence for the 'Faithfulness of Christ'?" NTS 39 (1993) 478-80.

______. *The Triumph of Abraham's God: the Transformation of Identity in Galatians*. Edinburgh: T. & T. Clark, 1998, esp. 95-107.

______, ed. *Narrative Dynamics in Paul: A Critical Assessment*. Louisville: Westminster

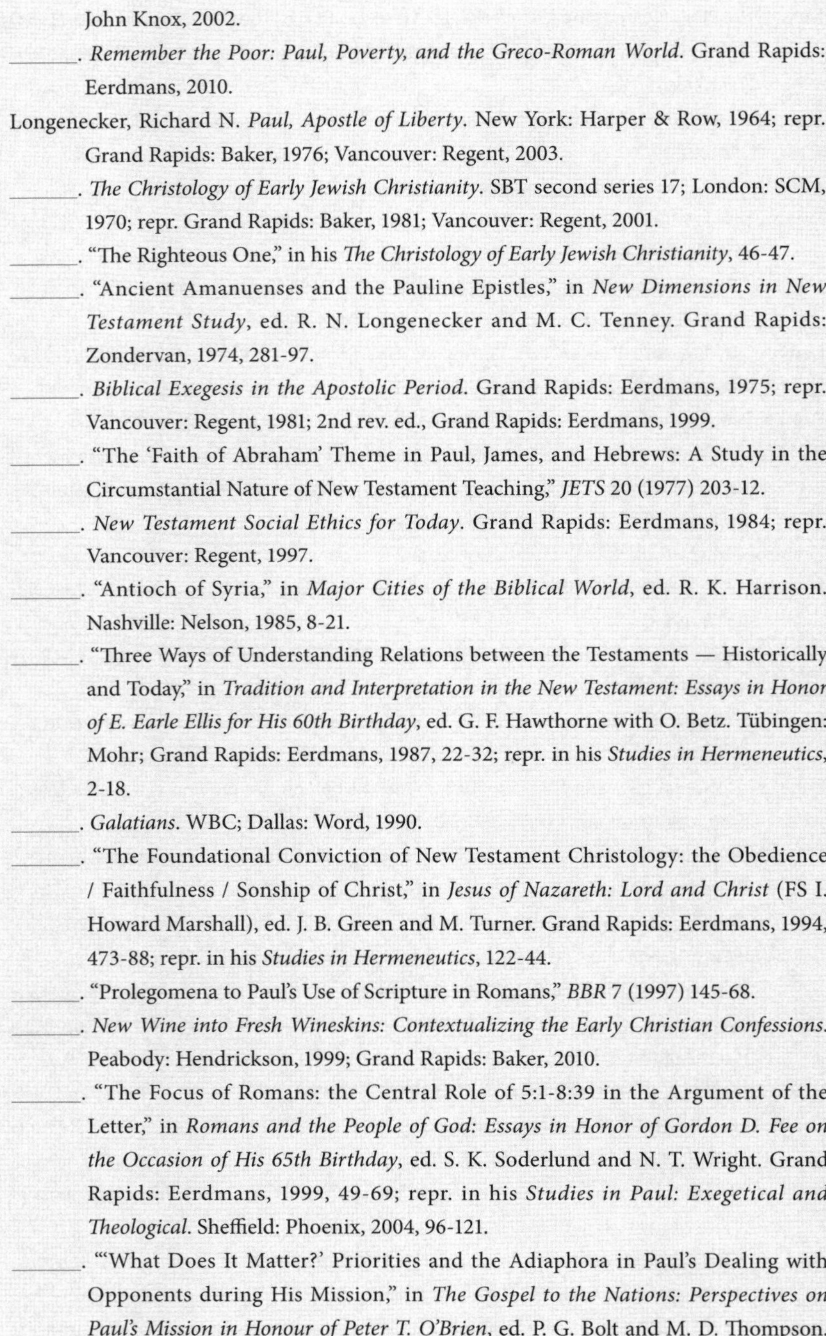

John Knox, 2002.

______. *Remember the Poor: Paul, Poverty, and the Greco-Roman World*. Grand Rapids: Eerdmans, 2010.

Longenecker, Richard N. *Paul, Apostle of Liberty*. New York: Harper & Row, 1964; repr. Grand Rapids: Baker, 1976; Vancouver: Regent, 2003.

______. *The Christology of Early Jewish Christianity*. SBT second series 17; London: SCM, 1970; repr. Grand Rapids: Baker, 1981; Vancouver: Regent, 2001.

______. "The Righteous One," in his *The Christology of Early Jewish Christianity*, 46-47.

______. "Ancient Amanuenses and the Pauline Epistles," in *New Dimensions in New Testament Study*, ed. R. N. Longenecker and M. C. Tenney. Grand Rapids: Zondervan, 1974, 281-97.

______. *Biblical Exegesis in the Apostolic Period*. Grand Rapids: Eerdmans, 1975; repr. Vancouver: Regent, 1981; 2nd rev. ed., Grand Rapids: Eerdmans, 1999.

______. "The 'Faith of Abraham' Theme in Paul, James, and Hebrews: A Study in the Circumstantial Nature of New Testament Teaching," *JETS* 20 (1977) 203-12.

______. *New Testament Social Ethics for Today*. Grand Rapids: Eerdmans, 1984; repr. Vancouver: Regent, 1997.

______. "Antioch of Syria," in *Major Cities of the Biblical World*, ed. R. K. Harrison. Nashville: Nelson, 1985, 8-21.

______. "Three Ways of Understanding Relations between the Testaments — Historically and Today," in *Tradition and Interpretation in the New Testament: Essays in Honor of E. Earle Ellis for His 60th Birthday*, ed. G. F. Hawthorne with O. Betz. Tübingen: Mohr; Grand Rapids: Eerdmans, 1987, 22-32; repr. in his *Studies in Hermeneutics*, 2-18.

______. *Galatians*. WBC; Dallas: Word, 1990.

______. "The Foundational Conviction of New Testament Christology: the Obedience / Faithfulness / Sonship of Christ," in *Jesus of Nazareth: Lord and Christ* (FS I. Howard Marshall), ed. J. B. Green and M. Turner. Grand Rapids: Eerdmans, 1994, 473-88; repr. in his *Studies in Hermeneutics*, 122-44.

______. "Prolegomena to Paul's Use of Scripture in Romans," *BBR* 7 (1997) 145-68.

______. *New Wine into Fresh Wineskins: Contextualizing the Early Christian Confessions*. Peabody: Hendrickson, 1999; Grand Rapids: Baker, 2010.

______. "The Focus of Romans: the Central Role of 5:1-8:39 in the Argument of the Letter," in *Romans and the People of God: Essays in Honor of Gordon D. Fee on the Occasion of His 65th Birthday*, ed. S. K. Soderlund and N. T. Wright. Grand Rapids: Eerdmans, 1999, 49-69; repr. in his *Studies in Paul: Exegetical and Theological*. Sheffield: Phoenix, 2004, 96-121.

______. "'What Does It Matter?' Priorities and the Adiaphora in Paul's Dealing with Opponents during His Mission," in *The Gospel to the Nations: Perspectives on Paul's Mission in Honour of Peter T. O'Brien*, ed. P. G. Bolt and M. D. Thompson.

Leicester: Apollos; Downers Grove: InterVarsity, 2000, 147-60; repr. in his *Studies in Paul: Exegetical and Theological*. Sheffield: Phoenix, 2004, 163-78.

______. "Prayer in the Pauline Letters," in *Into God's Presence: Prayer in the New Testament*, ed. R. N. Longenecker. MNTS; Grand Rapids: Eerdmans, 2001, 203-27; repr. in his *Studies in Paul: Exegetical and Theological*. Sheffield: Phoenix, 2004, 28-52.

______. *Studies in Hermeneutics, Christology and Discipleship*. Sheffield: Phoenix, 2004

______. "A Developmental Hermeneutic: New Treasures as Well as Old," in his *New Testament Social Ethics for Today*, 16-28; repr. in his *Studies in Hermeneutics*, 19-33.

______. "Major Tasks of an Evangelical Hermeneutic: Some Observations on Commonalities, Interrelations and Differences," *Bulletin for Biblical Research* 14 (2004) 45-58; repr. in his *Studies in Hermeneutics, Christology, and Discipleship*. Sheffield: Phoenix, 2004, 72-88.

______. "Christological Materials within the Early Christian Communities," in *Contours of Christology in the New Testament*, ed. R. N. Longenecker. MNTS; Grand Rapids: Eerdmans, 2005, 47-76; also in his *Studies in Hermeneutics, Christology, and Discipleship*. Sheffield: Phoenix, 2004, 90-121.

______. "On the Writing of Biblical Commentaries, with Particular Reference to Commentaries on Romans," in *From Criticism to Biblical Faith: Essays in Honor of Lee Martin McDonald*, ed. W. H. Brackney and C. A. Evans. Macon: Mercer University Press, 2007, 74-92.

______. "Hans Dieter Betz's Galatians Commentary: A Retrospective Word of Commendation, with Some Criticisms, Thirty Years after the Commentary's Publication," *Biblical Research: Journal of the Chicago Society of Biblical Research* 54 (2009) 11-23.

______. *Introducing Romans: Critical Issues in Paul's Most Famous Letter*. Grand Rapids: Eerdmans, 2011.

Lüdemann, Gerd. *Opposition to Paul in Jewish Christianity*, trans. M. E. Boring. Minneapolis: Fortress, 1989.

Lührmann, Dieter. "Rechtfertigung und Versöhnung. Zur Geschichte der paulinischen Tradition," *ZTK* 67 (1970) 437-52.

______. Glaube im frühen Christentum. Gütersloh: Gütersloher Verlagshaus, 1976.

Luther, Martin. "A Treatise on Christian Liberty," in *Works of Martin Luther*, vol. 2, trans. W. A. Lambert. Philadelphia: Holman, 1916.

Luz, Ulrich. *Das Geschichtverständnis des Paul*. BEvT 49; Munich: Kaiser, 1968, 113-16, 168-86.

______. "Zum Aufbau von Röm 1-8." *TZ* 25 (1969) 161-81.

Lyonnet, Stanislaus. "De 'iustitia Dei' in Epistola ad Romanos i,17 et iii.21, 22," *VD* 25 (1947) 23-34, 118-21, 129-44, 193-203, 257-63.

______. "De Rom 3,30 et 4,3-5 in Concilio Tridentino et apud S. Robertum Bellarminum,"

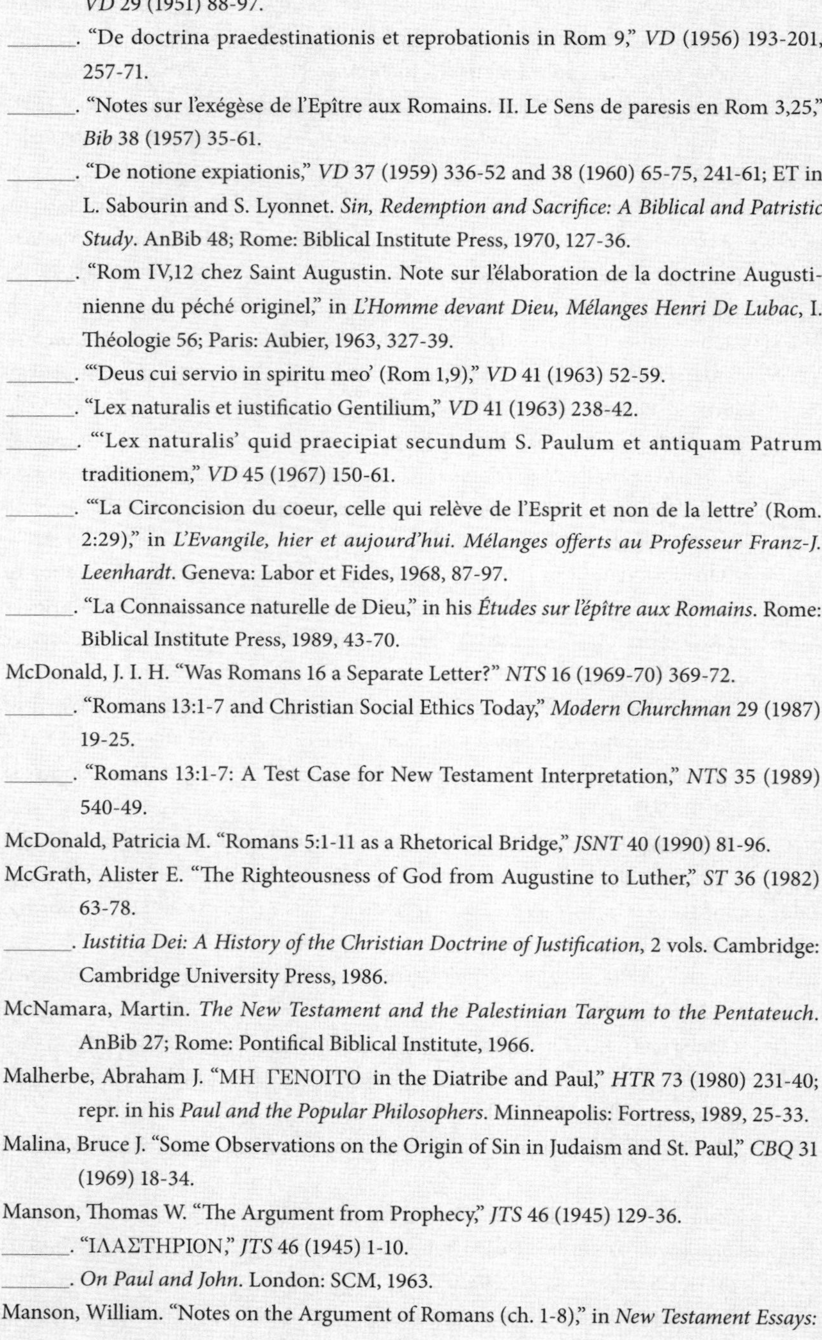

VD 29 (1951) 88-97.

______. "De doctrina praedestinationis et reprobationis in Rom 9," *VD* (1956) 193-201, 257-71.

______. "Notes sur l'exégèse de l'Epître aux Romains. II. Le Sens de paresis en Rom 3,25," *Bib* 38 (1957) 35-61.

______. "De notione expiationis," *VD* 37 (1959) 336-52 and 38 (1960) 65-75, 241-61; ET in L. Sabourin and S. Lyonnet. *Sin, Redemption and Sacrifice: A Biblical and Patristic Study*. AnBib 48; Rome: Biblical Institute Press, 1970, 127-36.

______. "Rom IV,12 chez Saint Augustin. Note sur l'élaboration de la doctrine Augustinienne du péché originel," in *L'Homme devant Dieu, Mélanges Henri De Lubac*, I. Théologie 56; Paris: Aubier, 1963, 327-39.

______. "'Deus cui servio in spiritu meo' (Rom 1,9)," *VD* 41 (1963) 52-59.

______. "Lex naturalis et iustificatio Gentilium," *VD* 41 (1963) 238-42.

______. "'Lex naturalis' quid praecipiat secundum S. Paulum et antiquam Patrum traditionem," *VD* 45 (1967) 150-61.

______. "'La Circoncision du coeur, celle qui relève de l'Esprit et non de la lettre' (Rom. 2:29)," in *L'Evangile, hier et aujourd'hui. Mélanges offerts au Professeur Franz-J. Leenhardt*. Geneva: Labor et Fides, 1968, 87-97.

______. "La Connaissance naturelle de Dieu," in his *Études sur l'épître aux Romains*. Rome: Biblical Institute Press, 1989, 43-70.

McDonald, J. I. H. "Was Romans 16 a Separate Letter?" *NTS* 16 (1969-70) 369-72.

______. "Romans 13:1-7 and Christian Social Ethics Today," *Modern Churchman* 29 (1987) 19-25.

______. "Romans 13:1-7: A Test Case for New Testament Interpretation," *NTS* 35 (1989) 540-49.

McDonald, Patricia M. "Romans 5:1-11 as a Rhetorical Bridge," *JSNT* 40 (1990) 81-96.

McGrath, Alister E. "The Righteousness of God from Augustine to Luther," *ST* 36 (1982) 63-78.

______. *Iustitia Dei: A History of the Christian Doctrine of Justification*, 2 vols. Cambridge: Cambridge University Press, 1986.

McNamara, Martin. *The New Testament and the Palestinian Targum to the Pentateuch*. AnBib 27; Rome: Pontifical Biblical Institute, 1966.

Malherbe, Abraham J. "ΜΗ ΓΕΝΟΙΤΟ in the Diatribe and Paul," *HTR* 73 (1980) 231-40; repr. in his *Paul and the Popular Philosophers*. Minneapolis: Fortress, 1989, 25-33.

Malina, Bruce J. "Some Observations on the Origin of Sin in Judaism and St. Paul," *CBQ* 31 (1969) 18-34.

Manson, Thomas W. "The Argument from Prophecy," *JTS* 46 (1945) 129-36.

______. "ΙΛΑΣΤΗΡΙΟΝ," *JTS* 46 (1945) 1-10.

______. *On Paul and John*. London: SCM, 1963.

Manson, William. "Notes on the Argument of Romans (ch. 1-8)," in *New Testament Essays:*

Studies in Memory of Thomas Walter Manson, ed. A. J. B. Higgins. Manchester: Manchester University Press, 1959, 150-64.

Marcus, Joel. "The Circumcision and the Uncircumcision in Rome," *NTS* 35 (1989) 67-81.

Marmorstein, A. "Paulus und die Rabbinen," *ZNW* 30 (1931) 271-85.

Marshall, I. Howard. "The Development of the Concept of Redemption in the New Testament," in *Reconciliation and Hope* (FS L. L. Morris), ed. R. J. Banks. Exeter: Paternoster, 1974, 153-69.

______. "The Meaning of 'Reconciliation,'" in *Unity and Diversity in New Testament Theology: Essays in Honor of G. E. Ladd*, ed. R. Guelich. Grand Rapids: Eerdmans, 1978, 117-32.

______. "Romans 16:25-27—Apt Conclusion," in *Romans and the People of God: Essays in Honor of Gordon C. Fee on the Occasion of His 65th Birthday*, ed. S. K. Soderlund and N. T. Wright. Grand Rapids: Eerdmans, 1999, 170-84.

Martin, Ralph P. "New Testament Theology: A Proposal; the Theme of Reconciliation," *ExpT* 91 (1980) 364-68.

______. *Reconciliation: A Study of Paul's Theology*. London: Marshall, Morgan & Scott; Atlanta: John Knox, 1981, 135-54.

______. "Reconciliation: Romans 5:1-11," in *Romans and the People of God: Essays in Honor of Gordon D. Fee on the Occasion of His 65th Birthday*, ed. S. K. Soderlund and N. T. Wright. Grand Rapids: Eerdmans, 1999, 36-48.

Mason, Steve. "'For I Am Not Ashamed of the Gospel' (Rom. 1.16): the Gospel and the First Readers of Romans," in *Gospel in Paul: Studies on Corinthians, Galatians and Romans for Richard N. Longenecker*, ed. L. A. Jervis and P. Richardson. Sheffield: Sheffield Academic, 1994, 254-87.

Maurer, Christian. "προέχομαι," *TDNT* 6.692-93.

Metzger, Bruce M. "The Punctuation of Rom 9:5," in *Christ and Spirit in the New Testament: In Honour of C. F. D. Moule*, ed. B. Lindars and S. S. Smalley. Cambridge: Cambridge University Press, 1973, 95-112.

Meyer, Ben F. "The Pre-Pauline Formula in Rom 3.25-26a," *NTS* 29 (1983) 198-208.

Meyer, Rudolf. "περιτέμνω, περιτομή" *TDNT* 6.72-84.

Michaels, J. Ramsey. "The Redemption of Our Body: the Riddle of Romans 8:19-22," in *Romans and the People of God: Essays in Honor of Gordon D. Fee on the Occasion of His 65th Birthday*, ed. S. K. Soderlund and N. T. Wright. Grand Rapids: Eerdmans, 1999, 92-114.

Minear, Paul S. "Gratitude and Mission in the Epistle to the Romans," in *Basileia. Walter Freytag zum 60. Geburtstag*, ed. J. Hermelink and H. J. Margull. Stuttgart: Evangelische, 1959, 42-48; repr. in his *The Obedience of Faith: the Purposes of Paul in the Epistle to the Romans*. SBT 19; London: SCM, 1971, "Appendix 2," 102-10.

______. *The Obedience of Faith: the Purposes of Paul in the Epistle to the Romans*. London: SCM, 1971.

Mitton, C. L. "Romans vii. Reconsidered — III," *ExpT* 65 (1954) 132-35.

Moffatt, James. "The Interpretation of Romans 6:17-18," *JBL* 48 (1929) 237.

Moir, Ian A. "Orthography and Theology: the Omicron-Omega Interchange in Romans 5:1 and Elsewhere," in *New Testament Textual Criticism: Its Significance for Exegesis* (Essays in Honour of Bruce M. Metzger). Oxford: Clarendon, 1981, 179-83.

Moo, Douglas J. "'Law,' 'Works of Law' and 'Legalism' in Paul," *WTJ* 45 (1983) 73-100.

______. "Paul and the Law in the Last Ten Years," *SJT* 40 (1987) 287-307.

______. "Excursus: Paul, 'Works of the Law,' and First-Century Judaism," in his *The Epistle to the Romans*. NICNT; Grand Rapids: Eerdmans, 1996, 211-17.

______. "The Christology of the Early Pauline Letters," in *Contours of Christology in the New Testament*, ed. R. N. Longenecker. MNTS; Grand Rapids: Eerdmans, 2005, 169-92.

Moody, R. M. "The Habakkuk Quotation in Romans 1:17," *ExpT* 92 (1980-81) 205-8.

Moore, George Foote. *Judaism in the First Centuries of the Christian Era*, 3 vols. Cambridge: Harvard University Press, 1927-30.

Morenz, Siegfried. "Feurige Kohlen auf dem Haupt," *TLZ* 78 (1953) 187-92; also in *Religion und Geschichte der alten Agypten*. Gesammelte Aufsatze. Weimar: Böhlaus, 1975, 433-44.

Morris, Leon L. "The Use of ἱλάσκεσθαι etc. in Biblical Greek," *ExpT* 62 (1951-52) 227-33.

______. "The Meaning of ἱλαστήριον in Romans 3:25," *NTS* 2 (1955) 33-43.

______. *The Apostolic Preaching of the Cross*. London: Tyndale, 1955.

Morrison, C. D. *The Powers That Be: Earthly Rulers and Demonic Powers in Romans 13:1-7*. SBT 29; London: SCM, 1960.

Moule, Charles F. D. "The Biblical Conception of 'Faith,'" *ExpT* 68 (1956) 157, 221-22.

Moxnes, Halvor. *Theology in Conflict: Studies in Paul's Understanding of God in Romans*. NovTSup 53; Leiden: Brill, 1980.

______. "Honor, Shame, and the Outside World in Paul's Letter to the Romans," in *The Social World of Formative Christianity and Judaism: Essays in Tribute to Howard Clark Kee*, ed. J. Neusner, P. Borgen, E. S. Frerichs, and R. Horsley. Philadelphia: Fortress, 1988, 207-18.

Müller, Friedrich. "Zwei Marginalien im Brief Paulus an die Römer," *ZNW* 40 (1941) 249-54.

Mullins, Terence Y. "Petition as a Literary Form," *NovT* 5 (1962) 46-54.

______. "Disclosure: A Literary Form in the New Testament," *NovT* 7 (1964) 44-50.

______. "Greeting as a New Testament Form," *JBL* 87 (1968) 418-26.

Mundle, Wilhelm. "Zur Auslegung von Röm 2.13ff.," *TBlä* 13 (1934) 248-56.

Murray, John. *The Imputation of Adam's Sin*. Grand Rapids: Eerdmans, 1959.

______. "Justification," in his *Romans*, "Appendix A," 1.336-62.

______. "From Faith to Faith," in his *Romans*, "Appendix B," 1.363-74.

______. "Karl Barth on Romans 5," in his *Romans*, "Appendix D," 1.384-90.

______. "The Authorities of Romans 13:1," in his *Romans*, "Appendix C," 2.252-56.

Mussner, Franz. "Christus, des Gesetzes Ende zur Gerechtigkeit für Jeden, der glaubt (Rom 10.4)," in *Paulus—Apostat oder Apostel? Jüdische und christliche Antworten*, ed. M. Barth et al. Regensburg: Pustet, 1977, 31-44.

______. "Gesetz-Abraham-Israel," *Kairos* 25 (1983) 200-222.

Nanos, Mark D. *The Mystery of Romans: the Jewish Context of Paul's Letter*. Minneapolis: Fortress, 1996.

Nebe, Gottfried. *"Hoffnung" bei Paulus. Elpis und ihre Synonyme im Zusammenhang der Eschatologie*. SUNT 16; Göttingen: Vandenhoeck & Ruprecht, 1983.

Neill, William. "Paul's Certainties I: God's Promises Are Sure — Romans iv.21," *ExpT* (1957-58) 146-48.

Nickle, Keith P. *The Collection: A Study in Paul's Strategy*. London: SCM, 1966.

Nicole, Roger R. "C. H. Dodd and the Doctrine of Propitiation," *WTJ* 17 (1954-55) 117-57.

Noack, Bent. "Current and Backwater in the Epistle to the Romans," *ST* 19 (1955) 155-66.

Nolland, John. "Romans 1:26-27 and the Homosexuality Debate," *HBT* 22 (2000) 32-57.

Norden, Eduard. *Agnostos Theos*. Untersuchungen zur Formgeschichte religiöser Rede. Leipzig: Teubner, 1929 (esp. 240-50).

O'Brien, Peter T. "Thanksgiving and the Gospel in Paul," *NTS* 21 (1974) 144-55.

______. *Introductory Thanksgivings in the Letters of Paul*. NovTSup 49; Leiden: Brill, 1977.

______. "Thanksgiving within the Structure of Pauline Theology," in *Pauline Studies: Essays Presented to Professor F. F. Bruce on His 70th Birthday*, ed. D. A. Hagner and M. J. Harris. Grand Rapids: Eerdmans, 1980, 50-66.

Olson, Stanley N. "Pauline Expressions of Confidence in His Addressees," *CBQ* 47 (1985) 282-95.

O'Rourke, John J. "Romans 1,20 and Natural Revelation," *CBQ* 23 (1961) 301-6.

______. "Pistis in Romans," *CBQ* 35 (1973) 188-94.

Owen, H. P. "The Scope of Natural Revelation in Rom. I and Acts XVII," *NTS* 5 (1958) 133-43.

Parke-Taylor, Geoffrey H. "A Note on εἰς ὑπακοὴν πίστεως in Romans i.5 and xvi.26," *ExpT* 55 (1943-44) 205-6.

Parsons, Michael. "Being Precedes Act: Indicative and Imperative in Paul's Writing," *EvQ* 88 (1988) 99-127.

Patte, Daniel. *Paul's Faith and the Power of the Gospel: A Structural Introduction to the Pauline Letters*. Philadelphia: Fortress, 1983, esp. 214-22.

Paulsen, Henning. *Überlieferung und Auslegung in Römer 8*. WMANT 43; Neukirchen-Vluyn: Neukirchener Verlag, 1974.

Perkins, Pheme. "Paul and Ethics," *Int* 38 (1984) 268-80.

Piper, John. *The Justification of God: An Exegetical Study of Romans 9:1-23*. Grand Rapids: Baker, 1983.

Pluta, Alfons. *Gottes Bundestreue. Ein Schlüsselbegriff in Röm 3.25a*. SBS 34; Stuttgart:

Katholisches Bibelwerk, 1969.

Pohlenz, Max. "Paulus und die Stoa," *ZNW* 42 (1949) 69-104.

Porter, C. L. "Romans 1:18-32: Its Role in the Developing Argument," *NTS* 40 (1994) 210-28.

Porter, Stanley E. "The Pauline Concept of Original Sin, in Light of Rabbinic Background," *TB* 41 (1990) 3-30.

______. "The Argument of Romans 5: Can a Rhetorical Question Make a Difference?" *JBL* 110 (1991) 655-77.

Poythress, Vern S. "Is Romans 1.3-4 a Pauline Confession After All?" *ExpT* 87 (1976) 180-83.

Qimron, Elisha, and John Strugnell, eds. *Qumran Cave 4, V: Miqsat Macase Ha-Torah*. DJD 10; Oxford: Clarendon, 1994.

Räisänen, Heikki. *Paul and the Law*. WUNT 29; Tübingen: Mohr, 1983.

______. "Zum Verständnis von Röm 3,1-8," in *The Torah and Christ: Essays in German and English on the Problem of the Law in Early Christianity*. PFES 45; Helsinki: Finnish Exegetical Society, 1986.

______. *Jesus, Paul, and Torah: Collected Essays*, trans. D. E. Orton. JSNT.SS 43; Sheffield: JSOT, 1992.

Ramsay, William M. "The Olive-Tree and the Wild Olive," in his *Paul and Other Studies in Early Christian History*. London: Hodder & Stoughton, 1908, 219-50.

Rapa, Robert Keith. *The Meaning of "Works of the Law" in Galatians and Romans*. StudBL 31; New York: Lang, 2001.

Reasoner, Mark. *The Strong and the Weak: Romans 14.1-15.13 in Context*. Cambridge: Cambridge University Press, 1999.

______. "The Theology of Romans 12:1-15:13," in *Pauline Theology* vol. 3: *Romans*, ed. D. M. Hay and E. E. Johnson. Minneapolis: Fortress, 287-99.

______. *Romans in Full Circle: A History of Interpretation*. Louisville: Westminster John Knox, 2005; esp. "Locus 12: Let Every Psyche Be Subject to the Authorities (13:1-7)," 129-42.

Reicke, Bo Ivar. "The Law and This World according to Paul," *JBL* 70 (1951) 259-76.

______. "Συνείδησις in Röm 2,15," *TZ* 12 (1956) 157-61.

______. "Natürliche Theologie nach Paulus," *SEÅ* 22 (1957) 154-67.

______. "Paul's Understanding of Righteousness," in *Soli Deo Gloria* (FS W. C. Robinson), ed. J. M. Richards. Richmond: John Knox, 1968, 37-49.

Reid, Marty L. "A Rhetorical Analysis of Romans 1:1-5:21, with Attention Given to the Rhetorical Function of 5:1-21," *PRS* 19 (1992) 255-72.

Reitzenstein, Richard. *Hellenistic Mystery-Religions: Their Basic Ideas and Significance*. Pittsburgh: Pickwick, 1978.

Rengstorf, Karl H. "ἀπόστολος," *TDNT* 1.407-47.

______. "ἐλπις, ἐλπίζω," *TDNT* 2.523-29.

______. *Apostolate and Ministry: the New Testament Doctrine of the Office of the Ministry*, trans. P. D. Pahl. St. Louis: Concordia, 1969.

Reumann, John. "The Gospel of the Righteousness of God: Pauline Reinterpretation in Romans 3:21-31," *Int* 20 (1966) 432-52.

______. *Creation and New Creation*. Minneapolis: Augsburg, 1973.

Reventlow, H. Graf. *Rechtfertigung im Horizont des Alten Testaments*. Munich: Kaiser, 1971.

Rhyne, C. Thomas. *Faith Establishes the Law*. SBL.DS 55; Chico: Scholars, 1981.

Richardson, Peter. *Israel in the Apostolic Church*. SNTS.MS 10; Cambridge: Cambridge University Press, 1969.

Ridderbos, Herman. *Paul: An Outline of His Theology*, trans. J. R. DeWitt. Grand Rapids: Eerdmans, 1975.

Robinson, D. W. B. "'Faith of Jesus Christ' — a New Testament Debate," *RTR* 29 (1970) 71-81.

Robinson, James M. "Die Hodajot-Formel in Gebet und Hymnus des Frühchristentums," in *Apophoreta. Festschrift für Ernst Haenchen*. BZNW 30; Berlin: de Gruyter, 1964, 194-235.

Roetzel, Calvin J. "Sacrifice in Romans 12-15," *WW* 6 (1986) 410-19.

Sampley, J. Paul. "Romans and Galatians: Comparison and Contrast," in *Understanding the Word*, ed. J. T. Butler, E. W. Conrad, and B. C. Ollenburger. Sheffield: JSOT, 1985, esp. 325 and 327.

Sanders, Ed P. *Paul and Palestinian Judaism: A Comparison of Patterns of Religion*. Philadelphia: Fortress, 1977.

______. *Paul, the Law, and the Jewish People*. Philadelphia: Fortress, 1983.

______. "Appendix: Romans 2," in his *Paul, the Law, and the Jewish People*, 123-35.

Sanders, Jack T. "The Transition from Opening Epistolary Thanksgiving to Body in the Letters of the Pauline Corpus," *JBL* 81 (1962) 348-62.

Sandmel, Samuel. "Abraham's Knowledge of the Existence of God," *HTR* 44 (1951) 55-60.

______. *Philo's Place in Judaism: A Study of Conceptions of Abraham in Jewish Literature*. New York: Ktav, 1971.

Sandnes, Karl Olav. *Paul — One of the Prophets? A Contribution to the Apostle's Self-Understanding*. WUNT 43; Tübingen: Mohr Siebeck, 1990, esp. 146-53.

Schelkle, Karl Hermann. "Staat und Kirchen in der patristischen Auslegung von Röm 13:1-7," *ZNW* 44 (1952-53): 223-36.

______. *Paulus—Lehre der Väter*. Düsseldorf: Patmos, 1956.

Schettler, A. *Die paulinische Formel "Durch Christus" untersucht*. Tübingen: Mohr Siebeck, 1907.

Schlier, Heinrich. "Die Erkenntnis Gottes nach den Briefen des Apostels Paulus," in his *Besinnung auf das Neue Testament*. Freiburg: Herder, 1964, 319-39.

______. "Über die Erkenntnis Gottes bei den Heiden (nach dem Neuen Testament)," *EvT* 2 (1935) 9-26; repr. as "Von den Heiden: Römerbrief 1, 18-31," in his *Die Zeit der Kirche*. Freiburg: Herder, 1956, 29-37.

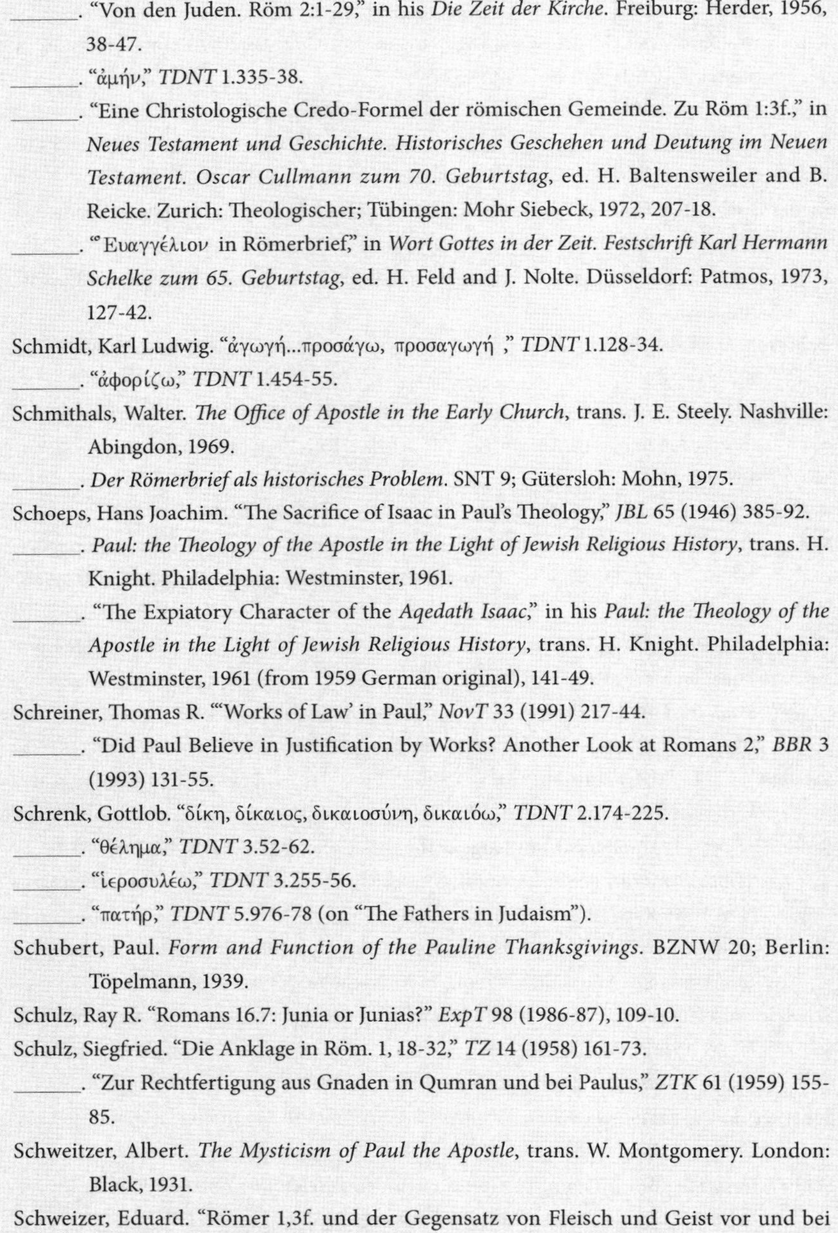

______. "Von den Juden. Röm 2:1-29," in his *Die Zeit der Kirche*. Freiburg: Herder, 1956, 38-47.

______. "ἀμήν," *TDNT* 1.335-38.

______. "Eine Christologische Credo-Formel der römischen Gemeinde. Zu Röm 1:3f.," in *Neues Testament und Geschichte. Historisches Geschehen und Deutung im Neuen Testament. Oscar Cullmann zum 70. Geburtstag*, ed. H. Baltensweiler and B. Reicke. Zurich: Theologischer; Tübingen: Mohr Siebeck, 1972, 207-18.

______. "Εὐαγγέλιον in Römerbrief," in *Wort Gottes in der Zeit. Festschrift Karl Hermann Schelke zum 65. Geburtstag*, ed. H. Feld and J. Nolte. Düsseldorf: Patmos, 1973, 127-42.

Schmidt, Karl Ludwig. "ἀγωγή...προσάγω, προσαγωγή," *TDNT* 1.128-34.

______. "ἀφορίζω," *TDNT* 1.454-55.

Schmithals, Walter. *The Office of Apostle in the Early Church*, trans. J. E. Steely. Nashville: Abingdon, 1969.

______. *Der Römerbrief als historisches Problem*. SNT 9; Gütersloh: Mohn, 1975.

Schoeps, Hans Joachim. "The Sacrifice of Isaac in Paul's Theology," *JBL* 65 (1946) 385-92.

______. *Paul: the Theology of the Apostle in the Light of Jewish Religious History*, trans. H. Knight. Philadelphia: Westminster, 1961.

______. "The Expiatory Character of the *Aqedath Isaac*," in his *Paul: the Theology of the Apostle in the Light of Jewish Religious History*, trans. H. Knight. Philadelphia: Westminster, 1961 (from 1959 German original), 141-49.

Schreiner, Thomas R. "'Works of Law' in Paul," *NovT* 33 (1991) 217-44.

______. "Did Paul Believe in Justification by Works? Another Look at Romans 2," *BBR* 3 (1993) 131-55.

Schrenk, Gottlob. "δίκη, δίκαιος, δικαιοσύνη, δικαιόω," *TDNT* 2.174-225.

______. "θέλημα," *TDNT* 3.52-62.

______. "ἱεροσυλέω," *TDNT* 3.255-56.

______. "πατήρ," *TDNT* 5.976-78 (on "The Fathers in Judaism").

Schubert, Paul. *Form and Function of the Pauline Thanksgivings*. BZNW 20; Berlin: Töpelmann, 1939.

Schulz, Ray R. "Romans 16.7: Junia or Junias?" *ExpT* 98 (1986-87), 109-10.

Schulz, Siegfried. "Die Anklage in Röm. 1, 18-32," *TZ* 14 (1958) 161-73.

______. "Zur Rechtfertigung aus Gnaden in Qumran und bei Paulus," *ZTK* 61 (1959) 155-85.

Schweitzer, Albert. *The Mysticism of Paul the Apostle*, trans. W. Montgomery. London: Black, 1931.

Schweizer, Eduard. "Römer 1,3f. und der Gegensatz von Fleisch und Geist vor und bei Paulus," in his *Neotestamentica*. Zurich: Zwingli, 1963, 180-89; repr. of "Der vorpaulinische Gegensatz von Fleisch und Geist in Rom 1,3f," *EvT* 15 (1955) 563-71.

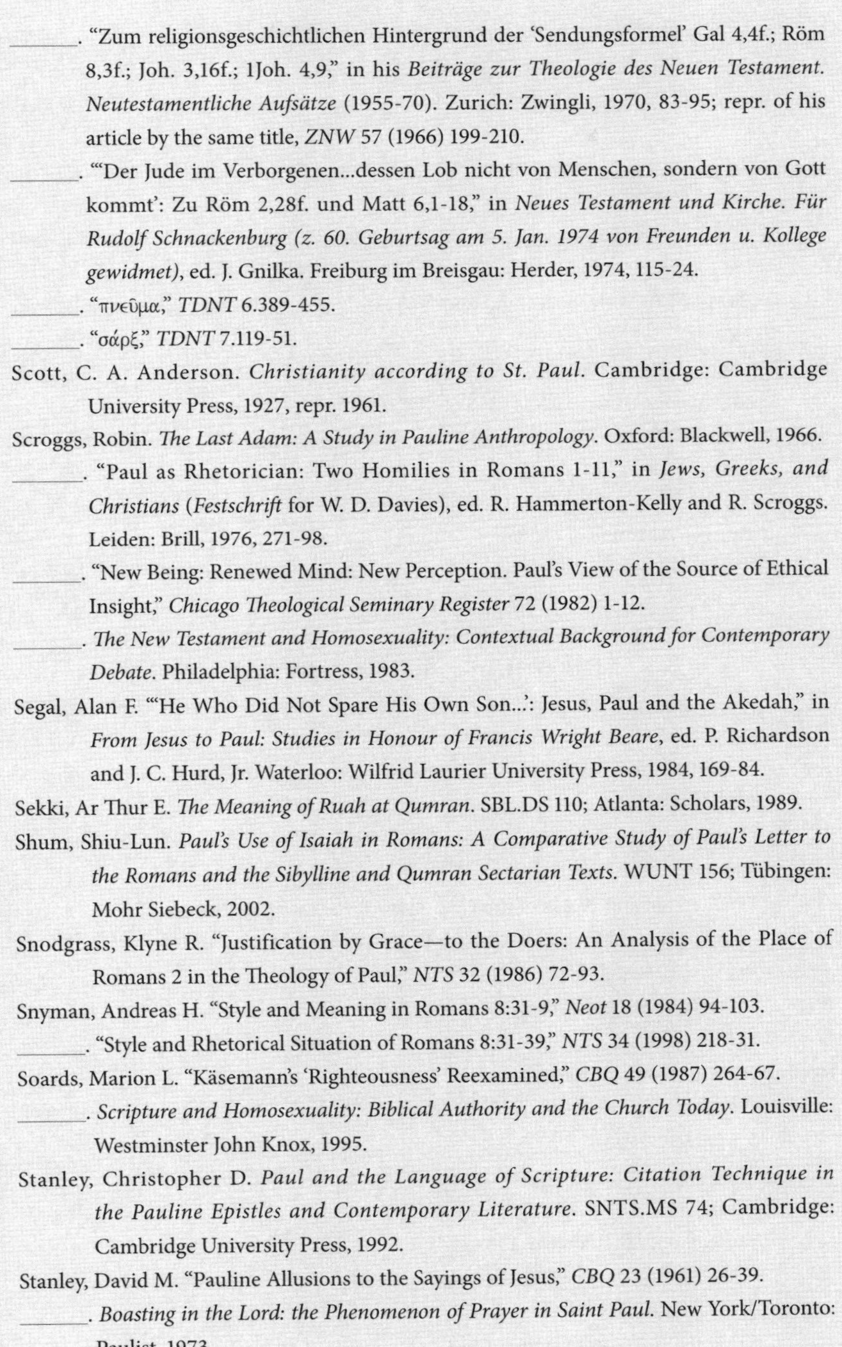

_______. "Zum religionsgeschichtlichen Hintergrund der 'Sendungsformel' Gal 4,4f.; Röm 8,3f.; Joh. 3,16f.; 1Joh. 4,9," in his *Beiträge zur Theologie des Neuen Testament. Neutestamentliche Aufsätze* (1955-70). Zurich: Zwingli, 1970, 83-95; repr. of his article by the same title, *ZNW* 57 (1966) 199-210.

_______. "'Der Jude im Verborgenen...dessen Lob nicht von Menschen, sondern von Gott kommt': Zu Röm 2,28f. und Matt 6,1-18," in *Neues Testament und Kirche. Für Rudolf Schnackenburg (z. 60. Geburtsag am 5. Jan. 1974 von Freunden u. Kollege gewidmet)*, ed. J. Gnilka. Freiburg im Breisgau: Herder, 1974, 115-24.

_______. "πνεῦμα," *TDNT* 6.389-455.

_______. "σάρξ," *TDNT* 7.119-51.

Scott, C. A. Anderson. *Christianity according to St. Paul*. Cambridge: Cambridge University Press, 1927, repr. 1961.

Scroggs, Robin. *The Last Adam: A Study in Pauline Anthropology*. Oxford: Blackwell, 1966.

_______. "Paul as Rhetorician: Two Homilies in Romans 1-11," in *Jews, Greeks, and Christians* (*Festschrift* for W. D. Davies), ed. R. Hammerton-Kelly and R. Scroggs. Leiden: Brill, 1976, 271-98.

_______. "New Being: Renewed Mind: New Perception. Paul's View of the Source of Ethical Insight," *Chicago Theological Seminary Register* 72 (1982) 1-12.

_______. *The New Testament and Homosexuality: Contextual Background for Contemporary Debate*. Philadelphia: Fortress, 1983.

Segal, Alan F. "'He Who Did Not Spare His Own Son...': Jesus, Paul and the Akedah," in *From Jesus to Paul: Studies in Honour of Francis Wright Beare*, ed. P. Richardson and J. C. Hurd, Jr. Waterloo: Wilfrid Laurier University Press, 1984, 169-84.

Sekki, Ar Thur E. *The Meaning of Ruah at Qumran*. SBL.DS 110; Atlanta: Scholars, 1989.

Shum, Shiu-Lun. *Paul's Use of Isaiah in Romans: A Comparative Study of Paul's Letter to the Romans and the Sibylline and Qumran Sectarian Texts*. WUNT 156; Tübingen: Mohr Siebeck, 2002.

Snodgrass, Klyne R. "Justification by Grace—to the Doers: An Analysis of the Place of Romans 2 in the Theology of Paul," *NTS* 32 (1986) 72-93.

Snyman, Andreas H. "Style and Meaning in Romans 8:31-9," *Neot* 18 (1984) 94-103.

_______. "Style and Rhetorical Situation of Romans 8:31-39," *NTS* 34 (1998) 218-31.

Soards, Marion L. "Käsemann's 'Righteousness' Reexamined," *CBQ* 49 (1987) 264-67.

_______. *Scripture and Homosexuality: Biblical Authority and the Church Today*. Louisville: Westminster John Knox, 1995.

Stanley, Christopher D. *Paul and the Language of Scripture: Citation Technique in the Pauline Epistles and Contemporary Literature*. SNTS.MS 74; Cambridge: Cambridge University Press, 1992.

Stanley, David M. "Pauline Allusions to the Sayings of Jesus," *CBQ* 23 (1961) 26-39.

_______. *Boasting in the Lord: the Phenomenon of Prayer in Saint Paul*. New York/Toronto: Paulist, 1973.

Stauffer, E Thelbert. "εἷς," *TDNT* 2.420-42.

Stein, Robert H. "The Argument of Romans 13:1-7," *NovT* 31 (1989) 325-43.

Steinmetz, David C. "Calvin and Melanchthon on Romans 13:1-7," *Ex Auditu* 2 (1986) 74-81.

Stendahl, Krister. "The Apostle Paul and the Introspective Conscience of the West," *HTR* 56 (1963) 199-215.

Stevens, R. Paul. "'The Full Blessing of Christ' (Romans 15:29): A Sermon," in *Romans and the People of God: Essays in Honor of Gordon D. Fee on the Occasion of His 65th Birthday*, ed. S. K. Soderlund and N. T. Wright. Grand Rapids: Eerdmans, 1999, 295-303.

Stirewalt, M. Luther, Jr. "The Form and Function of the Greek Letter-Essay," in Donfried, ed., *Romans Debate* 1977, 175-206; 1991, 147-71.

Stowers, Stanley K. *The Diatribe and Paul's Letter to the Romans*. SBL.DS 57; Chico: Scholars, 1981.

______. "Dialogical Exchange and Exemplum in 3:27-4:25," in his *Diatribe and Paul's Letter to the Romans*, 155-74.

______. "Paul's Dialogue with a Fellow Jew in Romans 3:1-9," *CBQ* 46 (1984) 707-22; repr. as "Paul's Dialogue with a Fellow Jew," in his *A Rereading of Romans*, 159-75.

______. *Letter Writing in Greco-Roman Antiquity*. Philadelphia: Westminster, 1986.

______. "Ἐκ πίστεως and διὰ τῆς πίστεως in Romans 3:30," *JBL* 108 (1989) 665-74.

______. *A Rereading of Romans: Justice, Jews, and Gentiles*. New Haven: Yale University Press, 1994.

______. "Gentile Culture and God's Impartial Justice (1:18-2:16)," in his *A Rereading of Romans*, 83-125.

______. "Warning a Greek and Debating a Fellow Jew," in his *A Rereading of Romans*, 126-58.

______. "Paul on Sin and Works of the Law," in his *A Rereading of Romans*, 176-93.

______. "God's Merciful Justice in Christ's Faithfulness (3:21-33)," in his *A Rereading of Romans*, 194-226(제목의 구절은 3:21-31이어야 한다).

______. "One God & One Father Abraham (3:27-5:11)," in his *A Rereading of Romans*, 227-50.

Strathmann, Hermann. "λατρεύω, λατρεία," *TDNT* 4.58-65.

Stuhlmacher, Peter. *Gerechtigkeit Gottes bei Paulus*. FRLANT 87; Göttingen: Vandenhoeck & Ruprecht, 1965.

______. "Theologische Probleme des Römerbriefpräskripts," *EvT* 27 (1967) 374-89.

______. *Das paulinische Evangelium* I: *Vorgeschichte*. FRLANT 95; Göttingen: Vandenhoeck & Ruprecht, 1968.

______. "Das Ende des Gesetzes: Über Ursprung und Ansatz der paulinischen Theologie," *ZTK* 67 (1970) 14-39.

______. "Das paulinische Evangelium," in *Das Evangelium und die Evangelien*, ed. P.

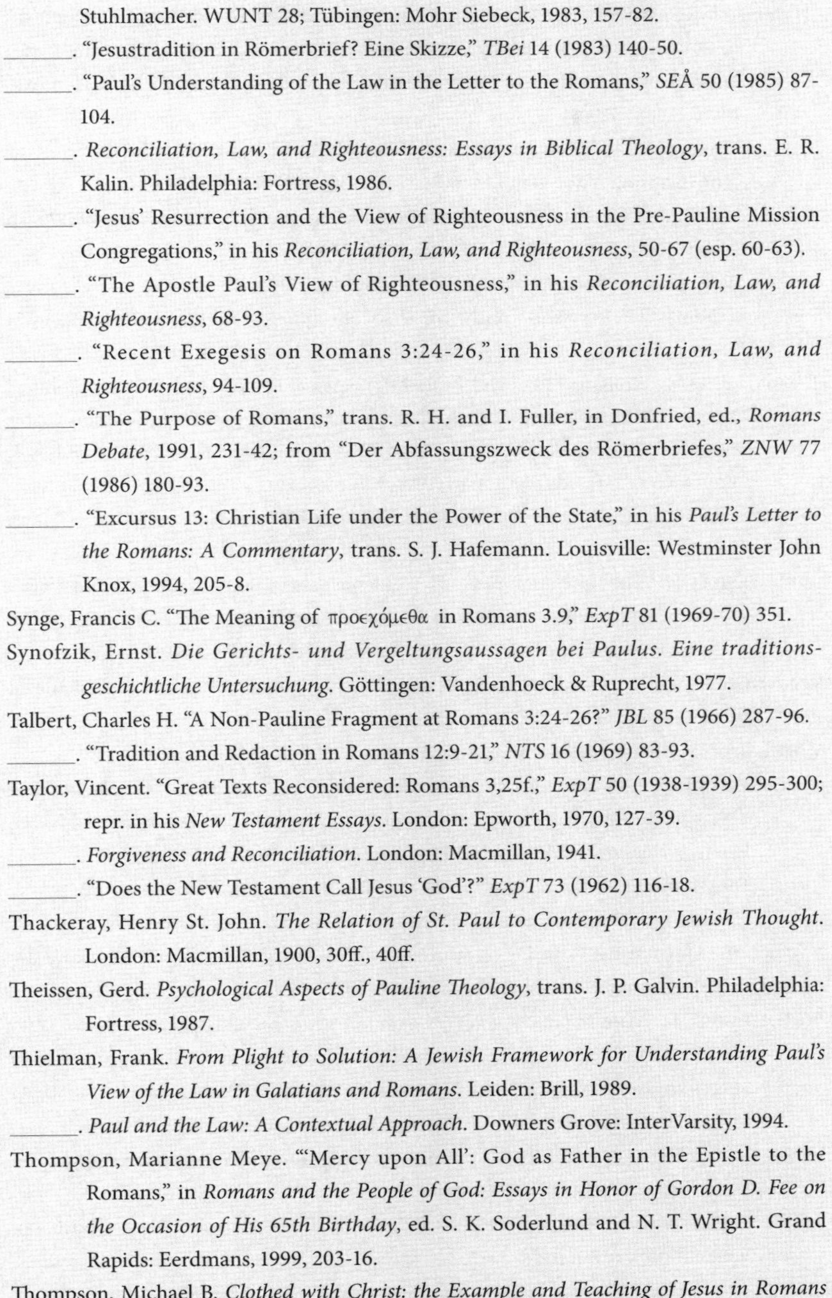

Stuhlmacher. WUNT 28; Tübingen: Mohr Siebeck, 1983, 157-82.

______. "Jesustradition in Römerbrief? Eine Skizze," *TBei* 14 (1983) 140-50.

______. "Paul's Understanding of the Law in the Letter to the Romans," *SEÅ* 50 (1985) 87-104.

______. *Reconciliation, Law, and Righteousness: Essays in Biblical Theology*, trans. E. R. Kalin. Philadelphia: Fortress, 1986.

______. "Jesus' Resurrection and the View of Righteousness in the Pre-Pauline Mission Congregations," in his *Reconciliation, Law, and Righteousness*, 50-67 (esp. 60-63).

______. "The Apostle Paul's View of Righteousness," in his *Reconciliation, Law, and Righteousness*, 68-93.

______. "Recent Exegesis on Romans 3:24-26," in his *Reconciliation, Law, and Righteousness*, 94-109.

______. "The Purpose of Romans," trans. R. H. and I. Fuller, in Donfried, ed., *Romans Debate*, 1991, 231-42; from "Der Abfassungszweck des Römerbriefes," *ZNW* 77 (1986) 180-93.

______. "Excursus 13: Christian Life under the Power of the State," in his *Paul's Letter to the Romans: A Commentary*, trans. S. J. Hafemann. Louisville: Westminster John Knox, 1994, 205-8.

Synge, Francis C. "The Meaning of προεχόμεθα in Romans 3.9," *ExpT* 81 (1969-70) 351.

Synofzik, Ernst. *Die Gerichts- und Vergeltungsaussagen bei Paulus. Eine traditionsgeschichtliche Untersuchung*. Göttingen: Vandenhoeck & Ruprecht, 1977.

Talbert, Charles H. "A Non-Pauline Fragment at Romans 3:24-26?" *JBL* 85 (1966) 287-96.

______. "Tradition and Redaction in Romans 12:9-21," *NTS* 16 (1969) 83-93.

Taylor, Vincent. "Great Texts Reconsidered: Romans 3,25f.," *ExpT* 50 (1938-1939) 295-300; repr. in his *New Testament Essays*. London: Epworth, 1970, 127-39.

______. *Forgiveness and Reconciliation*. London: Macmillan, 1941.

______. "Does the New Testament Call Jesus 'God'?" *ExpT* 73 (1962) 116-18.

Thackeray, Henry St. John. *The Relation of St. Paul to Contemporary Jewish Thought*. London: Macmillan, 1900, 30ff., 40ff.

Theissen, Gerd. *Psychological Aspects of Pauline Theology*, trans. J. P. Galvin. Philadelphia: Fortress, 1987.

Thielman, Frank. *From Plight to Solution: A Jewish Framework for Understanding Paul's View of the Law in Galatians and Romans*. Leiden: Brill, 1989.

______. *Paul and the Law: A Contextual Approach*. Downers Grove: InterVarsity, 1994.

Thompson, Marianne Meye. "'Mercy upon All': God as Father in the Epistle to the Romans," in *Romans and the People of God: Essays in Honor of Gordon D. Fee on the Occasion of His 65th Birthday*, ed. S. K. Soderlund and N. T. Wright. Grand Rapids: Eerdmans, 1999, 203-16.

Thompson, Michael B. *Clothed with Christ: the Example and Teaching of Jesus in Romans 12.1-15.13*. JSNT.SS 59; Sheffield: Sheffield Academic, 1991.

Thompson, Richard W. "'We Uphold the Law': A Study of Rom 3,31 and Its Context." Ph.D. dissertation directed by Jan Lambrecht, Catholic University, Louvain, 1985.

______. "Paul's Double Critique of Jewish Boasting: A Study of Rom 3,27 in Its Context," *Bib* 67 (1986) 520-31.

______. "The Alleged Rabbinic Background of Rom 3,31," *ETL* 63 (1987) 136-48.

______. "The Inclusion of the Gentiles in Rom 3,27-30," *Bib* 69 (1988) 543-46.

Toit, Andries B. du. "Gesetzesgerechtigkeit und Glaubensgerechtigkeit in Rom 4:13-25. In Gespräch mit E. P. Sanders," *HTS* 44 (1988) 71-80.

______. "Persuasion in Romans 1:1-17," *BZ* 33 (1989) 192-209.

Torrance, Thomas F. "One Aspect of the Biblical Conception of Faith," *ExpT* 68 (1956-57) 111-14 and 221-22.

Towner, Philip H. "Romans 13:1-7 and Paul's Missiological Perspective: A Call to Political Quietism or Transformation?" in *Romans and the People of God: Essays in Honor of Gordon D. Fee on the Occasion of His 65th Birthday*, ed. S. K. Soderlund and N. T. Wright. Grand Rapids: Eerdmans, 1999, 149-69.

Vallotton, Pierre. *Le Christ et la Foi. Étude de Théologie biblique*. Geneva: Labor et Fides, 1960.

van Daalen, D. H. "The Revelation of God's Righteousness in Romans 1:17," *Studia Biblica 1978: Sixth International Congress on Biblical Studies, Oxford, 3-7 April 1978*, 3 vols., ed. E. A. Livingstone. JSNT.SS 2-3, 11; Sheffield: JSOT, 1980, 3.383-89.

Vandermarck, William. "Natural Knowledge of God in Romans: Patristic and Medieval Interpretation," *TS* 34 (1973) 36-52.

Vawter, Bruce. "The Biblical Idea of Faith," *Worship* 34 (1960) 443-50.

Vielhauer, Philipp. "Paulus und das Alte Testament," in *Studien zur Geschichte und Theologie der Reformation. Festschrift für Ernst Bizer*, ed. L. Abramowski and J. F. G. Goeters. Neukirchen-Vluyn: Neukirchener Verlag, 1969, 33-62.

Vis, A. *The Messianic Psalm Quotations in the New Testament: A Critical Study on the Christian 'Testimonies' in the Old Testament*. Amsterdam: von Soest, 1936.

Vogelstein, Hermann, "The Development of the Apostolate in Judaism and Its Transformation in Christianity," *HUCA* 2 (1925) 99-123.

Vögtle, Anton. *Das Neue Testament und die Zukunft des Kosmos*. Düsseldorf: Patmos, 1970.

______. "Röm 8,19-22. Eine Schopfungs-Theologische oder Anthropologische-Soteriologische Aussage?" in *Mélanges Bibliques en Hommage au R. P. Béda Rigaux*, ed. A. Descamps and A. Halleux. Belgium: Duculot, 1970, 351-66.

Völter, D. "Die Verse Röm 3,22b-26 und ihre Stellung innerhalb der ersten Kapital des Römerbriefs," *ZNW* (1909) 180-83.

von der Osten-Sacken, Peter. *Römer 8 als Beispiel Paulinischer Soteriologie*. Göttingen: Vandenhoeck & Ruprecht, 1975.

______. "Paulinische Evangelium und Homosexualität," *BTZ* 3 (1986) 28-49; repr. in *Evangelium und Tora. Aufsätze zu Paulus*. Munich: Kaiser, 1987, 210-36.

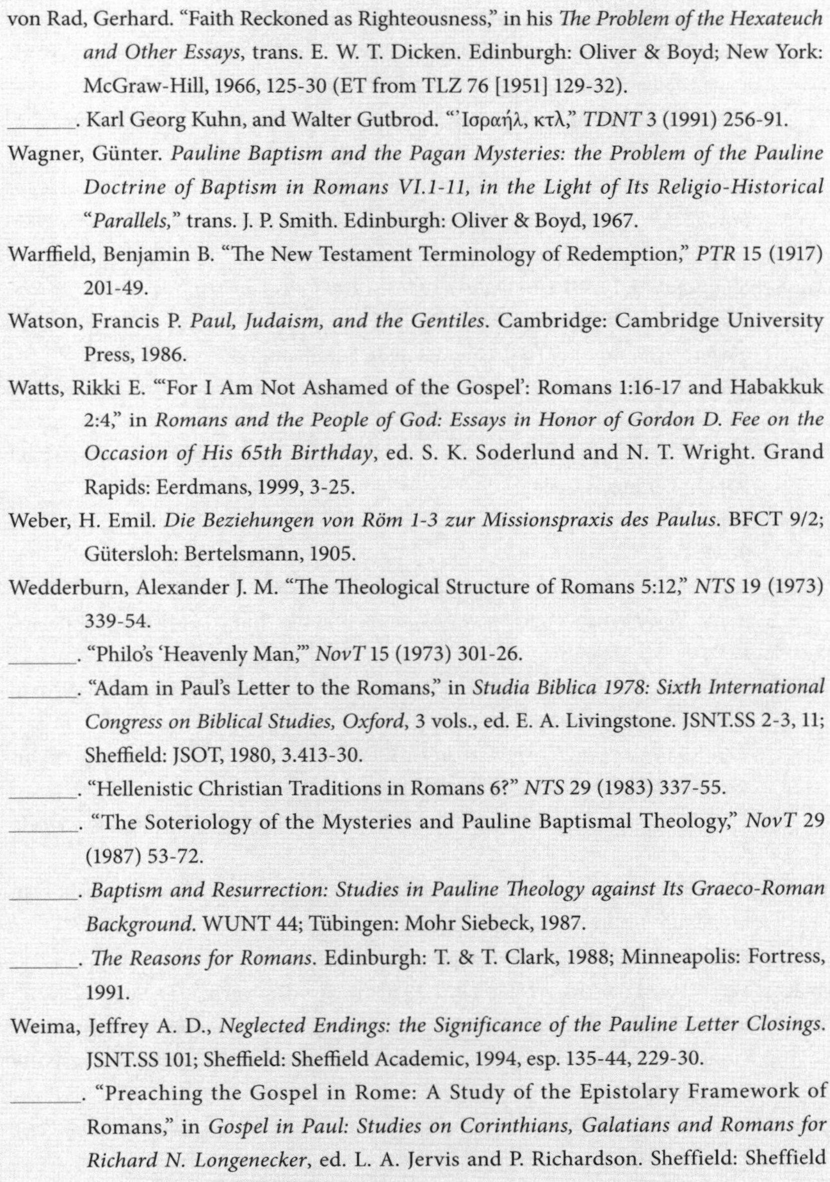

von Rad, Gerhard. "Faith Reckoned as Righteousness," in his *The Problem of the Hexateuch and Other Essays*, trans. E. W. T. Dicken. Edinburgh: Oliver & Boyd; New York: McGraw-Hill, 1966, 125-30 (ET from TLZ 76 [1951] 129-32).

______. Karl Georg Kuhn, and Walter Gutbrod. "'Ισραήλ, κτλ," *TDNT* 3 (1991) 256-91.

Wagner, Günter. *Pauline Baptism and the Pagan Mysteries: the Problem of the Pauline Doctrine of Baptism in Romans VI.1-11, in the Light of Its Religio-Historical "Parallels,"* trans. J. P. Smith. Edinburgh: Oliver & Boyd, 1967.

Warffield, Benjamin B. "The New Testament Terminology of Redemption," *PTR* 15 (1917) 201-49.

Watson, Francis P. *Paul, Judaism, and the Gentiles*. Cambridge: Cambridge University Press, 1986.

Watts, Rikki E. "'For I Am Not Ashamed of the Gospel': Romans 1:16-17 and Habakkuk 2:4," in *Romans and the People of God: Essays in Honor of Gordon D. Fee on the Occasion of His 65th Birthday*, ed. S. K. Soderlund and N. T. Wright. Grand Rapids: Eerdmans, 1999, 3-25.

Weber, H. Emil. *Die Beziehungen von Röm 1-3 zur Missionspraxis des Paulus*. BFCT 9/2; Gütersloh: Bertelsmann, 1905.

Wedderburn, Alexander J. M. "The Theological Structure of Romans 5:12," *NTS* 19 (1973) 339-54.

______. "Philo's 'Heavenly Man,'" *NovT* 15 (1973) 301-26.

______. "Adam in Paul's Letter to the Romans," in *Studia Biblica 1978: Sixth International Congress on Biblical Studies, Oxford*, 3 vols., ed. E. A. Livingstone. JSNT.SS 2-3, 11; Sheffield: JSOT, 1980, 3.413-30.

______. "Hellenistic Christian Traditions in Romans 6?" *NTS* 29 (1983) 337-55.

______. "The Soteriology of the Mysteries and Pauline Baptismal Theology," *NovT* 29 (1987) 53-72.

______. *Baptism and Resurrection: Studies in Pauline Theology against Its Graeco-Roman Background*. WUNT 44; Tübingen: Mohr Siebeck, 1987.

______. *The Reasons for Romans*. Edinburgh: T. & T. Clark, 1988; Minneapolis: Fortress, 1991.

Weima, Jeffrey A. D., *Neglected Endings: the Significance of the Pauline Letter Closings*. JSNT.SS 101; Sheffield: Sheffield Academic, 1994, esp. 135-44, 229-30.

______. "Preaching the Gospel in Rome: A Study of the Epistolary Framework of Romans," in *Gospel in Paul: Studies on Corinthians, Galatians and Romans for Richard N. Longenecker*, ed. L. A. Jervis and P. Richardson. Sheffield: Sheffield Academic, 1994, 337-66 (esp. 353-58).

Weiss, Johannes. "Beiträge zur paulinischen Rhetorik," in *Theologische Studien. Festschrift für Professor D. Bernhard Weiss zu seinem 70. Geburtstage dargebracht*, ed. C. R. Gregory et al. Göttingen: Vandenhoeck & Ruprecht, 1897, 165-247.

Wengst, Klaus. *Christologische Formeln und Lieder des Urchristentums*. SNT 7; Gütersloh:

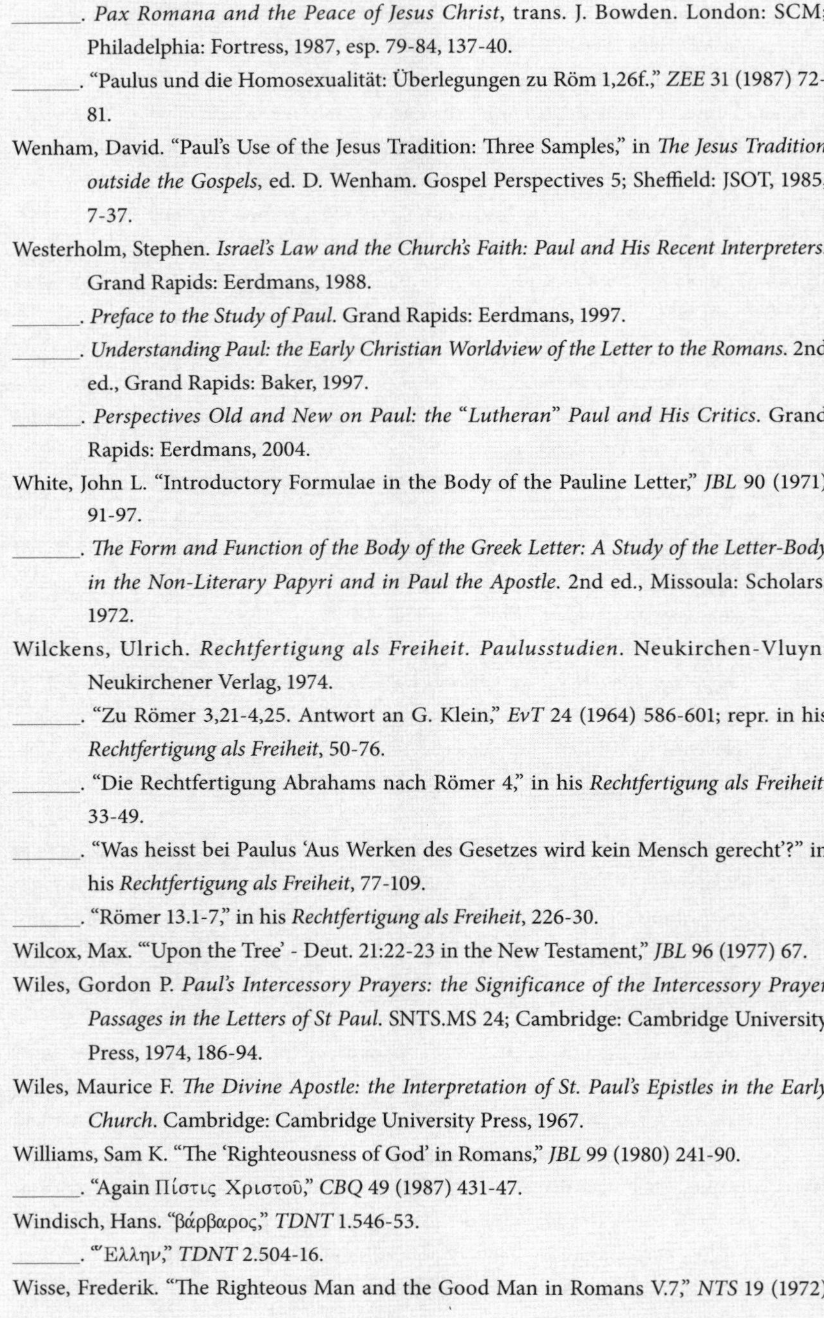

Gütersloher Verlagshaus, 1972.

______. *Pax Romana and the Peace of Jesus Christ*, trans. J. Bowden. London: SCM; Philadelphia: Fortress, 1987, esp. 79-84, 137-40.

______. "Paulus und die Homosexualität: Überlegungen zu Röm 1,26f.," *ZEE* 31 (1987) 72-81.

Wenham, David. "Paul's Use of the Jesus Tradition: Three Samples," in *The Jesus Tradition outside the Gospels*, ed. D. Wenham. Gospel Perspectives 5; Sheffield: JSOT, 1985, 7-37.

Westerholm, Stephen. *Israel's Law and the Church's Faith: Paul and His Recent Interpreters.* Grand Rapids: Eerdmans, 1988.

______. *Preface to the Study of Paul.* Grand Rapids: Eerdmans, 1997.

______. *Understanding Paul: the Early Christian Worldview of the Letter to the Romans.* 2nd ed., Grand Rapids: Baker, 1997.

______. *Perspectives Old and New on Paul: the "Lutheran" Paul and His Critics.* Grand Rapids: Eerdmans, 2004.

White, John L. "Introductory Formulae in the Body of the Pauline Letter," *JBL* 90 (1971) 91-97.

______. *The Form and Function of the Body of the Greek Letter: A Study of the Letter-Body in the Non-Literary Papyri and in Paul the Apostle.* 2nd ed., Missoula: Scholars, 1972.

Wilckens, Ulrich. *Rechtfertigung als Freiheit. Paulusstudien.* Neukirchen-Vluyn: Neukirchener Verlag, 1974.

______. "Zu Römer 3,21-4,25. Antwort an G. Klein," *EvT* 24 (1964) 586-601; repr. in his *Rechtfertigung als Freiheit*, 50-76.

______. "Die Rechtfertigung Abrahams nach Römer 4," in his *Rechtfertigung als Freiheit*, 33-49.

______. "Was heisst bei Paulus 'Aus Werken des Gesetzes wird kein Mensch gerecht'?" in his *Rechtfertigung als Freiheit*, 77-109.

______. "Römer 13.1-7," in his *Rechtfertigung als Freiheit*, 226-30.

Wilcox, Max. "'Upon the Tree' - Deut. 21:22-23 in the New Testament," *JBL* 96 (1977) 67.

Wiles, Gordon P. *Paul's Intercessory Prayers: the Significance of the Intercessory Prayer Passages in the Letters of St Paul.* SNTS.MS 24; Cambridge: Cambridge University Press, 1974, 186-94.

Wiles, Maurice F. *The Divine Apostle: the Interpretation of St. Paul's Epistles in the Early Church.* Cambridge: Cambridge University Press, 1967.

Williams, Sam K. "The 'Righteousness of God' in Romans," *JBL* 99 (1980) 241-90.

______. "Again Πίστις Χριστοῦ," *CBQ* 49 (1987) 431-47.

Windisch, Hans. "βάρβαρος," *TDNT* 1.546-53.

______. "Ἕλλην," *TDNT* 2.504-16.

Wisse, Frederik. "The Righteous Man and the Good Man in Romans V.7," *NTS* 19 (1972)

91-93.

Wolter, Michael. *Rechtfertigung und zukünftiges Heil. Untersuchungen zu Röm 5,1-11.* BZNW 43; Berlin/New York: de Gruyter, 1978.

Wonneberger, Reinhard. "Römer 3,21-26," in his *Syntax und Exegese. Eine generative Theorie der griechischen Syntax und ihr Beitrag zur Auslegung des Neuen Testaments, dargestellt an 2. Korinther 5,2f und Römer 3,21-26*. BBET 13; Frankfurt-am-Main: Lang, 1979, 202-307.

Wood, J. E. "The Isaac Typology in the New Testament," *NTS* 14 (1968) 583-89.

Woodward, Stephen. "The Provenance of the Term 'Saints': A Religionsgeschichtliche Study," *JETS* 24 (1981) 107-16.

Wright, David F. "Homosexuals or Prostitutes? the Meaning of ΑΡΣΕΝΟΚΟΙΤΑΙ (1 Cor 6:9, 1 Tim 1:10)," *VC* 38 (1984) 125-53.

Wright, N. Thomas. "The Messiah and the People of God: A Study in Pauline Theology with Particular Reference to the Argument in the Epistle to the Romans." D.Phil. diss. Oxford University, 1980.

______. "Romans and the Theology of Paul," in *Pauline Theology* vol. 3: *Romans*, ed. D. M. Hay and E. E. Johnson. Minneapolis: Fortress, 1995, 30-67.

______. "New Exodus, New Inheritance: the Narrative Structure of Romans 3-8," in *Romans and the People of God: Essays in Honor of Gordon D. Fee on the Occasion of His 65th Birthday*, ed. S. K. Soderlund and N. T. Wright. Grand Rapids: Eerdmans, 1999, 26-35.

______. *Paul: In Fresh Perspective*. Minneapolis: Fortress, 2005.

Yinger, Kent L. *Paul, Judaism, and Judgment according to Deeds*. SNTS.MS 105; Cambridge: Cambridge University Press, 1999.

Young, Frances M. "Romans xvi: A Suggestion," *ExpT* 47 (1935-36) 27-41.

Young, N. H. "Did St. Paul Compose Romans iii.24f?" *ABR* 22 (1974) 23-32.

______. "C. H. Dodd, '*Hilaskethai*' and His Critics," *EvQ* 48 (1976) 67-78.

______. "'*Hilaskesthai*' and Related Words in the New Testament," *EvQ* 55 (1983) 169-76.

Zeller, Dieter. "Sühne und Langmut. Zur Traditionsgeschichte von Röm 3,24-26," *TP* 43 (1968) 51-75.

______. *Juden und Heiden in der Mission des Paulus. Studien zum Römerbrief*. Stuttgart: Katholisches Bibelwerk, 1976.

Ziesler, John A. *The Meaning of Righteousness in Paul: A Linguistic and Theological Enquiry*. SNTS.MS 20; Cambridge: Cambridge University Press, 1972.

______. "Salvation Proclaimed IX: Romans 3:21-26," *ExpT* 93 (1981-82) 356-59.

고대자료 색인

/구약성경/

창세기

1:26 367
1:27a 367
2:24 373
3 363-65, 977-78
3:17 1190
3:17-19 1190, 1194
3:18 1192
3:24-25 364
5:24 985
6-8 1020
6:1-9:28 1313
7:23b 1310
9:26 1291
12-50 1002
12:1-3 118
12:2 827
12:2-3 806, 1286
12:7 827
13:14-15 827
13:14-17 1286
13:16 827
13:17 827
14 854
14:20 1290-91
15 799, 837
15:4 827
15:4-5 782, 825-26, 1286
15:5 263, 772, 782, 806, 827, 836-38, 1285-86
15:5-6 263
15:6 263, 318, 746, 770, 774, 777, 779-81, 784, 786, 795, 800, 802-11, 816-18, 820, 824-26, 837, 860, 1146
15:6b 770
15:13 135
15:18 1283
16:1-16 1330
17 523, 799, 837, 844
17:1 523, 839
17:2 827, 1283
17:2-21 1283
17:4-5 806-7
17:4-6 825, 827
17:4-8 1286
17:4-14 777, 779, 821, 824, 837
17:5 110, 263, 782, 795, 837
17:5-6 837
17:6 827
17:7 1283
17:8 827
17:9 1283
17:9-14 524, 820, 837
17:10-11 522
17:11 822
17:16 827
17:16-21 1286
17:17-18 844
17:19 827
18:3 793-794
18:10 945, 1323, 1329
18:14 1323, 1329
18:18 806, 827
18:25 479, 536
21:12 135, 1323, 1325, 1329
21:12-13 1286
22 799
22:12 1236-37
22:13 801
22:16 1236-37
22:16-18 1286
22:17 135, 827
22:17-18 806
22:18 827
24:27 1291
25:1-2 773
25:1-4 796
25:1-6 1330
25:23 1323
25:23b 1331
26:3-5 1283, 1286
26:5 780, 801
28:13-15 1286

29:35 531
30:2 245
31:50 205
32:28 500
44:7 571
44:17 571
49:8 531
49:18 286

출애굽기

2:24 1283
3:10 118
3:12 206
4:24-26 523
6:4-5 1283
6:6 693
9:16 1323, 1334
10:7 206
10:8 206
10:26 206
12:16 169
12:25-26 1284
12:31 206
13:3-16 976
13:12 123
14:13 286
15:2 286
15:6 286
15:13 286
16:7 1282
16:10 684, 1282
18:10 1291
18:22 1204
20:1-17 1571
20:2-17 510
20:13 1571
20:14 510, 1571
20:15 510, 1571
20:15-17 1562
20:17 910, 1571
21:7-11 1034
22:3 1033
22:9 1241
22:29-30 1196
23:19 1196
24:7-8 1283
24:16 684
24:16-17 1282
25:17-23(LXX 25:16-21) 699
29:4 937
29:8 937
31:7 699
32:10 778
32:11 286
32:31-32 1279
33 793
33:19 1323, 1334
34:6-7 1251
35:12 699
37:6-9(LXX 38:5-8) 699
40:34-35 1282
40:35 367

레위기

1:12 779, 801
4:14 937
4:20 1251
4:26 1251
4:31 1251
4:35 1251
5:10 1251
5:13 1251
5:16 1251
5:18 1251
6:7 1251
7:18b 805
9:6 1282
11:44 752
14-16 1020
15:21-24 1331
16:2-15 699
17:4 805
17:11 708
17:15 1020
18:5 449, 454-56, 460, 524, 832, 1353-54, 1360, 1387, 1390
18:22 373, 375
19:15 439
19:17 243
19:18b 1571
19:22 1251
20:13 373, 375
20:26 123
21:18-19 937
22:6 1020
23:2 169
23:4 169
23:7 169
23:14 1442
24:17 437
25:39 1033
25:39-55 1033
25:40 1033
25:40-41 1034
25:42-43 1034
25:44-46 1034
25:47-52 1034

25:53 1033
25:54 1034
25:55 1034
26:36-45 1313
26:40-42 529
26:42 1283

민수기

6:24-26 173
7:89 699
8:9-10 937
8:11 123
11:17 1204
14:10 1282
14:21 1282
15:18-21 1442
15:20 123
15:25 1251
15:26 1251
15:28 1251
15:37-41 735
16:5 76
16:19 1282
16:42 1282
16:46 337
18:5 337
18:7 565
18:12-13 1196
19:20 437

신명기

1:16 243
1:17 439
4:26 205
4:37 189, 286
5:6-21 510, 1571
5:18 510
5:19 510
5:19-21 1562
5:21 910
6:4 735
6:4-9 735
6:5 1571
6:13 206
7:6 169, 1333
7:8 189, 693
7:13 189
7:25-26 512, 513, 515
9:5 350
9:26 286, 693
9:29 286
10:12-13 206
10:16 529
10:17 438
11:13-21 735
13:5(13:6) 693
13:17(13:18) 515
14:2 169
15:2-3 243
15:7-11 243
15:15 693
16:19 439
18:4 1196
18:18-19 1286
18:19 1427
21:23 832
24:1 793
26:8 286
27:26 832
28:55 436
28:57 436
29:4 1432-1434
29:27 436
30:6 529
30:11-14 1387
30:12 1390
30:12-14 76, 1361, 1364, 1388-90, 1397-98
30:16 524
30:19 205
31:28 205
32:1-43 731
32:8-9 731
32:15 286
32:21 1265, 1361
32:21b 1393, 1395, 1403-4
32:35 1511-12
32:43 1600, 1625
33:2 169, 189
33:3 189
33:21 301, 748, 1196

여호수아

1:2 115
1:8 212
7:1-26 513
9:20 337
10:20 1311
14:7 115
22:20 337
22:27 1284
22:29 571
24:29 115

사사기

2:8 115
5:11 301, 748

11:10 205
15:18 286
19:3 952

사무엘상
2:1 286
11:9 286
12:5 205
12:6 155
12:7 301, 748
12:22 1428-29
12:22a 1428
14:45 286
16:7 1209
25:32 1291
31:9 126

사무엘하
4:9 693
7:5 115
7:8-16 1286
7:12 136
7:14 139
7:16 137
12:25 111
22:50 1625
23:5 1283

열왕기상
1:29 693
1:41 118
1:42 126
1:49 118
8:11 684, 1282
8:39 1210
10:9 189
12:31 155
18:1-19:18 1314
19:10 1265, 1430
19:14 1430
19:18 1310, 1410, 1430
20:11 502, 724

열왕기하
5:5-6 60
5:18 502
7:2 502
9:7 115
14:6 314
15:1 111
17:23 115
18:5-6 1146
18:12 115
19:4 1311
24:17 111
25:11 1311
25:22 1311

역대기상
15:15 802
16:13 1241
28:9 1210
29:17 1210

역대기하
2:11 189
2:12 1290
6:4 1290
9:8 189
18:11 212
19:7 438
20:7 776
30:5 802
30:18 802
34:21 1311
36:20 1311

에스라
6:18 802
9:8 1311
9:11 115
9:13 1311
9:14 1311
9:15 1311

느헤미야
1:2-3 1311
1:10 693

욥기
5:1 169, 189
5:13 76
5:25 135
9:10 1469
10:9 1336
15:15 169, 189
18:16 1442
31:17 1497
31:38-40 1194
34:19 438
35:7 1470
40:10(LXX 40:5) 432

41:11 76

시편

[ ] = MT, ( ) = LXX
2:7 133-34
3:4(3:5) 1164
3:8(3:7) 198
4:3(4:4) 1164
5:3(5:2) 198
5:9 261
5:9b[5:10b](5:10b) 557, 590
7:2(7:1) 198
7:9 1210
8:5 433
10:7 261
10:7a(9:28a) 557, 590
14(13) 590, 592
14:1-3(13:1-3) 261, 557, 590, 592
14:3(13:3) 590
17:3 1210
18 115
18:6(17:7) 1164
18:49[18:50](17:49) 1600, 1625
19 360
19:1-6 360, 1393
19:4[19:5](18:5) 203, 1361, 1393
19:7-13 360
19:14 360
22:2(21:3) 1164
22:4-5(21:5-6) 943
22:5(21:6) 1164
25:7(24:7) 421
25:20(24:20) 943
26:2 1210
31:19(30:19) 422
32[32](31) 810
32:1(31:1) 814, 1252
32:1-2(31:1-2) 263, 746, 781, 786, 802-803, 807, 809-12, 816, 825, 837, 1250
32:2(31:2) 811, 860
34:2 725
34:6(33:7) 1164
34:9 169, 189
34:22[34:23](33:22) 115, 693
35:26 281
36:1 261
36:1b[36:2b](35:2b) 557, 591
36:6(36:7) 301
38:1 337
40:9[40:10](39:10) 126, 129
40:14-15 281
41:13(40:13) 1291
44:21 1210
44:22(43:22) 75, 315, 910, 1228, 1243
45:6 1296
50:16-21 510, 534
51(50) 509, 570, 575, 577-78
51:4 261
51:4b[51:6b](50:6b) 543, 557-58, 575, 578, 691, 740
51:1-14(50:1-14) 301
51:11(50:13) 150
52:1(51:1) 503, 725
53:1-3(52:1-3) 261, 557, 590
61:7[61:8](60:7) 168
62:12(61:13) 431
63:11(62:11) 593
65:12-13 1189
68:11(67:12) 253
68:18 76, 1387
68:19(67:19) 1291
68:20(67:20) 1291
69:9[69:10](68:19) 856, 1600, 1622
69:16(68:16) 421
69:19 281
69:22-23 1432-33
69:23 1265
71:13 281
71:19 301
72:1-2(71:1-2) 301
72:18(71:18) 1290
73:6(72:6) 350
75:4(74:4) 503, 725
77:15(76:15) 693
78:22 1146
78:31 347
78:49(77:49) 436
78:51(77:51) 1196
79:6 417
85:11(84:11) 144
86:5(85:5) 421, 1251
88:5(87:5) 1050
89:2 574
89:3[89:4] 115, 1241
89:3-4 136-37
89:5 169, 189, 574
89:7 169, 189
89:8 574

89:14 574
89:16 301, 748
89:21(88:21) 1204
89:24 574
89:33 574
94:3(93:3) 503, 725
94:14(93:14) 1409, 1428-29
94:14a(93:14a) 1428
96:2(95:2) 126, 129
96:13(95:13) 301, 748
[97:6](96:6) 367
98:7-9 1189
98:9(97:9) 301, 748
100:5(99:5) 421
102:10 337
103:2-3 1251
105:6 1241
105:36(104:36) 1196
105:43 1241
106:1(105:1) 421
[106:20](105:20) 330, 366
106:31(105:31) 804
107:42(106:42) 593
108:4[108:5](107:4) 168
109:21(108:21) 421
110 854
110:4 854
111:3(110:3) 301, 748
112:9 76
113:1 115
116:11(115:11) 574
117:1(116:1) 1600, 1625
118:22 1374
118:22-23 1372
118:25-26 856
119:6 281
119:65-68(118:65-68) 422
130:4 1251
131:11(132:11) 245
135:4 1333
136:22 115
139:1-2 1210
139:23 1210
140:3 261
140:3b[140:4b](139:4b) 557, 590
143(142) 595, 612-13, 632-33
143:1(142:1) 301, 632, 748
143:2(142:2) 558, 561, 594, 596-97, 612-613, 618, 631-33, 730
143:11(142:11) 301, 748
143:11b(142:11b) 632
144:10(143:10) 693
145:7-9(144:7-9) 421

잠언

1:16 261, 557, 590
3:4 1502
6:16 369
8:15 1553
11:5 350
15:11 1210
16:31 503, 725
17:3 1210
17:6 503, 725
19:3 1241
20:27 1210
24:9 369
24:12 431, 1210
25:14 502, 724
25:21-22 1512
25:21-22a 1511
25:22 1512, 1514
25:22a 1513
27:1 502, 724
28:13 212
28:25 1146

전도서

7:20(7:21) 261, 557, 590

이사야

1:2-9 1317
1:9 1320, 1323, 1340-42, 1344, 1360, 1396, 1398, 1608, 1625
3:14-15 534
5:1-7 1317
6 1318
6:3 367
6:8 118
6:9 118
6:10 358
6:11a 1317
6:11b-13 1318
7:2-9 1319
8:14 1359-60, 1372, 1374-75, 1608, 1625
8:17 1317
8:18 1317
8:22 436
9:19 347
9:21 347
10:20 1310
10:21-22a 1311
10:22-23 1306, 1320, 1323,

1340-44, 1360, 1396, 1398, 1608, 1625
10:23 1343
11 677
11:1 137
11:5 678
11:6-9 1191
11:10 136, 137, 1600, 1625
13:9 347, 424, 436
13:13 347
14:7-8 1189
18:2 120
20:3 115
22:13 1389
24:4 1189
24:4-7 1192
24:7 1189
26:20 347
27:9 1452-53, 1457, 1608, 1626
28:5-6 1319
28:16 1352, 1359-61, 1373-74, 1390, 1608, 1625
28:16b 1375
29:10 1432, 1433-34, 1608, 1626
29:16 1336
30:6 436
30:30 436
33:14-16 318
37:3 424
37:4 1311
37:30-32 1319
37:35 115
40:5 367
40:9 126, 128-29
40:13 1470
41:8 776
41:8-9 115, 1333
41:14 693
41:25 1336
42:1-4 115
42:6 118
42:6-7 505
43:1 167
43:4 189
43:10 115
43:14 693
44:1-2 115
44:21 115
44:22-24 693
44:26 115
45:4 115
45:8 301, 748
45:9 1336
45:23 1600, 1608
45:24-25 301
46:13 301
48:12-15 167
48:15 118
48:20 115
49:1 118, 170
49:1-6 115
49:3 115
49:5-7 115
49:18 1608
50:2 170
50:7-8 281
50:10 115, 1146
51:1 693
51:1-2a 796
51:2 118
51:4-8 301, 748
51:5 320
51:7 348, 467
51:11 693
52:3 693
52:5 489, 493-96, 516, 518-519
52:5b 261
52:7 126, 128-29, 173, 1355-56, 1361, 1391, 1608, 1626
52:13-53:12 115, 868, 1391, 1664
52:15 315, 1659
52:15b 1664
53:1 1361, 1608, 1626
53:1a 1392
53:6 869
53:11 320
53:12 868
53:12a 869
53:12b 869
54:17 115
55:12 1189
56:1 301, 318
56:6 115
57:3-4 421
57:3-13 421
57:5-13 421
58:7 135
59:7 261
59:7-8 557, 590
59:8 261
59:20-21 1452-53, 1457, 1608, 1626
60:6 126, 128-29, 253
60:10 337
60:21 1454

61:1 126, 128-29
62:12 693
63:7-64:12 1396
63:9 693
63:10-11 150
63:17 115
64:8 1336
64:12 1396
65:1 1397, 1402, 1404-5
65:1-2 1359-61, 1394, 1396-98, 1404-5, 1608, 1626
65:1a 1396
65:2 435, 1397, 1405
65:2a 1397
65:8-9 115
65:9 1241
65:12 170
65:13-15 115
65:15 1241
65:17 1191
65:23 1241
65:25 1191
66:4 170
66:7 1194
66:14 115
66:22 1191

예레미야

1:4 118
1:5 115, 118, 125, 184
2:11 366
4:4 529
4:28 1189
5:18 1322
6:9 1321
6:11 348
7:8-11 534
7:13 170
7:20 436
7:25 115
8:3 1321
9:23-24 503, 725
9:24 725
9:25-26 530, 820
10:10 337
11:16 1447
11:20 1210
11:23 1321
12:3 1210
12:4 1189
12:16 1616
15:15 422
17:5-7 1146
17:8 1443
17:10 431, 1210
18:1-12 1336
20:9 184, 226
20:12 1210
20:15 126
21:5 337, 436
23:5 139
23:5-6 137, 320
23:24 1393
24:8 1311, 1321
25:4 115
25:12-14 854
26:5 115
27:5-6 1542
29:7 1553
29:19 115
30:8-11 1322
30:9 137
31:3 189
31:31-34 467, 1251
31:33 467
31:33-34 1574
31:34(LXX 38:34) 350, 1251
32:37 337
33:14-18 137
33:15 139, 320
33:25 523
34:14 1034
35:15 115
38:4 1616
38:28 1616
40:6 1311
40:7 1616
40:11 1311
40:15 1311
41:10 1311
41:16 1311
42:2 1311
42:15 1311
42:19 1311
43:5 1311
44:4 115
44:12 1311
44:28 1311
45:4 1616
46:27 1322
46:28 1322
49:10 1616
50:13 337
51:34 1616
52:15 1311

예레미야애가

1:12 424
2:20 245

에스겔

1:28 1282
6:8 1310
7:19 347
9:8 1311
11:13 1311
18 987
18:5-9 805
18:9 805
22:6-12 534
29:7 502
34:23-24 137
36:22 489, 493-96, 518-19
36:22b 261
37:24-25 137
43:14 699
43:17 699
43:20 699
45:4 123

다니엘

2:21 1553
2:44-45 1373
3:38(LXX) 793
4:1(MT 3:31, LXX Th 3:98) 171
4:13 169, 189
4:17 169, 189, 1542
4:23 169, 189
4:25 1542
4:32 1542
4:34(LXX OG) 171
5:21 1542
7:18-27 189
7:27 169
8:13 169, 189
9 854
9:1-3 854
9:4-19 301
9:6 115
9:13 314
9:16 301-2, 748
9:18 302
9:19 1251
9:20-27 854
12:2(LXX) 434

호세아

1:10(MT 2:1) 1323, 1339-41, 1367, 1402
2:23(MT 2:25) 1323, 1339-41, 1367, 1402
2:23a 1341
2:23b 1341
4:1-3 1193
5:2 506
9:16 1443
11:1 118
13:11 348
14:2 245
14:5-6 1447

요엘

1:15 348, 1316
2:1 348, 1316
2:11 348
2:11-13 1316
2:28 1391, 1708
2:28-32 1316
2:31 348
2:32(MT; LXX 3:5) 1361, 1390
3:1 1317
3:14 348

아모스

3:7 115
3:12 1314
4:1-3 1314
5:3 1314
5:4 318
5:4-6 1315
5:15 1315
7:2 1251
9:2 1388
9:11-12 1315

미가

3:11 502
4:10 1194
6:5 301, 748
6:7 245
6:8 318
7:18-20 1320

나훔

1:7 1146
1:15(MT; LXX 2:1) 126, 129, 1356

하박국
2:1 355
2:3-4 317-18
2:4 260, 313, 316-17, 319, 322, 674, 679, 832
2:4b 261, 318-19, 321-22, 625
2:16 530

스바냐
1:14-15 424
1:15 348
1:18 424
2:3 424
3 1321
3:8 347
3:12 1146
3:13 1321
3:20 1321

학개
1:12 1311
1:14 1311
2:2 1311

스가랴
1:4 1241
1:9 355
1:13 355
1:14 355
1:19 355
2:3 355
3:8 139
4:4 355
4:5 355
5:5 355
5:10 355
6:4 355
6:12 139
7:12 337
8:6 1311
8:11 1311
8:12 1311
9:9 320, 856
14:5 169, 189

말라기
1:2-3 1323, 1331
3:5 534

/70인역/

1 Kingdoms
12:22a 1428

3 Kingdoms
14:6 120-21
19:18 1410

4 Kingdoms
14:6 314

/외경/제2의 정경/

Tobit
5:5 243
5:9 243
5:11 243
6:7 243
6:14 243
8:15 170
12:15 170
13:5 350

Judith
8:18 511
12:15 839
12:19 839

Wisdom of Solomon
1:1-6:8 334
1:6 1210
2:16 369
2:18 320
2:23 433
2:23-24 364
3:13 1331
3:16 1331
5:5 170
6:3 1542
6:3-4 1553
6:7 438
6:9-11:1 334
10:5 801
10:10 170
11-12 336

11 267, 334
11:2-19:22 334
11:15-16 336, 371
11:23 423
12-15 336
12 267, 334
12:10 423
12:12 1241
12:12-18 335
12:19 423
13-15 335, 337
13-14 260, 335-39, 346, 367, 387, 406
13 267, 336
13:1-9 360-61
13:1-19 336
13:1-14:31 267, 334-35, 338, 404, 407
13:13 367
13:14 367
13:16 367
14 267, 336
14:15 367
14:17 367
14:19 367
14:22-31 336
14:23-26 375
14:24-26 391
15 336, 404
15:1 422
15:1-5 403-4, 422
15:1-6 260-61, 267, 352
15:7-17 1336
17:1 1469
18:4 506
18:9 170
18:22 1283

Sirach

서론 668
1:20 1443
1:22 293
5:4 422
10:4-5 1542
15:14 976, 989
17:17 731, 1553
17:20 350
21:7 354
22:22 952
24:23 517
25:24 977, 988
27:5 1336
27:21 952
28:26 839
33:13 1336
35:12-13 438
38:29-30 1336
39:1 517
39:8 517
39:25 1212
39:27 1212
40:15 1442
42:17 170
42:18 1210
44:12 1283
44:17-18 1283
44:19-21 776, 779, 799
45:2 170
45:18 436
46:19 1241

Baruch

1:12 793
3:8 350

1 Maccabees

1:46 170
1:48 522
1:60-61 522
2:37 205
2:46 522
2:50-52 800
2:52 777, 779
3:6 212
8:12 502
10:15 827
11:24 793

2 Maccabees

1:1 171, 243
1:5 952
2:17-18 828
5:20 952
6:10 522
6:21 1241
7:9 434
7:33 952
8:15 1283
8:17 448
8:29 952
9:2 511
9:19-27 60
9:26 1483
15:9 668

3 Maccabees

2:2 170
2:17 369
6:9 170

4 Maccabees
1:26-27 375
2:1 1064
2:15 375
5:25 741
5:33 741
6:29 708
15:3 434
17:12 433
17:22 708
18:1 834
18:10 668
18:14 803

1 Esdra
1:40 369

4 Ezra
3:7-8 977
3:21-22 977
3:36 459, 466
4:8 1388
4:30 364
5:8 212
5:29 1283
5:50-55 1193
6:25 1313
6:55 1333
7:27 1313
7:28 1313
7:28-29 139
7:116-26 989
7:46 683
8:20-36 301-2
8:31-36 1105-6
8:35 683
8:36 302
9:7 1313
12:7 793
12:34 1313
13:24 1313
13:26 1313
13:32 139
13:37 139
13:48 1313
13:49 1313
13:52 139
14:9 139

/신약성경/

마태복음
1:1 136
2:15 141
2:23 1353
3:1-6 1021
3:7 337
3:7-8 813, 1251
3:11 813, 1251
3:13-17 1021
3:17 133, 141
4:3 141
4:6 141
4:23 126, 129
5:3-12 1420
5:12 808
5:17 668, 744-45
5:24 952, 1394
5:38-48 1510, 1512-13
5:39-42 1510, 1512
5:44 1502, 1510, 1512
6:1 808
6:12 813, 1251
6:33 293, 306, 663-64
7:1 1599
7:3-5 1607
7:12 668
7:16 246
7:20 246
7:23 1217
8:16 994
8:29 141
9:13 813
9:35 126, 129
10:2 119
10:3 111
10:8 691
10:41 710
11:12 357
11:13 668
11:22 348
11:24 348
11:27 141
12:12 1054
12:32 1574
13:22 1574
13:32 1604
13:39 1574
13:40 1574
13:49 1574
14:33 141
15:11 1599
15:11-20 1611
15:14 506

15:17 358
15:19 1246
16:9 358
16:11 358
16:16 139, 141
16:16-18a 110
16:27 431, 452, 473
17:5 133, 141
18:7 1599, 1611
18:10 1539
18:20 1137
19:6 1054
19:8 1231
20:24 86
20:28 692
21:16 1353
21:21 843-44
21:37-38 141
21:42 1374
21:43 246
22:21 1554
22:21b 1532
22:39a 1572
22:43 1095
23:1-36 534
23:8 244
23:16 506
23:24 506
23:27 369
24:3 1574
24:8 1194
24:14 126, 129
24:15 358
24:21 357
25:34 357
25:40-45 1137
26:13 126, 129
26:24 809
26:28 708, 710, 813, 1251
26:53 1019
26:63 139, 141
27:40 141
27:43 141
27:54 141, 144
28:19 141
28:20 1574

마가복음

1:1 126
1:2 809, 1339, 1430
1:4 710, 813, 1251
1:4-6 1021
1:9-11 1021
1:11 133, 155
1:14-15 126, 129-30
1:17 118
1:32 994
1:34 994
2:14 118
2:17 813
2:28 1054
3:14 119, 155
3:16 110
3:31-35 244
4:32 1604
7:5 1151
7:15 1599
7:15-23 1611
7:18 358
7:19b 1611
7:21-22 376
8:17 358
8:29 139, 154
8:35 126, 129
8:38 280
9:7 133, 155
9:13 809
9:41 808
9:42 1599, 1611
10:5 1231
10:6 357
10:17 434
10:29 126, 129
10:30 434, 1574
10:38-39 1022
10:45 692
10:47-48 136
11:22-23 843-44
11:24 1206
11:25 1206
12:10 803
12:10-11 1374
12:12 1231
12:13-17 1555-56, 1560
12:17 1532, 1554
12:31a 1572
12:35-37 136
12:36 1095
13:8 1194
13:10 126, 129
13:14 358
13:19 357
14:9 126, 129
14:21 809
14:24 708, 813
14:36 1160
14:61 139, 1290
15:28 803

누가복음

1:2 1037
1:30 793
1:42 245
1:55 135
1:62 1206
1:66 564
1:68 692, 1290
1:69-71 287
1:70 132
1:77 287, 813, 1251
2:1 202
2:14 355
2:23 809, 1353
2:30 287
2:38 692
3:2 1357
3:2-6 1021
3:3 813, 1251
3:6 287
3:7 337
3:8 246
3:11 214, 1497
3:21-22 1021
3:22 133
4:21 803
4:41 139
4:43 253
4:40 994
5:27 111
5:32 813
6:13 119
6:20-26 1420
6:27-28 1510, 1512
6:27-36 1511, 1513
6:28 1502
6:29-30 1510, 1512
6:37 1599, 1607, 1611
7:35 245
9:10 119
9:26 280
9:35 133
9:41 937
9:46 1206
10:6 502
10:7 808
10:25 434
10:27b 1572
10:40 1204
11:4 813, 1251
11:32 527
11:39-52 534
11:42 1604
11:49 119
11:50 357
12:31 293, 748
12:50 1022
13:27 1217
16:8 1574
16:16 668
16:24 768, 796
16:30 768, 796
17:1-2 1599
17:3-4 1251
17:5 119
18:7 245
18:9-14 1206
18:30 1574
19:9 287
20:16 571, 1018, 1332, 1426
20:17-18 1374
20:25 1532, 1554
20:34 1574
20:34-35 1574
20:35 1574
21:23 337
21:28 692
22:4 1206
22:14 119
22:20 708, 813
22:22 138
22:23 564
23:34 1252
24:21 692
24:44 668
24:46-47 813, 1252

요한복음

1:1 713, 1296
1:14 367
1:15-18 1342
1:18 141, 1296
1:29-34 1021
1:31 1021
1:34 141
1:41 1394
1:42 110
1:45 668
2-12 856
2 856
2:17 856
2:19 146
2:22 803, 856
3:15-16 434
3:16-17 1148-49
3:16-18 141
3:20 1301
3:34 1357
3:35-36 141

3:36 337, 434-35
4:22 287
5:19-23 141
5:25-26 141
5:27 473
5:29 1301
6:40 141
6:48-58 1137
6:56 1026
7:28-29 1342
7:37-38 1342
7:42 136
8:33 135
8:34 1036
8:36 141
8:37 135
8:53 768, 796
9:35 141
10:34 1353
10:35 803
10:36 141
10:38 1146
11:4 141
11:27 140-41
12 856
12:16 856
12:40 358
12:44-46 1342
13:16 119
13:18 803
13:34-35 1565
14-16 855
14:10 1146
14:11 1146
14:13 141
14:20 1026, 1137, 1146
14:26 386
15:1-11 1137
15:4-7 1026
16:12-13 855
16:31 1226
16:33 1026, 1137
17:1 141
17:21 1026, 1137, 1146
17:23 1137
17:26 1137
19:7 141
19:24 803
19:30 1070
19:36-37 803
20:9 803
20:23 1252
20:28 1296
20:31 140-141

사도행전

1:2 119
1:16 803, 1095
1:19 354
1:24 1210
1:26 119
2:10 54
2:14 354
2:14-39 854
2:17 1708
2:18 1708
2:20 348
2:22-24 854
2:23 137-138
2:29 243
2:30 136, 245
2:30-31 132
2:36 154-55
2:38 710, 813, 1252
3:14 321
3:17 243
3:21 132
3:22 132
3:23 1427
4:10 354
4:11 1374
4:12 287, 355
4:16 354
4:25 1095
5:29 1555, 1560
5:31 814, 1252
6:1 500
7:2 243, 768, 796
7:5-6 135
7:8 822
7:26 243
7:35 692
7:46 793
7:51-53 1366
7:52 321
8:32 803
8:35 253
9:1-2 176
9:1-30 110
9:1b-2 60
9:10-19 177
9:20-22 140, 1364
9:29 1364
9:30 177
9:42 354
10:1-48 164
10:20 844
10:34 438
10:34-35 1431
10:42 137-38, 473

10:43 814, 1252
11:9 1431
11:17 1431
11:19-21 164
11:25-26 1271, 1364, 1379
11:26 1386, 1418, 1567
11:26b 1379
11:28 202
11:29 138
12:15 1539
12:18 277, 564
13:1 177
13:2 125
13:2-3 110, 177
13:9 110, 112
13:14-41 635, 1364
13:14-52 164
13:15 668
13:23 136
13:24 814, 816, 1250-52
13:26 287
13:28 816
13:33 134
13:38 354, 814, 1250, 1252
13:43 1067
13:44-47 1364
13:46 434
13:47 287
13:48 434
14:1-3 1364
14:2 435
14:4 119
14:14 119
14:14-18 635
14:15-17 361, 379-80
14:28 277
15:1-4 177
15:1-7 164
15:8 1210
15:15 809
15:18 354
15:23 171, 173
16:3 1672
16:4 1037
16:6-7 245
16:17 287
16:20 937
16:37-38 109
17:1-4 164, 1364
17:2-4 1067
17:4 277
17:10-11 1364
17:10-12 164
17:12 277
17:17 86, 1067, 1364
17:22-31 635
17:24-27 361, 380
17:24-27a 379
17:26 138
17:30 713, 814, 816, 1250, 1252
17:31 137
18:1-4 1701
18:2 1688, 1701
18:4 164, 1067
18:4-6 1364
18:18 1672, 1688
18:18-19 1701
18:18-21 1701
18:19 1067
18:19-21 164
18:24-26 1702
18:26 1701, 1688
18:27 60
19:4 1251
19:8-9 164
19:8-10 1067
19:9 435
19:11 277
19:17 354
19:23 277
19:23-41 1702
19:24 277
19:38 1241
19:40 1241
20:9 1067
20:12 277
20:21 814, 1252
20:28 708
21-28 1674
21:17-19 1364
21:17-28:31 1674
21:20 1377
21:20-24 1672
21:21-25 1378
21:39 277
22-26 635
22:12-16 177
22:14 321
22:28 112
22:30 1206
23:26 171, 173
23:29 1241
23:30 1231
24:14 668
24:25 1067
25:10-12 109
26:1-23 1368
26:2 1241
26:7 1241
26:17 118

26:18 814, 816, 1252
26:20 814, 816, 1252
26:28 1067
27:20 277
27:27 937
28:2 249, 277
28:4 249
28:17-28 164
28:21 54
28:21-22 201
28:22 177, 354
28:23 668, 1067
28:25 1095
28:28 354
28:30-31 1674
28:31 276

로마서

1-14 1656, 1727
1:1 61, 105-6, 113-14, 116-17, 122, 129, 131, 133, 135, 157, 170, 175, 179, 181, 183, 103, 209, 1654
1:1-4 178, 275
1:1-5 286, 537
1:1-6 1420
1:1-7 59, 91, 105, 108-9, 145, 175 182, 195, 213, 223, 230, 232-33, 1256, 1263, 1650, 1679
1:1-15 45-46, 48, 230, 1474
1:1-16 92
1:1-17 232-33
1:1-14:23 1634, 1715
1:1-15:33 1715
1:1-16:23 1715
1:1-16:24 1715
1:1a 109, 251, 1158, 1426
1:1b 113, 251, 1158, 1435
1:1b-2 186
1:1c 117
1:1d 122
1:2 129, 131, 133, 179, 209, 667-68, 1312, 172
1:2-4 1728
1:3 130, 133, 136, 1057
1:3-4 78-79, 109, 129, 146, 223, 1004
1:3a 133, 140-41, 187, 209
1:3b 137, 148, 152
1:3b-4 133-35, 140-41, 143, 151, 155-56, 180, 187, 209
1:3b-4a 143
1:4 134, 137-38, 140, 143, 150, 155-56, 175, 286
1:4a 137, 142-43, 148, 153
1:4b 153, 155
1:5 46, 156-57, 159, 163, 165, 175, 181, 183, 188, 200, 246, 248, 289, 1654, 1661, 1728
1:5-6 75, 135
1:5a 157, 1654
1:5b-6 1654
1:6 165-66, 170, 175, 181, 246, 1568
1:6-7a 183
1:7 53, 157, 165, 167, 170, 174, 189, 200, 934, 1615, 1670
1:7a 181, 189, 271
1:7b 107-8, 181, 184
1:7c 107
1:8 108, 157, 159, 168, 196, 198, 200-2, 210, 222, 227
1:8-9 233
1:8-12 59, 195, 222, 225, 227, 230, 236, 239, 1263, 1650, 1653, 1657, 1679
1:8-15 232-33, 235
1:8-16a 233
1:8a 191
1:8b 191
1:9 133, 140, 179, 194, 197, 211, 223, 1284
1:9-10 195, 203-4, 1433
1:9-10a 195, 222
1:9a 195, 208, 211
1:9b 210, 212
1:9b-10 208
1:9b-10a 242
1:10 116, 210-12, 239, 241
1:10-12 240-41, 777
1:10-15 233
1:10a 211
1:10b 195, 211-12, 242
1:11 57, 66, 213, 215-18, 475, 906, 912, 1095, 1122, 1167, 1723, 1727
1:11-12 213-14, 221, 225, 239-41, 476, 1224, 1413, 1420, 1434-38, 1440, 1474, 1514, 1654
1:11a 195
1:11b 195, 213
1:12 195, 213, 234, 236-37, 906, 1167, 1665,

1723
1:13-15 59, 164, 169, 230, 233, 235-36, 238-41, 254, 256, 275, 1263, 1413, 1439, 1456, 1650
1:13b 241, 1440, 1666
1:13b-15 1654
1:13c-14 241
1:14 247-249, 251, 290
1:14-15 251
1:15 53, 167, 174, 232, 237, 239-40, 247-48, 251, 253, 1670
1:15-16 263
1:15-4:25 81
1:16 47, 130, 140, 186-87, 236, 272, 274, 289, 346, 403, 411, 437, 476, 546, 568, 586, 626, 737, 759
1:16-17 46, 66, 78, 230, 232-34, 236-37, 258-60, 266, 270, 271, 274-75, 292, 303, 306, 313, 321-23, 340, 345-46, 403, 412, 437, 474, 488, 561, 594, 620, 626-27, 630-631, 633, 636, 645, 654-56, 658, 663-64, 666, 678-81, 727, 747-48, 760, 762-64, 856, 859-60, 883, 907, 948, 999, 1420
1:16-18 274
1:16-2:10 236, 272-73
1:16-2:11 274, 491-92
1:16-2:29 272, 556
1:16-3:20 220, 265-66, 275, 488, 586, 594-96, 620, 621, 630-31, 633-34, 733, 1234, 1360, 1422
1:16-3:30a 737
1:16-3:31 908
1:16-4:24 46, 79, 261, 786-87, 852
1:16-4:25 63, 66, 71-72, 74, 76, 78, 83, 131, 220, 239, 254, 258, 259, 261, 264-66, 274-275, 288, 290, 306, 315, 232, 326, 345, 477, 488, 595, 620, 631, 633, 636, 638, 680, 733, 747, 763, 815, 858, 870, 907-12, 927-929, 935, 938, 941, 959, 973, 1039, 1047, 1122, 1126-27, 1169, 1233, 1247, 1253-55, 1268-70, 1323, 1346, 1350, 1423, 1464, 1472, 1474, 1482, 1543, 1651, 1727
1:16-5:11 324, 972, 980
1:16-8:30 1232
1:16-11:36 476, 1263, 1468, 1484, 1517
1:16-15:13 45, 57-58, 63, 213, 230, 254, 488, 596, 620, 747, 1627, 1653-55, 1657, 1683
1:16a 270, 275, 277, 280, 282-83, 285, 291, 345, 1266, 1421
1:16b 233, 275, 285, 287, 291, 345, 681, 1266, 1421
1:16b-17 233
1:16c 288
1:16d 289
1:17 16, 234, 288, 294-95, 297-99, 303, 312, 345, 349, 357, 575, 625-26, 633, 662, 666, 669-70, 672, 678, 727, 737, 749, 809, 938, 999, 1004, 1247, 1253
1:17a 275, 291-92, 663, 711, 858-859
1:17b 261, 308, 312-13, 319, 321-22
1:17c 313
1:17d 316
1:18 113, 194, 197, 214, 234, 272, 276, 329, 334, 337-38, 339, 344-46, 348-49, 350, 352-54, 368, 378, 403, 424, 444, 831
1:18-20 272
1:18-32 273, 328, 333-35, 338-44, 346, 377, 385-88, 407-9, 411-13, 415, 417-18, 466, 492, 585, 604, 616-17, 887, 976
1:18-2:16 259, 267, 488, 559, 636, 680
1:18-2:29 261, 442-43, 559, 561, 585-86, 340-41, 380, 399, 443-44, 452-53, 458, 492, 538
1:18-3:8 617
1:18-3:19 561, 594, 611,

620
1:18-3:20 71, 258, 260, 266, 267, 267, 325, 538, 615-16, 620-21, 627, 630-31, 645, 636, 656, 681, 762, 869, 908
1:18-3:30 266
1:18-4:25 323, 976
1:18-5:11 976
1:18-5:21 627
1:18a 272, 276, 329
1:18b 272, 419
1:19 334, 354, 361-62, 595
1:19-20 361, 378-80, 388, 419, 463, 527, 1143, 1543
1:19-23 344, 353-54, 368
1:19-32 334-38, 346, 352, 361, 387, 393, 403, 407
1:20 273-274, 293, 353, 355-58, 361, 416, 418
1:20a 358
1:21 362-63, 381, 389, 393, 595
1:21-22 365
1:21-23 362
1:21a 363
1:22 363, 382
1:23 366-69, 390
1:24 330-31, 364, 369, 372, 378
1:24-25 369
1:24-27 91, 369-70, 384, 391
1:24-31 333, 344, 368-69, 383, 390-92
1:24b-25a 370
1:25 329, 366, 369, 390, 1284, 1290, 1293
1:26 330, 364, 367, 370
1:26-27 91, 369, 372, 462
1:26b 372
1:27 330-31, 372, 374-75
1:27a 367
1:27b 367
1:28 378, 504
1:28-31 246, 369, 375-76, 384
1:29 350
1:32 344, 376-78, 417
1:32a 332
1:32b 332
1:32c 332
2-3 721
2 268, 399-400, 403, 409-10, 439-42, 443, 445, 450, 452-53, 457, 459, 474, 483, 493, 516, 518, 524, 1429
2:1 113, 118, 199, 396, 400-1, 404, 408-9, 412, 415-20, 424
2:1-3 494
2:1-5 266, 273, 400-2, 404, 408, 412-16, 418, 431, 446, 449, 477, 490, 498, 552-55, 642, 646, 782, 1015, 1092, 1266, 1336, 1446
2:1-9 272
2:1-10 273
2:1-11 274, 458, 465
2:1-15 391
2:1-16 260, 273, 339, 395-96, 399-401, 403-4, 406-9, 411-13, 422, 439, 477, 479, 481, 483-84, 489, 492-94, 567, 585, 616, 733, 883
2:1-16a 476
2:1-3:8 267
2:1-3:9 265
2:1-3:19 265
2:1-3:20 266, 333, 340, 342, 346, 352, 386, 412, 458, 627, 691, 759, 1166, 1249, 1366, 1401
2:1-4:25 401
2:1a 418
2:2 329, 404, 416-20, 424, 479, 493, 531, 558, 574, 591, 613, 1049, 1074, 1079, 1094, 1182, 1192, 1429
2:2b 419
2:3 400, 409, 412, 416-21, 423, 490, 1326
2:3-10 474
2:4 421, 814, 1254
2:4-5 490, 1496
2:5 272, 347-48, 423, 831
2:5-9 274
2:6 426, 429-31, 436, 438, 445, 450
2:6-9 161
2:6-10 405, 431, 436-39, 450, 457-58, 477, 483, 493, 1039, 1429
2:6-11 402, 424-29, 436, 555
2:6-16 266

2:7 268, 410, 412, 426, 431-34, 437, 439-41, 445, 1200-1, 1622
2:7-8 424, 426, 432, 436
2:7-10 402, 424, 428-29, 431, 445, 555
2:8 273, 350, 353, 426, 434-36
2:8-9 347-48, 352, 432
2:9 236, 249, 272, 427, 432, 436, 437-38, 450, 546
2:9-10 236, 249, 272, 289, 291, 403, 411-12, 424, 426, 432, 436, 586
2:10 174, 427, 432-33, 437, 439, 441, 808, 934, 1615
2:10-11 1401, 1431
2:11 267, 272, 274, 405, 409-10, 426, 429, 432, 438-39, 445, 447, 450, 453, 458, 471, 478, 516, 518-19, 531, 562, 574, 733, 947, 1127, 1131, 1429
2:11-12 559
2:11-15 474
2:12 445, 447-49, 987
2:12-13 419, 445-47, 453, 458, 465, 468, 471-72, 478, 494
2:12-14 1049
2:12-15 469
2:12-16 439, 441, 466, 471
2:12-29 402, 491-92
2:12-3:20 1049
2:12a 460
2:13 268, 410, 433, 447, 450-53, 455, 457, 471-72, 481, 516, 611, 624, 691, 736
2:13-15 440
2:13a 547
2:13b 547
2:14 410, 459, 463, 466, 518-19, 525, 1505, 1509, 1526
2:14-15 268, 290, 383, 405, 410, 433, 441, 443, 447, 458, 460, 462, 465-72, 480, 516, 525-26, 535, 947, 1105, 1401, 1429
2:14-15a 470
2:14-16 439, 470, 1512
2:14-27 492
2:14a 461, 463
2:14b 460-61, 465
2:15 465, 466-67, 468, 470, 596, 710
2:15a 467, 470, 527
2:15a-2:16 470
2:15b 467-68, 470, 527
2:15b-16 470
2:16 57, 66, 113, 131, 179, 198-220, 242, 253, 264, 268, 444, 451, 468-77, 596, 613, 636, 638, 912, 1039, 1122, 1167, 1224, 1233, 1474, 1669, 1723
2:16a 398
2:16b 398, 543
2:16c 398
2:16d 398
2:17 401-2, 450, 486, 491-92, 499, 501-3, 506-7, 509, 517, 528, 723-25, 939, 1280, 1399, 1526, 1534
2:17-20 498, 501, 507, 509
2:17-22 725
2:17-23 495-96, 518, 520
2:17-24 401-2, 414, 490, 496-98, 518, 520-21, 532, 552-55, 646, 782, 1015, 1266, 1336, 1446
2:17-29 260, 273, 339, 396, 400, 407, 409, 412, 484, 486, 488-90, 492-93, 494, 496, 498, 531, 533-34, 538-39, 555, 558-59, 565, 567, 569, 582, 585, 616, 646, 883, 1399
2:17-3:19 266, 267
2:17-3:20 409, 412-13, 488, 611, 616, 627, 629, 636, 646, 658, 676-77, 680, 722-24, 726, 730, 739, 755, 799, 939, 957, 962, 1053, 1062
2:17-3:26 723
2:17-3:30 633
2:17a 486, 498
2:17b 487, 498
2:18 530, 504
2:19 196, 347-48, 504, 506
2:19-20 492
2:20 506
2:20a 506

2:20b 506
2:21 509
2:21-22 492, 516
2:21-23 383, 495, 508-9
2:21a 509
2:21b 509
2:21b-22a 510
2:21b-23 509
2:22a 511
2:22b 511
2:23 492, 503, 515-16, 831, 492
2:23-24 725
2:23a 487
2:24 261, 405-6, 438, 491, 493-96, 498, 516, 518, 520, 575, 947
2:24-27 441
2:25 214, 276, 524, 568
2:25-27 268, 411, 528
2:25-29 498, 501, 520-21, 531, 536-37, 821
2:25-29a 532
2:25a 521
2:25b 524
2:26 441, 443, 450, 525-26
2:26-27 443, 488, 525-26, 535, 737, 1401
2:26-29 488
2:27 423, 441, 462, 527
2:28 528
2:28-29 441, 501, 528, 822, 824-25
2:28-29a 528
2:29 527, 529, 559, 562
2:29b 497, 531-32
3 631-33, 658, 1225
3:1 560, 562-66, 568, 582, 1225, 1280, 1283
3:1-2 260, 339, 407, 412, 489, 492, 540, 547, 559, 568, 592
3:1-4 259, 340, 565, 579
3:1-5 58, 782-83, 1526-27, 1531, 1535, 1543, 1552-53
3:1-8 401, 414, 547-55, 559, 562, 565, 582, 617, 646, 783, 1015, 1017, 1243, 1266, 1336
3:1-9 260, 273, 550-53, 1092
3:1-20 260, 339, 407, 412, 486, 492, 540, 547, 550, 556, 558, 559, 561, 565, 616, 623
3:1a 551
3:2 549, 560, 565-68, 584, 596
3:2a 550, 565-66
3:2b 556, 556, 573
3:3 568-69, 573, 577, 579, 631, 647, 673-74, 676-77
3:3-4 560, 568, 579, 740
3:3-7 631
3:3-8 563
3:3c 568
3:4 314, 402, 555, 560, 563, 570, 575, 577, 589, 590, 691, 740, 769, 809, 1018, 1312, 1332, 1426
3:4-8 402, 551, 555-56
3:4a 570-71, 573, 580, 613, 676, 743
3:4b 261, 557-58, 571, 573, 576, 578
3:4c 575-76, 578
3:5 292, 303, 306, 349-50, 352, 552, 555, 560, 563, 579, 580, 631, 633, 663-64, 712, 790-91, 831, 838, 859, 1225, 1247, 1326, 1332, 1359, 1366
3:5-6 544, 560, 578, 580
3:5-8 578
3:5-20 565
3:5a 554, 579
3:5b 554, 579
3:6 552, 560, 580, 593, 1018
3:7 552, 563-64, 580, 1085
3:7-8 555, 560, 578, 580
3:7-8a 560
3:8 419, 476, 617, 1225, 1301
3:8a 552
3:8b 552, 581
3:9 249, 260, 267, 293, 547-51, 554, 556, 565, 582, 584-87, 591, 597, 616-17, 619, 789, 1225
3:9-19 267, 410, 555, 561, 582
3:9-20 552, 566, 594
3:9a 550-52, 561
3:9b 551-52, 561, 585
3:9d 551
3:10 76, 575, 1015, 1049, 1182
3:10-18 76, 261-62, 267, 403, 547, 549, 550-51,

556-57, 561, 573, 587
3:10-20 260
3:10b-12 557, 590, 592
3:10b-18 557, 586, 588-89, 591-92, 597, 781, 811, 1323
3:11 546
3:12 547, 591
3:12a 546
3:12b 546
3:13 367, 376, 391
3:13-14 547
3:13-18 591
3:13a 547, 557
3:13b 547, 557
3:13c 547
3:14 557, 590
3:15 557, 590
3:15-17 557, 590
3:16 557
3:17 174, 934, 4615
3:18 557, 591, 1015, 1575
3:19 267, 406, 556, 1094, 1192
3:19a 591
3:19b 592
3:20 267, 410, 467, 562, 594, 596, 631, 691, 1049, 1057, 1248
3:20-28 433
3:20a 595, 598, 605
3:20b 595
3:20c 612
3:20d 613
3:21 131, 448, 596, 630, 632-33, 649, 657, 715, 735, 739, 755-56, 1099, 1194
3:21-22 631, 1253
3:21-23 303, 313, 648, 655, 680, 762, 999
3:21-26 625, 644, 938, 1247
3:21-30 410, 440
3:21-31 625, 639, 652, 883
3:21-4:8 91
3:21-4:25 71, 325, 341-42, 452-53, 457, 615, 621, 625, 627, 636, 883, 1053, 1383
3:21-5:11 627
3:21-8:30 1232
3:21a 631, 656, 752
3:21b 658, 752
3:21b-22a 711
3:21c 662
3:21d 666
3:21e 667
3:22 655, 670, 672, 674, 677, 938, 1004
3:22-24 289, 586
3:22a 292, 639, 668, 688, 743
3:22b 670, 743
3:22c 678
3:22d 681
3:23 681, 736, 752, 987
3:23b-24a 687
3:24 174, 648, 650, 652-53, 685, 689, 690-92, 908
3:24-25 1247
3:24-25a 686-87
3:24-26 78-79, 650, 655, 678, 680, 685, 687, 999
3:24-26a 714, 752
3:24-4:25 340
3:24a 687, 752
3:24b 691, 752
3:24c 692
3:25 650, 675, 736, 749
3:25-26 78, 626, 631, 647-48, 650
3:25-27 450
3:25a 694, 699, 752
3:25a-26a 652
3:25b 710, 752-53
3:25b-26 650, 709, 756
3:25b-26a 710-712, 716-17, 859
3:26 71, 292, 312, 642, 649, 651, 654, 663, 670, 674, 677-78, 691, 707-8, 715, 717-18, 720-21, 723, 726-27, 733, 736, 749-50, 756, 776, 858, 945
3:26a 641, 652, 705, 709, 711, 714, 753, 853
3:26b 71, 652, 686, 704-5, 709, 712, 715-16, 720, 724, 742, 753, 859
3:26c 716-17, 721
3:27 503, 596, 643, 722-23, 725-29, 798-99, 939, 957, 962, 1102
3:27-28 733
3:27-30 738-39, 742-43
3:27-31 260, 266, 414, 552, 633, 645-46, 655, 667, 680, 722, 747, 752,

760, 764, 774-76, 783, 753, 1248, 1266, 1336
3:27-4:2 555, 646, 738
3:27a 722, 775
3:27b 313, 722-23, 727-28, 775, 1102
3:27b-28 772
3:27b-29 313
3:28 71, 290, 437, 448, 596, 643, 658, 722-23, 726, 728-29, 731, 761, 1351
3:28a 642, 752
3:28b 643, 923
3:28c 643
3:29 563, 733-34, 1019, 1241
3:29-30 731, 733, 737, 742, 760
3:29-30a 723
3:29a 723
3:29b-30 723
3:30 312-13, 649, 670, 734, 736-37, 743, 749, 756, 1154
3:30a 735, 737
3:30b 723, 742
3:31 647, 649, 723, 738-42, 744, 775, 788, 790
3:31-4:2 1092
3:31a 722, 738, 742
3:31b 743, 745-46, 753, 722
3:31c 743
4 775-76, 789, 806, 816, 837, 848-51, 857-58, 861, 866, 1225
4:1 136, 400-1, 551, 563, 579, 645, 789-92, 794, 796, 798, 816
4:1-2 552, 646, 783-84, 786, 802, 826, 1336, 1446
4:1-8 588, 761, 1243, 1324
4:1-11 783
4:1-12 783-84
4:1-20 759
4:1-21 1287
4:1-22 864-65
4:1-24 80, 129, 131, 259-60, 262, 400, 746, 766, 775, 780, 784-89, 853, 868, 1231, 1248, 1267, 1285, 1330, 1334, 1422
4:1-25 268, 410-11, 440, 626-27, 680, 762, 784-85, 908, 931, 974, 977
4:1a 767, 775, 1230, 1233
4:1b 761
4:1b-24 1233
4:2 503, 596, 645, 775, 789, 798, 802
4:2-24 790
4:3 132, 214, 263, 400, 563, 633, 668, 774, 781, 786, 802, 806, 811, 826, 851, 860, 934, 1312
4:3-8 781, 786, 811, 837
4:3-10 793
4:3-12 797, 799, 801-2, 825-26, 784, 786
4:3a 802-3
4:3b 803, 808
4:4 174, 808
4:4-5 807, 809
4:4-6 806
4:4-10 626
4:4-12 826
4:5 691, 771, 808, 938
4:5-6 596
4:6 796, 781, 809, 811-12
4:6-8 812
4:6-9a 807
4:7 814, 1252
4:7-8 263, 781, 803, 811-12, 1250
4:7a 812
4:7b 812
4:8 812
4:9 737, 793, 810, 816, 938
4:9-11 816
4:9-11a 816
4:9-24 806
4:9a 769, 802
4:9b 770
4:10 818, 820
4:10-11a 782, 786, 842
4:10-22 782
4:10a 802
4:11 771, 823
4:11-13 938
4:11a 770, 820, 822
4:11b 770, 797, 823
4:11b-12 786, 796, 802, 822, 824-25
4:11c 770
4:11d 770
4:12 673, 768, 797, 823-24, 835-36, 847
4:12b 823

4:13 135, 826-33, 837-38, 844, 1049, 1286, 1475, 1599
4:13-15 596
4:13-24 784-87, 799, 801-2, 825-26
4:14 831, 835-36, 1286
4:14-15 830-33
4:14-22 826
4:14-24 827
4:15 349, 831-32, 1057, 1151
4:15b 772
4:16 289, 586, 673, 781, 829, 833-835, 838, 938-39, 842, 847, 980, 1054, 1286
4:16-22 846, 868
4:16b 838, 840
4:17 118, 166, 265, 314, 575, 807, 809, 837-39, 841, 843-44
4:17a 838
4:18 118, 166, 263, 314, 575, 809, 837
4:18-19 841
4:18-22 782, 786
4:18b 263, 781, 838
4:19 845, 848
4:19-20 938
4:19a 1615
4:19b 1615
4:20 843-45
4:20b 845
4:20b-21 845
4:21-22 1206
4:22 263, 633, 784, 860
4:23 784
4:23-24 787, 796, 847, 868
4:23-25 1231
4:24 154, 719, 784, 862, 1287, 1459
4:25 78-79, 259, 261, 784-87, 852, 867-70, 907, 917, 1727
5-9 296, 938, 959-61, 1255
5-8 68, 72, 79, 220, 403, 911, 918-19, 957, 960-61, 1015
5 908, 929, 1007
5:1 198-99, 403, 914-15, 917, 921, 923-24, 927-40, 947
5:1-2 908
5:1-4 942
5:1-5 914, 948
5:1-11 68, 70, 129, 867, 907, 909, 914, 916-17, 919, 921, 927, 929-30, 957, 961-92, 970, 972-78, 994, 1015, 1068, 1167, 1180, 1233, 1696
5:1-21 174, 929
5:1-7:25 1107
5:1-8:30 963, 1224, 1226, 1230, 1233-36, 1249
5:1-8:38 453
5:1-8:39 45, 63, 65-7, 70-2, 74, 82-3, 180, 182-83, 220, 230, 239, 242, 254, 258-59, 264, 275, 287, 315, 324-26, 451, 458, 476-77, 482-84, 488, 530, 538, 615, 621, 631, 636, 638, 680, 747, 762, 763, 787, 815, 866, 868, 883, 906-20, 927, 929, 934-35, 937, 941, 944, 961, 973-74, 1039, 1047-48, 1051, 1093, 1122, 1126-27, 1167-70, 1232-33, 1248, 1250, 1253-55, 1259, 1263-64, 1268, 1270, 1298, 1346, 1423, 1461, 1464-65, 1472-74, 1482, 1484, 1515-17, 1543, 1649, 1651, 1659, 1727
5:1a 680, 1253
5:1b 914, 935, 1253
5:2 174, 503, 680, 684, 909, 924, 929, 935, 942
5:2-5 927, 930, 935
5:2-8:39 927, 929, 909
5:2a 927, 935-39
5:2b 928, 938, 940
5:3 198, 909, 924, 926, 957, 1180, 1233
5:3-4 433, 917, 928, 941-42, 1200, 1622
5:3-5 940
5:3a 942
5:3b-4 942
5:4 942
5:5 909, 942, 928
5:6 944-45, 947, 1127, 1131
5:6-7 948
5:6-8 914, 916-17, 928, 943-48
5:7 214, 917, 945

5:8 943-45
5:8a 925
5:8b 925
5:9 347-48, 947-49
5:9-10 949, 957, 994, 1458
5:9-11 908, 914, 928, 930, 947, 950
5:10 140, 467, 473, 708, 933, 948, 953, 955, 1004, 1134, 1143, 1198, 1441, 1586, 1593, 1600, 1625
5:10a 950
5:10b 950
5:11 908, 910, 915, 917, 924, 926, 928-29, 942, 948-50, 953, 955, 957, 963, 970, 980, 1253
5:11-21 131
5:11a 926
5:11b 926
5:11c 926
5:12 324, 580, 512, 682-83, 968, 970-71, 973, 980-83, 985, 987, 989-91, 993, 999, 1063, 1107
5:12-14 979-80, 1132
5:12-19 999
5:12-21 68, 70, 80, 907-8, 915-16, 919, 929, 964, 968-81, 989-99, 1001, 1003-4, 1006, 1015, 1031, 1042, 1068, 1097, 1107, 1131, 1156, 1234, 1248, 1267
5:12-8:39 324, 909, 944, 962, 972-73
5:12a 965, 980-81, 993, 997, 1042
5:12b 971, 983, 986
5:13 1049, 1170, 1475-76
5:13-14 971, 990-91
5:13a 990
5:13b-14 990
5:14 977, 981-82, 987, 990, 992, 1019, 1107
5:14a 984, 996
5:14b 984
5:14c 986
5:15 967, 969, 971, 981, 992, 994-95
5:15-17 970, 992-93
5:15a 971, 992-93, 995
5:15b 971, 994
5:15c 971
5:16 130, 164, 179, 966, 966, 969, 971, 993-95, 1129, 1131, 1485, 1575, 1613, 1776, 1131, 1649, 1658-59
5:16-17 995
5:16-21 1258
5:16a 966, 995
5:16b 966, 995
5:16b-17 995
5:17 293, 307, 665, 858, 861, 907, 909, 966-67, 971, 981, 996, 997, 1054, 1083, 1126, 1145, 1147, 1648
5:17-18 981
5:17-19 908
5:17-6:3 91
5:17-6:14 94
5:17a 966
5:17b 967
5:17c 967
5:17d 967
5:18 289, 586, 677, 966, 972, 994, 996-98, 1052, 1079, 1101, 1110, 1125, 1129, 1131, 1335, 1589, 1602, 1661, 1728
5:18-19 980, 996, 999, 1004
5:18-21 993
5:18a 967, 1158
5:18b 968
5:18c 968
5:19 972, 981, 994, 998-99, 1003
5:19b 676
5:20 999-1000, 1031
5:20-21 987, 999, 1097, 1107, 1663
5:21 293, 434, 908, 910, 915, 917, 929, 935, 972, 998-99, 1004, 1270
5:21b 970
6-11 930
6 908, 913, 1007-8
6:1 174, 551, 574, 579, 789, 791, 831, 913, 915, 1008, 1011, 1015, 1017, 1034-35, 1063, 1359, 1366
6:1-2 1017
6:1-7 1051
6:1-14 919, 1008, 1010, 1015, 1031
6:1-23 1055, 1068
6:1-7:6 70, 1007, 1061-62

6:1-7:7a 909
6:1-7:12 1062
6:1-7:13 68, 975, 1007-8, 1015, 1067-68, 1071-72, 1080, 1093
6:1-7:16 1007
6:1-8:13 1007
6:1-8:39 627, 908, 970, 972, 976, 978, 999
6:1-11:36 929
6:1a 1685
6:2 915, 1011, 1013, 1017-18, 1332, 1426
6:2-11 1052
6:2-14 1055, 1062
6:2a 1032
6:2b 1032
6:3 913-14, 1009, 1017, 1019, 1030, 1035, 1048, 1055, 1061, 1079, 1094, 1182, 1539
6:3-4 1018
6:4 1151
6:4-5 91
6:4-6 980
6:4a 1011
6:4b 1101
6:5 1023, 1055
6:5-7 1022
6:5-11 1196, 1488
6:5-14 91
6:6 1055
6:6-7 1023, 1056
6:7 1024
6:8 1024, 1026, 1055
6:8-10 1024
6:8-11 1024, 1026, 1157
6:8a 1012
6:8b 1012
6:8c 1013
6:9 1016, 1019
6:9-10 1056
6:10 1016, 1055, 1504
6:10-13 92
6:11 70, 908, 1024, 1026, 1042, 1145, 1147
6:11-14a 1056
6:11a 1317
6:11b 1317
6:12 1014, 1317
6:12-14 1027
6:12-23 161
6:13 350, 907, 909, 1126, 1241
6:14 1031, 1049
6:14-15 1062
6:14b 1056
6:15 789, 831, 915, 934, 1007-8, 1017-18, 1029, 1034-35, 1062, 1087
6:15-16 1034
6:15-18 1051
6:15-23 919, 1008, 1029, 1050, 1097
6:15a 1008, 1017, 1031, 1034-35, 1041, 1051, 1055, 1061, 1066
6:15b-23 1031, 1051, 1061
6:15b-18 1041
6:16 913-14, 969, 982, 1009, 1017, 1019, 1035, 1048, 1061, 1079, 1094, 1107, 1126, 1182
6:16-18 1042
6:16-20 1110
6:16-22 114
6:16-23 1031
6:16a 1030
6:16b 1030
6:17 1040-41, 1077, 1110
6:17-18 1722
6:17a 1722
6:18 1035, 1037, 1040-41, 1052, 1126
6:18a 1062
6:19 369, 656, 1019, 1042, 1124, 1126
6:19-22 92
6:19-23 1041
6:19b 1041
6:19b-23 1041
6:20 907, 1035, 1126
6:21 1241
6:21-22 246
6:22 114, 756, 1035, 1042, 1056, 1099
6:22-23 434
6:23 215, 403, 901, 915, 917, 929, 935, 970, 1014, 1026, 1042, 1053, 1134, 1232
7 513, 1007-8, 1061, 1079, 1082-85, 1111, 1118
7:1 243, 913, 1008-9, 1019, 1030, 1047, 1048, 1061, 1079, 1125, 1158, 1182
7:1-3 131, 1046-47, 1051, 1053-54, 1069, 1383
7:1-6 730, 918-19, 1008-9, 1017, 1035, 1043-44,

1046-51, 1054-55, 1058, 1067, 1383
7:1a 1008, 1049
7:1b 1049, 1051
7:1b-6 1051
7:2 1051
7:2-3 1045, 1047, 1051, 1110
7:2-6 1049
7:3 996, 1043, 1047, 1052, 1079, 1101, 1125, 1335, 1589, 1602
7:4 243, 715, 913, 1047-48, 1056, 1125, 1158
7:4-6 1045-47, 1051, 1053-54, 1057, 1383
7:5 619, 982, 1056-57, 1062, 1096, 1107, 1132
7:6 528, 656, 756, 1056-57, 1071, 1099, 1130, 1195, 1516-17
7:6a 1043
7:6b 1044, 1071
7:7 75, 551, 563, 570, 579, 790-91, 831, 884, 910–11, 913, 915, 1007-8, 1018, 1060, 1062, 1064, 1270, 1326, 1332, 1359, 1366, 1426
7:7-8 1063
7:7-11 1066
7:7-12 1000, 1066
7:7-13 884, 919, 1008-9, 1057, 1060-63, 1066, 1067-68, 1078, 1080, 1082, 1092-93, 1129
7:7-24 1108
7:7-25 70, 915, 1007, 1064, 1074, 1083, 1087, 1092, 1113
7:7a 909, 1008, 1017, 1034, 1061-63, 1066
7:7b-8a 1063
7:7b-13 1061
7:7b-25 909, 1061
7:8 1065
7:8a 1064
7:9-11 1065, 1132
7:9-12 1065
7:9-13 1063
7:10 1107
7:12 132, 1000, 1054, 1065-66, 1095, 1095, 1246
7:13 1007, 1062-63, 1066-67, 1098
7:13a 1008, 1062, 1066
7:14 215, 418, 586, 591, 709, 913-14, 1009, 1061, 1096-97, 1107, 1161, 1182, 1192
7:14-15 1061, 1094
7:14-16 1094, 1099
7:14-23 1106
7:14-24 1108
7:14-25 68, 268, 410, 884, 919, 975, 1056-57, 1061, 1063, 1065, 1074, 1078 1079-81, 1083-84, 1087, 1090, 1092-93, 1106-7, 1110 –12, 1114-15, 1125, 1129
7:14a 1074, 1079-80
7:14b 1107, 1074
7:15 1088, 1090, 1097, 1127, 1131
7:16 916, 1078, 1098
7:17 656, 756 1097, 1099
7:17-20 1094, 1099-100
7:18 916, 1100, 1099
7:18a 1075
7:18b 1075
7:19 1088, 1090, 1099, 1301
7:20 916, 1097, 1100
7:21 997, 1101-2, 1110, 1125, 1130, 1335, 1602
7:21-23 1100-2
7:22 1102
7:23 1097, 1110
7:23-24 1132
7:24 1091, 1094, 1101, 1103, 1105, 1107, 1110
7:24-25a 1109-110
7:24b 1108
7:25 174, 403, 910, 914-15, 917, 929, 935, 970, 1052
7:25a 198-99, 1094, 1108-10
7:25b 1079-80, 1094, 1101-2, 1109-12, 1125, 1158
8 69, 265, 316, 472, 694, 754, 917, 961, 1007, 1082, 1101, 1111, 1122-25, 1127, 1130, 1219, 1338
8:1 70, 237, 1082, 1110-11, 1125, 1127, 1129-31, 1133, 1144, 1150, 1195,

1335, 1602
8:1-2 1026, 1042, 1145, 1147, 1153, 1156, 1436
8:1-4 1026, 1042, 1093, 1145, 1147, 1153, 1156, 1436
8:1-11 1124, 1145
8:1-13 1135, 1234, 1248, 1594, 1056-57, 1124
8:1-16 908
8:1-17 70, 472, 884, 919, 1026, 1116, 1122-28, 1130, 1132, 1151-52, 1158, 1164-71, 1178, 1183, 1218
8:1-30 68, 975, 1486, 1576
8:1-39 1079-80, 1093, 1101, 1113
8:1a 1079, 1117
8:1b 1117
8:2 738-39, 982, 1107, 1109-10, 1119, 1124, 1126-27, 1129, 1131-33, 1147, 1149-50, 1156
8:2-4 1129
8:2-16 1126
8:2-17 1127
8:2a 1102
8:2b 1102
8:3 140, 1004, 1098, 1129-31, 1156
8:3-4 1147-50
8:3-7 619
8:3a 1148
8:3b 1150
8:4 1150-51, 1516, 1573, 1096, 1117, 1126, 1132, 1148
8:4-9 136
8:5 1126
8:5-8 1151-52
8:5a 1152
8:6 174, 934, 1312, 1615
8:7 1551
8:7a 1151
8:8 1126
8:8a 1151
8:9 70, 135, 1126, 1132, 1516
8:9-11 1128, 1152, 1155-56
8:9a 1153-54
8:9b 1154
8:9b-10 1153
8:9b-11 1153
8:10 909, 1126, 1132, 1154–55, 1516
8:11 719, 1027, 1126, 1132, 1153-56
8:11a 1119
8:11b 1119
8:11c 1119
8:11d 1119
8:12 243, 913, 996, 1048, 1052, 1079, 1101, 1110, 1125-26, 1158, 1335, 1589, 1602
8:12-13 1157, 1159, 1489
8:12-17 1124
8:12-22 91
8:13 1128, 1147
8:13a 1126
8:13b 1126
8:14 1128, 1147, 1156, 1159, 1178, 1121
8:14-17 1128, 1159, 1234, 1248
8:15 113, 175, 314, 710, 1147, 1160-63, 1195, 1198, 1253, 1281-83, 1445, 1516, 1624
8:15-25 91
8:15-15:9 91
8:16 1124, 1126, 1132, 1516
8:16-17 244
8:17 1124, 1126, 1154, 1179, 1253, 1317
8:18 684, 909, 1061, 1079, 1095, 1124, 1179-80, 1182, 1184-85, 1192, 1195, 1197-98, 1231
8:18-21 684, 909, 1180, 1182, 1218, 1233, 1701
8:18-24 1183, 1197, 1205
8:18-25 70, 1203
8:18-27 1183
8:18-30 12, 883, 919, 1123-24, 1165, 1172, 1178, 1180, 1182-83, 1199, 1218-20, 1233-34, 1248
8:18-39 909
8:19 1173, 1185, 1190, 1192, 1198
8:19-21 1184-85, 1189, 1191
8:19-22, 1186-87, 1189, 1195
8:19-23 661, 1386
8:19-25 379, 955

8:19-30 1182-83
8:20 1191
8:20-21 1185, 1190-91
8:20-25 909, 940, 942, 1180, 1233
8:20a 1173
8:20b 1173
8:20b-21 1174
8:21 985, 1179-80, 1187
8:21a 1174
8:21b 1175
8:22 913-914, 1009, 1061, 1074, 1079, 1095, 1180, 1182, 1184-85, 1192, 1194-95
8:22-23 1192, 1197, 1203
8:22-25 1182, 1192, 1197
8:22-39 909
8:23 648, 692, 924, 1083, 1161, 1163, 1195-98, 1211, 1213, 1253, 1281-82, 1445
8:23-25 1195
8:23a 1174
8:23b 1174
8:24 1198-99, 1207, 1211
8:24-25 1197, 1203
8:24-27 91
8:24a 1175
8:24b 1175
8:25 433, 1179, 1199-201, 1211, 1622
8:25-27 1207
8:26 1061, 1202-03, 1206-7, 1209, 1516
8:26-27 1202-3, 1211-13, 1218, 1282
8:26-30 70
8:26b 1205
8:26b-27 1205
8:27 189, 1179, 1183, 1209-10, 1516
8:27-35 91
8:28 166, 405-6, 418, 591, 914, 941, 1061, 1180-82, 1192, 1211, 1212, 1214
8:28-29 167
8:28-30 1182, 1211-12, 1217, 1219, 1232, 1337
8:28a 1177
8:28b 1177
8:29 138-39, 244, 697, 715, 1178, 1215, 1429-30
8:29-30 1179, 1181, 1197, 1215-16, 1338, 1429
8:30 691, 1178-79, 1212, 1215, 1241
8:31 551, 563, 579, 790-92, 913, 1228, 1326, 1332, 1359, 1366
8:31-32 1228, 1230, 1239, 1241
8:31-34 1229-30, 1243
8:31-36 1179
8:31-37 1225, 1229
8:31-39 12, 68, 70, 79, 472, 868, 884, 907, 90, 917, 919, 975, 1123, 1180, 1221, 1224-28, 1230-33, 1242, 1249, 1467, 1727
8:31a 782, 1230-31, 1233
8:31b 1233, 1249
8:31b-39 1233
8:31c 1227, 1240, 1242
8:31c-32 1242
8:31c-35 1227
8:32 289, 586, 1236, 1238-40, 1245, 1249
8:32-33 1227
8:32-34 1228, 1232, 1225
8:32-37 1227
8:32a 1236-37
8:33 691
8:33-34 1228, 1239-41, 1249
8:33-39 78-79, 316, 1268
8:33a 1227, 1240-42, 1259, 1271
8:33b 1240
8:34 199, 1228
8:34a 1240, 1042, 1245, 1221, 1227
8:34b 1240, 1222
8:35 1244, 1506, 1571-72
8:35-37 909, 1180, 1228, 1233, 1242-44
8:35-39 1229, 1242, 1245, 1249
8:35a 1229, 1242-43
8:35b 1242-43, 1228
8:35b-37 1228
8:36 75, 141, 314-15, 575, 809, 910-11, 836, 1228, 1243-44, 1270, 1353
8:37 198, 1228, 1244
8:37-39 1179
8:37-9:32 91
8:37a 757
8:37b 757
8:38 913, 982, 1107, 1223

8:38-39 944, 1228-29, 1245-46, 1280
8:39 70, 403, 917, 929, 935, 1147, 1179, 1222-23, 1246
8:39b 1229, 1245
9-11 65, 78-80, 188, 569, 578, 680, 760, 911, 1254, 1261, 1266, 1271-72, 1278, 1280, 1320, 1325-28, 1330, 1332, 1342, 1343, 1346, 1363, 1398, 1422, 1436-37, 1458, 1462
9 335, 961, 1216, 1291, 1306-8
9:1 70, 205, 1145, 1147, 1263
9:1-3 91, 1277, 1294
9:1-5 1270, 1272, 1274, 1277, 1294, 1297-98, 1324, 1360
9:1-11:27 1461
9:1-11:32 1271
9:1-11:33 76, 82, 239, 254, 482, 866, 1482, 1651
9:1-11:36 46, 65, 71, 74, 83, 131, 230, 258, 268-69, 275, 285, 288, 290, 306, 315, 323, 410-11, 440, 531, 559, 627, 680, 743, 759, 762-63, 787-88, 798, 832-33, 835, 868, 884, 911, 938, 972, 1049, 1053, 1127, 1169, 1242, 1248, 1254-60, 1262-65, 1267-72, 1277, 1279-80, 1418, 1464, 1472-74, 1478, 1482, 1727
9:2 1274
9:2-3 1328
9:3 75, 243, 1279, 1376
9:3a 1274
9:3b 1274
9:4 500, 1161, 1246, 1252, 1280-88, 1426, 1445, 1624
9:4-5 566, 1161, 1288
9:4-5a 1279
9:4a 1275
9:4b 1275
9:5 117, 132, 136, 371, 1287, 1291-92, 1297, 1443, 1470
9:5-9 91
9:5b 78-79, 1276, 1288-89, 1291-94, 1296
9:6 1280, 1324, 1335, 1459
9:6-8 1266, 1324-25, 1328
9:6-13 1324, 1327-28, 1342
9:6-26 1344
9:6-29 884, 1225, 1266, 1271-72, 1286-87, 1289, 1306-9, 1320, 1323-27, 1330, 1332, 1334, 1340, 1342, 1344-46, 1358-1359, 1360, 1362-65, 1396, 1398, 1401-2, 1418, 1422, 1432, 1460-62, 1565
9:6-10:21 1267, 1423
9:6-11:12 567
9:6-11:24 569
9:6-11:27 1459, 1461
9:6-11:32 131, 563, 1257, 1271-72, 1287, 1297, 1326, 1359, 1398, 1418, 1434, 1450, 1468, 1471, 1468, 1610, 1649
9:6-11:36 167, 1277
9:6a 1300, 1328, 1332
9:6b 1300, 1328
9:6b-9 1341
9:7 1323, 1325, 1329
9:7-8 1325
9:7-9 864-65
9:8 1286, 1330
9:8-9 1329
9:9 945
9:9-13 1286
9:10 924, 942
9:10-13 1330-31
9:11 1301
9:12 1323
9:12-29 588
9:13 314, 575, 809, 1323-24
9:13-33 781, 811
9:14 350, 551, 554, 563, 570, 579, 790-791, 1018, 1263, 1325-26, 1332, 1335, 1359, 1366, 1426
9:14-18 1307, 1326, 1331-32, 1335
9:14-19 1308
9:14-24 1342
9:15 692, 1323
9:16 996, 1052, 1110, 1334-35, 1589, 1602

9:17 91, 132, 286, 668, 710, 803, 1323, 1334, 1370
9:18 996, 1052, 1110, 1324, 1335, 1589, 1602
9:19 553-554, 564, 1302, 1338
9:19-20a 1326
9:19-21 401, 414, 415, 552, 554-55, 646, 782, 1015, 1266, 1324, 1335, 1446
9:19-26 1326, 1335
9:19b 1325
9:20 553, 1326
9:20-23 1337
9:20a 1357
9:20b 1326, 1357
9:20c 1357
9:22 348-49, 1326, 1336
9:22-23 1336
9:22-24 1304, 1367, 1431
9:23 1326, 1337
9:23-24 1401
9:23-26 1344
9:23a 1303
9:23b 1304
9:24 166-67, 1280, 1339, 1402
9:24b 1341
9:25 168, 189, 1323
9:25-26 588, 1340, 1367, 1402, 1431
9:25-29 1325, 1340
9:25a 1430-41
9:26 1323
9:26a 1304
9:26b 1304
9:26c 1304
9:27 91, 569, 1325, 1342, 1343
9:27-28 1323, 1608, 1625
9:27-29 1326, 1327, 1340, 1341, 1360, 1396, 1398
9:28 1320, 1343
9:29 1320, 1323, 1324-25, 1342, 1398, 1460, 1608, 1625
9:29b 1266
9:30 293, 669, 858, 861, 1263, 1326, 1332, 1350, 1358, 1359-60, 1367, 1402, 1431
9:30-32 1359
9:30-32a 1366
9:30-33 1350, 1358-59, 1363, 1366, 1369, 1375-77, 1399
9:30-10:4 189
9:30-10:21 938, 1271-72, 1323, 1326-27, 1348, 1350, 1358-65, 1396, 1398-99, 1402-4, 1418, 1422, 1432, 1460-61, 1565
9:30-11:12 268, 410
9:30-11:32 1344
9:30a 1359
9:30b-32 1368-69
9:31 286, 1352, 1369-71, 1384
9:31a 1350
9:31b 1350
9:32 596, 1360, 1369, 1371-72
9:32-33 588
9:32a 1369, 1371
9:32b-33 1372
9:33 588, 1324, 1359-60, 1374, 1608, 1625
9:33a 1351
9:33b 1351
10 1358, 1463
10:1 243, 287, 1048, 1125, 1158, 1264, 1280, 1352, 1370, 1376, 1384
10:1-4 1375-77, 1379-80
10:1-13 1363, 1375-76
10:1-21 1350, 1358
10:1-11:22 91
10:2 1348
10:2-3 1375, 1399
10:3 292, 303, 306-7, 663-64, 748, 858, 1353, 1360, 1551
10:4 289, 457, 586, 661, 758, 1052, 1069-70, 1360, 1363-64, 1375-76, 1379, 1381-84, 1386, 1400, 1405, 1457, 1357
10:5 1361
10:5-8 1387
10:5-13 1376, 1390
10:5a 1353
10:5b 1354
10:6 1360, 1387, 1389
10:6-8 76, 1361, 1387-90, 1397-98
10:6b-8a 1364
10:7 1387, 1389
10:8 1360-61, 1387, 1389

10:8-10 862
10:9 78-79, 175, 718, 862, 1297, 1312, 1360
10:9-10 1265
10:9-13 1390, 1458
10:9a 1355
10:9b 1355
10:10 286, 1247, 1360, 1370, 1384
10:11 132, 668, 803, 1351, 1360-61, 1608, 1625
10:11-13 289, 586
10:12 249, 1280, 1290, 1361
10:13 405-6, 438, 516, 519, 674, 947, 991, 1127, 1131, 1361, 1391
10:14 789, 862, 1360, 1370
10:14-15 1376, 1391
10:14-15a 1392
10:14-17 1391
10:14-19 1363, 1391
10:14-21 1426
10:15 314, 575, 809, 1361, 1608, 1625
10:15b 1355, 1391
10:16 130, 179, 1360-61, 1391, 1608, 1626
10:17 1356, 1360
10:18 203, 1361, 1388, 1392-93, 1426
10:18-19 1392
10:18b 1393
10:19 1265, 1361, 1393-94, 1403-4, 1426
10:19-20 383
10:20 1396, 1402, 1431
10:20-21 1359-61, 1396-98, 1404-5, 1460
10:20a 1357
10:20b 1357
10:20c 1357
11 282, 1420, 1445, 1464
11:1 135, 570, 1018, 1264, 1280, 1332, 1359, 1388, 1409, 1419, 1424, 1426-27, 1434
11:1-2a 1426
11:1-6 1420, 1423, 1425-26, 1440
11:1-7 1434
11:1-7a 1341
11:1-10 1424-25, 1432, 1434-35
11:1-27 1423-25, 1460-62
11:1-31 1267
11:1-32 1271-72, 1323, 1326-27, 1360, 1364-65, 1404, 1407, 1418-19, 1421-23, 1425, 1457, 1463-64, 1565
11:1a 1426
11:2 132, 500, 564, 803, 1019, 1280, 1360
11:2a 1427-30
11:2b 1339, 1428
11:2b-6 1430
11:3 1265
11:4 564, 1410
11:5 174, 569, 945, 1426, 1430, 1432, 1441, 1444
11:6 1431
11:7 551, 554, 790, 1280, 1420, 1432, 1444
11:7-10 1423-25, 1432
11:8 314, 575, 725, 806, 1433, 1608, 1626
11:8-10 588, 781, 811, 1324, 1432, 1434
11:8a 1428
11:9-10 1433
11:9a 1428
11:10 1265
11:11 287, 1247, 1264, 1404, 1420, 1424, 1426, 1434-35, 1437
11:11-12 1434-38, 1440, 1413, 1420
11:11-24 1434, 1439, 1424-25
11:11-27 1438
11:12 1412, 1439
11:13 46, 75, 119, 164, 1264, 1420-21, 1424, 1439, 1466
11:13-15 1413, 1439, 1456
11:13-16 1434
11:13-27 1435
11:13-32 1436
11:13a 1413, 1446
11:13b 1413, 1440
11:13c 1413
11:14 75, 136, 1057, 1404, 1453, 1458
11:15 174, 277, 950, 953, 955, 1253, 1412, 1439
11:16 1196, 1414, 1439, 1441-45, 1447, 1450
11:16a 1266, 1421
11:16b 1266, 1421
11:17 569, 1432, 1439

11:17-20 1449
11:17-21 1266
11:17-24 401, 414-15, 552-55, 646, 782, 1015, 1266, 1336, 1421, 1434, 1439, 1445-46, 1450
11:17-25a 1493
11:18 135, 503, 1439
11:19 553-54
11:20 1360
11:20b 1493
11:21 462, 1449
11:22 423
11:22-24 1449
11:23 159, 1439
11:23-24 1438
11:24 462, 1421, 1439
11:24-33 91
11:25 237, 243, 708, 914, 1009, 1061, 1079, 1095, 1182, 1264, 1280, 1420, 1424, 1441, 1458
11:25-27 1424-25, 1435, 1438, 1450-51, 1454, 1457, 1459
11:25-32 569, 835
11:25a 1451, 1493
11:25b-26a 1453
11:25b 1453
11:25c 1453
11:26 350, 809, 1280, 1457-58, 1567
11:26-27 1441, 1457-58, 1464, 1608, 1626
11:26a 1453-55, 1457
11:26b-27 1452-53, 1457
11:27 1453
11:28 130, 169, 179, 864, 1443
11:28-31 1461
11:28-32 1423, 1425, 1459-62, 1464
11:28b 1464
11:29 138, 1453, 1464
11:30-31 159, 1265, 1421
11:31 435, 1464
11:32 289, 586, 1423, 1461
11:33 419, 1467-70
11:33-35 1265
11:33-36 78-79, 868, 1231, 1270, 1272, 1326, 1360, 1461, 1466-68, 1608, 1727
11:34-35 405-6, 438, 516, 519, 947, 1127, 1131, 1467-68, 1470, 1626
11:35 76, 692
11:35-12:9 91
11:36 198, 371, 710, 845, 1239, 1293, 1467-68, 1470
12-15 1524
12-13 139, 1524, 1526
12 1594
12:1 132, 199, 243, 1048, 1125, 1158, 1263, 1475, 1478, 1480-87, 1517, 1530, 1694
12:1-2 1476, 1490, 1494, 1516, 1518, 1597
12:1-8 1473, 1515
12:1-21 66-67, 70, 83, 220, 906, 1474, 1517, 1543, 1595, 1628
12:1-13:14 1476
12:1-14:23 1475
12:1-15:13 46, 63, 65, 70, 74, 77, 82, 131, 230, 239, 242, 254, 258, 391, 451, 458, 476-77, 482-83, 627, 638, 680, 736, 747, 762-63, 787, 866, 868, 911, 1170, 1248, 1259, 1263, 1269-70, 1472-79, 1481-82, 1490, 1494, 1517, 1597, 1651, 1727
12:2 170, 213, 503-4, 1244, 1486-87, 1494-95, 1559, 1574-75, 1577
12:2a 1488-89
12:2b 1551
12:3 174, 214, 1263, 1475, 1495
12:3-8 92, 1476, 1494, 1498, 1516, 1597
12:3-21 1600
12:3-15:13 1481
12:3a 1492, 1494
12:3b 1494
12:4 809
12:4-5 1496
12:5 1493
12:5a 1493
12:5b 1493
12:6 174, 215-16
12:6-8 217, 219, 1496-97
12:6a 157
12:7 1493
12:8 1493
12:9 1500-1, 1507

12:9-13 1505-7, 1509, 1515
12:9-21 58, 944, 1473, 1476-77, 1494, 1503-6, 1509, 1514-16, 1518, 1524, 1526-27, 1529, 1534, 1547, 1563-66, 1568, 1577, 1598, 1609-10
12:9a 1507-8
12:9b-13 1508
12:11-15:9 91
12:12 1505
12:13 189
12:14 1505, 1509, 1512, 1526
12:14-16 1512
12:14-18 1510-11
12:14-21 1505, 1509-10, 1512-13, 1515
12:14a 1510, 1524, 1599
12:15 1509
12:15-16 1512
12:16 1509
12:17 1526, 1534
12:17-18 1510, 1512, 1545
12:17-19 1534
12:17a 1510, 1512, 1524, 1599
12:17b-18 1512
12:18 1534
12:19 169, 347-48, 839, 1534, 1545, 1616
12:19-20 1510, 1512, 1524, 1526, 1599
12:19-21 1510
12:19a 1511-12
12:19b-20 1511-12
12:20 1514
12:20b 1513
12:21 70, 1510, 1512-13, 1524, 1526, 1547, 1599
13-15 335
13 1547, 1594
13:1 1526, 1536, 1538-40
13:1-2 1546, 1558
13:1-2a 1575
13:1-5 58, 730, 1526-27, 1531, 1535, 1543, 1552-53
13:1-7 59, 200, 284, 1473, 1474, 1476-77, 1524, 1525-30, 1532, 1534-35, 1540, 1545, 1547-48, 1554-59, 1564, 1595, 1609-10
13:1a 1520, 1535-38, 1540-41, 1544
13:1b 1521, 1541-42, 1544
13:1b-2 1535, 1541, 1544, 1547
13:1b-7 1535-37
13:1c 1522, 1544
13:1d 1522
13:2 419, 1054, 1544
13:2-7 1526
13:3 1544
13:3-4 1544-49, 1551, 1553
13:3-5 1535, 1547-48
13:3a 1548
13:4 348, 1545, 1549, 1551, 1553
13:4-5 347
13:4a 1523, 1544
13:4b 1523, 1545
13:4c 1523
13:5 1524, 1550-51
13:5-7 1546
13:5a 1558
13:5b 1558
13:6 980, 1552, 1658
13:6-7 58, 730, 1527, 1530, 1531-32, 1535, 1543, 1552
13:7 1554, 1561
13:8 1478, 1526, 1530, 1561, 1569-70, 1599
13:8-10 1506, 1565-66, 1568-69, 1572, 1577, 1605
13:8-14 58, 66-67, 70, 83, 220, 906, 944, 1473-74, 1476-77, 1503-1504, 1515-16, 1518, 1524, 1526-27, 1530, 1543, 1563-66, 1569, 1579, 1594, 1598, 1600, 1605, 1609-10, 1628
13:8a 1614
13:8b-10 1568
13:9 110, 112, 1566, 1571
13:9-10 1571, 1599
13:10 1508, 1567
13:11 287, 1086-87, 1198, 1247, 1575
13:11-12a 1574, 1576
13:11-14 1566, 1568, 1573, 1577-78, 1605
13:12a 1562
13:12b 1563

13:12b-13 1576
13:12b-14 1574, 1576
13:13 376, 391, 1331
13:14 1576, 1579
14 1590, 1594, 1620, 1621, 1714
14:1 1583, 1604, 1624, 1631
14:1-4 1601, 1602
14:1-12 1475, 1593, 1601-3, 1606, 1609, 1618
14:1-13 1475, 1518
14:1-23 1475, 1618-20, 1670
14:1-15:6 1601
14:1-15:12 1446, 1476-77
14:1-15:13 58-59, 117, 200, 284, 730, 1473-74, 1476, 1515-16, 1564, 1566, 1568, 1573, 1577, 1593-603, 1605, 1609-10, 1615, 1618, 1624, 1628, 1630-31, 1656, 1695-96, 1722-23
14:2 1583
14:2-6 1604
14:3 1583, 1605, 1607
14:4 1583, 1607
14:4-11 401, 414-15, 552, 555, 646, 783, 1266, 1336, 1446
14:5 1605
14:5-6 1605
14:5-6a 1594
14:5-8 1602
14:5-9 1601, 1602
14:6 1606
14:6c 1594
14:7 1580
14:7-8 1606
14:7-9 1606
14:8 1580
14:9 78-79, 286, 1268, 1290, 1370, 1478, 1606
14:9-12 1602
14:10 243-44, 1048, 1125, 1158, 1599, 1607
14:10-12 451, 1601, 1602
14:11-12 1608
14:12 996, 1052, 1110, 1335, 1602, 1608
14:12a 1615
14:13 243-44, 1048, 1125, 1158, 1475, 1599, 1610, 1631
14:13-14 1610
14:13-15 1601
14:13-18 1602
14:13-23 1593, 1601-2, 1605, 1607, 1609, 1618
14:14 70, 719, 1143, 1145, 1147, 1475, 1599, 1611, 1613, 1617
14:14a 1612-13
14:15 243-44, 367, 1048, 1125, 1151, 1158
14:16 1580
14:16-18 1614
14:16-21 1601
14:16a 1587
14:16b 1587
14:17 174, 367, 934, 1594, 1615
14:18 1588
14:19 174, 367, 934, 1052, 1110, 1335, 1602, 1615, 1622
14:19-21 1602
14:19-23 1615
14:19a 1615
14:20 1588-89
14:20b 1617
14:20c 1617
14:21 243, 1048, 1125, 1158, 1594, 1604-5, 1617
14:22-23 1602
14:22 504, 1226
14:23 52, 1683, 1715, 1726
14:23b 1590
15-16 52, 1726
15 1714
15:1 1581, 1622
15:1-2 1620, 1622
15:1-4 1475, 1602, 1618, 1620
15:1-6 1593, 1601-3, 1619-20
15:1-13 1599, 1602, 1618-19
15:1-16:23 1715
15:1-16:24 1715
15:1a 1621
15:2 1231, 1591, 1622, 1686
15:3 117, 168, 314, 575, 809, 1599-600
15:3-4 1622
15:4 132, 668
15:4-5 433, 825, 1200
15:5 772, 1493, 1599
15:5-6 1602, 1593, 1603,

1618, 1623
15:5-11 393
15:6 1582
15:7 117, 165, 181, 1624, 1631
15:7-8 1618
15:7-9a 1620
15:7-12 1475, 1601, 1602, 1618
15:7-13 1620
15:7b-9a 1599
15:8 1582
15:8-9a 1624
15:9 314, 575, 809, 980, 1600
15:9-12 588, 781, 811, 1324, 1618
15:9b 1625
15:9b-12 1625
15:10 1593, 1600, 1625
15:10-11 289, 586
15:11 1592, 1593, 1600, 1625
15:11-33 91
15:11-16:27 94
15:11a 1592
15:11b 1593
15:12 1593, 1600, 1625
15:13 47, 230, 868, 934, 1475-76, 1593, 1601-2, 1618, 1626-27, 1727
15:14 243, 1048, 1125, 1158, 1487, 1648, 1651, 1656
15:14-16 1652, 1656
15:14-22 221
15:14-32 46, 74, 164, 213, 221, 230, 239, 315, 1263, 1269-70, 1474, 1648-53, 1655-56, 1675, 1678, 1683, 1685
15:14-16:27 45-46, 230
15:14a 1634
15:14b 1634
15:14c 1635
15:14d 1635
15:14e 1636
15:15 174, 1637, 1651
15:15-16 75, 1648, 1653-54, 1657-58
15:15a 1636
15:15b 1636
15:15c 1637
15:16 130, 164, 179, 1485, 1613, 1649, 1658-59
15:16a 1637
15:16b 1637
15:16c 1638
15:17 70, 503, 1145, 1147, 1660
15:17-22 1648, 1652, 1660
15:17-29 1654
15:17a 1638
15:17b 1638
15:18 1661, 1728
15:18-19a 1660
15:18a 1638
15:18b 1639
15:18c 1639
15:19 130, 1665
15:19b 1661
15:20 239, 240
15:20-21 1663
15:21 239, 314-15, 575, 809, 1270, 1649, 1659
15:22 1651, 1664
15:23 656, 756, 1099, 1130, 1195, 1666
15:23-24 221, 1648, 1651, 1665, 1670-71
15:23-24a 1641
15:23-29 48, 1652
15:23-32 1650
15:24 57, 189, 240, 476, 1224, 1723
15:25 756, 1099, 1130, 1195
15:25-27 1666-67
15:25-29 1648
15:26a 1642
15:26b 1642
15:27 215, 405-6, 438, 516, 519, 947, 1095, 1642, 1666
15:28 246
15:28-29 1670
15:29 217, 1651, 1675
15:29a 1643
15:29b 1644
15:29c 1644
15:30 198-99, 243, 1158, 1483, 1651, 1694
15:30-31 1654
15:30-32 1671
15:30a 1644
15:30b 1644
15:31 435, 1673
15:31a 1644
15:31b 1645
15:32 213, 1389, 1647, 1655, 1673, 1723

15:32b 221
15:33 52, 168, 174, 371, 1293, 1389, 1470, 1615, 1647-48, 1679, 1684-85, 1693-96, 1715, 1718-19, 1726
15:33-16:16 230, 1263, 1679-80, 1683, 1694, 1707-8, 1719, 1722
15:33-16:27 213, 1474, 1648, 1650, 1721
16 52, 1590, 1714, 1716
16:1 1686-87, 1694
16:1-2 48, 1670, 1679, 1681, 1686, 1693-94, 1696
16:1-15 282
16:1-23 52, 91, 1715, 1726
16:1-24 1726
16:1-27 1647, 1648, 1685
16:1a 1685
16:1b 1685
16:1c 1685
16:2 189, 1145, 1147, 1687, 1692
16:2a 1685
16:3 504, 1688, 1701
16:3-5a 1700, 1702
16:3-7 1705
16:3-15 242, 1534, 1595, 1679, 1681, 1699-700, 1706, 1719
16:3-16 168, 1279, 1693, 1719, 1725
16:3-16a 1694, 1698
16:3a 1687
16:3b 1687
16:4 1682
16:5 169, 1196, 1682, 1688
16:5a 1688
16:5b 1688
16:5b-6 1703
16:5c 1689, 1703
16:5d 1689
16:6 1689
16:6a 1689, 1703
16:6b 1689
16:7 119, 1142, 1690, 1692, 1703-4
16:8 169
16:8-15 1705
16:9 169, 1692
16:10 1682
16:11 70, 1142, 1691
16:11-13 1145, 1147
16:12 169, 1691
16:13 70, 1241, 1691
16:14 243
16:15 189, 1693
16:15a 1692
16:15b 1693
16:15c 1693
16:16 1719
16:16a 1706
16:16b 1706
16:17 243, 1048, 1125, 1158, 1483, 1694, 1717, 1721
16:17-18 1695, 1722
16:17-19 476, 1680, 1718
16:17-20a 58-59, 200, 1681, 1711, 1721-23
16:17-20b 1716
16:17-23 1263, 1695, 1717
16:17-27 230, 1679-80, 1711-12, 1717, 1719-20, 1722
16:17a 1723
16:17b 1723
16:18 1723
16:18-19a 1724
16:19 159, 201, 1717
16:19a 1724
16:19b 1724
16:20 719, 934, 1615, 1711-13
16:20a 174, 1680, 1718, 1721, 1723-24
16:20b 53, 174, 1680, 1689, 1712-13, 1716, 1718-22, 1724-26
16:21 1681, 1716-17, 1719
16:21-23 1680, 1711, 1716, 1719, 1721-22, 1724-16
16:22 48, 923, 1134, 1681, 1716, 1718, 1722
16:23 92, 243, 1681, 1711-12, 1715, 1718-19, 1726
16:24 52-53, 174, 371, 1471, 1711-16, 1718, 1721, 1724, 1726
16:25 57, 66, 131, 179, 220, 242, 253, 264, 451, 475-76, 636, 638, 906, 912, 1039, 1122, 1167, 1224, 1233, 1474, 1669, 1723
16:25-26 1452
16:25-27 52-53, 91, 667, 1467, 1590, 1618, 1647, 1670, 1681, 1685, 1711-

12, 1716, 1718, 1720-22, 1724-27, 1729-30
16:25a 1729
16:25b 1729
16:25b-26a 667
16:25c-26a 1729
16:26 159, 162-63, 1661, 1728
16:27 198, 199, 371, 845, 1293, 1470, 1714

고린도전서

1:1 106, 113, 118, 213
1:2 170, 189
1:3 172
1:4 198, 209-10
1:4-9 192, 194, 200
1:9 140, 166-67, 674
1:10 1483
1:13 1226
1:14-17 1022
1:14-17a 1020
1:17 186
1:17-25 129
1:17-2:5 536
1:18-2:10 365
1:20 1575
1:22 1226
1:23 278, 1055
1:23-24 187
1:23-25 179
1:24 170. 187
1:28-29a 740
1:30 648, 692, 694
1:31 314, 575, 725
2:1-5 179
2:1-16 129
2:2 187
2:4-5 286
2:6 669, 1575
2:6-13 1452
2:7 1216
2:7-10 250
2:8 1539-40, 1575
2:9 314, 575
2:10-16 1096
2:13 187, 1095
2:15 216, 1095
2:16 405-6, 438, 516, 519, 947, 1127, 1131
3 1230
3:1 216, 506, 1095
3:1-3 1096
3:6-9 246
3:8 808
3:9-10 1616
3:11 1374
3:12-15 451
3:13 504
3:15 1198
3:17 132
3:18 1575
3:19 76
3:19-20 588, 781, 811, 1324
3:22 982, 1107
4 1230
4:1 1452
4:4 691
4:4-5 451
4:5 945
4:9 1539
4:9-13 1242
4:14-21 1650
4:15 130, 179
5:4 719
5:5 136, 1198
5:9-11 376, 391
5:11 244
6:1 189, 1231
6:2 189
6:3 1539
6:5-8 244
6:7 419
6:9 375, 1019
6:9b-10 376, 391
6:11 691, 1019
6:12-13 415, 1420
6:14 286
6:15 570, 831, 1018, 1087, 1332, 1426
6:15b 790
6:16 1019
6:19 1019
7-14 635
7 857, 1495
7:1 635
7:5 945
7:6 1495
7:7 215
7:10 1495
7:10-11 857
7:11 953
7:12 857, 1495
7:12-16 857
7:14 132
7:17-18 166
7:17-40 857
7:17b 1495
7:19 525

7:20-22 166
7:24 166
7:25 857, 1495
7:35 1495
7:38 1054
7:39 1478
7:40 857, 1495
8 1230
8:1-13 1594
8:1-11:1 1476, 1594
8:4 1074
8:5 735
8:6 379
8:11-13 244, 1589
8:13 1604
9 1230
9:1-27 1086, 1093
9:2 822
9:4-5 1392-93
9:8 1042
9:11 1095
9:11-23 157
9:12 130
9:12-14 179
9:12-23 129
9:14 130
9:16-17 1151
9:18 130, 179
9:19 113
9:19-23 255, 634, 1594
9:21 448, 728, 1102
9:22 338, 343
9:23 130, 179
10:1 237, 243
10:1-2 1019
10:1-13 848
10:3-4 1095
10:3-4a 215
10:4b 216
10:5 277
10:6 992
10:7 314
10:11 1577
10:13 674
10:16 708
10:18 136, 1057, 1280
10:19 790
10:22 1019
10:23-24 1420
10:23-11:1 1594
10:26 405-6, 438, 516, 519, 947, 1127, 1131
11:2 1037
11:11 1478
11:12 1239
11:14 462
11:17-34 45
11:18 197
11:22 1393
11:23 654, 719, 1037
11:24 710
11:25 708
11:27 1054
11:28 504
12 218, 1230
12:1 216, 237
12:1-14:40 216
12:2 1095
12:3 237, 243, 654, 719
12:4 215
12:4-11 1497
12:5 1497
12:6 1239
12:7 1231
12:8-10 219
12:9 215
12:10 1496
12:12 809
12:13 1019
12:18 656, 756, 1099
12:19 1239
12:28 215, 1496
12:28-29 1496
12:30-31 215
13 1230
13:1-3 1086
13:1-13 1086, 1093, 1565
13:2 1496
13:6 350
13:11 1086
13:13 656, 756, 940, 1099
14:1 1095, 1496
14:3 1616
14:3-6 1496
14:5 1616
14:11 249, 355, 1087
14:12 1616
14:14-15 1087
14:15 790
14:16 1293
14:18 217, 250
14:21 1353
14:22 1054
14:24 1496
14:26 790, 1616
14:32 1551
14:33 189
14:34 1551
14:37 1095, 1496
14:39 1496
15 45, 1230

15:1 130, 179, 237, 243
15:1-11 129
15:3 132, 1037
15:3-4 803
15:3-11 1039
15:4 132
15:8-10 113
15:9 176, 985
15:12 1154
15:15 735
15:18 1142
15:19 940
15:20 1196
15:22 983, 1134
15:23 1196
15:24 1458
15:27 405-6, 438, 516, 519, 947, 1127, 1131
15:27-28 1551
15:28 140
15:30-34 415
15:31 725
15:32 1389
15:33 1389
15:35 553
15:35-57 1191
15:39-41 1246
15:42-49 848
15:42-57 1184, 1197
15:44 1095
15:46 1095
15:46-47 216
15:51 1452
15:54-55 588, 781, 811, 1324
15:57 1110
15:58 169, 244
16:1 189
16:1-11 1650
16:3 60, 504
16:10 808
16:10-12 1679
16:12 503
16:13-14 1680
16:15 189, 1689
16:15-16 1483
16:15-18 1679
16:16 1551
16:19-20a 1680
16:19-24 1716
16:19 1701
16:20b 1680
16:22 156
16:22a 1680
16:22b 1680
16:23 719, 1647, 1680, 1726
16:24 1726

고린도후서

1:1 106, 113, 244
1:2 172
1:3-11 192
1:3-7 200
1:3 193, 1290-91
1:6 287
1:8 194, 237, 243
1:10 1198
1:12 991
1:12-14 157, 1660
1:14 719, 725
1:15-24 157
1:17-20 733
1:19 140
1:20 750, 1143
1:22 1019, 1197
1:23 205
1:24 991
2 1230
2:8 1483
2:9 286, 1370
2:11 277
2:12 130, 179, 710
2:13 244
2:14 202, 1077, 1110
2:14-16 1485
2:14-7:16 157
2:17 205, 839, 991, 1143, 1372
3 1230
3:1 60, 1226
3:3 991
3:5 991
3:6-8 528
3:7 1280
3:9 858, 861
3:13 809, 1280
3:14 1142
3:18 684, 809
4 1230
4:1 1496
4:3-4 179
4:4 130, 1575
4:5 991
4:6 379, 684
4:8-11 654, 719
4:10-11 719
4:11 1027
4:14 654, 719
5 1230

5:1 648
5:5 1197
5:6 648
5:10 431, 451-52, 473-74, 1231, 1301, 1586
5:11-21 68
5:12 991
5:15 955
5:16 1054
5:16-17 1054
5:17 955, 1144-45
5:18 955-56
5:18-20 1253
5:18b 956
5:19b 956
5:19 131, 186, 954-55, 1144
5:20 61, 956
5:21 293, 297, 303, 305, 307, 663-65, 748, 858, 861, 955, 1253
6:1 1483
6:2 287, 658, 757, 1194
6:4 433, 1200
6:4-5 1242
6:16-18 588, 781, 811, 1324
6:18 1282
7:1 169
7:3 1342
7:9 814, 1252
7:10 287, 982, 1107
7:12 991
7:14 725
8 1230
8:1 237, 243
8:5 213
8:6 246, 1483
8:10 357
8:11 809
8:14 945
8:15 314, 575
8:16 1077, 1110
8:18 130, 179
8:19 924, 942
8:21 1502
8:22 504, 756, 1099, 1131, 1195
8:23 119
8:24 710, 725
9:2 357
9:2-3 725
9:5 132
9:9 76, 314, 575
9:13 130, 179
9:15 1077, 1110
10-13 227
10 1230
10:1-11:6 157
10:7-12:10 725
10:8 1616
10:13 991
10:14 130, 179
10:17 725
11 1230
11:4 179, 654, 719, 1246
11:7 130, 179, 691, 1019
11:8 1496
11:15 277
11:17 1372
11:22 135, 1280
11:23-29 226, 1242
11:23-31 941
11:31 719, 1290
12:1-10 1368
12:13 350
12:14 991
12:19 169, 839, 1616
12:20 435
12:21 369
13 1230
13:4 286
13:5 504
13:10 1616, 1680
13:11b 1647-48, 1685
13:12 1680
13:12a 1680
13:13 1475, 1680
13:14 1622, 1680

갈라디아서

1:1 106, 113
1:3 172
1:4 213
1:5 371, 846, 1293, 1467, 1471
1:6 118, 166
1:6-7 55
1:6-7a 223
1:6-9 227
1:6-10 340, 1378
1:6a 129
1:6b-7a 223
1:7 130
1:7b 178
1:8b 253
1:10 113
1:11 130-31, 195, 243-44
1:11-12 113,178
1:15 166

1:15-16 164
1:15-16a 115-16, 184
1:16 140
1:18 214
1:19 119, 1246
1:23 201
2:1-2 669
2:2 178
2:4 1000
2:4-5 1000
2:5 129, 178, 185, 353
2:6 438
2:6-10 483, 1039
2:7 178, 737
2:10 1666
2:11-21 340, 1378
2:14 129, 178, 185, 353, 831, 1231
2:15 462
2:15-16 269, 597
2:15-16a 912
2:15-21 263, 340, 636
2:15-26 411
2:16 71, 433, 437, 467, 721, 862, 1351
2:16-17 691
2:17 415, 1018, 1332, 1426
2:18 1069, 1087
2:20 862, 1047
2:21 596, 997, 1101, 1110, 1335, 1602
3:1 340, 697-98, 1070
3:1-5 129, 1058, 1575
3:1-4:11 340
3:1-5:26 1378
3:1-6:18 738
3:2 71, 340, 433, 437, 596, 1351
3:2-3 136
3:3 831
3:3-5 340
3:5 71, 433, 437, 596, 1351
3:6 780, 795, 1024
3:6-9 340, 524, 820, 1286, 1288, 1334
3:6-14 269, 411
3:8 129, 132, 668, 691, 803
3:9 1054
3:10 71, 433, 437, 575, 588, 596, 1351
3:10-13 588, 1324
3:10-14 456, 829, 832
3:11 321-22, 596
3:11-12 588
3:12 449, 455
3:13 575, 588, 1070
3:15 244, 1041, 1359
3:15-18 524, 829
3:16 780, 796, 1387
3:17 740, 780, 1359
3:17-18 819-20
3:18 865
3:19 790, 829, 1000
3:19-21a 614
3:19-22 1067
3:19-25 614
3:19-4:7 758, 833, 1052
3:19a 614
3:21 415, 790, 1018, 1332, 1426
3:21-24 1000
3:21-4:7 661
3:21b 614
3:21b-25 614
3:22 71, 132, 614, 674-75, 1417
3:23-24 1058
3:23-25 736, 1067, 1383, 1575
3:23-26 829
3:23-4:7 1575
3:24 691, 1054
3:25 1058
3:26 71, 1026, 1133
3:26-28 1253
3:26-29 733
3:27-28 733, 742-43, 1019, 1133
3:28 290, 760, 1026
3:29 780, 796, 798, 865
4:1 790, 1359
4:3 1539
4:4 140
4:4-5 1149
4:5 1161, 1163, 1253, 1281, 1445, 1624
4:6 140, 1160
4:7 829, 1054
4:8 462
4:9 1539
4:12 244
4:12-15 1054
4:12-20 1650
4:12-5:12 269, 411
4:15 810
4:16 1054
4:17 726
4:19 1194
4:21 1359

4:21-31 1286, 1288
4:23 136, 1057
4:27 1194
4:28 244
4:29 136, 1057
4:30 668, 780, 803
4:31 244
5:1 1072, 1478
5:1-26 1072
5:1-6:10 758, 1504
5:5 940, 1023
5:6 525
5:8 118, 166
5:10 419
5:11 244
5:12 227
5:13 244, 1072
5:13-25 1058
5:13-26 189
5:13-6:10 1504
5:14 1565, 1572
5:16 1072, 1219, 1359, 1575
5:16-19 136
5:17 1083
5:18 1072
5:19 369
5:19-21 391
5:19-21a 376
5:19-26 619
5:20 435
5:22 1565
5:25 1072
5:25a 1219
5:25b 1219
6:1 216, 244, 1095
6:2 728, 739, 1102
6:4 504
6:7-9 451
6:8 434
6:10 452, 480, 808
6:11-18 1716-17
6:14 570, 1018
6:15 525
6:16 1280, 1436, 1648, 1679, 1680, 1685
6:16b 798
6:17 719
6:18 244, 371, 1293, 1471, 1680

에베소서

1 335
1:1 113, 213, 1142
1:2 172, 934
1:3 193, 1146, 1290-91
1:3-14 1145, 1181
1:5 697, 1163, 1216, 1253, 1445, 162
1:7 648, 692, 708, 814, 1146, 1252
1:9 697, 1146
1:10 1146
1:11 697, 1216
1:12 715
1:13 131, 287, 353, 1019
1:14 692, 1197
1:15 719
1:15-23 192
1:16 210
1:18 170
1:19 286
1:20 1144
1:21 1539, 1575
1:22 1551
2:1-5 1070
2:1-22 68
2:2 1151, 1575
2:3 348-49
2:7 710
2:9 596
2:11 737
2:11-18 1070
2:12 1280
2:13 656, 1099, 1131, 1195
2:14 934
2:14-15 290
2:15 934
2:16 953
2:17 934
2:18 937
2:20 1374
2:21 132
3:3-10 1452
3:4 358
3:5 119
3:7 286
3:10 1539
3:12 71, 670, 674, 721, 750, 937
3:20 358
3:20-21 1467
3:21 371, 846, 1293, 1471
4:1 1483
4:3 934
4:8 76, 1387
4:11 1497
4:11-16 1676
4:12 1496
4:14 506, 1231

4:19 369
4:20-21 719
4:21 353, 1134
4:23 1489
4:28 214, 1497
4:30 692, 1019
5:3 369
5:6 348
5:10 504
5:14 154, 1019
5:19 216
5:21-22 1551
5:26 1019
5:32 1452
6:6 213
6:8 451
6:9 438
6:10-17 1680
6:12 216, 1539
6:15 131, 934
6:17 1357
6:19 1452
6:21 252
6:21-22 1679
6:22 286, 1370
6:23 934
6:23a 1648, 1679, 1685
6:24 1680

빌립보서

1:1 106, 113, 116, 170, 1142
1:2 172
1:3 210
1:3-11 192, 200
1:4 210
1:5 1131, 1195
1:8 205
1:10 504, 715
1:11 246, 710
1:12 243, 252
1:12-18 129, 185, 203
1:15-18 227
1:17 435
1:19 287
1:20 1190
1:22 246
1:26 725
1:28 287, 710
1:29 863
2:1 1497
2:3 435
2:5 1152
2:6 1290
2:6-8 1456
2:6-11 431, 1152
2:8 669
2:8b 1055
2:9-11 165, 185, 1456
2:10 654, 718, 1290
2:11 181
2:17 1485
2:19 719
2:19-24 1650
2:25 119
2:25-30 1650
2:26 985
3:1 393
3:1-11 188
3:3 136, 725
3:3-11 1368
3:4-7 113
3:5 124, 500, 1280
3:6 1082
3:9 71, 297, 303, 305, 307, 655, 663, 665, 670, 674-75, 721, 748, 750, 858, 861, 1144-45
3:10 286
3:12-14 1369
3:17 992, 1152
3:21 286, 684
4:2 1483
4:3 733
4:4 1478
4:9b 1647-48, 1685
4:12 1242
4:13 1143
4:17 246
4:18 1485
4:20 371, 846, 1293, 1467, 1471
4:21a 1699
4:21b-22 1680
4:23 1471, 1647-48, 1685

골로새서

1:1 106, 113, 213,
1:2 172, 1142
1:3 210
1:3-8 192
1:5 129, 353
1:6 202
1:9 216
1:14 648, 692, 814, 1252
1:15 357
1:15-17 1290
1:15-20 379, 431, 1145
1:16 1143, 1146, 1539

1:17 1146
1:19 1146
1:19-20 1143
1:20 708, 953
1:22 953
1:24-27 667
1:26 667
1:26-27 1452
1:27 684
1:29 286
2:2 1452
2:8 1539
2:10 1539
2:11-12 1019
2:12 286
2:15 1539
2:17 1108
2:20 1539
3:5 369
3:6 347-48
3:10 1489
3:11 249, 257, 1280
3:12 168, 189, 1241
3:13 246
3:14 1572
3:16 216
3:17 719
3:18 1551
3:23 808
3:25 438, 452, 431
4:3 1452
4:7 252
4:7-9 1679
4:7-17 1662
4:8 286, 1370
4:10-14 1680, 1699
4:15 1680
4:17 1680
4:18 1716
4:18c 1680

데살로니가전서

1:1 106, 172
1:2 209-10
1:2-5 192
1:3 433, 1200
1:4 168, 189
1:5 131
1:8 202, 862
1:10 140, 347-48, 654, 719
2:2 130
2:4 504
2:5 205
2:8 214, 985
2:8-9 130
2:10 205
2:13 209
2:14 1280
2:15 277, 719
2:15-16 489
2:16 347-49
2:17 945
2:17-3:13 1650
2:18 157, 245
2:19 725, 940
3:1-5 157
3:2 130
3:5 715
3:6 809
3:8-9 157
3:9 209
3:11 719
3:11-13 1475, 1623
3:12 809
3:13 170, 189, 719
4-5 45
4:1 719, 1206, 1478, 1483
4:2 719
4:3 213
4:5 809
4:6 985
4:7 369
4:13 237. 243
4:14 654
4:14a 718
4:14b 719
4:16 1142
5:1 945
5:2 348
5:8 1198
5:8-9 287
5:9 347-48
5:11 1497
5:12-13 1497
5:16-18 393
5:21 504
5:23 1623, 1648, 1685
5:23-24 1680
5:23a 1648, 1685
5:24 118, 166, 674
5:26 1680
5:28 1648, 1680, 1685

데살로니가후서

1:1 106
1:2 172
1:3 209-10
1:3-10 192, 194
1:4 433, 1200

1:6 735
1:7 1154
1:8 130
1:10 170, 189
1:12 719, 1295-96
2 45
2:6 945
2:8 719
2:10 350
2:11 286
2:12 350, 353
2:13 168, 189, 209-10, 287, 1196
2:14 131, 684
2:16-17 1475, 1623
3:3 674
3:5 1475, 1623
3:8 691
3:9 992
3:12 1483
3:16 1648, 1685
3:16-18 1716
3:16a 1475, 1623
3:18 1648, 1680, 1685

디모데전서

1:1 106, 113
1:2 172
1:7 358
1:8 405-6, 418, 591, 620
1:9 448
1:9-10 1246
1:10 375
1:11 130
1:14 1134
1:16 434, 710, 1394
1:17 371, 1293, 1467, 1471
2:1-4 1532
2:6 692
3:10 504
3:13 1134
3:16 867, 1295
3:16b 867
4:14 215, 217, 1496
5:18 803
5:24-25 451
6:11 433, 1200
6:12 118, 166, 434
6:16 371, 1293, 1471
6:17 1575
6:21b 1680

디모데후서

1:1 106, 113, 1134
1:2 172
1:3-7 193
1:6 215, 217
1:8 280
1:9 132, 1134
1:9-10 166-67
1:12 280, 348
1:18 348
2:1 348
2:7 358
2:8 131, 136
2:10 287, 348, 1241
2:15 353
2:16 350
2:19 76, 350
3:2 725
3:2-5 332
3:2-5a 376
3:10 433, 1200
3:12 348
3:15 287, 348
3:16 803
4:8 348
4:10 1575
4:13 1670
4:14 431, 710
4:16b 1623
4:18 371, 1293, 1471
4:18b 1467
4:19 1688, 1701
4:20 1679
4:21b 1680
4:22b 1680

디도서

1:1 106, 113, 1241
1:2 434
1:4 172
2:2 433, 1200
2:5 1551
2:6 1483
2:8 1301
2:9 1551
2:10 710
2:11 287
2:12 350, 1575
2:13 1295-96
2:14 692
3:1-2 1532, 1554
3:2 710
3:5 1019, 1489
3:7 434, 691
3:15a 1680
3:15b 1680

3:15c 1680

빌레몬서
1 106, 113
3 172
4 198, 210
4-7 192
5 719
9 656, 756, 1099, 1131
11 656, 756, 1099, 1131
14 1372
18 1569
19-25 1716
20 733
21-22 1650
23-24 6
25 1680

히브리서
1:2 141
1:3-4 141
1:5a 134
1:5-6 141
1:7 1658
1:8 1296
1:8-9 141
1:14 287
2:3 287
2:9 718
2:10 287
2:14 1390
2:16 135
2:17 149
3:1 119, 338, 347, 718
3:2 155
3:6 725
3:11 338, 347
4:2 809
4:3 338, 347
4:7 138
4:13 1231
4:14 718
4:15 149
4:16 793
5:4 118
5:5 141
5:8 141
5:9 287
5:13 506
6:5 1357, 1574
6:6 141
6:9 287
6:10 710
6:11 710
6:20 718
7:5 1390
7:9-10 983
7:22 718
7:28 141
8:12 350
9:5 701
9:12 692
9:12-14 709
9:15 692
9:28 287
10:2 1226
10:10 718
10:15-17 1574
10:19 718
10:20 1390
10:29 141
10:36 1200
10:37-38 318
11:3 358, 1357
11:3-31 1420
11:5 985
11:8-19 865
11:18 135, 1353
11:23 985
11:27 357
11:35 692
12:2 718
12:9 506
12:11 246
12:24 718
13:8 718
13:12 718
13:15 245
13:20 718
13:21 718, 1293
13:22 1497

야고보서
1:1 171, 173
1:3-4 433, 1200
1:6 844
1:9 725
1:18 1196
1:20 748
1:22 478
1:22-27 450
2:1 479
2:1-9 450
2:4 844, 1226
2:8 803, 1572
2:8-9 479
2:9 438, 450
2:14 478

2:14-26 474
2:17 450
2:20-24 865
2:23 803
2:26 478
3:14 435
3:16 435, 1301
3:17-18 246
4:3 985
4:12 1607
4:16 725
5:6 321

베드로전서

1:1 1241
1:2 171, 173, 709
1:3 193, 1290-91
1:5 287
1:9-10 287
1:17 431, 438, 452
1:18 692
1:19 709
2 1530
2:2 1486
2:5 1486
2:6 1374
2:6-8 1374
2:7 1374
2:8 435, 1374
2:9 1241
2:9-10 1436
2:13-17 1530, 1554-56, 1560
2:22-23 431
3:1 435
3:18 321, 937
3:20 435
3:22 1539
4:11 1293
4:17 435
5:10 118, 166
5:11 1293
5:14 1680

베드로후서

1:1 116, 293, 663, 665, 748, 1295-96
1:2 171, 174
1:6 433, 1200
1:20 803
1:21 1095
2:21 1037
3:4 357
3:9 814
3:10 348
3:12 348
3:13 1191
3:15 287
3:16 409

요한1서

1:2 434
1:7 709
1:9 320, 1252
2:1 321
2:12 1252
2:25 434
2:29 320
3:7 320
4:9 1148-49
5:6 709
5:20 1296

요한2서

6 1151
13 1241

유다서

1 116
2 171, 173
3 287, 1037
6 356
21 434
22 844
25 1293

요한계시록

1:5 674, 709
2 1539
2:2-3 433, 1200
2:19 433
2:23 431, 452, 473
3 1539
3:14 674
5-6 822
5:5 136
5:9 709
5:12 1246
5:14 1293
6:16 338
6:16-17 347
6:17 338
7:10 287
7:12 1246
7:14 709

11:18 338, 347, 808
12:2 1194
12:10 287
12:11 709
13 1555-56, 1560
13:8 357
14:4 1196
14:10 347
16:5 320
16:19 338, 347
17:8 357
18:20 119
19:1 287
19:11 674
19:15 338, 347
20:12 431, 452
21:1-5 1191
21:6 691
21:8 376
22:12 431, 452, 473
22:16 136
22:17 691

/위경/

Life of Adam and Eve 364

Apocalypse of Abraham
1-7 360
29:17 1313

Letter of Aristeas
152 373
166 369
196 1553
219 1553
224 1553
229 1507
254 337

Assumption of Moses
1:13 361

2 Baruch
3:29-30 1388
14:8-9 1469
14:12-13 828
21:4 841
23:4 977, 989
48:8 841
48:20-24 1334
48:22 517
48:22-24 518
48:42-43 977, 989
54:15 988
54:17-19 364
54:19 988
56:5-6 977, 989
57:2 608, 801
78:2 171

1 Enoch
1:9 170
2:1-5 465
9:3 170
12:2 170
14:23 170
14:25 170
13:1-14:31 976
24:1-25:7 1191
37-71 473
38:2 319
39:6 319
41:1-2 989
45:3-6 473
46:3 320
53:6 319
91:16-17 1191
93:5 1444
93:6 170
99:16 170
100:5 170
104:6 212
105:1 505
105:2 139
106:15 337

2 Enoch
10:4 373

Jubilees
1:23 530
1:29 1191
2:24 170
3:28-32 364
5:15 438
6:19 800
12:16-24 360
15:3-4 608
15:28 522

15:30b-32 732
16:19 844
17:11 170
19:9 776
21:24 1444
23:10 609
24:32 1388
31:14 170
31:19 287
33:12 170

Psalms of Solomon
2:18 438
8:8-14 534
8:11-13 514
8:29 506
9:17-18 1333
11:2 253
12:6 828
14:3 1333
15:8 421
17:21 137
7:23 137
17:23-51 320
17:49 170
18:3 1507

Sibylline Oracles
2:65 1507
2:73 373
3:8-45 360
3:185-87 373
3:194-95 506
3:499 839
3:594-600 373
3:744-52 1191
3:752 1193
3:763 373
3:768-69 828
3:788-95 1191
4:162 337
5:75-76 337
5:386-433 373

Testament of Abraham
13:5 473

Testament of Benjamin
8:2 1507

Testament of Dan
5:10 287

Testament of Gad
4:7 1507
5:2 1507
7:1 212
8:1 287

Testament of Joseph
19:11 287

Testament of Judah
16:2 1000

Testament of Levi
14:4-8 534
14:5 514
14:5-8 375
14:6 373
17:11 373
18:7 150
18:9 506

Testament of Naphtili
3:2-4 374
4:1 373
8:3 287

Testament of Reuben
4:4 337

/사해사본/쿰란/

CD
3.2 608
4.17-18 375
6.15 514
6.16-17 534
7.19 314
20.20 287
20.34 287

1QH
1.21 1336
1.21-23 1085, 1105-6
3.23-24 1336
3.24-36 1085, 1105-6
4.5-40 1105-6
4.29 1336
4.29-31 612
6.26-27 1373
7.6-7 150
7.16 612
7.18-19 287
9.32 150
11.3 1336
12.12 150
12.19 612
12.20-26 937
12.26 1336
12.32 1336
12.37 301
13.16-17 612
13.37 301
14.13 150
16.7 150
16.12 150
18.12 1336
18.14 128

1QpHab
7.17 316
8.1-3 318
11.13 530

1QS
4.7 434
4.9-11 375
4.21 150
5.17 314
5.21 610
5.32 608
6.18 610
8.5-10 1616
8.7 1373
8.14 314
8.16 150
9.3 150
10-11 301
11.3 301
11.9-10 612
11.9-10a 1084
11.12 302
11.14 301
11.14-15 302
11.22 1336

1QSb
4.27-28 506

4QFlor(4Q174.1-2)
1.12-13 139
1.7 608, 610

4Q178
3.2 314

4QMMT(4Q394-99) 605, 608-10

4Qp 37
3.16 1616

11QMelch
18 128, 473

/랍비 자료/

미쉬나

Abodah Zarah
4:2 513
4:5 513

Abot
1:10-12 777
4:2 372
4:9 741
6:9 1083

Berakot
1:3 1083
4:4 1313
5:5 120

Giṭṭin
3:6 120
4:1 120

Hullin
8:6 1312

Keritot
1:1 1312
3:2 1312
4:2 1312

Makkot
3:3 1312

Megillah
6:1-2 121

Meilah
1:2 1312
2:9 1312
4:3 1312
4:4 1312

Nedarim
1:3 1312

Negaim
7:5 523

Pesahim
10:9 1312

Qiddušin
2:1 120

Teharot
3:4 1312

Terumot
4:4 120

Yoma
8:9 952

바빌로니아 탈무드

Abodah Zarah
52a 513

Baba Meṣiʿa
96a 120

Baba Qamma
38a 460
102a,b 120
113b 120

Berakot
3a 1084
6a 1390
60b 1212

Giṭṭin
21a-23b 120

Ketubbot
98b 121

Makkot
24a 318

Nazir
12b 120

Nedarim
3 523
72b 120

Niddah
61b 1050

Qiddušin
43a 120

Shabbat
30a 1050
65a 373
104a 372
151a 1050

Sanhedrin
10:1a 1454
10:1b-3 1455
59a 460

Tanḥuma
60b 521

Yebamot
76a 373

예루살렘 탈무드

Kilaim
9:3 1050

Mekilta Exodus
14:15 170

Sifra Leviticus
18:3 373

Sifra Numbers
139 1390

Abot de Rabbi Nathan
29:8a 510

Midrash Rabbah

Genesis
38:13 360
39:1 360
48:8 821
48:30a 521

Exodus
19:81c 521
23:5 318
29:4 732
44:4 778

Leviticus
2:10 779

Numbers
5:12 170
13:15-16 460

Deuteronomy
8:6 1389

Canticles
1:13 777

Pesiqta Rabbati
51b 1050
104a 170

Pirke de Rabbi Eliezer
29B 4:36 821

Midrash Psalms
1:18 460
17A:25 318

/타르굼/

Targum Onqelos 455

Targum Pseudo-Jonathan 455

/초기 기독교 문헌/

Ambrosiaster

Ad Romanos
Rom 1:1 124
Rom 1:4 144
Rom 1:17 295
Rom 2:25 538
Rom 3:21 296, 658
Rom 5:1 931

Apocalypse of Peter
2 1436

Athanasius

Epistola 1 ad Serapionem
8 537

Augustine

De Civitate Dei 960

De consensu evangelistarum 960

Confessions
8.4 110
8.12.29 16
9.2 16

Contra Iulianum
4.3.25 463

De diversis Quaestionibus ad Simplicianum 297, 960, 1256
1.2.1 1325

Epistolae
140.72 296

Epistolae ad Romanos inchoata Expositioon
Rom 1:1 124
Rom 1:3 144
Rom 1:5 157-58

Expositio quarundam propositionum ex epistola ad Romanos 296
Rom 1:24 370
Rom 7:13 1082
Rom 8:19-22 1186

In Johannis evangelium
26.1 296

Quaestionum evangelicarum
2.39 309

Retractationes
1.23.1 1082
2.1.1 1082

Sermons
279.5 110
315-17 110

De spiritu et littera
4.6 1072
7.12 110
9.15 296
11.18 309
26.43-28.49 463

De Trinitate
14.12.15 296

Epistle of Barnabas
4:8 1436
7:3 1237
10:12 1436
14:1 1436
14:5 1436
20:1 376

Chrysostom

Homilia in Acta Apostolorum
XXVIII
on Acts 13:9 110

Homilia XXXII in Epistolam ad Romanos
I
on Rom 1:1 110
on Rom 1:4 138, 146
on Rom 1:5 158
II
on Rom 1:9 206
on Rom 1:16 277-78
III
on Rom 1:18 378
on Rom 1:20 362
on Rom 1:23 368
on Rom 1:24 370
VI
on Rom 2:22 514
on Rom 2:25 537
on Rom 2:26 537
on Rom 2:29 537
XIV
on Rom 8:20 1192
on Rom 8:26 1208
XVI
on Rom 9:8 1330
XIX
on Rom 11:16 1443

Clement of Alexandria

Stromata
5.109 734
7.22 734

1 Clement
5:9-11 376
29:1-3 1436
30:1 1436
56:1 210
59:4 1436

2 Clement
2:3 1436

Cyril of Alexandria

Explanatio in Epistulam ad Romanos
on Rom 5:12 984

Didache
5:1 376

Didascalia Apostolorum
6.5.4-8 1436

Eusebius of Caesarea

Ecclesia historia
4.22 122
23.12 122

Hippolytus

Treatise on Christ and Antichrist
64 329

Ignatius

Ephesians
2:2 565

Magnesians
8:1-2 1436
10:2-3 1436

Philadelphians
8:2 435

Smyrnaeans
10:1 565

Trallians
2:3 565

Irenaeus

Against Heresies
5.32.1 1187
24.1 1530
36.3 1187

Jerome

De viris illustribus
5 110

Justin

Dialogue with Trypho
11.5 1436
121.4-122.1 1436

Origen

Commentarium in Evangelium Joannis
2.8 122

Contra Celsum
6.70 537

Commentarium in epistulam b. Pauli ad Romanos
Preface 112
on Rom 1:1 114
on Rom 1:4 138
on Rom 1:5 158
on Rom 1:8 196, 198, 203
on Rom 1:13-15 196
on Rom 1:14 247, 250, 256, 308
on Rom 1:17 308
on Rom 1:20 357
on Rom 1:21 365
on Rom 2:17 501
on Rom 2:17-24 507
on Rom 2:25-29 537-38
on Rom 3:8 581
on Rom 3:21 658
on Rom 3:24 694
on Rom 5:1 931
on Rom 8:28 932
on Rom 11:16 1443
on Rom 13:3-4 1547

Pelagius

In Epistolam ad Romanos
PL 30.645
30.647 158
30.648 207, 245
30.649 279
30.658 565

Pseudo–Clement

Homilies
11.35 122

Tertullian

Adversus Marcionem
5.5 172-73
5.13 308
5.13.2-3 329
5.13.3 329

De praescriptione haereticorum
30 122

Theodoret of Cyrrhus

Interpretatio in Epistulam ad Romanos
PG 82.64 370
82.83 700
82.86 700

Theodore of Mopsuestia

In epistolam Paul ad Romanos commentarii fragmenta
PG 66.858 1443

/후기 기독교 저술들/

John Calvin

Commentary on Romans (CNTC)
8.176-77 1200
8.22 207
8.23 207
8.26 257
8.28 308
8.30-31 354
8.31-32 354
8.33 366
8.65 585
8.69 599
8.70 599
8.111 973
8.112 982
8.131 1036
8.132 1035
8.144-45 1066
8.176-77 1200
8.179 1215
8.280 1529

Desiderius Erasmus

Paraphrases on Romans and Galatians 146

Martin Luther

Commentary on the Epistle to the Romans 1071

Commentary on the Epistle to the Galatians 1046

Lectures on Romans 146, 154, 464, 972

"On the Councils and the Churches" 1069

"Preface to Latin Writings" 18, 300

"Table Talk" 18, 300, 1068

"A Treatise on Christian Liberty" 457, 1064, 1070, 1406

Philipp Melanchthon

Loci communes theologici 144, 972

John Wesley

Explanatory Notes 308

/고전 헬레니즘 자료들/

Aeschylus

Agamemnon
1249 570

Aristotle

Metaphysics
book 2 359

De Mundo
6.397b-399b 359

Nicomachean Ethics
10.1 826

Politics
1302b:4 434
1303a:14 434

Rhetoric 1229, 1245
1.9 294
3.9 1229, 1245
3.9(1409a-b) 1245

Cassius Dio

Historia Romana
60.6.6-7 1528

Cicero

Laws
1.6.18 464
1.8.4 359

Tusculan Disputations
1.29.70 359

Columella

De re rustica
5.9.16 1448

Demosthenes

Oracles
3.5 119
18:80 119
107 119

Diodorus Siculus

Universal History
1.5.3 827
4.16.2 827

Dionysius of Halicarnassus

Antiquitates Romanae
9.59.2 119

Epictetus

Dissertations
1.1.13 570
1.2.35 570
1.5.10 570
1.8.15 570
1.29.1-8 570
2.1.28 496
2.8.11-12 495
2.19.19-28 511, 534
2.26.1-2 1100
3.7.17 511, 534
3.24.40 511
4.3.11 1617

Discourses
1.28.7 1088, 1091
1.28.7-9 1104
2.17.19-22 1104
4.13.15 1104

Euripides

Ion
731 570

Heracles
714 570

Hippolytus
375-83 1089

Medea
1040-48 1088
1056-58 1088
1077b-80 1088

Orestes
96 1196

Herodotus

History
1.21 120

1.92 1196
5.38 120
5.111 570

Hesiod

Works and Days
109-201 1193

Josephus

Antiquities
1.96 422
1.154-56 360
1.192 522
1.238-41 796
3.321 337
4.70 1442
4.198 1205
5.8.11 827
6.143 953
6.200a 1101
8.200 135
10.10.4 528
10.117 1342
10.261 1604
11.127 337
11.144 422
13.5.8 528
15.59 448
17.163 511
17.300 120
19.133 710
20.12.1 528
20.17-48 522
20.17-53 606
20.41 607
20.44-45 522, 607
20.46 607
20.47-48 607

Contra Apion
1.249 511
1.147 448
199 373
2.25 373
2.45 132
2.123 606
2.151 448
2.167-69 734
2.190-208 606
2.25 373
2.209-10 606
2.291-95 506

The Jewish War
2.122 243
2.420 126
4.618 126
4.656 126
5.270-74 1373
5.380 796
5.415 953
5.437 1604
7.260 350

Lysias

Oracles
19.21 119

Lucian of Samosata

Auction of Philosophers 417

Gallus
28 1000

Dialogues of the Dead
12.3 1000

Ovid

Metamorphoses
7.17 1104
7.17-21 1089
7.21 1100

Philo of Alexandria

De Abrahamo
17.77-79 360
26.135-36 373
33.185 360
46.276 465
61 132
72-74 360
92 313
96 599
273 476

De confusione linguarum
21 350
163 511

De congressu eruditionis gratia
12.58 528
34 62
90 62

De fuga et inventione
4 494

De gigantibus
62-64 210

De Josepho
6.29 276

Legum allegoriae
1.35 265
1.60-61 206
2.29 215

De migratione Abrahami
15.85 316
25.139 316
32 210
60 203
89-94 313
122 422

De mutatione nominum
37 827

De opificio mundi
45 710
87 710

Quis rerum divinarum heres sit
106 803
159 803
266 803
279 1444

Quod Deus sit immutabilis
69 1507

Quod omnis probus liber sit
7.46 465
10 1388

De sacrificiis Abelis et Caini
32 375

De somniis
1.177 1084
2.179 337

De specialibus legibus
1.1-11 522
1.27-28 1442
1.214 803
2.14.50 373
304-6 522

De vita Mosis
1.6 337

Plato

Epistolae
346a 120

Gorgias
525 375

Phaedrus
245a 210

Protagoras
317c 210

Republic
4.433a 294
4.441c 375

Timaeus
28A-30C 359
32A-35A 359

Plutarch

De genio Socratis
596a 1000

Marcius Coriolanus
23.1 1000

Opera moralia
329c 953

Pericle
31.1 710

Phocion
16.8 126
23.6 126

Publicola
17.2 1000

Sertorius
11.8 126
26.6 126

De sollertia animalium
980b 1000

De stoicorum repugnantiis
9.1035C 464

Polybius
1.7.3 1000
1.8.4 1000
1.43.6 827
2.55.3 1000
3.18.11 1000
3.38.5 710
7.13.2 827
18.11.1 827

Quintilian

Institutio oratoria
9.2.30-33 1091

Seneca

De clementia
1.24.1 1032

Epistles
77.17 495

Medea
989 1104, 1091

Suetonius

Nero
10.1 1531

Claudius
25.4 1528

Tacitus

Annals
13.50-51 1531

Virgil

Eclogues / Bucolics
4.11.41 1193

Xenophon

Cyropaedia
7.5.45 937

NIGTC 로마서(하권)

1쇄 발행 2020년 10월 30일

지은이 리처드 N. 롱네커
옮긴이 오광만
펴낸이 김요한
펴낸곳 새물결플러스

편 집 왕희광 정인철 노재현 한바울 정혜인
이형일 나유영 노동래 최호연
디자인 윤민주 황진주 박인미 이지윤
마케팅 박성민 이원혁
총 무 김명화 이성순
영 상 최정호 곽상원
아카데미 차상희

홈페이지 www.holywaveplus.com
이메일 hwpbooks@hwpbooks.com
출판등록 2008년 8월 21일 제2008-24호
주 소 (우) 04118 서울특별시 마포구 마포대로19길 33
전 화 02) 2652-3161
팩 스 02) 2652-3191

ISBN 979-11-6129-180-2 94230 (하권)
979-11-6129-178-9 94230 (세트)

책값은 뒤표지에 있습니다.

이 도서의 국립중앙도서관 출판예정도서목록(CIP)은 서지정보유통지원시스템 홈페이지(seoji.nl.go.kr)와 국가자료공동목록시스템(nl.go.kr/kolisnet)에서 이용하실 수 있습니다. CIP2020043956